普通高等教育医学类系列教材

供临床、预防、基础、口腔、麻醉、影像、药学、检验、护理、法医等专业用

病　理　学

双语版　第3版

主　编　陈　莉　周士东
副主编　王桂兰　巩玉森　陆锦标　崔　涛　季菊玲　刘　慧
编　委　（按姓氏笔画排序）
孔庆宪　王桂兰　王超群
巩玉森　刘　莹　刘　慧
李杏玉　张迎春　陆　鹏
陆锦标　陈　莉　季菊玲
周士东　柳　红　秦　婧
崔　涛　曹晓蕾　王庆苓
刘清华　李凤朝　吴燕妮
季俐俐

科学出版社
北　京

内 容 简 介

本书继承了传统病理学体系,在《病理学》(双语版)第1、第2版的基础上,为适应医学发展的新形势,注重医学生专业基础、能力培养和与国际接轨的需要,由陈莉教授领衔主编。作为是医学双语教学改革、实践与创新的成果。全书以中文为主、中英文混编的方式编排全书由总论(第1~第5章)、各论(第6~第16章)和现代病理学方法简介三部分组成。内容突出病理学在医学教育、医学科学研究及临床医疗工作中的基础理论和一些成熟的基本技术,并作为内容补充、更新与扩展适当插入英文片段,反映当今生命科学领域研究的热点和前沿问题,有利于学生在学习病理知识的同时受到良好的专业英语训练和对最新研究成果的了解。每章节后均附有典型病例讨论,有利于学生理论联系实际,对教科书内容进一步理解。书中插入彩图600幅,图随文走,使抽象的理论与生动的形象紧密结合,方便了学习和使用。

本书可供医学院校各专业本科生、研究生、长学制本硕博连读生研读,也可供临床各科医师、专科医师培训班学生和进修生使用。

图书在版编目(CIP)数据

病理学:双语版/陈莉,周士东主编.—3版.—北京:科学出版社,2016.1

ISBN 978-7-03-047012-6

Ⅰ.病… Ⅱ.①陈… ②周… Ⅲ.病理学-双语教材-医学院校-教材 Ⅳ.①R36

中国版本图书馆CIP数据核字(2011)第009664号

责任编辑:胡治国/责任校对:郑金红 李 影

责任印制:霍 兵/封面设计:陈 敬

科学出版社 出版

北京东黄城根北街16号

邮政编码:100717

http://www.sciencep.com

三河市春园印刷有限公司印刷

科学出版社发行 各地新华书店经销

*

2005年2月第 一 版 开本:850×1168 1/16

2016年1月第 三 版 印张:28 1/2

2025年1月第十七次印刷 字数:952 000

定价:139.00元

(如有印装质量问题,我社负责调换)

第3版前言

本书第 1 版于 2005 年初正式出版发行，而后作为江苏省高等教育精品教材进一步建设，2010 年末第 2 版出版发行，此后我们一直怀着忐忑不安的心情等待大家的评判。使我们感动的是我们的努力不仅赢得了不少同学的赞扬和鼓励，也获得了许多前辈和病理同行的好评，同时本书也被评为江苏省精品教材。更加可贵的是许多同道在使用本教材中发现书中不太完善的地方，也真诚、直率地指出了书中的不足之处，为本书的修订起到了极其重要的作用。

在第 3 版的编写过程中，我们仍然遵循第 2 版的方向和原则，紧密结合 5 年制医学专业的培养目标、高等医学教育教学改革的需要和医学人才的需求，借鉴国内外病理教学的成果与经验，结合编委教学、科研与临床工作的实际，立足教材的科学性、严谨性、先进性和适用性，在总结汲取第 2 版教材编写经验和成果的基础上，对不足之处进行了认真修改，对每一章都要求做到更新、更准、更规范。根据近年来疾病谱系的变化，增加了一些常见疾病的病理知识，还增加了近年来被公认的、成熟的新知识、新技术，如细胞自噬、肿瘤微环境现代病理研究方法简介等，使本书的内涵大幅度的延伸，囊括了国家职业医师考试所需的病理知识，将满足广大学生扩大知识面的需求，满足教学改革和 PBL 教学的开展。在本书的修订中注重理论与临床结合，调整了部分章节的内容和顺序，突出了对学生创新意识、创新能力和批判性思维方式的培养，并有利于学生早临床、多临床和反复临床的要求，有利于提高医学生的临床实践能力。本教材适用于临床医学和口腔、卫生、医学检验、法医、护理、影像等专业 5 年制本科生和长学制本-博连读生，也可以作为重要参考书供医学研究生、参加临床执业医师规范化培训的医学毕业生和病理进修生使用。

本书第 3 版作者队伍更加年轻化，均为留学归国、获得博士、硕士学位，并且活跃在教学和临床一线的骨干教师。他们具有丰富的教学经验，掌握国内外的教学取向，对教学改革具有敏锐的思维和莫大的积极性，他们以严谨治学的科学态度、无私奉献的敬业精神积极参加第 3 版的修订和建设工作，使第 3 版的表现形式和内容、编写水平和质量均有显著提升。

作为主编我非常感谢各位编委高度的责任感、团队精神和对工作精益求精的态度。同时我在参加科学出版社教材编写工作的 10 余年中，先后主编出版了 8 本教材，亲身经历了科学出版社对教材的认真负责，他们承担了及其繁琐而又细致的编辑工作，在此对出版过程中提供帮助的科学出版社的朋友一并表示诚挚的感谢和崇高的敬意。

总之我们希望在继续保持和发扬第 2 版风格和优点的同时，把工作做得更深、更细一些，愿这本凝聚着编者智慧与汗水的第 3 版——《病理学》（双语版）能为我国病理教学注入新的活力。尽管在教材编写中力求尽善尽美，但仍避免不了存在不足与遗憾，我们殷切的希望得到大家的批评和指证。

陈　莉

2015 年 9 月 1 日

第1版前言

病理学作为一门极其重要的医学基础学科，涉及临床医学各个专业，为了提高医学基础人才培养的质量与适应临床医学各专业学科发展的需要，编者在进行病理学课程建设与教学改革中，遵循临床医学各专业及本科护理专业的培养目标和要求，纵览国内外多部最新病理学专著和文献，精心选编内容，编写中英文版《病理学》。全书共十五章，包括总论五章，各论十章。系统地介绍了病理学的基本理论，较全面地反映了国内外的病理学的最新进展。在编写中，力求理论联系实际，图文并茂。在每章节后均附有中英文词汇对照表，并在各论各章中，以附录的形式简要介绍相应的正常组织和细胞的结构和功能，以利于读者更好地理解和掌握病理知识，熟悉与掌握医学专业英语词汇。对病理学的基础理论、基本知识、基本技能，获得良好的学习和训练。

本书编写过程中，除了得到各位编者的热情支持外，还有吕丽（大连医科大学附属肿瘤医院病理科）、汪怡（上海复旦医学院病理学博士）、肖坚（武汉同济医科大学病理学博士）、吴健美（南京医科大学病理学硕士）、丁一林、解晶心、董达科、王艳煜、王艳芬（南通医学院病理学硕士）等，为该书的完成做了大量的工作，科学出版社也为本书的出版给予了极大的帮助，在此特致以衷心感谢。该书的出版集中体现了编者们高度的责任感，团结协作和精益求精的精神，及敬业忘我的工作热情。

在编写过程中，虽然编者尽了最大的努力，但对编写中英文双语教材还没有经验，书中还有不足之处，甚至错误。希望读者批评指正。

陈　莉

2004 年夏

目　录

病理学绪论

Introduction to Pathology

Outline

Pathology is the study on disease including etiology, pathogenesis, pathological changes, clinical pathological correlation and prognosis by scientific methods.

Pathology is a discipline bridging between clinical practice and basic medicine, Pathology diagnosis is authentic diagnosis with unsubstitutional. Pathologists are "doctor's doctor".

Pathology includes two major parts, general pathology and systemic pathology. General pathology is the study of the basic principles of pathological processes involved in disease (e. g. cell and tissue adaptation and injury, repair for injury, local fluid and hemodynamic derangement, inflammation, and tumor). It is the foundation of knowledge that has to be laid down before one can begin to study the systematic pathology of specific disease. And systematic pathology in the study of structure and functional abnormalities of a specific disease of body organs or system, such as respiratory system (lung cancer), digestive system (appendities) and so forth.

Pathological research methods include two major parts, too. Human pathology and experimental pathology. Human pathology includes autopsy, biopsy and cytology. Experimental pathology includes animal experiment and tissue and cell cultures. There are various methods for pathological observations, such as gross pathology, light microscopy, histochemistry, immunohistochemistry, electron microscopy and so on.

In recent years, a series of new technologies have been established, new branches of science such as cell biology, molecular biology, environmental medicine and modern immunology have been rised. This had a profound impact on development of medical science and also pathology, promoting the establishment of the immunopathology, molecular pathology, genetic pathology and quantitative pathology. And new techniques such as specialized laboratory tests of a biochemical, immunologic or molecular nature have been using for the study and diagnosis of disease. We are now entering a golden age for pathology which is full of promises.

病理学(pathology)是用自然科学的方法研究疾病的病因、发病机制、病理变化、结局和转归的医学基础学科。病理学的研究目的是认识和掌握疾病的本质和发生、发展的规律,从而为防治疾病提供必要的理论基础和实践依据。在临床医疗实践中,病理学为许多疾病诊断、鉴别诊断,并提供治疗的依据,是临床医学的重要学科之一。

第一节　病理学的内容和任务

The Contents and Tasks of Pathology

病理学研究的主要对象是疾病(disease)。所谓疾病是指机体在病原因子作用下,在结构或功能上发生的一些异常改变,表现出一定的症状和体征。但病理学并不仅是病变组织形态学的同义词,病理学包括了从病变分子水平到机体出现疾病时的功能、结构变化的知识和对此的理解。

一般将病理学分为基础病理学(basic pathology)和临床病理学(clinical pathology),后者又称外科病理学(surgical pathology)或诊断病理学(diagnosis pathology)。基础病理学侧重于病理学的基础理论研究,临床病理学侧重于对疾病的临床病理诊断。本教材的内容侧重于基础病理学。基础病理学一般包括总论和各论两大部分。病理学总论又称为普通病理学(general pathology),主要阐述涉及疾病病理过程的基本病理变化、各种不同疾病发生、发展的共同规律(如组织和细胞的损伤、损伤修复、局部血液循环障碍、炎症和肿瘤)。如不同炎症性疾病都有炎症的三大基本改变,即变质、渗出和增生。病理学各论或称为系统病理学(systemic pathology),侧重阐述各种不同疾病发生、发展过程中的特殊规律,即以疾病为单位研究疾病的病因、发病机制、病理变化的发生、发展规律及其与临床的联系。如大叶性肺炎和小叶性肺炎其病因、病理变化和临床表现等可以完全不同。学习总论认识疾病的共同规律有利于对各论中具体疾病的理解,认识疾病的特殊规律。而各论研究特定器官或系统疾病的特殊性,又加深了对总论普遍规律的认识。因此,病理学总论和各论之间有着十分密切的内在联系,学时应互相参考。

病理学的主要任务是研究和阐明:①病因学(etiology):疾病的原因,包括内因和外因,及其相互关系;②发病学(pathogenesis):即在病因的作用下导致疾病发生、发展的具体环节、发病机制和过程;③病理变化(pathological change)或病变(lesions):即在疾病发生、发展过程中机体的功能代谢和形态结构的变化,以及这些变化与和临床表现(症状与体征)之间的关系,即临床与病理的联系(clinical pathological correlation);④疾病的转归与结局,包括疾病的发展和预后(prognosis):疾病的预期治疗结果,复发以及并发症(complication)、后遗症(sequelae)等。

What is disease?

Disease may be identified as an abnormal variation in the morphological, structure and function of any part of body. In other words, a disease is abnormal condition of body caused a loss of normal health (disease).

第二节 病理学在医学中的地位 The Roles of Pathology in Medicine

病理学长期以来被喻为“桥梁学科”,病理诊断为“权威诊断”,这充分表明它在医学中,特别是在临床医学中占有不可替代的重要地位。加拿大著名医生和医学教育家Sir Willian Osler(1849~1919)曾写道:“As is our pathology, so is our medicine”(病理为医学之本)。

(一)病理学是基础医学与临床医学之间的桥梁学科 Pathology is a bridge between clinical and basic medicine

病理学是以解剖学、组织胚胎学、细胞生物学、生理学和生物化学等各学科知识为基础,研究疾病状态下机体、器官、组织和细胞的形态结构、功能及代谢的改变,以回答这些改变与临床上出现的症状、体征之间的关系、疾病的诊断、转归和结局等临床医学中的问题。病理学本身作为基础医学的主干学科,同时又是临床医学各门课程的基础。对医学生来说病理学是一门极其重要的专业基础课程,是从医学生成长为临床医生的必修课程。通过学习疾病的基本病变、相应的功能和代谢改变以及临床表现,掌握疾病的规律和特点,为今后临床医学课程的学习打下坚实的基础。因此,在医学教育中,病理学是基础医学和临床医学之间的桥梁学科。

Clinical pathological conference (CPC)

The object of the pathological discussion comes from the autopsy cases. In order to make improvement as well as draw the lesson from the experience, the diseases cause, pathogenesis and pathology under the combination of clinical and autopsy condition were discussed. Autopsy materials would be the most important contents in the clinical pathological conferences.

(二)在疾病诊断中病理诊断具有权威性 Pathological diagnosis has authority in diagnosis

病理诊断是通过观测器官的大体(肉眼)改变、镜下观察组织结构和细胞病变特征而做出的诊断。因此相比临床上根据病史、症状和体征等做出的分析性诊断以及利用各种影像技术所做出的诊断更具客观性和准确性。尽管现代分子生物学的诊断方法已逐步应用于医学诊断,而且医学实验室检测、内镜检查、影像学诊断等技术突飞猛进,在疾病的发现和定位上起到了重要的作用。但到目前为止,病理诊断仍被视为带有宣判性质的、权威性的诊断,是“金标准”。细胞学检查在发现早期肿瘤中有重要作用,如通过落实国家两癌筛查项目,我国妇女定期作宫颈刮片检查,脱落细胞镜检,以判定有无与癌症发生及有关的癌前病变,使宫颈癌患者得到了早期诊断和有效的干预,其死亡率明显下降。尽管筛查乳腺癌主要通过乳房X线影像检查,但任何异常都将通过从可疑部位获取细胞或组织检查来进一步确诊。尸体解剖可对明确疾病病因和死因做出最权威的终极回答,并在医疗纠纷和医疗事故鉴定中发挥重要的举证作用。同时,病理学在鉴定新发生的疾病方面具有不可替代的作用,很多疾病有赖于病理学检查才能做出最终诊断。因此病理医生被称为“doctor’s doctor”(医生的医生)。随着对疾病精准的个性化靶向性治疗时代的来临,又为病理医生带来新的挑战与机遇,准确的病理诊断将是精准治疗的前提,这使病理诊断在临床诊疗中的作用更加凸显,临床对疾病生物标志物的诊断需求将更快地推动病理诊断技术的迅速提高。可以预见,针对疾病治疗中临床医生与病理医生的良好合作,必将极大地有利于患者的治疗。病理工作者参与的现代多学科综合治疗(contemporary multi-disciplinary therapy)终将会成为患者的诊治模式,将有利于病人尤其是肿瘤病人治疗方案的选择,并可提示病人的预后。然而,病理诊断也有主、客观的局限性。如:①肿瘤的多形性,同一肿瘤中不同区域可具有不同的形态变化,或不同的疾病也可有相似的形态变化即“同形异病”。活检标本、大体取材和切片检查均属抽样检查,最终在光镜下见到的仅是病变的极小部分,因此,病理诊断受制于标本代表性程度。②一次活检的病理诊断只诊断有形态改变者,只反映疾病阶段变化,当一种疾病处于非特征性病变时期,病理检查难以作出确切的诊断。③病理诊断是根据临床送检标本的观察所得出的结论,当临床未取到病灶时(如癌旁、坏死、感染等)则不能作出诊断,此时应再取或补取组织,以免造成误诊和漏诊。④病理学诊断是一门依赖经验积累的诊断学科,只反映当时对某种疾病认知程度与诊断标准,随着认识的加深,诊断标准会有所变化,特别是一些灰区病变、交界性病变有一定的不确定性。⑤病理诊断标准虽是客观的,但病理医师对诊断标准的掌握带有主观性和经验性,一张切片经不同专家会诊可能会出现几种诊断。因此也不能过于夸大病理诊断“金标准”的作用。病理诊断的差错可能会延误病情,造成误截肢、摘除脏器等不可挽回的严重后果。所以一个医院病理诊断水平的高低直接反映该医院的医疗质量。提高病理技术水平,增加临床—病理医生相互沟通,对于减少和杜绝漏诊、误诊是十分必要的。

(三)病理学在医学研究中的作用 Pathology’s role in medical research

现代病理学吸收了当今分子生物学的最新研究方法,使病理学的观察从器官、细胞水平,深入到亚细胞水平、蛋白表达及基因改变的水平。应用蛋白质和核酸等分子生物学技术研究疾病发生、发展过程的分子病理学已成为一门新兴的分支学科。如某一基因的改变是否同时伴随蛋白表达及蛋白功能的异常,是否与疾病的形态学改变有关;反之,某种形态上的异常是否出现某个(些)基因的异常或表达的改变等。对临床医学中一些症状、体征的解释,新病种的发现和预防以及敏感药物的筛选、新药的研制和毒副作用的判断等都离不开病理学方面的鉴定和解释。特别是大数据时代的来临,运用病理学的方法在计算人群疾病的发生率上无论在活检或死后尸检中得出的结果都是最可靠的。卫生主管部门可以根据这些资料来部署预防和治疗资源,使患者得到最大利益。因此,病理学是整个医学研究的重要基础和平台,各种有关疾病的科研均需要以正确的病理诊断为依据。病理检验积累的数据和资料(包括大体标本、石蜡包埋组织和切片等)不仅是疾病研究的材料,也是病理学教学和病理医师训练的重要教学资源。

第三节 病理学的研究方法 Methods of Pathological Research

根据研究对象的不同病理学分为人体病理学(human pathology)和实验病理学(experimental pathology)。前者以病人或从病人体内得到的材料(器官、组织、细胞、体液等)为研究对象,后者以疾病的动物模型或培养的细胞为研究对象。

(一)人体病理学 Human pathology

人体病理学更关心对疾病本身的交互分析——疾病的原因、机制、疾病对机体不同器官和系统的影响。通过对病灶形态观察,作出病理诊断,为临床治疗提供依据。人体病理学包括尸体剖验,活组织检查,细胞学检查。有人将尸体剖验(Autopsy)、活组织检查(Biopsy)和细胞学检查(Cytology)喻为病理科室和病理医生的“ABC”。

1. 尸体剖验 Autopsy 尸体剖验简称尸检,与死后检查(necropsy)为同义词,即对死者的遗体进行病理解剖和后续的病理学观察,是病理学的基本研究方法之一。尸检能全面系统地对尸体进行检查,可按剖检需要取材,不受时间限制,因而能对死者的疾病做出全面正确的诊断。尸检的主要作用在于:①确定诊断,查明死因;有利于总结在诊疗过程中经验和教训,为医疗事故和医疗纠纷的解决提供证据;②发现和确诊某些新的疾病、传染病、地方病、流行病等,为卫生防疫部门采取防治措施提供依据;③积累各种疾病的人体病理材料,有利于研究和防治这些疾病;④尸检材料将是临床病理讨论会的最好内容,收集的各种疾病的病理标本用于病理学教学和临床医生再教育。

Autopsy (necropsy and postmortem examination are synonymous) means to see for oneself. Autopsies are very helpful for clinical progress and mainly useful for: determining the cause of death; make the accuracy of clinical diagnosis; education of medical students and clinicians; research into the causes and mechanisms of disease; gathering accurate statistics about disease incidence and discover some new diseases.

在我国尸检率不高,并呈进一步下降的趋势,造成这种情况的原因有以下几个方面:①一些观点认为新技术已经可以替代尸检提供的信息;②临床医生担心尸检会揭示不适当的医疗行为而导致医疗诉讼发生;③管理部门缺乏重视;④传统观念和心理因素。尽管有这些负面因素,仍不能否认尸检对诊疗行为评估的重要作用。现代技术的进步并没有改变在临床医学中尸检的作用。事实上,由尸检诊断出的临床未能发现的病变也很少引起诉讼。反之,如果出现了对患者处理中的错误,难道职业医师就没有责任揭示和纠正它吗?目前我国的尸检率不高的状况,不利于我国病理学和整个医学科学的发展,亟待立法和大力宣传尸检的意义。

2. 活组织检查 Biopsy 活组织检查简称活检,即用局部切取、钳取、穿刺针吸和搔刮等手术方法,从活体内获取病变组织进行病理诊断。其意义在于:①由于活检组织新鲜,固定后能基本保存病变的原貌,有利于及时、准确地对疾病做出病理学诊断。一般采用石蜡切片进行病理诊断(通常 24~48h 完成);②必要时还可在手术进行中作冷冻切片快速诊断(一般在 30min 作出诊断),协助临床医生选择最佳的手术治疗方案;③在疾病治疗过程中,定期活检可动态了解病变的发展和判断疗效;④对活检组织采用如免疫组织化学、电镜观察和组织培养等研究方法可对疾病进行更深入的研究,有利于对患者的进一步治疗和评估预后。因此,活检是目前诊断病理学广为采用的方法。但活检诊断也受到取材准确性和可行性的限制。

Frozen section

The most common current use of frozen section is to determine rapid diagnosis in operating and to determine the appropriate additional workup necessary for a particular tissue specimen while it is still fresh; for example, if the metastatic tumor found in a lymph node is recognized as a poorly differentiated carcinoma, special fixation and electron microscopy may be required for proper diagnosis. On the other hand, if the tumor is a lymphoma, an entirely different set of studies may be require, such as those for cell surface antigen markers and gene rearrangement.

Paraffin embedded sections

Tissues have been fixed, dehydrated and embedded in paraffin wax as a supporting medium prior to sectioning. Though requiring more time for preparation (generally 24 to 48 hours), Sections are generally thinner (typically 4μm) and, due to avoidance of freezing artifacts, are of better overall quality and therefore permit greater certainty of interpretation. A broader repertoire of stains is also available for permanent sections.

3. 细胞学检查 Cytology 通过采集病变处的细胞进行诊断。细胞学检查除用于病人外,还可用于健康普查,并可用于对激素水平的测定(如阴道脱落细胞涂片)及为细胞培养、DNA 提取等提供标本。

脱落细胞学(orifices)检查的细胞来源:①可以是运用各种采集器在女性生殖道、口腔、食管、鼻咽部等部位直接采集的脱落细胞;②可以是自然分泌物(如痰、乳腺溢液、前列腺液)、体液(如胸腹腔积液、心包积液和脑脊液)及排泄物(如尿)中的细胞;③还可通过内镜刷取的脱落细胞。此法优点为快速简便、副作用小、费用低、病人痛苦少而易于接受,并可重复,并适合大样本人群普查等。缺点是缺乏组织结构,细胞分布不均,且获取的细胞大部分为变性或死亡的细胞,只能用于形态学观察,不适合用于以细胞活性为目的的研究,也不适用于需要了解细胞与组织结构关系的疾病或病变的诊断(如肿瘤对周围组织的浸润等),而且取材范围较为局限,不能深入病灶。

细针穿刺(fine needle aspiration, FNA)通过连接在细针上的注射器产生负压在病变部位(如前列腺、肝、肾、胰、乳腺、甲状腺、淋巴结等)采集组织或细胞。该法也可在内镜、CT 或超声引导下进行。在探查性手术过程中,这种方法可以提供快速诊断以帮助确定手术范围。该方法具有设备简单、操作方便、安全易行、诊断快速和正确诊断率高等优点。它不同于脱落细胞学检查,FNA 所取到的细胞是活细胞,可适用于全身从体表到内脏几乎所有部位,能达到病灶中取材的目的。吸取的细胞除了可进行诊断外,还可以通过对活细胞进行一系列有意义的检查,如细胞功能检测、细胞酶学组化检测、电镜下观察细胞超微结构、测定 DNA 含量、进行细胞培养建立细胞株、检测细胞标记、肝细胞中糖原定量及荧光免疫检查等。今后 FNA 技术还将在形态学、组织结构和功能学方面进一步扩展。该方法唯一的禁忌证是有出血性素质或有出血倾向的病人。其并发症主要是考虑有无使癌细胞转移或沿针道扩散的问题,极少发生这种并发症。该技术的局限性在于吸取组织较少,有时为诊断带来困难,但可以在重复针吸复查中加以解决。FNA 对肿瘤生长的组织特异性与分型及判断转移癌的组织起源也有一定的局限性,如有些肿瘤以浸润包膜为恶性诊断依据,但 FNA 对肿瘤包膜的定位取材有一定的难度。此外,在 FNA 操作过程中的任何一个环节均会影响诊断的正确性,当吸取病变组织太少或仅为血液时则无法诊断,或因为肿瘤病变不均匀未获得本质性病变细胞而漏诊或误诊,临床医生应该了解该这项技术的优点与缺点。

FNA biopsy

FNA biopsy is a method of taking a cytology sample by means of a fine needle with negative pressure supplied by an attached syringe. When performed during exploratory surgery, the procedure can provide a rapid diagnosis that helps to determine the extent of surgery needed. However, this method cannot fully evaluate lesions or diseases that require attention to tissue architecture as opposed to cellular cytology (e. g., follicular lymphomas). Cytology may be identified neoplastic cells, but the value of diagnostic cytology in modern cancer detection cannot be overemphasized.

(二) 实验病理学 Experimental pathology

实验病理学包括动物实验和组织细胞培养。

1. 动物实验 Animal experiment 动物实验的目的是应用动物复制出一些人类疾病的模型来研究疾病的病因,发病机制,病理改变和转归。并可通过药物和其他一些因素对疾病的影响,或者一些致癌物质,生物因子的致病机理,可以在疾病的不同时期行活组织检查,由此可以观察到各阶段的病理改变及其发展过程。该方法的优点是可根据需要对之进行任何方式的观察研究,如转基因动物等,以弥补人体病理学研究的限制,但应注意的是动物和人体之间毕竟存在一定的种属差异,不能把实验结果不加分析地直接套用于人体,仅可作为研究人体疾病的参考。

2. 细胞培养和组织工程 Cell culture and tissue engineering 从人体或动物体内获得某种组织或单细胞用适宜的培养基在体外培养。该方法可研究各种因子对细胞、组织的影响。例如在病毒感染或其他致癌因素的作用下,细胞如何发生恶性转化;在恶性转化的基础上发生哪些分子生物学和细胞遗传学改变;能否通过不同因素阻断恶性转化或逆转恶性转化;免疫因子、射线、或抗癌药物等对癌细胞生长的影响等。这些都是对疾病研究十分重要的课题。近年来通过体外长期培养建立了不少人体和动物疾病的细胞系(cell line),和用细胞克隆或单细胞培养获得的纯种细胞株(cell strain)。同时通过组织工程在体外模拟和构建机体组织和器官。这些研究方法的优点是体外实验条件容易控制,可以避免体内复杂因素的干扰,还可以任意施加外来的已知因素,其周期短、见效快、费用低。缺点是孤立的体外环境与复杂的体内环境有很大的不同,故不能将体外研究结果与体内过程简单地等同看待。

第四节 病理学的观察方法
Methods of Pathological Observation

无论尸检还是活检,肉眼的大体观察和光镜水平的形态学观察是病理学研究的基本方法。

(一) 大体观察 Gross observation

大体观察主要用肉眼或辅之以放大镜、尺、秤等工具,来描述或拍摄病变的外观和特征(括病变大小、形状、色泽、质地、硬度和边界、表面和切面状态、位于器官什么部位及与周围组织和器官的关系等)。大体观察不仅是病理医生的基本功和进行病理诊断的第一步,也是医学生学习病理学的主要方法之一。

(二) 光学显微镜观察 Light microscopy observation

将肉眼确定的病变组织取材后,通过福尔马林(formalin,甲醛)固定和石蜡包埋(paraffin embeded)(有时也用透明胶包埋)后切片(4~5μm 厚),或采集的脱落细胞制成涂片,通过不同方法染色在光学显微镜(light microscopy)下观察组织和细胞形态结构变化。组织切片最常用的染色方法是苏木素-伊红(homatoxylin and eosin,HE)染色。组织学观察中还可以采用荧光显微镜(fluorescence microscopy)和相差显微镜(phase contrast microscopy)等用于不同的观察目的。由于显微镜的分辨率比肉眼增加了千百倍,因而显著地提高了诊断的准确性,这是目前病理学研究和诊断最基本的方法。

(三) 组织(细胞)化学染色 Histochemistry(cytochemistry) staining

通过应用某些能与组织或细胞的化学成分进行特异性结合的显色试剂,定位的显示病变组织、细胞的特殊化学成分(如蛋白质、酶类、糖类、脂类、核酸等)进行疾病的诊断与鉴别诊断和分类。用此方法观察组织切片时称为组织化学(Histochemistry),观察涂抹细胞或培养细胞时称为细胞化学(cytochemistry)。此项技术可初步将纯形态学观察与功能代谢等联系起来,加深对疾病本质的认识。例如在冰冻切片中应用苏丹Ⅲ特殊染色显示橘黄色的脂肪滴;普鲁士蓝染色显示蓝色的含铁血黄素;VG 和 Masson 染色区分胶原和肌肉,Weigert's 法染色鉴定弹力纤维,银染显示黑色网状纤维,还有一些特殊组织化学染色可以显示黏液,淀粉样物质,脂质,髓鞘和糖原等。

(四)免疫组织(细胞)化学染色 Immunohistochemistry and Immunocytochemistry

利用抗原抗体的特异性结合反应来检测和定位组织和细胞中某种化学物质的一种技术,由免疫学和传统的组织化学技术结合而成。一般是先制备针对某种组织或细胞成分的抗体,并给抗体标记上标记物(marker),然后在光镜或电镜下直接观察抗体与组织或细胞内抗原是否结合及结合的部位特征等。该技术不仅有较高的敏感性和特异性,而且还能将形态学改变与功能、代谢的变化相结合,直接在组织和细胞中定位显示某些蛋白质和多肽类物质存在的特点,可精确到亚细胞水平。结合计算机图像分析等,可对被检测物质进行定量分析,已成为了解人类疾病的重要的辅助手段。一大批商品化的单克隆抗体(monoclonal antibody)和多克隆抗体(polyclonal antibody)的出现,如标记上皮细胞的角蛋白(cytokeratin,CK)、标记间叶成分的中间丝蛋白(vimentin)等,以及配套试剂盒的使用及方法学的不断完善,使大多数病理学实验室都能开展高质量的免疫组织化学染色。

最常应用的免疫组织化学检测系统是辣根过氧化物酶-二氨基联苯胺(horseradish peroxidase-DAB)系统,该技术是在特异性抗体上连接辣根过氧化物酶经 DAB 显色反应。阳性信号呈棕色细颗粒状,其主要的优点是经济适用,反应产物不溶于水和有机溶剂,染色片可长期保存。但 DAB 有一定的致癌作用,在使用时应注意防护和环境保护。

(五)电子显微镜观察 Electron microscopy

电子显微镜(简称电镜)主要观察亚细胞结构(subcellular structure)。电镜与光镜不同之处是光镜照明为可见光,而电镜是以电子束为光源,电镜的透镜不是玻璃而是轴对称的电场或磁场。在电子显微镜下可以确定细胞的种类,如上皮起源或黑色素细胞起源,有助对肿瘤进行分类,对识别新发现的肿瘤组织起源起重要的作用。但不能用来确定单个细胞的良、恶性。在电镜的基础上发展了激光共聚焦扫描显微镜(confocal laser scanning microscopy)应用激光和计算机对病变细胞内部进行光学扫描,产生细胞和组织的三维图像,可进行一系列亚细胞水平的结构和功能研究,如测定肿瘤细胞内 DNA,RNA,Ca^{2+},pH 膜电位和细胞间通讯等。

Electron microscopy

Electron microscopy is a powerful tool for recognizing subcellular structures that are not detectable by light microscopy. Electron microscopy allow confident identification of cells as, for example, of epithelial or melanocyte origin. That is also helpful in subclassifying tumors, an exercise that may have important therapeutic implications and is important in identifying the histogenesis of newly recognized cancers.

第五节 病理学的发展史 History of Pathological Development

人类的发展始终与疾病共存、与疾病斗争,战胜疾病的探索从来没有停止过。病理学是人类在防治疾病过程中经不断研究和探索逐步产生的,病理学的发展大致经过了以下几个阶段。

(一)体液病理学 Humoral pathology

是古希腊名医希波克拉底(Hippocrates)提出的学说。体液理论将体液视为控制人类性情的物质,认为体液由血液质(血液产生于心),黏液质(黏液产生于脑),黄胆汁(黄色的胆汁产生于肝脏),抑郁质(黑色的胆汁产生于脾)所组成。正常时四液平衡,失衡时产生疾病。这一朴素的唯物主义学说控制和影响了欧洲医学思想长达 2000 年之久。

(二)器官病理学 Organ pathology

第一次科学地研究疾病的机会来自于对尸体内脏的细致检查。器官病理学就是通过检查器官改变来认识疾病。15 世纪以前,已经从零星的尸体解剖中获得了一些有关疾病的知识。但是仅仅在安东尼本尼维尼(Antonio Benivieni,1440~1503,佛罗伦萨的外科医生)的著作《疾病隐因》(1507 年)中,我们才见到对 20 例尸体解剖的描述,“试图确定死因和解释临床症状”。本尼维尼被称作病理解剖学之父,他的著作也被认为是“唯一一本完全根据自己观察写成的病理学著作”。15 世纪欧洲文艺复兴后,尸检开始盛行,随着解剖学的进展,病理学也得到了很大的进步。

18 世纪末意大利医学家莫干尼(Giovanni Battista Morgagni,1682~1771)把对疾病的科学研究真正建立在坚实的解剖病理学基础之上。他在 Padua 大学任教授达 56 年之久,在这期间,他作了大量的病理解剖观察,并在描述解剖学方面有所发现。他的主要贡献在于他根据 700 例尸检发现结合死者生前的症状出版了他的 5 卷本巨著《论疾病的位置和原因》[《*De sedibus*,

et causis morborum per anatomem indagatis》(1761年)],该书具体地描述和记录了患者的病史和死后的尸检发现,并努力用这些病变来解释临床症状,得出了不同的疾病具有相应器官的形态改变[病变(lesion)]的结论,创立了器官病理学。拜利(John Hunter-Matthew Ballie,1761~1823)撰写第一部系统性病理解剖学教科书时,他采用了莫干尼的方法按人体器官来安排章节。Krumbhear 对他们各自的贡献作了如下总结:"到十八世纪末,解剖病理学已经建立并成为医学科学的坚实基础。其中,莫干尼作了大量的观察,并把结果与临床症状很好地结合起来。而从拜利的教科书开始独立而又系统地描述各个器官的疾病"。

19 世纪初,维也纳的 Rokitansky 利用 84000 多例的尸检资料写成一部《病理解剖学》巨著,进一步丰富了器官病理学的内容。

(三)细胞病理学 Cellular pathology

200 多年以前,人们对细菌,病毒,离子辐射,致癌物质等都一无所知。直到 1800 年以后,Pasteur 应用显微镜首先证明了环境中的微生物能传染,而后应用显微镜观察病变组织,这使病理学、乃至整个医学都经历了一场革命。

德国病理学家鲁道夫·魏尔潇(Ruddf Virchow,1821~1902)使用光学显微镜使他观察到病变组织细胞水平的改变,创立了细胞病理学(cytopathology)。他认为细胞是人体的基本组成部分,是最小的可见单位。同时他提出了许多有关疾病细胞病理学的观点,认为"疾病是异常的细胞事件",出版了巨著《细胞病理学》《*Die Cellular pathologie in ihrer Begrundung auf physiologische und pathologische Gewebelehre*》(1858)。事实上因为太忙而没有时间写作,这本巨著仅是 Virchow 对医生们所作的 20 个讲座的笔记。Virchow 细胞病理学的理论不仅为现代病理学,而且为所有的医学基础学科奠定了基础,直到今天其理论和技术仍在对医学科学的发展产生影响。

Rudolf Virchow (1821 ~1902)

A german pathologist and ardent advocate of the microscope, recognized that the cell was the smallest viable constituent unit of the body and contrived a new and lasting set of ideas as about disease cellular pathology. The light microscope enabled him to see changes in diseased tissues at a cellular level. His great book《*Die Cellular pathologie in ihrer Begrundung auf physiologische und pathologische Gewebelehre*》appeared in 1858. It was in substance a shorthand report of twenty lectures given to medical men, since Virchow was too busy to write out his lectures himself.

十九世纪是病理学发展的全盛时期,大体和镜下观察相结合,显微镜的应用和组织包埋技术的发展使病理学获得了巨大进步,如采用肥皂,蜂蜡,石蜡等包埋材料可以用手工或用切片机制作薄切片。各种染色技术的出现也使得应用显微镜研究变得更加方便和研究范围更广泛。

(四)现代病理学 Modern pathology

经过近一个半世纪的探索,临床和实验生理学、生物化学对器官和细胞的功能研究也发现了疾病时物质交换、运输、发育和生长等代谢和功能的异常,这样对疾病的形态、结构、功能、代谢的改变逐渐的联系起来,逐渐形成并完善了今天的病理学学科体系。如用肉眼观察病变器官的大体变化称为大体所见或解剖病理学(anatomicalpathology);借助显微镜所进行的组织学和细胞学研究称为组织病理学(histopathology)或细胞病理学(cytopathology);用电镜技术观察病变细胞的超微结构变化称为超微结构病理学(ultrastructural pathology)。

20 世纪 60 年代电子显微镜技术的建立,使病理形态研究进入到亚细胞水平。此后,40 余年中随着免疫学、细胞生物学、分子生物学、细胞遗传学的进展以及免疫组织化学、流式细胞术、图像分析技术和分子生物学等理论和技术的应用,极大地推动了传统病理学的发展。病理学进入形态结构与功能代谢(蛋白质、基因)相结合的现代病理学的崭新历史时期,出现了许多新的学科分支:如免疫病理学(immunopathology)、分子病理学(molecular pathology)、遗传病理学(genetic pathology)和计量病理学(quantitative pathology)等,丰富了传统病理学的观察内容,不仅使形态学观察从定位、定性走向定量,而且与功能代谢改变的基础——蛋白质、基因的改变联系在一起。随着分子病理学理论和技术的日臻完善,分子病理学有望成为近年来临床病理发展最快的领域。对大多数疾病而言,不管是先天性,还是获得性的,均具有一定的遗传学基础。应用分子病理学方法检测人染色体上基因的改变以确定遗传性疾病的诊断;在感染性疾病中不仅可检出正在生长的病原体,而且可以检出潜伏的病原微生物;通过检测肿瘤中特定基因的改变可作为分子靶向治疗的基础;在组织器官移植中通过组织抗原匹配、显示移植物在体内过程的踪迹,监测疾病的复发;在法医对刑事案件的鉴定中,DNA 指纹技术可以精确到一个细胞、一根毛发和一个精子,就可取得个体特征的基因图谱。目前对疾病的观察和研究已从个体向群体和社会发展,并与环境结合,出现了地理病理学、社会病理学等新的分支。这些发展大大加深了对疾病本质的认识,同时也为许多疾病的防治开辟了光明的前景。

随着4G网络时代和大数据时代的到来，借助图像数字化以及数字存储传输技术的发展，将整张病理切片进行无缝拼接成高分辨率的数字化图像（whole slide image，WSI）即数字切片（digital slide）或虚拟切片（virtual slide），并能从存储系统检索，被称为数字病理学（digital pathology）。使用者可不通过生物显微镜直接在计算机上进行全片数字化切片阅片，连续观察不同视野、在图片分辨率无损的情况下随意缩放，并显示全景导航，还可以通过局域网、互联网建立共享病理学教学和诊断平台，并可与其他数码互动系统、专业教学管理系统实现无缝对接，实现动态显微视屏与数字切片、多媒体课件及视屏资源的联动；并实现远程诊断及疑难病例会诊，相信4G网络覆盖与WSI的应用将极大地推进病理学学科的进步与病理事业的快速发展，病理学必定将以全新的面貌展示在世人面前。

Molecular pathology

Many important advances are now coming from the science of molecular pathology revealing defects in the chemical structure of molecules arising from errors in the genome, the sequence of bases that directs amino acid synthesis, using nucleic acid probes with or without amplification by the polymerase chain reaction to detect expression of specific disease genes or gene mutations; Flow cytometry may detect tumors with normal diploid or tetraploid DNA content have been repeatedly shown to have a better prognosis than aneuploid tumors; And culture for stem cells include their differentiation. Stem cells have a high capacity for cell proliferation, when stimulated, may divide frequently, stem cells alone have the capacity to regenerate normal tissue so that stem cells are studied in injury and disease tissues and organs for repairing. Now positive recognition markers of stem cells has been achieved in several organs: for example, bone marrow, epidermis, liver, and gastrointestinal tract mucosa. And other techniques such as specialized laboratory tests of a biochemical, immunologic or molecular nature have been using for the study and diagnosis of disease.

我国是幅员广阔、人口和民族众多的大国，在疾病谱和疾病的种类上都具有自己的特点。我国的现代病理学始建于20世纪初，归功于老一辈病理学家。如胡正祥、徐涌明、梁伯强、谷镜研、侯宝璋、林振纲、秦光煜、江晴芬、李佩林、吴在东、杨述祖、杨简、刘永等为我国的病理学学科建设、人才培养、科学研究、呕心沥血、艰苦创业、功勋卓著。他们的名家风范、人格魅力一直在激励着病理学后继人才的茁壮成长。进一步开展好人体病理学和实验病理学的研究，打破病理学与其他学科的界限，密切关注相邻新兴学科的发展，学习和吸取它们的先进成果，来创造性地丰富病理学的研究方法和内容。使我国病理学研究的某些领域能够达到或赶超世界先进水平，为医学事业的发展和人类健康作出应有的贡献，这也是我国当代病理学工作者的责任和任务。

第六节　病理学的学习方法
Methods of Learning Pathology

学习病理学必须运用辩证唯物主义的世界观和方法论的基本观点，正确地观察和分析病理学中的各种问题。如运用矛盾对立统一观点分清患病机体在器官水平、组织水平、细胞水平和分子水平上存在的损伤和抗损伤表现，认识损伤和抗损伤矛盾双方相互转化及其转化条件，为指导正确治疗提供理论依据；又如运用发展的观点去动态观察、分析和理解疾病发生发展各阶段所出现的各种病理变化；还要运用互相联系的观点认识病理过程中形态、功能和代谢变化的内在联系及其与临床表现的关系；以内因和外因的辩证统一观点认识疾病的发生中内因、外因的作用。

过去的生物医学模式，即以解剖学、生理学、生物化学、微生物学等生物科学为立足点，单纯从人体的结构和功能变化来解释健康与疾病及防治疾病。如今，在健康和疾病问题上，人不仅受到自然因素的影响，而且必然还受到社会和心理因素的影响。因此，必须以生物—心理—社会的新医学模式来指导医疗实践，才能更有效地防治疾病，增进健康。学习病理学同样要求以新医学观为指导，即从分子、细胞、组织、器官、系统、机体、心理、家庭、社会和生物等层面上深入认识疾病发生发展和转归的规律、重视心理和社会因素在疾病发生发展中的作用。

结合本学科特点，在学习方法上强调以下几点：

1. 正确理解和掌握病理专业名词、术语是学好病理学的基础　病理学中有很多专业名词术语，如变性、坏死、淤血、机化、假膜、癌、肉瘤等，要正确理解其概念的内涵和外延；对易混淆的名词术语如变性与变质、坏死与坏疽、肉芽组织与肉芽肿、栓塞与梗死等要认真加以区别，掌握其概念的本质性特征。

2. 学习病理学要重视四方面的联系

（1）重视形态变化与功能、代谢变化的联系：每种疾病的病变器官往往存在着不同程度的形态、功能和代谢变化，有的以形态变化为主，有的以功能或代谢变化为主，但三者之间是互相联系、互相影响和互为因果的，在学习中要将它们联系起来加以理解，才能全面认识病变实质。

（2）重视病变局部与整体的联系：机体作为一个整体，疾病的局部病变不仅有局部表现，而且受整体变化所制约；相反任何一个局部病变，在一定条件下会影响到全身，所以在认识和处理疾病时重视病变局部与整体的联系。

（3）加强病理学与相关学科的联系：掌握正常人体的形态、功能和代谢特点，才能正确地分析和判断患病机体的各种变化，深刻理解异常变化的发生机理。

（4）重视病理与临床的联系：学习病理学的目的在于掌握疾病本质和指导防治。因此，带着病理学的问题早接触临床、多接触临床，要学会运用病理学知识解释疾病现象，培养分析问题、解决问题的能力。

3. 重视理论联系实际 病理学是一门高度实践性的学科，课程的学习一般有理论课、实验课、临床病理讨论（clinical pathological conference，CPC）和见习尸体剖验等学习形式。病理学实验课主要是通过对病理标本和组织切片或数字化教学切片的观察，认识病理形态变化，以及通过动物实验观察某些疾病的功能和代谢变化，以达到印证所学的理论知识，加深对理论的理解，培养正确的思维能力。在实验课前要复习好理论，用理论指导观察。肉眼观察大体标本时，首先要认识病变器官，找到病变部位，再从器官表面和切面观察病变的性状。用光镜观察组织学形态特征，先用低倍镜观察组织结构的全貌，找出病变区域，并与正常组织对比，观察病变组织结构的异常变化特点，然后在高倍镜下观察其微细变化和各种细胞形态的变化特征。动物实验中要动态观察治疗前后疾病的各种表现并适时记录。动物死亡后，解剖观察其病变器官或组织的形态变化。经过认真细致观察对所得的结果进行综合分析，并结合病例讨论，做出正确的判断。

（陈 莉）

第 1 章 细胞、组织的适应和损伤

Cell and Tissue Adaptation and Injury

Outline

All forms of tissue injury start with molecular or structural alterations in cells. Under normal conditions, cells are in a homeostatic "steady state". Cells react to adverse influences by ①adapting; ②sustaining reversible injury; or ③suffering irreversible injury and dying. Cellular adaptation occurs when excessive physiologic stresses, or some pathologic stimuli, result in a new but altered state that preserves the viability of the cell. Examples are hypertrophy (increase in mass of the cell) or atrophy (decrease in mass of the cell). Reversible cell injury denotes pathologic changes that can be reversed when the stimulus is removed, or if the cause of injury is mild. Irreversible injury denotes pathologic changes that are permanent and cause cell death. It occurs with sever or prolonged injury.

In normal cells, there is a finely regulated balance between protein synthesis and degradation. That tissue and cell with normal developing occurs shrinkage in the size of the cell and / or reduction in cell numbers by loss of cell substance is known as atrophy. When a sufficient number of cells are involved, the entire tissue or organ diminishes in size, becoming atrophic. It should be emphasized that although atrophic cells may have diminished function, they are not dead. In contradic tinction, apoptotic death may also be induced by the same signals that cause atrophy, and thus may contribute to loss of cells in "atrophy" of an entire organ.

Cell and tissue being stimulated by intolerable noxious factors leads to injury. Four intracellular systems are particularly vulnerable to cell injury: ①Maintenance of the integrity of cell membranes; ②Aerobic respiration and production of ATP; ③Synthesis of enzymes and structural protein; ④Preservation of the integrity of the genetic apparatus. Reversible injury includes cell degeneration, pathologic pigmentation and pathologic calcification. Irreversible injury is marked by severe mitochondrial vacuolization, extensive damage to plasma membranes, swelling of lysosomes, and the appearance of large, amorphous densities in mitochondria. Two critical events are involved in irreversible injury: ATP depletion and cell membrane damage. Necrosis is the sum of the morphologic changes that follow cell death in living tissue or organs. Types of necrosis depend on the balance of denaturation versus digestion. The common pattern of necrosis includes coagulation necrosis, liquefaction necrosis and fibrinoid necrosis.

Apoptosis (from root words meaning "a falling away from") is a relatively distinctive and important mode of cell death. Apoptosis is responsible for the programmed cell death in several important physiologic (as well as pathologic) processes. Apoptosis occurs as a result of an internally controlled "suicide" program, after which the dead cells are removed with minimal disruption of the surrounding tissue. Cellular aging probably represents the progressive accumulation over the years of alterations in structure and functions that may lead to cell death or at least diminished capacity of the cell to respond to the injury.

Death was defined as the permanent disappearance of all signs of life, in pathological situations, the body cannot return tis functions to normal then vital homeostatic control has been permanently lost and death supervenes at the level of the whole organism (death of the individual) and the celluar level (cell death, apoptosis).

机体器官和组织的基本单位是细胞，细胞的生命活动是在体内外环境的动态平衡(homeostasis)中进行，正常细胞的功能和结构受到基因的严密调控，细胞和由其构成的组织、器官以至机体能对不断变化的体内外环境作出及时的反应，表现为代谢、结构和功能的调整。在生理性负荷过多或过少时，或遇过到轻度持续性病理性刺激时，细胞、组织和器官表现为功能和形态上的适应(adaptation)，以一种新的状态维持细胞的生命活动。当内外因素的作用超过了细胞、组织和器官的适应能力时，则可能引起细胞可逆性损伤(reversible injury)或亚致死性细胞损伤(sublethal cell injury)，即损伤较轻，当消除损伤因素后，细胞所发生的病理改变可以恢复。如果引起细胞损伤的原因很强或持续存在，超过了细胞所能承受的极限，则导致细胞发生不可逆性损伤(irreversible injury)或细胞死亡(cell death)。所有的组织损伤都起始于细胞中分子或结构的改变。正常细胞、适应细胞、可逆性损伤细胞和不可逆性损伤细胞在形态学上是一个连续变化的过程(图 1-1)，在一定条件下可相互转化，其间界限有时不甚清楚。

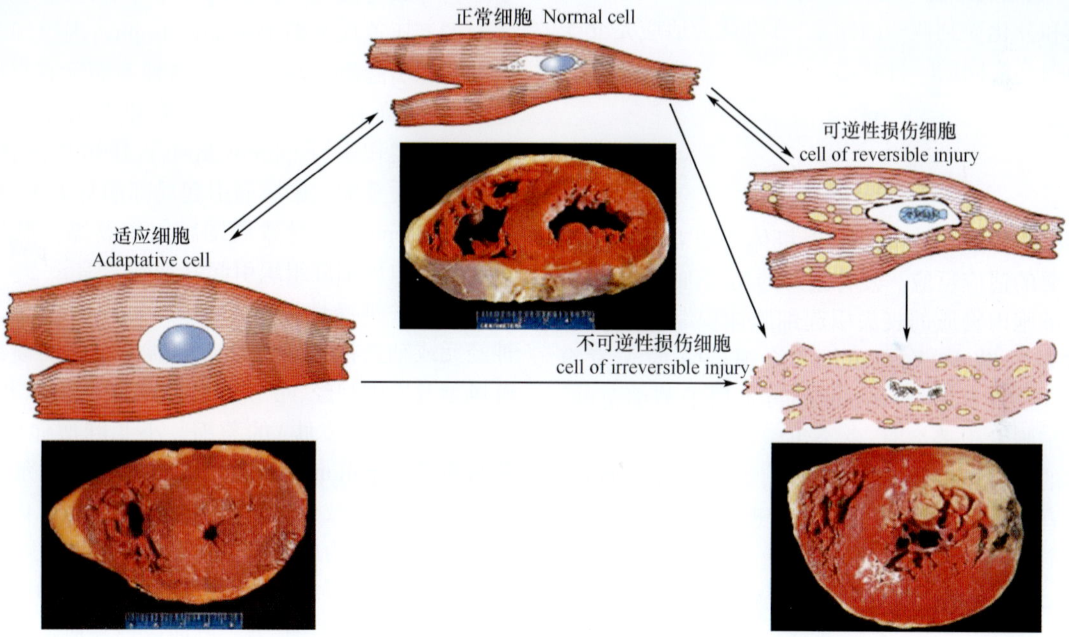

图 1-1　正常细胞、适应细胞、可逆性损伤细胞和不可逆性损伤细胞间的关系 The relationship among normal cells, adaptation cells, reversibly injured cells and irreversibly injured cells

本模式以心肌细胞为例，适应细胞形式为肥大，图左侧显示左心室壁厚超过 2cm(正常为 1~1.5cm)，可逆性损伤的心肌细胞一般仍可发挥正常功能，大体形态或显微镜下可以不产生任何变化。在不可逆性损伤中细胞死亡的形式为缺血坏死，图右侧标本示左室后侧壁急性心肌梗死。In the example of myocardial hypertrophy, the cellular adaptation depicted here is hypertrophy. As is shown at the left side of the figure1-1, the left ventricular wall is more than 2 cm in thickness (normally is 1 to 1.5 cm). For reversibly injured myocardial cells, they can still have normal function, without any readily apparent gross or even microscopic changes. As for irreversibly injury in this example, the type of cell death is ischemic necrosis. It demonstrated that at the right side of the figure, there occurs acute myocardial infarction in the posterolateral left ventricle wall

第一节　细胞和组织的适应
Cell and Tissue Adaptation

细胞和由其构成的组织、器官，对于内、外环境中各种有害因子和刺激作用而产生的非损伤性应答反应，称为适应(adaptation)。通过适应反应，改变细胞形态、结构和功能来避免损伤，达到新的平衡，维持正常的功能，实现细胞在新的环境中得以生存的目的。细胞适应可表现为多种方式，很多情况下细胞仅表现为生理代谢性适应，并未出现形态的改变，如饥饿时血糖不足，可以分解脂肪以供给能量，当血钙降低时通过甲状旁腺素的作用从骨中释放钙以达到新的平衡。细胞适应在形态学上表现为细胞体积、数量、和分化的变化，如萎缩（细胞体积缩小），肥大（细胞体积增大），增生（细胞数量增加），化生（细胞分化改变）。

细胞适应的主要分子机制有：①基因表达及其调控，可由细胞自身或其周围细胞产生的因子直接刺激所致，如子宫内膜增生是对雌激素刺激的反应；②与受体结合的信号转导，涉及上调或下调特异性细胞受体，表现为细胞表面受体的活化以及下游信号途径的激活；③蛋白质的转录、运送和输出环节的调节，通过靶细胞诱导合成新的蛋白，例如热休克蛋白可以保护细胞免受损伤，或由合成一种蛋白质向合成另一种蛋白质转换，或某种原有蛋白质产生过多，如在慢性炎症和纤维化中细胞产生不同类型的胶原和细胞外基质蛋白。因此，细胞和组织的适应性反应实质上是细胞生长和分化受到调整的结果，可以认为适应是介于正常与损伤之间的一种状态。

一、萎　缩
Atropy

萎缩是特殊细胞和器官对机体功能需要减少的一种重要的适应反应。发育正常的实质细胞、组织器官由于细胞内物质的丧失引起细胞体积缩小和（或）细胞数量的减少，称为萎缩。组织器官的未发育（aplasia）或发育不全（hypoplasia）不属于萎缩范畴。当大片细胞发生萎缩时，整个组织器官体积缩小，成为萎缩的器官。引起萎缩的信号，可诱导细胞凋亡，因此器官萎缩，实质细胞丧失的病理过程中凋亡细胞增加。

（一）萎缩可分为生理性萎缩和病理性萎缩两类 Atropy can be divided. intg physiologic or pathologic

1. 生理性萎缩 Physiological atrophy　生理性萎缩是生命过程的正常现象，生理性萎缩与年龄有关，例如青春期胸腺组织萎缩，妇女绝经后卵巢、子宫、乳腺组织萎缩等属于生理性萎缩。老年人几乎所有器官均不同程度地发生萎缩，尤以脑、心、肝、皮肤和骨骼为明显。后者常则兼有生理性萎缩和病理性萎缩性质。

2. 病理性萎缩 Pathological atrophy　在多种病理状态下可以出现萎缩，虽然按其发生原因有以下分类，但是临床上某种萎缩可由多种因素因素共同作用的结果。

（1）营养不良性萎缩 Malnutrition atrophy：可因蛋白质摄入不足、消耗过多和血液供应不足引起。营养不良性萎缩可发生在全身或局部。例如长期严重饥饿、慢性消耗性疾病（结核病、糖尿病、恶性肿瘤晚期）可发生全身性萎缩被称为“恶病质”（cachexia）。全身营养不良性萎缩首先发生在脂肪和肌肉组织，最后发生在心、脑、肝、肾等重要器官，这种发生顺序具有代偿意义。脑动脉粥样硬化时，因慢性血供不足引起局部脑萎缩。因下肢静脉曲张或动脉粥样硬化而导致下肢循环淤滞的患者可出现下肢皮肤的萎缩。

（2）失用性萎缩 Disuse atrophy：由于长期工作负荷减少，功能、代谢降低所引起的萎缩。如骨折后长期固定可导致患肢显著的肌肉萎缩（主要是由于肌纤维的缩小）和骨骼体积的萎缩。骨折后肌肉的萎缩可能还有神经性、营养性、甚至是压迫性（在用石膏固定过紧时）等诸因素共同作用的结果。长期失重状态下的宇航员体重减轻也属于此类萎缩。严重的失用性萎缩会导致骨质疏松（osteoporosis）或骨强度下降。

（3）压迫性萎缩 Pressure atrophy：因组织与器官长期受压引起组织缺氧所致，这种萎缩除有直接的压迫作用外，尚有营养不良性萎缩和失用性萎缩的机制。如肾盂积水（nephrohydrosis），压迫周围肾组织，引起肾实质萎缩。脑膜瘤引起局部颅骨萎缩；脑室积水（hydrocephalus）导致周围脑组织萎缩。肝转移性癌结节压迫周围肝组织引起肝细胞萎缩。

（4）去神经性萎缩 Denervation atrophy：下运动神经元或轴突损害导致所支配器官组织的萎缩。如麻风累及周围神经，可导致肢体尤其是肢体末端（包括肌肉、骨骼及皮肤）的萎缩。小儿麻痹症（脊髓前角灰质炎）（poliomyelitis）患者由于脊髓前角运动神经细胞死亡，导致受这些细胞支配的肢体肌肉发生麻痹与萎缩，表现为患肢骨小梁变细，钙盐减少，骨质疏松，肢体变得细短。一方面去神经性萎缩的肌肉不能活动导致失用性萎缩，另一方面该神经对血供调节功能的丧失，引起效应组织器官营养障碍等综合因素导致相应部位萎缩。

（5）内分泌性萎缩 Endocrine atrophy：激素靶器官的萎缩发生于激素刺激不足时。例如，垂体前叶功能减退症又称西蒙氏症（simmond disease），由于垂体受到损伤，各种促激素分泌减少，常引起甲状腺、肾上腺、性腺等靶器官萎缩。甲状腺功能低下时，皮肤、毛囊、皮脂腺发生萎缩。使用大剂量皮质激素时出现生长抑制作用，会导致皮肤的萎缩从而影响容貌。

（二）萎缩发生的机制 Mechanisms of atrophy

萎缩发生的机制中蛋白质降解的增加起关键作用。哺乳类细胞中含有多个蛋白溶解系统：①溶酶体含酸性水解酶和其他酶类能降解从细胞外环境吞入的物质和细胞表面以及某些细胞内成分。②泛素-蛋白酶体途径则负责降解很多细胞内的蛋白和核蛋白。此途径被认为是包括癌性恶病质在内的很多代谢状态下蛋白溶解加速的主要机制。③皮质激素和甲状腺素可刺激蛋白酶体介导的蛋白降解。④某些细胞因子也可增加肌肉内的蛋白溶解，导致组织萎缩，其功能亦下降，如肿瘤坏死因子（TNF）等。

（三）萎缩的病理改变 Morphology of atrophy

肉眼观：萎缩的细胞、组织、器官体积减小，重量减轻，色泽变深（图 1-2）。

镜下观：萎缩的细胞体积变小，或数目减少或两者兼有。胞质深染，核浓缩。心肌细胞和肝细胞等萎缩细胞胞质内可出现脂褐素（lipofuscin）颗粒，电镜下细胞内自噬泡（autophagic vacuoles）增加伴有脂褐素颗粒，可使萎缩器官颜色变深，称为褐色萎缩（brown atrophy）。

> Atrophy exhibit autophagy with a reduction in the number of cell organelles, and often a marked increase in the number of autophagic vacuoles. Components resisting digestion are converted to lipofuscin granules, which, in sufficient numbers, make the organ brown ("brown atrophy")

萎缩的细胞和组织、器官功能大多下降，但一般是可复性的。原因消除后，萎缩的器官也可恢复正常。如原因持续存在，萎缩的实质细胞最后消失，而间质结缔组织和脂肪细胞可以增生，甚至造成器官和组织体积增大，此时称假性肥大（pseudohypertrophy）。

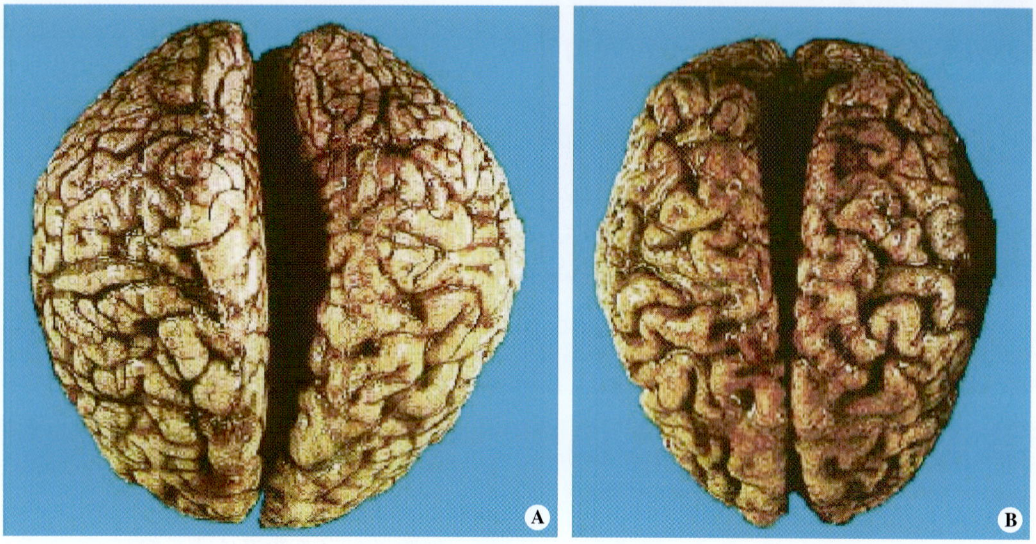

图 1-2　A. 25 岁年轻人脑（正常脑）；与 B. 82 岁老人萎缩脑；A. Normal brain of a 25 - year-old man and B. Atrophic brain of an 82- year-old man

相比之下：萎缩脑体积缩小，脑膜皱缩，脑回变窄，脑沟加深。Volume have been reduced, the meninges have been stripped, the gyri have been narrowed, the sulci have been deepen, for comparison

二、肥　大
Hypertrophy

由于功能增加，合成代谢旺盛，使细胞、组织或器官体积增大称为肥大。组织和器官的肥大通常是由于实质细胞体积的增大所致，但也可伴有实质细胞数量的增加。在性质上，肥大可分为生理性肥大（physiological hypertrophy）和病理性肥大（pathological hypertrophy）两种。在原因上，肥大可分为代偿性肥大和内分泌性肥大等类型。肥大若因相应器官和组织功能负荷过重所致，称为代偿性肥大（compensatory hypertrophy）。神经、心肌、骨骼肌细胞属于不具有分裂的永久性细胞，因此，在负荷增加或受到激素刺激时，几乎只会发生单纯性肥大来适应。如生理状态下，举重运动员上肢骨骼肌的肥大；病理状态下，高血压心脏病时左室向心性心肌肥大（concentric cardiac hypertrophy）等（图 1-3）。细胞肥大产生的功能代偿作用是有限度的，如心肌过度肥大时，心肌细胞的血液供应相对缺乏，引起心肌纤维可逆性损伤，如部分心肌肌原纤维收缩成分的溶解和消失，最终导致心肌负荷过重，诱发功能不全（失代偿），甚至造成心衰。肥大也可因内分泌激素作用于效应器所致，称为内分泌性（激素性）肥大（endocrine hypertrophy）。如生理状态下，妊娠期孕激素及其受体激发平滑肌蛋白合成增加而致的子宫平滑肌肥大，此时子宫可从正常壁厚 0.4cm 重 100g 增大到壁厚 5cm，重达 1000g；病理状态下，甲状腺素分泌增多引起的甲状腺滤泡上皮细胞肥大等。

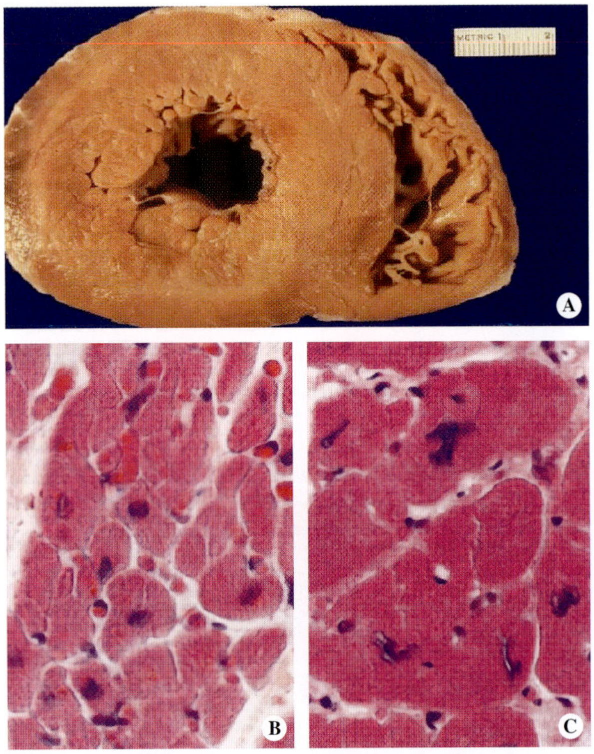

图 1-3　心脏向心性肥大 Concentric cardiac hypertrophy
A. 高血压使后负荷增加引起左心室壁及室间隔增厚，乳头肌显著增粗，心腔相对变小；B. 正常心肌；C. 肥大心肌 A. Hypertension increased afterload which made left ventricular wall and interventricular septum thickneed, papillary muscle significantly thickeed and the sizde of heart chamber relatively reduced; B. Normal cardiac muscle; C. Hypertrophy of cardiac muscle

细胞肥大的超微结构改变主要是细胞器数量增多，结构蛋白合成活跃和微丝增加。

细胞肥大的机制不十分清楚，许多肥大细胞中有原癌基因活化，导致 DNA 含量增加，引起肥大细胞形态改变，功能增强。研究表明在心肌细胞肥大中至少有两种机制：①心肌本身的机械性伸展，多种生长因子（growth factors）通过伸展受体（stretch receptor）刺激 RNA 和蛋白合成；②肌细胞表面受体活化，改变了某些收缩蛋白的基因表达，导致肌细胞肥大。

三、增　　生
Hyperplasia

器官或组织内实质细胞数量的增多称为增生。细胞增生是通过细胞有丝分裂来实现。增生不仅有原来细胞数量的增加，而且有由干细胞（stem cell）来源的新细胞的参与。一般增生受到增殖基因、凋亡基因、激素和各种肽类生长因子及其受体的精细调控。通常增生仅发生在具有合成 DNA 进行分裂能力的细胞（例如上皮细胞、造血细胞或结缔组织细胞）。虽然增生和肥大是两个不同的病理过程，但发病机制上有相互交叉，故增生常同时伴有细胞的肥大，如雌激素引起子宫增大既有子宫平滑肌和上皮细胞体积的增大，又有细胞数量增加。增生根据其性质，亦可分为生理性增生和病理性增生两种。

1. 生理性增生 Physiological hyperplasia

（1）激素性增生 Hormonal hyperplasia：例如，青春期乳腺发育，雌激素刺激后子宫内膜的增生，哺乳期乳腺组织增生。

（2）代偿性增生 Compensatory hyperplasia：例如，肝部分切除术后，由残存肝细胞产生的生长因子（例如，转化性生长因子 TGF-α）引发肝细胞有丝分裂指数显著增高，从正常 0.5%～1% 肝细胞 DNA 复制增加到 10% 的肝细胞 DNA 复制能力，使肝脏体积得以恢复正常（在肝切除术后 12 天）。最终由肝内非实质细胞产生的生长抑制因子（例如，转化生长因子 TGF-α）引发细胞生长的停止。

2. 病理性增生 Pathological hyperplasia

病理性增生最常见的原因是过度的激素刺激或局部产生的生长因子对靶细胞（target cells）的作用。例如，雌激素水平过高时子宫内膜发生的不典型增生（dysplasia）；又如雄激素代谢产物-二氢睾酮可使前列腺腺体和间质增生，导致排尿困难；缺碘引起的甲状腺增生；在创伤愈合过程中结缔组织的增生；或由病毒引起的鳞状上皮的增生，如尖锐湿疣（condyloma acuminatum）。

细胞增生可为弥漫性或局限性，分别表现为增生组织、器官的均匀弥漫性增大在组织器官中形成单发或多发的增生性结节。大部分病理性（如炎症时）细胞增生，通常会因有关引发因素的去除而停止。因此，这是一种有节制的细胞增生反应，不同于肿瘤形成过程中的失控制性增生。但是，在病理性增生的基础上，特别是发生不典型增生（atypical hyperplasia）时易导致肿瘤性增生。例如，子宫内膜和宫颈上皮的不典型增生分别成为子宫内膜癌和宫颈癌的前驱病变。

In pathologic hyperplasia, if the stimulus abates, the hyperplasia disappears. Thus, cells respond to regular growth control, differentiating the process from neoplasia. However, pathologic hyperplasia constitutes a fertile soil in which cancerous proliferation may eventually arise. Examples are endometrial and cervical hyperplasia, which are precursors of cancers of the endometrium and cervix, respectively.

四、化　　生
Metaplasia

一种分化成熟的细胞类型被另一种分化成熟的细胞类型所取代的过程称为化生。化生并不是由原来的成熟细胞直接转变所致，而是该处具有分裂增殖和多向分化能力的幼稚未分化细胞、储备细胞或干细胞横向分化（trans-differentiation）的结果；是环境因素引起细胞某些基因活化或受到抑制而重新编程表达的产物；是组织细胞成分成熟和生长调节紊乱的形态学表现。化生有多种类型，这种分化上的转向通常发生在同源性细胞之间，即上皮细胞之间或间叶细胞之间，常由一种特异性较低的细胞取代另一种特异性较高的细胞。上皮组织的化生在原因消除后或可恢复，但间叶组织的化生则大多不可逆。虽然化生组织能抵抗局部的环境的有害因素，但化生细胞失去了原有细胞的功能，使局部防御能力反而削弱，更为重要的是化生只出现在具有增殖能力的细胞中，并且是一种异常增生，可发生恶变。

Metaplasia is a reversible change in which one adult cell type is replaced by another (epithelial or mesenchymal). Metaplasia may be associated with the reprogramming of differentiation controlling gene of stem cell, and it is also called transdifferentiation.

1. 上皮细胞化生 Epithelial metaplasia　被覆上皮细胞的化生，以鳞状上皮化生（squamous metaplasia，简称鳞化）最为常见（图 1-4）。例如，慢性炎症刺激，支气管纤毛柱状上皮鳞化、宫颈柱状上皮（columnar epithelium）鳞化、胰腺、胰腺导管、或胆管结石时的胆管壁柱状上皮鳞化；肾盂膀胱结石时移行上皮鳞化；维生素 A 缺乏时，鼻黏膜、支气管、泪腺、唾液腺和尿道上皮均可发生鳞化。鳞化是正常不存在鳞状上皮部位发生鳞状细胞癌的基础，如最常见的呼吸道鳞状细胞癌常发生在支气管上皮鳞化的基础上。腺上皮的化生也较常见。慢性胃炎时，胃黏膜上皮转变为含有潘氏细胞（paneth' s cells）或杯状细胞（goblet cells）的肠型上皮组织，称为肠上皮化生（intestinal metaplasia，简称肠化）（图 1-5）。肠型胃癌常起源于肠上皮化生后不典型增生的黏膜。胃窦胃体部腺体由幽门腺所取代，则称为假幽门腺化生（pyloric gland metaplasia）。慢性反流性食道炎时（chronic reflux esophagus），食道下段鳞状上皮也可化生为胃型或肠型柱状上皮，称为 Barrett 食管，在此基础上可发生食管腺癌。

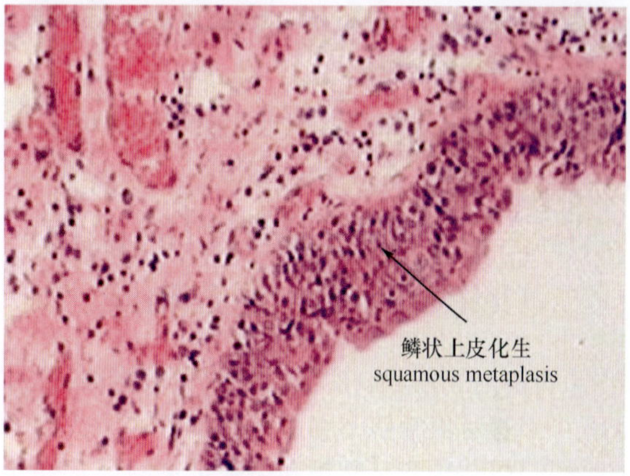

图 1-4　支气管鳞状上皮化生 Squamous metaplasis of bronchus（HE 染色）

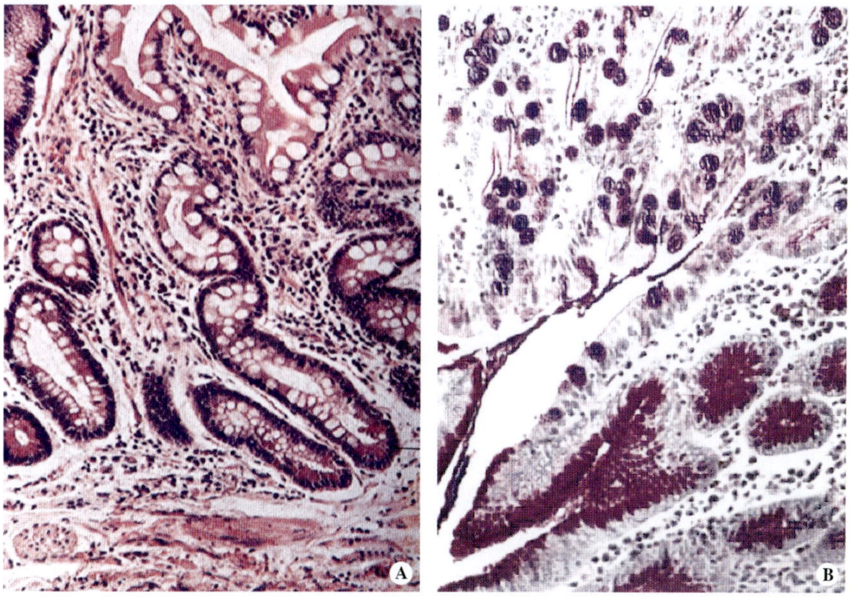

图 1-5　萎缩性胃炎的胃黏膜肠上皮化生 Intestinal metaplasia of gastric mucosa in atrophic gastritis
A. HE 染色；B. AB-PAS 染色

2. 间叶细胞化生 Mesenchymal cells metaplasia

化生发生于间叶细胞之间。如在正常不形成骨的部位，成纤维细胞(fibroblasts)在损伤后，可转变为成骨细胞(osteoblasts)或成软骨细胞(chondroblasts)，形成骨(bone)或软骨(cartilage)(图 1-6)。这类化生多见于局部受损伤的软组织，如骨化性肌炎(myositis ossificans)和一些肿瘤间质中。

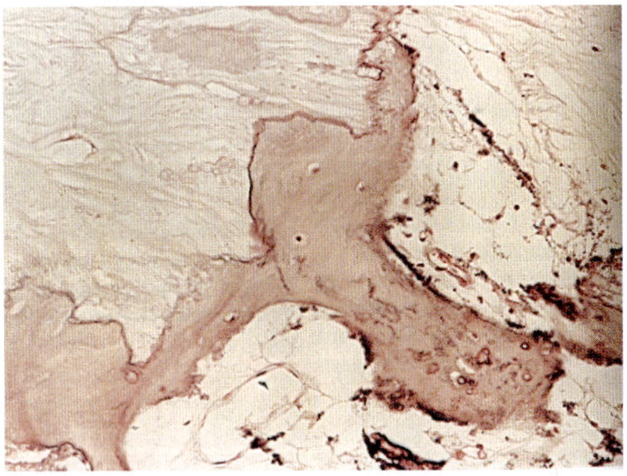

图 1-6 纤维组织中骨或软骨化生 Bone or cartilage metaplasia in fibrous tissues(HE 染色)

第二节 细胞和组织的损伤 Cell and Tissue Injury

当机体内外环境改变超过组织和细胞的适应能力后，可引起受损细胞和细胞间质发生物质代谢、组织化学、超微结构乃至光镜和肉眼可见的异常变化，称为损伤(injury)。

一、损伤的原因和发生机制 Causes and Mechanisms of Injury

(一)细胞损伤的原因 Causes of cell injury

细胞损伤的原因可来源于各种外界刺激，包括生物性、理化性、营养性等，也可来源于机体内部因素，包括免疫、神经内分泌、遗传变异、先天性、年龄性别等，还可以来自社会、心理、精神、行为和医源性等因素。

1. 缺氧或低氧 Hypoxia 指细胞不能获得足够的氧或是氧利用障碍。按其原因可分为：①低张性缺氧，空气中氧分压低或气道外呼吸障碍；②血液性缺氧，血红蛋白质和量的异常，血液携氧能力的降低，如贫血、CO 中毒；③循环性缺氧，心肺功能衰竭或局部性缺血(ischemia)，血液的氧合作用下降如血管性疾病和血栓、栓子阻塞；④组织性缺氧，线粒体生物氧化特别是氧化磷酸化等内呼吸功能障碍等。

2. 物理因素 Physical agents 包括机械创伤，高温，寒冷，辐射，电击、微波、超声波、噪声等。

3. 化学因素和药物 Chemical agents and drugs 所有的化学因素和药物都可以引起细胞适应、损伤和死亡。体内代谢产物亦可以成为内源性化学性致病因素，如尿素、自由基等。其他物质，如砷、汞、铅，乙醇、对乙酰氨基酚/扑热息痛(acetaminophen/tylenol)、氢化物等可在几分钟造成细胞损伤。

4. 生物因素 Biological agents 包括病毒(viruses)，立克次体(rickettsiae)，细菌(bacteria)，真菌(fungi)，寄生虫(parasites)。由生物因素引起的细胞损伤称为感染(infection)。各种生物引起细胞损伤的机制不同，如细菌可以通过内、外毒素的作用，或导致机体的变态反应，病毒通过整合宿主 DNA 或免疫反应，寄生虫除了其分泌物和代谢产物的毒性作用和免疫反应外，还可因虫体运动引起的机械性损伤。

5. 免疫反应 Immunologic reactions 免疫反应是机体的防御机制，本身具有保护机体免患疾病的积极意义和作用。但过度或不适当的反应可造成机体和组织的损伤，如各种变态反应性疾病或自身免疫性疾病等。

6. 遗传性缺陷 Genetic derangements 遗传缺陷引起的细胞损伤是生物学的重要课题。染色体畸变、基因突变等遗传缺陷既可引起器官发育异常(21三体综合征)，又可引起分子水平的异常(镰刀细胞性贫血)，还可以表现为对某种疾病的遗传易感性(genetic predisposition)。

7. 营养失衡 Nutritional imbalances 营养不良，维生素缺乏，微量元素缺乏固然可引起细胞的损伤，但是营养过剩如肥胖症，脂肪过多摄入与动脉粥样硬化(atherosclerosis)的发生密切相关，并增加了对许多疾病，如糖尿病(biabetes mellitus)的易感性。

8. 其他 Others 内分泌因素、衰老、心理、社会因素均可以引起细胞损伤。不良的社会-心理-精神刺激是现代社会中日益受到重视的致病因素，由思想、情感障碍引发细胞损伤所形成的器质性疾病称为心身疾病(psychosomatic disease)。医学从生物医学模式转变为生物、心理、社会医学模式(biopsychosocial medical model)充分证明了这一点。有些目前用形态学方法未能发现细胞组织形态改变的疾病如神经官能症(neurosis)、精神病(psychosis)等，其分子水平已有改变。

医源性疾病(iatrogenic disease)是指在对患者原有的疾病进行诊疗时，由于诊治过程本身引起的继发性伤害，医生在临床工作中应注意防范。

（二）细胞损伤的发生机制 Mechanisms of cell injury

细胞损伤的分子机制十分复杂，不同原因引起细胞损伤的机制不尽相同，不同类型和不同分化状态的细胞对同一损伤因素的敏感性也不同。细胞对损伤因子作出的反应取决于损伤因子的类型、作用的持续时间和损伤因子的强度。受损伤细胞的最终结局因细胞类型、细胞所处状态和其适应性的不同而有差异。细胞损伤是由于损伤刺激引起细胞中重要成分的生化和功能异常，这些损伤刺激的重要靶点涉及线粒体氧化磷酸化的有氧呼吸和 ATP 的产生、细胞膜的完整性、蛋白质合成，以及细胞骨架和细胞遗传物质的稳定与完整（图 1-7）。

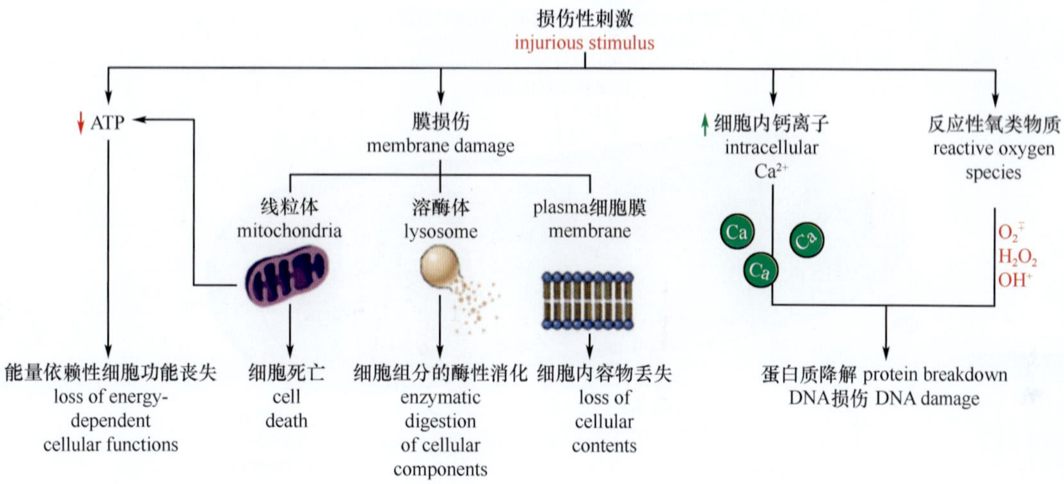

图 1-7　细胞损伤在细胞水平和生化水平上的损伤位点 Cellular and biochemical sites of damage in cell injury

1. 细胞膜的损伤 Cellular membrane damage

机械力的直接作用、酶性溶解、缺氧、活性氧类物质、细菌毒素、补体成分、离子泵和通道的化学损伤等，都可破坏细胞膜结构的完整性和通透性，影响细胞膜的信息和物质交换、免疫应答、细胞分裂与分化等功能。早期选择性膜通透性的丧失，最终导致明显的细胞膜损伤。细胞膜破坏常常是细胞损伤特别是细胞不可逆性损伤早期的关键环节。细胞膜损伤的主要机制，见图 1-8。

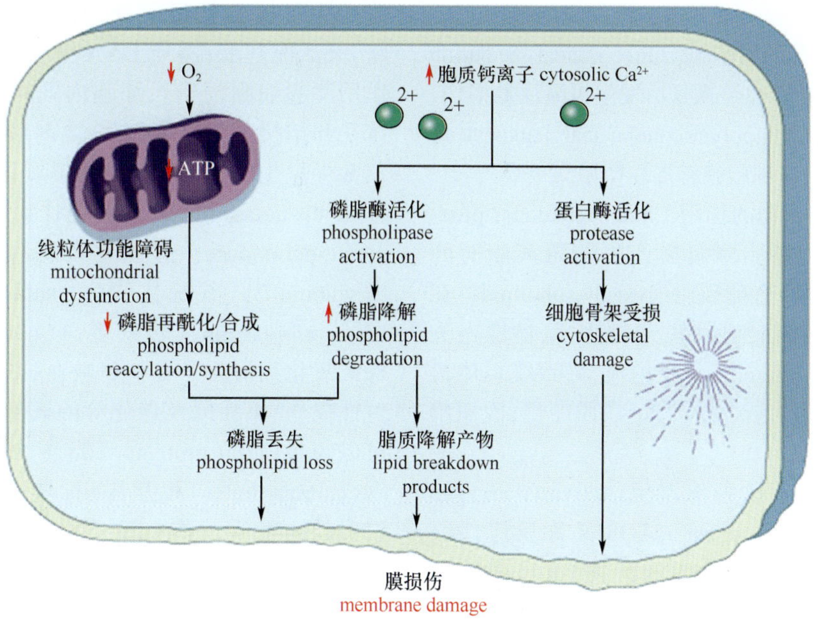

图 1-8　细胞膜的损伤 Cellular membrane damage

（1）线粒体功能异常导致膜磷脂的进行性减少 Mitochondrial dysfunction resulting in progressive loss of membrance phospholipids：其原因为胞质内钙离子增加，活化膜磷脂酶，导致膜磷脂的降解和丢失；或磷脂的再酰化和合成减少，这与ATP缺乏有关，将影响包括线粒体在内的所有细胞质膜。线粒体损伤导致线粒体内膜高导电性通道形成，称为线粒体渗透性移位（mitochondrial permeability transition）影响线粒体膜势能（potential）的维持，线粒体膜势能是线粒体氧化磷酸化系统（oxidative phosphorylation system）所必需，因此线粒体渗透性移位是对细胞的致命打击。线粒体膜损伤使细胞色素C渗透到胞质中，可在胞质中启动凋亡途径，诱导细胞凋亡（apoptosis）。（图1-9）

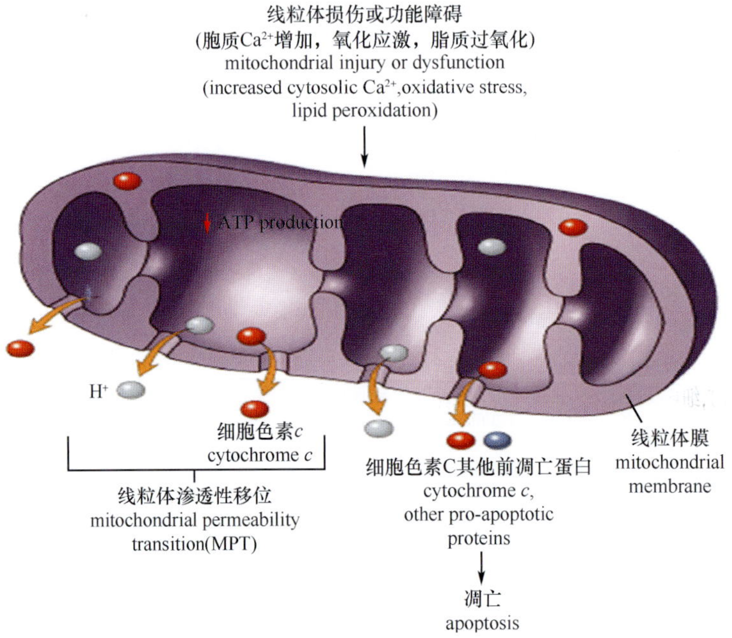

图1-9　细胞损伤中线粒体功能异常 Mitochondrial dysfunction in cell injury

（2）细胞骨架异常 Cytoskeletal abnormalities：胞质内钙离子增加，活化细胞内钙调磷脂酶，细胞骨架成分降解，导致细胞膜伸展和破裂。这种情况在细胞水肿时更易发生。

（3）自由基介导的细胞损伤 Free radical mediation of cell injury：缺血器官血流恢复后发生再灌注性损伤，浸润的多形核白细胞（polymorphonuclear leukocytes）产生大量氧类物质，对细胞膜有毒性作用。

（4）脂质裂解产物的作用 Lipid breakdown products：在缺血细胞中磷脂降解后产生的游离脂肪酸（free fatty acids）和溶血卵磷脂（lysophospholipids）在细胞中积聚，直接损伤细胞膜。细胞膜完整性丧失后，大量细胞外钙（calcium）离子内流，导致线粒体机能障碍，进而细胞内酶活性受抑，蛋白质变性，因而出现细胞损伤。

2. 活性氧类物质的损伤作用 Activated oxygen species（AOS）damage effect　AOS又称反应性氧类物质，可以是细胞正常代谢的产物，也可由外源性因素产生。AOS包括处于自由基状态的氧（如超氧自由基O_2^-，羟自由基·OH），以及不属于自由基的过氧化氢（H_2O_2）等。自由基（free radicals）是原子最外层偶数电子失去一个电子后形成的基团，其化学性质活泼不稳定，具有强氧化活性，可被含铜酶激活通过脂质过氧化，形成二硫键使蛋白质交联，灭活巯基酶，诱导DNA突变以干扰细胞生长等作用引起细胞损伤。细胞内同时存在生成AOS的体系和拮抗其生成的抗氧化剂（antioxidants）体系。正常少量生成的AOS，会被超氧化物歧化酶（superoxide dismutase．SOD）、谷胱甘肽过氧化物酶（glutathione peroxidase）、过氧化氢酶（catalase）及维生素E（vitamin E）、谷胱甘肽（glutathione）、血浆铜蓝蛋白（ceruloplasmin）、转铁蛋白（transferrin）等细胞内外抗氧化剂清除。在缺氧缺血、细胞吞噬、化学性放射性损伤、炎症以及老化等的氧化还原过程中，AOS可以与蛋白质（proteins），脂质（lipids）和碳水化合物（carbohydrates）相互作用，与许多化学和生物因素引起的细胞损伤有关。AOS的强氧化作用是细胞损伤的基本环节。在许多病理过程中，所诱导生成的自由基的最终效应取决于自由基的形成与灭活之间的平衡。

Free radicals

Free radicals are highly reactive, unstable species that interact with proteins, lipids, and carbohydrates and are involved in cell injury induced by a variety of chemical and biologic events. Oxygen-Derived Radicals including H^+, OH^+, O_2^-, OH^- cause cell injury through peroxidation of lipids, cross linking of proteins by the formation of disulfide bonds, inactivation of sulfhydryl enzymes, and induction of mutations in DNA that interfere with cell growth. In many pathologic processes the final effects of stimulus-induced free radicals depend on the net balance between free radical formation and termination.

3. 细胞内高游离钙或钙平衡丧失 Influx of intracellular calcium and loss of calcium homeostasis 钙(calcium)离子是导致细胞损伤的重要介质(important mediator)。正常时,细胞内游离钙与细胞内钙转运蛋白结合,贮存于内质网、线粒体等处钙库内。胞质内游离钙(<0.1μmol),低于细胞外钙浓度(1.3mmol)。细胞膜 ATP 钙泵和钙离子通道,参与胞质内低游离钙浓度的调节。缺血(ischemia)和某些中毒早期由于 ATP 减少,Na^+/Ca^{2+}交换蛋白直接或间接被激活,细胞非特异性膜通透性(permeability)增加使钙通过浆膜反流或线粒体和内质网释放可以引起胞质内钙浓度增加,增加的钙离子进一步活化磷脂酶(phospholipases)、蛋白酶(proteases)、ATP 酶和核酸内切酶(endonueleases),这些酶通过降解磷脂、蛋白质、ATP 和 DNA 等引起细胞损伤效应(图 1-10)。细胞内钙水平的增加也将导致线粒体膜通透性增加,诱导细胞凋亡。因此细胞内钙浓度,往往与细胞结构特别是线粒体的功能损伤程度呈正相关。大量钙流入导致的细胞内高游离钙(胞质钙超载),这是许多因素损伤细胞的终末环节,并且是细胞死亡最终生物化学和形态学变化的潜在介导者。

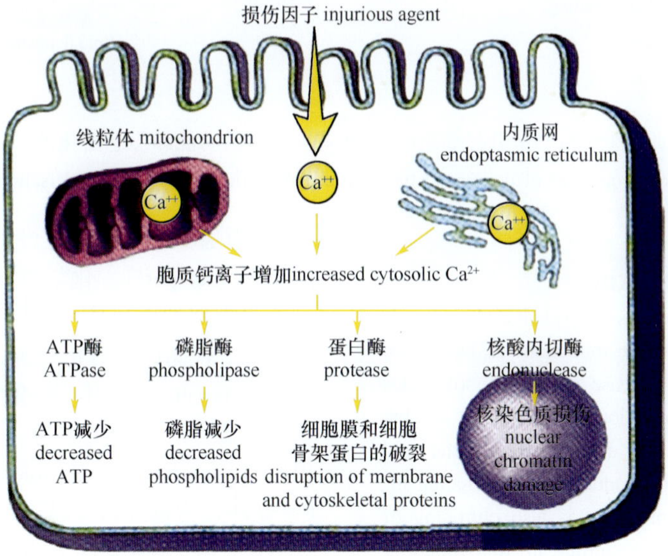

图 1-10 细胞内高游离钙或钙平衡丧失 Influx of intracellular calcium and loss of calcium homeostasis

4. ATP 生成减少 Depletion of ATP ATP 生成减少常由于缺氧性细胞损伤(hypoxic cell injury)引起线粒体内氧化磷酸化受抑和 ATP 生成减少。ATP 的减少(相应的 AMP 增加)刺激磷酸果糖激酶(fructokinase)和磷酸化酶(phosphorylation)活化,细胞膜泵(membrane pumps)(钠—钾泵、钙泵)功能低下,细胞内钠钙蓄积,蛋白质合成和脂肪运出障碍,无氧糖酵解(aerobic glycolysis)增强,糖原很快被耗尽,所产生的乳酸(lactic acid)和无机磷酸盐(inorganic phosphate)使细胞酸中毒并伴水的增加。此后胞质内,溶酶体膜破裂,DNA 链受损。轻度短暂缺氧,可使细胞水肿和脂肪变;重度持续缺氧,引起脂质崩解,细胞骨架破坏,引发细胞死亡。在一些情况下,缺血后血流的恢复会引起存活组织的过氧化,反而更加剧组织损伤,称为缺血再灌注损伤(ischemical reperfusion injury),常见于心肌梗死和脑梗死后。缺血缺氧是细胞损伤最常见和最重要的中心环节,其发生机制,见图 1-11。

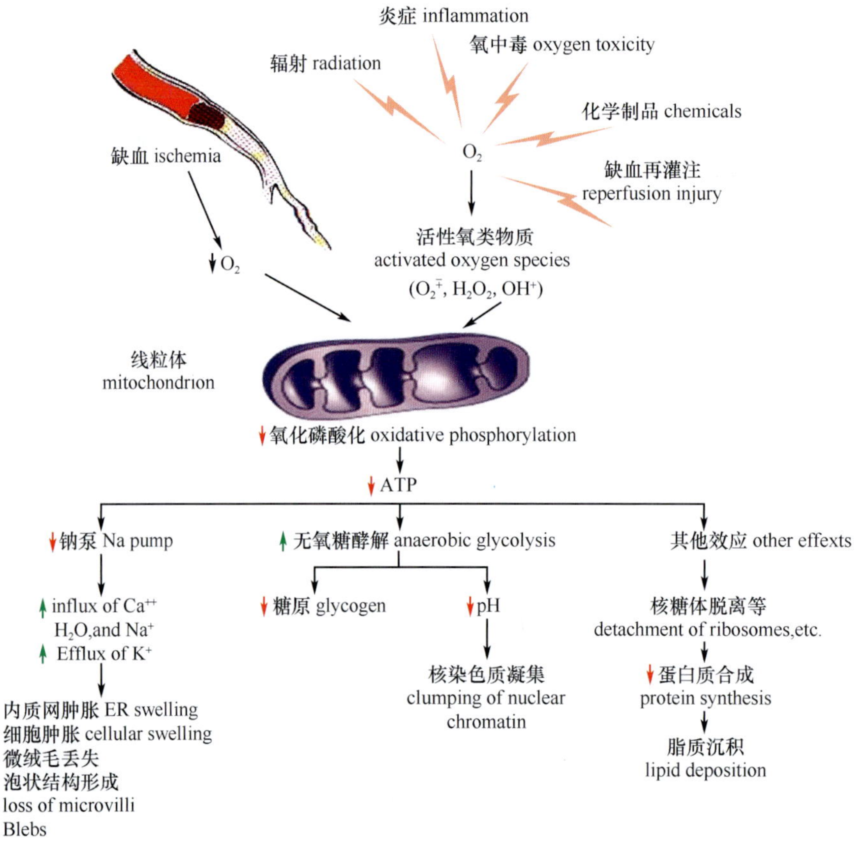

图 1-11 缺氧、缺血性细胞损伤引起细胞内 ATP 减少导致的功能和形态变化的结果 Functional and morphologic consequences of decreased intracellular ATP during hypoxic and ischemic cell injury

Hypoxia

Hypoxia firstly causes loss of oxidative phosphorylation and ATP generation by mitochondria. Decreased ATP (and an associated increase in AMP) stimulates fructokinase and phosphorylation, resulting in aerobic glycolysis. Glycogen is rapidly depleted, and lactic acid and inorganic phosphate are produced, thus reducing intracellular PH. At this point, there is also clumping of nuclear chromatin. Hypoxia resulting in mitochondrial function damage Mitochondrial swelling and endoplasmic reticulum dilation ultrastructural change.

5. 化学性损伤 Chemical injury 许多化学物质包括药物,都可造成细胞损伤。根据其剂量、作用时间、吸收蓄积和代谢排出的部位以及代谢速率的个体差异,以及损伤细胞的类型,状态和适应能力等,分别影响细胞损伤的程度和速度。化学性损伤可为全身性或局部性,前者如氰化物中毒,后者如接触强酸强碱对皮肤黏膜的损伤。一些化学物质的作用还有器官特异性,如 CCl_4 引起的肝损伤。化学因素引起细胞损伤主要有途径有:

(1) 直接细胞毒作用 Direct cytopathic effects:例如,氰化物能迅速封闭线粒体的细胞色素氧化酶系统,导致猝死。氯化汞中毒时,汞与细胞膜含巯蛋白结合,损害 ATP 酶依赖性膜转运功能(ATPase-dependent transport)。化学性抗肿瘤药物和抗生素,也可通过类似的直接作用伤及细胞。

(2) 代谢产物对靶细胞的细胞毒作用 Metabolites damage target cells:肝、肾、骨髓和心肌常是毒性代谢产物的靶器官。如 CCl_4 本身并无活性,其在肝脏的滑面内质网(smooth endoplasmic reticulum)中由细胞色素 P-450 转化为毒性自由基·CCl_3 后,CCl_3 通过触发脂质过氧化(lipid peroxidation)和自主催化(autocatalytic)反应导致内质网肿胀和破裂,核蛋白体解体和肝脏的蛋白质合成减少。脂蛋白受体的缺失导致脂质积累和肝脂变。随后细胞进行性肿胀。胞膜损伤直至死亡。

(3) 诱发过敏反应等免疫损伤 Inducing immunal injury:如青霉素引发Ⅰ型变态反应。

(4) 诱发 DNA 损伤 Inducing DNA damage 见下文:7 遗传变异。

CCl_4-induced cell injury

CCl_4, widely used in the dry-cleaning industry, is converted to CCl_3 in the smooth ER in the liver by P-450. CCl_3 initiates lipid peroxidation and autocatalytic reactions that cause swelling and breakdown of the endoplasmic reticulum, dissociation of ribosomes, and decreased hepatic protein synthesis. Loss of lipid acceptor protein leads to lipid accumulation and fatty change in the liver. This is followed by progressive cellular swelling, plasma membrane damage and cell death.

6. 病毒引起的细胞损伤 Virus induced cell injury

病毒引起的细胞损伤时在靶细胞核或细胞胞浆中形成含病毒体或病毒蛋白的包涵体(inclusion bodies)。病毒引起的细胞损伤有两种类型:①溶细胞性病毒(cytolytic-cytopathic viruses),其首先附着于宿主细胞表面的受体上,通过吞噬作用(phagocytosis),或胞饮作用(endocytosis)形成小囊泡,或穿孔素(perforin)作用直接融合进入细胞内,然后在细胞内活跃复制。病毒干扰大分子的合成或增强膜的通透性,并最终导致细胞的溶解。②致瘤性病毒(oncogenic viruses)通过直接的细胞毒效应引起细胞损伤,或通过引发针对病毒或由病毒改变了的细胞抗原的免疫反应引起细胞细胞骨架改变(cytoskeletal alterations),形成合体细胞(syncytial cells)或多核巨细胞(multinucleate giant cells),亦可促进靶细胞增生引发肿瘤形成。

7. 遗传变异 Genetic variation 化学物质和药物、病毒、射线等,均可损伤细胞核内DNA,诱发基因突变和染色体畸变,使细胞发生遗传变异。其发生机制有:①结构蛋白合成低下,细胞缺乏生命必需的蛋白质;②阻止重要功能细胞核分裂;③合成异常生长调节蛋白;④引发先天性或后天性酶合成障碍等环节,使细胞因缺乏生命必需的代谢机制而发生死亡。

二、损伤的形式和形态学变化 Form and Morphology of Cell Injury

所有有害因素造成细胞损伤时都是首先在分子水平发挥其作用,影响细胞生化代谢变化,继而出现组织化学和超微结构变化(例如缺血后数分钟至数十分钟),然后再出现光镜下和肉眼可见的形态学变化(例如缺血后数小时至数日)。较轻度的损伤在刺激消除后大多恢复正常,通常称为可逆性损伤。严重的细胞损伤是不可逆的,直接或最终导致细胞死亡。

(一) 可逆性损伤 Reversible injury

细胞可逆性损伤,旧称变性(degeneration),是指细胞或细胞间质受损伤后,由于代谢障碍,使细胞内或细胞间质内出现异常物质或正常物质异常蓄积的现象,通常伴有细胞功能低下。造成蓄积的原因是这些正常或异常物质的产生过多或产生速度过快,细胞组织自身却缺乏相应的代谢、清除或转运利用机制,而使其聚积在细胞器、细胞质、细胞核或细胞间质中。去除病因后,细胞水肿、脂肪变等大多数此类损伤可恢复正常,因此是非致死性、可逆性的损伤。

1. 细胞水肿 cellular swelling 细胞水肿或称水变性(hydropic degeneration),是细胞损伤中最早出现的改变,常见肝、肾、心等器官的实质细胞。由于缺氧、感染、中毒等有害物质破坏水电平衡的膜屏障(plasma membrane barrier),特别是引起线粒体功能障碍,ATP生成减少,引起细胞液体和离子内稳态变化,导致细胞膜通透性增加,钠(sodium)和钙(calcium)离子进入细胞内,钾(potassium)流出,通过渗透作用水进入细胞内。超微结构下,细胞膜出现空泡,微绒毛变钝,髓鞘样结构(myelin figure)形成,特别是细胞线粒体和内质网肿胀,光镜下细胞肿大,胞质内出现的嗜伊红染细颗粒状物,因此被称为"颗粒变性(granular degeneration)"。若发生重度水变性,则细胞肿大明显,细胞核也可肿胀,细胞质膜表面出现囊泡,微绒毛变形消失,细胞质高度疏松呈空泡状,在光镜下被称作"空泡样变性(vacuolar degeneration)"或"气球样变性(ballooning degeneration)"(图1-12)。肉眼观察受累器官体积增大,包膜紧张,切面外翻,颜色变淡,像被沸水烫过一样。

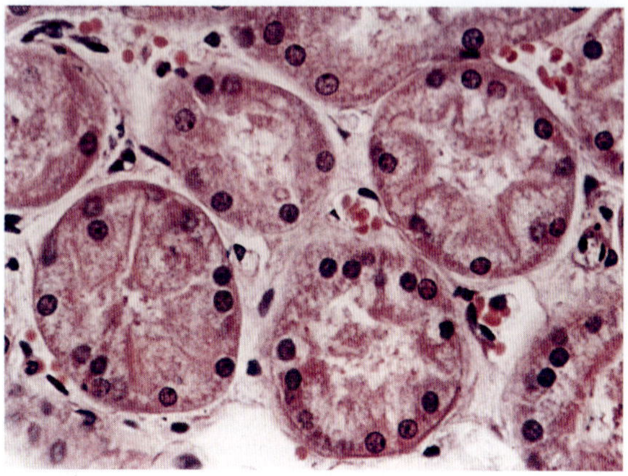

图1-12　肾近曲小管水样变(颗粒变性)Hydropic degeneration of proximal convoluted tubues of kidney(granular degeneration)(HE染色)

2. 脂肪变性 Fatty change 脂肪变性是指实质细胞内脂肪的异常积聚。脂滴的主要成分是中性脂肪(甘油三酯 triglycerides),是细胞变性的常见类型。多发生于肝细胞、心肌细胞、肾小管上皮细胞和骨骼肌细胞等,与感染、酗酒、中毒、缺氧、营养不良、糖尿病及肥胖有关。

肉眼观:器官增大,质软,外观淡黄色,边缘圆钝,切面呈油腻感。光镜下,在石蜡切片中,因脂肪被有机溶剂溶解,脂滴呈大小不等的球形空泡,大者可充满整个细胞而将胞核挤至一侧(图1-13)。电镜下,细胞质内脂肪聚集为有膜包绕的圆形小体即脂质小体(liposome),进而融合成光镜下可见的脂滴。在 HE 切片中除脂肪变性出现空泡外,在细胞水肿、糖原沉积等病变中也可出现,因此需特殊染色加以鉴别。在冰冻切片中,应用苏丹Ⅲ、苏丹Ⅳ等特殊染色脂滴呈红色,可将脂肪与其他物质区别开来。

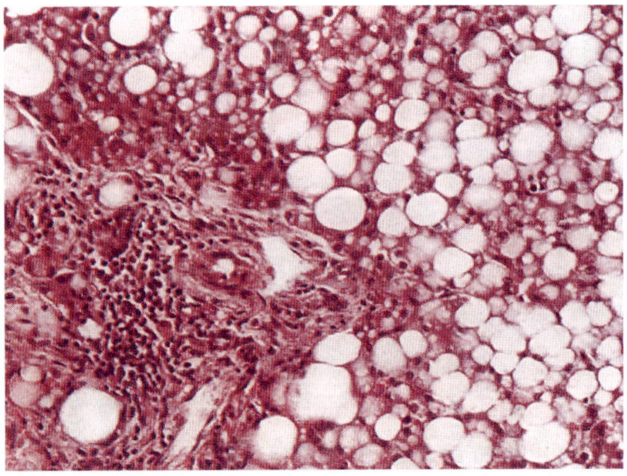

图 1-13 肝细胞脂肪变性 Fatty change in liver cells(HE 染色)
在大部分肝细胞中脂质空泡将胞核挤至一侧 In most cells, the well-preserved nucleus is squeezed into the displaced rim of cytoplasm by the fat vacuole

脂肪变性最常见于肝脏,因为肝细胞是脂肪代谢的重要场所。轻度肝脂肪变性通常并不引起肝脏形态变化和功能障碍。显著弥漫性肝脂肪变性称为脂肪肝(fatty liver)(图 1-14)。肝细胞脂肪变性一般是可复性的,病因去除后可以恢复。但重度肝脂肪变性可继发进展为肝坏死和肝硬化。脂肪肝与肥胖症、慢性酒精性营养不良等有关。肉眼,肝脏体积增大,边缘钝圆,包膜紧张,呈黄色或黄红色。长期肝淤血与脂肪变性并存时,切面上呈红黄相间似槟榔,称为“槟榔肝(nutmeg liver)”。镜下肝脂肪变性发生的部位与病因有关,长期的肝淤血(缺氧)常最先引起小叶中央细胞的脂肪变性。妊娠急性脂肪肝时也以小叶中央细胞的脂肪变显著。化学药物中毒则常先引起肝小叶周边细胞的脂肪变为主。严重时可累及全部肝细胞。

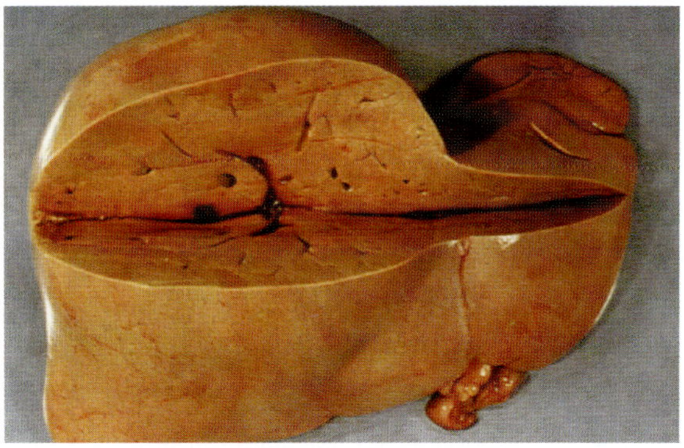

图 1-14 脂肪肝 Fatty liver
器官增大,外观油黄色,质软,包膜紧张 The liver is Enlarged with round borders and tense capsule. it is yellow or yellowish red coloured and soft in consistency

肝细胞脂肪变的机制大致有:①游离脂肪酸进入肝脏过多,如高脂饮食或营养不良时,体内脂肪组织分解,过多的游离脂肪酸经由血液入肝;或因缺氧致肝细胞乳酸大量转化为脂肪酸;或因氧化障碍使脂肪酸利用下降,脂肪酸相对增多。②脂肪酸脂化为甘油三酯增加,或甘油三酯合成过多。如大量饮酒可改变线粒体和滑面内质网的功能,促进 α-磷酸甘油合成新的甘油三酯。③脂肪酸氧化减少,脂蛋白、载脂蛋白(apoprotein)合成减少,缺氧中毒或营养不良时,肝细胞中脂蛋白、载脂蛋白合成减少,细胞输出脂肪受阻而堆积于细胞内(图 1-15)。

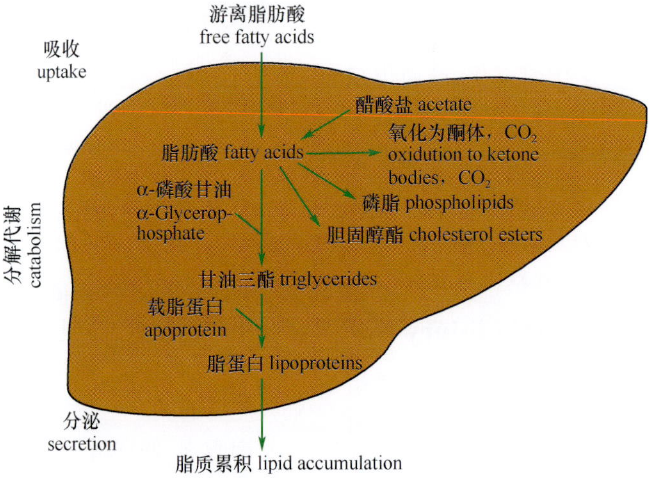

图 1-15 可能导致肝脏中甘油三酯积聚的机制,在脂质摄入、分解代谢、分泌中任何一步缺失都有可能导致脂质积聚
Schematic diagram of the possible mechanisms leading to accumulation of triglycerides in fatty liver. Defects in any of the steps of upta ke. Catabolism or secretion can result in lipid accumulation

Pathogenesis of fatty liver

①Excessive entry of free fatty acids into the liver (e.g., starvation, corticosteroid therapy); ②Enhanced fatty acid synthesis; ③Decreased fatty acid oxidation; ④ Increased esterification of fatty acids to triglycerides, due to an increase in alpha-glycerophosphate (alcohol); ⑤ Decreased apoprotein synthesis (CCL4 poisoning); ⑥Impaired lipoprotein secretion from the liver (alcohol, orotic acid administration)

心肌脂肪变可由慢性酒精中毒或缺氧引起，常累及左心室内膜下和乳头肌部位。脂肪变心肌呈黄色，与正常心肌的暗红色相间，形成黄红色斑纹，称为虎斑心(tigeriod heart)。这种形态与乳头肌内血管分布有关(图 1-16)。有时心外膜增生的脂肪组织可沿间质伸入心肌细胞间，称为心肌脂肪浸润(fatty infiltration)(图 1-17)，以右心室心尖部为主，多见于过度肥胖、或饮啤酒过度者。重度心肌脂肪浸润可致心衰，引发猝死。

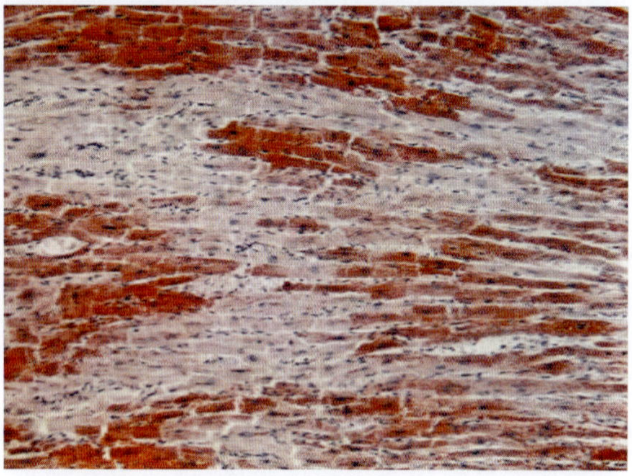

图 1-16　心肌脂肪变 Cardiac muscle fatty change

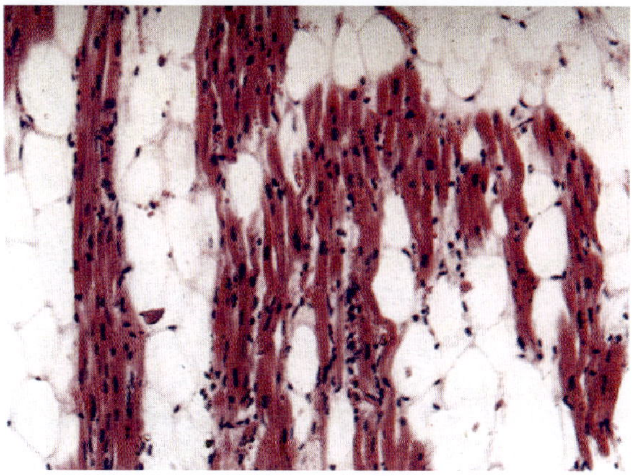

图 1-17　心肌脂肪浸润 Fatty infiltration

Fatty infiltration of cardiac muscles

Over proliferated fatty tissue in epicardium extends extends into spaces between cardiac muscle along interstitial substance. Severe cardiac muscle fatty infiltration may result in heart rupture and induce sudden cardiac death.

此外，当动脉粥样硬化或高脂血综合征时，可在某些非脂肪细胞如巨噬细胞和平滑肌细胞胞质中充有过量的胆固醇(cholesterol)和胆固醇脂(cholesterol esters)，可视为特殊类型的细胞内脂质蓄积，可形成泡沫细胞(foamy cells)。

3. 玻璃样变 hyalinization　玻璃样变或称透明变(hyaline degeneration)是指细胞内或间质中出现半透明状蛋白质蓄积，HE 染色呈现嗜伊红均质状。玻璃样变除了代表细胞损伤的一种形态学改变外，更被广泛应用于描述一些组织学改变。玻璃样变是一组形态学上物理性状相同，化学成分、发生机制各异的病变。

(1) 血管壁的玻璃样变性 Hyaline degeneration of vessel wall：细动脉壁玻璃样变又称细动脉硬化(arteriolosclerosis)，常见于缓进型高血压和糖尿病的肾、脑、脾等脏器的细动脉壁(图 1-18)，因血浆蛋白质(plasme proteins)渗入和基膜代谢物质沉积，都可使细动脉管壁增厚，管腔狭窄，血压升高，受累脏器局部缺血。玻璃样变的细动脉壁弹性减弱，脆性增加，易继发扩张、破裂和出血。

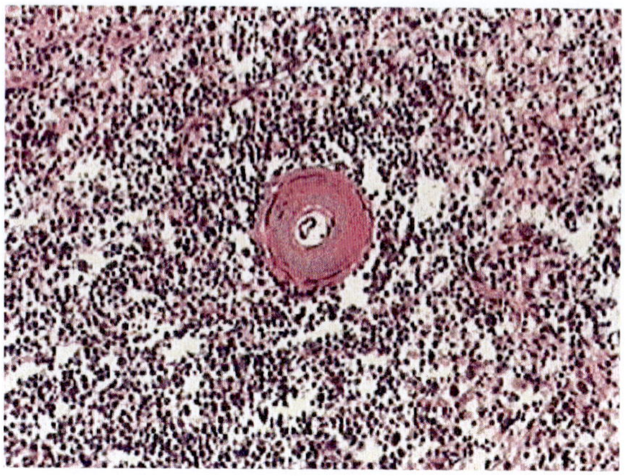

图 1-18　脾动脉玻璃样变 Hyaline degeneration of a spleen arteriole(HE 染色)

小血管壁均质、粉红色、玻璃样变 homogenous, glassy, pink appearance in small blood vessels wall

Arteriolosclerosis

This condition is encountered frequently in elderly patients (particularly in patients with hypertension), the vascular lesion consists of a homogeneous, pink, hyaline thickening of the walls of arterioles, with loss of underlying structural detail and with narrowing of the lumen, the narrowing of the arteriolar luminal causes impairment of the blood supply to affected organs.

（2）纤维结缔组织的玻璃样变性 Hyaline degeneration of connective tissue：见于生理性和病理性结缔组织增生，为胶原纤维（collagenous fibrous）老化的表现。其特点是胶原蛋白交联、变性、融合，增生的胶原纤维增粗，其间少有血管和纤维细胞（图 1-19）。肉眼呈灰白色，质韧半透明。见于萎缩的子宫和乳腺间质、陈旧疤痕（old scars）组织、动脉粥样硬化纤维斑块及各种坏死组织的机化等。产生这种改变的生化机制仍不清楚。

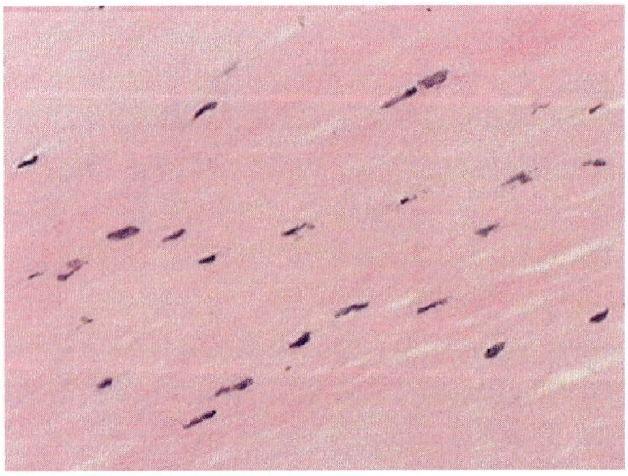

图 1-19 皮下瘢痕 Dermal scar（HE 染色）
皮下胶原肿胀、融合和玻璃样变性 Swelling，fusion and hyaline degeneration of subcutaneous collagen

（3）细胞内的玻璃样变性 Intracellular hyaline degeneration：细胞内的玻璃样变性又称为细胞内蛋白质沉积（intracellular accumulation of proteins）。常为细胞质内均质红染的圆形小体。如高热患者肾小管上皮细胞通过胞饮作用（pinocytosis）重吸收原尿中的蛋白质，与溶酶体融合形成吞噬溶酶体（phagolysosome），在光镜下，小管细胞胞浆内形成粉红色透明小滴（图 1-20）。正常分泌蛋白合成过多时，如浆细胞胞质粗面内质网中免疫球蛋白蓄积，形成 Rusell 小体；

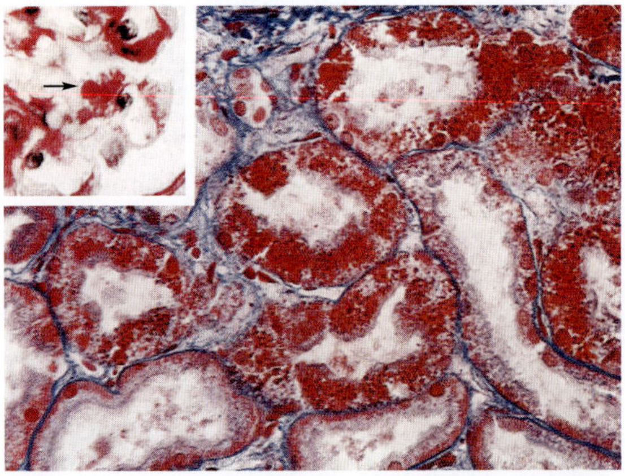

图 1-20 肾小管上皮细胞玻璃样变性（肾小管上皮细胞内红色玻璃样小滴）Intracellular hyaline degeneration of renal tubular epithelial cells（red hyalinedroplets in renal tubular epithelial cells）（PAS 染色）

酒精性肝病时，肝细胞胞质中细胞骨架中间丝（cytoskeletal intermediate filaments）前角蛋白变性，形成 Mallory 小体（图 1-21）；肺巨细胞包涵体（Cytomegalovirus inclusion bodies）、狂犬病神经细胞里的 Negri 小体等均属于细胞内玻璃样变性。

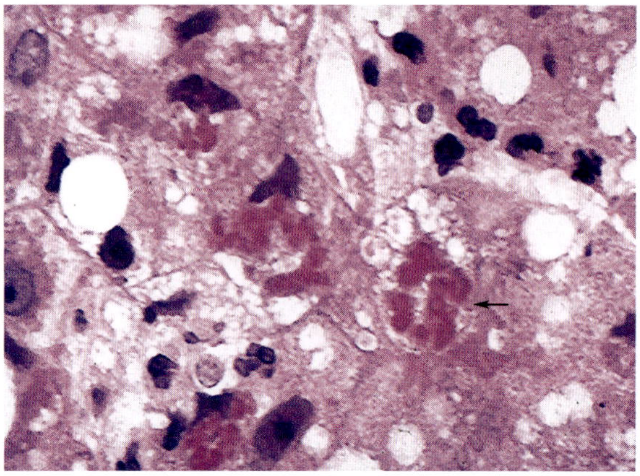

图 1-21 酒精性肝病肝细胞胞质中出现马洛里小体（红色球状物质）Mallory bodies（the red globular material）present in liver cells of alcoholic liver disease

4. 淀粉样变性 Amyloid change 淀粉样变是细胞间质出现淀粉样蛋白的异常沉积。淀粉样物质是结合粘多糖的不同蛋白质，因其显示淀粉样呈色反应：刚果红（Congo red dye）染色为橘红色，遇碘则为棕褐色，再加稀硫酸便呈蓝色，故由此得名。

（1）淀粉样变性的形态学改变 Morphology：HE 染色其镜下特点为淡红色，云雾均质状物沉积于细胞间，小血管基膜下或沿网状纤维支架分布。淀粉样蛋白的新生多肽链由核蛋白体组成，排列为 α 链或 β 链。因机体不含消化大分子 β-折叠（folding）结构的酶，故 β-淀粉样蛋白及其前体物质易积存在组织之中，β-淀粉样蛋白结构能使淀粉样变具有极性双折光（polarized birefringence）的特性，在偏光显微镜下呈绿色双折光。

（2）淀粉样蛋白的化学特性 Chemical nature of amyloid：①淀粉样轻链（amyloid light chain，AL）由免疫球蛋白（immunoglobulin）轻链组成，通常为 λ 链，较少为 κ 链。②淀粉样变相关蛋白（amyloid associated protein，AA）是来源于血清淀粉样变相关蛋白（serum amyloid-associated protein，SAA 蛋白），一种急性期反应物，为高密度脂蛋白的载脂蛋白（apoprotein）。③内分泌性淀粉样变（amyloid endocrine，AE）是一种激素样多肽。④老年性淀粉样变（amyloid senile，AS）与前清蛋白（prealbumin）有关。因此淀粉样物质是一类形态学和特殊染色反应相同，而化学结构不同的异质性物质，其沉积的机制也不同。

（3）淀粉样变性的分类 Classification：由淀粉样

变物质引起的疾病称为淀粉样物质沉积症(amyloidosis)可分为原发性和继发性,与局灶性和全身性。

1)局灶性淀粉样变 Localized amyloidosis 可发生于皮肤、结膜、舌、喉、肺等处。

2)继发性局灶性淀粉样物质沉积症 Secondary localized amyloidosis 见于阿尔茨海默病(Alzheimer disease)的脑组织及 Hodgkin 淋巴瘤、甲状腺髓样癌(medullary carcinoma)等内分泌肿瘤的间质内。如阿尔茨海默病脑组织中 β2-淀粉样蛋白(bata2 amyloid protein)沉积;甲状腺髓样癌伴有 AE 沉积,与降钙素(calcitonin)有关。

3) 原发性全身性淀粉样变 Primary systemic amyloidosis 该病例中淀粉样物质主要来源于血清,以免疫球蛋白淀粉样轻链沉积为特征,主要影响所谓的间叶器官(心、肝、肾、脾、舌、皮肤、胃肠道、神经)等多个器官,其他器官亦可受累,例如多发性骨髓瘤(polymyeloma),肾小管淀粉样管型(amyloid casts)可引起肾衰(renal failure)。B 细胞淋巴瘤(B cell lymphoma)或浆细胞病,如浆细胞增多症(plasmacytoma),病人血清或尿中有副蛋白(paraprotein)。事实上,同一器官的继发性淀粉样变也可由此型引起。

4)反应性系统性(继发性)淀粉样变 Reactive systemic(secondary) amyloidosis 该病例中淀粉样物质主要成分为淀粉样变相关蛋白(肝脏合成的非免疫球蛋白),见于老年人(senlie amyloidosis)或继发于慢性迁延性疾病,如类风湿性关节炎(rheumatoid arthritis)、结核(tuberculosis)、骨髓炎(osteomyelitis),偶尔可见于 Hodgkin 淋巴瘤。

Laboratory tests for amyloid

① Histochemical tests. Amyloid deposits around blood vessels are detected with the Congo Red stain, which stains them orange. If the slide is then viewed under ultraviolet light, the apple-green part represents the birefringence. ② Immunohistochemical tests. The use of monoclonal antibodies to each of the preceding amyloid proteins now allows diagnosis of the specific type of amyloidosis on a biopsy specimen.

5. 黏液样变性 Mucoid degeneration 黏液样变性是指细胞间质出现黏多糖(葡萄糖胺聚糖、透明质酸等)和蛋白质的蓄积。常见于间叶性肿瘤,甲状腺机能低下(thyroid insufficiency)的皮肤,风湿病(rheumatic disease)动脉粥样硬化(atherosclerosis)和营养不良时的骨髓和脂肪组织等。镜下表现为间质疏松,有多突起的星芒状纤维细胞散在于灰蓝色黏液样基质中。甲状腺功能低下时,可能是由于甲状腺素减少所致的透明质酸酶活性减弱,使含有透明质酸的黏液样物质以及水分蓄积于皮肤及皮下的间质中,形成黏液性水肿(myxedema)。黏液样变与分泌上皮产生的黏液(mucin)不同。引起黏液样变性的病因去除病变可以消退。长期存在时刺激纤维组织增生,引起组织硬化。

6. 病理性色素沉着 Pathologic pigmentation

有色物质(色素 pigmentation)在细胞内外异常蓄积称为病理性色素沉着。色素可以是细胞的正常组成成分(内源性色素),如含铁血黄素、脂褐素、黑色素、胆红素等。也可为外源性色素如,如炭尘、煤尘等吸入体内,或纹身时注入皮肤的色素等。这些色素被吞噬细胞吞噬后可以长期留在吞噬细胞内形成色素颗粒。

(1) 外源性色素 Exogenous pigments

1) 炭末沉着症 Anthracosis:炭末(coal dust)在肺和淋巴结的巨噬细胞中积聚,与空气污染有关。

2) 纹身 Tattooing:皮内注入的色素被巨噬细胞吞噬后或永久地存留在细胞中或释放至细胞外。

(2) 内源性色素 Endognous pigments

1) 脂褐素 lipofuscin:是细胞自噬溶酶体内未被消化的细胞器碎片残体,镜下为黄褐色微细颗粒状(图 1-22),其成分是磷脂和蛋白质的混合物,源于自由基催化的细胞膜相结构不饱和脂肪酸的过氧化作用。正常时,附睾管上皮细胞、睾丸间质细胞和神经节细胞胞质内可含有少量脂褐素。在老年人和营养耗竭性病人,萎缩的心肌细胞及肝细胞核周围出现大量脂褐素。脂褐素本身对细胞无损害,其出现只是代表细胞曾受到自由基损伤和脂质过氧化的结果,故又有消耗性色素("wear-and-tear" pigment)之称。当多数细胞含有脂褐素时,常伴更明显的器官萎缩,称为褐色萎缩(brown atrophy)。

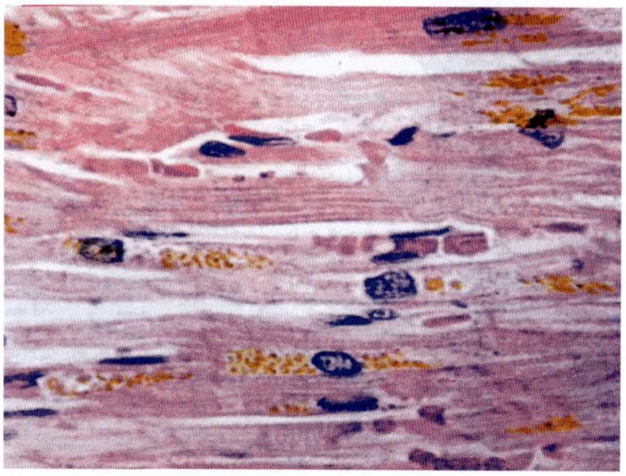

图 1-22 心肌细胞的脂褐素沉积 Lipofuscin in myocardial cell(HE 染色)

脂褐素沉积在胞质内呈黄棕色、微细的颗粒 lipofuscin deposited as yellow-brown, fine, intracytoplasmic granules

2) 黑色素 melanin:是黑色素细胞质中的黑褐色

细颗粒，由酪氨酸（tyrosine）氧化成多巴（dihydroxyphenylalanine，Dopa），进一步聚合生成黑色素，其生成受到垂体促肾上腺皮质激素（ACTH）和黑色素细胞刺激素（MSH）的促进。正常时，黑色素还存在于皮肤、毛发、虹膜、脉络膜、软脑膜、卵巢、肾上腺髓质、膀胱及脑的黑质等处。黑色素细胞（melanocyte）位于皮肤及黏膜的基底部或基底部上层细胞（图1-23），来源于神经外胚叶的树突状细胞。某些慢性炎症及色素痣、黑色素瘤、基底细胞癌时，黑色素可局部性增多。肾上腺皮质功能低下的Addison病患者，可出现全身性皮肤、黏膜的黑色素沉着。利用多巴染色可以鉴定黑色素细胞。

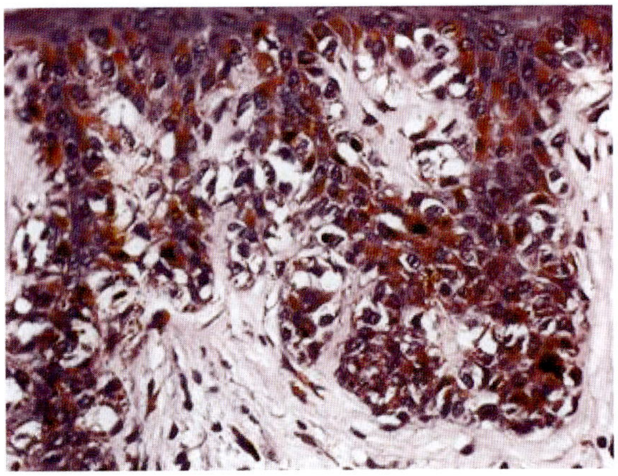

图1-23 皮肤黑色素细胞痣 Skin melanotic nevus（HE染色）

3）含铁血黄素 Hemosiderin：含铁血黄素是血红蛋白（hemoglobin）代谢的衍生物。巨噬细胞（macrophages）吞噬、降解红细胞中血红蛋白所产生的铁蛋白微粒（ferritin micelles）聚集体，系 Fe^{3+} 与蛋白质结合而成，镜下呈金黄色或褐色颗粒，具有折光性，可被普鲁士蓝（prussian blue）染成蓝色。生理情况下，肝、脾、淋巴结和骨髓内可有少量含铁血黄素形成。病理情况下，如陈旧性出血和溶血性疾病时，细胞组织中含铁血黄素蓄积。在心衰淤血时患者肺内和痰中可出现吞噬含铁血黄素巨噬细胞，称为心衰细胞（heart failure cell）（图1-24）。全身含铁血黄素沉着（含铁血黄素沉着症 hemosiderosis）见于铁摄入过多、溶血性贫血、铁利用障碍，或反复多次输血的病人，含铁血黄素主要沉积于肝、脾、和骨髓等器官的巨噬细胞内或细胞外，一般不损害实质细胞。但血色病（hemochromatosis）时含铁血黄素沉积于肝脏、心脏、胰腺和内分泌器官的实质细胞，并导致肝纤维化、心衰和糖尿病。

4）胆红素 bilirubin：是胆管中的主要色素，主要为血液中红细胞衰老破坏后的产物，它也来源于血红蛋白，但不含铁。此色素在胞质中呈粗糙、金色的颗粒状。血中胆红素增高时，病人出现皮肤黏膜黄疸。

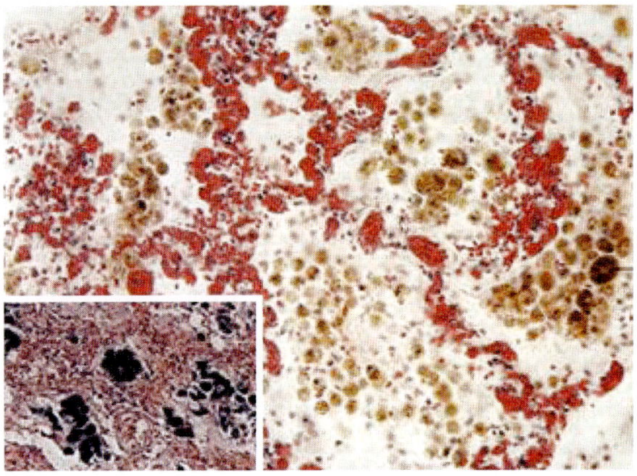

图1-24 肺泡内的心衰细胞和含铁血黄素（左下为普鲁士蓝染色）Heart failure cells and hemosiderin in the alveolar，（leftdown Prussian Blue staining）

7. 病理性钙化 Pathologic calcification 病理性钙化是指骨和牙齿之外的组织中固态钙盐的异常沉积。钙可以在细胞内、细胞外或者同时发生沉积。钙盐的主要成分是磷酸钙和碳酸钙及少量铁、镁或其他矿物质。肉眼呈石灰样坚硬的细小颗粒或团块。触之有砂粒感（或石砾感）。显微镜下钙化物质呈不规则的颗粒或团块。苏木素染成蓝色，硝酸银染成黑色。有时钙化呈同心圆状似砂砾，称为砂砾体（psammoma bodies）

（1）营养不良性钙化 Dystrophic calcification：常发生在无活力或死亡的组织中，如动脉粥样硬化斑块，病变的心瓣膜、血栓、和坏死灶（凝固性，干酪性，液化的结核病，粥样瘤 atheroma）及疤痕组织等（图1-25）营养不良性钙化可能与局部碱性磷酸酶增多有关。细胞内钙化始于坏死细胞的线粒体，因其通透性增加，钙内流所致。细胞外钙化则始于有膜包绕的小泡内磷脂，这些磷脂可能来源于变性或老化的细胞，钙在小泡内通过与磷脂结合而被浓缩。或磷脂被磷脂酶降解形成磷酸盐，再与坏死组织中的钙结合形成磷酸钙沉淀。体内血钙、血磷水平正常。

（2）转移性钙化 Metastatic calcification：钙化过程中常伴有高钙血症（hypercalcemia），如甲状旁腺功能亢进（hyperparathyroidism），维生素D中毒（vitamin D intoxication），系统性结节病（systemic sarcoidosis），甲状腺功能亢进（hyperthyroidism），Addison病，骨肿瘤，转移性骨恶性肿瘤，固定术（immobilization），特发性高钙血症（idiopathic hypercalcemia）等。钙盐广泛沉积于正常泌酸部位，累及如血管，肾小管的基膜，肺泡壁和胃黏膜上皮，这些部位氢氧根离子含量高，在高血钙时容易形成氢氧化钙和混合盐羟磷灰石。组织的大片病理性钙化可导致组织变形、硬化和功能障碍。

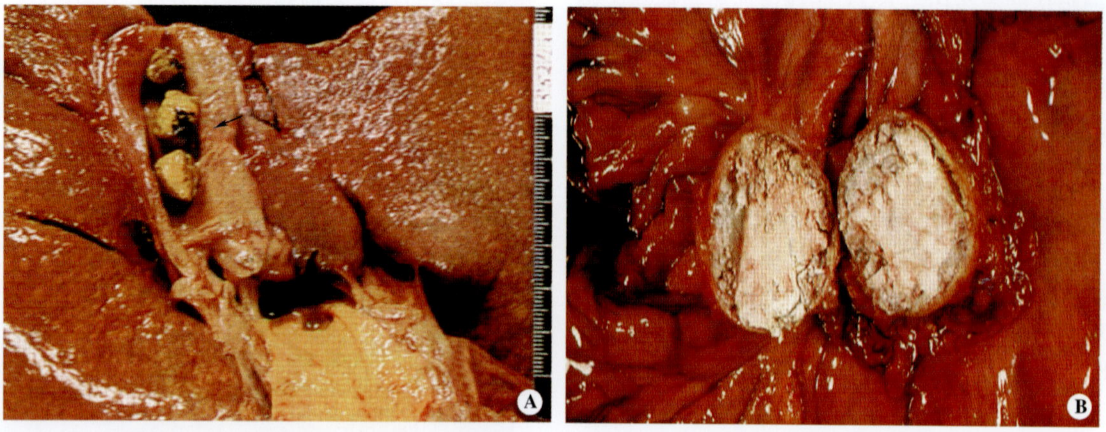

图 1-25 A. 胆囊结石与 B. 淋巴结钙化 A. gallstone and B. Calcification of lymph nodes

(二) 不可逆性损伤 Irreversible injury

当细胞发生致死性代谢、结构和功能障碍，便可引起细胞不可逆性损伤，即细胞死亡(cell death)。细胞死亡是细胞所有功能包括产生能量、稳态调节、运动、物质利用及合成与输出、细胞间交流、兴奋性与再生等丧失的状态。细胞死亡主要有坏死、凋亡、自噬等类型。凋亡主要见于细胞的生理性死亡，但也见于某些病理过程中，而坏死则为细胞病理性死亡的主要形式，两者各自具有相对不同的发生机制、生理病理学意义、形态学和生化学特点。

Two critical events are involved in irreversible injury

①ATP depletion An early event in cell injury that contributes to the functional and structural consequences of ischemic hypoxia, and also to cell membrane damage; however, it is controversial whether it is the immediate or primary cause of irreversibility. ②Cell membrane damage The earliest phase of irreversible injury is associated with functional and structural defects of cell membranes.

1. 坏死 Necrosis 坏死指活体组织或器官中细胞死亡的形态学改变。坏死可因较强致病因素直接导致，但大多由可逆性损伤发展而来。其基本表现是细胞肿胀、细胞器崩解和蛋白质变性。坏死细胞和周围组织的形态变化常由自溶(autolysis)—即死亡细胞自身的溶酶体酶的消化作用；或者异溶(heterolysis)—周围渗出的白细胞释放溶酶体酶的消化作用引起局部实质细胞溶解。有无炎症反应对鉴别坏死和死后自溶有重要价值，后者无炎症反应。

(1) 坏死的基本病变 Basic lesions of necrosis：细胞核的变化是细胞坏死的主要形态学标志，主要有三种形式(图 1-26)：①核固缩(pyknosis)细胞核染色质 DNA 浓聚、皱缩，使核体积减小，嗜碱性增强，提示 DNA 转录合成停止。②核碎裂(karyorrhexis)由于核染色质崩解和核膜破裂，细胞核发生碎裂，使核物质分散于胞质中，亦可由核固缩裂解成碎片而来。③核溶解(karyolysis)非特异性 DNA 酶和蛋白酶激活，分解核 DNA 和核蛋白，核染色质嗜碱性下降，死亡细胞核在 1～2 天内将会完全消失。

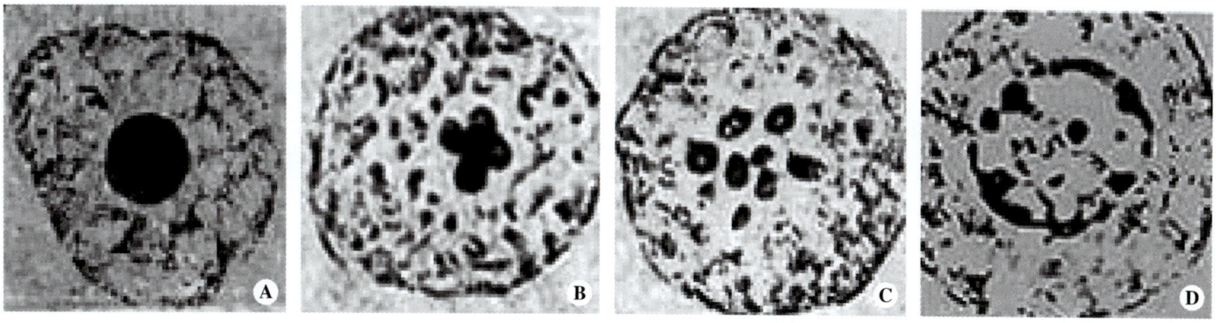

图 1-26 坏死时细胞核的形态变化 Nuclear morphological changes of necrosis
A. 正常细胞 Normal；B. 核固缩 Pyknosis；C. 核碎裂 Karyorrhexis；D. 核溶解 Karyolysis

细胞核的变化均由DNA非特异性崩解所致。除此以外，由于核蛋白体减少丧失、胞质变性蛋白质增多、糖原颗粒减少等原因，使坏死细胞胞质嗜酸性增强，或呈空泡状，均质性。细胞不可逆性损伤的主要超微结构形态表现为线粒体空泡形成、线粒体基质无定形钙致密物堆积、溶酶体释放酸性水解酶降解细胞成分等。实质细胞坏死后，细胞外基质也逐渐崩解液化，最后融合成片状模糊的无结构物质。

组织坏死后失去原有的光泽，颜色苍白，失去弹性，正常感觉和运动功能丧失，血管无搏动，切割无新鲜血液流出，临床上谓之失活组织（devitalized tissue），应予及时切除。

由于坏死时细胞膜通透性增加，细胞内酶被释放入血，造成细胞内相应酶活性降低和血浆中相应酶水平增高。细胞内和血浆中酶活性的变化在坏死初发时即可检出，要早于形态学的变化，因此有助于细胞损伤的早期诊断。如心肌梗死细胞死亡2h后就可测得血液肌酸激酶、乳酸脱氢酶和谷草转氨酶升高；而梗死的形态学表现要在4~12h才出现。同样肝细胞坏死时血液谷草转氨酶、谷丙转氨酶升高；胰腺坏死时血液或尿中淀粉酶及其同工酶升高。

（2）坏死的类型 Types of necrosis：取决于蛋白质变性（denauturation of proteins）与酶性消化（enzymatic digestion）何者占优势。通常分为凝固性坏死、液化性坏死和纤维素样坏死三个基本类型，此外还有干酪样坏死、脂肪坏死、坏疽等一些特殊类型的坏死。

1）凝固性坏死 Coagulative necrosis：凝固性坏死尚保留有坏死组织细胞轮廓，呈灰白、干燥，凝固状。常见于心、肝、肾、脾等实质器官，常因缺血缺氧、细菌毒素、化学腐蚀剂作用引起。蛋白质变性凝固且溶酶体酶水解作用较弱时，新鲜的凝固性坏死灶在肉眼上呈苍白色，轻微的肿胀，坏死区周围暗红色（充血、出血和炎症反应带）。陈旧的坏死灶因为失水变干、蛋白质凝固，呈灰黄、干燥、质实，锥形其尖端指向器官门部（图1-27）。此种坏死与健康组织间界限多较明显，镜下特点为坏死区细胞结构消失，而细胞外形和组织结构轮廓仍可保存数天，可能是坏死导致的持续性酸中毒，使坏死细胞的结构蛋白和酶蛋白变性，延缓了蛋白质的分解过程（图1-28）。凝固性坏死可被吞噬细胞清除或被渗入的白细胞溶解而变成液化性坏死。

2）干酪样坏死（caseous necrosis）：干酪样坏死是结核病（tuberculous）的特征性病变，因结核病病灶中含脂质较多，肉眼上坏死区呈灰黄色，质软，颗粒状，易碎的，似干奶酪（dry cheese），组织内的干酪样物质可在原位长期存在。病灶与周围正常组织分界清楚。显微镜下坏死组织呈无结构颗粒状红染物，不见坏死部位原有组织结构的残影，甚至不见核碎屑，是坏死更为彻底的特殊类型凝固性坏死（图1-29）。

图1-27 脾脏坏死 Spleen necrosis

肉眼观，坏死组织锥形，灰白，干燥，质硬，与周围正常组织间分界清楚 Grossly, the necrotic tissue is taper, hoary, dry and hard, and sharply circumscribed from the surrounding normal tissues

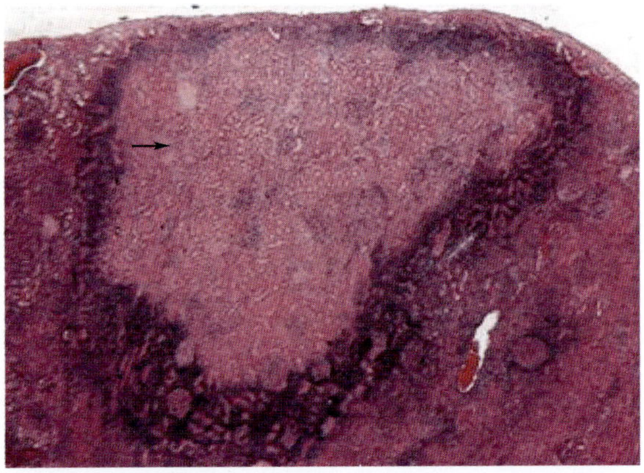

图1-28 肾脏的凝固性坏死 Coagulation necrosis of kidney

细胞结构消失但组织轮廓保存一段时间 Cellular structure disappeared but tissue outline preserved for a span of days

3）坏疽（gangrene）：是指局部组织大块坏死并继发腐败菌（corrupt bacteria）感染。坏疽分为干性（dry gangrene）、湿性（wet gangrene）和气性（gas gangrene）等类型，前两者多为继发于血液循环障碍引起的缺血坏死。干性坏疽以凝固性坏死占优势，常表现在冻伤和烫伤中。常见于动脉阻塞但静脉回流尚通畅的四肢末端，因水分散失较多，故坏死区干燥皱缩呈黑色（系红细胞血红蛋白中Fe^{2+}和腐败组织中H_2S结合形成硫化铁的色泽），与正常组织界限清楚，腐败变化较轻（图1-30）。湿性坏疽和气性坏疽以液化性改变占优势，湿性坏疽常发生于与外界相通的器官，如肺、肠、子宫、阑尾、胆囊等，也发生于动脉阻塞及静脉回流受阻的肢体。坏死区水分较多，腐败菌易于繁殖，故肿胀呈蓝绿色，且与周围正常组织界限不清。坏死组织经腐败分解产生大量吲哚、粪臭素等，故有恶臭。气性坏疽也属湿性坏疽，多发生于战场上的刀伤或枪伤，系深达肌肉的开放性创伤，沿肌束蔓延，肌纤维发生凝固性坏死，合并产气荚膜杆菌（clostridium perfringens）等厌氧菌感染。除发生坏死外，还产生大量气体，使坏死区按之有捻发感，奇臭。湿性坏疽和气性坏疽常伴全身明显的中毒症状。

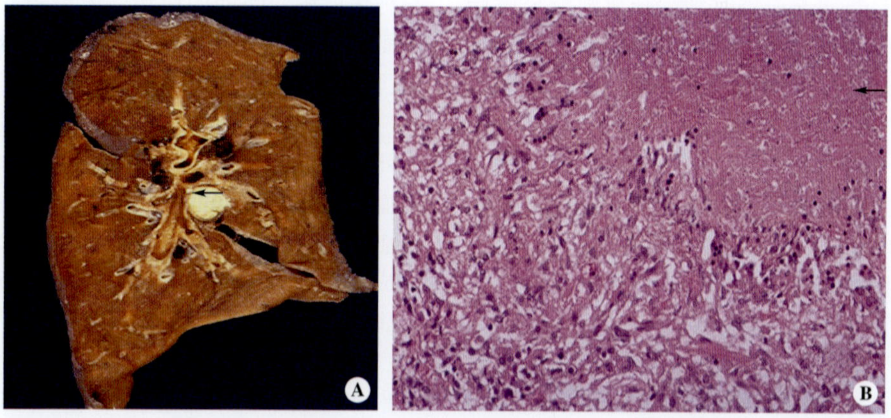

图 1-29　淋巴结结核干酪样坏死 Lymphnode tuberculous with caseous necrosis

A. 肉眼观病灶黄白色，似干奶酪；B. 镜下坏死组织丧失正常结构，呈嗜酸性，颗粒状，似无定形碎片 A. Grossly, necrotic foci are yellowish white and reminiscent of dry cheese; B. Microscopecally, necrotic tissue lose the normal structure, it is eosinophilic, granular, as amorphous debris

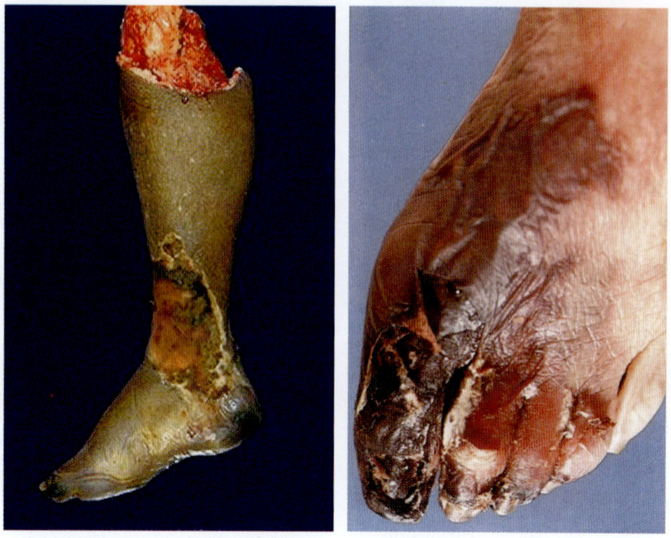

图 1-30　下肢（足）坏疽 Lower limb（foot）gangrene

肉眼观：呈黑色，与周围正常组织分界明确 Grossly: It is black, and has a clear borderline with the healthy tissue around

4）液化性坏死 Liquefaction necrosis：液化性坏死指组织坏死很快因酶性分解而变成液态。由于坏死组织中可凝固的蛋白质少，或坏死细胞自身及浸润的中性粒细胞等释放大量水解酶（hydrolytic enzymes），如细菌或某些真菌感染引起的脓肿（abscesses）；或发生于富含蛋白酶（胰腺）和磷脂（phospholipid）（脑）的组织，如缺血缺氧引起的脑软化（encephalomalacia）（图 1-31）；或由细胞水肿发展而来的溶解性坏死（lytic necrosis）等。镜下特点为死亡细胞完全被消化，局部组织快速被溶解。

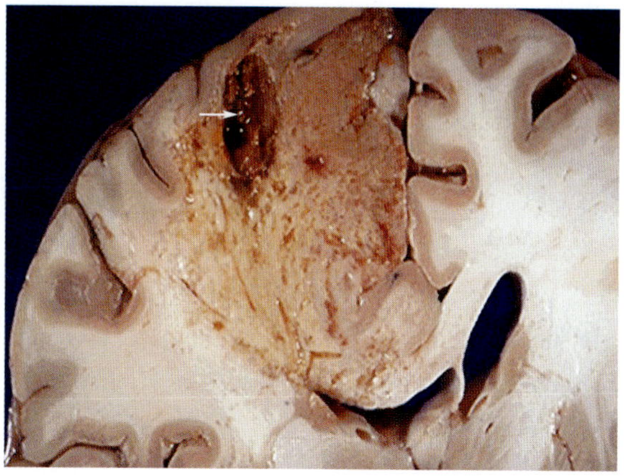

图 1-31　脑液化性坏死 Liquefaction necrosis of brain

脂肪坏死(fat necrosis):脂肪坏死是一种特殊的细胞死亡的形态学类型,属液化性坏死范畴,可分别引起酶解性或创伤性脂肪坏死。前者见于急性胰腺炎(acute pancreatic necrosis)时细胞释放胰酶分解脂肪酸(fatty acids)。后者见于乳房创伤时脂肪细胞破裂,或肠系膜损伤时脂肪细胞破裂等。

急性胰腺炎时,表现为胰周和肠系膜脂肪组织(mesenteric adipose tissue)内出现钙皂,当胰腺的损伤范围较大,脂肪坏死可以很广泛,甚至影响到腹膜外的脂肪组织,例如,前纵隔(anterior mediastinum)和骨髓(bone marrow)。脂肪坏死后,释出的脂肪酸和钙(calcium)、镁(magnesium)、钠(sodium)离子结合形成肉眼可见的灰白色钙皂(soaponification)。当其中的钙和镁浓度增加时,沉积物变得更加坚硬,颜色如白粉笔。镜下,坏死的脂肪细胞的轮廓模糊,胞浆内充满无定形的、弱嗜碱性物质(钙皂)(图 1-32)。

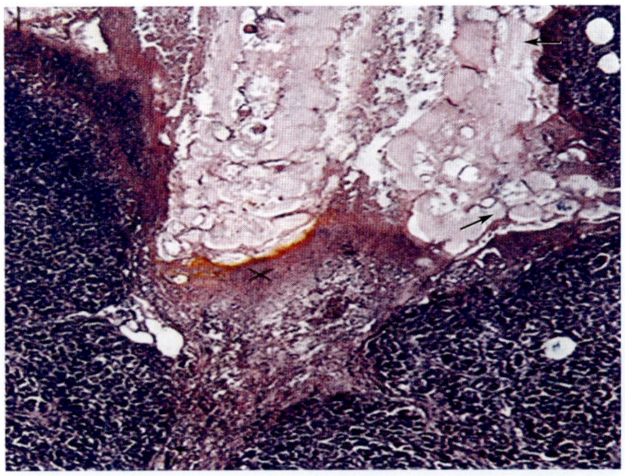

图 1-32 胰腺脂肪性坏死 Fat necrosis of pancreas

Fat necrosis

Fat necrosis is the highly specific morphologic pattern of cell death encountered when lipases escape into fatty depots. It is seen in a disease called acute pancreatic necrosis as a result of releaseof lipase after acute injury to pancreatic acinar tissue, most commonly from obstruction of pancreatic ducts. As the concentration of calcium and magnesium soaps increases, the deposits become firmer and chalky white.

发生于乳腺(breast)的脂肪坏死在临床和影像学上与乳腺癌非常相似。乳腺脂肪坏死可以是损伤性的,也可以发生在外科治疗,放疗后(radiation therapy),乳腺癌保乳治疗期间或乳腺癌复发的病例中。脂肪坏死灶早期有大量吞噬脂滴的巨噬细胞(泡沫样细胞)与多核巨细胞(multinucleated giant cells),有慢性炎细胞(chronic inflammatory cells)的浸润,包括淋巴细胞(lymphocytes),浆细胞(plasma cells),嗜酸性粒细胞(eosinophils)。随病变进展,病灶周围致密结缔组织伴进行性包膜形成与钙化。病变晚期的影像学上呈蛋壳(eggshell)样。然而在病灶早期就引起邻近组织向病灶区的纤维收缩,形成不规则肿块,相似于癌。

5)纤维素样坏死 Fibrinoid necrosis:纤维素样坏死是结缔组织及小血管壁常见的坏死形式。多由血管渗出的纤维蛋白原(fibrinogen),在组织促凝血酶原激酶(tissue thromboplastin)的作用下,转化成纤维蛋白(fibrin)在组织中的沉积。HE 切片上病变部位形成细丝状、颗粒状或小条块状无结构,嗜伊红色物质(图 1-33),由于其染色性质与纤维素相似,故名纤维素样坏死。见于某些变态反应性疾病,如风湿病、结节性多动脉炎、新月体性肾小球肾炎,以及急进型高血压、胃溃疡底部小血管等。其发生机制在不同的疾病中不同,纤维素样坏死物质可能是肿胀崩解的胶原纤维或是沉积于结缔组织中的抗原—抗体复合物,也可能是血液中渗出的纤维蛋白原转变的纤维素。

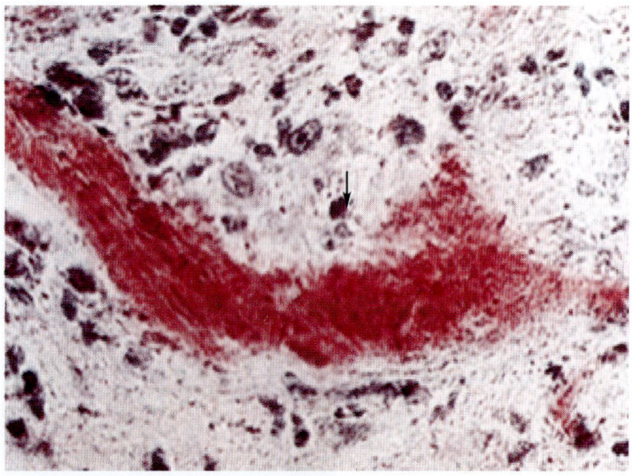

图 1-33 纤维素样坏死 Fibrinoid necrosis

该病变组织结构消失,边界不清,呈染色深红的无结构颗粒状物质 The tissue structure disappeared, with an ill-defined borderline and deep eosinophilic, amorphous, granular matter

(3)坏死的结局 Outcomes of necrosis

1)溶解吸收 Dissolved and absorption:坏死细胞及周围中性粒细胞释放水解酶,使坏死组织溶解液化,由淋巴管或血管吸收;不能吸收的碎片,则由巨噬细胞吞噬清除。坏死液化范围较大时,可形成囊腔(cyst)。坏死细胞溶解后,可引发周围组织急性炎症反应。

2)分离排出 Separation and discharge:坏死灶较大不易被完全溶解吸收时,表皮黏膜的坏死物可被分离,形成组织缺损;浅者称为糜烂(erosion),深者称为溃疡(ulcer)。组织坏死后形成的只开口于皮肤黏膜表面的深在性盲管，称为窦道（sinus）；组织坏死后形成一端开口于皮肤黏膜表面，另一端开口于内脏自然管道，或连接两个内脏器官的通道，称为瘘管（fistula）。肺、肾等内脏坏死物液化后，经支气管、输尿管等自然管道排出，所残留的空腔称为空洞（cavity）。

3）机化 Organization：不能被溶解吸收或者分离排出的组织损伤，由周围毛细血管和成纤维细胞组成的肉芽组织长入称为机化，即新生肉芽组织长入并取代坏死组织、血栓、脓液、异物等的过程，最后可形成瘢痕组织。

4）包裹与钙化 Encapsulation and calcification：如坏死组织等太大，肉芽组织难以向中心部完全长入或吸收，则由周围增生的肉芽组织将其包围，称为包裹。如果坏死细胞和细胞碎片不能迅速清除，它们会吸收钙盐和其他矿物质，形成营养不良性钙化（dystrophic calcification）。

（4）坏死的后果 Consequences of necrosis：坏死对机体的影响取决于坏死的范围、大小、类型，也取决于坏死累及的部位。

1）坏死细胞的生理重要性 Physiologic importance，例如心、脑组织的坏死后果严重。

2）坏死细胞的数量 The volume of necrositic cells 如广泛的肝细胞坏死，可致机体死亡。

3）细胞的再生能力 Regeneration capacity，坏死细胞周围同类细胞的再生，如肝、表皮等易于再生的细胞，坏死组织的结构功能容易恢复，而神经细胞、心肌细胞等坏死后则无法再生，有胶质疤痕或纤维疤痕来替代。

4）坏死器官的储备代偿能力 Store cell and tissue for compensatory，如肾、肺等成对器官，储备代谢能力较强。

2. 凋亡 Apoptosis　1972 年 Kerr 和 Curry 在肝细胞缺血时发现一种与细胞坏死完全不同的细胞死亡，将此命名为凋亡（apoptosis），在《英国癌症杂志》上发表了里程碑式的论文《Apoptosis：a basic biological phenomenon with wide-ranging implications in tissue kinetics》. Apoptosis 来源于希腊语："fall"，细胞的死亡犹如秋天树叶的凋落。细胞凋亡的发生是由基因控制的个别细胞发生的程序性细胞死亡（programmed cell death，PCD）的表现形式，是由体内外因素触发细胞内预存的死亡程序而导致的细胞主动性死亡方式，是细胞内遗传信息程序性调控的结果。从分子水平上看，有许多原癌基因和抑癌基因与细胞增殖和凋亡有关，它们通过各自的通路参与细胞凋亡的调控。凋亡主基因又联系着细胞周期调控、细胞增殖、分化基因之间的复杂网络调节。愈来愈多的证据表明，大多数动物细胞均能自我致死，且此种普遍性的自杀程序也能由发自其他细胞的信号所激活或抑制。因此凋亡是一种能量依赖性的细胞自我销毁的主动过程。可发生于生理和病理状态。各种细胞凋亡在形态学上具有一致性，但基因或生化标记在不同细胞类型是不同的。正是由于发现了细胞凋亡的规律，三位科学家获得了 2002 年的诺贝尔医学或生理学奖。他们是英国的西德尼·布伦纳、美国的 H·罗伯特·霍维茨和英国的约翰·E·苏尔斯顿。

凋亡在形态和生化特征上都有别于坏死（表 1-1，图 1-34），但凋亡和坏死有时可以同时存在，某些发生机制上有时可交叉并有某些共同特征。某些细胞可以发生凋亡也可以发生坏死，选择细胞死亡的类型取决于损伤因子的强度和持续时间、死亡过程的快慢及 ATP 消耗的程度。

表 1-1　坏死与凋亡的区别

Simplified features of necrosis versus apoptosis

	凋亡	坏死
机制	基因调控的程序性细胞死亡主动进行（自杀性）	意外事故性（accident）细胞死亡被动进行（他杀性）
诱因	生理性或轻微病理性刺激因子诱导发生，如生长因子的缺乏	病理性刺激因子诱导发生，如缺氧、感染、中毒等
死亡范围	多为散在的单个或数个细胞	多为集聚的大片细胞
形态特征	细胞固缩，核染色质边集，细胞膜及细胞器膜完整，膜可发泡成芽，形成凋亡小体	细胞肿胀，核染色质絮状或边集，细胞膜及细胞器膜溶解破裂，溶酶体酶释放，细胞自溶
生化特征	耗能的主动过程，依赖 ATP，有新蛋白合成，凋亡早期 DNA 规律降解为 180～200bp 片段，琼脂凝胶电泳呈特征性梯带状	不耗能的被动过程，不依赖 ATP，无新蛋白合成，DNA 降解不规律，片段大小不一，琼脂凝胶电泳通常呈抹片状
周围反应	不引起周围组织炎症反应和修复再生，但凋亡小体可被邻近实质细胞和巨噬细胞吞噬	引起周围组织炎症反应和修复再生

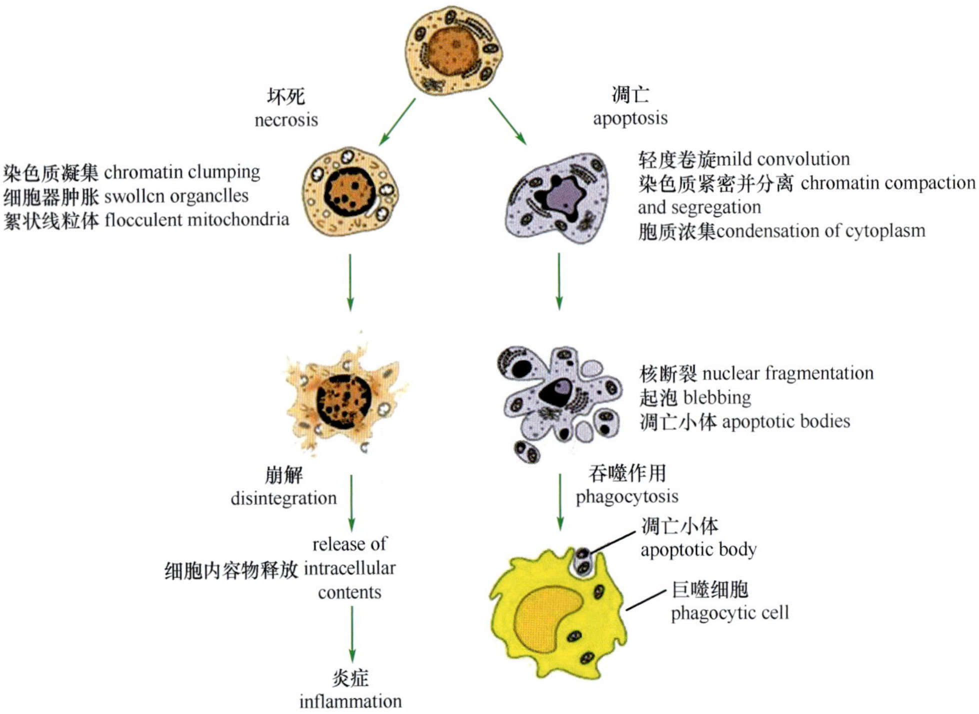

图 1-34 凋亡与坏死的区别 Apoptosis is different from necrosis

（1）凋亡的意义 Significance of apoptosis：细胞凋亡是进化的需要。生理情况下通过细胞凋亡清除多余的细胞、无用的细胞、有害的细胞、衰老的细胞，保证个体胚胎发育及形态发生（morphogenesis）、成熟、组织内正常细胞群的稳定、机体防御和免疫反应及维持正常生理过程所必需。肿瘤化疗和放疗的作用机制主要是通过诱导凋亡来杀死靶细胞。因此，凋亡信号关键成分的修饰直接影响治疗诱导的肿瘤细胞死亡。

在病理情况下细胞凋亡异常增加时可以引起：①神经系统退行性变：如阿尔茨海默病（Alzheimer's disease）、帕金森病（Parkinson's disease）等；②骨髓发育不良综合征（恶性贫血）；③缺血及再灌注损伤：如心肌梗死、缺血缺氧性脑病等；④肝病变：如病毒性肝炎（viral hepatitis）、酒精性肝病（alchoholic liver disease）；⑤获得性免疫缺陷综合征（acquired immunodeficiency syndrome，AIDS）、移植排斥反应等；⑥病理性萎缩，如因导管阻塞引起的胰、肾等实质器官的萎缩等。反之，细胞凋亡过度减少时可引起：①自身免疫性疾病：如系统性红斑狼疮（systemic lupus erythematosus，SLE）、肾小球肾炎（glomerulonephritis，GN）；②肿瘤：如激素依赖性肿瘤（乳腺癌、前列腺癌、卵巢癌）、造血系统肿瘤（淋巴瘤、白血病）等。肿瘤细胞通过表达抗凋亡蛋白，或者下调或突变促凋亡蛋白，获得对凋亡的抵抗力。肿瘤细胞对凋亡的抵抗可能是癌症发生的基本特征。免疫细胞（T细胞和自然杀伤细胞）通过颗粒胞吐途径或死亡受体途径杀死肿瘤细胞。肿瘤细胞对凋亡的抵抗可能导致其对免疫监视的逃避并影响免疫治疗的有效性；③某些病毒感染：如腺病毒、疱疹病毒、痘病毒等。

（2）凋亡的形态学特征 Morthology of apoptosis：电镜下凋亡细胞皱缩（shrinkage），胞质致密（compaction），胞浆细胞器集中（squeeze），核质固缩（condenation），核染色质边集（chromatin margination），尔后胞核裂解，核膜皱折（fold）或胞质生出芽突（bleb）并脱落，形成含核碎片和（或）细胞器成分的膜包被凋亡小体（apoptotic body）（图 1-35）。凋亡细胞和凋亡小体丧失了特殊的表面结构（微绒毛等）和接触区，形成光滑的轮廓，从周围活细胞中分离出来，由于凋亡细胞的质膜和细胞器膜大都是完整的，阻止了与其他细胞分子间的识别，故既不引起周围炎症反应，也不诱发周围细胞的增生修复。

光镜下凋亡仅累及单个或少数几个细胞，凋亡细胞呈圆形，胞浆红染，细胞核染色质凝聚成团块状。细胞病毒性肝炎时肝细胞内的嗜酸性小体（councilman body），即是肝细胞凋亡的体现（图 1-36）。凋亡细胞和凋亡小体可被巨噬细胞和相邻其他实质细胞吞噬、降解，或被快速排出。

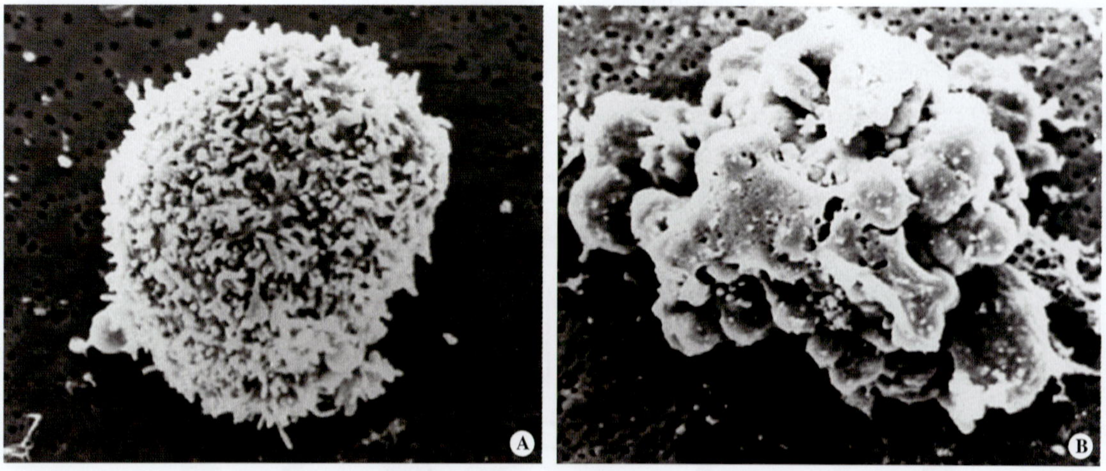

图 1-35 胸腺细胞中的凋亡现象 Apoptosis in thymocyte cells
A. 正常细胞;B. 凋亡细胞 A. Normal cell;B. Apoptotic cell

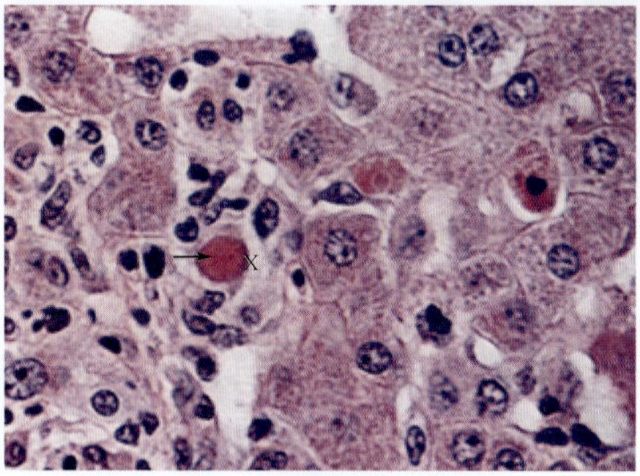

图 1-36 肝细胞中嗜酸性小体
Eosinophilic bodies in hepatocytes

(3) 凋亡的生化特点 Biochemical features of apoptosis

1) 蛋白裂解 Protein cleavage:凋亡细胞表现的染色质凝聚和核固缩与核层黏蛋白(lamins)的裂解有关。钙依赖蛋白酶(calcium-dependent proteinase)活化对细胞骨架蛋白如肌动蛋白(actin)、网格蛋白(plectin),Rho 激酶 I(Rho kinase 1,ROCK1)和凝溶胶蛋白(gelsolin)的破坏,形成细胞表面起泡并形成凋亡小体。如果阻断胞浆钙浓度可以抑制凋亡发生,增加胞浆钙浓度可以促进凋亡。组织转谷氨酰胺酶(tissue tranglutaninase TTG) 活化催化 εlr-谷氨酰赖氨酸交联形成僵硬而不溶性的蛋白(包鞘蛋白 involucrin),是阻止细胞内容物外溢的机制之一。使凋亡细胞有选择性的丧失了水和电解质,且凋亡细胞被吞噬前不发生炎性反应。

2) DNA 断裂 DNA breakdown:caspase 活化的脱氧核糖核酸酶(caspase-activated deoxyribonuclease, DNase CAD/DFF40)抑制子和 DNA 断裂因子(DNA fragmentation factor,45kDa,ICAD/ DFF45)的剪切引起 Ca^{2+}/mg^{2+} 依赖的核酸内切酶(endonuclease)活化将 DNA 在核小体间连接区(internucleosomal linkage region)切成缺口(nick), 形成含 180~200bp 碱基对或其倍数碱基对的 DNA 片断,在琼脂糖电泳上呈现梯状图谱(DNA ladder)。然而此种裂解方式并不是凋亡的唯一方式,有些细胞无核小体间的裂解亦可发生凋亡,是因为 DNA 可在更多位点裂解,其片段在 100~300bp,机制尚不清楚。

3) 吞噬细胞的识别 Phagocytic recognition:在吞噬细胞上存在某些受体能与凋亡细胞上相应的配体结合,使凋亡细胞和凋亡小体暴露于“eat me”信号后,被邻近特殊吞噬细胞或其他细胞识别与吞噬。其机制为:①凋亡细胞表面膜结构改变,表面糖蛋白失去唾液酸侧链,使原来处于隐蔽状态的单糖暴露出来,与吞噬细胞表面的植物凝集素结合被吞噬。②细胞膜内侧的磷脂酰丝氨酸翻露到细胞外,被吞噬细胞表面相应的受体识别、并吞噬。③吞噬细胞可以血栓连接素(thrombospoudin),也是细胞外基质成分,存在于血小板、巨噬细胞、内皮细胞、纤维母细胞中,可黏附纤维连接蛋白(FN)、纤维蛋白原和糖蛋白。④介导多种细胞的相互作用或细胞表面的蛋白多糖、硫酸脂等受体与凋亡小体表面的相应成分结合而有利于特定细胞将之吞噬。如没有细胞吞噬(如培养的细胞),凋亡细胞将失去胞膜完整性而继发坏死。

(4) 凋亡的机制 Mechanisms of apoptosis:诱发凋亡的信号包括生长因子或激素缺乏、基质附着物丢失、特殊受体和配体(如 Fas 和 Fas-L)的特异性衔接,及各种损伤因子如自由基及电离辐射、热休克蛋白作用、癌基因激活、DNA 损伤剂、胞内钙离子过多及其他的细胞应激等的参与(图 1-37)。

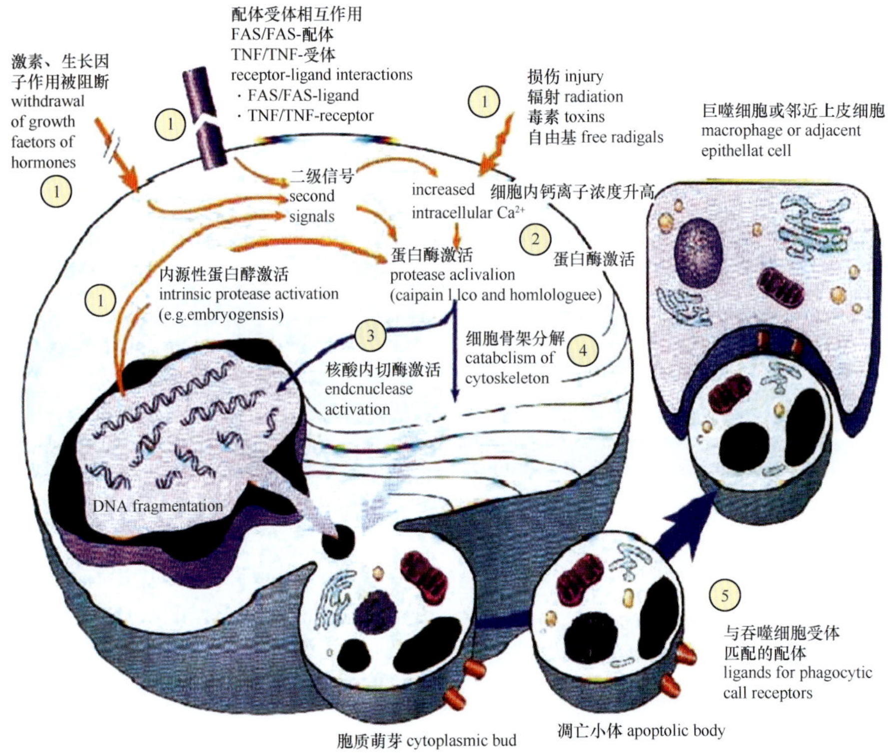

图 1-37 细胞凋亡发生的机制与过程 Pathogenesis and process of cellular apoptosis

凋亡的过程分为起始阶段和执行阶段，半胱氨酸-天冬氨酸蛋白酶家族（caspase protease family）被激活，引起一系列酶促级联反应。

1）起始阶段 Initiator stage：有两条途径可以引发凋亡：一条是由细胞表面的死亡受体所介导（外源性）途径；另一条由线粒体所介导（内源性）途径。在这两种途径中，启动 caspases（initiator caspases）活化后激活执行 caspases（executioner caspases），引起细胞凋亡（图 1-38）。

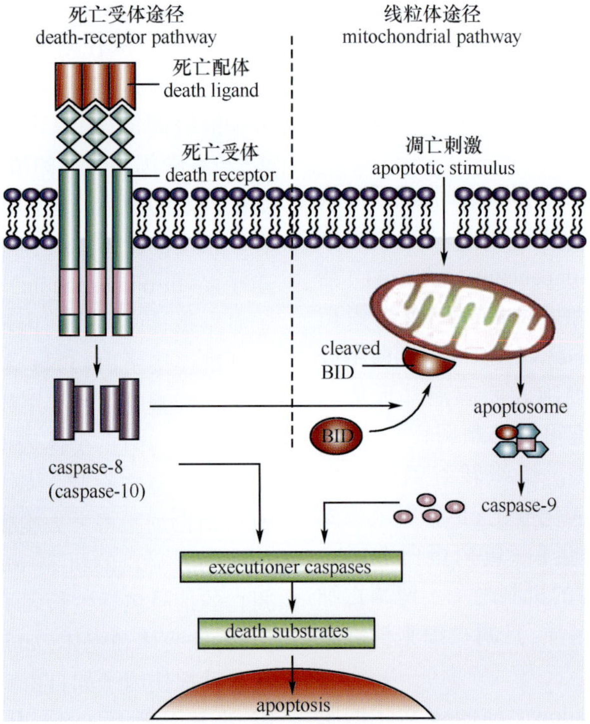

图 1-38 凋亡发生的两条途径 Two alternative pathways of initiate apoptosis

Two alternative pathways for initiating apoptosis

One is mediated by death receptors on the cell surface — sometimes referred to as the ‘extrinsic pathway’; the other is mediated by mitochondria — referred to as the ‘instrinsic pathway’. In both pathways, cysteine aspartyl-specific proteases (caspases) are activated caspase-8 and possibly caspase-10 for the extrinsic pathway; and caspase-9, which is activated at the apoptosome, for the intrinsic pathway. The initiator caspases then activate executioner caspases, mainly caspase-3, caspase-6 and caspase-7. Active executioner caspases cleave cellular substrates, and this leads to the biochemical and morphological changes that are characteristic of apoptosis. There is crosstalk between these two pathways. For example, cleavage of the BCL2-family member BID by caspase-8 activates the mitochondrial pathway after apoptosis induction through death receptors, and can be used to amplify the apoptotic signal.

a. 死亡受体介导(外源性)途径 Death receptors (extrinsic) pathway:外源性途径的活化是通过特定的死亡配体(death ligands)[如 FasL、肿瘤坏死因子 α (tumour-necrosis factor, TNFα)和 TNF 相关凋亡诱导配体(TNF-related apoptosis-inducing ligand, TRAIL)、Apo3L]与细胞表面的死亡受体[包括肿瘤坏死因子超家族成员、TNF-R, Fas, CD40, OX40、4-1BB]的相互作用而介导的。死亡受体特点是细胞内的具有约80个氨基酸残基组成的保守的蛋白结合域,是传导细胞死亡信号所必需的区域——死亡功能域(death domain, DD)。死亡受体被死亡配体活化后,受体胞内结构域发生了构象变化,暴露出 DD,并招募不同的凋亡蛋白形成蛋白复合物被称为死亡诱导信号复合物(death-inducing signalling complex, DISC),如 CD95, TRAIL-R1 或 TRAIL-R2 及 Fas 相关的死亡功能域蛋白(Fas-associated death domain protein, FADD),也称为 MORT1。进一步在 DISC 中招募 caspase-8 和 caspase-10 前体,通过剪切其前体,激活 caspase-8 和 caspase-10 使其发挥凋亡启动子的作用。

死亡配体与受体的结合导致神经酰胺的产生。神经酰胺的释放被认为促进了脂筏的融合,使死亡受体大规模聚集。这种聚集放大了凋亡信号。虽然在某些细胞如淋巴细胞中,不发生受体聚集,也能引发凋亡,但在大多数情况下,信号通路的放大是激活整个凋亡反应所必需的。

死亡受体介导的凋亡可以被几种抗凋亡蛋白所抑制:CD95L 可以被可溶性诱饵受体(soluble ‘decoy’ receptors)如可溶性 CD95 (sCD95)或 DcR3 (decoy receptor 3)阻止而不能和 CD95 结合。FADD 样白介素-1 转化酶样蛋白酶(FADD-like interleukin-1-converting enzyme-like protease, FLICE)的抑制蛋白(FLICE-inhibitory proteins, FLIPs)与 DISC 结合,阻止了caspase-8 的活化;凋亡蛋白抑制子(inhibitors of apoptosis proteins, IAPs)和 caspase 结合并抑制其功能等。

b. 线粒体介导(内源性)途径 Mitochondrial (intrinsic) pathway:线粒体诱导凋亡途径由 BCL2 家族成员启发。BCL2 家族有两种功能成员:抗凋亡蛋白(BCL2, BCL-XL, BCL-W, MCL1, A1/BFL-1, BOO / DIVA, NR-13)和凋亡前体蛋白(BAX, BAK, BOK/MTD, BCL-XS, BID, BAD, BIK/NBK, BLK, HRK/DP5, BIM/BOD, NIP3, NIX, NOXA, PUMA, BMF)。大多数抗凋亡蛋白具有 BCL2 同源(BH)功能域 1,2,4,而 BH3 功能域对凋亡的诱导非常关键。前凋亡成员可以分为 BAX 亚家族(BAX, BAK, BOK)和只含 BH3 的蛋白(例如, BID, BAD 和 BIM)。被凋亡刺激信号活化后,线粒体释放细胞色素 C(cytochrome c, Cyt c),凋亡诱导因子(apoptosis inducing factor, AIF)和其他从膜上到胞浆的凋亡因子如次级线粒体源性的 caspase 活化子/直接凋亡蛋白抑制子结合的低 pI 蛋白(second mitochondria-derived activator of caspase/direct IAP binding protein with low pI, Smac/DIABIO)等,使线粒体跨膜蛋白减少,转膜能力下降。而线粒体膜渗透形成,包括渗透性转移微孔复合物(permeability transition pore complex, PTPC),一种位于膜内侧含有腺苷酸载体(adenine nucleotide translocator, ANT)的多蛋白复合物,位于膜外侧的电压依赖性离子通道和各种其他蛋白。此外,含有 BH-3 的蛋白在胞浆或细胞骨架中起到死亡传感器(death sensors)的作用。接受死亡信号以后,它们与 BAX 亚家族成员相互作用。此后,BAX 蛋白发生构象变化,插入线粒体膜,寡聚体化(oligomerization)并形成蛋白渗透性通道(protein-permeable channels)。Cyt c 从线粒体中释放出来是线粒体途径中主要事件。Cyt c 释放到胞浆与凋亡蛋白激活因子(apoptotic protease activating factor 1, APAF1)结合形成蛋白复合物,称为凋亡体(apoptosome),在凋亡体中,启动子 caspase-9 被活化。

另一种途径是通过存活信号,如生长因子和细胞因子,活化磷脂酰肌醇 3-激酶(phosphatidylinositol 3-kinase, PI3K)途径。PI3K 激活 AKT,使得 BCL2 家族成员 BAD 磷酸化并失去活性。并进一步招募到 caspase-9 前体,活化 caspase-9。

线粒体途径的凋亡可以在不同水平被抗凋亡蛋白所抑制,包括抗凋亡 BCL2 家族成员 BCL2 和 BCL-XL 以及凋亡蛋白抑制子(inhibitors of apoptosis proteins, IAPs),它们受 SMAC/DIABLO 的调节。BCL2 蛋白可能与 PTPC 相互作用并调节线粒体膜通透性，也可以抑制 BAX 和 BAK 的构象变化或寡聚体化。

外源性途径和内源性途径之间也存在交叉。例如，在死亡受体诱导的凋亡中，caspase-8 对 BCL2 家族成员 BID 的剪切可以活化线粒体途径，并使凋亡信号放大。线粒体就被作为凋亡信号的“放大器”。

(2) 执行阶段 Executioner stage：由启动 caspase-8、10 或 9 剪切并活化“执行”caspase。后者主要有 caspase-3，caspase-6 和 caspase-7。蛋白水解的瀑布反应被启动。切割细胞底物(substrates)，从而引起具有凋亡特征的生化和形态学改变，在执行阶段这些酶的作用导致细胞死亡。

凋亡过程受到各种蛋白的严格调控。如肿瘤细胞的凋亡中 p53 是一关键的分子(图 1-39)。p53 被 MDM2 所抑制，MDM2 是一种泛素连接酶，通过蛋白酶体靶向作用于 p53。MDM2 与 ARF 结合后失去活性。细胞应激，包括由放疗或化疗引起，或者通过抑制 MDM2 直接活化 p53 而诱发，或者间接地由 ARF 活化引起。ARF 可以被增殖癌基因如 RAS 所诱导。活化的 p53 反式激活凋亡前体基因——包括 BAX，NOXA，CD95 和 TRAIL-R1——以促进凋亡。

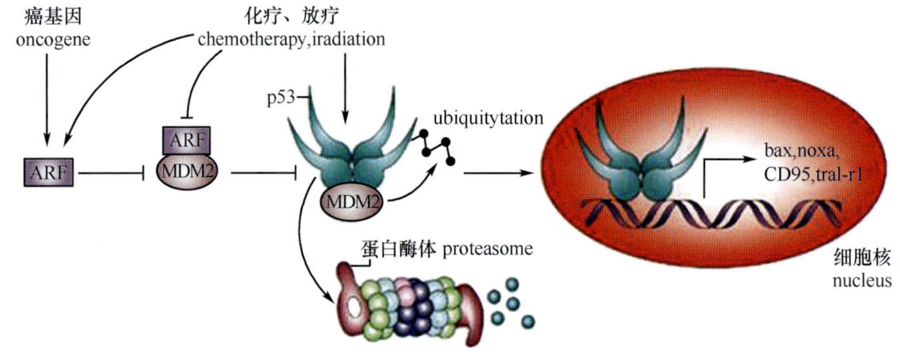

图 1-39 p53 和肿瘤细胞的凋亡 p53 and apoptosis in tumors

p53 is a key element in apoptosis induction in tumour cells. p53 is inhibited by MDM2, a ubiquitin ligase that targets p53 for destruction by the proteasome. MDM2 is inactivated by binding to ARF. Cellular stress, including that induced by chemotherapy or irradiation, activates p53 either directly, by inhibition of MDM2, or indirectly by activation of ARF. ARF can also be induced by proliferative oncogenes such as RAS. Active p53 transactivates proapoptotic genes — including BAX, NOXA, CD95 and TRAIL-R1 — to promote apoptosis.

目前还存在分子上不能较好地定义的细胞死亡途径，该途径不需要 caspase 的激活。这些途径具有凋亡经典途径的一些特点。但又不能真正定义为凋亡或坏死，而被称为“坏死样”(necrotic-like)或“凋亡样”(apoptotic-like)细胞死亡或副凋亡(paraptosis)。

总之，凋亡是多步骤、多途径的细胞死亡过程，是机体每个细胞所固有的。凋亡的启动或者通过死亡受体途径或者通过线粒体途径。在两种途径中，caspase 均被活化，它剪切细胞底物引起特征性的生化和形态学改变。凋亡过程受到各种蛋白的严格调控。同样也存在 caspase 非依赖性细胞死亡。很多控制细胞增殖和组织内环境稳定的生理性生长调控机制都与凋亡有关。肿瘤细胞通过表达抗凋亡蛋白，或者下调或突变促凋亡蛋白可以获得对凋亡的抵抗力。因此，肿瘤细胞对凋亡的抵抗可能是癌症发生的基本特征。肿瘤细胞对凋亡的抵抗可能导致其对免疫监视的逃避并影响免疫治疗的有效性。p53 途径的改变也会影响肿瘤细胞对凋亡的敏感性。此外，大多数肿瘤细胞是生存信号非依赖性的，因为其 PI3K/AKT 途径是上调的。化疗和放疗杀死靶细胞的癌症疗法主要通过诱导凋亡。因此，凋亡信号关键成分的修饰直接影响治疗诱导的肿瘤细胞死亡。

Apoptosis is a multi-step, multi-pathway cell-death programme that is inherent in every cell of the body. Apoptosis can be initiated either through the death-receptor or the mitochondrial pathway. Caspases that cleave cellular substrates leading to characteristic biochemical and morphological changes are activated in both pathways. The apoptotic process is tightly controlled by various proteins. There are also other caspase-independent types of cell death. Many physiological growth-control mechanisms that govern cell proliferation and tissue homeostasis are linked to apoptosis. Tumour cells can acquire resistance to apoptosis by the expression of anti-apoptotic proteins or by the downregulation or mutation of pro-apoptotic proteins. Therefore, resistance of tumour cells to apoptosis might be an essential feature of cancer development. Apoptosis resistance of tumour cells might lead to escape from immunosurveillance and might influence the efficacy of immunotherapy. Alterations of the p53 pathway also influence the sensitivity of tumour cells to apoptosis. Moreover, most tumours are independent of survival signals because they have upregulated the phosphatidylinositol 3-kinase (PI3K)/AKT pathway. Cancer treatment by chemotherapy and -irradiation kills target cells primarily by inducing apoptosis. Therefore, modulation of the key elements of apoptosis signalling directly influences therapy-induced tumour-cell death.

3. 细胞自噬 autophagy　细胞自噬是真核细胞中一种普遍而又重要的生命现象,是一种程序化的细胞内降解机制由细胞粗面内织网无核糖体区域膜或溶酶体膜突出自吞(engulfing),包裹细胞内物质形成自噬体(自噬小泡)再与溶酶体融合形成的自噬溶酶体,以降解可包裹的内容物。生理情况下,主要作用是清除和降解自身受损的细胞器以及多余的生物大分子,并利用降解产物提供能量来实现细胞自身的代谢需要以及某些蛋白质和细胞器的更新,在维持细胞稳态和细胞生命活动等方面起重要作用。自噬(autophagy)现象最早由 Ashford 和 Porten 于 1962 年用电子显微镜在人的肝细胞中观察到,但直到 1993 年 Tsukada 等在酵母菌中发现自噬相关基因(autophagy related gene, Atg)后,对自噬的研究才有了显著的进展。现已经认识到自噬不仅仅是耗损细胞元件的一个垃圾处理系统,而是一种必不可少的细胞功能。

(1)自噬的类型和过程 Types and process of autophagy:根据底物进入溶酶体途径的不同可将自噬分为 3 种类型:①巨自噬(macroautophagy):细胞质中的物质通过形成小泡的方式转运到溶酶体中,用于降解细胞内老化的、或损坏的细胞器和蛋白质。②微自噬(microautophagy):由溶酶体直接将细胞物质内吞并降解。③分子伴侣介导的自噬(chaperone-mediated autophagy,CMA):细胞中可溶性蛋白质直接通过分子伴侣进入到溶酶体中被降解。其中,对巨自噬的研究最为深入,通常所说的细胞自噬主要指巨自噬。当自噬发生初期,很多 Atg 蛋白定位到启始序列室区(initial sequestering compartment)使细胞质中可见到游离的双层扁平杯状分隔膜性结构即前自噬泡(preautophagosome)。前自噬泡逐渐延展,构成一种膜性小泡,其内包裹着受损的细胞器和变性的大分子物质,这种膜性小泡就是自噬泡(柄)(phagophore)。自噬泡伸展变形吞食包裹细胞内老化的或损坏的细胞器和/或蛋白质形成一个闭合的双层膜结构,称为自噬体(autophagosome)。在细胞骨架驱动下自噬体的外膜与溶酶体膜融合,形成自噬溶酶体(autophagolysosome or autolysosome),在溶酶体内水解酶作用下,自噬泡内膜与其中包裹的物质进入到溶酶体腔,被分解为氨基酸、核苷酸以及游离脂肪酸等(图 1-40),被细胞再利用以组成细胞成分。

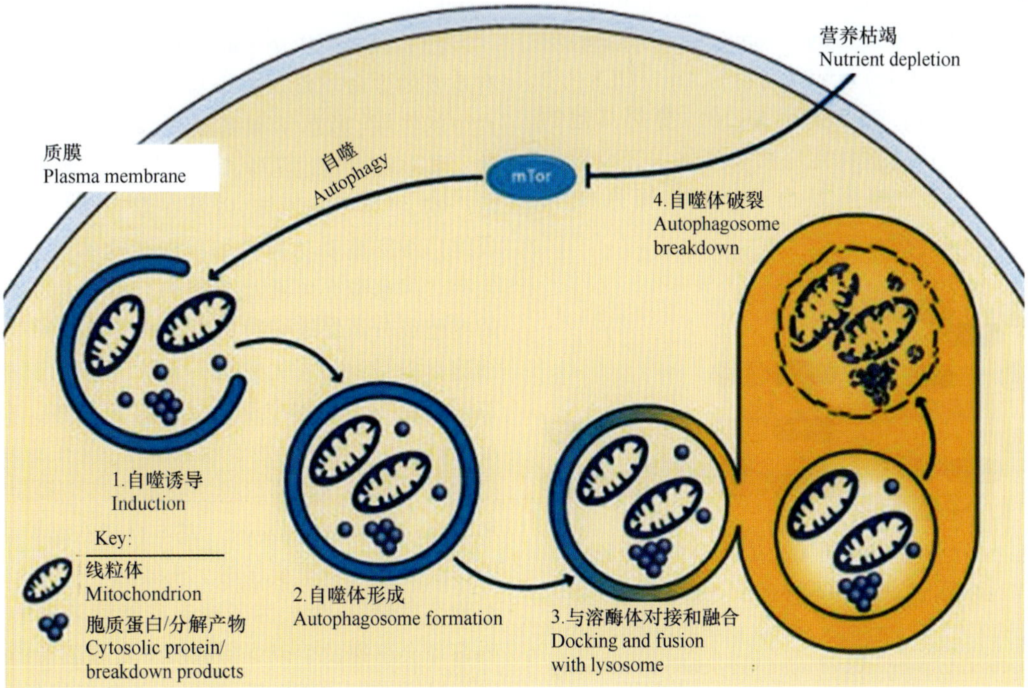

图 1-40　细胞自噬发生的过程 The process of autophagy

通过透射电镜观察细胞超微结构的形态学一直被认为是检测自噬发生的“金标准”，典型的自噬超微结构改变包括细胞器肿胀、出现空泡状双层膜结构，以及由双层膜结构环绕的自噬小体和不能完全降解的残体等（图 1-41）。

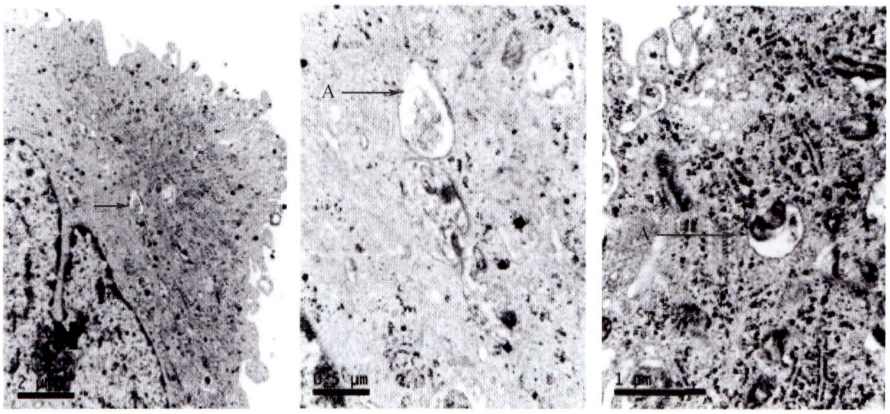

图 1-41 低氧微环境下诱导内皮细胞 24h 以后，通过透射电镜观察的内皮细胞的超微结构 Ultrastructure of endothelial cells observed under Transmission Electron Microscopy after 24 h cultured under hypoxic microenvironment

可见细胞内存在双层膜结构包裹的自噬体，其电子密度较高，隐约可见遗留的线粒体脊痕迹 There were autophagosomes presenting higher electron density, which was packaged by double membrane structure in endothelial cells, and indistinct legacy of mitochondria ridge remained

（2）自噬的分子机制 molecular mechanisms of autophagy：迄今为止，已经在高等真核生物中发现了超过 30 种 Atg 以及大部分它们的直系同源物，根据功能不同将 Atg 蛋白分为 5 组：①Atg1 激酶复合物（Atg1/ULK 1/2）；②Atg9；③Ⅲ型磷脂酰肌醇三磷酸激酶复合物（phosphatidylinositol 3-kinase complex，PI3K3C）；④Atg12 共轭系统（Atg 12 conjugation system）和⑤Atg8 共轭系统（Atg 8 conjugation system）均为泛素类系统（图 1-42）。哺乳动物的 Atg1/ULK 1/2 复合物（包含 Atg13、FIP200 和 Atg101）募集其他的 Atg 蛋白到 PAS，并通过特定底物磷酸化促进自噬体的形成。自噬泡的伸展是由 Atg12 共轭系统和

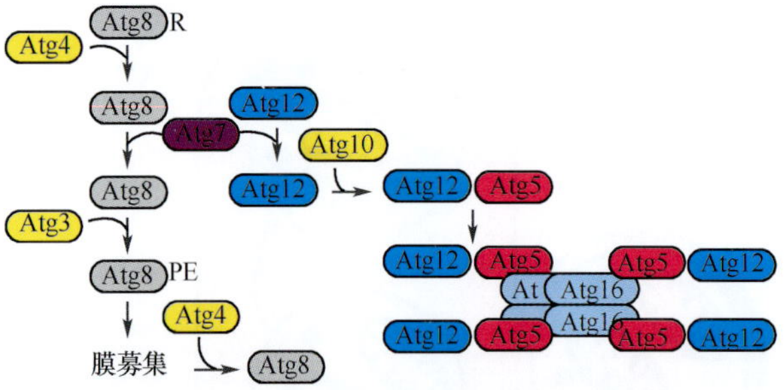

图 1-42 Atg12 共轭系统和 Atg8/LC3 共轭系统共同调节自噬泡伸展的信号级联转导途径 Atg12 conjugated system and Atg8 / LC3 conjugate system jointly regulate cascade signal transduction pathways of autophagy bubble stretching

Atg8/LC3共轭系统来调节（图 1-42）。微灌相关蛋白轻链 3（Microtubule-associated protein 1 light chain 3，MAP1-LC3）是迄今为止发现的唯一定位于自噬泡内膜、参与多种信号转导调节的蛋白。在细胞自噬过程中，当自噬泡即将闭合时，只有膜结合形式的 LC3-Ⅱ定位于自噬泡膜上。因此，LC3-Ⅱ的含量与自噬泡数量成正比，这是研究自噬的较好标记物。哺乳动物雷帕霉素靶蛋白（mammalian target of rapamycin，mTOR）信号通路与自噬有关。

（3）自噬的作用 roles of autophagy：细胞自噬具有重要的生命功能。关于自噬在细胞生存和细胞死亡中的作用，形态学和基因研究的结论并不完全一致。如自噬可通过清除细胞内损害的细胞器、毒性代谢产物、细胞内病原体，以及在营养缺失的情况下生成维持细胞重要功能的细胞内结构单元来促进细胞生存。但自噬亦可通过过度的自我消化和降解重要的细胞成分而促进细胞死亡。从酵母菌到哺乳动物，细胞自噬是生物进化中的一个保守过程，其中很多调节因子在多种生物中都能找到其同源体。在营养充足条件下，自噬发生处于较低水平，仅在胞质中去除受损和多余的细胞器以维持细胞内环境稳定，称为基本自噬（basal autophagy）。基本自噬在维护细胞内环境稳定方面有着重要作用。在遭遇环境压力如饥饿、细胞营养缺失、生长因子缺乏或能量需求增加时，细胞自噬会迅速发生以维持胞质中氨基酸池的平衡，可能通过合成新的蛋白质、能量生成和促进糖异生来避免细胞饿死。如自噬产生的氨基酸可用于重新合成蛋白质以维持细胞中 ATP 生成。自噬能够去除聚合

或损坏的蛋白质和细胞器，如在神经退行性疾病、肌肉疾病和衰老的发病机制中常伴有自噬缺陷；此外，自噬还具有清除感染细胞内细菌和病毒的重要功能。自噬效能和自噬相关蛋白会随着年龄的增加而下调。对衰老的研究表明，几乎所有衰老组织都存在溶酶体系统形态学和酶学活性的改变。随着年龄的增长，细胞内自噬作用开始减弱，导致细胞适应外界环境和自身防御反应的能力降低，损伤的细胞结构及大量氧自由基等活性氧化合物不能有效地被清除，细胞稳态发生变化，加速细胞老化。

自噬也可能代表一种非凋亡性细胞死亡，它涉及多种细胞崩解，组织内稳态，以及对毒性刺激的反应。在很多研究中，由形态学标准来定义的自噬性细胞死亡并不能确定细胞死亡是由自噬直接导致的，还是细胞丧失了保持存活的能力所致。自噬性细胞死亡是指当自噬水平持续上调时引起的细胞死亡，可以是大量细胞成分被降解的结果，有研究表明有自噬基因参与了细胞死亡的过程。

自噬和细胞凋亡通路之间似乎存在着复杂的内在关系，一些信号通路，如 I 类 PI3K/Akt 信号通路，对凋亡和自噬均有抑制作用，凋亡活动的调节因子亦可调节自噬作用，同样，自噬诱发的细胞死亡具有明显的凋亡特征，在同样的细胞中能同时观察到自噬和凋亡的形态学特征，因此自噬又称为Ⅱ型程序性细胞死亡。但另一方面抑制自噬基因也会促进营养缺乏的哺乳动物细胞发生凋亡。作为两种不同形式的程序性细胞死亡方式（programmed cell death PCD），自噬与凋亡之间的关系一直是近年来研究的热点。目前的研究表明：自噬与凋亡之间至少存在三种关系：①自噬为凋亡所需：此时自噬通常早于凋亡发生，进而启动凋亡。②自噬抑制凋亡保护细胞：自噬能够吞噬受损的线粒体，避免凋亡因子进入胞浆内，保护细胞。③自噬与凋亡共同促进细胞死亡，此时，抑制一条死亡通路，则会转换为另外一条死亡通路。因此在肿瘤发生、发展的过程中，细胞自噬的作用具有双向性。一方面细胞自噬防止有毒或致癌的损伤蛋白质和细胞器的累积，抑制细胞癌变；另一方面自噬亦可通过限制坏死和炎症促使肿瘤细胞存活于代谢性应激或免疫抑制中，促进肿瘤生长。

4. 坏死性凋亡 necroptosis： 坏死性凋亡是指通过刺激死亡受体引发的一种特殊形式的程序性细胞死亡。坏死性凋亡有它独特的细胞通路，涉及受体相互作用蛋白 1 和 3（RIP1 和 RIP3），并且可以被 necrostatin 特异性抑制。在形态学上，坏死性凋士同时兼备细胞坏死和细胞凋亡的特征。

（1）坏死性凋亡的发生机制 molecular mechanisms of necroptosis：当细胞凋亡途径被抑制时，细胞死亡受体（TNFR1，TNFR2，和 Fas 等）通过 RIP1 可以诱导细胞坏死性凋亡。①在起始因子中，TNFR 级联反应导致的坏死性凋亡信号通路的分子机制最受到瞩目。②复合物 I 的形成：活化的巨噬细胞产生 TNF-α 作为程序性坏死性凋亡的诱发者，是位于细胞表面 TNFR1 和 TNFR2 的配体。由于 TNFR2 没有死亡结构域，因此 TNFR1 在 TNF-α 诱导的一系列反应进程中占有无可替代的位置。TNF-α 与 TNFR1 的细胞外部分结合，使其胞内部分的构象发生变化。在 TNFR1 的结构中有四个富含半胱氨酸的结构域（cysteine-rich domains，CRDs）。第一个 CRD 被认为是前配体装配域（pre-ligand assembly domain，PLAD），它对于预装置受体的形成十分重要，预装置受体对 TNF-α 有更高的亲和力。在和 TNF-α 结合之后，死亡结构域的沉默子（silencer of death domains，SODD）在多种蛋白和激酶的作用下从 TNFR1 的胞内部分释放。TNFR1 和 TNFR2 通过与包含死亡结构域的蛋白结合形成复合物 I 引发下游的信号途径，这些蛋白包括 TNF-α 受体结合死亡结构域（TNF-α receptor-associated death domain，TRADD），RIP1，Fas 相关死亡结构域（Fas-associated death domain，FADD）和几种 E3 泛素连接酶，如 TNF-α 受体结合因子 2/5（TNF-α receptor associated factor 2/5，TRAF2/5），凋亡蛋白抑制剂（inhibitor of apoptosis proteins，IAPs）cIAP1 和 cIAP2。这些蛋白的泛素化对于复合物 I 活性的调节和细胞结局的影响十分重要。RIP1 最初被 TNFR1 招募到复合物Ⅰ并且被 TRAF2/5，cIAP1，和 cIAP2 在赖氨酸 63 位置多聚泛素化。RIP1 的泛素化引发了 IKK 复合物和 NEMO 的形成和活化，并且推进了 NF-kB 通路的激活，这个通路诱发了一种前细胞生存模式。RIP1 的去泛素化可以抑制 NF-kB 通路并且导致细胞向死亡方向发展。③复合物Ⅱ的形成：复合物Ⅱ作为死亡诱导信号复合物（death-inducing signaling complex，DISC）由 TRADD，FADD，RIP1，和 caspase-8 组成。在 RIP1 被去泛素化之后，它从复合物Ⅰ被释放到细胞质，随后被招募到复合物Ⅱ中。TRADD 随后也从复合物Ⅰ中释放。TRADD 已经被报道为对于除了 Smac 模拟物诱导的坏死性凋亡以外的其他坏死性凋亡都是必需的。复合物Ⅱ可能有两种下游通路：细胞凋亡和细胞坏死性凋亡。当 caspase-8 有活性时，它裂解 RIP1，推进复合物Ⅱ成为一种前凋亡模式。RIP1 被 caspase-8 裂解不仅消除了它对 NF-kB 通路的刺激作用，而且也抑制了坏死性凋亡，因为 RIP1 激酶的活性对于坏死性凋亡来说是必要的。此外，RIP3 在凋亡刺激下，被 caspase-8 在天冬氨酸 328 位点裂解，抑制了 RIP3 诱导 caspase 非依赖的细胞死亡的能力。当细胞凋亡被抑制，就发生坏死性凋亡。④Necrosome 的形成：当细胞凋亡被抑制时，可形成“necrosome”复合物，即由 RIP1 和 RIP3

的激酶活性和它们之间的相互作用组成，可导致细胞坏死性凋亡。

（2）坏死性凋亡的意义 significance of necroptosis：坏死性凋亡和坏死拥有相同的亚细胞事件，例如活性氧（reactive oxygen species，ROS）导致的氧化迸发，腺嘌呤核苷酸移位酶（adenine nucleotide translocase，ANT）引起的线粒体膜超极化，PLA2 和脂肪氧合酶（lipoxygenase，LOXs）异常产生的溶酶体膜通透性增加和质膜通透性增加等，但是造成这些现象的机制可能不同。

坏死性凋亡在免疫系统的发展中可能扮演控制作用。这和T细胞的增殖的调控和巨噬细胞的生存有关。在病毒性感染的细胞中，对凋亡具有抵抗力，但对坏死性凋亡具有易感性，如在牛痘病毒感染的细胞中敲除RIP3可以显著减少活化T细胞和TNF-α诱导的细胞死亡率。关于病毒感染后的固有免疫应答，在RIP3-/-的小鼠中，牛痘病毒感染后炎症反应显著减少，TNFR1-/-和TNFR2-/-的细胞也是如此，这说明坏死性凋亡在诱发炎症反应方面也发挥作用。因此坏死性凋亡涉及多种刺激导致的细胞死亡，例如急性缺血，缺血再灌注损伤，炎症，肿瘤等，它的发生和进展在临床上有重要的意义。

第三节 衰老和死亡
Aging and Death

一、衰 老
Aging

衰老又称老化（senescence，senility），通常指生物发育成熟后，在正常情况下随着年龄的增加，机体的形态结构和生理功能的退行性变化，表现为多种生理功能减退，机体的适应能力、抵抗能力、储备能力以及体内外平衡能力减弱，病患容易产生。生物体成长过程伴随着逐渐衰老。大多数哺乳动物，成熟期（maturation）具有最旺盛的生殖能力和承受能力，人类在此期也是最具才能，所谓如日中天，事业辉煌的黄金时期。随着衰老的发生，生物学高峰的黄金时期开始走下坡路。当今社会由于人们生活质量的提高（但社会竞争压力的加大）和女性生育的控制可以改变这种下降趋势，但并不影响总体规律。衰老是生命的基本现象，是生命过程的必然规律，其过程发生在生物界的整体水平、种群水平、个体水平、细胞水平以及分子水平等不同的层次。

细胞老化（cellular aging）是指细胞形态、结构和生理功能逐渐衰退的总现象。是细胞增殖活性进行性下降，长期的外界影响导致的分子损伤积累的结果；是生物个体老化的基础。细胞老化具有以下四个特征：①普遍性：所有的细胞、组织、脏器和机体都会在不同程度上出现老化改变；②进行性或不可逆性：随着时间的推移，老化不断进行性地发展；③内因性：不是由于外伤、事故等外因的直接作用，而是细胞内在决定性的衰退；④有害性：细胞老化时，细胞代谢、适应、代偿等多种功能低下，储备功能不足，且缺乏恢复能力。进而会引起组织器官老化，导致老年病的产生，机体其他疾病患病率和死亡率也逐渐增加。

（一）细胞老化的病理改变 Morphology

细胞老化在代谢功能方面主要表现为线粒体氧化磷酸化功能减弱，核酸和蛋白质（结构蛋白、酶蛋白和受体蛋白和转录因子）合成减少，摄取营养和修复染色体损伤或线粒体损伤的能力下降。在形态学上表现为细胞数减少，细胞体积缩小，水分减少，细胞及其核变形，固缩，异常分叶，常染色质减少，染色加深，核质比减小。线粒体、高尔基复合体数量减少并扭曲或呈囊泡状，内织网减少，溶酶体功能减退、酶漏出细胞可引起自溶。胞质色素（如脂褐素）沉着。细胞膜磷脂含量下降，膜变厚、流动性下降、物质转运障碍。由此导致器官重量减轻，间质增生硬化，组织弹性降低，脏器萎缩变性等。

The functions and morphologic alterations in aging cells

A number of cell functions decline progressively with age. Oxidative phosphorylation by mitochondria is reduced , as is DNA and RNA synthesis of structural and enzymatic proteins and of cell receptors. Senescent cells have a decreased capacity for uptake of nutrients and for repair of chromosomal damage. The morphologic alterations in aging cells include irregular and abnormally lobed nuclei , pleomorphic vacuolated mitochondria, decreased endoplasmic reticulum, and distorted Golgi apparatus. Concomitantly , there is a steady accumulation of the pigment lipofuscin.

（二）常见的器官老化 Common organs aging

1. 皮肤老化 Aging of skin ①肉眼上：皮肤皱纹（wrinkled）和皮肤松弛（sag）、变脆（fragile），失去弹性，易于青肿，头发变少（bald）。②组织学上：由成纤维细胞（fibroblast）产生皮肤胶原（collagen）和弹性硬蛋白（elastin）减少。培养成纤维细胞的实验研究表明，来源于年轻人的细胞培养后其分裂次数比来源于老年人的细胞多。同时皮肤暴露于紫外线与皮肤皱纹的形成有关。

2. 骨、关节老化 Osteoarticular aging 老年人经常弯腰（stoop）、驼背（hump），易于骨折（fracture），尤

其是股骨颈骨折。骨质疏松症(osteoporosis)常发生在绝经后妇女或老年人。由于骨质减少或骨钙丢失,骨小梁变薄,使相对较小创伤就易引起骨折,甚至自发性骨折。牙齿松动或脱落。通常骨质疏松发生于椎骨小体导致弯腰姿势(所谓的"老妇背")。现已清楚老年骨质疏松的形成更多见于年轻时不活动或饮食中含钙量及维生素 D(vitamin D, Vit D)量较少者。

3. 免疫力下降 Impaired immunity 免疫力下降增加感染和肿瘤的易感性(susceptibility). 老年人相对免疫力降低可以引起感染复发。如水痘病毒(chickenpox virus) 可以从其隐藏部位神经节出现,表现为带状疱疹(herpes zoster);继发性肺结核;大多数肿瘤常发生在老年人,这与免疫降低和慢性组织损伤有关。例如吸烟和支气管癌的关系,随着致癌原量(吸烟数量)和这种暴露时间的持续,癌症发生的风险相应地增加。如慢性肝炎、肝硬化后发生肝癌;慢性萎缩性胃炎继发胃癌;慢性血吸虫性结肠炎继发结肠癌;老年人腿上的长期静脉淤血、栓塞性溃疡,即所谓的"马乔林溃疡"(Marjolin ulcers)伴发皮肤鳞状细胞癌。同样可以在这些肿瘤的背景中看到相应组织损伤的表现与发生间质纤维化(interstitial fibrosis)。

4. 脂褐素的沉积 Lipofuscins deposition 体内脂褐素过量沉积会表现出皮肤某些范围内的色泽变黑,所谓黄褐斑(老人斑);在很多器官中引起"褐色萎缩",特别是心脏和肝脏。脂褐素的沉积并不影响受累器官的功能。

5. 心血管老化性 Cardiovascular changes 各种心血管系统疾病,尤其是高血压和冠心病已成为西方社会与衰老相关的主要死因。

然而,在发展中国家,由于西方生活方式和财富的增长,心血管老化性疾病的发生也呈上升的发展趋势。如衰老过程中由于小血管阻力的持久性升高常伴随血压进行性升高(原发性高血压病)。高血压是为了克服这种阻力,维持外周组织的基本灌注压,但增高的血压将进一步损伤较大血管(动脉粥样硬化)。在越南战争中使人们有机会对美国成年男性做了大量尸检。这些尸检揭示在很多年轻人中有主动脉脂肪条纹形成。这再次表明,老年性疾病在青年或更早时期就已经发生,或有了发生的基础。高血压病人各脏器必须由一定的血压来维持有效灌注,如果药物将他们的血压降低到健康青年人的程度时,就有可能对高血压所要保护的终末器官产生有害作用。因此在高血压的治疗中控制血压应适度,否则将导致器官相对的供血不足,影响器官的功能, 如视力下降(cataracts),耳聋(deafness)等。

6. 永久性细胞的老化 Fate of permanent cells 神经系统的功能通常随着年龄的增长而下降,虽然部分原因是由于心血管功能下降。但很多情况中是由于大脑特异性的退化和积累。神经细胞和心肌细胞一样是属于永久性细胞,(这种细胞脱离了细胞周期不能分裂增殖故不引起肿瘤),依赖于高度有序的复杂电生理活动。这些不能复制的永久性细胞在衰老过程中可以导致很多临床问题,如进行性脊髓萎缩、硬化和阿尔茨海默病等。

7. 老化性淀粉样变性 Amyloid of ageing 常见于 80~90 岁老年人的心和脑。在心脏淀粉样变性可以无症状,或有严重的心功能失常。脑淀粉样变性多见于在患阿尔茨海默病(Alzheimer disease, AD)的老年人,常由于 β2-淀粉样蛋白沉积脑血管或斑块中所致。

常见器官衰老的表现见图 1-43。

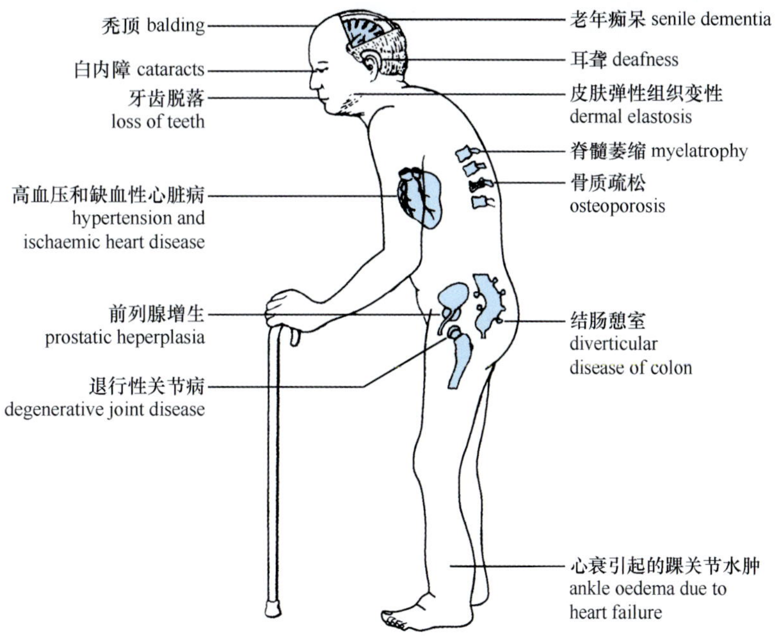

图 1-43 衰老的表现 Menifestation of aging

(三) 细胞老化的机制 Pathogenesis

细胞老化是遗传设定的、源于基因的一个多因素作用的过程,包括外部环境中有害因素累积效应和内部细胞老化的分子过程。也涉及细胞的增生、分化及其他的进展性环境损伤与细胞防御功能的丧失、氧自由基的损伤、蛋白质翻译后的调控(post-translation modifications)、对热休克蛋白的反应改变可能是这些细胞外部结构和功能紊乱的分子基础。细胞代谢障碍则是细胞产生老化的促发因素。当机体细胞的老化能按照遗传规定的速度依序进行,便可达到应有的自然寿限(自然老化)。如果有害因素妨碍了细胞的代谢功能,则老化进程加快(早老)。细胞老化的机制尚不十分清楚,主要有以下几种学说:

1. 老化时钟 Aging clock 1972 年 James Watson 提出了"复制末端问题",复制 DNA 的 DNA 多聚酶并不能将线性染色体末端的 DNA 完全复制。也就是说在线性 DNA 复制时,DNA 多聚酶留下染色体 3′端的一段 DNA 无法得到复制,随着细胞每次分裂,染色体 3′-末端将持续丧失 50-200bp 的 DNA,因而细胞分裂具有一定的限度,即分裂寿命。所以端粒的长度可作为细胞的"分裂时钟",反映细胞分裂能力。

(1)端粒 Telomere:端粒为真核细胞染色体末端的特殊结构,是由非转录短片段(端粒)DNA 的多次重复序列与端粒结构蛋白组成的复合物。端粒 DNA 为不含功能基因的简单、高度重复序列,在生物进化过程中具有高度保守性。不同物种的端粒 DNA 序列存在差异。人类及其他脊椎动物染色体端粒的结构是 5'-TTAGGG-3'的重复序列,长约 10~15kb。端粒结构蛋白具有序列特异性,保护端粒 DNA 免受化学修饰和核酸酶的作用。端粒如同染色体末端的一顶"帽子"(图 1-44),它既可保护染色体不被降解,又避免了端粒对端融合(end-end fusion)和染色体的丢失,保持染色体基因组的稳定、完整与复制,同时端粒能帮助细胞识别完整染色体和受损染色体。缺少端粒的染色体不能稳定存在。明显缩短的端粒是细胞老化的信号。体细胞的端粒有限长度(telomere restriction fragments, TRFS)大多数明显短于生殖细胞,青年人的 TRFs 又显著长于年长者,提示 TRFs 随着细胞分裂或衰老,在不断变短,主要是由于 DNA 聚合酶不能完成复制成线性 DNA 末端所致。

(2)端粒酶 Telomerase:端粒酶是在染色体末端不断合成端粒序列的酶,是一种核酸核蛋白酶,即 RNA 依赖的 DNA 聚合酶(RNA dependent DNA polymerase),具有反转录酶活性。能以自身的 RNA 为模板合成和补充端粒 DNA 的重复序列,并将其连接于染色体的端粒末端,恢复和稳定染色体末端的端粒长度(图 1-45),对 RNA 酶、蛋白酶和高温均敏感。端粒酶中有三个重要的组分包括端粒酶 RNA(telomerase RNA component, TR)、端粒酶反转录酶(telomerase reverse transciptase, TERT)和端粒酶相关蛋白(telomerase associated protein, TEP)。人类 TR 是端粒酶延长端粒的模板,TEP 起调节作用,TERT 具转录酶的催化活性。在体内还不清楚每一次细胞分裂有多少端粒 DNA 合成。体内端粒酶的延长功能是一复杂的动态过程::受限于端粒长度的调节蛋白及抑制端粒酶的活性蛋白的负性调控。

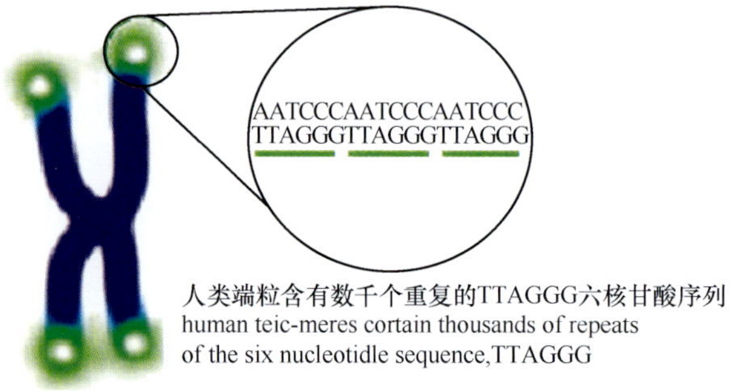

图 1-44 端粒结构 Telomere structure

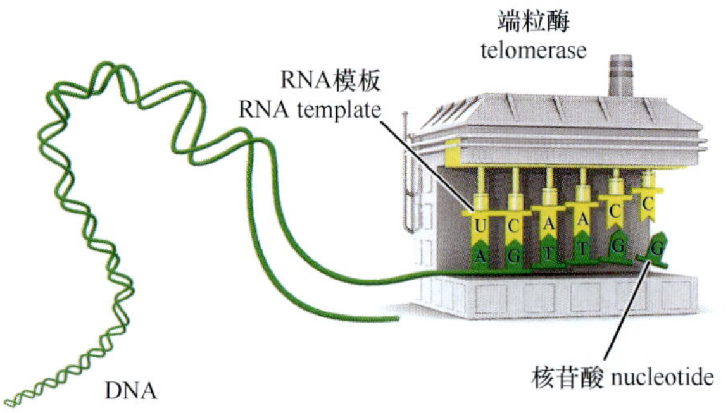

图 1-45 端粒酶的作用 Role of telomerase and telomerase in replicative senescence of cells

端粒酶直接以 RNA 为模板依赖 DNA 聚合酶的方式将核苷酸添加到染色体末端的单链上,随后由 DNA 聚合酶 α 来完成延迟链,端粒酶 RNA 序列在不同物种中是不同的。

Telomerase directs RNA template-dependent DNA synthesis in which nucleotides are added to one strand at the end of a chromosome. The lagging strand is presumably filled in by DNA polymerase. The RNA sequencein the telomerase is different in species.

Telomere-telomerase hypothesis and proliferative capacity

Telomere length is plotted against the number of cell divisions. In normal somatic cells ,there is no telomerase activity, and telomeres progressively shorten with increasing cell divisions until growth arrest, or senescence, occurs. Germ cells and stem cells both contain active telomerase, but only the germ cells have sufficient levels of the enzyme to stabilize telomere length completely. Telomerase activation in cancer cells inactivates the telomeric clock that limits the proliferative capacity of normal somatic cells.

绝大多数分化成熟的体细胞，不表现有端粒酶活性。在人体内端粒酶出现在需要长期复制的生殖细胞(germ cell)和某些干细胞(stem cell)，炎性细胞、更新组织的增生细胞中，这些细胞分裂后缩短的端粒可被细胞内有活性的端粒酶所恢复并维持在一定长度。更有意义的发现是在永生化的癌细胞中，端粒酶也表现出明显的活性，这就给以控制端粒酶活性为靶点的肿瘤治疗学研究带来新的希望。反之早老综合征(Werner's 综合征等)的病人，生长阻滞，皮肤、骨骼肌、心血管系统功能退化加速；病人的培养细胞的端粒比正常人的短，端粒 DNA 修复能力降低。临床上检测端粒酶活性和细胞凋亡可作为伴有或不伴有子宫内发育延迟的胎盘衰老的标志。阿尔茨海默病(Alzheimer's disease, AD)是一种常见于老年人的神经系统退化性疾病，其患者的脑血管壁中可分离出致 AD 神经元退行性病变的β-淀粉样蛋白。用反义核酸技术和端粒酶抑制剂引发胎鼠海马区神经细胞中 TERT 的功能抑制，发现显著增加了由β-淀粉样蛋白肽引起的细胞凋亡；TERT 在神经退行性病变实验模型中展现出有神经保护性功能，提示在神经细胞中若能提高端粒酶的活性可能会抑制与衰老相关的神经退行性病变，如 AD 和脑老化的发生等。由此可见，端粒长度及端粒酶活性与细胞衰老有非常密切的关系，端粒缩短可能是细胞开始衰老的关键性事件。2009 年诺贝尔医学奖授予端粒酶的发现者伊丽莎白·布莱克本(Elizabeth Blackburn)，卡罗尔·格雷德(Carol Greider)和杰克·绍斯塔克(Jack Szostak)。

A Nobel Prize for Medicine has been awarded to three US base scientists Elizabeth Blackburn, Carol Greider and Jack Szostak for their work on chromosomes. The Karolinska institute in Sweden said the three sicentists have solved the major problem in biology how chromosomes are protected against degradation during cell division.

The work of the three Nobel glories shades lines on the tiny building blocks of life. Cells-our DNA, is carrying chromosomes and each end The trial has opened of South Africa's former chief of police Jackie Selebi who's charged with corruption. On the opening day of the case, Mr Selebi said he was a victim of conspiracy by state prosecutors he said they themselves were corrupted and he was ready as he put it to drop a few bomb shells.

2. 遗传机制——克隆衰老理论 Inbuilt genetic mechanism——Clonal senescence　一般认为，人和其他动物有内在的"指定寿命期限"(natural life expectancy)，例如，每个动物物种似乎都有特征性自然预期寿命，从存活一天的蜉蝣(mayfly)到存活一百年以上的各种两栖动物(amphibia)。但并非所有个体都能到达这个寿命，特别是在自然状态下，野生情况占优势时，因各种主观和客观的原因，可能没有个体能够活到这个自然界限。

(1) 遗传因素的证据 Evidence for genetic factors：从胚胎发生、婴儿、青少年到成年期的过程是由遗传调控的，尽管在生命的各个阶段，个人经历可能由于环境条件而发生很大的改变。但现在认为，较复杂性格和可变的特征，如行为，大约 60% 遗传，40% 环境性原因。衰老的过程可能与遗传有关。同一家族的成员在排除意外事故和疾病后，有活到相同年龄的趋向，并且衰老的速度也相似。长寿似乎遗传于母系，所有哺乳动物的线粒体来源于卵细胞，没有来源于精细胞的。表明衰老的一些特征受遗传机制影响。细胞培养试验表明，一些影响衰老的基因由 1 号染色体携带，但是它们影响衰老的机制仍不清楚。在伴有遗传缺陷患者容易发生衰老，如表现为早熟性老化的 Werner 综合征其基因缺陷导致一种 DNA 复制与修复中的 DNA 解旋酶(helicase)缺乏，引起损伤线粒体的聚集，显示过早地衰老，并且死于老年性疾病(old-age diseases)。如进展性动脉硬化，起病于青少年或成年早期，随年龄的增长而加重。Down's 综合征病人通常衰老更快，并且发现他们的成纤维细胞在进行细胞培养时，和同龄对照组相比，其分裂能力变小。DNA 损伤、修复机制的先天或后天的缺陷，随年龄的增大，其修复活性的降低和不能被修复损伤的积累，可使细胞内遗传物质缺乏，衰老的基因被扩大或早期表达，引起细胞老化。

(2) 社会环境因素的影响 Interaction with environmental factors：与衰老和死亡相关的社会因素就更难阐述了。众所周知，高收入国家和低收入国家的疾病发生谱系不同。大多数疾病更多发生于社会经济地位处于较低阶层的人群，并且该阶层的人群其衰老改变和死亡早于相应的对照组。因为这个阶层的人群在饮食，住所和社会福利总的处于弱势地位。虽然这是一个敏感的问题，这些情况也不能全部归咎于社会因素，遗传性因素也可以解释这些数据。

3. 日常损耗——复制性细胞衰老 The wear-and-tear——Replication senescence　由于日常生命活动损失的细胞或细胞亚致死性损伤的积累最终导致整个器官的衰竭？该理论较好地解释了为什么心\

脑神经系统的疾病是引起死亡的最常见的原因，因为这些终末期细胞组成生命活动的最重要器官，但这些细胞没有再生能力，使损耗细胞得不到补充。

（1）自由基的作用 Role of free radical：自由基学说认为，引起人体衰老的主要原因是细胞代谢过程中不断产生的自由基。线粒体是细胞内进行氧化磷酸化的细胞器、产生能量的工厂；它的耗氧量约占机体耗氧总量的90%，而且所摄取的氧约2%在线粒体内变为氧自由基，是体内氧自由基的主要来源。自由基能损坏膜结构、酶、蛋白质和DNA和RNA的合成，线粒体变性，影响能量供应，使细胞受到损害。自由基干扰细胞修复和再生的能力。因此自由基是促使机体衰老的主要原因，而且几乎所有与年龄相关的退行性疾病（如心脑血管疾病、阿尔茨海默病、恶性肿瘤、糖尿病、一些自身免疫性疾病、肺气肿、关节炎、肝硬化等）都与自由基造成的伤害有密切关系。相反凡能抑制和消除自由基的物质，均具有抗衰老作用。

自由基对机体的损害从出生开始，直至死亡。年轻时，其损害程度相对较小，因为身体有广泛的修复和更换机制来维持细胞和器官的正常工作。而随着衰老，自由基损害累积的效应开始造成影响，人体产生抗氧化酶类和利用抗氧化剂的能力逐渐降低，对自由基损害的防御能力下降，将导致衰老加速。由反复环境暴露而增加的氧化物损伤，如电辐射（ionizing radiation）、抗氧化防御机制，如维生素E（vitamin E）、谷胱甘肽过氧化物酶（glutathione peroxidase）的进行性下降，可导致老化，对损伤DNA识别和修复能力的降低也是老化的特点之一。自由基破坏细胞新陈代谢是造成细胞老化的原因之一。它也可能造成细胞变异，最终导致癌症和死亡。

（2）修复缺陷 Defective repair：在细胞内存在对损伤的修复机制，尤其是DNA损伤时，DNA修复机制很多，但我们对DNA缺损状态还了解不够。一旦在DNA复制，转录和翻译中发生误差，这种误差就可以不断扩大，使错误积累，生成异常蛋白质，或原有蛋白多肽和酶的功能丧失，最终导致细胞老化。此外，非酶促糖基化作用产生的终产物（advanced glycosylation end products，AGEs）、DNA甲基化调节物5-MC丢失、T细胞免疫功能低下、组织代谢率下降等，也都参与了细胞和组织的老化与寿命的调节。如最具有特征性的干皮病色素沉着，该病患儿如果曝晒于阳光下会发生皮肤萎缩和皮肤癌。这种情况表明，某些可以阻止衰老机制可能自身也存在日常损耗，从而加速衰老的自然进程。

（3）蛋白质、核酸交联学说 Protein or DNA cross-linking：机体中蛋白质，核酸等大分子可以通过共价键结合，形成巨大分子。这些巨大分子难以酶解，堆积在细胞内，干扰细胞的正常功能。这种交联反应可发生于细胞核DNA上，也可以发生在细胞外的蛋白胶原纤维中。目前有一些证据支持交联学说，如胶原酶对皮肤胶原消化作用随增龄降低，而其热稳定性和抗张强度则随年龄的增高而增强，表明在年老时皮肤胶原的多肽链发生交联增多。细胞老化时不仅有损伤DNA的积聚，也有损伤细胞器的积聚，这些可能是蛋白酶下降的结果，这些蛋白酶在正常时可清除异常和不需要的细胞内蛋白。

（4）衰老有关的基因 Senescence associated gene，SAG：目前研究表明，衰老是由一系列相关基因所调节的显性遗传控制过程。有学者认为，复制性细胞衰老的发生是由于某些相关基因在正常细胞的复制晚期被激活或发挥作用。而这些基因的功能缺失，将导致细胞逃逸衰老程序而发生细胞永生，这可能是肿瘤发生机理之一。研究衰老发生机理的重要工作之一是鉴别与衰老相关的基因。在人类衰老相关基因研究方面，科学家已发现60余种与衰老有关的基因。近来揭示p16基因和p21基因对人类细胞衰老进程有重要影响。p16基因是一种细胞周期负调控因子，它抑制细胞周期蛋白依赖激酶CDK4和CDK6，而p21基因则是抑制cylin-CDK复合物，它们都使细胞周期阻滞于G1期。在细胞衰老过程中它持续高表达，甚至高出年轻细胞的10~20倍。在细胞受到伤害时，它们使细胞停止生长，并使细胞获得休息和自我修复的时间；当细胞老化时它们抑制细胞分裂，并启动其他与衰老和病患有关的若干基因；在细胞衰老、肿瘤发生等过程中具有十分重要的作用。一些科学家认为p16与p21基因可能是人类可分裂细胞中控制衰老进程的主导基因。p15与p16类似，p27与p21类似，也有相似的作用。载脂蛋白Eε4基因表达活跃时易发冠脉硬化与阿尔茨海默病，又如人β淀粉样蛋白基因可使转基因鼠的1/2子代出现老年性痴呆症状。其他与衰老相关的基因有age-1，ras2p，lag-1，lac-1，daf-2，daf-12，daf-16，daf-18，daf-23，clk-1，clk-2，clk-3，spe-26，gro-1等，这些基因发生突变或缺失会延长线虫（caenorhabditis elegans）的寿命，其作用机理还未探明。daf-2已在果蝇和老鼠体内找到；人体内可能也存在类似基因，找到并阐明这些基因作用后对它进行干预，也许能延长人类的寿命。

衰老相关基因的特征：①在可复制性细胞中表达该基因，可诱导细胞不可逆的生长阻滞，但细胞仍保持成活状态。②永生细胞系或增生能力强的细胞中，该基因表达降低、突变或丢失。③正常细胞中表达其突变基因或降低其表达，可诱导细胞永生化或增强细胞的增殖能力。④在衰老细胞中其基因表达量比正常细胞增加。

细胞老化的机制见图1-46。

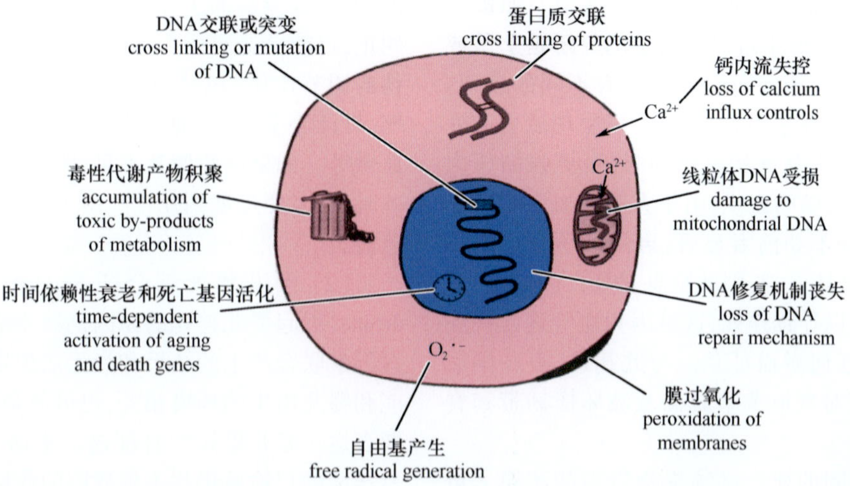

图 1-46　细胞老化的机制 Suggested cellular mechanisms of aging

二、死　　亡

Death

死亡被定义为生命体征的永久消失。生命系统的主要特点之一是其能够在外界环境剧烈波动时，仍能维持体内的动态平衡；如正常的体温，细胞内的离子浓度，血液的流通和组织中氧气的水平，都保持在生理范围内。尽管生物界存在有个体差异，但机体内均存在调节机制，如在寒冷的情况下会通过颤抖来产生热量，最终使人恢复到正常的生理状态。但有时这些机制会不堪重负，比如出现低温性休克或者高温中暑的病理状态。严重的病理状态会使生命的自稳调节永远丧失，而引起死亡。在重要关的一大群细胞的死亡（如心肌细胞和大脑神经细胞），可能会导致整个个体的死亡（在个体水平），而单个细胞的凋亡（细胞水平）本身不可能导致整个有机体死亡。

许多遗传控制因子与衰老和死亡有关，但并非同步化，如一个人可能身体十分健壮，但是却患有老年痴呆症，而另一人可能智商很高，但却年老身弱。其他人可能会因罹患骨关节病（一种年龄相关疾病）而变跛，但却未见其他系统的老化。这样看来，老龄化时（至少是潜在的），所有组织的最后崩溃和解体并不是因为全部的衰退，而是因为某一系统产生的关键性和灾难性的和不可逆的损伤，导致全身组织和细胞的衰竭。

1. 常见死亡的模式 Common modes of death（表 1-2）

表 1-2　常见死亡模式

Common modes of death

死亡模式	常见原因	临床表现
心搏骤停	缺血性心脏病	突然，经常的意外死亡
或节律异常	肺栓塞	一段时间活动抑制后，造成深静脉血栓，突然引发死亡
休克	出血	低血压和心动过速
	感染所致毒血症	低血压，心动过速和发热
呼吸衰竭	肺气肿	发绀，呼吸急促
	肺炎	
	哮喘	
中风	颅内压升高	局部神经性缺陷，昏迷
	（如肿瘤，出血）	
	脑栓塞	
肾衰竭	慢性肾病	肾排出量低，高血尿和高肌酸酐
肝衰竭	急性重症肝炎	
	失代偿性肝硬化	黄疸，昏迷，出血
	药物中毒	
肿瘤	重要器官的浸润与转移	全身衰竭、出血、感染

在相同的致死原因面前，存在显著的个体差异，如肺癌患者中有些人死于癌早期，而另一些人死于癌更晚的阶段或更大的肿瘤负荷。在这些情况中我们通常想到用“耐受”或者“强壮”解释人与人之间的差异。众所周知癌症产生大量不同的可以引起全身反应的物质如 cachexin（肿瘤坏死因子 α）和其他许多白细胞介素，这些白细胞介素干扰许多癌症病人新陈代谢。肿瘤还产生许多激素，引起副癌综合征（详见第五章）。因此许多癌症的死亡是代谢机制障碍的结果。对晚期癌症病人的心脏检查发现有转移肿瘤的大量隐匿沉淀物，且许多癌症的死因可以用终末期心律不齐来解释。

在解释引起死亡的原因时应十分谨慎。如颈部施压可以引起死亡,似乎可以很清楚的分辨是上吊或勒颈而死。然而,颈部施压引起死亡有不同的表现:轻度压力足够阻断静脉回流,死者可以呈现淤血的外观,肿胀伸长的舌头及点状出血的眼睛;更强的压力可以阻断动脉对大脑的血供,由于大脑缺血引起的死亡,充血的特征却不如前者显著;再强的压力可以阻断支气管,常常破坏舌骨,因此窒息是死亡的原因;突然的颈部压力可以导致猝死,这是因为血管迷走神经被阻断,而没有任何淤血征象。与此相比,有些国家的司法绞刑是针对寰枢关节脱位及破坏横韧带和脊髓而致死。

对所有有疑问的死亡必须提交恰当的法律人员处理,在这些情况中医生的角色就是对这些最终死因提供医学观点,而动机方面的问题需要靠司法机构来解决。

2. 死亡的临床特征 Clinical features of death

通过观察"生命"体征(vital signs):呼吸(respiration)(同时通过观察或借助于听诊器)、脉搏(pulses)(在手腕,在颈部,在腹股沟动脉)及逐步增加疼痛刺激反应的丧失等来确定患者的死亡。死亡的标准:瞳孔固定放大,无对光反射、无角膜反射。前庭—眼(vestibulo-ocular)反射消失。对躯体任何部位的足够的刺激不能引出颅神经分布范围内的运动反应。吸管伸入气管没有呕吐反射或对应气管刺激的反射。当病人被断开呼吸机足够长时间,以确保动脉二氧化碳水平高于刺激呼吸阈值时仍没有呼吸运动发生,循环停滞时动脉血液呈"串珠"状(beading),患者已经丧失了所有的生命体征。即使在这种情况下,仍然还要考虑到低体温、药物深昏迷和其他不确定的情况,如果还有一线希望就应尝试更积极的复苏技术,包括直接电刺激心脏,或心脏内注射药物刺激心脏。

准确确定死亡(或缺乏生命)的实际意义是由于器官捐赠移植手术对供体器官的要求已经成为大家关注的焦点,因为准确地确定死亡与尽可能快的在切实可行的情况下获取组织所带来的利益诉求可能会发生冲突,这是由于受体移植器官术后的存活与尽可能短的供体死亡时间成正相关。

3. 死亡发生的生物学机制 Biological mechanisms of death

(1)低血容量性休克 Hypovolaemic shock:常见于严重的创伤或大面积系统损伤,如冠状动脉完全阻塞引起心衰心脏无法把足量的血液泵入血管(心源性休克)、或大量脑出血、失血、或因为感染细菌产生的毒素损伤血管内皮而引起血管舒张,增加血管通透性和体液丢失等均可引起的临终状态的低血容量性休克或昏迷(comas),表现为冷,出汗,血压下降和脉速,并导致异常的生化状态,如酮、酸中毒,若不及时纠正,可能会造成死亡。机体发挥试图限制或扭转损伤的调节作用;包括肾上腺素大量释放引起血管收缩,提高心率,改变血流方向使重要部位获得更多的血供等。如果这些调节不足,医疗干预措施也不能奏效时,患者便进展到死亡。由于损害超过了机体的应急能力。

(2)婴儿猝死综合征 Sudden infant death syndrome:引起婴儿猝死的原因仍然不清楚,可能是一诸多因素联合产生的结果和尚无法识别的疾病状态,可能和婴儿出生的环境相关,也可能是死亡基因异常早期表达。婴儿猝死综合征这一术语仅适用于那些通过详尽的尸检后仍找不到死因的病例。

(3)终末事件 Termial events:人体作为一个高度复杂的有机体,高度依赖于中枢神经系统协调和控制。通过对死亡病人的研究发现,中枢神经系统的破坏常是导致病人发生不可逆转变化的最后共同通路。这种情况多见于老年病人,或是智力突然下降可为自然死亡的预兆,这种情况被称为终末下降(terminal drop)。

病例讨论

患者,男,80岁,有吸烟史50多年,10年前确诊为高血压和冠心病,近年来加重。常有胸前区不适等心肌缺血症状。二月前左侧拇指末端麻木并失去感觉,进一步发展局部脱皮干燥,颜色变黑褐色。两天前患者因心肌梗死急诊入院,抢救无效终因心力衰竭而死亡。有关组织器官的病理检查所见:

动脉:大中型动脉中有明显的动脉粥样硬化改变,内膜粥样斑块中有溃疡形成。镜检坏死中见有嗜碱染色的颗粒状、无定型的钙盐沉积。小动脉管壁明显增厚,变硬,镜检呈红染均质。

心脏:体积增大,冠状动脉粥样硬化改变以左前降支最明显。在一血管分支中见有血栓并阻塞管腔,相应部位左室前壁内膜处见到心肌局部颜色较周围组织变黄,有散在点片状出血,切面该处心肌呈土黄色,干燥、失去正常光泽,质地变硬。镜检该处心肌胞浆红染显著,核消失,心肌纤维融合成片,但部分区域仍可看到心肌纤维的外形。其他心肌细胞体积增宽,核大染色深。

各级支气管:黏膜上皮部分区域纤毛柱状上皮被覆层鳞状上皮取代。

肝脏:体积增大,色微黄,边缘钝。镜下可见弥漫成片的肝细胞内空泡样变化,以小叶中央为显著,苏丹三染色呈橘黄色。部分肝细胞中有少量黄褐色细颗粒状色素沉积。

左拇指末端：镜检可见组织细微结构消失，散在分布一些固缩深染的细胞核。

左肾：中部外侧缘可见 2cm×1cm 大小的凹陷区，质硬、表面呈皱缩状。镜检该区无正常肾结构，代之于富含胶原纤维的结缔组织。

脑：脑回变窄、脑沟变深，脑室扩张。镜下神经细胞体积变小，数量变少。

思考题

由病理学检查中发现了哪些属于适应性的病理变化？哪些属于损伤性病理改变？进一步分析其原因，阐述演变过程。

（陈　莉　季俐俐　王桂兰）

第 2 章　损伤的修复

Repair for Injury

Outline

Critical to the survival of an organism is the ability to repair the damage caused by toxic insults and inflammation. The inflammatory response to microbes and injured tissues not only serves to eliminate these dangers but also sets into motion the process of repair. Repair refers to the restoration of tissue architecture and function after an injury. It occurs by two types of reactions. Some tissues are able to replace the damaged components and essentially return to a normal state; this process is called regeneration. If the injured tissues are incapable of complete restitution, or if the supporting structures of the tissue are severely damaged, repair occurs by laying down of connective (fibrous) tissue, a process termed healing that results in scar formation. Although the fibrous scar is not normal, it provides enough structural stability that the injured tissue is usually able to function. After many common types of injury, both regeneration and scar formation contribute in varying degrees to the ultimate repair.

In this chapter, we first discuss the principles of cellular proliferation, the roles of stem cells in tissue homeostasis, and the roles of growth factors in the proliferation of different cell types involved in repair.

由损伤造成的机体部分细胞和组织丧失后，机体对所形成的缺损进行修补恢复的过程，称为修复(Repair)。修复后可完全或部分恢复原组织的结构和功能。参与修复过程的主要成分包括细胞外基质和各种细胞。修复过程概括为两种形式：①再生，即损伤组织由同种细胞再生修复。如使原来的组织结构完全恢复称为完全再生(complete regeneration)。②纤维性修复，是由纤维结缔组织来修复，常导致纤维化(纤维性修复)或瘢痕形成(瘢痕性修复)。在多数情况下由于同时有多种组织发生损伤，故上述两种修复过程常同时存在。在组织损伤和修复过程中常伴有炎症反应。

第一节　再　　生

Regeneration

再生可分为生理性再生(physiologic regeneration)与病理性再生(pathologic regeneration)。生理性再生是指正常生理状态下，机体中的细胞、组织不断老化、消耗而由同种细胞不断新生补充，以保持原有的结构和功能。例如表皮的再生、消化道黏膜的更新、子宫内膜的周期性脱落与恢复等，均属于生理性再生。本节主要阐述病理性再生，即病理状态下组织缺损后发生的再生。

一、不同类型细胞再生潜能
Regeneration potential of different cells

细胞周期(cell cycle)由间期(interphase) G1(DNA合成前期)、S期(DNA合成期)和G2期(分裂前期)和分裂期(mitotic phase，M期)构成。不同种类的细胞，其细胞周期的时程长短不同，在单位时间里可进入细胞周期进行增殖的细胞数也不相同，因此具有不同的再生能力。一般而言，低等动物比高等动物的细胞或组织再生能力强。就个体而言，幼稚组织比高分化组织再生能力强；平时易受损伤的组织及生理状态下经常更新的组织有较强的再生能力。机体的细胞根据其再生能力的不同分成三类(图2-1)。

1. 不稳定细胞 Labile cells　不稳定细胞又称持续分裂细胞(continuously dividing cell)。始终处于细胞周期中不断进行分裂增殖以代替衰老、损伤和丢失的细胞，如表皮细胞(surface epithelia)、造血细胞(hematopoietic cells)、黏膜上皮细胞(mucous membranes)、骨髓细胞(cells of bone marrow)和淋巴细胞(lymphocyte)等。这些细胞的再生能力相当强，由其构成的组织中超过1.5%的细胞处于分裂期。干细胞(stem cell)的存在是这类组织不断更新的必要条件。

2. 稳定细胞 Stable cells　稳定细胞又称静止细胞(quiescent cell)。正常时，这类细胞的增殖处于较低水平，常在细胞周期的G_0期(静止期)；当受到生理性或病理性刺激后，可进入细胞周期循环快速分裂增殖。稳定细胞始终保持着增殖的潜能。这类细胞包括各种腺体或腺样器官的实质细胞(parenchymatous cells)，如肝、胰、涎腺、内分泌腺、汗腺、皮脂腺和肾小管的上皮细胞等。此类组织中的内分泌腺和上皮无干细胞存在。目前认为，器官的再生能力是由其复制潜能决定的，而不是处于分裂期的细胞数量。

3. 永久性细胞 Permanent cells　永久性细胞又称非分裂细胞(nondividing cell)。该细胞出生后即离开了细胞周期，丧失了增殖能力，不能再生，最终走向衰老和死亡。此类细胞包括神经细胞(nerve cell)，骨骼肌细胞(skeletal muscle cells)和心肌细胞(cardiac muscle cells)。不论中枢神经细胞及周围神经的神经节细胞，在出生后都不能分裂增生，一旦遭受破坏则成为永久性缺失，但这不包括神经纤维。脑及脊髓内的神经细胞破坏后不能再生，由神经胶质细胞及其纤维修补，形成胶质瘢痕。

在损伤修复中，根据损伤的程度不稳定细胞和稳定细胞可以完全再生或纤维性修复形成瘢痕组织。部分稳定细胞是否能重建原有的组织结构，还依赖于原有细胞生长的组织支架是否健全。如果细胞在有丝分裂之前被阻滞在细胞周期G2期(分裂前期)，就会表现为多倍体细胞(polyploid cells)——细胞肥大但不分裂。

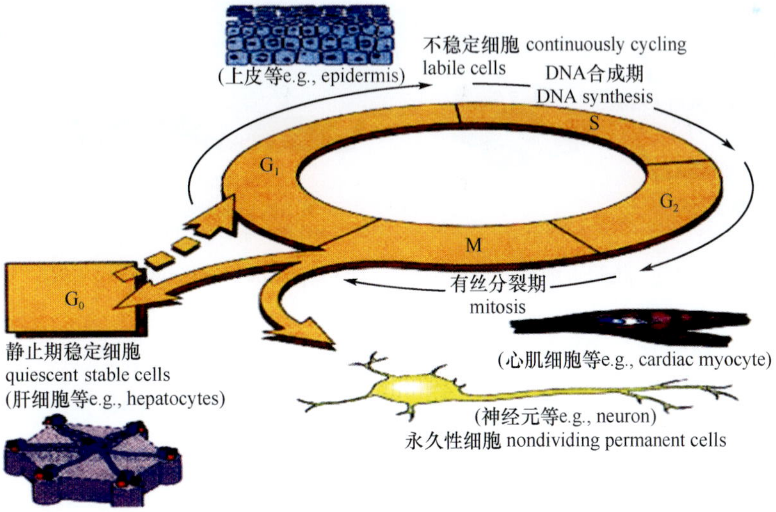

图2-1　细胞周期与不同类型细胞再生 Cell cycle and regeneration of different kinds of cells

二、干细胞及其在再生中的作用
Stem Cell and its role in regeneration

干细胞是个体发育过程中产生的具有无限或较长时间自我更新(self-renew)和多向分化能力的一类细胞。它存在于人和动物发育整个阶段(包括早期胚胎和成熟组织)，一方面进行自我更新，产生与亲本完全相同的子代细胞，以保持干细胞数量的恒定；另一方面在一定条件下可以进入分化程序，通过不对称分裂产生分化的子代细胞，最终形成功能特异的组织类型，在组织修复和新陈代谢中起重要作用。根据个体发育过程中出现的先后次序不同，干细胞可分为胚胎干细胞和成体干细胞。近年来通过体细胞重编程又获得了诱导性多能干细胞。

When stem cells undergo mitotic division, one of the daughter cells progresses along a differentiation pathway according to the needs and functional state of the tissue; the other daughter cells retain the stem cell characteristics. Stem cells are a minority population in many tissues and are often located in discrete compartments: in the epidermis, stem cells are in the basal layer immediately adjacent to the basement membrane; in intestinal mucosa, the stem cells are near the bottom of the crypts.

(一) 胚胎干细胞 Embryonic stem cell (ESC)

ESC 是指起源于着床前胚胎内细胞群的全能干细胞,具有向三个胚层分化的能力,可分化成为成体所有类型的细胞。

ESC 是在人胚胎发育早期——囊胚(受精后约5~7天)中未分化的细胞。囊胚含有约 140 个细胞,外表是一层扁平细胞,称滋养层,可发育成胚胎的支持组织如胎盘等。中心的腔称为囊胚腔(blastocyst cavity),腔内一侧的细胞群,称内细胞群。是一种高度未分化细胞,可进一步分裂、分化,发育成个体。内细胞群在形成内、中、外三个胚层时开始分化。每个胚层将分别分化形成人体的各种组织和器官。如外胚层将分化为皮肤、眼睛和神经系统等,中胚层将形成骨骼、血液和肌肉等,内胚层将分化为肝、肺和肠等。由于内细胞群可以发育成完整的个体,这些细胞被认为具有全能性,能分化出成体动物的所有组织和器官。内细胞群在培养皿中培养分裂、分化的过程见图 2-2。

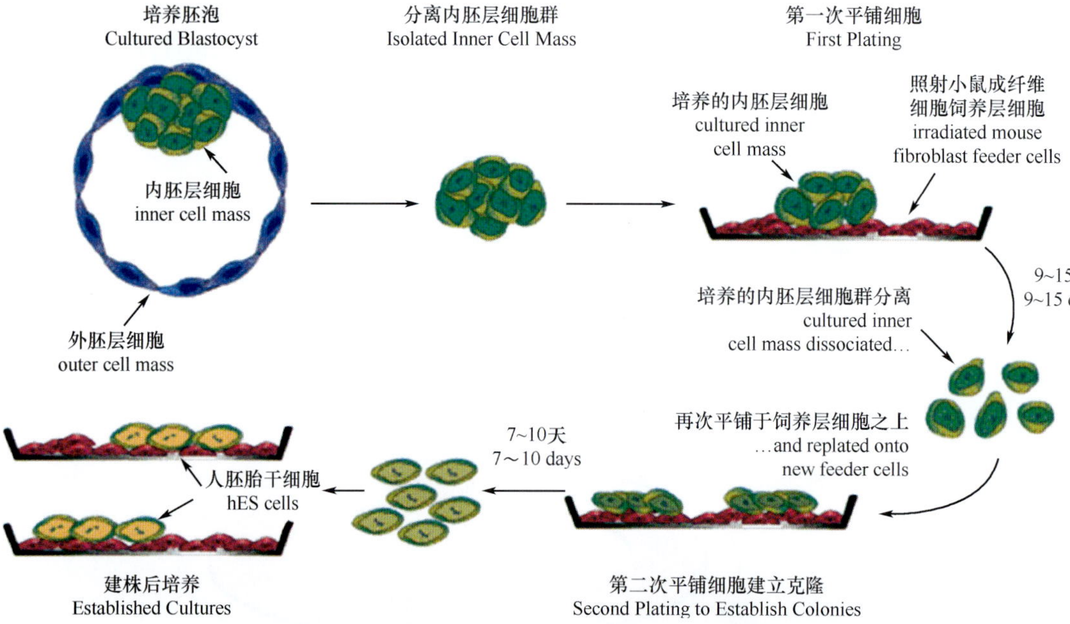

图 2-2 胚胎干细胞的分离和培养 The separation and culture of ESC

ESC 的研究意义:①ESC 拥有类似胚胎的全能分化性,可以从单个的受精卵发育成完整的个体,利用其作为材料和干细胞研究方法最终阐明人类正常胚胎的发生、发育,非正常胚胎(通过改变细胞系的靶基因)等的复杂调控机制,将使我们能解释完整的发育体系。②在科学研究中,hESC 的分离及体外培养的成功,将给人类生物医学产生巨大的影响,如致畸致瘤实验、组织移植、细胞治疗和基因治疗等方面。③ESC最激动人心的作用是在再生医学领域中,因为它具有发育分化为所有类型组织细胞的能力,任何涉及丧失正常细胞的疾病,如神经变性的疾病(帕金森病、阿尔茨海默病等)、糖尿病、心肌梗死等都可以从干细胞移植中获益。

(二) 成体干细胞 Adult-derived stem cell (ASC)

ASC 是指存在于各组织器官中具有自我更新和一定分化潜能的不成熟细胞。

ASC 普遍存在并定为在一特定的组织微环境中,目前面临的问题是如何寻找和分离各种组织特异性干细胞,组织微环境中存在一系列生长因子和配体,与干细胞相互作用,调节 ASC 的更新和分化。

机体内多种分化成熟的组织中存在 ASC,如造血干细胞、表皮干细胞、间充质干细胞、肌肉干细胞、肝脏干细胞、神经干细胞等。在特定条件下,ASC 或者产生新的干细胞,或者按一定的程序分化,形成具有新功能的细胞,从而使组织和器官保持生长和衰退的动态平衡。比如在表皮和造血系统的修复和再生中成体干细胞在其中起着关键作用。现已发现，当成体干细胞被移植入受体中，它们表现出很强的可塑性。通常情况下，供体的干细胞在受体中分化为与其组织来源一致的细胞。而在某些情况下干细胞的分化并不遵循这种规律，也可以向无关组织类型的成熟细胞进行分化，这种现象被称为"横向分化"（trans-differentiation）。这些横向分化的分子机制一旦被阐明，就有望利用病人自身健康组织的干细胞，诱导分化成可替代病变组织功能的细胞来治疗各种疾病。这样既克服了由于异体细胞移植而引起的免疫排斥，又避免了胚胎干细胞来源不足及其他社会伦理问题。人们有望从自体中分离出成体干细胞，在体外定向诱导分化为靶组织细胞并保持增殖能力，将这些细胞回输人体内，从而达到长期治疗的目的。因此，横向分化的发现在干细胞研究中具有重大意义，为干细胞生物工程在临床治疗中的广泛应用奠定了基础。

（三）诱导性多能干细胞 induced pluripotent stem cell（iPSC）

iPSC 是通过体外基因转染技术将已分化的成体细胞重编程所获得的一类干细胞。该细胞的细胞形态、生长特性、表面标志物、形成畸胎瘤等生物学特性与 ESC 相似。iPSC 具有全能性，可分化为神经等多种组织的细胞，适合于干细胞移植、组织工程、受损组织器官的修复等个体化治疗。与 ESC 不同，iPSC 的获取人们可以在不损毁胚胎或不用卵母细胞的前提下制备用于疾病研究和治疗的 ESC 样细胞。这样不仅成功避免了伦理问题的困扰，而且为获得具有患者自身遗传背景的 ESC 样细胞增加了新的途径。同时在理论上证实了人类已分化成熟的体细胞可以被重编程转化为更幼稚、具有高度增殖和分化潜能的 ESC 样细胞，这为干细胞的基础研究和实际应用开辟了广阔的前景。

（四）干细胞在组织修复与细胞再生中的作用 The effects of stem cells in tissue repair and cell regeneration

当组织损伤后，骨髓内和组织内的干细胞都可以进入损伤部位，进一步分化成熟来修复受损组织的结构和功能。

1. 骨髓组织中的干细胞 Stem cell in myeloid tissue

（1）造血干细胞 Hematopoietic stem cell（HSC）：是一切血细胞（其中大多数是免疫细胞）的原始细胞，是体内各种血细胞的唯一来源，主要存在于骨髓、外周血和脐带血中。造血干细胞的基本特征是：①能够自我维持和自我更新；②具有可塑性，可以分化为肝脏、肌肉及神经等组织细胞；③一定条件下又可来源于肌肉干细胞、神经干细胞等，参与相应组织的修复。

在临床治疗中，造血干细胞应用较早，如造血干细胞移植。除了可以治疗急性白血病（acute leukemia，AL）和慢性白血病（chronic leukemia，CL）外，造血干细胞移植还可用于治疗重型再生障碍性贫血（aplastic anemia）、地中海贫血（Mediterranean anemia）、恶性淋巴瘤（malignant lymphoma）、多发性骨髓瘤（multiple myeloma，MM）等血液系统疾病以及小细胞肺癌（small cell lung cancer，SCLC）、乳腺癌（breast cancer，BC）、睾丸癌（carcinoma of testis）、卵巢癌（ovarian cancer，OC）、神经母细胞瘤（neuroblastoma）等多种实体肿瘤。对急性白血病无供体者，也可在治疗完全缓解后采取自身造血干细胞用于移植，称自体造血干细胞移植。

（2）间充质干细胞 Mesenchymal stem cell（MSC）：是属于中胚层的一类多能干细胞，主要存在于结缔组织和器官间质中，以骨髓组织中含量最为丰富。由于骨髓是其主要来源，因此统称为骨髓间充质干细胞。骨髓间充质干细胞具有以下特性：①具有强大的增殖能力和多向分化潜能，在适宜的体内或体外环境下不仅可分化为造血细胞，还具有分化为肌细胞、肝细胞、成骨细胞、软骨细胞、基质细胞等多种细胞的能力（图 2-3）。②具有免疫调节功能，通过细胞间的相互作用及产生细胞因子抑制 T 细胞的增殖及其免疫反应，从而发挥免疫重建的功能。③具有来源方便，易于分离、培养、扩增和纯化，多次传代扩增后仍具有干细胞特性，不存在免疫排斥的特性。正是由于间充质干细胞所具备的这些免疫学特性，使其在自身免疫性疾病以及各种替代治疗等方面具有广阔的临床应用前景。通过自体移植可以重建组织器官的结构和功能，并且可避免免疫排斥反应。

2. 神经干细胞 Neural stem cell（NSC）　20 世纪 90 年代初，研究者在脑组织中分离出能够不断分裂增殖，具有多种分化潜能的细胞群，由此正式提出了神经干细胞的概念：该细胞的特性为具有分化为神经元、星形胶质细胞及少突胶质细胞的能力，能自我更新并足以提供大量脑组织中的细胞。细胞因子（cytokine）与神经干细胞的增殖、分化密切相关。不同的细胞因子在神经干细胞的诱导分化中起重要作用，神经营养因子，生长因子如上皮生长因子（epidermal growth factor，EGF）、神经生长因子（nerve growth factor）及碱性成纤维细胞生长因子（basic fibroblast growth factor，bFGF）等也影响神经干细胞的分化。神经干细胞对不同种类、不同浓度的因子以及多种因子联合应用的作用各不相同；在神经干细胞发育分化的不同阶段，相同因子的作用也不同。如在 EGF 及 bFGF 存在的条件下，胚胎神经干细胞主要向神经元、星形胶质细胞和少突胶质细胞分化;而出生后及成年的脑神经干细胞,则无论是否有EGF及bFGF,都主要分化为星形胶质细胞。

神经干细胞的分化能力不仅限于神经系统,在适当的微环境中神经干细胞还具有向其他组织细胞多向分化的能力。如TGF-β可诱导神经干细胞分化为平滑肌细胞;如果把神经干细胞植入骨髓,它们又可分化为血细胞;移入肌肉,则可分化为肌细胞。

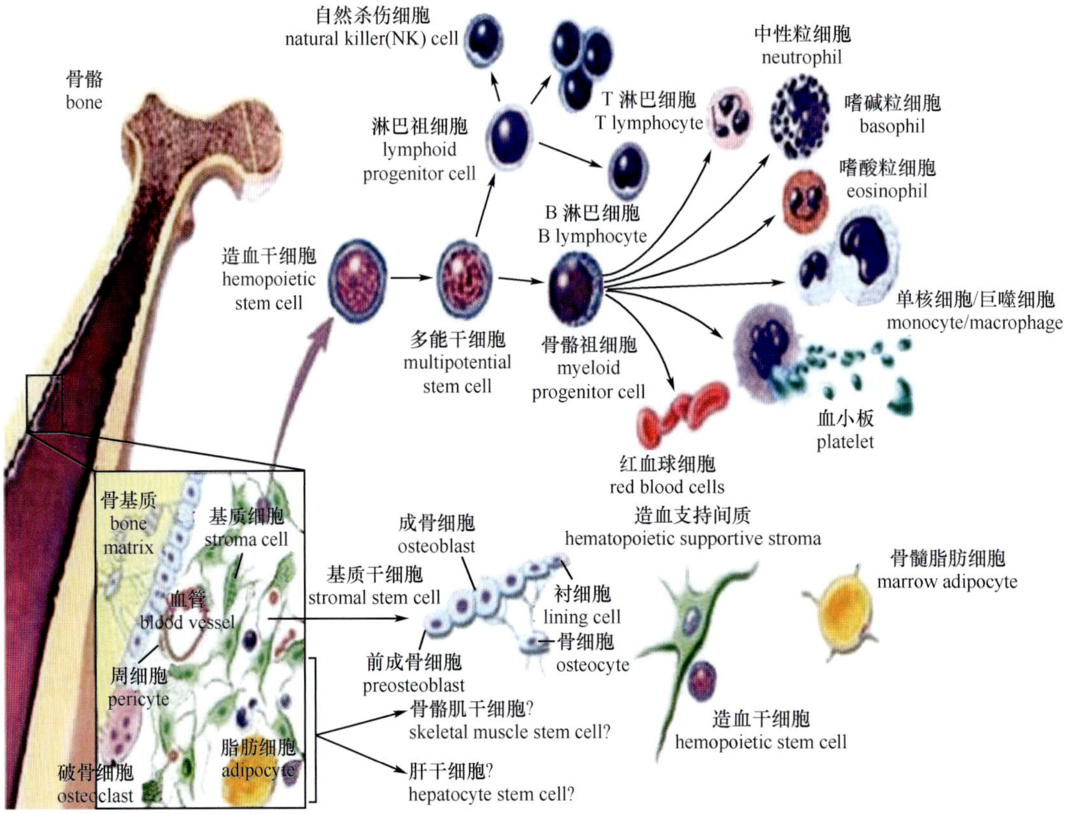

图2-3 骨髓间充质干细胞分化图 The differentiation of mesenchymal stem cell

3. 表皮干细胞 Epidermal stem cell 表皮干细胞是皮肤发生、修复、改建的重要源泉。表皮干细胞为组织特异性干细胞,在胎儿期主要集中于初级表皮嵴,成人时则呈片状分布于表皮基底层。皮肤皮脂腺开口处与立毛肌毛囊附着处之间的毛囊外根鞘处含有丰富的干细胞,而在没有毛发的部位如手掌、脚掌,表皮干细胞位于与真皮乳头顶部相连的基底层。表皮干细胞可用于自体和异体移植治疗重度烧伤、慢性溃疡等。从鼠皮肤分离获得的干细胞可转化为神经元细胞、神经胶质细胞、平滑肌细胞和脂肪细胞等。

4. 角膜缘干细胞 Cornea stem cell 在角膜和结膜的移行区,即角膜缘的基底部存在角膜缘干细胞。角膜缘干细胞是角膜上皮细胞再生的来源,终生不断分化,并向角膜中心移行,以补充损伤及凋亡的上皮细胞,在保持角膜的生理生化环境、完整性、维持局部免疫反应中占有重要地位。此外,角膜缘干细胞还能阻止结膜上皮细胞移行至角膜表面,对保持角膜的透明与正常生理功能有重要意义。

5. 肝脏卵圆细胞 Oval cell of liver 目前已确认在肝脏的赫伶管,即肝实质细胞和胆管系统结合部位存在干细胞(卵圆细胞),具有分化成胆管上皮细胞和肝细胞的双向潜能。在肝衰竭、肝癌、慢性肝炎和肝硬化时,可见此种细胞明显增生,参与损伤肝脏的修复过程。

6. 骨骼肌干细胞 Stem cell of skeletal muscle 骨骼肌细胞属于永久性细胞,但损伤的骨骼肌的再生可由干细胞来完成,后者位于骨骼肌细胞肌膜下,亦称为肌卫星细胞(muscle satellite cell)。当骨骼肌损伤后干细胞增殖分化形成肌细胞。

总之,干细胞在促进组织修复和细胞再生中具有重要作用。利用干细胞修复或替代因疾病、意外事故或遗传因素所造成的组织、器官残缺已成为可能。干细胞及其衍生组织器官的应用在生命科学和医学中前景广阔,必将给人类带来全新的医疗理念和医疗手段。

三、各种组织的再生过程
Regeneration process of various tissues

根据不同实质细胞的形态特征和功能需要再生的基本过程包括:①细胞的迁移(migration);②细胞

增殖(proliferation);③组织结构的成熟(maturity)。

1. 上皮的再生 Regeneration of epithelium

(1) 被覆上皮的再生 Regeneration of covering epithelium:再生过程可概括为四个步骤:①损伤处裸露的表面迅速由纤维蛋白凝块和增大的血细胞覆盖形成血栓并引发局部急性炎症反应,24~36h 达到顶峰,之后逐渐消退。②基底层细胞向表面增生,填充创口。③通过伤口边缘正常细胞的迁移再生来覆盖损伤表面。④增殖细胞的进一步分化、成熟,直到缺损完全被新上皮覆盖。

> The four stages of epithelial regeneration: ① thrombosis and inflammation in the injury surface; ② regeneration of epithelium over the denuded surface; ③ multiplication of the new cells; ④ differentiation of the new epithelium.

(2) 腺上皮的再生 Regeneration of glandular epithelium:腺上皮再生能力较强,当腺体基膜未被破坏时,可由残存细胞分裂增生,完全恢复原有结构,即完全再生;但当腺体基膜被破坏时,则难以恢复原有的腺体结构。构造比较简单的腺体如子宫内膜腺、肠腺等可从残留部细胞再生。肝细胞有活跃的再生能力,肝再生可分为三种情况:①肝在部分切除后,通过肝细胞分裂增生,短期内就能使肝脏恢复原来的大小。②肝细胞坏死时,只要肝小叶网状支架(mesh stent)完整,从肝小叶周边区再生的肝细胞可沿支架延伸,恢复正常结构(图 2-4)。③肝细胞坏死较广泛,肝小叶网状支架塌陷或者由于肝细胞反复坏死及炎症刺激,纤维组织大量增生,此时再生肝细胞难以恢复原来小叶结构,成为结构紊乱的肝细胞团。(图 2-5)肝细胞和纤维母细胞的增生的确切机制还不十分清楚,可能是由激素和生长因子共同介导所致。肝细胞的再生结节和纤维化是肝硬化(liver cirrhosis)发生的基础。

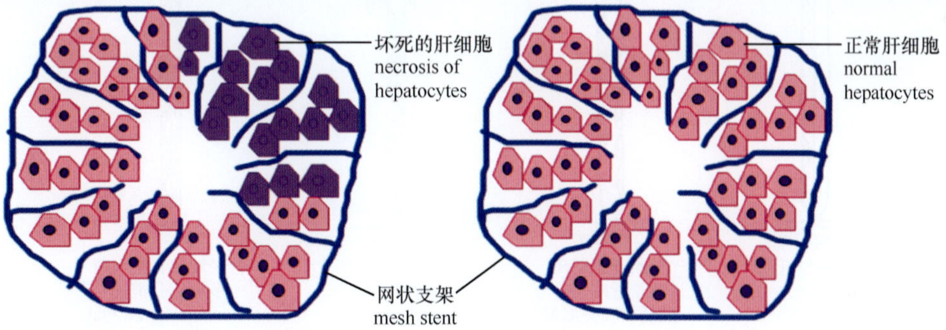

图 2-4　网状支架完整—细胞沿支架生长—结构功能正常 Complete mesh stent—cells grow along the stent—normal structure and function

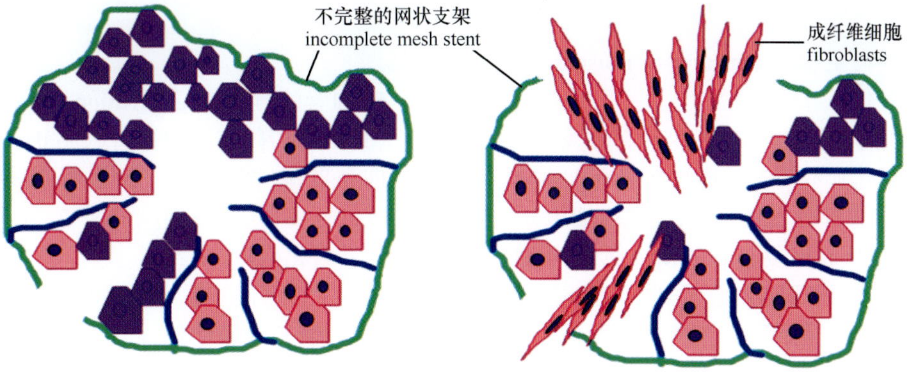

图 2-5　网状支架不完整(塌陷/破坏)—胶原纤维分隔—假小叶 Incomplete mesh stent(collapse/destroy)—separated by collagen fibers—pseudolobules

2. 纤维组织的再生 Regeneration of fibrotic tissue　在损伤的刺激下,受损处的成纤维细胞(fibroblast)进行分裂、增生。成纤维细胞可由静止状态的纤维细胞转变而来,或由未分化的间叶细胞分化而来。幼稚的成纤维细胞胞体大,两端常有突起,突起亦可呈星状,胞质略呈嗜碱性。电镜下,胞质内有丰富的粗面内质网(rough endoplasmic reticulum, RER)及核蛋白体(ribosome),说明其合成蛋白的功能很活跃。胞核体积大,染色淡,有 1~2 个核仁。当成纤维细胞停止分裂后,开始合成并分泌前胶原蛋白,在细胞周围形成胶原纤维,细胞逐渐成熟,变成长梭形,胞质越来越少,核越来越深染,成为纤维细胞(fibrocyte)。

3. 周围神经的再生 Regeneration of peripheral nerves 周围神经的再生必须在神经细胞存活的前提下,受损的神经纤维有着活跃的再生能力。首先,断端远侧段的神经纤维髓鞘(myelin sheath)及轴突(axons)崩解,并被吸收;断端近侧段的数个 Ranvier 节神经纤维也发生同样变化。然后由两端的神经鞘细胞(schwann cells)增生形成带状的合体细胞,将断端连接。从轴突断端生长出许多新芽(new sprout),在中心可以出现 25~50 个新生神经纤维束,近端轴突以每天约 1mm 的速度逐渐向远端生长,穿过神经鞘细胞带,最后达到末梢鞘细胞,鞘细胞产生髓磷脂将轴索包绕形成髓鞘,并发展成新的、有功能的轴突(图 2-6)。此再生过程常需数月以上才能完成。再生能否成功取决于连接处的宽度和断端的良好对合。若断离的两端相隔太远,或者两端之间有疤痕或其他组织阻隔,或者因截肢失去远端,再生轴突均不能到达远端,而与增生的结缔组织混杂在一起,卷曲成团,形成顽固性疼痛的肿块,称为创伤性神经瘤(traumatic neuroma)。

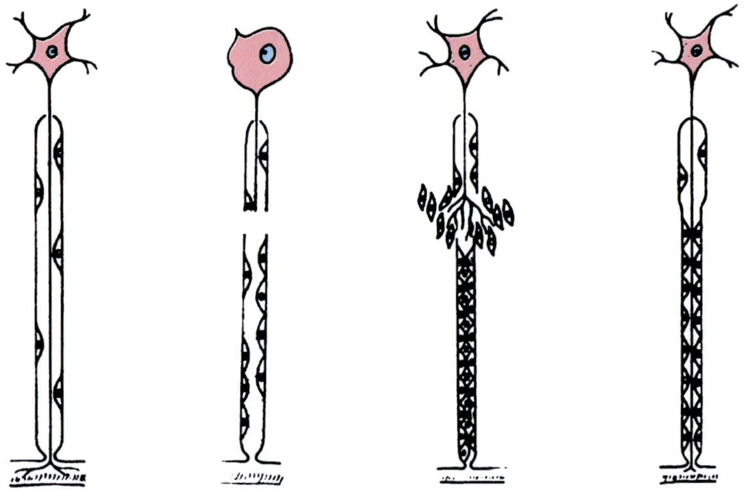

图 2-6 周围神经的再生 Regeneration of peripheral nerves

4. 肌组织的再生 Regeneration of muscle 肌组织的再生能力非常弱。

(1) 横纹肌的再生:根据肌膜是否存在及肌纤维是否完全断裂而有所不同。①损伤较轻而肌膜未被破坏时,肌原纤维仅部分发生坏死,残存肌细胞分裂,分化出肌原纤维,从而恢复正常的横纹肌结构;②如果肌纤维完全断开,断端肌浆增多,也可有肌原纤维的新生,使断端膨大如花蕾样。但这时两断端不能直接连接,而靠纤维瘢痕愈合。愈合后的肌纤维仍可收缩,加强锻炼后可恢复功能;③如果整个肌纤维(包括肌膜)均被破坏,则难以再生,此时结缔组织增生连接,形成瘢痕修复。

(2) 平滑肌也有一定的分裂再生能力,如小动脉的再生中就有平滑肌的再生;但是断开的肠管或是较大的血管经手术吻合后,断处的平滑肌主要通过纤维瘢痕连接。

(3) 心肌再生能力极弱,破坏后常常是瘢痕修复。

5. 血管的再生 Regeneration of vessel

(1) 小血管,如毛细血管(capillary)的再生主要包括四个步骤(图 2-7):①原血管基膜的酶解;②内皮细胞的迁移;③内皮细胞的增殖;④新生毛细血管的成熟器官化构建。

(2) 大血管断裂后必须手术吻合,该处内皮细胞分裂增生,恢复内膜结构,而肌层由结缔组织增生连接,属于瘢痕修复。

6. 软骨组织和骨组织的再生 Regeneration of cartilage and bone:软骨再生起始于软骨膜的增生,这些增生的幼稚细胞形似成纤维细胞,以后逐渐变为软骨母细胞,并形成软骨基质,细胞被埋在软骨陷窝内而变为静止的软骨细胞。软骨再生能力弱,软骨组织缺损较大时由纤维组织参与修补。

骨组织再生能力强,骨折后可完全修复(参见本章第四节)。

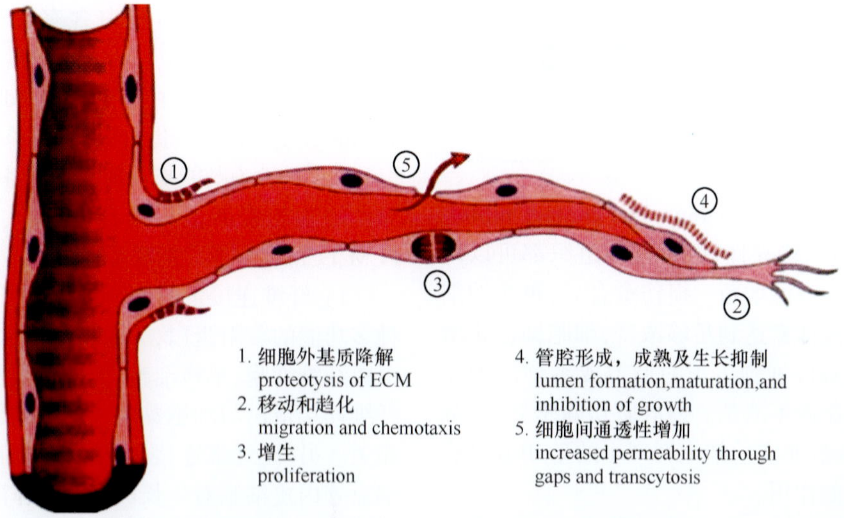

图 2-7　血管再生模式图 Model of vessel regeneration

四、细胞再生的分子机制
Molecular Mechanism of Cell Regeneration

细胞再生在很大程度上受细胞外微环境和各种化学因子的调控。有三个重要的影响因素：

1. 生长因子 Growth factor　细胞的正常生长受生长刺激因子和生长抑制因子的双向调节。在损伤部位各种不同的生长因子与靶细胞受体结合，激活细胞内的信号转导通路，启动 DNA 合成最后导致细胞分裂。同时细胞分裂又受到细胞增殖周期的调控。生长因子最重要作用是使细胞由 G0 期进入细胞周期的因子。某些生长因子还诱导细胞的迁移、分化和组织的重构，从而在损伤修复的各个阶段发挥着作用。

(1) 表皮生长因子 Epidermal growth factor (EGF)：6Kda 的多肽，促进上皮细胞、成纤维细胞、胶质细胞及平滑肌细胞的增殖。

(2) 血小板源性生长因子 Platelet derived growth factor(PDGF)：是带大量正电荷，30KD 的多肽，由 A、B 两条链构成，存在于血小板 α 颗粒中，也可以由活化的巨噬细胞、内皮细胞、平滑肌细胞和肿瘤细胞产生。它能诱导成纤维细胞、平滑肌细胞和单核细胞的迁移和增殖，并能促进胶质细胞增生，从而促进体内的损伤愈合。

(3) 成纤维细胞生长因子 Fibroblast growth factor (FGF)：这种与肝素结合的生长因子诱导成纤维细胞的增殖和新生血管的形成。碱性的 FGF 存在于很多器官，由活化的巨噬细胞分泌。酸性 FGF 仅限于神经组织。

(4) 转化生长因子 Transforming growth factor (TGF)：TGF-α 与 EGF 存在同源性，可以引起成纤维细胞增殖。TGF-β 由血小板、T 细胞、内皮细胞和巨噬细胞产生。对成纤维细胞和平滑肌细胞的促增生作用依其浓度而有所不同：低浓度诱导 PDGF 的合成与分泌；高浓度抑制 PDGF 受体表达，使细胞生长受到抑制。此外，TGF-β 还可以刺激成纤维细胞的趋化和胶原的产生并抑制胶原的降解。因此能够促进纤维化，并能使巨噬细胞失活。

(5) 血管内皮生长因子 Vascular endothelial growth factor(VEGF)：最初从肿瘤组织中分离提纯，可促进肿瘤血管的形成，也可促进正常胚胎的发育、创伤愈合及慢性炎症时血管的增生。VEGF 还可明显增加血管的通透性，进而促进血浆蛋白在细胞基质中沉积，为成纤维细胞和血管内皮细胞长入提供临时基质。由于仅内皮细胞存在 VEGF 受体，故对其他细胞增生的促进作用都是间接的。

(6) 白介素-1 Interleukin(IL-1) 和肿瘤坏死因子 Tumor necrosis factor(TNF)：是成纤维细胞的趋化因子(chemotatic factor)，并能促进胶原的合成。TNF 还能刺激血管再生。

常见生长因子的主要作用见表 2-1。

表 2-1　常见生长因子的主要作用
Main function of common growth factors

常见生长因子	主要作用
EGF	促进上皮细胞、成纤维细胞、胶质细胞及平滑肌细胞的增殖
FGF	几乎可刺激所有间叶细胞，但主要作用于内皮细胞
PDGF	诱导成纤维细胞、平滑肌细胞和单核细胞的迁移和增殖，促进胶质细胞增生
TGF	TGF-α 与 EGF 作用相同
VEGF	TGF-β 低浓度促进成纤维细胞、平滑肌细胞增生，高浓度抑制其增生；促进成纤维细胞趋化促进血管形成，增加血管通透性

续表

常见生长因子	主要作用
其他，如IL-1、TNF	两者刺激成纤维细胞的增殖及胶原合成；TNF还能刺激血管再生

2. 抑素和接触抑制 Chalone and contact inhibition 抑素具有组织特异性，似乎任何组织都可以产生一种抑素抑制本身的增殖。损伤愈合后，再生的细胞达到足够数量或抑素达到足够浓度，细胞即停止增殖。这种密度依赖性细胞生长的调节或者称之为接触抑制的准确机制尚不清楚。但肝脏切除术后，肝脏的再生过程中，由肝非实质细胞所产生的TGF-β具有阻止肝细胞生长的作用。

细胞生长和分化受到涉及多种信号间的整合和相互作用。这些信号刺激可来自生长因子、细胞因子、抑素等，也可来自细胞外基质（ECM）的组成成分，并通过整合素依赖的信号转导系统进行传递，虽然某一信号转导系统可被其特异类型的受体所激活，但不同信号间存在相互作用，最终使信号整合为以调节细胞增殖及细胞的其他生物学行为。

3. 细胞外基质 Extracellular matrix（ECM） 细胞外基质在任何组织都占有相当比例，它的主要作用是把细胞连接在一起，借以支撑和维持组织的生理结构和功能。细胞外基质可以影响细胞的分化、迁移和增殖，参与调控胚胎发育、组织重建与修复、创伤愈合、纤维化及肿瘤的侵袭等。

（1）胶原蛋白 Collagen：ECM 中含有 10 余种胶原蛋白，提供组织的张力强度。胶原蛋白在核糖体内合成后，需要经过一系列酶的修饰，包括脯氨酸和赖氨酸残基的羟基化，从而使胶原蛋白富含羟化脯氨酸（10%）。胶原前肽的羟基化需要维生素 C，这也可以解释为何维生素 C 缺乏（坏血病）时可引起创伤愈合不良。在分泌过程中或稍后，前胶原肽酶（precollagen peptidase）切掉末端前肽链，促进原纤维的形成（常称为原胶原）。在原纤维形成过程中伴随着由细胞外赖氨酸氧化酶（lysine oxidase）催化的特异赖氨酸及羟化赖氨酸残基的氧化，从而导致相互交联形成稳定的胶原特有的排列结构。正是这种交联结构决定了胶原蛋白的张力强度。

（2）弹力蛋白 Elastin：各种组织，如血管、皮肤、子宫和肺组织在结构上需要弹性以发挥功能。虽然张力强度是由胶原蛋白提供的，但这些组织的回缩能力则由弹力纤维（elastic fibers）来完成。大血管壁（如主动脉）、子宫、皮肤和韧带中存在大量弹力蛋白。与胶原蛋白相似，弹力蛋白一级结构中三分之一为甘氨酸，富含脯氨酸和丙氨酸；与胶原蛋白不同的是弹力蛋白只含极少的羟化脯氨酸并且无羟化赖氨酸残基。成熟的弹力蛋白含有交联结构以调节其弹性。

（3）黏附性糖蛋白和整合素 Adhesive glocoprotein and integrin：黏附性糖蛋白和整合素在结构上并不相同，但其共同特性为既能与其他细胞外基质结合，又能与特异性的细胞表面蛋白结合。这样，它们就把不同的ECM、ECM 与细胞之间联系起来。

1）纤维连接蛋白 Fibronectin：纤维连接蛋白是一种多功能的黏附蛋白，为 450kD 的大分子糖蛋白。可由成纤维细胞、单核细胞、内皮细胞及其他细胞产生。纤维连接蛋白与细胞黏附、细胞伸展和细胞迁移直接相关。另外，纤维连接蛋白还可增强某些细胞，如毛细血管内皮细胞对生长因子增殖作用的敏感性。

2）层黏连蛋白 Laminin：层黏连蛋白是基膜中含量最为丰富的大分子糖蛋白（分子量约为 820kD）。层黏连蛋白一方面可与细胞表面的特异性受体结合，另一方面也可与基质成分如Ⅳ型胶原和硫酸肝素结合（heparin sulfate），还可介导细胞与结缔组织基质黏附。在体外细胞培养中，它可改变各种细胞的生长、存活、形态、分化和运动。若在培养的内皮细胞中加入 FGF，则层黏连蛋白可引起内皮细胞有序排列，然后形成毛细血管管腔，这是血管生成的关键步骤。层黏连蛋白和纤维连接蛋白与许多 ECM 成分相似，与整合素受体家族成员具有结合能力。

3）整合素 Integrin：是细胞表面受体的主要家族，是一种由多种组合的 αβ 亚单位形成的异二聚体。不同亚单位组合可以形成多达 24 种不同的整合素，这样就保证了整合素的异质性，每种组合分别针对特定的 ECM 成分。整合素在体内表达广泛，大多数细胞表面都可表达一种以上的整合素，调节细胞生长、生存、黏附、迁移和浸润等相关细胞内信号通路，在多种生命活动中发挥关键作用。如很多整合素是通过识别含有精氨酸-甘氨酸-天门冬氨酸三肽的氨基酸序列与特定的蛋白质结合的，而且这一氨基酸序列被认为在细胞黏附过程中发挥了关键性作用。由于整合素具有黏附作用，使其成为白细胞游出、血小板凝集、发育过程和创伤愈合中的关键因素。另外，某些细胞只有通过黏附才能发生增殖，若通过整合素介导的细胞与细胞外基质黏附发生障碍则可导致细胞凋亡。

（4）基质细胞蛋白 Marricellular proteins：基质细胞蛋白是一类新命名的分泌性蛋白，可与基质蛋白、细胞表面受体及能作用于细胞表面的其他分子（如生长因子、细胞因子或蛋白水解酶）相互作用。虽然其功能表现为多样性，但都具有影响细胞-基质相互作用的能力。这一家族包括：①富含半胱氨酸的酸性分泌蛋白（secreted protein acidic and rich in cysteine,

SPARC),亦称骨连接素(osteonectin),可促进损伤后发生的组织重建,其本身又是一个血管生成抑制剂;②血栓黏合素(thrombospondin),为具有多种功能的蛋白家族。其一部分成员与SPARC相似,也可抑制血管生成;③骨桥蛋白(osteopontin),可介导白细胞迁移;④细胞黏合素(tenascin)家族,为多聚体大分子蛋白,与细胞黏附的调控有关。

(5) 细胞外蛋白多糖 Extracellular proteoglycan:如最常见的硫酸肝素(heparan sulfate)、硫酸软骨素(chondroitin sulfate)、硫酸皮肤素(dermatan sulfate)和透明质酸素(hyaluronan),可调控结缔组织的结构和通透性,调节与细胞增殖和迁移相关的细胞表面受体。

此外,还有细胞黏附分子(cellular adhesion molecule, CAM),包括整合素蛋白家族(integrin protein family),选择素蛋白家族(selectin protein family),免疫球蛋白超家族(immunoglobulin superfamily)及钙黏素(cadherins)等。

第二节 结缔组织修复
Repair by Connective Tissue

严重而持续的组织损伤或者实质和间质损伤后出现的炎症反应均会导致无法单独由实质细胞再生来完成修复的情况。在这种情况下,成纤维细胞和血管内皮细胞的增生明显,标志修复的肉芽组织在3~5天的时间内形成。随着时间的推移,肉芽组织内基质不断积聚,最终导致纤维化。

一、肉 芽 组 织
Granulation Tissue

1. 肉芽组织的形态与构成 Appearance and composition of granulation tissue 肉芽组织由新生薄壁的毛细血管以及增生的成纤维细胞构成,并伴有炎性细胞浸润。肉眼表现为鲜红色,颗粒状,柔软湿润,形似鲜嫩的肉芽故而得名。

镜下可见大量由内皮细胞增生形成的实性细胞索或扩张的毛细血管,对着创面垂直生长,并以小动脉为轴心,在周围形成袢状弯曲的毛细血管网。新生毛细血管的内皮细胞核体积较大,呈椭圆形,向腔内突出。在此种毛细血管的周围有许多新生的成纤维细胞,此外常有大量渗出液及炎性细胞(图2-8)。炎性细胞中常以巨噬细胞为主,也有多少不等的中性粒细胞及淋巴细胞。巨噬细胞能分泌PDGF, FGF, TGF-p, IL-1及TNF,加上创面凝血时血小板释放的PDGF,进一步刺激成纤维细胞及毛细血管增生。巨噬细胞及中性粒细胞能吞噬细菌及组织碎片,这些细胞破坏后释放出各种蛋白水解酶,能分解坏死组织及纤维蛋白。

Granulation tissue

The bright pink, granular tissue is seen, for example, in the base of a healing skin wound, and denotes the process of repair. Granulation tissue is composed of: ① small blood vessels (capillary-sized channels); ② proliferating fibroblasts and myofibroblasts; ③ inflammatory cells.

肉芽组织中一些成纤维细胞具有类似平滑肌细胞的收缩功能,因此称其为肌成纤维细胞(myofibroblast)。成纤维细胞可产生基质及胶原,早期基质较多,以后则胶原越来越多。

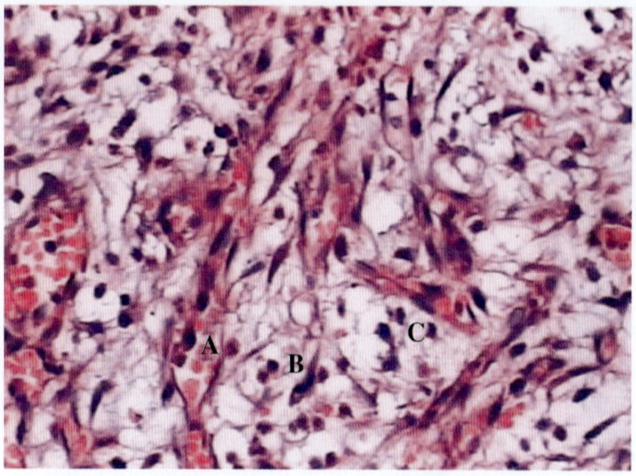

图2-8 肉芽组织 Granulation tissue

由新生毛细血管、成纤维细胞和炎症细胞组成 Many newly formed capillaries, fibroblasts are seen in the background of macrophages, neutrophils and lymphocytes A. 新生毛细血管;B. 成纤维细胞;C. 炎症细胞;A. New capillary;B. Fibroblasts;C. Inflammatory cells

2. 肉芽组织的作用 The effects of granulation tissue ①抗感染保护创面;②填补创口及组织缺损;③机化包裹坏死、血栓、炎性渗出物及其他异物。

3. 肉芽组织的结局 Outcome of granulation tissue 肉芽组织在组织损伤后2~3天内即可出现自下向上(如体表创口)或从周围向中心(如组织内坏死)生长推进,填补创口或机化异物。随着时间的推移(如1~2周),肉芽组织按其生长的先后顺序,逐渐成熟。其主要形态标志为:间质的水分逐渐吸收减少,炎性细胞减少并逐渐消失,部分毛细血管管腔闭塞、数目减少,按正常功能的需要少数毛细血管管壁增厚,改建为小动脉和小静脉;成纤维细胞产生越来越多的胶原纤维,同时成纤维细胞数目逐渐减少、胞核变细长而深染,变为纤维细胞。至此,肉芽组织成熟为纤维结缔组织，时间再长，胶原纤维量更多，而且发生玻璃样变性，细胞和毛细血管成分更少。并且逐渐转化为老化阶段的瘢痕组织。

二、瘢痕组织
Scar Tissue

瘢痕组织是指肉芽组织经改建成熟形成的纤维结缔组织。即随着愈合过程的进行，在肉芽组织中成纤维细胞表现出较多的合成表型，ECM积聚，胶原合成增加，使损伤部位愈合的强度明显增加。网状胶原的积聚不仅依靠胶原合成的增加，同时也依靠胶原降解的减少。最终，肉芽组织转变为瘢痕组织。

1. 瘢痕组织的结构 Structure of scar tissue

镜下，瘢痕组织由大量平行或交错分布的胶原纤维束组成。胶原纤维束往往呈均质红染即玻璃样变，纤维细胞少，核细长深染，组织内血管少（图 2-9）。大体上，局部瘢痕组织收缩，颜色苍白或灰白色半透明，质地硬韧，缺乏弹性。

Scarring tissue

Scarring is not only unsightly, it may have serious consequences. Scar tissue tends to contract with time and will not function in the same way as the surrounding tissue. Example of complications arising from fibrosis include: ① skin contractures following severe burns; ② obstruction of the duodenum due to fibrous narrowing (stricture formation) following healing of a peptic ulcer; ③ heart failure due to impaired left ventricular function following myocardial infarction and scarring.

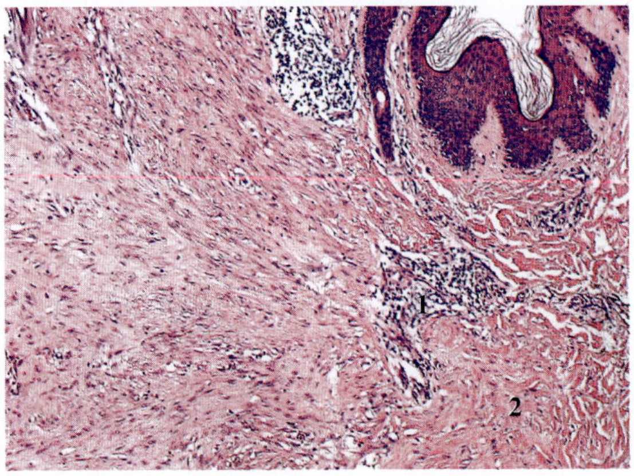

图 2-9 皮肤瘢痕组织 Skin scar tissue

1. 纤维细胞；2. 致密的胶原纤维 1. Fibrocyte；2. Dense collagen

2. 瘢痕组织对机体的影响 The effects of scar tissue

（1）有利的影响为填补创口，保持组织完整性，有一定的承受力。

（2）不利的影响为：①瘢痕收缩（contraction）：特别是发生于关节附近和重要器官的瘢痕，常常引起关节挛缩或活动受限，如十二指肠溃疡瘢痕可引起幽门梗阻。关于瘢痕收缩的机制可能是由于其中的水分丧失或含有肌成纤维细胞所致。②瘢痕性粘连（adhesion）：特别是在器官之间或器官与体腔壁之间发生的纤维性粘连，常常不同程度地影响其功能。器官内广泛损伤导致广泛纤维化玻璃样变，可发生器官硬化。③增生过度（over-proliferation）形成肥大性瘢痕。如果这种肥大性瘢痕突出于皮肤表面并向周围不规则地扩延，称为瘢痕疙瘩（keloid）。（临床上又常称为“蟹足肿”）。其发生机制不清，一般认为与体质有关。也有人认为，可能与瘢痕中缺血缺氧，促使其中的肥大细胞分泌生长因子，使肉芽组织增生过度有关。

3. 瘢痕的重构 Scar remodeling 许多细胞（成纤维细胞、巨噬细胞、中性粒细胞、滑膜细胞和一些上皮细胞）在生长因子、细胞因子和巨噬细胞刺激因子等的调控下合成降解胶原（和其他 ECM 成分）的酶类，例如基质金属蛋白酶（metalloproteinases，MMP）、一些血清蛋白酶（serine proteinases）等。ECM 的合成与降解不仅导致了结缔组织的重构，而且亦是慢性炎症和创伤愈合的重要特征。瘢痕组织内的胶原纤维在胶原酶（collagenases）的作用下，可以逐渐地分解、吸收，从而使瘢痕缩小、软化。实际上，在创口愈合过程中胶原酶及其抑制物的活性由时空短暂调节。因此，要解决瘢痕收缩和器官硬化等的关键是在细胞生长调控和ECM等分子病理水平上，阐明如何调控肉芽组织中胶原的合成和分泌，以及如何加速瘢痕中胶原的分解与吸收。

第三节 创伤愈合
Wound Healing

创伤愈合是指机体受外力作用，皮肤等组织出现离断或缺损后的愈复过程，包括各种组织的再生、肉芽组织增生和疤痕形成的复杂过程的协同作用。创伤愈合的基本过程为：①损伤初期诱发急性炎症反应；②实质细胞再生；③实质细胞和结缔组织细胞的迁移和增殖；④细胞外基质的合成；⑤实质细胞的重塑以恢复组织功能；⑥结缔组织的增生以增加伤口愈合的强度。

一、皮肤创口愈合的基本过程
Processes of Wound Healing

1. 创口发生炎症和血凝块 Inflammation and coagulaton 早期浸润的炎症细胞以中性粒细胞为主，之后以巨噬细胞为主。血液凝固后形成的凝块(clot)对伤口有保护作用。

2. 创口收缩 Wound contraction 创伤愈合的速度取决于损伤后几天内发生并能持续几周的创口收缩的程度。由于肌成纤维细胞(myofibroblasts)具有与平滑肌细胞相似的收缩功能和超微结构的特征，其收缩可以缩小创面。创口收缩的现象也见于实质器官，如肺和肝的创伤。

3. 肉芽组织形成 Granulation tissue 大约在损伤后3天，肉芽组织从伤口底部及边缘长出。肉芽组织中没有神经，故无感觉。第5～6天起成纤维细胞产生胶原纤维(手术缝合的拆线在术后5天左右)，其后一周胶原纤维形成甚为活跃，以后逐渐缓慢下来。随着胶原纤维越来越多，出现瘢痕形成过程，大约在伤后一个月瘢痕完全形成。可能由于局部张力的作用，瘢痕中的胶原纤维最终与皮肤表面平行。

4. 表皮和其他结缔组织的再生 Regeneration of epithelial and connective tissues 创伤发生24h内，伤口边缘的基底细胞即开始增生，并在凝块下面向伤口中心迁移，形成单层上皮，覆盖于肉芽组织的表面。当这些细胞彼此相遇时，则停止迁移，并增生、分化成为鳞状上皮。健康的肉芽组织对表皮再生十分重要，因为它可提供上皮再生所需的营养及生长因子。如果肉芽组织长时间不能将伤口填平并形成瘢痕，则上皮再生将延缓；在另一种情况下，由于异物及感染等刺激而过度生长的肉芽组织(exuberant granulation tissue)，高出于皮肤表面，也会阻止表皮再生，因此临床常需将其切除。若伤口过大(一般认为直径超过20cm)，则再生表皮很难将伤口完全覆盖，往往需要植皮。

皮肤附属器(毛囊、汗腺及皮脂腺)如遭完全破坏，则不能完全再生，而出现瘢痕修复。肌腱断裂后，初期也是瘢痕修复，但随着功能锻炼而不断改建，胶原纤维可按原来肌腱纤维方向排列，达到完全再生。

二、创伤愈合的类型
Types of Wound Healing

1. 一期愈合 Healing by first intention 外科洁净的缝合创口，组织缺损很少，也没有明显的细菌感染，可以达到一期愈合。其基本过程如下：

0h，切口中充满血凝块。

3～24h，周边组织中的中性粒细胞游出并浸润血凝块，上皮基底细胞出现有丝分裂；上皮合拢发生在24～48h。

第3天，巨噬细胞取代中性粒细胞，肉芽组织长出。

第5天，肉芽组织将切口间隙填满，新生血管达到最多，胶原纤维开始出现，上皮的增殖此时也到达顶点。

第2周，成纤维细胞增殖，胶原继续增多。炎症反应和新生血管大幅度消失。

第2月，瘢痕由无炎症的结缔组织构成，被覆完整的上皮。

2. 二期愈合 Healing by second intention 较大的组织缺损，创缘不整、无法整齐对合、伴有感染存在。如存在梗死(infarction)、溃疡(unlceration)、脓肿(abscess)这种伤口的愈合和一期愈合比较有以下不同：①由于坏死组织多，或由于感染，继续引起局部组织变性、坏死，炎症反应明显。只有等到感染被控制，坏死组织被清除后，再生才能开始；②伤口大，伤口收缩明显，从伤口底部及边缘长出多量的肉芽组织将伤口填平；③愈合的时间较长，形成的瘢痕较大。

一期愈合和二期愈合的比较见表2-2，图2-10

表2-2　一期愈合和二期愈合的比较
Comparison of healing by first intention and second intention

	一期愈合	二期愈合
组织缺损	少	多
创缘	整齐	不整齐
感染	无明显细菌感染	有
炎症	轻	重
创口对合	经缝合，创缘对合严密	创口大，收缩明显
肉芽组织	少量	多量
愈合情况	愈合时间短，瘢痕小	愈合时间长，瘢痕大

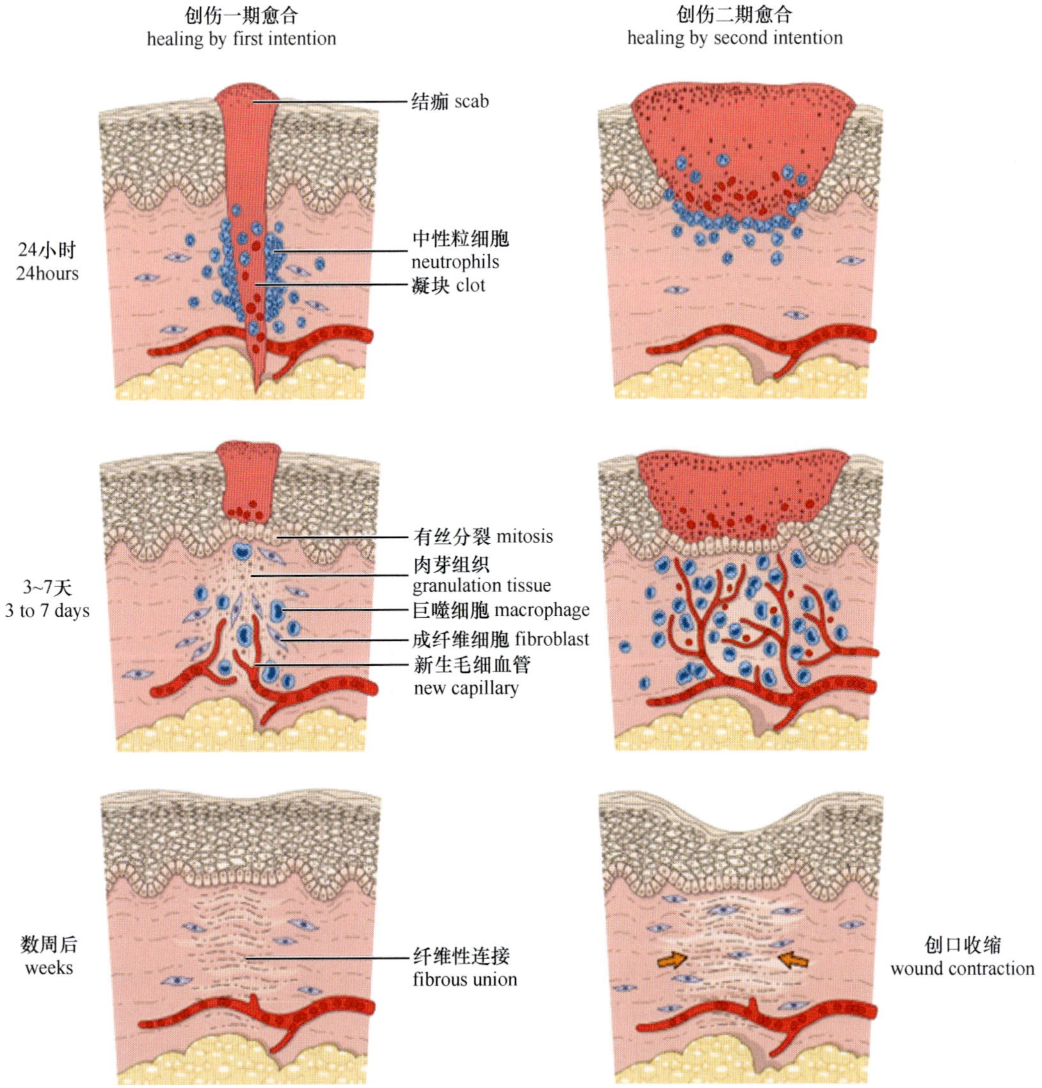

图 2-10 创伤一期/二期愈合 Wound healing by first and second intention

Collagenization and Wound Strength

Collagen fibers account in large part for wound strength. Adult skin collagen is mostly type Ⅰ, but collagen deposited early in granulation tissue is type Ⅲ, which is then replaced by adult type Ⅰ collagen. Wound strength at the end of the first week is approximately 10%; it is largely dependent on surgical suturing and tissue-tissue adhesion. Strength reaches 70 to 80% by the third month and then plateaus.

三、创伤愈合中的主要影响因素 Major Factors That Influence Wound Healing

1. 全身因素 Systemic factors

（1）年龄 Age：青少年的组织再生能力强，老年人的组织再生能力弱。此与老年人血管硬化，血液供应减少有很大关系。

（2）个体的营养状况 The nutritional status of individuals：①蛋白质缺乏，尤其是含硫氨基酸（如甲硫氨酸、胱氨酸）缺乏时，肉芽组织及胶原形成不良，伤口愈合延缓。②维生素中以维生素C对愈合最重要。③微量元素中，以锌对创伤的愈合最重要。手术后伤口愈合迟缓的病人，皮肤中锌的含量大多比愈合良好的病人低，因此补给锌能促进愈合。其作用机制可能与锌是细胞内一些氧化酶的成分有关。

（3）其他因素 Other factors：有无糖尿病（diabetes mellitus）、有无使用糖皮质激素（glucocorticoid）、循环中白细胞的数量等，均能影响创口愈合。

2. 局部原因 Local factors

（1）感染 Infection：许多化脓菌产生一些毒素和酶，能引起组织坏死，溶解基质或胶原纤维，加重局部组织损伤，妨碍创伤愈合；伤口感染时，渗出物很多，可增加局部伤口的张力，常使正在愈合的伤口或已缝合的伤口裂开，或者导致感染扩散加重损伤；坏死组织及其他异物，也妨碍愈合并有利于感染。因此，伤口如有感染，或有较多的坏死组织及异物，必然是二期愈合。临床上对于创面较大、已被细菌污染的伤口，但尚未发生明显感染的伤口，必须施行清创术以清除坏死组织、异物和细菌，可在确保没有感染的情况下，缝合创口。这样有可能使本来是二期愈合的伤口，达到一期愈合。

（2）局部血供减少 Diminished local blood supply：局部血液循环既可以为组织再生提供所需的氧和营养，又可以吸收局部坏死物质，控制感染。相反，如下肢血管有动脉粥样硬化或静脉曲张等病变，使局部血液循环不良时，则该处伤口愈合迟缓。

（3）丧失神经支配 Loss of innervation：正常的神经支配对组织再生有一定的作用。例如麻风引起的溃疡不易愈合，是神经受累致使局部神经性营养不良的缘故。植物神经损伤，使局部血液供应发生变化，对再生的影响更为明显。

（4）电离辐射 Electric ions radiation：电离辐射能破坏细胞、损伤小血管、抑制组织再生，因此影响创伤的愈合。

第四节　骨折愈合
Healing of Bone Fracture

骨折（bone fracture）指骨的连续性中断。通常骨折可分为外伤性骨折和病理性骨折两大类。病理性骨折发生于先前存在骨疾患（如肿瘤、囊肿等）的部位。骨的再生能力很强。骨折愈合的好坏、愈合时间的长短与骨折部位、性质、错位程度、年龄以及引起骨折的原因有关。一般而言，经过良好复位后的单纯性外伤性骨折几个月内便可完全愈合，恢复正常的结构和功能。

一、愈合的阶段
Stages of Healing

1. 血肿形成与机化 Hematoma formation and organization 骨折处骨髓、骨皮质和骨膜中的血管被撕裂，骨折的两端及其周围大量出血形成血肿。24h 内，毛细血管和成纤维细胞长入血肿内，同时伴有炎细胞浸润，肉芽组织形成。由于骨折伴有血管断裂，在骨折早期，常可见到骨髓组织的坏死，骨皮质亦可发生坏死，如果坏死灶较小，可被破骨细胞吸收；如果坏死灶较大，可形成游离的死骨片。

2. 临时骨痂/纤维性骨痂 Provisional callus/fibrocartilaginous callus 骨折后的 2～3 天，血肿开始由肉芽组织取代而机化，继而发生肉眼及 X 线检查所见的骨折局部呈梭形肿胀。1 周左右，上述增生的肉芽组织及纤维组织可进一步分化，形成透明软骨（clear cartilage）和骨样组织（osteoid tissue）。透明软骨的形成一般多见于骨外膜的骨痂区，骨髓内骨痂区则少见。骨样组织的外形由不规则的小梁构成，钙盐沉积后形成临时骨痂，这个过程大约在第 25 天左右完成。

3. 永久骨痂/骨性骨痂 Definitive callus/osseous callus 由纤维性骨痂分化出骨母细胞（osteoblasts），形成类骨组织，经钙盐沉积后转变为编织骨（woven bone），不规则的临时骨痂被规则的骨单位所取代。

4. 骨痂改建或再塑 Alterations or remodeling of callus 编织骨由于结构不够致密，骨小梁排列紊乱，故仍达不到正常功能需要。为了适应骨活动时所受应力，编织骨经骨母细胞性骨形成和破骨细胞的骨质吸收重塑形成正常骨的结构。骨折愈合最终随应力方向重塑完成其修复。

骨折愈合过程见图 2-11。

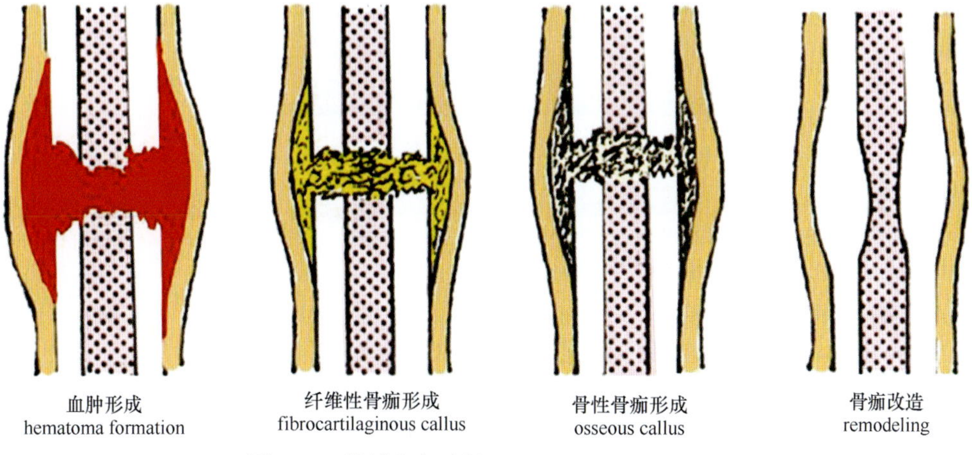

图 2-11　骨折愈合过程 Healing of Bone Fracture

二、影响骨折愈合的因素
Factors Influencing Healing of Fractures

凡影响创伤愈合的因素对骨折愈合都起作用。此外，尚需强调以下几点：

1. 骨折断端的及时、正确的复位 Timely and corrected reset 完全性骨折由于肌肉的收缩，常常发生错位或有其他组织、异物的嵌塞，可使愈合延迟或不能愈合。及时、正确的复位是为以后骨折完全愈合创造必要的条件。

2. 骨折断端及时、牢靠的固定 Timely fixation 骨折断端即便已经复位，由于肌肉活动仍可错位，因而复位后的及时、牢靠的固定（如打石膏、小夹板或髓腔钢针固定）更显重要，一般要固定到骨性骨痂形成后。

3. 全身和局部功能锻炼 Systemic and local functional training 保持局部良好的血液供应。由于骨折后常需复位、固定及卧床，虽然有利于局部愈合，但长期卧床，血运不良，又会延迟愈合。局部长期固定不动也会引起骨及肌肉的失用性萎缩（acinetatrophia）、关节强直（arthrokleisis）等不利后果。为此，在不影响局部固定情况下，应尽早离床活动。

4. 骨折愈合障碍 Barriers to fracture healing 有时新骨形成过多，形成赘生骨痂（supernumerary callus），愈合后有明显的骨变形，影响功能的恢复。有时纤维性骨痂不能变成骨性骨痂并出现裂隙，骨折两端仍能活动，形成假关节（pseudoarthrosis）。

5. 其他因素 Other factors 内分泌失调（Endocrine disorders）如甲状旁腺功能亢进（hyperparathyroidism），各种因素引起的骨质疏松（Osteoporosis caused by various factors）等。

病例讨论

患者，男，12岁，因"车祸左小腿疼痛活动受限2h"入院。患者2h前被车撞倒在地，当时左小腿弯曲、疼痛，不能活动。入院检查：体温37℃，脉搏100次/分，血压90/60mmHg，左小腿肿胀，短缩，局部有压痛，可触及骨擦感，左小腿不能活动。

B超：腹内脏器未见异常。

实验室检查：血常规、尿常规均正常。

X线检查：左胫骨中下段1/3斜形完全性骨折，左腓骨上1/3骨折（图2-12）。

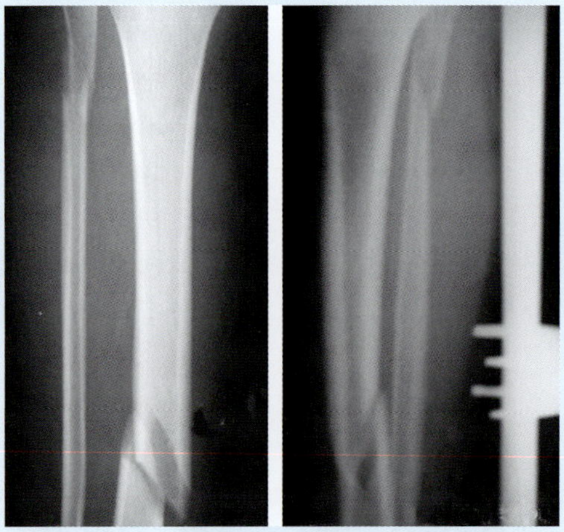

图2-12 X线检查图

思考题

1. 骨折愈合的基本过程是什么？
2. 该骨折愈合属于哪种类型的修复？
3. 哪些因素可影响骨折的愈合？
4. 该患者如果未能得到及时正确的治疗，有可能出现哪些情况？

（秦 婧 陈 莉）

第 3 章 局部血液循环障碍

Local Fluid and Hemodynamic Disorders

Outline

The health of cells and tissues depends not only on an intact circulation to deliver oxygen and remove wastes but also on normal fluid homeostasis. Normal fluid homeostasis requires vessel wall integrity as well as maintenance of intravascular pressure and osmolarity within certain physiologic ranges. Increases in vascular volume or pressure, decreases in plasma protein content, or alterations in endothelial function can result in a net outward movement of water across the vascular wall. Such water extravasation into interstitial spaces is called edema; depending on its location, edema may have minimal or profound effects. Thus, in the lower extremities edema fluid causes primarily swelling; however, in the lungs, edema fluid will fill alveoli and can result in life-threatening breathing difficulties.

Normal fluid homeostasis also means maintaining blood as a liquid until such time as injury necessitates formation of a clot. Absence of clotting after vascular injury results in hemorrhage; local bleeding can compromise regional tissue perfusion, while more extensive hemorrhage can result in hypotension (shock) and death. Conversely, inappropriate clotting (thrombosis) or migration of clots (embolism) can obstruct tissue blood supplies and cause cell death (infarction).

Abnormal fluid homeostasis (i. e., hemorrhage or thrombosis) underlies three of the most important causes of morbidity and mortality in Western society: myocardial infarction, pulmonary embolism, and cerebrovascular accident (stroke).

血液循环是机体的重要生理活动之一。血液在心、血管腔内不断地循环流动，供给组织、细胞所必需的氧和营养物质，排出二氧化碳和各种代谢产物，从而保证组织、细胞代谢过程和功能活动的正常进行。在病理情况下，当心、血管发生功能性甚至器质性改变而机体的代偿功能又不能及时建立或代偿不足时，或血液的状态发生改变时则导致血液循环障碍，从而引起组织、细胞的代谢异常，发生形态和功能的改变，如萎缩、变性和坏死等，严重者甚至可造成机体死亡。

血液循环障碍可以是全身性的或局部性的，它们既有区别，又有关联。局部血液循环障碍主要表现为：①血管内成分逸出血管外，如水分在组织间隙中增加时称水肿（edema）；在体腔内积聚称积液（hydrops）；红细胞逸出血管称出血（hemorrhage）。②局部组织的血管内血液含量异常，如动脉血量增加称充血（hyperemia），而静脉血量增加称淤血（congestion）；血管内血量减少称缺血（ischemia）。③血液内出现异常物质，包括血液凝固形成的血栓（thrombu）以及血管内出现的空气、脂滴、羊水等不溶于血液的异常物质阻塞局部血管，造成血管栓塞（embolism）和组织梗死（infarction）。

第一节 充血和淤血 Hyperemia and Congestion

充血和淤血都是指局部组织血管内血液含量的增多。

一、充 血 Hyperemia

器官或组织因动脉输入血量增多而发生的充血，称动脉性充血（arterial hyperemia），是主动过程，表现为局部组织或器官小动脉和毛细血管扩张，血液输入量增加。

（一）类型 Types

动脉的舒张和收缩受血管运动神经调节，各种原因通过神经体液作用，使血管舒张神经兴奋性增高或血管收缩神经兴奋性降低，引起细动脉扩张，血流加快，微循环动脉血灌注量增多。

1. 生理性充血 Physiologic hyperemia 为适应器官和组织的生理需要和代谢增强的需要而发生的充血，称生理性充血，如进食后的胃肠道黏膜充血；运动时的骨骼肌充血和情绪激动时面颈部充血等。

2. 病理性充血 Pathologic hyperemia 指各种异常状态下的充血。

（1）炎症性充血 Inflammatory hyperemia：在炎症反应的早期，由于致炎因子的作用，引起神经轴突反射，使血管舒张神经兴奋及血管活性胺类介质作用，引起细动脉扩张，导致充血，称为炎症性充血。

（2）减压后充血 Hyperemia after decompression：局部器官或组织长期受压而缺血，当压力突然解除时，细动脉发生反射性扩张引起充血，称减压后充血，如绷带包扎肢体或腹水压迫腹腔内器官，组织内的血管张力降低，若突然解开绷带或一次性大量抽取腹水，局部压力迅速解除，受压组织内的细动脉发生反射性扩张，导致局部充血。

（二）病理变化 Pathological changes

肉眼观：动脉性充血的器官和组织，由于微循环内血液灌注量增多，使体积轻度增大。充血若发生于体表时，由于局部微循环内氧合血红蛋白增多，局部组织颜色鲜红。因代谢增强使局部温度增高。

光镜下：表现为局部组织的细小动脉及毛细血管扩张，充满血液（如大量的红细胞等）。

（三）结局 Outcomes

动脉性充血是短暂的血管反应，原因消除后，局部血量即恢复正常，通常对机体无不良后果，但在血管有病变的情况下，充血可能造成已有病变的血管破裂，如高血压（hypertension）或动脉粥样硬化（atherosclerosis）等疾病，病人由于情绪激动等原因可造成脑血管（如大脑中动脉）充血、破裂，导致脑出血，后果严重，可导致死亡。

二、淤 血 Congestion

器官、组织因静脉血液回流受阻，血液淤积于小静脉和毛细血管内，称淤血，又称静脉性充血（venous hyperemia）。淤血是被动（passive）过程，可发生于局部或全身。淤血均为病理性。

（一）原因 Causes

1. 静脉受压 Compression of vein 各种原因使静脉受压而血液回流障碍，导致器官或组织淤血。常见有肿瘤压迫局部静脉引起相应组织淤血；妊娠时增大的子宫压迫髂总静脉引起下肢淤血、水肿；肠疝嵌顿、肠套叠、肠扭转等压迫肠系膜静脉引起局部肠段淤血；肝硬化（liver cirrhosis）时，肝内纤维组织增生和假小叶形成，常压迫肝窦和小叶下静脉，使静脉回流受阻，门静脉压升高，导致胃肠道和脾脏淤血。

2. 静脉腔阻塞 Vena cava obstruction 造成静脉血液回流障碍，局部出现淤血，如静脉血栓形成或侵入静脉内的肿瘤细胞形成瘤栓，或寄生虫（虫卵）寄生在静脉内引起的血管阻塞。由于组织内静脉有较多的分支，可相互吻合，故静脉淤血不易发生，只有在侧支循环不能有效地建立的情况下，静脉腔的阻塞才会出现淤血。

3. 心力衰竭 Heart failure 心力衰竭时心脏不能排出正常容量的血液进入动脉，心腔内血液滞留，压力增高，阻碍了静脉的回流，造成淤血。左心衰竭时，肺静脉压增高，造成肺淤血。左心衰竭可由二尖瓣或主动脉瓣的狭窄（stenosis）和关闭不全（insufficient）、高血压病后期或心肌梗死等引起。右心衰竭，导致体循环淤血，常见有肝淤血，严重时脾、肾、胃肠道、下肢也出现淤血。主要见于慢性支气管炎（chronic bronchitis）、支气管扩张症（bronchiectasis）、硅沉着症（silicosis）等疾病引起的肺源性心脏病（cor pulmonale）。如全心衰竭，可同时引起肺循环及体循环淤血。

（二）病理变化 Pathological changes

肉眼观：淤血的器官体积增大，质实呈暗紫红色，如发生在皮肤和黏膜，则呈紫蓝色，称发绀或发绀（cyanosis）。切开淤血器官时，可流出较多的暗红色血液。

光镜下：各种组织和器官的静脉和毛细血管明显扩张、充满血液（大量的红细胞等）。有时可有水肿，或小出血灶（图 3-1，图 3-2）。

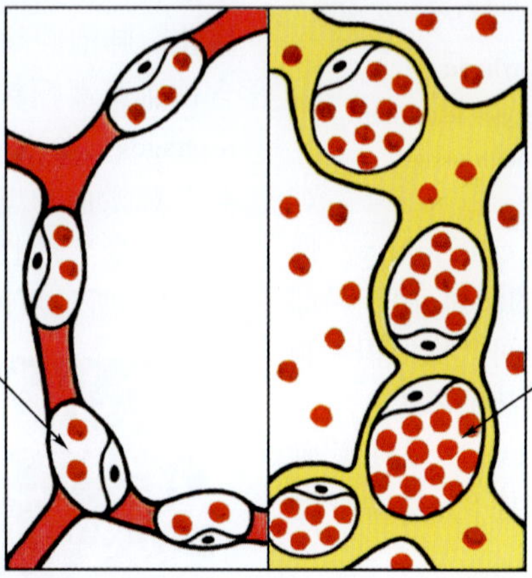

图 3-1 肺瘀血（肺泡壁及毛细血管）示意图 Schematic illustration of lung congestion

肺泡壁毛细血管扩张充血，也可见到肺泡隔水肿（瘀血性水肿）和（或）局灶少量肺泡内出血（瘀血性出血）Alveolar capillaries engorged with blood; there may also be associated alveolar septal edema (congestive edema), and (or) focal minute intra-alveolar hemorrhage (congestive hemorrhage)

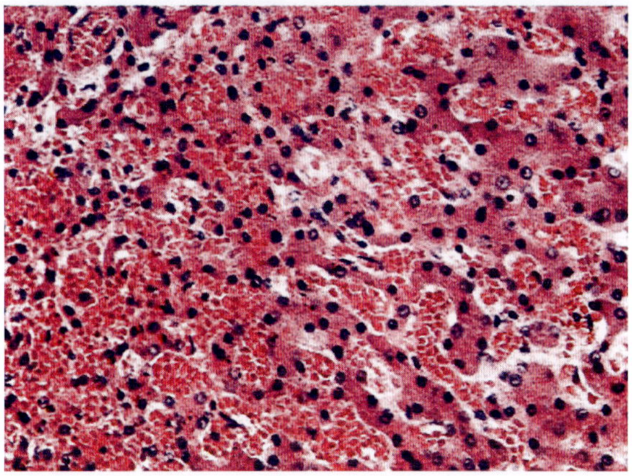

图 3-2 肝瘀血 Liver congestion

中央静脉和肝窦扩张充血，可以出现小叶中央肝细胞萎缩，变性，坏死 Central vein and sinusoids are distended with blood, and there may even be central hepatocytes atrophy, degeneration, necrosis

（三）后果 Outcomes

淤血的后果取决于器官或组织的性质、淤血的程度和时间长短等因素。短时间的淤血后果轻微，而长时间的淤血后果较为严重。

1. 肿胀 Swelling 发生淤血的组织和器官，由于血管扩张和血液淤积而肿胀，肿胀的程度与淤血的程度及持续时间有关。

2. 发绀 Cyanosis 淤血发生于体表时，由于微循环的灌注量减少，血液内氧合血红蛋白含量减少而还原血红蛋白含量增加，局部皮肤呈紫蓝色，称发绀。

3. 体温降低 Hypothermia 由于局部血流停滞，毛细血管扩张，使散热增加，体表温度下降。

4. 淤血性水肿 Congestive edema 毛细血管淤血导致血管内流体静压升高和缺氧，其通透性增加，水、盐和少量蛋白质可漏出。漏出液（transudate）潴留在组织内引起淤血性水肿。漏出液也可以积聚在浆膜腔（serous cavity），引起胸水（pleural fluid）、腹水（peritoneal fluid）和心包积液（pericardial fluid）。

5. 淤血性出血 Congestive hemorrhage 淤血严重时，毛细血管通透性进一步增高甚至破裂，引起红细胞漏出，形成小灶性出血，称淤血性出血（图 3-3）。

出血灶中的红细胞碎片被吞噬细胞吞噬，血红蛋白被溶酶体酶分解，析出含铁血黄素(hemosiderin)并堆积在吞噬细胞胞质内，这种细胞称含铁血黄素细胞。

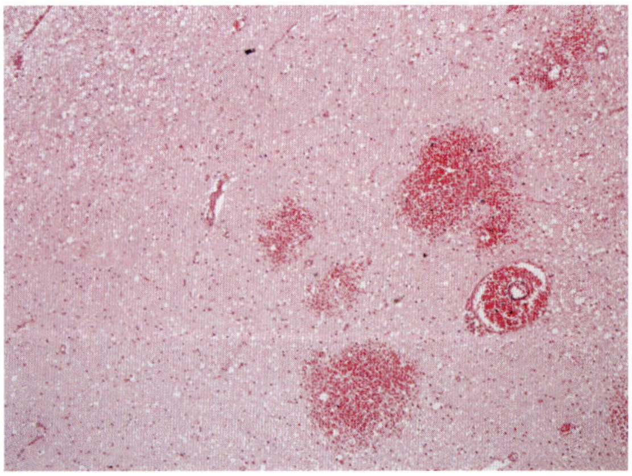

图 3-3 脑出血 Cerebral hemorrhage
脑组织中可见片状出血区 Several erythrocytes leak from the blood vessel and infiltrated in the brain tissue

6. 实质细胞的损伤 Parenchymal cells injury 慢性淤血(chromic congestion)即长时间的淤血，由于局部组织缺氧，营养物质供应不足和代谢中间产物堆积和刺激，导致实质细胞的损伤，如萎缩、变性，甚至坏死。

7. 淤血性硬化 Congestive sclerosis 慢性淤血引起间质纤维组织增生，网状纤维胶原化，使器官逐渐变硬，出现淤血性硬化。

8. 血栓形成 Thrombosis (详见本章第二节 血栓形成)

Congestion or passive hyperemia, results from impaired venous drainage with passive distention of distal veins, venules and capillaries, also called venous hyperemia. Congestion may be local, resulting from an isolated venous obstruction or operation, or may be systemic resulting from heart failure. In left ventricular failure, the lungs are mainly affected; in right-sided failure, systemic organs are affected, sparing the lungs. In left and right ventricular failure, the congestive heart failure, was regarded as a systemic phenomenon. Congestion of capillary beds is closely related to the development of edema, so that congestion and edema commonly occur together. In long-standing congestion, called chronic passive congestion, the stasis of poorly oxygenated blood cause chronic hypoxia, which can result in parenchymal cell degeneration or death, sometimes with microscopic scarring. Capillary rupture at these sites of chronic congestion may also cause small foci of hemorrhage; breakdown and phagocytosis of the red cell debris can eventually result in small clusters of hemosiderin-laden macrophages.

(四) 常见重要器官的淤血 Important organs congestion

1. 肺淤血 Lung congestion 由左心衰竭引起，左心腔内压力升高，阻碍肺静脉回流，造成肺淤血。

(1) 急性肺淤血 Acute lung congestion：①肉眼观：肺体积增大、饱满，暗红色，切面有泡沫状红色血性液体流出。②光镜下：肺泡壁毛细血管扩张，充满血液，肺泡壁变厚，可伴肺泡间隔水肿，部分肺泡腔内充满水肿液及红细胞。

(2) 慢性肺淤血 Chronic lung congestion：①肉眼观：肺质地变实变硬，呈棕褐色，称为肺褐色硬化(brown induration of lung)。②光镜下：除见肺泡壁毛细血管扩张充血更为明显外，还可见肺泡壁变厚和纤维化。肺泡腔除有水肿液及出血外，还可见大量含有含铁血黄素颗粒的巨噬细胞(hemosiderin-laden macrophages)，称为心衰细胞(heart failure cells)(图 3-4)。肺淤血的患者临床上有明显的气促、缺氧、发绀，咳出大量浆液性粉红色泡沫痰(frothy sputum)等症状，肺部听诊可闻及湿啰音。

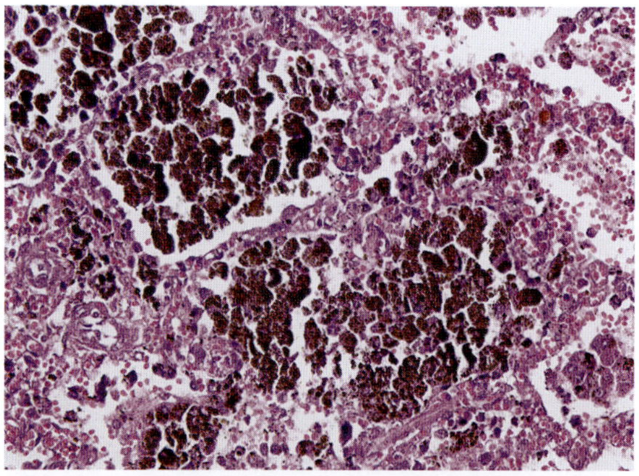

图 3-4 慢性肺瘀血 Chronic pulmonary congestion
肺泡壁增厚，肺泡腔中可见许多充满含铁血黄素的巨噬细胞，称为心衰细胞 Thickened alveolar wall and many hemosiderin-laden marcrophages in the alveoli named heart failure cell

2. 肝淤血 Liver congestion 常由右心衰竭引起，也可由下腔静脉或肝静脉阻塞引起(后者少见)。肝静脉回流心脏受阻，血液淤积在肝小叶循环的静脉端，致使肝小叶中央静脉(central vein)及肝窦(sinusoids)扩张淤血。

(1) 急性肝淤血 Acute liver congestion：①肉眼观：肝脏体积增大，呈暗红色。②光镜下：小叶中央静脉和肝窦扩张，充满红细胞，严重时可有小叶中央肝细胞萎缩、坏死。小叶外围汇管区附近的肝细胞由于靠近肝小动脉，缺氧程度较轻，可仅出现肝脂肪变性(fatty change)。

（2）慢性肝淤血 Chronic liver congestion：①肉眼观：肝小叶中央区因严重淤血呈暗红色，两个或多个肝小叶中央淤血区可相连，小叶周边部肝细胞则因脂肪变性呈黄色，致使在肝的切面上出现红（淤血区）黄（肝脂肪变区）相间的状似槟榔切面的条纹，称为槟榔肝（nutmeg liver）（图 3-5）。②光镜下：肝小叶中央部位的肝窦高度扩张淤血、出血，肝细胞萎缩，甚至坏死消失。肝小叶周边部位的肝细胞脂肪变性，肝细胞胞质可见多个脂肪空泡（HE 染色）（图 3-6）。如果长期严重的肝淤血，使小叶中央肝细胞萎缩消失，网状纤维塌陷后胶原化，肝窦旁的贮脂细胞（Ito cells）增生，合成胶原纤维增多，加上汇管区纤维结缔组织的增生，致使整个肝脏的间质纤维组织增多，形成淤血性肝硬化（congestive liver cirrhosis），与门脉性肝硬化不同，淤血性肝硬化的病变较轻，肝小叶改建不明显，不形成明显的门脉高压，也不产生严重的肝功能障碍。

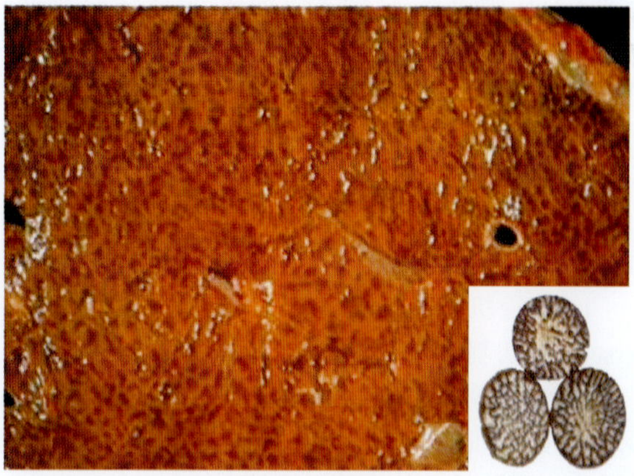

图 3-5　慢性肝瘀血（槟榔肝）Chronic live congestion（nutmeg liver）

肝脏切面呈特征性的槟榔样外观 Cut section shows a characteristic nutmeg appearance due to congestion of central viens.（右下小图是槟榔的切片）

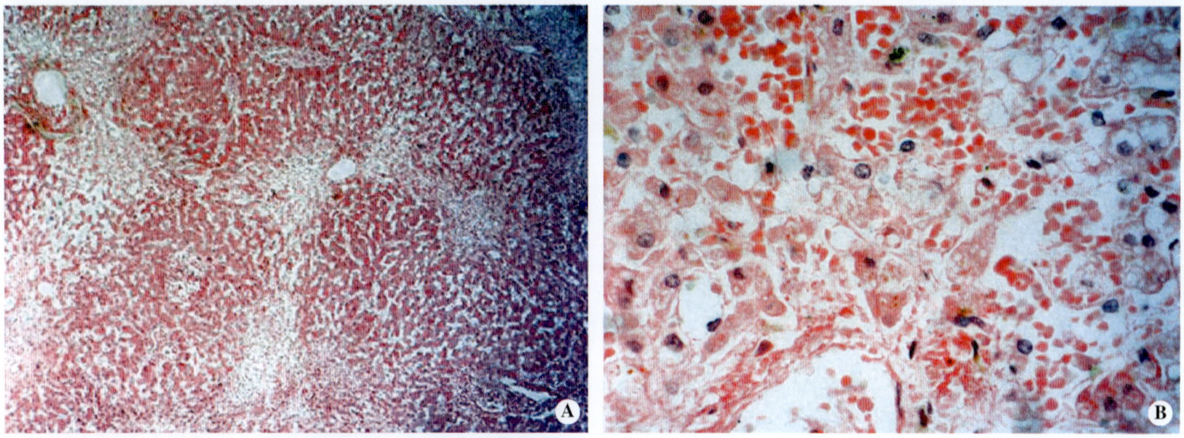

图 3-6　慢性肝瘀血 Live chronic passive congestion

肝小叶中央区瘀血、出血并发生坏死，门管区呈脂肪变性。A. 低倍视野；B. 高倍视野 Centribular areas undergo congestion, hemorrage and necrosis, while periportal area shows fatty change. A. low-power view; B. high-power view

Nutmeg Liver

In chronic passive congestion of the liver the central regions of the hepatic lobules are grossly red-brown and slightly depressed (owing to a loss of cells), and are accentuated against the surrounding zones of uncongested tan, sometimes fatty change. Microscopically, there is evidence of centrilobular necrosis with hepatocyte drop-out and hemorrhage, including hemosiderin-laden macrophages. The central vein and the vascular sinusoids of the centrilobular regions are distended with blood. The central hepatocytes frequently become atrophic secondary to chronic hypoxia, whereas the peripheral hepatocytes, suffering from less severe hypoxia, develop fatty change.

第二节　出　血
Hemorrhage

血液从心血管腔内逸出，称为出血。毛细血管的出血常发生于慢性淤血；大的血管（如大动脉、大静脉）出血常由于血管破裂（如外伤、炎症或肿瘤侵蚀血管壁）所引起。根据出血发生的部位不同，可分为内出血（internal hemorrhage）和外出血（external hemorrhage），前者指血液逸入体腔或组织内，后者指血液流出体外。

一、病因和发病机制
Etiology and Pathogenesis

出血可分为生理性出血和病理性出血，前者如月经期子宫内膜出血；后者多由创伤、血管病变及出血性疾病等引起。依据血液逸出的机制可分为破裂性出血和漏出性出血。

(一) 破裂性出血 Rhexis hemorrhage

破裂性出血是由心脏或血管壁破裂所致，往往出血量较多。常见原因有：

1. 血管机械性损伤 Mechanical injury of blood vessel 如切割伤、刺伤、枪弹伤等。

2. 血管壁或心脏病变 Lesions of vessel wall or heart 如心肌梗死后形成的室壁瘤破裂、动脉瘤或动脉粥样硬化导致的血管破裂等。

3. 血管壁周围病变侵蚀 Erosion of the lesion around the vessel wall 如恶性肿瘤侵及其周围的血管；肺结核病变侵蚀空洞壁的血管；消化性溃疡侵蚀溃疡底部的血管等。

4. 静脉破裂 Phleborrhexis 常见于肝硬化时食管下段静脉曲张，破裂出血。

5. 毛细血管破裂 Capillary rhexis 此类出血多发生于局部软组织的损伤。

(二) 漏出性出血 Transudatory hemorrhage

由于微循环的毛细血管和毛细血管后静脉通透性增高，血液通过扩大的内皮细胞间隙和受损的基膜漏出血管外，称为漏出性出血。常见原因有：

1. 血管壁的损害 Lesions of vessel wall 常由于缺氧、感染、中毒等因素影响，引起血管损害而血液外出，如脑膜炎双球菌败血症、立克次体感染、流行性出血热、蛇毒、有机磷中毒等损伤导致血管壁通透性增高；某些化学药品中毒或细菌毒素（如链球菌毒素）引起变态反应性血管炎，血管壁也会受到损伤；维生素C缺乏时毛细血管内皮细胞接合处的基质和血管外的胶原基质形成不足，导致血管脆性和通透性增加；过敏性紫癜时由于免疫复合物沉积于血管壁引起变态反应性血管炎等，都可能出现漏出性出血。

2. 血小板减少或功能障碍 Platelet reduction or dysfunction 当血小板数（正常参考值为 $100\sim300\times10^9/L$）少于 $5\times10^9/L$ 时，即有出血倾向。许多疾病可以影响血小板，如再生障碍性贫血（aplasticanemia，AA）、白血病、骨髓广泛性肿瘤转移等均可使血小板生成减少；原发性或继发性血小板减少性紫癜（thrombocytopenicpurpura）、弥散性血管内凝血（disseminated intravascular coagulation，DIC）使血小板破坏或消耗过多；某些药物在体内诱发免疫反应所形成的抗原抗体免疫复合物吸附于血小板表面，使血小板连同免疫复合物被巨噬细胞吞噬；细菌的内毒素及外毒素也有破坏血小板的作用。

3. 凝血因子缺乏 The lack of blood coagulation factors 如血友病时一些凝血因子缺乏（VIII、IX等），以及纤维蛋白原、凝血酶原等先天性缺乏；如肝炎、肝硬化、肝癌时，一些凝血因子合成减少（Ⅶ、Ⅸ、Ⅹ等）；如 DIC 时凝血因子消耗过多等。

二、病理变化
Pathological changes

(一) 外出血 External hemorrhage

根据外出血的不同部位，有以下概念：

1. 鼻衄 Hemorrhinia 即鼻出血，指鼻黏膜出血排出体外。

2. 咯血 Hemoptysis 肺结核空洞或支气管扩张出血经口排出体外。

3. 呕血 Hematemesis 上消化道出血（如胃或十二指肠溃疡或食管静脉曲张出血经口排出体外）。

4. 便血 Hemafecia 下消化道出血（如胃、肠出血经肛门排出体外）。

5. 尿血 Hematuria 泌尿道出血经尿道排出体外。

6. 瘀点 Petechiae 皮肤、黏膜、浆膜面微小的出血灶，形成较小的出血点（直径 1～2mm）（图 3-7）。

7. 紫癜 Purpura 皮肤、黏膜、浆膜面稍大的出血（直径 3～5mm），形成小片状。

8. 瘀斑 Ecchymoses 直径 1～2cm 的皮下出血灶，形成片状。

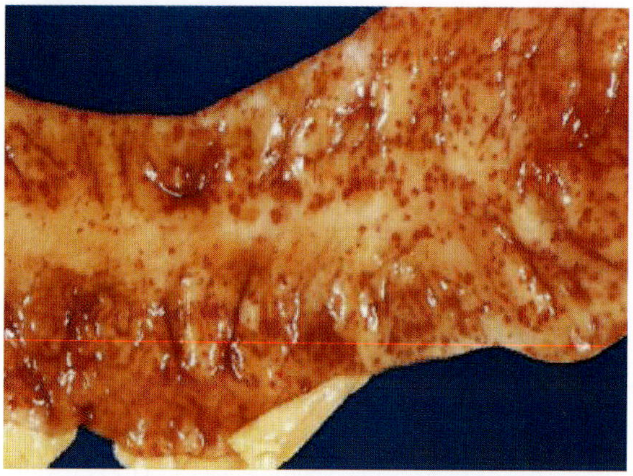

图 3-7 肠黏膜瘀点 Petechiae

结肠黏膜点状出血 Punctate petechial hemorrhages of the colonic mucosa（minute hemorrhages into mucous membranes）

(二) 内出血 Internal hemorrhage

内出血有以下类型：

1. 体腔积血 Hematocele of body cavity 血液积聚于体腔内，如心包积血（hematopericardium）、胸腔

积血(hemothorax)、腹腔积血(hematocelia)和关节腔积血(hematocele of articular cavity)等。

2. 血肿 Hematoma 组织内局限性的大量出血,如硬脑膜下和脑内血肿、皮下血肿、腹膜后血肿等(图3-8)。

少量出血时,仅能在显微镜下看到组织内有数量不等的红细胞或含铁血黄素(hemosiderin)沉积。

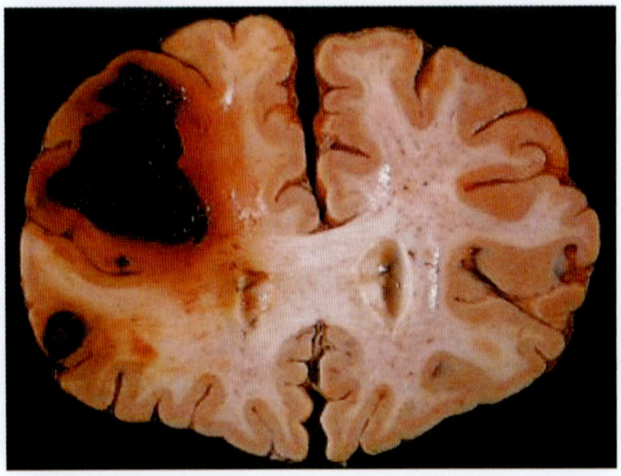

图 3-8　脑出血 Intracerebral bleed

局部出血灶的红细胞被降解后,由巨噬细胞吞噬,血红蛋白呈红-蓝色,然后被酶解转变为胆红素(bilirubin)呈蓝-绿色,最后变成棕黄色的含铁血黄素,成为出血灶的特征性颜色改变。当有广泛性出血时,患者体内由于大量的红细胞崩解,转变为胆红素而释出,会使巩膜、黏膜、皮肤及其他组织被染成黄色,临床上称为黄疸(jaundice)。

三、后　　果
Outcomes

人体具有止血的功能,缓慢、少量的出血,多可自行止血。由于局部受损血管会发生反射性收缩,或血管受损处血小板黏集经凝血过程形成血凝块,能阻止继续出血。局部组织或体腔内的血液,可通过吸收或机化而被消除,较大的血肿因吸收不完全则可出现机化或被纤维包裹。

出血对机体的影响取决于出血的类型、出血量、出血速度和出血部位。破裂性出血若出血过程迅速,在短时间内丧失循环血量 20%~25% 时,可发生出血性休克(hemorrhagic shock)。漏出性出血,若出血广泛时,如肝硬化因门静脉高压发生广泛性胃肠道黏膜出血,亦可导致出血性休克。发生在重要器官的出血,即使出血量不多,亦可引起严重的后果,如心脏破裂引起心包内积血而发生心包填塞或称心脏压塞(tamponade),可导致急性心功能不全或称急性心力衰竭(acute heart failure)。脑出血,尤其是脑干出血,因重要的神经中枢受到破坏或被挤压可致机体死亡。局部组织或器官的出血,可导致相应的功能障碍,如大脑内囊出血引起对侧肢体的偏瘫(semiplegia);视网膜出血(retinal hemorrhage)可引起视力消退或失明。慢性的反复的出血还可引起缺铁性贫血(hypoferric anemia)。

> Hemorrhage obviously implies rupture of a blood vessels and indicates extravasation of blood due to rupture of blood vessels. As described above, capillary bleeding can occur under condition of chronic congestion, and an increased tendency to hemorrhage from usually insignificant injury is seen in a wide variety of clinical disorders collectively called hemorrhagic diatheses. However, rupture of a large artery or vein is almost always due to vascular injury, including trauma, atherosclerosis, or inflammatory or neoplastic erosion of the vessel wall.

第三节　血栓形成
Thrombosis

在活体心血管内,血液发生凝固或血液中某些有形成分凝集形成固体质块的过程,称为血栓形成(thrombosis)。所形成的固体质块称为血栓(thrombus)。

在生理状态下,血液中存在凝血系统和抗凝血系统(纤维蛋白溶解系统),凝血系统和纤维蛋白溶解系统的动态平衡,既保证了血液潜在的可凝固性,又保证了血液的流体状态。若在某些诱发凝血过程的因素作用下,上述的动态平衡被破坏,触发了凝血过程,便可形成血栓。

> Thrombosis is a pathologic process, which represents the formation of a blood clot(thrombus) within the noninterrupted cardiovascular system, and can be understood as inappropriate activation of normal hemostatic processes.

一、血栓形成的条件和机制
The Conditions and Mechanism of Thrombosis

血栓形成是血液在流动状态下由于血小板的活化和凝血因子被激活致血液发生凝固,它是在一定条件下通过血小板的黏附与聚集以及血液凝固两个基本过程形成的。

血栓形成的条件主要有以下 3 个方面,也称魏尔啸三联征(Virchow's triad):

（一）心血管内皮细胞的损伤 Endothelial injury

心血管内皮细胞是一层分隔内皮下结缔组织和血液中凝血因子、血小板的单细胞薄膜，其具有抗凝和促凝的双重特性。在生理情况下，以抗凝作用为主，从而使心血管内血液保持流体状态。内皮细胞的抗凝作用主要包括屏障作用、抗血小板黏集作用、抗凝血酶或凝血因子作用以及促进纤维蛋白溶解作用：

1. 屏障作用 Barrier function 完整的内皮细胞把血液中的血小板、凝血因子和有高度促凝作用的内皮下细胞外基质（subendothelial extracellular matrix）分隔开。

2. 抗血小板黏集 Anti-platelet adhesion 内皮细胞具有抗血小板黏集作用，通过：①合成前列环素（prostacyclin，PGI2）和一氧化氮（nitric oxide，NO），这些物质具有抑制血小板黏集作用；②分泌二磷酸腺苷酶（adenosine diphosphatease，ADP 酶），把 ADP 转变为抗血小板黏集作用的腺嘌呤核苷酸。

3. 抗凝血酶或凝血因子作用 Function of anti-thrombase or blood coagulation factors 内皮细胞通过合成一些蛋白发挥抗凝作用：①合成凝血酶调节蛋白（thrombomodulin），该蛋白是位于内皮细胞膜表面的凝血酶受体，与血液中凝血酶结合后激活蛋白 C（肝脏合成的一种血浆蛋白），后者与由内皮细胞合成的蛋白 S 协同作用，灭活凝血因子Ⅴ和Ⅷ；②合成膜相关肝素样分子（membrane-associated heparin-like molecules），该分子位于内皮细胞表面，能与抗凝血酶Ⅲ结合，灭活凝血酶、凝血因子Ⅹ、Ⅸ等；③合成蛋白 S，与蛋白 C 活化因子协同作用，灭活凝血因子。

4. 促纤维蛋白溶解作用 Promoting the fibrinolysis 内皮细胞合成组织型纤维蛋白溶解酶原激活物（tissue type plasminogen activator，t-PA），促使纤维蛋白溶解，以清除沉着于内皮细胞表面的纤维蛋白（图 3-9）。

然而，内皮细胞也可以通过激活外源性凝血、辅助血小板黏附、抑制纤维蛋白溶解而发挥其促凝作用。在内皮损伤或被激活时，引起局部凝血。

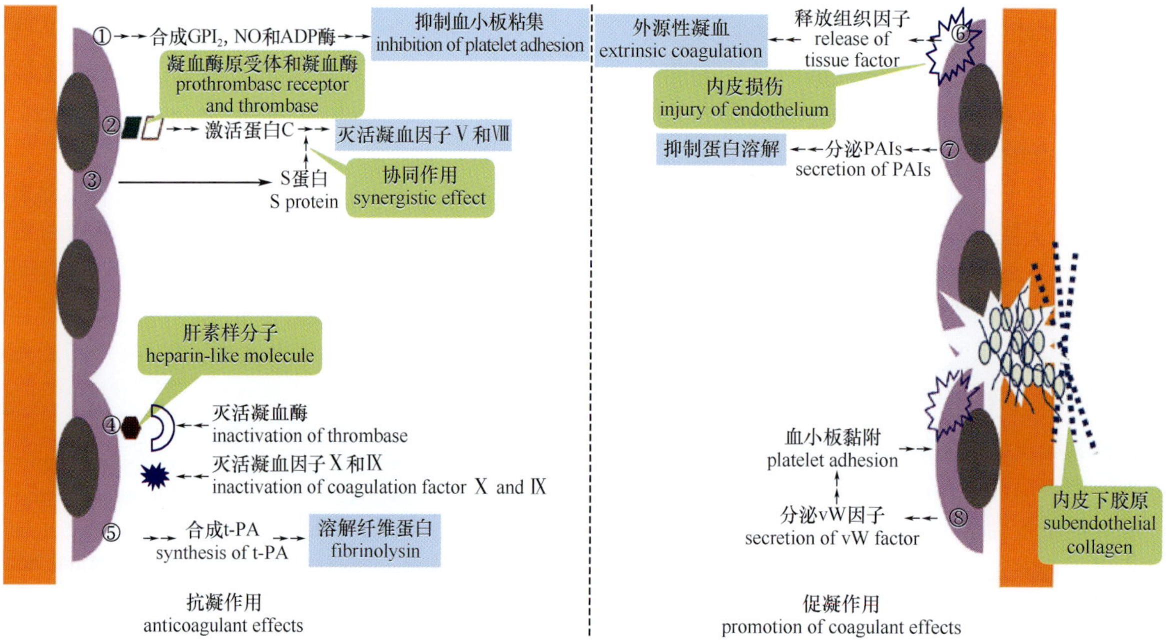

图 3-9 内皮细胞的抗凝和促凝作用 Anticoagulant effects and coagulant effects of endothelial cell

抗凝作用：①合成前列环素、一氧化氮和分泌二磷酸腺苷酶（ADP 酶）；②合成凝血酶调节蛋白；③合成 S 蛋白；④合成膜相关肝素样分子；⑤合成组织型纤维蛋白酶原活化因子。促凝作用：⑥释放出组织因子；⑦分泌纤维蛋白溶酶原活化因子的抑制因子；⑧释放出 vW 因子

Anticoagulant effects：①synthesis of prostacyclin（GPI_2），nitric oxide（NO）and adenosine diphosphatease；②synthesis of thrombomodulin；③synthesis of S protein；④synthesis of heparin-like molecule；⑤synthesis of tissue plasminogen activator（t-PA）。Promotion of coagulant effects：⑥release of tissue factor；⑦secretion of plasminogen activator inhibitors；⑧release of von Willebrand factor（vWF）

心血管内膜的损伤，是血栓形成的最重要和最常见的原因。内皮细胞损伤后，暴露出内皮下的胶原（collagen），激活血小板和凝血因子 XII，启动了内源性凝血（intrinsic coagulation）过程。与此同时，损伤的内皮细胞释放组织因子，激活凝血因子 VII，启动外源性凝血（extrinsic coagulation）过程。在凝血过程启动中，血小板的活化极为重要，主要表现为黏附反应（adhesion）、释放反应（release reaction）以及黏集反应

(aggregation)三种连续的过程。

心血管内膜损伤时,血小板也可直接通过胶原受体与胶原结合或通过内皮细胞释放vW因子(桥梁连接)将血小板表面的整合素(integrin)、多糖蛋白受体(glycoprotein Ib)与胶原纤维连接起来,从而介导血小板的黏附过程。电镜下可以观察到黏附后血小板内的微丝(microfilament,MF)和微管(microtubule,MT)收缩、变形(黏性变态)。发生黏附后,血小板被激活,释放α颗粒和δ颗粒(又称致密颗粒),前者含纤维蛋白原、纤维连接蛋白(fibronectin)、V因子、vW因子、血小板第IV因子、血小板源性生长因子和转化生长因子等,后者含ADP、ATP、Ca离子、组胺、5-羟色胺、肾上腺素等,这些物质在Ca离子、ADP和血小板产生的血栓素A_2(thromboxane A_2,Tx A_2)的作用下,使血流中血小板不断地黏集,同时又不断地释放ADP和Tx A_2,使更多的血小板彼此黏集成堆(血小板黏集堆)。血小板还可与纤维蛋白和纤维连接蛋白黏附。血小板黏集堆形成初时是可逆的,随着外源性凝血过程的激活,凝血酶的产生并与血小板表面的受体(receptor)结合,血小板黏集堆进一步增大、收缩,变为不可逆性血小板融合团块,成为血栓形成的起始点。同时,在整个血小板团块中,凝血酶将纤维蛋白原转变为纤维蛋白,将血小板紧紧地交织在一起。凝血酶是血栓形成的核心成分,因此也成为临床治疗血栓的靶点。

心血管内膜损伤导致血栓形成,多见于风湿性心内膜炎(rheumatic endocarditis)和感染性心内膜炎(infective endocarditis)、心肌梗死(myocardial infarction)区的心内膜、严重动脉粥样硬化斑块溃疡、创伤性或炎症性的动、静脉损伤部位。缺氧、休克、败血症和细菌内毒素等可引起全身广泛的内皮损伤,激活凝血过程,造成弥散性血管内凝血(disseminated intravascular coagulation,DIC),在全身微循环内形成血栓。

(二)血流状态的改变 Alteration in normal blood flow

血流状态改变主要指血流减慢、瘀滞(stasis)和涡流形成(turbulence)等改变。正常情况下,血流速度较快,血液中的有形成分(红细胞、白细胞)在血流的中轴即轴流("axial" stream),其外围是血小板,最外侧是一层血浆(边流),这种血液不同成分在血管中分层流动的现象称为层流现象(laminar flow phenomena),层流现象能够有效阻止血小板与内皮细胞接触,从而避免血小板被激活。当血流减慢和产生漩涡时,层流现象消失,位于轴流的血小板进入边流,易与内膜接触而发生黏附。同时由于血流减慢和产生漩涡时,被激活的凝血因子和凝血酶在局部易达到凝血所需的浓度而发生凝血。电子显微镜下,可发现血流缓慢导致缺氧,内皮细胞胞质出现空泡,最后整个细胞变成无结构的物质,内皮下的胶原被暴露,从而可能触发内源性和外源性的凝血过程。

血栓多发生于血流较缓慢的静脉内。统计显示,静脉比动脉发生血栓多4倍,而下肢深静脉和盆腔静脉血栓常发生于心力衰竭、久病和术后卧床患者,也可伴发于大隐静脉曲张的静脉内。虽然心脏和动脉内的血流快,不易形成血栓,但在二尖瓣狭窄(mitral valve stenosis)时的左心房、动脉瘤(aneurysms)内或血管分支处(vessel bifurcation)血流缓慢及出现涡流时,则易并发血栓形成。此外,血液黏滞度增高综合征(hyperviscosity syndromes)[如红细胞增多症(polycythemia)]提高了血流阻力,引起小血管淤滞;镰状细胞贫血(sickle cell anemia)时,变形的红细胞引起的血管阻塞及血液瘀滞均有利于血栓形成。

(三)血液凝固性增加 Hypercoagulability

血液凝固性增加是指血液中血小板和凝血因子增多或纤维蛋白溶解系统活性降低导致血液的高凝状态(blood hypercoagulability)。此状态可见于原发性(遗传性)和继发性(获得性)疾病。

1. 遗传性高凝状态 Hereditary hypercoagulabale state 最常见为第V因子基因突变(mutations),也称作Leiden突变,以首次发现地,荷兰的一个城市命名。患有复发性深静脉血栓形成(recurrent deep vein thrombosis)的病人中出现第V因子基因突变率高达60%。突变的第V因子基因编码蛋白能抵抗激活的蛋白C对它的降解,蛋白C失去抗凝作用,第V因子容易处在激活状态,因此造成血液高凝状态。遗传性高凝血状态还与抗凝血酶Ⅲ、蛋白C或蛋白S的先天性缺乏(deficiency)、纤维蛋白溶解缺陷(fibrinolysis defects)和其他联合缺陷(combined defects)有关。原发性高凝血状态的患者典型表现为青春期或成年早期静脉血栓形成和反复的血栓栓塞。

2. 获得性高凝状态 Acquired hypercoagulabale state 广泛转移的晚期恶性肿瘤(cancer),如胰腺癌、肺癌、乳腺癌、前列腺癌和胃癌等,由于癌细胞释放出促凝因子,如组织因子等,致出现多发性、反复发作的血栓性游走性脉管炎(migratory phlebitis)或非细菌性血栓性内膜炎。黏液癌细胞释出的黏液含半胱氨酸蛋白酶(cysteine proteinase),能直接激活X因子,患者血浆凝血因子如V、VII、VIII因子和纤维蛋白原也常升高,血液常处于高凝状态。在出现弥散性血管内凝血(disseminated intravascular coagulation,DIC)时,血液凝固性增高是由于一系列因素所诱发的凝血因子激活和组织因子的释放所致。在严重创伤、大面积烧伤、大手术后或产后导致大失血时,血液浓缩,血中纤维蛋白原、凝血酶原及其他凝血因子(Ⅻ、Ⅶ)的含量增多,以及血中补充大量幼稚的血小板,其黏性增加,易于发生黏集形成血栓。此外,血小板增多以及黏性增加也可见于妊娠高血压综合征(hypertension syndrome of pregnancy)、高脂血症(hyperlipemia)、冠状动脉粥样硬化(coronary atherosclerosis)、吸烟(smoking)、口服避孕药(oral contraceptives)和肥胖症(obesity)等。

临床上,某些病人之所以发生血栓,往往是多种因素综合作用的结果。血栓形成的条件往往是同时存在,相互影响,协同作用,或者是其中某一条件起主要作用(图 3-10)。如心力衰竭病人,除血流缓慢外,还可因缺氧使血管内皮细胞发生损伤,受损伤的血管内膜又可释放组织凝血因子,使血液凝固性增高。又如某些外伤或手术后病人,除血管内膜可能造成损伤外,同时也伴有血流的改变及血液凝固性的变化,易致血栓形成。基于上述情况,为防止血栓形成,应尽量减少血管的损伤;对长期卧床或很少活动的病人,应鼓励他们进行适当的活动,以促进血液循环;在某些情况,亦可适当选用抗凝药物。

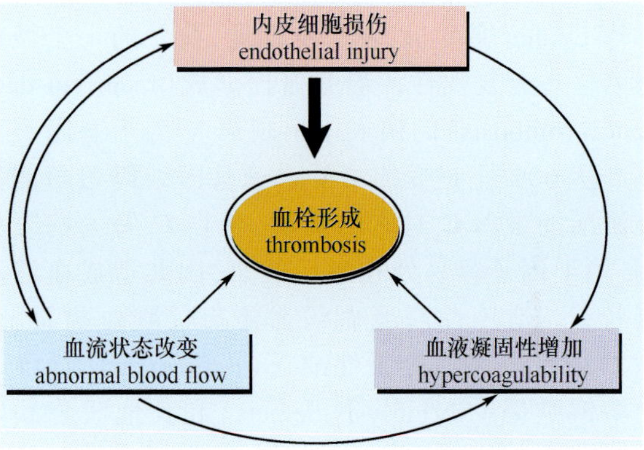

图 3-10 魏尔啸三联征示意图 Schematic illustration of Virchow's triad

内皮的完整性是最重要的凝血因素;内皮细胞损伤可以影响血流状态和凝血性;血流状态改变(淤滞或涡流)也可影响内皮细胞的损伤。三者可以自成因素,也可以联合共同作用 Integrity of endothelium is the most important factor. Injury to endothelial cells can also alter local blood flow and affect coagulability. Abnormal blood flow (stasis or turbulence), in turn, can cause endothelial injury. The factors may act independently or may combine to promote thrombus formation

Thrombus development depends on the relative contribution of the components of Virchow's triad: Endothelial injury (e. g. , by toxins, hypertension, inflammation, or metabolic products). Abnormal blood flow—stasis or turbulence (e. g. , due to aneurysms, atherosclerotic plaque). Hypercoagulability, which can be either primary (e. g. , factor V Leiden, increased pro-thrombin synthesis, anti-thrombin III deficiency) or secondary (e. g. , bedrest, tissue damage, malignancy). Thrombi may propagate, resolve, become organized, or embolize. Thrombosis causes tissue injury by local vascular occlusion or by distal embolization.

二、血栓形成的过程及血栓的形态 The Process and Form of the Thrombus

(一) 形成过程 The process of thrombosis

在血栓形成的过程中,血小板的黏集起着重要的始动作用,在此基础上,又激发了凝血过程。

当血管内膜受损时,同时可伴有血流缓慢或涡流形成等因素,首先是血小板黏附于内膜损伤后裸露的胶原表面,血小板被胶原激活后肿胀变形,释出ADP、Tx A_2、5-HT及血小板第IV因子等物质,使血流中的血小板不断地在局部黏附,形成血小板小堆,此时血小板的黏集是可逆的,可被血流冲散消失。但随着内源性及外源性凝血途径的启动,凝血酶原转变为凝血酶,凝血酶将纤维蛋白原转变为纤维蛋白,后者与受损内膜处基质中的纤维连接蛋白结合,使黏附的血小板堆牢牢固定于受损的血管内膜表面,成为不可逆的血小板血栓,而且为血栓的起始点。由于不断生成的凝血酶、ADP和Tx A_2的协同作用,使血流中的血小板不断激活并黏附于血小板血栓上,血小板血栓不断增大。由于血小板血栓的阻碍,血流在其下游形成漩涡,形成新的血小板小堆。如此反复进行,血小板黏附形成不规则梁索状或珊瑚状突起,称为血小板小梁。在血小板小梁间由于凝血过程,纤维蛋白原形成纤维蛋白网,网眼中网有大量红细胞(erythrocytes)。

由血小板黏附小堆形成的血小板血栓是血栓形成的第一步。血小板血栓在光镜下呈无结构的淡红色,其间可见少量纤维蛋白。电镜下见血小板的轮廓,但颗粒消失。

血栓形成后的发展、形态和组成以及血栓的大小则取决于血栓发生的部位和局部血流状态。

(二) 类型和形态 Types and forms

1. 白色血栓 Pale thrombus ①肉眼观:呈灰白

色小结节或赘生物状，表面粗糙、质实，与血管壁紧密粘着不易脱落。②光镜下：主要由血小板及少量纤维蛋白构成，又称血小板血栓（platelet thrombus）或析出性血栓。在静脉血栓中，白色血栓为延续性血栓的起始部分，即血栓头部。在血流较快的心瓣膜、心腔内、动脉内形成的血栓常为白色血栓，例如在急性风湿性心内膜炎时，在二尖瓣闭锁缘上形成的血栓为白色血栓（图3-11）。

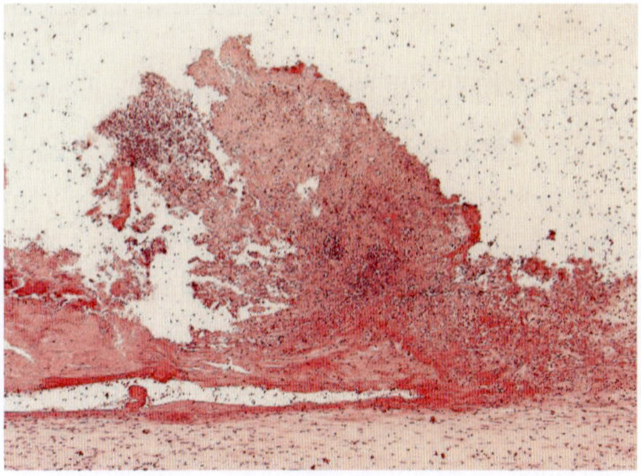

图3-11 白色血栓 Pale thrombus

光镜下由血小板和少量纤维素构成，又称为血小板性血栓 Microscopically, there are produced platelets admixed with some fibrin, and called platelets thrombi, that is the head of thrombi

Pale Thrombi

Thrombus may have grossly apparent pale or brown white, small nodule or vegetations, the surface of pale thrombi is rough and firmest at the point of origin, and attachment closely to vessel wall. Microscopically, there are produced platelets admixed with some fibrin, and called platelets thrombi, that is the head of thrombi.

2. 混合血栓 Mixed thrombus 混合血栓为层状血栓（lamination thrombus）。①肉眼观：呈灰白色和红褐色层状相间的条纹结构。②光镜下：浅色区域主要为血小板小梁，呈淡红色、分支状或不规则形的珊瑚状结构；红色区域为红细胞，充满小梁间纤维蛋白网，血小板小梁边缘可见中性粒细胞附着（图3-12），这是由于纤维蛋白崩解对白细胞趋化作用所致。

白色血栓形成后，其下游的血流变慢和形成漩涡，在血管腔内形成新的血小板凝集堆，血小板凝集堆继而形成血小板小梁，在血小板小梁之间的血液发生凝固，纤维蛋白形成网状结构，网内充满大量的红细胞。由于这一过程反复交替进行，致使所形成的血栓在肉眼观察时呈灰白色和红褐色层状相间的条纹结构。

静脉内的延续性血栓的体部为混合血栓，呈圆柱状，粗糙、干燥，与血管壁粘连，有时可辨认出灰白与褐色相间的条纹状结构。发生于心腔内、动脉粥样硬化溃疡部位或动脉瘤内的混合血栓，可称为附壁血栓（mural thrombus）（图3-13）。发生于左心房内的血栓，由于心房的收缩和舒张，混合血栓多呈球状。

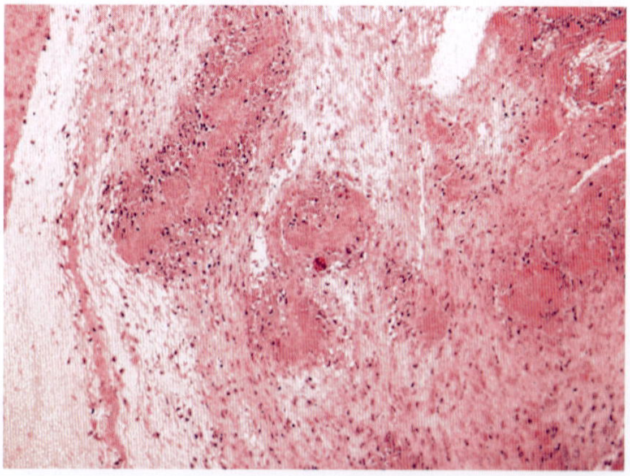

图3-12 血栓 Thrombus

光镜下血小板小梁呈淡红色无结构的分支状，之间纤维蛋白网，网中有大量红细胞。小梁边缘可见有中性粒细胞附着 Microscopically, the reddish area which is arranged like branches refer to degenerated blood platelets, within them there are fibrin networks with red blood cells. Several neutrophils adhered to the edge of the degenerated blood

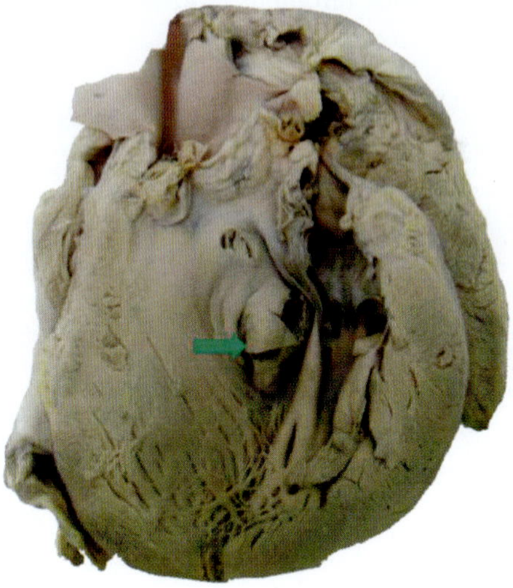

图3-13 左心室附壁血栓 Mural thromus in left ventricle

血栓附着于心室壁上 The thrombus arise in heart chambers applied to the wall of the underlying structure is termed mural thrombus

3. 红色血栓 Red thrombus ①肉眼观：为暗红色，新鲜时湿润，有一定弹性，与血管壁无粘连，与死后血凝块相似。经过一段时间后，由于血栓内的水分被吸收而变得干燥、无弹性、质脆易碎，可脱落形成栓塞。②光镜下：在纤维蛋白网眼内充满血细胞，其细胞比例与正常血液相似，绝大多数为红细胞和散在分布的少量白细胞（leukocytes）。

混合血栓逐渐增大并阻塞血管腔时，下游局部血流停止，血液发生凝固，成为延续性血栓的尾部，即红色血栓。红色血栓主要见于静脉内。

死后凝血易与静脉血栓混淆，死后凝血是胶状的，其下部深红色，这是由于红细胞受重力作用被沉淀在下部，表面一层黄色的“鸡脂”（chicken fat），而且通常不与管壁粘连。相反，红色血栓更加坚实，几乎总会有附着点，横切面上可见模糊的灰白色纤维蛋白。

Red Thrombus

Venous thrombosis or phlebothrombosis, is almost invariably occlusive; the thrombus often creates a long cast of the vein lumen. Because these thrombi form in the slower-moving of the veins blood; they tend to contain more enmeshed erythrocytes and are therefore known as red coagulative or stasis thrombi.

4. 透明血栓 hyaline thrombus 透明血栓发生于微循环内，主要在毛细血管，因此只能在显微镜下观察到，又称为微血栓（microthrombus），主要由嗜酸性同质性的纤维蛋白构成，又称为纤维素性血栓（fibrinous thrombus），最常见于DIC（图3-14）。

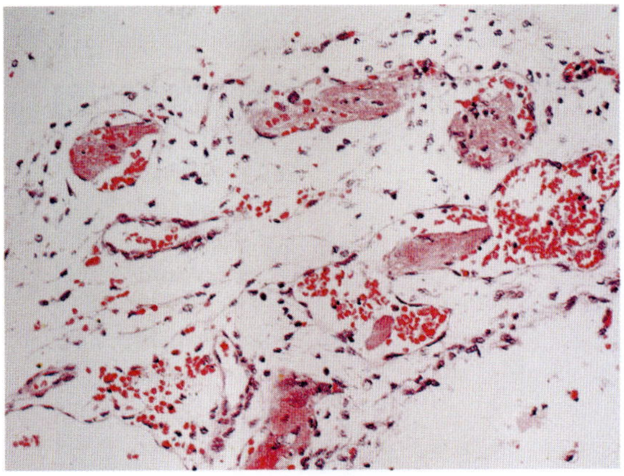

图3-14 透明血栓 Hyaline thrombi

光镜下在DIC中可见透明微血栓充满毛细血管 Microscopically, the capillaries are filled with hyaline microthrombi that areseen in disseminated intravascular coagulopathy（DIC）

三、血栓的结局 Outcome of Thrombus

（一）软化、溶解、吸收 Soften, dissolve, absorb

血栓形成后，由于纤维蛋白溶解酶的激活以及血栓内白细胞崩解释放的溶蛋白酶的作用，使血栓软化、溶解，变成细小颗粒或液体，它可以被血流冲走，或被巨噬细胞吞噬。较小的血栓，可被完全溶解吸收而不留痕迹。

（二）脱落成为栓子 Amotio as an embolus

大的血栓可以部分软化、溶解，若被血液冲击可形成碎片状或整个脱落成为血栓性栓子，随血流运行到组织器官中，在与血栓大小相应的血管中停留，造成血栓栓塞。

（三）机化、再通 Organization, recanalization

血栓形成后，如果纤维蛋白溶解酶系统活性不足，血栓存在时间较长时则发生机化（图3-15）。在血栓形成后的1～2天，已开始有内皮细胞、成纤维细胞（fibroblasts）和肌纤维母细胞（myofibroblasts）从血管壁长入血栓并逐渐取代血栓。由肉芽组织（granulation tissue）逐渐取代血栓的过程，称为血栓机化（thrombus organization）。较大的血栓经过约2周时间便可完全机化，此时血栓与血管壁紧密粘着不再脱落。

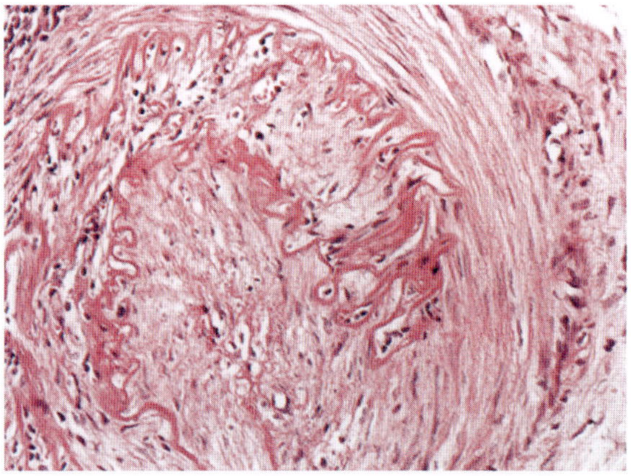

图3-15 血栓机化 Organization of thrombus

肉芽组织和胶原形成取代血栓 The thrombus was replaced by granulation tissue and collagenization

在血栓机化过程中，由于水分被吸收，血栓干燥收缩或部分溶解而出现裂隙，周围新生的血管内皮细胞长入并被覆于裂隙表面形成新的血管相互吻合沟通，使被阻塞的血管部分重建血流，这一过程称为再通（recanalization）（图3-16）。

（四）钙化 Calcification

如血栓未能软化与机化，则钙盐可沉积其中，称为钙化（calcification），此时血栓部分或全部变成坚硬的质块。血栓钙化后在相应的血管腔可形成静脉石（phlebolith）或动脉石（arteriolith）。机化的血栓，在纤维组织玻璃样变的基础上也可发生钙化。

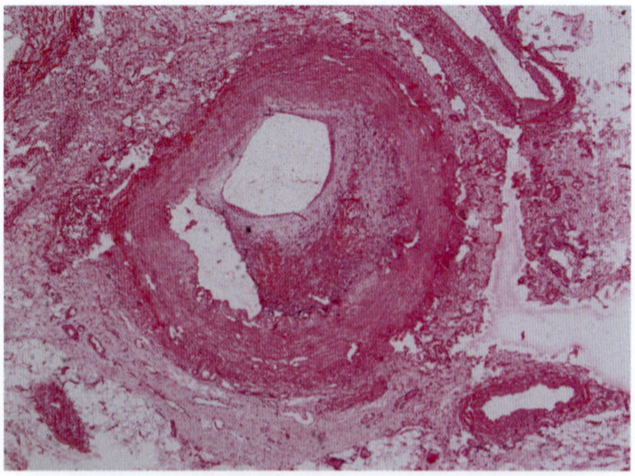

图 3-16 血栓再通 Recanalization of thrombus
血栓内部形成新的血管相互吻合沟通，使被阻塞的血管部分地重建血流 New channels across the thrombus were established through which some blood flow maybe restored

四、血栓对机体的影响 The Impacts of Thrombosis on the Body

（一）有利方面 Beneficial aspects

1. 伤口止血 Stop bleeding 当血管有损伤或破裂时，血栓形成对破裂的血管起止血的作用。如慢性胃、十二指肠溃疡底部和肺结核性空洞壁的血管，在病变侵蚀前已形成血栓，可避免大出血的可能性。

2. 防止病原体经血管蔓延扩散 To prevent the spreading of pathogens through the blood vessels 炎症灶小血管内有血栓形成，可以防止病原体经血管蔓延扩散。因此，在一定条件下，血栓形成可看作是机体的一种防御性措施。

（二）不利方面 Adverse aspects

但是在多数情况下血栓形成对机体有不同程度的不利影响，这取决于血栓的部位、大小、类型和血管腔阻塞的程度，以及有无侧支循环的建立。

1. 阻塞血管 Blocking blood vessel 动脉血管管腔血栓形成未造成完全阻塞时，可引起局部器官或组织缺血，实质细胞萎缩。若造成完全阻塞而又无有效的侧支循环时，则引起局部器官或组织缺血性坏死（梗死），如脑动脉血栓引起脑梗死；心冠状动脉血栓引起心肌梗死；血栓闭塞性脉管炎时引起患肢的梗死，合并腐败菌感染而成为坏疽等。静脉血栓形成，若未能建立有效的侧支循环，则引起局部淤血、水肿、出血，甚至坏死。如肠系膜静脉血栓可引起肠的出血性梗死。肢体浅表静脉血栓，由于有丰富的侧支循环，通常不引起明显的症状。

2. 栓塞 Embolism 当血栓与血管壁粘着不牢固时，或在血栓软化、碎裂过程中，血栓的整体或部分脱落成为栓子，随血流运行，引起栓塞。深部静脉形成的血栓或在心室、心瓣膜上形成的血栓最容易脱落成为栓子。若栓子内含有细菌，可引起栓塞组织化脓或脓肿形成而成为败血性梗死（septic infarct）。

3. 心瓣膜病 Valvular disease 风湿性心内膜炎和感染性心内膜炎时，心瓣膜上反复形成的血栓发生机化，可使瓣膜增厚变硬、瓣叶之间粘连，造成瓣膜口狭窄；瓣膜增厚、卷缩，腱索增粗缩短，引起瓣膜关闭不全。

4. 广泛性出血 Extensive bleeding 微循环内广泛性纤维素性血栓形成，消耗了大量的凝血因子、血小板和纤维蛋白原，可导致全身广泛性出血，引起DIC。DIC 是指由于严重创伤、大面积烧伤、羊水栓塞、癌肿等原因致使促凝物质释放入血液，启动外源性凝血过程或由于感染、缺氧、酸中毒等引起广泛性内皮细胞损伤，启动内源性凝血过程，引起微血管内广泛性纤维素性血栓形成，在纤维蛋白凝固过程中，凝血因子大量消耗，加上纤维素形成后促使血浆素原激活，血液出现不凝固性，可引起患者全身广泛性出血和休克，也称耗竭性凝血障碍病（consumption coagulopathy），可导致肺、肾、脑、肝、胃肠、肾上腺、胰腺等组织广泛坏死及出血。

第四节 栓 塞 Embolism

在循环血液中出现的不溶于血液的异常物质，随血流运行阻塞血管腔的现象称为栓塞。阻塞血管的异常物质称为栓子（embolus）。栓子可以是固体、液体或气体。最常见的栓子是脱落的血栓或其碎片。其他栓子有脂肪滴、空气、羊水、细菌团、寄生虫卵和肿瘤细胞团。

Embolism

An abnormal substance appears in intravascular and follows blood to obstruct the blood vessel, known as embolism and that abnormal substance is known as embolus. An embolus may be any detached solid, liquid, or gaseous mass.

一、栓子运行的途径 Running Way of Embolus

栓子运行途径一般随血流方向运行，最终停留在口径与其相当的血管并阻断血流。来自不同血管系统的栓子，其运行途径不同。

1. 静脉系统及右心来源的栓子 Embolus of venous system and cor dextrum 来自体静脉系统及右心的栓子，随血流进入肺动脉主干及其分支，引起肺栓塞。体积小而又富于弹性的栓子（如脂肪栓子）可通过肺泡壁毛细血管回流入左心，再进入体动脉系统，阻塞动脉小分支。

2. 主动脉系统及左心来源栓子 Embolus of aortic system and cor sinistrum 来自主动脉系统及左心的栓子，随动脉血流运行，阻塞于各器官的小动脉内，常见于脑、脾、肾及四肢的指、趾等组织器官。

3. 门静脉系统栓子 Embolus of portal system 来自肠系膜静脉等门静脉系统的栓子，可引起肝内门静脉分支的栓塞。

4. 交叉性栓塞 Crossed embolism 又称反常性栓塞（paradoxical embolism） 偶见来自右心或腔静脉系统的栓子，在右心压力升高的情况下通过先天性房（室）间隔缺损到达左心，再进入体循环系统引起栓塞。罕见有静脉脱落的小血栓经肺动脉未闭的动脉导管进入体循环而引起栓塞。

5. 逆行性栓塞 Retrograde embolism 极罕见，源于下腔静脉内的血栓，在胸、腹腔压力突然升高时（如剧烈咳嗽或深呼吸），可使血栓逆流至肝、肾、髂静脉分支并引起栓塞。

二、栓塞的类型和对机体的影响 Types of Embolism and Its Effects on the Body

（一）血栓栓塞 Thromboembolism

由血栓或血栓的一部分脱落引起的栓塞称为血栓栓塞，最常见。由于血栓栓子的来源、大小和栓塞部位的不同，对机体的影响也有所不同。

1. 肺动脉栓塞 Pulmonary embolism

（1）栓子来源 Sources of embolus：造成肺动脉栓塞的栓子绝大多数（>95%）来自下肢的深部静脉（膝以上），特别是腘静脉（popliteaal veins）、股静脉（femoral iliac veins）和髂静脉（iliac veins），偶可来自盆腔静脉或右心附壁血栓。

（2）栓塞后果 Consequences of embolism：①影响较轻（slight effects）：中、小栓子大多栓塞肺动脉的小分支，常见于肺下叶，除多发性或短期内多次发生栓塞外，一般不引起严重后果，因为肺有双重血液循环，肺动脉和支气管动脉间有丰富的吻合支，侧支循环（collateral bypass）可起代偿作用。这些栓子可被溶解吸收或机化变成纤维状条索。②出血性梗死（hemorrhagic infarct）：若在栓塞前，肺已有严重的淤血，微循环内压升高，使支气管动脉供血受阻，可引起肺组织的坏死（出血性梗死）。③骑跨性栓塞（saddle embolism）：即大的血栓栓子栓塞肺动脉主干或大分支（图 3-17）。较长的栓子可栓塞左右肺动脉干，此时患者可突然出现呼吸困难、发绀、休克等症状。严重者可因急性呼吸循环衰竭而死亡（猝死 sudden death）；若栓子小但数目多，可广泛地栓塞肺动脉多数小分支，亦可引起右心衰竭猝死。

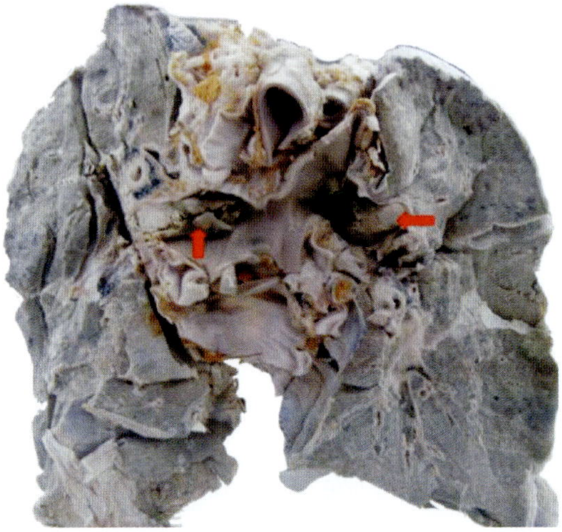

图 3-17 肺血栓栓塞 Pulmonary thromboembolism
在打开的肺动脉主干和左、右肺动脉中可见一巨大的“骑跨性”血栓栓子 The main pulmonary trunk and pulmonary arteries to right and left lungs are seen here opened to reveal a large “saddle” pulmonary thromboembolus

（3）栓塞引起猝死的可能机制 The possible mechanisms of sudden death caused by embolism：①肺动脉机械阻塞（mechanical obstruction of pulmonary artery）：肺动脉主干或大分支栓塞时，肺动脉内阻力急剧增加，造成急性右心衰竭（acute right heart failure）；同时肺缺血缺氧，左心回心血量减少，冠状动脉灌流量不足导致心肌缺血；②呼吸循环管道痉挛（spasm of respiratory and circulatory tract）：动物实验及临床资料表明，肺栓塞刺激迷走神经，通过神经反射引起肺动脉、冠状动脉、支气管动脉和支气管平滑肌的痉挛，导致急性右心衰竭和窒息；血栓栓子内血小板释出 5-HT 及血栓素 A_2，亦可引起肺血管的痉挛，故新鲜血栓栓子比陈旧性血栓栓子危害性大。

2. 体循环动脉栓塞 Arterial embolism of systemic circulation

（1）栓子来源 Sources of embolus：大多数栓子（>80%）来自左心，常见的有：①亚急性感染性心内膜炎（subacute infective endocarditis）时心瓣膜上的赘生物（valvular vegetation）；②二尖瓣狭窄时左心房附壁血栓；③心肌梗死区心内膜上的附壁血栓；④动脉粥样硬化溃疡（ulcerated atherosclerotic plaques）或动脉瘤的附壁血栓等。罕见有来自腔静脉的栓子通过房间隔缺损进入左心，发生交叉性栓塞。

（2）栓塞部位 Position of embolism：下肢、脑、肠、肾和脾多见。

（3）栓塞后果 Consequences of embolism：取决于栓塞的部位和局部的侧支循环情况以及组织对缺血的耐受性。当栓塞的动脉缺乏有效的侧支循环时，可引起局部组织的缺血、坏死（梗死）。如上肢动脉吻合支丰富，肝脏有肝动脉和门静脉双重供血，故很少发生梗死。

（二）脂肪栓塞 Fat embolism

循环血流中出现脂肪滴阻塞小血管，称为脂肪栓塞。

（1）栓子来源 Sources of embolus：①脂肪血管外伤：常来源于长骨骨折、脂肪组织严重挫伤和烧伤，这些损伤可导致脂肪细胞破裂和释出脂滴，由破裂的骨髓血管窦状隙或静脉进入血循环引起脂肪栓塞；脂肪肝时，由于上腹部猛烈挤压、撞击，使肝细胞破裂释出脂滴进入血流。②血脂异常析出（abnormal separation of blood lipid）：在非创伤性的疾病如糖尿病、酗酒和慢性胰腺炎血脂过高或精神受激烈刺激，过度紧张使呈悬乳状态的血脂不能保持稳定而游离并互相融合形成脂肪滴。

（2）栓塞部位 Position of embolism：创伤性脂肪栓塞时，脂肪栓子从静脉进入右心，再到达肺，直径>20μm 的脂滴栓子引起肺动脉分支、小动脉或毛细血管的栓塞（图 3-18）；直径<20μm 的脂滴栓子可通过肺泡壁毛细血管经肺静脉进入左心到达体循环的分支，引起全身多器官的栓塞，最常阻塞脑血管，引起脑水肿和血管周围点状出血。少量脂肪栓塞组织和器官可无肉眼变化，仅在组织的冰冻切片脂肪染色时可见小血管腔内有脂滴。

（3）栓塞后果 Consequences of embolism：取决于栓塞部位及脂滴数量的多少。①影响较轻（slight effects）：少量脂滴入血，可被巨噬细胞吞噬吸收，或由血中脂酶分解清除，无不良后果。②受损器官病变（lesions of damaged organs）：当发生创伤性脂肪栓塞后 1～3 天内，可能突然出现发作性的呼吸急促、呼吸困难和心动过速。从脂滴释出的游离脂肪酸还能引起局部中毒，损伤内皮细胞，出现特征性的瘀斑皮疹；也可能与血小板黏附在脂滴上，数量迅速减少有关。脑脂肪栓塞引起的神经症状包括兴奋、烦躁不安（irritability and restlessness）、谵妄（delirium）和昏迷（coma）等。③急性右心衰竭（acute right ventricular failure）：若大量脂滴（10～20g）短期内进入肺循环，使>75% 的肺循环面积受阻时，可引起窒息（chokes）和因急性右心衰竭而死亡。

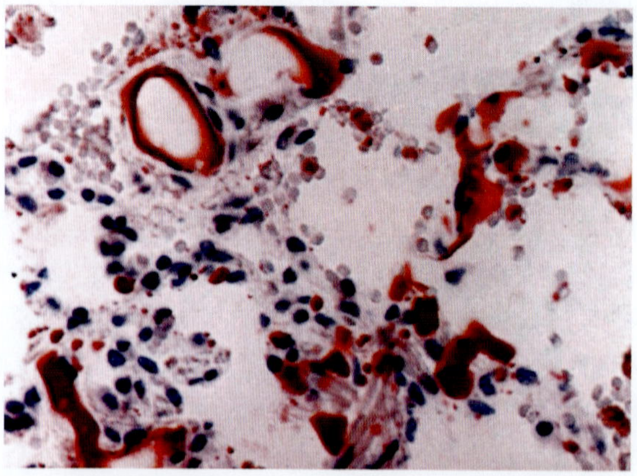

图 3-18 肺脂肪栓塞 Fat embolism of lung
Sudan Ⅲ染色显示肺组织可见小血管内有脂肪滴聚集 Lung shows entrapped fatty drops lodged in a pulmonary vessel.（Sudan Ⅲ stain）

（三）气体栓塞 Gas embolism

大量空气迅速进入血循环或原溶于血液内的气体迅速游离，形成气泡阻塞心血管，称为气体栓塞。前者为空气栓塞（air embolism），后者是在高气压环境急速转到低气压环境的减压过程中发生的气体栓塞，称减压病（decompression sickness）。

1. 空气栓塞 Air embolism

（1）栓子来源 Sources of embolus：多由于静脉损伤破裂，外界空气由缺损处进入血流所致。如头、颈、胸壁和肺手术或创伤时损伤静脉、使用正压静脉输液以及人工气胸或气腹误伤静脉时，空气可因吸气时静脉腔内负压而被吸引，由损伤破口进入静脉；分娩（delivery）或流产（abortion）时，由于子宫强烈收缩，可将空气挤入子宫壁破裂的静脉窦内（uterine venous sinuses）。

（2）栓塞部位及后果 Position and consequences of embolism：空气进入血循环的后果取决于进入的速度和气体量。①影响轻微（slight effects）：少量气体入血，可溶解于血液内，不会发生气体栓塞。②呼吸循环衰竭（respiratory and circulatory failure）：若大量气体（>100ml）迅速进入静脉，随血流到右心后，因心脏搏动，将空气与血液搅拌形成大量血气泡，使血液变成泡沫状充满心腔，阻碍了静脉血的回流和向肺动脉的输出，造成了严重的循环障碍。患者可出现呼吸困难、发绀，甚至猝死。③肺栓塞（pulmonary embolism）：进入右心的部分气泡，可直接进入肺动脉，阻塞小的肺动脉分支，引起肺小动脉气体栓塞。小气泡亦可经过肺动脉小分支和毛细血管到达左心，致使体循环的一些器官栓塞。

空气栓塞动物实验时，发现在肺动脉终末分支内有纤维素凝块，可能是气泡激活血小板，血小板第Ⅲ因子启动凝血系统，使得纤维素析出，引起 DIC，从而加重栓塞症状和导致死亡。

2. 减压病 Decompression sickness 又称沉箱病（caisson disease）和潜水员病（diver′s disease），是人体从高气压环境迅速进入常压或低气压环境，原来溶于血液、组织液和脂肪组织的气体包括氧气、二氧化碳和氮气迅速游离形成气泡。氧和二氧化碳可再溶于体液内被吸收，但氮气在体液内溶解迟缓，导致在血液和组织内形成很多微气泡或融合成大气泡，引起气体栓塞，又称氮气栓塞（nitrogen gas embolism）。

（1）栓子来源 Sources of embolus：在体液内溶解迟缓的氮气形成很多微气泡或融合成大气泡。

（2）栓塞部位及后果 Position and consequences of embolism：氮气析出时因气体所在部位不同，其临床表现也不同。位于皮下时引起皮下气肿（subcutaneous emphysema）（特别是富于脂肪的皮下组织）；位于肌肉、肌腱、韧带内引起关节和肌肉疼痛；位于局部血管内引起局部缺血和梗死，常见于股骨头（the heads of the femora）、胫骨（tibiae）和肱骨（humeri）的无菌性坏死（aseptic necrosis）；全身性特别是四肢、肠道等末梢血管阻塞可引起痉挛性疼痛；若短期内大量气泡形成，阻塞了多数血管，特别是阻塞冠状动脉时，可引起严重血循环障碍甚至迅速死亡。

（四）羊水栓塞 Amniotic fluid embolism

羊水栓塞是分娩过程中一种罕见的严重并发症（发生率约 1/50000），死亡率>80%。

（1）栓子来源 Sources of embolus：在分娩过程中，羊膜破裂、早破或胎盘早期剥离，又逢胎儿阻塞产道时，由于子宫强烈收缩，宫内压增高，可将羊水挤入子宫壁破裂的静脉窦内，经血循环进入肺动脉分支（小动脉）及毛细血管内引起羊水栓塞。

（2）栓塞部位 Position of embolism：少量羊水可通过肺的毛细血管经肺静脉到达左心，引起体循环器官的小血管栓塞。羊水栓塞的证据是在显微镜下观察到肺小动脉和毛细血管内出现羊水成分[为来自胎儿皮肤的角化鳞状上皮（squamous cells shed from fetal skin）、胎毛（lanugo hair）、胎脂（fat）和来自胎儿呼吸道和消化道的黏液（mucin）等，也常见到胎粪小体（meconium corpuscles）等成分]（图 3-19）。亦可在母体血液涂片中找到羊水的成分。

（3）栓塞后果 Consequences of embolism：羊水栓塞发病急，后果严重，患者常在分娩过程中或分娩后突然出现呼吸困难、发绀、抽搐、休克、昏迷甚至死亡。

（4）羊水栓塞导致猝死的发病机制 Pathogenesis of the sudden death caused by amniotic fluid embolism：①过敏性休克（allergic shock）：羊水中胎儿代谢产物入血引起过敏性休克；②血管阻塞（angiemphraxis）：羊水栓子阻塞肺动脉及羊水内含有血管活性物质引起反射性血管痉挛；③DIC：羊水具有凝血致活酶（thrombogenic substances）的作用，引起 DIC。

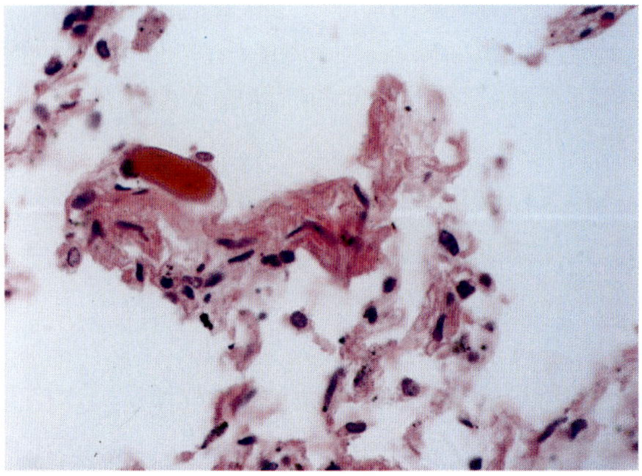

图 3-19 羊水栓塞 Amniotic fluid embolism
肺毛细血管内出现羊水成分（胎粪小体）Amniotic fluid components（meconium corpuscles）presence in the pulmonary microcirculation

（五）其他栓塞 Other embolism

包括：①细胞栓塞（cellular embolism）：肿瘤细胞、胎盘滋养叶细胞侵蚀血管及骨折时骨髓细胞进入血流引起的细胞栓塞；②胆固醇栓塞（cholesterin embolism）：动脉粥样硬化灶中的胆固醇结晶脱落引起动脉系统的栓塞；③寄生虫及虫卵栓塞（parasite and ovum embolism）：寄生在门静脉的血吸虫及其虫卵栓塞肝内门静脉小分支；④微生物栓塞（microbion embolism）：细菌、真菌团和其他异物如子弹（弹片）偶可进入血循环引起的栓塞。

第五节 梗 死
Infarction

器官或局部组织由于血管阻塞，血流停止导致缺氧而发生的坏死，称为梗死。梗死一般是由于动脉阻塞而引起的局部组织缺血性坏死（Ischemic necrosis）。静脉阻塞使局部组织血流停滞缺氧也可引起梗死。

一、梗死形成的原因和条件
Causes and Conditions of Infarction

任何引起血管管腔阻塞，导致局部组织血液循环中断和缺血的原因均可引起梗死。

（一）原因 Causes

1. 血栓形成 Thrombosis 最常见。主要见于冠状动脉、脑动脉粥样硬化合并血栓形成时引起的心肌梗死和脑组织梗死。伴有血栓形成的脚背动脉闭塞性脉管炎可引起脚部梗死。静脉内血栓形成一般只引起淤血、水肿，但肠系膜静脉血栓形成可引起所属静脉引流肠段的梗死。

2. 动脉栓塞 Arterial embolism 血栓栓塞多见，亦可为气体、羊水、脂肪栓塞，常引起脾、肾、肺和脑的梗死。

3. 动脉痉挛 Arteriospasm 在严重的冠状动脉粥样硬化或合并硬化灶内出血的基础上，冠状动脉可发生强烈和持续的痉挛，引起心肌梗死。

4. 血管受压闭塞 Vascular occlusion by pressure 如位于血管外的肿瘤压迫血管；肠扭转（volvulus）、肠套叠（intussusception）和嵌顿疝（incarcerated hernia）时，肠系膜静脉和动脉受压或血流中断；卵巢囊肿扭转（ovarian cyst torsion）及睾丸扭转（testicular torsion）导致血流供应中断等引起的坏死。

（二）条件 Conditions

血管阻塞是否造成梗死，还与下列因素有关：

1. 器官血供特征 Types of blood-supply vessels 有双重血液循环的器官，其中一条动脉阻塞，因有另一条动脉可以维持供血，通常不易引起梗死。如肺有肺动脉和支气管动脉供血，肺动脉小分支的血栓栓塞不会引起梗死。肝梗死也很少见，因为肝动脉和门静脉双重供血，肝内门静脉阻塞一般不会发生肝梗死，但肝动脉血栓栓塞，偶尔会造成梗死。前臂和手有平行走向的桡动脉和尺动脉供血，之间有丰富的吻合支（ramus anastomoticus），因此前臂和手绝少发生梗死。一些器官动脉的吻合支少，如肾、脾及脑，动脉迅速发生阻塞时，由于不易建立有效的侧支循环（compensatory circulation），常易发生梗死。

2. 局部组织对缺血的敏感性 Sensitivity of local tissue to ischemia 大脑的神经细胞（neurons）对缺血缺氧的耐受性最低，3～4min 的缺血即引起梗死。心肌细胞（myocardial cells）对缺血也很敏感，缺血 20～30min 就会死亡。骨骼肌、纤维结缔组织对缺血耐受性最强。严重的贫血或心功能不全，血氧含量降低，可促进梗死的发生。

二、梗死的形态及类型
Morphology and Type of Infarction

（一）形态特征 Morphologic features

梗死属于坏死，是局部组织的缺血性坏死，其形态因不同组织器官而有所差异。

1. 梗死灶的形状 Shape 取决于该器官的血管分布方式。多数器官的血管呈锥形分支，如脾、肾、肺等，故梗死灶也呈锥形，切面呈扇面形，或三角形，其尖端位于血管阻塞处，常指向脾门、肾门、肺门，底部为器官的表面。心冠状动脉分支不规则，故心肌梗死灶的形状也不规则，呈地图状。肠系膜血管呈扇形分支和支配某一肠段，故肠梗死灶呈节段形。

2. 梗死灶的质地 Texture 取决于坏死的类型。实质器官如心、脾、肾的梗死为凝固性坏死（coagulative necrosis）。新鲜时，由于组织崩解，局部胶体渗透压升高而吸收水分，使局部肿胀，表面和切面均有微隆起。

梗死若靠近浆膜面，则浆膜表面常有一层纤维素性渗出物被覆。陈旧性梗死因含水分较少而略呈干燥，质地变硬，表面下陷。脑梗死为液化性坏死（liquefactive necrosis），新鲜时质软疏松，日久后逐渐液化成囊状。

3. 梗死的颜色 Color 取决于病灶内的含血量，含血量少时颜色灰白；含血量多时颜色暗红。

（二）梗死类型 Types

根据梗死灶内含血量的多少和有无合并细菌感染，将梗死分为以下三种类型。

1. 贫血性梗死 Anemic infarct 也称白色梗死（white infarct）

（1）发生条件 Conditions：多发生于组织结构较致密、侧支循环不充分的实质器官，如脾、肾、心和脑组织。

（2）病理变化 Pathological changes：当动脉分支阻塞时，局部组织缺血缺氧，使其所属微血管通透性增高，病灶边缘侧支血管的通透性增高，血液漏出于病灶周围，在肉眼或在显微镜下呈现为梗死灶周围的出血带，即生理反应带（机体死亡后的组织自溶无此变化）。由于梗死灶组织致密，故出血量不多。随着病灶中红细胞的崩解，血红蛋白溶于组织液中并被吸收，梗死灶呈灰白色。

肉眼观：发生于脾、肾的梗死灶呈锥形，尖端向血管阻塞的部位，底部靠脏器表面（图 3-20），浆膜面常有纤维素性渗出物被覆。心肌梗死灶呈不规则地图状。梗死的早期，梗死灶与正常组织交界处因炎症反应常形成充血出血带，数日后因红细胞被巨噬细胞吞噬后转变为含铁血黄素而变成黄褐色。晚期病灶表面下陷，质地逐渐坚实，黄褐色出血带消失，梗死灶发生机化，初由肉芽组织取代，以后形成瘢痕组织。

光镜下：贫血性梗死灶呈凝固性坏死，早期细胞尚可见核固缩、核碎裂和核溶解等改变，胞质嗜伊红染，均匀一致，组织结构轮廓尚保存（图 3-21）。晚期病灶呈均质性结构，边缘有肉芽组织长入和瘢痕组织形成，最终被瘢痕组织代替。

此外，脑梗死一般为贫血性梗死，梗死灶内的脑组织坏死、变软、液化，以后形成囊状，或被增生的星形细胞和胶质细胞所代替，最后形成胶质瘢痕（glial scar）。

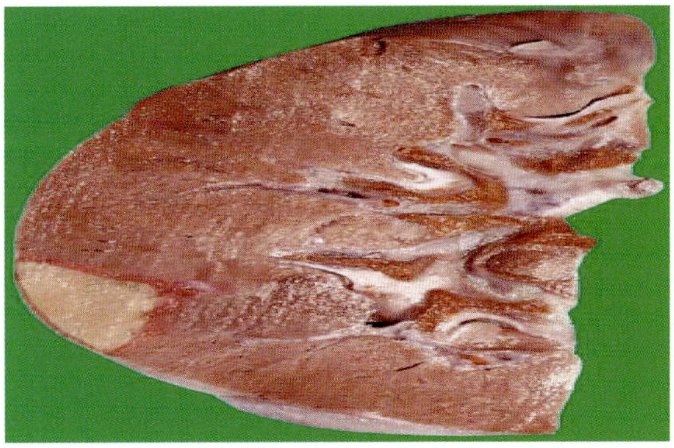

图 3-20 肾贫血性梗死 Kidney anemic infarct
肾梗死灶境界清楚呈楔形、灰黄色 A wedge-shaped kidney infarct（yellow）witn preservation of the outlines.

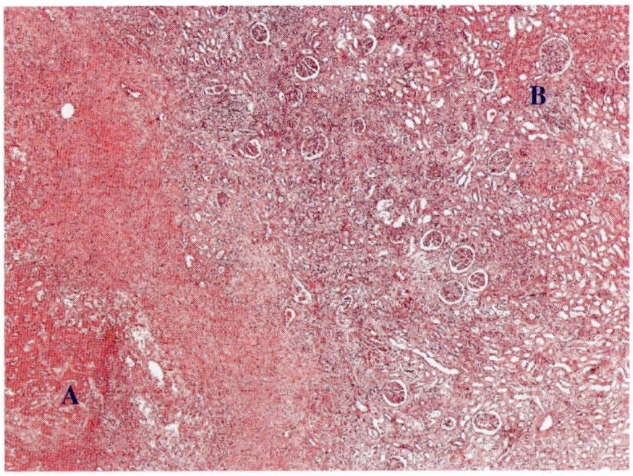

图 3-21 肾凝固性坏死 Kidney coagulative necrosis（infarct）
梗死的边缘，可见相对正常的肾组织（B 处）和梗死病变（A 处）Edge of the infarct, with normal kidney（B）and necrotic cells in the infarct（A）. The necrotic cells show preserved outlines with loss of nuclei, and an inflammatory infiltrate is present

2. 出血性梗死 Hemorrhagic infarct 也称红色梗死 Red infarct

（1）发生条件 Conditions：除了血管阻塞、血供受阻之外，还应具有以下两点：

1）严重淤血 Severe congestion：当器官原有严重淤血时，血管阻塞引起的梗死为出血性梗死，如肺淤血。严重淤血是肺梗死形成的重要先决条件，因为在肺淤血情况下，肺静脉和毛细血管内压增高，影响了肺动脉分支阻塞后建立有效的肺动脉和支气管动脉侧支循环，导致肺出血性梗死。卵巢囊肿或肿瘤时卵巢蒂部扭转（ovarian torsion），使静脉回流受阻，动脉供血随之停止，导致卵巢囊肿或肿瘤坏死。同时，血液从淤血的毛细血管内漏出，形成出血性梗死。

2）组织疏松 Tissue looseness：肠和肺的组织较疏松，梗死初期疏松的组织间隙内可容纳大量漏出的血液，当组织坏死吸收水分而膨胀时，也不能把漏出的血液挤出梗死灶外，因而梗死灶为出血性。若肺因有炎症而实变时，所发生的肺梗死一般为贫血性梗死。

（2）病理变化 Pathological changes：出血性梗死好发于肺和肠。

1）肺出血性梗死 Pulmonary hemorrhagic infarct：以肺下叶多见，尤好发于肋膈缘。

肉眼观：病灶大小不等，呈锥形或楔形，尖端朝向肺门，底部紧靠肺膜（图 3-22）。肺膜表面可有纤维素性渗出物。梗死灶质实，因弥漫性出血呈暗红色，略向表面隆起，时间久后由于红细胞崩解而使病灶颜色变浅，肉芽组织长入而逐渐机化，梗死灶变成灰白色。由于瘢痕组织收缩使病灶表面局部下陷。

光镜下：梗死灶呈凝固性坏死，可见肺泡轮廓。肺泡腔、小支气管腔及肺间质充满红细胞。早期（48h 内）红细胞轮廓尚保存，以后崩解。梗死灶边缘与正常肺组织交界处的肺组织充血、水肿及出血（图 3-23）。

临床上，因梗死灶的肺膜发生纤维素性胸膜炎（fibrinous pleurisy），可出现胸痛；因肺出血及支气管黏膜受刺激，可引起咳嗽及咯血；由于组织坏死可有发热及外周血白细胞总数升高等症状。

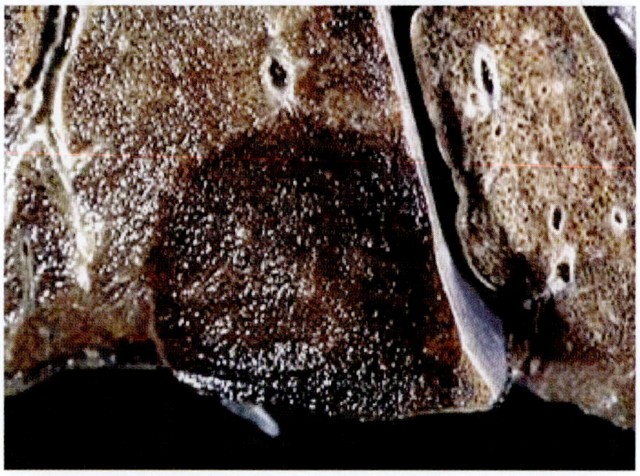

图 3-22 肺出血性梗死 Lung hemorrhagic infarct
肺下叶梗死灶呈暗红色楔形，接近胸膜 A dark red, wedge-shaped infarct is located adjacent to the pleural surface.

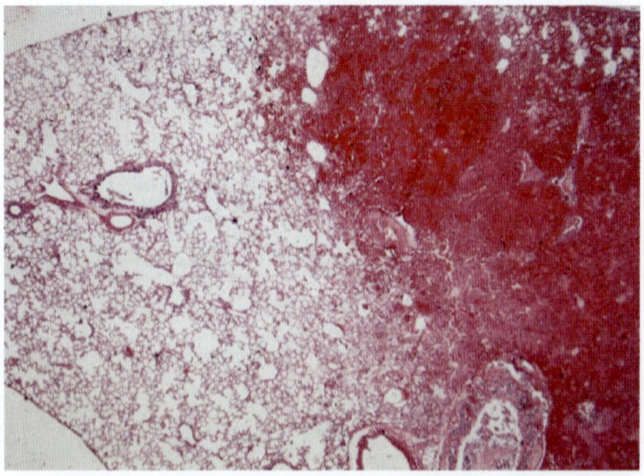

图 3-23 肺出血性梗死 Lung hemorrhagic infarct
梗死灶的肺泡中充满了大量的红细胞,肺组织轮廓尚保存,但细胞结构消失 Erythrocytes are seen filling the alveoli. Tissue architecture is preserved, but there is loss of cellular detail

2）肠出血性梗死 Intestinal hemorrhagic infarct 多发生于肠系膜动脉栓塞和静脉血栓形成,或在肠套叠、肠扭转、嵌顿疝、肿瘤压迫等情况下出现。

肉眼观:肠梗死灶呈节段性暗红色,肠壁因淤血、水肿和出血呈明显增厚,随之肠壁坏死,质脆易破裂,肠浆膜面可有纤维素性脓性渗出物被覆(图 3-24)。

光镜下:肠壁结构不清,组织水肿、出血,大片坏死,肠壁浆膜外可有纤维素性渗出。

临床上,由于血管阻塞,肠壁肌肉缺氧引起持续性痉挛而剧烈腹痛;因肠蠕动加强可产生逆蠕动引起呕吐;肠壁坏死累及肌层及神经,可引起麻痹性肠梗阻(paralytic ileus);肠壁全层坏死可导致穿孔及腹膜炎,引起严重后果。

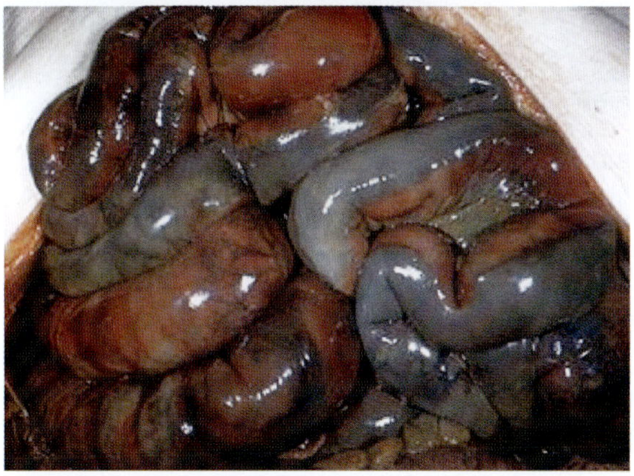

图 3-24 肠出血性梗死 Bowel hemorrhagic infarct
肠出血性梗死,坏死肠管内充满血液 Infarcted bowel has a red appearance because of the slow leakage of blood from collateral circulation into the loose tissue

3. 败血性梗死 Septic infarct 由含有细菌的栓子阻塞血管引起,常见于急性感染性心内膜炎。含细菌的栓子从心内膜病灶处脱落,顺血流运行而引起相应组织器官的动脉栓塞和梗死。梗死灶内可见有细菌团及大量炎细胞浸润,若有化脓性细菌感染时,可出现脓肿(abscess)。

三、梗死对机体的影响和结局 Effects and Outcomes of Infarction

(一) 梗死对机体的影响 Effects of infarction

取决于病变的器官、梗死灶的大小和部位,以及有无细菌感染等因素。梗死发生在重要器官,如心肌梗死可影响心功能,范围大者可导致心功能不全;脑梗死灶大者也可导致死亡。梗死若发生在脾、肾,则对机体影响不大,仅引起局部症状,如肾梗死可出现腰痛(lumbago)和血尿(blood urine),大多不影响肾功能。肺梗死有胸痛(pectoralgia)和咯血(hemoptysis)。肠梗死常出现剧烈腹痛、血便(bloody stools)和腹膜炎(peritonitis)症状。肺、肠、四肢的梗死,若继发腐败菌感染,可引起坏疽(gangrene),后果严重。败血性梗死,如急性感染性心内膜炎含化脓性细菌栓子的脱落引起的栓塞,梗死灶内可出现脓肿。

(二) 梗死的结局 Outcomes of infarction

梗死灶形成时,引起病灶周围的炎症反应,血管扩张充血,有中性粒细胞及巨噬细胞渗出和浸润,继而形成肉芽组织。在梗死发生 24~48h 后,肉芽组织已开始从梗死灶周围长入病灶内。小的梗死灶可被肉芽组织完全取代,即机化(organization),日久变为纤维瘢痕(scar);大的梗死灶不能完全机化时,则由肉芽组织和日后转变成的瘢痕组织加以包裹(encapsulation)。病灶内部可发生钙化(calcification)。脑梗死则可液化成囊腔(cyst),周围由增生的胶质瘢痕包裹。

An infarct is an area of ischemic necrosis caused by occlusion of either the arterial supply or the venous drainage in a particular tissue. Tissue infarction is a common and extremely important cause of clinical illness. Infarcts may be either hemorrhagic (red) or anemic (white), and may be either septic or bland. Infarction of tissues is a common cause of clinical illness. Myocardial infarction is by far the predominant cause of fatal coronary heart disease. Cerebral infarct (encephalomalacia) is also the most frequent type of central nervous system disease. Pulmonary infarction is an extremely common complication in a variety of clinical settings. Renal infarction does not have the paramount importance. Ischemic necrosis (gangrene) of the lower extremities is a major concern in diabetics.

第六节 水 肿
Edema

水肿是指组织间隙内的体液增多。体液积聚在体腔称为积水(hydrops)。如胸腔积水(hydrothorax)、心包积水(hydropericardium)、腹腔积水(hydroperitoneum)或腹水(ascites)、脑积水(hydrocephalus)等。按水肿波及的范围可分为全身性水肿和局部性水肿。按发病原因可分为肾性水肿(renal edema),如肾炎或肾病引起全身水肿;肝性水肿(hepatic dropsy),如肝硬化引起胃、肠壁水肿、腹腔水肿;心性水肿(cardiac edema),如左心功能不全引起肺水肿、右心功能不全引起腹腔脏器水肿;营养不良性水肿(famine edema)如蛋白质摄入过少引起全身水肿;淋巴性水肿(lymphedema),如下肢淋巴管阻塞导致淋巴液回流受阻引起局部皮下水肿;炎性水肿(inflammatory edema),如急性炎症引起局部组织红肿等。严重的全身水肿(Anasarca)是指除浆膜腔积水外,还伴有明显的皮下组织水肿。

一、发病机制
Pathogenesis

毛细血管血压的增加或胶体渗透压的降低均能导致组织间液的增加和水肿形成。水肿也可由局部炎症介质影响血管通透性引起。当淋巴管阻塞时(如肿瘤压迫或丝虫病),淋巴液回流障碍也会导致水肿。由淤血引起的水肿,其水肿液为低蛋白含量的漏出液(transudate),比重往往低于1.018。相反,炎症时形成的水肿液为富含蛋白的渗出液(exudate),比重一般大于1.020。

(一) 静脉流体静压的增高 The increased venous hydrostatic pressure

局部静脉流体静压的升高往往因静脉回流障碍引起,如下肢深部静脉血栓形成(thrombosis)使受影响的下肢出现水肿。全身性静脉流体静压增高则往往因右心充血性心力衰竭引起,其结果是造成全身性水肿(general dropsy)。然而,右心充血性心力衰竭引起水肿,除因为静脉流体静压升高外,还有更为复杂的因素参与。充血性心力衰竭时,心脏排出量减少,导致肾灌注减少,从而启动了肾素-血管紧张素-醛固酮(renin-angiotensin-aldosterone)分泌系统,引起肾脏的水钠潴留(water-sodium retention)。水钠潴留的目的是使血管内血容量增加,从而改善心排出量,恢复正常肾灌注量。然而,由于心力衰竭,并不能增加心排出量,反而使静脉内积存过量的液体,导致压力升高,进入组织间的液体增加,最终出现水肿(图3-25)。此外,左心衰竭时可引起肺淤血和肺水肿;肿瘤压迫局部静脉或静脉血栓形成可使毛细血管的流体静压增高,引起局部水肿;妊娠子宫压迫髂总静脉可致下肢水肿。

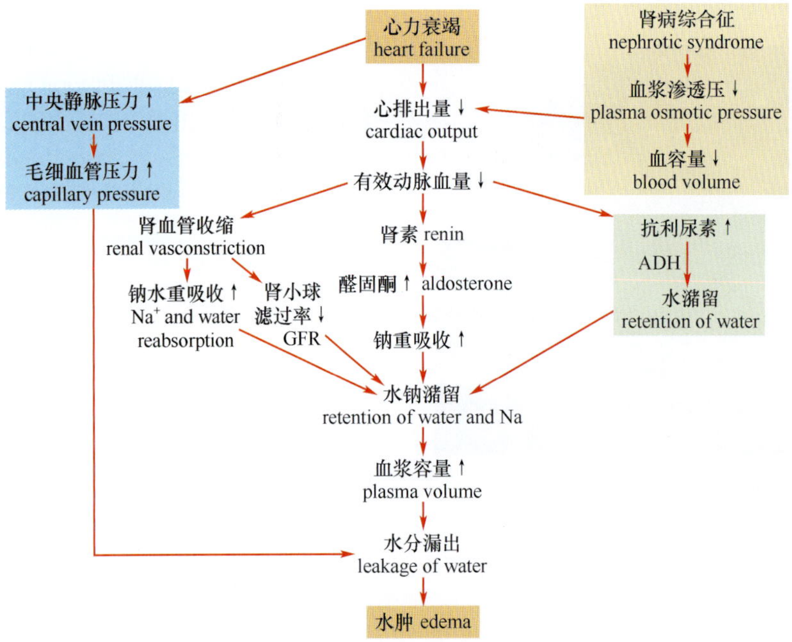

图3-25 水肿发生机制示意图 Schematic illustration of edema mechanism

心力衰竭和肾病综合征引起全身性水肿的过程 The process of systemic edema induced by heart failure and nephrotic syndrome.

（二）血浆胶体渗透压的降低 Reduction of plasma colloid osmotic pressure

血浆胶体渗透压主要由血浆白蛋白维持。当血浆白蛋白合成减少或大量丧失时，血浆胶体渗透压下降，平均实际滤过压相应增大，组织液的生成增加。

血浆白蛋白降低的原因有：①蛋白质合成障碍，见于肝硬化或严重营养不良；②蛋白质分解代谢增强，见于慢性消耗性疾病，如结核、恶性肿瘤等；③蛋白质丧失过多，见于肾病综合征时大量蛋白质从尿中丧失。

血浆胶体渗透压降低导致液体进入组织间隙增多，结果血浆容量减少。随着肾灌流量的相应减少，也会出现继发性醛固酮症（secondary aldosteronism）。然而，水钠的潴留并不能纠正血浆白蛋白含量，因而不能恢复血浆容量，反而加重了水肿。

此外，血管外组织胶体渗透压的增高也会造成水肿，如炎症时，局部组织细胞坏死崩解，大分子蛋白质分解成小分子，使局部胶体渗透压升高，同时炎症本身引起毛细血管壁通透性增加，血浆蛋白渗出至组织内，局部组织出现水肿。

（三）淋巴回流障碍 Disorders of lymphatic return

当淋巴管阻塞时，淋巴液回流受阻或不能代偿性加强回流时，富含蛋白的水肿液在组织间隙聚积，可形成淋巴性水肿（lymphedema）。如乳腺癌治疗时将乳腺附近或腋下淋巴结手术切除或用放射治疗，由于淋巴管减少、受损，淋巴液回流受阻，可引起患侧上肢的严重水肿；由于癌细胞浸润阻塞乳房皮肤表浅淋巴管，导致皮下组织水肿，临床上出现局部所谓“橘皮”样外观（表面小凹陷是由皮肤的毛囊牵拉引起）；丝虫病时，腹股沟淋巴管和淋巴结发生纤维化，使淋巴液回流受阻，引起患肢和阴囊水肿，若皮下水肿严重时表现为“象皮肿”（elephantiasis）。

二、病理变化 Pathological changes

水肿的组织从肉眼观察，表现为外观肿胀，颜色苍白而质软，切面有时呈胶冻样。镜下特点是：水肿液积聚于细胞和纤维结缔组织之间或腔隙内，HE 染色为透亮空白区，细胞外基质成分被水肿液稀疏、分隔。若水肿液内蛋白质含量多时，如炎症性水肿，可呈同质性微粒状深红染。蛋白质含量少时，如心性或肾性水肿，则呈淡红染。尽管任何细胞、组织、器官都可发生水肿，但皮下、肺、脑最常见。

（一）皮下水肿 Subcutaneous edema

1. 病因 Etiology　不同原因引起的皮下水肿，其部位分布各异，可以是弥漫性，也可以是局部性。右心衰竭引起的水肿是典型的体位性水肿，长期站立时下肢水肿，而卧床时骶部水肿较明显；由肾功能不全或肾病综合征引起的水肿可影响全身各部位，但早期首先影响疏松结缔组织，如眼睑水肿（palpebral edema）。

2. 病理特点 Pathologic features

肉眼观：皮肤表面紧张、苍白，用手指压时留下凹陷，称为凹陷性水肿（pitting edema）。

光镜下：皮下组织（纤维结缔组织）结构明显疏松、淡染，细胞变少。

（二）肺水肿 Pulmonary edema

1. 病因 Etiology　①左心功能不全（心力衰竭），最常见。②肾衰竭。③成人型呼吸窘迫综合征（adult respiratory distress syndrome，ARDS）。④肺炎，如细菌感染和过敏反应（anaphylaxis）。

2. 病理特点 Pathologic features

肉眼观：肺体积增大、饱满，重量增加（比正常增加 2~3 倍）。暗红色，质地变实（仍有弹性），切面有淡红色泡沫状液体流出。

光镜下：水肿液积聚于肺泡腔内，肺泡壁变厚，毛细血管扩张，充满血液。可有肺泡间隔水肿，肺泡腔内也可有红细胞漏出（图 3-26）。

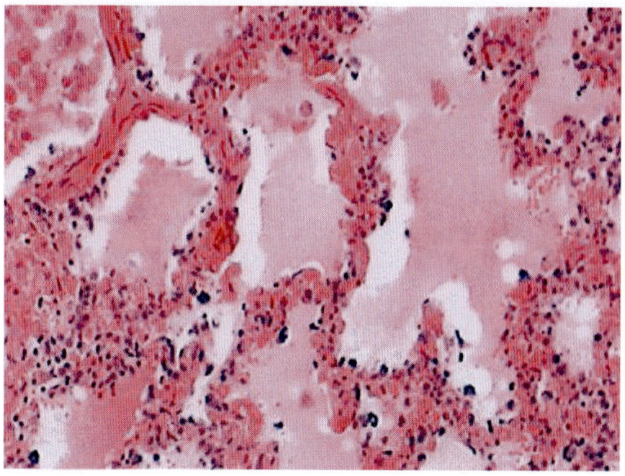

图 3-26　肺水肿 Pulmonary edema

肺泡壁毛细血管扩张充血，肺泡腔内见大量的浆液性渗出物 Interalveolar capillary congestion，outpouring of serous fluid into the alveolar spaces

Pulmonary edema

Is a common clinical problem most frequently seen in the setting of left ventricular failure (with a dependent distribution in the lungs), but it also occurs in renal failure, acute respiratory distress syndrome (ARDS), pulmonary infections, and hypersensitivity reactions. The lungs typically weigh two to three times their normal weight, and sectioning reveals frothy, sometimes blood-tinged fluid representing a mixture of air, edema fluid, and extravasated red cells.

（三）脑水肿 Cerebral edema

1. 病因 Etiology 脑水肿可以位于局部受损伤的脑组织(如脓肿、肿瘤等病灶)周围,也可全脑性水肿(如脑炎、高血压危象或脑静脉流出通道阻塞等)。脑外伤常引起局部或全脑水肿,取决于损伤的性质和程度。

2. 病理特点 Pathologic features

a. 大体观:脑组织肿胀,脑回变宽、扁平,脑沟变浅、细窄,重量增加,质地蓬松。

b. 光镜下:脑组织结构疏松,实质细胞减少,血管周围空隙(也称 V-R 间隙 Virchow-Robin space)加宽。

三、对机体的影响 Effects on the Body

水肿对机体的影响取决于水肿的部位、程度、发生速度及持续时间。全身性皮下水肿可能提示心力衰竭或肾衰竭;皮肤局部损伤出现的水肿会影响其伤口愈合和感染的清除;肺水肿影响通气功能,使血中氧分压降低,甚至引起机体死亡。肺水肿时,水肿液不但出现在肺泡壁毛细血管周围,阻碍氧气交换,而且聚集在肺泡腔内,形成有利于细菌感染的环境,会引起肺炎;脑水肿可引起颅内压增高,严重者会形成脑疝,或压迫脑干血管供血,造成机体迅速死亡;喉头水肿引起气管腔狭窄甚至气道阻塞,发生窒息而死亡。

病例讨论

65 岁男性病人,因胸痛伴左上肢疼痛 4h 入院。初诊拟为"心脏病"。入院后经冠状动脉造影显示:心冠状动脉左前降支狭窄(图 3-27),在其分支开口处有 2cm 的完全性阻塞。用药:给予组织型纤维蛋白酶原活化因子(t-PA)治疗。之后胸痛症状缓解。随后每天服用阿司匹林。七天后,发现其双下肢从脚部至小腿肿胀,呈凹陷性水肿,再给予利尿剂治疗并限盐饮食。由于病人身体虚弱,继续卧床。几天后,突感右胸疼痛,伴呼吸困难,病情开始恶化。查体发现其左腿明显肿胀,胸部 X 线检查显示右肺下叶近胸膜处有小片状阴影。立即给予肝素静脉点滴。2 天后,病情继续恶化,呼吸衰竭,突然死亡。

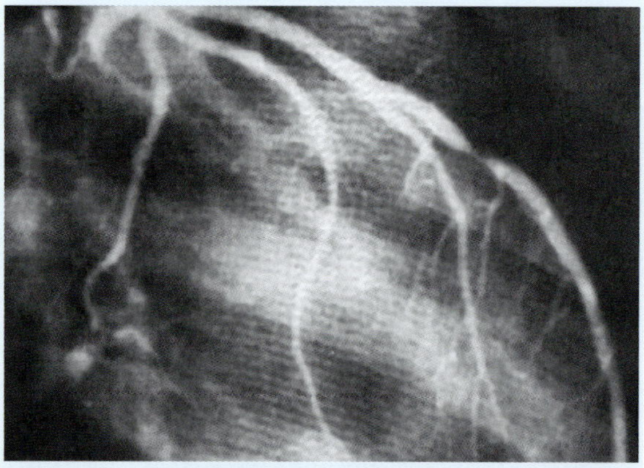

图 3-27 冠状动脉造影显示心冠状动脉左前降支狭窄

思考题

1. 该病人冠状动脉血栓形成的基础是什么?
2. 为什么给病人使用 t-PA 和阿司匹林?机体有哪些抗凝血作用机制?
3. 该病人为什么会发生下肢水肿?冠状动脉血栓形成和肺部病变有什么联系?
4. 尸体剖验可以观察到哪些病变?

(刘清华 刘 莹 崔 涛 周士东)

第 4 章 炎 症

Inflammation

Outline

Inflammation (Latin, inflammare, to set on fire) is part of the complex biological response of vascular tissues to harmful stimuli, such as pathogens, damaged cells, or irritants. Inflammation is a protective attempt by the organism to remove the injurious stimuli and to initiate the healing process. Inflammation is not a synonym for infection. Even in cases where inflammation is caused by infection, the two are not synonymous: infection is caused by an exogenous pathogen, while inflammation is one of the responses of the organism to the pathogen.

Without inflammation, wounds and infections would never heal. Similarly, progressive destruction of the tissue would compromise the survival of the organism. However, chronic inflammation can also lead to diseases, such ashay fever, atherosclerosis, and rheumatoid arthritis. That's why inflammation is normally precisely regulated by the body.

Inflammation can be classified as either acute or chronic. Acute inflammation is the initial response of the body to harmful stimuli and is achieved by the increased movement of plasma and leukocytes (especially granulocytes) from the blood into the injured tissues. A cascade of biochemical events propagates and matures the inflammatory response, involving the local vascular system, the immune system, and various cells within the injured tissue. Prolonged inflammation, known as chronic inflammation, leads to a progressive shift in the type of cells present at the site of inflammation and is characterized by simultaneous destruction and healing of the tissue from the inflammatory process.

第一节 炎症的概述
Overview of Inflammation

一、炎症的概念
Concept of inflammation

炎症(inflammation)是具有血管系统的活体组织对各种损伤因子的刺激所发生的以防御反应为主的基本病理过程。

并非所有的活体动物都能发生炎症反应,单细胞和多细胞生物对局部损伤发生的反应,例如吞噬损伤因子、通过细胞或细胞器肥大以应对有害刺激等,这些反应均不能称为炎症。只有当生物进化为具有血管时,才能发生以血管反应为中心环节,同时又保留上述的吞噬和清除功能的复杂而完善的炎症反应。在炎症中一方面外源性和内源性损伤因子直接或间接的损伤机体细胞和组织；另一方面机体通过一系列血管反应、液体渗出、白细胞渗出及活化、稀释、中和、杀伤和包围损伤因子；同时通过实质和间质细胞的再生使损伤的组织得以修复和愈合。可以说炎症是损伤、抗损伤和修复的统一过程。

机体的许多成分参与炎症反应，包含有血管反应(vascular responses)、白细胞的迁移和活化(migration and activation of leukocytes)以及成纤维细胞、血浆蛋白、细胞外基质等。其中血管的反应是炎症过程中最显著的特征。它们均由来自血浆(blood plasma)和细胞的化学因子(chemical factors)介导(图4-1)。炎症反应和修复过程密切相关。炎症本质上是一种防御性反应(protective response)，其最终目的是清除机体的损伤，例如微生物(microbes)、毒物(poisons)所引起的损伤。如果没有炎症反应，感染将得不到抑制，创伤将永不愈合。但在炎症反应的过程中也会出现一些损伤性病变，例如细胞和组织的变性(degeneration)、坏死(necrosis)等。

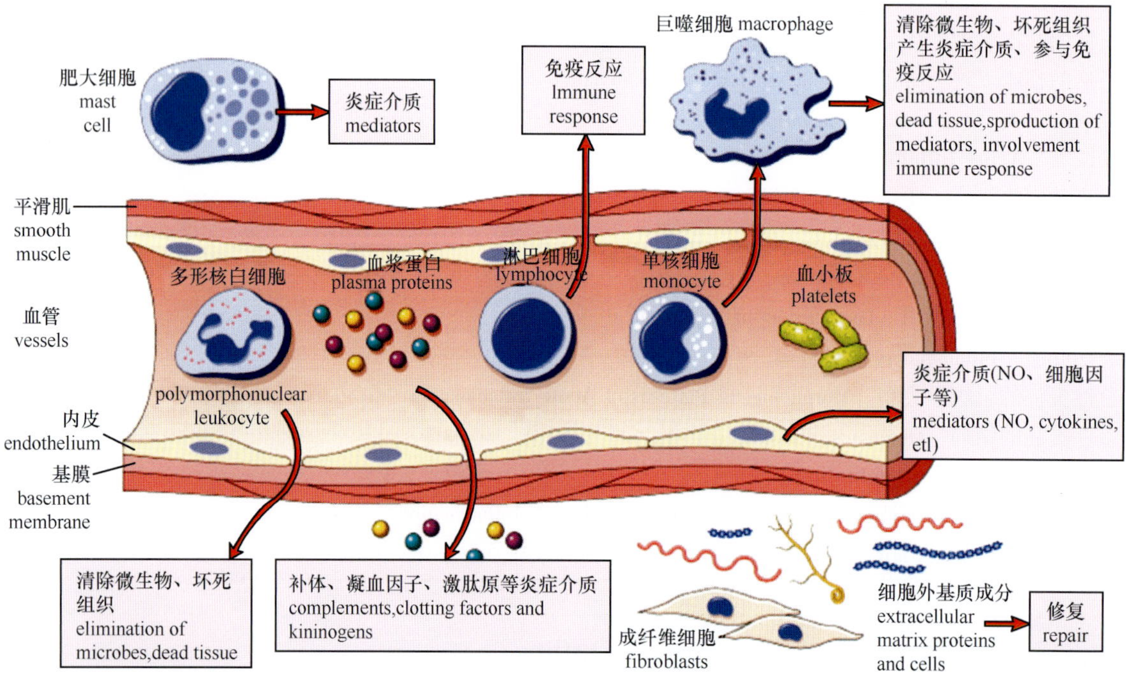

图4-1 参与炎症反应的成分及其主要作用 Components of inflammatory responses and their principal functions

炎症分为急性炎症(acute inflammation)和慢性炎症(chronic inflammation)两种。急性炎症起病很急(数秒或数分)，过程相对较短，持续数分钟、数小时或数天，其主要特征是液体(fluid)和白细胞(leukocytes)，尤其是中性粒细胞(neutrophils)的渗出。慢性炎症持续时间较长，组织学上表现为出现大量淋巴细胞(lymphocytes)和巨噬细胞(macrophages)的渗出，血管的增生(proliferation)，纤维化(fibrosis)和组织坏死。很多因素可以影响炎症的过程，使其形态学上表现出急性炎症或慢性炎症的特征。

Inflammation is a beneficial host response to foreign invaders and necrotic tissue, and it is capable of causing tissue damage. The main components of inflammation are vascular reaction and cellular response; both are activated by mediators that are derived from plasma proteins and various cells. The steps of the inflammatory response can classified into five Critegooies: ①Recognition of the injurious agent, ②Recruitment of leukocytes, ③Removal of the agent, ④Regulation (control) of the response, and⑤Resolution (repair). The outcome of acute inflammation is either elimination of the noxious stimulus followed by decline of the reaction and repair of the damaged tissue, or persistent injury resulting in chronic inflammation.

二、炎症的原因

Causes of inflammation

凡是能引起组织和细胞损伤的因子都能引起炎症，致炎因子种类繁多，可概括如下：

1. 物理因素 Physical agents 如过热、过冷、紫外线(ultraviolet)、电离辐射(ionizing radiation)、机械

损伤(mechanical injury)等。

2. 化学物质 Chemical substances 各种化学物质,如酸(acid),碱(base)等,也包括来自各种细菌的毒素(toxins)。

3. 超敏反应 Hyperssensitivity reactions 在抗体(antibody)或致敏的淋巴细胞(sensitized lymphocytes)与细菌或其他抗原(antigens)的作用过程中释放的物质可引发炎症反应。

4. 生物因子 Microbial infections 包括细菌(bacteria)、病毒(viruses)、真菌(fungi)、寄生虫(parasites)等,是炎症发生的主要原因。微生物通过多种方式造成组织损伤,如释放外毒素或内毒素(exo- or endotoxins)、引起超敏反应或在细胞内繁殖(intracellular multiplication)等。由生物病原体引起的炎症又称感染(infection)。

5. 坏死组织 Necrosis of tissue 坏死组织产物能引发邻近活组织的炎症反应,在新鲜梗死灶的边缘所出现的充血出血带和炎症细胞浸润都是炎症的表现。

6. 异物 Foreign bodies 手术缝线、二氧化硅晶体或物质碎片等残留在机体组织内可导致炎症。

三、炎症的基本病理变化 Basic Pathological Changes of Inflammation

炎症的基本病理变化包括变质、渗出和增生。一般讲来,这三个过程在各种炎症过程中均存在,但在不同的炎症中往往以其中某个过程为主。一般炎症的早期以变质或渗出为主,炎症的后期以增生为主。一般说来,变质是损伤性过程,而渗出和增生是抗损伤和修复过程。

(一)变质 Alteration

炎症局部组织发生的变性和坏死统称为变质。变质既可以发生于实质细胞(parenchyma cells),又可以发生于间质细胞(interstitial cells)。实质细胞常出现的变质性变化包括细胞水肿(cell swelling)、脂肪变性(fatty degeneration)、凋亡(apoptosis)、细胞凝固性坏死(coagulation necrosis)和液化性坏死(liquefaction necrosis)等。间质细胞常出现的变质性变化包括黏液样变性(mucoid degeneration)和纤维素性坏死(fibrinoid necrosis)等。变质由致病因子直接作用,或由血液循环障碍和炎症反应产物的间接作用引起。因此炎症反应的轻重一方面取决于致病因子的性质和强度,另一方面也取决于机体的反应状态。

(二)渗出 Exudation

炎症局部组织血管内的液体成分、纤维素等蛋白质和各种炎症细胞通过血管壁进入组织、体腔、体表和黏膜表面的过程叫渗出。渗出是炎症最具特征性的变化,在局部发挥着重要的防御作用。

1. 漏出液和渗出液的区别 Differences between exudate and transudate 炎症渗出所形成的渗出液(exudate)与单纯血液循环障碍引起的漏出液(transudate)的区别见表 4-1。漏出液和渗出液形成机制见图 4-2。但两者均可引起水肿(edema)或浆膜腔积液(hydropsy of serous cavity)。

表 4-1 漏出液和渗出液的区别

Important differences between exudate and transudate

	漏出液	渗出液
原因	非炎症性	炎症性
外观	透明或微混,色淡黄	多浑浊,可为浆液性、脓性或血性
凝固性	不能自凝	能自凝
比重	<1.018	>1.018
Rivalta 试验	阴性	阳性
蛋白定量	<25g/L	>40g/L
细胞计数	$<100\times10^6$/L	$>500\times10^6$/L
细胞分类	以淋巴细胞和间皮细胞为主	化脓性炎症以中性粒细胞为主,结核性以淋巴细胞为主,癌性渗出液多为血性并可查到癌细胞
细菌	无	可查到病原菌

2. 渗出液的主要种类 Major kinds of exudation

(1)浆液性渗出 Serous exudation:以血浆成分为主。

(2)纤维素性渗出 Fibrinous exudation:渗出物中含高浓度的纤维蛋白(fibrin),纤维素性渗出主要发生于纤维素性炎中,常累及浆膜(serous membrane),黏膜(mucous membrane)和肺(lung),如风湿性心包炎(rheumatic pericarditis),细菌性痢疾(Bacillary dysentery)和大叶性肺炎(lobar pneumonia)等。

(3)脓性渗出 Purulent exudation:富含中性粒细胞和细胞碎片。

渗出的浆液、纤维蛋白和脓性成分可以混合出现,常称之为浆液纤维素性或纤维素性化脓性渗出物。当渗出物中因含有大量红细胞(erythrocytes)而呈现红色时,称之为血性渗出物(hemorrhagic exudates),如出血性膀胱炎(hemorrhagic cystitis)。

(三)增生 Proliferation

包括实质细胞和间质细胞的增生。实质细胞的增生,如鼻黏膜慢性炎症时上皮细胞和腺体的增生,慢

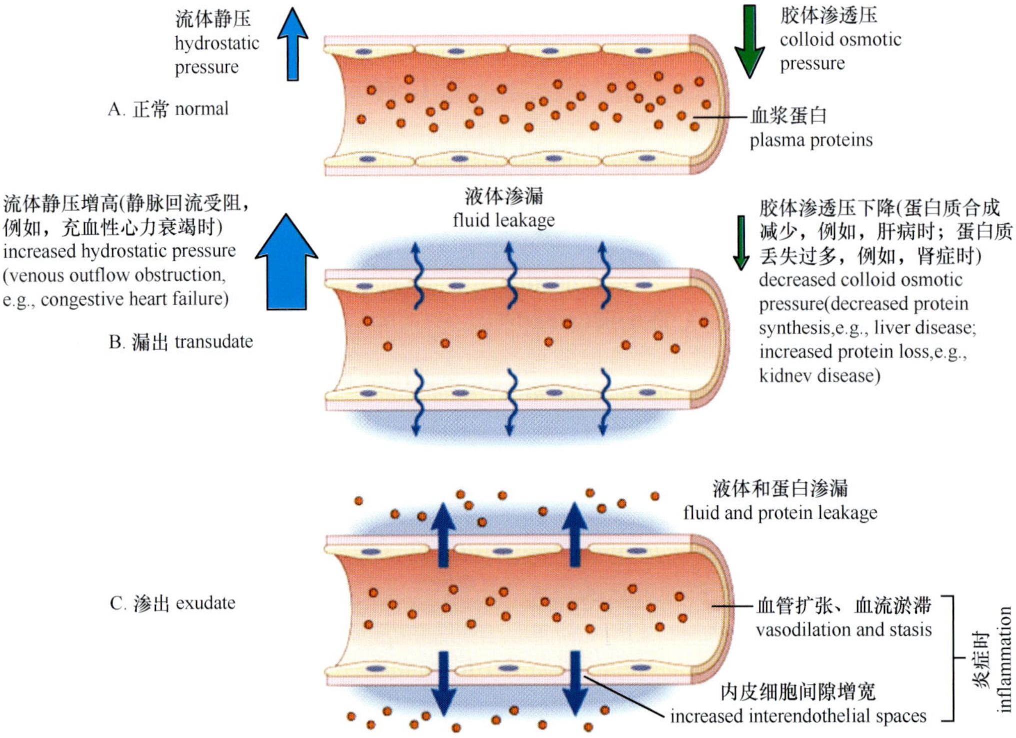

图 4-2 漏出液和渗出液的形成 Formation of transudates and exudates

A. 微循环动脉端的正常流体静压约 32mmHg，而静脉端约 12mmHg，组织平均胶体渗透压约 25mmHg，与微循环流体静压相当，因此正常状态下血管内外液体净流量为零；B. 当微循环流体静压升高或胶体渗透压下降时，形成漏出液；C. 炎症时，由于内皮细胞间隙增宽而造成血管通透性增加时，形成渗出液 A. Normal hydrostatic pressure is about 32 mm Hg at the arterial end of a capillary bed and 12 mm Hg at the venous end; the mean colloid osmotic pressure of tissues is approximately 25 mm Hg, which is equal to the mean capillary pressure. Therefore, the net flow of fluid across the vascular bed is almost nil. B. A transudate is formed when fluid leaks out because of increased hydrostatic pressure or decreased osmotic pressure. C. An exudate is formed in inflammation because vascular permea-bility increases as a result of increased interendothelial spaces

性肝炎(chronic hepatitis)中的肝细胞增生。间质细胞的增生包括组织细胞(histiocyte)、血管内皮细胞(vascular endothelial cell)、成纤维细胞(fibroblast)。成纤维细胞增生可产生大量胶原纤维(collagen fibre)，可形成炎症纤维化，在慢性炎症中表现较突出，甚至与实质细胞增生共同形成炎症性息肉(polyp)。实质细胞和间质细胞的增生是相应的生长因子(growth factor)刺激的结果。

由细菌引发的急性炎症过程中，细胞增生常不明显，但伤寒病(typhoid fever)早期的淋巴结病变中常出现巨噬细胞/组织细胞(macrophages / histiocytes)的大量增生。病毒具有刺激细胞分裂的特性，所以在许多病毒性感染的早期就表现为显著的细胞增生，发生在皮肤时尤为突出，如水痘(chickenpox)和单纯疱疹病毒(herpes simplex viru)感染的早期。另外，肾小球肾炎(glomerulonephritis)时球囊壁层上皮细胞(parietal epithelial cells)增生，常呈现“新月体”(Cresents)样改变(图 4-3)。增生常是慢性炎症的共同特征。

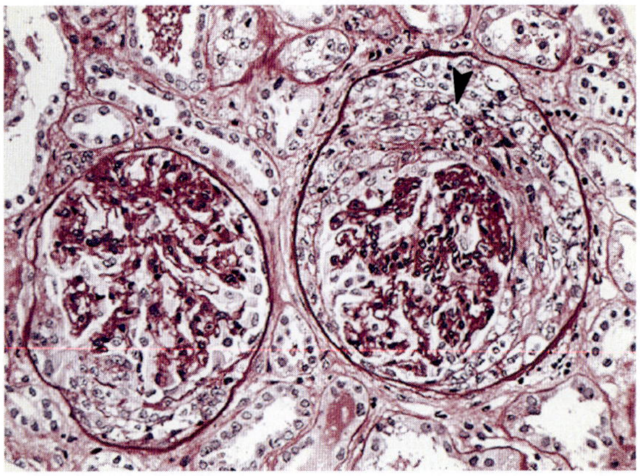

图 4-3 新月体肾炎 Crescentic glomerulonephritis(PAS 染色)

四、炎症的临床表现 Clinical Manifestations of Inflammation

(一) 炎症的局部表现 Local manifestations of inflammation

红(redness)、肿(edema)、热(heat)、痛(pain)和功能障碍(loss of function)。炎症局部发红和发热是

由于局部血管扩张、血流加快所致。炎症局部肿胀与局部血管充血、液体和细胞成分渗出有关。渗出物的压迫和炎症介质的作用可引起疼痛。在此基础上可进一步引起局部脏器的功能障碍，如关节炎(arthritis)可引起关节活动障碍，肺泡性和间质性肺炎(pneumonia)均可影响换气功能。

（二）炎症的全身反应 Systemic reactions of inflammation

炎症的全身急性期反应包括发热(fever)、慢波睡眠(slow-wave sleep)增加、厌食(anorexia)、肌肉蛋白降解加速、补体和凝血因子合成增多，以及末梢血白细胞数目的改变(leukocytosis)。

发热是下丘脑(hypothalamus)的体温调节中枢(thermotaxic centre)受外源性和内源性致热源(exo-/endogenous pyrogen)刺激的结果。IL-1、IL-6和TNF-α是介导的急性期炎症反应最重要的细胞因子。IL-1和TNF作用于下丘脑的体温调节中枢，通过在局部产生前列腺素E引起交感神经(sympathetic nerve)兴奋、皮肤血管收缩和发热，因而阿司匹林和非甾体类抗炎药物(环氧化酶抑制剂)可退烧。

IL-1和TNF-α可诱导IL-6的产生，而IL-6能刺激肝脏合成纤维蛋白原等急性反应期血浆蛋白，促进红细胞凝聚，使血沉加快。

末梢血白细胞计数增加是炎症反应的常见表现，特别在细菌感染所引起的炎症时更是如此。白细胞计数可达15 000～20 000/mm^3，若达到40 000～100 000/mm^{3}称为类白血病反应(leukemoid reaction)。末梢血白细胞计数增加主要是由于IL-1和TNF所引起白细胞从骨髓(bone marrow)储存库释放加速，而且相对不成熟的杆状核中性粒细胞所占比例增加，称之为“核左移’。持续感染能促进集落刺激因子(colony-stimulating factors ,CSF)的产生引起骨髓造血前体细胞的增殖。多数细菌感染引起中性粒细胞增加；寄生虫感染和过敏反应(anaphylaxis)引起嗜酸粒细胞增加；一些病毒感染选择性地引起淋巴细胞比例增加，如单核细胞增多症(mononucleosis)、腮腺炎(parotitis)和风疹(rubella)等。但多数病毒、立克次体(rickettsia)和原虫(protozoan)感染，甚至极少数细菌(如伤寒杆菌 bacterium typhosum)感染则引起末梢血白细胞计数减少。

实质细胞变性(如心、肝、肾、脑)，单核巨噬细胞系统增生(如肝大、脾肿大和淋巴结反应性增生)。

严重的全身感染，特别是败血症，可引起全身血管扩张、血浆外渗、有效血循环量减少和心脏功能下降而出现休克(shock)。如有凝血系统的激活可引起弥散性血管内凝血(DIC)。

> **Systemic Effects of Inflammation**
>
> Fever: cytokines (TNF, IL-1) stimulate production of prostaglandins in hypothalamus. Production of acute-phase proteins: C-reactive protein, synthesis stimulated by cytokines (IL-6) acting on liver cells. Leukocytosis: cytokines (colony-stimulating factors) stimulate production of leukocytes from precursors in the bone marrow. In some severe infections, septic shock: fall in blood pressure, disseminated intravascular coagulation, metabolic abnormalities, induced by high levels of TNF

（三）炎症的意义

(1) 炎症是机体的防御反应，通常有如下积极作用：①局限致炎因子，阻止病原菌的扩散。炎症渗出中的纤维素交织成网和炎症增生均可限制病原微生物的扩散。②液体和白细胞渗出可稀释毒素，消灭致炎因子和清除坏死组织。③炎症局部的实质细胞和间质细胞在相应生长因子的作用下发生增生修复损伤组织，恢复组织和器官的功能。

(2) 在一定情况下，炎症对机体的存在潜在危害性：①当炎症引起组织、器官严重的变性、坏死时可影响受累组织和器官的功能。②当炎症伴有大量渗出物或过度增生累及重要器官时可造成严重的后果。③长期慢性炎症症刺激可诱发某些肿瘤。

因此临床上除了消灭致病因子外，还需采取一系列措施控制炎症。

五、炎症的分类
Types of Inflammation

炎症的分类方法多种多样，可根据炎症累及的器官、病变程度、炎症性质和持续的时间等进行分类。

(1) 依据炎症累及的器官进行分类，命名时在病变器官后加“炎”字。有时还加用受累的解剖部位和致炎因子等加以修饰，如病毒性心肌炎。

(2) 依炎症的程度进行分类为轻、中、重。

(3) 依炎症为主的基本病变性质进行分类。分为变质性炎、渗出性炎和增生性炎。渗出性炎还可以根据渗出物的特点进一步分类为浆液性炎、纤维素性炎、化脓性炎等。

(4) 依炎症持续的时间进行分类为急性和慢性。急性炎症反应迅速，持续时间短、仅几天，一般不超过1个月。以变质、渗出性病变为主，主要是中性白细胞渗出。有时也可以增生为主。但在急性特殊感染的炎症时有针对病原体的特殊细胞渗出。慢性炎症持续时间较长，数月到数年，一般以增生性病变为主，可伴有肉芽肿形成，主要是淋巴细胞和单核细胞渗出，伴组织纤维化或硬化。

第二节 急性炎症
Acute Inflammation

急性炎症过程主要是血管反应。在急性炎症过程中，血流动力学改变、血管通透性增加和白细胞渗出这三种改变非常明显（图4-4），以此把抵抗病原微生物的两种主要成分的白细胞和抗体运输到炎症病灶。

一、血流动力学改变
Hemodynamic Changes

急性炎症过程中组织发生损伤后，很快发生血流动力学变化，即血流量（vascular flow）和血管口径（vascular caliber）的改变。血流动力学变化的速率取决于损伤的严重程度，血流动力学变化按如下顺序发生：

1. 细动脉短暂收缩 Transient vasoconstriction of arterioles 细动脉短暂收缩由神经调节（neuroregulation）和化学介质（chemical mediator）引起，损伤发生后立即出现。视损伤的严重程度不同，细动脉的短暂收缩持续数秒到数分钟。轻微损伤后细动脉收缩短暂，数秒后即重新恢复血液循环，而强烈损伤，如热损伤（thermal injury），血管收缩（vasoconstriction）常持续5min左右。

2. 血管扩张和血流加速 Vasodilatation and increased blood flow 先发生细动脉扩张，然后毛细血管扩张（telangiectasis）以及开放的毛细血管（capillaries）数量增加，使局部血流加快，血流量增加，是局部发红和发热的原因。血管扩张的发生机制与神经和体液因素（humoral factor）有关，神经因素即轴突反射（axon reflex），体液因素包括组胺（histamine）、一氧化氮（nitric oxide）、缓激肽（bradykinin）和前列腺素（prostaglandin）等化学介质。

3. 血流速度减慢 Slowing of circulation 血流速度减慢是血管通透性（vascular Permeability）升高的结果。富含蛋白质的液体渗到血管外，导致血管内红细胞浓集和血液黏稠度（blood viscosity）增加。最后在扩张的小血管内挤满红细胞，称为血流停滞（stasis）。血流停滞有利于白细胞黏附于血管内皮并渗出到血管外。

急性炎症过程中血流动力学改变的速度取决于致炎因子、损伤的种类和严重程度。极轻度刺激引起血流加快仅持续10～15min，然后逐渐恢复正常；轻度刺激下血流加快可持续几小时，随后血流速度减慢，甚至发生血流停滞；较重的刺激可在15～30min内出现血流停滞；而严重损伤仅在几分钟内发生血流停滞。此外在炎症灶的不同部位血流动力学改变是不同的，例如烧伤病灶的中心已发生了血流停滞，但病灶周边不可能仍处于血管扩张状态。

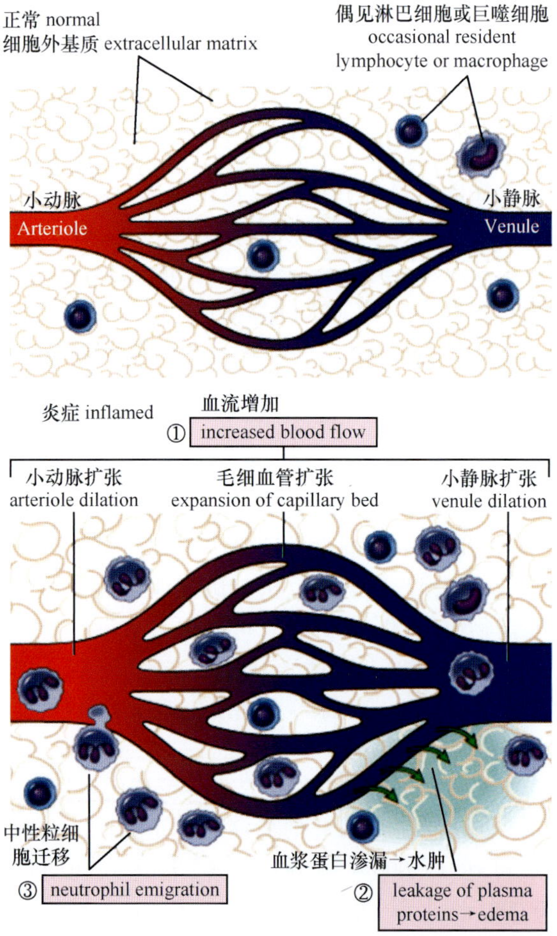

图4-4 急性炎症时血管反应 The major local manifestations of acute inflammation, compared to normal
①血管扩张、血流加速；②血浆和蛋白外渗；③白细胞渗出
①Vascular dilation and increased blood flow (causing erythema and warmth), ② extravasation and deposition of plasma fluid and proteins (edema), and ③ leukocyte (mainly neutrophil) emigration and accumulation in the site of injury

Vascular Reactions in Acute Inflammation

Vasodilation is induced by chemical mediators such as histamine, and is the cause of erythema and stasis of blood flow. Increased vascular permeability is induced by histamine, kinins and other mediators that produce gaps between endothelial cells, by direct or leukocyte-induced endothelial injury, and by increased passage of fluids through the endothelium. Increased vascular permeability allows plasma proteins and leukocytes to enter sites of infection or tissue damage. Fluid leak through blood vessels results in edema.

二、血管通透性增加

Increased Vascular Permeability

在炎症过程中富含蛋白质的液体渗出到血管外，聚集在间质内称为炎性水肿(edema)，若聚集于浆膜腔则称为浆膜腔炎性积液(hydrops)。炎性水肿在急性炎症过程中常表现得很突出，引起炎性水肿的因素包括：血管扩张和血流加速引起流体静力压(hydrostatic pressure)升高和血浆超滤(ultrafiltration)；富含蛋白质的液体外渗到血管外，使血浆胶体渗透压(plasma colloid osmotic pressure)降低，而组织内胶体渗透压升高。

微循环血管通透性的维持主要依赖于血管内皮细胞的完整性(intact endothelium)。在炎症过程中下列机制可引起血管通透性增加(图4-5)：

1. 内皮细胞收缩 Endothelial contraction 由组胺、缓激肽、白细胞三烯(leukotriene)和P物质(P substance)等作用于内皮细胞受体使内皮细胞迅速发生收缩，在内皮细胞间出现0.5~1.0μm的缝隙(gaps)。主要影响20~60μm口径的毛细血管后微静脉(postcapillary venule)，可能与这些细静脉内皮细胞具有较多组胺和P物质受体有关。由于这些引起内皮细胞收缩的炎症介质的半衰期(half life)较短，仅为15~30min，而且所引起的内皮细胞收缩是可逆的，因而称为速发短暂反应(immediate transient response)。白细胞介素1(IL-1)、肿瘤坏死因子(TNF)、γ干扰素(IFN-γ)、缺氧(anoxia)和某些亚致死性损伤(sublethal damage)可引起内皮细胞细胞骨架重构(reconstruction of cytoskeleton)，也可以导致内皮细胞发生收缩。与组胺所引起的内皮细胞迅速收缩不同，这种内皮细胞骨架重构所引起的内皮细胞收缩出现较晚，一般发生于损伤后4~6h，持续时间长，一般超过24h。

2. 穿胞作用增强 increased transcytosis 近内皮细胞间连接处由相互连接的囊泡所构成的囊泡体，形成穿胞通道(transcytoplamic channel)，富含蛋白质的液体通过穿胞通道穿越内皮细胞称为穿胞作用(transcytosis)，这是血管通透性增加的另一机制。

3. 直接损伤内皮细胞 Direct injury endothelum 严重烧伤和化脓菌感染时可直接损伤内皮细胞，使之坏死脱落，血管通透性增加，此种损伤引起的血管通透性增加发生迅速，并在高水平上持续几小时到几天，直至血栓形成(thrombosis)或内皮细胞再生修复为止，此过程称为速发持续反应(immediate sustained response)。轻、中度热损伤、X线和紫外线照射、某些细菌毒素引起的血管通透性增加则发生较晚，常在2~12h之后，但可持续几小时到几天，此过程称为迟发持续性渗漏(delayed prolonged leakage)，主要累及毛细血管和细静脉。

4. 白细胞介导的内皮细胞损伤 Leukocyte-dependent injury 白细胞黏附于内皮细胞，白细胞激活，释放出具有毒性的氧代谢产物和蛋白水解酶(proteolytic enzyme)，引起内皮细胞损伤和脱落，使血管通透性增加。

5. 新生毛细血管壁的高通透性 New blood vessel formation 在炎症修复过程中形成的新生血管内皮细胞细胞连接(cell junction)不健全，因而新生毛细血管具有高通透性；血管内皮细胞生长因子(vascular endothelium-derived growth factor，VEGF)促进内皮细胞增生的同时，还可使血管通透性增加；新生的血管内皮细胞有较多的血管活性物质(vasoactive substance)受体。因而新生毛细血管具有高通透性。

内皮细胞收缩导致内皮间隙增宽
gaps due to endothelial contraction
- 小静脉
- 血管活性物质(组胺、白三烯等)
- 最常见
- 速发、持续时间短(数分钟)
- venules
- vasoactive mediators (histamine,leukotrienes.etc.)
- most common
- fast and short-lived(minutes)

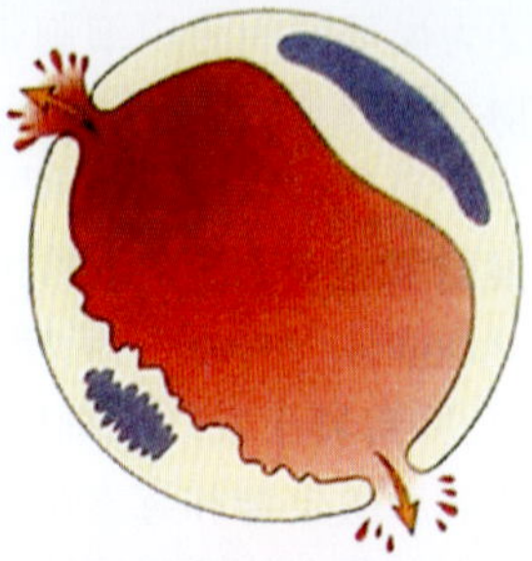

直接损伤
direct injury
- 小动脉、毛细血管和小静脉
- 毒素、烧伤、化学损伤
- 速发、持续时间较长(数小时至数日)
- arterioles,capillaries,and venules
- toxins,burns,chemicals
- fast and may be long-lived (hours to days)

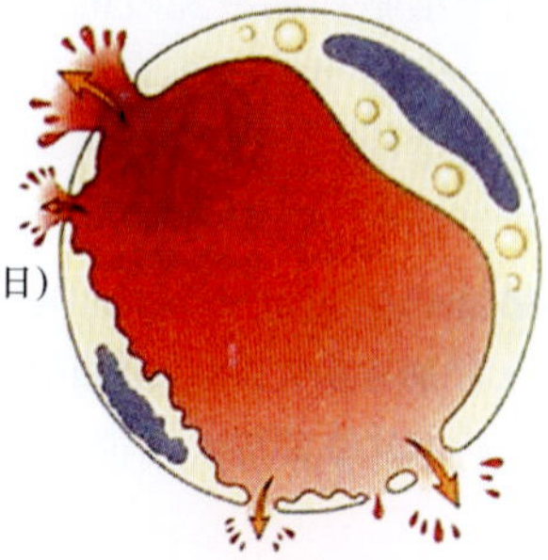

白细胞依赖性损伤
leukocyte-dependent injury
- 小静脉为主
- 肺毛细血管
- 迟发性
- 持续时间较长(数小时)
- mostly venules
- pulmonary capillaries
- late response
- long-lived(hours)

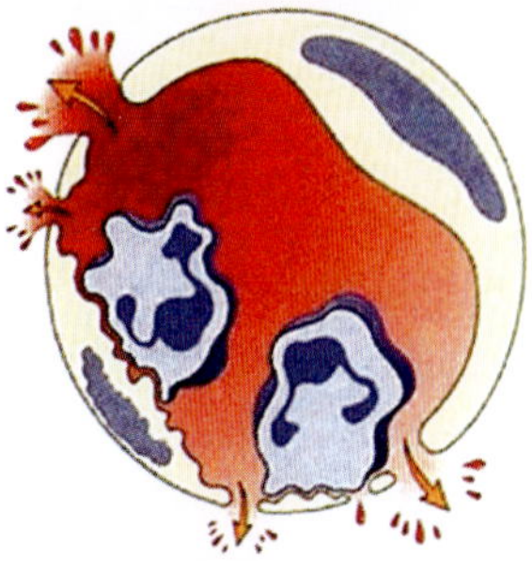

穿胞作用增强
increased transcytosis
- 小静脉
- 血管内皮源性生长因子
- venules
- vascular endothelium-derived growth factor

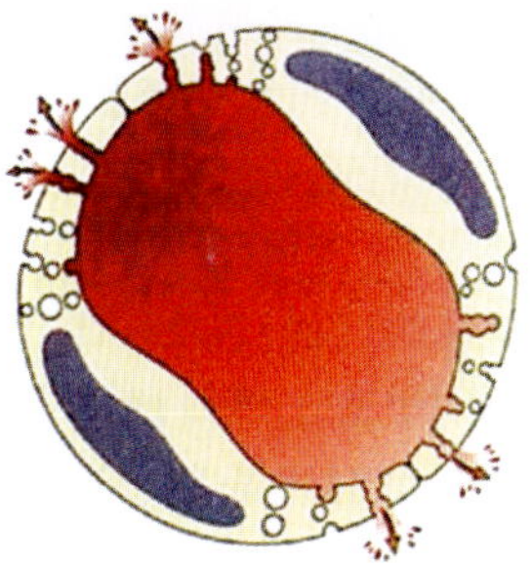

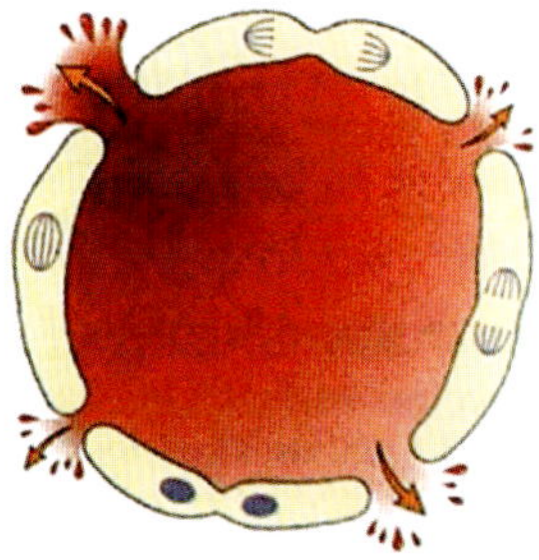

图 4-5 炎症时血管通透性增加的机制 Various mechanisms underlying increased vascular permeability in inflammation

应当指出,上述引起血管通透性增加的因素可同时或先后起作用。

血管通透性增加所引起的炎性水肿的意义在于:①稀释和中和毒素,减轻毒素对局部的损伤作用;②为局部浸润的白细胞带来营养物质和运走代谢产物;③渗出物中所含的抗体和补体(complements)有利于消灭病原体;④渗出物中的纤维素交织成网,不仅可限制病原微生物的扩散,还有利于白细胞吞噬消灭病原体、在炎症的后期纤维素网架可成为修复的支架,并有利于成纤维细胞产生胶原纤维;⑤渗出物中的病原微生物和毒素随淋巴液被带到所属淋巴结有利于细胞和体液免疫的产生。

但渗出液过多有压迫和阻塞作用,例如肺泡内过多的渗出液可影响换气功能,过多的心包或胸膜腔积液可压迫心脏或肺脏,严重的喉头水肿(laryngeal edema)可引起窒息(asphyxia)。渗出物中的纤维素吸收不良可发生机化,例如引起肺肉质变(carnification)、浆膜粘连甚至浆膜腔闭锁。

三、白细胞渗出 Leukocyte Exudation

炎症反应最重要的功能是将炎症细胞输送至炎症病灶,白细胞渗出是炎症反应最重要的特征。中性粒细胞和单核细胞可吞噬和降解细菌、免疫复合物(immune complex)、异物和坏死组织碎片,构成炎症反应的主要防御环节。白细胞也可通过释放蛋白水解酶、化学介质和毒性氧自由基(oxygen radicals)等,引起机体组织和细胞的损伤,并可能延长炎症过程。

白细胞穿越血管到组织中的过程称为白细胞的渗出,这是白细胞穿过血管移动的多步骤的、复杂的、连续的过程,包括白细胞边集和滚动、黏附和游出、在组织中游走等阶段(图 4-6)。白细胞在局部炎症因子的作用下到达炎症病灶,在局部发挥重要的防御作用。不同分子在这一过程的不同阶段发挥重要作用,如选择素在细胞滚动过程中起作用,化学介质激活中性粒细胞以增强其与整合蛋白的亲和性;整合蛋白增强白细胞与内皮细胞的黏附力等。

1. 白细胞边集和滚动 Leukocyte margination and rolling 随着血流缓慢和液体渗出的发生,毛细血管后微静脉中的白细胞离开血管的中心部轴流(axial stream),到达血管的边缘部,称为白细胞边集(leukocytic margination)。随后在内皮细胞表面翻滚,并不时黏附于内皮细胞,称为白细胞滚动(leukocytic rolling)。

选择素(selectin)介导白细胞滚动过程中与内皮细胞的黏附。选择素包括表达于内皮细胞的 E 选择素(又称 CD62E)、表达于内皮细胞和血小板的 P 选择素(又称 CD62P)和表达于白细胞的 L 选择素(又称 CD62L)。表达于内皮细胞的 CD62E 和 CD62P 通过其凝集素结构域与表达于白细胞的唾液酸化 Lewis X 和 Lewis A 共价结合。表达于白细胞的 CD62L 可以与内皮细胞的含糖的细胞黏附分子 1(GlyCAM-1, glycan-bearing cell adhesion molecule 1),黏膜定居素细胞黏附分子 1 (MadCAM-1, mucosal addressin cell adhesion molecule 1)和 CD34 结合。

2. 白细胞黏附 Adhesion 继白细胞滚动过程完成后,白细胞借助于免疫球蛋白超家族(immunoglobulin superfamily)分子和整合蛋白(integrin)类分子黏附于内皮细胞。

免疫球蛋白超家族分子包括:细胞间黏附分子 1 (intercellular adhesion molecule 1, ICAM-1)和血管细胞黏附分子 1 (vascular cell adhesion molecule 1, VCAM-1)都作为白细胞表面整合素的配体,表达于血管内皮细胞,分别与位于白细胞表面的整合蛋白受体结合。整合素类是跨膜的超二聚体糖蛋白,由 α 和 β 链组成,可表达在许多类型的细胞中,并可与内皮细胞,其他白细胞以及细胞外基质(Box2-1)的配体结合,介导内皮细胞和白细胞黏附,还介导白细胞与细胞外基质(extracellular matrix)黏附。ICAM-1 可与 LFA-1 和 MAC-1 (CD11a/CD18 和 CD11b/CD18)结合,VCAM-1 可与 VLA-4 和 $\alpha_4\beta_7$结合。

3. 白细胞游出 Emigration 白细胞紧紧黏附于内皮细胞是白细胞从血管中游出(emigration)的前提。首先白细胞在内皮细胞连接处伸出伪足(pseudopodia),整个白细胞以阿米巴运动(ameboid motion)的方式从内皮细胞缝隙中逸出。中性粒细胞、嗜酸粒细胞(eosinophils)、嗜碱粒细胞(basophils)、单核细胞(monocytes)和各种淋巴细胞(lymphocytes)均以此种阿米巴运动的方式游出血管。穿过内皮细胞的白细胞可分泌胶原酶(collagenase)降解血管基膜(basement membrane)。一个白细胞常需 2~12min 才能完全通过血管壁。

白细胞—血管内皮细胞间黏附分子的抗体可抑制白细胞从血管中游出。除白细胞—血管内皮的细胞间黏附分子在白细胞游出中起重要作用外，血管内皮细胞间黏附分子在白细胞游出中也起重要作用。如 CD31 属免疫球蛋白超家族成员，又称血小板内皮细胞黏附分子（platelet endothelial cell adhesion molecule，PECAM-1），起着将内皮细胞黏附在一起的作用，可溶性 CD31 或 CD31 抗体能抑制白细胞从血管中游出。到达血管外的白细胞可通过 CD44 和 β_2 整合素受体黏附于基质蛋白，使白细胞滞留于炎症病灶。

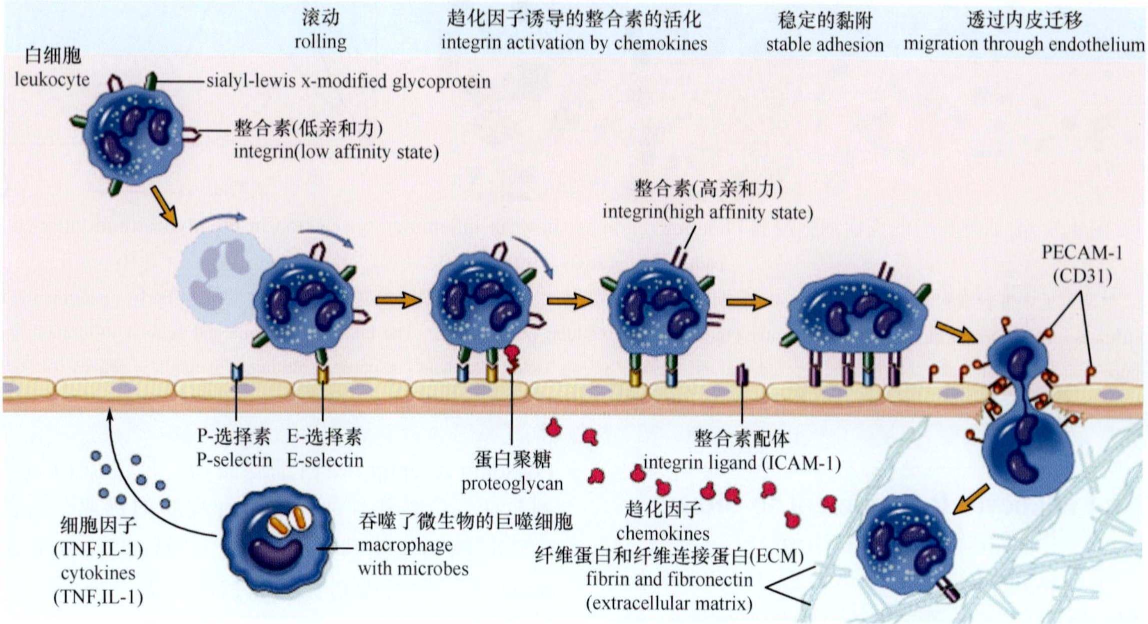

图 4-6 白细胞迁移出血管的过程 Process of leukocyte migration through blood vessels

炎症的不同阶段游出的白细胞的种类有所不同（图 4-7）。炎症的早期（24h 内）中性粒细胞首先游出，24～48h 则以单核细胞浸润为主。其原因在于：①中性粒细胞寿命短，经过 24～48h 后中性粒细胞凋亡和崩解消失，而单核细胞在组织中寿命长；②中性粒细胞停止游出后，单核细胞可继续游出；③中性粒细胞能释放单核细胞趋化因子（monocyte chemotactic factor），因此中性粒细胞游出后必然引起单核细胞游出。此外致炎因子的不同，渗出的白细胞也不同，葡萄球菌（staphylococci）和链球菌（streptococci）感染以中性粒细胞浸润为主，病毒感染以淋巴细胞浸润为主，一些过敏反应（hypersensitivity reactions）中则以嗜酸粒细胞浸润为主。在严重损伤中，红细胞也可能漏出血管外，但这完全是一个被动的（passive）过程。

4. 趋化作用 chemotaxis 趋化作用是指白细胞沿浓度梯度（concentration gradient）向着化学刺激物做定向移动，移动的速度为每分钟 5～20μm。这些具有吸引白细胞定向移动的化学刺激物称为趋化因子（chemotactic agents）。趋化因子具有特异性，有些趋化因子只吸引中性粒细胞，而另一些趋化因子则吸引单核细胞，或嗜酸粒细胞。不同的炎症细胞对趋化因子的反应不同，粒细胞和单核细胞对趋化因子的反应较明显，而淋巴细胞对趋化因子的反应则较弱。

一些外源性和内源性物质具有趋化作用。最常见的外源性趋化因子有可溶性细菌产物，特别是含有 *N*-甲酰基蛋氨酸（*N*-formyl methionine）末端的多肽。内源性趋化因子包括：补体成分（特别是 C5a）、白三烯（主要是 LTB4）、细胞因子（cytokenin）（特别是 IL-8）等。

这些外源性和内源性趋化因子是通过靶细胞（target cells）表面的特异性受体发挥作用的，趋化因子与白细胞表面的特异性 G 蛋白耦联受体（G protein-linked receptors）结合，通过特殊的 G 蛋白激活磷脂酶 C（phospholipase C），导致 4,5 二磷酸磷脂酰肌醇（phosphatidylinositol-4, 5-bisphosphate）水解，产生三磷酸肌醇（inositol triphosphate）和二乙酰基甘油（diacylglycerol），进而使细胞内钙离子（intracellular calcium）升高，激活 Rac/Rho/cdc42 家族的 GTP 酶和一系列激酶（kinase）。促进细胞内细胞骨架成分（intracellular contractile proteins）动态组装和解聚，即在细胞运动前导缘的伪足组装成长的分支状的由肌动蛋白（actin）和肌球蛋白（myosin）构成的收缩蛋白网络，使细胞伸出伪足，细胞的其他部分收缩蛋白网络解聚，继而拉动细胞向前运动，引起细胞的位移。

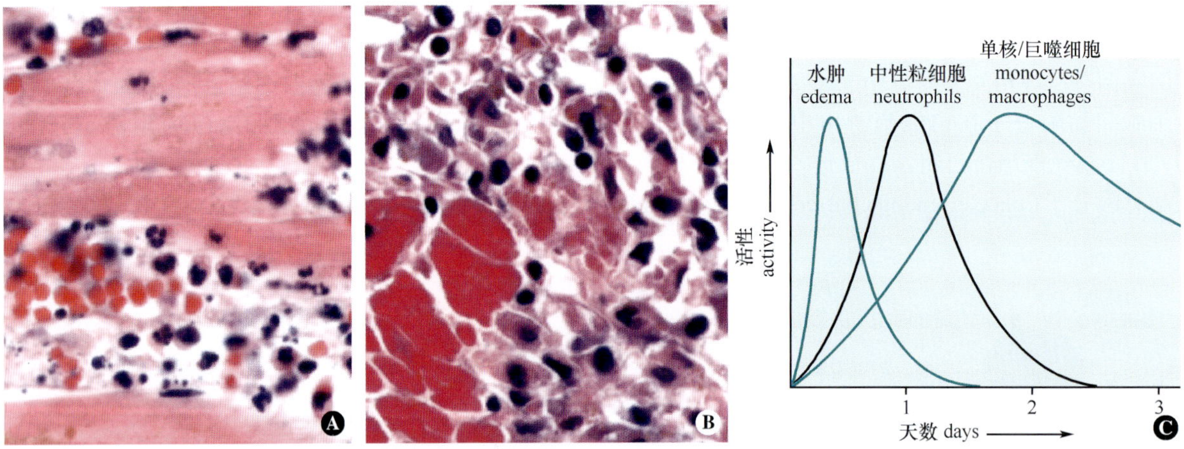

图 4-7 心肌梗死后的炎症细胞浸润 Photomicrographs show an inflammatory reaction in the myocardium after ischemic necrosis (infarction).

A. 早期可见中性粒细胞浸润和血管充血;B. 后期的单核细胞浸润;C. 水肿和炎细胞浸润的动力学示意图 A. Early (neutrophilic) infiltrates and congested blood vessels. B. Later (mononuclear) cellular infiltrates. C. The kinetics of edema and cellular infiltration are approximations. For sake of simplicity, edema is shown as an acute transient response, although secondary waves of delayed edema and neutrophil infiltration can also occur

Leukocyte Recruitment to Sites of Inflammation

Leukocytes are recruited from the blood into the extravascular tissue where infectious pathogens or damaged tissues may be located, migrate to the site of infection or tissue injury, and are activated to perform their functions. Leukocyte recruitment is a multi-step process consisting of loose attachment to and rolling on endothelium (mediated by selectins), firm attachment to endothelium (mediated by integrins), and migration through inter-endothelial spaces. Various cytokines promote expression of selectins and integrin ligands on endothelium (TNF, IL-1), increase the avidity of integrins for their ligands (chemokines), and promote directional migration of leukocytes (also chemokines). Many of these cytokines are produced by tissue macrophages and other cells responding to the pathogens or damaged tissues. Neutrophils predominate in the early inflammatory infiltrate and are later replaced by macrophages.

四、白细胞在局部的作用 Local Effect of Leukocyte

许多趋化因子不仅具有对白细胞的趋化作用,而且可激活白细胞,白细胞的激活也可由病原体、坏死细胞产物、抗原抗体复合物(antigen-antibody complex)和细胞因子引起。上述白细胞激活因子作用于白细胞表面的 TLRs(toll-like receptors)、七次跨膜的 G 蛋白耦联受体、细胞因子受体和调理素受体(opsonin receptor)使白细胞激活。白细胞激活的机制包括二乙酰基甘油的产生和细胞内钙离子升高激活磷脂酶 A_2,使磷脂产生花生四烯酸(arachidonic acid)代谢产物;通过激活蛋白激酶 C 可使白细胞脱颗粒(degranulation)和释放溶酶体酶(lysosomal enzyme),激活磷脂酶 D 维持二乙酰基甘油的含量;某些细胞因子(例如 TNF)本身对白细胞的激活作用不强,但在趋化因子的协同作用下,其激活白细胞的能力可大大增强(图 4-8)。

1. 吞噬作用 Phagocytosis 吞噬作用是指白细胞游出并抵达炎症病灶,吞噬病原体和组织碎片的过程。吞噬作用是除了白细胞通过释放溶酶体酶之外的另一种杀伤病原体的途径。

(1) 吞噬细胞的种类 Phagocytes:发挥此种作用的细胞主要为中性粒细胞和巨噬细胞。

中性粒细胞吞噬能力较强,细胞胞质内含有嗜天青颗粒(azurophilic granules)和特异性颗粒,嗜天青颗粒含有酸性水解酶(acid hydrolase)、中性蛋白酶(proteinase neutral)、髓过氧化物酶(myeloperoxidase, MPO)、阳离子蛋白(cationic protein)、溶菌酶(lysozyme)和磷脂酶 A_2,特异性颗粒含溶菌酶、磷脂酶 A_2、乳铁蛋白(lactoferrin)及碱性磷酸酶(alkaline phosphatase)等。

炎症灶中的巨噬细胞来自血液的单核细胞,其溶酶体含有酸性磷酸酶和过氧化物酶(peroxidase)。巨噬细胞受到外界刺激能被激活,表现为细胞体积增大,细胞表面皱襞增多,线粒体(mitochondrion)和溶酶体(lysosome)增多,功能也相应增强。

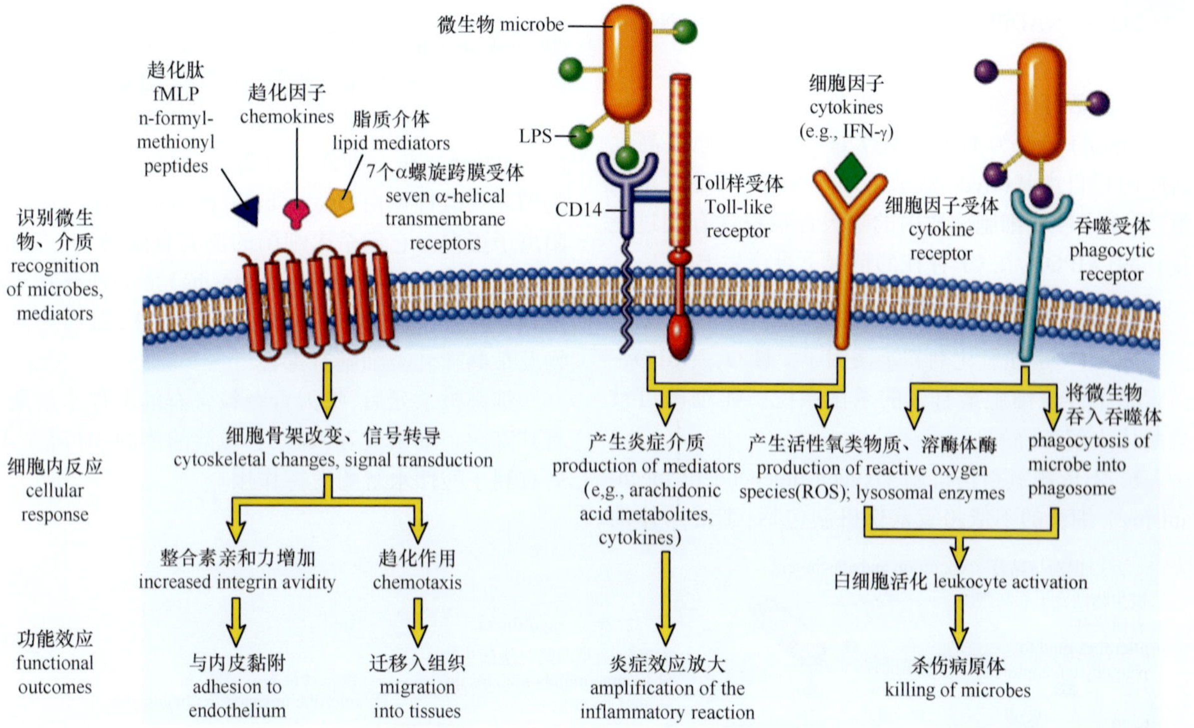

图 4-8 白细胞活化的机制 Leukocyte activation

（2）吞噬过程 Process of phagocytosis：吞噬过程包括识别和附着、吞入、杀伤和降解三个阶段（图 4-9）。

1）识别和附着 Recognition and attachment：血清中存在着调理素（opsonin），调理素是指一类能增强吞噬细胞吞噬功能的蛋白质。这些蛋白质包括 IgG 的 Fc 段、补体 C3b 及其非活跃型（iC3b）、集结素（collectin，血浆内的一种糖结合蛋白）。它们分别可被白细胞的特异性免疫球蛋白 Fc 受体（FcγR）、补体受体（CR1、CR2、CR3）和 C1q 受体识别、结合与包被在细菌的表面，使表面光滑不利于被吞噬细胞捕获的细菌等通过与白细胞表面 Fc、C3b 受体结合而被捕获（capsulated）。在调理素化中，重要的过程是以足够数量的蛋白质来改变细菌表面性状（surface properties）使其被固定。

中性粒细胞和巨噬细胞也可以通过细胞表面非特异性受体吞噬病原体和坏死细胞。这些受体包括甘露糖受体（mannose receptor）和清道夫受体（scavenger receptor）。甘露糖受体为一种巨噬细胞凝集素（cell agglutinin），可与糖蛋白（glycoprotein）和糖脂（glycolipids）末端的甘露糖和岩藻糖（fucose）结合，病原体的细胞壁含有甘露糖和岩藻糖，因而可被吞噬细胞吞噬。清道夫受体可与各种病原体的细胞壁结合。此外 CR3 与 MAC-1 为同一分子，可在没有抗体和补体的情况下参与对细菌的吞噬，因为它可识别细菌表面的脂多糖（lipopolysaccharide）。这些现象称为非调理素化吞噬。

2）吞入 Engulfment：吞噬细胞附着于调理素化的颗粒状物体后便伸出伪足，随着伪足的延伸和相互融合，形成由吞噬细胞胞膜包围吞噬物的泡状小体，称作吞噬体（phagosome）。吞噬体与初级溶酶体（primary lysosome）融合形成吞噬溶酶体（phagolysosome），细菌在溶酶体内容物的作用下被杀伤和降解。FcγR 附着于调理素化的颗粒便能引起吞入，但单纯补体 C3 受体不能引起吞入，只有在此种受体被细胞外基质成分纤维黏连蛋白（fibronectin，FN）和层黏连蛋白（laminin，LM），以及某些细胞因子激活的情况下，才能引起吞入。

某些血清蛋白通过吸附在细菌或颗粒表面促进吞噬细胞的吞噬称为表面吞噬作用（surface phagocytosis）。

3）杀伤和降解 Killing and degradation：进入吞噬溶酶体的细菌可被依赖/非依赖氧的途径杀伤和降解。

a. 依赖氧的机制 Oxygen-dependent mechanisms 进入吞噬溶酶体的细菌主要是被具有活性的氧代谢产物杀伤，使白细胞的耗氧量激增，可达正常的 2~20 倍，糖原（glycogen）水解和葡萄糖（glucose）氧化增加，并激活白细胞氧化酶（NADPH 氧化酶，至少由 7 种蛋白组成），后者使还原型辅酶Ⅱ（reduced coenzyme Ⅱ，NADPH）氧化而产生超氧负离子（superoxide anion，O_2^-）。

$$2O_2 + NADPH \xrightarrow{NADPH\ 氧化酶} 2O_2^{\ -} + NADP + H^+$$

大多数超氧负离子经自发性歧化作用(disproportionation)转变为 H_2O_2,H_2O_2进一步被还原成高度活跃的羟自由基(hydroxy radical)。H_2O_2不足以杀灭细菌,在中性粒细胞胞质内的嗜天青颗粒含有髓过氧化物酶(MPO),在 Cl^-存在的情况下可产生 HOCl·。

$$H_2O_2 + Cl^- \xrightarrow{MPO} HOCl^- + H_2O$$

HOCl·是强氧化剂和杀菌因子。H_2O_2—MPO—卤素是中性粒细胞最有效的杀菌系统。死细菌可被溶酶体水解酶降解。

b. 不依赖氧杀伤机制 Oxygen-independent mechanisms 细菌的不依赖氧杀伤机制包括:①溶酶体内杀菌性增加通透性蛋白(bactericidal permeability increasing protein ,BPIP)可激活磷脂酶和降解细胞膜磷脂,使细菌外膜通透性增加;②溶菌酶(lysozyme)可水解细菌糖肽外衣;③特异性颗粒所含的乳铁蛋白(lactoferrin),是一种铁结合蛋白,而存在于嗜酸粒细胞的主要碱性蛋白(major basic protein ,MBP)是一种阳离子蛋白。它们杀灭细菌的能力有限,但对许多寄生虫具有毒性;④防御素(defensins)是一种存在于白细胞颗粒中、富含精氨酸的阳离子多肽,对病原微生物及某些哺乳类细胞有毒性。

细菌被杀死后,嗜天青颗粒含有的酸性水解酶可将其降解。细菌被吞入后,吞噬溶酶体的 pH 降至 4~5,有利于酸性水解酶发挥作用。

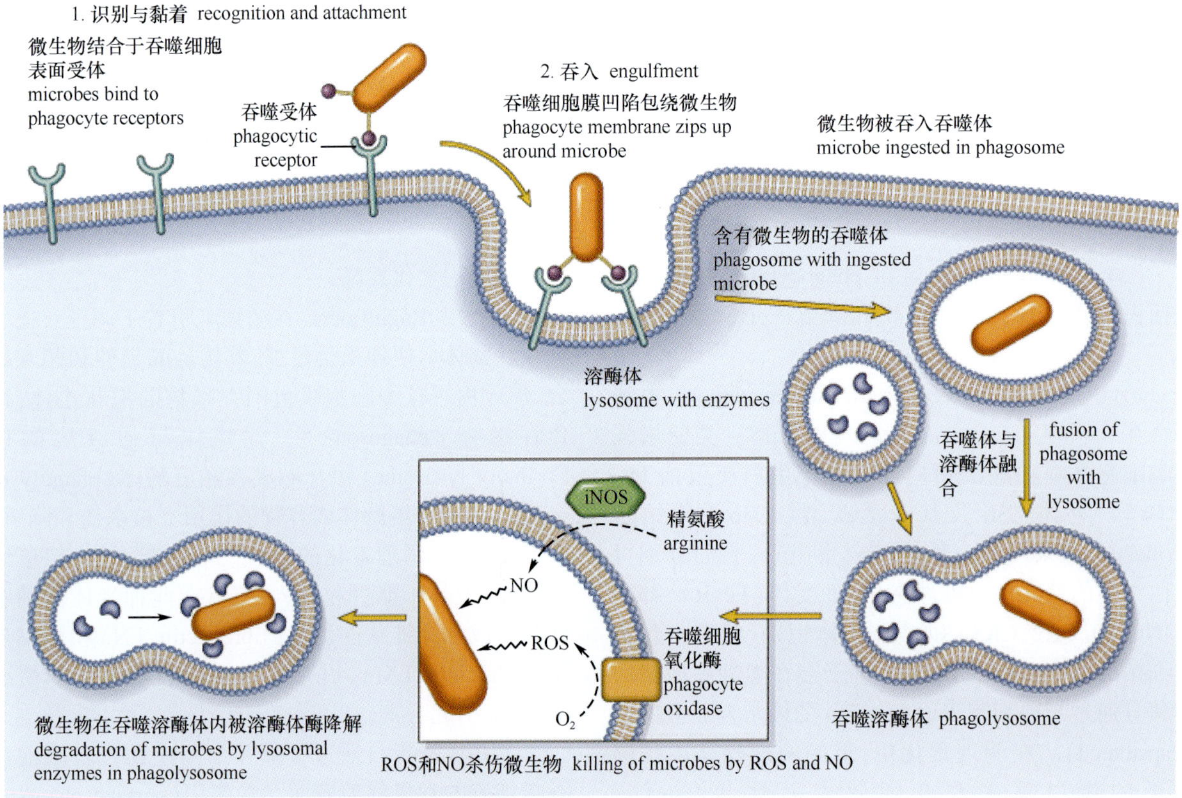

图 4-9 白细胞的吞噬作用 Leukocyte phagocytosis

2. 免疫作用 Immune reaction 发挥免疫作用的细胞主要为单核细胞、淋巴细胞和浆细胞(plasma cells)。抗原进入机体后,巨噬细胞将其吞噬处理,再把抗原呈递给 T 和 B 细胞,免疫活化的淋巴细胞分别产生淋巴因子或抗体,发挥着杀伤病原微生物的作用。

3. 组织损伤作用 Tissue damage 白细胞在趋化、激活和吞噬过程中不仅可向吞噬溶酶体内释放产物,而且还可将产物释放到细胞外间质中,中性粒细胞释放的产物包括溶酶体酶、活性氧自由基、前列腺素和白细胞三烯。这些产物可引起内皮细胞和组织损伤,加重原始致炎因子的损伤作用。单核巨噬细胞还可产生组织损伤因子。

白细胞向细胞外间质释放产物的机制包括:①吞噬溶酶体在完全封闭之前仍与细胞外相通,溶酶体酶可外溢;②在平滑表面,白细胞暴露于不能被吞噬的物质(如免疫复合物),这些物质可引起白细胞细胞膜运动,但不能吞入,溶酶体酶可释放到细胞外间质中;③白细胞对细菌或其他异物发挥表面吞噬作用时,也可释放溶酶体酶;④白细胞吞噬了能溶解溶酶体膜的物质(如尿酸盐 urate),可使溶酶体发生中毒性释放;⑤中性粒细胞的特异性颗粒可直接通过出胞作用(exocytosis)分泌到细胞外。

Leukocyte Effect Mechanisms

Leukocytes can eliminate microbes and dead cells by phagocytosis, followed by their destruction in phagolysosomes. Destruction is caused by free radicals (ROS, NO) generated in activated leukocytes and lysosomal enzymes. Enzymes and ROS may be released into the extracellular environment. The mechanisms that function to eliminate microbes and dead cells (the physiologic role of inflammation) are also capable of damaging normal tissues (the pathologic consequences of inflammation).

4. 白细胞功能缺陷 Functional defect of leukocyte

任何影响白细胞黏附、趋化、吞入、杀伤和降解的先天性或后天性缺陷均可引起白细胞功能障碍。

(1) 黏附缺陷 Adhesion deficiency:人类的白细胞黏附缺陷(leukocyte adhesion deficiency,LAD)可分为LAD-1型和LAD-2型。LAD-1型是由于CD 18的β_2缺陷,导致白细胞黏附、铺展、吞噬和氧化激增反应障碍,引起患者反复细菌感染和创伤愈合不良。LAD-2型由于岩藻糖基转移酶突变使唾液酸化Lewis X缺乏,LAD-2型临床上较LAD-1型轻,也表现为反复细菌感染。

(2) 吞入和脱颗粒障碍 Defect in engulfment and degranulation:Chediak-Higashi综合征为常染色体隐性遗传性(autosomal recessive inheritance)疾病,表现为白细胞数目减少,出现巨大溶酶体,吞噬细胞的溶酶体酶向吞噬体注入障碍,T细胞分泌具有溶解作用的颗粒障碍,引起患者严重的免疫缺陷(immuno-deficiency)和患者反复细菌感染。

(3) 杀菌活性障碍 Defect in microbicidal activity:依赖活性氧杀伤机制的缺陷可引起慢性肉芽肿性疾病(chronic granulomatous disease),是由构成NADPH氧化酶几种成分的基因缺陷(genetic flaw)造成的,大部分遗传方式为X连锁(质膜结合成分gp9lphox突变),部分为常染色体隐性遗传(胞质成分p47phox和p67phox突变)。

(4) 骨髓白细胞生成障碍 Dyspoiesis of leukocyte:造成白细胞数目下降,主要由再生障碍性贫血(aplastic anemia)、肿瘤化疗和肿瘤广泛骨转移所致。

五、炎症介质 Inflammatory Mediators

除了某些致炎因子可直接损伤血管内皮外,炎症反应主要是通过一系列化学因子的作用而实现的。这些化学因子称为化学介质(Chemical mediators)或炎症介质(inflammatory Mediators)。这些介质可以单独(singly)、联合(combinations)或顺序(sequence)地发生作用,放大(amplify)炎症反应,并影响(influence)炎症的进展。许多化学介质已被确定,但它们如何以协同的方式发挥作用仍然没能完全清楚。

炎症介质的共同特点是:①炎症介质可来自血浆(plasma)和细胞。来自血浆的炎症介质多以前体(precursor)的形式存在,需经蛋白酶水解才能被激活;来自细胞的炎症介质或以细胞内颗粒(intracellular granules)的形式储存于细胞内,在有需要的时候释放到细胞外,或在某些致炎因子的刺激下即刻合成。主要的细胞源性的炎症介质来自血小板(platelets),中性粒细胞(neutrophils),单核巨噬细胞(monocytes/macrophages)和肥大细胞(mast cells),间叶细胞(mesenchymal cells)[内皮细胞(endothelium),平滑肌(smooth muscle),纤维母细胞(fibroblasts)]和许多上皮细胞(epithelia)也能诱导产生一些炎症介质;②多数炎症介质通过与靶细胞(target cells)表面的特异性受体(specific receptors)结合发挥其生物活性,然而某些炎症介质本身具有直接酶活性(direct enzymatic activity)或者可介导氧化损伤(mediate oxidative damage);③炎症介质作用于细胞可进一步引起靶细胞产生次级炎症介质,使初级炎症介质的作用得以放大或抵消初级炎症介质的作用。炎症介质可作用于一种或多种靶细胞,可对不同的细胞和组织产生不同的作用;④炎症介质是被精细调控的。炎症介质激活或分泌到细胞外后其半衰期十分短暂,很快衰变、被酶降解灭活、或被拮抗分子抑制或清除。

(一) 细胞释放的炎症介质 Mediators Originated from Cells

1. 血管活性胺 Vasoactive amines 包括组胺(histamine)和5-羟色胺(serotonin,5-HT),储存在细胞的分泌颗粒中。组胺主要存在于肥大细胞(mast cells)和嗜碱粒细胞的颗粒中,也存在于血小板(platelets)内。肥大细胞释放组胺称为脱颗粒。可引起肥大细胞脱颗粒的刺激包括:引起损伤的冷、热等物理因子;免疫反应,即抗原结合于肥大细胞表面的IgE;补体片段,如过敏毒素(anaphylatoxin),即C3a和C5a;白细胞来源的组胺释放蛋白;某些神经肽

(neuropeptide),如 P 物质;细胞因子(cytokines),如 IL-1 和 IL-8。组胺主要通过血管内皮细胞的 H1 受体起作用,可使细动脉扩张和细静脉通透性增加。

5-HT 的作用与组胺相似,5-HT 主要存在于血小板和肠嗜铬细胞(enterochromaffin cell)。胶原纤维、凝血酶(thrombin)、ADP、免疫复合物、血小板活化因子(platelet activating factor,PAF)可促进血小板释放 5-HT。

2. 花生四烯酸代谢产物 Arachidonic acid metabolites 在致炎因子和炎症介质的作用下,激活磷脂酶 A_2,使花生四烯酸(arachidonic acid,AA)通过环氧化酶(cycloxygenase)或脂质氧化酶(lipoxygenase)途径分别产生前列腺素(prostacyclin ,PG)和白细胞三烯(leukotriene,LT),可引起炎症和启动凝血系统(clotting system)。

环氧化酶途径可产生 PGE_2、PGD_2、PGF_2、PGI_2 和 TxA_2。血栓素 A_2(Thromboxane A_2, TXA_2)主要由血小板产生,因为血小板含有 TXA_2 合成酶。TXA_2 使血小板聚集和血管收缩。而 PGI_2 主要由血管内皮细胞产生,因为血管内皮细胞含有 PGI_2 合成酶。PGI_2 可抑制血小板聚集和使血管扩张。前列腺素可协同促进其他炎症介质的增加血管通透性和趋化作用。PGD_2 主要由肥大细胞产生。产生 PGE_2 和 PGF_2 的细胞种类较多。PGE_2、PGD_2 和 PGF_2 协同作用引起血管扩张和促进水肿发生。PGE_2 使皮肤对疼痛刺激更为敏感,在感染过程中与细胞因子相互作用引起发热。

通过脂质氧化酶途径可产生 5 羟基花生四烯酸(5hydroxyeicosatetraenoic acid, 5HETE),5HETE 是中性粒细胞的趋化因子。所产生的 LTB_4 是中性粒细胞的趋化因子和白细胞功能反应(黏附于内皮细胞、产生氧自由基和释放溶酶体酶)的激活因子。LTC_4、LTD_4、LTE_4 可引起明显的血管收缩(vasoconstriction)、支气管痉挛(bronchospasm)和静脉血管通透性增加。

脂质素(lipoxins , LX)是一种新的花生四烯酸活性代谢产物,具有促进和抑制炎症反应的双重作用。在中性粒细胞所产生的 LTA_4 基础上,血小板在 12-脂质氧化酶的作用下产生 LXA_4 和 LXB_4。LX 抑制中性粒细胞的趋化反应和黏附,但可促进单核细胞的黏附。LXA_4 刺激血管扩张和抵消 LTC_4 引起的血管收缩。LX 可能是 LT 内源性负调节因子。

阿司匹林(aspirin)和非甾体类抗炎药物(non-steroidal anti-inflammatory drugs)可抑制环氧化酶活性,抑制 PG 的产生。糖皮质激素(glucocorticoid)可抑制环氧化酶 2 的活性,抑制 IL-1 和 TNF-α 的表达,并能上调某些抗炎蛋白质的基因表达,发挥着抗炎作用(图 4-10)。

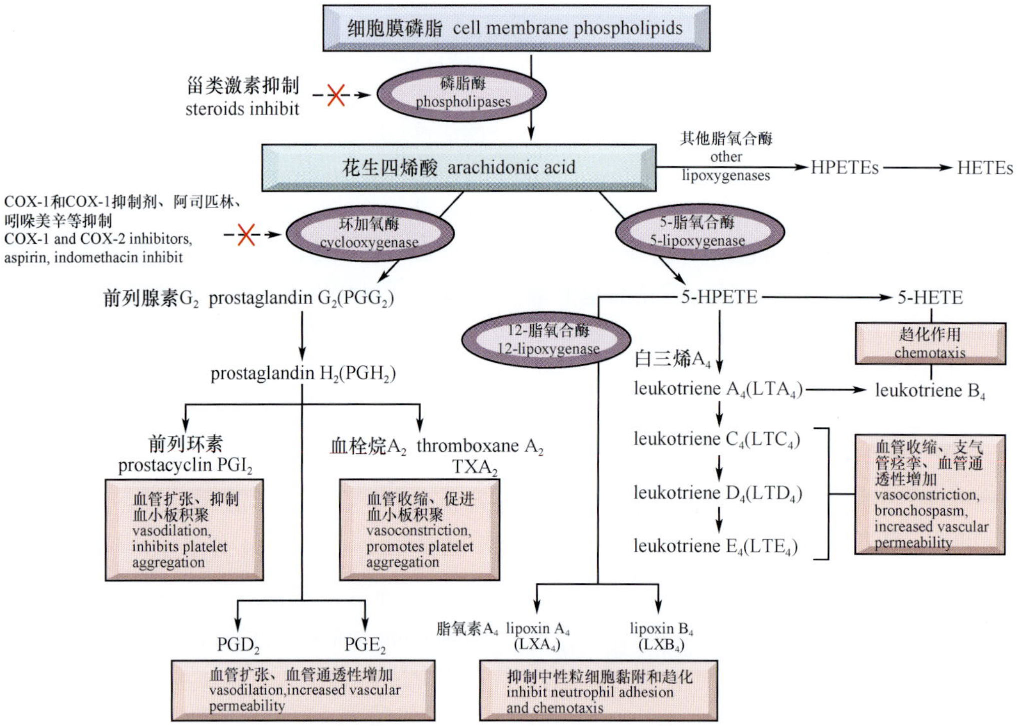

图 4-10 花生四烯酸代谢产物的生成途径及其作用 Generation of arachidonic acid metabolites and their roles in inflammation

3. 白细胞产物 Leukocyte products 致炎因子激活中性粒细胞和单核细胞后可释放氧自由基和溶酶体酶，促进炎症反应和破坏组织，成为炎症介质。这些作用可被血清和组织中的抗蛋白酶(antiprotease)系统抵消。α_1抗胰蛋白酶(α_1-antitrypsin)是主要的中性弹力蛋白酶的抑制剂，如果肺脏中α_1抗胰蛋白酶缺乏，则不能抑制中性弹力蛋白酶对肺组织的破坏作用，最终导致全小叶肺气肿(Panacinar emphyse)的产生。α_2巨球蛋白(α_2-macroglobulin)是另一种血清和组织分泌物中的抗蛋白酶成分。

中性蛋白酶包括弹力蛋白酶(elastase)、胶原酶(collagenase)和组织蛋白酶(cathepsin)，可降解各种细胞外成分，包括胶原纤维、基膜、纤维素、弹力蛋白(elastin)和软骨基质(cartilage matrix)等，在化脓性炎症的组织破坏中起重要作用。中性蛋白酶(proteinase neutral)还可能直接降解C3和C5而产生C3a和C5a，并促进激肽原(prokinin)产生缓激肽样多肽。

白细胞释放的氧自由基包括超氧阴离子(superoxide anion)、过氧化氢(hydrogen peroxide)和羟自由基(hydroxy radical)。它们还能与NO结合产生其他活性氮中间产物。这些介质在低水平情况下可促进趋化因子IL-8和细胞因子的表达，以及内皮细胞和白细胞间黏附因子的表达，增强和放大炎症反应。这些介质在高浓度情况下可造成组织损伤，包括损伤内皮细胞、使血管通透性增加等。抗蛋白酶系统的灭活可造成细胞外基质的破坏增加，并能引起肿瘤细胞、红细胞以及脏器实质细胞的损伤。当然血清、组织液和靶细胞亦有抗氧化保护机制。故是否引起损伤取决于两者的平衡。

4. 细胞因子 Cytokines 在炎症过程中产生的细胞因子可分为五类：①调节淋巴细胞激活、增殖和分化的细胞因子，如IL-2和IL-4可促进淋巴细胞增殖，IL-10和转化生长因子β(TGF-β)是免疫反应的负调节因子；②调节自然免疫，如TNF-α、IL-1β、IFN-α、IFN-β和IL-6；③激活巨噬细胞的细胞因子，包括IFN-γ、TNF-α、TNF-β、IL-5、IL-10、IL-12；④各种炎症细胞的趋化因子；⑤刺激造血的细胞因子，包括IL-3、IL-7、GM-CSF、M-CSF、G-CSF和干细胞生长因子。

其中TNF-α和IL-1主要由激活的巨噬细胞产生，TNF-β由激活的T淋巴细胞产生，IL-1还可由许多细胞产生。在内毒素、免疫复合物和物理性因子引起的炎症中通过自分泌(autocrine)和旁分泌(paracrine)的方式起作用。它们还可通过改变内皮细胞基因表达激活内皮细胞产生其他炎症介质，产生引起基质重构的酶，增加在内皮细胞表面形成血栓的能力。TNF可促进中性粒细胞聚集，使间叶细胞(mesenchymal cells)释放蛋白溶解酶。TNF和IL-1可引起发热、食欲不振、产生慢波睡眠(slow wave sleep)、促进骨髓向末梢血循环释放中性粒细胞、促进ACTH和肾上腺皮质激素(adrenal cortical hormone, corticoid)的释放。TNF可引起败血症(septicemia)患者血压降低、血管外周阻力降低、心率加快和血液pH降低。TNF-α还可引起恶病质(cachexia)。

趋化因子是一组由70～130个氨基酸组成的小分子蛋白质，可分为两类：炎症性趋化因子和归巢性趋化因子。有的对中性粒细胞有趋化作用，有的对单核细胞和嗜碱粒细胞有趋化作用，有的对淋巴细胞有特异性的趋化作用(例如lymphotactin)。趋化因子通过与细胞表面受体结合发挥作用，不同的趋化因子可与同一受体结合，一种趋化因子可与不同受体结合。这种结合可以为趋化促进作用，也可为趋化拮抗作用，以此调节炎症性趋化和归巢功能。

5. 血小板激活因子 Platelet activating factors (PAF) 血小板激活因子由嗜碱粒细胞、血小板、中性粒细胞、单核巨噬细胞和血管内皮细胞产生，包括分泌型和细胞膜结合型。除了激活血小板外，PAF可引起血管、支气管收缩。在极低浓度下可使血管扩张和小静脉通透性增加，其作用比组胺强100～10000倍。PAF可引起白细胞与内皮细胞黏附，促进白细胞趋化和白细胞脱颗粒。人工合成的PAF受体的拮抗剂可抑制炎症反应。

6. 一氧化氮 Nitric oxide (NO) 一氧化氮(NO)可由许多细胞产生，单核巨噬细胞利用NO可杀伤病原微生物和肿瘤细胞。血管内皮细胞产生的NO可导致平滑肌细胞松弛，因此NO可引起小血管扩张，还可抑制血小板黏附、聚集和脱颗粒，抑制肥大细胞引起的炎症反应，并且是白细胞招募的抑制因子。由一氧化氮合酶产生的活性产物有杀灭病原体的活性，NO与活性氧产物反应可产生多种杀灭病原微生物的代谢产物。在宿主防御反应过程中NO产生增加；在实验动物模型中，灭活诱导型一氧化氮合酶(nitric-oxide synthase)可使病原微生物复制增加(图4-11)。

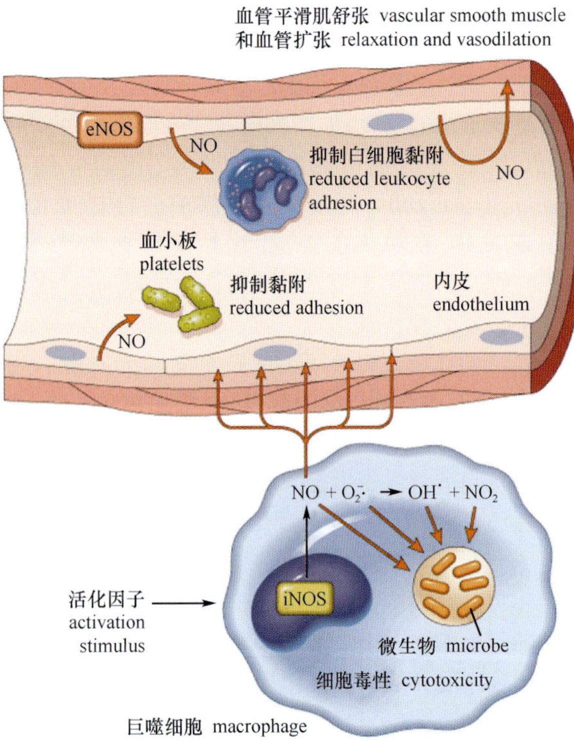

图 4-11 一氧化氮的来源及效应

Sources and effects of nitricoxide

7. 神经肽 Neuropeptides P 物质可传导疼痛，引起血管扩张和血管通透性增加。

Major Cell-derived Mediators of Inflammation

Vasoactive amines: histamine, serotonin. Main effects are vasodilation and increased vascular permeability. Arachidonic acid metabolites: prostaglandins and leukotrienes. Several forms exist and are involved in vascular reactions, leukocyte chemotaxis, and other reactions of inflammation. antagonized by lipoxins. Cytokines: proteins produced by many cell types. Usually act at short range. mediate multiple effects, mainly in leukocyte recruitment and migration. principal ones in acute inflammation are TNF, IL-1, and chemokines. Reactive oxygen species: role in microbial killing, tissue injury Nitric oxide: vasodilation, microbial killing. Lysosomal enzymes: role in microbial killing, tissue injury

（二）体液中的炎症介质 Mediators Originated from Plasma

血浆中存在着三种相互关联的系统：激肽、补体和凝血系统，是重要的炎症介质。

1. 激肽系统 Kinin system 激肽系统激活的最终产物是缓激肽（bradykinin），后者使细动脉扩张，血管通透性增加，内皮细胞收缩，使血管以外的平滑肌细胞收缩，并可引起疼痛。缓激肽还可激活Ⅻ因子，后者使前激肽释放酶（prekallikrein）转变成激肽释放酶（Kallikrein），进一步促进缓激肽的产生，同时激肽释放酶又是Ⅻ因子的强有力的激活因子，这样便使原始的刺激得以放大。激肽释放酶本身还具有趋化活性，并能使 C5 转变成 C5a。

2. 补体系统 Complement system 补体系统由 20 种蛋白质组成，是抵抗病原微生物的天然和过继免疫（adoptive immunity）的重要因子，具有使血管通透性增加、趋化作用和调理素化作用。可通过经典途径（classical pathway，抗原抗体复合物）、替代途径（alternative pathway，病原微生物表面分子，例如内毒素或脂多糖）和凝集素途径（lectin pathway）激活，其中 C3 激活是最重要的一步。

C3a、C5a 和 C4a 通过刺激肥大细胞释放组胺使血管扩张和血管通透性增加，其中 C4a 的作用较小。它们被统称为过敏毒素（anaphylatoxin）。

C5a 是中性粒细胞、嗜酸粒细胞、嗜碱粒细胞和单核细胞的趋化因子。C5a 可使白细胞激活和增加白细胞表面的整合素的亲和力，促进白细胞黏附。C5a 还可激活中性粒细胞和单核细胞的花生四烯酸的脂质氧化酶途径，进一步引起炎症介质的释放。

C3b 和 iC3b 可与细菌细胞壁结合，通过其调理素化作用，增加具有 C3b 和 iC3b 受体的中性粒细胞和单核细胞的吞噬作用。C3 和 C5 可被出现在炎症渗出物中的若干种蛋白水解酶激活，包括纤溶酶（fibrinogenase）和中性粒细胞释放的溶酶体酶，因此形成白细胞游出的增强环路，即补体对中性粒细胞有趋化作用，中性粒细胞释放的溶酶体酶又对补体有激活作用（图 4-12）。

3. 凝血系统 Clotting system Ⅻ因子激活不仅能启动激肽系统，而且能启动凝血和纤维蛋白溶解两个系统。凝血酶（thrombin）可促进白细胞黏附和成纤维细胞增生。凝血酶通过与血小板、血管内皮细胞和平滑肌细胞等细胞上的蛋白酶激活受体（protease-activated receptors，PARs）相结合，引起选择素的重新分布，促进趋化因子的产生，高表达与白细胞整合素结合的血管内皮细胞黏附分子，促进前列腺素、PAF 和 NO 产生，并使血管内皮细胞变形。凝血酶使纤维蛋白原（fibrinogen）转变成不溶性的纤维蛋白（fibrin），纤维蛋白溶解酶在降解纤维蛋白的过程中释放纤维蛋白多肽（fibrinopeptides），后者使血管通透性增高，又是白细胞的趋化因子。Xa 因子使血管通透性增高和促进白细胞游出。纤维蛋白溶解系统激活，可降解 C3 产生 C3a，使血管扩张和血管通透性增加。纤维蛋白降解所产生纤维蛋白降解产物（fibrin degredation product），亦可使血管通透性增加。

血浆中炎症介质相互作用见图 4-13，常见炎症介质的作用小结见表 4-2。

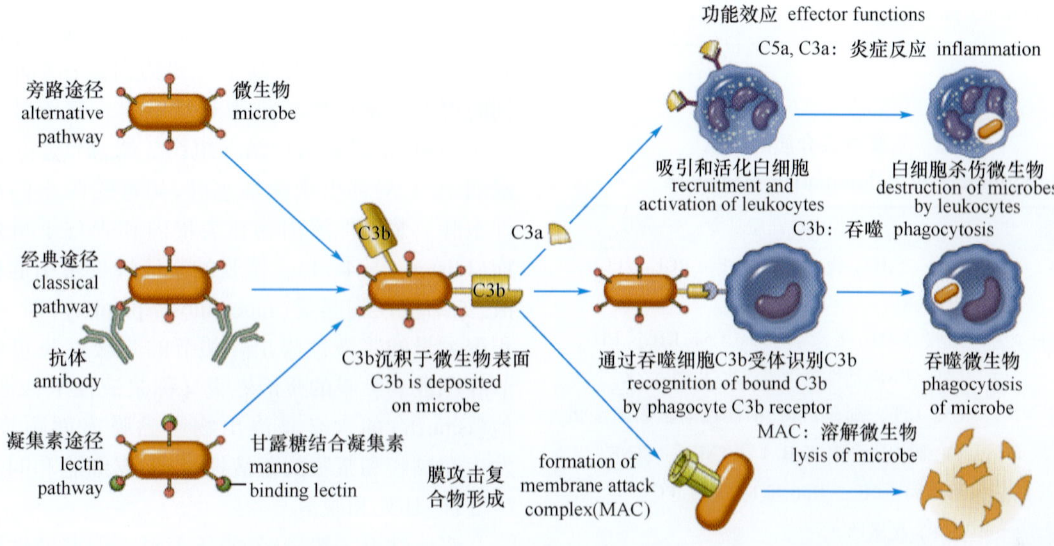

图 4-12 补体系统的活化及其功能 Activation and functions of the complement system

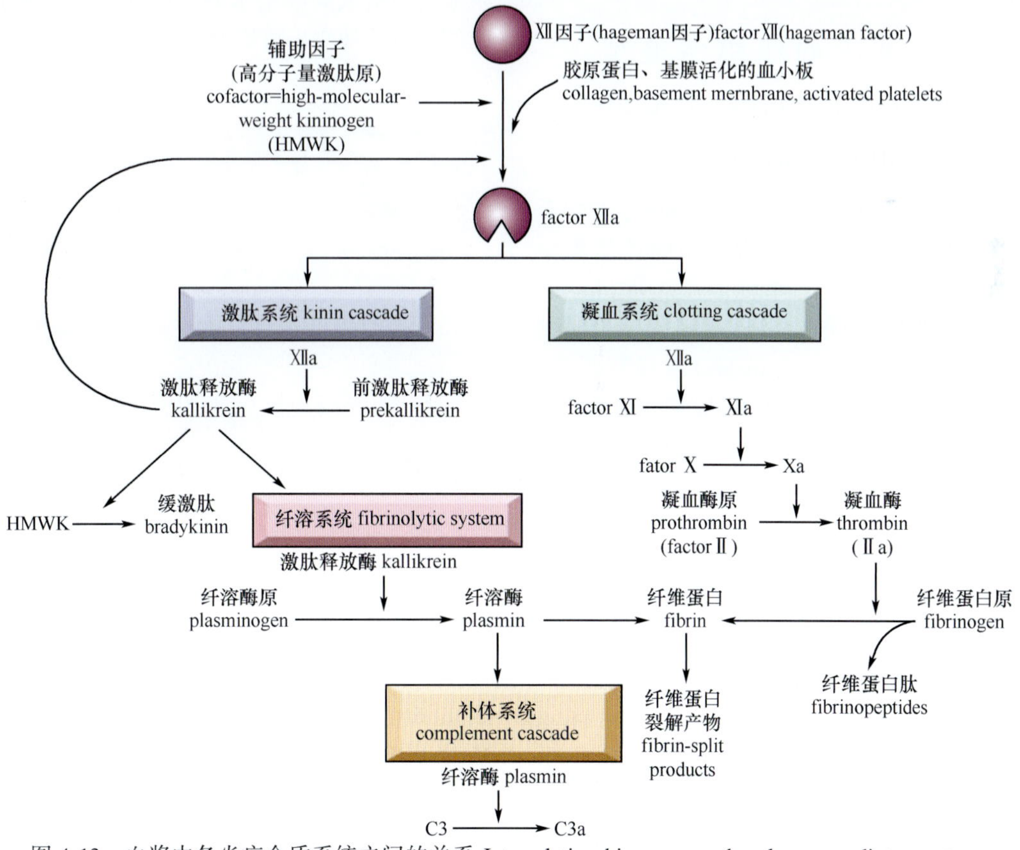

图 4-13 血浆中各炎症介质系统之间的关系 Interrelationships among the plasma mediator systems

Plasma Protein-Derived Mediators of Inflammation

Complement proteins: Activation of the complement system by microbes or antibodies leads to the generation of multiple breakdown products, which are responsible for leukocyte chemotaxis, opsonization and phagocytosis of microbes and other particles, and cell killing. Coagulation proteins: Activated factor Ⅻ triggers the clotting, kinin and complement cascades, and activates the fibrinolytic systemKinins: Produced by proteolytic cleavage of precursors, mediateing vascular reaction, pain.

表 4-2 主要炎症介质的作用

Summary of inflammation mediators

功能	炎症介质种类
血管扩张	组胺、5-HT、缓激肽、PGE_2、PGE_1、PGD_2、PGI_2、NO
血管通透性升高	组胺、5-HT、缓激肽、C3a、C5a、LTC_4、LTD_4、LTE_4、PAF、活性氧代谢产物、P 物质
趋化作用	C5a、LTB_4、细菌产物、中性粒细胞阳离子蛋白、细胞因子(IL-8、IL-1 和 TNF 等)、TNF
发热	细胞因子(IL-1、IL-6 和 TNF 等)、PG
疼痛	PGE_2、缓激肽
组织损伤	氧自由基、溶酶体酶、NO

六、急性炎症的组织学类型 Morphological Patterns of Acute Inflammation

炎症由于致炎因子的种类,宿主(host)的状态和受累组织的特性的不同而表现为不同的组织学类型。例如,在皮肤组织中,单纯疱疹病毒(herpes simplex virus)感染时形成小水泡;链球菌感染时则表现为弥漫的红肿、丹毒(erysipelas)或蜂窝织炎;而葡萄球菌感染时有局限性脓肿形成。在肺中,肺炎球菌(pneumococci)感染时表现为大叶性肺炎,而结核杆菌(tubercle bacillus)感染时则表现为慢性结核病。

根据基本病理变化的不同,炎症的组织学类型包括:变质性炎、渗出性炎和增生性炎,其中变质性炎和渗出性炎主要发生在急性炎症,而渗出性炎根据渗出液的成分不同,又可分为浆液性炎、纤维素性炎、化脓性炎和出血性炎。增生性炎(proliferative inflammation)主要发生在慢性炎症中。

(一) 变质性炎 Alterative inflammation

常发生在实质性脏器,如肝、心、肾和脑等。组织学表现为上述器官内的实质细胞发生变性和坏死,如病毒性肝炎、病毒性脑炎(viral encephalitis)。

(二) 渗出性炎 exudative inflammation

1. 浆液性炎 Serous inflammation 浆液性炎以浆液渗出为主要特征,浆液性渗出物以血浆成分为主,也可由浆膜的间皮细胞(mesothelial cell)分泌,含有 3%~5% 的蛋白质,其中主要为白蛋白(albumin),同时混有少量中性粒细胞和纤维素。浆液性炎常发生于黏膜、浆膜和疏松结缔组织。浆液性渗出物弥漫浸润组织,局部出现炎性水肿,如毒蛇咬伤的局部炎性水肿。浆液性渗出物在表皮内和表皮下可形成水疱(blister, 图 4-14)。浆膜的浆液性炎可引起体腔积液,如结核性胸膜炎(tuberculosis pleurisy)时,在胸腔积聚大量的浆液性渗出。关节的浆液性炎可引起关节腔积液。黏膜的浆液性炎又称浆液性卡他性炎,卡他(catarrh)的含义是渗出物沿黏膜表面顺势下流。发生在黏膜和浆膜的浆液性炎,上皮细胞和间皮可发生变性、坏死和脱落。

浆液性炎一般较轻,易于消退。但浆液性渗出物过多也会产生不利影响,甚至导致严重后果。如喉头浆液性炎造成的喉头水肿可引起窒息。胸膜和心包腔的大量浆液渗出可影响心肺功能。

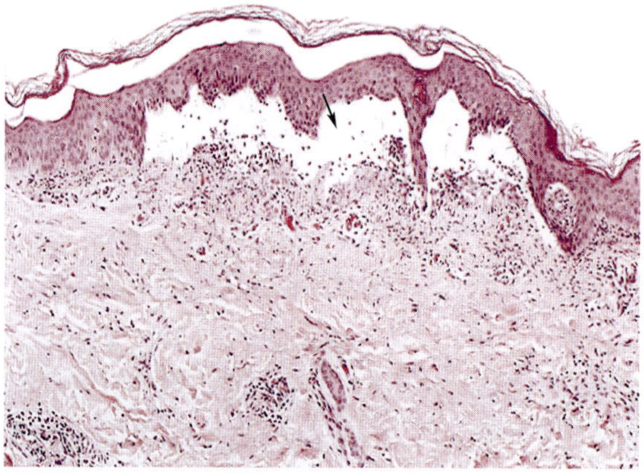

图 4-14 低倍镜下的皮肤水疱

Low-power view of a cross-section of a skin blister

2. 纤维素性炎 Fibrinous inflammation 纤维素性炎以纤维蛋白原渗出为主,继而形成纤维蛋白,即纤维素(fibrin)。在 HE 切片中纤维素呈红染、相互交织的网状、条状或颗粒状,常混有中性粒细胞和坏死细胞碎片。纤维蛋白原大量渗出说明血管壁损伤严重,是通透性明显增加的结果,多由某些细菌毒素,如白喉杆菌(diphtheria bacilli)、痢疾杆菌(dysentery bacilli)和肺炎球菌的毒素,或各种内源性和外源性毒物,如尿毒症(uremia)的尿素(urea)和汞(mercury)所引起。纤维素性炎易发生于黏膜、浆膜和肺组织。发生于黏膜者,由渗出的纤维蛋白、坏死组织和中性粒细胞共同形成假膜(false membrane),又称假膜性炎(pseudomenbranous inflammation)。白喉(diphtheria)的假膜性炎,若发生于咽部不易脱落则称为固膜性炎;发生于气管较易脱落则称为浮膜性炎,可引起窒息。浆膜的纤维素性炎(如"绒毛心" cor villosum)(见图4-15)可引起体腔纤维素性粘连。发生在肺的纤维素性炎,除了有大量纤维蛋白渗出外,亦可见大量中性粒细胞,常见于大叶肺炎。

渗出的纤维素可被纤维蛋白溶解酶(fibrinoclase)水解,或被吞噬细胞搬运清除,或通过自然管道排出体外,病变组织得以愈复。若纤维素渗出过多、中性粒细胞渗出过少,或组织内抗胰蛋白酶含量过多可致纤维素清除障碍,从而发生机化(organization),形成浆膜的纤维性粘连或大叶肺炎肉质变(carnification)。

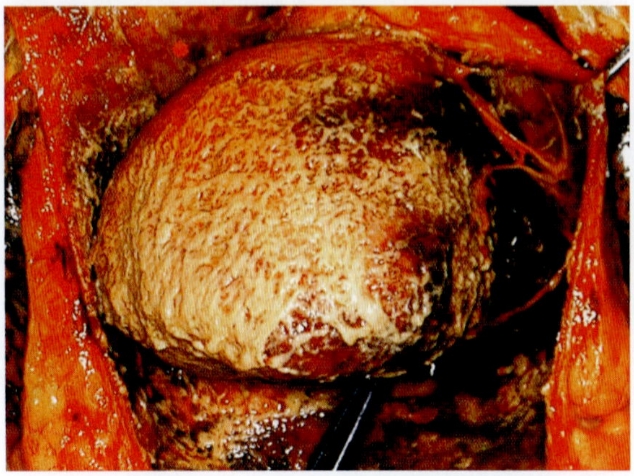

图4-15 "绒毛心"Cor villosum

3. 化脓性炎 Suppurative or purulent inflammation 化脓性炎以中性粒细胞渗出,并伴有不同程度的组织坏死和脓液(pus)形成为其特点。化脓性炎多由化脓菌感染所致,如葡萄球菌、链球菌、脑膜炎双球菌(meningococci)、大肠杆菌(escherichia coli)等。亦可由组织坏死继发感染产生。脓性渗出物称为脓液,是一种浑浊的凝乳状液体,呈灰黄色或黄绿色,脓液中的中性粒细胞除极少数仍有吞噬能力外,大多数已发生变性和坏死,称为脓细胞(pus cell)。脓液中除含有脓细胞外,还含有细菌、坏死组织碎片和少量浆液。由葡萄球菌引起的脓液较为浓稠,由链球菌引起的脓液较为稀薄。化脓性炎依病因和发生部位的不同可分为表面化脓和积脓、蜂窝织炎和脓肿。

(1) 表面化脓和积脓 Surface suppuration and empyema:此种化脓性炎是发生在黏膜和浆膜的化脓性炎。黏膜的化脓性炎又称脓性卡他性炎(Suppurrative catarrhal),此时中性粒细胞向黏膜表面渗出,深部组织的中性粒细胞浸润不明显。如化脓性尿道炎和化脓性支气管炎,渗出的脓液可沿尿道(urethra)、支气管(trachea)排出体外。当化脓性炎发生于浆膜、胆囊(gallbladder)和输卵管(oviduct)时,脓液则在浆膜腔、胆囊和输卵管腔内积存,称为积脓(empyema)。

(2) 蜂窝织炎 Phlegmonous inflammation(Cellulitis):蜂窝织炎是指疏松结缔组织的弥漫性化脓性炎,常发生于皮肤、肌肉和阑尾。蜂窝织炎主要由溶血性链球菌(hemolytic streptococci)引起,链球菌能分泌透明质酸酶(hyaluronidase),可降解疏松结缔组织中的透明质酸(hyaluronic acid)。链球菌能分泌链激酶(streptokinase),能溶解纤维素,因此细菌易于通过组织间隙和淋巴管扩散,表现为组织内大量中性粒细胞弥漫性浸润。急性阑尾炎(acute appendicitis)时表现为管壁全层的炎性浸润,可以看到白细胞和纤维素被肌纤维束(bands of muscle fibers)分割的现象。

(3) 脓肿 Abscess:为局限性化脓性炎症,其主要特征是组织发生溶解坏死,形成充满脓液的腔(图4-16)。脓肿可发生于皮下和内脏,主要由金黄色葡萄球菌(staphylococci)引起,这些细菌可产生毒素使局部组织坏死,继而大量中性粒细胞浸润,之后中性粒细胞崩解形成脓细胞,并释放出蛋白水解酶使坏死组织液化形成含有脓液的空腔。金黄色葡萄球菌可产生血浆凝固酶(plasma coagulase),使渗出的纤维蛋白原转变成纤维素,因而病变较为局限。金黄色葡萄球菌具有层黏连蛋白受体(laminin receptor),使其容易通过血管壁而在远处产生迁徙性脓肿。小脓肿可以吸收消散,较大脓肿由于脓液过多,吸收困难,常需要切开排脓或穿刺抽脓。脓腔局部常由肉芽组织修复。

疖(furuncle)是毛囊(hair follicle)、皮脂腺(sebaceous glands)及其周围组织的脓肿。疖中心部分液化变软后,脓液便可破出。痈(carbuncle)是多个疖的融合,在皮下脂肪和筋膜组织中形成许多相互沟通的脓肿,必须及时切开排脓。

4. 出血性炎 Hemorrhagic inflammation 出血性炎的血管损伤严重,渗出物中含有大量红细胞。常见于流行性出血热(epidemic hemorrhagic fever)、钩端螺旋体病(leptospirosis)和鼠疫(plague)等。

上述各型急性炎症可单独发生,亦可合并存在,如浆液性纤维素性炎、纤维素性化脓性炎等。在炎症的发展过程中一种炎症可转变成另一种炎症,如浆液性炎可转变成纤维素性炎或化脓性炎。

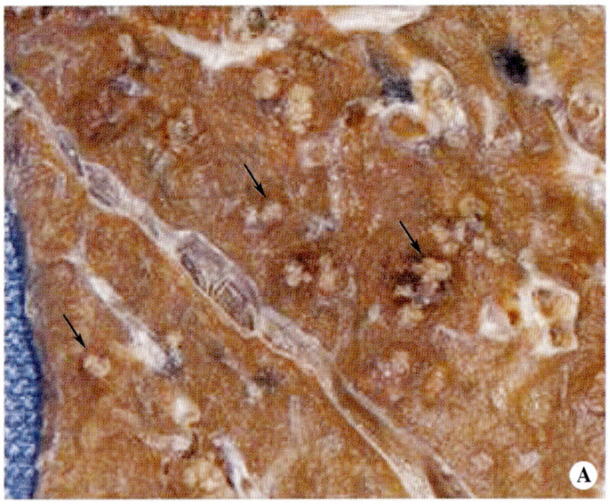

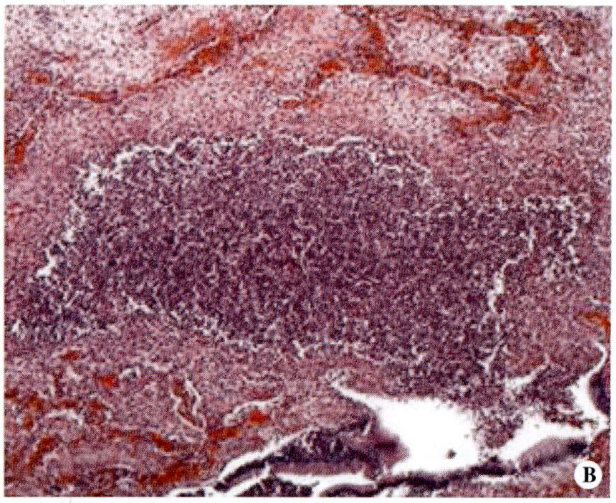

图 4-16 A. 支气管肺炎患者肺部多发性脓肿(箭头所指处)与 B. 脓肿内含有中性粒细胞和细胞碎片,周围有大量充血的血管 A. Multiple bacterial abscesses in the lung in a case of bronchopneumonia and B. The abscess contains neutrophils and cellular debris, and is surrounded by congested blood vessels

七、急性炎症的结局
Outcomes of Acute Inflammation

大多数急性炎症能够痊愈,少数迁延为慢性炎症,极少数可蔓延扩散到全身。

(一) 痊愈 Complete resolution

在炎症过程中病因被清除,若少量的炎症渗出物和坏死组织被溶解吸收,则通过周围尚存的细胞完全性或不完全性再生加以修复(瘢痕愈合 scarring healing)。

(二) 迁延为慢性炎症 Progression to chronic inflammation

如果致炎因子不能在短期内被清除,在机体内持续起作用,不断地损伤组织造成炎症迁延不愈,可使急性炎症转变成慢性炎症,病情可时轻时重。

(三) 蔓延扩散 Spreading

在机体抵抗力低下,或病原微生物毒力强、数量多的情况下,病原微生物可不断繁殖,并沿组织间隙或脉管系统向周围和全身器官扩散。

1. 局部蔓延 Local spreading 炎症局部的病原微生物可通过组织间隙或自然管道向周围组织和器官扩散蔓延。如急性膀胱炎(acute cystitis)可向上蔓延到输尿管(ureter)或肾盂(renal pelvis)。

炎症局部蔓延可形成糜烂(erosion)、溃疡(ulcer)、瘘管(fistula)、窦道(sinus)和空洞(cavity)。

2. 淋巴道蔓延 Lymphatic spreading 急性炎症渗出的富含蛋白的炎性水肿液或部分白细胞可通过淋巴管回流至淋巴结,引起淋巴管炎(lymphangitis)和所属淋巴结炎(lymphadenitis)。如足部感染时腹股沟淋巴结(inguinal lymph nodes)可肿大,在足部感染灶和肿大的腹股沟淋巴结之间出现红线,即为淋巴管炎。病原微生物可进一步通过淋巴循环入血,引起血行蔓延。

3. 血行蔓延 Hematogenous spreading 炎症灶中的病原微生物可直接或通过淋巴循环侵入血循环,病原微生物的毒性产物也可入血引起菌血症、毒血症、败血症和脓毒败血症。

(1) 菌血症 Bacteremia:细菌由局部病灶入血,全身无中毒症状,但血液(blood culture)中可查到细菌,称为菌血症。一些炎症性疾病的早期就有菌血症,如大叶性肺炎(lobar pneumonia)和流行性脑脊髓膜炎(epidemic cerebrospinal meningitis)。菌血症发生在炎症的早期阶段,肝、脾和骨髓的吞噬细胞可组成一道防线,以清除细菌。

(2) 毒血症 Toxemia:细菌的毒性产物或毒素被吸收入血称为毒血症。临床上出现高热和寒战(rigor)等中毒症状,同时伴有心、肝、肾等实质细胞的变性或坏死,严重时出现中毒性休克(toxic shock)。

(3) 败血症 Septicemia:细菌由局部病灶入血后,不仅没有被清除,而且还大量繁殖(multiplicate),并产生毒素,引起全身中毒症状和病理变化,称为败血症。败血症除有毒血症的临床表现外,还常出现皮肤和黏膜的多发性出血斑点(hemorrhagic spots or patches),以及脾脏和淋巴结肿大等。此时血液常可培养出病原菌。

(4) 脓毒败血症 Pyemia:化脓菌所引起的败血症可进一步发展成为脓毒败血症。此时除有败血症的表现外,可在全身一些脏器中出现多发性栓塞性脓肿(multiple embolic abscess),或称转移性脓肿(metastatic abscess)。显微镜下小脓肿中央的小血管或毛细血管中可见细菌菌落，周围大量中性粒细胞局限性浸润伴有局部组织的化脓性溶解破坏。

第三节 慢性炎症
Chronic inflammation

慢性炎症持续几周或几个月，可发生在急性炎症之后，也可潜隐地逐渐发生，临床上开始并无急性炎症表现，或反应轻微。慢性炎症包括某些常见的疾病如类风湿性关节炎（rheumatoid arthritis）、结核病和肺硅沉着症（silicosis）等。急性炎症反复发作，在发作间期无明显症状，也表现为慢性炎症。慢性炎症发生的原因在于：①病原微生物（包括结核杆菌、梅毒螺旋体 treponema pallidum、某些霉菌）的持续存在，这些病原微生物毒力弱常可激发免疫反应，特别是迟发型超敏反应（delayed hypersensitivity），有时可表现为特异性肉芽肿性炎；②长期暴露于内源性或外源性毒性因子，例如肺硅沉着症是由于长期暴露于二氧化硅的结果；③对自身组织产生免疫反应，如类风湿性关节炎（rheumatoid arthriti）和系统性红斑狼疮（systemic lupuserythematousus SLE）等。

一、一般慢性炎症的病理特征
Pathologic Features of Chronic Inflammation

1. 一般慢性炎症的组织学特点 General histological features of chronic inflammation 一般慢性炎症中活动性炎症、组织破坏和修复反应同时出现。活动性炎症表现为血管改变、炎症水肿和中性粒细胞浸润等。但慢性炎症最重要的特点是：①炎症灶内浸润细胞主要为淋巴细胞、浆细胞和单核细胞，反映了机体对损伤的持续反应；②主要由炎症细胞引起的组织破坏（tissue destruction），造成组织或器官表面局部的缺损溃疡形成（ulceration）或空洞（excavation）；③常出现较明显的纤维结缔组织、血管以及上皮细胞、腺体和实质细胞的增生，以替代和修复损伤的组织。慢性炎症的纤维结缔组织增生常伴有纤维化（fibrosis）、瘢痕形成，可造成管道性脏器的狭窄；在黏膜可形成炎性息肉（inflammatory polyp），例如鼻息肉（nasal polyp）和子宫颈息肉（polyp of cervix）；在肺或其他脏器形成炎症假瘤（inflammatroy pseudotumor），炎症假瘤本质上是炎症，是一种瘤样病变，在临床和 X 线上很难与真正的肿瘤相区别。

> **Features of Chronic Inflammation**
>
> Prolonged host response to persistent stimulus. Caused by microbes that resist elimination. Immune responses against self and environmental antigens, and some toxic substances (e. g. silica). Underlies many medically important diseases. Characterized by coexisting inflammation, tissue injury, attempted repair by scarring, and immune response. Cellular infiltrate consists of macrophages, lymphocytes, plasma cells. Fibrosis is often prominent. Mediated by cytokines produced by macrophages and lymphocytes (notably T lymphocytes). Bidirectional interactions between these cells tend to amplify and prolong the inflammatory reaction.

2. 主要慢性炎症细胞 Chronic inflammatory cells

（1）单核巨噬细胞系统（Monocytes- Macrophage system）：该系统的激活是慢性炎症的一个重要特征。单核巨噬细胞系统包括血液中的单核细胞和组织中的巨噬细胞（包括肝脏的 Kuppfer 细胞、脾脏和淋巴结的窦组织细胞、肺泡巨噬细胞）。单核细胞在血液中的半衰期仅为一天，组织中的巨噬细胞的生命期则为数月到数年。急性炎症开始 48h 后单核巨噬细胞逐渐成为主要的炎症细胞，一方面由于血液中的单核细胞在黏附分子和趋化因子的作用下不断聚集到炎症灶，可以吸引单核细胞的趋化因子有：C5a、激活的巨噬细胞和淋巴细胞产生的趋化因子、某些生长因子（PDGF 和 TGFβ）、胶原纤维、纤维黏连蛋白片段和纤维蛋白多肽等；另一方面巨噬细胞可在局部增殖，同时某些细胞因子如巨噬细胞移动抑制因子（macrophage migration inhibition factor），可以使单核细胞停泊于炎症灶。巨噬细胞也可在某些细胞因子的作用下延长生命期。

单核巨噬细胞除了具有吞噬功能外，尚可被激活。激活的单核巨噬细胞表现为：细胞体积增大；溶酶体酶水平增高；细胞代谢更加活跃；吞噬和杀伤病原微生物的能力增强。能激活单核巨噬细胞的因子包括：致敏 T 细胞释放的 IFN-γ、细菌毒素及其他化学介质、细胞外基质成分如纤维黏连蛋白等。激活的单核巨噬细胞可释放各种生物活性产物，有利于吞噬和杀伤病原微生物，但生物活性产物过多可导致组织损伤和组织纤维化。

巨噬细胞活化并分泌包括：①中性蛋白酶（neutral proteases）；②趋化因子（chemotactic factors）；③花生四烯酸代谢物（arachidonic acid metabolites）；④活性氧（reactive oxygen species）；⑤补体成分（complement components）；⑥凝血因子（coagulation factors）；⑦生长因子（growth factors）；⑧细胞因子（cytokines）如白介素-1（IL-1）和肿瘤坏死因子

(TNF)等。

(2)淋巴细胞 Lymphocytes:是慢性炎症中浸润的另一种炎症细胞,淋巴细胞运动到炎症灶主要是通过 $\alpha_4\beta_1$/VCAM-1、ICAM-1/LFA-1 和淋巴细胞趋化因子介导的。淋巴细胞接触到抗原后可被激活,发挥细胞(T 细胞)和体液免疫(B 细胞)作用,后者可以演变成浆细胞(Plasma cells),浆细胞产生抗体,直接作用于外来抗原或改变了的自体组织成分,产生针对自身抗原的抗体。激活的淋巴细胞可产生淋巴因子(lymphokins),IFN-γ(γ-interferon)是其中之一,是激活单核巨噬细胞的主要因子。单核巨噬细胞产生的细胞因子反过来又可激活淋巴细胞,使慢性炎症反应周而复始、连绵不断(图 4-17)。

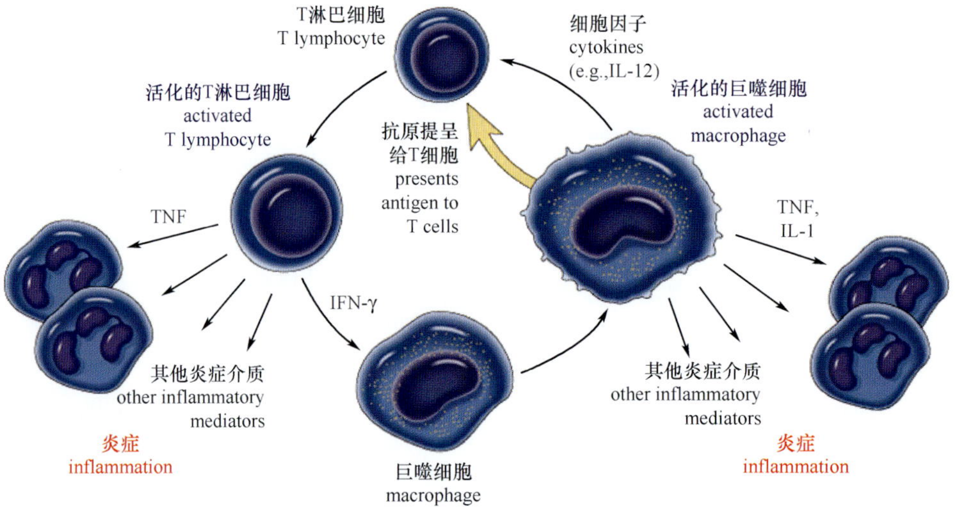

图 4-17 慢性炎症时巨噬细胞和淋巴细胞的相互作用 Macrophage-lymphocyte interactions in chronic inflammation

(3)肥大细胞 Mast cell:在结缔组织中广泛分布,肥大细胞表面存在免疫球蛋白 IgE 的 Fc 受体,在对食物、昆虫叮咬、药物过敏反应及对寄生虫的炎症反应中起重要作用。

(4)嗜酸粒细胞 Eosinophils:该细胞浸润是 IgE 介导的炎症反应和寄生虫感染性炎症的特点,嗜酸粒细胞趋化因子(eotaxin)介导嗜酸粒细胞运动到靶器官。嗜酸性颗粒中含有主要嗜碱性蛋白(major basic protein),它是一种阳离子蛋白(cationic protein),对寄生虫有独特的毒性,也能引起哺乳类上皮细胞的溶解,在免疫反应中损伤组织。

二、慢性肉芽肿性炎 Chronic Granulomatous Inflammation

1. 慢性肉芽肿性炎的概念 Definition of chronic granulomatous inflammation 慢性肉芽肿性炎是一种特殊的慢性炎症,以肉芽肿形成为特点。所谓肉芽肿(granuloma)是由巨噬细胞局部增生构成的境界清楚的结节状病灶。病灶较小,直径一般在 0.5~2mm。以肉芽肿形成为基本特点的炎症叫肉芽肿性炎,肉芽肿中激活的巨噬细胞常呈上皮样形态。不同的病因可引起形态不同的肉芽肿,常可根据肉芽肿形态特点作出病因诊断。典型的结核肉芽肿可诊断结核病,若肉芽肿形态不典型者常需辅以特殊检查,如抗酸染色、细菌培养、血清学检查和聚合酶链式反应(polymerase chain reaction,PCR)等。

2. 慢性肉芽肿性炎的常见病因 Causes of chronic granulomatous inflammation

(1)细菌感染 Bacterial infection:结核杆菌和麻风杆菌(leprosy bacilli)分别引起结核病(tuberculosis)和麻风病(leprosy)。另一种革兰阴性杆菌(gram-negative bacilli)可引起猫抓病(cat scratch disease,CSD)。

(2)螺旋体感染 Spirochetal infection:梅毒螺旋体引起梅毒(syphilis)。

(3)真菌和寄生虫感染 Fungal and parasitic infection:包括组织胞浆菌病(histoplasmosis)、新型隐球菌病(new-cryptococcosis)和血吸虫病(schistosomiasis)。

(4)异物 Foreign bodies:例如手术缝线、石棉(asbestos)、铍(beryllium)、滑石粉(talc powder 可见于静脉吸毒者)、隆乳术的填充物、移植的人工血管。

(5)原因不明 Unknown origin:如结节病(sarcoidosis)。

3. 肉芽肿的形成条件和组成 Formation and components of granuloma 不易被消化的一病原微生物或异物可引起机体免疫反应,特别是细胞免疫反应,巨噬细胞吞噬病原微生物后将抗原呈递给 T 淋巴细胞,并使其激活,产生 IL-2 可进一步激活 T 淋巴细胞,产生 IFN -γ,使巨噬细胞转变成上皮样细胞和多核巨细胞。

肉芽肿的主要细胞成分是上皮样细胞(epitheloid cell)和多核巨细胞(multinucleated giant cell)。①上皮样细胞镜下胞质呈淡粉色,略呈颗粒状,胞质界限不清,细胞核呈圆形或长圆形,有时核膜折叠,染色浅淡,核内可有 1~2 个核仁。上皮样细胞核内常染色质增多;核仁增大并靠近核膜;线粒体、滑面内质网(smooth endoplasmic reticulum)和溶酶体增多;粗面内质网(rough endoplasmic reticulum)、核蛋白体(ribosome)和高尔基复合体(golgi complex)增多;细胞膜的 Fc 和 C3b 受体明显减少,说明上皮样细胞具有向细胞外分泌的功能,而吞噬功能降低。②肉芽肿内的多核巨细胞是由上皮样细胞融合而来,细胞核数目可达几十个,甚至几百个。其功能也与上皮样细胞相似,尚可见于不易消化的较大异物周围,组织中的角化上皮和尿酸盐周围。若细胞核排列于细胞的周边称为 Langhans 巨细胞,若细胞核杂乱无章地分布于细胞内称为异物巨细胞(foreign body-type giant cells)。

肉芽肿可分为异物性肉芽肿(foreign body granulomas)和感染性(免疫性)肉芽肿[infecting(immune)granulomas]。

(1)异物性肉芽肿:是组织中不易被消化异物围以异物巨细胞形成的肉芽肿(图 4-18)。

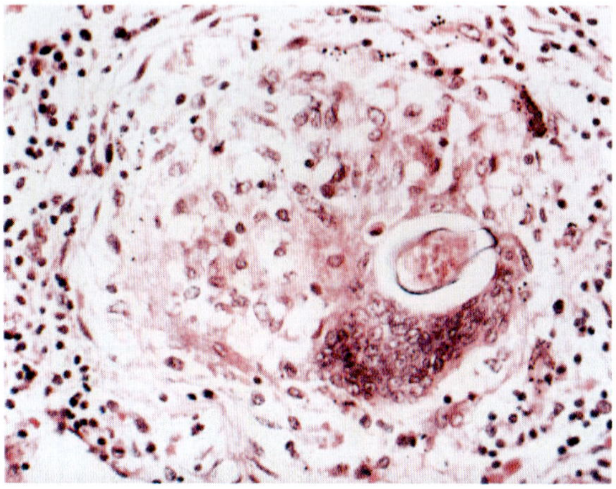

图 4-18 慢性虫卵结节 Chronic egg nodule
虫卵周围异物巨细胞和类上皮细胞,虫卵可发生坏死和钙化 Eggs surrounded by epithelioid cell, multinucleated giant cell; eggs are often necrotic or calcified.

(2)感染性肉芽肿:结核结节为例,典型的肉芽肿中心常为干酪样坏死(caseous necrosis),周围为放射状排列的上皮样细胞,并可见 Langhans 巨细胞掺杂于其中,再向外为大量淋巴细胞浸润,结节周围还可见纤维结缔组织包绕(图 4-19)。

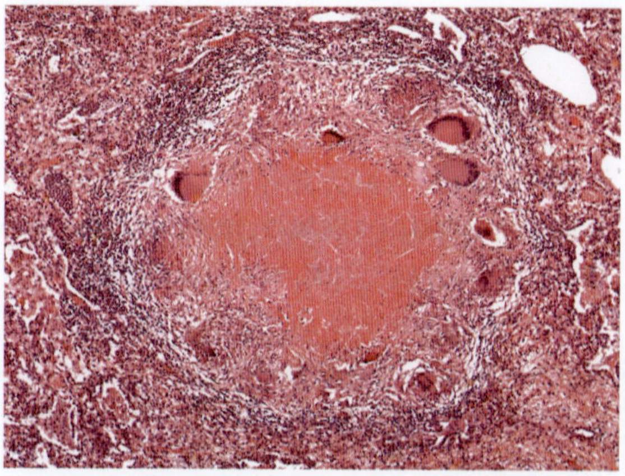

图 4-19 典型的结核结节 Typical granuloma resulting from infection with *Mycobacterium tuberculosis*

病例讨论

病史摘要:

女性,28 岁,剧烈腹痛入院。3 天前开始月经并出现腹痛症状,症状持续加重。过去 2 个月有多个性伴侣,并且没有坚持使用避孕措施。

体格检查:

下腹部压痛,脓性阴道分泌物。体温:39℃,血常规:白细胞 15×10^9/L,中性粒细胞分类 82%,杆状核白细胞 6%,可见晚幼粒细胞。

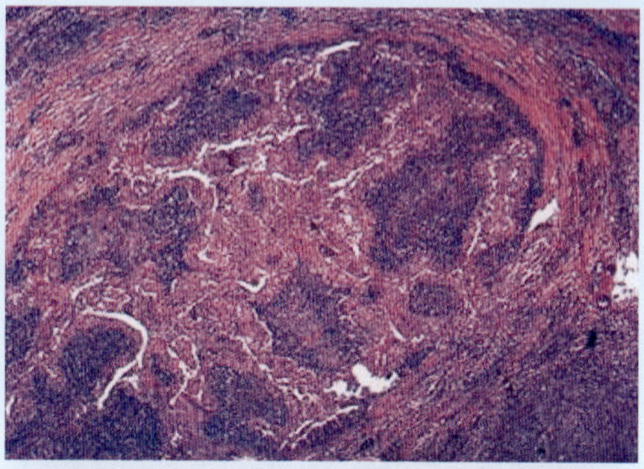

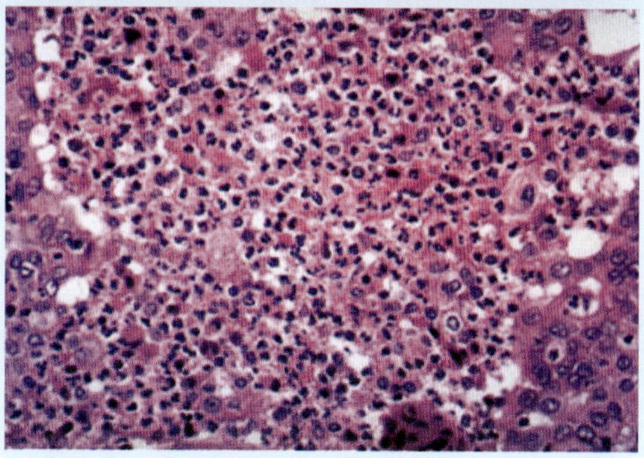

图 4-20 手术标本组织

请结合病史、临床资料以及手术标本组织(图 4-20)所见,做出病理诊断?

(陆 鹏 陈 莉)

第5章 肿 瘤

Tumor

Outline

Tumors result from genetic alterations in cells, resulting in abnormal(neoplastic) growth persisting in the absence of the initiating causes. Neoplasia may be benign or malignant. Malignant(invasive) tumors develop in approximately 25% of individuals and incidence increases with age.

The word "tumor" is of latin origin and means "swelling". A tumor(neoplasm) is a lesion of which is virtually autonomous and exceeds normal tissues, resulting from autonomous abnormal growth of cells which persists after the initiating stimulus has been removed. Neoplasia hyperplasia belongs to over-proliferation and aberrant differentiation. These abnormalities include disorderly architectural changes and cells pleomorphism and so on. The abnormal, excessive and indefinitely progressive multiplication of cells in neoplasms is unlike which occurs in inflammation, repair and hyperplasia.

Tumors can result from the neoplastic transformation of any nucleated cell in the body, although some cell types are more prone to tumor formation than others; the transformed cells are called neoplastic cells. By transformation involving a series of genetic alteration(e. g. mutations), cells escape permanently from normal growth regulatory mechanisms.

Characteristics of neoplasms: ① all neoplasms have a parenchyma and a stroma; ② a neoplasm represents the progeny of one cell that means to clonality; ③ neoplastic cells exhibit uncontrolled proliferation that means to autonomy; ④ neoplastic growth requires inducing neovascularization; ⑤ the major characteristic of cancer is its capacity to metastasize; ⑥ normal cells show diploid DNA patterns, the majority(more than 70%) of malignant neoplasms show aneuploid.

Tumor is not a single disease. Tumors have a course of historical development and progression. Details of the type and origin of the tumor, its differentiation, level of invasion, the numbers of lymph nodes with and without metastatic tumor, their architecture, the presence or absence of hormone receptors, the activity of specific enzymes, ploidy, frequency of mitosis, and percentage of cells in the S-phase may all be relevant in the pathologic assessment of neoplasia.

肿瘤(tumor, neoplasm)是以基因改变后的细胞异常增殖为特点的一大类疾病,常于机体局部形成肿块(mass),这种异常增殖即使在始动因素(initiating causes)去除的条件下依然存在。肿瘤的种类繁多,但其性质大致可分为良性(benign)、恶性(malignant)和交界性(borderline)。不同性质的肿瘤具有不同的生物学行为(biological behavior)和临床表现(clinical manifestation)。一般来说,良性肿瘤生长缓慢,没有侵袭性(agressiveness)或侵袭性较弱,对人体危害小;恶性肿瘤生长迅速,侵袭性强,可以播散到身体各个部位,对人体危害性大;交界性肿瘤则是指生物学行为介于良恶性之间的肿瘤。平常所说的癌症(cancer)是指严重危害人类健康的恶性肿瘤。

据统计,全世界每年约有700万人死于恶性肿瘤。在我国,恶性肿瘤位居城市居民疾病死因的第一位、农村人口疾病死因的第三位,2005年我国城市居民的肿瘤死亡率为:124.86/10万,其中肺癌(lung cancer)31.44/10万、肝癌(liver cancer)25.17/10万、胃癌(gastric cancer)18.12/10万、食管癌(esophageal carcinoma)10.57/10万、结直肠癌(colorectal cancer)8.31/10万、乳腺癌(breast cancer)3.09/10万、白血病(leukemia)3.07/10万、子宫颈癌(uterine cervix cancer)1.82/10万、膀胱癌(carcinoma of bladder)1.59/10万、鼻咽癌(nasopharyngeal carcinoma)1.27/10万,这些是我国最常见的恶性肿瘤。近年来,部分恶性肿瘤的发病率有上升趋势,已经成为严重危害人们生命健康的重要疾病。因此,肿瘤的临床诊断和治疗成为医学研究领域的重要内容,并形成了一个重要的医学分支——肿瘤学(oncology),其中肿瘤病理学(oncologic pathology)主要是研究肿瘤的发生、发展、转归和形态等内容,是肿瘤基础研究和临床诊断的重要学科。

第一节 肿瘤的概念
Concept of Tumor

"肿瘤"一词在英文中是tumor或neoplasm。Tumor一词源于拉丁文,意思是"肿"。Neoplasm为希腊语,意思是"新生物"(neo-plasm)。Tumor泛指临床表现为肿块(mass)的病变,临床上常用"新生物"描述肿瘤,形成肿瘤的过程称为肿瘤形成(neoplasia)。经过长期的演进,目前Tumor和Neoplasm两个词通常作为同义词使用。Cancer一词则泛指所有恶性肿瘤。虽然绝大部分肿瘤可以表现为局部肿块,但某些恶性肿瘤,如白血病等并不一定形成局部肿块,而临床表现的肿块也并非一定是肿瘤。因此,肿瘤的概念应该理解为:肿瘤是机体在各种致瘤因子(tumorigenic agent)作用下,从基因水平出现了异常,细胞生长调控发生了严重紊乱而导致细胞异常增殖,常常在机体的某一局部形成新生物(neoplasm)。

肿瘤可来源于体内任何有核细胞的肿瘤性转化,其中有些细胞比其他细胞更易于形成肿瘤。肿瘤的形成是一个十分复杂的过程,涉及一系列基因改变[如基因突变(mutations)等],常与调控细胞生长和增殖的基因发生异常有关,这些基因或其产物的异常是肿瘤发生的分子机制,可以使细胞永久性逃逸正常的生长调控机制。肿瘤本质上就是在基因异常的基础上发生的细胞自主的异常增生的结果。这种肿瘤性增殖(neoplastic proliferation)不同于炎症、修复和生理状态下的增生,有三点不同:①无限增殖是肿瘤细胞共有特点。肿瘤性增殖是一种自主的(autonomy)、过度的(over)、失控性(uncontrol)、进行性(progressive)生长。肿瘤主要自给自足获得促进生长的信号和对抗生长信号不敏感来实现其无限增殖。

即使在引起肿瘤增殖的初始刺激因素去除后增生仍然存在，这是由于肿瘤在初始刺激因素作用下已经发生了基因水平的异常，并可以稳定地将这些异常传递给子代细胞。②肿瘤性增殖常失去成熟能力，伴有异常分化（aberrant differentiation），主要表现为组织结构紊乱和细胞形态、代谢和功能上均有异常等。③肿瘤性增殖一般是克隆性（clonal），即肿瘤细胞群是由发生了肿瘤性转化（neoplastic transformation）的单个细胞反复分裂繁殖后产生的子代细胞群。DNA 分析显示为非整倍体（异倍体、多倍体）增殖。与之相对，非肿瘤性增殖（non- neoplastic proliferation），包括正常细胞的更新、损伤引起的炎症反应和修复等，是组织对损伤的反应，或是功能增强的需要，或者是内分泌刺激的结果。这种情况下细胞的增生受到机体精确的调控，是有限度的增生过程，在引起增殖的原因消除后一般可以停止增生，增生的细胞可以分化成熟，不具异型，一般为多克隆性（polyclonal）增生，通常核为 2 倍体，增殖过程产生的细胞群，即使是同一类型细胞（如成纤维细胞）也并不都来自同一个亲代细胞，而是从不同的亲代细胞衍生而来的子代细胞。

第二节 肿瘤的基本形态
General Morphology of Tumor

在肿瘤的临床诊断中，病理学检查被认为是肿瘤诊断的“金标准（gold standard）”。而肿瘤大体形态和组织形态学的分析则是肿瘤病理学的重要内容，是建立正确诊断，从而选择合理治疗的基础。

一、肿瘤大体形态
Gross

肿瘤的大体形态多种多样，与其生长方式、发生部位、组织结构和成分等有关，并可在一定程度上反映肿瘤的良恶性。大体形态的观察包括肿瘤的数目、大小、形状、颜色、质地、与周围组织的关系等内容，这些信息对于判断肿瘤的类型和良恶性有很大帮助。

1. 数目 Number 肿瘤可以是单发病灶，也可以是多发病灶。多发者可以是同时发生的，也可以是先后发生的多个原发肿瘤。多数肿瘤表现为单发病灶，比如常见的肺癌、胃癌、乳腺癌等，但也有少数肿瘤表现为多发病灶，比如神经纤维瘤病（neurofibromatosis）、家族性腺瘤性息肉病（familial adenomatous polyposis，FAP）等。肿瘤的数目可达数十个、数百个。

2. 大小 Size 肿瘤的大小在不同个体、不同类型肿瘤之间差异很大，与生长时间、发生部位及肿瘤性质有关。极小的肿瘤只能在显微镜下观察到，比如甲状腺微小癌（microcancer）或隐匿性癌（Occult cancer），但较大的肿瘤可直径超过 30cm，可重达数公斤或数十公斤，比如卵巢囊腺瘤（cystadenoma of ovary）。肿瘤的发生部位在很大程度上影响肿瘤体积。一般来讲，发生在体表或大的体腔内的肿瘤可以体积很大，比如腹腔内肿瘤，而发生在密闭或狭小腔道内的肿瘤则由于生长空间受限通常体积较小，比如颅内、椎管内肿瘤。随着人们医疗条件的改善，发生于浅表部位的肿瘤因较易被发现，而通常在体积较小时就可得到及时的治疗。特别大的肿瘤多为生长缓慢且不在要害部位的良性肿瘤。恶性肿瘤生长较快，易转移，在未达巨大体积之前，患者往往已经死亡。恶性肿瘤的体积是肿瘤分期的重要指标之一，因为体积越大的恶性肿瘤转移的机会越大，另外肿瘤大小也是某些肿瘤判断良恶性的标准之一。

3. 形状 Shape 肿瘤形状多样，与肿瘤生长的部位、肿瘤类型等有关。生长在皮肤、黏膜表面的肿瘤往往向表面突出，呈乳头状（papillary）、绒毛状（villous）、息肉状（polypoid）、菜花状（cauliflower-like）、蕈伞状（mushroom umbrella），也可因肿瘤发生坏死向表面溃破而成溃疡状（ulcerative）。发生于深部或实质器官内的良性肿瘤常呈形态较规则的结节状（nodular）、分叶状（lobular）、囊状（cystic）；而恶性肿瘤多呈不规则形状，如蟹足状（crab-like）、树根状（root-like）等。

4. 颜色 Color 肿瘤的颜色与肿瘤组织成分有关，但也与其血供（blood supply）、继发改变和特殊色素（special pigment）等因素有关。比如，脂肪瘤（lipoma）多呈淡黄色，黑色素瘤（melanoma）则呈黑色或灰褐色，血管瘤（angioma）呈暗红色。肿瘤继发出血坏死或感染的部位常呈多彩的不均匀外观。

5. 质地 Texture 肿瘤质地与肿瘤的种类、瘤组织构成和实质与间质比例有关。比如，脂肪瘤（lipoma）质地较软，骨瘤（osteoma）质地骨样坚硬。纤维间质较多的肿瘤质地较硬，如乳房硬癌（scirrhosis carcinoma），反之则质地较软，如乳房髓样癌（medullary carcinoma）。瘤组织发生坏死、液化和囊性变时质地往往较软。继发钙化或骨化时局部变硬。

6. 包膜及与周围组织的关系 Capsule and the relationship with the surrounding tissue 一般来讲，良性的肿瘤常有包膜或境界较清楚，比如脂肪瘤、平滑肌瘤（leiomyoma）；恶性肿瘤常无包膜并呈蟹足样浸润至周围组织而与周围境界不清，比如乳腺癌、血管肉瘤（angiosarcoma）等。但并非绝对，有的良性肿瘤也可浸润性生长，如肌间血管瘤（intermascular hemangioma）；相反有的恶性肿瘤大体上也可有相对清晰的境界。

二、肿瘤组织结构
Structure of Tumor

虽然肿瘤类型很多样,但绝大部分肿瘤组织的基本成分都可概括为实质和间质两大部分。

1. 肿瘤实质 Parenchyma 肿瘤实质即指肿瘤细胞,是肿瘤的主要成分,决定着肿瘤分化方向和性质,是肿瘤命名和组织学分类的基础。一般肿瘤实质中只有同一起源的实质细胞,如皮肤鳞癌,肿瘤实质为鳞状上皮细胞来源的恶性转化细胞。少数肿瘤可以有两种或多种肿瘤实质,如乳腺纤维腺瘤(fibroadenoma)、多形性腺瘤(pleomorphic adenoma)、畸胎瘤(teratoma)等。

2. 肿瘤间质 Stroma 肿瘤间质指对肿瘤实质起着支撑和营养作用的纤维结缔组织和血管,是维持肿瘤能够生长的重要因素。肿瘤间质虽非肿瘤实性成分,但也不完全等同于正常组织,而是由于肿瘤细胞与宿主之间相互作用而诱导宿主细胞产生的,介于肿瘤细胞和正常组织之间的组织成分,是构成肿瘤的微环境的主要部件。既提供给肿瘤生长所需的条件,同时也是限制肿瘤生长的障碍,并可能调控与宿主之间的物质交换。不同肿瘤的实质虽各不相同,但其间质成分基本类似,只是在数量、分布、各种间质成分的比例等方面有差异。间质成分主要包括以下几个方面:

(1)肿瘤内血管 Tumor blood vessels:肿瘤生长超过 $2mm^3$,需要诱导新血管形成(angiogenesis)。这些血管使瘤细胞获得营养,进行物质交换及排泄废物(图5-1)。恶性肿瘤细胞能释放一种肿瘤血管生成因子(tumor angiogenesis factor,TAF),可以刺激毛细血管生长。肿瘤内微血管密度(microvessel density,MVD)是淋巴结转移以及无瘤生存期和总生存期的独立预后指标(independent prognosis indicator),血管形成也是目前肿瘤生物学治疗的一个重要靶点(target point)。

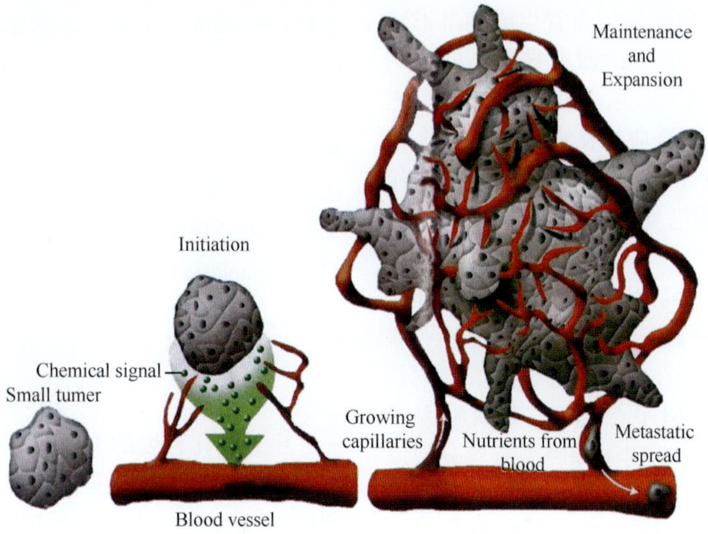

图5-1 血管形成对肿瘤生长的影响 Effect of angiogenesis to tumoe growth

肿瘤相关内皮细胞在肿瘤发生和发展中起关键性作用。一方面,它们通过从自身已存在的血管出芽的形式形成肿瘤相关(血管生成的)的血管,或招募骨髓衍生的内皮祖细胞以提供肿瘤生长所需的营养物质。另一方面,它们是循环血细胞与肿瘤细胞和细胞外基质的界面,从而在白细胞募集,肿瘤细胞的行为和转移形成中发挥枢纽性作用。低氧是一个调控肿瘤微环境与内皮/肿瘤细胞间相互作用的一个关键因素。在低氧应激下,肿瘤细胞产生促进肿瘤血管生成和肿瘤转移的因子。在这些因子中,血管内皮生长因子(VEGF)是主要血管生成调节剂,亦在肿瘤免疫耐受中起关键作用。肿瘤微环境中的内皮细胞也表达某些蛋白酶和抑制剂从而影响肿瘤进展。这些物质包括基质金属蛋白酶(matrix metalloprotease,MMP)和金属蛋白酶组织抑制剂(tissue inhibitor of metalloproteinase,TIMP)等。

(2)促结缔组织生成 Promote connective tissue formation/Desmoplasia:成纤维细胞是肿瘤微环境中占比例较大的细胞成分,对肿瘤间质主要起到结构骨架作用。尽管正常状态下成纤维细胞是处于不活跃的静息状态,但他们能够在创伤修复、炎性反应等生理应激条件下被激活。成纤维细胞除了正常的生理作用外,还能够影响肿瘤进展。肿瘤微环境中的成纤维细胞可以被肿瘤旁分泌激活,并表达 α 平滑肌肌动蛋白（α-SMA）表型，具有肌纤维母细胞（myofibroblasts）的特征，被称为癌症相关成纤维细胞（cancer-associated fibroblasts，CAFs）。CAFs还可由血管外周细胞、血管平滑肌细胞、骨髓源间充质细胞分泌，或者由上皮间质转化（epithelial to mesenchymal transition，EMT）、内皮间质转化产生。CAFs作为肿瘤微环境中的中心成分，是许多癌症间质内突出的细胞类型，肿瘤细胞刺激CAFs形成大量纤维间质，在肿瘤中过多纤维间质组织形成通常称为促结缔组织生成。如乳腺癌中CAFs收缩常导致乳头内陷，在腔道器官则可引起变形和狭窄。

（3）炎性细胞浸润 Inflammatory cells infiltration：以杀伤性T细胞和NK细胞为代表的免疫杀伤细胞对肿瘤生长及转移发挥重要的作用。肿瘤间质内不同程度的淋巴细胞浸润，反应了宿主对肿瘤的免疫作用，临床随访资料显示，肿瘤间质内若有丰富的淋巴细胞浸润，则病人预后较好。

浸润到肿瘤的巨噬细胞称为肿瘤相关巨噬细胞（tumor associated macrophages，TAM），是肿瘤微环境中炎症因子的主要来源，更是肿瘤血管生成和淋巴管生成中重要的效应细胞。不同的研究显示不同的结果，有研究表明TAM通过直接杀伤肿瘤细胞，或呈递肿瘤相关抗原诱导机体免疫应答从而清除肿瘤。但也有相反的证据表明，TAM非但未发挥抗肿瘤的作用，反而刺激肿瘤诱导淋巴管和血管生成，促进了肿瘤细胞的增殖和转移。

肥大细胞聚集在肿瘤局部，可通过产生肝素样分子、IL-8（已被证明是一种血管生成因子）和分泌一些生长因子，如表皮生长因子（EGF），血小板衍生生长因子（PDGF），神经生长因子（NGF），干细胞因子（SCF），以及肿瘤细胞的趋化因子和肿瘤有丝分裂原促进肿瘤血管生成，也可通过其抗凝血效应允许肿瘤的转移。如肥大细胞的应激可能会破坏血-脑屏障（BBB）促进肿瘤脑转移，与不良预后相关。

（4）肿瘤间质中细胞外基质的作用 Roles of ECM in tuomr stroma：在肿瘤间质中细胞外基质（extracellular matrix，ECM）的作用十分重要，能促进肿瘤细胞信号的转导并改变基因的表达。存在于肿瘤间质中的ECM蛋白有钙粘素（Cadherin），肝细胞生长因子（HGF），转化生长因子-β（TGF-β），骨桥蛋白（OPN），半乳糖凝集素，糖蛋白腓骨蛋白-1（FBLN-1），透明质酸，基质金属蛋白酶（MMPs），血小板衍生生长因子（PDGF），纤连蛋白（FN），层黏连蛋白（LN）和IV型胶原等，以及肿瘤细胞能够改变整合素表达，等均可影响肿瘤生物学行为。如在某些肿瘤中，ECM重塑酶的活性失控而导致肿瘤间质纤维化。

肿瘤的微环境（tumor microenvironment）肿瘤微环境是一个复杂的综合系统，由多种细胞及细胞因子组成，是保护和支持肿瘤发生、发展及转移、复发的必要结构功能单元，具有反馈控制机制多样化、代谢途径通路独特性等特点。肿瘤的微环境成分在不同的肿瘤，或同一肿瘤的不同阶段均有不同。正确认识肿瘤微环境及其之间的相互作用机制，对于了解肿瘤发生、演进和转移的全过程，做好肿瘤的早期诊断、治疗干预等都具有积极的意义。

第三节 肿瘤的分化和异型性
Neoplasia Differentiation and Atypia

一、分化和间变
Differentiation and Anaplasia

分化是指肿瘤的实质细胞在形态和功能上与某种正常细胞的相似程度。分化好的肿瘤细胞与成熟的正常细胞非常相似，例如脂肪瘤的肿瘤细胞几乎与正常脂肪细胞无异；而分化差（poorly differentisted）的肿瘤细胞则与正常细胞差异很大，只能从蛛丝马迹中寻找正常细胞的证据；未分化的肿瘤细胞则形态较原始，无分化特征可循，完全缺乏与任何正常细胞的相似性。良性肿瘤一般分化好，而恶性肿瘤的分化可从分化好到分化差，甚至未分化（undifferentisted）。细胞失去分化特征称为去分化（dedifferentiated）或者间变（anaplasia），是恶性转化的标志。

二、肿瘤的异型性
Atypia

由于分化程度的不同，肿瘤组织结构和细胞形态与相应正常组织有不同程度的差异，这种差异称为异型性，是肿瘤组织和细胞出现成熟、分化障碍的表现。异型性越大，成熟和分化程度就越低。肿瘤的异型性表现在细胞形态和组织结构两个方面。

1. 肿瘤细胞的异型性 Cellular atypia

（1）细胞形态的异型性（morphological atypia）：肿瘤细胞体积增大，并且大小和形态很不一致，即具有多形性（pleomorphism），有时出现瘤巨细胞（tumor giant cell）（细胞体积巨大），可包含一个大的多倍体核（polyploid nucleus）或多个核（multiple nuclei）。一般来讲，肿瘤恶性程度越高，细胞的多形性就越大，但有些分化很差的肿瘤细胞反而表现为大小形态比较一致的原始或幼稚的小细胞。

（2）细胞核的异型性（nuclear atypia）：肿瘤细胞的细胞核常增大，核的大小形状有很大差异（核多形性），可见巨核、双核、多核或奇异型核，核富于染色质而使核深染，常可见明显的大核仁和染色质团块，瘤细胞核质比(nuclear-cytoplasmic ratio)增高，如上皮细胞核质比正常时为1∶4~1∶6，恶性肿瘤时可增至1∶1。核分裂增多(反映增殖活性强)，有时出现病理性核分裂象(atypical mitotic figures)，如不对称核分裂、三极或多极核分裂。核内DNA增多核深染(hyperchromasia)，染色质呈粗颗粒状，分布不均常堆积在核膜下。核仁明显，体积增大数目增多(肿瘤细胞的异型性可以简单归纳为“三大”“三多”和“三不一致”：细胞大，核大，核仁大；核染色质多，核分裂象多，核仁多；细胞大小不一致，细胞形态不一致，细胞核染色不一致。)(图5-2)。

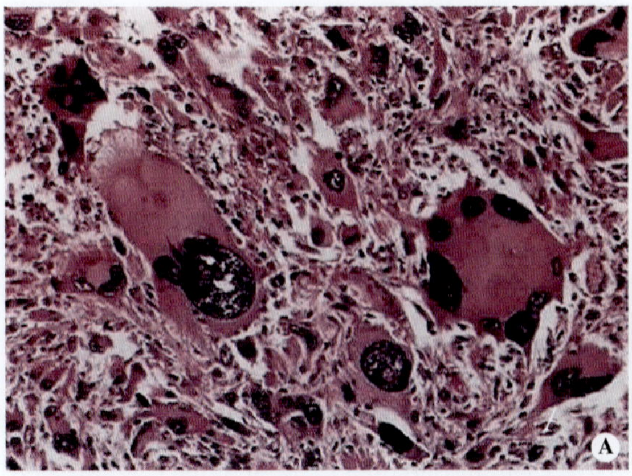

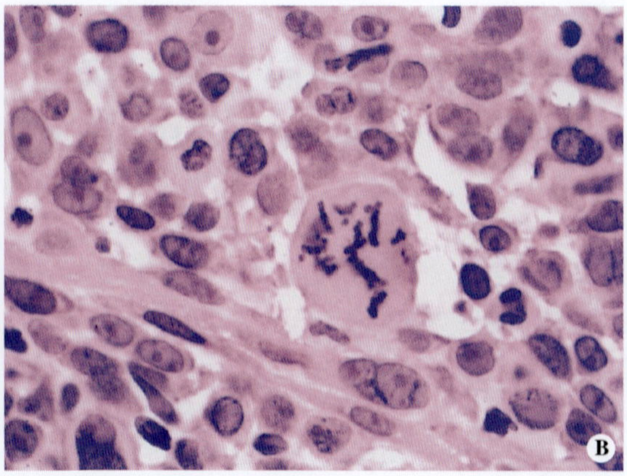

图5-2 肿瘤细胞异型性 Pleomorphism of tumor cells

A. 可见多型核和瘤巨细胞与B. 癌中常见病理性核分裂(多极核分裂)。A. Pleomorphic nuclei and giant cell formation are seen and B. Atypical mitosis (multipolar mitosis) is commonly seen in cancer

(3)细胞质的异型性(cytoplasmic atypia)：大部分恶性肿瘤细胞由于分化低而胞质减少，但也有胞质增加的，如前列腺癌胞质明显增宽。由于核蛋白体增加使胞质嗜碱性(basophilic)。有些肿瘤可产生异常的胞质内产物或分泌物(如黏液、糖原、角蛋白、脂质、激素、色素等)。

(4)肿瘤细胞的超微结构改变：在电镜下可观察到提示肿瘤来源或分化方向的细胞器，如神经内分泌肿瘤中的神经内分泌颗粒(neuroendorine granule)，鳞状细胞癌中的张力原纤维(tonofilament)和桥粒(desmosome)，平滑肌源性肿瘤中的肌微丝(myofilament)和密体(dense body)等。超微结构的观察在鉴别恶性肿瘤起源上有一定的帮助，特别在鉴别癌和肉瘤中。

2. 组织结构的异型性 Architectual atypia 肿瘤细胞形成的组织结构在空间排列方式上与相应正常组织具有一定的差异，称为肿瘤的结构异型性，包括瘤细胞自身的排列极向紊乱、肿瘤实质与间质的关系紊乱等(图5-3)。如皮肤鳞状细胞癌中，肿瘤性鳞状上皮不再像正常皮肤的鳞状上皮那样具有良好的细胞极向(orientation)，有清楚的层次结构，而是瘤细胞排列紊乱、无极向并形成异常的巢状(nest)结构。

良性肿瘤的异型性一般较小，可以完全缺乏细胞形态的异型性，而仅表现在组织结构的异型性上。恶性肿瘤通常异型性较大，而且在细胞形态和组织结构上均具有一定程度的异型性。分化较好的肿瘤，包括良性肿瘤和部分高分化的恶性肿瘤，大多保存了相应正常组织一些功能特征，例如内分泌组织来源的肿瘤能分泌一些激素产物(hormones)，鳞状上皮肿瘤可以产生角蛋白(keratin)等。

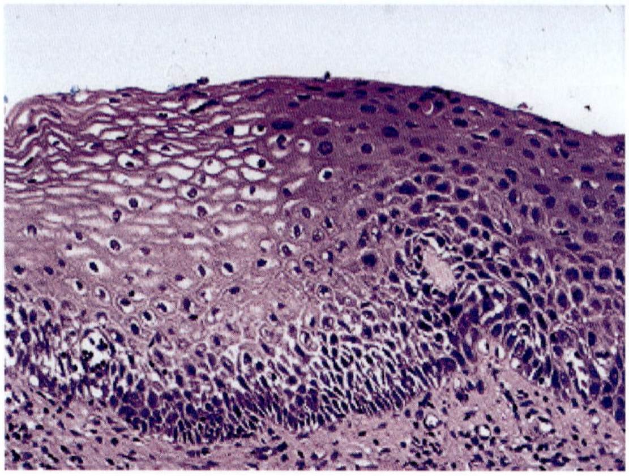

图5-3 异型增生 Dysplasia

右边分化不良的鳞状上皮结构紊乱，与左边正常的鳞状上皮相连 The normal cervical squamous epithelium at the left merges into the dysplastic squamous epithelium at the right in which the cells are more disorderly

Tumor cell atypia

①Nuclear and cellular pleomorphism. Wide variation and shape and size of cells and nuclei. ②Hyperchromatism. Darkly stained nuclei that frequently contain prominent large nucleoli and chromatin clumpings. ③Nuclear-cytoplasmic ratio. Approaches

1∶1 instead of 1∶4 or 1∶6, reflecting enlargement of nuclei. ④Abundant mitoses. Reflecting proliferative activity. Mitotic figures may be abnormal(e. g tripolar spindles). ⑤Tumor giant cells containing a single large polyploid nucleus or multiple nuclei are sometimes seen.

第四节 肿瘤的命名和分类
Nomenclature and Classification of Tumor

肿瘤的命名和分类是肿瘤病理诊断的重要内容，也是拟定最佳治疗方案的基础。

一、肿瘤的命名
Nomenclature of Tumor

1. 命名原则 Nomenclature principle 根据肿瘤组织或细胞类型及生物学行为(biological behavior)来命名肿瘤。

命名的基本公式(Formula)："肿瘤原发部位"+"组织起源或分化方向"+"反应肿瘤良恶性的词汇(瘤/癌/肉瘤)"。如：卵巢黏液性腺瘤(ovarian mucous adenoma)、眼睑皮肤基底细胞癌(basal cell carcinoma of eyelid)、胫骨上端成骨肉瘤(osteogenic sarcoma in the superior extremity of tibia)等。

(1) 良性肿瘤的命名 Nomenclature of benign tumor 一般用"瘤"字结尾(英文后缀为"-oma")，如具有平滑肌分化的良性肿瘤称为平滑肌瘤(leiomyoma)；向腺上皮分化的良性肿瘤称为腺瘤(adenoma)。举例：背部皮下脂肪瘤(subcutaneous lipaoma of the back)、皮肤鳞状上皮乳头状瘤(skin squamous papilloma)、纵膈神经鞘瘤(mediastinum neurolemmoma)。[在病理学中，并非"瘤"和"-oma"后缀的都是肿瘤，少数几个病变如室壁瘤(ventricular aneurysm)、动脉瘤(aneurysm)，动粥瘤(atheroma)、阿米巴肿(amoeboma)、结核瘤(tuberculoma)、肉芽肿(granuloma)等都不是肿瘤)]。

(2) 恶性肿瘤的命名 Nomenclature of malignant tumor

1) 上皮组织起源的恶性肿瘤统称为癌(carcinoma)，表现出某种上皮分化特点。如皮肤向鳞状上皮分化的恶性肿瘤称为皮肤鳞状细胞癌；胃黏膜组织向腺上皮分化的恶性肿瘤称为胃腺癌；甲状腺向滤泡上皮分化的恶性肿瘤称为甲状腺滤泡癌。膀胱尿路上皮癌等。有些肿瘤具有不止一种上皮分化，如肺腺鳞癌同时具有鳞状上皮和腺上皮的分化；也有一些上皮性肿瘤在形态学和免疫表型上可以确定为癌，但缺乏特定上皮分化特征，称为未分化癌(undifferentiated carcinoma)。

2) 间叶组织的恶性肿瘤统称为肉瘤(sarcoma)，可表现出某种间叶组织分化的特点，如纤维肉瘤(fibrosarcoma)、骨肉瘤(osteosarcoma)、平滑肌肉瘤(leiomyosarcoma)等。间叶组织由许多间充质细胞组成，具有多向分化潜能，包括结缔组织(纤维)、脂肪、肌肉、脉管(血管、淋巴管)、骨、软骨、淋巴组织和造血组织等(神经组织不包括在间叶组织内也不包括在上皮组织内)。形态上和免疫表型上具有肉瘤特征，但缺乏特定间叶组织分化方向的肉瘤称为未分化肉瘤(undifferentiated sarcoma)。

同时具有癌和肉瘤两种成分的恶性肿瘤叫癌肉瘤(carcinosarcoma)，肿瘤中的上皮和间叶成分都为恶性。

通常所说的"癌症"(cancer)一词泛指所有恶性肿瘤，包括癌和肉瘤，这与病理学意义上的专指上皮性恶性肿瘤的"癌"(carcinoma)的概念不同。

Carcinoma and Sarcoma

Malignant epithelial tumors are carcinoma, such as squamous cell carcinoma. Mesodermal malignant tumors are sarcoma, such as leiomyosarcoma(smooth muscle).

(3) 混合性肿瘤的命名 Nomenclature of mixed tumor：指起源于多潜能细胞(multipotential cells)的肿瘤，通常包含一种以上组织成分，如好发于唾液腺的多形性腺瘤(pleomorphic adenoma)也是一种多成分构成的混合瘤，如腮腺多形性腺瘤中含有上皮组织、黏液和软骨样组织等，故又称"混合瘤"。畸胎瘤也显示多种成分的混合。

(4) 错构瘤 Hamartoma：肿瘤组织中的成分是由完全类似于成熟的分化细胞构成，表明这种情况实际上是一种异常发育的状态。错构瘤都是良性的。

2. 特殊命名 Special nomenclature 除以上良恶性肿瘤的一般命名原则外，尚有少数肿瘤的命名来自传统习惯或特殊情况的约定俗成，有的名称能反映其性质，有的则无法顾名思义。

(1) 母细胞瘤 Blastoma：通常用于命名某些形态类似发育过程中的某种幼稚细胞或组织的肿瘤，可以是良性，也可以是恶性肿瘤。如骨母细胞瘤(osteoblastoma)为良性肿瘤，而神经母细胞瘤

(neuroblastoma)、肾母细胞瘤(nephroblastoma)则是恶性肿瘤等。

(2)以"病""瘤"命名的恶性肿瘤 Malignant tumor named with "-sis" "-oma":如白血病(leukemia)、蕈样霉菌病(mycosis fungoides, MF)、卵黄囊瘤(yolk sac tumor)、精原细胞瘤(spermocytoma)等。

(3)以"恶性"为字首命名的肿瘤 Tumor with "malignant" as prefix name:有些恶性肿瘤既不叫癌,也不称为肉瘤,而是直接以"恶性"冠名,如恶性淋巴瘤(malignant lymphoma)、恶性纤维组织细胞瘤(malignant fibrous histiocytoma, MFH)、恶性神经鞘瘤(malignant schwannoma)等。

(4)以人名命名的肿瘤 Tumor named with human name:如尤文(Ewing)肉瘤、霍奇金(Hodgkin)淋巴瘤、佩吉特(Paget)病等,是以起初描述这一肿瘤的学者命名的。

(5)以肿瘤细胞形态命名 Tumor named with cell morphology:如透明细胞癌(clear cell carcinoma)、燕麦细胞癌(oat cell carcinoma)、印戒细胞癌(signet-ring cell carcinoma)等。

(6)以"瘤病"命名的肿瘤 Tumor named with "-atosis":用以形容肿瘤的多发状态,如神经纤维瘤病(neuroinomatosis)、脂肪瘤病(lipomatosis)、血管瘤病(angiomatosis)等。

(7)畸胎瘤(teratoma):来源于全潜能细胞(totipotential cells),通常包含两胚层(two germ layers)以上的成分,并且显示形成器官的倾向。当其是良性时称为"瘤",恶性时在前面冠以"恶性"(图5-4,图5-5)。

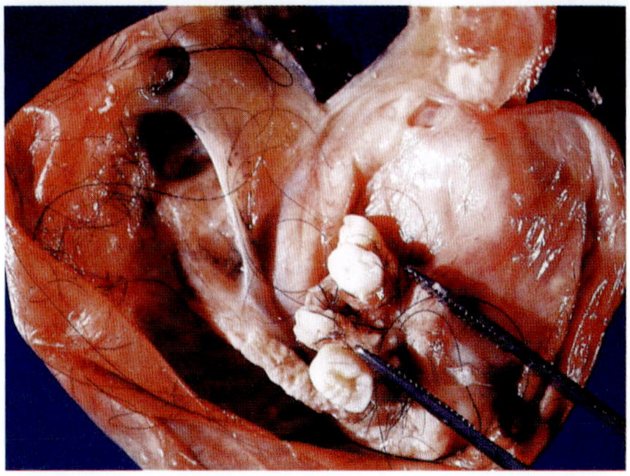

图5-4 卵巢囊性畸胎瘤 Cystic teratoma of ovary
单房卵巢囊肿的切面可见,囊肿壁薄,内衬灰白、不透明、皱缩的组织。其中可见毛发和牙齿 Cut section of unilocular ovarian cyst shows a thin wall lined by an opaque, gray-white, wrinkled structure. From this, hair shafts protrude and tooth structures are found

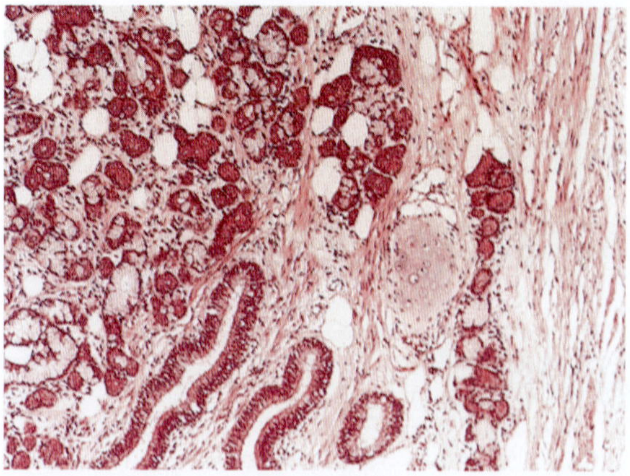

图5-5 畸胎瘤 Teratomas
肿瘤由各种不同分化阶段的组织混合而成,从未分化的胚胎组织到最成熟的高度分化的组织结构(如皮肤及其附件,牙齿,指趾,神经节,脑,肠等)The tumors consist of a mixture of tissue at varying stages of differentiation, from the most undifferentiated embryonic tissue to the most mature highly organized structures (e.g. skin and its appendages, teeth, digits, portions of nerve ganglia, brain, intestine, etc)

二、分 类
Classification

肿瘤的分类主要依据肿瘤的组织学类型、细胞学形态和生物学行为,包括肿瘤的临床病理特征及预后情况。不同类型的肿瘤具有不同的临床病理特点、治疗反应和预后。正确分类是拟定治疗计划、判断预后的重要依据,也是肿瘤研究的基础。肿瘤分类非常复杂,也十分重要。世界卫生组织(World Health Organization, WHO)对各系统肿瘤进行了分类,并根据临床和基础研究的进展不断修订,形成了国际上广泛使用的"WHO肿瘤分类"。

在目前的肿瘤分类中,确定肿瘤的类型,除了依靠其临床表现、影像学和病理形态学特点外,还要借助免疫表型分析和遗传学特征,甚至基因表达谱特征,将肿瘤分类依据延伸至分子水平。

最简单常见的分类见表5-1,而每一器官系统的肿瘤有更为详尽的分类。

表5-1 常见肿瘤分类
Common classification of tumors

组织来源	良性	恶性
上皮性肿瘤		
(1)鳞状上皮	鳞状上皮乳头状瘤	鳞状细胞癌
(2)基底细胞		基底细胞癌
(3)腺体上皮	腺瘤,乳头状瘤,囊腺瘤	腺癌,乳头状腺癌,囊腺癌

续表

组织来源	良性	恶性
(4)尿路上皮	尿路上皮乳头状瘤	尿路上皮癌
间叶细胞来源的肿瘤		
(1)纤维母细胞	纤维瘤	纤维肉瘤
(2)纤维组织细胞	纤维组织细胞瘤	恶性纤维组织细胞瘤
(3)脂肪组织	脂肪瘤	脂肪肉瘤
(4)平滑肌	平滑肌瘤	平滑肌肉瘤
(5)骨骼肌	横纹肌瘤	横纹肌肉瘤
(6)血管	血管瘤	血管肉瘤
(7)淋巴管	淋巴管瘤	淋巴管肉瘤
(8)骨	骨瘤	骨肉瘤
(9)软骨	软骨瘤	软骨肉瘤
(10)间皮	良性间皮瘤	恶性间皮瘤
淋巴造血系统肿瘤		
(1) 淋巴细胞		淋巴瘤
(2) 造血细胞		白血病
神经外胚层和脑脊膜		
(1)胶质细胞	胶质瘤	恶性胶质瘤
(2)神经细胞	节细胞神经瘤	神经母细胞瘤、髓母细胞瘤
(3)脑脊膜	脑/脊膜瘤	恶性脑/脊膜瘤
(4)神经鞘细胞	神经鞘瘤	恶性神经鞘瘤
(5)黑色素细胞	痣	恶性黑色素瘤
胎盘滋养叶细胞	葡萄胎	恶性葡萄胎、绒毛膜癌
生殖细胞		胚胎性癌,精原/无性细胞瘤
性腺或胚胎残件全能细胞	畸胎瘤	恶性畸胎瘤

为了便于统计和分析,特别是计算机的数据处理,WHO 国际疾病分类的肿瘤学部分(International Classification of Diseases- Oncology, ICD-O)对肿瘤性疾病进行编码,用一个四位数字组成的主码代表一个特定的肿瘤性疾病,例如,肝细胞肿瘤编码为 8170。同时,用一个斜线和一个附加的数码代表肿瘤的生物学行为,置于疾病主码之后。例如,肝细胞腺瘤的完整编码是 8170/0,肝细胞癌的完整编码为 8170/3。在这个编码系统中,/0 代表良性肿瘤,/1 代表交界性或生物学行为未定(unspecified)或不确定(uncertain)的肿瘤,/2 代表原位癌(carcinoma in situ),包括某些部位的Ⅲ级上皮内瘤变,以及某些部位的非浸润性肿瘤,/3 代表恶性肿瘤。有少量肿瘤目前尚无 ICD-O 编码。

确定肿瘤的类型,除了依靠其临床表现、影像学和形态学特点,还借助于检测肿瘤细胞表面或细胞内的一些特定的分子。肿瘤性分子或肿瘤相关分子可以在瘤细胞内或者患者血液或体液中被检测到,这种分子物质称为肿瘤标记物(Tumor Markers),包括肿瘤细胞产生的各种免疫球蛋白、酶、激素如人绒毛促性腺激素 Human chorionic gonadotropin(hCG)诊断胎盘和生殖细胞肿瘤)、细胞骨架和连接蛋白、免疫球蛋白 Immune globulin(Ig)诊断浆细胞骨髓瘤(plasma cell myeloma)、黏液和其他糖蛋白 Mucus and other glycoprotein 诊断卵巢癌(ovarian cancer)、肽类激素 Peptide hormone、胰岛素 Insulin、胃泌素 Gastrin 等用于胺前体摄取和脱羧(amine precursor uptake and decarboxylation)系统肿瘤(APUD 瘤)或嗜铬细胞瘤(phaeochromocytoma)等。虽然它们并不是临床主要的诊断指标,但可以作为辅助诊断,用以识别分化差的原发性或者转移性肿瘤的起源。血清肿瘤标记物不具疾病特异性,但可用于监测肿瘤对治疗的反应和术后复发情况。

免疫组织化学方法(immunohistochemistry)可以在组织切片上直接检测位于肿瘤细胞膜、细胞质或者细胞核上的肿瘤标志物,是临床病理诊断中常需借助的重要手段,有助于估计肿瘤的生物学行为和预后。在某些肿瘤,如淋巴造血组织肿瘤、软组织肿瘤等的组织病理诊断中,免疫标记(immunomarker)起着十分关键的作用。临床常用的免疫组织化学肿瘤标记物有:

(1)上皮性标记 epithelial markers:细胞角蛋白(Cytokeratin,CK),上皮细胞中间丝蛋白,属细胞骨架的一部分,是组织分化的重要标记,也是诊断病理学中的重要工具。常用的细胞角蛋白有 CK7(常表达于肺腺癌、乳腺癌、胃癌、前列腺癌、胰腺癌、卵巢癌等)、CK20(常表达于结直肠癌、皮肤 Merkel 细胞癌、部分胰腺癌、胃癌和移行细胞癌)、CK5/6(常表达于鳞状细胞癌、间皮瘤等)、CK8/18(常表达于各种腺上皮、间皮、移行上皮等)。广谱 CK 常用于显示癌的微转移灶、淋巴结及骨髓内播散的癌细胞、小细胞癌、淋巴上皮癌、鼻咽癌及弥散浸润的上皮性肿瘤。

(2)间叶标记 Mesenchymal markers:常用的神经源性标物为 S-100、血管源性标记 CD31、CD34、Factor VIII、肌源性标记 Desmin、SMA、Myogenin、MyoD1 等。

(3)淋巴瘤标记 lymphoma markers:常用淋巴细胞等表面的 CD(cluster of differentiation)抗原, 如 B-细胞标记有 CD20、PAX5、CD79a, T-细胞标记有 CD2、CD3、CD5、CD7、CD43 等。

(4)神经内分泌标记 nueroendocrine markers:突触素(Syn)、嗜铬素 A(CgA)、神经元特异性烯醇化酶(neuron-specific enolase,NSE)。

（5）恶性黑色素瘤标记 malenoma markers：S-100、HMB45、MelanA。

（6）增殖指数标记 proliferation inder markers：Ki-67。

在肿瘤病理诊断中，常用的一些免疫标记物，以及通常表达这些标记的细胞或肿瘤类型举例见表5-2。必须强调，免疫标记大多没有绝对的特异性，通常需要使用一组（panel）标记，而且同时需要有良好的阳性（positive）和阴性（negtive）对照，才有助于组织学诊断，否则容易导致不恰当的结论。

表5-2 肿瘤免疫组织化学技术常用标记物举例

Example of commonly used immunohistochemical markers for tumor

标记	常见阳性表达细胞或肿瘤类型
AFP（甲胎蛋白）	胎肝组织，卵黄囊；肝细胞癌，卵黄囊瘤
CD3	T淋巴细胞；T细胞淋巴瘤
CD15（Leu-M1）	粒细胞；R-S细胞（霍奇金淋巴瘤），一些腺癌
CD20	B淋巴细胞；B细胞淋巴瘤
CD30	R-S细胞（霍奇金淋巴瘤），大细胞间变性淋巴瘤，胚胎癌
CD31	内皮细胞；血管肿瘤
CD34	内皮细胞；血管肿瘤，胃肠间质肿瘤，孤立性纤维性肿瘤
CD45（LCA，白细胞共同抗原）	白细胞；淋巴造血组织肿瘤
CD45RO（UCHL-1）	T淋巴细胞；T细胞淋巴瘤
CD68	巨噬细胞
CD79a	B淋巴细胞；B细胞淋巴瘤
CD99	原始神经外胚叶瘤（PNET），淋巴母细胞性淋巴瘤
calcitonin（降钙素）	甲状腺滤泡旁细胞；甲状腺髓样癌
chromogranin（CgA，嗜铬粒蛋白A）	神经内分泌细胞；神经内分泌肿瘤，垂体腺瘤
cytokeratin（细胞角蛋白）	上皮细胞，间皮细胞；癌；间皮瘤
desmin（结蛋白）	肌细胞；平滑肌瘤，平滑肌肉瘤，横纹肌肉瘤
EMA（上皮细胞膜抗原）	上皮细胞；癌，脑膜瘤
GFAP（胶质原纤维酸性蛋白）	胶质细胞；星形细胞瘤
HMB45	黑色素瘤，血管平滑肌脂肪瘤，PEComa
Ki-67	增殖期细胞（细胞增殖活性标记）
PLAP（胎盘碱性磷酸酶）	生殖细胞肿瘤
PSA（前列腺特异性抗原）	前列腺上皮细胞；前列腺腺癌
S-100	神经组织，脂肪组织，Langerhans组织细胞；神经鞘瘤，脂肪组织肿瘤，黑色素瘤
SMA（平滑肌肌动蛋白）	平滑肌细胞，肌纤维母细胞；平滑肌肿瘤，肌纤维母细胞肿瘤
Synaptophysin（Syn，突触素）	神经元，神经内分泌细胞；神经元肿瘤，神经内分泌细胞肿瘤

常见肿瘤的一些免疫标记及表达情况举例见表5-3。

表5-3 常见肿瘤的免疫组织化学标记

Common immunohistochemical markers for tumor

肿瘤	Keratin	EMA	HMB-45	S-100	Desmin	LCA
癌	+	+	−	−	−	−
肉瘤	−/+	−/+	−/+	−/+	+/−	−
淋巴瘤	−	−	−	−	−	+
黑色素瘤	−	−	+	+	−	−

随着对肿瘤发生的分子机制的认识不断深入，为肿瘤的分类、诊断和治疗提供了新的方向。WHO最新版的各器官系统肿瘤分类（第三版出版于2000～2006年，共10个分册；2007年出版第四版第一分册《中枢神经系统肿瘤》），除了考虑各种肿瘤的形态学特点和生物学行为，还考虑了具有特征性的细胞遗传学和分子遗传学改变。近年来，利用DNA芯片（DNA microarray）技术对肿瘤细胞基因表达谱（expression profile）进行大规模的检测，亦显示一些肿瘤中与生物学行为或治疗反应及预后有关的具有特征性的表达谱。通过分子水平的检查进行分子诊断（molecular diagnosis），可能成为肿瘤病理诊断的重要手段之一。

常见肿瘤的细胞遗传学改变举例见表5-4。

表5-4 常见肿瘤的细胞遗传学改变举例

Cytogenetics changes of common tumor

肿瘤类型	细胞遗传学改变
肺癌	del（3）（p14～3）
肾癌	del（3）（p14～23），t（3；5）（p13；q12）
肾母细胞瘤	del（11）（p 13）
隆突性皮肤纤维肉瘤	t（17；22）（q22；q13）

续表

肿瘤类型	细胞遗传学改变
黏液样脂肪肉瘤	t(12;16)(q13;p11),t(12;22)(q13;q11~12)
滑膜肉瘤	t(X;18)(p11;q11)
横纹肌肉瘤	t(2;13)(q35~37;q14),t(1;13)(p36;q14)
黏液样软骨肉瘤	t(9;22)(q22;q12)
星形细胞瘤	del(9)(p13~24)
神经母细胞瘤	del(1)(p32;p36)
视网膜母细胞瘤	del(13)(q14)
原始神经外胚叶瘤(PNET)	t(11;12)(q24;q12),t(21;22)(q22;q12),t(7;22)(p22;q12),t(17;22)(q12;q12),t(2;22)(q33;q12)

第五节　肿瘤生长和扩散
Tumor Growth and Spread

一、肿瘤生长生物学
Tumor Growth Biology

1. 肿瘤的克隆性 Clonal of tumors 　大多数肿瘤来源于单个转化细胞的增生,因此为单克隆性(clonal)。多克隆(polyclonal)肿瘤(即肿瘤细胞为几种转化细胞的后代)非常少见。肿瘤的克隆性可通过多种技术证实,如通过对杂合性X连锁葡萄糖6-磷酸脱氢酶(G-6PD)的女性发生的肿瘤中G-6PD同工酶的研究,证明肿瘤是单克隆性的,因为子宫平滑肌中含有两种G-6PD,而子宫平滑肌肿瘤中仅含一种;或对肿瘤细胞特异性的核型异常的检测,例如在慢性髓细胞性白血病(chronic myelocytic leukemia,CML)中费城染色体(Philadelphia chromosome,Ph),T和B细胞淋巴瘤中免疫球蛋白或T细胞受体基因重排的分析(显示单克隆性的肿瘤细胞中均有同样的重排)。

2. 肿瘤细胞生长的动力学 Tumor cell growth kinetics 　肿瘤细胞有别于正常细胞的重要表现之一是它们能持续地生长。从正常细胞群体增殖的动力学差别来看,正常更新的组织细胞生成和丢失的数量大致相等,处于动态平衡(dynamic balance)状态,而肿瘤组织中瘤细胞生成往往大于丢失。肿瘤细胞群体增殖的速度和限速因肿瘤类型而异。同时,同一类型的肿瘤也因宿主年龄、生理状态等条件而不同。

肿瘤细胞生长动力学上,三个因素可能影响肿瘤细胞生长的速度:

(1)瘤细胞的倍增时间 Doubling time:指细胞分裂繁殖为两个子代细胞所需的时间。转化细胞的细胞周期有着与正常细胞相同的5个时期(G_0期,G_1期,S期,G_2期和M期)。很多肿瘤的细胞周期时间并不比正常细胞短,而是与相应正常细胞相同或稍长,也就是说多数恶性肿瘤的倍增时间并不比正常细胞快。因此,肿瘤的迅速生长和进展并不能归结于肿瘤倍增时间的缩短。

(2)生长分数 Growth fraction:指肿瘤细胞群体中处于增殖状态的细胞所占的比例(即除G_0期以外的细胞所占比例)。恶性肿瘤形成初期,细胞分裂繁殖活跃,生长分数高。随着肿瘤的生长,有的肿瘤细胞由于脱落、分化以及返回G_0期而离开增殖期停止分裂。临床可查见的肿瘤中多数细胞并不处于增殖期(proliferative phase),即使是一些生长迅速的肿瘤,其生长分数也仅在20%左右。因此,肿瘤的进行性生长不能归结于高生长分数。

(3)肿瘤细胞的生成和死亡 Generation and death of tumor cells:瘤细胞生成和死亡的比例是影响肿瘤生长速度的一个重要因素。由于营养供应和机体抗肿瘤反应等因素的影响,有些肿瘤细胞会死亡,这种死亡常以凋亡(apoptosis)的方式发生。细胞的生成与死亡比,可能在很大程度上决定了肿瘤的生长速度。促进肿瘤细胞死亡和抑制其增殖是肿瘤治疗的两个重要方面。

大多数恶性肿瘤生长速度比良性肿瘤快。一些肿瘤可以缓慢生长多年,而后进入快速生长期,而其他的则从开始就迅速生长。来源于对激素敏感组织(hormone-sensitive tissues)的肿瘤,如子宫,其生长还受到与妊娠(pregnancy)和绝经(menopause)有关的激素变化水平的影响。快速生长的恶性肿瘤由于受肿瘤血供的制约,中心部位常发生缺血缺氧性坏死(ishemic and hypoxygen necrosis),即梗死。

3. 肿瘤细胞动力学的临床意义 Clinical significance of tumor cell growth kinetics

(1)肿瘤对化疗的敏感性 Sensitivity to chemotherapy:由于大多数抗肿瘤药物作用于分裂的细胞,高生长分数的肿瘤对抗肿瘤药物更敏感。如果不治疗,它们是生长最快的肿瘤。

(2)肿瘤的潜伏期 Latency of tumor:如果一个初始转化细胞的所有子代细胞均处于复制期中,大多数肿瘤都会在肿瘤细胞生长启动后几个月内被临床发现。然而由于大多数肿瘤细胞离开了复制期,因此肿瘤细胞的积累是一个相对缓慢的过程。这就导致了肿瘤在临床被发现之前要经历几个月甚至几年的潜伏期。

4. 肿瘤的异质性和演进 Heterogeneity and progression 在潜伏期内，肿瘤细胞经历许多次数的倍增。分裂的肿瘤细胞具有基因不稳定性（genetically unstable），易出现高频随机突变（random mutations）。突变亚克隆出现许多相应的临床特征的差异，即肿瘤异质性（heterogeneous），包括生长速度、侵袭和转移的能力、对生长信号的反应、抗原性以及对抗肿瘤药物治疗的反应等方面。因此，临床所检测到的肿瘤，尽管来源于一个克隆，实际上常常由异质化的亚克隆细胞群体组成，这个过程称为肿瘤演进（progression）。肿瘤演进过程使得具有较强生存能力和侵袭力的瘤细胞获得生长优势。

现有研究表明存在于肿瘤组织中的一小部分肿瘤干细胞（Tumor stem cells）具有启动（initiate）和维持（sustain）肿瘤生长，保持自我更新能力，不定向分化潜能，高增殖和耐放化疗等特性，使得常规手段难以清除组织、血液等机体内残留的肿瘤干细胞，成为肿瘤复发和转移的隐患。因此，肿瘤生物学研究认为治愈肿瘤的关键在于杀灭肿瘤干细胞，也由此掀起了针对肿瘤干细胞靶向治疗的热潮。

5. 宿主因素对肿瘤生长的影响 Host factors on tumor growth

（1）血管生成 Angiogenesis：在快速生长的肿瘤中有时细胞生长速度超过血管形成的速度，造成局部缺血性坏死，显示肿瘤细胞同正常细胞一样，生存需要营养和氧。事实上，肿瘤直径达到 1～2mm 后，若无新生血管生成来提供营养，则肿瘤无法继续生长，因此诱导宿主衍生形成肿瘤自身血管对肿瘤生长有重要的影响。最近研究显示肿瘤细胞通过自身变形和基质重塑产生具有基膜的小管结构，可与血管交通，形成血管样的通道，称为血管生成拟态（vasculogenic mimicry）。如果能阻止或抑制肿瘤新生血管和血管生成拟态，则有可能通过切断肿瘤血供达到治疗肿瘤的目的。

（2）激素 Hormone：激素失衡可能在一些人体肿瘤的发展中起到作用，尤其是子宫内膜癌（endometrial carcinoma），乳腺癌（carcinoma of breast）和前列腺癌（carcinoma of prostate）。有激素反应的组织起源的肿瘤（乳腺、子宫内膜和前列腺）通常保留有细胞激素受体（hormone receptor）。因此有可能通过激素来控制这些肿瘤的生长，如睾丸切除术有助于前列腺癌的治疗，用雌激素受体拮抗药物治疗雌激素受体阳性的乳腺癌可以减少肿瘤的复发和转移。

二、肿瘤生长方式和扩散 Tumor Growth and Spread

（一）肿瘤生长方式 Growth patterns

肿瘤生长方式主要有三种，一个肿瘤可以具有一种以上的生长方式，但以一种生长方式为主。

1. 膨胀性生长 Expansile growth 指肿瘤生长过程中向周围较均匀地推挤性扩展，机械性地挤压但不侵犯周围组织。瘤组织与周围组织分界清楚（circumscribed），有时可在外周形成明显的包膜（capsule）。大多数良性肿瘤呈膨胀生长，通常生长缓慢，并且在达到一定大小后维持静止状态。这种生长方式有利于外科分离和完全摘除，术后很少复发。应强调的是，并不是所有良性肿瘤都有包膜或明确的境界，如子宫平滑肌瘤并没有包膜，也有部分良性肿瘤既没有包膜也没有明确境界，特别是某些皮肤真皮组织的良性血管肿瘤。

2. 外生性生长 Exophytic growth 体表和体腔内（胸、腹腔）肿瘤，或管道器官（如消化道、泌尿道）腔面的肿瘤常向表面生长而突出于表面，呈乳头状、息肉状、蕈伞状、菜花状，称为外生性生长。良、恶性肿瘤均可外生性生长，但恶性肿瘤在外生性生长的同时，常在其基底部伴有浸润性生长。

3. 浸润性生长 Invasive growth 是恶性肿瘤常见的生长方式。指肿瘤细胞向周围组织间隙不均匀地延伸、长入并破坏周围组织。浸润性生长的肿瘤与周围组织的关系像树根和泥土一样，肿瘤无明确边界，与周围组织境界不清，没有包膜，较固定，难以完整切除，常需切除肿瘤周围较大范围组织以避免切除不彻底，有时肿瘤浸润至重要的解剖结构甚至导致无法切除（大血管周围、咽喉和颅底等）。

（二）肿瘤扩散 Tumor spread

恶性肿瘤最重要的生物学特点就是不仅可以在原发部位浸润性生长，还可累及周围组织、器官，并通过多种途径深入到身体其他部位。扩散的方式有以下两种：

1. 局部浸润和直接蔓延 Local infiltration and direct spreading 恶性肿瘤通常生长迅速，常深入并破坏周围局部组织，称为局部浸润（local infiltration）。恶性肿瘤细胞沿着组织间隙、淋巴管、血管或神经束衣连续地浸润性生长，直接延伸至并破坏周围组织或器官，称为直接蔓延（direct spreading）。直接蔓延导致肿瘤病灶扩大，不仅增加切除困难，而且为转移创造了条件。

2. 转移 Metastasis 恶性肿瘤细胞从原发部位

通过血管、淋巴管或体腔,迁徙扩散到其他远隔部位,并且继续生长,形成相同类型的肿瘤,这个过程称为转移。原发部位的肿瘤称为原发瘤(primary tumor),转移所形成的继发性肿瘤称为转移瘤(metastatic tumor)。转移是恶性的确凿证据。除了少数恶性肿瘤(如皮肤基底细胞癌等)以外,几乎所有恶性肿瘤都有转移的能力。转移是区别良性肿瘤与恶性肿瘤的一个最重要的特征。

转移性肿瘤的分布取决于到达目的地的肿瘤栓子的数量和转移瘤所在器官、组织的特性(转移瘤生长环境)。转移性肿瘤大多位于淋巴结、肺、肝、骨、肾和肾上腺。而脾和骨骼肌的转移相对少见。转移的途径主要有以下三种:

(1)淋巴结转移 Lymphatic metastasis:肿瘤细胞侵入局部淋巴管,随淋巴引流方向到达局部淋巴结(regional lymph node),并在此继续生长,可继续转移至淋巴循环下一站的其他淋巴结。但有时肿瘤细胞也会越过引流淋巴结而累及更下一站的淋巴结,称为跳跃性转移(skipping transfer),最终可经胸导管入血,继发血道转移。受累淋巴结肿大、质地变硬,切面灰白,有时可相互融合成较大的团块。

原发肿瘤发生转移必经的第一个淋巴结称为“前哨淋巴结”(senlinel lymphnode)。根据SLN的情况(一般观察SLN1-4枚)对部分肿瘤(乳腺癌、恶黑、宫颈癌、胃肠癌、卵巢癌、阴茎癌、肺癌、膀胱癌、前列腺癌胰腺癌等)进行临床治疗已经取得突破性进展,临床意义获得共识。提高SLN检出率和准确率是临床研究的重要课题,需要临床、影像、病理多学科的联合攻关。

淋巴道扩散是癌扩散的最常见方式。肿瘤细胞侵入淋巴管,需要形成栓子进入淋巴结。肿瘤细胞首先出现在淋巴结包膜下(subcapsular space)或边缘窦(peripheral sinus)内,继发性肿瘤在该处生存并最终累及整个淋巴结,而后突破包膜,浸润局部组织或继续沿淋巴系统扩散(图5-6)。

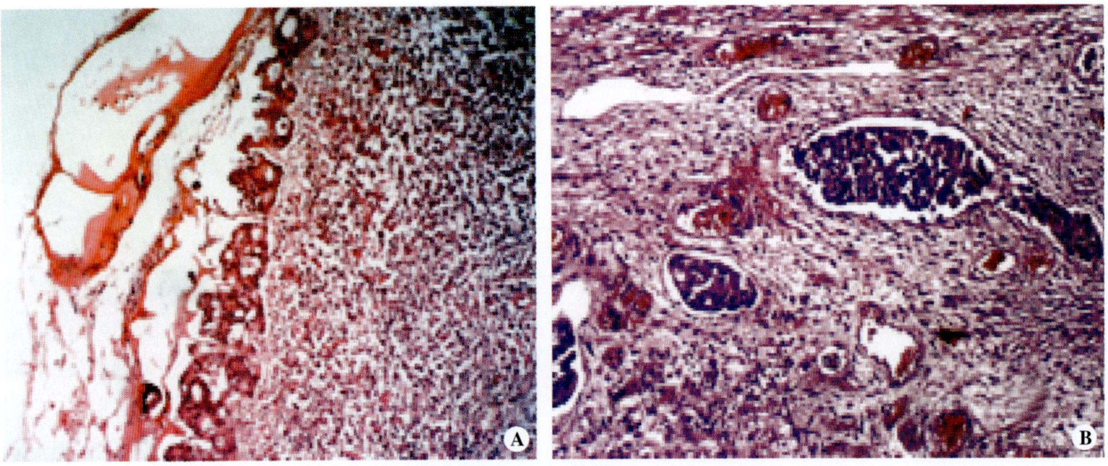

图5-6 淋巴结转移 Lymphatic metastasis

A. 肿瘤细胞首先见于淋巴结包膜下或边缘窦内,继发性肿瘤在该处生存并最终累及整个淋巴结,而后突破包膜浸润局部组织或继续沿淋巴系统扩散;B. 组织学表现为扩张的淋巴管中含有癌细胞团 A. Tumor cells grow into lymphatic channels and are broken off and carried as emboli to a lymph node. Here, the tumor cells lodge and often can be seen initially in the subcapsular space or peripheral sinus. B. Histologically showing dilated lymphatics contain carcinoma cell cluster

(2)血道转移 Hematogenous metastasis:指恶性肿瘤细胞侵入血管(主要是毛细血管和小静脉),随血流到达远隔器官内继续生长并形成转移瘤。血道转移是肉瘤的典型转移方式,也是一些癌的常见转移方式,如肾源性癌(nephrogenic cancer)、肝细胞癌(hepatocellular carcinoma)和绒毛膜癌(chorionic carcinoma)。由于静脉壁较薄,管内压力较低,故瘤细胞多经静脉入血(图5-7)。进入门静脉分支的肿瘤栓子进入肝内,因此肝是肠道肿瘤转移最常见的部位;来源于体静脉系统的栓子常常进入肺;侵入胸、腰、骨盆静脉的瘤细胞可通过静脉吻合支进入椎静脉系统,而引起椎骨及中枢神经系统的转移。另外,一些肿瘤细胞可以直接进入动脉循环或穿过肺毛细血管进入体循环。

肝和肺是最常见的血道转移部位,其次是脑和骨。虽然血道转移的部位受原发肿瘤部位和血液循环途径的影响,但某些肿瘤表现出对某些器官的特殊亲和性。例如,肺癌易转移至肾上腺和脑,甲状腺癌、前列腺癌和肾癌易转移至骨等。血道转移瘤常表现为多发性,球形,边界较整齐,散在分布,多接近被转移器官的表面。有时位于器官表面的转移性肿瘤,瘤结节中央出血、坏死而下陷,形成所谓“癌脐”。

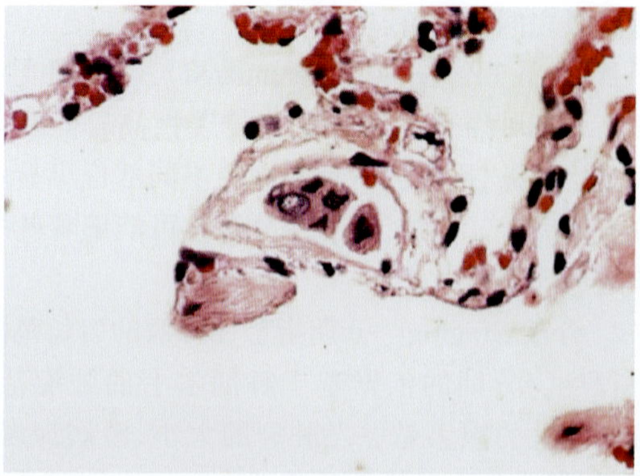

图5-7 血道转移 Hematogenous metastasis
肿瘤细胞穿透静脉的薄壁，聚集形成栓子，运行于血流 Tumor cells penetrate the thin wall of a vein, are broken off, and are carried away as emboli

（3）种植性转移 Implanation metastasis：发生于胸腹腔等体腔内器官的恶性肿瘤，当侵及器官表面时，瘤细胞脱落，像播种样种植在附近其他体腔脏器的表面，形成多个转移瘤，称为种植性转移。最常见的种植性转移见于腹腔器官恶性肿瘤，例如胃肠道黏液癌（mucin carcinoma）累及到浆膜面后，可种植于大网膜、腹膜和盆腔器官。女性患者还可种植于双侧卵巢，使双侧卵巢增大，组织学表现为富含黏液的印戒样细胞，称为克鲁根勃瘤（Krukenberg's tumiur）（图5-8）。浆膜面的种植性转移可引起浆膜腔积液，多呈血性（hematodes），也可为浆液性（serosity）。积液中可查见恶性肿瘤细胞。

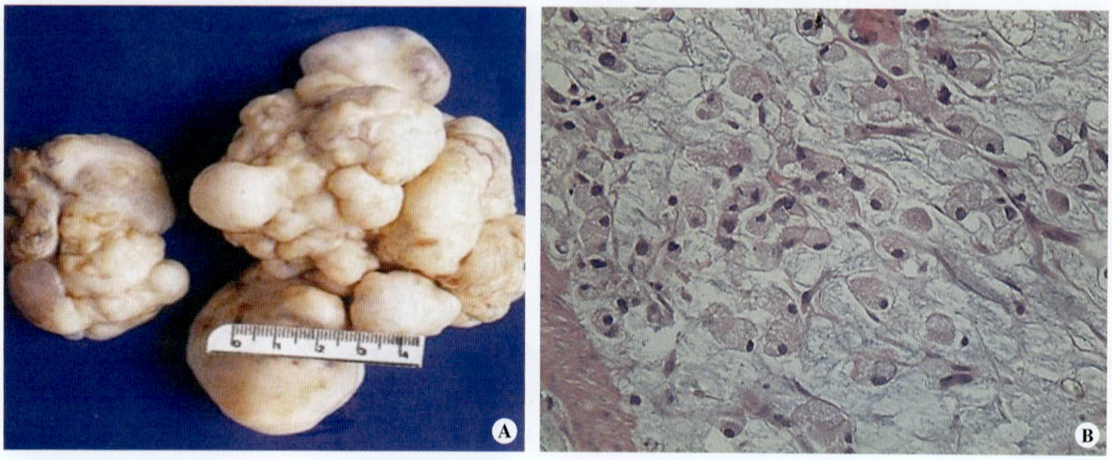

图5-8 卵巢种植性转移癌 Implanation metastasis cancer of ovaries
A.胃肠道癌累及盆腔浆膜面后种植于双侧卵巢形成 Krukenberg's 瘤（大体）；B.组织学上表现为多灶性黏液癌，部分印戒细胞 A.Gastrointestinal tract cancer involve a serosal surface and seeding both side ovaries form Krukenberg's tumor (grossly). B.Histologically showing mulifocality mucinous carcinoma and some signet-ring cells

医源性种植转移指在手术切除癌肿的过程中，污染了瘤细胞的手术器械或手套可造成手术野附近的种植性转移。这种现象偶尔会发生，因此手术中应尽量避免。

以上为肿瘤发生转移的主要途径，但转移瘤最终是否能够形成，与很多因素有关，如原发肿瘤部位的血管和淋巴管的结构特点，瘤细胞本身侵袭性的大小，进入循环中瘤细胞的数量、活性，瘤细胞自身及与血小板的黏着性，局部器官是否具有适合该瘤细胞生长的微环境（microenvironment），肿瘤细胞与器官特异性受体（organ-specific receptors）的相互作用，机体的免疫状态和激素水平等。

Metastases

The neoplastic cells penetrate the walls of blood, vessels and lymphatic channels and thereby disseminate to other sites. This important process is called metastasis and the resultiong secondary tumors are called metastases.

3. 浸润和转移的机制 Mechanism of infiltration and metastasis 在肿瘤细胞发生浸润和转移的过程中，必须经过实质细胞的分离（detachment）、与基膜的附着（attachment）、降解（degradation）细胞外基质（ECM）和迁移（migration）的多步骤级联过程（cascade process）。正常细胞与细胞之间，细胞与基膜之间通过细胞黏附分子（cell adhesion molecules，CAM）实现的黏附。CAM 由细胞产生、存在于细胞表面、介导细胞与细胞间或细胞与细胞外基质间相互接触和结合的一类分子（糖蛋白或糖脂）。CAM 参与一系列重要的生理和病理过程。生理情况下 CAM 以配体-受体结合相互作用，介导黏附反应，通过增加细胞间黏附作用和或传递信号而促进细胞的功能（识别、活化、伸展、移动、生长、分化和信号转导等），维持细胞正常发育、生长，并且是组织器官正常结构的一类重要分子（如上皮间的桥粒结构）。在癌细胞发生浸润和转移时，首先癌细胞表面 CAM 如上皮钙黏素

(E-cadherin)的减少,使细胞彼此分离。其次肿瘤细胞与基膜中的层连黏蛋白(laminin,LN)和间质结缔组织中的纤维连接蛋白(fibronectin,FN)通过不同的细胞表面受体(specific cell surface receptors)介导黏附。黏附后,肿瘤细胞分泌蛋白溶解酶(proteolytic enzymes),如Ⅳ型胶原酶(type Ⅳ collagenases)(切开基膜胶原),间质胶原酶(interstitial collagenases)(切开Ⅰ型和Ⅲ型胶原)和血浆纤维蛋白溶解酶(plasmin)(降解一些非胶原基质蛋白),降解ECM成分,为迁移提供通路。随后肿瘤细胞产生的自分泌活动因子(autocrine motility factors)以及ECM的降解产物使肿瘤细胞发生迁移。肿瘤细胞到达血管壁,以类似的方式进入血管,随血流在转移部位与血管内皮细胞黏附,然后穿越血管内皮和基膜,形成新的转移灶。

进入血管内的恶性肿瘤细胞,尤其是单个肿瘤细胞,大多数被自然杀伤细胞(NK cell)所消灭。但在循环中,肿瘤细胞通过聚集和黏附于循环白细胞,尤其是血小板而形成肿瘤细胞栓子。聚集的肿瘤细胞栓子可以抵抗机体的抗肿瘤效应细胞而不易被杀灭。同时,瘤细胞可表达黏附分子CD44,也称为Hermes抗原,H-CAM、Pag-1抗原,细胞外基质受体Ⅲ(ECM-Ⅲ)和淋巴细胞表面的归巢(homing)受体,是一种多功能的跨膜透明质酸受体。癌细胞表达CD44能避免淋巴细胞的攻击而获得隐蔽的生长。同时CD44还可识别宿主组织的额外配体,介导细胞与ECM之间的黏附,并直接刺激肿瘤细胞增殖,特别是CD44v的胞浆内部分与细胞骨架蛋白作用,传导细胞分裂信号,从而促进肿瘤生长、浸润与转移。

第六节 肿瘤的分级和分期
Grading and Stageing of Cancer

恶性肿瘤的分级和分期为肿瘤提供了一个半定量的评价指标,用于描述肿瘤的恶性程度和病程发展阶段,对确定治疗方案和估计预后有很大价值。一般来讲,分级与分期越高,生存率越低。医学研究中常使用5年生存率(5-year survival rate)和10年生存率(10-year survival rate)等统计指标来衡量肿瘤预后和对治疗的反应。

1. 分级 Grading 病理学上根据恶性肿瘤的分化程度、异型性、核分裂数量对恶性肿瘤进行分级,通常将肿瘤分为三个级别(Ⅰ~Ⅲ级)。

Ⅰ级:高分化(well differentiated),肿瘤分化好,恶性程度低。

Ⅱ级:中分化(moderately differentiated),介于Ⅰ级和Ⅲ级之间,恶性程度中等。

Ⅲ级:低分化(poor differentiated),恶性程度高。

高级别肿瘤比低级别肿瘤侵袭性高。但是分级并不是绝对的,因为同一种肿瘤的不同部位可显示不同程度的分化。另外,肿瘤的分级也可能随着肿瘤的生长进展而发生改变。

2. 分期 Staging 分期指恶性肿瘤的生长范围和播散程度。分期的依据基于解剖学上的肿瘤范围。与分期相关的因素是原发肿瘤的大小、浸润深度、浸润范围、局部和远处播散的范围。

肿瘤分期有多种方案。国际上广泛采用TNM分期系统(TNM classification)。T指肿瘤原发灶(tumor)的情况,随着肿瘤体积的增加和邻近组织受累范围的增加,依次用T_1~T_4来表示。Tis代表原位癌(tumor in situ)。未找到原发灶者用T_0表示。N指区域淋巴结(regional lymph node)受累情况。淋巴结未受累时用N_0表示。随着淋巴结受累程度和范围的增加,依次用N_1~N_3表示。M指远处转移(metastasis,通常是血道转移),没有远处转移者用M_0表示,有远处转移者用M_1表示。在此基础上,用TNM三个指标的组合划出特定的分期。以乳腺癌为例,按照美国癌症联合委员会(American Joint Committee on Cancer)编撰的《AJCC癌症分期手册》(AJCC Cancer Staging Manual,6th,2002)的最新分期标准,说明TNM分期的方法(表5-5)。

表5-5 乳腺癌的TNM分期系统(AJCC,2002)
TNM staging system for breast cancer

分期(Stage)	TNM组合(TNM grouping)		
Stage 0	Tis	N0	M0
Stage Ⅰ	T1	N0	M0
Stage ⅡA	T0	N1	M0
	T1	N1	M0
	T2	N0	M0
Stage ⅡB	T2	N1	M0
	T3	N0	M0
Stage ⅢA	T0	N2	M0
	T1	N2	M0
	T2	N2	M0
	T3	N1	M0
	T3	N2	M0
Stage ⅢB	T4	N0~N2	M0
Stage ⅢC	任何T	N3	M0
Stage Ⅳ	任何T	任何N	M1

第七节 肿瘤对机体的影响
Effects of Tumor on Host

1. 良性肿瘤对机体的影响 Effects of benign tumor on host 良性肿瘤生长缓慢，只在局部生长，不浸润，不转移，一般对机体的影响小。以膨胀性生长为主而主要表现为对周围组织的压迫症状（compressing symptom），在腔道器官还可产生阻塞（obstruction）等症状，但在重要部位或特殊结构，如脑、脊髓、大血管附近、十二指肠壶腹等处，即使是良性肿瘤或肿瘤体积较小，依然可以产生较严重后果。良性肿瘤发生继发性改变时，也会对机体造成不同程度影响。比如，肿瘤生长过快可因供血不足而发生坏死、出血、感染；临近表面的肿瘤可以产生溃疡、出血或者合并感染；某些内分泌肿瘤可引起内分泌失调等。少量良性肿瘤尚可发生恶性变。内分泌腺起源的肿瘤可以合成过多的激素而产生相应的临床表现，良性肿瘤较恶性肿瘤更为常见，如垂体生长激素腺瘤分泌过多的生长激素，可引起巨人症（gigantism）或肢端肥大症（acromegaly）。

2. 恶性肿瘤对机体的影响 Effects of malignant tumor on host 恶性肿瘤生长迅速，浸润并破坏组织器官的结构和功能，还可发生转移，对机体产生严重后果。除了压迫和阻塞外，恶性肿瘤较之良性肿瘤更易发生溃疡、出血、坏死和穿孔，部分因伴有感染而发热，或引起肿瘤性无感染性发热。内分泌系统的恶性肿瘤，包括弥散神经内分泌系统（diffuse neuroendocrine system，DNES）的恶性肿瘤，如类癌、神经内分泌癌等，可产生生物胺或多肽类激素，引起内分泌紊乱。晚期肿瘤患者往往发生癌性恶病质（cancer cachexia），是一种机体在长期消耗下发生的极度消瘦、显著衰弱和严重贫血的状态。其形成与恶性肿瘤患者食欲减退、营养失调、免疫抑制（immunosuppression）引起感染、活化的巨噬细胞释放肿瘤坏死因子（TNF-α）和转移、副肿瘤综合征等多种原因有关。

Cachexia

Malignant tumor grows rapidly and invased, local effects tend to be more pronounced and metastasis appears. Loss of body fat, wasting, and profound weakness and severe anemia are referred to as cancer cachexia.

3. 副肿瘤综合征 Paraneoplastic syndromes 指不能用肿瘤的直接蔓延或远处转移给以解释的一些临床表现，由肿瘤产生的异位激素或异常免疫反应（如交叉免疫）等原因间接引起。

（1）意义 Significance：临床上应重视副肿瘤综合征，因为：①可能代表隐匿性肿瘤的早期表现。②出现副肿瘤综合征的患者往往有显著的临床症状，并且可能是致命性的。③与一些转移性病变不易区别，容易干扰临床治疗。

（2）主要临床表现 Clinical manifestation：有内分泌疾病（Cushing's 综合征、低血糖、高钙血症、类癌综合征、红细胞增多症等）、神经肌病性副肿瘤综合征（neural myopathic paraneoplastic syndromes）：如外周神经病变、皮质小脑退行性变、肌无力、中枢及外周神经系统疾病等、皮肤病［黑色棘皮病（acanthosis nigricans）、皮肌炎等］、骨和关节及软组织疾病（肥大性骨关节病、杵状指（mallet finger-like）和增生性骨关节病（proliferative osteoarthropathy）、血管及血液疾病（静脉血栓形成、非细菌性血栓性心内膜炎及贫血等）以及其他疾病（肾病综合征等）。

4. 异位内分泌综合征（ectopic endocrine syndrome） 一些非内分泌肿瘤产生激素或激素样物质（异位激素产物）引起临床症状。一些 APUD 系统的肿瘤也可以产生这些症状。肺的某些肿瘤（小细胞癌）通过产生促肾上腺皮质激素（ACTH）或相关肽类激素而表现出 Cushing 综合征。异位内分泌综合征的出现可能与肿瘤细胞基因表达异常有关。一些肿瘤（如肺鳞癌、T 细胞白血病/淋巴瘤）可以产生类似甲状旁腺素的多肽，或者肿瘤生长因子而引起骨质重吸收。癌症相关的高钙血症与肿瘤骨转移造成骨质溶解的，产生高钙血症（hypercalcemia）。

5. 肿瘤病人死亡的原因 Causes of death in cancer patient 尽管治疗的进步使很多癌症患者得到缓解和生存期延长，但一些恶性肿瘤患者的寿命依然明显缩短。癌症病人主要死因与以下因素有关：

（1）感染 Infection：最常见的致命性感染是肺炎（pneumonia）（小叶性肺炎）、败血症（Septicemia）和腹膜炎（peritonitis）。

（2）器官衰竭 Organ failure：器官衰竭包括呼吸衰竭、心功能不全和中枢神经系统衰竭、肝昏迷（hepatic coma）和肾功能不全（renal insufficiency，），通常是由于受到肿瘤侵犯所致（但超过半数以上心功能不全的病人的原因是动脉粥样硬化性心脏病）。

（3）梗死 Infarction：最常见的梗死部位是心和肺。

（4）恶病质和电解质失衡 Cachexia and electrolyte imbalance：预示着恶性肿瘤的晚期。

（5）出血 Haemorrhage：致命的出血最常发生于胃肠道和脑，但也可在头颈部、肺和腹腔内发生。

第八节 良恶性肿瘤的区别

Characteristics of Benign and Malignant Tumor

根据肿瘤的生物学行为和对机体产生的影响,肿瘤可分为良性、恶性以及介于两者之间的交界性。良性肿瘤常局限在起源部位,生长缓慢,不浸润周围组织或转移到他处,一般治疗效果好,对机体产生的影响小。恶性肿瘤呈浸润性生长,生长速度较快,具有直接播散和转移的能力,治疗效果差,对机体产生严重影响。良恶性肿瘤的主要区别见表5-6。另外,在典型的良性和恶性肿瘤之间,还存在一些生物学行为介于两者之间的肿瘤,称为交界性肿瘤(borderline tumor)。有些交界性肿瘤可以发展为恶性肿瘤,而有的交界性肿瘤恶性潜能目前尚难以确定,有待进一步研究。认识交界性肿瘤,在临床工作中非常重要,因为可以有助于防止诊断不足和诊断过度,以避免延误病情或过度治疗。

瘤样病变(tumor-like lesions)或假瘤样增生(pseudoneoplastic lesions)是指本身不是真性肿瘤,但其临床表现或组织形态类似肿瘤的病变。这类病变在临床上易造成误诊,应充分重视。

在病理学上,通过形态学特征来判断肿瘤的良恶性,对其生物学行为和预后进行评估,这是目前临床肿瘤诊断中最重要的手段,也是病理学的重要任务。随着病理技术的发展,免疫组化、基因分析等技术也在病理诊断中发挥重要作用。但是,影响肿瘤生物学行为的因素复杂而繁多,有时肿瘤的生物学行为与其形态学特征并不完全吻合。此外,病理检查本身受到取材是否具有代表性、诊断医生的经验和主观性等技术问题的制约。因此,应该充分认识肿瘤诊治的复杂性,全面了解各项临床病理信息,才能做出正确的诊断。

表5-6 良、恶性肿瘤的主要区别

Main characteristics between benign tumors and malignant tumors

特征	良性	恶性
生长方式	膨胀性或外生性	浸润性为主
生长速度	较慢	较快
大体表现	有包膜或界限清楚	无明显边界和包膜
继发改变	出血、坏死少见	常伴出血、坏死、溃疡形成等
分化程度	分化好,异型性小	分化较差,异型性较大
核分裂数	少或无,不见病理性核分裂	多,可见病理性核分裂
转移与复发	不转移,不复发或很少复发	可转移,易复发
对机体的影响	影响小,以局部压迫和阻塞为主	危害大,破坏组织结构和功能,可合并感染及恶病质

第九节 常见肿瘤举例

Examples of Common Tumor

本节简单介绍一些临床较为常见的肿瘤的一般临床病理特点,更为详细的介绍见各系统章节中。

一、上皮组织肿瘤

Tumor of Epithelial Tissue

上皮组织(被覆上皮及腺上皮)肿瘤是临床最常见的肿瘤。来源于上皮组织的恶性肿瘤(癌)对人类健康危害最大。

(一)良性上皮肿瘤 Benign epithelial tumor

1. 乳头状瘤 Papilloma 由被覆上皮发生的外生性良性肿瘤。肉眼观:肿瘤向表面生长,外观呈指状突起(digitation),呈乳头状。乳头的根部常有细蒂或广基与正常组织相连。好发部位:常见于被覆鳞状上皮(squamous)(皮肤、口腔、喉、外耳道、阴茎等处)、尿路上皮(uroepithelium)(肾盂、膀胱)的部位,分别称为鳞状上皮乳头状瘤、尿路上皮乳头状瘤(papilloma)。光镜下:乳头由表面被覆上皮及其轴心构成,轴心由血管和结缔组织间质构成,间质与上皮的关系有如手指与手套的关系(图5-9)。

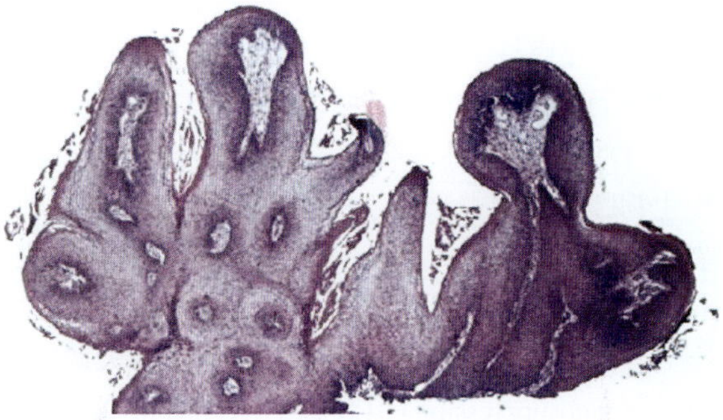

图5-9 乳头状瘤 Papilloma

上皮性肿瘤形成指状突起。Epithelial tumors forming or macroscopic finger-like projections

2. 腺瘤 Adenoma 由腺上皮发生或向腺上皮分化的良性肿瘤,形成腺样结构。好发部位:多见于乳腺、甲状腺、涎腺、胃肠道等处。肉眼观:发生在黏膜的腺瘤多向腔内突出而呈息肉状(polypoid)(图5-10);实质性腺器官内的腺瘤多呈结节状,常有包膜(图5-11)。光镜下:瘤细胞形态较一致,与相应正常腺上皮相似。腺瘤的瘤细胞虽不具明显的异型性,但组织结构具有异型性。腺管大小及形态不一,排列不规则,呈管状或腺样排列者,称为管状腺瘤(tubular adenoma);伴绒毛状结构者称为绒毛状腺瘤(villous adenoma)，后者发生癌变的几率较高。部分腺瘤可有腺上皮的分泌功能，内分泌腺的腺瘤可产生激素。有些腺瘤表现为单房或多房的囊肿，称为囊腺瘤(cystadenoma)，囊壁被覆浆液性或黏液性上皮，囊腔内含浆液或黏液者，分别称为浆液性囊腺瘤(serous cystadenoma)(图5-12)、黏液性囊腺瘤(mucinous cystadenoma)，伴有乳头状结构者称为乳头状浆液性/黏液性囊腺瘤。发生于乳腺的腺瘤常伴有纤维组织的增生，与上皮一起构成肿瘤实质，称为纤维腺瘤(fibroadenoma)(图5-13)。由腺上皮、肌上皮、黏液软骨样基质等成分混合构成，称为多形性腺瘤(pleomorphic adenoma)或混合瘤，是发生于涎腺的一种腺瘤(图5-14)。

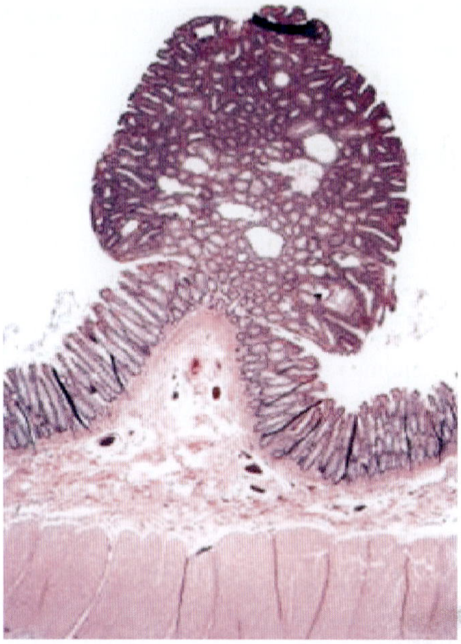

图5-10 结肠腺瘤性息肉 Adenomatous polyp of colon
肿瘤从结肠的黏膜面向腔内突出 A tumor projecting from the mucosa into the lumen of a colon

图5-11 卵巢黏液性囊腺瘤 Mucinous cystadenoma of ovary
见一充满黏液的多囊性肿块，囊腔间的分隔纤细 A multilocular cystic mass is filled with mucinous fluid. The septa of locules are delicate

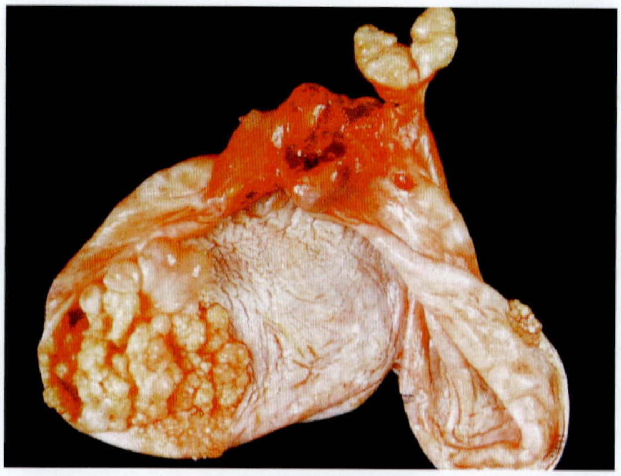

图5-12 卵巢浆液性囊腺瘤 Serous cystadenoma of ovary
囊腔内面呈多乳头样生长。囊内容物为黄色清亮浆液 Inner surface of the cyst shows multiple papillary growths. The content of the cyst was yellowish clear and serous

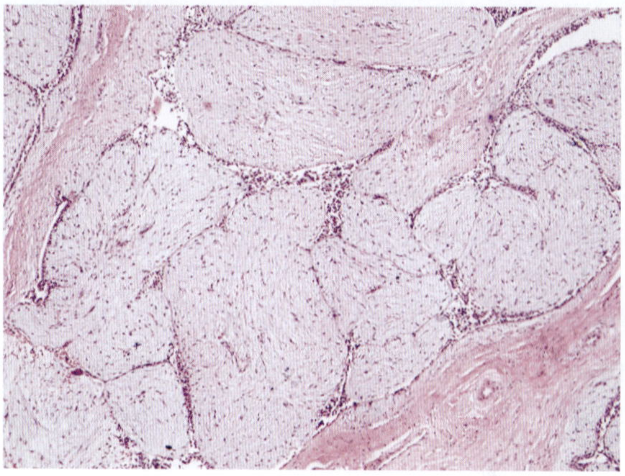

图5-13 纤维腺瘤 Fibroadenoma
腺体和纤维间质增生明显 The glandular and stromal components are evident

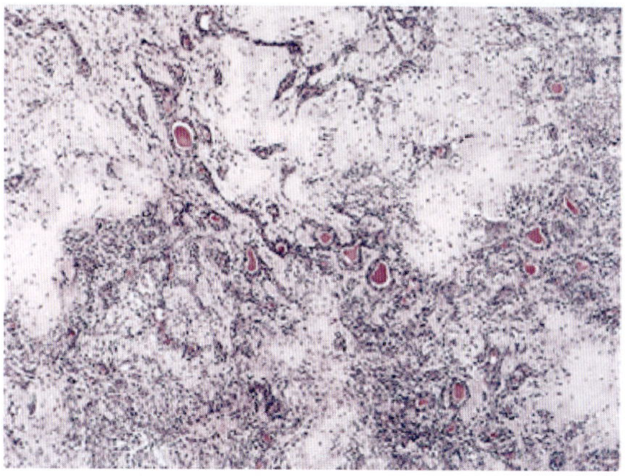

图5-14 多形性腺瘤(混合瘤) Pleomorphic adenoma (mixed tumor)
腮腺混合瘤含上皮细胞，形成小管状结构，黏液样间质很像软骨 This mixed tumor of the parotid gland contains epithelial cells forming ducts and myxoid stroma that resembles cartilage

(二) 恶性上皮肿瘤 Malignant epithelial tumor

癌是最常见的一大类恶性肿瘤(近年来癌的发生率有显著增加),多见于中、老年人,一般生长较快,浸润性破坏周围组织。肉眼观:皮肤、黏膜表面发生的癌常呈乳头状、菜花状,表面常伴坏死、溃疡,器官内发生的癌常呈不规则的结节状、树根状伸入周围组织,切面灰白,质硬。光镜下:癌细胞紧密毗连成巢状、腺样、管状、条索状,与间质分界清晰。早期多经淋巴道转移,晚期可经血道转移。

1. 鳞状细胞癌 Squamous cell carcinoma(简称鳞癌) ①好发部位:可发生于任何有鳞状上皮被覆的部位,如皮肤、口腔、食道、宫颈,也可发生在正常时无鳞状细胞被覆的部位,通过鳞状上皮化生(squamous mateplasia)而来,如支气管、胆囊、膀胱等。肉眼观:鳞癌常呈菜花状或溃疡状。②光镜下:可见浸润性生长的异型鳞状细胞巢,分化好的鳞癌有两个特征:一是角化珠(keratin pearl)或称癌珠,即癌巢中央呈同心圆性层状排列的角化物(图 5-15);二是细胞间桥(intercellular bridge),即具棘细胞(prickle cell)分化特征时在细胞间出现的平行排列的短丝状细胞间连接(cell-cell junction)(图 5-16)。分化差的鳞癌异型明显,核分裂多见,不见角化珠和细胞间桥。

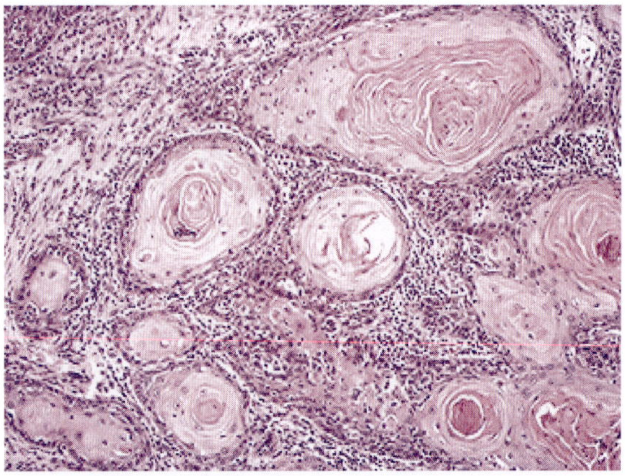

图 5-15 鳞癌 Squamous cell carcinoma
鳞状细胞癌巢中央有结构良好的角化珠形成。肿瘤分化良好 Well formed keratin pearls are noted in the centers of squamous cell nests. Degree of differentiation is well

2. 腺癌 Adenocarcinoma 是腺上皮来源或向腺上皮分化的恶性肿瘤。①好发部位:常见于有柱状细胞被覆或有腺体的黏膜或器官,如胃、肠、呼吸道、胆道、子宫、乳腺、唾液腺、胰腺甲状腺等处。②光镜下:

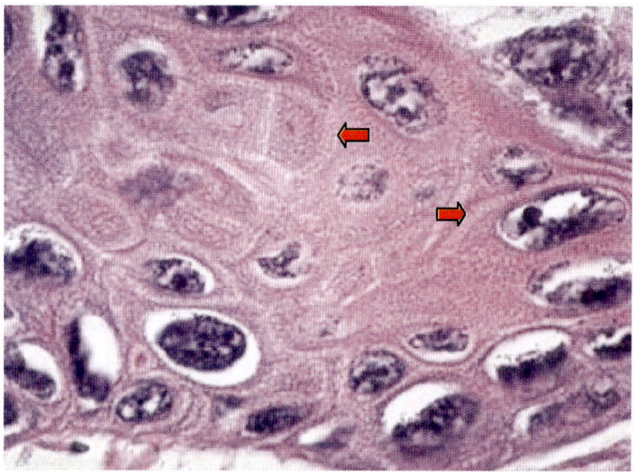

图 5-16 细胞间桥(箭头)Intercellular bridges(arrow)
鳞癌,恶性细胞的核大深染,染色质增多,可见细胞间桥结构(箭头所示)A squamous cell carcinoma, the large hyperchromatic nuclei of the malignant cells, intercellular bridges(arrow) are seen

癌细胞排列成不规则的腺样结构,具有明显的细胞异型性和组织异型性。分化好的腺癌呈明晰的腺体结构(图 5-17);而分化差的腺癌常难以分辨腺样结构,或排列成实体巢状,甚至单细胞散在分布于间质中。伴有大量细胞外黏液分泌的腺癌称为黏液腺癌(mucinous carcinoma)或胶样癌(collid carcinoma),常见于胃肠道。③肉眼观:癌组织呈半透明胶冻状。④光镜下:癌细胞黏液积聚于细胞内,并将细胞核挤至一侧而使细胞呈指环状(印戒状)的腺癌称为印戒细胞癌(siget-ring cell carcinoma)(图 5-18);以乳头状结构为主的腺癌称为乳头状腺癌(papillary adenocarcinoma)。腺腔高度扩张成囊状者称为囊腺癌(cystadenocarcinoma),同时伴有乳头状结构者称为乳头状囊腺癌(papillary cystadenocarcinoma)。

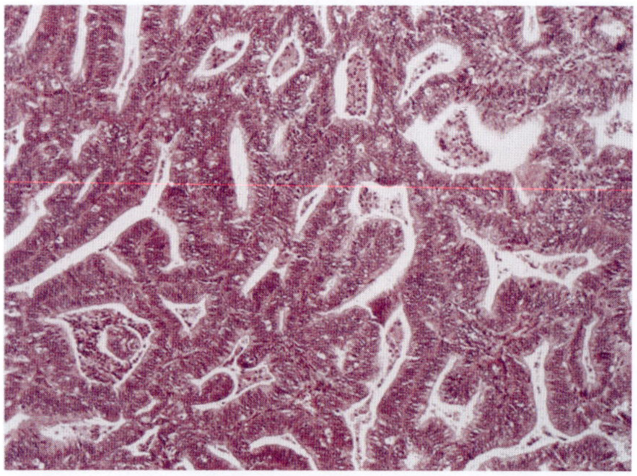

图 5-17 子宫内膜腺癌 Adenocarcinoma of endometrium
界限尚清的腺体呈背靠背样排列,腺体内衬层叠的不典型柱状上皮细胞 Well defined glands show back to back arrangement and the glands are lined by atypical stratified columnar epithelial cells

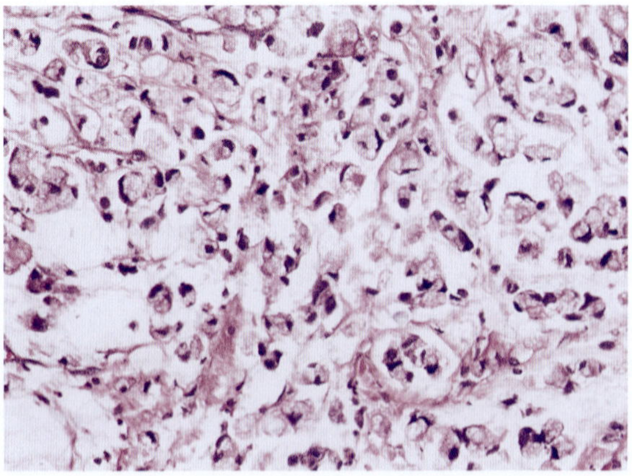

图 5-18 胃印戒细胞癌 Gastric siget-ring cell carcinoma

3. 基底细胞癌 basal cell carcinoma 基底细胞癌通常生长缓慢且表现惰性。常在中年以后发生，基底细胞癌好发于眼眶周围、鼻翼、鼻唇沟和颊部等处，一般具有珍珠样形态伴有毛细血管扩张，表现为丘疹或结节，可有糜烂或溃疡。浅色瘢痕样病变也可以是基底细胞癌的表现。镜下，以基底细胞样细胞（“生发细胞”）呈小叶、圆柱、缎带或条索状增生为特征。肿瘤由增生的基底细胞构成。细胞小，胞质少，边界不清，细胞核大，卵圆形，深嗜碱性。瘤细胞团周围常有特征性的栅栏状排列的单层柱状上皮细胞。瘤细胞团与间质间常出现明显裂隙。

二、间叶组织肿瘤 Mesenchymal Tumor

间叶组织肿瘤种类繁多，来源广泛，包括脂肪、纤维、肌肉、脉管、外周神经、骨和软骨等组织的肿瘤。骨以外的间叶组织肿瘤又称为软组织肿瘤（soft tissue tumors）。间叶组织肿瘤虽以良性多见，但其良恶性的相对性更突出，有时难以绝对区分良恶性。要注意的是有些间叶组织瘤样病变易与真性肿瘤相混淆，而间叶组织的假肉瘤性病变也常造成诊断困扰。

（一）良性间叶组织肿瘤 Benign mesenchymal tumor

1. 脂肪瘤 Lipoma 起源于脂肪组织的良性软组织肿瘤。①好发部位：多发生在后背及肩胛区浅表皮下组织。②肉眼观：多表现为境界清楚的圆形结节或包块，分叶状、有包膜，质软，灰黄色。切面油腻（oily）感，似正常脂肪组织，可单发也可多发（图 5-19）。③光镜下：瘤细胞分化好，与正常脂肪组织相似，主要区别在于有包膜。手术易切除。

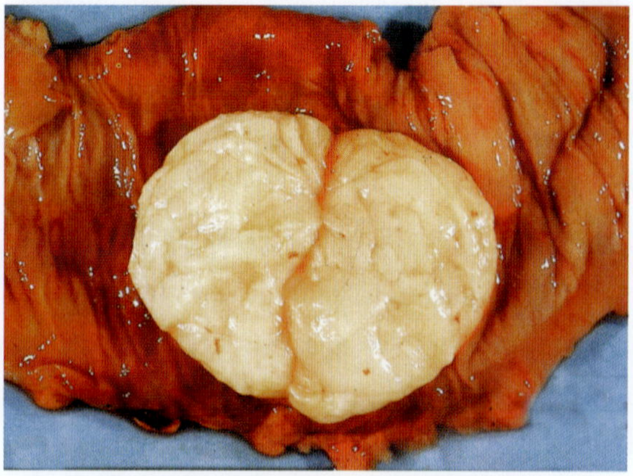

图 5-19 回肠脂肪瘤 Lipoma of ileum

突入管腔的脂肪瘤。边界清楚，切面可见均匀的淡黄色成熟脂肪小叶 Intraluminal protrusion of lipoma. It is well demarcated and cut surface shows homogeneous pale yellow mature fat lobules

2. 平滑肌瘤 Leiomyoma ①好发部位：最多见于子宫，其次为胃肠道。②肉眼观：多为圆形结节，境界清楚，质地坚实。切面呈编织状。③光镜下：瘤细胞呈梭形，似正常平滑肌细胞，杆状核，束状排列（图 5-20）。

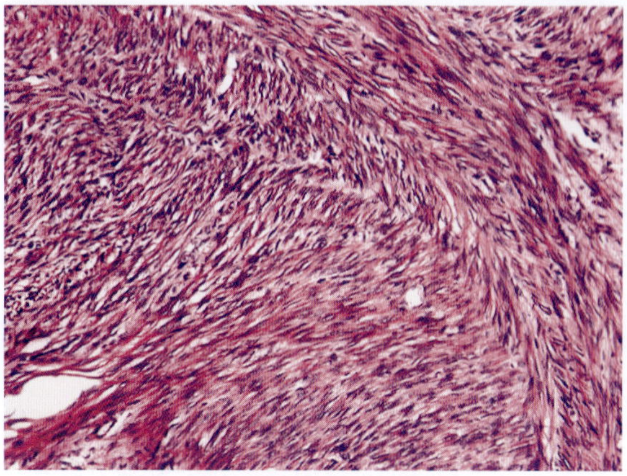

图 5-20 平滑肌瘤 Leiomyoma

平滑肌瘤中见梭形肿瘤细胞，核呈雪茄烟样，未见核分裂 Spindle tumor cells with nuclei of cigar shape are seen in smooth muscle tumor. Mitosis is absent

3. 血管瘤 Hemangioma 较常见于儿童，可为先天性。①好发部位：常见于皮肤、肌肉间和内脏器官（如肝脏）。②肉眼观：呈暗红色，无包膜，境界可清楚或不清。③光镜下：分为毛细血管瘤（capillary hemangioma）、海绵状血管瘤（cavernous hemangioma）、静脉血管瘤（venous hemangioma）等。

4. 骨瘤 Osteoma ①好发部位：头面骨及颌骨。②肉眼观：肿块从骨膜长出，隆突于骨表面，质地坚硬。③光镜下：肿瘤由分化良好的骨组织构成。

5. 软骨瘤 Chondroma ①肉眼观：自软骨膜发生者称为外生性软骨瘤，突起于骨表面；发生于骨髓腔内者称为内生性软骨瘤,使骨膨胀变薄。切面呈灰白色、半透明状。②光镜下:肿瘤由分化成熟的透明软骨组成,呈不规则的小叶状。发生于长骨及扁骨的软骨瘤术后易复发,易恶性变;发生于小短管状骨的软骨瘤则极少恶变。

(二) 恶性间叶组织肿瘤 Malignant mesenchymal tumor

恶性间叶组织肿瘤统称为肉瘤,比癌少见,虽可以发生于任何年龄段,但年轻人更多见,尤其是胚胎性横纹肌肉瘤(embryonal rhabdomyosarcoma)、Ewing's 肉瘤等则主要见于儿童;但脂肪肉瘤(adipose sarcoma)则更多见于中、老年人。除了一些高分化的类型外,大多数肉瘤质地柔软,均质、湿润如鱼肉状(Fish flesh like),常见出血和变性。肉瘤细胞大多弥漫生长(diffuse growth),与间质分界不清,相互掺杂,常含有与肿瘤细胞密切相关的丰富的薄壁血管(thin-walled blood vessels)。因此血道转移更多见,肺是最常见的转移部位,淋巴结转移则较少出现。

癌与肉瘤的主要区别见表 5-7。

表 5-7 癌与肉瘤的区别

Differences between carcinoma and sarcoma

	癌	肉瘤
组织分化方向	上皮组织	间叶组织
发病率	较常见	较少见
好发年龄	多见于 40 岁以上	青少年多见,有些类型主要见于中老年
大体特征	灰白,质硬,干燥	灰红、质软、湿润,鱼肉状
镜下特征	多成巢,实质与间质分界清楚,常伴纤维增生	弥漫分布,实质与间质分界不清,纤维组织少,血管丰富
网状纤维染色	分布于癌巢周围	分布于肉瘤细胞间
转移	淋巴道转移为主	血道转移为主

1. 纤维肉瘤 Fibrosarcoma 由梭形纤维母细胞样肉瘤细胞组成。好发于 30~60 岁人群,平均年龄 40 岁左右。①好发部位:多见于四肢,尤其是大腿,其次为躯干和头颈部。②肉眼观:肿瘤外观呈圆形或结节状,可有纤维性假包膜,因富含纤维而质地坚实,也可灰红色、鱼肉样,局部可见变性、坏死或黏液变。③光镜下:由形态一致的梭形纤维母细胞样肉瘤细胞组成。瘤细胞束状交织排列,典型病例可见鱼骨样或“人”字形结构,瘤细胞间可见多少不等的胶原纤维。纤维肉瘤分为成人型(adult fibrosarcoma)和婴儿型(infantile filbrosarcoma),后者切除后常复发。

2. 脂肪肉瘤 Liposarcoma ①好发部位:常见于软组织深部、腹膜后等部位,浅表部位甚少发生。多发生于 40 岁以上的成人。②肉眼观:结节状或分叶状,也可呈脂肪样,或有明显的黏液变性(mucous degeneration),或呈鱼肉状。③光镜下:瘤组织由分化程度不等的脂肪母细胞(lipoblasts)组成,后者胞质内见脂滴(lipid droplet)空泡。高分化者似良性的脂肪瘤,分化差的瘤细胞大小形态不等,呈圆形、梭形,核异型明显,核分裂易见。组织学类型有高分化脂肪肉瘤(well differentiated liposarcoma)、黏液样/圆细胞脂肪肉瘤(myxoid/round cell liposarcoma)、多形性脂肪肉瘤(plemorphic liposarcoma)、去分化脂肪肉瘤(dedifferentiated liposarcoma)等类型(图 5-21)。

3. 横纹肌肉瘤 Rhabdomyosarcoma 具有骨骼肌分化(skeletal muscle differentiation)倾向的原始间叶性软组织肉瘤,由不同分化阶段的横纹肌母细胞(Rhabdomyoblasts)构成。15 岁以下婴幼儿或儿童最常见,成人少见。好发部位:膀胱、前列腺、阴道、中耳等处。分化好的瘤细胞可见红染胞浆(eosinophilic cytoplasm)和横纹(cross striations),分化差者表现为幼稚深染的小蓝细胞(small blue cell)。组织学上分为胚胎性横纹肌肉瘤(embryonal rhabdomyosarcoma)(图 5-22)、腺泡状横纹肌肉瘤(alveolar rhabdomyosarcoma)、多形性横纹肌肉瘤(plemorphic rhabdomyuosarcoma)(图 5-15)。发生于泌尿生殖道和呼吸道等处黏膜的一种特殊类型胚胎性横纹肌肉瘤,外观呈成簇、质软、水肿的葡萄样或息肉状,称为葡萄簇状肉瘤(botryoid rhabdomyosarcoma)。本瘤生长迅速,恶性程度高,易早期血道转移,预后差。

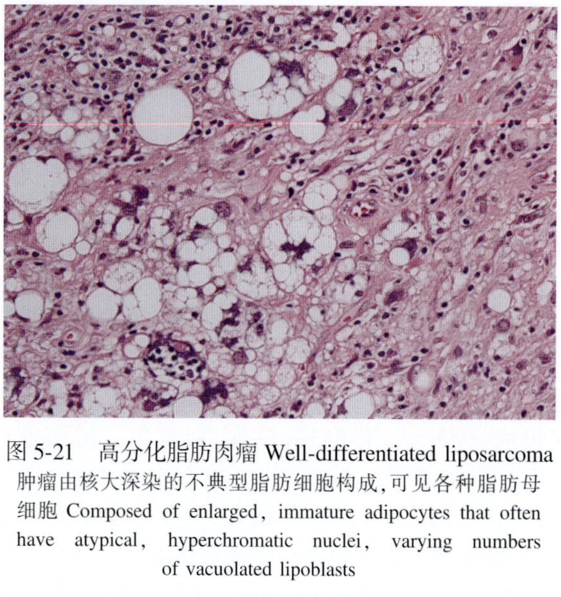

图 5-21 高分化脂肪肉瘤 Well-differentiated liposarcoma
肿瘤由核大深染的不典型脂肪细胞构成,可见各种脂肪母细胞 Composed of enlarged, immature adipocytes that often have atypical, hyperchromatic nuclei, varying numbers of vacuolated lipoblasts

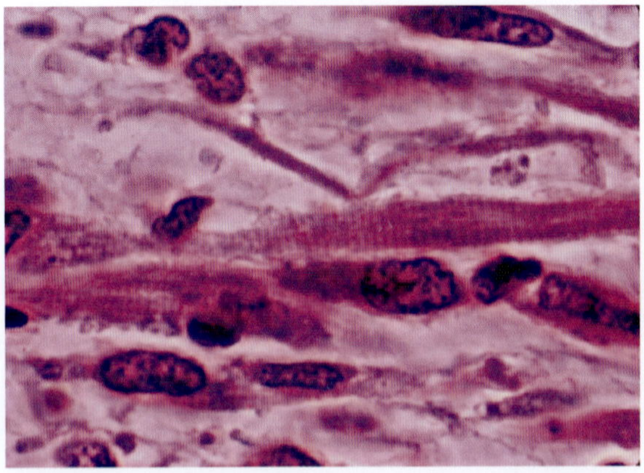

图 5-22 多形性横纹肌肉瘤 Plemorphic Rhabdomyosarcoma
有骨骼肌分化,可见横纹肌母细胞含有嗜酸性胞质和横纹,核大深染
Characteristic of skeletal muscle differentiation. Rhabdomyoblasts with eosinophilic fibrillary cytoplasm, cross striations and hyperchromatic nuclei

4. 平滑肌肉瘤 Leiomyosarcoma 多见于子宫,也可见于腹膜后、肠系膜、大网膜及皮肤等处。软组织平滑肌肉瘤患者多为中老年人。肿瘤细胞凝固性坏死和核分裂象的多少对平滑肌肉瘤的诊断及其恶性程度的判断很重要(图 5-23)。

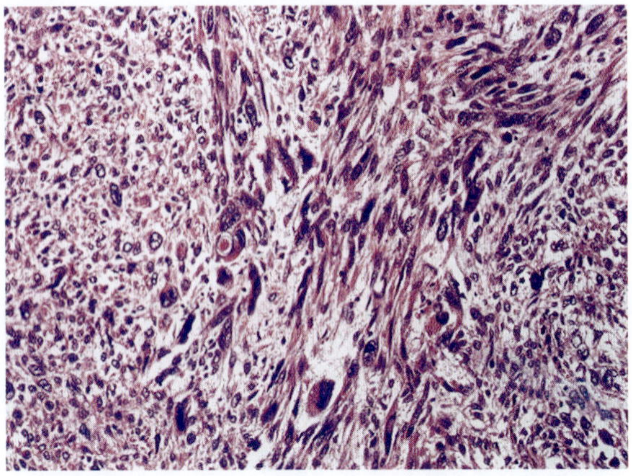

图 5-23 子宫平滑肌肉瘤 Leiomyosarcoma of uterus
示显著的细胞多形性并可见很多核分裂 It shows a marked polymorphism and many mitoses are seen

5. 恶性纤维组织细胞瘤 Malignant fibrous histiocytoma (MFH)是以“席纹”状排列的梭形细胞和异型性的巨细胞为主要形态特点的多形性未分化肉瘤(图 5-24)。部分恶性纤维组织细胞瘤可能混杂了多种类型肉瘤(包括纤维肉瘤、肌纤维母细胞肉瘤、平滑肌肉瘤、恶性外周神经鞘膜瘤、脂肪肉瘤等)的终末分化形态,以及少部分组织学上类似恶性纤维组织细胞瘤的癌(如肉瘤样癌、梭形细胞癌化生癌、多形性癌、未分化癌等),因此诊断前应该仔细检查并通过免疫组化等方法除外具有某种特殊分化方向的肿瘤。目前的 WHO 肿瘤分类将其分为多形性(pleomorphic MFH)、巨细胞(giant cell MFH)和炎症型(inflammatory MFH)三种亚型。

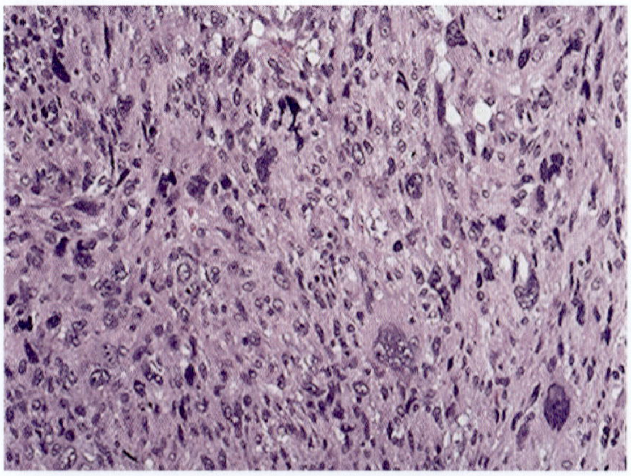

图 5-24 恶性纤维组织细胞瘤 Malignant fibrous histiocytoma(MFH)
肿瘤由梭形纤维细胞和异型性的巨细胞样组织细胞构成
MFH is composed of spindle fibrocyte and atypia histiocyte

6. 骨肉瘤 osteosarcoma 骨肉瘤是最常见的、非造血系统的、原发性骨的恶性肿瘤。年龄:15~25 岁年轻人,多发生于长管状骨的干骺端,高度恶性。其发病与 Paget 病和暴露于辐射有关。X 线表现为干骺端破坏,Codman 三角,“日光射线”现象和肿瘤软组织影。肉眼:肿瘤体积一般较大,以干骺端为中心破坏骨组织。切面上呈斑驳状或多彩性外观。成骨为主者质地硬实,切面上呈象牙质样;成骨较少,而原有骨质被大量破坏者瘤体质软,并有出血坏死. 骨肉瘤常是高度间变、多形性的肿瘤,它的瘤细胞形态多样:上皮样、浆细胞样、纺锤形、椭圆形、小圆细胞、透明细胞、单核或多核巨细胞或梭形细胞。在大多数病例中复杂地混有两种或两种以上这些细胞类型。肿瘤细胞间有致密、粉染、无规则形的骨样基质,有一定折光性。

7. 软骨肉瘤 chondrosarcoma 软骨肉瘤(CHS)是具有纯透明软骨分化,可出现黏液样变、钙化和骨化的恶性肿瘤。原发性软骨肉瘤约占恶性骨肿瘤的20%。是列于骨髓瘤和骨肉瘤之后的第三最常见的骨原发性恶性病变。最常见的部位是骨盆(髂骨是最常累及的部位),其后依次是股骨近端、肱骨近端、股骨远端和肋骨。大约 3/4 的肿瘤发生在躯干部、股骨和肱骨近端和肱骨。手足部的短骨偶尔有原发性软骨肉瘤(占所有软骨肉瘤的 1%)。发生在椎骨和颅面骨的软骨肉瘤极为罕见。影像学所见长骨的原发性软骨肉瘤位于干骺部和骨干,呈现纺锤形膨胀伴皮质增厚。病变为透射线的区域,伴有分布不同的点状或环状不透光区(矿化)。常有皮质侵蚀或破坏。皮质增厚。但骨膜反应稀少或没有。MRI 有助于界定肿瘤的范围,并可以明确有无软组织浸润。CT 扫描可协助证实基质的钙化。①肉眼：肿瘤为白色、半透明、胶冻样分叶状肿块，切面呈蓝灰色或白色透明状，可含有黏液样物质、黄白色钙化区及囊性交区，可见骨皮质的增厚及破坏骨皮质形成软组织肿块。②镜下：软骨肉瘤产生丰富的蓝-灰色软骨基质，有大小不等、形状不规则的软骨小叶，小叶可被纤维性条索或渗透于其中的骨小梁分隔。不典型的软骨细胞大小和形状各异，核大浓染。双核细胞常见，渗透皮质骨和/或髓质骨是软骨肉瘤的重要特征。黏液样变或软骨样基质液化是软骨肉瘤常见的特征。

三、周围神经肿瘤和神经外胚叶肿瘤 Peripheral Nerve Tumor and Neuroectodermal Tumor

（一）周围神经肿瘤 Peripheral nerve tumor

神经纤维瘤（neurofibroma）和神经鞘瘤（schwannoma）是最常见的周围神经肿瘤，起源于外周神经鞘膜。前者由施万细胞（Schwann cell）、神经束膜样细胞、纤维母细胞等混合组成，常伴不等量的胶原纤维。后者主要由施万细胞组成，具有包膜。神经鞘瘤典型的病变有两种图像：一种是以细胞密集平行排列呈栅栏状的束状结构（antoni A 区），另一种呈疏松黏液样的网状结构（antoni B 区）组成（图 5-25）。神经纤维瘤病（neurofibromatosis）分为Ⅰ型和Ⅱ型，均为常染色体显性遗传性疾病，是多发性神经纤维瘤。Ⅰ型多发于皮肤、周围神经内或沿大神经干生长，Ⅱ型为中枢型或双侧听神经纤维瘤病。

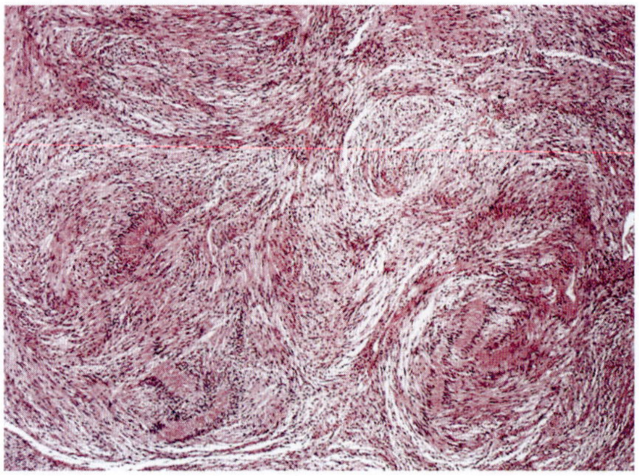

图 5-25 神经鞘瘤 Schwannoma
可见施万细胞结节样增生。核呈特征性的栅栏样排列 Nodular proliferations of schwann cells are seen. Nuclear palisading is characteristic

（二）神经外胚叶肿瘤 Neuroectodermal tumor

胚胎早期的外胚叶（ectoderm）有一部分发育为神经系统，称为神经外胚叶，包括神经管和神经嵴。神经管发育成脑、脊髓、视网膜上皮等；由神经嵴产生神经节、施万细胞、黑色素细胞、肾上腺髓质嗜铬细胞等。由神经外胚叶起源的肿瘤，种类也很多。

中枢神经系统原发性肿瘤约 40% 为胶质瘤（glioma）。小儿的恶性肿瘤中，颅内恶性肿瘤的发病率仅次于白血病。

视网膜母细胞瘤（retinoblastoma） 起源于视网膜胚基，肿瘤细胞为幼稚的小圆细胞，形态类似未分化的视网膜母细胞，可见特征性的 Flexener-Wintersteiner 菊形团。该肿瘤大多数见于 3 岁以下婴幼儿，预后差。

恶性黑色素瘤（malignant melanoma） 为高度恶性的黑色素细胞肿瘤。多见于皮肤，也可发生在其他部位，如黏膜和内脏。恶性黑色素瘤细胞可含黑色素（melanin）（图 5-26），但有些恶性黑色素瘤可以没有色素。皮肤的恶性黑色素瘤可由黑色素细胞痣（melanophoric nevus）发展而来。

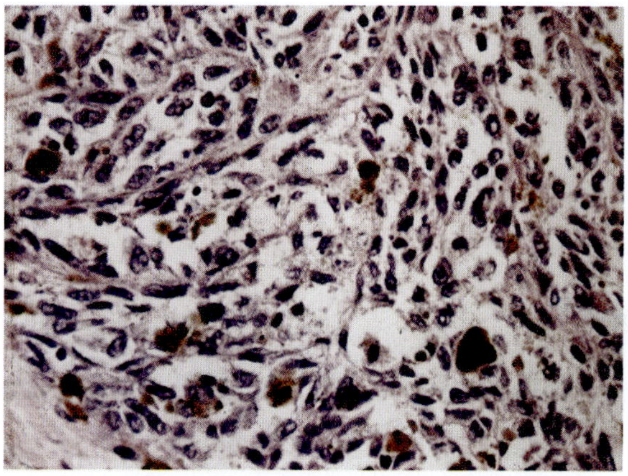

图 5-26 恶性黑色素瘤 Malignant melanoma
恶性黑色素细胞中有黑色素产生。这是诊断黑色素瘤的线索 Melanin pigments are produced in the malignant melanocytes. Melanin pigment is the diagnosing clue of this tumor

第十节 癌前病变，非典型增生和原位癌 Precancerous Lesion, Atypical Hyperplasia and Carcinoma in Situ

癌前病变、不典型增生和原位癌是癌肿形成过程中的重要阶段，其本身虽不是浸润性癌，但若不及时治疗则有可能转变为恶性。不过，如能在此阶段得到早期诊断和早期治疗，通常能够获得很好的治疗效果。因此，正确认识癌前病变、不典型增生和原位癌，在肿瘤防治中具有重要意义。

一、癌 前 病 变 Precancerous Lesion

癌前病变泛指本身虽非恶性肿瘤，但具有发展成恶性肿瘤潜能的病变，或者在统计学上具有明显恶性转变危险的病变。简单地说，一些疾病使发生恶性肿瘤的危险性增加，这些病变（或疾病）就可称为癌前病变。对于癌前病变，如不及时治疗，会有一部分发展为恶性肿瘤。但恶性肿瘤（如癌）的形成往往经历一个漫长的、逐渐演进的过程，而且并非所有癌前病变都必然转变为癌。是否会转变成癌取决于很多复杂的因素。另外，并非所有的癌都已经发现相应的癌前病变，也并非所有的癌都由癌前病变演变而来。有些癌从开始就是恶性，而非由癌前病变转化而来，如胚胎性癌（embryonalcarcinoma）、视网膜母细胞瘤（retinoblastoma）、脂肪肉瘤（liposarcoma）等。癌前病变可以是获得性的（acquired），也可以是遗传性的（hereditary）。获得性癌前病变可能与感染、慢性炎症或某些生活习惯有关，如乙肝、宫颈炎。遗传性肿瘤综合征（inherited cancer syndrome）患者则因具有一些染色体和基因异常，使得他们发生某些肿瘤的机会增加，如结肠家族性腺瘤性息肉病等。

常见的癌前病变有：

1. 病毒性肝炎和肝硬化 Viral hepatitis and hepatic cirrhosis 慢性病毒性肝炎，若病变继续发展可出现肝硬化，后者可进一步恶变而发生肝细胞性肝癌（hepatocellular carcinoma，HCC）。“肝炎—肝硬化—肝癌”（肝病三步曲）这是我国肝癌发生的常见病程演变过程。肝癌高发地区大约60%～90%的肝癌患者感染了乙型肝炎病毒，约85%的肝癌可存在肝硬化。

2. 慢性萎缩性胃炎 Chronic atrophic gastritis 慢性萎缩性胃炎若发生肠上皮化生，可与胃癌（gastric carcinoma）有一定关系。幽门螺杆菌（helicobacterpylori，Hp）感染导致的慢性胃炎与胃腺癌及胃黏膜相关淋巴组织淋巴瘤（mucosa associated lymphoid tissue lymphoma，MALT）关系密切。

3. 慢性溃疡性结肠炎 Chronic ulcerative colitis 慢性溃疡性结肠炎是一种不明原因的慢性结肠炎症性疾病，在其反复发生溃疡和黏膜增生的基础上，可发生黏膜上皮异常增生甚至结肠腺癌（colon carcinoma）。

4. 肠腺瘤 Enteric adenoma 肠腺瘤是较常见病变，病理上分为管状腺瘤和绒毛状腺瘤等类型，后者发生癌变的机会更大。家族性腺瘤性息肉病（familial adenomatous polyposis）几乎均可发生肠腺癌（intestinal adenocarcinoma）。

5. 口腔和生殖道黏膜白斑 Leukoplakia of oral cavity and genital duct 黏膜白斑表现为口腔、外阴等处黏膜的白色斑块，光镜下呈鳞状上皮过度增生、过度角化，可伴异型性。长期不愈者可演变为鳞状细胞癌（squamous cell carcinoma）。

6. 纤维囊性乳腺病 Mammary fibrocystic disease 纤维囊性乳腺病主要表现为乳腺导管发生囊性扩张，小叶和导管上皮显著增生。若伴有导管上皮过度增生者发生乳腺癌（breast cancer）的几率增加。

7. 慢性宫颈炎伴宫颈糜烂 Chronic cervicitis with cervical erosion 慢性宫颈炎是常见的妇科疾病。在慢性炎症的基础上子宫阴道部黏膜的鳞状上皮被来自宫颈管的单层柱状上皮所取代，使该处呈粉红色或鲜红色，好像黏膜上皮缺损，故称为宫颈糜烂（不是真正的组织缺失）。随后“糜烂”部位又被再生的鳞状上皮取代而愈复。在“糜烂”和愈复的反复交替过程中，少数可演变为宫颈癌（uterine cervix cancer）。

8. 皮肤慢性溃疡 Chronic ulcer of skin

经久不愈的皮肤溃疡和瘘管，特别是出现在小腿皮肤的慢性溃疡，由于长期受到坏死和慢性炎症的刺激，表皮鳞状上皮细胞增生，局部可能会发生皮肤鳞状细胞癌（skin squamous cell carcinoma）。

二、非典型增生和原位癌 Atypical Hyperplasia and Carcinoma In Situ

1. 非典型增生 Atypical hyperplasia 非典型增生（也称不典型增生）指细胞增生并伴有异型性，但又不足以诊断为癌的一些病变。这些细胞异型性主要表现为细胞形态学异常，如细胞多形性（大小、形状多样），核浆比值增高，核大深染，核分裂增多，以及细胞排列紊乱、极性（polarity）消失等。非典型增生主要见于癌前病变的细胞异常增殖，但有时在炎症修复等情况下也可见细胞出现非典型增生。异型增生（dysplasia）的形态学含义与非典型增生相似，但通常用于描述与肿瘤形成相关的细胞异常增殖，而与非典型增生的含义略有不同。

非典型增生多指上皮的增生性病变。根据细胞异型性的大小和累及范围，可将其分为轻度、中度和重度三个程度。轻度非典型增生指出现异型性的细胞仅累及上皮层的下1/3，细胞异型性较小；中度非典型增生指累及上皮层下部的1/3~2/3,细胞异型性中等;重度非典型增生异型较大,累及上皮2/3以上,但未达到全层。轻度的非典型增生/异型增生可以恢复正常,而中、重度者则较难逆转,需要积极治疗和随访。

Dysplasia

Cytologic abnormalities that most believed to be precursors of malignant neoplasitic changes. These abnormalities include disorderly architectural changes and pleomorphism(a multiplicity of size and shapes); frequent mitosis often in odd location; and usually large, hyperchromatic(deeply staining) nuclei.

2. 原位癌 Carcinoma in situ 原位癌是指累及上皮全层的非典型增生,异型增生的细胞在形态学和生物学特征上与癌细胞相同,但尚未突破基膜因而没有向间质浸润(图5-27)。原位癌是光镜下的概念,临床上和肉眼观察往往不见明显异常,或仅显示非特异性变化,如局部黏膜增厚、粗糙不平或轻度糜烂等。原位癌如不经治疗,一旦癌细胞突破基膜浸润到间质就发展为浸润癌。但也有些原位癌(如子宫颈原位癌)可长期保持不变,甚至可能自行消退。另外,由于上皮层内无血管和淋巴管,所以原位癌不发生转移,如能手术切除,预后很好。

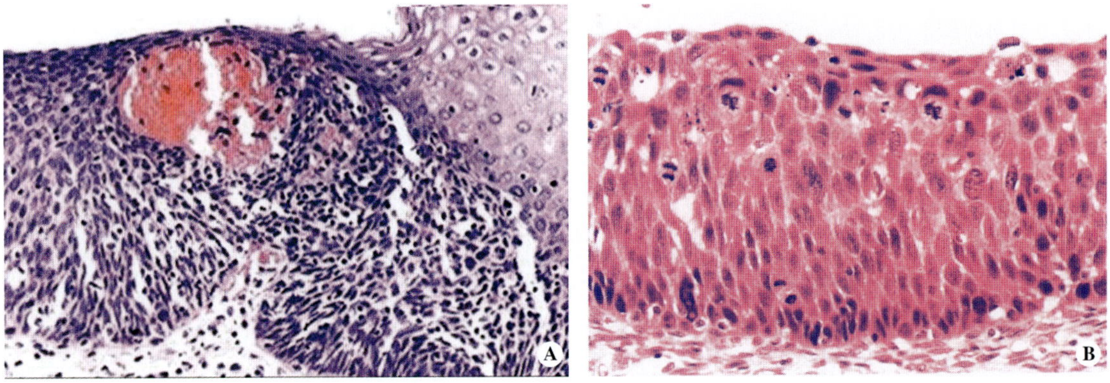

图5-27 原位癌 Carcinoma in situ

全层上皮细胞都异型增生,基底膜尚完整,由于癌细胞局限在上皮内,此情况称"原位癌"The entire epithelium is dysplastic, and the basement membrane is still intact, the process is called "carcinoma in situ" because the carcinoma is still confined to the epithelium

Carcinoma in situ

In some tissues, particularly the epidermis of the skin, the squamous epithelium, an area of atypical proliferation occurs affecting usually the entire thickenss of the epithelium and exhibiting the cytologic features similar to those invasive cancer but no demonstrable penetration basal membrane into the subepithelial stroma. Carcinoma in situ is a true intraepithelial cancer that frequently becomes incasive carcinma if untreated.

从非典型增生发展到原位癌是一个连续的过程,在临床病理诊断实际工作中有时很难将它们区分开来,尤其是重度非典型增生和原位癌,实际上没有截然的界限,对二者的临床处理也相同。2000年WHO在出版的国际肿瘤组织学分类中明确对包括结直肠在内,还有子宫颈、阴道、胃、泌尿道、前列腺、乳腺等器官中肿瘤统一使用"上皮内瘤变(intraepithelial neoplasia,IN)"的概念来表示从非典型增生到原位癌的过程。"IN"的正确涵义是强调这种癌前病变的本质是上皮内肿瘤的形成,而这种上皮内肿瘤的形成包含了两重意义:①不是癌;②肿瘤形成是一个过程,故称为瘤变或肿瘤形成(neoplasia)而不是肿瘤(neoplasma)。"IN"在结直肠肿瘤中主要分为二级,即低级别上皮内瘤变(low intraepithelial neoplasia,LIN)和高级别上皮内瘤变(high intraepithelial neoplasia,HIN),前者包括轻度和中度异型增生,后者包括重度异型增生和原位癌。宫颈鳞状上皮内瘤变(cervical intraepithelial neoplasia,CIN)往往分为三级,即CIN Ⅰ级(相当于轻度非典型增生);CIN Ⅱ级(相当于中度非典型增生);CIN Ⅲ级(相当于重度非典型增生和原位癌)。注意:CIN Ⅲ级的涵义不仅表示重度非典型增生,还包含了原位癌。CIN Ⅰ级属于低级别,发展到恶性的几率低,有逆转和恢复的可能,而CIN Ⅱ级和CIN Ⅲ级属于高级别有癌变可能。

第十一节 肿瘤发病机制和病因学 Pathogenesis and Etiology of Tumor

肿瘤的发生是一个非常复杂的过程,往往是遗传、环境等多方面因素交叉作用的共同结果,某种致癌因素可能通过不同途径引起不同部位的肿瘤，而同一类肿瘤也可能由不同的因素引起。对肿瘤的病因和发生机制目前还没有完全阐明。

一、肿瘤的发病机制 Pathogenesis of Tumor

肿瘤是一种基因病，当基因组内的几个基因突变累积后则有可能发生肿瘤。因此，肿瘤的发展是一个多步骤过程。肿瘤的发生具有复杂的分子基础，包括原癌基因激活、肿瘤抑制基因灭活或丢失、凋亡调节基因和DNA修复基因功能紊乱、小RNA（micro-RNA）调节紊乱等。

肿瘤细胞通过生长促进的癌基因（oncogene）的激活或生长抑制的抑癌基因（tumor suppressor gene）的失活或两者兼而有之，而获得生长自主性。癌基因激活后通过以下方式促进生长：①编码生长因子。②编码有缺陷或扩增的生长因子受体。③编码关键的信号转导蛋白（signal transduction protein）。

（一）癌基因 Oncogene

癌基因是指基因产物与肿瘤性转化有关的基因。肿瘤逆转录病毒（retroviruses）基因组中含有某些RNA序列能够引起动物肿瘤或在体外实验中能使细胞发生恶性转化，是病毒致瘤或导致细胞恶性转化所必需的，称为病毒癌基因（viral oncogene）。在正常细胞基因组中也存在一些基因，称为原癌基因（proto-oncogene），这些基因是细胞基因组内存在的一组基因，在正常时并不导致肿瘤，其编码产物在正常状态下的功能是调节细胞生长和分化，如生长因子、生长因子受体、信号转导蛋白、转录因子等，但在一定条件下这些基因可以转化为癌基因，称为细胞癌基因（cellular oncogene）。

原癌基因到细胞癌基因的转化过程称为原癌基因的激活。原癌基因常见的激活方式有：

1. 点突变 Point mutation 指基因DNA序列中单个或几个碱基的突变，可导致翻译后的蛋白质改变而致功能异常。例如，促进细胞生长的信号转导蛋白ras基因12号密码子GGC突变为GTC，可导致Ras蛋白的12号氨基酸改变，而使突变后的Ras蛋白一直处于活化状态，导致细胞不受上游信号调控而持续增殖。

2. 基因扩增 Gene amplification 指特定基因过度复制，拷贝数增加，导致特定的基因产物过量表达（overexpression）。如erb-B2扩增与乳腺癌、肺癌、胃癌等有关。

3. 染色体转位 Chromosomal translocation 原癌基因所在的染色体发生转位可导致原癌基因的表达异常或结构与功能异常。如Burkitt淋巴瘤中，c-myc基因从8号染色体上转位到14号染色体上编码免疫球蛋白重链的位点，导致c-myc基因过度表达。abl基因转位与慢性粒细胞白血病、急性淋巴细胞白血病有关。

（二）抑癌基因 Tumor suppressor gene

正常细胞中存在一类对细胞增殖起负调节的基因，这类基因产物直接或间接地抑制细胞增生、癌变、浸润或转移，称为抑癌基因。当抑癌基因丢失、失活或变异时，则丧失对细胞增殖的负调节作用，往往促使细胞恶性增殖。常见的抑癌基因有Rb、p53、NF1、APC等。

1. Rb基因 Retinoblastoma gene 即视网膜母细胞瘤（retinoblastoma）基因，位于13号染色体q14区上的抑癌基因，与儿童视网膜母细胞瘤的发生有关。40%视网膜母细胞瘤为家族性的；其余为散发。为了解释家族性和散发性病例的发生率的差异，提出了“两次打击”（two hits）假说：两个正常的等位Rb基因必须都失活后“两次打击”才可能导致视网膜母细胞瘤的发生。家族性发病的，儿童在胚胎期就继承了一条有缺陷的Rb基因，而另外一条则是正常的。当体细胞突变引发视网膜母细胞中另一条染色体正常的Rb基因缺陷，就发生视网膜母细胞瘤。而在散发病例，一个视网膜母细胞需发生两次体细胞突变才能导致两个Rb等位基因都发生改变。

抑癌基因突变细胞转化为纯合子后，肿瘤才会发生。由于这些基因在杂合状态下细胞是正常的，因此被称为“隐性癌基因”（recessive oncogene）。

Rb基因可能与多种肿瘤的发生有关，因为有视网膜母细胞瘤家族史的病人发生骨肉瘤和软组织肉瘤的危险性大大增加。

Rb基因和其他公认的抗癌基因的作用机制不明。它们的产物为核蛋白，可能是DNA合成的抑制物。现在又提出了多步骤打击（multisteps hit）学说。

2. p53基因 p53 gene 因编码一种分子质量为53 kDa的蛋白质而得名，是一种抗癌基因，其表达产物为基因调节蛋白（P53蛋白）。该基因位于17号染色体短臂，被大量研究证实是人类肿瘤中最常受累的基因。正常P53蛋白的功能主要有：在细胞周期中①阻止细胞从G_1期向S期转化，诱导修复损伤的DNA；②如果损伤广泛无法修复，则诱导细胞凋亡。在持续DNA损伤的细胞中有p53水平升高直到损伤被修复或细胞发生凋亡，这就防止了可能突变基因的增殖。鉴于p53的重要功能将其称为“基因卫士”（gene guardian）或“分子警察”（molecular policeman）。当p53缺失或突变时，DNA受损的细胞基因可能伴有突变并过分分裂。遗传性 P53 突变(存在于所有细胞中)发生于少见的 Li-Fraumeni 综合征(一种罕见的染色体显性遗传综合征),其家族中有 p53 基因突变在传递,一般会在 30 岁前后患恶性肿瘤。患者对多种肿瘤有易感性,在出生时他们的基因缺陷是杂合性的,最终在多种细胞中正常等位基因的缺失或突变(杂合性缺失),使之易发生肿瘤性转化。

(三) 凋亡调节基因 Apoptosis regulatory genes

肿瘤的生长取决于细胞增殖与死亡的比率。调节细胞凋亡的基因在某些肿瘤的发生上起着重要的作用。细胞凋亡受到复杂的分子机制调控,通过促凋亡分子和抗凋亡分子之间的复杂的相互作用实现。常见的促凋亡分子有 caspase 家族蛋白酶、bcl-2 家族中的促凋亡分子、死亡受体家族成员等。常见的抗凋亡分子有凋亡抑制蛋白 IAP 家族 survivin、XIAP、c-IAP 等。

(四) 端粒酶 Telomerase

染色体末端存在的一段 DNA 序列称为端粒(telomere),其长度随细胞的每次分裂逐渐缩短。细胞分裂到一定次数后,端粒也相应短到一定程度,细胞就会死亡。端粒酶可使缩短的端粒长度恢复。生殖细胞具有端粒酶活性,但大多数体细胞无端粒酶活性。许多恶性肿瘤细胞具有端粒酶活性,与细胞永生化有关。

(五) 表观遗传学改变 epigenetics change

表观遗传学是指基因组 DNA 未发生变化时也可以引起基因表达改变的重要化学修饰。表观遗传学改变就是基因组特定位点的表观修饰变化,是可逆性改变。主要包括:DNA 甲基化、组蛋白翻译后修饰与变异,以及染色质内核小体的重塑和定位;这三部分互相交叠共同调控着基因的表达。现有发现已表明,基因组特定位点的表观修饰变化不但影响相关基因表达,而且进一步影响生长、发育等生物学现象,并在多种疾病的发生发展过程中起到重要作用。表观遗传学改变与肿瘤发生密切相关,其在数量上远远多于遗传学改变,常发生于肿瘤早期,可作为肿瘤早期诊断的标记,并为肿瘤治疗提供了多种动态和可逆的治疗靶点。

(六) DNA 修复基因功能障碍 function of DNA repair genes with obstruct

正常细胞 DNA 轻微损伤,如在 DNA 复制时,碱基的错配(A-T 配对变成 G-T 配对)通常由 DNA 错配修复基因更正。一些有遗传性 DNA 修复调节基因突变或缺失的人中,肿瘤发病率极高。例如 Bloom 综合征(先天性毛细血管扩张性红斑及生长发育障碍)易发生白血病及其他恶性肿瘤,毛细血管扩张性共济失调症患者多发生急性白血病和淋巴瘤,着色性干皮病患者经紫外光照射后易患皮肤基底细胞癌、鳞状细胞癌或黑色素瘤。DNA 修复基因功能障碍常表现为一段单链简单重复序列的 DNA(微卫星 DNA,Microsatellilte DNA)由于错配修复基因突变而引起微卫星 DNA 不稳定(Microsatellilte instability MSI),即微卫星 DNA 重复单位数量的增减,导致多态的等位基因,改变其表达和功能,在人类许多肿瘤中反映出简单重复序列的扩增。例如在遗传性非息肉性结肠癌综合征,病人的 DNA 错配修复基因发生缺失,错配不能更正并积累起来,造成原癌基因或肿瘤抑制基因的突变,形成结肠癌。在临床上检查序列不稳定的增加,可用于诊断某些具 DNA 错配修复缺陷的肿瘤。

(七) 肿瘤发生多步骤学说 multistep theory

肿瘤的发生源于遗传物质或基因的改变(genetic changes)。肿瘤是一类"多基因疾病",是一个长期的、多步骤(multistep)、多种基因突变积累的过程。所有的基因变化最终导致细胞的失控性生长。1990 年 Fearon 和 Vogelstein 提出了结直肠癌发生的基本模式:遗传改变的潜在序列为体细胞的生长提供了有利条件,使它们成为了肿瘤中的优势细胞,谓之克隆扩张。绝大多数结直肠癌发生的起始步骤是黏膜细胞内的 APC 基因突变,启动细胞克隆形成黏膜增生,继之发生 DNA 甲基化状态(DNA methylation)改变,使之极易发生另外突变,如 ras 基因的突变使细胞增生形成腺瘤,而后通过抑癌基因 DCC 基因、p53 基因缺失等步骤,最终形成肿瘤的浸润和转移(图 5-28)。

二、环境致瘤因素 Tumorigenic Factors of Environment

导致肿瘤发生的各种环境因素非常复杂,有些致瘤因素已经明确,但有些则尚难以确定。可以导致恶性肿瘤发生的物质统称为致癌物(carcinogen)。某些本身虽无致癌作用但可以增加致癌物的致癌性的物质称作促癌物(promoter)。

常见的致瘤因素有:

(一) 化学因素 Chemical factors

1915 年 Yamagiwa 和 Itohikawa 发现了化学刺激可以引发肿瘤。他们用煤焦油反复涂搽兔耳诱发了皮

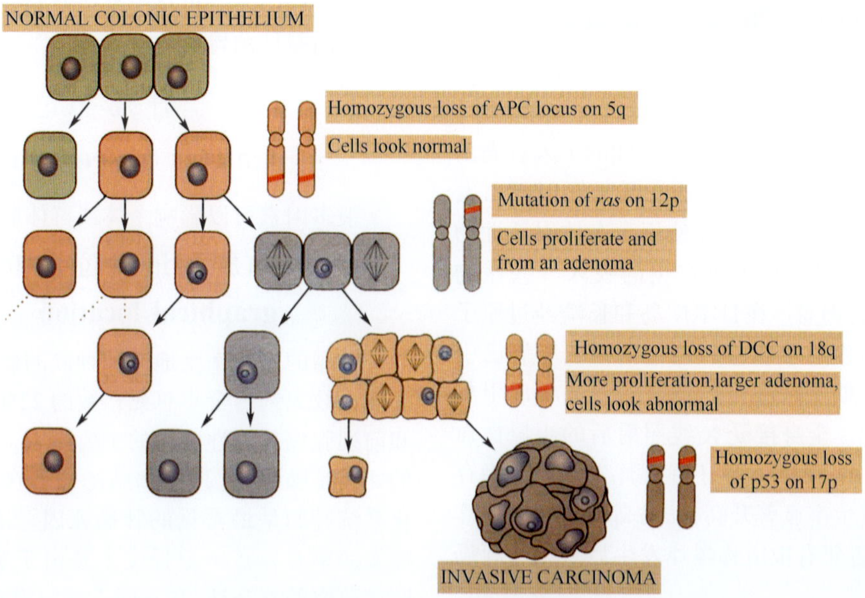

图 5-28 直肠癌发生多步骤学说 Multistep theory of recal carcinoma

肤癌。1775 年 Percival Pott 首次报道了环境化学物质对人的致癌作用，他发现在英国扫烟囱工人阴囊皮肤癌的发生率甚高。经研究，存在于石油、煤焦油中的多环芳烃(polycyclic aromatic hydrocarbon)类物质是一种间接化学致癌物，由有机物燃烧产生，存在于工厂排出的煤烟和烟草点燃后的烟雾中，甚至烟熏和烧烤的鱼、肉食品中。因此，大气污染、吸烟和不良饮食习惯与近年来的肺癌、胃癌高发率有关。而食品保存剂、着色剂等含有的亚硝酸盐也是致癌物质(carcinogen)，霉变食品中存在的黄曲霉素是肝癌诱发因素。另外，乙萘胺、联苯胺等物质与印染厂工人和橡胶工人的膀胱癌有关。已经有实验证明氨基偶氮染料(如食品添加剂奶油黄)与实验性大白鼠肝细胞癌有关。而烷化剂和酰化剂均是能够直接致癌的化学物质，如环磷酰胺既是抗癌药，也能诱发其他恶性肿瘤，应谨慎使用。

已经发现，很多化学致癌物质在发挥致癌作用时，必须经过化学转化。致癌物质为无活性的前体(致癌原)，先转化为中间状态(近似致癌物)，然后转化为最终活性形式(最终致癌物)。

常见的化学致癌物有：

1. 间接化学致癌物 Indirect chemcial carcinogens

(1) 多环芳烃 Polycyclic aromatic hydrocarbon：存在于石油、煤焦油中。致癌性特别强的有 3,4-苯并芘、1,2,5,6-双苯并蒽等。3,4-苯并芘是煤焦油的主要致癌成分，可由有机物的燃烧产生，存在于工厂排出的煤烟和烟草点燃后的烟雾中。近几十年来肺癌的发病率日益增加，与吸烟和大气污染有密切关系。此外，烟熏和烧烤的鱼、肉等食品中也含有多环芳烃，这可能和某些地区胃癌的发病率较高有一定关系。

(2) 致癌的芳香胺类 Carcinogenic arylamine：如乙萘胺、联苯胺等，与印染厂工人和橡胶工人的膀胱癌发病率较高有关。氨基偶氮染料，如过去食品工业中使用的奶油黄(二甲基氨基偶氮苯)和猩红，可引起实验性大白鼠肝细胞癌。

(3) 亚硝胺类物质 Nitrosamine：可在许多实验动物诱发各器官的肿瘤，可能引起人胃肠道癌等。肉类食品的保存剂与着色剂可含有亚硝酸盐。亚硝酸盐也可由细菌分解硝酸盐产生。在胃内，亚硝酸盐与来自食物的二级胺合成亚硝胺。我国河南林县的食管癌发病率很高，与食物中的亚硝胺含量高有关。

(4) 真菌毒素 Mycotoxin：黄曲霉菌广泛存在于霉变食品中。霉变的花生、玉米及谷类含量最多。黄曲霉毒素(aflatoxin)有多种，其中黄曲霉毒素 B1(aflatoxin B1)致癌性最强。黄曲霉毒素 B1 是异环芳烃，在肝脏代谢为环氧化物，可使肿瘤抑制基因 p53 发生点突变而失去活性。这种毒素可诱发肝细胞癌。乙型肝炎病毒(HBV)感染导致肝细胞慢性损伤和再生，可能给黄曲霉毒素 B1 的致突变作用提供了条件。HBV 感染与黄曲霉毒素 B1 的协同作用可能是我国肝癌高发地区的重要致肝癌因素。

2. 直接化学致癌物 Direct chemcial carcinogens

直接化学致癌物较少，主要是烷化剂(alkylating agent)和酰化剂(acylating agent)。有些烷化剂用于临床，如环磷酰胺(cyclophosphamide)既是抗癌药物又是很强的免疫抑制剂(immune depressant)，用于抗肿瘤治疗和抗免疫治疗。由于它们可能诱发恶性肿瘤(如粒细胞性白血病)，应谨慎使用。

(二) 物理因素 Physical factors

一些物理因素可以导致肿瘤,如X线、镭、铀、钴、锶等放射性物质产生的电离辐射可引起皮肤鳞癌、骨肉瘤、白血病和肺癌等。暴露于X射线的工人首先出现辐射损伤并最终由于长期过量暴露于辐射而引发肿瘤。一些手表表盘油漆工,在使用含有放射活性物质的刨光油漆的过程中,不可避免的吸入一些该物质,最终可发生骨肉瘤。在日本广岛和长崎经过原子弹爆炸的辐射后发生甲状腺肿瘤包括甲状腺癌已引起注意。婴儿时期甲状腺受过辐射的人成年后甲状腺癌发生率增加。全身接受X线照射后的小鼠白血病发生率增高。在日本,在原子弹爆炸发生后的幸存者中白血病的发生率显著升高,发病高峰出现在爆炸发生6年以后,近年有报道称爆炸发生后日本乳腺癌发病率增高。

日光中的紫外线照射过度可致皮肤癌、恶性黑色素瘤等,常见于白种人。长期吸入石棉纤维粉尘或玻璃丝易引起肺癌或胸膜间皮瘤。长期慢性炎症刺激如慢性胃溃疡、慢性皮肤溃疡、胆结石、慢性宫颈炎等,能促进病变局部细胞增生,进而异型增生而癌变。

(三) 生物因素 Biological factors

目前确认的致瘤生物因素主要是病毒,导致肿瘤形成的病毒称为肿瘤病毒(tumor virus),分为DNA病毒和RNA病毒。另外幽门螺杆菌与胃黏膜相关淋巴瘤和部分胃癌的发生密切相关。

1. DNA肿瘤病毒 Oncogenic DNA virus DNA肿瘤病毒感染细胞后,若病毒基因组整合到宿主DNA,它们的基因产物可以导致细胞转化。与人类肿瘤发生关系密切的DNA肿瘤病毒有:

(1) 人类乳头瘤病毒 Human papilloma virus (HPV):有多种类型,其中HPV16、18与宫颈癌有关,HPV-6、11与生殖道和喉等处的乳头状瘤有关。

(2) Epstein-Barr(EBV):与鼻咽癌、NK/T细胞淋巴瘤等有关。

(3) 乙型肝炎病毒 Hepatitis virus B(HBV):与肝细胞癌的发生有关。

2. RNA肿瘤病毒 Oncogenic RNA virus RNA肿瘤病毒是逆转录病毒(retrovirus),分为急性转化病毒和慢性转化病毒。急性转化病毒含有病毒癌基因。

3. 细菌 Bacterium 幽门螺杆菌 Helicobacter pylori(HP) 为革兰阴性杆菌,是慢性胃炎(chronic gastritis)和胃溃疡(gastric ulcer)的重要病原因素。幽门螺杆菌感染与胃的黏膜相关淋巴组织(mucosa-associated lymphoid tissue,MALT)发生的MALT淋巴瘤(MALT lymphoma)密切相关。幽门螺杆菌胃炎与一些胃腺癌的发生也有关系,特别是局限于胃窦和幽门的幽门螺杆菌胃炎。

三、肿瘤易感性
Cancer Susceptibility

很多因素可以影响个体或群体肿瘤的发生。

(一) 种族和地理位置 Race and geographical location

肿瘤的发病率受地域和种族的影响。在美国,肿瘤死亡数大约占全年总死亡数的22%。肺癌、结肠癌和前列腺癌是男性肿瘤的主要死因。在女性,最常见的死因是肺癌、乳腺癌和结肠癌。在发展中国家,消化系统肿瘤是最常见的肿瘤死因。这种种族间的肿瘤发病率差异在一定程度上是由于基于不同人群的肿瘤研究的复杂性,和不同人群间潜在的遗传和环境差异。

(二) 环境因素 Environmental factors

世界上不同地区发生的肿瘤的类型显著不同。例如,在日本,胃癌死亡率大约是美国的7倍。相反,结肠癌在日本则是不常见的死因。移民去美国的日本人胃癌和结肠癌的死亡率介于本土的日本人和美国人之间,这说明了环境和文化因素的影响。另外一个例子表明环境因素在致癌机制中的作用是因职业而暴露于石棉、乙烯氯化物、2-萘胺等的人群发生特定肿瘤的危险性增高。吸烟与口咽癌(oropharyngeal cancer)、喉癌(laryngeal carcinoma)和肺癌有关。

(三) 年龄 Age

由于老年人体液和细胞免疫应答的下降,因此大多数恶性肿瘤发生于老年人。免疫防御系统功能下降可能是老年人肿瘤发生率增加的原因。然而,有些肿瘤在15岁以下儿童中特别常见,如造血系统肿瘤(白血病和淋巴瘤)、神经母细胞瘤、Wilm's肿瘤、视网膜母细胞瘤、骨肉瘤和横纹肌肉瘤。

(四) 遗传 Heredity

即使在有明显的环境因素作用的情况下,遗传因素仍然在肿瘤的发生中发挥着作用。例如,遗传性肿瘤综合征患者的染色体和基因异常,使他们比其他人患某些肿瘤的机会大大增加。

1. 常染色体显性遗传 Autosomal dominant heredity

如遗传性肿瘤综合征中家族性视网膜母细胞瘤患者从亲代遗传了一个异常的RB等位基因,当另一个RB等位基因发生突变、丢失等异常时,发生视网膜母细胞瘤。一些癌前疾病(如家族性腺瘤性息肉病、神经纤维瘤病等）也以常染色体显性遗传方式出现。在这些疾病中，突变或缺失的基因是肿瘤抑制基因，例如 RB、APC 和 NF-1 等。

2. 常染色体隐性遗传 Autosomal recessive heredity 如着色性干皮病（xeroderma pigmentosum），患者受紫外线照射后易患皮肤癌。毛细血管扩张性共济失调症患者易发生急性白血病和淋巴瘤。Bloom 综合征（先天性毛细血管扩张性红斑及生长发育障碍）患者易发生白血病等恶性肿瘤。这些遗传综合征与 DNA 修复基因异常有关。Li-Fraumeni 综合征患者 p53 基因异常，易发生肉瘤、白血病和乳腺癌等。

3. 肿瘤的家族聚集倾向 Familial tendency 一些肿瘤有家族聚集倾向，如乳腺癌、胃肠癌等，可能与多因素遗传有关。

表 5-8 列举了一些遗传性肿瘤综合征及其受累的基因、染色体定位和相关肿瘤。应当强调，在大多数肿瘤的发生中，遗传因素的作用是使患者对某些肿瘤具有易感性。

表 5-8 遗传性肿瘤综合征举例

Examples of hereditary neoplastic syndrome

综合征	受累基因	染色体定位	相关肿瘤
家族性视网膜母细胞瘤	RB	13q14.3	视网膜母细胞瘤，骨肉瘤
家族性腺瘤性息肉病	APC	5q21	结直肠癌
神经纤维瘤病Ⅰ型	NF-1	17q12	神经纤维瘤，恶性神经鞘瘤
Li-Fraumeni 综合征	p53	17p12~13	肉瘤，乳腺癌，脑肿瘤，白血病
着色性干皮病	XPA，XPB 等	9q34，2q21 等	皮肤癌症
毛细血管扩张性共济失调症	ATM	1 lq12	淋巴瘤，白血病
Bloom 综合征	BEM	15q26.1	白血病，实体肿瘤
Fanconi 贫血	FACC，FACA	9q22.3，16q24.3	白血病
Wilms 瘤	WT1	11p13	Wilms 瘤
von Hippel-Lindau 综合征	VHL	3p25	肾细胞癌，小脑血管母细胞瘤
遗传性非息肉病性结直肠癌	MSH2 等	2p16	结直肠癌
家族性乳腺癌	BRCA1	17q21	乳腺癌，卵巢癌
	BRCA2	13ql2	乳腺癌

（五）性别 Gender

除了生殖器官肿瘤外，有些肿瘤的发生率在男女之间有显著不同。这种性别差异可能与内源性机体因素有关，例如两性在免疫应答上的差异和特殊性激素的存在。然而，两性所面对的外源性因素的差异如吸烟，职业和其他环境因素也不能排除。

（六）饮食 Diet

熏鱼和木炭烤肉（焦肉）中所含的苯并芘（benzo-pyrene）被认为可能诱发人类胃癌。早已发现食品中尚存在其他一些致癌物质，如黄曲霉素 B1 和硝基胺。高动物蛋白和高脂肪饮食更有可能发生癌症。饮食中碳水化合物含量高而纤维素含量低与癌症发生有关，一种观点认为低渣饮食（minimal residue diet）引起粪便停滞，细菌繁殖有了更多的时间，它们分解胆盐或排泄物，使肠黏膜与这一过程中形成的致癌物质直接接触。

四、肿瘤免疫 Tumor Immunology

肿瘤发生是免疫监视功能丧失的结果。免疫功能低下者，如先天性免疫缺陷病患者和接受免疫抑制治疗的病人，恶性肿瘤的发病率明显增加。这一现象提示，正常机体存在免疫监视（immunosurveillance）机制，可以清除发生了肿瘤性转化的细胞，起到抗肿瘤的作用。免疫监视功能的下降，可能参与了一些肿瘤的发生。肿瘤细胞也可通过减少肿瘤抗原表达等方式，逃脱免疫监视；甚至通过诱导免疫细胞的死亡，破坏机体的免疫系统。相反有些肿瘤，如神经母细胞瘤、恶性黑色素瘤和绒毛膜上皮癌等肿瘤患者，由于机体免疫功能增高可发生自发消退。但是大多数的恶性肿瘤发生于免疫机能正常的人群，这些肿瘤能逃脱免疫系统的监视并破坏机体的免疫系统的机制还不完全清楚。

（一）肿瘤免疫反应以细胞免疫为主，体液免疫为辅

发生了肿瘤性转化的细胞可以引起机体的抗肿瘤免疫反应，主要是细胞免疫，其效应细胞有细胞毒性 T 细胞（cytotoxic T cell，CTL）、自然杀伤细胞（natural killer cell，NK cell）和巨噬细胞等。激活的 CTL（CD8+）通过细胞表面的 T 细胞受体识别与 MHC（主要组织相容性复合体 major histocompatibility complex）分子组成复合物的肿瘤特异性抗原，释放一些酶以杀伤肿瘤细胞。T 细胞产生的 γ-干扰素可激活巨噬细胞，后者产生肿瘤坏死因子（tumor necrosisfaltor，TNF-α），参与杀伤肿瘤细胞。NK 细胞激活后通过受体和抗体依赖的

细胞毒作用（antibody dependent cellular cytotoxicity，ADCC）作用，以及 Fc 受体与肿瘤细胞表面的 IgG 结合，通过 ADCC 杀伤肿瘤细胞。IL-2 被称为 T 细胞生长因子。IL-2 主要以自分泌或旁分泌的方式，诱导特异性 CTL 克隆增殖，杀伤肿瘤细胞。体液免疫机制主要是激活补体和介导 NK 细胞参加的 ADCC（图 5-29）。

（二）引起机体免疫反应的肿瘤抗原

1. 肿瘤特异性抗原 只存在于肿瘤细胞中。

2. 肿瘤相关抗原 存在于肿瘤细胞和某些正常细胞，可分为两类：

（1）肿瘤胚胎抗原

1）癌胚抗原 Carcinoembryonic antigen（CEA）：CEA 由胎儿肠、肝、胰产生。肿瘤时，结肠癌、胰腺癌、胃癌和乳房癌也可合成。偶尔，也会在非肿瘤性疾病［如酒精性肝硬化（alcoholic cirrhosis）、肝炎（hepatitis）和溃疡性结肠炎（ulcerative colitis）］时升高。这种抗原对估计结直肠肿瘤负荷和检测术后复发很有价值。

2）甲种胎儿球蛋白 Alpha fetal protein（AFP）：AFP 通常由胎儿卵黄囊（fetal yolk sac）和肝产生。在肝癌和睾丸生殖细胞癌时显著升高。非肿瘤性疾病如肝硬化和肝炎也可存在 AFP 增高，但不如肿瘤明显。AFP 水平的检测可用来诊断肝脏或睾丸肿瘤，以及评价复发和治疗的反应。

（2）肿瘤分化抗原：如前列腺酸性磷酸酶 Prostatic acid phosphatase（PAP）仅在肿瘤进展期才会显著升高，故不能用来诊断早期局限性肿瘤。

临床上针对这些肿瘤相关抗原的单克隆抗体可用于相关肿瘤的诊断与治疗

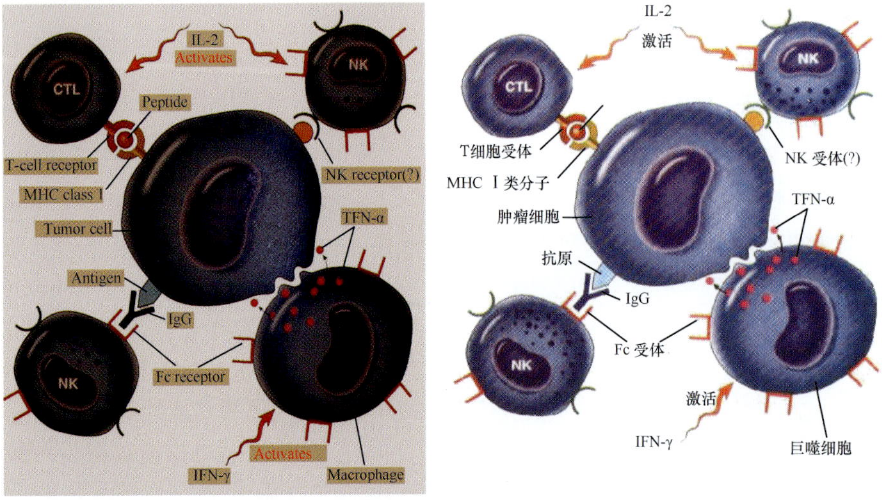

图 5-29 肿瘤免疫中主要的效应细胞 Major cells in tumor immunology

五、肿瘤细胞逃避机体的免疫监视的可能机制

Escape from immunosurveillance

肿瘤细胞缺乏激发机体免疫应答所必需的成分。如①肿瘤细胞的免疫原性弱及抗原调变（antigen modulation）；②MHC 抗原表达异常 CTL 攻击肿瘤细胞时要识别瘤细胞膜上的人类 MHC Ⅰ型分子。肿瘤细胞膜上 MHC 抗原表达丧失或减少，会使瘤细胞避开 CTL 的攻击；③协同刺激分子（B7）及黏附分子表达下降 在肿瘤细胞表达 MHC 抗原时，如果缺乏协同刺激因子（B7），瘤细胞可以逃避 CTL 的攻击。④肿瘤细胞表面“抗原覆盖”或被封闭 肿瘤细胞表面“抗原覆盖”或被封闭，肿瘤产物抑制免疫反应。如由许多肿瘤分泌的 TGF-β 就是一种潜在的免疫抑制剂；⑤肿瘤细胞诱导免疫细胞凋亡；⑥肿瘤细胞释放新抗原阻断抗体的作用；等。

病例讨论

41 岁女性，左乳房肿块。起初自己发现左乳房有一个小结节，最近两个月发现结节生长较快，比原来大了两倍。家族史：姨妈在 59 岁时死于乳腺癌。

查体所见：左乳房有一个肿块，活动度尚可。皮肤没有水肿，乳头无改变。可触及腋窝的 1 个淋巴结，可移动。乳腺 X 线摄片显示：有一个肿块，直径 2.5cm。胸、腹 CT 显示：肝、肺、肾上腺、肾、脾和卵巢均未见肿块。骨扫描呈阴性。血钙为 12.5 mg/dL，甲状旁腺素略低。

病人经改良根治术切除乳房肿块和腋窝淋巴结。14 枚淋巴结中有 1 枚被肿瘤取代，有 3 枚见肿瘤细胞（图 5-30）。免疫组化显示 HER2/neu

表达，雌激素受体和孕激素受体阳性。用流式细胞仪分析肿瘤细胞 DNA，表明肿瘤细胞有相对较高的增殖指数，但没有非整倍体。根据临床分期，对左乳房和腋窝淋巴结行放射治疗。

10 个月后，病人出现头痛和视力障碍。临床对其做脑脊液分析。

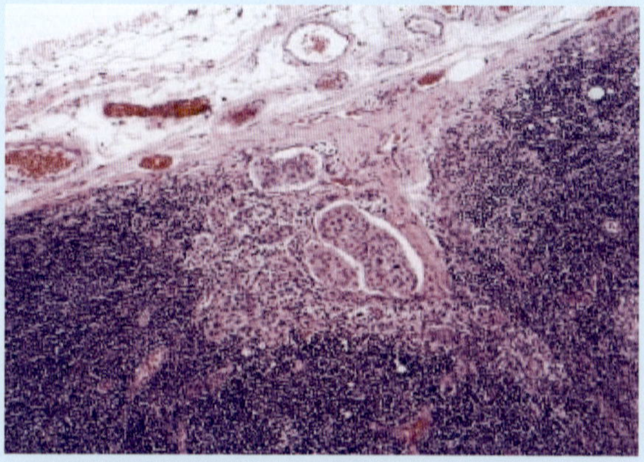

图 5-30 腋窝淋巴结

思考题

1. 该病人患有什么疾病？还需做哪些重要检查？
2. 简要分析该病人之后出现头痛和视力障碍的原因？
3. 对于乳房肿块应该注意鉴别哪些病变？

（刘 慧 巩玉森 李凤朝 周士东）

第 6 章 心血管系统疾病

Diseases of the Heart and Blood Vessels

Outline

In addition to its historical association with human emotions(as well as compassion, strength, and resolve-indeed, Aristotle felt it was the seat of the soul!), the heart is a vitally life-sustaining organ; it is responsible for pumping more than 6000 liters of blood daily through the body. In its normal, healthy state, the heart perfuses tissues with a steady supply of vital nutrients and facilitates the removal of waste products. When pathology supervenes, cardiac dysfunction is associated with devastating physiologic consequences. Heart disease remains the leading cause of morbidity and mortality in industrialized nations; it accounts for nearly 40% of all postnatal deaths in the United States, totaling about 750000 individuals annually (nearly twice the number of deaths caused by all forms of cancer combined). The yearly economic burden of ischemic heart disease (IHD) alone is in excess of $100 billion.

In this chapter we will first review the salient features of congestive heart failure(CHF), the common end point of many cardiac diseases. This will be followed by a discussion of the major categories of cardiac disease including selected congenital heart dieases, IHD(coronary artery disease), hypertensive heart disease, heart disease caused by intrinsic pulmonary diseases (corpulmonale), valvular heart disease, and primary myocardial disease. A few highlights about pericardial disease and cardiac neoplasms are also presented before we conclude with a brief look at cardiac transplantation.

Vascular disease is responsible for more morbidity and mortality than any other category of human disease. Although the most clinically significant lesions involve arteries, venous pathology can also cause clinical disorders. Vascular pathology results in disease via two principal mechanisms: narrowing or complete obstruction of vessel lumina, either progressively(e.g., by atherosclerosis) or precipitously(e.g., by thrombosis or embolism) Weakening of vessel walls, causing dilation and/or rupture.

心血管系统包括心脏、动脉、毛细血管和静脉，是一个封闭的分支管道系统。血液在心血管系统中循环供给全身组织氧和营养物质等，同时运走组织的代谢废物。正常的血液循环是保证机体新陈代谢和体内、外环境平衡的重要条件之一。心脏和血管的形态结构发生变化，常可导致功能改变，引起全身或局部血液循环障碍，甚至危及生命。

在全世界，尤其是我国，随着生活方式的改变、人口老龄化趋势的加快以及心血管疾病发病的年轻化，心血管疾病问题正日益突出。目前心血管疾病已经成为我国高死亡率、高致残率的第一大慢性疾病。

The diseases of heart and arteries are responsible for more morbidity and mortality than any type of human disease. The major categories of cardiac and arteries diseases considered including atherosclerosis, ischemic heart diseases(coronary heart disease), hypertension, rheumatism, infective endocarditis, disease of the cardiac valves, and primary myocardial disease.

第一节 动脉粥样硬化 Atherosclerosis

动脉硬化(arteriosclerosis)是一组以动脉管壁增厚、变硬和弹性减退为特征的动脉疾病，包括三种类型：①动脉粥样硬化(atherosclerosis, AS)是最常见和最具危险的疾病，特别发生在冠状动脉和脑动脉；②细动脉硬化(arteriolosclerosis)表现为细小动脉的玻璃样变，常见于高血压病和糖尿病；③动脉中层钙化(arterial medial calcification)较少见，在动脉中膜中钙盐沉积。

AS是累及大、中动脉的慢性进行性疾病，以动脉内膜脂质沉积(lipid deposite)、内膜灶状纤维化(fibrosis)和粥样斑块(atheromatous plaque)形成为特征，导致管壁变硬、管腔狭窄，引起相应器官的缺血性(ischemia)改变。最重要的是导致心、脑等重要器官的缺血性病变，严重危害人类健康。AS是最常见的心血管疾病，常常30岁起病，40～50岁进展加快，故多见于中、老年人。

Arteriosclerosis involving coronary vessels is one of the atherosclerotic intimal type. Intimal fibrous thickening, lipoid deposits, and often calcium deposition, all of which narrow the lumen of the vessel, are the main feature.

一、病因和发病机制 Etiology and Pathogenesis

(一) 危险因素 Risk factors

1. 高脂血症 Hyperlipidemia 指血浆总胆固醇(total cholesterol, TC)和(或)甘油三酯(triglyceride, TG)异常增高，是AS的重要危险因素。AS病灶中沉积的主要成分是胆固醇(cholesterin)和胆固醇酯(cholesterl ester)。正常时血浆中的胆固醇、甘油三酯和磷脂等是与载脂蛋白(apoproteins)结合成脂蛋白而溶解、运转的。血浆低密度脂蛋白(low density lipoprotein, LDL)、极低密度脂蛋白(very low density lipoprotein, VLDL)水平持续升高与AS的发病率呈正相关；而高密度脂蛋白(high density lipoprotein, HDL)具有抗AS的作用。

2. 高血压 Hypertension 高血压病人的AS发病早、病变重。当发生高血压时，一方面，血流对血管壁的冲击力较高，可引起内皮细胞损伤和功能障碍，导致一些成分进入内膜，如脂蛋白渗入、单核细胞黏附并迁入、血小板黏附以及动脉中膜平滑肌细胞迁入内膜等一系列变化，促进AS发生。另一方面，高血压患者多有脂质异常，而且会伴有高胰岛素血症(hyperinsulinemia)及胰岛素抗性等，这些因素均可促进动AS的发生。

3. 吸烟 Smoking 吸烟可导致AS的发生和发

展。过量吸烟可使血液中LDL易于氧化，并导致血液中一氧化碳(CO)浓度升高，损伤血管内皮细胞(endothelia cell, EC)。吸烟还可使血小板(platelets)聚集能力增强。烟内含有的糖蛋白可激活凝血因子Ⅷ及致突变物质，后者可引起血管壁平滑肌细胞(smooth muscle cells, SMC)增生等，这些均有助于AS的发生和发展。

4. 引起继发性高脂血症的疾病 Diseases caused the secondary hyperlipidemia 有些疾病可以伴有血脂升高，如糖尿病(diabetes mellitus)患者血中VLDL和甘油三酯水平明显升高，HDL水平较低，而且高血糖可致LDL氧化，促进血液单核细胞迁入内膜及转变为泡沫细胞(foam cells)。高胰岛素血症还可促进动脉壁SMC增生。甲状腺功能减退症(hypothyroidism)和肾病综合征(nephrotic syndrom)均可引起高胆固醇血症(hypercholesterolemia)(胆固醇含量高于200mg/dl)使血浆LDL明显增高，促使AS的发生。

5. 遗传因素 Genetic factors 高胆固醇血症和冠心病的家族聚集现象提示本病具有遗传倾向。已知有200多种基因可能对脂质的摄取、代谢和排泄产生影响，成为高脂血症的常见原因。遗传性脂蛋白疾病，如家族性高胆固醇血症(familial hypercholesterolemia)患者是由于LDL受体的基因突变致功能缺陷导致血浆LDL水平极度增高。

6. 其他因素 Other factors AS的发生随年龄的增长而增加。女性在绝经期前的发病率低于同龄组男性，这是由于雌激素能影响脂类代谢，其LDL水平较低，HDL水平较高，降低血浆胆固醇水平的缘故。肥胖(obesity)特别是以腹部脂肪过多为特征的肥胖易患高脂血症、高血压和糖尿病而促进AS的发生。使用口服避孕药(oral contraceptives)也与本病的发生有一定的关系。

7. 代谢综合征(metabolic syndrome, MS) 是一种合并有高血压以及葡萄糖与脂质代谢异常的综合征，伴有LDL水平增高和HDL、胆固醇水平较低。MS是高血压、血糖异常、血脂紊乱、和肥胖症等多种代谢成分异常积累的病理状态，它的严重直接后果是导致严重的心血管事件的发生。

(二) 发病机制 Pathogenesis

1. 脂源性学说 Lipid-derived theory LDL含胆固醇和胆固醇酯最多，VLDL含甘油三酯最多，HDL含蛋白最多，血浆中增高的脂质即以LDL和VLDL或经动脉内膜表面脂蛋白脂酶的作用而分解成残片的形式从下述途径侵入动脉壁：①内皮细胞直接吞饮；②透过内皮细胞间隙；③经由内皮细胞的LDL受体；④通过受损后通透性增加的内皮细胞；⑤通过因内皮细胞缺失而直接暴露在血流的内膜下组织。脂蛋白进入中膜后，堆积在SMC间、胶原和弹力纤维上，引起SMC增生，SMC和来自血液的单核细胞吞噬大量脂质后成为泡沫细胞；脂蛋白又降解而释出胆固醇、胆固醇酯、甘油三酯和其他脂质。LDL还与动脉壁的蛋白多糖结合产生不溶性沉淀，都能刺激纤维组织增生。脂质经过氧化作用而产生的脂质过氧化物，有细胞毒性，损伤细胞膜，促进AS的形成。所有这些合在一起就形成粥样斑块。

2. 损伤应答反应学说 Damage response theory 粥样斑块的形成可认为是动脉内膜对损伤的反应。动脉内膜损伤可表现为内膜功能紊乱，如内膜渗透过量，表面容易形成血栓(thrombi)。也可表现为内膜的完整性受到破坏。长期高脂血症，由于血压增高、动脉分支的特定角度和走向、血管局部狭窄等引起的血流动力学改变所产生的湍流(turbulence)、剪切应力(shear forces)，以及由于糖尿病、吸烟、细菌、病毒、毒素、免疫性因子和血管活性物质如儿茶酚胺、5-羟色胺、组织胺、激肽、内皮素、血管紧张素等的长期反复作用等都足以损伤内膜或引起功能变化，有利于脂质的沉积和血小板的黏附和聚集，而形成粥样硬化。同时，各种原因引起内皮细胞损伤，使之分泌生长因子，吸引单核细胞黏附于内皮，并迁移入内皮下间隙，吞噬脂质后形成单核细胞源性泡沫细胞，导致内膜出现动脉粥样硬化的早期病变(形成脂纹)。巨噬细胞、内皮细胞和黏附的血小板均可产生生长因子，刺激中膜SMC增生并迁入内膜，导致纤维斑块形成和病变的继续发展。SMC经其表面的LDL受体介导而吞噬脂质，形成平滑肌源性泡沫细胞。损伤应答学说也是一种炎症观点。

3. 单克隆学说 Monoclonal theory 即单元性繁殖学说或动脉增殖和突变学说。认为AS的每一个病灶都来源于一个单一SMC的增殖，这个细胞是始祖细胞，在一些因子如血小板源生长因子、内皮细胞源生长因子、单核细胞源生长因子、LDL，可能还有病毒作用下不断增殖、迁移、突变并吞噬脂质，使病灶中脂质积聚并形成AS。

4. 其他 与发病有关的其他机理尚有神经、内分泌的变化，动脉壁基质内酸性蛋白多糖质和量的改变(硫酸皮肤素增多，而硫酸软骨素A和C减少)，动脉壁酶活性的降低等。这些情况可通过影响血管运动、脂质代谢、血管壁的合成代谢等而有利于AS病变的形成。

二、基本病理变化
Basic Pathologic changes

AS病变主要发生在大、中动脉的内膜,根据病变发展依次表现为以下几种形态。

(一)脂纹 Fatty streak

脂纹是AS的早期病变。

肉眼观:病变常位于大、中动脉的分支开口及血管弯曲的凸面。病灶处动脉内膜出现与动脉长轴平行的、长短不一的黄色条纹,病变范围为帽针头大小,或宽约1~2mm的斑点,平坦或稍隆起于内膜表面(图6-1)。

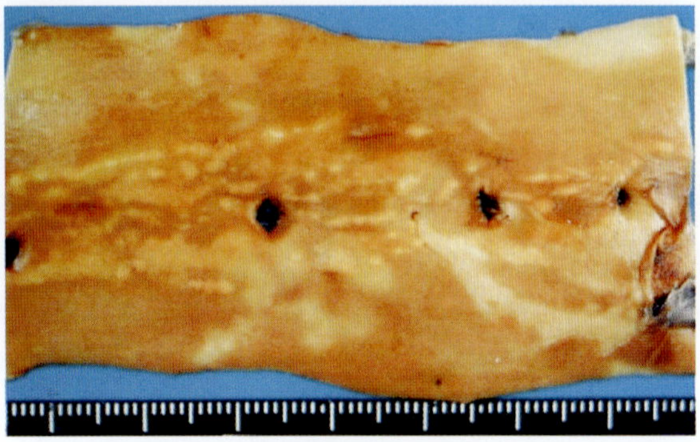

图6-1 动脉粥样硬化 Atherosclerosis
可见主动脉内膜面若干小脂纹 Multiple small fatty streaks are seen

光镜下:病灶处内皮下有大量泡沫细胞聚集。泡沫细胞来源于血管内单核细胞和中膜SMC。电镜下可以区别两种细胞来源的泡沫细胞:巨噬细胞(macrophages)源性泡沫细胞表面富有突起,形成丝状伪足,胞浆内含有大量小圆形脂质空泡和溶酶体,有时可见到胆固醇结晶(cholesterol crystals)。核呈卵圆或类似肾形,异染色质常呈块状紧靠核膜,偶见1~2个核仁。而肌源性泡沫细胞多呈长梭形,或有突起,胞浆内可见肌丝和致密体等SMC的特点。脂质空泡一般稍大,数量不定。泡沫细胞内脂质成分可被苏丹III染色为橘红色。

(二)纤维斑块 Fibrous plaque

脂纹进一步发展则演变为纤维斑块。

肉眼观:纤维斑块隆起于内膜表面,初为淡黄或灰黄色斑块,随着斑块表层的胶原纤维不断增加及玻璃样变,脂质被埋于深层,斑块逐渐变为灰白色(瓷白色),略带光泽,似蜡滴状。

光镜下:斑块表面为一层纤维组织,称"纤维帽"(fibrous cap),由胶原纤维、SMC、少数弹力纤维及蛋白多糖组成。纤维帽下有泡沫细胞、SMC、细胞外基质和炎症细胞等成分(图6-2)。

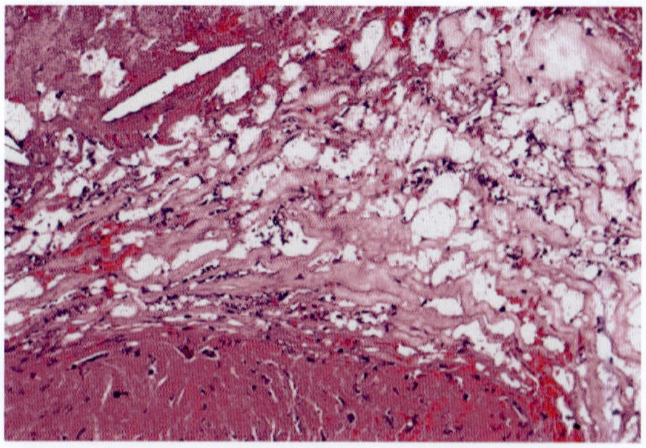

图6-2 动脉粥样硬化 Atherosclerosis
动脉粥样硬化斑块中大量泡沫细胞(充满脂样物质的巨噬细胞)Many foam cells(macrophages full of lipid material) are seen in this atheromatous plaque

Fibrous plaque

The damage of arteriosclerosis is grossly a elevated flat or round lesion whitish-yellow or waxy white. The central portion is frequently soft containing degenerated and necrotic tissue, free fat and visible cholesterol crystals. It typically is composed of a superficial fibrous cap containing smooth muscle cells, scattered leukocytes, and dense connective tissue overlying a cellular zone with smooth muscle cells, and a central necrotic core containing dead cells, lipid, cholesterol clefts, lipid laden foam cells(macrophages and smooth muscle cells).

(三)粥样斑块 Atheromatous plaque

粥样斑块也称"粥瘤"(atheroma)(此"瘤"并不是真性肿瘤)。纤维斑块深层细胞坏死(necrosis),逐渐演变为粥样斑块。

a. 肉眼观:为隆起于内膜表面的灰黄色斑块,深部压迫动脉中膜。切面见斑块表层为灰白色纤维帽,深部为黄色粥糜样物质(图6-3)。

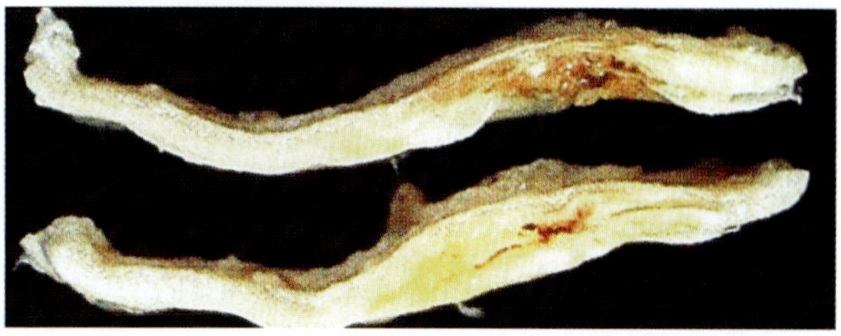

图6-3 腹主动脉动脉粥样硬化 Atherosclerosis of abdominal aorta
主动脉内膜下可见淡黄色粥样斑块,斑块中见出血 Bright yellow atheromas are seen in the subintimal portion of aorta. Some of the atheroma show hemorrhage

光镜下:纤维帽内胶原纤维发生玻璃样变,深部为大量无定形的坏死崩解物质、胆固醇结晶(石蜡切片上呈针状空隙)和钙盐(calcium salts)沉着,其底部和边缘可见肉芽组织，外周有少量泡沫细胞和淋巴细胞浸润。病变严重者中膜因斑块压迫、SMC萎缩和弹力纤维破坏而变薄。

Atheromatous plaque

The soft yellow nodule is an atheroma. Ulceration of atheroma and superimposed thrombi may be seen. The internal elastic lamina is frayed and fragmented, and in places, it may be absent. calcium salts become deposited in the atheromatous lesions, and form thin, brittle, calcified plates, which may crack easily.

（四）继发病变 Secondary affection

1. 斑块内出血 Hemorrhage 斑块边缘和底部有许多薄壁的新生血管，常易破裂出血，或因斑块纤维帽破裂血液流入斑块，形成斑块内血肿（hematoma），使斑块迅速增大，可导致管腔急性阻塞。

2. 斑块破裂 Rupture 斑块表层的纤维帽破裂，粥样物质进入血流，可造成胆固醇栓塞，破裂处形成粥瘤样溃疡（ulceration）。

3. 血栓形成 Thrombosis 常发生于斑块溃疡处，由于斑块破裂造成较深的内膜损伤，使胶原暴露，引起血小板的聚集而形成血栓，可造成动脉阻塞，导致器官梗死（如脑梗死或心肌梗死）。血栓可以机化，也可以脱落引起栓塞。

4. 动脉瘤形成 Aneurysm 在病变较严重的动脉壁，由于中膜平滑肌细胞萎缩而变薄，在血管内血压的作用下局部扩张膨出，形成向外膨隆，外形貌似肿瘤。动脉瘤破裂可发生致命性大出血。

5. 钙化 Calcification 属营养不良性钙化，钙盐沉积于纤维帽和粥样灶，致动脉壁变硬、变脆，易于破裂。

6. 血管腔狭窄 Artery stenosis 弹力肌性动脉（中等动脉）可因粥样斑块而导致管腔狭窄，引起所供应区域的血量减少，致相应器官发生缺血性病变。

三、重要动脉的病理变化
Pathologic Changes in Important arteries

（一）主动脉粥样硬化 Aortic AS

病变多见于主动脉后壁及其分支开口处，以腹主动脉病变最重，其次是降主动脉和主动脉弓，升主动脉最轻。AS的各种病变及继发性病变均可见到。由于主动脉血管口径大，病变一般不引起血流阻塞。病变严重者可形成主动脉瘤，偶见血管破裂，发生致命性大出血。有时形成夹层动脉瘤（“主动脉瘤”和“夹层动脉瘤”都不是肿瘤）。如果主动脉根部病变严重，累及主动脉瓣，使瓣膜增厚、变硬，甚至钙化，形成主动脉瓣膜病。

（二）冠状动脉粥样硬化 Coronary AS（详见第二节）

（三）脑动脉粥样硬化 Cerebral AS

脑AS的病变以大脑基底动脉、中动脉和Willis环最显著。病变血管节段性增粗，管壁变硬，内膜不规则增厚，管腔狭窄甚至闭塞。脑动脉病变使脑组织长期供血不足而逐渐发生萎缩，严重者可有智力减退，甚至痴呆。若脑动脉管腔高度狭窄，继发血栓形成而导致管腔阻塞，可发生脑软化（encephalomalacia）（即脑梗死）。严重的脑软化可引起病人失语、偏瘫，甚至死亡。脑动脉粥样硬化病变可形成小动脉瘤，当血压突然升高时可发生致命性的破裂出血。

（四）肾动脉粥样硬化 Renal AS

好发于肾动脉开口处、叶间动脉和弓形动脉。侵犯一侧或两侧肾脏，两肾病变可不对称。病变的动脉管腔狭窄或阻塞，可引起肾缺血、萎缩，间质纤维组织增生和局灶性梗死。梗死机化后形成单个或多个宽大的凹陷性瘢痕。瘢痕较多时，导致肾体积缩小，称为AS性固缩肾（atherosclerotic renal shrinkage）。其他疾病也可引起肾脏固缩或萎缩，如高血压病和慢性肾炎等，应注意他们之间的异同之处。

（五）四肢动脉粥样硬化 Extremities AS

下肢动脉病变比较常见且较严重。当较大的动脉管腔明显狭窄时，下肢可因缺血而萎缩、无力，行走时出现间歇性跛行（intermittent claudication）症状。若管腔高度狭窄、闭塞或继发血栓形成，则下肢可因血流中断而发生缺血部位的干性坏疽（gangrene）。

（六）肠系膜动脉粥样硬化 Mesenteric AS

肠系膜动脉因粥样硬化而管腔狭窄甚至阻塞时，可引起麻痹性肠梗阻（paralytic ileus）、肠梗死（intestine infarction）等严重后果。

第二节　冠状动脉粥样硬化症和冠状动脉粥样硬化性心脏病
Coronary atherosclerosis and coronary heart disease

一、冠状动脉粥样硬化
Coronary Atherosclerosis

冠状动脉粥样硬化症最常见于冠状动脉的左前降

支,其次为右主干,再次为左主干或左旋支、后降支。病变常呈多发性、节段性分布,一般较大分支病变较重。由于血流冲击的缘故,通常靠近心肌一侧的动脉壁病变更为严重。在横切面上斑块多呈半月形,管腔发生不同程度的狭窄。根据管腔狭窄的程度,可将其分为四级:Ⅰ级,管腔狭窄在25%以下;Ⅱ级,狭窄在26%~50%,Ⅲ级,狭窄在51%~75%,Ⅳ级,管腔狭窄在76%以上。

二、冠状动脉粥样硬化性心脏病 Coronary Atherosclerotic Heart Disease

冠状动脉粥样硬化性心脏病,简称冠状动脉性心脏病或冠心病(coronary heart disease,CHD)。CHD是指由于冠状动脉粥样硬化,导致心肌缺血、缺氧而引起的心脏病,故又称缺血性心脏病(ischemic heart disease,IHD)。广义的CHD除冠状动脉粥样硬化外,炎症、痉挛、栓塞等冠状动脉病变也可引起急性或慢性缺血性心脏病,但绝大多数CHD(95%~99%)是由冠状动脉粥样硬化所引起。

(一)原因 Causes

1. 冠状动脉供血不足 Coronary insufficiency of blood 由于粥样斑块导致管腔狭窄(>50%),加之继发性复合性病变和冠状动脉痉挛,使冠状动脉灌注期血量下降。

2. 心肌耗氧量剧增 Dramatic increase of myocardial oxygen consumption 因血压骤升、情绪激动、体力劳累、心动过速等导致心肌负荷增加,冠状动脉相对供血不足。

(二)类型 Types

根据心肌缺血(myocardial ischemia)的轻重和缓急,心肌损伤(myocardial injure)的程度以及侧支循环(collateral circulation)建立等情况,冠心病在临床上可表现为心绞痛、心肌梗死、心肌硬化和冠状动脉性猝死。

1. 心绞痛 Angina pectoris

(1)概念 Concept:心绞痛是由于心肌急性、短暂性缺血、缺氧所造成的以胸骨后疼痛为特点的临床综合征。

(2)临床表现 Clinical manifestations:阵发性胸骨后、心前区疼痛或紧迫感,疼痛常放射到左肩和左臂。

(3)原因和机制 Causes and mechanism:心绞痛的发生是在冠状动脉粥样硬化基础上,由于体力活动、情绪激动、寒冷、暴饮暴食等因素引起冠状动脉痉挛,心肌缺血缺氧,酸性代谢产物或多肽类物质堆积刺激心脏局部的感觉神经末梢,信号经1~5胸交感神经节和相应脊髓段传至大脑,产生痛觉。所以心绞痛是心肌缺血所引起的反射性症状。

(4)后果 Consequences:心绞痛一般历时短暂,持续数分钟,用硝酸酯制剂或稍休息后症状可缓解。心绞痛发作后心肌的代谢和功能可恢复正常。但如果反复发作,心肌也可发生灶状坏死。

2. 心肌梗死 Myocardial infarction(MI)

(1)概念 Concept:MI是由于严重而持续的缺血缺氧所引起的较大范围的心肌坏死。临床上有剧烈而持久的胸骨后疼痛,用硝酸酯制剂或稍休息后症状不能缓解,可并发心律失常、休克和心力衰竭。多发生于老年人。

(2)原因 Cause:①冠状动脉粥样硬化并发血栓形成。②冠状动脉持续痉挛。③在冠状动脉粥样硬化基础上,心脏过度负荷。上述原因均可导致心肌供血不足,甚至阻断,引起MI。

(3)好发部位和范围 Predilection sites and Scope:MI的部位和范围与病变血管的供血区域一致。MI多发生在左心室,其中左心室前壁、心尖部及室间隔前2/3约占全部MI的50%,该区正是左前降支供血区;约25%的MI发生在左心室后壁、室间隔后1/3及右心室;发生在左心室侧壁的梗死较少见。虽然上述是梗死常见和典型的范围,但冠状动脉阻塞的部位和梗死的部位并不常常保持一致。

大多数MI累及心室壁2/3或全层,称为透壁性MI(transmural infarct),是典型心肌梗死的类型,病灶较大,(最大直径>2.5cm)。MI的部位与闭塞的冠状动脉分支供血区一致。少数病例仅累及心室壁内侧1/3的心肌(可波及肉柱和乳头肌),常表现为多发性、小灶性坏死(直径约0.5~1.5cm),称为心内膜下MI(subendocardial infarct)。梗死灶分布常不限于某支冠状动脉的供血范围,而是呈地图状或岛屿状不规则地分布于左心室四周。严重时病灶扩大融合可累及整个心内膜下心肌,引起环状梗死(circumferential infarct)。

(4)病理变化 Pathological changes:MI属于贫血性梗死(anemic infarction),形态表现与患者发病后存活的时间有关。一般在MI 6h后肉眼才能辨认。

肉眼观:6h后梗死心肌呈苍白色,梗死灶形状不规则。8~9h呈土黄色,较干燥,失去光泽。4天后梗死灶呈灰白色,周边出现充血出血带。2~3周后由于肉芽组织取代之而呈红色。5周后逐渐形成瘢痕而呈灰白色,质较硬(图6-4)。

光镜下:MI属凝固性坏死(coagulation necrosis),梗死灶内心肌细胞变性、坏死,肌原纤维及细胞核溶解消失。梗死灶边缘可见充血、出血及中性白细胞浸润。4天后梗死灶周围出现充血出血带。7~14天边缘出现肉芽组织,或肉芽组织向梗死灶内生长,呈红色。3周后肉芽组织机化逐渐形成疤痕组织(图6-5,图6-6)。

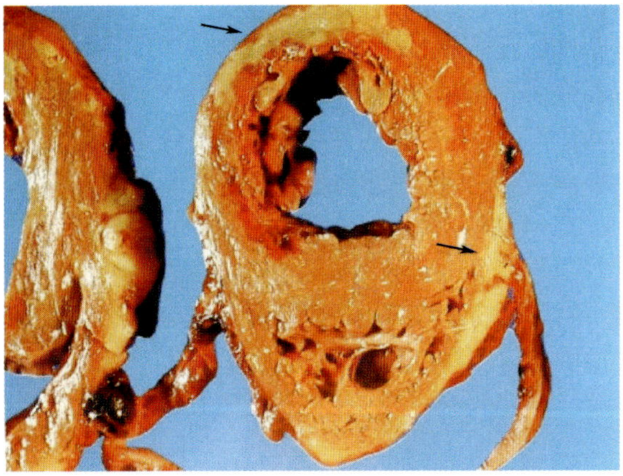

图6-4 心肌梗死 Myocardial infarction
冠状动脉闭塞后10天可见坏死心肌黄色软化,被薄层的红褐色充血带包绕(箭头所示)Yellow softening and discoloration of dead myocardium surrounded by thin rim of red brown vascularized margin (arrows) are seen in 10 days after coronary occlusion

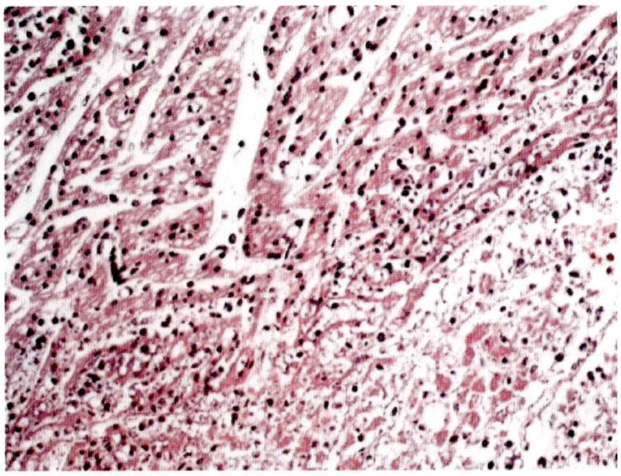

图6-5 心肌梗死 Myocardial infarction
图片右下部为坏死心肌细胞。核碎裂,胞质凝固、颗粒样 The right inferior part of the photograph show necrotic cardiac muscle cells. The nuclei have fragmented and the cytoplasm is coagulated and granular

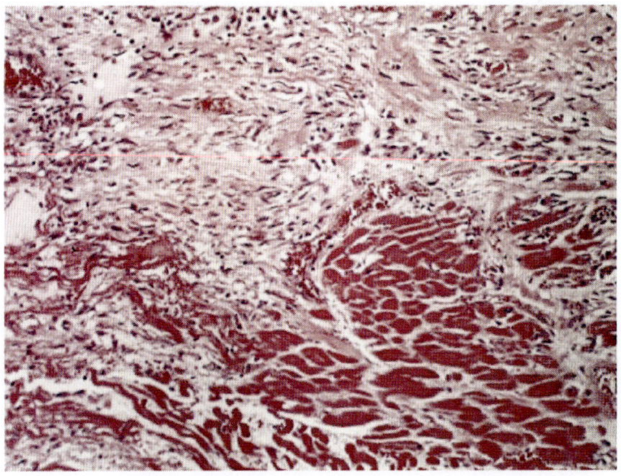

图6-6 心肌梗死和纤维化 Myocardial infarction and fibrosis
心肌梗死机化阶段示心肌细胞消失,成纤维细胞增生 Organizing stage of myocardial infarction reveals disappearance of muscle cells and proliferation of fibroblasts

Transmural infarct

Infarction of full thickness of ventricular wall is greater than 2.5 cm in transverse diameter. Usually caused by severe coronary atherosclerosis, an acute plaque change(ulceration, fissure), and superimposed thrombosis.

(5) 生化改变 Biochemical change:MI 1h后细胞膜的通透性增高,钠(sodium)和钙(calcium)离子移入,钾(potassium)离子溢出。约2~3h后,细胞内部的各种酶活性逐渐降低直至消失,而血清中的某些酶浓度先后增高,以后下降再恢复正常,如肌酸磷酸激酶(creatine phosphokinase,CPK)、谷氨酸-草酰乙酸转氨酶(谷草转氨酶,glutamatic-oxaloacetic transaminase,GOT)及乳酸脱氢酶(lactate dehydrogenase,LDH)等。故在一定时间内检查血清酶活性有助于对MI的诊断,尤以CPK和LDH意义最大。由于MI早期可引起心肌细胞肌红蛋白(myoglobin)丢失,释放入血并经尿液排出,因此急性MI病人较早地出现血液和尿液中肌红蛋白增高。

(6) 合并症及后果 Complications and Consequences:MI,尤其是透壁性梗死,可合并下列并发症。

1) 心律失常 Arrhythmias:因传导系统受累及MI所致的电生理紊乱而引起。

2) 心力衰竭 Heart failure:梗死的心肌收缩力显著减弱以至丧失,可导致不同程度的心力衰竭。

3) 心源性休克 Cardiogenic shock:梗死面积大于40%时,心肌收缩力极度减弱,心输出量显著下降,可发生心源性休克。

4) 附壁血栓形成 Mural thrombus:由于梗死区心内膜粗糙或室壁瘤处出现涡流等原因,为血栓形成提供了条件。血栓可发生机化,或脱落引起体循环动脉栓塞(图6-7)。

5) 室壁瘤 Ventricular aneurysm:可发生于MI的急性期,更常见于愈合期。梗死区坏死组织或瘢痕组织在心室内血液压力作用下,局部向外膨出而成(图6-8)。室壁瘤可继发血栓形成或破裂。

6) 心脏破裂 Myocardial rupture:较少见,多发生于MI后1~2周内,主要由于梗死灶及周围中性白细胞释出蛋白水解酶(proteinase),使梗死灶心肌软化(cardiomalacia)所致。患者可发生猝死。

7) MI后综合征 Myocardial infarction syndrome:发生于MI后数周或数月内,表现为心包炎(pericarditis),胸膜炎(Pleurisy)或肺炎(pneumonia)。其发生可能与机体对坏死物质发生过敏反应有关。

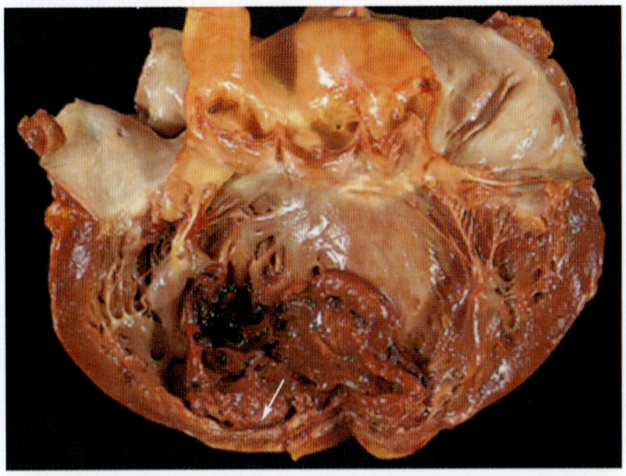

图 6-7 陈旧性心肌梗死合并附壁血栓 Old myocardial infarction and mural thrombus

由于陈旧性心肌梗死，心肌变薄，左室间隔见内膜硬化。并可见一附壁血栓（箭头所示）Myocardial thinning due to old infarction and endocardial sclerosis of left ventricular septal surface are seen. A mural thrombus (arrow) is associated

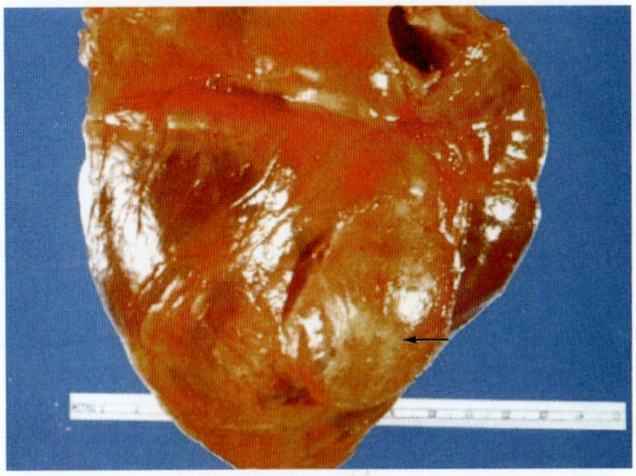

图 6-8 陈旧性心肌梗死合并左室壁瘤 Left ventricular aneurysm in old myocardial infarction

左室后壁见一突出的卵圆形憩室（箭头所示），周围心肌纤维化 Ovoid diverticular protrusion (arrow) in left ventricular posterior wall and surrounding myocardial fibrosis are seen

3. 心肌纤维化（硬化）Myocardial fibrosis（sclerosis） 中～重度的冠状动脉粥样硬化时，动脉管腔狭窄，心肌长期缺血缺氧，引起心肌萎缩，核固缩，心内膜下心肌细胞弥漫性空泡变，间质纤维组织增生，有多灶性陈旧性 MI 灶和瘢痕。如果病变广泛，可以出现心脏体积增大，重量增加，所有心腔扩张（dilatation），以左心室明显，心室壁厚度一般可正常。心肌纤维化会导致慢性心功能不全（chronic cardiac insufficiency）。

4. 冠状动脉性猝死 Sudden coronary death（SCD） 猝死是指自然发生的、出乎意料的突然死亡。

SCD 是心源性猝死中最常见的一种，可发生于某种诱因后，如饮酒、劳累、吸烟或运动后，患者突然昏倒，四肢抽搐、小便失禁，或突然发生呼吸困难、口吐白沫、迅速昏迷。可立即死亡或在 1 至数小时后死亡。有的病例死于夜间睡眠中。

SCD 多见于 40～50 岁的成年人，男性比女性多 3.9 倍。

尸体解剖最常见的是冠状动脉粥样硬化，常有 1 支以上的冠状动脉呈中至重度狭窄，部分病例有继发病变，如血栓形成或斑块内出血。或有致心律失常的基础性疾病，如心室疤痕或左心功能不全。而有的病例冠状动脉粥样硬化病变较轻，无其他致死性疾病病变发现，推测与合并冠状动脉痉挛有关。

第三节 高血压病
Hypertension

高血压病是一种原因未明的以体循环动脉血压持续性升高为主要临床表现的常见慢性病，多见于中、老年人。病变主要累及全身细小动脉，常引起脑、心、肾等重要脏器病变，并伴有相应的临床表现。高血压病是 AS、充血性心力衰竭和肾衰竭的主要危险因素，严重者可因脑出血、心力衰竭和肾衰竭而死亡。

正常人的血压在不同生理状态下有一定幅度的波动，且随年龄的增长而增高，但舒张压比较稳定。我国目前采用高血压防治指南（2005 年）制订的高血压诊断标准和分级，即 18 岁以上成年人，在未使用降压药物的情况下，非同日测量血压 2～3 次，收缩压≥140mmHg（18.4kPa）和/或舒张压≥90mmHg（12.0 kPa）；根据血压升高水平，又进一步将高血压分为 1 级，2 级和 3 级（表 6-1），当收缩压和舒张压分属于不同级别时，以较高的分级为准；收缩压≥140mmHg 和舒张压<90mmHg 为单纯性收缩期高血压。

表 6-1 高血压诊断标准和分级（1mmHg＝0.133kPa）
Diagnostic standard and grade of hypertension

血压分类	收缩压（mmHg）	舒张压（mmHg）
理想血压	<120	<80
正常血压	<130	<85
正常高值	130～139	85～89
亚组：临界高血压	140～149	90～94
1 级高血压（"轻度"）	140～159	90～99
2 级高血压（"中度"）	160～179	100～109
3 级高血压（"重度"）	≥180	≥110
单纯收缩性高血压	≥140	<90
亚组：临界收缩性高血压	140～149	<90

1mmHg＝0.133kPa

高血压可分为原发性高血压(primary hypertension),又称为特发性高血压(essential hypertension)和继发性高血压(secondary hypertension),又称为症状性高血压(symptomatic hypertension)以及一些特殊类型的高血压。

原发性高血压又称为高血压病(hypertensive disease),是指没有明确的器质性疾病为原因的独立性全身性疾病。临床上必须排除由其他疾病引起的高血压后,才能诊断为高血压病。原发性高血压病约占高血压总数的90%~95%。

继发性高血压 是指某些疾病伴有血压升高的现象,是疾病的体征之一。如慢性肾小球肾炎、慢性肾盂肾炎、肾动脉狭窄、垂体和肾上腺肿瘤等。继发性高血压仅占5%~10%。

Cases of high blood pressure commonly are divided into primary (essential) and secondary (symptomatic) types. The less common secondary type is a result of renal disease (such as chronic pyelonephritis and glomerulonephritis), renal artery stenosis, cerebral or cardiac vascular disease, or endocrine lesions, such as an adrenal or pituitary tumor.

Primary (essential) hypertension has been divided into chronic ("benign") and accelerated ("malignant") clinical types. Hyaline arterioloscleroses is the typical vascular lesion is the benign form. The malignant form is characterized by hyperplastic arterioloscleroses, and necrotizing arteriolitis seen as concertric laminated (onion skin) arteriolar thickening with reduplicated basement membrane and smooth muscle proliferation-frequently associated with fibrin deposition and wall necrosis.

一、病因和发病机制 Etiology and Pathogenesis

高血压病的病因和发病机制尚未阐明。一般认为是综合因素共同作用的结果。

(一)重要危险因素 Important dangerous factors

1. 遗传因素 Genetic factor 高血压病明显的家族聚集性以及对单卵和双卵双胎的研究显示,遗传因素在高血压发生中起重要作用。双亲都无高血压、父母一方有高血压、双亲都患高血压,其子女高血压发生几率分别为3%,28%和46%。高血压病被认为是一多基因疾病,常有一种以上与血压调节有关的基因异常,这些基因的突变、缺失、重排和表达水平差异,可能是导致高血压的基础。大多数高血压的易感基因还不清楚,但是可能包括调节肾脏钠的排出,增压物质及血管平滑肌细胞生长的基因。目前已发现高血压与血管紧张素原位点多态性和血管紧张素Ⅱ受体的变异有关;肾素-血管紧张素系统基因的多态性可能与血压调节的种族差异有关。

2. 膳食因素 Dietary factor 钠盐(氯化钠)摄入量与血压水平和高血压患病率呈正相关,而钾盐摄入量与血压水平呈负相关。膳食钠钾比值与血压的相关性甚至更强。膳食中高钠能使血容量增加,血压升高。钾能促进排钠,多吃蔬菜可以增加钾的摄入量,钾摄入减少可使 Na^+/K^+ 比例升高,促进高血压发生。多数人认为膳食低钙是高血压的危险因素,钙可以减轻钠的升压作用,研究显示,膳食中钙的增加使有些病人的血压降低。

3. 社会心理因素 Social psychic factor 不同职业高血压病发病率有显著差异,如长期精神紧张、注意力高度集中而又缺乏体力活动的职业者发病率较高。长期不良情绪(如忧郁、恐惧、悲伤等)者高血压患病率也较高。

4. 神经内分泌因素 Neuroendocrine factor 体内的肾上腺素、去甲肾上腺素、肾上腺皮质激素以及前列腺素等内分泌激素分泌增加均可引起血压升高。

5. 其他危险因素 Other dangerous factors 高血压发病的其他危险因素包括年龄、缺乏体力活动、超重及腹型肥胖、吸烟和饮酒过量等。人群中体重指数($BMI:kg/m^2$)与血压水平呈正相关,身体脂肪的分布与高血压发生也有关,腹部脂肪聚集越多,血压水平就越高(中国人正常的体重指数为19~24,≥24超重,≥28肥胖)。人群高血压患病率随饮酒量增加而升高,可能与血中儿茶酚胺类和促皮质激素水平增高有关。

(二)发病机制 Pathogenesis

高血压病的发病机制仍然不清楚,目前认为高血压是遗传、神经内分泌、体液和环境等多因素相互作用的结果,但钠水潴留和外周阻力增加可能是高血压病发生的关键(图6-9)。从生理学角度看,决定动脉血压的因素主要是心输出量和外周阻力,前者取决于心肌收缩力和血容量,后者取决于全身细、小动脉的舒缩状态。因此,凡能增强心肌收缩力、增加血容量,特别是能引起全身细、小动脉收缩的各种因素,均能发生高血压。

1. 钠水潴留 salt and water retention 高血压遗传因素如肾素-血管紧张素系统的多态性等致肾脏钠排出减少;丘脑-垂体-肾上腺活动增强,肾上腺皮质分泌醛固酮增多而使肾脏排钠减少以及钠盐敏感人群膳食中钠摄入过多等因素,均可使钠水潴留,以致血容量增加,心脏输出量增加,血压随之升高。

2. 外周阻力增加 total peripheral resistance increase 包括功能性细小动脉收缩,致管径变小以及细小动脉管壁重构，主要是 SMC 肥大增生，胶原纤维和基质增多，使血管壁增厚变硬，管腔狭窄。以上均导致外周阻力增加，血压随之升高。

（1）功能性细小动脉收缩 functional arteriolae constriction：凡能引起血管收缩物质（如肾素、去甲肾上腺素和内皮素等）增多的因素都可通过这种方式引起血压升高。精神心理上的长期过度紧张、焦虑、烦躁等，可致大脑皮质高级中枢功能失调，对皮质下中枢调控能力减弱以致丧失，其中的血管舒缩中枢产生以收缩为主的冲动，交感神经节后纤维分泌的去甲肾上腺素增多，作用于细小动脉平滑肌 α 受体，引起细小动脉收缩或痉挛，使血压升高，另外，细小动脉收缩，引起肾缺血，刺激球旁装置 ε 细胞分泌肾素，通过肾素-血管紧张素-醛固酮（renin-angiotensin-aldosterone system）系统直接引起细小动脉强烈收缩，使血压升高。

细小动脉的收缩，还可因血管平滑肌细胞对血管收缩物质敏感性的增加而引起，如平滑肌细胞对 Na^+、Ca^{2+} 跨膜转运的遗传缺陷，可致细胞内 Ca^{2+} 增多，增加平滑肌细胞对血管收缩物质的敏感性，使血压升高。

血管紧张素Ⅱ，除使收缩血管增加外周阻力外，还能刺激肾上腺皮质分泌醛固酮，进而引起钠水潴留、增加血容量，使血压升高。

此外，钠水潴留时外周血管会随心输出量增加而发生收缩，以防止心输出量无限增加而导致的组织过度灌注，但是随血管收缩，外周阻力增加，血压也相应升高。

（2）血管重构 vascular remodeling（VR）：VR 是指血管结构任何形式的病变。一般来说，细小动脉重构常继发于长期或过度的血管收缩，使血管壁平滑肌细胞增生、肥大，管壁肥厚，管腔缩窄，以致血压持续或永久性升高。但也有证据表明，有些 VR 发生在高血压病早期，先于血管的持续收缩，这可能是由于遗传缺陷或环境因素的诱导，使 SMC 内的信号转导发生变化，可能促进 SMC 的生长，并增加了血管的张力，分别导致血管壁肥厚和血管收缩。血管收缩因子也具有生长因子作用，引起血管 SMC 的肥大、增生和基质的沉积，从而使血管壁增厚，血压升高。

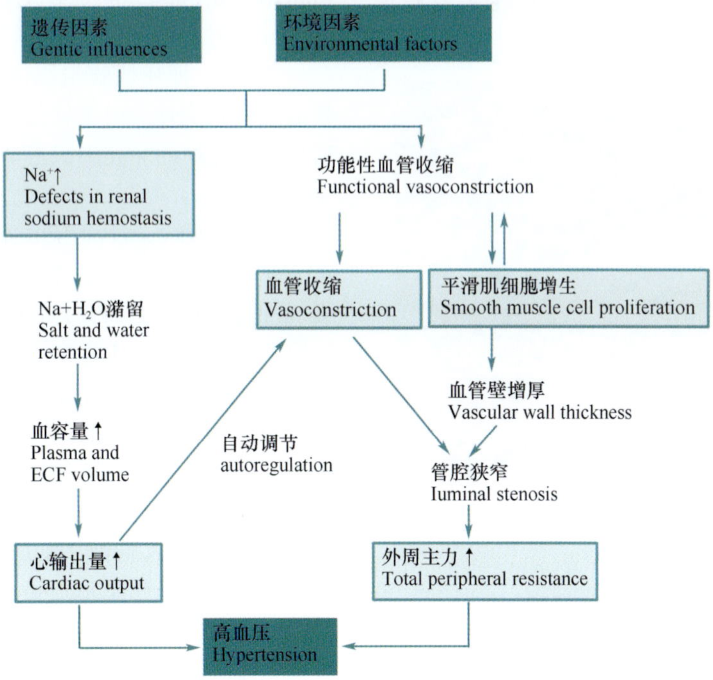

图 6-9　高血压发病机制示意图 Hypothetical scheme for the pathogenesis of essential hypertension

二、类型和病理变化

Type and Pathologic Change

高血压病可分为良性高血压病和恶性高血压病两类。病变主要累及全身细小动脉（即血管口径<1mm 的动脉）。由于细小动脉的病变常引起心、脑、肾及眼底的病变。

（一）良性高血压病 Benign hypertension

良性高血压病又称缓进型高血压病，约占高血压的 95%，多发生在中年以后，病程经过缓慢，早期无明显症状，往往在体检时被发现。病变开始表现为全身细小动脉痉挛，血压间断性升高并处于波动状态。此后，血压持续性升高并出现多个脏器的继发性病变。晚期可因脑、心、肾等脏器衰竭而死亡。

按病变的发展过程将本病分为三期：

1. 机能紊乱期 Functional disorder stage 为高血压病早期阶段，全身细小动脉间歇性痉挛收缩，管腔缩小，外周阻力增加，而使血压升高。本期动脉血管本身无器质性病变，痉挛解除后血压可恢复正常。临床上患者血压升高，但常有波动，可伴有头痛、头晕症状。经适当的休息和治疗后，血压可恢复正常。

2. 动脉病变期 Arteriosis stage 长期的细小动脉痉挛和血压持续升高，逐渐发生细小动脉硬化。

（1）细动脉硬化 Arteriolosclerosis：细动脉硬化是高血压病最主要的病变特征，表现为细动脉玻璃样变性（hyaline degeneration），见于血管壁中膜仅由1～2层SMC构成、管径<0.3mm的细动脉，如肾小球入球动脉、脾小体的中央动脉及视网膜小动脉等。由于长期细动脉痉挛，管壁缺氧，内皮细胞间隙扩大，血浆蛋白（plasma protien）渗入内皮下间隙，甚至渗入中膜，与内皮细胞和SMC产生的细胞外基质混合，SMC凋亡，最终细动脉壁结构消失，玻璃样变，形成细动脉硬化。严重时细动脉壁明显增厚、变硬、管腔狭窄，甚至闭塞。

光镜下：细动脉壁增厚、均匀红染无结构，管腔狭窄甚至闭塞（图6-10）。

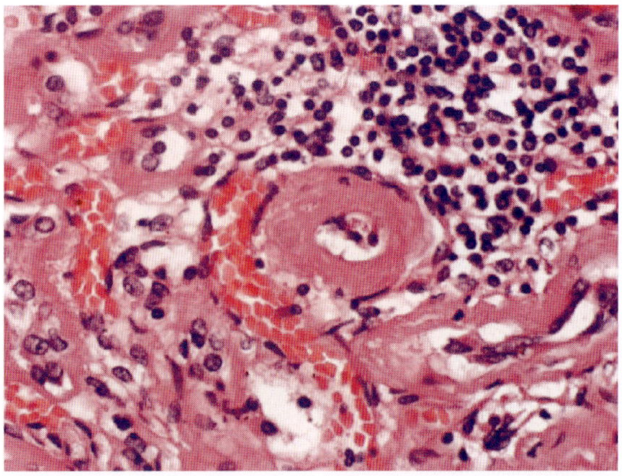

图6-10 细动脉硬化 Arteriolosclerosis
细动脉管壁玻璃样变，管腔狭窄 The arteriolar wall is hyalinized, and the lumen is markedly narrowed

（2）小动脉硬化 Small artoriae sclerosis：主要累及肌型小动脉，如肾弓形动脉、小叶间动脉和脑内小动脉。

光镜下：肌型小动脉内膜SMC、胶原及弹性纤维增生、内弹力膜分裂、分层，致内膜增厚。中膜SMC肥大、增生，不同程度的胶原纤维、弹性纤维增生，致中膜增厚。上述病变致小动脉壁增厚、变硬，弹性减弱，管腔狭窄。

（3）大动脉硬化 Aorta sclerosis：主动脉及其主要分支等血管，可伴发动脉粥样硬化或无明显病变。

此期患者血压进一步升高，失去波动性，休息后也不易降为正常，常需服用降压药。随着细小动脉的硬化，高血压不断加重，内脏发生继发性病变。

3. 内脏病变期 Visceral lesions stage 最重要的是脑、心、肾和视网膜的病变。

（1）脑的病变 Brain lesions：由于脑细小动脉的痉挛和硬化，脑可出现一系列病变，主要有脑水肿、脑软化和脑出血。

1）脑水肿（brain edema）：由于脑内细小动脉的硬化和痉挛，局部组织缺血，毛细血管通透性增加，以致发生脑水肿，严重时临床表现以高血压脑病（hypertensive cerebropathy）的症状与体征为特点，患者头痛、头晕、眼花、呕吐、视力障碍等症状。有时血压急剧升高，患者表现为剧烈头痛、意识障碍、精神错乱，甚至昏迷、局灶性或全身性抽搐，称为高血压危象（hypertensive crisis）。

2）脑软化（encephalomalacia）：脑细小动脉硬化伴有痉挛时，局部脑组织缺血、坏死，出现多数小坏死灶，即微梗死灶（腔隙性梗死）。严重病例细小动脉壁可发生纤维素样坏死，并发血栓形成和微动脉瘤（microaneurysm），常发生在壳核、尾状核、丘脑、桥脑、小脑等处。

光镜下：梗死灶脑组织液化性坏死，形成质地疏松的筛网状病灶。由于软化灶较小，一般不引起严重后果。软化灶的坏死组织逐渐被吸收，由胶质细胞增生修复。

3）脑出血（cerebral hemorrhage）：脑出血是高血压病最重要的合并症，也是最常见的死因。出血多见于内囊、基底节，其次为大脑白质、桥脑和小脑。出血灶内脑组织完全被破坏，形成囊腔，其内充满坏死的脑组织和凝血块。出血范围大时，可破入侧脑室（图6-11）。

高血压病脑出血的原因可归纳为三种情况：当脑内小动脉痉挛时，局部脑组织缺血、缺氧，细小动脉通透性增加，同时管腔内血液的压力高，而引起漏出性出血；高血压病人脑细小动脉本身变硬、变脆或血管壁弹性减弱向外膨出形成微小动脉瘤。当血压突然升高时，血管壁或微小动脉瘤可破裂出血；大脑出血多发生在基底节、丘脑和内囊部，是因为供应该区域的豆纹动脉从大脑中动脉呈直角分支，而且比较细，受大脑中动脉压力较高的血流直接冲击和牵引，易使已有病变的豆纹动脉破裂出血。

脑出血的后果主要取决于出血的量和出血部位：较大量出血时，患者常突然昏迷、呼吸加深、脉搏加快，出现陈-施（Cheyne-Stockes）呼吸、瞳孔反射及肌腱反射消失、大小便失禁等症状和体征。内囊部出血时，可引起对侧肢体偏瘫及感觉消失。出血破入侧脑室时，患者迅速昏迷，常导致死亡。左侧脑出血常引起失语。脑桥出血可引起同侧面瘫及对侧肢体偏瘫。脑出血可因血肿占位和脑水肿引起颅内高压，严重时可形成脑疝，临床上出现相应症状。小的出血灶可被吸收，由胶质瘢痕修复，较大的出血灶周围由胶质瘢痕包裹。

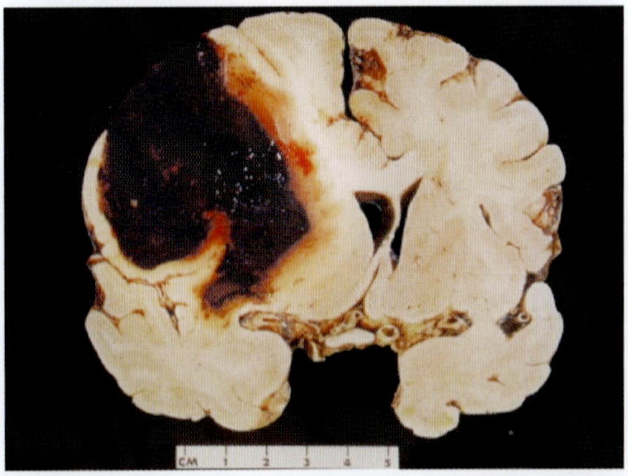

图 6-11　高血压脑出血 Hypertensive cerebral hemorrhage
从左侧壳核区发生的脑出血扩展到周围脑白质，形成一巨大血肿 A fresh hemorrhage started from putamen in the left side and extended into the surround cerebral white matter, forming a large hematoma

（2）心脏病变 Heart lesions：长期高血压引起的心脏病变称为高血压性心脏病（hypertensive heart disease），其主要病变是左心室肥大。由于细小动脉硬化，外周阻力增加，左心室负荷增大，久之发生代偿性肥大（compensatory hypertrophy）。

肉眼观：心脏体积增大，重量增加，可达 400g 以上（正常男性约 260g，女性约 250g），甚至 900～1000g。左心室壁肥厚，可达 1.5～2.0cm（正常<0.1cm），左心室肉柱和乳头肌增粗，心腔不扩张，甚至缩小，称为向心性肥大（concentric hypertrophy）（图 6-12）。

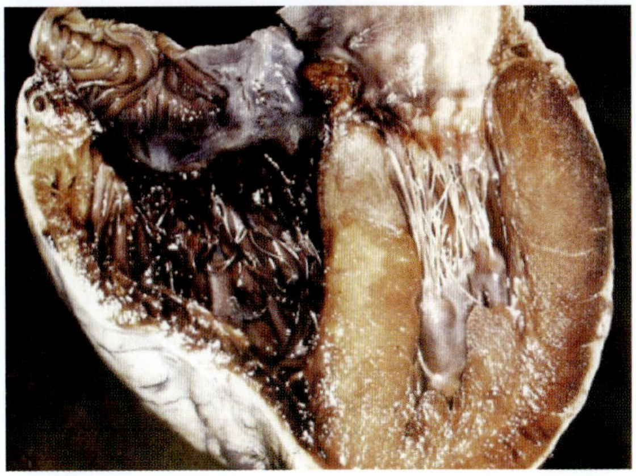

图 6-12　向心性肥大 Concentric hypertrophy
左室壁显著增厚。对左室超负荷的代偿导致室壁增厚（肥大），而失代偿导致心室扩张。Left ventricular wall is markedly thickened. Compensated overload of ventricle results in thickening of the wall (hypertrophy), whereas de-compensation results in ventricular dilatation

光镜下：心肌纤维增宽、变长、分支较多。核肥大、形状不规则、深染。肥厚的左心室负荷继续增加，超过其代偿能力而逐渐发生代偿失调。此时心肌收缩力降低，逐渐出现心腔扩张，称为离心性肥大（eccentric hypertrophy）。肉眼可见心脏体积大，左心腔扩张，室壁相对变薄，肉柱和乳头肌扁平。

临床上，在左心室代偿期，可以没有明显的症状，心电图及影像学检查可以发现左心室肥大；左心失代偿时发生左心衰竭（left heart failure），出现急性肺淤血和水肿，患者可感心悸、呼吸困难、发绀，最后可导致右心衰竭而出现全身淤血、水肿。

（3）肾脏病变 Kidney lesions：表现为原发性颗粒性固缩肾（primary granular atrophy of the kidney）、或称原发性固缩肾（primarily contracted kidney）、细动脉性肾硬化（arteriolar nephrosclerosis）。

肉眼观：为双侧对称性、弥漫性的病变。肾脏体积缩小，重量减轻，单侧肾可<100 g（正常成人约 150 g），质地变硬，表面满布红色细颗粒（图 6-13）。切面见肾皮质变薄，一般<0.2cm（正常为 0.3～0.6cm），皮、髓质分界不清，叶间动脉和弓形动脉管壁增厚，管腔哆开。

光镜下：肾细、小动脉硬化，管壁增厚、管腔狭窄。相应的肾小球发生纤维化和玻璃样变，肾小管因缺血而萎缩、消失。肾间质结缔组织增生，淋巴细胞浸润。病变明显区肾实质萎缩，结缔组织增生、收缩使肾表面凹陷；病变轻微区的肾小球发生代偿性肥大、肾小管扩张，此区向肾表面凸起。因萎缩与代偿区弥漫性交杂分布，形成肉眼所见的细颗粒状（图 6-14）。

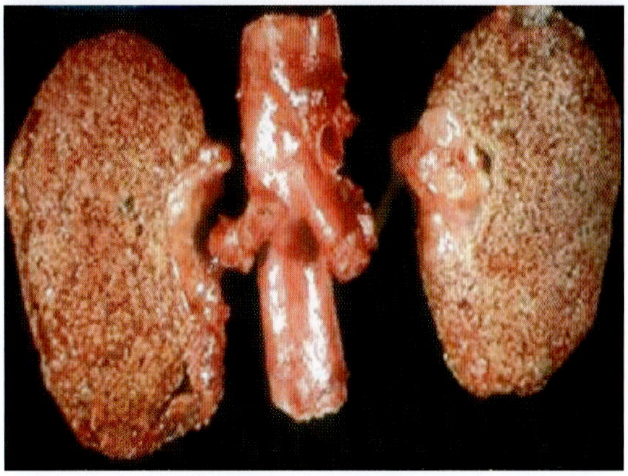

图 6-13　原发性固缩肾 Primary contracted kidney
肾包膜不易剥离，表面呈现细颗粒和瘢痕样外观。皮质内常出现小的潴留囊肿 In the kidney, the capsules are adherent, and the outer surface of the kidneys present a finely granular and scarred appearance. Tiny retention cysts are often presentin the cortex

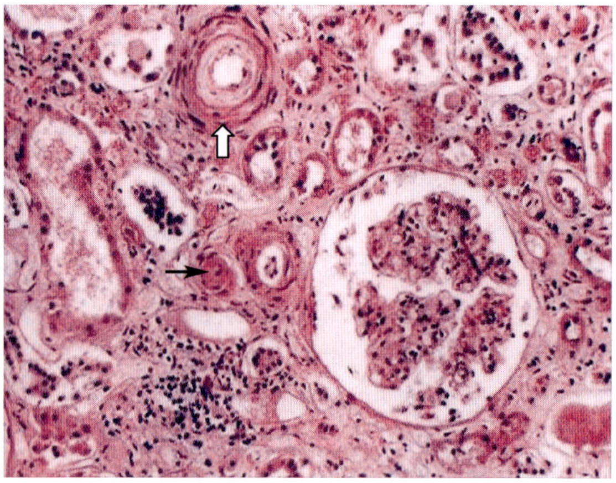

图 6-14 高血压性肾硬化 Hypertensive nephrosclerosis
肾细小动脉硬化，玻璃样变性，较大的血管，如叶间动脉，表现为层状嗜酸性内膜增厚，主要是内弹力膜的增生(箭头所示) A sclerosis of small arteries and arterioles. hyaline arteriolar sclerosis, which involves particularly the afferent arterioles, larger vessels, particularly the intralobular arteries, may show a laminated, eosinophilic intimal thickening, often with a prominent, thickened and reduplicated internal elastic lamina(arrow)

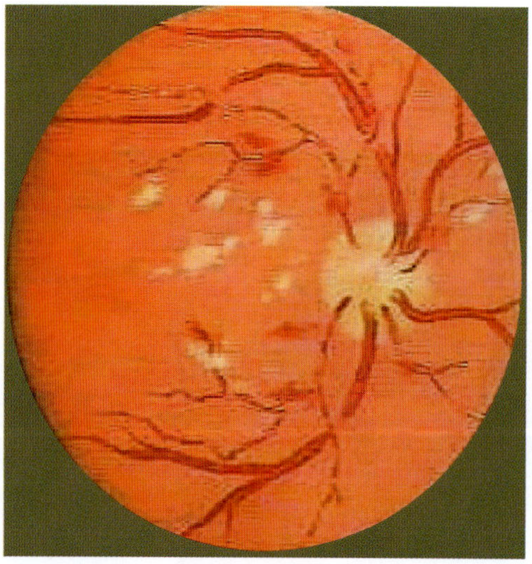

图 6-15 高血压患者的眼底检查 Ocular fundus from a patient with hypertension
视网膜血管的病变显著有明显的小动脉狭窄、出血、渗出和视盘水肿 Retinal vascular changes are prominent, and there is evidence of arteriolar narrowing, hemorrage, exudate and papilloedema

临床上，病变早期可以不出现明显症状。晚期，由于大量的肾单位受损，肾血流量减少，肾小球滤过率逐渐降低而出现肾功能不全。患者可出现蛋白尿(proteinuria)、管型尿(cylindruria)和肾功能障碍的表现。严重者可以出现尿毒症(uremia)，甚至导致死亡。

Primary contracted kidney

The capsules are adherent, and the outer surfaces of the kidneys present a finely granular and scarred appearance. Tiny retention cysts are often present in the cortex. With such changes call as primarily contracted kidney. Microscopicall, the essential lesion in benign hypertension is a sclerosis of small arteries and arterioles. Hyaline arteriolar sclerosis, which involves particularly the afferent arterioles, is a hyalinization and decreased cellularity of the wall, with a variable reduction in the size of the lumen. Larger vessels, particularly the intralobular arteries, may show a laminated, eosinophilic intimal thickening, often with a prominent, thickened and reduplicated internal elastic lamina.

(4) 视网膜病变 Retinopathy：眼底镜检查：病变早期见视网膜中央动脉痉挛；中期见血管迂曲，变细而苍白，反光增强，有动、静脉交叉压迫现象；晚期或严重者视乳头水肿，视网膜渗出和出血(图 6-15)，患者视物模糊。临床上，通过观察视网膜的病变可以间接评价脑血管的病变。

(二) 恶性高血压病 Malignant hypertension

恶性高血压病又称急进型高血压病(accelerated hypertension)，较少见。可由良性高血压病恶化而来，也可起病即为急进型。病理特征主要表现为坏死性细动脉炎(necrotizing arteriolitis)和增生性小动脉硬化(hyperplastic arteriolosclerosis)。坏死性细动脉炎病变累及动脉内膜和中膜，管壁纤维素样坏死呈伊红深染具有折光性。免疫组化检查，纤维素样坏死灶内含大量纤维蛋白(fibrin)、免疫球蛋白(immunogrobin)和补体成分(complement)。入球小动脉坏死常波及肾小球，使肾小球毛细血管丛发生节段性坏死(segmental necrosis)。增生性小动脉硬化主要表现为动脉内膜SMC增生，胶原纤维增多，并呈向心性排列，血管壁呈层状洋葱皮样(onion peel)增厚，管腔狭窄(图 6-16)。

全身各器官血管均可受累，但以肾小球入球小动脉和脑的细小动脉病变尤为严重。在肾脏，细、小动脉病变还常并发血栓形成，可引起出血及微梗死。脑的血管病变常造成局部缺血、微梗死和脑出血。

临床上，患者多为青少年，血压显著升高，舒张压通常很高，常持续在 130~140mmHg(17.3~18.6kPa)或更高。可发生高血压脑病，常有持续性蛋白尿(proteinuria)、血尿(hematuria)和管型尿(tubularuria)。病变进展迅速，预后差，较早出现肾衰竭，多数患者于 1 年内死于尿毒症(uremia)。

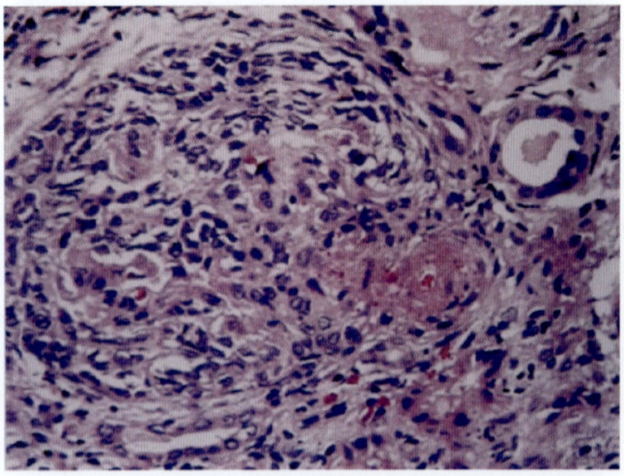

图 6-16 恶性高血压肾硬化 Malignant hypertensive nephrosclerosis
可见纤维素样坏死伴上皮增生，肾小球消失 Note fibrinoid necrotizing with epithelial proliferation and obliteration of glomerular tuft

第四节 风 湿 病
Rheumatism

风湿病是一种与 A 组 β 溶血性链球菌(group A beta-hemolytic streptococci)感染有关的全身性变态反应性(allergic reaction)疾病。病变主要累及全身结缔组织(connective tissue)，为结缔组织病(connective tissue disease)即胶原病的一种。最常侵犯心脏、关节和血管等处，常形成特征性风湿肉芽肿(rheumatic granuloma)。病变在心脏最严重。急性期称为风湿热(rheumatic fever)，表现为发热、心脏和关节损害、环形红斑(erythema annulare)、皮下小结(subcutaneous nodule)、小舞蹈病(chorea minor)等症状和体征。心电图显示 P-R 间期延长等。血液检查见抗链球菌溶血素 O 滴度升高，血沉加快，白细胞增多。

风湿病常反复发作，急性期过后，常造成轻重不等的心脏病变，特别是心瓣膜的器质性变化，形成慢性心瓣膜病(chronic valvular vitium of the heart)，可影响患者健康，严重者甚至丧失生命。本病以 5~15 岁儿童和少年多见，6~9 岁为发病高峰，男女患病率无差别。心瓣膜变形常出现在青壮年(20~40 岁)。风湿病属于结缔组织病(connective tissue disease)，也称为胶原病(collagen disease)。

Rheumatism is a systemic connective tissue disease post streptococcic, nonsuppurative inflammatory disease, that seriously affects the heart and also involves arteries, joints, ligaments, subcuteneous tissues, and the nervous system. It is usually acquired in childhood.

(一) 病因 Etiology

风湿病的发生与咽喉部 A 组溶血性链球菌感染有关：①发病前 2~3 周常有咽峡炎、扁桃体炎等上呼吸道链球菌感染的病史，并且患者体内与链球菌感染有关的抗体增多。②多发生于冬、春季节(链球菌感染高发季节)及寒冷潮湿地区(咽部链球菌感染好发地区)。③使用抗生素后，不但能预防和治疗咽峡炎、扁桃体炎，而且也明显地减少风湿病的发生和复发。但是风湿病不是链球菌直接所致的感染性炎症，而是变态反应性炎，因为风湿病发病常在链球菌感染后 2~3 周，这恰是机体产生免疫反应需要的时间；病变部位多在心脏、关节和脑等处，而不是在感染部位，风湿病病灶内也查不到致病菌；风湿病不是化脓性炎，而是纤维素样坏死，并且形成肉芽肿性病变，这是变态反应性炎的特点。

(二) 发病机制 Pathogenesis

风湿病的发病机制不十分清楚。一般认为急性风湿热是 A 组链球菌感染产生的抗体在对抗链球菌的同时，也与宿主的抗原产生交叉免疫反应。链球菌在感染局部(如咽峡炎)释放出菌体蛋白，如 M 蛋白、糖蛋白(C 抗原)和溶血素“O”等，这些生物大分子进入血液，刺激机体免疫细胞(B 淋巴细胞、浆细胞)产生相应的抗 M、抗 C 和抗“O”等多种抗体。C 抗体可与结缔组织(如心脏瓣膜及关节等)的糖蛋白结合；而 M 抗体与心脏、血管平滑肌、关节及其他组织中的糖蛋白结合，通过补体的激活和具有 Fc 受体的细胞(包括巨噬细胞)导致组织损伤。识别链球菌多肽的 CD4+ T 细胞也可以与宿主抗原发生交叉反应，引起细胞因子(cytokine)介导的炎症反应。因为仅有少数感染链球菌的患者(估计 3%)发生风湿热，因此遗传易感性可能也影响交叉免疫反应的发展。也有研究显示，多数风湿病患者体内有可对心内膜、心外膜、心肌和血管平滑肌等起反应的自身抗体(autoantibodies)，因此认为链球菌感染可能激发患者对自身抗原的自身免疫反应，引起相应病变。

(三) 基本病理变化 Basic pathological changes

风湿热时，病变可累及全身结缔组织，损害胶原纤维和基质。病变发展过程大致可分为三期：

1. 变质渗出期 Alterative and exudative phase

开始是结缔组织基质发生黏液样变性(mucoid degeneration)，结缔组织基质内蛋白多糖(主要为氨基葡聚糖)增多，胶原纤维肿胀(原纤维间水肿，intermicrofibrillary edema)；继而肿胀的胶原纤维断裂、崩解成无结构的颗粒状物，与基质中的氨基葡聚糖混合在一起，加上免疫球蛋白、有时还有纤维蛋白沉积,致使病灶的染色性状颇似纤维蛋白,因此称为纤维素样坏死(fibrinoid necrosis)。此外,病灶中还有少量浆液和淋巴细胞、个别中性粒细胞和单核细胞浸润。

变质渗出期属早期改变,出现在心脏、浆膜、关节、皮肤等部位。此期病变如发生在浆膜,如心包、胸膜、关节和滑膜,则主要以浆液或浆液纤维素渗出(serous fibrinous exudation)为特征。此期病变可持续1个月。

2. 增生期 Proliferative phase 亦称为肉芽肿期(granulomatous phase)。此期继上期发展而来,在变质渗出的基础上出现巨噬细胞的增生、聚集,巨噬细胞吞噬纤维素样坏死物后形成风湿细胞或称阿少夫细胞(Aschoff cell),并聚集成团形成具有疾病特征性的风湿性肉芽肿,即风湿小体或称阿少夫小体(Aschoff body)(图6-17),对本病具有病理诊断意义。

风湿小体存在于心肌间质,也存在于关节滑膜、肌腱和皮肤等处,典型的风湿小体略呈梭形,在纤维素样坏死灶周围有风湿细胞、少数淋巴细胞、浆细胞和巨噬细胞。风湿细胞体积较大,呈圆形或多边形,胞质丰富,略嗜碱性。核大,单核或多核,核圆形或椭圆形,核膜厚、清晰,染色质集中于核中央并向外周延伸形成许多细丝,核的横切面似枭眼状(owl-eyed),纵切面呈毛虫状。这些增生的细胞被认为来源于心肌的组织细胞(cardiac histiocytes)。此期病变可持续2~3个月。

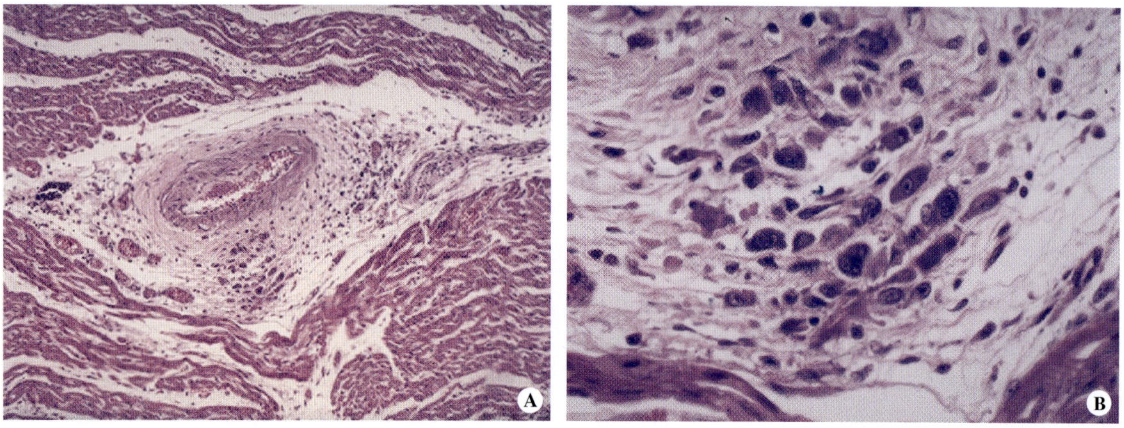

图6-17 心肌间质内的Aschoff小体与Aschoff细胞 Aschoff body and Aschoff cell in the myocardium

A. Aschoff小体位于心肌间质内或小血管旁,呈卵圆形结节;B. Aschoff细胞体积大,卵圆形或不规则,常含多个空泡状核"枭眼样",胞质嗜碱性,颗粒状 A. The Aschoff body is an oval nodule of microscopic size, situated interstitially between muscle fibers and often adjacent to a small blood vessel. B. The Aschoff cells are large, oval or irregular, often have multiple vesicular"owl-eyed" nuclei, and have granular basophilic cytoplasm

Achoff body and Aschoff cells

In rheumatism, proliferation inflammaties form an oval or elongated nodule of microscopic size, situated interstitially between muscle fibers and often adjacent to a small blood vessel. Swelling, degenerations, and fragmentation of collagenous fibers (mucoid degeneration and fibrinoid necrosis), the presence of Aschoff cells are characteristic feature. The Aschoff cells are large, enlongated, and irregular, often have multiple vesicular muclei, and have granular basophilic cytoplasm. These proliferative cells usually are considered to be derived from cardia (Anitschkow) histiocytes or primitive resting mesenchymal cells. Lymphocytes, plasma cell, or even neutrophilic leukocytes also may be present in acute phase.

3. 纤维化期 Fibrous phase 也称愈合期(healed phase) Aschoff小体中的坏死物逐渐被吸收,风湿细胞转变为纤维母细胞(fibroblasts)并产生胶原纤维,使风湿小体逐渐纤维化,最后形成梭形小瘢痕(spindle small scar)。

纤维化期或愈合期是风湿病的晚期病变,反复发生的多灶性纤维增生,最终使病变处组织纤维化、瘢痕形成和硬化。此期病变可持续2~3个月。

风湿病的病程约在4~6个月。由于风湿病病变具有反复发作的性质,在受累的器官和组织中常可见到新旧病变同时并存现象。病变持续反复进展,纤维化和瘢痕可不断形成,破坏组织结构,影响器官功能。

(四)风湿病的各器官病变 Organs lesions relating to rheumatism

1. 风湿性心脏病 Rheumatic heart disease 风湿病时病变常累及心脏各层,包括风湿性心内膜炎、风湿性心肌炎和风湿性心外膜炎(心包炎),如心脏全层受累则称为风湿性全心炎(rheumatic pancarditis)或风湿性心肌炎(rheumatic carditis)。儿童风湿病患者中60%~80%有心肌炎的临床表现。

(1)风湿性心内膜炎 Rheumatic endocarditis:病变主要侵犯心瓣膜,其中二尖瓣(mitral valve)最常受累,其次为二尖瓣和主动脉瓣(aortic valves)同时受累。主动脉瓣、三尖瓣(tricuspid valve)和肺动脉瓣(pulmonary valve)极少受累。病变初期,受累瓣膜肿胀,瓣膜内出现黏液样变性(mucoid degeneration)、纤维素样坏死(fibrinoid necrosis),和炎细胞浸润(inflammatory cell infiltration),偶见风湿小体。在瓣膜闭锁缘表面内皮细胞脱落,内皮下胶原暴露,血小板和纤维素沉积形成白色血栓,即疣状赘生物(verrucous vegetation)。肉眼观赘生物常位于瓣膜迎血流面闭锁缘上,呈单行排列、直径1~2mm、灰白色半透明状,附着牢固,不易脱落(图 6-18)。赘生物多时,可呈片状累及腱索及邻近内膜。

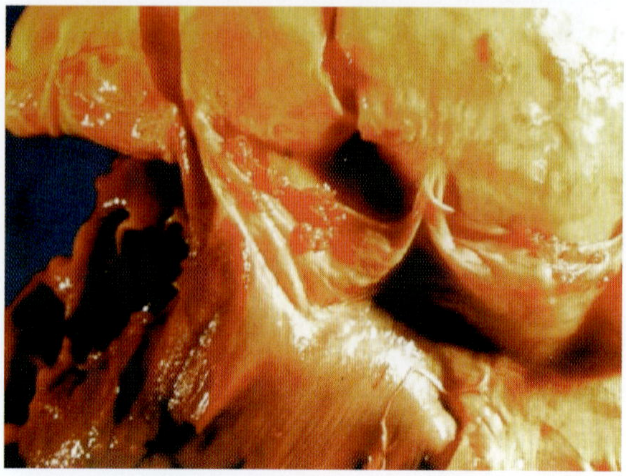

图 6-18　急性风湿性心瓣膜炎 Acute rheumatic valvulitis
主动脉瓣边缘见成行排列的细小念珠样新鲜赘生物 Rows of tiny beaded fresh vegetations are seen along the lines of aortic valve

病变后期,肉芽组织长入赘生物使之机化,结果使瓣膜增厚,瓣膜的炎性渗出物也逐渐吸收和机化。由于风湿病变反复发作,上述病变反复进行,纤维组织增生,导致瓣膜增厚、变硬、短缩、卷曲变形,瓣膜间互相粘连,同时腱索增粗、短缩,最后形成瓣膜狭窄(stenosis)和关闭不全(insufficiency),成为慢性心瓣膜病。当病变累及心房和心室内膜时,可引起心内膜灶性增厚及附壁血栓形成。左房后壁由于受病变所致瓣膜口狭窄或关闭不全引起的血液反流冲击较重,其局部内膜灶状增厚较明显,称为 McCallum 斑。

(2) 风湿性心肌炎 Rrheumatic myocarditis:病变主要累及心肌间质结缔组织,常表现为灶状间质性心肌炎。病变常见于左心室、室间隔、左心房及左心耳等处。病变心肌间质水肿,在间质血管附近可见 Aschoff 小体和少量淋巴细胞浸润。Aschoff 小体机化形成小瘢痕。若病变反复发作,Aschoff 小体不断机化(organization)形成更多的瘢痕,改变心肌结构,影响心肌功能。在儿童患者,渗出性病变常特别明显,心肌间质发生明显水肿及弥漫性炎性细胞浸润,心肌细胞水肿及脂肪变性,有时可见左心房心肌条索状纤维素样坏死。严重者可引起充血性心力衰竭。累及传导系统时可导致传导阻滞。

(3) 风湿性心外膜炎(心包炎)Rheumatic pericarditis:病变主要累及心外膜脏层,呈浆液性炎(serous inflammation)或纤维素性炎(fibrinous inflammation)。当心外膜有大量浆液渗出时,形成心包腔积液。当渗出物以纤维素为主时,覆盖于心外膜表面的纤维素可因心脏的不停跳动和牵拉而形成絮状或绒毛状,称为绒毛心(cor villosum)(图 6-19)。恢复期,浆液逐渐被吸收,纤维素亦大部被溶解吸收,如渗出的纤维素不能被溶解、吸收,则发生机化,使心外膜脏层和壁层互相粘连,极少数病例可完全黏连,形成缩窄性心外膜炎(constrictive pericarditis)。

渗出物含纤维素为主时,患者感到心前区疼痛,临床听诊可闻及心包摩擦音(pericardial rub)。渗出物以浆液为主时患者可诉胸闷不适,临床检查听诊感觉心音低弱而遥远。

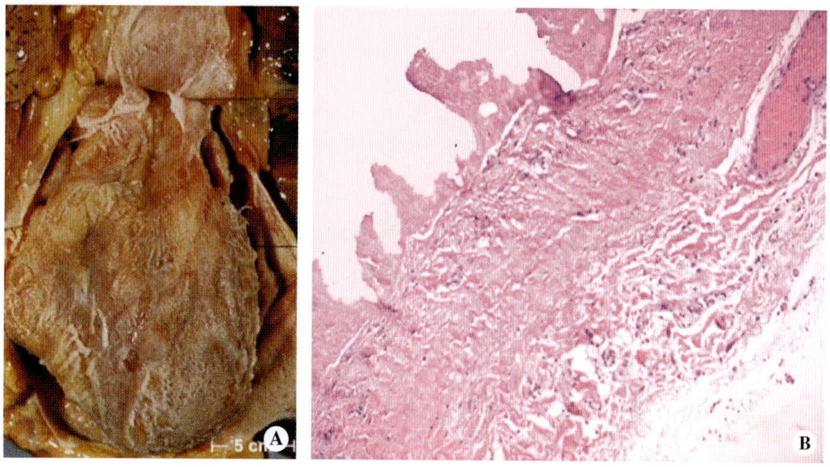

图 6-19　风湿性心外膜炎 Rheumatic pericarditis
A. 绒毛心(肉眼);B. 镜下为纤维素性或浆液纤维素性炎。可导致心包腔局部纤维素性粘连或完全闭锁 A. cor villosum(grossly); B. microcopically, it is a fibrinous. sometimes serofibrinous, sterile form healing results in fibrous adhesions with partial or complete obliterations of the pericardial cavity

2. 风湿性关节炎 Rheumatic arthritis 多数风湿热(约75%)在早期会出现风湿性关节炎。常累及大关节,最常见于膝和踝关节,其次是肩、腕、肘等关节,也可累及小关节,各关节先后受累,呈游走性反复发作,受累关节局部红、肿、热、痛和功能障碍。光镜下:主要为关节滑膜(synovial membranes)的浆液性炎,关节周围软组织充血、水肿、黏液样变性及纤维素样坏死,有时可见不典型的 Aschoff 小体。急性期后,渗出物易被完全吸收,一般不留后遗症,因此有人描述风湿病是"舔遍关节,咬伤心脏"。

3. 皮肤的风湿性病变 Cutaneous rheumatic lesions 急性风湿病时皮肤出现环形红斑和皮下结节,具有诊断意义。

(1) 环形红斑 Erythema annulare:为风湿病皮肤的淡红色环状红晕,中央皮肤颜色正常。病变多见于躯干和四肢皮肤。光镜下:红斑处真皮浅层血管充血、渗出,血管周围水肿,淋巴细胞和单核细胞浸润。常在1~2天消退。环形红斑对风湿病具有临床诊断意义。

(2) 皮下结节 Subcutaneous nodule:多见于肘、腕、膝、踝关节附近的伸侧皮下结缔组织。肉眼观:直径0.5~2cm,呈圆形或椭圆形,质硬、无压痛的结节。光镜下:结节中心为纤维素样坏死,周围呈放射状排列的 Aschoff 细胞和纤维母细胞,伴有以淋巴细胞为主的炎细胞浸润。风湿活动停止后,结节纤维化,形成小瘢痕。

4. 风湿性动脉炎 Rheumatic arteritis 风湿病可累及大小动脉而引起动脉炎,如冠状动脉、肾动脉、肠系膜动脉、脑动脉及肺动脉等,以小动脉受累较为常见。急性期,血管壁发生黏液样变性、纤维素样坏死和淋巴细胞浸润,并伴有 Aschoff 小体形成。病变后期,血管壁纤维化而增厚,管腔狭窄,并发血栓形成。

5. 风湿性脑病 Rheumatic cerebropathy 多见于女性儿童(5~12岁)。主要病变为脑的风湿性动脉炎和皮质下脑炎。后者表现为神经细胞变性,胶质细胞增生及胶质结节(glial nodule)形成。病变主要累及大脑皮质、基底节、丘脑及小脑皮层。当锥体外系(extracorticospinal tract)受累时,出现肢体的不自主运动,称为小舞蹈病(chorea minor)

Chorea minor

A condition when rheumatism involves extracorticospinal tract, and the patients, usually baby child, show involuntary movement of their limbs, is a diffuse meningoencephalitis, are found in the nervous system congestion and thrombosis of small vessels, endothelial proliferation, and perivascular round cell infiltration.

第五节 感染性心内膜炎 Infective Endocarditis

感染性心内膜炎也称细菌性心内膜炎(bacterial endocarditis)。由病原微生物(细菌、真菌、立克次体等,以细菌多见)经血循途径直接侵袭心内膜(特别是心瓣膜)致病,常有赘生物的形成。根据病程分为急性和亚急性感染性心内膜炎。

Infective endocarditis is essentially a disease of the cardiac valves, with microbiologic organisms leads to the formation of friable, infected vegetations and frequently valve injury, termed infective endocarditis. It may be acute or subacute.

一、急性感染性心内膜炎 Acute Infective Endocarditis

急性感染性心内膜炎或称急性细菌性心内膜炎(acute bacterial endocarditis, ABE)起病急,病程短,病情重,患者多在数日或数周内死亡。

(一) 病因 Etiology

病原菌主要是致病力强的化脓菌,其中大多数为金黄色葡萄球菌(staphylococcus aureus),其次是溶血性链球菌(hemolytic streptococcus),由肺炎球菌(pneumococci)也可引起。

(二) 发病机制 Pathogenesis

病原体先在身体某部位发生感染(如化脓性骨髓炎、痈、产褥热等),当机体抵抗力降低时(如肿瘤、心脏手术、免疫抑制等),病原菌侵入血流引起败血症(septicemia)或脓毒血症(pyemia)并侵犯心内膜。

(三) 病理变化 Pathological changes

急性感染性心内膜炎多发生在正常的心内膜上,常单独侵犯二尖瓣或主动脉瓣,三尖瓣和肺动脉瓣很少受累。病变瓣膜呈急性化脓性炎(急性化脓性心瓣膜炎)。大体观:在受累的瓣膜闭锁缘处(二尖瓣的心房面和主动脉瓣的心室面)形成赘生物(好发部位与血流冲击瓣膜发生机械性损伤有关)。赘生物体积较大、质地松软、灰黄或浅绿色,破碎后形成含菌性栓子,可引起心、脑、肾、脾等器官的败血性梗死(septic infarction)和多发性小脓肿(multiple small abscess)。受累瓣膜可发生破裂、穿孔或腱索断裂,引起急性心瓣膜功能不全。光镜下:病变瓣膜溃疡底部组织坏死,可有少量肉芽组织。赘生物主要为血栓,有大量的中性粒细胞和细菌菌落，其中混有坏死组织等。

（四）临床病理联系 Clinicopathological relations

因瓣膜破坏严重，治愈后也可形成大量瘢痕，引起瓣膜口关闭或（和）开放发生障碍，导致慢性心瓣膜病。典型的表现为快速发生的发热，寒战，不适和萎靡不振。急性感染性心内膜炎出现较大赘生物常常导致栓塞，脾肿大常见。

二、亚急性感染性心内膜炎 Subacute Infective Endocarditis

亚急性感染性心内膜炎也称为亚急性细菌性心内膜炎（subacute bacterial endocarditis，SBE）。病程较长，可迁延数月甚至 1 年以上。

（一）病因 Etiology

病原菌主要为毒力相对较弱的草绿色链球菌（Streptococcus viridans）（约占 75%），其次是肠球菌、肺炎球菌和淋球菌，还有立克次体、真菌等。

（二）发病机制 Pathogenesis

致病菌可自感染灶（扁桃体炎、牙周炎、咽喉炎、骨髓炎等）侵入血液，也可在拔牙、扁桃体摘除、前列腺摘除、心导管术、外置起搏器、腹部和泌尿道等手术操作时致细菌入血，引起败血症，并侵犯心内膜。已有病变的瓣膜是亚急性心内膜炎最常见的发病基础，如先天性心脏病（cardiac congenital anomalies）（如室间隔缺损、Fallot 四联症等）、慢性风湿性心脏病（chronic rheumatic heart disease）、二尖瓣脱垂（mitral valve prolapse）、变性钙化性狭窄（degenerative calcific stenosis）、二叶主动脉瓣（bicuspid aortic valve）等，以及白细胞减少（neutropenia），免疫抑制状态（immunosuppressed states）和药物成瘾者（intravenous drug abuse，IVDA）等。

（三）病理变化 Pathological changes

1. 心脏病变 Heart lesions　最常侵犯二尖瓣和主动脉瓣，病变特点：在已有病变的瓣膜上形成赘生物。

肉眼观：赘生物呈息肉状或菜花状，质松脆，易破碎和脱落。受累瓣膜变形，发生溃疡（ulcer）和穿孔（perforation）（图 6-20）。

光镜下：赘生物由血小板、纤维蛋白、细菌菌落、坏死组织、中性粒细胞组成，溃疡底部可见肉芽组织增生、淋巴细胞和单核细胞浸润（图 6-21）。

2. 血管病变 Vascular lesions　由于细菌毒素和赘生物脱落形成的栓子，引起动脉性栓塞和血管炎。栓塞最多见于脑，其次为肾、脾等，常为无菌性梗死（栓子仅含极少量毒力弱的细菌或不含菌）。

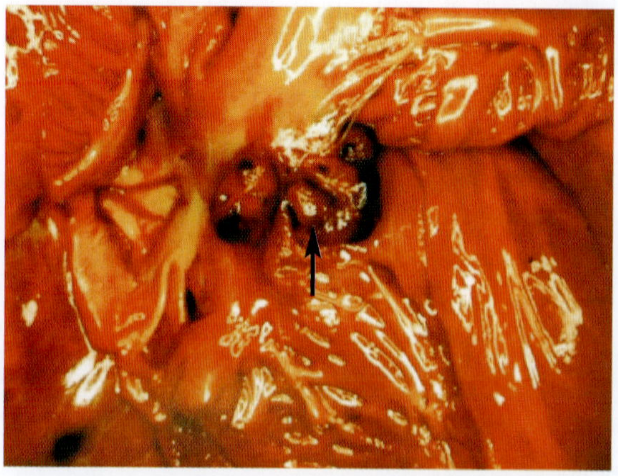

图 6-20　感染性心内膜炎 Infective endocarditis
三尖瓣可见大而质脆的出血性赘生物（↑）Large，friable and hemorrhagic vegetation is seen in tricuspid valve（↑）

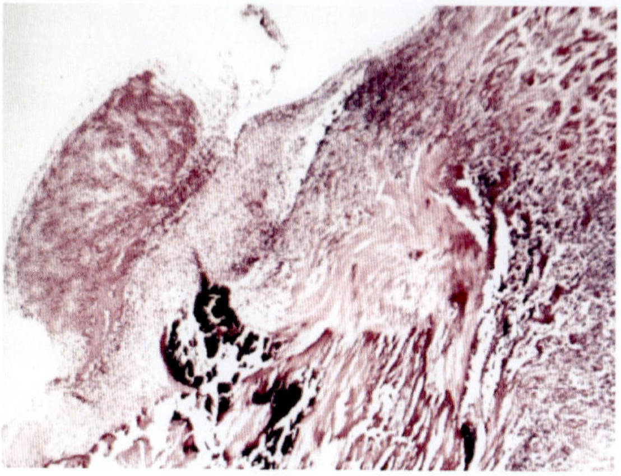

图 6-21　感染性心内膜炎 Infective endocarditis
已发生钙化和纤维化的瓣膜表面见小赘生物 Small vegetation is noted on the valvular surface occurred in calcified and fibrotic valve.

3. 变态反应 Allergies　引起局灶性或弥漫性肾小球肾炎（focal or diffuse glomerulonephritis）（微栓塞）。也可致皮下小动脉炎，使皮肤出现红色、微隆起、有压痛的小结节，称 Osler 小结（Osler nodes），多见于手，足特别右手指。也可出现无痛性出血性轻微隆起区（janeway 病变），通常位于手掌上。

Osler's nodes

In bacterial endocarditis，small，raised，red，tender areas on the hands and feet，particularly the fingertips are characteristic lesions that result from toxic or allergic inflammation of small vessels. Painless，hemorrhagic，slightly raised areas occurring usually in the palms may also be present.

4. 败血症 Septicaemia　脱落的赘生物内有细菌，侵入血流，并在血流中繁殖，致病人有长期发热、脾大（splenomegaly）、白细胞增多，皮肤、黏膜和眼底常有小出血点、贫血等表现。血培养(blood culture)可以确诊。

(四) 临床病理联系 Clinicopathological relations

瓣膜损害可致瓣膜口狭窄或关闭不全,临床上听诊可闻及相应的杂音。瓣膜变形,严重者出现心力衰竭。除有心脏病变的体征外,还有长期发热、点状出血、栓塞症状、脾大及进行性贫血等迁延性败血症表现。

附:三种心内膜炎的比较(表6-2)

表6-2 风湿性心内膜炎与亚急性感染性心内膜和急性感染性心内膜炎的比较

Comparison of Rheumatic endocarditis, SBE and ABE

	风湿性心内膜炎	亚急性感染性心内膜炎	急性感染性心内膜炎
病因	与A组乙型溶血性链球菌感染有关	草绿色链球菌等直接侵犯心瓣膜	毒力强的化脓菌感染
病变性质	变态反应性炎	化脓性炎	化脓性炎
好发部位	二尖瓣、二尖瓣和主动脉瓣闭锁缘	二尖瓣、主动脉瓣游离缘	主动脉瓣、二尖瓣游离缘
病变特点	肉眼:赘生物细小,串珠状排列,不易脱落。瓣膜水肿,纤维素样坏死 镜下:赘生物由血小板和纤维素构成	肉眼:赘生物大而软,质脆易脱落,呈息肉状,单个或多个 镜下:赘生物由炎症细胞、细菌团、血小板、纤维素和少量坏死组织构成	肉眼:赘生物更大、不规则、松软,极易脱落,瓣膜穿孔、溃疡 镜下:赘生物由大量炎症细胞、细菌团、血小板、纤维素和坏死组织构成
结局	多次发作,瓣膜变形,致狭窄、关闭不全,导致心衰	赘生物脱落引起栓塞及梗死,加重瓣膜变形。可因心衰、梗死、败血症死亡	赘生物脱落引起栓塞性脓肿,多因脓毒血症而死亡

第六节 心瓣膜病
Valvular Vitum of Heart

心瓣膜病或心脏瓣膜病(valvular heart disease),是指心瓣膜损伤后或发育异常所造成的器质性病变。表现为瓣膜口狭窄和(或)关闭不全,可引起血流动力学的变化,失代偿时出现心功能不全,最终会导致全身血液循环障碍,是最常见的慢性心脏病之一。

心瓣膜病可分为:①瓣膜关闭不全(valvular insufficiency)是由于瓣膜增厚、变硬、卷曲、缩短或瓣膜的破裂和穿孔,亦可因腱索增粗、缩短和粘连,使心瓣膜关闭时瓣膜口不能完全闭合,使部分血液发生反流(regurgitation)。②瓣膜口狭窄(valvular stenosis)是相邻瓣膜互相粘连、瓣膜增厚,其弹性减弱或丧失,瓣膜环硬化和缩窄,当瓣膜开放时不能完全张开导致血流通过障碍。瓣膜关闭不全和狭窄可单独存在,亦可合并存在,后者称为联合瓣膜病(combined valvular disease),二尖瓣狭窄和关闭不全常合并发生。

> Valvular vitium of the heart result from a healed or chronic valvulitis or are congenital malformations. The results of inflammation in the valves are seen as thickening, adhesions, retraction, and shortening of the leaflets. There may be a narrowing of the valve openin (stenosis), or closure of the valve may be insufficient so that leakage (regurgitation) occurs through it.

心瓣膜病主要以二尖瓣受累,约占70%,二尖瓣合并主动脉瓣病变者20%~30%,单纯主动脉瓣病变者2%~5%,三尖瓣和肺动脉瓣少见。

一、二尖瓣狭窄
Mitral Stenosis

(一) 病因及发病机制 Etiology and Pathogenesis

主要的病因是风湿病,多由风湿性心内膜炎反复发作所致。风湿病使瓣膜变厚、粘连。晚期出现瓣膜钙化和瓣膜粘连。少数由感染性心内膜炎引起。

(二) 病理变化 Pathological changes

相邻瓣叶粘连,使瓣膜口狭窄。二尖瓣口面积缩小到1.0~2.0cm²,严重时可达0.5cm²(正常二尖瓣口面积为5cm²,可通过两个手指)。病变早期瓣膜轻度增厚,呈隔膜状;后期瓣叶增厚、硬化、腱索缩短,使瓣膜呈鱼口状。腱索及乳头肌明显粘连短缩,常合并关闭不全(图6-22)。

(三) 血流动力学及心脏变化 Blood dynamics and heart changes

早期由于二尖瓣口狭窄,心脏舒张期从左心房流入左心室的血流受阻,左心房代偿性扩张、肥大,使血液在加压情况下快速通过狭窄口,并引起旋涡与震动,产生心尖区舒张期"隆隆样杂音"。后期左心房代偿失调,左心房内血液淤积,肺静脉回流受阻,引起肺淤血、肺水肿或漏出性出血。临床出现呼吸困难、发绀、咳嗽和咳出带血的泡沫状痰等左心衰竭症状。当肺静脉压升高(>25mmHg)时,通过神经反射引起肺内小动脉收缩或痉挛,使肺动脉压升高。长期肺动脉高压,可导致右心室代偿性肥大,进而失代偿,右心室扩张,三尖瓣因相对关闭不全,最终引起右心房淤血及体循环静脉淤血。

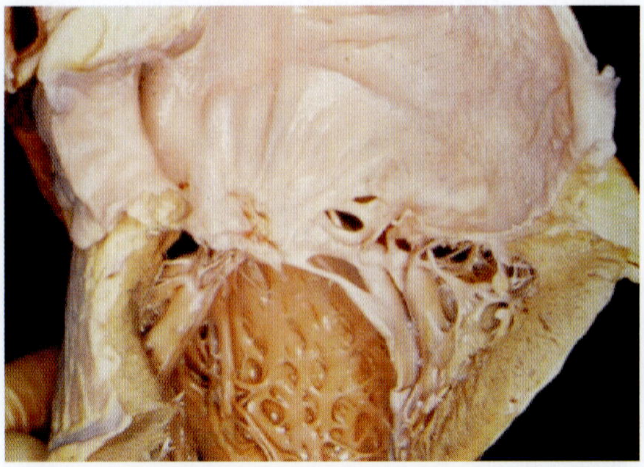

图 6-22　慢性风心二尖瓣狭窄合并关闭不全 Chronic rheumatic mitral steno-insufficiency

可见瓣膜融合、变形、腱索缩短。左心房扩大,内膜硬化。由于二尖瓣反流,左心室也扩大 Commissural fusion, deformity of leaflets and shortening of chordae are seen. Left atrium is markedly dilated and endocardium is sclerotic. Left ventricle is also dilated due to mitral regur gitation

(四) 临床病理联系 Clinicopathological relations

颈静脉怒张,肝淤血肿大,下肢水肿及浆膜腔积液等心力衰竭症状。听诊心尖区可闻及舒张期"隆隆样杂音"。X 线显示左心房增大,晚期左心室缩小,X 线显示心脏呈"梨形心(pear-shaped heart)"。

二、二尖瓣关闭不全 Mitral Insufficiency

(一) 病因及发病机制 Etiology and Pathogenesis

多为风湿性心内膜炎的后果,也可由亚急性细菌性心内膜炎等引起。另外,二尖瓣脱垂、瓣环钙化、先天性病变以及腱索异常、乳头肌功能障碍等亦可导致此病的发生。

(二) 血流动力学及心脏变化 Blood dynamics and heart changes

二尖瓣关闭不全时,左心收缩期左心室部分血液反流到左心房内,加上接纳肺静脉的血液,左心房血容量较正常增多,久之出现左心房代偿性肥大,进而左心房、左心室容积性负荷增加,使左心室代偿性肥大;最终亦可引起右心室、右心房代偿性肥大,右心衰竭和大循环淤血。

(三) 临床病理联系 Clinicopathological relations

听诊心尖区可闻及收缩期"吹风样杂音"。X 线显示左心室肥大,心脏呈"球形心(spherical heart)"。

三、主动脉狭窄 Aortic Valve Stenosis

(一) 病因 Etiology

主要由风湿性主动脉炎引起,少数是先天性发育异常、动脉粥样硬化引起的主动脉瓣膜钙化所致。

(二) 病理变化 Pathologic changes

主动脉瓣叶间发生粘连、瓣膜增厚、变硬,并发生钙化致瓣膜口狭窄。主动脉狭窄后左心室排血受阻,左心室发生代偿性肥大,室壁增厚,呈"向心性肥大"(concentric hypertrophy)。后期左心功能代偿失调,左心衰竭,引起肺淤血,进而右心衰竭和大循环淤血。

(三) 临床病理联系 Clinicopathological relations

听诊主动脉瓣区可闻及粗糙、喷射性收缩期杂音。X 线显示心脏呈"靴形心(coeur en sabot)"。脉压减小可出现冠状动脉血流减少而致心绞痛(angina pectoris)频发,晕厥,发生心源性(心肌肥厚性)猝死和慢性心力衰竭的危险增加等症状。

四、主动脉关闭不全 Aortic Valve Insufficiency

(一) 病因 Etiology

主要由风湿性主动脉炎引起,亦可由感染性心内膜炎、主动脉粥样硬化和梅毒性主动脉炎(syphilitic aortitis)引起。另外,类风湿性主动脉炎(rheumatiod aortitis)及 Marfan 综合征(Marfan syndrom)(一种常染色体显性遗传性疾病,其中有主动脉及瓣膜病变,是该综合征主要病变之一。)也可使主动脉环(aortic ring)扩大而造成主动脉关闭不全。

(二) 血流动力学及心脏变化 Blood dynamics and heart change

在舒张期,主动脉瓣关闭不全,主动脉部分血液反流至左心室,使左心室血容量增加,发生代偿性肥大。久之,相继发生进一步发生左心衰、肺淤血、肺动脉高压,进而引起右心肥大,大循环淤血。

（三）临床病理联系 Clinicopathological relations

舒张期主动脉瓣反流导致全身舒张压明显下降，脉压增大（收缩压增高，舒张压下降使脉压增加）。过度工作负荷使左室严重肥大和扩张。反流血所致的心内膜纤维化使其心内膜呈“口袋样”改变。舒张压低而致冠状动脉灌注不足引发心绞痛，后者也可能与肥厚的心肌需氧量增加有关。听诊主动脉区可闻及舒张期吹风样杂音。患者可出现颈动脉搏动、水冲脉、血管枪击音及毛细血管搏动与周围血管体征（around blood vessels sign）现象等。

第七节 心肌病和心肌炎 Cardiomyopathy and Myocarditis

一、心 肌 病 Cardiomyopathy

心肌病，亦称原发性心肌病（primary cardiomyopathy）或特发性心肌病（idiopathic cardiomyopathy），是指除外风湿性心脏病、冠状动脉性心脏病、高血压性心脏病、心瓣膜病、肺源性心脏病及先天性心脏病以外的，以心肌结构和功能异常为主要表现的一组疾病。

（一）类型 Types

原发性心肌病分为扩张性心肌病、肥厚性心肌病和限制性心肌病三型。

1. 扩张性心肌病 Dilated cardiomyopathy

（1）病变特点 Lesion features：进行性心脏肥大，心腔扩张和心肌收缩能力下降，亦称充血性心肌病（congestive cardiomyopathy）。最常见，约占心肌病的90%。发病年龄多在20~50岁，男性多于女性。

（2）病理变化 Pathological changes

肉眼观：心脏重量增加（男性>350g，女性>300g，甚至达500~800g或更重。正常成人心脏重量平均260g）。两侧心腔明显扩张，心室壁略厚或正常（离心性肥大），心尖部室壁常呈钝圆形。二尖瓣和三尖瓣可因心室扩张而关闭不全。心内膜增厚，常见附壁血栓（mural thrombus）。

光镜下：心肌细胞不均匀性肥大、伸长，细胞核大、浓染，核型不整。肥大和萎缩的心肌细胞交错排列。心肌细胞常发生空泡变和小灶性肌溶解、心肌间质纤维化和微小坏死灶或瘢痕灶。

（3）临床病理联系 Clinicopathological relations：主要表现为心力衰竭的症状和体征。心电图显示心肌劳损和心律不齐。部分病人可发生猝死。

2. 肥厚性心肌病 Hypertrophic cardiomyopathy

（1）病变特点 Lesion features：左心室显著肥厚，室间隔不对称增厚，舒张期心室充盈异常，左心室流出道受阻（一般情况下，左心室容积正常或减少，收缩期压力差正常）。

肥厚性心肌病常有家族史，多为家族性常染色体显性遗传。约50%有基因变化，发病与肌小节收缩蛋白基因突变有关。

（2）病理变化 Pathological changes

肉眼观：心脏增大、重量增加（>500g），两侧心室壁肥厚，室间隔厚度大于左心室壁的游离侧，两者之比>1.3（正常为0.95）。乳头肌肥大、心室腔狭窄，以左室尤为显著。由于收缩期二尖瓣向前移动与室间隔左侧心内膜接触，可引起二尖瓣增厚和主动脉瓣下的心内膜局限性增厚。

光镜下：心肌细胞弥漫性肥大，核大、畸形、深染，心肌纤维排列紊乱。

电镜下：肌原纤维排列方向紊乱，肌丝交织或重叠状排列，Z带不规则，并可见巨大线粒体。

（3）临床病理联系 Clinicopathological relations：表现为心排出量下降，肺动脉高压导致的呼吸困难以及附壁血栓脱落引起的栓塞。

3. 限制性心肌病 Restrictive cardiomyopathy

（1）病变特点 Lesion features：心室内膜和内膜下心肌进行性纤维化，导致心室壁顺应性降低、心腔狭窄。单心室或双心室充盈受限、舒张容积缩小。

（2）病理变化 Pathological changes

肉眼观：心腔狭窄，心内膜及心内膜下纤维性增厚可达2~3mm，呈灰白色，心尖部最重，向上蔓延，累及三尖瓣或二尖瓣（可引起关闭不全）。

光镜下：心内膜纤维化，可发生玻璃样变性和钙化，伴有附壁血栓形成。心内膜下心肌常见萎缩和变性，亦称心内膜的心肌纤维化（endomyocardial fibrosis）。

二、克 山 病 Keshan Disease

克山病是一种地方性心肌病（endemic cardiomyopathy），表现为心肌严重的变性、坏死和瘢痕形成（因1935年首先在黑龙江省克山县发现，故命名为克山病）。本病主要流行在我国东北、西北、华北和西南一带山区和丘陵地带。

病因未明。可能由于缺乏硒等某些微量元素和营养物质，干扰和破坏了心肌代谢而引起心肌细胞的损伤。

病理变化 Pathological changes

肉眼观：心脏不同程度增大，重量增加。两侧心腔扩大，心室壁变薄，尤以心尖部为重，心脏呈球形。切面上，心室壁可见散在分布的瘢痕灶。有些病变在心室肉柱间或左、右心耳内可见附壁血栓。

光镜下：心肌细胞变性（颗粒变性、空泡变性和脂肪变性），凝固性坏死灶或液化性肌溶解，心肌细胞核消失，肌原纤维崩解，残留心肌细胞膜空架。慢性病例以瘢痕灶为主。

电镜下：I 带致密重叠，肌节凝聚，钙盐沉积在变性的线粒体内，致线粒体肿胀，嵴消失。

三、心　肌　炎
Myocarditis

心肌炎是指各种原因引起的心肌局限性或弥漫性炎症病变。常规尸检中可发现有 1% ~ 2% 的病例。在心肌内可见局限性的炎细胞浸润，但一般临床无症状。部分心肌炎（心肌活检）的病理变化与扩张型心肌病很难鉴别。

心肌炎常见的类型有病毒性心肌炎、孤立性心肌炎和免疫反应性心肌炎。

1. 病毒性心肌炎 Viral myocarditis　由亲心肌病毒引起的原发性心肌炎症，又称特发性心肌炎（idiopathic myocarditis）或淋巴细胞性心肌炎（lymphocytic myocarditis）。引起心肌炎的常见病毒有柯萨奇 B 病毒（Coxsackie B virus）B 组 2~5 型和 A 组 9 型，其次是埃可病毒（ECHO virus）、腺病毒。还有流感病毒（Influenza virus）、风疹病毒（rubella virus）、巨细胞病毒和肝炎病毒等。病毒可以直接导致心肌细胞的损伤；也可以通过 T 细胞介导的免疫反应间接地引起心肌细胞的损伤。

病理变化 Pathological changes 肉眼观：心脏稍大或无明显变化。光镜下：心肌间质水肿，其间可见淋巴细胞和单核细胞浸润。心肌分割（条索状），心肌断裂，并伴有心肌间质纤维化等，如炎症累及传导系统，临床表现为心律失常（图 6-23）。

2. 孤立性心肌炎 Isolated myocarditis　又称 Fiedler 心肌炎（1899 年由 Fiedler 首先描述）。至今病因未明。多发生于 20~50 岁。

病理变化 Pathological changes

（1）弥漫性间质性心肌炎 Diffuse interstitial myocarditis：主要表现为心肌间质或小血管周围有较多淋巴细胞、单核细胞和巨噬细胞浸润。早期心肌细胞较少发生变性、坏死。病程较长者，心肌间质纤维化，心肌细胞肥大。

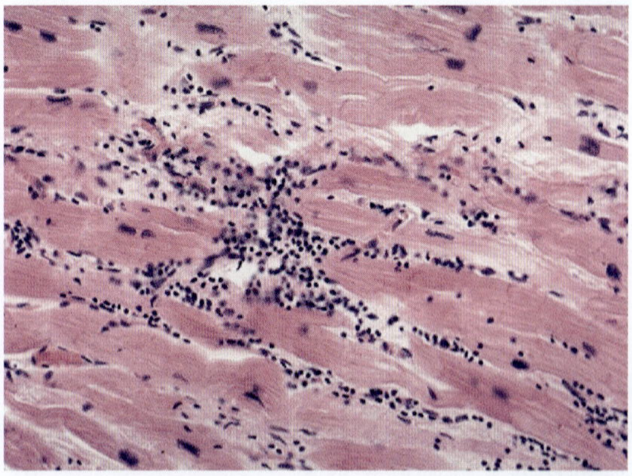

图 6-23　淋巴细胞性心肌炎 Lymphocytic myocarditis
其特征性表现为间单核细胞和淋巴细胞浸润 The interstitial mononuclear inflammatory cells and lymphocytic infiltrates shown here are characteristic.

（2）特发性巨细胞性心肌炎 Idiopathic giant cell myocarditis：主要表现为心肌灶状坏死和肉芽肿形成。病灶中心可见红染、无结构的坏死物，周围有淋巴细胞、单核细胞、浆细胞或嗜酸粒细胞浸润，并混有多量的多核巨细胞。

3. 免疫反应性心肌炎 Myocarditis due to immune-mediated reactions　免疫反应性心肌炎包括：①由一些变态反应性疾病，如风湿性心肌炎、类风湿性心肌炎、系统性红斑狼疮和结节性多动脉炎所引起的心肌炎。②由某些药物引起的过敏性心肌炎（allergic myocarditis），如磺胺类、抗生素（青霉素、四环素、链霉素、金霉素等）、消炎药、抗癫痫药等。

病理变化 Pathological changes 主要表现为心肌间质性炎。在心肌间质及小血管周围可见嗜酸粒细胞、淋巴细胞、单核细胞浸润，偶见肉芽肿形成。心肌细胞出现变性、坏死。

Acute myocarditis frequently is associated with bacterial endocarditis, and other bacterial infections may be associated with direct invasion of the myocardium by pathogenic organisms. The nonspecific acute inflammation may be predominantly interstitial with little parenchymal damage, or degeneration and necrosis of muscle may be prominent with only slight interstitial inflamation being in evidenced.

Isolated, primary, or Fiedlers' myocarditis is a severe myocarditis of unknown etiology that occurs unassociated with a disease process elsewhere to which it might be secondary. There may be either a diffuse infiltration of the interstitial tissue of the heart lymphocytes, plasma cells and eosinophils or focal granulomatous lesion with destruction of muscle fibers.

第八节 心包炎和心脏肿瘤
Pericarditis and Cardiac Tumors

一、心 包 炎
Pericarditis

心包炎是由病原微生物(主要为细菌)和某些代谢产物引起的脏、壁层心外膜的炎症反应,大多是一种伴发性疾病。多继发于变态反应性疾病、尿毒症、心脏创伤及恶性肿瘤转移等。

上述发病因素中,绝大多数因素可引起急性心包炎,少数结核和真菌等可引起慢性心包炎。

(一) 急性心包炎 Acute pericarditis

多为渗出性炎症,常形成心包积液。

1. 浆液性心包炎 Serous pericarditis 以浆液性渗出为主要特征。主要是由非感染性疾病引起,如风湿病、系统性红斑狼疮、硬皮病、肿瘤、尿毒症等。病毒感染以及伴有其他部位感染亦常引起心包炎。累及心肌者亦称心肌心包炎(myopericarditis)。

(1) 病理变化 Pathological changes:心外膜血管扩张、充血,血管壁通透性增高。心包腔有一定量的浆液性渗出液,并伴有少量的中性粒细胞、淋巴细胞和单核细胞的渗出。

(2) 临床表现 Clinical manifestations:患者胸闷不适。体检可以发现心界扩大、听诊心音弱而远。

2. 纤维素性及浆液纤维素性心包炎 Fibrinous and serofibrinous pericarditis 最常见。常由系统性红斑狼疮、风湿病、尿毒症、结核、急性心肌梗死、Dressler 综合征(心肌梗死后综合征,在心肌梗死后数周内发生的类似自身免疫性病变)以及心脏外科手术等引起。

(1) 病理变化 Pathological changes:肉眼观:心包脏、壁两层表面附着一层粗糙的黄白色纤维素渗出物,呈绒毛状,故称绒毛心(cor villosum)。光镜下:渗出液由浆液、纤维蛋白、少量炎症细胞和变性、坏死组织构成(图 6-19)。

(2) 临床表现 Clinical manifestations:有心前区疼痛,听诊可闻及心包摩擦音。

3. 化脓性心包炎 Purulent pericarditis

由链球菌、葡萄球菌和肺炎双球菌等化脓菌侵袭心包所致。这些细菌可经多种途径侵入心包,如通过邻近组织病变直接蔓延,或经血液、淋巴道播散所致,或由心脏手术直接感染。

(1) 病理变化 Pathological changes:肉眼观:心包膜覆盖一层较厚的纤维素性脓性渗出物,外观呈灰绿色、浑浊而黏稠,似乳膏状。光镜下:心外膜表面血管扩张充血,大量中性粒细胞浸润渗出及无结构粉染物质,其中中性粒细胞多有变性坏死(脓细胞)。当炎症累及到周围心肌细胞时,称纵隔心包炎(mediastinopericarditis)。

(2) 临床表现 Clinical manifestations:除感染症状外,可伴有上述两种心包炎(浆液性、纤维素性)的症状和体征。若渗出物吸收不完全,可发生机化,会导致缩窄性心包炎(constrictive pericarditis),使心脏的舒张期充盈受限,从而降低心脏功能,严重者可造成全身血液循环障碍。

4. 出血性心包炎 Hemorrhagic pericarditis 大多数是由结核杆菌经血道感染引起,也可由恶性肿瘤累及心包所致。此时,心包腔含大量浆液性、血性积液。此外,心脏外科手术可继发出血性心包炎,若出血量多,则压迫心脏而限制心室舒张及血液充盈,发生心脏压塞(cardiac tamponade)。

(二) 慢性心包炎 Chronic pericarditis

多由急性心包炎转化而来,临床病程常持续 3 个月以上。

1. 粘连性纵膈心包炎 Adhesive mediastinopericarditis 常继发于化脓性心包炎、干酪样心包炎(结核)、心脏外科手术或纵隔放射性损伤之后。心外膜因纤维性粘连而使心包腔闭塞,并与纵隔及周围器官粘连。心脏因受心外膜壁层的限制和受到与周围器官粘连的牵制而工作负担增加,引起心脏肥大和心腔扩张。

2. 缩窄性心包炎 Constrictive pericarditis 由于心包腔内渗出物机化和瘢痕形成,致心脏舒张期充盈受限,严重影响心排出量。多继发于化脓性心包炎、结核性心包炎(tuberculous pericarditis)和出血性心包炎。

二、心 脏 肿 瘤
Cardiac Tumors

心脏肿瘤颇为少见,其中原发性肿瘤更为罕见,转移性肿瘤约为原发性肿瘤的 20~40 倍。原发性心脏肿瘤大多为良性,其中又以心房黏液瘤居多。成人最常见的原发性心脏肿瘤为黏液瘤(myxoma),其次为脂肪瘤(lipoma)和纤维弹性组织瘤(fibroelastoma)。儿童期最常见的心脏原发肿瘤为横纹肌瘤(rhabdomyoma)。

(一) 心脏良性肿瘤 Benign tumors of heart

1. 心脏黏液瘤 Cardiac myxoma 占良性原发性心脏肿瘤的 50%。临床上,常有血流受阻和栓塞症状。本瘤多发生于左心房。肉眼观:肿瘤大小不等,呈息肉状或绒毛状。切面呈灰白色半透明胶冻状,质软易碎。

光镜下：黏液瘤细胞呈星芒状或梭形，核呈卵圆形或梭形。瘤细胞稀少疏散，可三五成群状分布于大量黏液样基质中（图 6-24），基质内富含酸性粘多糖（acid mucopolysaccharide）的成分。

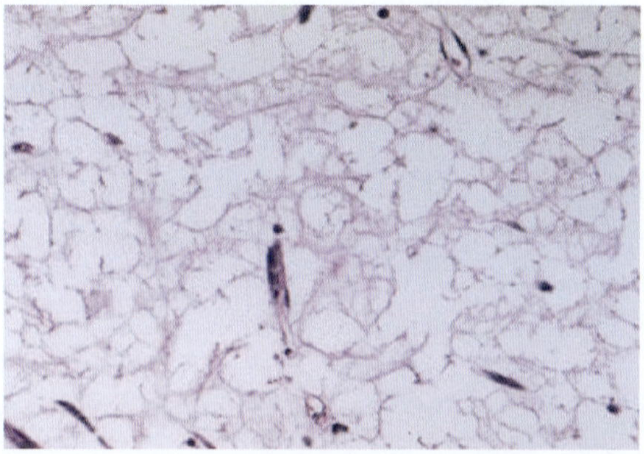

图 6-24 心脏黏液瘤 Cardiac myxoma
镜下大量无定型的细胞外基质中弥散分布黏液瘤细胞 Microscopic appearance，abundant amorphous extracellular matrix，in which are scattered myxoma cells

临床表现与肿瘤的大小和部位有关。体积很小的黏液瘤可以没有症状。肿瘤长大后即可呈现血流动力学改变。左心房黏液瘤最常见的临床症状是由于房室瓣血流受阻引起心悸、气急等，与风湿性二尖瓣病变相类似。右心房黏液瘤可造成三尖瓣瓣口阻塞，呈现颈静脉怒张、肝大、腹水、下肢水肿等与三尖瓣狭窄或缩窄性心包炎相类似的症状。移动度较大的黏液瘤如突然阻塞房室瓣瓣孔，可发作昏厥，抽搐，甚或引致猝死。

2. 横纹肌瘤 Rhabdomyoma 为仅次于黏液瘤的第2位常见的良性心脏肿瘤，也是儿童中最常见的原发性心脏肿瘤，在新生儿和婴幼儿更多见，90%发生于15岁以下的儿童，78%患儿年龄不足1岁。有称之为心脏错构瘤、Purkinje 细胞瘤和组织细胞样心肌病。肉眼观：90%为多发性瘤结节散在分布于心脏壁内（以室间隔最多见）。肿瘤无真正包膜，属良性病变。光镜下：瘤细胞较大，胞质空泡状（含大量糖原），核居中，肌原纤维疏松，呈网状、放射状分布，似蜘蛛（称为“蜘蛛细胞”，由充满糖原的胞浆及延长放射至细胞周边的细胞丝组成）。由于肿瘤阻塞心腔，患病婴儿可能在出生后很快死亡。

（二）心脏恶性肿瘤 Malignant tumors of heart

心脏恶性肿瘤很少见。在心脏恶性肿瘤当中，以恶性血管内皮细胞瘤（malignant angioendothelioma）又称血管肉瘤和横纹肌肉瘤（rhabdomyosarcoma）较多见。

（三）心脏转移性肿瘤 Metastatic tumors of heart

心脏转移性肿瘤是指全身恶性肿瘤转移至心脏并在此生长所形成的肿瘤。与肝、肺或脑相比，肿瘤转移到心脏的概率较小，临床表现也不明显。恶性肿瘤转移到心脏可以从邻近器官的恶性肿瘤蔓延而来，但主要是通过血道转移至心脏。心脏内的转移瘤一般为多发性、结节状。心脏转移性肿瘤中最常见的是肺癌，其次是乳腺癌、黑色素瘤、恶性淋巴瘤等。近年来，艾滋病（获得性免疫缺陷综合征 acquired immunodeficiency syndrome，AIDS）所致的淋巴瘤和 Kaposi 肉瘤（血管肉瘤）也可发生心脏转移。

第九节 周围血管病 Peripheral Vascular Disease

周围血管病是指心脑血管病以外的血管疾病，包括动脉、静脉及淋巴管三个系统的疾病。据 WHO 调查，周围血管疾病是一种危害性极强的高发病种，若长期不愈，病情呈进行性发展，重者将导致截肢致残，甚至危及生命。周围血管病以多发性大动脉炎（polyarteritis）多见，主要累及主动脉及其大分支。包括高安动脉炎和巨细胞动脉炎。

1. 高安动脉炎 Takayasu's arteritis 该病于1908年由日本 Takayasu 最早描述，是指主动脉及其分支和肺动脉的慢性进行性非特异性炎症，引起不同部位动脉血管的狭窄或闭塞，亦称特发性主动脉炎（idiopathic aortitis）、无脉症（pulseless disease）。本病在亚洲地区较常见，多见于年轻女性，男女之比约为1∶3。病因可能与链球菌、结核菌、病毒等感染后自身免疫有关，也可能与遗传因素有关。

病理变化 Pathological changes：动脉血管表现为慢性进行性闭塞性炎症，为全层动脉炎，以增生性病变为主。肉眼观：受累的动脉壁增厚、变硬、管腔狭窄。

光镜下：病变早期动脉中膜发生黏液变性，弹力纤维断裂崩解，其间可见淋巴细胞、浆细胞、单核细胞浸润，伴少量的巨细胞反应。病变后期动脉中膜平滑肌细胞增生，管壁全层纤维组织增生，伴瘢痕形成。

2. 巨细胞性动脉炎 Giant cell arteritis 是指以累及颞动脉、颅动脉以及全身中等大动脉和小动脉为主的一种肉芽肿性炎。以中老年女性多见。病因与免疫因素有关。患者 HLA-DR（人类白细胞抗原）呈阳性表达，并有60% CD^{4+}T 细胞（T 辅助淋巴细胞）活化，提示本病是机体对动脉壁的某种成分的一种免疫反应。

病理变化 Pathological changes：肉眼观：表现为广泛性动脉炎，呈节段性跳跃分布和斑片状增生，可伴有血栓形成。中动脉和大动脉均可受累(颈动脉分支常见)。

光镜下:动脉中膜平滑肌细胞变性、坏死,内弹力膜周围可见淋巴细胞和单核细胞浸润,并可见淋巴细胞(CD^{4+}和CD^{8+})和巨噬细胞。病变进展,导致内弹力膜断裂和肉芽肿性炎症反应,发生全层动脉炎,可导致血管壁破裂,内膜增厚,管膜狭窄以至闭塞。

3. 结节性多动脉炎 Polyarteritis nodosa 是指主要侵犯中、小动脉的一种坏死性血管炎(necrotizing vasculitis)。临床表现多样,可仅局限于皮肤(皮肤型),也可波及多个器官或系统(系统型),后者以肾脏、心脏、神经和皮肤受累最常见。病因可能与免疫失调有关。多种因素与该病关系密切,如病毒感染(乙肝病毒感染、人类免疫缺陷病毒等)、药物(磺胺类、青霉素等)、注射血清后和肿瘤等抗体能诱发免疫复合物,导致血管内皮细胞损伤,使血管调节功能失调,血管痉挛,发生缺血性改变,甚至血栓形成和血管阻塞。

病理变化 Pathological changes:累及多器官和组织,以肾、心、肝和胃肠道多见。小动脉病变呈节段性结节,动脉壁全层炎细胞浸润,动脉中膜纤维素样坏死,肉芽组织形成,动脉壁增厚,管腔狭窄。

4. Wegener 肉芽肿(肉芽肿病) Wegener granuloma or granulomatosis 是指一种病因不明的血管性系统性炎症性疾病,具有复杂多样的临床表现。原因不明。见于各年龄组,30~50 岁为发病高峰,男性略多。

病理变化 Pathological changes:为小动脉、小静脉及毛细血管的肉芽肿性炎症及坏死。

光镜下:表现为呼吸道坏死性肉芽肿性血管炎、局灶性坏死性肾小球肾炎和其他部位(眼、皮肤)坏死性小血管炎。动脉和小静脉壁纤维素性坏死,中性粒细胞、淋巴细胞及多核巨噬细胞浸润。晚期,坏死组织由肉芽组织机化。局灶性节段性坏死性肾小球肾炎可伴有新月体的形成。

5. 动脉瘤 Aneurysm 指动脉壁因局部病变(可因薄弱或结构破坏)而向外膨出,形成永久性的局限性扩张。

(1)病因 Etiology:可有先天性和后天性之分,有真性、假性和夹层动脉瘤之分(图 6-25)。后天性的动脉瘤多继发于动脉粥样硬化或创伤、细菌感染和梅毒等。

(2)病理变化 Pathological changes:动脉病变可发生在身体任何部位,最常见于弹性动脉及其主要分支,如颈动脉、锁骨下动脉、腋动脉、肱动脉、桡动脉、髂动脉、股动脉和腘动脉等部位,以股动脉和腘动脉为好发部位。

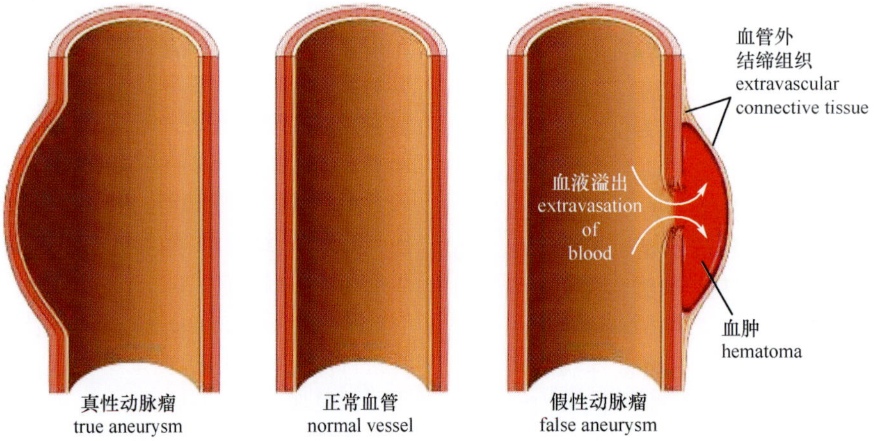

图 6-25 真性动脉瘤和假性动脉瘤 True and false aneurysms

图中央示正常血管。左侧为真性动脉瘤,右侧为假性动脉瘤 Normal vessel(center). True aneurysm (left):the wall bulges outward and may be attenuated but is intact. False aneurysm (right):the wall is ruptured, and there is a collection of blood (hematoma) that is bounded externally by adherent extravascular tissues

(3)动脉瘤根据形态和结构可有以下多种形态 The pattern of aneurysm

1)囊状动脉瘤(saccular aneurysm):某一段血管壁局部性向外膨出呈气球状囊性扩张,直径多在 2cm 左右,有的可达 5cm。此种动脉瘤可使血流形成逆行性漩涡。

2)梭形动脉瘤(fusiform aneurysm):所累及的血管部位呈均匀性扩张,两端均匀性缩小,可回到正常血管直径。

3)蜿蜒性动脉瘤(serpentine aneurysm):所累及的血管呈不对称性扩张,呈蜿蜒状膨隆。

4)舟状动脉瘤(navicular aneurysm):累及的血管壁近一侧扩张,对侧管壁正常。

5)夹层动脉瘤(dissecting aneurysm):常发生于血压变动最明显的升主动脉和主动脉弓等部位。血管瘤可从动脉内膜的破裂口进入动脉的中膜,使中膜形成假血管腔。

6）假性动脉瘤（false aneurysm or pseudoaneurysm）：多由外伤引起，故又称外伤性动脉瘤。动脉瘤壁由动脉外膜和局部血管破裂形成的血肿及周围结缔组织构成，并与动脉腔相通。

动脉瘤最严重的并发症为破裂出血，可危及生命。

病例讨论

55 岁妇女猝死。

生前有多年高血压病史，未发现有肾脏疾病或内分泌异常。常年血压为 190/105mmHg。几个月前，突然感到夜间呼吸困难而被送入急诊室救治。

检查发现：下肢水肿，肝水大，听诊肺部有啰音。胸部 X 线显示心脏扩大，主要是心房扩大（图 6-26）。心电图显示左心室肥大。血液生化指标提示肝功能轻微异常，心肌酶检测阴性。

病史提供信息：最近几年，有尿素氮和肌酐持续升高。死亡前一日在参加体育运动时感觉胸闷胸痛，随即倒地，人事不省，被立即送往医院抢救。

查体所见：血压明显升高，脉搏不齐。胸部 X 线片显示左胸腔有积液，纵隔增宽。经治疗无效，病情迅速恶化，死亡。

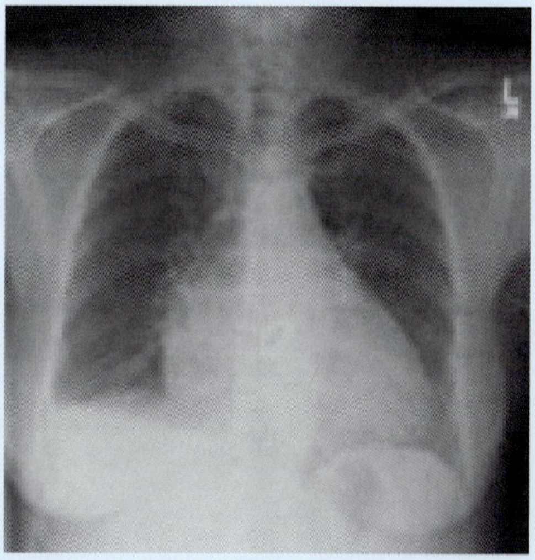

图 6-26 胸部 X 线摄片

思考题

1. 该病例若进行尸体剖验，可以发现哪些器官有何种病变？
2. 简要分析其死亡原因。

（巩玉森 刘清华 柳 红 周士东）

第 7 章 呼吸系统疾病

Diseases of the Respiratory system

Outline

The major function of the lung is to excrete carbon dioxide from blood and replenish oxygen. Developmentally, the respiratory system is an outgrowth from the ventral wall of the foregut. The midline trachea develops two lateral outpocketings, the lung buds. The right lung bud eventually divides into three main bronchi, and the left into two main bronchi, thus giving rise to three lobes on the right and two on the left. The main right and left bronchi branch dichotomously, giving rise to progressively smaller airways, termed bronchioles, which are distinguished from bronchi by the lack of cartilage and submucosal glands within their walls. Additional branching of bronchioles leads to terminal bronchioles; the part of the lung distal to the terminal bronchiole is called an acinus. Pulmonary acini are composed of respiratory.

Bronchioles (emanating from the terminal bronchiole) that proceed into alveolar ducts, which immediately branch into alveolar sacs, the blind ends of the respiratory passages, whose walls are formed entirely of alveoli, the ultimate site of gas exchange. The microscopic structure of the alveolar walls (or alveolar septa) consists, from blood to air, of the following The capillary endothelium. A basement membrane and surrounding interstitial tissue separating the endothelium from the alveolar lining epithelium. The pulmonary interstitium, composed of fine elastic fibers, small bundles of collagen, a few fibroblast-like cells, smooth muscle cells, mast cells, and rare mononuclear cells, is most prominent in thicker portions of the alveolar septum. Alveolar epithelium, which contains a continuous layer of two principal cell types: flattened, platelike type I pneumocytes covering 95% of the alveolar surface and rounded type II pneumocytes. The latter cells are the source of pulmonary surfactant and are the main cell type involved in repair of alveolar epithelium in the wake of damage to type I pneumocytes. The alveolar walls are not solid but are perforated by numerous pores of Kohn, which permit passage of bacteria and exudates between adjacent alveoli. Alveolar macrophages, mononuclear cells of phagocytic lineage, usually lie free within the alveolar space. Often these macrophages contain phagocytosed carbon particles.

Obviously, opportunities for disease in this important organ system are legion. A common approach in the study of lung pathology, and one that provides the framework for this chapter, is to organize lung diseases into those affecting (1) the airways, (2) the interstitium, and (3) the pulmonary vascular system. This division into discrete compartments is, of course, deceptively neat. In reality, disease in one compartment is generally accompanied by alterations of morphology and function in another. We begin our discussion with atelectasis because it can complicate many primary lung disorders.

呼吸系统包括鼻、咽、喉、气管、支气管和肺。支气管逐级分支形成小支气管、细支气管(管径<1mm)、终末细支气管,共同构成气体出入的传导部分;终末细支气管再继续分支为呼吸性细支气管(管壁上有肺泡开口)、肺泡管、肺泡囊直至肺泡,构成肺的呼吸部分。3~5个终末细支气管及其分支和肺泡构成肺小叶(lobule)。由呼吸性细气管及其远端所属的各级组织直至肺泡,称为肺腺泡(pulmonary acinus),是肺的基本功能单位。肺泡由肺泡上皮覆盖,其中I型上皮细胞覆盖肺泡内表面的90%以上,II型肺泡上皮细胞数量较少,呈立方形,镶嵌于I型上皮细胞间。肺泡壁上有肺泡间孔(Cohn孔),使相邻肺泡彼此相通。

呼吸系统防御功能包括物理(鼻部加温过滤、喷嚏、咳嗽、支气管收缩、黏液纤毛运输系统)、化学(溶菌酶、乳铁蛋白、蛋白酶抑制剂、抗氧化的谷胱甘肽、超氧化物歧化酶等)、细胞吞噬(肺泡巨噬细胞、中性粒细胞)及免疫(B细胞分泌IgA、IgM等,T细胞介导的迟发型变态反应,杀死微生物和细胞毒作用等)。当上述防御功能受损或进入的病原体、有害粉尘数量过多和毒力过强或肺处于高敏状态时,将导致呼吸系统疾病发生。

呼吸系统疾病是我国的常见病和多发病。根据资料,呼吸系统疾病(不包括肺癌)的死亡率在农村仍占首位(城市占第3位),说明呼吸系统疾病危害人类日益严重,如未予控制,日后将更为突出。由于大气污染、吸烟、人口老龄化及其工业经济发展所产生的理化因子、生物因子吸入等因素,使慢性阻塞性肺病(包括慢性支气管炎、肺气肿、肺心病)、支气管哮喘、肺癌、肺部弥散性间质纤维化,以及肺部感染等疾病的发病率、死亡率有增无减。2002年,爆发了传染性非典型肺炎,在我国影响很大,给国民经济造成了巨大损失。目前在多个国家出现的人禽流感病死率超过60%,而禽流感病毒侵入人体主要的靶器官是肺,因而醒示我们,呼吸系统疾病对人类健康的危害很大,防治任务非常艰巨。

第一节 上呼吸道及肺部炎症性疾病
The Upper Respiratory Tract and Lung Inflammatory Diseases

炎症性疾病是呼吸系统最常见的一类疾病。呼吸系统是人体与外界相通的主要门户,随空气进入呼吸道的病原微生物及有害物质常可导致炎性疾病的发生。主要包括鼻炎、鼻窦炎、咽炎、喉炎、气管支气管炎、细支气管炎和肺炎等。

一、鼻 炎
Rhinitis

鼻炎是鼻腔黏膜和黏膜下组织的炎症。表现为局部黏膜组织的充血或水肿。患者经常出现鼻塞(nasal obstruction)、流清水鼻涕,可伴有鼻痒(rhinocnesmus)、喉部不适和咳嗽(cough)等症状。

1. 急性鼻炎 Acute rhinitis 这是鼻黏膜和黏膜下组织的急性炎症,常伴有急性咽炎。后者是鼻咽部黏膜的急性炎症,是上呼吸道感染的一部分,俗称"伤风"或"感冒"。

(1)急性病毒性鼻炎 Acute viral rhinitis:常为呼吸道病毒性疾病的一部分,可由各种呼吸道病毒引起,最常为鼻病毒(rhinovirus),其次为冠状病毒(coronary virus)、流感(influenza A or B),少见者包括呼吸道合胞病毒(respiratory syncytial virus)、腺病毒(adenovirus)、单纯疱疹病毒(herpes simplex virus)和EB病毒(EB virus)等。当机体抵抗力降低(如着凉、过劳、全身慢性疾病等)和鼻中隔偏曲等,可使鼻黏膜防御功能削弱而导致病毒入侵、繁殖而发病。本病潜伏期约为1~3天。初期,鼻黏膜充血、水肿(鼻塞),浆液渗出(浆液性卡他)。继而,寄生于鼻黏膜的链球菌、葡萄球菌增生繁殖,常常使病毒性鼻炎转化为化脓性炎(脓性卡他)。此时,黏膜上皮纤毛黏结,部分上皮脱落,2~3天后上皮开始再生,约2周后修复、痊愈。婴幼儿由于未发育完善,抵抗力和免疫力低下,有时可伴发鼻窦炎、中耳炎、肺炎和急性心肌炎等,产生严重后果。

(2)过敏性鼻炎 Allergic rhinitis:是鼻腔黏膜的变应性疾病,属于I型变态反应,最常见的变应原为吸入的花粉及草类、谷物和某些树木的粉尘、室内尘螨、动物的毛屑等;也可由碘、油漆、药品、某些食物和化妆品引起。镜下可见鼻黏膜上皮层内杯状细胞(goblet cells)增多、纤毛受损,基膜增厚,间质水肿,大量嗜酸粒细胞(eosinophils)、淋巴细胞(lymphocytes)和浆细胞(plasma cells)浸润。临床主要表现为鼻痒、频繁喷嚏、流清鼻涕、鼻塞等症状,常伴有过敏性结膜炎的症状如眼痒、流泪等,如脱离过敏源,数分钟至1~2h症状即消失。

2. 慢性鼻炎 Chronic rhinitis 是鼻腔黏膜和黏膜下组织的慢性炎症。

(1)慢性单纯性鼻炎 Chronic simple rhinitis:是鼻黏膜可逆性炎症。鼻腔血管植物神经调节功能紊乱,导致鼻黏膜血管扩张,通透性增高。

病理变化 Pathological changes:黏膜下组织血管和腺体周围炎细胞浸润(以淋巴细胞和浆细胞为主);黏液腺体功能活跃,分泌物增多。

临床表现 Clinical manifestations:鼻塞、流涕。

(2)慢性肥厚性鼻炎 Chronic hypertrophic rhinitis:是以鼻黏膜肥厚、鼻甲肿胀为特征的慢性炎症。与鼻腔血管神经调节功能障碍、过敏和激素影响或粉尘、气候和职业等因素有关。多由慢性单纯性鼻炎发展而来。

病理变化 Pathological changes:以慢性炎性增生为主,黏膜上皮、杯状细胞、结缔组织、小血管增生,慢性炎细胞浸润,上皮可鳞化(squamous cells metaplasia)。若病因继续存在,鼻黏膜长期肥厚,有时可形成息肉(polyp)。鼻甲骨和骨膜亦可增生、肥大。

临床表现 Clinical manifestations:持续性鼻塞,闭塞性鼻音,可有嗅觉迟钝及耳鸣等。

(3)慢性萎缩性鼻炎 Chronic atrophic rhinitis:是伴有鼻腔黏膜萎缩(atrophy)的慢性炎症。其病因可能与遗传因素有关。患者常伴有骨萎缩、缺铁性贫血、汗腺减少等疾病。发病始于青春期,女性较多。患部鼻黏膜萎缩、嗅觉障碍或消失、鼻腔内有痂样苔膜形成且易为腐败菌感染并分解而产生恶臭(臭鼻症,coryza foetida)。

病理变化 Pathological changes:黏膜上皮广泛鳞化,小血管呈闭塞性脉管炎改变,黏膜和腺体萎缩,甚者鼻甲骨亦萎缩,纤维结缔组织增生。

临床表现 Clinical manifestations:鼻及鼻咽部干燥感、鼻塞、鼻出血、鼻内脓痂多、嗅觉障碍、呼气恶臭,经常头痛、头昏等。

(4)特异性鼻炎 Specific rhinitis:多为全身性疾病的局部病变,如结核、麻风、梅毒、结节病等在鼻黏膜形成的慢性肉芽肿性炎,常可破坏鼻黏膜乃至软骨和骨质,导致鼻和面部变形。

二、鼻 窦 炎
Sinusitis

鼻窦炎是指发生在上颌窦、筛窦、额窦和蝶窦黏膜的非特异性炎症。上颌窦炎最多见,其次为筛窦炎、额窦炎和蝶窦炎。若所有鼻窦受累则称为全鼻窦炎(pansinusitis)。

病因:由鼻源性细菌感染引起,偶为牙源性或血源性感染。除病原菌的类型和毒力外,全身抵抗力降低、气压变化、鼻窦引流、通气障碍等在鼻窦炎发病中也起重要作用。

1. 急性浆液性卡他性鼻窦炎 Acute serous and catarrhal sinusitis 鼻窦黏膜充血、水肿。当鼻窦黏膜固有膜层内有大量中性粒细胞(neutrophils)浸润,黏膜上皮细胞坏死、脱落时,即成为急性化脓性鼻窦炎(acute suppurative sinusitis)。

2. 慢性鼻窦炎 Chronic sinusitis 黏膜变厚,固有膜水肿,血管壁增厚、管腔狭窄甚至闭塞,间质内有较多炎性细胞浸润。急性化脓性鼻窦炎转入慢性期后,部分黏膜被破坏,常伴有鳞状上皮化生和肉芽组织形成，固有膜明显增厚，其内有大量淋巴细胞、浆细胞浸润。局部可有息肉形成。

鼻窦炎病变严重时，可扩散并侵犯邻近组织，引起骨髓炎（osteomyelitis）、眼眶蜂窝织炎（orbital phlegmon）、软脑膜炎（leptomeningitis）和脑脓肿（brain abscess）等，甚至导致败血症（septicemia）。

三、咽　炎
Pharyngitis

咽炎是咽部黏膜及黏膜下淋巴组织的炎症。

1. 急性咽炎 Acute pharyngitis　是咽黏膜及黏膜下淋巴组织的急性炎症，常继发于急性鼻炎或急性扁桃体炎之后或为上呼吸道感染的一部分。

（1）病因 Etiology：多由柯萨奇病毒、腺病毒和副流感病毒引起，也可由链球菌、葡萄球菌和肺炎球菌等细菌感染引起。

（2）病理变化 Pathological changes：为单纯性咽炎（simple pharyngitis）和急性化脓性咽炎（acute suppurative pharyngitis）。由溶血性链球菌引起的急性脓毒性咽炎（acute septic pharyngitis），局部和全身症状及病变都较严重，甚至可发生脓毒败血症（pyemia）。

（3）临床表现 Clinical manifestations：急性咽喉炎起病急，初起时咽部干燥，灼热；继而疼痛，吞咽唾液时咽痛往往比进食时更为明显；可伴发热，头痛，食欲不振和四肢酸痛；侵及喉部，可伴声嘶和咳嗽。

2. 慢性咽炎 Chronic pharyngitis

（1）病因 Etiology：是由急性咽炎迁延不愈、反复发作所致，也可因长期吸烟或吸入有害气体引起。

（2）病理变化 Pathological changes：①慢性单纯性咽炎（chronic simple pharyngitis）：咽部黏膜充血、腺体增生，分泌增多伴炎性细胞浸润；②慢性肥厚性咽炎（chronic hypertrophic pharyngitis）：黏膜增厚，淋巴组织及纤维结缔组织明显增生，常于咽后壁形成颗粒状隆起；③慢性萎缩性咽炎（chronic atrophic pharyngitis）：多由慢性萎缩性鼻炎蔓延而来，主要表现为黏膜和腺体的萎缩。

（3）临床表现 Clinical manifestations：咽部不适，有异物感（总感到咽部有咽不下又吐不出的东西），刺激性咳嗽，干燥、发胀、堵塞、瘙痒等，但少有咽痛。清晨常吐出黏稠痰块，易引起恶心。当说话较多、食用刺激性食物后、疲劳或天气变化时上述症状加重。

四、喉　炎
Laryngitis

喉炎是喉部黏膜及黏膜下组织的炎症。

1. 急性喉炎 Acute laryngitis

（1）病因 Etiology：大多由病毒和细菌感染引起，常继发于感冒（common cold）之后。另外，理化因素如粉尘、有害气体、过敏反应、过度吸烟，异物或检查器械所致的损伤均可引起急性喉炎。

（2）病理变化 Pathological changes：①由感冒病毒引起者，为急性卡他性喉炎（acute catarrhal laryngitis）。早期黏膜充血、水肿，随后出现中性粒细胞浸润伴黏液脓性分泌物形成。②由白喉杆菌引起者，为假膜性炎（pseudomembranous inflammation），多由咽白喉蔓延而来。③流感所致喉炎可有假膜形成，但最常表现为出血性炎（hemorrhagic inflammation），若夹杂葡萄球菌和链球菌感染，常导致黏膜坏死和溃疡（ulcer）形成。

（3）临床表现 Clinical manifestations：声嘶、喉痛、咳嗽、多痰。

2. 慢性喉炎 Chronic laryngitis

（1）病因 Etiology：可由急性喉炎迁延而来，也可由吸烟、粉尘吸入，用声过度或发音不当及鼻咽腔慢性炎症等长期慢性刺激而引起。

（2）病理变化 Pathological changes

1）慢性单纯性喉炎 Chronic simple laryngitis：喉黏膜充血、水肿，镜下见黏膜及黏膜下组织血管扩张充血、间质水肿、淋巴细胞浸润。

2）慢性增生性喉炎 Chronic hypertrophic laryngitis：喉部黏膜增厚，镜下表现为黏膜上皮增生，甚至角化，黏膜下纤维结缔组织明显增生，大量淋巴细胞、浆细胞浸润，可有淋巴滤泡形成。部分病例由于长期慢性炎症刺激可导致黏膜呈瘤样增生（neoplasloid proliferation），形成息肉（声带息肉）或小结（声带小结）。声带息肉（vocal cord polip）常发生于声带前1/3和2/3交界处，多为单侧性，呈息肉状；声带小结（vocal cord nodular）多发生于声带前1/3和前联合处，呈小结节状。两者表面均被覆鳞状上皮且多有不同程度的萎缩而变薄（有时棘细胞层明显增厚），可见角化不全。早期病变主要表现为上皮下结缔组织水肿，小血管扩张。晚期以纤维组织增生为主，有时可见数量不等的淋巴细胞、浆细胞和中性粒细胞浸润。间质中常有淀粉样物质（amyloid substances）沉积。

（3）临床表现 Clinical manifestations：主要症状为声嘶，咽部干燥、异物感，发音时喉痛，时有痉挛性咳嗽（spasmodic cough）。

五、急性气管支气管炎
Acute Tracheobronchitis

急性气管支气管炎是发生在气管支气管黏膜的急性炎症，是呼吸道常见疾病，多见于婴幼儿及老年人。在气候突变季节，可以由病毒、细菌直接感染，也可因急性上呼吸道感染的病毒或细菌蔓延引起。

（一）病因 Etiology

主要是病毒感染，多为腺病毒、流感病毒、副流感病毒、呼吸道合胞病毒等。在病毒感染的基础上继发细菌感染，以肺炎球菌、流感嗜血杆菌、金黄色葡萄球菌等多见。另外，在少数情况下，吸入各种有害气体（aerosol）（如氯气、二氧化硫）、粉尘（dusts）、异物也可引起急性气管支气管炎。寒冷的空气、尘埃及烟雾可以破坏呼气道的防御机制而诱发上述病原体的感染。

（二）病理变化 Pathological changes

1. 肉眼观 Gross appearances

气管和支气管黏膜充血、肿胀，表面黏附白色或淡黄色黏性分泌物，重症病例可出现黏膜坏死和溃疡形成。

2. 光镜下 Light microscopic view

黏膜及黏膜下组织渗出性炎症，严重者可伴有坏死、糜烂和溃疡形成。

（三）类型 Types

1. 急性卡他性气管支气管炎 Acute catarrhal tracheobronchitis　黏膜及黏膜下层充血、水肿，可有少量中性粒细胞浸润，表面黏液分泌增多。管腔表面覆有较稀薄的黏性黄色分泌物，通常可被咳出，有时也可堵塞支气管腔引起通气障碍。

2. 急性化脓性气管支气管炎 Acute suppurative tracheobronchitis　多由急性卡他性炎发展而来，此时分泌物由黏液性转变为脓性，黏膜及黏膜下层有大量中性粒细胞浸润，患者可咳出黄色脓痰。

3. 急性溃疡性气管支气管炎 Acute ulcerative tracheobronchitis

多为病毒感染合并化脓性炎引起，病情较重，早期管腔黏膜发生浅表性坏死、糜烂，以后黏膜下组织坏死、脱落形成溃疡，并有小灶性出血。损伤程度较轻时，炎症消退后损伤的黏膜上皮由基底层细胞增生修复，可痊愈，溃疡则由肉芽组织（granulation tissue）修复后形成瘢痕。

4. 特殊类型的急性气管支气管炎 Special type of acute tracheobronchitis　见于白喉时的假膜性气管支气管炎和麻疹时的巨细胞支气管炎等。

六、急性细支气管炎
Acute Bronchiolitis

急性细支气管炎是指发生在管径<2mm的细支气管的急性炎症。

（一）病因 Etiology

以病毒（如呼吸道合胞病毒、腺病毒和副流感病毒）感染多见，冬季好发。常见于<4岁的婴幼儿，<1岁的婴儿约占90%。

（二）发病机制 Pathogenesis

急性细支气管炎病发时会出现喘息样呼吸困难，之所以婴幼儿好发，与以下因素有关：①婴幼儿的小气道狭窄，气流速度慢，病原微生物易于停留和聚集；②婴幼儿的免疫功能发育不完善，黏膜表面的IgA水平很低；③细支气管管壁无软骨支撑，故炎症时易发生管腔阻塞，导致通气障碍，呼吸困难，严重者可出现呼吸衰竭和窒息。

（三）病理变化 Pathological changes

光镜下：细支气管黏膜充血、肿胀，单层纤毛柱状上皮坏死、脱落，代之以增生的无纤毛柱状上皮或扁平上皮，杯状细胞增多，黏液分泌（mucinous secretions）增加，管壁内有淋巴细胞和单核细胞（mononuclear cells）浸润。管腔内充满由纤维蛋白、炎性细胞和脱落的上皮细胞构成的渗出物（exudate），使管腔部分或完全阻塞而导致小灶性肺萎缩或急性阻塞性肺气肿。此外，由于细支气管管壁薄，炎症易扩散到周围的肺间质和肺泡，形成细支气管周围炎（peribronchiolitis）或局限性肺炎（focal pneumonitis）。当病变程度较轻、范围较局限时，炎症消退后渗出物被吸收或咳出而痊愈。少数病变严重者，管壁的损伤由瘢痕修复（scar repair），腔内的渗出物发生机化（organeration），阻塞管腔，形成纤维闭塞性细支气管炎（bronchiolitis fibrosa obiliterans），可以导致肺气肿（emphysema）或（和）肺不张（pulmonary atelectasis）。

七、肺　炎
Pneumonia

肺炎是指肺的急性渗出性炎症（acute exudates inflammation），是呼吸系统的常见病、多发病。肺炎可由不同的致病因子引起，根据病因可将肺炎分为感染性肺炎（细菌性肺炎、病毒性肺炎、支原体肺炎、真菌性肺炎和寄生虫性肺炎）、理化性肺炎（放射性肺炎、类脂性肺炎和吸入性肺炎或过敏性肺炎）。根据肺炎发生的部位，如发生于肺泡内者称肺泡性肺炎，发生于肺间质者称间质性肺炎。根据病变累及的范围，可分为大叶性肺炎、小叶性肺炎和节段性肺炎。根据病变的性质又可分为浆液性、纤维素性、化脓性、出血性、干酪性及肉芽肿性肺炎等。以细菌性肺炎最常见，约占80%。

Pneumonia is defined as an acute exudates inflammation in the lung. Pneumonia is characterized by consolidation due to the presence of exudates in the alveolar spaces. Classification depends on distributions of pathological lesion: lobar pneumonia, lobular pneumonia and interstitial pneumonia.

（一）细菌性肺炎 Bacterial pneumonia

1. 大叶性肺炎 Lobar pneumonia　大叶性肺炎是以肺泡内弥漫性纤维素渗出为主的急性炎症，主要由肺炎球菌（pneumococci）引起，病变累及肺大叶的大部或全部，肺组织常无坏死，肺泡壁也未遭破坏，愈复后肺组织可完全恢复正常结构与功能。本病多见于青壮年，男多于女，发病以寒冷季节最多。临床表现起病急，寒战高热（chills and fever），胸痛（pain in the chest），咳铁锈色痰（rusty sputum），呼吸困难，发绀并有肺实变（consolidation）体征及外周血白细胞增多等。病程一般经5~10天体温下降，症状和体征逐渐消退。

（1）病因 Etiology：大叶性肺炎主要（>90%）由肺炎球菌或称肺炎链球菌引起，其中1，3，7和2型多见（3型毒力最强）。少见的病原菌有肺炎杆菌（Klebsiella pneumoniae）、金黄色葡萄球菌（staphylococci）、流感嗜血杆菌（haemophilus influenzae）、溶血性链球菌（streptococci）、绿脓杆菌（pseudomonas aeruginosa）及变形杆菌等。

（2）发病机制 Pathogenesis：肺炎链球菌存在于正常人鼻咽部，带菌的正常人常是本病的传播源。当受寒、醉酒、疲劳和麻醉时，呼吸道的防御功能减弱，机体抵抗力降低，易致细菌侵入肺泡而发病。进入肺泡内的病原菌迅速生长繁殖并引发肺组织的变态反应，导致肺泡间隔毛细血管扩张、通透性升高，浆液和纤维蛋白原大量渗出并与细菌共同通过肺泡间孔（Cohn 孔）或呼吸性细支气管向邻近肺组织蔓延，波及部分或整个肺大叶，而肺大叶之间的蔓延则是经叶支气管播散所致。

（3）病理变化及临床病理联系 Pathological changes and clinicopathological relations：为肺泡腔内的纤维素性炎（fibrinous inflammation），常发生于单侧肺，多见于左肺或右肺下叶，也可同时或先后发生于两个以上肺叶。典型的病理过程分为四期：

1）充血期 Congestion　出现在发病的第1~2天。

肉眼观：病变肺叶肿胀，暗红色。

光镜下：肺泡间隔内毛细血管弥漫性扩张充血，肺泡腔内有大量的浆液性渗出液（serous exudate），其内混有少数红细胞、中性粒细胞和巨噬细胞。渗出液中常可检出肺炎链球菌。

胸部X线显示：肺内片状分布的模糊阴影。

临床表现：此期病人因毒血症（bacteremia）而出现寒战、高热及外周血白细胞计数升高。

2）红色肝样变期 Red hepatization　见于发病后的第3~4天。

肉眼观：肿大的肺叶充血呈暗红色，质地变实，切面灰红，似肝脏外观，故称红色肝样变期。

光镜下：肺泡间隔内毛细血管仍处于扩张充血状态，而肺泡腔内充满渗出物，含有大量红细胞、少量中性粒细胞、巨噬细胞及一定量的纤维素，其中纤维素连接成网并穿过肺泡间孔与相邻肺泡内的纤维素网相连。此期渗出物中仍能检测出大量的肺炎链球菌。

胸部X线显示：肺叶大片致密阴影。

临床表现：若病变范围较广，患者动脉血中氧分压因肺泡换气和肺通气功能障碍而降低，可出现发绀等缺氧症状。肺泡腔内的红细胞被巨噬细胞吞噬、崩解后，形成含铁血黄素随痰液咳出，致使痰液呈铁锈色。病变波及胸膜时，则引起纤维素性胸膜炎（fibrinous pleuritis），发生胸痛，并可随呼吸和咳嗽而加重。

Red Hepatization

Lobar pneumonia within the 3th or 4th days, describes lung tissue with confluent acute exudation containing neurtrophils and red cells giving a red, firm liver-like gross appearance. Microscopically: congestion persists, fine network of fibrin, large number of red cells and neutrophilic leukocytes, fibrinous pleuritis, many pneumococci in the alveoli.

3）灰色肝样变期 Gray hepatization　发病后的第5~6天表现明显。

肉眼观：病变肺叶仍肿大，但充血消退，由红色逐渐转变为灰白色、质实如肝，故称灰色肝样变期（图7-1）。

光镜下：肺泡腔内渗出的纤维素增多，相邻肺泡纤维素经肺泡间孔互相连接的现象更为多见。纤维素网中有大量中性粒细胞，肺泡壁毛细血管受压迫，肺泡腔内几乎很少见到红细胞（图7-2）。

临床表现：此期肺泡虽仍不能充气，但病变肺组织内因肺泡间隔毛细血管受压，血流量显著减少，使静脉血氧含量不足反而减轻，故缺氧状况得以改善。患者的其他临床症状开始减轻，咳出的铁锈色痰逐渐转为黏液脓痰。渗出物中的致病菌除被中性粒细胞吞噬杀灭外，此时机体的特异性抗体也已形成，故不易检出细菌。

图 7-1 大叶性肺炎 Lobar pneumonia

大叶性肺炎实变的下叶与上叶有明显的差别 The lobar pneumonia demonstrates the distinct difference between the upper lobe and the consolidated lower lobe

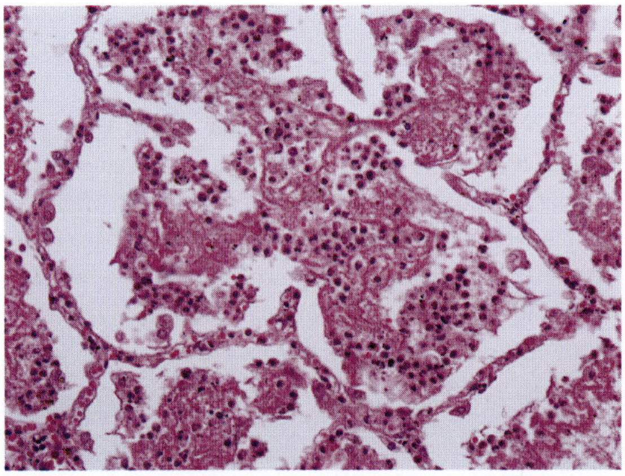

图 7-2 大叶性肺炎(灰色肝变期)Lobar pneumonia(gray hepatization)

光镜下扩张的肺泡腔内充满大量纤维素和中性粒细胞,肺泡隔毛细血管贫血状态 Microscopically, the dilatated alveolus are filled with fibrin and neutrophiles, the capillaries in alveolus septal are anemic

Gray hepatization

Within the 5th or 6th days, as the red cells disintegrate and the remaining fibrinosuppurative exudate persists, giving a gray-brown color appearance is caused by disappreance of the congestion and of the red cells. The lung is dry, gray and firm. Microscopically, the congestion is diminished and the exudate is reabsorbed, the alveolar spaces are distended and consolidations by a chumping of fibrin, passing through the cohn's pores, large amount of neutrophilic leukocytes but fewer pneumococci in the exudate.

4)溶解消散期 Resolution 发病后一周左右进入该期。此时机体的防御功能显著增强,病菌消灭殆尽。肺泡腔内中性粒细胞变性坏死,并释放出大量蛋白水解酶将渗出物中的纤维素溶解,由淋巴管吸收或经气道咳出。

肉眼观:肺内实变病灶消失,病变肺组织质地较软。

光镜下:肺内炎症病灶逐渐溶解消散,肺组织结构和功能逐渐恢复正常,胸膜渗出物亦被吸收或机化。

胸部 X 线显示:肺实变阴影逐渐消失,视野恢复正常。

临床表现:病人体温下降,症状和体征逐渐减轻、消失。

大叶性肺炎的上述病理变化是一个连续的过程,彼此无绝对的界限,同一病变肺叶的不同部位亦可呈现不同阶段的病变。由于抗生素的使用,干预了本病的自然经过,使病程缩短。典型的四期病变经过在实际的病例中已很难看到。病变也较局限,往往呈现节段性肺炎。

节段性肺炎 Segmental pneumonia 是一种常见的大叶性肺炎类型,此时肺炎的范围及蔓延只限于肺叶的一个节段。其发生可能由于病原菌的毒力较弱及抗生素的有力治疗有关。

(4)并发症 Complications

1)肺肉质变 Pulmonary carnification 亦称机化性肺炎。因肺内炎性病灶中的中性粒细胞渗出过少,释放的蛋白酶量不足以溶解渗出物中的纤维素,大量未能被溶解吸收的纤维素被肉芽组织取代而机化。病变肺组织呈褐色肉样外观,故称肺肉质变(图 7-3)。

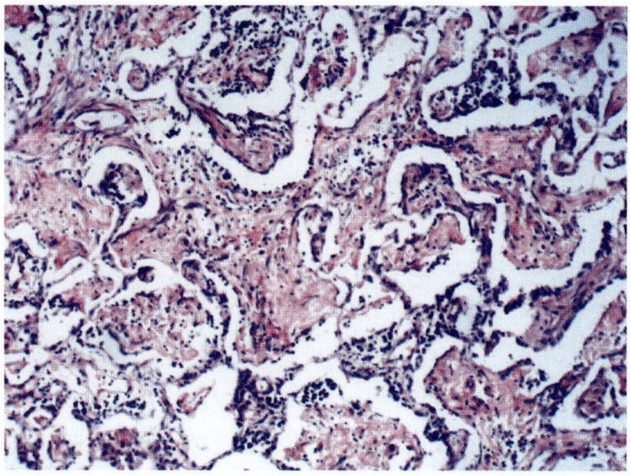

图 7-3 肺肉质变 Carnification(organization) of the lung

光镜下渗出的纤维蛋白被肉芽组织取代而机化——肺肉质变 Microscopically, the fibrinous exudate becomes organized by granulation tissue, which is pulmonary carnification

2）感染性休克 Septic shock 是大叶性肺炎的严重并发症，表现为全身中毒症状和末梢循环衰竭，故又称中毒性或休克性肺炎，病死率较高。

3）胸膜肥厚和粘连 Pleural thickening and adhesions 大叶性肺炎的病变常累及局部胸膜，伴发纤维素性胸膜炎（fibrinous pleuritis），若胸膜及胸膜腔内的纤维素不能被完全溶解吸收而发生机化，则致胸膜增厚或粘连。

4）肺脓肿及脓胸 Abscess and empyema 当病原菌毒力强大或机体抵抗力低下时，由金黄色葡萄球菌和肺炎链球菌混合感染，肺组织常发生坏死导致脓肿形成并伴有脓胸。

5）败血症或脓毒败血症 Septicaemia and pyemia 发生在严重感染时，由于细菌侵入血液大量繁殖并产生毒素所致。

2. 小叶性肺炎 Lobular pneumonia 小叶性肺炎是以肺小叶为病变单位，以细支气管为病变范围的急性化脓性炎症。病变常以细支气管为中心向周围肺组织扩展，故又称支气管肺炎（bronchopneumonia）。小儿、体弱老人及久病卧床者多见。冬春寒冷季节发病率增高。临床上有发热、咳嗽、咳痰等症状，肺部听诊可听见分散的湿性啰音。

（1）病因 Etiology：凡能引起支气管炎的细菌几乎均可导致小叶性肺炎。常见的致病菌有葡萄球菌、肺炎球菌、嗜血流感杆菌、肺炎克雷白杆菌、链球菌、绿脓杆菌及大肠杆菌等。

（2）发病机制 Pathogenesis：小叶性肺炎的发病常与上述细菌中致病力较弱的菌群有关，它们通常是口腔或上呼吸道内的常驻菌群。其中致病力较弱的4，6，10 型肺炎球菌是最常见的致病菌。当患有传染病或营养不良、恶病质、昏迷、麻醉和手术后等状况下，由于机体抵抗力下降，呼吸系统防御功能受损，这些细菌就可能侵入通常无菌的细支气管及末梢肺组织生长繁殖，引起小叶性肺炎。因此，小叶性肺炎常先有某种基础疾病，是某些疾病的并发症，如麻疹后肺炎（postmeasles pneumonia）、手术后肺炎（postoperative pneumonia）、吸入性肺炎（aspirated pneumonia）、坠积性肺炎（hypostatic pneumonia）等。

（3）病理变化 Pathological changes：小叶性肺炎的病变特征是以细支气管为中心的肺组织化脓性炎症。

肉眼观：双肺表面和切面散在分布灰黄或暗红色、质实病灶，以下叶背侧多见。病灶大小不一，直径多在 0.5～1 cm 左右（相当于肺小叶范围），形状不规则，病灶中央常可见病变细支气管的横断面。严重者的病灶可互相融合成片，甚或累及整个大叶，发展为融合性支气管肺炎（confluent bronchopneumonia），一般不累及胸膜（图 7-4）。

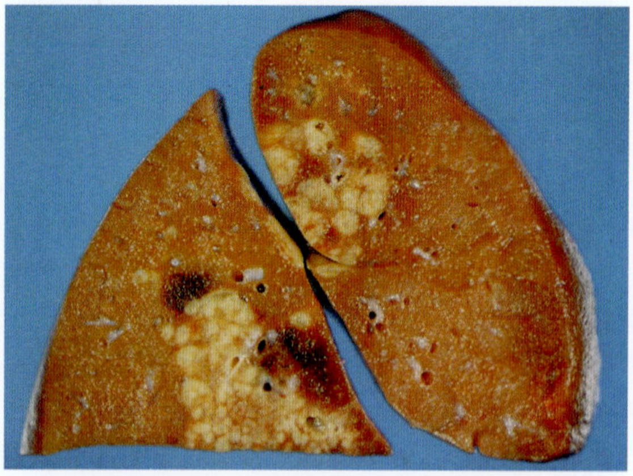

图 7-4 支气管肺炎 Bronchopneumonia
多个灰黄色不规则实变病灶相互融合，是炎性渗出和肺泡破坏的表现 Multiple irregular gray yellow consideration are confluent, representing inflammatory exudate and alveolar destruction

光镜下：早期，病变的细支气管黏膜充血、水肿，表面附着黏液性渗出物，周围肺组织无明显改变或肺泡间隔仅有轻度充血。随病情进展，病灶中的支气管、细支气管管腔及其周围的肺泡腔内出现较多的中性粒细胞、少量红细胞及脱落的肺泡上皮细胞。病灶周围肺组织充血，可有浆液渗出，部分肺泡过度扩张［代偿性肺气肿（compensatory emphysema）］。严重时，病灶中的中性粒细胞渗出增多，支气管和肺组织遭破坏，呈完全化脓性炎症（suppurative inflammation）改变（图 7-5）。

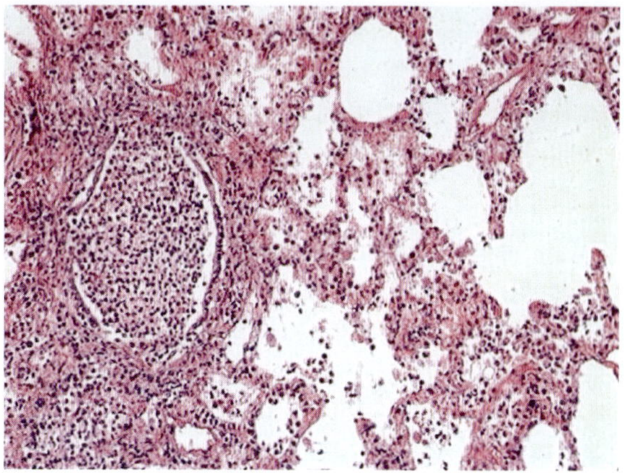

图 7-5 支气管肺炎 Bronchopneumonia
光镜下可见细支气管和局部肺泡中充满炎症细胞，肺泡结构尚存 Microscopically, a patchy area of bronchiole and alveoli that are filled with inflammatory cells. The alveolar structure is still maintained

（4）临床病理联系 Clinicopathological relations：发热、咳嗽和咳痰是最常见的症状，痰液往往为黏液脓性或脓性（purulent sputum）。小叶性肺炎常以并发症的形式出现，其临床症状常被原发疾病所掩盖，同时原有疾病往往由于小叶性肺炎而加重。因病变常呈小灶性分布，故肺实变体征不明显，X 线检查则可见肺内散在不规则小片状或斑点状模糊阴影。病变部位细支气管和肺泡腔内含有渗出物，听诊可闻及湿性啰音。

（5）结局和并发症 Outcome and complications：小叶性肺炎若治疗及时、有效，多数病例预后良好。如患者为婴幼儿、年老体弱者，特别是并发其他严重疾病者，预后较差。小叶性肺炎的并发症远较大叶性肺炎多，且危险性也大，常见的并发症有肺脓肿（lung abscess）、脓胸（empyema）、肺气肿（emphysema）、支气管扩张症（bronchiectasis）。严重的小叶性肺炎，病变范围广泛者可并发呼吸功能不全（respiratory failure）、心力衰竭（heart failure）等。

3. 军团菌肺炎 Legionella pneumonia 军团菌肺炎是由嗜肺军团杆菌（legionella pneumophila）引起的，以肺组织急性纤维素性化脓性炎为病变特点的急性传染病。呈世界性分布，我国亦有散发病例。起病急，有发热、咳嗽、胸痛及全身不适等症状，严重者可出现肺脓肿、胸膜炎、心肌炎、呼吸衰竭、肾衰竭、心功能不全等。由于临床表现复杂且缺乏特异性症状和体征，早期诊断及治疗困难，病死率高达 10%～20%。

（1）病因 Etiology：1976 年美国费城退伍军人集会中曾爆发急性发热性呼吸道疾病，1978 年分离出病原体，命名为嗜肺军团菌。现已确定有 40 多个菌种（近 70 个血清型），临床分离到的 90% 是嗜肺军团杆菌。军团菌为需氧革兰阴性菌，广泛存在于自然环境中，其传染源是人、水源和空调系统，通过空气传播。现已证实人群中不存在带菌状态，只要从可疑患者体内分离到该菌即可确诊。该菌常规染色不能发现，需由改良 Dieterle 饱和银染色法或直接免疫荧光法才能检出。

（2）发病机制 Pathogenesis：军团菌常从呼吸道侵入人体，也可由创面进入，主要侵犯肺泡和细支气管。当其侵入体内后即与中性粒细胞和巨噬细胞黏附，并被吞噬。进入胞质内的军团菌不仅不能被杀灭，反而增生繁殖，导致细胞破裂，产生和释放酶类及细胞毒因子，损伤肺组织。此外，军团菌尚可产生和释放多种毒素引起肺的持续性损伤，并进入血流引起肺外器官和组织的病变。

（3）病理变化 Pathological changes

肉眼观：病变肺体积增大，质较硬，胸膜表面粗糙，可有纤维素附着。切面病灶实性，呈 1cm 大小片状或团块状，边缘模糊，灰白色。约 65% 的患者可出现双肺多叶病变，严重患者可出现肺脓肿。

光镜下：大多数病例（95%）表现为肺组织的急性纤维素性化脓性炎。早期病变以大量纤维素和中性粒细胞渗出为主，常伴有肺组织和细支气管的坏死，崩解的组织及细胞碎片中常可见较多的单核细胞和巨噬细胞。病变晚期主要表现为渗出物及坏死组织的机化和间质纤维化（fibrosis）。约有 1/3 病例累及胸膜（pleural membrance），可见大量纤维素和中性粒细胞渗出为主的炎性细胞浸润（inflammatory cell infiltration），严重者可有胸膜坏死。

（二）病毒性肺炎 Viral pneumonia

病毒性肺炎是由上呼吸道病毒感染、向下蔓延所致的肺部炎症。该病可发生在免疫功能正常或免疫功能抑制的儿童和成人。本病大多发生于冬春季节，可暴发或散发流行。密切接触的人群或有心肺疾病者容易罹患。

1. 病因 Etiology 以流感病毒常见，其他为副流感病毒、巨细胞病毒、腺病毒、鼻病毒、冠状病毒和某些肠道病毒，如柯萨奇、埃可病毒等，以及单纯疱疹、水痘-带状疱疹、风疹、麻疹等病毒。婴幼儿还常由呼吸道合胞病毒感染产生肺炎。近年来由于免疫抑制药物广泛应用于肿瘤、器官移植，以及艾滋病的发病人数逐年增多等，单纯疱疹病毒、水痘-带状疱疹病毒、巨细胞病毒等，都可引起严重的肺炎。

2. 传播途径 Route of transmission 病毒性肺炎为吸入性感染，通过人的飞沫传染，主要是由上呼吸道病毒感染向下蔓延所致，常伴气管-支气管炎，家畜如马、猪等有时带有某种流行性感冒病毒，偶见接触传染。粪-口传染见于肠道病毒，呼吸道合胞病毒通过尘埃传染。器官移植的病例可以通过多次输血，甚至供者的器官引起病毒感染。此类肺炎可由一种病毒感染，也可由多种病毒混合感染或继发于细菌感染。

3. 病理变化 Pathological changes

肉眼观 Gross appearances：病变肺组织充血、水肿，轻度肿大。

光镜下 Light microscopic view：呈间质性肺炎（interstitial pneumonia）改变，表现为肺泡间隔明显增宽，血管扩张、充血，间质水肿及淋巴细胞、单核细胞浸润，肺泡腔内一般无渗出物或仅有少量浆液。病变严重时，肺泡腔内炎性渗出物增多，除浆液外，尚有纤维素、红细胞及巨噬细胞。

由流感病毒、麻疹病毒（measles virus）和腺病毒引起的肺炎，其肺泡腔内渗出的浆液性渗出物常浓缩并受空气挤压，形成薄层红染的膜状物称为透明膜（hyaline membranes）贴附于肺泡内表面。细支气管上皮和肺泡上皮也可增生、肥大，并形成多核巨细胞（mutipulneclear giant cells）。如麻疹性肺炎时出现的巨细胞较多，又称巨细胞肺炎（giant cell pneumonia）。在增生的上皮细胞和多核巨细胞内可见病毒包涵体（viral

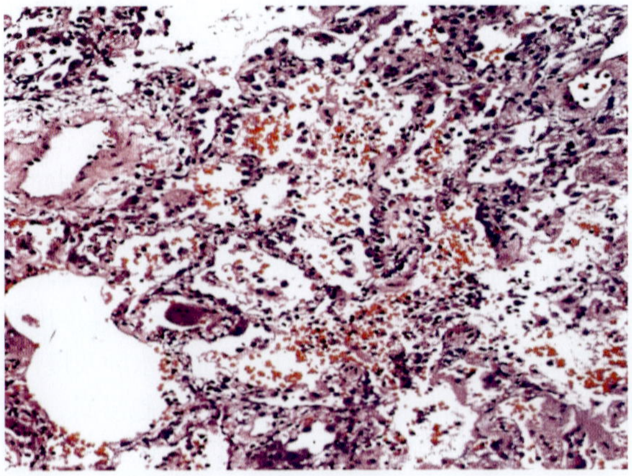

图7-6 病毒性肺炎(麻疹病毒)Viral pneumonia(measles virus)

可见巨细胞和间质炎症。肺泡中充满渗出物和新鲜出血 Giant cells and interstitial inflammation are seen. The alveoli are filled with excudate and fresh hemorrhage

inclusion body)。病毒包涵体呈圆形或椭圆形,约红细胞大小,其周围常有一清晰的透明晕,其在细胞内出现的位置常因感染病毒的种类不同而异;腺病毒、单纯疱疹病毒和巨细胞病毒感染时,病毒包涵体出现于上皮细胞的核内并呈嗜碱性;呼吸道合胞病毒感染时,出现于胞质(嗜酸性);麻疹肺炎时则胞核和胞质内均可见到。检见病毒包涵体是病理组织学诊断病毒性肺炎的重要依据(图7-6)。

病毒性肺炎若为混合性感染引起,如麻疹病毒合并腺病毒感染,或继发细菌性感染,则其病变更为严重和复杂,病灶可呈小叶性、节段性和大叶性分布,且支气管和肺组织可出现明显的坏死、出血,或混杂有化脓性病变,从而掩盖了病毒性肺炎的病变特征。

4. 临床病理联系 Clinicopathological relations 临床上可因病毒血症引起发热及全身中毒症状,支气管、细支气管炎症刺激还可引起剧烈咳嗽。若肺泡腔内渗出物少,肺部啰音及实变体征不明显。严重病例或继发细菌感染时,肺部出现实变体征,伴有严重的全身中毒和缺氧症状,甚至导致心、肺功能不全,预后不良。

附 三种肺炎的比较(表7-1)

表7-1 大叶性肺炎、小叶性肺炎、间质性肺炎的比较

Comparison of Lobar pneumonia, Lobular pneumonia and interstitial pneumonia

	大叶性肺炎	小叶性肺炎	间质性肺炎
病因	肺炎链球菌	上呼吸道细菌	病毒、肺炎支原体
年龄	青壮年	儿童、老年及体弱者	儿童、老年
病理变化	急性纤维素性炎,侵及肺大叶和胸膜;病变四期:1. 充血水肿;2. 红色肝变;3. 灰色肝变;4. 溶解消散。病程7~10天	两肺病灶常以细支气管为中心、肺小叶为范围化脓性炎。病灶间肺泡相对轻或代偿性肺气肿	病灶以肺泡隔增厚、充血水肿、单核淋巴细胞浸润为主,肺泡腔无明显渗出。病毒性肺炎见肺泡上皮增生,形成多核巨细胞,常见病毒包涵体
结局并发症	大多痊愈,部分可肺肉质变、胸膜粘连、肺脓肿及脓胸、败血症、感染性休克	其他疾病的并发症,常加重原发病并成为死亡原因,可呼吸功能不全、心功能不全、肺脓肿和脓胸	一般预后较好,少数坏死性支气管肺炎者可死亡
临床表现	发病急,高热寒战,胸痛,呼吸困难,吐铁锈色痰	常使原发疾病恶化,发热、咳嗽,肺部湿啰音等	一般较轻,重者可呼吸困难,青紫等

(三) 严重急性呼吸综合征 Severe acute respiratory syndrome(SARS)

严重急性呼吸综合征是2003年由世界卫生组织命名的以呼吸道传播为主的急性传染病。本病若能及时发现并有效治疗大多可治愈。不足5%的严重病例可因呼吸衰竭而死亡。SARS起病急,以发热为首发症状,体温一般高于38℃,偶有畏寒,可伴头痛、肌肉和关节酸痛,干咳,少痰,严重者出现呼吸窘迫。外周血白细胞计数一般不升高或降低,常有淋巴细胞计数减少。X线检查,肺部常有不同程度的块状、斑片状浸润性阴影。

1. 病因 Etiology 本病传染性强,病原体为冠状病毒,命名为SARS冠状病毒。SARS病毒以近距离空气飞沫传播为主,直接接触病人粪便、尿液和血液等也会受感染,故医务人员为高发人群,发病有家庭和医院聚集现象。

2. 发病机制 Pathogenesis 有研究提示,SARS病毒的结构蛋白(S蛋白、E蛋白、N蛋白和M蛋白)和5个未知的蛋白刺激机体发生免疫超敏反应,引起强烈的肺组织免疫损伤。目前发现,SARS患者早期外周血 $CD4^+$ 和 $CD8^+$ 淋巴细胞数量显著减少,后者尤为明显,表明患者T细胞免疫功能遭受到严重破坏。

3. 临床表现 Clinic manifestation SARS起病急,以发热为首发症状,可伴头痛、肌肉和关节酸痛、干咳少痰。严重者出现呼吸窘迫。外周血白细胞计数一般不升高或有降低。常有淋巴细胞计数减少。X线检查肺部常有不同程度的块状、斑片状浸润阴影。

4. 病理变化 Pathological changes SARS 死亡病例尸检报告显示该病以肺和免疫系统的病变最为突出;心、肝、肾、肾上腺等实质性器官也不同程度受累。

(1) 肺部病变 Pulmonary lesion

肉眼观 Gross appearances:双肺呈斑块状实变,严重者双肺完全性实变;表面暗红色,切面可见肺出血灶及出血性梗死灶。

光镜下 Light microscopic view:以弥漫性肺泡损伤为主,肺组织重度充血、出血和肺水肿,肺泡腔内充满大量脱落和增生的肺泡上皮细胞及渗出的单核细胞、淋巴细胞和浆细胞。部分肺泡上皮细胞胞质内可见典型的病毒包涵体,电镜证实为病毒颗粒。肺泡腔内可见广泛透明膜形成,部分病例肺泡腔内渗出物出现机化,呈肾小球样改变。肺小血管呈血管炎改变,部分管壁可见纤维素样坏死伴血栓形成,微血管内可见纤维素性血栓。

(2) 脾和淋巴结病变 Spleen and lymph nodes lesion

肉眼观 Gross appearances:脾体积略缩小,质软。

光镜下 Microscopic view:脾小体高度萎缩,脾动脉周围淋巴鞘内淋巴细胞减少,红髓内淋巴细胞稀疏。白髓和被膜下淋巴组织大片灶状出血坏死。肺门淋巴结及腹腔淋巴结固有结构消失,皮髓质分界不清,皮质区淋巴细胞数量明显减少,常见淋巴组织呈灶状坏死。

心、肝、肾、肾上腺等器官除小血管炎症性病变外,均有不同程度变性、坏死和出血等改变。

本病及时发现和治疗大多可治愈,少于5%的病例可因呼吸衰竭而死亡。本病的后遗症和并发症还有待于进一步观察、随访确定。

(四) 支原体肺炎 Mycoplasmal pneumonia

支原体肺炎是由肺炎支原体引起的一种间质性肺炎。

1. 病因 Etiology 寄生于人体的支原体有数十种,但仅有肺炎支原体对人体致病,主要经飞沫传播。儿童和少年发病率较高,发病率随年龄增长而降低。秋、冬季发病较多,常为散发性,偶尔流行。大多数支原体肺炎趋向于自限化(limitative),发病通常较隐匿(insidiously),预后良好(死亡率<1%)。

2. 病理变化 Pathological changes

肺炎支原体感染可侵犯整个呼吸道引起气管炎、支气管炎及肺炎。

肉眼观 Gross appearances:肺呈暗红色,胸膜平滑,切面可有少量红色泡沫状液体溢出,气管或支气管腔可有黏液性渗出物,病变常累及一叶肺组织,以下叶多见,常呈节段性分布,也偶可波及双肺。

光镜下 Microscopic view:病变主要发生在肺间质,病变区内肺泡间隙明显增宽,血管扩张、充血,间质水肿伴大量淋巴细胞、单核细胞和少量浆细胞浸润。肺泡腔内无渗出物或仅有少量混有单核细胞的浆液性渗出液。小支气管、细支气管壁及其周围间质充血水肿及慢性炎性细胞浸润,伴细菌感染时可有中性粒细胞浸润。重症病例支气管上皮和肺组织可明显坏死、出血。

3. 临床病理联系 Clinicopathological relations

起病较急,多有发热、头痛、咽喉痛及顽固而剧烈的咳嗽、气促和胸痛。听诊常闻及干、湿性啰音,胸部X线检查显示节段性纹理增强及网状或斑片状阴影。白细胞计数轻度升高,淋巴细胞和单核细胞增多。本病临床不易与病毒性肺炎鉴别,但可由患者痰液、鼻分泌物及咽拭子培养出肺炎支原体而诊断。

第二节 慢性阻塞性肺疾病 Chronic Obstructive Pulmonary Disease(COPD)

慢性阻塞性肺疾病(COPD)是一组以气流受限为特征的肺部疾病,其共同特点为肺实质和小气道受损,导致慢性气道阻塞、呼吸阻力增加和肺功能不全,主要包括慢性支气管炎、支气管哮喘、支气管扩张和肺气肿等疾病。

COPD 是一种重要的慢性呼吸系统疾病,患病人数多,病死率高。COPD 因肺功能进行性减退,严重影响患者的劳动力和生活质量。COPD 造成巨大的社会和经济负担,根据世界银行/世界卫生组织发表的研究,至2020年COPD将成为世界疾病经济负担的第五位。

一、慢性支气管炎 Chronic Bronchitis

慢性支气管炎是发生于支气管黏膜及其周围组织的慢性非特异性炎性疾病,临床上以反复发作的咳嗽、咳痰或伴有喘息为主要症状(简称为“咳、痰、喘、炎”),且症状每年至少持续3个月,连续2年以上,常以冬春季节受冷感冒后加重,夏季转暖时缓解,是中老年男性人群中最常见的呼吸系统疾病,其发病率占15%~20%。病情缓慢进展,持续多年常并发阻塞性肺气肿及慢性肺源性心脏病。

Chronic bronchitis, as persistent cough with sputum production for at least three months in at least two consecutive years. This is very common and affects large and medium size bronchi. It usually develops insidiously in middle age and a common course of severe respiratory disability.

1. 病因和发病机制 Etiology and pathogenesis

（1）理化因素刺激 Stimulation of physical and chemical factors

1）吸烟（smoking）：是慢性支气管炎最常见的原因。吸烟者患病率较不吸烟者高2～10倍，且患病率与吸烟量呈正比，吸烟时间愈久，日吸烟量愈大，患病率愈高，戒烟可使病情减轻。香烟烟雾中含有的焦油、尼古丁和镉等有害物质能损伤呼吸道黏膜，降低局部抵抗力，烟雾又可刺激小气道产生痉挛，从而增加气道的阻力。

2）空气污染（air pollution）：工业粉尘（如二氧化硅、煤尘）和大气污染（如二氧化硫、氯气、臭氧等）的慢性刺激常是慢性支气管炎的诱因之一。

3）气候环境突然变化（sudden changes of climate）：当气温骤降时，特别是寒冷空气刺激呼吸道，不仅使黏液分泌增加，而且能反射性引起支气管平滑肌收缩，使黏液排除困难，易发生继发感染，引起急性发作或加重病情。

（2）感染 Infection：慢性支气管炎的发病与感冒密切相关，多发生于冬春季，凡能引起上呼吸道感染的病毒和细菌在慢性支气管炎病变的发展过程中都可起重要作用，鼻病毒、腺病毒和呼吸道合胞病毒是致病的主要病毒，而上呼吸道常驻菌中，肺炎球菌、肺炎克雷白杆菌、流感嗜血杆菌等则可能是导致慢性支气管炎急性发作的主要病原菌。许多情况下，病毒和细菌两者合并存在，加剧了慢性支气管炎的病变。

（3）过敏反应 Allergic response：过敏性因素与慢性支气管炎也有一定关系。喘息型慢性支气管炎患者往往有过敏史。粉尘、烟草、细菌、花粉以及化学气体等，都可以成为过敏源而致病。

（4）机体免疫力低下 Low immunity：慢性支气管炎由多种因素长期综合作用的结果。上述因素是引起慢性支气管炎的外因，机体内在因素如机体抵抗力降低，植物神经功能失调及内分泌功能失调等则是引起慢性支气管炎的内因。

2. 病理变化 Pathological changes 各级支气管都可受累，早期病变常限于较大的支气管，随病情进展逐渐累及较小的支气管和细支气管。

（1）呼吸道黏液-纤毛排送系统受损，纤毛柱状上皮变性、坏死脱落，再生的上皮杯状细胞增多，并发生鳞状上皮化生（squamous metaplasia）（图7-7）。

（2）黏膜下腺体增生肥大和浆液性上皮发生黏液腺化生（mucous glands metaplasia），导致分泌黏液增多（mucus hypersecretion）。

（3）管壁充血水肿，淋巴细胞、浆细胞浸润。

（4）管壁平滑肌（smooth musle）断裂、萎缩（喘息型者，平滑肌束增生、肥大），软骨可变性、萎缩或骨化。

慢性支气管炎反复发作导致病变程度逐渐加重，累及的细支气管不断增多，引起管壁纤维性增厚，管腔狭窄甚至发生纤维性闭锁；而且，炎症易向管壁周围组织及肺泡扩展，形成细支气管周围炎。细支气管炎和细支气管周围炎是引起慢性阻塞性肺气肿的病变基础。

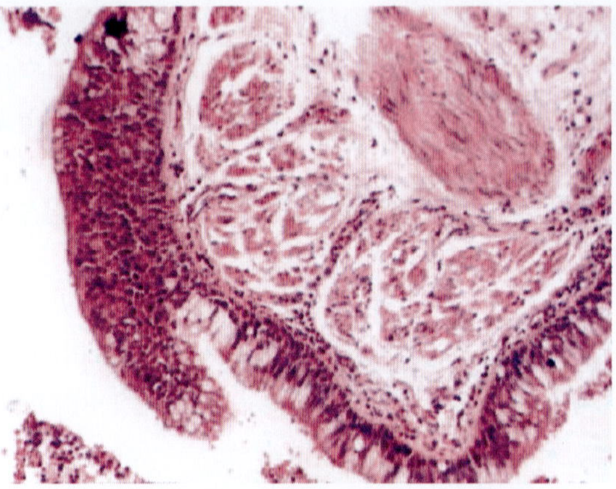

图7-7 慢性支气管炎 Chronic bronchitis

光镜下支气管黏膜上皮杯状细胞数量增多，部分上皮坏死脱落。可见鳞化，慢性炎细胞浸润 Microscopically, the number of cup-shaped cells in bronchia mucous membrane epithelia increased, and part of the epithelia underwent necrosis and broken off。Squamous metaplasia and chronic inflammatory cells are seen

3. 临床病理联系 Clinicopathological relations 患者因支气管黏膜受炎症的刺激及分泌的黏液增多而出现咳嗽、咳痰的症状。痰液一般为白色黏液泡沫状，在急性发作期，咳嗽加剧并出现黏液脓性（mucopurulent sputum）或脓性痰。支气管的痉挛或狭窄及黏液和渗出物阻塞管腔常致喘息。双肺听诊可闻及哮鸣音，干、湿性啰音。某些患者可因支气管黏膜和腺体萎缩（慢性萎缩性气管炎），分泌物减少而痰量减少或无痰。

4. 并发症 Complications

1）支气管扩张症 Bronchiectasis：慢性支气管炎患者如治疗不及时、不彻底，病变反复发作，严重者可并发支气管扩张症。

2）支气管肺炎 Bronchial pneumonia：老年体弱者，极易并发支气管肺炎。

3）肺气肿 Emphysema：支气管黏膜慢性炎症，导致小气道不全阻塞，炎症同时可以破坏肺泡组织，晚期常并发肺气肿。

4）肺源性心脏病 Cor pulmonale：是晚期严重的并发症。

5）鳞状上皮化生和癌变 Squamous metaplasia and canceration：由于慢性炎症，支气管黏膜上皮变性、坏死、增生，鳞状上皮化生，进而出现不典型增生，甚至可恶变为鳞状细胞癌（多见于重度吸烟者）。

二、支气管哮喘 Bronchial Asthma

支气管哮喘（简称哮喘）是由呼吸道过敏引起的以支气管可逆性发作性痉挛（spasm）为特征的慢性阻塞性炎性疾病。临床表现为反复发作的伴有哮鸣音的呼气性呼吸困难（dyspnoea）、咳嗽或胸闷等症状（多在夜间或凌晨发生）。发作间歇期可完全无症状。严重病例常合并慢性支气管炎，并导致肺气肿和慢性肺源性心脏病。患者大多具有特异性变态反应体质，少数可因哮喘持续状态而致死。

一般认为儿童患病率高于青壮年，老年人群的患病率有增高的趋势。成人男女患病率大致相同，发达国家高于发展中国家，城市高于农村。约 40% 的患者有家族史。

1. 病因 Etiology 病因复杂，发病机制也复杂，大多认为是多基因遗传有关的变态反应性疾病，环境因素对发病也起重要的作用。

（1）遗传因素 Genetic factor：资料表明，哮喘患者亲属患病率高于群体患病率，并且亲缘关系越近，患病率越高；患者病情越严重，其亲属患病率也越高。目前，对哮喘的相关基因尚未完全明确，但有研究表明，有多位点的基因与变态反应性疾病相关。这些基因在哮喘的发病中起着重要作用。

（2）促发因素 Precipitating factor：环境因素在哮喘发病中也起到重要的促发作用。相关的诱发因素较多，包括吸入性抗原（如：尘螨、花粉、真菌、动物毛屑等）和各种非特异性吸入物（如：二氧化硫、油漆、氨气等）；感染（如病毒、细菌、支原体或衣原体等引起的呼吸系统感染）；食物性抗原（如鱼、虾蟹、蛋类、牛奶等）；药物（如心得安、阿司匹林等）；气候变化、体育运动、妊娠等都可能是哮喘的诱发因素。

2. 发病机制 Pathogenesis 哮喘的发病机制不完全清楚。多数人认为，变态反应、气道慢性炎症、气道反应性增高及植物神经功能障碍等因素相互作用，共同参与哮喘的发病过程。

（1）变态反应 Allergies：当变应原进入具有过敏体质的机体后，通过巨噬细胞和 T 淋巴细胞的传递，可刺激机体的 B 淋巴细胞合成特异性 IgE，并结合于肥大细胞和嗜碱粒细胞表面的高亲和性的 IgE 受体。若过敏源再次进入体内，可与肥大细胞和嗜碱粒细胞表面的 IgE 交联，从而促发细胞内一系列的反应，使该细胞合成并释放多种活性介质导致平滑肌收缩、黏液分泌增加、血管通透性增高和炎症细胞浸润等。炎症细胞在介质的作用下又可分泌多种介质，使气道病变加重，炎症浸润增加，产生哮喘的临床症状。可以认为哮喘是一种涉及多种炎症细胞相互作用、许多介质和细胞因子参与的一种慢性气道炎症疾病。一般在接触过敏源后 15min 左右发病者为速发性反应，4~24h发病为迟发反应。

（2）气道炎症 Air passage inflammation：气道慢性炎症是哮喘的基本病理改变和反复发作的主要机制，表现为以肥大细胞，嗜酸粒细胞和 T 淋巴细胞为主的多种炎症细胞在气道的浸润和聚集。这些细胞相互作用可以分泌出多种炎症介质（inflammatory mediators）和细胞因子（cytokines），他们之间构成了复杂的网络，相互作用和影响，使气道炎症持续存在。当机体遇到诱发因素时，引起气道平滑肌收缩，黏液分泌增加，血浆渗出和黏膜水肿。总之，哮喘的气道慢性炎症是由多种炎症细胞、炎症介质和细胞因子参与的，相互作用形成恶性循环，使气道炎症持续存在。

（3）气道高反应性 Broncho hyperreactivity（BHR）：表现为气道对各种刺激因子出现过强或过早的收缩反应，是哮喘患者发生发展的另一个重要因素。气道上皮损伤和上皮内神经的调控等因素参与了 BHR 的发病过程。当气道受到变应原或其他刺激后，由于多种炎症细胞释放炎症介质和细胞因子，神经轴索反射使副交感神经兴奋性增加，神经肽的释放等，均与 BHR 的发病过程有关。

（4）神经内分泌机制 Neuroendocrine mechanism：神经因素也是哮喘发病的重要环节。支气管受复杂的植物神经支配。除胆碱能神经、肾上腺素能神经外，还有非肾上腺素能非胆碱能（NANC）神经系统。支气管哮喘与 β-肾上腺素能受体功能低下和迷走神经张力亢进有关，并可能存在有 αβ-肾上腺素能神经的反应性增加。NANC 能释放舒张支气管平滑肌的神经介质，如血管肠激肽、一氧化氮，以及收缩支气管平滑肌的介质，如 P 物质，神经激肽等。两者平衡失调，则可引起支气管平滑肌收缩。

3. 病理变化 Pathological changes

肉眼观 Gross appearances：肺过度膨胀，支气管管腔内可见黏液栓（mucus plug），并发感染时管腔内出现脓性渗出物。光镜下 Microscopic view：黏膜上皮局部脱落，细支气管基膜显著增厚及玻璃样变，黏膜下水肿，黏液腺增生，杯状细胞增多，管壁平滑肌增生肥大。管壁各层均可见嗜酸粒细胞、单核细胞、淋巴细胞和浆细胞浸润。在管壁及黏液栓中常可见嗜酸粒细胞的崩解产物夏科-莱登(Charcot-Leyden)结晶。

4. 临床病理联系 Clinicopathological relations 哮喘发作时，因细支气管痉挛和黏液栓阻塞，引起呼气性呼吸困难并伴有哮鸣音。症状可自行缓解或经治疗后缓解。长期反复的哮喘发作可致胸廓变形及弥漫性肺气肿，有时可合并自发性气胸(spontaneous pneumothorax)。

三、支气管扩张症 Bronchiectasis

支气管扩张症是以肺内小支气管管腔持久性扩张伴管壁纤维性增厚为特征的呼吸道慢性化脓性炎症(扩张的支气管常因分泌物潴留继发化脓性感染)。临床表现为慢性咳嗽、大量脓痰及反复咯血(hemoptysis)等症状，经支气管造影可以确诊。

1. 病因和发病机制 Etiology and Pathogenesis 肺内支气管管径的维持有赖于管壁弹力纤维和平滑肌纤维的回缩力与周围肺组织的牵张力的平衡。因此，影响支气管壁结构完整的因素均可引起支气管扩张症的发生。

(1) 支气管管壁的炎症破坏 Damage of bronchial wall by inflammation：慢性支气管炎、麻疹和百日咳后的支气管肺炎及肺结核病时，因反复感染，特别是化脓性炎症常导致管壁平滑肌、弹力纤维和软骨等支撑结构破坏；同时受支气管壁外周肺组织慢性炎症所形成的纤维瘢痕组织的牵拉及咳嗽时支气管腔内压的增加，最终导致支气管壁持久性扩张。此外，支气管因肿瘤或肿大的淋巴结压迫阻塞，其远端分泌物排出不畅发生阻塞性支气管炎时也可使管壁发生炎性破坏。

(2) 支气管先天性及遗传性支气管发育不全或异常 Congenital or hereditary bronchial agenesis or dysplasia：支气管壁先天性发育不全、弹力纤维、平滑肌和软骨生长薄弱或缺失，在此基础上如伴发感染更易引起支气管扩张。常染色体隐性遗传性胰腺囊性纤维化病常合并肺囊性纤维化(pulmonary cystic fibrosis)，患者因末梢肺组织发育不良，细小支气管常呈柱状及囊性扩张，腔内有黏液栓塞，故常继发肺部感染和间质纤维化。Kartagener 综合征(又称为支气管扩张-鼻窦炎-内脏异位三联征，或称家族性支气管扩张，属于先天性常染色体隐性遗传疾病)时因为支气管上皮纤毛结构异常并有运动功能缺欠，丧失净化功能，影响细菌排出，易引起鼻窦及支气管感染发生支气管扩张。

2. 病理变化 Pathological changes

肉眼观 Gross appearances：病变以肺段支气管以下和直径>2mm 的中、小支气管为主。一般下叶多见，左肺多于右肺。病变肺切面可见支气管呈圆柱状或囊状扩张，扩张支气管的数目多少不等，多者肺切面呈蜂窝状。扩张的支气管腔内常含有黏液脓性或黄绿色脓性渗出物，若继发腐败菌感染可散发恶臭，偶可有血性分泌物。扩张支气管周围肺组织常有不同程度的萎陷(collapse)、纤维化或肺气肿。

光镜下 Microscopic view：支气管壁明显增厚，黏膜上皮增生伴鳞状上皮化生，可有糜烂及小溃疡形成。黏膜下血管扩张充血，淋巴细胞、浆细胞甚或中性粒细胞浸润，管壁腺体、平滑肌、弹力纤维和软骨不同程度遭受破坏，萎缩或消失，代之以肉芽组织或纤维组织。邻近肺组织常发生纤维化或肺气肿。

3. 临床病理联系 Clinicopathological relations 支气管扩张症的典型症状为慢性咳嗽、大量脓痰和反复咯血。咳嗽、咳痰主要是慢性炎症的刺激、黏液分泌增多及继发感染所致。咳嗽和痰量与体位改变有关，尤其清晨起床可咳出大量脓性痰，若有厌氧菌感染，则痰有臭味。若支气管壁血管遭破坏则可咯血，大量的咯血可致失血过多或血凝块阻塞气道，严重者可休克或窒息而危及生命。患者常因支气管引流不畅或痰不易咳出而感胸闷、闭气，炎症累及胸膜者可出现胸痛。

4. 并发症 Complications 支气管扩张症常见的并发症有肺脓肿(lung abscess)、脓胸(empyema)及脓气胸(pneumopyothorax)等。病灶内细菌经血道播散可引起脑膜炎(meningitis)、脑脓肿(brain abscess)。严重的支气管扩张致肺组织广泛纤维化，破坏肺血管床，或使支气管动脉与肺动脉吻合，可导致肺动脉高压，引起肺源性心脏病，表现为气急、发绀、杵状指等。此外，在黏膜上皮鳞化的基础上可发生鳞状细胞癌(squamous cell carcinoma)。

四、肺气肿 Pulmonary Emphysema

肺气肿是末梢肺组织(即呼吸性细支气管、肺泡管、肺泡囊和肺泡)因过多含气伴肺泡间隔破坏，肺组织弹性减弱，导致肺体积膨大和通气功能降低的一种病理状态，是支气管和肺部疾病最常见的并发症，是一种重要的阻塞性肺疾病。

Emphysema is the abnormal enlargement of air spaces distal to the terminal bronchioles with destruction of their walls. Pathologically emphysema divided into two kinds. There are alveolar emphysema and interstitial emphysema. vere lesions are seen primarily in male smokers often in association with chronic bronchitis.

（一）病因和发病机制 Etiology and pathogenesis

肺气肿常继发于其他肺阻塞性疾病，如慢性支气管炎、吸烟、空气污染和尘肺等，慢性支气管炎是最常见、最重要的发病原因。

1. 阻塞性通气障碍 Obstructive ventilatory disorder 慢性支气管炎时，小支气管和细支气管管壁结构受到炎症破坏，以纤维化为主的增生性改变，导致管壁增厚、管腔狭窄；同时黏液性渗出物的增多和黏液栓的形成进一步加剧了小气道的通气障碍，使肺排气不畅，残气量过多。

2. 呼吸性细支气管和肺泡壁弹性降低 Decreased respiratory bronchioles and alveolar wall elasticity 正常时细支气管和肺泡壁上的弹力纤维具有支撑作用，并通过回缩力排出末梢肺组织内的残余气体。长期的慢性炎症破坏了大量的弹力纤维，使细支气管和肺泡的回缩力减弱；而阻塞性肺通气障碍使细支气管和肺泡长期处于高张力状态，弹性降低，使残气量进一步增多。

3. α_1-抗胰蛋白酶水平降低 Low level of α_1-antitrypsin α_1-抗胰蛋白酶（α_1-antitrypsin，α_1-AT）广泛存在于组织和体液中，对包括弹性蛋白酶（elastase）在内的多种蛋白水解酶（proteolytic enzymes）有抑制作用。炎症时，白细胞的氧代谢产物氧自由基（free radicals）等能氧化 α_1-AT 使之失活，导致中性粒细胞和巨噬细胞分泌的弹性蛋白酶数量增多、活性增强，加剧了细支气管和肺泡壁弹力蛋白、IV 型胶原和糖蛋白的降解，破坏了肺组织的结构，使肺泡回缩力减弱。临床资料也表明遗传性 α_1-AT 缺乏者因血清中 α_1-AT 水平极低，故肺气肿的发病率较一般人高 15 倍。

4. 吸烟 Smoking 长期吸烟者多由慢性支气管炎进一步发生肺气肿，也有报道吸烟可直接促进肺气肿的发生。实验研究，吸烟者的支气管肺泡灌洗液中所含的巨噬细胞量为不吸烟者的 4 倍以上，有时还有中性粒细胞（这两种细胞均含有弹性蛋白酶）。另外，吸烟可氧化 α_1-AT 活性中心的蛋氨酸而使其失活。

由于上述诸因素的综合作用，使细支气管和肺泡腔残气量不断增多，压力升高（pulmomary hypertension），导致细支气管扩张，肺泡最终破裂融合成含气的大囊泡，形成肺气肿。

（二）类型 Types

1. 肺泡性肺气肿 Alveolar emphysema 病变发生在肺腺泡（acinus）内，因其常合并有小气道的阻塞性通气障碍，故也称阻塞性肺气肿（obstructive emphysema），根据发生部位和范围，又将其分为腺泡中央型肺气肿、全腺泡型肺气肿和腺泡周围型肺气肿（图 7-8）。

（1）腺泡中央型肺气肿 Centriacinar emphysema：最常见。表现为位于肺腺泡中央区域的呼吸性细支气管呈囊状扩张，而末梢的肺泡管和肺泡囊扩张不明显（图 7-9）。

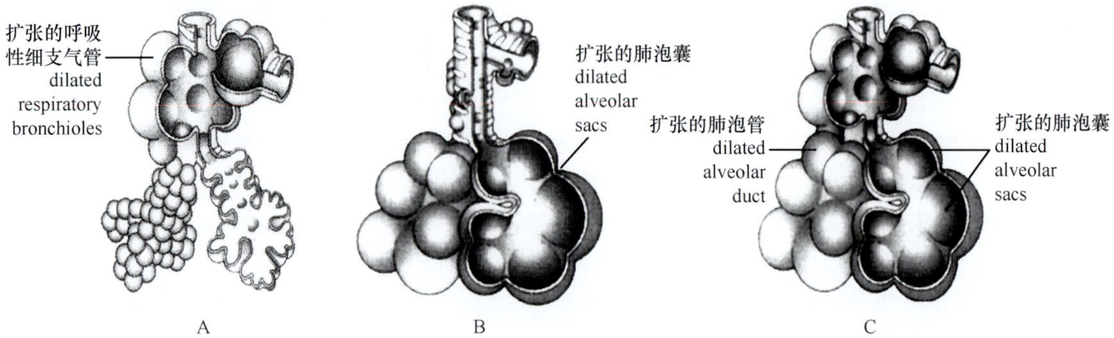

图 7-8 肺泡性肺气肿模式图 Alveolar emphysema

A. 腺泡中央型肺气肿；B. 腺泡周围型肺气肿；C. 全腺泡型肺气肿 A. centriacinar emphysema；B. periacinar emphysema；C. panacinar emphysema

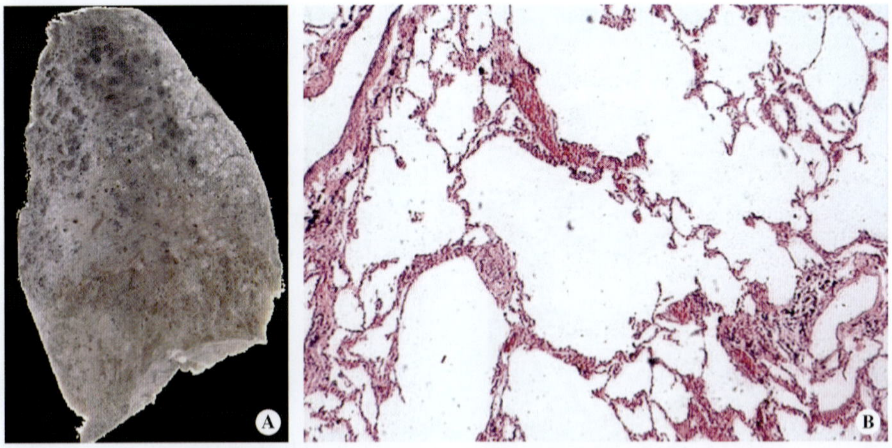

图 7-9 腺泡中央型肺气肿 Centriacinar emphysema

A. 肉眼上肺显示腺泡中央型肺气肿,病变累及小叶中央,使肺切面呈蜂窝状,少有纤维组织增生。B. 光镜下肺腺泡的中央区域或邻近区域破坏及扩张,而远端肺泡变化不明显 A. This lung shows centriacinar emphysema with enlargement of air spaces mainly involving the central part of lobules. In contrast to the enlarged spaces in honeycomb lung, there is no fibrosis of the surrounding interstitial tissue because this disease is mainly caused by digestion of alveolar wall by proteases and not due to chronic inflammation. B. Destruction and enlargement of the central or proximal parts of the respiratory unit-the acinus, sparing distal alveoli

Centriacinar emphysemais is characterized by ① Destruction and enlargement of the central or proximal parts of the respiratory unit-the acinus, sparing distal alveoli. ② Predominant involvement of upper lobes and apices. Severe lesions are seen primarily in male smokers often in association with chronic bronchitis.

(2) 腺泡周围型肺气肿 Periacinar emphysema:也称隔旁肺气肿(paraseptal emphysema)。表现为肺泡管和肺泡囊扩张,而中央区域的呼吸性细支气管基本正常。

(3) 全腺泡型肺气肿 Panacinar emphysema:表现为呼吸性细支气管、肺泡管、肺泡囊和肺泡都扩张,含气小囊腔布满肺腺泡内。肺泡间隔破坏严重时,气肿囊腔融合形成较大囊泡(直径>1cm)称囊泡性肺气肿(cystlike emphysema),常位于肺尖部或胸膜下(图 7-10,图 7-11)。

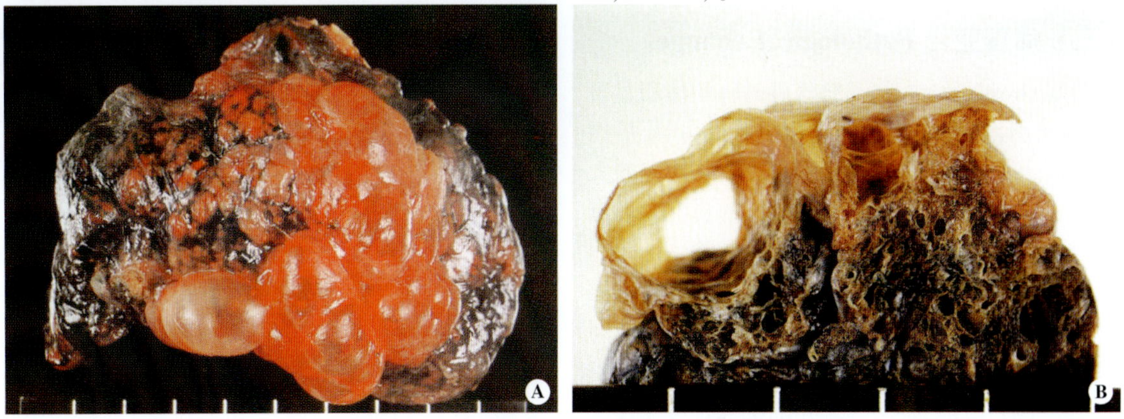

图 7-10 肺气肿和肺大泡 Emphysema and bullae

A. 在此炭末沉着的肺胸膜面可见多个肺大泡;B. 肺切面见肺大泡和肺气肿 A. Multiple bullae are seen on the pleural surface of this anthracotic lung. B. Cut surface of the lung shows bullae and emphysema

2. 间质性肺气肿 Interstitial emphysema 当发生肋骨骨折、胸壁穿透伤或剧烈咳嗽引起肺内压急剧增高时,可导致细支气管或肺泡间隔破裂,使空气进入肺间质形成间质性肺气肿。病变特点:在肺膜下、肺小叶间隔形成囊状串珠样气泡。气体也可沿支气管和血管周围组织间隙扩展至肺门、纵隔(mediastinum),也可到达胸部皮下组织(subcutaneous tissue)形成皮下气肿。

3. 其他类型肺气肿

(1) 瘢痕旁肺气肿 Paraciatrical emphysema:肺组织瘢痕灶周围,由肺泡破裂融合形成的局限性肺气肿,因其出现的具体位置不恒定且大小形态不一,故也称为不规则形肺气肿(irregular emphysema)。

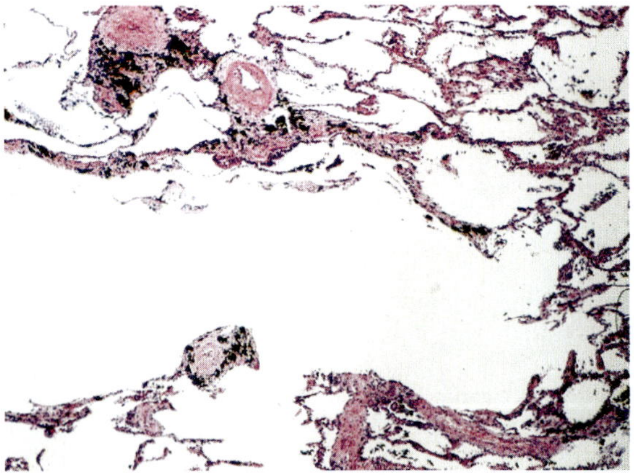

图 7-11 肺气肿和肺大泡 Emphysema and bulla
肺气肿显微照片示肺泡间隔破坏、纤维化 Photomicrograph of pulmonary emphysema shows rupture of alveolar septa and fibrosis

(2) 肺大泡 Bullae:是局灶性肺泡破坏、融合形成的大囊泡(直径>2cm),多为单个孤立的囊泡,位于胸膜下(图 7-10,图 7-11)。若破裂可引起气胸(pneumothorax)。

(3) 代偿性肺气肿 Compensatory emphysema:是肺萎缩或肺炎性实变病灶周围的肺组织或肺叶切除后残余肺组织的肺泡代偿性过度充气。通常不伴气道和肺泡壁的破坏或仅有少量肺泡壁破裂。

(4) 老年性肺气肿 Senile emphysema:因老年人的肺组织弹性回缩力减弱使肺残气量增多而引起的肺膨胀。

(三) 病理变化 Pathological changes

肉眼观 Gross appearances:肺气肿时肺的体积显著膨大,边缘钝圆,颜色灰白,柔软而缺乏弹性,指压后压痕不易消退。切面因肺气肿类型不同,所见囊腔的大小、分布的部位及范围均有所不同,较大的囊泡腔内有时可见间质和肺小动脉构成的悬梁。

光镜下 Light microscopic view:肺泡扩张,肺泡间隔变窄并断裂,相邻肺泡融合成较大的囊腔。肺泡间隔内毛细血管床(capillary bed)数量减少,间质内肺小动脉内膜纤维性增厚。小支气管和细支气管可见慢性炎症改变。肺泡中央型肺气肿的气囊壁上常可见柱状或低柱状的呼吸上皮及平滑肌束的残迹。全肺泡型肺气肿的囊泡壁上偶见残存的平滑肌束片段。

(四) 临床病理联系 Clinicopathological relations

肺气肿病程进展缓慢,主要症状为逐渐加重的呼吸困难。患者早期多无症状或体征,或仅在体力劳动、做体育运动时才有气急。随着病变的进展,肺组织呼吸面积和毛细血管床不断减少,即使平常活动甚至静息时也感到气急。若合并呼吸道感染,则支气管分泌物增多,进一步加重了通气功能障碍和气促、胸闷、发绀等缺氧症状。肺气肿患者因长期处于过度吸气状态使肋骨上抬,肋间隙增宽,胸廓前后径加大,形成特有的肺气肿体征"桶状胸(barrel chest)"。因肺容积增大,X 线检查见肺野扩大、横隔下降、肺透明度增加。后期由于肺泡间隔毛细血管床受压迫及数量减少,使肺循环阻力增加,肺动脉压升高,最终导致慢性肺源性心脏病。

(五) 并发症 Complications

主要的并发症有:呼吸性酸中毒(respiratory acidosis)、肺源性心脏病(cor pulmonale)和右心衰竭(right-sided heart failure)、继发于低氧血症的红细胞增多症(erythrocytosis)、消化道溃疡(peptic ulcers)和气胸(pneumothorax)。

第三节 肺尘埃沉着病 Pneumoconiosis

肺尘埃沉着病(简称尘肺)是长期吸入有害粉尘并在肺内沉着,引起以粉尘结节(nodule)和肺纤维化(fibrosis)为主要病变的慢性肺疾病。临床常伴有慢性支气管炎、肺气肿和肺功能障碍,是常见的职业病(occupational disease)。

按沉着粉尘的性质分为:(1)无机尘肺(inorganic pneumoconiosis):①肺硅沉着病(硅肺)(silicosis);②石棉肺(asbestosis);③煤尘肺(coal pneumoconiosis)等。(2)有机尘肺(organic pneumoconiosis):是吸入各种具有抗原性有机尘埃,如含真菌孢子的植物粉尘、细菌产物和动物蛋白等所诱发的肺组织变态反应性炎症,如农民肺(farmer's lung)、蔗尘肺(bagassosis)、皮毛尘肺(fur pneumoconiosis)等。

一、肺硅沉着病 Silicosis

肺硅沉着病(简称硅肺或矽肺)是因长期吸入含大量游离二氧化硅(SiO_2)粉尘微粒,并沉着于肺组织而引起的以硅结节(silicotic nodule)形成和肺广泛纤维化为病变特征的尘肺。

(一) 病因 Etiology

吸入空气中大量游离的 SiO_2 粉尘。长期从事开矿、采石、坑道作业及在石英粉厂、玻璃厂、耐火材料厂、陶瓷厂生产作业的工人易患本病。病程进展缓慢,多在接触硅尘 10~15 年后出现明显症状和体征。即使脱离接触硅尘后,肺部病变仍继续发展。晚期重症病例呼吸功能严重受损，常并发肺源性心脏病和肺结核病。

(二) 发病机制 Pathogenesis

发病与吸入 SiO_2 的数量、颗粒大小及其形状密切相关。

1. SiO_2 粉尘的数量 The amount of SiO_2 当吸入硅尘数量超出正常肺的清除能力(clearance mechanisms)或肺清除能力受呼吸道疾病的影响降低时均能使硅尘沉积于肺内。

2. SiO_2 粉尘的形状 The shape of SiO_2 以四面体 SiO_2 结晶致纤维化的作用最强。

3. SiO_2 粉尘的大小 The size of SiO_2 硅尘颗粒>5 μm者经过上呼吸道时易附着于黏膜表面，大多被黏液-纤毛排送系统清除出体外；而<5μm 者则可被吸入肺内直达肺泡，被巨噬细胞(macrophages)吞噬，形成细胞性硅肺结节。硅尘颗粒越小则致病力越强，其中以1～2μm者致病性最强。间质内部分吞噬了硅尘的巨噬细胞也可穿过淋巴管壁随淋巴回流至肺门淋巴结，引起淋巴结的同样病变。

当硅尘颗粒被巨噬细胞吞入后：①SiO_2 与 H_2O 聚合形成硅酸(成氢键化合物)，其羟基与吞噬溶酶体膜上的磷脂或脂蛋白上的氢原子形成氢键，使溶酶体膜通透性升高或破裂。②巨噬细胞激活后，形成氧自由基直接损伤细胞质膜。③溶酶体破裂后释放的多种溶酶体酶导致巨噬细胞崩解自溶，同时释放出硅尘，游离的硅尘又可被其他巨噬细胞再吞噬。④巨噬细胞(崩解的和已被激活)释放多种细胞因子和炎症介质，如巨噬细胞生长因子、白细胞介素、纤维连接蛋白和肿瘤坏死因子等引起肺组织的炎症反应，成纤维细胞增生和胶原沉积，导致肺纤维化。反复吸入并沉积在肺内的硅尘，特别是因巨噬细胞破裂再释放出的硅尘使肺部病变不断发展和加重，即便患者在脱离硅尘作业环境后，肺部疾病仍会继续发展。⑤免疫因素也可能发挥作用。玻璃样变的硅结节内含较多的免疫球蛋白，病人血清中也出现 IgG、IgM 及抗核抗体等的异常。

It is thought that macrophages with phagocytosed silica release enzymes, chemotactic factors for neutrophils, and oxidants, possibly owing to a toxic effect of silica on macrophages. Ingested silica also leads to macrophage activation and release of cytokines and growth factors, leukotriene B4, and cytokines interleukin 8(IL-8), MIP-12, TNF-αβ, IL-6, which recruit and activate inflammatory cells and the cytokines, IL-1, TNF-αβ, PDGF, and IGF-1, which induce that cause fibroblast proliferation and collagen and deposition. Some may reach the lymphatics either by direct drainage or within migrating macrophages and thereby initiate an immune response to components of the particles. Silica can combine with body protein and act as an antigen, so that an antigen-antibody reactionary be a factor in silicosis.

(三) 病理变化 Pathological changes

硅肺的基本病变：①硅结节；②肺组织纤维化。

1. 硅结节 Silicotic nodule 硅结节是境界清楚的、圆形或椭圆形的、灰白、质硬的细胞或纤维小团(直径 3～5mm)，触之有砂样感。硅结节形成的初始阶段是由吞噬硅尘的巨噬细胞聚集组成的细胞性结节(cellular tubercle)。随着病程进展，结节内成纤维细胞增生，结节发生纤维化遂形成纤维性结节(fibrous tubercle)，其内胶原纤维呈同心圆或旋涡状排列，可发生玻璃样变(图 7-12)。结节中央也可见到异常小血管(管壁增厚、管腔狭窄)。相邻的硅结节可以融合形成大的结节状病灶，其中央常因缺血、缺氧发生坏死和液化，形成硅肺性空洞(silicotic cavity)。偏光(polarized light)显微镜可观察到硅结节和病变肺组织内的硅尘颗粒。肺门淋巴结内也可有硅结节形成，使淋巴结肿大、变硬。

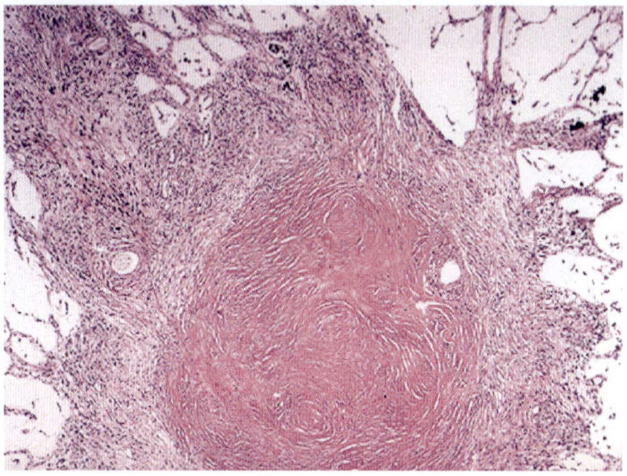

图 7-12 肺中硅结节 Silicotic nodule in lung

结节由间隔排列的粉染胶原纤维束组成 A silicotic nodule is composed mainly of bundles of interlacing pink collagen

2. 肺组织弥漫性纤维化 Pulmonary diffuse fibrosis 病变肺组织内除见硅结节外，还有范围不等的弥漫性纤维化病灶(图 7-13)。光镜下：为致密的玻璃样变的胶原纤维。晚期，纤维化肺组织可达全肺 2/3 以上。胸膜也可因弥漫性纤维化而广泛增厚(厚度可达 1～2cm)。

图 7-13 硅肺 Silicosis

病灶结节弥漫，结节可融合形成大的致密瘢痕 Distinct collagenous nodules diffuse as the disease progresses. Coalescence of lesions forms large areas of dense scar. Calcification or concomitant blackening by coal dust is often present

（四）硅肺的分期和病变特点 Stages and pathologic features

根据肺内硅结节的数量、大小、分布范围及肺纤维化程度，将硅肺分为三期：

Ⅰ期硅肺：肺门淋巴结肿大，硅结节形成（直径1~3mm）和纤维化。肺组织内硅结节数量较少，主要分布于双肺中、下叶近肺门处。X线检查肺门阴影增大，密度增强，肺野内可见少量类圆形或不规则形小阴影。肺的重量、体积和硬度无明显改变。胸膜可有硅结节形成，但增厚不明显。

Ⅱ期硅肺：硅结节数量增多，体积增大，伴有明显的纤维化。结节性病变散布于双肺，但仍以中、下肺叶近肺门部密度较高，总的病变范围不超过全肺的1/3。X线检查肺野内见较多结节状阴影（直径<1cm），分布范围较广。肺的重量和硬度增加，体积增大，胸膜也增厚。

Ⅲ期硅肺（重症硅肺）：硅结节密度增大并与肺纤维化融合成团块，病灶周围肺组织常有肺气肿或肺不张。X线检查见肺内可出现大结节或小团块状阴影（直径>2cm）。肺门淋巴结肿大，密度增高，可见蛋壳样钙化。肺重量和硬度明显增加（新鲜肺标本可竖立，入水可下沉）。切开肺标本时阻力大，有砂砾感，大团块病灶的中央可见硅肺空洞。

（五）并发症 Complications

1. 硅肺结核病 Silicotuberculosis 硅肺易并发结核病，可能是由于病变组织对结核杆菌的防御能力降低。硅肺病变愈严重，肺结核并发率愈高（图7-14）。Ⅲ期硅肺并发率可高达70%以上。硅肺病灶与结核病灶可以单独分开存在，也可以混合存在。硅肺结核病的发展速度，累及范围比单纯肺结核病更快、更广，也更易形成干酪样坏死（caseous necrosis），空洞（cavitation），导致大出血而死亡。

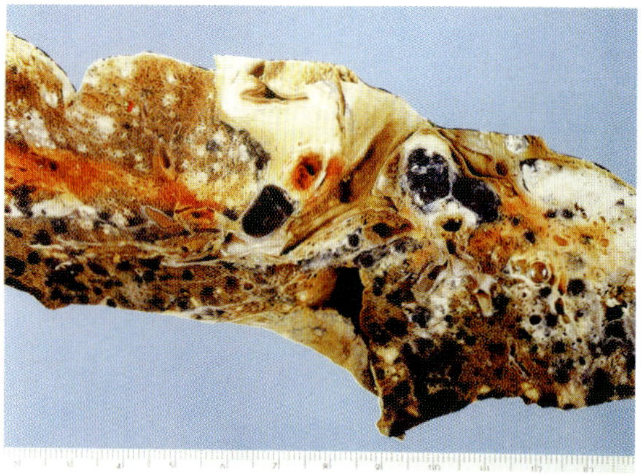

图 7-14 硅肺结核病 Silicotuberculosis

肺切面见散在的小结节，炭末沉着和肺的不规则纤维化 Cut section of lung shows scattered tubercules, anthracosis and irregular patchy fibrosis of the lung

2. 慢性肺源性心脏病 Chronic cor pulmonale 约有60%~75%的晚期硅肺并发慢性肺心病。肺组织弥漫性纤维化使肺毛细血管床减少，肺小动脉闭塞性脉管炎及缺氧引起肺小动脉痉挛等，导致肺循环阻力增大，肺动脉压升高，最终发展为慢性肺心病。患者可因右心衰竭而死亡。

3. 肺部感染和阻塞性肺气肿 Infection and obstructive pulmonary emphysema 患者抵抗力低下，呼吸道防御功能减弱，易继发严重的细菌和病毒感染，导致死亡。晚期硅肺患者常合并不同程度的阻塞性肺气肿，也可出现肺大泡，若破裂则形成自发性气胸（spontaneous pneumothorax）。

二、肺石棉沉着病 Asbestosis

肺石棉沉着病（简称石棉肺）是长期吸入石棉粉尘引起的慢性、进行性、弥漫性、不可逆性的肺间质纤维化（pulmonary interstitial fibrosis）、胸膜斑（pleural plaque）形成和胸膜肥厚（pachynsis pleurae）。主要临床表现为咳嗽、咳痰、气急和胸痛等。晚期出现肺功能障碍和慢性肺心病的症状和体征，痰内可查见石棉小体（asbestosis body）。病变严重者除了损害患者的肺功能，还可增加肺、胸膜恶性肿瘤的发生率。

（一）病因 Etiology

长期吸入大量的石棉粉尘可以导致石棉肺的发生。易患人群为长期从事石棉矿开采、选矿、运输、石棉加工及成品制作的工人。

（二）发病机制 Pathogenesis

石棉是一种天然的矿物结晶，是含有铁、镁、铝、钙和镍等多种元素的硅酸复合物，其致病力与被吸入的石棉纤维数量、大小、形状及溶解度有关。石棉纤维有螺旋形和直形两种，二者都有致纤维化和诱发石棉肺的作用，但直形纤维因在呼吸道的穿透力强，故致病性更强，其中尤以长度>8mm，厚度<0.5mm者对肺组织造成的损伤最严重。

吸入的石棉纤维停留在细支气管的分支处，随后穿入黏膜下间质及肺泡；也有少量纤维吸入后直接抵达肺泡腔，然后被间质和肺泡内的巨噬细胞吞噬。纤维化形成的重要机制：①被激活的吞噬细胞释放炎症介质和纤维化因子，引起广泛的肺间质和胸膜的炎症及纤维化。②由石棉纤维直接刺激成纤维细胞，促使脯氨酸羟化为羟脯氨酸从而加速胶原纤维合成。

（三）病理变化 Pathological changes

病变特点 Lesions features：①肺间质弥漫性纤维化（可见石棉小体）；②胸膜脏层肥厚和胸膜壁层形成胸膜斑（pleural plaque）。

肉眼观 Gross appearances：肺体积缩小、质硬，颜色灰暗。早期病变主要限于双肺下部和胸膜下肺组织，病变处纤维组织增生明显，切面呈网状。晚期肺组织弥漫性纤维化，常伴有明显的肺气肿和支气管扩张，使肺组织切面呈蜂窝状（honeycomb）。胸膜脏层增厚，早期常以下部增生明显，愈至晚期纤维性增厚的范围愈广泛，胸膜的壁层往往也出现纤维性斑块和广泛的纤维化。晚期胸膜腔闭塞，全肺被灰白的纤维组织所包裹。

胸膜斑（pleural plaque）：石棉肺胸膜壁层凸起呈局限性纤维瘢痕斑块，为灰白色、质硬、半透明、软骨状，常位于中、下胸壁，双侧对称性分布。

光镜下 Microscopic view：早期病变为石棉纤维引起的脱屑性肺泡炎（desquamative alveolitis）。肺泡腔内出现大量脱落的肺泡上皮细胞和巨噬细胞，部分巨噬细胞胞质内可见吞噬的石棉纤维。细支气管和血管周围的结缔组织以及肺泡间隔内有大量淋巴细胞和单核细胞浸润，也可有嗜酸粒细胞和浆细胞浸润。肺组织的纤维化始于细支气管周围，逐渐向肺泡间隔发展，随后肺泡遭破坏，由纤维组织取代，最终全肺弥漫性纤维化。细支气管和小血管亦被包裹于纤维组织之中，小动脉常呈闭塞性动脉内膜炎改变。肺泡上皮增生呈立方状（腺样肺泡）。

石棉小体（asbestos bodies）：由铁蛋白包裹的石棉纤维（铁反应阳性），黄褐色，多呈棒状或蝌蚪形，有分节，长短不一（长者>100μm，短者仅数微米）。石棉小体旁可见异物巨细胞。石棉小体存在于肺组织的纤维化之中，是石棉肺的重要病理诊断依据（图7-15）。

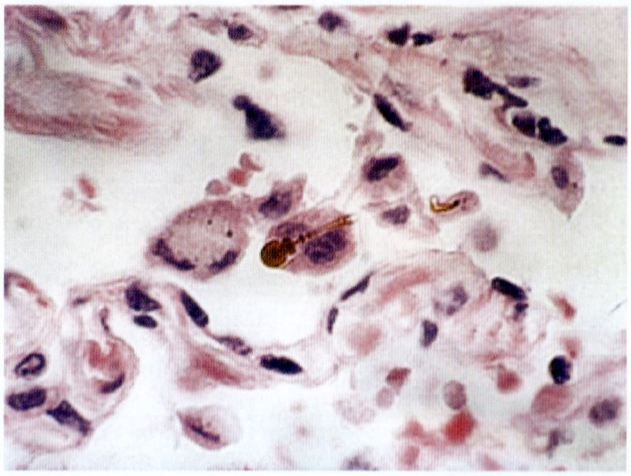

图 7-15　石棉小体 Asbestos body

图中见巨噬细胞吞入了石棉纤维，但不能将其消化分解 Asbestos bodies are engulfed by macrophages, macrophages are unable to dispose of them Failure of macrophages to dispose of asbestos fibers plays a major role in their pathogenicity

（四）并发症 Complications

1. 恶性肿瘤 Malignant tumor　石棉具有致癌作用，可能与石棉纤维的物理性状有关，细长型的石棉纤维较短粗型更易致癌。石棉肺可并发胸膜恶性间皮瘤（malignant mesothelioma of pleura）、肺癌（lung cancer）、食管癌（esophageal carcinoma）、胃癌（gastric cancer）和喉癌（laryngeal carcinoma）等。有50%～80%以上胸膜恶性间皮瘤有石棉接触史。并发肺癌的比例高出数倍至数十倍。

2. 肺结核病与肺源性心脏病 Pulmonary tuberculosis and chronic cor pulmonale　石棉肺合并肺结核病的几率远较硅肺低，约10%。石棉肺患者晚期常并发肺源性心脏病。

第四节　慢性肺源性心脏病
Chronic Cor Pulmonale

慢性肺源性心脏病（简称肺心病）是由肺组织、肺动脉血管或胸廓的慢性病变引起肺组织结构和功能异常，产生肺循环阻力增加，肺动脉压力增高，使右心扩张、肥大，伴或不伴右心衰竭的心脏病。

肺心病在我国北方地区更常见，且多在寒冷季节发病，患病率接近0.5%。好发年龄>40岁，且随年龄增长患病率增高。

一、病因及发病机制
Etiology and Pathogenesis

1. 肺疾病 Pulmonary disease　最常见引起肺心病的是慢性阻塞性肺疾病，其中以慢性支气管炎并发阻塞性肺气肿最多，占80%～90%。其次是支气管哮喘、支气管扩张症、肺尘埃沉着症、慢性纤维空洞型肺结核和肺间质纤维化等。肺疾病使肺毛细血管床减少,小血管纤维化、闭塞,使肺循环阻力增加。由于阻塞性通气障碍及肺气血屏障破坏使气体交换面积减少等均可导致肺泡氧分压降低,二氧化碳分压升高。缺氧不仅能引起肺小动脉痉挛,还能使肺血管构型改建,即发生无肌细动脉肌化(musclezation)、肺小动脉中膜平滑肌(smooth muscular)增生肥厚等变化,更增大了肺循环阻力而使肺动脉压升高(pulmomary hypertension),最终导致右心肥大、扩张。

2. 胸廓运动障碍性疾病 Thorax movement disorders 较少见,如严重的脊柱后侧弯(kyphoscoliosis)、类风湿性关节炎(arthritis pauperum)、胸膜广泛粘连及其他严重的胸廓畸形(thoracic deformity)、神经肌肉性病变(neuromuscular disease)、显著肥胖(obesity)(Pickwickian 综合征)(Pickwickian syndrome)均可使胸廓活动受限而引起限制性通气障碍(restrictive ventilatory disorder);也可因肺部受压造成肺血管扭曲(buckling of vessel)、肺萎陷(pulmonary collapse)等增加肺循环阻力引起肺动脉压升高及肺心病。

3. 肺血管疾病 Pulmonary vascular diseases 较少见,如原发性肺血管硬化症(primary pulmonary vascular sclerosis)及广泛或反复发生的肺小动脉栓塞(pulmonary microembolization):如虫卵、肿瘤细胞栓子、广泛性肺动脉炎(extensive pulmonary arteritis):如Wegener 氏肉芽肿(Wegener's granulomatosis)、肺栓塞(pulmonary enbolism)以及药物、毒物或辐射诱导的血管硬化(drug, toxin, or radiation induced vascular sclerosis)等可直接引起肺动脉高压,导致肺心病。

4. 诱导肺小动脉收缩的病变 Disorders inducing pulmonary arteriolar constriction 少见,如代谢性酸中毒(metabolic acidosis)、低氧血症(hypoxemia)、慢性高原病(chronic altitude sickness)、大气道阻塞(obstruction of major airways)、及原发性肺泡换气不足(idiopathic alveolar hypoventilation)等均能造成肺动脉供血不足,增加肺循环阻力引起肺动脉压升高及肺心病。

二、病 理 变 化
Pathological Changes

1. 肺部病变 Lung lesions

(1)肺原有疾病(如慢性支气管炎、尘肺等)的病变。

(2)肺小血管构型重建(无肌型细动脉肌化及肌型小动脉中膜增生、肥厚,内膜下出现纵行平滑肌束等)。

(3)肺小血管病变 肺小动脉炎(arteriolaritis),肺小动脉弹力纤维(elasticn fibrinous)及胶原纤维(collagen fibrinous)增生,腔内血栓形成(thrombosis)和机化(organization)。

(4)肺泡间隔毛细血管数量减少(capillary diminish)。

2. 心脏病变 Heart lesions 以右心室(right ventricle)的病变为主。

肉眼观 Gross appearances:右心室壁肥厚,心室腔扩张,扩大的右心室占据心尖部,外观钝圆。心脏重量增加(可达 850g)。右心室前壁肺动脉圆锥(pulmonary conus)显著膨隆,右心室内乳头肌和肉柱显著增粗,室上嵴增厚(图 7-16)。肺心病右心肥大的病理形态标准是:肺动脉瓣下 2cm 处右心室前壁肌层厚度超过 5mm(正常约 3~4mm)。

光镜下 Microscopic view:右心室壁心肌细胞肥大,核大、深染;也可见缺氧引起的心肌细胞萎缩、肌浆溶解、横纹消失,间质水肿和胶原纤维增生等。

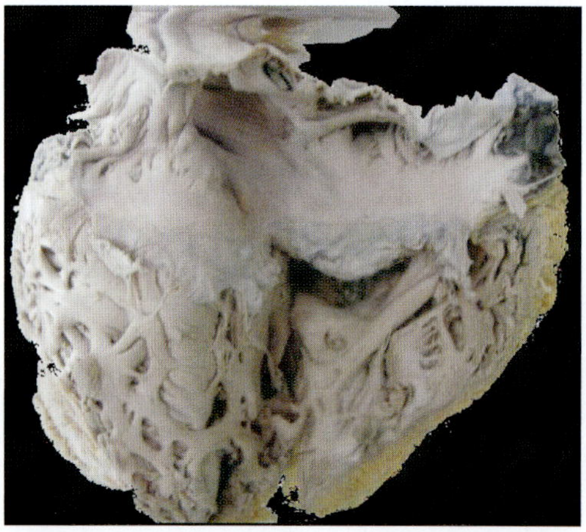

图 7-16 肺心病 Chronic cor pulmonale
右心室肥厚扩张,并可导致右心衰竭,右心房也可发生肥大 The right ventricle becomes hypertrophied and there may be some dilatation, with right-sided failure, hypertrophy of the right atrium may occur

三、临床病理联系
Clinicopathological Relations

肺心病发展缓慢,除原有肺疾病的临床症状和体征外,逐渐出现的呼吸功能不全(呼吸困难,气急、发绀)和右心衰竭(心悸、心率增快、全身淤血、肝脾大、下肢水肿)为其主要临床表现。病情严重者,由于缺氧和 CO_2 潴留,呼吸性酸中毒等可导致脑水肿而并发肺性脑病,出现头痛、烦躁不安、抽搐,嗜睡甚至昏迷等症状。

预防肺心病的发生主要是对引发该病的肺部疾病进行早期治疗并有效控制其发展。右心衰竭多由急性呼吸道感染致使肺动脉压增高所诱发,故积极治疗肺部感染是控制右心衰竭的关键。

The termCor pulmonale, or pulmonary heart disease, is a condition of the right-side cardiac chambers caused by pulmomary hypertension resulting from pulmonary parenchymal or pulmonary vascular disease. Occasionally chest motion disabilitie, characterically enlargement of right ventricle, with or without failure, is the essential feature.

第五节 呼吸窘迫综合征 Respiratory Distress Syndrome

一、成人型呼吸窘迫综合征 Adult Respiratory Distress Syndrome(ARDS)

成人型呼吸窘迫综合征(ARDS)是指全身遭受严重创伤、感染及肺内严重疾患时出现的一种以进行性呼吸窘迫(progressive respiratory embarrassment)和低氧血症(hypoxemia)为特征的急性呼吸衰竭综合征。是一种急性肺损伤的严重阶段,常和全身多器官功能衰竭同时出现。因本病多发生在创伤和休克之后,故也称休克肺(shock lung)或创伤后湿肺(traumatic wet lung);也可由弥漫性肺泡毛细血管损伤而引起,故又称弥漫性肺泡损伤(diffuse alveolar damage, DAD)。起病急,症状重,预后差。病死率高达50%~60%。

(一)病因 Etiology

多继发于严重的全身感染、创伤、休克和肺的直接损伤,如败血症、大面积烧伤、溺水、药物中毒、大量输血或输液、体外循环、透析以及弥漫性肺感染、肺挫伤、吸入性肺炎、吸入有毒气体等,均能引起肺毛细血管和肺泡上皮的严重损伤。

(二)发病机制 Pathogenesis

毛细血管的损伤使管壁通透性升高,导致肺泡内及间质水肿和纤维素大量渗出。①肺泡上皮(alveolar epithelium)(特别是Ⅱ型上皮)损伤。肺泡表面活性物质(pulmonary surfactant)缺失,导致肺泡表面透明膜形成及肺萎陷,造成肺内氧弥漫障碍,气/血比例失调而发生低氧血症,引起呼吸窘迫。②细胞因子和炎症介质参与。肺毛细血管内皮和肺泡上皮的损伤是由白细胞及某些介质(如白细胞介素、细胞因子、氧自由基、补体及花生四烯酸的代谢产物等)所引起。如由严重感染引发的ARDS,血中细菌毒素除造成直接损伤外,还可激活巨噬细胞和中性粒细胞并增强肺毛细血管内皮细胞黏附分子(adhesion molecule)的表达。大量黏附于肺毛细血管内皮细胞上的活化巨噬细胞和中性粒细胞释放氧自由基、蛋白水解酶(如胶原酶、弹力蛋白酶)、血管活性物质(如前列腺素、白细胞三烯、血栓素A_2)和血小板激活因子等均可导致肺毛细血管广泛而严重的损伤(部分介质尚有血管收缩和血小板凝集作用,则进一步减少肺泡血流灌注、加剧气血交换障碍)。

(三)病理变化 Pathological changes

肉眼观 Gross appearances 左右两肺肿胀,重量增加,暗红色,湿润,可有散在出血点或出血斑。切面膨隆,含血量多,可有实变区或萎陷灶。

光镜下 Microscopic view 肺泡上皮弥漫性损伤。肺泡腔和肺间质内有大量含蛋白质浆液(肺水肿)。在呼吸性细支气管、肺泡管及肺泡的内表面可见薄层红染的膜状物被覆,即透明膜(pulmonary hyaline membrane)形成。透明膜的成分为血浆蛋白及坏死的肺泡上皮碎屑。肺间质毛细血管扩张、充血。微血管内常见透明血栓(hyaline thrombus),间质内可有点状出血(punctate hemorrhage)和灶状坏死(focal necrosis)。

电镜下 Electron microscopic view 损伤的Ⅱ型肺泡上皮细胞的线粒体呈空泡变(嵴被破坏),内质网扩张,板层小体变性、坏死。发病数日后即可见肺间质内成纤维细胞及Ⅱ型肺泡上皮大量增生,透明膜机化和胶原沉着,导致肺泡和肺间质弥漫性纤维化。患者常并发支气管肺炎而死亡。

二、新生儿呼吸窘迫综合征 Neonatal Respiratory Distress Syndrome(NRDS)

新生儿呼吸窘迫综合征(NRDS)是指新生儿出生后仅出现数分钟至数小时的短暂自然呼吸便发生进行性呼吸困难、发绀等急性呼吸窘迫症状和呼吸衰竭综合征。多见于早产儿、过低体重儿或过期产儿。NRDS以肺内形成透明膜为主要病变特点,故又称新生儿肺透明膜病(hyaline membrane disease of newborn)。有家族遗传倾向,预后差,病死率高。

(一)病因 Etiology

主要与肺发育不全(pulmonary hypoplasia)、缺乏肺表面活性物质有关。胎龄22周至出生时,Ⅱ型肺泡上皮合成肺表面活性物质的能力渐臻完善,分泌量也达最高水平,以保证在胎儿期肺发育的主要阶段肺泡能充分发育和肺容积增大。若在此期间胎儿缺氧或血液中有毒物质损伤Ⅱ型肺泡上皮,使其胞质内板层小体减少或缺如,则严重影响肺表面活性物质的合成和分泌(包括数量减少、活性降低和成分异常)。

(二) 发病机制 Pathogenesis

肺表面活性物质合成和分泌减少,引起肺泡表面张力增加,使肺泡处于膨胀不全或不扩张状态。肺通气和换气功能障碍导致缺氧、CO_2潴留和呼吸性酸中毒,使肺小血管痉挛、血流灌注不足。严重的缺氧使肺毛细血管内皮受损伤,通透性增高,导致血浆纤维蛋白渗出至肺泡腔。同时,内皮细胞释放的 TNF-α 也能促进血浆蛋白渗出。渗出到肺泡腔内的血浆纤维蛋白凝聚为透明膜并贴附于呼吸性细支气管、肺泡管和肺泡壁内层,加重了呼吸功能不全和肺损伤,使肺表面活性物质的形成障碍进一步加剧。如此恶性循环,导致病情越来越严重。

(三) 病理变化 Pathological changes

肉眼观 Gross appearances

左右两肺质地较实,色暗红,含气量少。

光镜下 Microscopic view

呼吸性细支气管、肺泡管和肺泡壁内表面贴附一层均质红染的透明膜(图 7-17)。所有肺叶均有不同程度的肺不张和肺水肿。严重者肺间质及肺泡腔内可见较明显的出血。部分可见吸入的羊水成分(鳞状上皮细胞和角化物质等)。

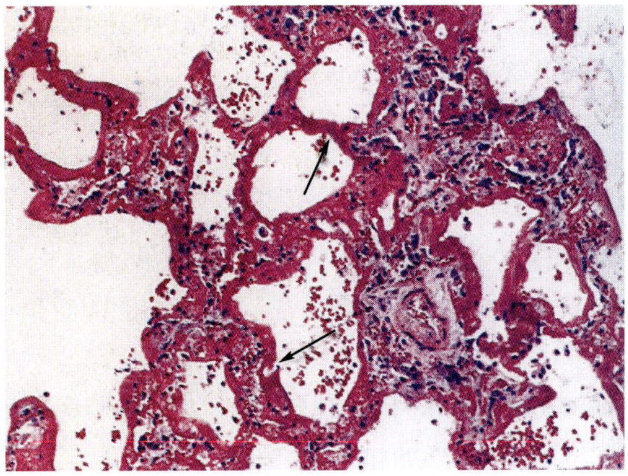

图 7-17 肺透明膜病 Hyaline membrane disease

第六节 呼吸系统常见肿瘤 Respiratory System Common Tumors

一、鼻 咽 癌 Nasopharyngeal Carcinoma

鼻咽癌是发生在鼻咽部黏膜的癌(曾叫淋巴上皮癌 lymphoepithelioma)。发病有地域性,与 EB 病毒有密切关系。

鼻咽癌以广东、广西、福建等省的发病率最高,男性患者多于女性,发病年龄多在 40~50 岁。临床症状为鼻衄(hemorrhinia)、鼻塞(nasal obstruction)、耳鸣(tinnitus)、听力减退(amblykusis)、复视(double vision)、偏头痛(migraine)和颈部淋巴结肿大(cervical lymphadenectasis)等。

(一) 病因 Etiology

1. EB 病毒(Epstein-Barr virus,EBV)

鼻咽癌的癌细胞内存在 EBV-DNA 和核抗原(EBNA)。90% 以上患者血清中有 EBNA、膜抗原和壳抗原等 EBV 多种成分的相应抗体,特别是 EBV 壳抗原的 IgA 抗体阳性率可高达 97% 以上,具有一定的诊断意义。

2. 遗传因素 Genetic factor 鼻咽癌不仅有明显的地域性,部分病例还有明显的家族性。高发区居民移居国外或外地后,其后裔的发病率仍远远高于当地人群。

3. 化学致癌物质 Chemcial carcinogens 某些化学物质,如亚硝酸胺类(nitrosamia)、多环芳烃类及微量元素镍等与鼻咽癌的发病也有一定关系。吸烟也是高危因素之一。

4. 其他因素 Other factors 反复发生的中耳炎(otitis media)、鼻窦炎(sinusitis)或扁桃体炎(tonsillitis)在鼻咽癌患者中较为常见。长期存在的炎症损害可以改变鼻的内部结构和气流方向,使病灶处致癌物质的浓度增加。

(二) 病理变化 Pathological changes

1. 好发部位 Predilection sites

①鼻咽顶部(nasophayngeal roof)最多;②外侧壁(lateral wall)和咽隐窝(pharyngeal recess)次之;③前壁最少(图 7-18)。也有同时发生于两个部位,如顶部和侧壁。

2. 大体特征 Gross features 肿瘤较平滑地突出于黏膜表面,呈散在的结节状,表面可有溃疡,或有明显浸润的霉菌状肿物(fungating mass)。早期鼻咽癌常表现为局部黏膜粗糙或略隆起,或形成隆起黏膜面的小结节,随后可发展成结节型(nodular type)、菜花型(cauliflower type)、浸润型(infiltrative type)和溃疡型(ulcerative type)肿块。其中浸润型之表面黏膜尚完好或仅轻度隆起,而癌组织在黏膜下已广泛浸润甚或转移至顶部淋巴结,故此类患者常以颈部淋巴结肿大为最早出现的临床症状。鼻咽癌以结节型最多见,其次为菜花型。

3. 组织学类型 Histologic types 鼻咽癌具有鳞

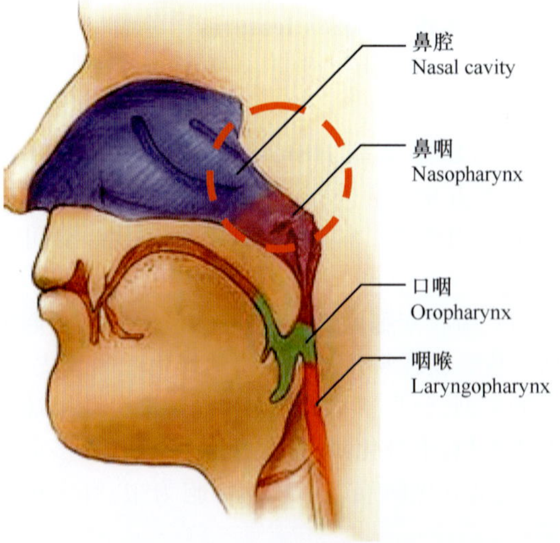

图 7-18 鼻咽癌好发部位 The predilection sites of nasopharyngeal carcinoma

鼻咽癌常发生于鼻咽顶部、侧壁和咽隐窝 The carcinoma often occurs in nasophayngeal roof, lateral wall and pharyngeal recess.

状上皮分化特点,可发生于鼻咽部的上皮、淋巴组织、间质和神经组织。

(1) 非角化型鳞状细胞癌 Non-keratinizing squamous cell carcinoma:最常见,与 EB 病毒感染关系密切,可分为未分化型和分化型两种亚型。

1) 未分化型鳞状细胞癌 Undifferentiated squamous cell carcinoma:常见,癌细胞胞质丰富,境界不清,常呈合体状。细胞核大,圆形或卵圆形,空泡状,有大而明显的核仁。瘤细胞排列密集甚至重叠[曾称"泡状核细胞癌"(vesicular nucleus cell carcinoma)或大圆形细胞癌(large round cell carcinoma)](图 7-19)。

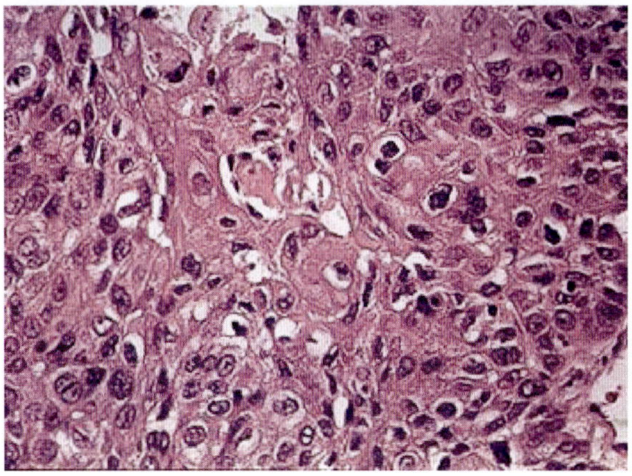

图 7-19 鼻咽未分化癌 Nasopharyngeal undifferentiated carcinoma

鼻咽未分化癌显示淋巴细胞弥漫浸润,肿瘤细胞呈合体细胞样 Nasopharyngeal undifferentiated carcinoma shows diffuse infiltration of lymphocytes in tumor cells. The tumor cells form syncytium

2) 分化型鳞状细胞癌 Differentiated squamous cell carcinoma:瘤细胞界限清楚,相对较小,呈复层和铺路石状排列,常呈丛状生长,与膀胱的移形上皮相似。淋巴细胞和浆细胞浸润明显,有时使癌细胞的上皮性质显得不清[曾称"淋巴上皮癌"(lymphoepithelial carcinoma)](图 7-20)。

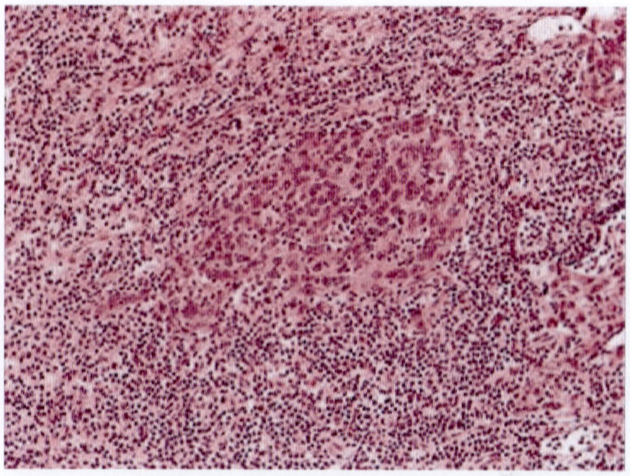

图 7-20 分化型鳞状细胞癌 Differentiated squamous cell carcinoma

鳞状细胞癌周围有大量的淋巴细胞和浆细胞浸润,有时使癌细胞的上皮性质显得不清(有淋巴上皮癌之称)The malignant squamous epithelial cells with lymphocytes. Such tumors are sometimes euphe mistically described as "lymphoepitheliomas"

免疫组织化学染色(immunohistochemistry stain)显示,肿瘤细胞对角蛋白(keratin)呈强阳性反应(表达),对高分子量角蛋白(如 CK5/6,34βE12)呈强阳性反应,而对 CK7 和 CK20 显示阴性。此类型鼻咽癌对放疗敏感,治疗预后较好。但此型癌组织中有较多的淋巴细胞,病理诊断有时易与淋巴瘤相混淆,用网状纤维染色(net fibrous stain)和免疫组化检测有助于鉴别——鼻咽癌细胞 keratin 呈阳性,而淋巴瘤细胞则白细胞共同抗原(LCA)呈阳性。

(2) 角化性鳞状细胞癌 Keratinizing squamous cell carcinoma:是一种浸润性癌。光镜下有明显的鳞状细胞分化,大部分肿瘤有细胞间桥(cell bridges)和/或角化。有高分化(最常见)、中分化和差分化之分。肿瘤细胞呈不规则巢状,伴有大量的结缔组织间质和淋巴细胞、浆细胞、中性粒细胞和嗜酸粒细胞等浸润。角化性鳞癌细胞对角蛋白和高分子量角蛋白染色呈强阳性,同时上皮细胞膜抗原(epithelial membrane antigen,EMA)染色可在局部癌细胞呈阳性。

(3) 基底样鳞状细胞癌 Basaloid squamous cell carcinoma:是一种侵袭性、高级别的鳞状细胞癌的亚型,同时具有基底细胞样和鳞状细胞的成分,这些成分可以是原位癌,也可以是侵袭性角化性鳞癌(invasive keratinizing squamous cell carcinoma)。基底样鳞状细胞癌表达细胞角蛋白和上皮细胞膜抗原，但阳性细胞的比例变化较大。

(4) 其他类型 Other types：小细胞癌(small cell carcinoma)、腺癌(adenocarcinoma)等少见。.

(三) 扩散和转移 Spread and metastasis

鼻咽癌具有高度恶性的生物学行为，易局部浸润和早期颈部淋巴结转移(cervical lymphnode metastasis)，血道转移也很常见。

1. 直接蔓延 Direct spread 癌组织呈侵袭性生长，向上破坏颅底(skull base)，造成颅内播散(通过侵蚀颅底骨或基底孔)，浸润颅内神经(cranial nerves)；向下侵犯梨状隐窝、会厌及喉上部；向外侧可破坏耳咽管，侵入中耳；向前可蔓延至鼻腔、甚至眼眶，也可由鼻腔向下破坏硬腭和软腭；向后则可破坏上段颈椎和脊髓。

2. 淋巴道转移 Lymphatic metastasis 鼻咽黏膜内淋巴组织丰富，富含淋巴管网，故早期常发生淋巴道转移。癌细胞经咽后壁淋巴结转移至颈上深部淋巴结，患者常在胸锁乳头肌后缘上 1/3 和 2/3 交界处皮下出现无痛性结节，约有 50% 以上的患者以此作为首发症状而就诊。此时，原发病灶尚小，其相关症状缺如或不明显。颈淋巴结转移一般发生在同侧。若相邻淋巴结同时受累则可融合成巨大肿块。颈部肿大淋巴结可压迫第Ⅳ～Ⅺ对脑神经和颈交感神经引起相应症状。

3. 血道转移 Hematogenous metastasis 发生较晚，常可转移至肝、肺、骨以及肾、肾上腺和胰等器官和组织。

(四) 预后与结局 Prognosis and outcome

鼻咽癌早期症状不明显，易被忽略，确诊时多属中、晚期，常有转移，治愈率低。本病的治疗以放疗为主，其疗效和预后与病理组织学类型有关。恶性程度高的低分化型鳞状细胞癌和泡状核细胞癌对放疗敏感，经治疗后病情可明显缓解，但较易复发。

二、喉　　癌
Laryngeal Carcinoma

喉癌是上呼吸道常见的肿瘤。发病年龄多在 40 岁以上，95% 为男性。长期大量吸烟或酗酒以及环境污染是主要危险因素。声嘶(raucedo)是喉癌(声带癌，vocal cord carcinoma)常见的早期症状，若发生于声带外侧者可无声嘶症状。

(一) 病理变化 Pathologic changes

1. 好发部位 Predilection sites 声门上区和声门区最常见。

2. 大体特征 Gross features 肿瘤呈边界清楚且略高的扁平斑块，或息肉样的外观，表面可有溃疡。

3. 组织学类型 Histological types 以鳞状细胞癌为主占 95%～98%，腺癌少见。鳞癌的发生常经过上皮内瘤变(非典型增生)、原位癌、浸润癌的过程。

(1) 鳞状细胞癌 Squamous cell carcinoma：起源于鳞状上皮黏膜或鳞状上皮化生的纤毛呼吸上皮，是最常见的类型，分高、中、低分化鳞癌。高分化鳞癌与鳞状上皮类似；中分化鳞癌(最多见)，具有核多形性和核分裂；低分化鳞癌以不成熟细胞为主，有大量的核分裂。

(2) 疣状癌 Verrucous carcinoma：是一种非转移性高分化鳞状细胞癌的亚型，癌组织主要向喉腔呈疣状突起，形成菜花状或息肉状肿块。镜下呈乳头状结构，癌细胞分化较好，可有不同程度的推挤式局限性浸润。疣状癌生长缓慢，大多不发生转移。

(3) 基底样鳞状细胞癌 Basaloid squamous cell carcinoma：(参见鼻咽癌的同样类型)。

(4) 乳头状鳞状细胞癌 Papillary squamous cell carcinoma：是鳞状细胞癌的一个亚型，以外生性乳头状生长为特征，预后良好。

(5) 梭形细胞癌 Spindle cell carcinoma：(又称肉瘤样癌 sarcomatoid carcinoma)是一种分化差的肿瘤，癌细胞由鳞癌和肉瘤样梭形细胞(恶性、上皮源性)构成。常表现为息肉样外观，表面会有溃疡。

(二) 扩散和转移 Spread and metastasis

喉癌常向黏膜下浸润蔓延，侵犯邻近软组织。向前破坏甲状软骨、颈前软组织、甲状腺；向后累及食管；向下蔓延至气管。

喉癌转移一般发生较晚，常经淋巴道转移至颈淋巴结，多见于颈总动脉分叉处淋巴结。血道转移较少见，主要转移至肺、骨、肝、肾等处。

三、肺　　癌
Carcinoma of the Lung

肺癌是最常见的恶性肿瘤，据《2014 中国肿瘤流行病谱》分析显示，中国每年新发癌症病例约 309 万人，因癌症死亡超过 196 万人。第三次全国居民死亡原因调查结果显示，过去 30 年间，肺癌死亡率在中国有所上升，其发病率为 19.59%，死亡率为 24.87%，肺癌已成为我国首位恶性肿瘤死亡原因，预计到 2025 年，我国肺癌病人将达到 100 万，成为世界第一肺癌大国。

Incidence and mortality rate increase at a faster rate for both males and females than any other neoplasms in worldwide. Cancer of the lung now rank as the commonest lethal cancer in males and it is also prevalent in females in western countries and in some cities of our country. It is the most common cause of cancer death in males and females.

(一) 病因 Etiology

吸烟、长期遭受空气污染和职业中接触致癌物，是增大罹患肺癌风险的主要因素。

1. 吸烟 Smoking 85%～90%的肺癌与吸烟有关，吸烟者患肺癌的发病率比不吸烟者高20～25倍，且与吸烟量和吸烟时间呈正相关。香烟燃烧的烟雾中含有3,4-苯并芘、尼古丁、焦油等40多种致癌物质，可以使肺癌、口腔癌、喉癌、气管癌、胰腺癌、胃癌、宫颈癌、膀胱癌等发病率上升。

2. 空气污染 Air pollution

城市和工业区肺癌的发病率和死亡率都较高，主要与交通工具或工业排放的废气或粉尘污染空气密切相关。肺癌的发病率与空气中3,4-苯并芘的浓度呈正相关。此外，吸入家居装饰材料散发的氡等物质也是肺癌发病的危险因素。

总悬浮物颗粒物（Total Suspended Particle，TSP）（PM100）、可吸入颗粒物（PM10）和可入肺颗粒物（PM2.5）是环境空气质量监测中经常使用的三个概念，它们代表三类大小不同的大气污染物对人体健康和环境空气质量影响的重要因素。总悬浮颗粒物泛指悬浮在气体中的微细固体或液体，也称为PM100，即直径≤100μm米的颗粒物。在PM100中能够较长时间悬浮于空气中的固体颗粒统称为“粉尘”。可吸入颗粒物指可以进入人的呼吸系统的空气动力学当量直径≤10μm的颗粒物，又称为PM10。在PM10中，直径在2.5～10μm的颗粒物被称为粗颗粒物。PM2.5是指每立方米空气中直径≤2.5微米的固体颗粒或液滴的总称，又称为细颗粒物（fine particulate matter），或称为可入肺颗粒，直径还不到人的头发丝粗细的1/20。PM2.5的来源复杂，主要来源是人为排放。人类既直接排放PM2.5，也排放某些气体污染物，在空气中转变成PM2.5。直接排放主要来自燃烧过程，比如化石燃料（煤、汽油、柴油）的燃烧、生物质（秸秆、木柴）的燃烧、垃圾焚烧。在空气中转化成PM2.5的气体污染物主要有二氧化硫、氮氧化物、氨气、挥发性有机物。其他的人为来源包括：道路扬尘、建筑施工扬尘、工业粉尘、厨房烟气。自然来源则包括：风扬尘土、火山灰、森林火灾、漂浮的海盐、花粉、真菌孢子、细菌。PM2.5的成分也很复杂，主要化学成分包括有机碳（OC）、元素碳（EC）、硝酸盐（NO^{3-}）、硫酸盐（$SO4^{2-}$）、铵盐（$NH4^{+}$）、钠盐（Na^{+}）等。PM2.5的标准是由美国在1997年提出的，主要是为了更有效地监测随着工业化日益发达而出现的对人体有害的细小颗粒物。PM2.5指数已经成为一个重要的测控空气污染程度的指数，这个值越高就代表空气污染越严重。PM2.5粒径小，富含大量的有毒、有害物质且在大气中的停留时间长、输送距离远，因而对人体健康和大气环境质量的影响更大。虽然PM2.5只是地球大气成分中含量很少的组分，但它对空气质量和能见度等有重要影响。PM2.5还能通过对阳光的吸收和散射效应降低能见度，造成灰霾现象。因为PM2.5发生光散射（当颗粒物的粒径与光的波长相当时发生的散射）对光波长不太敏感，所以在雾霾天气里，天空的颜色呈灰白色。另外，空气湿度大的时候，颗粒物的含水量高，对光的散射作用就强。此时天空最容易变成雾蒙蒙。与PM10相比，10μm直径的颗粒物通常沉积在上呼吸道，2μm以下的可深入到细支气管和肺泡，因此对人体健康的危害要更大，是一种确认的人类致癌物。如果空气中PM2.5的浓度长期高于10μg/m^3，死亡风险就开始上升。浓度每增加10μg/m^3，总的死亡风险就上升4%，患心肺疾病的死亡风险上升6%，患肺癌的死亡风险上升8%。

3. 职业因素 Vocational factor 肺癌职业性致癌物中最重要的是石棉、晶状二氧化硅、多环芳香烃混合物和重金属。焊接和涂漆与肺癌危险性有恒定关系。大多已知的职业致癌物与烟草烟雾具有一定协同作用。

各种致癌因素可以引起基因改变，导致细胞癌变。肺癌中约有20种癌基因（oncogene）发生突变或抑癌基因（supressor genes）失活，如小细胞肺癌和肺腺癌发生突变的主要癌基因分别是c-myc和k-ras，两种类型肺癌中都存在抑癌基因p53的失活。

Tobacco smoking is well established as the most important and common etiologic factor in the development of lung cancer. Clinically, hyperplastic and atypical changes can be seen in the bronchial epithelium of smokers and in the vicinity of lung cancer. The association between smoking and lung cancer is not solely based on epidemiological studies. Lung tumors of smokers frequently contain a typical, though not specific, molecular fingerprint in the form of G:C> T:A mutations in the TP53 gene which are probably caused by benzo(a)pyrene, one of the many carcinogens in tobacco smoke.

（二）病理变化 Pathological changes

1. 大体类型 Gross types

（1）中央型或肺门型 Central type or hilar type：最常见（占60%～70%）。发生于主支气管或叶支气管，在肺门部形成肿块。早期，病变气管壁可弥漫增厚或形成息肉状或乳头状肿物突向管腔，使气管腔狭窄或闭塞。随病情进展，肿瘤破坏气管壁向周围肺组织浸润、扩展，在肺门部形成包绕支气管的巨大肿块（图7-21）。同时，癌细胞经淋巴管转移至支气管旁和肺门淋巴结，肿大的淋巴结常与肺门肿块融合。

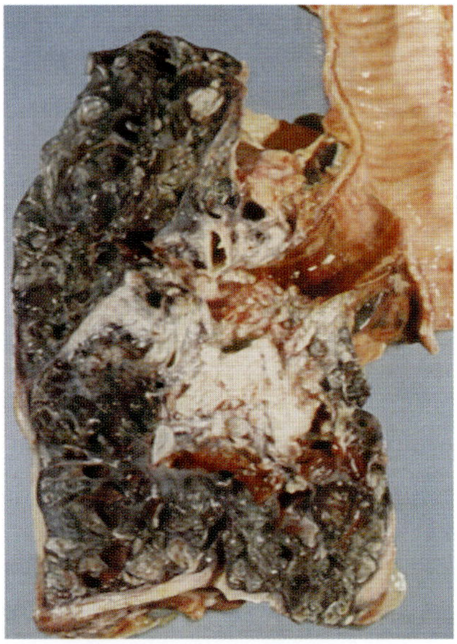

图7-21 中央型（肺门型）肺癌 Central carcinoma of the lung（hilar type）

肿瘤沿气管壁浸润性生长，并侵犯隆突淋巴结 Central tumor growing along bronchial wall，into the subcarinal lymph nodes

（2）周围型 Peripheral type：多见（占30%～40%）。起源于肺段或其远端支气管，在靠近肺膜的肺周边部形成孤立的结节状或球形癌结节，直径2～8cm，与支气管的关系不明显（图7-22）。发生淋巴结转移常较中央型晚，但可侵犯胸膜。

（3）弥漫型 Diffuse type：较少见（占2%～5%）。癌组织起源于末梢的肺组织，沿肺泡管及肺泡弥漫性浸润生长，形成多数粟粒大小结节布满大叶的一部分或全肺叶（图7-23）；也可形成大小不等的多发性结节散布于多个肺叶内，易与肺转移癌混淆。

2. 早期肺癌 Early lung carcinoma

早期肺癌的概念：①无淋巴结转移。②肺癌局限在大支气管壁（中央型），或虽有小支气管外浸润（周围型），但癌灶直径不超过2cm。

图7-22 周围型（结节型）肺癌 Peripheral carcinoma of the lung（nodular type）

肿瘤圆形境界清楚，常生长至胸膜下 The tumor in this lobectomy specimen is well circumscribed，is not connected to a major bronchus，and extends to，but does not invade，the pleural surface

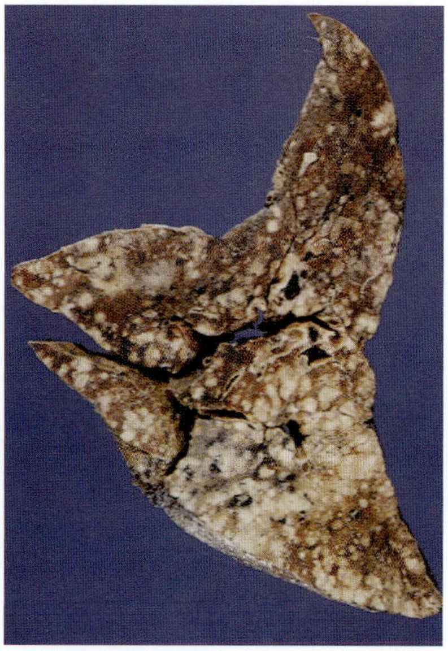

图7-23 弥漫型肺癌 Diffuse carcinoma of the lung

肺弥漫性实变，外观像小叶性肺炎，实变区并非炎症而是肿瘤细胞生长充满了肺泡组织 The diffuse consolidated appearance of the lung，resembling lobar pneumonia. The consolidated areas，however，may appear more fleshy and opaque in colour. This is due to filling up of the alveolar spaces by solid masses of tumour cells rather than by edema fluid，exudate and bacteria as in pneumonia

（1）中央型早期肺癌 Central early lung carcinoma：发生于段支气管以上的大支气管，癌组织仅局限于管壁内生长，又称管内型（intraluminal type），不突破支气管壁外膜，未侵及肺实质，无局部淋巴结转移。

（2）周边型早期肺癌 Peripheral early lung

carcinoma：发生于小支气管，又称管壁周围型(peribronchial type)，肿瘤侵犯支气管及管壁周围组织，在肺组织内呈结节状，直径小于 2cm，无局部淋巴结转移。

(3) 管壁浸润型 Infiltrative type：肿瘤沿支气管壁浸润生长，管腔内肿块不明显。

3. 隐性肺癌 Occult lung cancer

隐性肺癌的概念：①经病理组织学和细胞学证实为癌。②临床检查和影像学检查不能发现肺内明显肿块。

隐性肺癌是肺癌的早期阶段，肺内无明显肿块，影像学检查阴性而痰细胞学检查癌细胞阳性，手术切除标本经病理学证实为支气管黏膜原位癌(carcinoma in situ in bronchial mucosa)或早期浸润癌(early lung carcinoma)而无淋巴结转移。

Occult Lung Cancer

Cancer cells are found in sputum, no clinical manifestation, X-ray examination negative. Pathology show carcinoma in situ in bronchial mucosa or early infiltrative carcinoma. No lymphatic metastasis, make diagnosis and treatment of lung cancer as early as possible.

4. 组织学类型 Histologic Types　肺癌大多起源于支气管上皮(占 90%～95%)，所以又称支气管源性癌或支气管癌(bronchial carcinoma)。依据 WHO 肺癌组织分类(《WHO Classification of Tumours, Pathology and genetics of tumours of the lung, pleura, thymus and heart》)将肺癌分为以下类型：

(1) 鳞状细胞癌 Squamous cell carcinoma　最常见，起源于支气管上皮并显示角化和(或)细胞间桥，多为中央型肺癌(图 7-24)。好发于有吸烟史的中、老年人。鳞状细胞癌又分四个亚型：乳头状(papillary)、透明细胞(clear cell)、小细胞(small cell)和基底细胞样(basaloid)。电镜下(electron microscopical view)：鳞状细胞癌可见胞浆内角蛋白中间丝，通常聚集成张力微丝。免疫组化染色显示高分子量角蛋白(34βE12)、细胞角蛋白(CK5/6)和 CEA 阳性。

(2) 小细胞癌 Small cell carcinoma：癌细胞体积小，核染色深，胞质相对少，细胞圆形、卵圆形或短梭形，形似燕麦(或似大淋巴细胞)，故称燕麦细胞癌(oats carcinoma)(图 7-25)。癌细胞成巢或成簇排列，没有鳞状上皮或腺样的结构。有时也可围绕小血管形成假菊形团结构。小细胞癌多为中央型，常发生于大支气管，向肺实质浸润生长，形成巨块。患者多为中、老年人，80% 以上为男性，且与吸烟密切相关。电镜下：大多数(60%～90%)病例的癌细胞胞质可见

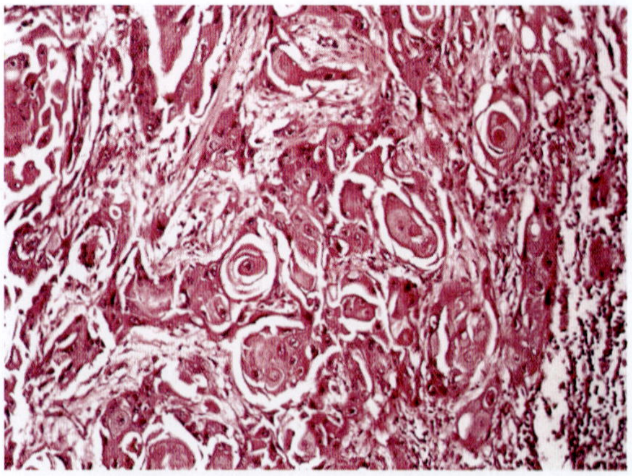

图 7-24　鳞癌 Squamous cell carcinoma
光镜下肿瘤细胞形成分化良好的角化珠 Microscopically, tumor cells show well formed keratin pearl

神经分泌颗粒(neurosecretory granules, NSG)，被认为其起源于支气管黏膜上皮的 Kulchitsky 细胞，是一种异源性神经内分泌肿瘤。免疫组化染色显示癌细胞对神经内分泌标记(neuroendocrine markers)，如神经元特异烯醇化酶(neuron-specific enolase, NSE)、嗜铬素 A(Chromogranin A, CgA)、突触素(synaptophysin, Syn)及 Leu7 等呈阳性反应，CK 也可显示阳性。小细胞癌是肺癌中恶性程度最高的一型，生长迅速，转移早，存活期大多不超过 1 年。手术切除治疗效果较差，但对放疗及化疗(radiotherapy and/or chemotherapy)敏感。

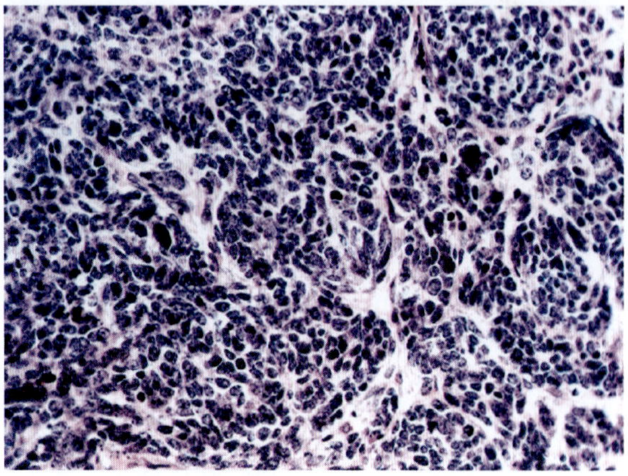

图 7-25　小细胞癌 Small cell cacinoma
小细胞癌巢中癌细胞核呈一致的深染 Nests of small cell carcinoma shows moulding effect of dark and hyperchromatic nuclei

(3) 腺癌 Adenocarcinoma：多见(发病率次于鳞癌，有逐渐升高趋势)。发病年龄较鳞癌年轻，女性和不抽烟者相对多见。起源于支气管黏膜上皮，少数起源于大支气管的黏液腺。大多数(65%)为周围型肺癌，肿块常位于胸膜下，境界不清，常累及胸膜(77%)。电镜下：癌细胞内有微腔形成，表面有微绒毛，胞质内见分泌颗粒或黏液颗粒，细胞间见连接复

合体。免疫组化染色显示低分子角蛋白、EMA、CEA呈阳性。

1）高分化肺腺癌（well differentiated adenocarcinoma of lung）：即细支气管肺泡癌（bronchioalveolar carcinoma）肉眼观：有弥漫型或多结节型。光镜下：癌细胞沿肺泡壁、肺泡管壁排列，有时也沿细支气管壁呈单层或多层生长、扩展，形似腺样结构，常有乳头形成。肺泡间隔大多未被破坏，故肺泡轮廓依然保留（图7-26）。

2）中等分化肺腺癌（moderately differentiated adenocarcinoma of lung）：有腺管或乳头形成及黏液分泌，又可分为腺泡型、乳头状和实体黏液细胞型等亚型。

3）低分化肺腺癌（poorly differentiated adenocarcinoma of lung）：常无腺样结构，呈实心条索状，分泌现象少见，细胞异型明显。

4）瘢痕癌（scar carcinoma）：1939年Friedich首次报告肺瘢痕癌。在肺结核、肺梗死、肺慢性炎症所致的纤维化（瘢痕）基础上，瘢痕内或周围细支气管-肺泡上皮异型增生和癌变，肿瘤间质胶原纤维反应明显，是一种特殊的周围型腺癌。临床上不容易早期发现，预后相对较差。

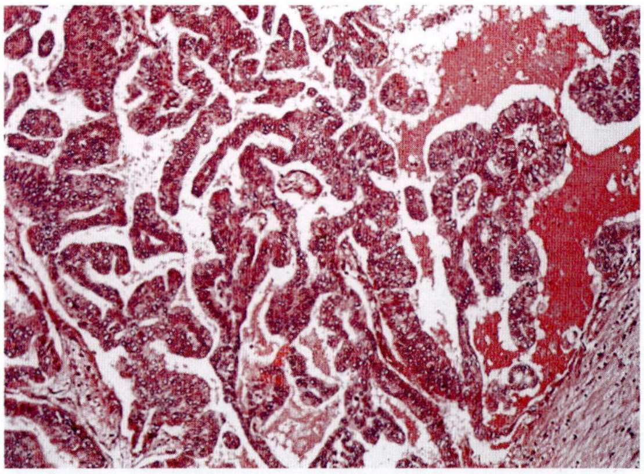

图7-26 腺癌 Adenocarcinoma

切片显示腺体形成肿瘤，呈乳头样生长 Slice shows gland forming tumor that grows into papilliferous pattern

（4）大细胞癌 Large cell carcinoma：（也叫大细胞未分化癌 Large cell undifferentiated carcinoma），约占15%～20%。50%发生于大支气管，肿块较大。癌细胞可呈实性团块或片状，或弥漫性分布。癌细胞体积大，胞质多，染色淡，也可呈颗粒状或透明样。核圆形、卵圆形或不规则形，染色深，异型明显，核分裂象多见。

（5）腺鳞癌 Adenosquamous carcinoma：少见，约占10%。同时含有腺癌和鳞癌两种成分，且在数量上大致相等。癌细胞起源于支气管上皮具有多种分化潜能的干细胞，可分化形成两种不同形态结构的癌组织。

（6）肉瘤样癌 Sarcomatoid carcinoma：少见，高度恶性。癌组织分化差，根据其细胞形态特点和构成成分又可分为多形性癌（pleomorphic carcinoma）、梭形细胞癌（spindle cell carcinoma）、巨细胞癌（giant cell carcinoma）（图7-27）和癌肉瘤（carcinosarcoma）等亚型。

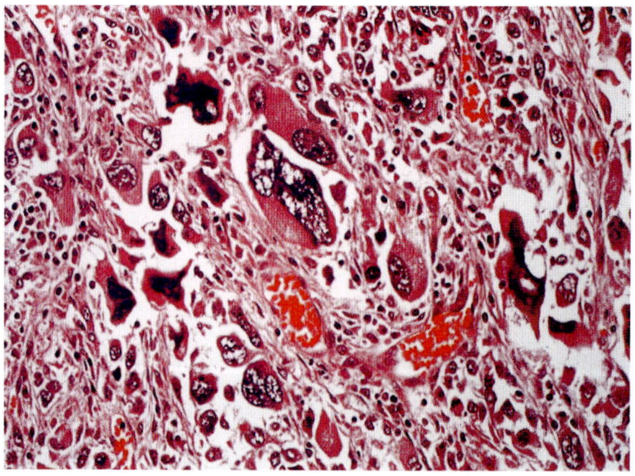

图7-27 巨细胞癌 Giant cell carcinoma

可见很多多形性瘤巨细胞，肿瘤细胞核深染，胞质呈多泡状 Numerous pleomorphic tumor giant cells are seen. The tumor cells have hyperchromatic nuclei and bubbly cytoplasm

（三）扩散和转移 Spread and metastasis

1. 直接蔓延 Direct spread 中央型肺癌常直接侵犯纵隔、心包及周围血管，或沿支气管向同侧甚至对侧肺组织蔓延。周围型肺癌可直接侵犯胸膜并侵入胸壁。

2. 转移 Metastasis 肺癌淋巴道转移常发生较早，且扩散速度较快。癌细胞首先转移到支气管旁、肺门淋巴结（hilar lymphnode），再扩散到纵隔、锁骨上、腋窝及颈部淋巴结。周围型肺癌可侵入胸膜下淋巴管丛，形成胸膜下转移灶并引起胸腔血性积液。血道转移常见于脑、肾上腺、骨等器官和组织，也可转移至肝、肾、甲状腺和皮肤等处。

（四）临床病理联系 Clinicopathological relations

肺癌常因早期症状不明显而失去及时就诊机会。部分患者因咳嗽、痰中带血、胸痛、特别是咯血而就医，此时疾病多已进入中晚期。病人的症状和体征与肿瘤部位、大小及扩散的范围有关：癌组织压迫支气管可引起远端肺组织局限性萎缩或肺气肿；若合并感染则引起局部化脓性炎或脓肿形成；癌组织侵入胸膜除引起胸痛外，还可致血性胸水（bloody hydrothorax）；侵入纵隔可压迫上腔静脉，导致面、颈部浮肿及颈、胸部静脉曲张。位于肺尖部的肿瘤常侵犯交感神经链（cervical sympathetic plexus），引起病侧眼睑下垂（ptosis）、瞳孔缩小（miosis）和胸壁皮肤无汗（arhydrosis）等交感神经麻痹症状（临床称为Horner综合征）；侵犯臂丛神经可出现上肢疼痛和肌肉萎缩等。

神经内分泌型肺癌，因可有异位内分泌作用而引起副肿瘤综合征(paraneoplastic syndrome),尤其是小细胞肺癌能分泌大量的 5-羟色胺(serotonin)、多种肽类激素(peptide hormones),如分泌垂体激素(pituitary hormones)促肾上腺皮质激素(adrenocorticotropic hormone, ACTH)和抗利尿激素(antidiuretic Hormone, ADH),而引起类癌综合征(carcinoid syndrome),表现为支气管痉挛、阵发性心动过速、水样腹泻和皮肤潮红等。此外,患者还可出现肺性骨关节病(pulmonary osteoarthropathy)、肌无力综合征(myasthenic syndrome)和类 Gushing 综合征(类似肾上腺皮质醇增多而引起的代谢紊乱)、高钙血症(hypercalcamia)等。

肺癌患者预后大多不良。早发现、早诊断、早治疗对于提高治愈率和生存率至关重要。40 岁以上,特别是长期吸烟者,若出现咳嗽、气急、痰中带血和胸痛或刺激性咳嗽(irritable cough)、干咳无痰等症状应高度警惕并及时进行肺胸部影像学检查(如 X 线、CT 扫描和磁共振)、痰液细胞学检查甚至纤维支气管镜(bronchofibroscope)检查及病理活体组织检查(biopsy),以尽早发现,提高治疗效果。

第七节 胸膜疾病 Pleural Disease

一、胸 膜 炎 Pleurisy

(一) 病因 Etiology

胸膜炎是胸膜的炎症,可由于感染(细菌、病毒、霉菌、阿米巴、肺吸虫等)、肿瘤、变态反应、化学性和创伤性等多种疾病所引起。在细菌感染所致的胸膜炎中,结核菌性胸膜炎是最常见的一种胸膜炎。

(二) 类型及病理变化 Types and pathological changes

胸膜炎大多表现为渗出性炎症,根据渗出物的性质可分为浆液性胸膜炎、纤维素性胸膜炎及化脓性胸膜炎。

1. 浆液性胸膜炎 Serous pleurisy (又称湿性胸膜炎 humid pleurisy) 主要表现为大量淡黄色浆液聚积于胸膜腔。常见于肺炎及肺结核病初期,也可是类风湿性关节炎、系统性红斑狼疮(systemic lupus erythematosus, SLE)等自身免疫性疾病时全身性浆膜炎的局部表现。胸腔内渗出液过多可压迫肺组织导致呼吸困难。

2. 纤维素性胸膜炎 Fibrinous pleurisy (又称干性胸膜炎 dry pleurisy) 渗出物主要为纤维素伴中性粒细胞浸润。多见于肺炎、肺结核、尿毒症、风湿病和肺梗死。渗出的纤维素附着于胸膜的腔面,受呼吸运动牵拉而呈绒毛状,临床上听诊可闻胸膜摩擦音(pleural rubs),并出现胸痛。晚期若纤维素不能被溶解吸收则发生机化,导致胸膜纤维性肥厚和粘连,严重者胸膜厚度可达数厘米,使呼吸运动明显受限。

3. 化脓性胸膜炎 Purulent pleurisy 常继发于肺炎球菌、金黄色葡萄球菌等化脓性细菌引起的肺炎、肺脓肿,也可由血道播散引起。脓性渗出液积聚于胸腔形成脓胸(thoracic empyema)。肺结核空洞破裂穿入胸腔可形成结核性脓胸(tuberculous empyema)。

二、胸 腔 积 液 Hydrothorax

胸腔积液(也称胸水)多由胸膜发生炎症时渗出的液体聚积形成,也可由非炎症性疾病时胸膜的漏出液引起,如心力衰竭、肾病等,当肿瘤或瘢痕等压迫局部淋巴管引起淋巴回流障碍时也可引起胸腔液体聚积。肺癌累及胸膜和恶性间皮瘤等也是引起胸腔积液的常见因素,但多为血性胸水(肺结核和肺梗死也可引起血性胸水)。严重的胸水可压迫肺组织使呼吸运动明显受限。胸水的细胞学检查常常对病因的诊断有一定帮助,如血性胸水中若检出瘤细胞,结合临床症状,有助于确定恶性肿瘤的诊断。

三、胸膜间皮瘤 Pleural Mesothelioma

胸膜间皮瘤是原发于胸膜间皮的肿瘤,系由被覆胸膜的间皮细胞发生。间皮细胞(mesothelia)属于单层扁平上皮,覆盖于胸膜、腹膜和心包膜表面,通透性大,利于液体渗出,其表面湿润光滑,有减少脏器之间的摩擦的作用。间皮细胞具有成为上皮和纤维组织特性的双向分化能力,故由间皮细胞发生的间皮瘤也具有双向分化特征。根据肿瘤的性质将间皮瘤分为良性和恶性两类,恶性者相对多见,但其发病率远低于肺癌,两者之比约为 1∶1000。

1. 良性胸膜间皮瘤 Benign pleural mesothelioma 罕见,多呈局限性生长,故也称良性局限性胸膜间皮瘤。肉眼观:瘤体结节圆形,常有包膜,基底部可较小,有蒂与胸膜相连,或广基性与胸膜相连。有的瘤体可呈分叶状,坚实。大多数瘤体较小(直径 1~3cm,也有直径达 12cm 以上者)。光镜下:瘤组织大多由梭形的成纤维细胞样瘤细胞组成,排列方式似纤维瘤。部分肿瘤在纤维样瘤细胞之间出现由上皮性瘤细胞形成的乳头状、腺管状或实体结构,称双向性间皮瘤。此瘤生长缓慢，易于手术切除。切除后极少复发，临床预后良好。

2. 恶性胸膜间皮瘤 Malignant pleural mesothelioma 为高度恶性肿瘤，肿瘤沿胸膜表面弥漫浸润扩展，故也称恶性弥漫性胸膜间皮瘤。此瘤多见于老年人，其发病与吸入石棉粉尘密切相关。临床表现为气急、胸痛和胸腔积液，胸水常为血性。肉眼观：胸膜弥漫性增厚呈多发性结节状，结节界限不清，灰白色，大小不等（孤立性结节肿块相当罕见）。肿瘤常累及一侧胸膜的大部分，也可扩散到对侧胸膜、肺叶间、心包膜、胸壁、膈肌甚至肺组织，少数可延及腹膜。光镜下：肿瘤组织学构象复杂，按瘤细胞成分的不同，将瘤细胞形成管状和乳头状结构者称为腺管乳头状型或上皮样型（epitheloid type）。由梭形细胞和胶原纤维构成者称肉瘤样型（sarcomatoid type）。同时有上述两种成分混合构成者称为混合型（mixed type）（或双向型）（图 7-28）。其中混合型和腺管乳头状型约占该瘤总数 70% 以上，又以混合型最多见。各型肿瘤细胞均有不同程度异型性，核分裂象多少不等。

恶性胸膜间皮瘤预后差，若能手术切除大部分肿瘤并配合放疗、化疗，患者可存活两年以上。

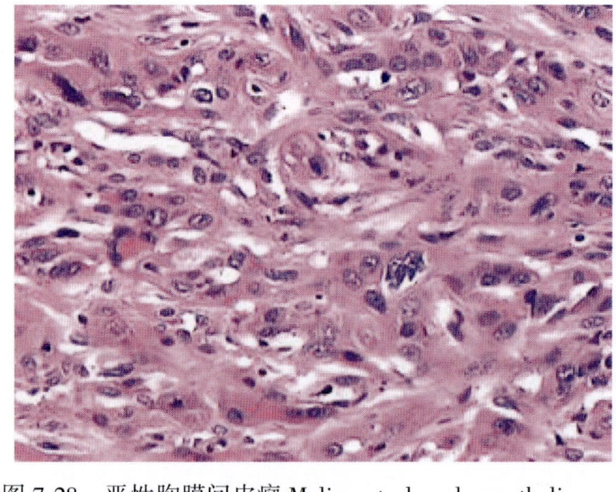

图 7-28 恶性胸膜间皮瘤 Malignant pleural mesothelioma (mixed type)

肿瘤中含有上皮样型和肉瘤样型的成分 Tumor contains both epitheloid and sarcomatoid patterns

病例讨论

50 岁男性，因剧烈咳嗽，伴持续痰中带血 60 天入院。

患者 2 个月前无诱因出现剧烈咳嗽，痰中带血。近来偶有低热。食欲尚可，大小便正常。体重无明显变化。曾口服抗生素，效果不佳。既往无特殊病史，无药物过敏史。吸烟 30 年，平均每日 20 支。

查体：体温 37.5℃，脉搏 84 次/分，呼吸 20 次/分，血压 100/60mmHg。呈慢性病容，无发绀。自主体位，浅表淋巴结未触及肿大。颈软，无颈静脉怒张。胸廓无畸形，双肺叩诊呈清音，未闻及啰音。心腹未见异常。可见杵状指。

胸部 X 线摄片（图 7-29）和病理学组织切片图像（图 7-30）。

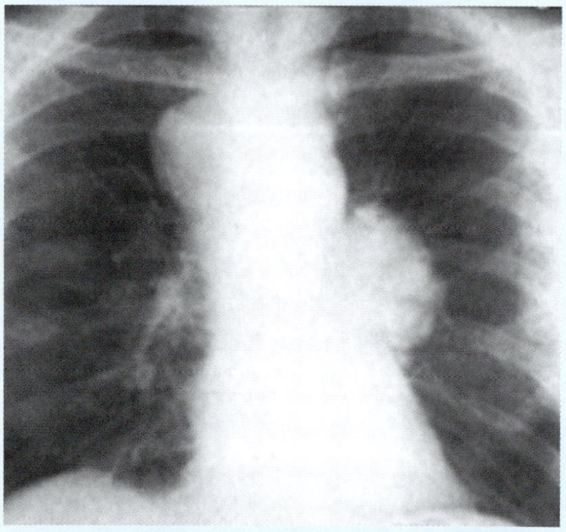

图 7-29 胸部 X 线摄片

见右肺门有一局限性阴影。纵隔增宽（两侧淋巴结肿大）

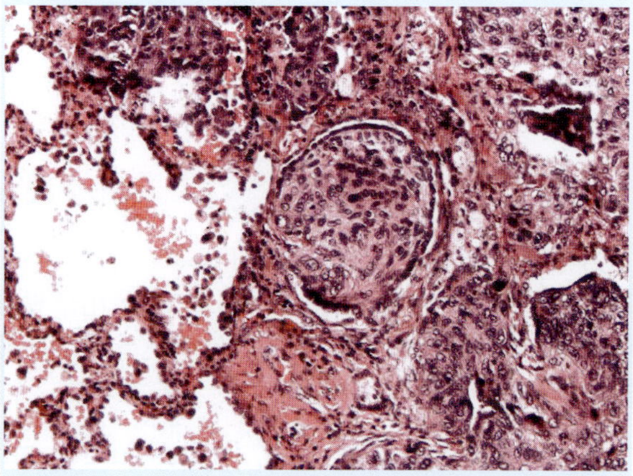

图 7-30 肺活检组织图像

思考题

1. 该病人的病理诊断是什么？诊断依据有哪些？

2. 根据你所学到的病理学知识，胸部 X 线摄片的阴影和肺部实变病灶有哪些可能？病理上各有何特点？

（崔 涛 刘 莹 刘清华 周士东）

第 8 章 消化系统疾病

Disease of Digestive System

Outline

The human digestive system is a complex series of organs and glands that processes food. In order to use the food we eat, our body has to break the food down into smaller molecules that it can process; it also has to excrete waste. Most of the digestive organs (including the esophagus, stomach and intestines) are tube-like and contain the food as it makes its way through the body. The digestive system is essentially a long, twisting tube that runs from the mouth to the anus, plus a few other organs (including the liver, gallbladder and pancreas) that produce or store digestive chemicals.

Lesions of the esophagus run the gamut from bland esophagitis to lethal cancers, yet they evoke a similar and remarkably limited range of symptoms. All produce *dysphagia* (difficulty in swallowing), which is attributed either to deranged esophageal motor function or to narrowing or obstruction of the lumen. *Heartburn* (retrosternal burning pain) usually reflects regurgitation of gastric contents into the lower esophagus. Less commonly, *hematemesis* (vomiting of blood) and *melena* (blood in the stools) are evidence of severe inflammation, ulceration, or laceration of the esophageal mucosa. Massive hematemesis may reflect life-threatening rupture of esophageal varices.

Gastric disorders frequently cause clinical disease, ranging from bland chronic gastritis to the anything but bland gastric carcinoma. Gastric infection with *Helicobacter pylori* represents the most common gastrointestinal infection. Gastric disorders give rise to symptoms similar to esophageal disorders, primarily *heartburn* and *vague epigastric pain*. With breach of the gastric mucosa and bleeding, *hematemesis* or *melena* may ensue. Unlike esophageal bleeding, however, blood quickly congeals and turns brown in the acid environment of the stomach lumen. Vomited blood hence has the appearance of coffee grounds.

Many conditions, such as infections, inflammatory diseases, and tumors, affect both the small and large intestines. These two organs are therefore considered together.

The liver and its companion biliary tree and gallbladder are considered together because of their anatomic proximity, their interrelated functions, and the overlapping features of some of the diseases that affect these organs. Residing at the crossroads between the digestive tract and the rest of the body, the liver has the enormous task of maintaining the body's metabolic homeostasis. This includes the processing of dietary amino acids, carbohydrates, lipids, and vitamins; synthesis of serum proteins; and detoxification and excretion into bile of endogenous waste products and xenobiotics. Thus, it is not surprising that the liver is vulnerable to a wide variety of metabolic, toxic, microbial, and circulatory insults. In some instances, the disease process is primary to the liver. In others the hepatic involvement is secondary, often to some of the most common diseases in humans, such as cardiac decompensation, diabetes, and extrahepatic infections. Hepatic disorders have far-reaching consequences, given the crucial dependence of other organs on the metabolic function of the liver. Liver injury and its manifestations tend to follow characteristic morphologic and clinical patterns, regardless of cause.

Disorders of the gallbladder and biliary tract affect a large proportion of the world's population. *Cholelithiasis* (*gallstones*) accounts for more than 95% of these diseases. It should be kept in mind that lesions of the extrahepatic biliary tract may extend to intrahepatic bile ducts and that tumors of the biliary tract may have intra- or extrahepatic locations.

The pancreas has critical endocrine functions, and the exocrine portion of the pancreas is a major source of extremely potent digestive enzymes. Consequently, diseases affecting the pancreas can wreak major havoc and can be the source of significant morbidity and mortality. Inflammation of the pancreas can have clinical manifestations ranging from mild, self-limited disease to a life-threatening acutely destructive process; durations can vary from transient to irreversible loss of function. By definition, in *acute pancreatitis* the organ can return to normal if the underlying cause of inflammation is removed. In contrast, *chronic pancreatitis* is defined by the presence of irreversible destruction of exocrine pancreatic parenchyma. Pancreatic carcinoma is the fourth leading cause of cancer death in the United States, preceded only by lung, colon, and breast cancers. Although it is substantially less common than the other three malignancies, pancreatic carcinoma is near the top of the list among lethal cancers because it has one of the highest mortality rates and the 5-year survival rate is dismal-less than 5%.

消化系统由消化道和消化腺组成。消化道是由口腔、食管、胃、肠及肛门组成的连续管道系统，具有蠕动、消化、吸收及排泄的功能。消化腺包括涎腺、肝、胰及消化道的黏膜腺体，除分泌消化液和胆汁参与消化作用外，还具有解毒和内分泌功能。另外还有胆囊，可储存和浓缩胆汁。

消化系统是人体疾病易于发生的部位，胃炎、消化性溃疡、肠炎、肝炎、肝硬化等都是临床上的常见病。在我国的十大恶性肿瘤中，就有四种发生在消化系统，包括食管癌、胃癌、肝癌和结直肠癌。而阑尾炎、胆囊炎、胆石症、急性胰腺炎、肠梗阻等也是临床上引起外科急腹症的常见疾病。

第一节 食管的炎症、狭窄与扩张 Esophagitis, Stenosis and Achalasia

一、食 管 炎 Esophagitis

（一）急性食管炎 Acute esophagitis

1. 单纯性卡他性炎 Catarrhal inflammation 因食入刺激性强或高温的食物引起。

2. 化脓性炎 Purulent inflammation 多继发于食管憩室（esophageal diverticulum）食物储留、腐败及感染，可形成脓肿（abscess），或沿食管壁扩散引起蜂窝织炎（phlegmonous），进而继发纵隔炎（mediastinitis）、胸膜炎（pleuritis）与脓胸（empyema）。

3. 坏死性食管炎 Gangrenous esophagitis 见于强酸、强碱等化学腐蚀剂造成食管的黏膜坏死及溃疡形成，愈合后可引起瘢痕狭窄。也见于猩红热（scarlet fever）、白喉（diphtheria）等传染病，炎症波及食管黏膜所致。

（二）慢性食管炎 Chronic esophagitis

1. 慢性非特异性食管炎 Chronic non-specific esophagitis 常由长期摄入刺激性食物、重度吸烟、食管狭窄致食物潴留与慢性淤血等引起。病理变化常表现为食管上皮局限性增生与不全角化（parakeratosis），淋巴细胞等慢性炎症细胞浸润，可形成黏膜白斑（leukoplakia）。重度食管炎是食管鳞状上皮癌发展的基础。

2. 反流性食管炎 Reflux esophagitis 是由于胃内容物（包括胃酸和胃蛋白酶）甚至十二指肠液（包括胆汁和胰液）经贲门反流至食管，引起食管下段黏膜慢性炎症，故又称为胃食管反流性疾病（gastroesophageal reflux. disease）。本质上属于化学性因素引起的食管炎。临床上可有反酸、胃灼热、胸骨后疼痛，甚至吞咽困难等。

病理变化 Pathological changes 大体上多仅见局部黏膜充血（hyperemia），重度损害表现为明显的充血。早期病变镜下表现为鳞状上皮增生，上皮内嗜酸粒细胞（eosinophils）浸润。后期可进展为食管下段的浅表性溃疡可出现上皮内中性粒细胞（neutrophils），伴有基底细胞增生，固有膜乳头延长，甚至发生柱状上皮化生（columnar epithelium metaplasia），形成 Barrett 食管（约有占 10% ~ 12% Barrett 食管的原因）。此时炎症可累及黏膜下层，伴纤维组织增生，导致食管狭窄、短缩，甚至引起食管裂孔疝。

3. Barrett 食管 Barrett esophagus 活检时在食管与胃交界的齿状线数厘米以上所取到的黏膜出现单层柱状上皮化生时，可诊断为 Barrett 食管。即食管下段、括约肌水平以上的复层鳞状上皮被单层柱状上皮所取代，表现为食管黏膜的胃化生或肠化生。1950 年由 Barrett 首先报道，故名。由 Barrett 食管引起的炎症称 Barrett 食管炎；由 Barrett 食管引起的溃疡称 Barrett 溃疡或食管消化性溃疡。

（1）病因与发病机制：①胃食管反流是 Barrett 食管的主要原因。②机制尚不清楚，但已证明在这些上皮中已有分子遗传学的改变，包括 p53 基因的突变和过度表达。③有迹象表明 Barrett 食管的发生具有遗传倾向。

（2）病理变化 Pathological changes：大体上病变处黏膜失去正常皱褶（rugal folds），呈橘红色、天鹅绒样或颗粒样，不规则形，在灰白色正常食管黏膜的背景上呈补丁状、岛状或环状，可见黏膜下明显的静脉丛。可继发糜烂（erosion）、溃疡（ulceration）、食管狭窄（stenosis）和裂孔疝（Hiatus hernia）。

光镜下，Barret 食管黏膜由类似胃黏膜或小肠黏膜的上皮细胞和腺体所构成。腺体排列紊乱，常有腺体扩张、萎缩和程度不同的纤维化及炎症细胞浸润，局部黏膜肌层常增厚。只要柱状上皮间有肠杯状细胞就可确诊(图 8-1)Barrett 食管黏膜的柱状上皮细胞兼有鳞状上皮和柱状上皮细胞的超微结构和细胞化学特征。

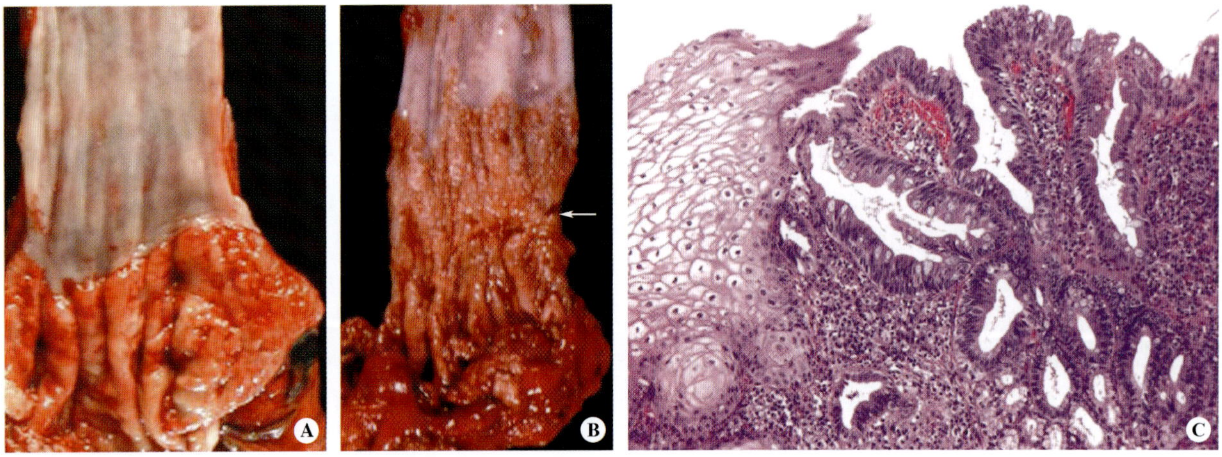

图 8-1 Barrett 食管 Barrett esophagus

A~B 肉眼:远端食管和近端胃。A. 示正常的胃食管连接处;B. Barrett 食管的颗粒样区域(箭头所指)。C. 镜下:左侧为鳞状上皮构成的黏膜,右侧为肠型柱状上皮构成的腺性黏膜 A~B, Gross view of distal esophagus and proximal stomach. A. Normal gastroesophageal junction; B. The granular zone of Barrett esophagus (*arrow*). C. Microscopic view showing squamous mucosa (*left*) and intestinal-type columnar epithelial cells in glandular mucosa (*right*)

(3) 临床特征 Clinical featuresBarret 食管可发展为:①Barrett 溃疡,形成与胃溃疡相似,长轴与食管纵轴一致,多发生在病变上段。②Barret 食管狭窄,慢性炎症局部纤维组织增生,至食管局部狭窄。临床可有吞咽困难、胸骨后疼痛等症状。③Barret 食管癌变,是食管下段腺癌的主要来源,平均癌变率为 13.6%。2cm 以上的 Barret 黏膜癌变发生率对照正常人群高 30~40 倍。

Esophagitis: Inflammation of the esophageal mucosa most often caused by reflux of gastric contents; inflammatory infiltrate often contains abundant eosinophils. *Barrett esophagus*: replacement of stratified squamous epithelium of distal esophagus by metaplastic columnar epithelium containing goblet cells; associated with gastroesophageal reflux in 15% of cases; main harmful consequence is the development of dysplasia and 30 to 100-fold increased risk for adenocarcinoma.

二、食管狭窄、扩张与贲门失弛缓症 Esophageal Stenosis, Dilatation and Cardia Achalasia

(一) 良性食管狭窄 Benign esophageal-stenosis

食管狭窄可分先天性与后天性两种。在狭窄部位的上方常伴食管扩张和肥厚。先天性食管狭窄一般在饮食之后被家长发现,呈缓慢进行性吞咽困难。后天性狭窄比较常见,可能来自外压性食管狭窄,或由于吞服化学腐蚀剂(如强酸强碱等),导致食管严重损伤,修复后形成瘢痕性狭窄。

(二) 食管扩张 Dilatation of esophagus

食管扩张可分为原发性和继发性两种。

1. 原发性扩张 Primary dilatation 根据范围又可分为广泛性扩张和局限性扩张。

(1) 广泛性扩张:又称为巨大食管症 Megaesophagus/giant esophagus 先天性扩张,发病原因不明,食管神经肌肉功能障碍引起全段食管扩张。

(2) 局限性扩张:又称食管憩室 Diverticulum of the esophagus,常分为真性膨出性憩室和假性牵引性憩室。真性膨出性憩室:多因食管壁平滑肌层先天发育不良,表面的黏膜部分由该处脱出,多突出于食管后壁,内存食物常压迫食管形成狭窄。多发生在咽食管交界处,少数发生在食管下段。假性牵引性憩室:常因食管周围组织慢性炎症造成瘢痕性收缩,牵拉食管壁而形成,多发生于食管前壁,呈漏斗状扩张。

2. 继发性扩张 Secondary dilatation 发生在食管狭窄部上方的扩张。

(三) 贲门失弛缓症 Cardiaachalasia

又称贲门弛缓不能或食管失迟缓症,发生在食管的中下端及贲门。当食物通过时食管壁肌肉失去弛缓性调节而发生吞咽困难(dysphagia)。食管中下段的管壁平滑肌运动功能受 Auerbach 神经丛调节。如该处神经节细胞发生器质性或功能性异常,神经纤维脱髓鞘或断裂，神经纤维减少，甚至完全缺损时，则发生下段食管壁肌肉痉挛，贲门部也发生痉挛，近端食管扩张，失去正常蠕动从而引起本病，其肌层亦明显肥厚。

第二节　胃　炎
Gastritis

胃炎是胃黏膜的炎症性病变，可分为急性胃炎和慢性胃炎。急性胃炎常有明确的病因，慢性胃炎病因及发病机制较复杂，目前尚未完全明了。

Acute gastritis: acute mucosal inflammation, usually transient, associated with use of NSAIDs, alcohol, heavy smoking, and various systemic abnormalities. *Chronic gastritis*: major cause is infection by *Helicobacter pylori*, less commonly autoimmune in origin; characterized by mononuclear cell infiltration in the lamina propria with intestinal metaplasia and frequently, proliferation of lymphoid tissue; may be the precursor of peptic ulcer and carcinoma.

一、急性胃炎
Acute Gastritis

急性胃炎的病因复杂多样，包括：①药物因素，长期过量使用非类固醇类抗炎药（nonsteroidalantiinflammatory drugs, NSAIDS）如阿司匹林（aspirin）、某些肿瘤化疗药物；②过度吸烟、酗酒；③感染；④休克及其他应激状态（大面积烧伤、严重创伤和大手术等）；⑤物理及机械性损伤，如食物过冷、过热，放射线照射等；⑥化学损伤，如误食酸、碱；⑦其他：尿毒症（uremia）、胆汁、胰液反流，或不明原因时称为特发性胃炎（idiopathic gastritis）。

发病主要与胃黏膜酸性产物增多并伴有反流，黏膜表面细胞碳酸盐缓冲成分生成减少，黏膜血供减少，黏膜细胞合成具有保护作用的前列腺素减少，以及理化因素直接损害黏膜上皮细胞等机制有关。应激性溃疡（stress-induced ulcers）的发生可能也是上述因素作用的结果。

根据不同病因，急性胃炎常可分为以下四种类型：

常由理化因素及微生物感染引起，常见者有以下四种：

1. 急性刺激性胃炎（acute irritated gastritis）　又称单纯性胃炎（simplex gastritis）或急性卡他性胃炎（acute catarrhal gastritis）。多因暴饮暴食，食用过热或刺激性食品以及烈性酒所致。胃镜可见黏膜潮红、充血、水肿，有黏液附着，或糜烂。

2. 急性出血性胃炎（acute hemorrhagic gastritis）　多由服药不当或过度酗酒所致。此外，创伤及手术等引起的应激反应也可诱发。炎症一般仅累及黏膜的表层，并不影响深层组织。同时有胃黏膜急性出血合并糜烂的称为急性糜烂性胃炎（acuteerosive gastritis），或可见多发性应激性浅表溃疡形成（图8-2）。但是严重的应激状态，如广泛的大面积烧伤、严重创伤、手术、休克，都可引起应激性溃疡，此时炎症可深达黏膜全层甚至肌层（muscular layer）。

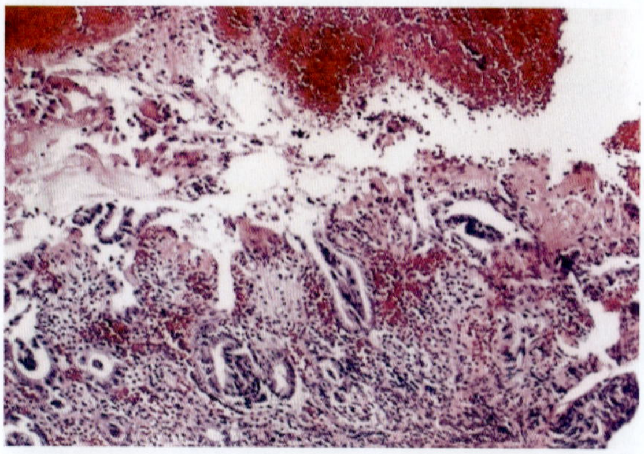

图8-2　急性糜烂性胃炎 Acuteerosive gastritis
胃黏膜上有多灶性小出血糜烂病灶 Multifocal small hemorrhagic erosions are noted in the gastric mucosa

3. 腐蚀性胃炎（corrosive gastritis）　多由吞服腐蚀性化学试剂引起。胃黏膜坏死、溶解，病变多较严重，可累及深层组织甚至穿孔。

4. 急性感染性胃炎（acute infective gastritis）　少见，可由金黄色葡萄球菌、链球菌或大肠杆菌等化脓菌经血道（败血症或脓毒血症）或胃外伤直接感染所致，可引起急性蜂窝织炎性胃炎（acute phlegmonous gastritis）。

急性胃炎的临床表现取决于病变的严重程度，可无症状性或轻度的上腹部疼痛，也可以发展为急性腹痛伴恶心、呕吐，甚至呕血、黑便（melaena）等。

二、慢性胃炎
Chronic Gastritis

慢性胃炎是胃黏膜的慢性非特异性炎症，最后导致胃黏膜萎缩（mucosal atrophy）、肠上皮化生（intestinal metaplasia），胃黏膜上皮不典型增生（dysplasia），但一般不伴有胃黏膜的糜烂。

（一）病因和发病机制 Etiologyand pathogenesis

目前认为慢性胃炎的病因主要有四大类：①幽门螺杆菌（*Helicobacter pylori*, *H pylori*）感染，慢性胃窦炎患者约有90%在胃黏膜可检出 *H pylori*，因此认为

H. pylori 感染与慢性胃炎密切相关。*H. pylori* 是一种革兰阴性的弯曲杆菌,存在于胃黏膜表面的黏液层或上皮细胞的微绒毛处,并不侵入胃黏膜;可分泌尿素酶(urease)、蛋白酶(protease)和磷脂酶(phosphatidase)、细菌性血小板激活因子(platelet activating factor, PAF)等物质引起胃黏膜的损伤。如尿素酶能将内源性尿素转变为氨和二氧化碳,中和周围的酸性胃液,削弱胃酸对细菌的杀灭作用(图 8-3)。②自身免疫性损伤,较少,占慢性胃炎的 10%以下,患者体内存在抗胃腺壁细胞(parietal cell)、内因子(intrinsic factor)和 H^+-K^+ATP 酶的自身抗体(antibodies),内因子缺乏可导致恶性贫血(pernicious anemia),这一型胃炎常伴有其他自身免疫性疾病。③长期慢性刺激,如长期饮酒吸烟、滥用水杨酸类药物、喜食热、烫或浓碱及刺激性食物。④十二指肠液反流对胃黏膜屏障(mucosal defence)的破坏等。

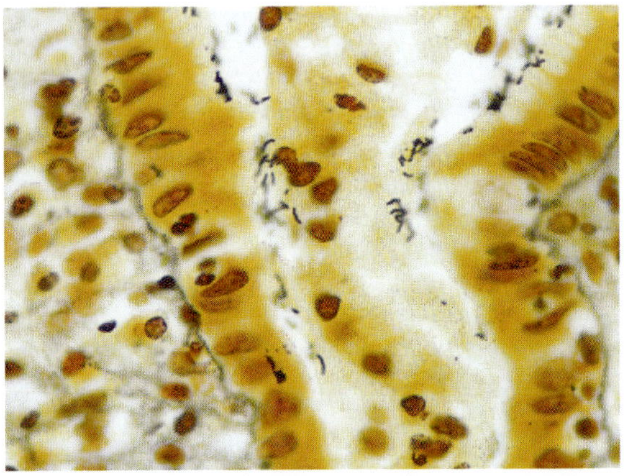

图 8-3 幽门螺杆菌 *Helicobacter pylori*

Steiner 银染显示胃黏膜上皮腔面的黏液层中大量染成黑色的螺旋形病原体,并不侵入胃黏膜 Steiner silver stain demonstrates the numerous darkly stained *Helicobacter* organisms along the luminal surface of the gastric epithelial cells. There is no tissue invasion by bacteria

(二) 病理变化 Pathological changes

根据病理变化的不同,分为以下四类:

1. 慢性浅表性胃炎 Chronic superficial gastritis

慢性浅表性胃炎又称慢性单纯性胃炎,是胃黏膜最常见的病变之一,国内胃镜检出率高达 20% ~ 40%,以胃窦部为常见,又称胃窦炎(gastric antritis)。胃镜所见,病变呈多灶性或弥漫状、病变部胃黏膜充血、发红、水肿,可伴点状出血或糜烂,表面可有灰黄或灰白色黏液性渗出物覆盖。镜下,黏膜厚度正常,病变主要位于黏膜浅层,即黏膜层上 1/3,腺窝水平的固有层内呈灶状或弥漫,固有层充血、水肿、可见较多的淋巴细胞(lymphocytes)、浆细胞(plasma cells)浸润,表浅的上皮不同程度的变性、坏死脱落,不出现腺体萎缩。根据炎细胞浸润深度分为三级,轻度者仅累及黏膜上 1/3,中度 1/3 ~ 2/3 重度超过 2/3。大多经治疗或合理饮食而痊愈。少数转变为慢性萎缩性胃炎。

2. 慢性萎缩性胃炎 Chronic atrophic gastritis

慢性萎缩性胃炎的主要表现为胃黏膜萎缩变薄,黏膜腺体减少或消失;固有膜内多量淋巴细胞、浆细胞浸润;并伴上皮化生。

(1) 类型与特点 Types and features:根据发病是否与自身免疫有关及是否伴有恶性贫血,将本型胃炎分 A,B 两型。A 型属于自身免疫性疾病,患者胃液和血清中抗壁细胞抗体(antibodies to parietal cells)和抗内因子抗体(antibodies to intrinsic factor)阳性,壁细胞缺失导致胃酸分泌明显减低(hypo- or achlorhydria),血清胃泌素水平高(hypergastrinemia),维生素 B_{12}(vitamin B_{12})吸收障碍,常伴有恶性贫血,病变主要在胃体(body)和胃底部(fundal);B 型患者胃液和血清中抗壁细胞抗体和抗内因子抗体均为阴性,胃酸分泌中度降低或正常,血清胃泌素水平低,很少发生维生素 B_{12}吸收障碍,不伴有恶性贫血,病变多见于胃窦部。我国 B 型胃炎更常见。两型胃炎胃黏膜的病变基本类似。

胃镜所见:病变区胃黏膜由正常的橘红色变为灰色或灰绿色,黏膜皱襞变少,甚至消失,由于黏膜变薄,黏膜下血管清晰可见,偶有出血及糜烂。

镜下:①胃黏膜固有腺体(胃体胃底腺、幽门腺和贲门腺)不同程度萎缩或消失,表现为腺体变小,数目减少,胃小凹变浅,并可有囊性扩张;②固有层内有淋巴细胞、浆细胞弥漫浸润,可形成淋巴滤泡;③黏膜内纤维组织增生,肌层相对增厚;④肠上皮化生或假幽门腺化生,以肠上皮化生(intestinal metaplasia)为常见(图 8-4)。

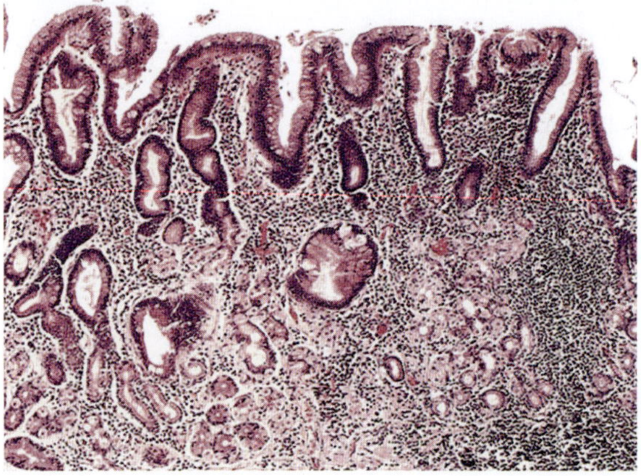

图 8-4 慢性萎缩性胃炎 Chronic atrophic gastritis

部分胃黏膜上皮发生肠上皮化生(左上方),黏膜固有层可见慢性炎症淋巴细胞、浆细胞聚集(右侧),胃黏膜腺体数目减少 Figure showing partial replacement of the gastric mucosal epithelium by intestinal metaplasia (upper left), and inflammation of the lamina propria containing lymphocytes and plasma cells (right), and the inflammation is accompanied by variable gland loss

肠上皮化生是指病变区胃黏膜上皮被肠型腺上皮替代，在胃窦部病变区，胃黏表层上皮细胞中出现分泌酸性黏液的杯状细胞(goblet cells)、有纹状缘的吸收细胞(absorptive cell)和潘氏细胞(paneth cell)等肠上皮所特有的细胞，可出现细胞异型性增生。肠化生上皮既有杯状细胞又有吸收上皮细胞者称为完全化生，只有杯状细胞者为不完全化生。根据其黏液的组化反应不完全化生又可分为两型，氧乙酰化唾液酸阳性者为大肠型不完全化生；阴性者则为小肠型不完全化。不完全性大肠型化生与肠型胃癌的发生关系较为密切。

此外，尚存在另一种化生称为假幽门腺化生(pyloric gland metaplasia)，指胃体或胃底部腺体壁细胞和主细胞消失，被出现类似正常幽门腺的黏液分泌细胞所替代。假幽门腺化生的意义不清楚，可能是胃黏膜损伤的结果。

(2) 临床特征 Clinical features：因胃黏膜腺体萎缩、壁细胞和主细胞减少或消失，患者胃液分泌减少，有时可有上腹部不适，消化不良，恶心、呕吐等症状。A型胃炎患者由于壁细胞破坏明显，内因子缺乏，维生素 B_{12}吸收障碍，易发生恶性贫血。萎缩性胃炎常伴不同程度的肠上皮化生，化生过程中局部上皮细胞不断增生，甚至出现不典型增生，细胞增大，核染色变深，形态及排列极性紊乱，核质比增大，这可能成为慢性萎缩性胃炎癌变的病理基础。

3. 慢性肥厚性胃炎 Chronic hypertrophic gastritis 又称为肥厚性胃病(hypertrophic gastropathy)，常发生在胃底和胃体部，原因不明。

胃镜所见：①黏膜和黏膜下组织增厚，皱襞肥大加深呈脑回状，甚至形成息肉(polypus)。病变可以进展为多发性息肉，临床上很难与胃癌区别。②黏膜皱襞上可见横裂，有多数疣状隆起的小结。③膜隆起的顶端常伴有糜烂。

镜下有两种类型：

(1) 单纯性慢性肥厚性胃炎(simple hypertrophic gastritis)，整个黏膜层增厚，腺体变长，但结构正常，固有层有弥漫性炎细胞浸润。单纯性慢性肥厚性胃炎可伴消化性溃疡，或是胃泌素瘤(gastrinoma)，即Zollinger-Eolliger综合征的一种表现。

(2) 巨大肥厚性胃炎 (giant hypertrophic gastritis)，又称 Menetrier 病，常发生在胃底胃体部。镜下：黏膜全层增厚，腺体肥大增生，腺管延长，有时增生的腺体可穿过黏肌层。腺体中壁细胞和主细胞稍减少而黏液分泌细胞数量增多。可有假幽门腺化生，但无肠化。黏膜固有层炎性细胞浸润不显著。

临床特征 Clinical features 慢性肥厚性胃炎在影像检查上需与弥漫性胃癌(gastric cancer)或淋巴瘤(lymphoma)鉴别。巨大肥厚性胃炎可引起上腹部疼痛、出血和蛋白过分泌，从而导致低蛋白血症(hypoalbuminemia)和蛋白丢失性胃肠疾病；增生性黏膜可能发展为不典型性增生，有发生胃腺癌的危险。

4. 疣状胃炎(gastritis verrucosa) 原因不明。是一种有特征性病理变化的胃炎，病变多见于胃窦部。病变处胃黏膜出现许多中心凹陷的疣状突起病灶，镜下可见病灶中心凹陷部胃黏膜上皮变性坏死并脱落，伴有急性炎性渗出物覆盖。

第三节 消化性溃疡
Peptic Ulcer

Peptic ulcer: breach in the epithelium caused most commonly by *H. pylori* infection and mucosal exposure to gastric acid and enzymes (pepsin), or less frequently by use of NSAIDs; *H. pylori* elicits inflammatory reaction and damages epithelial cells; typically, sharply demarcated mucosal defects with underlying necrosis, acute inflammation, granulation tissue, and scarring; manifested by bleeding and, less commonly, rupture. *Stress ulcers* (*acute gastric ulcers*): associated with severe trauma, burns, CNS trauma or hemorrhage; usually small, multiple, hemorrhagic ulcers that are often shallow.

一、急性溃疡
Acute Ulcer

通常只累及胃的黏膜和黏膜下层，很少累及十二指肠。急性溃疡的直径通常较小且呈多发，有时仅表现为黏膜面的出血而被称为糜烂。急性溃疡可发生在许多严重疾病，如休克、严重烧伤、脑损伤、腹部外伤和大手术等过程中，因而又被称为应激性溃疡。

二、慢性消化性溃疡
Chronic Peptic Ulcer

又称为消化性溃疡(peptic ulcer)是指主要发生在胃和十二指肠的慢性溃疡，其发生与胃液的消化作用有关。多为单发。中老年比较多见，也可发生在年轻人。男性患者多于女性，男女发病比例约为3∶1。十二指肠溃疡病较胃溃疡病多见。前者约占70%，后者占25%，胃和十二指肠两者并存的复合性溃疡只占5%。临床上，病人有周期性上腹部疼痛、反酸、嗳气等症状。

(一) 病因和发病机制 Etiology and pathogenesis

消化性溃疡病的病因与发病机制复杂，尚未完全清楚，目前认为与以下因素有关。

1. 幽门螺杆菌的感染 H. pylori infection 研究表明，H. pylori 感染损伤胃黏膜屏障在溃疡的形成中可能起着非常重要的作用。在胃镜检查中，慢性胃炎、胃溃疡及十二指肠溃疡中 H. pylori 的检出率均较高。实验证明，H. pylori 感染可释放一种细菌型血小板激活因子，促进表面毛细血管内血栓形成而导致血管阻塞、黏膜缺血等，从而破坏胃十二指肠黏膜防御屏障；H. pylori 能分泌催化游离氨生成的尿素酶和裂解胃黏膜糖蛋白的蛋白酶，还可产生能破坏黏膜表面上皮细胞脂质膜的磷酸酯酶，以及有生物活性的白细胞三烯和二十烷等，有利于胃酸直接接触上皮并进入黏膜内；并能促进胃黏膜 G 细胞增生，导致胃酸分泌增加；H. pylori 还具有趋化中性粒细胞的作用，后者释放髓过氧化物酶而产生次氯酸，这时在氨的存在下就会合成一氯化氨，次氯酸和一氯化氨均能破坏黏膜上皮细胞，诱发消化性溃疡。体外实验发现 H. pylori 易于黏附到表达 O 型血抗原的细胞上，这是否与 O 型血人群胃溃疡病发病率较高有关尚待进一步确认。

2. 胃及十二指肠黏膜屏障功能障碍 一般情况下，胃酸与胃酶并不损害胃及十二指肠黏膜，因为正常的胃和十二指肠黏膜具有抗消化的防卫机制，包括黏膜屏障及黏膜表面覆盖的黏液-HCO_3^-屏障、黏膜上皮的活跃更新、正常的黏膜血流、前列腺素的保护作用及胃的正常蠕动和排空。当胃黏液分泌不足或黏膜上皮受损时，胃黏膜的屏障功能减弱，抗消化能力降低，胃液中的氢离子便可以逆向弥散入胃黏膜，损伤黏膜中的毛细血管、促使黏膜中的肥大细胞释放组胺，引起局部血液循环障碍，黏膜组织受损伤，还可触发胆碱能效应，促使胃蛋白酶原分泌，加强胃液的消化作用，导致溃疡形成。氢离子由胃腔进入胃黏膜的弥散能力在胃窦部为胃底的 75 倍，而十二指肠又为胃窦的 2~3 倍，故溃疡好发于十二指肠和胃窦部可能与此有关。

此外，如长期服用非固醇类抗炎药物如阿司匹林（aspirin）等，除直接刺激胃黏膜外，还可抑制胃黏膜前列腺素的合成，影响血液循环；吸烟也可能损害黏膜血液循环，进而损害黏膜防御屏障。各种因素造成上述黏膜防御屏障的破坏均可诱发消化性溃疡的发生。

3. 胃液的消化作用 一旦胃酸（gastric acid）与胃酶（pepsin）的消化侵袭力与上述抗消化防卫机制之间的平衡遭到破坏，就会形成消化性溃疡。因此胃和十二指肠局部黏膜直接暴露于胃酸和消化液中被胃酸和胃蛋白酶消化是消化性溃疡形成的基本要素，酸性消化液的分泌是最重要的。“无酸，无溃疡”。十二指肠溃疡时可见分泌胃酸的壁细胞总数明显增多，造成胃酸分泌增加。空肠与回肠内为碱性环境，一般极少发生这种溃疡病。但做过胃空肠吻合术后，吻合处的空肠则可因胃液的消化作用而形成溃疡。

4. 神经、内分泌功能失调 神经系统的影响一直被认为是消化性溃疡发生的重要原因，由于过度紧张或焦虑（anxiety）或其他应激状态时的刺激可引起大脑皮层功能失调，从而导致自主神经功能紊乱。下丘脑—垂体（hypothalamus-pituitary）受到刺激通过迷走神经（vagus nerve）和肾上腺皮质类固醇（adrenal cortical steroid）的作用可使胃酸分泌过多（hypersecretion of gastric acid）。迷走神经功能亢进可促使胃酸分泌增多，这与十二指肠溃疡发生有关；而迷走神经兴奋性降低，胃蠕动减弱，通过胃泌素分泌增加，进而促使胃酸分泌增加，促进胃溃疡形成。

5. 遗传因素 溃疡病在一些家庭中有高发趋势，血型为“O”型的人发病率高于其他血型 1.5~2 倍，说明本病的发生也可能与遗传因素有关。

（二）病理变化 Pathological changes

肉眼观 Gross appearances 80% 为单一病灶，10%~20% 的病例同时有胃溃疡和十二指肠溃疡。胃溃疡多位于小弯侧的胃窦处，及靠近小弯侧的胃后壁，典型胃溃疡直径多小于 2cm。十二指肠溃疡多发生在十二指肠球部，其中前壁有多于后壁，溃疡一般较小，直径常在 1cm 以内，较浅易愈合。典型的消化性溃疡呈圆形或卵圆形，边缘整齐，状如刀切，底部平坦、洁净，通常穿越黏膜下层，深达肌层甚至浆膜层。由于胃的蠕动，一般溃疡的贲门侧较深，其边缘耸直为潜掘状。溃疡的幽门侧较浅，作阶梯状，即局部胃壁各层相继为阶梯状显露。溃疡周围的胃黏膜皱襞因受溃疡底疤痕组织的牵拉而呈放射状（图 8-5）。

镜下 Microscopic view：溃疡底部由内向外可分为四层：①渗出层（zone of active inflammation exudat），由少量炎性渗出物（纤维蛋白和中性粒细胞）构成；②坏死层（superficial layer of necrotic debris），为嗜酸性均质深染的坏死组织；③新鲜的肉芽组织层（active granulation tissue），其中有较多单核细胞浸润；④陈旧的肉芽组织和瘢痕层（scar tissue base），其中细胞成分较少，胶原纤维增粗融合后发生玻璃样变（图 8-6）。瘢痕区内的小动脉因炎症刺激管壁常有纤维性增厚，管腔狭窄或形成血栓，及所谓增殖性动脉内膜炎（endarteritis proliferans），这种病理变化可防止溃疡血管破裂、出血，但同时也造成局部血供不足，妨碍组织再生，影响溃疡愈合。溃疡底部的神经节细胞及神经纤维常变性断裂，形成小球状增生，这可能是造成溃疡患者疼痛的原因之一。

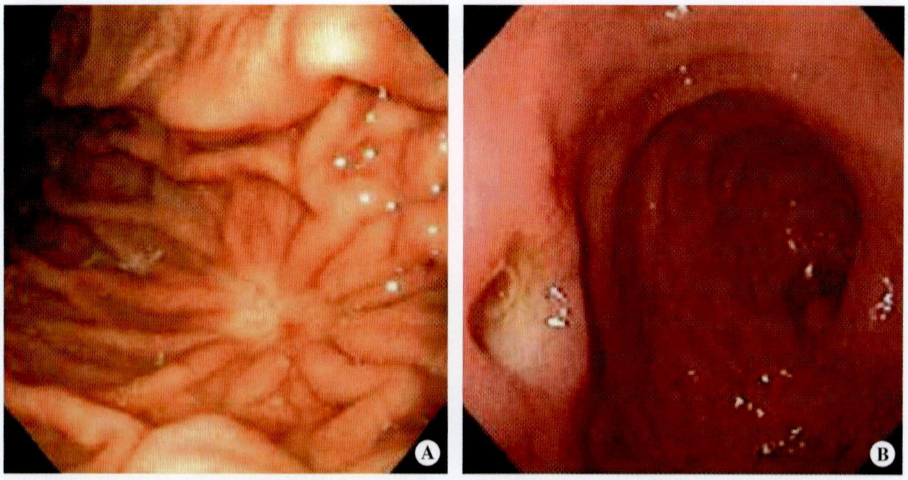

图 8-5　胃溃疡(A)和十二指肠溃疡(B) Gastric ulcers (A) and peptic ulcer of the duodenum(B)
内镜下溃疡边缘整齐,周围黏膜轻度水肿,胃溃疡周围的黏膜皱襞呈轮辐状排列,溃疡底部干净 Endoscopy shows the margins of the ulcer are perpendicular and there is some mild edema of the immediately adjacent mucosa, the surrounding mucosal folds of gastric ulcers radiate like wheel spokes. The base of the ulcers appear remarkably clean

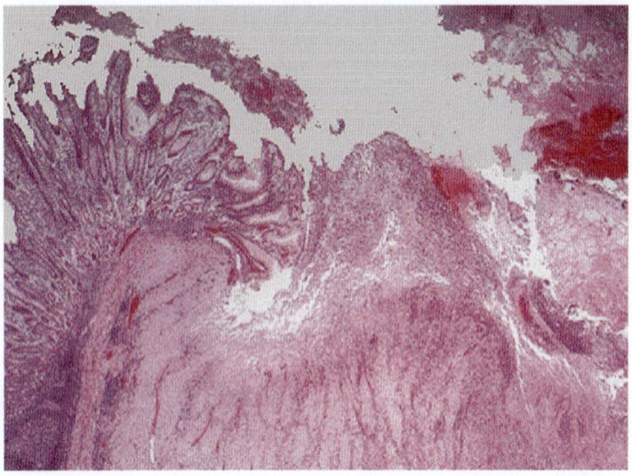

图 8-6　消化性溃疡 Peptic ulcer
溃疡边界清楚,左侧正常胃黏膜凹陷形成一个深溃疡,其底部为炎性坏死组织碎片 The ulcer is sharply demarcated, with normal gastric mucosa on the left falling away into a deep ulcer whose base contains inflamed, necrotic debris

(三)临床病理联系 Clinicopathological relations

消化性溃疡最主要的症状是反复发生的中上腹部烧灼感(burning sensation)及节律性疼痛(gnawing intermittent epigastric pain),可能与胃酸刺激溃疡局部的神经末梢所致及胃壁平滑肌痉挛有关。十二指肠溃疡典型的表现是疼痛发生在餐后 3~4h,午夜痛也较常见,与迷走神经兴奋性增高,刺激胃酸分泌增多有关;胃溃疡疼痛发生在餐后 30min。反酸、嗳气与胃幽门括约肌痉挛,胃逆蠕动,以及早期幽门狭窄,胃内容物排空受阻,滞留在胃内的食物发酵等因素有关。

(四)转归和并发症 Turnover and complications

经有效药物正规治疗,大部分溃疡有望在数周内治愈,溃疡底部渗出物及坏死组织逐渐被吸收,周围黏膜上皮细胞再生,覆盖溃疡面。已被破坏的肌层不能再生,由底部的肉芽组织增生形成瘢痕组织充填修复。常见的并发症有:

1. 出血 Hemorrhage　是消化性溃疡最常见的并发症,约 10%~35% 的患者可伴出血,部分患者可以大出血为首发症状。如溃疡底部毛细血管破裂,溃疡面可有少量出血,患者大便隐血试验常阳性。如溃疡底部大血管受到胃液侵蚀破裂,患者则出现呕血或排出柏油样大便,严重者出现失血性休克(hemorrhagic shock)(图 8-7)。

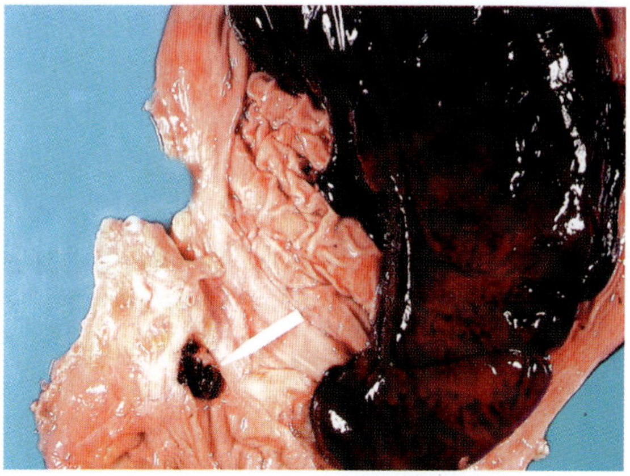

图 8-7　消化性溃疡伴出血 Peptic ulcer bleeding
胃十二指肠连接处可见一境界清楚的圆形溃疡。胃中充满新鲜血凝块 A round well circumscribed ulcer is noted in the gastroduodenal junction. The stomach is filled with fresh blood clot

2. 穿孔 Perforation 溃疡向深层发展累及肌层，穿通胃肠壁进入腹腔。穿孔是消化性溃疡最危险的并发症，虽然发生率仅5%左右，却占本病死亡原因的2/3。穿孔导致胃肠内容物漏入腹腔而引起弥漫性腹膜炎（diffuse peritonitis）。十二指肠溃疡因肠壁较薄更易发生穿孔。若穿孔发生在胃后壁，胃肠内容物则漏入小网膜囊。

3. 幽门狭窄 Pyloric stenosis 发生率2%～3%，主要见于幽门管溃疡和十二指肠球部溃疡。慢性溃疡形成大量瘢痕，由于瘢痕收缩（scaring construction）引起幽门狭窄，使胃内容通过困难，继发胃扩张，患者出现反复呕吐。严重的呕吐可导致水电解质失衡引起碱中毒，或营养不良。此外，因溃疡周围炎症、水肿或幽门括约肌痉挛也可引起功能性幽门梗阻。

4. 癌变 Canceration 十二指肠溃疡几乎不发生癌变。胃溃疡虽可发生癌变，但癌变率也不超过1%，多发生于中年以上的长期胃溃疡患者。癌变发生在溃疡边缘的黏膜上皮或腺体反复再生修复而发生不典型增生的基础上。

第四节 阑 尾 炎
Appendicitis

阑尾炎是常见病。急性发病时表现为转移性右下腹疼痛、呕吐伴发热及外周血中性粒细胞升高。根据病程常分为急性和慢性两种。

一、病因和发病机制
Etiology and Pathogenesis

细菌和阑尾腔的阻塞是阑尾炎发病的两个主要因素。阑尾炎发病机制是各种原因导致阑尾壁血液循环障碍，造成黏膜损害，有利于细菌感染而引起阑尾炎。原因主要有：①阑尾是一条细长的盲管，管腔狭小，易被粪石、寄生虫、异物等阻塞；②阑尾肌壁内富于神经装置（如肌神经丛等），阑尾根部具有类似括约肌的结构，故受刺激时易于收缩使管腔更为狭窄；③引起感染的细菌可来自粪便、血液或邻近脏器的炎症病灶。致病菌常为大肠杆菌（*Escherichia coli*）、肠球菌（*enterococci*）及链球菌（*streptoc*）等。

二、病 理 变 化
Pathological Changes

（一）急性阑尾炎 Acute appendicitis

三种主要的类型

1. 单纯性阑尾炎 Simple appendicitis 阑尾表面充血，浆膜面混浊，黏膜面糜烂或形成浅溃疡。肠壁各层可见血管充血、中性粒细胞浸润，腔内有中性粒细胞渗出，炎性水肿。

2. 蜂窝织炎性阑尾炎 Phlegmonous appendicitis 又称为急性化脓性阑尾炎，常由单纯性阑尾炎发展而来。阑尾显著肿胀，浆膜高度充血，表面覆以灰白色脓性渗出物，腔内充满脓液。各层血管充血，组织水肿，可见大量中性粒细胞弥漫浸润。如浆膜外见大量纤维素性脓性渗出物，则为阑尾周围炎（periappendicitis）及局限性腹膜炎（localized peritonitis）的表现。

3. 坏疽性阑尾炎 Gangrenous appendicitis 是一种重型阑尾炎，常为化脓性阑尾炎继续发展的结果。炎症累及阑尾系膜静脉，形成静脉血栓，导致阑尾壁血液循环障碍，从而引起阑尾出血坏死。病变阑尾呈暗紫红色或黑色，阑尾各层广泛出血、坏死，急性炎症细胞浸润。肌层坏死严重者可导致穿孔，引起弥漫性腹膜炎或阑尾周围脓肿（periappendiceal abscess）。

（二）慢性阑尾炎 Chronic appendicitis

多为急性阑尾炎转变而来，亦可开始即为慢性炎。主要病变为阑尾各层不同程度纤维化及慢性炎细胞浸润等。临床上可有右下腹疼痛。慢性阑尾炎也可急性发作。

三、转归及并发症
Turnover and Complications

急性阑尾炎经过外科治疗，预后良好。少数病例因治疗不及时或机体抵抗力差，出现并发症或转变为慢性阑尾炎。

并发症主要有阑尾穿孔引起的急性弥漫性腹膜炎和阑尾周围脓肿。有时阑尾系膜的血栓性静脉炎（thrombotic phlebitis）形成的含菌血栓栓子可循门静脉血回流入肝脏形成肝脓肿。如阑尾近端阻塞，阑尾内容物不能排入盲肠，则引起阑尾积脓（appendiceale-mpyema）或阑尾黏液囊肿（appendiceal mucocele）。黏液囊肿破裂，黏液进入腹腔，可在腹膜上形成假黏液瘤（pseudomyxoma）。

第五节 炎症性肠病
Inflammatory Bowel Disease（IBD）

IBD是一组累及小肠（small intestine）和结肠（colon）的炎症性病变，它有两个概念，一是广义的，一是狭义的。广义的，各种炎症性肠道病变都可称为炎症性肠病。狭义的炎症性肠病主要是指克罗恩病和溃疡性结肠炎。

一、局限性肠炎 Regional Enteritis

早在 1932 年 Crohn 首先对本病进行了描述，因此又称克罗恩病（Crohn's Disease）。该病可发生在消化道的任何部位，从口腔到肛门，以及消化道以外，如皮肤和关节。好发于回肠末端和回盲部。临床主要表现为腹痛、腹泻、腹部肿块、肠溃疡穿孔、肠瘘形成及肠梗阻。还可出现肠外免疫性疾病，如游走性多关节炎（migratory polyarthritis）、强直性脊柱炎（ankylosing spondylitis）等。本病为反复发作的慢性进行性炎症。可在肠黏膜上皮细胞不典型增生的基础上发生癌变，癌变率比正常人高 5~6 倍，但低于溃疡性结肠炎。本病需与肠结核（intestinal tuberculosis）、慢性溃疡性结肠炎（chronic ulcerative clotis，CUC）等鉴别。

（一）病因和发病机制 Etiology and pathogenesis

病因至今不明。北欧、北美和英、法、意大利等国多见，而非洲、中东、亚洲和南美少见。可能与遗传、饮食和生活习惯、种族、环境、损伤、精神因素、感染及免疫因素有关。

（二）病理变化 Pathological changes

肉眼：病变呈节段性，病变间肠黏膜正常。病变处肠壁变厚、变硬，肠黏膜高度水肿。皱襞呈块状增厚，黏膜面有纵行溃疡并进而发展为裂隙（图 8-8A），重者可引起肠穿孔（perforation of intestine）及瘘管形成（fistulization）。病变肠管常因纤维化而狭窄并可与邻近肠管或肠壁粘连。肠壁可粘连成团，与回盲部增殖型结核很相似。

镜下：病变复杂多样，裂隙状溃疡表面被覆坏死组织，其下肠壁各层可见大量淋巴细胞、巨噬细胞与浆细胞浸润称为穿壁性炎症，可见淋巴组织增生并有淋巴滤泡形成，约半数以上病例出现结核样肉芽肿（tuberculoid granuloma）（图 8-8B），但无干酪样坏死改变。肠黏膜下层增厚、水肿，其中有多数扩张的淋巴管。

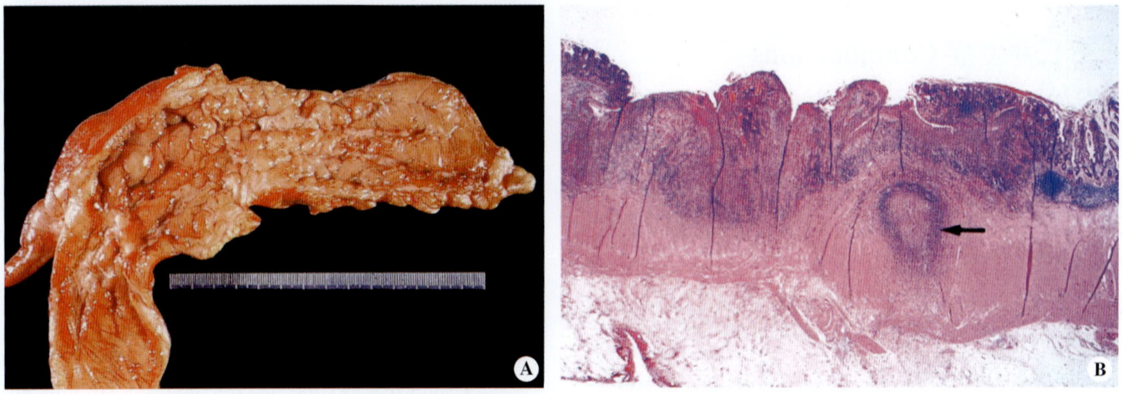

图 8-8　克罗恩病 Crohn's Disease

A. 病变肠壁节段性纤维化，肠壁增厚，黏膜上裂隙状长型溃疡；B. 低倍镜下显示慢性炎症纤维化和干酪样坏死肉芽肿（箭头）A. Diseased segment shows fibrosis，thickening of wall and long serpentine ulcerations of mucosa；B. Low-power view to show chronic inflammation and fibroaia with a noncaseating granuloma（arrow）

二、慢性溃疡性结肠炎 Chronic Ulcerative Colitis（CUC）

CUC 是一种原因不明反复发作的结肠炎症。病变起始于直肠，相近段蔓延至脾曲，亦可累及整个结肠甚至回肠末端。本病也常伴肠外免疫性疾病，如游走性多关节炎、葡萄膜炎（uveitis）、原发性硬化性胆管炎（primarysclerosing cholangitis）等。

（一）病因和发病机制 Etiology and pathogenesis

本病的病因不明，北美和欧洲发病率高。可能有关的发病因素有感染、食物、心理因素、免疫缺陷及基因异常等。有学者认为溃疡性结肠炎是一种自身免疫病。在不到半数的患者血清中可检出抗自身结肠细胞的抗体，这种自身抗体与结肠组织起交叉反应从而引起肠黏膜的免疫性损伤。

（二）病理变化 Pathological changes

肉眼：最初结肠黏膜充血并出现点状出血，黏膜隐窝有小脓肿形成（图 8-9A）。脓肿逐渐扩大，局部肠黏膜表层坏死脱落，形成表浅小溃疡并可累及黏膜下层。溃疡可融合扩大或相互穿通形成窦道。病变进一步发展，肠黏膜可出现大片坏死并形成大的溃疡。残存的肠黏膜充血、水肿并增生形成息肉样外观，称假息肉。假息肉细长，其蒂与体无明显区别。有时溃疡穿通肠壁引起结肠周围脓肿并继发腹膜炎。病变处结肠可与邻近腹腔器官发生粘连(adhesion)。

镜下:早期可见肠黏膜隐窝处有小脓肿形成,黏膜及黏膜下层可见中性粒细胞、淋巴细胞、浆细胞及嗜酸粒细胞浸润,继而形成广泛溃疡(图8-9B)。溃疡底部有时可见急性血管炎,血管壁呈纤维素样坏死(fibrinoid necrosis)。溃疡边缘息肉形成处的肠黏膜上皮可见有不典型增生,有癌变的可能。晚期病变区肠壁有大量纤维组织增生。

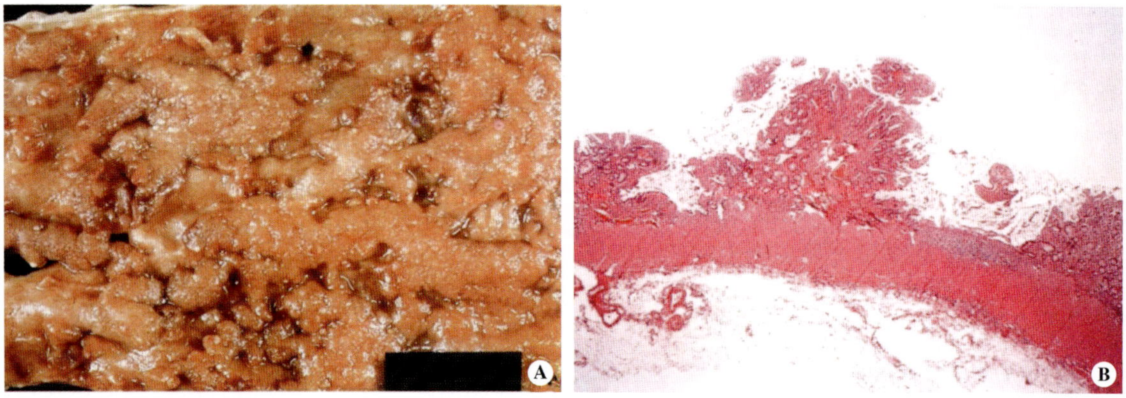

图 8-9 溃疡性结肠炎 Chronic Ulcerative Colitis

A. 地图状不规则溃疡周围残存黏膜呈岛状;B. 较深的和突然的溃疡与周围残存黏膜的明显炎症 A. Irregular ulcerationof geographic configuration surrounds islands of residual mucosa;B. Pronounced inflammatory changes of surviving mucosa appear polypoid as the ulcerations are deep and immediate

(三)并发症 Complications

本病除可引起结肠周围脓肿、腹膜炎外,尚可合并肠癌,且常为多发性肠癌。癌变率取决于病程长短。病程长于10年者癌变率为0~3%,20年以上者癌变率为12%~15%,30年以上者为50%。全结肠炎患者比病变局限在远端结肠的患者更易癌变。CUC相关结直肠癌(ulcerative colitis associated colorectal cancer,UCACRC)在病理特征和发生的分子机制上有别于散发性结直肠癌(sporadic colorectal cancer)。UCACRC具有5大特点:①多发性;②病灶扁平浸润边缘不清;③低分化腺癌和黏液腺癌多见;④发病年龄较轻;⑤不同肠段发病率相似。此外,在暴发型病例,一段结肠可因中毒丧失蠕动功能而发生麻痹性扩张,称为急性中毒性巨结肠(acute toxic megacolon)。

三、急性出血性坏死性肠炎 Acute Hemorrhagic Enteritis(AHE)

AHE亦称坏死性肠炎,是以小肠急性出血坏死性炎症为主要病变的儿科急症。常发生于婴儿,临床主要表现为腹痛、便血、发热、呕吐、腹泻等,重者常引起休克致死。

病因和发病机制至今不明。有较多的报告提出,本病是一种非特异性感染如细菌、病毒或其分解产物所引起的激烈的变态反应(Schwartzman反应)性疾病。此外,有学者在本病患者肠腔中发现一种可产生剧烈毒素的F型厌气菌,其B毒素有引起强烈的溶血、坏死作用。但此种细菌的病因作用尚待进一步证实。

病理变化:肠壁发生明显的出血及坏死,常呈节段性分布,以空肠及回肠最为多见且严重。病变肠壁增厚,黏膜肿胀,广泛出血、坏死,表面常被覆假膜。病变黏膜与正常黏膜分界清楚,常继发溃疡形成,溃疡深者可引起肠穿孔。黏膜下层除广泛出血外,发生严重水肿及炎细胞浸润。肌层平滑肌纤维断裂并可发生坏死。

Inflammatory Bowel Disease (IBD)

Crohn disease and ulcerative colitis are idiopathic inflammatory bowel diseases believed to result from abnormal local immune responses against unknown microbes and/or self antigens in the intestine.

Crohn disease: Associated with HLA-DR7 and -DQ4 alleles, and with mutations in the *NOD2* gene, which encodes an intracellular sensor of microbes. Results from a chronic T cell-mediated inflammatory reaction involving IFN-γ-producing T_H1 cells and, perhaps, IL-17-producing T_H17 cells. Manifested by chronic inflammation with granulomas, ulcers and strictures caused by fibrosis, involving the terminal ileum and colon. Consequences include fistula formation, abdominal abscesses, intestinal obstruction, and increased risk of carcinoma.

Ulcerative colitis: Associated with HLA-DRB1. Manifested by superficial ulcers in the colon without granulomas or extensive fibrosis; the nature of the pathologic immune response is unknown. The most serious complication is the increased risk of carcinoma.

第六节 消化道常见肿瘤
Carcinoma of Gastrointestinal Tract

一、食 管 癌
Carcinoma of Esophagus

食管癌是食管黏膜上皮或腺体发生的恶性肿瘤，我国的常见恶性肿瘤之一，太行山区、苏北地区、大别山区、川北地区、闽粤交界(潮汕地区)为高发区。男性发病率较高，发病年龄多在 40 岁以上。临床上主要表现为不同程度的吞咽困难，故祖国医学称本病为"噎隔"。

(一) 病因和发病机制 Etiology and pathogenesis

病因尚未完全明了，相关因素有：

1. 饮食习惯 Dietary factors 长期饮酒，酒精作为致癌物的溶剂促进致癌物进入食管，造成黏膜损伤，为癌的发生创造了条件。吸烟与食管癌的发生存在一定的量效关系。亚硝酸盐(nitrosamines)，如自制酸菜中含量较多此类物质可诱发食管癌。长期食用过热、过硬及粗糙的饮食，刺激和损伤食管黏膜，可能与食管癌发生有关。

2. 慢性炎症 Chronic inflammation 各种长期不愈的食管炎可能进一步发生癌前病变。病理观察在食管癌旁，即使是非常早期的原位癌其癌旁非癌上皮及固有膜中均有不同程度的慢性炎症改变，有时炎症非常明显。

3. 环境因素 Environmental factors 食管癌高发区土壤中所含微量元素(trace metals)异常，如钼元素(molybdenum)缺乏。钼是硝酸盐还原酶的成分，可降低植物中硝酸盐的含量，缺乏钼元素可使农作物中硝酸盐的含量增高。

4. 遗传因素 Genetic factors 我国汉族人食管癌高发区主要有北方的太行山区及南方的潮汕与闽南地区。在高发区中，食管癌的家族聚集现象较为明显。据历史与系谱记载，潮汕食管癌高危人群是由古中原起源经闽陟潮的中原汉族后裔。最新的分子生物学研究揭示潮汕食管癌高危人群与河南食管癌高危人群有密切的血缘关系，提示食管癌发病可能与遗传易感性(hereditary predisposition)有一定的关系。代谢酶基因多态性(尤其是酒精代谢酶)与食管癌易感性的关系也受到关注。

(二) 病理变化 Pathological changes

食管癌好发于三个生理性狭窄部，以中段最多见(50%)，其次为下段(30%)，而上段最少(20%)。

1. 早期食管癌 Early esophagealcarcinoma 临床无明显症状。病变局限于黏膜下层，未累及肌层，无淋巴结转移。包括原位癌(carcinoma in situ)和黏膜内癌(intramucosal carcinoma)。部分肿瘤浸润黏膜下层，但未累及肌层，无淋巴结转移时也属于早期癌。

肉眼：癌变处黏膜轻度糜烂或表面呈颗粒状、微小的乳头状，X 线钡餐检查仅见管壁轻度局限性僵硬或正常。

镜下：绝大部分为鳞状细胞癌(squamous cancer)。

2. 中晚期食管癌，又称进展型食管癌 Advanced esophagealcarcinoma 此期患者多出现吞咽困难、胸骨后疼痛等典型临床症状。根据肉眼形态特点可分为以下四型：

(1) 髓质型 Medullary type：最常见，约占 61%。癌组织主要向食管壁内浸润性生长，累及食管全周或大部分，食管壁增厚、管腔变小，表面常有深浅不一的溃疡。癌组织切面质地较软，色灰白，似脑髓。

(2) 蕈伞型 Mushroom type：约占 12%。癌组织呈卵圆形，突入食管腔形成肿块，表面多有浅溃疡，边缘外翻。

(3) 溃疡型 Ulcerating type：约占 12.5%。肿瘤表面有较深的溃疡，边缘略隆起，底部凹凸不平，常有较多炎性渗出。多累及食管壁的一部分(图 8-10)。

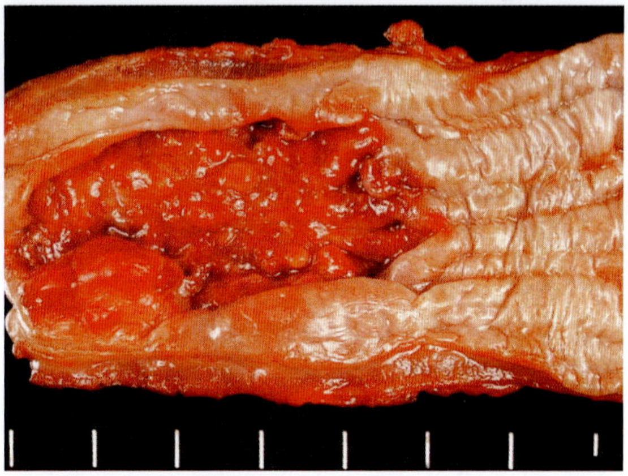

图 8-10 食管鳞癌(溃疡型)Squamous cell carcinoma of esophagus(ulcerating type)

(4) 缩窄型 Sclerotic type：约占 5.5%。癌组织环绕食管壁浸润性生长，管壁厚而硬，管腔环形狭窄。狭窄上下的黏膜形成放射状皱褶，上端食管腔明显扩张。切面肿瘤组织内见大量编织状的纤维组织，质地坚硬。

镜下：90% 以上的食管癌是鳞状细胞癌，其次是腺癌(adenocarcinoma)。腺癌主要位于食管下段，可能与 Barrett 食管有关，少数来自食管黏膜下腺体。偶见腺棘皮癌(adenoacanthoma)、腺鳞癌(adenosquamous carcinoma)和神经内分泌系统来源的小细胞未分化癌(undifferentiated carcinoma)等类型。

(三) 扩散和转移 Extention and metastasis

1. 直接蔓延 Direct extention 癌组织穿透食管壁后向周围组织器官浸润。肿瘤的直接蔓延可引起大出血、食管气管瘘(esophago-tracheal fistula)和心包炎(pericarditis)等。①食管上段的肿瘤可侵入喉、气管、甲状腺和喉返神经等;②位于中段的肿瘤可侵犯纵隔血管、支气管、肺、胸导管和脊柱;③位于下段的肿瘤则可累及贲门、横膈和心包等。

2. 淋巴道转移 Lymphatic metastasis 转移部位与食管淋巴引流途径一致。①上段可转移至颈和纵隔淋巴结;②中段常转移到食管旁或肺门淋巴结;③下段常转移至食管旁、贲门及腹腔淋巴结。进展期食管癌侵及邻近器官时癌同时伴淋巴结转移率达 80%。

3. 血道转移 Hematogenous metastasis 见于晚期食管癌患者,以肝、肺转移最常见。

(四) 临床特征 Clinical features

早期食管癌症状不明显,部分患者可出现轻微的胸骨后疼痛、烧灼感、噎梗感,可能与食管痉挛或肿瘤浸润黏膜有关。中晚期食管癌由于癌肿不断浸润生长,食管腔狭窄,患者出现进行性吞咽困难(difficulty swallowing),后期只能进食流质,甚至不能进食,最终导致恶病质。如有呃逆或声音嘶哑提示膈神经(phrenic nerve)和喉返神经(recurrent nerve)受累;咳嗽提示癌肿侵犯呼吸道;较大血管受侵蚀则引起呕血。早期食管鳞癌术后 5 年存活率可达 90%,一旦癌浸润黏膜下层,淋巴结转移率达 35%,中晚期癌术后 5 年存活率仅 10% ~ 30%。

> Esophageal carcinoma is insidious in onset and produces dysphagia and obstruction gradually and late. Weight loss, anorexia, fatigue, and weakness appear, followed by pain, usually related to swallowing. Diagnosis is usually made by imaging techniques and endoscopic biopsy. Because these cancers extensively invade the rich esophageal lymphatic network and adjacent structures relatively early in their development, surgical excision is rarely curative. Thus, much emphasis is placed on surveillance procedures for individuals with persistent manifestations of chronic esophagitis or known Barrett esophagus. Esophageal cancer confined to the mucosa or submucosa is amenable to surgical treatment.

二、胃 癌
Carcinoma of Stomach

胃癌是我国最常见的消化道恶性肿瘤。患者以男性多见,男女之比为 2~3 : 1,发病年龄多在 40~60 岁。临床上有食欲不振、胃酸缺乏、贫血和上腹部肿块等表现。好发于胃窦部小弯侧。

(一) 病因和发病机制 Etiology and pathogenesis

尚未完全阐明,下列因素可能与胃癌有关:

1. 环境因素 Environmental factors 胃癌的发生有一定的地理分布特点,主要分布在亚洲、拉丁美洲和中欧,如日本、中国、智利、哥伦比亚、葡萄牙、匈牙利等国发病率较高,而在北美、澳大利亚和西欧等地发病率低。从高发病率国家迁居到低发病率国家的第一代移民仍然有较高的发病率,随后几代发病率逐渐与当地人相近,提示胃癌的发生可能与环境因素以及生活饮食习惯有关。

2. 饮食因素 Dietary factors 食物中的亚硝酸盐在胃酸的作用下可形成致癌性很强的亚硝胺化合物,而维生素 C 可抑制亚硝酸盐的还原。因此,多食富含亚硝酸盐的腌制蔬菜,咸鱼和烟熏食物的地区胃癌发病率较高,而普遍使用冰箱及多食富含维生素 C 的水果和新鲜蔬菜的地区胃癌发病率低。

3. 幽门螺杆菌感染 H. pylori infection H. pylori 感染人群发生胃癌的危险度是普通人群的 3 倍。H. pylori 感染导致胃黏膜上皮细胞肿瘤相关基因的 CpG 岛甲基化(methylation),可能与胃癌发生有关。

与胃癌有关癌前状态和癌前病变包括:部分性胃切除、慢性胃溃疡、胃息肉、慢性萎缩性胃炎伴胃黏膜上皮不典型增生、大肠型肠上皮化生。

> More than 90% of gastric tumors are carcinomas; lymphomas, carcinoids and stromal tumors are relatively infrequent. The two main types of gastric adeno-carcinomas are the intestinal and diffuse types; macroscopic patterns of both types may be exophytic, flat or depressed, or excavating. *Intestinal type of adenocarcinoma* is associated with chronic gastritis caused by *H. pylori* infection, with gastric atrophy and intestinal metaplasia; composed of malignant cells forming intestinal glands. *Diffuse type of adenocarcinoma* is not associated with *H. pylori* infection; composed of gastric type of mucous cells (signet ring cells) that permeate the mucosa without forming glands.

(二) 病理变化 Pathological changes

50%～60%的胃癌发生于幽门(pylorus)和胃窦(sinus ventriculi),25%位于贲门(cardia)。又以小弯侧(lesser curvature)多见占40%,大弯侧(greater curvature)占12%,前壁(anterior walls)和后壁(posterior walls)共约48%,因此胃癌最常见的部位是幽门胃窦部小弯侧。胃癌可分早期胃癌与中晚期胃癌两大类。

1. 早期胃癌 Early gastric carcinoma　癌变局限于黏膜层或黏膜下层,尚未侵入肌层,不论肿瘤面积大小和有无淋巴结转移。这一概念在1962年由日本内镜协会提出,并沿用至今。早期胃癌中,若直径小于0.5cm者称为微小癌。直径0.6～1.0cm者称小胃癌。内镜检查时,在该癌变处钳取活检确诊为癌,但手术切除标本经节段性连续切片均未发现癌,称为一点癌。

早期胃癌大体分为三种类型:①隆起型(protrude type)肿瘤从黏膜面明显隆起或呈息肉状。此型较少;②表浅型(superficial type):又分为表浅隆起型(superficial elevated type),表浅平坦型(superficial flattype)和表浅凹陷型(superficial depressed type),肿瘤呈扁平状,稍隆起(不超过黏膜厚度2倍)或凹陷于黏膜表面(其深度不超过黏膜层);③凹陷型(excavated type)又名溃疡周边癌性糜烂,又溃疡形成仅限于黏膜下层内,或系溃疡周边黏膜的早期癌,此型最多见(图8-11)。

镜下:早期胃癌以高分化的管状腺癌多见,其次为乳头状腺癌。

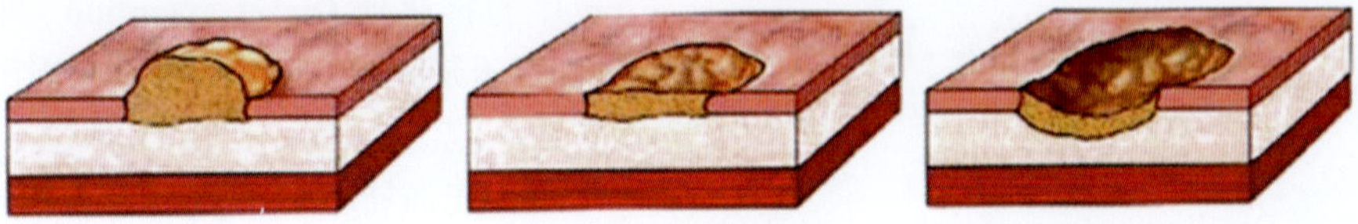

图 8-11　早期胃癌 Early gastric carcinoma

A. 隆起型(protrude type);B. 表浅型(superficial type);C. 凹陷型(excavated type)

2. 中晚期胃癌,又称为进展期胃癌 Advanced gastric carcinoma　指癌组织浸润深度超过黏膜下层者。癌组织侵袭越深,预后越差。

(1) 肉眼形态 Gross types

1) 息肉型或蕈伞型 Polypoid form or mushroom type:癌组织向黏膜表面生长,形成息肉状或蕈伞状肿块突入胃腔(图8-12A)。

2) 溃疡型 Ulcerating type:癌组织向胃壁深层生长,中心坏死脱落形成溃疡,溃疡一般比较大,直径在2.5cm以上,边缘结节状隆起,呈火山口状或环堤状,底部凹凸不平(图8-12B)。良、恶性溃疡的大体形态区别见表8-1。

3) 弥漫浸润型 Infiltrating type:癌组织向胃壁内弥漫浸润,与周围正常组织分界不清楚。此型还多伴有间质结缔组织的大量增生,故病变处胃壁增厚变硬,其表面胃黏膜粗糙、黏膜皱襞大部分消失,可见糜烂或浅溃疡。如癌组织弥漫浸润累及胃的大部或全胃,则胃壁弥漫增厚变硬,胃腔变小,状如皮革,即称为“革囊胃”(linitis plastica)(图8-12C)。

4) 胶样癌 Colloid type:当癌细胞分泌大量黏液时,肉眼上癌组织呈半透明胶冻状。其肉眼形态可表现为上述三型中的任何一种。

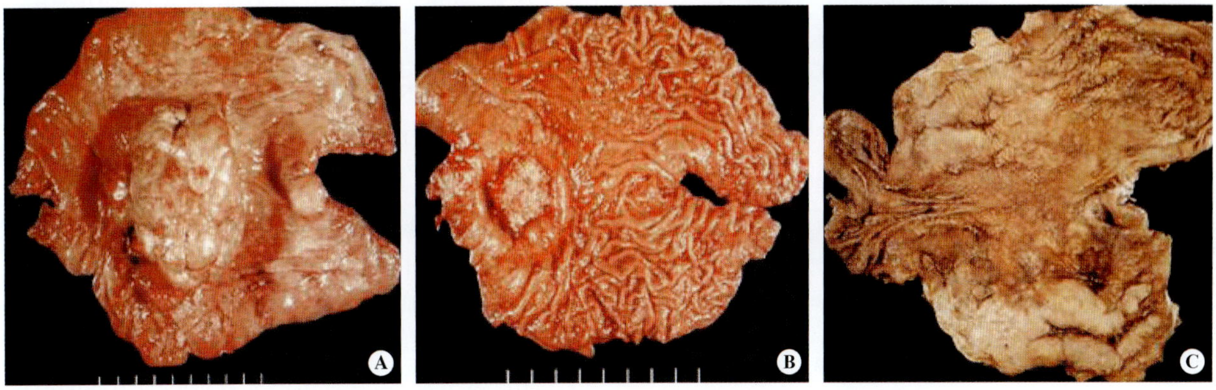

图 8-12　进展期胃癌 Advanced gastric carcinoma

A. 息肉型,巨大的息肉样肿块突入胃腔。肿瘤实性、分叶状,位于胃体部。B. 溃疡型,见一巨大的溃疡性病损,边缘特征性的隆起,底部坏死。C. 弥漫浸润型,由于肿瘤弥漫浸润,皱襞广泛变平甚至完全消失 A. Polypoid form. Note a large polypoid mass projecting into the lumen. The tumor is solid lobulated and located in the body. B. Ulcerating form. Note a large ulcerative lesion with typical overhanging margin. The ulcer shows necrotic base. C. Infiltrating from. Rugal folds are generally flattened and totally obliterated by diffuse tumor infiltration

表 8-1 良、恶性溃疡的大体形态区别
Macroscopic differences between the benign and malignant ulcers

	良性（胃溃疡）	恶性溃疡（溃疡型胃癌）
外形	圆形或椭圆形	不整形，皿状或火山口状
大小	一般小于 2cm	通常大于 2cm
深度	较深	较浅
边缘	垂直，不隆起	边缘不规则
底部	干净，平坦	凹凸不平，坏死出血
周围黏膜	放射状	黏膜皱襞中断，呈结节状肥厚

（2）镜下 Microscopic view：胃癌绝大部分是腺癌，根据细胞的分化又分为：

1）管状腺癌 Tubular adenocarcinoma：肿瘤中存在显著扩张或呈裂隙样和分支状的导管，管腔大小各异。也可存在腺泡状结构，细胞不典型程度从低度到高度。

2）乳头状腺癌 Papillary adenocarcinoma：为高分化外生性癌，具有伸长的指状突起，突起表面被覆圆柱状或立方形细胞，轴心为纤维血管结缔组织。肿瘤浸润边缘与周围组织界限清楚，常有急、慢性炎细胞浸润。

3）黏液腺癌 Mucinous carcinomas：肿瘤中 50% 以上为细胞外黏液池（extracellular mucinous pools），癌细胞漂浮在黏液湖内。

4）印戒细胞癌 Signet-ring cell carcinomas：50% 以上的肿瘤细胞内充满黏液，黏液将胞核推挤到一侧，形似戒指（图 8-13）。

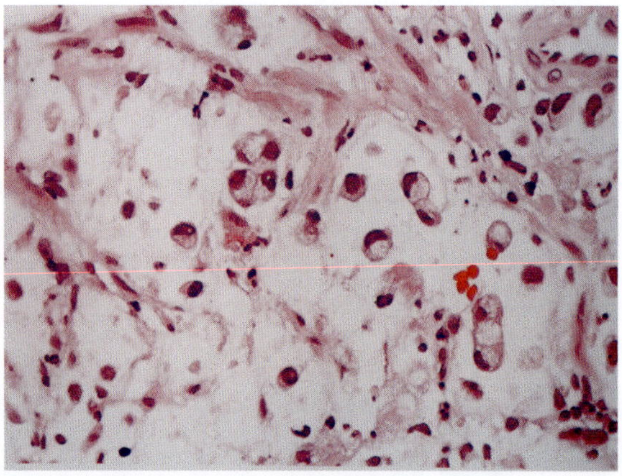

图 8-13 胃印戒细胞癌，Signet-ring cell carcinomas of stomach
黏液湖中散在分布分泌黏液的肿瘤细胞和印戒细胞 Mucin-producing tumor cells and signet ring cells are scattered in mucin pools

5）未分化癌 Undifferentiated carcinoma：这是一种特殊亚型，都是由一些在电镜下具有神经内分泌细胞特点的成片的小细胞构成，可以合成具有生物活性的产物。

根据肿瘤起源细胞分为两种主要类型：①肠型胃癌和胃型（弥漫型）胃癌。肠型胃癌（intestinal type）来源于肠化上皮，形态分化较好，常形成腺腔，黏液分泌在腺腔内或细胞外；多见于高发区的老年男性，预后较好。②胃型胃癌（gastric type）来自胃上皮，癌细胞呈小圆形，黏附力差，分散在胃壁中，多数癌细胞分泌黏液，包括印戒细胞癌和黏液细胞癌。胃型胃癌多见于低发区的青壮年女性，预后差。如两种成分相当称为混合性癌（mixed carcinoma），如癌分化太差不能归类时称为未定类。

（三）扩散和转移 Extention and metastasis

1. 直接蔓延 Direct extention 癌组织向胃壁内浸润，穿透浆膜后，连接不断地向周围组织和邻近器官蔓延，可累及肝脏、大网膜等部位。

2. 淋巴道转移 Lymphatic metastasis 胃癌的淋巴结转移很常见。首先转移至局部淋巴结，幽门部癌多转移至幽门上、下淋巴结；贲门部癌则转移至胃上淋巴结。进一步可转移至腹主动脉旁淋巴结、肝门或肠系膜根部淋巴结。晚期可经胸导管转移至左锁骨上淋巴结［supraclavicular（Virchow）node］。

3. 血道转移 Hematogenous metastasis 晚期胃癌可经门静脉转移至肝，也可转移到肺、脑、骨等器官。

4. 种植性转移 Implantation metastasis 胃癌特别是黏液细胞癌浸润至胃浆膜表面时可脱落至腹腔，种植于腹腔及盆腔器官的浆膜上，引起腹膜癌变和腹水。女性则可转移至卵巢（ovarian），双侧卵巢往往同时受累，卵巢肿大，质地坚实，切面常呈半透明胶冻状，癌细胞形态大小不一，常见印戒细胞，这种双侧卵巢的转移性黏液癌称克鲁根勃瘤（Krukenberg's tumor）。

（四）临床特征 Clinical features

胃癌的症状隐匿（insidious），常到病程晚期才出现明显症状。可表现为体重减轻（weight loss）、上腹部疼痛（abdominal pain）、厌食（anorexia）、呕吐（vomiting）、排便习惯改变（altered bowel habit）、吞咽困难（dysphagia）、贫血（anemia）、出血（hemorrhage）等；或出现与转移相关的表现，如肝脏肿大、腹水、左锁骨上淋巴结肿大等症状；女性可因克鲁根勃瘤引起的双侧卵巢肿大和腹水就诊。胃癌的预后主要取决于肿瘤浸润的深度、有无淋巴结和远处转移。早期胃癌预后好，术后 5 年存活率可达 90%～100%，晚期胃癌 5 年存活率仅为 20%～30%。对高危人群进行胃镜普查，做到早诊断、早治疗是提高胃癌患者预后(prognosis)的唯一途径。

(五) 胃癌的组织发生 Histogenesis

1. 胃癌的细胞来源 从早期微小胃癌形态学观察推测,胃癌主要发生自胃腺颈部和小凹底部的组织干细胞,此处腺上皮的再生修复特别活跃,可向胃上皮及肠上皮分化,癌变常由此部位开始。

2. 肠上皮化生与癌变 学者们观察到肠上皮大肠化生过渡到肠型胃癌的现象。大肠型化生在胃癌癌旁黏膜上皮的检出率常高达 88.2%,并可见肠化生病变向胃癌移行,且发现肠上皮化生细胞和癌细胞的胞质中氨基酞酶、乳酸脱氢酶及其同工酶活性增高,而正常胃黏膜 细胞中无这些酶的活性。

3. 非典型增生与癌变 癌旁黏膜常见重度非典型增生现象,有的与癌变呈移行关系。

三、结直肠癌
Colorectal Carcinoma

结直肠癌是大肠黏膜上皮和腺体发生的恶性肿瘤,包括结肠癌与直肠癌。西方国家大肠癌的发病率高,仅次于肺癌占恶性肿瘤的第 2 位。白人发病率高于黑人,城市高于农村。在我国结直肠癌发生率占消化道恶性肿瘤的第 3 位,且发病率呈上升趋势,尤其是结肠癌发病率增长速度迅猛,在大城市增幅更快。这可能与生活水平提高、饮食结构发生改变密切相关。结肠癌女性较多见,而直肠癌男性较多见。临床上患者常有腹痛、腹块、便血、便秘或便秘与腹泻相交替、大便次数增多、贫血、消瘦和肠梗阻等表现。

> **Colorectal Carcinoma**
>
> Common tumor in developing countries, with peak incidence at 60-70 years of age. Almost all are adenocarcinoma, most frequently originating from adenomatous polyps. There are two molecular pathways of colorectal carcinogenesis, the adenoma-carcinoma sequence and the mismatch repair (or microsatellite instability) pathway. In each pathway there is sequential accumulation of mutations in specific genes (e. g. *APC* and DNA mismatch repair genes). Tumors are exophytic and polypoid masses or annular lesions, composed of malignant cells forming glands and with varying degrees of differentiation.

(一) 病因和发病机制 Etiology and pathogenesis

1. 病因 Etiology

(1) 饮食因素 Dietary factor:以高脂肪、高精炼碳水化合物、高亚硝酸盐和低果蔬纤维为特点的不良饮食结构在结肠癌的发生发展中起着重要作用。食物纤维摄入过少可导致排便次数减少,粪便在肠腔中保留时间过长,延长了肠黏膜与食物中可能含有的致癌物质的接触时间。

(2) 遗传因素 Hereditary factor:常染色体显性遗传的结肠家族性腺瘤性息肉病(familial adenomatous polyposis,FAP)和遗传性非息肉性大肠癌综合征(hereditary nonpotyposis colorectal cancer,HNPCC)与大肠癌关系密切,前者与 APC 基因突变有关,癌变率几乎为 100%,后者的发生是由于错配修复基因(mis match repair genes)的突变,如 hMSH2,hMLH1 等,常有多发性癌变,但很少伴有腺瘤性息肉。

(3) 某些伴有肠黏膜上皮增生的肠道疾病 Intestinal tract diseases accompaniedwith intestinal epitheliogenesis:如肠息肉状腺瘤(intestinal polypoid adenomas)、增生性息肉病(hyperplastic polyp)、幼年性息肉病(juvenile polyposis)、绒毛乳头状腺瘤(papillary adenoma)、溃疡性结肠炎及慢性肠血吸虫病(intestinal schistosomiasis)等可因肠黏膜上皮过度增生而发展为癌。

2. 发病机制 Pathogenesis 结直肠癌发生的分子机制比较复杂,在其发生、发展过程中往往需要众多基因改变的相互作用如 APC、c-myc、ras、p53、p16、DCC、MCC、DPC4、DNA 错配修复基因(mismatch repair gene)等。其中约 90% 的大肠癌中可见 c-myc 癌基因的过度表达(intestinal schistosomiasis),多数结直肠癌有 p53 基因突变(gene mutation)及 Von-Hippel-Lindau 基因缺失(gene deletion)。目前认为结直肠癌发生的机制主要有以下四种:

(1) 经腺瘤癌变即腺瘤—腺癌途径 Adenoma-carcinoma sequence:结直肠癌绝大多数来自原先存在的腺瘤,如家族性腺瘤性息肉病、遗传性非息肉病性大肠癌。散发性结直肠癌的发生多与 APC-β 连接蛋白-T 细胞因子(APC-β-catenin-Tcf)途径异常、特异基因的甲基化(methylation)静止、有丝分裂稽查点(checkpoint)功能异常等有关(图 8-14)。

(2) 锯齿状癌变通路 Serrated route to cancer:如增生性息肉病、锯齿状腺瘤的恶变。由于 DNA 错配修复基因启动子区甲基化导致基因表达的抑制、功能丧失所致。

(3) 溃疡性结肠炎相关的癌变通路 Ulcerative colitis associated cancer pathway:溃疡性结肠炎相关的结直肠癌其与散发性大肠癌不同,发病年龄较轻,不同肠段发生率相似。在形态学上为多发性、扁平浸润灶,低分化腺癌及黏液腺癌多见。其分子机制也有所不同,如散发性结直肠癌中 p53 基因异常多发生在腺瘤向腺癌转变阶段,而在溃疡性结肠炎相关的结直肠癌则在很早期的上皮增生阶段就有 p53 的改变。

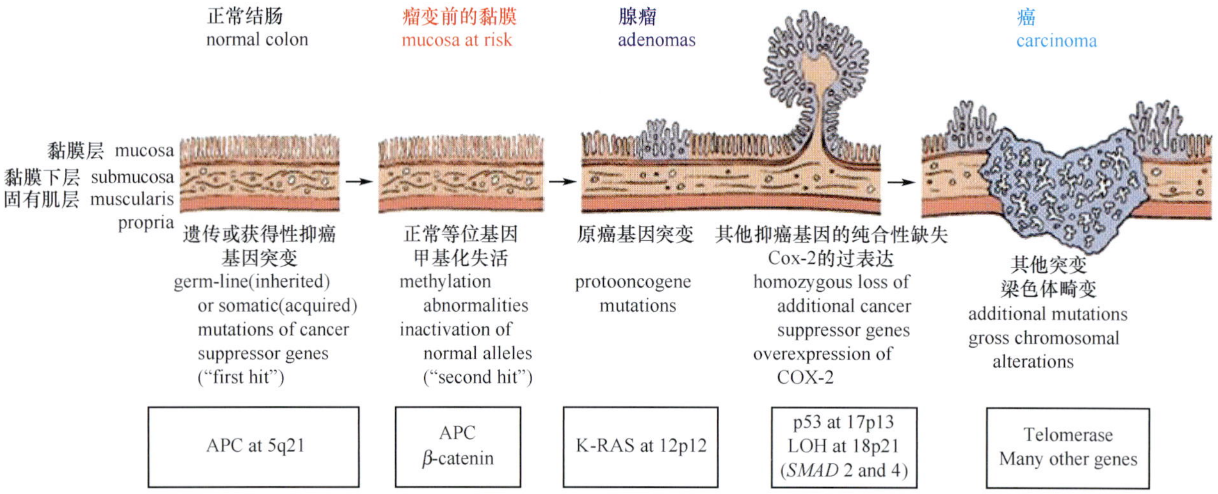

图 8-14 结直肠黏膜上皮经腺瘤逐步癌变的形态学和分子生物学改变。Morphologic and molecular changes in the adenoma-carcinoma sequence of colonal mucosa

（4）幼年性息肉病-癌途径 Juvenile polyposis-carcinoma pathway：部分幼年性息肉病的发生是由于 Smad4 基因的突变所致。

（二）病理变化 Pathological changes

在我国结直肠癌的好发部位以直肠最多见（50%），其次为乙状结肠（20%），其他依次为盲肠及升结肠（16%）、横结肠（8%）和降结肠（6%）。

1. 中晚期结直肠癌的肉眼形态学类型 Gross types of advanced colon adenocarcinoma

（1）隆起型 Protrude type：肿瘤呈外生性生长，呈息肉状（Polypoid）盘状、或毒蕈伞型（fungating form），表面可坏死形成浅溃疡。此型多发生于右半结肠，且多为分化较高的腺癌（图 8-15A）。

（2）溃疡型 Ulcerating form：肿瘤表面形成较深溃疡，边缘结节状突起，呈火山口状。本型最为常见，早期即可发生浸润和转移（图 8-15B）。

（3）浸润型 Infiltratingfrom：又称环状缩窄型 Constrictive form，肿瘤组织向肠壁深层弥漫浸润，常累及肠管全周，导致局部肠壁增厚，变硬，肠腔狭窄。此型多发生于左侧大肠癌，癌组织分化较差，常有广泛浸润和转移（图 8-15C）。

（4）胶样型 Colloid form：肿瘤组织中含有大量黏液，切面均呈半透明、胶冻状。常与上述各型同时存在，预后较差。

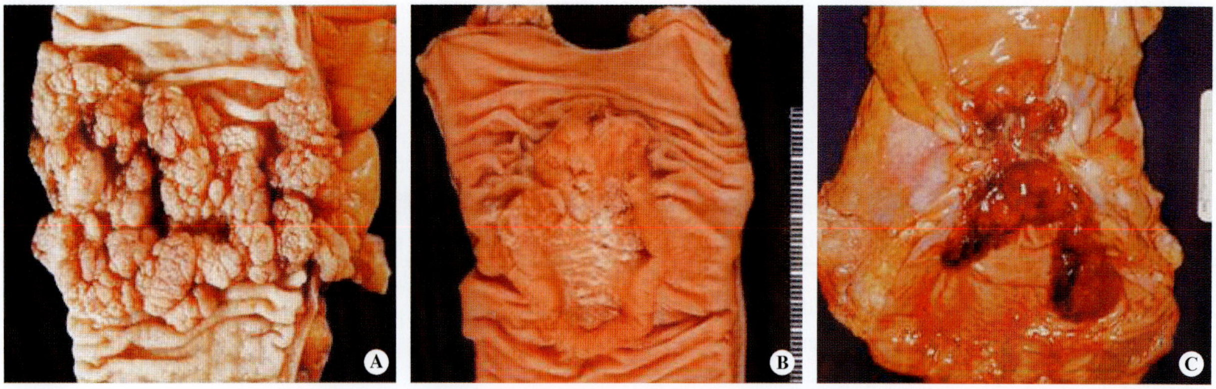

图 8-15 结肠腺癌的肉眼类型 Gross types of colon adenocarcinoma

A. 息肉型，结肠可见巨大的外生菜花样肿块；B. 溃疡型，一溃疡型浸润性环形肿瘤累及结肠全层。可见黏膜面坏死、出血，边缘分叶状；C. 缩窄型，癌肿表面结节样，结肠腔缩窄（束餐巾环型）A. Polypoid form, exophytic bulky and cauliflower like tumor masses are seen. B. Ulcerating form, an ulceroinfiltrative annular constricting tumor involves full thickness of a segment of colon. It shows necroses and hemorrhage of mucosal surface with lobular margins. C. Constrictive form, carcinoma with nodular surface and luminal constriction (napkin-ring type) is seen in colon

2. 结直肠癌的组织学类型 ①乳头状腺癌（papillary adenocarcinoma）细乳头状，乳头内间质很少；②管状腺癌（tubular adenocarcinoma）；③黏液腺癌或印戒细胞癌（mucinous carcinoma or signet-ring cell carcinoma)可见黏液湖或印戒细胞;(图 8-16)④小细胞未分化癌(small cellular undifferentiated carcinoma)主要来源于神经内分泌细胞(neuroendocrine cells);⑤腺鳞癌(adenosquamous carcinoma);⑥鳞癌(squamous cells)。大肠癌 95% 是腺癌,又以高分化管状腺癌及乳头状腺癌多见,少数为未分化癌或鳞癌,后者常发生于肛管鳞状上皮被覆区域。

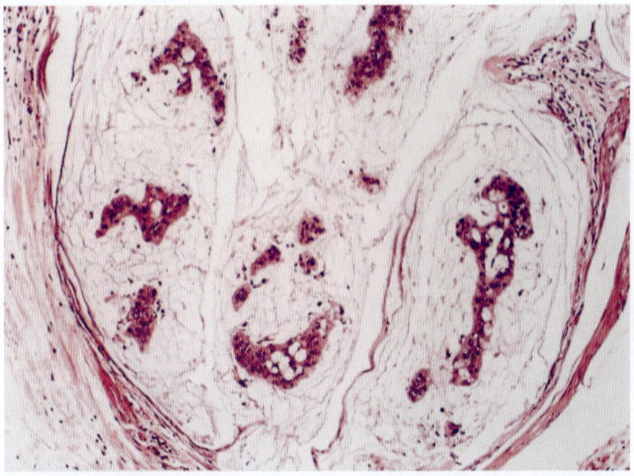

图 8-16 结肠黏液腺癌,立方形上皮细胞呈小岛样分布于黏液湖中 Colon mucinous adenocarcinoma. Small islands of cuboidal epithelial cells are embedded in the mucin pools

(三) 扩散与转移 Extentionand metastasis

1. 直接蔓延 Direct extension 癌组织侵入肠壁深部,穿透肌层达浆膜层后,可直接蔓延至网膜及邻近器官(前列腺、膀胱、子宫等),引起癌性腹水、结直肠膀胱瘘或大肠子宫瘘等。

2. 淋巴道转移 Lymphatic metastasis 癌组织未穿透肠壁肌层时,较少发生淋巴道转移;一旦穿透肌层,转移率明显增加。常经淋巴管转移至局部淋巴结,再沿淋巴引流方向到达远隔淋巴结,晚期可侵入胸导管转移至锁骨上淋巴结。

3. 血道转移 Hematogenous metastasis 晚期癌可经血道转移至肝、肺、骨、脑等处。

4. 种植性转移 Implantation metastasis 癌组织穿破肠壁浆膜面,癌细胞脱落,播散到腹腔内形成种植性转移。

(四) 临床特征 Clinical features

结直肠癌患者的症状常与病变所在部位有关。左半结肠癌多呈浸润性生长,肠腔环状狭窄,所以较早出现肠腔阻塞的症状。右半结肠癌多呈外生性生长,突入肠腔,但因右半结肠肠腔较大,肿瘤很少引起明显的肠梗阻,可较长时间无明显症状,或仅表现为身体虚弱、萎靡不振、体重减轻、不能解释的贫血等。乙状结肠癌和直肠癌可因肿瘤表面糜烂出血引起便血;便秘或大便变细则提示肠腔狭窄。

70% 的结直肠癌可通过纤维肠镜活检(intestinal fiberscopebiopsy)确诊。75% 的大肠癌患者血清癌胚抗原 CEA 呈阳性,且血清中 CEA 的水平与肿瘤的大小和扩散的程度有关,这有助于手术后监测肿瘤的复发。但该指标特异性较差,在肺癌、乳腺癌、卵巢癌、膀胱癌和前列腺癌中 CEA 都可为阳性,在酒精性肝硬化、胰腺炎、溃疡性结肠炎中也有升高。

结直肠癌的分期对预后判断有一定意义。最为广泛接受的结直肠癌分期标准是 Dukes 分期,1932 年由英国病理学家 Cuthbert Dukes 提出,1954 又经过美国人 Alster 和 Coller 改进(表 8-2)。尽管目前推荐使用的是更为详尽的 TNM 分期,Dukes 分期仍在临床应用中存在着深远的影响。

表 8-2 结直肠癌分期及预后
Duke's stage and prognosis of Colorectal Carcinoma

分期	肿瘤生长范围	五年存活率(%)
A	肿瘤限于黏膜层(重度上皮内瘤变)	100
B1	肿瘤侵及肌层,但未穿透,无淋巴结转移	67
B2	肿瘤穿透肌层,无淋巴结转移	54
C1	肿瘤侵及肌层,但未穿透,有淋巴结转移	43
C2	肿瘤穿透肌层,并有淋巴结转移	23
D	有远处转移	极低

大肠癌的 WHO 肿瘤分类中对直肠癌的定义已有明确界定,只有当肿瘤细胞突破黏膜肌层到达黏膜下层才称为癌。无论形态学如何,肿瘤不超过黏膜肌层不转移。原先的上皮重度异型增生和原位癌归入高级别上皮内瘤变(high grade intraepithelial neoplasia)。因为结直肠黏膜内癌的 5 年存活率高达 100%,而当肿瘤细胞浸润到黏膜下层时 5 年存活率明显下降。

四、阑尾类癌
Carcinoid of Appendix

类癌属于神经内分泌肿瘤,是起源于肠道黏膜 Kulchitsky 细胞的肿瘤,Kulchitsky 细胞又称肠嗜铬细胞,典型的肠嗜铬细胞内含有分泌颗粒,经重铬酸钾处理后明显地染成黄色。小肠类癌多见于老年人,好发于回肠下段,肿瘤多单发,肿瘤生长缓慢,确诊时常已转移至淋巴结和肝。阑尾是类癌的好发部位,多见于青年人,常见的部位为阑尾的盲端或邻近。直肠是神经内分泌肿瘤的好发部位,但类癌综合征少见。类癌分泌的 5-羟色胺经肝代谢从而引起症状。

病理变化

肉眼观 Gross appearances 类癌体积较小。3/4

病例肿瘤直径不足1cm。类癌生长慢。一般为圆形稍隆起的黄灰色结节,位于黏膜深部或黏膜下层向肠壁深部生长,或形成蒂息肉突向肠腔,表面黏膜坏死形成溃疡。肿瘤较大时,则大部分已发生转移。

镜下 Microscopic view 类癌为大小不一的多角形细胞或柱状细胞,瘤细胞排列成实性细胞巢、条索状、花带状、或腺管状,可呈菊形团样或器官样结构(图8-17A)。细胞巢边缘细胞为柱状,呈栅栏状排列。阑尾可发生杯状细胞类癌,杯状细胞排列成簇状或条索状,其内夹杂有神经内分泌细胞。肿瘤周围常可见肥大的平滑肌纤维,间质纤维组织增生(图8-1B),肿瘤细胞可侵犯神经、淋巴管和血管。

电镜下 Electron microscopic view 神经内分泌颗粒核心电子密度高,形态不规则,大小不一。

免疫组化染色 Immunohistochemistry 显示NSE、chromogranin A(CgA)、synaptophysin(Syn)阳性。亦可显示肽类和胺类激素如somatostatin、PYY、PP、calcitonin等阳性。嗜银染色和亲银染色可见瘤细胞胞浆内嗜银颗粒大而不规整,嗜银反应及亲银反应均阳性。而大多数直肠癌嗜银和亲银反应阴性。

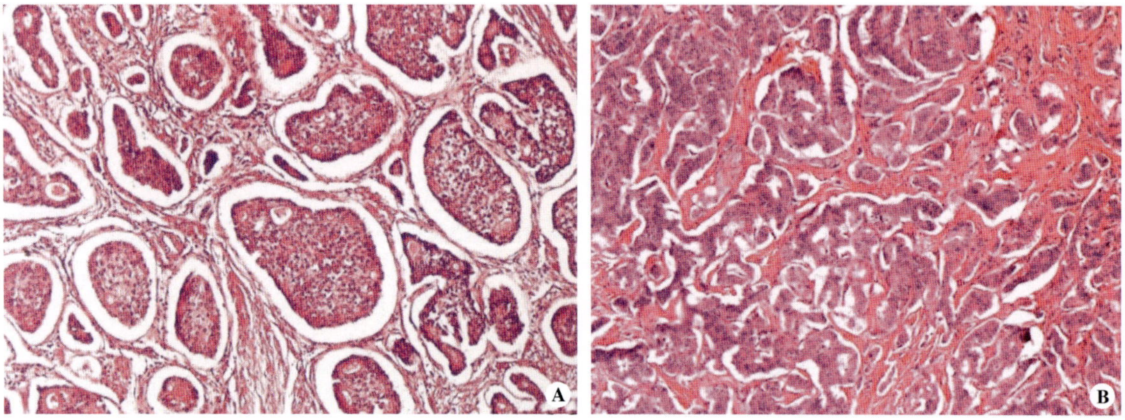

图8-17 阑尾类癌 carcinoid of appendix

A. 阑尾类癌的器官样结构;B. 结肠类癌间质纤维组织增生 A. Organaloid structures in carcinoid of appendix;B. Nests of monotonous tumor cells with fibrous stroma are seen

类癌组织中可由多种具有不同分泌功能的细胞组成,产生多种肽类激素引起的症状称为类癌综合征。最常见的症状为皮肤潮红、腹泻、喘息,右心瓣膜病及糙皮病等症状。出现类癌综合征往往提示有类癌的扩散,应予高度重视。

五、胃肠间质瘤 Gastrointestinal Stromal Tumor(GIST)

GIST是一类起源于胃肠间叶组织的肿瘤。多见于中老年人,男性稍多于女性。可发生在胃肠道的任何部位,以胃最常见(60%~70%),其次是小肠、大肠和食管,也可见于大网膜和肠系膜。体积小时为良性,约30%为恶性。临床表现为腹部不适、腹痛、上消化道出血、消化道梗阻及腹部包块等。

(一)病理变化 Pathological changes

肉眼观 Gross appearances 肿瘤可位于浆膜下、黏膜下或肌层,向浆膜面或黏膜面突出;20%~30%的病例在黏膜面可形成溃疡。肿瘤境界清楚,但无明显的纤维性包膜;切面质实,灰白色或黄褐色,常伴灶状出血、坏死及囊性变。肿瘤可直接浸润到胰腺或肝组织。腹膜出现多个种植性转移的结节是恶性的典型表现。

镜下 Microscopic view 类似于平滑肌瘤(leiomyoma)或神经鞘瘤(neurilemmoma)。主要两种细胞形态:①梭形细胞(spindle cells)核呈梭形,分裂像极少见,一般少于2个每10个高倍视野(HPF);编织状、栅状排列;基质内含多少不等的胶原,可有玻璃样变和钙化(图8-18A);②上皮样细胞(epithelium type)多边形,胞浆透亮,核圆形成卵圆形(图8-18B)。约70%肿瘤以梭形细胞为主,20%肿瘤以上皮样型细胞为主,其余两种细胞可混合存在。

关于GIST的良恶性,至今无明确的统一标准。恶性GIST有以下三个特点:①细胞密度明显增加,出现明显异型性和多形性;②核分裂率≥5个/10HPF;③肿瘤大小≥5cm。当肿瘤大于10cm时,即使很难找到核分裂也可能复发甚至转移。

(二)免疫组织化学 Immunohistochemistry

绝大多数病例CD117阳性;70%~80%的病例瘤细胞CD34阳性,30%~40%的病例α-平滑肌肌动蛋白灶状阳性;S-100蛋白及肌细胞标记物desmin一般为阴性。评价免疫组化结果时,应注意免疫反应阳性细胞是否为埋在肿瘤组织中的胃壁残余平滑肌束、神经束及增生的肌纤维母细胞成分。GIST 中 c-kit 和血小板源性生长因子受体(PDGFRA)基因突变检测表明,85% GIST 中 c-kit 突变,没有 c-kit 突变的病例 35%有 PDGFRA 基因突变,表明两种突变是相互排斥的。c-kit 和 PDGFRA 都有胞浆酪氨酸激酶活性,活化细胞内信号通路相似,促进细胞增殖和抑制凋亡。抑制酪氨酸激酶活性有效的 Gleevec 对 GIST 治疗有效。因此 GIST 是实体瘤中从分子研究到临床应用较好的范例。

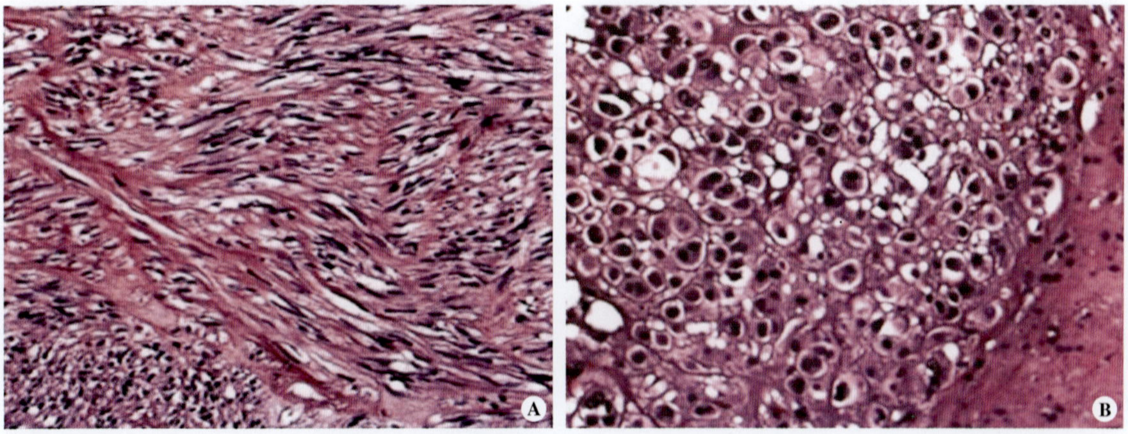

图 8-18 胃肠间质瘤 Gastrointestinal Stromal Tumor

A. 梭形细胞型 spindle cells;B. 上皮样细胞 epithelium type

(三) 转移和预后 Metastasis and prognosis

恶性 GIST 可转移到大网膜、肝和胆囊。患者的生存率与瘤细胞的 DNA 倍体、MIB-1 指数(MIB-1 为细胞增生标记物,是针对 Ki-67 抗原的单克隆抗体)、核分裂率、肿瘤中坏死灶和肿瘤大小呈负相关。

第七节 病毒性肝炎 Viral Hepatitis

Viral hepatitis is the most common primary liver infection. Autoimmune hepatitis is much less frequent. HAV causes a self-limited disease that never becomes chronic; HBV can produce acute, chronic, and fulminant disease (1% or less), but the frequency of chronic disease is about 10%. HCV causes acute and chronic hepatitis; the acute phase is often difficult to detect and the frequency of chronic disease may reach 85%; cirrhosis develops in 20% of cases of chronic disease. In both acute and chronic hepatitis there is hepatocyte injury and cell death, and inflammation of portal tracts; chronic hepatitis may show bridging necrosis and fibrosis. Patients with longstanding HBV or HCV infections are at increased risk of developing hepatocellular carcinomas.

病毒性肝炎是一组由嗜肝病毒引起,以肝实质细胞变性、坏死为主要特征的常见传染病。目前已知的肝炎病毒有甲型(HAV)、乙型(HBV)、丙型(HCV)、丁型(HDV)、戊型(HEV)和庚型(HGV)六种。病毒性肝炎流行地区广泛,发病无年龄和性别差异,发病率较高且有不断升高的趋势,严重危害人类的健康。在一些全身性的病毒感染性疾病,如传染性单核粒细胞增多症(infectious mononucleosis)、黄热病(yellow fever)、巨细胞病毒感染(cytomegalovirus infection)时,肝脏会有轻度炎症改变,但其仅为全身感染的一部分,不属本节讨论的内容。

一、病因和发病机制 Etiology and Pathogenesis

各型已知肝炎病毒的特征见表 8-3。

表 8-3 肝炎病毒的特征

Hepatitis viruses characteristics

类型	特征	传播途径
HAV	无包膜,27nm 单链 RNA	粪-口传播
HBV	有包膜,43nm 双链 DNA	输血、注射等
HCV	有包膜,30~60nm 单链 RNA	输血、注射等
HDV	有包膜,缺陷的 RNA	输血、注射等
HEV	无包膜,32~34nm 单链 RNA	粪-口传播
HGV	有包膜,单链 RNA	输血、注射等

HDV 是一种复制缺陷型 RNA 病毒,只有被乙肝表面抗原(hepatitis B virus surface antigen,HBsAg)包绕时才能复制,所以 HDV 常与 HBV 共同感染(coinfection)或在 HBV 感染的基础上引起重叠感染(superinfection),HBsAg 对于 HDV 感染是必不可少的。

肝炎病毒引起肝细胞损伤的机制主要有:① 病毒的直接致病作用,如 HCV 和 HDV。②病毒抗原或经病毒修饰过的肝细胞膜抗原所诱导的免疫反应,如细胞毒性淋巴细胞杀伤表达肝炎病毒抗原的肝细胞是造成肝脏损伤的常见机制,这种损伤机制见于 HBV 感染,可能还包括 HAV。

在病毒性肝炎中,轻微的炎症反应表现为静止的淋巴细胞聚集在门管区周围。中度活动性肝炎中,活化的淋巴细胞溢出至门管区周围的肝实质。严重的肝炎中淋巴细胞弥漫分布于整个肝实质。

各型病毒性肝炎的临床特征见表 8-4。

表 8-4 各型病毒性肝炎的临床特征

Clinical features of all type hepatitis

肝炎类型	潜伏期(周)	慢性肝炎	重症肝炎	血清标志物	并发肝癌
甲	2~6	无	0.1%~0.4%	AntiHAV、IgM、IgG	无
乙	4~26	5%~10%	<1%	HBsAg,HBeAb,HBeAg,HBsAb,HBcAb	有
丙	2~26	>50%	非常少	AntiHCV、IgM、IgG	有
丁	4~7	<5%	3%~4%	HBsAg、δ-factor	有
戊	2~8	无	20%发生于妊娠	AntiHEV、IgM、IgG	不清
庚	不清	无	不清	AntiHGV、IgG	不清

二、基本病理变化
Basic Pathological Changes

各型病毒性肝炎病变基本相同,都是以肝细胞的变性、坏死为主,同时伴有不同程度的炎细胞浸润、肝细胞再生和间质纤维组织增生。属于变质为主的炎症,病变包括:

1. 肝细胞变性 Degeneration of hepatocyte

(1) 细胞水肿 Cellularedema:是最常见的病变。镜下肝细胞明显肿胀,胞浆疏松半透明。随着病变进一步发展,原本呈多角形细胞的肝细胞体积进一步增大,肿胀变圆,胞质几乎完全透明,称为气球样变(ballooning degeneration)。电镜显示内质网扩张,线粒体肿胀,溶酶体增多。

(2) 脂肪变性 Fatty degeneration:常发生于丙型病毒性肝炎,其他类型中少见。

(3) 嗜酸性变 Eosinophilic degeneration:与肝细胞肿胀相反,有一些肝细胞表现为胞质浓缩,细胞体积变小,胞质嗜酸性增强,故红染。细胞核染色亦较深。嗜酸性变一般仅累及单个或数个肝细胞,散在分布于肝小叶内。

2. 肝细胞坏死 Necrosis of hepatocyte

(1) 凋亡 Apoptosis:即嗜酸性坏死(acidophilic necrosis)由肝细胞的嗜酸性变发展而来,胞质进一步浓缩,核固缩消失,形成嗜酸性深染的圆形小体,称为嗜酸性小体(acidophilic body/counceilman body)。

(2) 溶解性坏死 Lytic necrosis:由严重的细胞水肿发展而来。在不同类型的病毒性肝炎,肝细胞发生溶解性坏死的范围和分布也不同。

1) 点状坏死(spotty necrosis):指肝实质内散在分布的单个或数个肝细胞的坏死,常见于急性普通型肝炎。

2) 碎片状坏死(piecemeal necrosis):指肝小叶周边部肝细胞的灶性坏死,肝细胞界板(limiting plate)破坏,呈虫蚀状("moth-eaten"),常见于慢性肝炎。

3) 桥接坏死(bridging necrosis):肝细胞广泛坏死,引起肝小叶网状支架塌陷(collapse of the reticulin framework),出现连接门管区与中央静脉、门管区与门管区或中央静脉与中央静脉的坏死带。在此基础上常发生进行性的肝纤维化(progressive fibrosis),最终导致肝硬化(cirrhosis)。常见于中度与重度慢性肝炎。

4) 亚大块和大块坏死(massive and submassive necrosis):亚大块坏死指累及全小叶 1/3~1/2 范围的肝细胞坏死;大块坏死指几乎累及整个肝小叶的大范围肝细胞坏死,常见于重症肝炎。

3. 炎症细胞浸润 Inflammatory cell infiltration

汇管区和坏死灶内可见以淋巴细胞和单核细胞为主的炎症细胞浸润。

4. 再生 Regeneration

(1) 肝细胞再生 Hepatocyte regeneration:肝细胞坏死时,邻近的肝细胞可通过直接或间接分裂而再生修复(repair)。再生的肝细胞体积较大,胞质略嗜碱性,细胞核大深染,可见双核甚至三个核。再生肝细胞可沿原有的网状支架排列,恢复肝小叶的组织结构,属于完全再生;如坏死严重,小叶内的网状支架塌陷,再生的肝细胞不能恢复正常的组织结构,呈团块状排列,称为结节状再生(nodular regeneration)。

(2) 小胆管增生 Bile duct proliferation:赫令终末

小胆管是严重肝实质损伤重建的储备成分。当其被激活后可形成很多小胆管样结构，称为小胆管反应(ductular reaction)。

(3) 间质反应性增生 Stromal reactive hyperplasia

1) Kupffer:细胞增生肥大，胞浆内可见吞噬的细胞碎片(cellular debris)和脂褐素(lipofuscin)；并可脱入窦腔，转变为游走的吞噬细胞，参与炎细胞浸润；

2) 间质细胞:(interstitial cell)和成纤维细胞(fibroblast)增生参与损伤的修复。坏死较严重的慢性病例，在汇管区或大片坏死灶内，可见小胆管增生。

5. 纤维化 Fibrosis 肝脏炎症反应和中毒性损伤可引起纤维化。纤维化时胶原沉积对肝血流和细胞灌注有明显的影响。早期纤维化沿汇管区周围或中央静脉周围分布，或胶原直接沉积在 Disse 腔内。随着纤维化的进展，肝脏可被纤维分割包绕成结节，最终形成肝硬化。

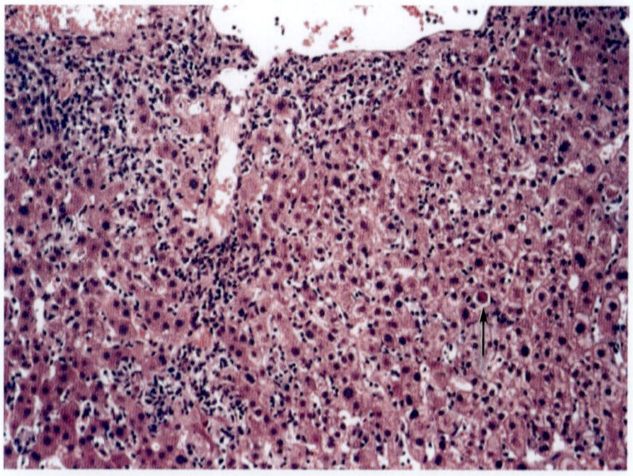

图 8-19 急性病毒性肝炎 Acute viral hepatitis

小叶中气球样变肝细胞杂乱排列，伴灶状坏死，肝窦内可见炎细胞浸润，偶见凋亡细胞(箭头) Note lobular disarray of ballooned hepatocytes with area of focal necrosis, inflammatory cells in sinusoids, and apoptotic cells (*arrow*)

三、临床病理类型 Clinical Pathologic Types

病毒性肝炎的临床病理类型不仅与病毒类型有关，还取决于宿主的免疫状态。常分为普通型和重型两种；普通型按病程不同分为急性和慢性肝炎。

(一) 急性(普通型)肝炎 Acute (popular type) hepatitis

急性(普通型)肝炎是最常见的病毒性肝炎(viral hepatitis)，根据患者是否出现黄疸(jaundice)又分为黄疸型和无黄疸型两种。我国以无黄疸型多见，主要是乙型病毒性肝炎，少数为丙型病毒性肝炎。黄疸型肝炎多见于甲型、丁型和戊型病毒性肝炎，病情稍重，病程较短。黄疸型与无黄疸型肝炎病理变化基本相同。

1. 病理变化 Pathological changes

肉眼:肝脏肿大，质地较软，无光泽，切面边缘外翻。

镜下:典型的急性病毒性肝炎是全小叶的弥漫性病变，不仅仅局限于门管区(portal spaces)。肝细胞广泛变性，以细胞水肿为主，胞质疏松淡染、气球样变；因肝细胞体积增大，肝细胞索排列紊乱，肝窦受压变窄；肝细胞内可见淤胆(bile stasis)。肝细胞坏死轻微，小叶内可见嗜酸性小体和点状坏死(图 8-19)。坏死区及汇管区可见轻度炎细胞浸润。黄疸型肝细胞坏死稍重，毛细胆管和小胆管内可见胆栓形成。

2. 临床病理联系 Clinicopathological relations

肝细胞弥漫肿大，肝脏体积变大，所以有肝脏肿大的体征；肝脏包膜紧张，引起肝区疼痛；肝细胞变性坏死，胞浆内的多种酶释放入血，实验室检查出现血清谷丙转氨酶(SGPT)升高等多种肝功能检测指标异常，患者出现无力、倦怠、恶心、呕吐等症状，病变严重者还可出现黄疸。

3. 转归 Turnover 急性肝炎患者多在6个月内治愈，点状坏死的肝细胞能完全再生修复。甲型和戊型肝炎很少转变为慢性；而乙型、丙型肝炎往往恢复较慢，其中乙型肝炎约 5%～10%、丙型肝炎约 70% 可转变为慢性肝炎。大约不到 1% 的急性肝炎呈爆发性，伴有大块或亚大块的肝细胞坏死，死亡率高。

(二) 慢性(普通型)肝炎 Chronic (popular type) hepatitis

指病程持续半年以上的病毒性肝炎。在我国慢性肝炎多由 HBV 感染引起，在欧美国家 HCV 是慢性肝炎的主要病因。除与病毒的类型有关，慢性肝炎还与人体免疫状态(如免疫缺陷、耐受和免疫抑制剂的使用等)、性别(如男性)、年龄(如儿童和老人)、饮酒或服用对肝有损害的药物、治疗不当、营养不良等因素有关。病毒类型是决定肝炎是否呈慢性进行性发展的最重要因素，所以病原诊断至关重要。

1. 病理变化 Pathological changes 过去根据组织学改变，将慢性肝炎分为慢性持续性肝炎与慢性活动性肝炎。目前则主要根据炎症、坏死和纤维化的程度，将慢性肝炎分为轻、中、重度慢性肝炎：

(1) 轻度慢性肝炎 Mild chronichepatitis:小叶内细胞坏死轻微，可见点状坏死，偶见轻度碎片状坏死，炎症局限于汇管区，有较多淋巴细胞、巨噬细胞等慢性炎细胞浸润，周围有少量纤维组织增生，小叶结构完整。

(2) 中度慢性肝炎 Moderate chronichepatitis:肝细胞变性、坏死较明显，呈中度碎片状坏死，还可出现特征性的桥接坏死。肝小叶内有纤维间隔形成，但小叶(lobules)结构大部分保存(图 8-20)。

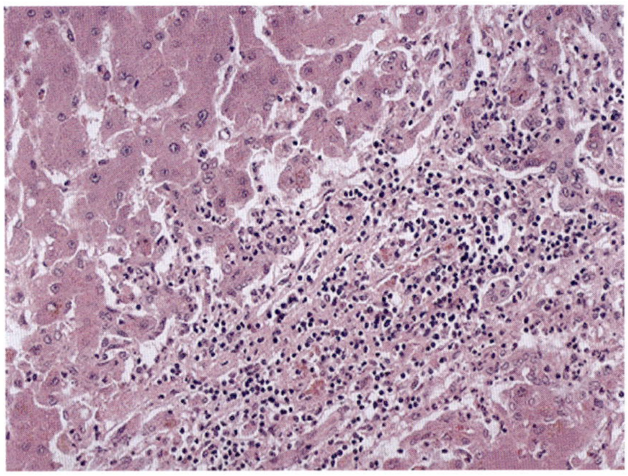

图 8-20 慢性活动性肝炎 Chronic active hepatitis
病毒性肝炎导致肝细胞破坏,单个核炎症细胞在肝细胞坏死区浸润,范围超出门管区,破坏肝细胞界板,称为“碎片状”坏死,见于慢性活动性肝炎 Viral hepatitis leads to liver cell destruction. A mononuclear inflammatory cell infiltrate extends from portal areas and disrupts the limiting plate of hepatocytes which are undergoing necrosis, the socalled “piecemeal” necrosis of chronic active hepatitis

(3) 重度慢性肝炎 Severe chronichepatitis:肝细胞广泛坏死,可见重度的碎片状坏死与大范围的桥接坏死。坏死区出现肝细胞不规则再生,纤维间隔分割破坏肝小叶结构。晚期则发展为肝硬化。若在慢性肝炎的基础上,发生新鲜的大块坏死,即转变为重型病毒性肝炎。

在 HBV 感染所引起的慢性肝炎中,常可见到毛玻璃样肝细胞(ground -glass hepatocytes)(图 8-21),细胞体积较大,胞质内充满弱嗜酸性的细颗粒状物质,不透明似毛玻璃。免疫组织化学(immunohistochemically)显示胞质内 HBsAg 阳性。电镜(elecmicroscopily)显示内质网增生扩张,内质网池中充满球形或小管状的 HBsAg 颗粒。少数情况下,大量 HBcAg 在肝细胞核内聚集,形成砂粒样细胞核,提示 HBV 复制活跃。HCV 感染引起的慢性肝炎病变一般较轻,门管区密集的淋巴细胞浸润、淋巴滤泡(lymphoid follicle)形成是最具特征的病变,还可出现大泡型的肝细胞脂肪变性及胆管损伤。

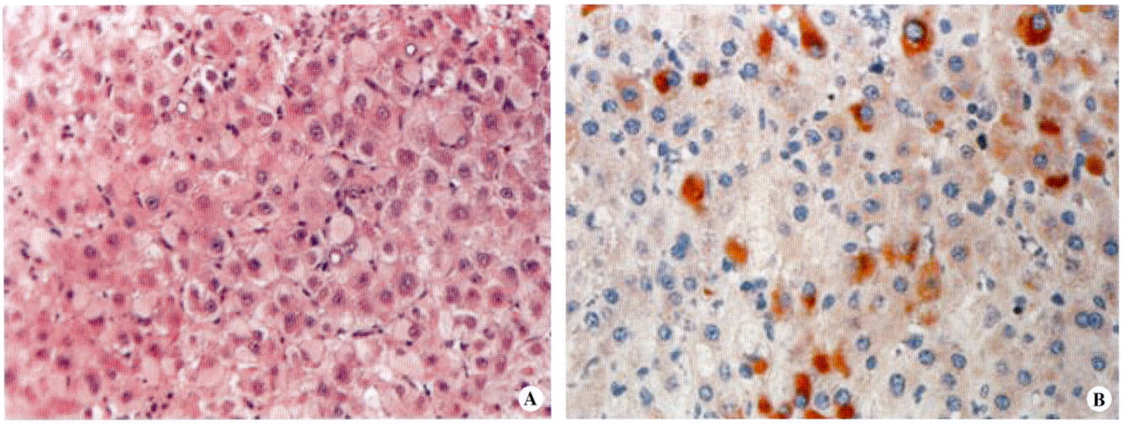

图 8-21 毛玻璃样肝细胞 Ground-glass hepatocytes
A. 毛玻璃样肝细胞内含颗粒样、淡伊红色胞质包涵体;B. 包涵体由内质网和 HBV 表面抗原组成,HBs-Ag 免疫组化染色呈棕黄色阳性颗粒 A. Ground-glass hepatocytes contain granular, lightly eosinophilic cytoplasmic inclusions; B. The inclusions, which consist of endoplasmic reciculum and HBV surface material can be stained by the immunohistochemical method for HBsAg

2. 临床病理联系 Clinicopathological relations 慢性肝炎临床表现多样。患者可有长期乏力、厌食、低热、肝区不适和持续或反复发作的黄疸;肝功能异常随病情反复而波动,转氨酶低度或中度增高;少数病例可伴有血管炎(vasculitis)、关节炎(arthritis)和肾小球肾炎(glomerular nephritis, GN)等病变。

3. 转归 Turnover 慢性肝炎的转归主要取决于所感染病毒的类型。轻度慢性肝炎大部分可恢复健康;较重的病例经治疗可控制病情,趋于静止,症状缓解;部分病例可发展为肝硬化。HCV 感染比 HBV 感染所引起的慢性肝炎更容易发展为肝硬化,且两者都与肝细胞肝癌的发生密切相关。

(三) 重型病毒性肝炎 Severe virus hepatitis

这是病毒性肝炎中最严重的类型。部分由急性或慢性肝炎发展而来,但多数是以重型起病。本型肝炎虽少见,但病变严重、病情危急、死亡率高。根据发病的急骤程度又分为急性重型和亚急性重型两种。

1. 急性重型肝炎 Acute severe hepatitis 又称暴发型肝炎(fulminant hepatitis),约占病毒性肝炎的 1%。以 HBV 感染引起多见。起病急骤,进展迅速,病程一般在 3 周以内。

(1) 病理变化 Pathological changes

肉眼:肝体积明显缩小,尤以左叶为甚,重量减轻，可仅为正常肝脏的 1/2 ~ 1/3；包膜皱缩，质地柔软，肝脏可因明显出血而呈红色或因不同程度胆汁染色而呈黄绿色，切面小叶结构消失呈泥状，又称急性红色肝萎缩或急性黄色肝萎缩（图 8-22A）。

镜下：以肝细胞广泛而严重的坏死，出现弥漫性大块坏死为特征。坏死多从肝小叶中央开始，并迅速向四周扩展，仅门管区周围残留少许变性的肝细胞。溶解坏死的肝细胞很快被清除，网状支架残留，肝窦明显扩张淤血。最初炎症反应不明显，数天后 Kupffer 细胞增生肥大，吞噬活跃，小叶内及汇管区大量炎细胞浸润，以淋巴细胞、巨噬细胞为主，可有少量中性粒细胞。残留的肝细胞无明显再生现象(图 8-22B)。

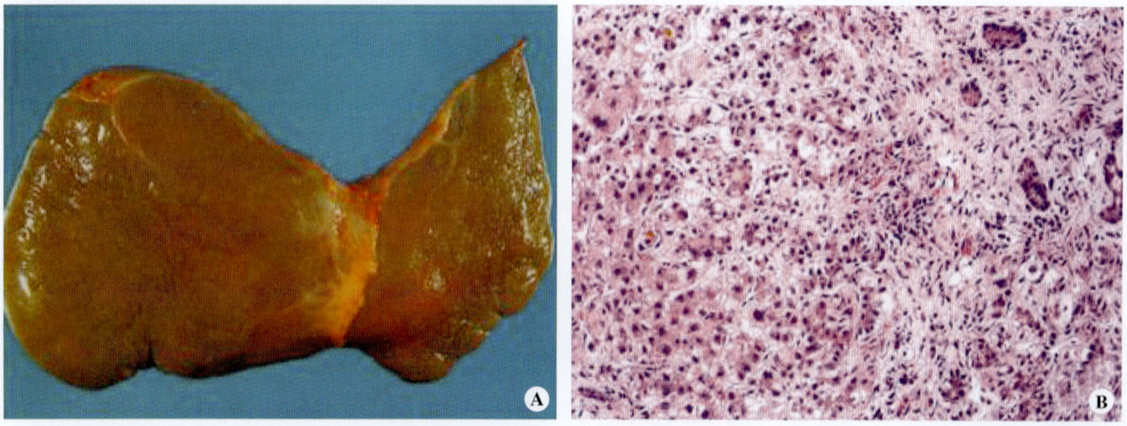

图 8-22　急性重症肝炎 Fulminant hepatitis

A. 大体，肝脏两叶均萎陷，呈深黄色；B. 镜下，可见大块坏死，小叶塌陷，伴炎细胞浸润 A. The liver shows deeply yellow collapsed appearance involving both lobes, gross; B. Massive necrosis and lobular collapse with inflammatory cells are seen, microscopic view

（2）临床病理联系 Clinicopathological relations：大量肝细胞溶解坏死导致：①大量胆红素进入血，引起严重的肝细胞性黄疸；②凝血因子合成障碍，导致明显的出血倾向；③肝衰竭，对各种代谢产物的解毒功能障碍，导致肝性脑病（hepatic encephalopathy）。此外，由于胆红素代谢障碍及血循环障碍等，还可诱发肾衰竭(肝肾综合征，hepatorenal syndrome)。

（3）转归 Turnover：本型肝炎大多数在短期内死亡，死亡率高达 70% ~ 90%。死亡原因主要为肝衰竭(肝昏迷)，其次为消化道大出血、肾衰竭、DIC 等。幸存者通常不会发展为慢性肝炎。少数病程迁延，转变为亚急性重型肝炎。

2. 亚急性重型肝炎 Subacute severe hepatitis

起病比急性重型肝炎稍缓慢，病程较长，在 3 周以上。大多数由急性重型肝炎迁延而来，少数由急性普通型肝炎恶化进展而来。

（1）病理变化 Pathological changes

肉眼：肝体积缩小，包膜皱缩不平，质地软硬程度不一，部分区域呈大小不等的结节状。切面在黄色或黄绿色肝坏死的背景上可见为数不多、散在分布的肝细胞再生结节。

镜下：本型肝炎的特点为既有新旧不一的亚大块坏死或桥接坏死，又有结节状肝细胞再生。坏死区网状纤维支架塌陷和胶原化(无细胞硬化)，残存的肝细胞再生时不能沿原有支架排列，而呈结节状。坏死区及门管区可见明显的炎细胞浸润，主要为淋巴细胞、单核细胞。肝小叶周边部小胆管增生伴明显淤胆。较陈旧的病变区可见明显的纤维结缔组织增生。

（2）转归 Turnover：如得到及时有效治疗，病变可停止发展并有治愈可能。但多数患者或死于肝衰竭或继续发展为坏死后性肝硬化。

（四）无症状携带者 Carrier state

无症状携带者指 HBV、HCV 或 HDV 感染后出现持续病毒血症超过 6 个月，即病人仅为病毒抗原阳性，而无明显的进行性肝细胞损害的临床症状、转氨酶正常的个体。在我国无症状携带者多由 HBV 感染引起，组织学上可出现“毛玻璃”样肝细胞或“砂状”核。肝硬化很少见。常见的病变有：轻度非特异性炎症改变约占 36%，轻度慢性肝炎约占 29%，肝细胞毛玻璃样变约占 15%；还有 20% 左右的无症状携带者肝脏组织形态可正常。长期带毒者肝细胞肝癌的发生率要高于正常人群。

无症状感染（asymptomatic infection）病人可仅表现为轻度的血清转氨酶升高，然后出现病毒抗体，临床无症状。

第八节　酒精性肝病
Alcoholic Liver Disease

慢性酒精中毒而导致的各种肝脏病变统称为酒精性肝病。常见的有脂肪肝、酒精性肝炎，部分患者可发展为酒精性肝硬化。其程度与饮酒时间长短、营养状况和免疫状况有关。在欧美国家，大约60%~70%的肝硬化是酒精性肝硬化，国内则较少见，但近年来也有增多的趋势。

一、发病机制

Pathogenesis

肝脏是酒精代谢的主要场所，乙醇(Ethanol)对肝细胞有直接损伤作用。进入肝内的酒精，在乙醇脱氢酶(acetaldehyde dehydrogenase)和微粒体乙醇氧化酶系(alcohol oxidase)的作用下转变为乙醛(acetaldehyde)，再转变为乙酸(acetic acid)。乙醛转变为乙酸的反应使得辅酶Ⅰ(NAD)转变为还原型辅酶Ⅰ(NADH)，导致NADH对NAD比值增高，抑制了肝细胞线粒体(mitochondrial)的三羧酸循环，造成肝细胞对脂肪酸(fatty acid)的氧化能力降低，脂质在肝细胞内堆积而形成脂肪肝。酒精在肝细胞的微粒体氧化系统作用下产生自由基(reactive oxygen species)，可损伤细胞的膜系统(membrane system)；酒精中间代谢产物乙醛具有很强脂质过氧化反应和毒性，可破坏肝细胞结构，并诱导发生免疫反应。此外，酗酒者常伴有营养不良，尤其是蛋白质、维生素缺乏。

Acetaldehyde (the major intermediate metabolite of alcohol en route to acetate production) induces lipid peroxidation and acetaldehyde-protein adduct formation, which may disrupt cytoskeletal and membrane function. Alcohol directly affects microtubule organization (as illustrated by the detection of Mallory's hyaline), mitochondrial function, and membrane fluidity. Reactive oxygen species are generated during oxidation of ethanol by the microsomal ethanol oxidizing system; the free radicals react with membranes and proteins. Reactive oxygen species are also produced by neutrophils, which infiltrate areas of hepatocyte necrosis.

二、病理变化

Pathological Changes

慢性酒精中毒主要引起肝的三种损伤，即脂肪肝、酒精性肝炎和酒精性肝硬化。三者可单独出现，也可同时并存或先后移行。

1. 脂肪肝 Fatty liver, steatosis 为最常见的病变。

肉眼：肝脏明显肿大，质软，黄色，细腻，重量可达4~6kg。

镜下：肝细胞内出现脂滴，早期为微小的脂肪空泡，随之可形成大而圆的脂肪空泡，使得肝细胞肿胀变圆，胞核被推挤到一侧呈半月形。脂肪变性首先出现在小叶中央区，可伴有不同程度的肝细胞水样变性，严重者可累及整个小叶(图8-23A)。一般来说，脂肪肝无明显的纤维化，戒酒可使脂肪肝恢复正常；如继续酗酒，末梢肝静脉周围可出现纤维组织增生并向邻近肝窦蔓延。

2. 酒精性肝炎 Alcoholic hepatitis

肉眼：肝脏常为红色和黄绿色相间，可见结节。

镜下：主要有四大特征：①肝细胞水样变性、气球样变和散在的肝细胞坏死；②酒精透明小体(alcoholic hyaline, AH)或称为Mallory小体，为变性肝细胞质内的嗜酸性包涵体。电镜下可见证明是缠绕在一起的细胞角蛋白中间丝构成。在气球样变的肝细胞中更明显(图8-23B)；③以中性粒细胞为主的小叶内炎症，主要在变性的肝细胞周围；④纤维化，主要出现在肝窦和小静脉周围。严重酗酒的患者纤维化主要在汇管区周围。

3. 酒精性肝硬化 Alcoholic cirrhosis 为酒精性肝病的最终病变，可由脂肪肝和酒精性肝炎进展而来。

肉眼：肝脏呈褐色，皱缩，脂肪含量减少，肝脏表面可见比较均匀的细结节。

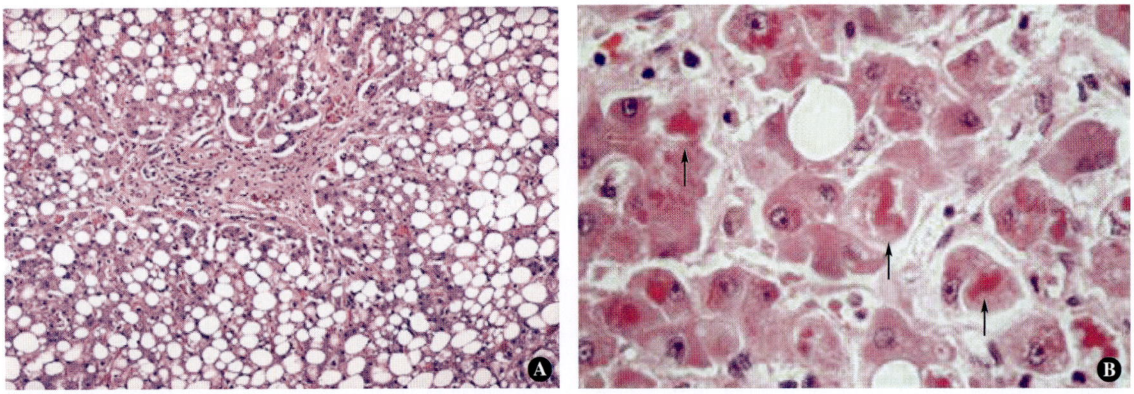

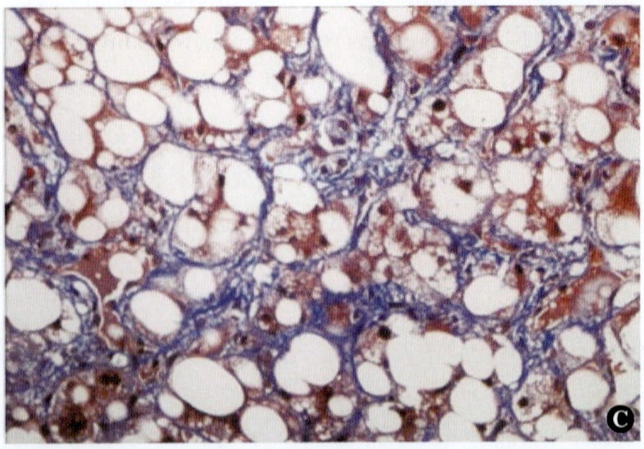

图 8-23 酒精性肝病 Alcoholic Liver Disease

A. 肝细胞弥漫性脂肪变性；B. 肝细胞质中可见马洛里小体；C. Massontrichrome 染色显示小叶中央区肝细胞周围纤维化 A. Liver cells are diffusely fatty changes；B. contain Mallory bodies in cytoplasma；C. Pericellular fibrosis in centrilobular area. Collagen fibers are stained blue in Massontrichrome stain

镜下：纤维间隔早期较细，从中央静脉延伸到汇管区或从汇管区到汇管区，残余肝细胞增生形成较小的结节；随着病变进展，纤维间隔增宽，结节内肝细胞缺血坏死，坏死的修复又形成瘢痕，导致病变不断发展（图 8-23C）。大体上结节越来越不规则、粗大，并常有淤胆。此时酒精性肝硬化在形态上与其他原因所致肝硬化相似。

第九节 肝 硬 化
Liver Cirrhosis

肝硬化是各种因素引起肝实质损伤后修复的终末阶段，由于弥漫性的肝细胞变性坏死；肝内广泛纤维化；肝细胞再生形成结节这三种病变反复交替进行最终导致整个肝脏变形、变硬。肝硬化早期症状隐匿，可出现厌食、体重减轻、虚弱等；晚期出现肝功能损伤和门静脉高压（portal hypertension）等症状。

一、病因和发病机制
Etiology and Pathogenesis

1. 病毒性肝炎 Viral hepatitis 乙型肝炎病毒是我国肝硬化的主要原因，约 76% 的肝硬化组织中可检出 HBV 抗原；在欧美国家，由肝炎病毒引起的肝硬化仅占 10%，且以 HCV 为主。这一类由肝炎病毒引起的慢性肝炎进一步发展而来的肝硬化又称为肝炎后肝硬化。

2. 慢性酒精中毒 Chronic alcoholism 长期酗酒是欧美国家肝硬化的主要原因，可占所有肝硬化的 60%～70%。由于酒精的代谢产物乙醛可直接损伤肝细胞，导致慢性酒精性肝病，逐渐进展为肝硬化。

3. 代谢障碍 Dysmetabolism 由于先天性酶缺陷，导致某些物质代谢障碍，在肝内沉积，损害肝细胞，最终导致肝硬化。如铁代谢障碍引起的含铁血黄素沉积症（血色病）、铜代谢障碍引起的肝豆状核变性（Wilson 病）、肝糖原沉积症和 α_1-抗胰蛋白酶缺乏（alpha-1-antitrpsin deficiency）等均可导致肝硬化。

4. 毒物和药物 Toxicant and medicine 长期接触某些化学物质，如四氯化碳、磷、砷等和药物如异烟肼、甲基多巴，甲氨蝶呤等可引起中毒性肝炎，肝细胞广泛坏死，发展为坏死后肝硬化。

5. 胆汁淤积 Cholestasis 胆汁性肝硬化（biliary cirrhosis）是由于肝外胆管阻塞或肝内胆汁淤积引起的肝硬化，较少见。原发性胆汁性肝硬化在我国少见，原因不明，可能与自身免疫反应有关。继发性胆汁性肝硬化与长期肝外胆管阻塞和胆道逆行性感染有关。

6. 其他 Others 血吸虫病时虫卵在肝脏反复沉积可导致"血吸虫性肝硬化"（schistosomeliver cirrhosis），右心功能衰竭导致肝脏慢性淤血可导致"心源性肝硬化"（cardiac cirrhosis）。

7. 原因不明 Unknown aetiology 发病原因难以确定的称为隐源性肝硬化（cryptogenic cirrhosis）。

肝硬化最重要的病理过程为肝脏进行性纤维化（progressive fibrosis）和脉管微结构改建（reorganization of the vascular microarchitecture）。正常肝脏中Ⅰ型和Ⅲ型胶原主要分布在门管区和中央静脉周围，小叶内的网状纤维由Ⅳ型胶原组成。肝硬化时，Ⅰ型和Ⅲ型胶原在小叶中沉积，形成纤细或较宽的纤维间隔（fibrous septa）。纤维间隔内新生的血管与门管区的血管（肝动脉和门静脉分支）以及终末肝静脉沟通，分流肝实质的血流，形成动静脉交通和门静脉与肝静脉之间的异常吻合。残存肝实质的 Disse 间隙内胶原持续沉积伴窦内皮细胞间隙丧失导致肝细胞和肝窦内血液间的物质交换障碍，且肝窦内血流压力增大。由于肝细胞广泛变性坏死，肝细胞分泌的蛋白，如白蛋白（albumin）、凝血因子（blood coagulation factor）、脂蛋白（lipoproteins）等也显著减少。

肝硬化时过多的胶原纤维主要来源于：①大片肝细胞坏死后肝小叶内原有的网状支架塌陷、聚积、最终胶原化所形成的"被动性纤维间隔"（passive septa）又称为无细胞硬化。②各种原因引起的肝细胞损伤可激活Kupffer细胞和其他炎症细胞并产生多种细胞因子，在这些细胞因子的作用下Disse间隙内的肝星状细胞（hepatic stellate cells）（曾称为贮脂细胞fat-storing cells）活化，转变为增殖活跃的肌成纤维细胞样细胞（myofibroblast-like cell）可产生胶原纤维。③汇管区的成纤维细胞增生分泌产生胶原纤维。具有细胞激活分泌产生胶原纤维（以Ⅰ型和Ⅲ型胶原为主）形成纤维间隔的过程称为"主动性纤维间隔"（active septa）。广泛增生的胶原纤维一方面向肝小叶内伸展，分割肝小叶，另一方面与肝小叶内的胶原纤维连接成纤维间隔包绕原有的或再生的肝细胞团，形成由纤维间隔分隔包裹的球形结节，伴肝小叶结构破坏，血管破坏改建称为假小叶（pseudolobule）。假小叶的形成是肝硬化最主要的形态学标志。这些病变随着肝细胞不断坏死与再生而反复进行，最终形成弥漫全肝的假小叶，并导致肝内血液循环改建和肝功能障碍而形成肝硬化临床症状。

二、分 类
Categorization

由于引起肝硬化的病因及其发病较为复杂，至今尚无统一分类方法。一般按照病因或依据形成结节的大小进行分类。传统上根据病因可分为：酒精性肝硬化、肝炎后肝硬化、坏死后肝硬化、胆汁性肝硬化、心源性肝硬化等。国际上根据形态特点分为：小结节型（micronodular），大部分结节直径小于3mm；大结节型（macronodular），大部分结节直径超过3mm；大小结节混合型（mixed），小于3mm直径的结节数与大于3mm的结节数相当。我国则采取结合病因、病理变化及临床表现的综合分类，常见的有门脉性肝硬化、坏死后肝硬化和胆汁性肝硬化。

三、病 理 变 化
Pathological Changes

（一）门脉性肝硬化 Portal cirrhosis

是最常见的肝硬化类型，相当于小结节型肝硬化。

肉眼观 Gross appearances 早期由于肝实质无明显减少，而肝细胞常因水变性或脂肪变性体积增大，因此肝体积可正常甚至稍增大，重量增加，质地正常或稍硬。晚期肝实质减少，纤维化明显，肝体积明显缩小，重量减轻，硬度增加。表面呈弥漫全肝的小结节（图8-24A），结节大小相仿，直径多在0.15～0.5cm，一般不超过1cm。切面见肝包膜增厚，肝实质由灰白色纤维间隔包绕的肝细胞再生结节组成。

镜下 Microscopic view 正常肝小叶结构破坏，被大小比较一致的假小叶所取代。与正常的肝小叶相比，假小叶大小形态不一；在假小叶内中央静脉和门静脉常偏位、缺失或数量增多（两个或两个以上）；肝细胞索排列紊乱，不呈放射状，假小叶中央的肝细胞常有变性坏死，周边可见再生的肝细胞，再生的肝细胞体积大，核大且深染，或有双核。（图8-24B）包绕假小叶的纤维间隔细而均匀，内有少量淋巴细胞和单核细胞浸润，并可见少量小胆管增生。

结节的均一性说明病变经历着一致的病理过程。酒精性（alcoholic）肝硬化常倾向于这一类型。

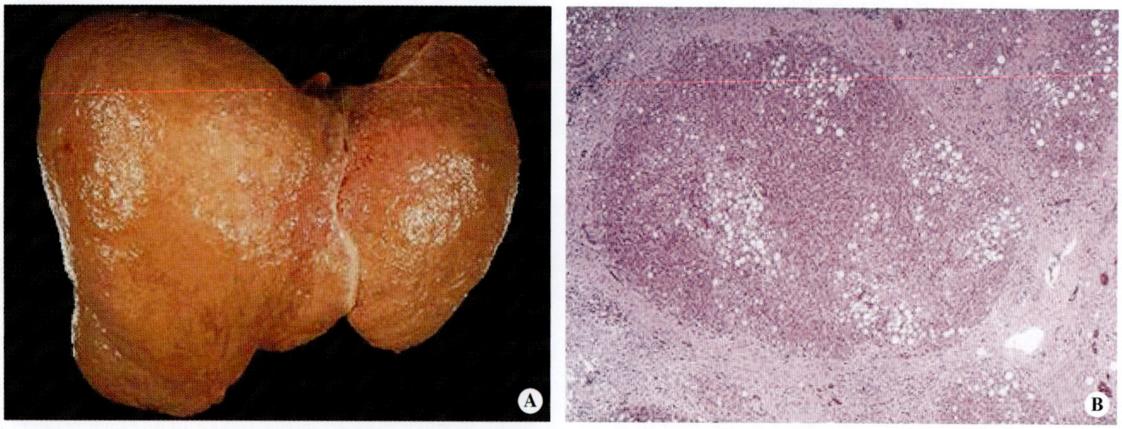

图8-24 门脉性肝硬化 Portal cirrhosis

A. 大体，可见细小再生结节，平均不超过3mm；B. 镜下：小结节性硬化，伴肝细胞中度的脂肪变性。连接相邻门管区的纤维结缔组织包裹肝细胞再生结节 A. The regenerative nodules are quite small, averaging less than 3mm in size, gross; B. Micronodular cirrhosis is seen along with moderate fatty change. Note the regenerative nodule surrounded by fibrous connective tissue extending between portal regions

（二）坏死后性肝硬化 Post-necrotic cirrhosis

相当于形态学分类中的大结节型和大小结节混合型肝硬化，是在肝细胞发生大片坏死的基础上形成的。

肉眼观 Gross appearances　肝脏体积缩小，变硬，以左叶为甚，与门脉性肝硬化不同之处在于肝脏变形明显，结节大小悬殊，最大结节直径可达 5~6cm；切面结节间的纤维结缔组织间隔宽，且厚薄不均；反映出肝组织广泛的坏死（图 8-25A）。

镜下 Microscopic view　肝细胞坏死范围及形状不规则，故假小叶大小形态不一，可呈半月形、地图形、圆形或类圆形，较大的假小叶内有时可见数个完整的肝小叶，有时可见残存汇管区的集中现象；假小叶内肝细胞变性，坏死更显著，若由病毒性肝炎引起，还可见肝细胞水肿，嗜酸性变或嗜酸小体。纤维间隔较宽，其内有较多的炎细胞浸润和小胆管增生（图 8-25B）。

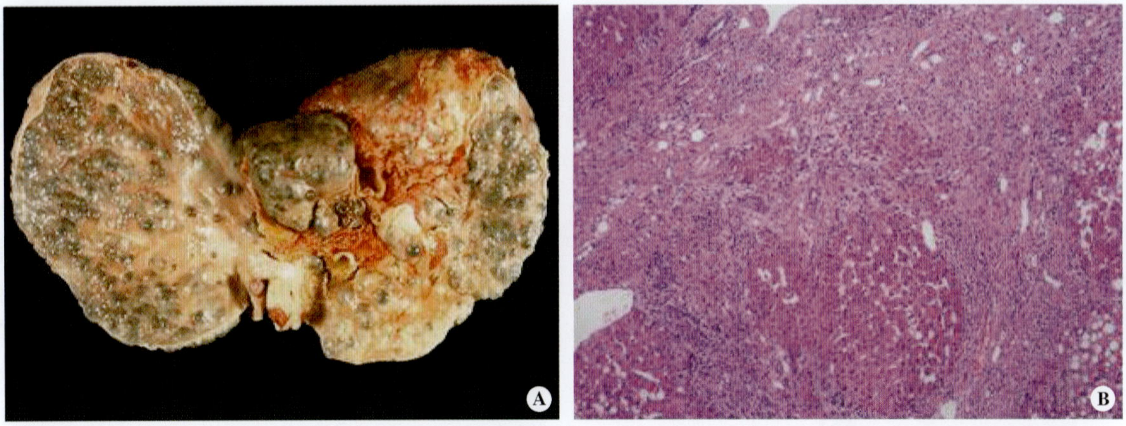

图 8-25　坏死后肝硬化 Postnecrotic cirrhosis

A. 大体，可见纤维瘢痕分割肝实质，形成粗大不规则的结节，反映出肝实质的广泛坏死；B. 镜下：肝细胞再生结节被宽大的纤维结缔间隔包裹，间隔中可见散在的淋巴细胞和增生的胆管 A. Large irregular nodules of parenchyma separated by fibrosis scars, reflecting extensive loss of liver tissue, gross; B. The regenerative nodules of hepatocytes are surrounded by broad fibrous connective tissue. Within this collagenous tissue are scattered lymphocytes as well as a proliferation of bile ducts, microscopic view

结节的不规则性说明肝脏损伤和实质细胞再生的不规则性，多由亚急性重型肝炎迁延而来。此外，慢性肝炎的反复发作过程中，若肝细胞坏死严重或药物及化学物质引起肝细胞广泛的中毒性坏死也可继续发展为坏死后性肝硬化。

（三）胆汁性肝硬化 Biliary cirrhosis

胆汁性肝硬化是由于胆道阻塞，胆汁淤积引起的肝硬化，较少见。根据病因不同，分原发性和继发性两种。

1. 原发性胆汁性肝硬化 Primary biliary cirrhosis　少见，是一种自身免疫性疾病或由肝内小胆管的慢性非化脓性胆管炎引起。90% 为女性，40~60 岁多见。经常与其他的自身免疫性疾病，如风湿性关节炎（rheumatic arthritis）、桥本氏甲状腺炎（Hashimoto's thyroiditis）、斯耶格伦综合征（Sjogren's syndrome）[干性角膜结膜炎（keratoconjunctivitis sicca）、口腔干燥（dryness of mucous membrane）、结缔组织病（connective tissue disease, CTD）和双侧腮腺肿大（bilateral parotid enlargement）]同时出现。支持免疫性疾病的证据是：① 自身抗体（antoantibodies）的存在，抗线粒体（anti-mitochondrial）抗体（90%~100% 阳性）、抗平滑肌（anti-smooth muscle）抗体、抗核（anti-nuclear）抗体、风湿因子（rheumatism factor）；②IgM 及碱性磷酸酶（alkaline phosphatese）水平增高；③出现循环免疫复合物（circulating immune complex）；④在受损的胆管和细胆管中有 IgM 和免疫复合物的沉积（desposition of IgM and complements）。

2. 继发性胆汁性肝硬化 Secondary biliary cirrhosis　继发性胆汁性肝硬化的原因与长期肝外胆管阻塞和胆道上行性感染两种因素有关。长期的胆管阻塞，胆汁淤积，使肝细胞变性，坏死，继发结缔组织增生而导致肝硬化。

3. 病理改变

（1）肉眼观 Gross appearances：肝脏缩小不如前两型肝硬化明显，中等硬度，表面较光滑呈细小结节或无明显结节。被胆汁染成深绿色或绿褐色。

（2）镜下 Microscopic view：原发性胆汁性肝硬化早期小叶间胆管上皮细胞水肿、坏死，周围有淋巴细胞浸润，最后由小胆管破坏而致结缔组织增生并伸入肝小叶内，假小叶呈不完全分割型。继发性胆汁性肝硬化镜下见肝细胞明显淤胆而变性坏死，坏死肝细胞肿大，胞质疏松呈网状，核消失，称网状或羽毛状坏死（feathery necrosis），假小叶周围结缔组织的分割包绕不完全。

四、临床病理联系 Clinicopathological Relations

肝硬化早期的临床表现并无特征性，可出现各种原有疾病，如慢性肝炎、酒精性肝炎的症状和体征；晚期由于严重的肝实质破坏和血管改建导致门静脉高压和肝功能不全(图 8-26)。

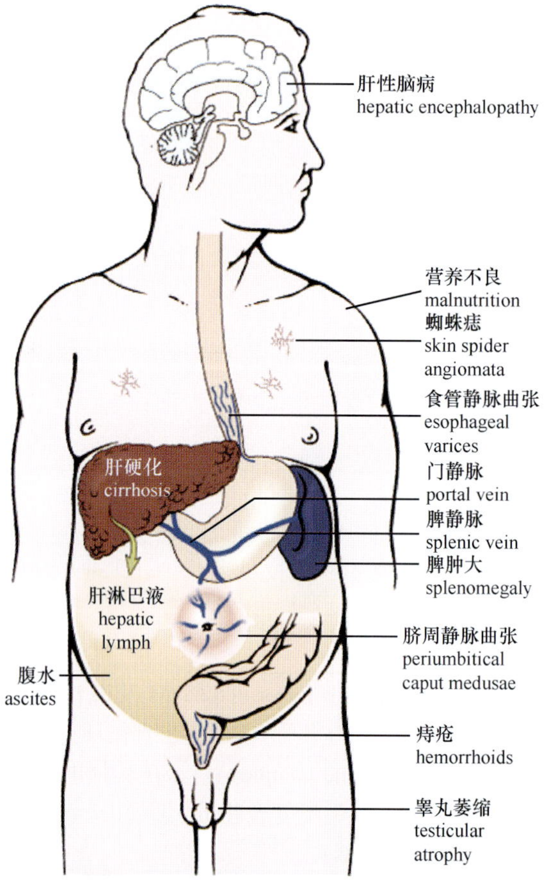

图 8-26 肝硬化合并门静脉高压的临床表现
Some clinical consequences of portal hypertension in the setting of cirrhosis

(一) 门脉高压症 Portal hypertension

肝硬化时门脉压力增高的主要原因有：①肝内广泛的纤维结缔组织增生，肝血窦闭塞或窦周隙纤维化，肝窦内血流阻力增加，使门静脉循环受阻(窦性)；②肝细胞再生所形成的假小叶压迫中央静脉和小叶下静脉，使肝窦内血液流出受阻，进而影响门静脉血进入肝窦(窦后性)；③由于血管改建，肝动脉小分支与门静脉小分支在汇入肝窦前形成异常吻合，使得肝动脉血流较高的压力直接传导至门静脉(窦前性)。门静脉高压造成胃肠道和脾脏等腹腔脏器的血液回流障碍，患者可出现一系列的症状和体征：

1. 慢性淤血性脾大 Chronic passive congestive splenomegaly 约 70% ~ 85% 的肝硬化患者可出现脾大。

肉眼：脾多呈中度肿大，重量一般在 500g 以下，严重的可达 800 ~ 1000g。

镜下：脾窦扩张，窦内皮增生、肿大，脾小体萎缩，红髓内纤维组织增生，部分可见含铁结节。脾大可引起贫血、白细胞和血小板减少等脾功能亢进(Hypersplenism)的表现。

2. 腹水 Ascites 晚期肝硬化患者，腹腔内可聚集大量淡黄色透明液体(腹水)，其中可含少量脱落的腹膜间皮细胞和淋巴细胞，一般无中性粒细胞和红细胞，蛋白含量不超过 20g/L，为漏出液。腹水量较大时，患者腹部明显膨隆。

腹水形成的机制包括：①门静脉压力升高，胃肠壁、肠系膜等处血液回流受阻，小静脉和毛细血管内压力增高，且淤血导致血管壁缺氧通透性增大，导致水、电解质和血浆蛋白漏入腹腔；②肝细胞广泛损伤，合成蛋白质减少，患者出现低蛋白血症(hypoalbuminemia)，血浆胶体渗透压(plasma colloid osmotic pressure)降低，也是腹水形成的重要原因；③门静脉高压导致肝血窦的流体静压增高，进入 Disse 间隙的富含蛋白质的淋巴液增多，远远超出胸导管的回流能力，淋巴液经淋巴管外溢进入腹腔，这种来源的腹水中蛋白的含量较高；④肝功能障碍，醛固酮(aldosterone)、抗利尿激素(antidiuretic hormone)在肝内的灭活减少，外周血两者水平升高，导致水钠潴留(water-sodium retention)，促使腹水形成，而腹水形成又可使有效循环血量减少，刺激这两种激素的分泌，进一步加重腹水。

3. 侧支循环形成 Formation of compensatory circulation 门静脉压力升高，因门静脉回流不畅，门静脉系统和腔静脉间的吻合支逐渐扩张，形成侧支循环，一部分门静脉血流绕过肝脏直接回流到右心。主要的侧支循环有三条主要途径：①左胃网膜静脉(left vena gastroepiploica)→胃冠状静脉(vena coronaria ventriculi)→食管静脉(esophageal vein)：最常见的通路为门静脉血经胃冠状静脉、食管下静脉丛、奇静脉进入上腔静脉，常引起胃底及食管下段静脉丛曲张，曲张的静脉向黏膜面突出，在腹压升高或受粗糙食物磨损时可破裂引起上消化道出血，甚至是致命性的大出血，是肝硬化患者死亡的常见原因。②肠系膜静脉(vena mesenterica)→直肠静脉(vena rectalis)→痔静脉(hemorrhoidal vein)：门静脉血经肠系膜下静脉、直肠静脉丛、髂内静脉、髂总静脉进入下腔静脉，引起直肠静脉丛曲张，形成痔核，破裂可出现便血。③门静脉(portal vein)→脐静脉(umbilical vein)→脐周静脉

(paraumbilical vein):门静脉血经脐静脉、脐周静脉网,而后向上经腹壁上静脉、乳内静脉进入上腔静脉,或向下经腹壁下静脉、髂外静脉、髂总静脉进入下腔静脉。此时腹壁和胸壁的静脉充盈,清晰可见(腹壁静脉曲张,varicose vein of abdominal wall),脐周浅静脉高度扩张形如"海蛇头"(caput medusae),是门静脉高压的重要体征之一。

4. 胃肠道淤血水肿 Congestive edemaof gastrointestinal tract　胃肠壁因淤血水肿增厚,黏膜皱襞增宽。胃肠黏膜水肿影响正常的分泌和吸收功能,引起腹胀、食欲不振和消化不良。

(二)肝功能障碍 Liver dysfunction

是肝细胞长期反复受到损伤的结果。当肝细胞不能完全再生补充和代偿损伤肝细胞的功能时,则可出现以下肝功能不全的症状及体征:

1. 蛋白质合成障碍 Protein dyssynthesis　肝细胞受损伤,合成白蛋白的功能降低,使血浆白蛋白减少;同时由于从胃肠道吸收的一些抗原性物质未经肝细胞处理就直接经侧支循环进入体循环,刺激免疫系统合成球蛋白增多,因此外周血检查可出现血浆白蛋白降低,且白蛋白与球蛋白比值下降、甚至倒置的现象。

2. 出血倾向 Hemorrhagic tendency　患者常有皮肤、黏膜或皮下出血,表现为鼻出血、牙龈出血、皮肤黏膜瘀点瘀斑等。引起出血的主要原因是肝脏合成纤维蛋白原(fibrinogen)、凝血酶原(prothrombin)和凝血因子(clotting factor)减少;此外也与脾功能亢进,血小板破坏过多有关。

3. 胆色素代谢障碍 Cholochrome dysbolism　晚期肝硬化患者临床上常有肝细胞性黄疸的表现,这一方面与肝细胞损伤,胆红素代谢功能下降,淤胆肿胀的肝细胞压迫毛细胆管形成胆栓有关;另一方面与肝小叶改建过程中胆管破坏扭曲或阻塞有关。

4. 对激素的灭活作用减弱 Attenuated inactivationof hormone　体内醛固酮和抗利尿激素升高,引起水钠潴留,加重腹水。由于雌激素灭活障碍,体内雌激素水平升高,可导致男性乳房发育(gynecomastia);小动脉末梢扩张,患者颈部、胸部、面部等处出现蜘蛛状血管痣(蜘蛛痣,spider angiomata)、或部分男性病人还可出现睾丸萎缩(testicular atrophy),女性患者出现月经不调、不孕等。

5. 肝性脑病(肝昏迷)Hepatic encephalopathy (hepatic coma)　是肝功能不全最严重的后果,是肝硬化患者死亡的原因之一。肝昏迷的主要原因是肝细胞功能衰竭,导致来自肠道的有害物质未经肝脏解毒就直接进入体循环或通过肝内和肝外门静脉与体循环之间的侧支循环直接进入体循环。这些毒物,主要是氨和某些胺类物质,随体循环到达脑部。氨可干扰三羧酸循环,使能量生成不足引起神经元损伤和脑水肿(cerebral edema);其他胺类物质可代谢形成假神经递质(false neurotransmitter),引起中枢神经递质紊乱。肝性脑病患者常出现意识障碍[从嗜睡到昏迷(ranging from drowsiness to coma)]、智力减退(impaired intellectual function)、神经肌肉异常(neuromuscular abnormalities)、脑波变慢(slowed brain waves)、高氨血症(hyperammoniemia)、扑翼样震颤[asterixis (flapping tremor)]和肝臭[fetor hepaticus (sweet breath odor)]等典型症状。

6. 肝肾综合征 Hepatic -renal syndrom　是严重肝脏疾病时出现的肾衰竭,肾脏无形态学改变。如肝功能好转,肾功能可恢复。某些疾病也可同时损害肝和肾。确切地原因尚不清楚。有关证据表明,内脏血管扩张和全身血管收缩,导致肾血流,尤其是肾皮质血流严重减少有关。临床上以尿素氮、肌酐增高为主。肝肾综合征可促进肝衰竭造成死亡。

五、转归与并发症
Turnover and Complications

肝硬化是一种慢性进行性疾病。早期,由于肝脏具有很强的代偿功能,可以在很长时间内不出现症状,肝功能也保持正常,如能得到积极有效的治疗,增生的胶原纤维有可能消退,肝脏可恢复正常。晚期,随着肝脏病变不断加重,代偿功能衰竭,可出现一系列的并发症,如食管静脉曲张破裂、腹腔或肺部感染、肝昏迷,还可并发肝癌。坏死后性肝硬化因肝细胞坏死较严重,病程较短,因而肝功能障碍较门脉性肝硬化明显且出现较早,而门脉高压症较轻且出现晚,癌变率也比门脉性肝硬化高。胆汁性肝硬化 晚期出现肝衰竭,门静脉高压,但通常较轻微且少见。

第十节　肝代谢性疾病与循环障碍
Metabolic Diseases and Circulatory Disorders of Liver

一、肝代谢性疾病
Metabolic Diseases of Liver

(一)肝豆状核变性 Hepatolenticular degeneration

又称威尔逊病(Wilson' s disease)。为第13号染色体常染色体隐性基因遗传性铜代谢障碍遗传性疾病。患者多为儿童及青少年。由于胆小管膜铜输出

ATP 酶失活,铜不能正常排出而蓄积于各器官。首先累及肝脏,待肝饱和后再沉积于中枢神经系统。铜也可蓄积于角膜,在角膜周围出现绿褐色环(Kayser-Fleischer rings)。早期肝脏病变为非特异性,肝细胞轻到中度脂肪变,脂褐素、铜结合蛋白、铁等沉着。铜或铜结合蛋白可由组织化学染色检出。逐渐发展为轻到重度慢性肝炎,甚至肝硬化。中枢神经系统病变以纹状体、丘脑及苍白球最显著。

(二)含铁血黄素沉积症 Hemosiderosis

简称血色病,指肝组织内可染性铁的色素沉着。正常肝脏中少量铁以铁蛋白的形式储存,若肝内铁储存量增多,则形成含铁血黄素沉积症(图 8-27)。含铁血黄素沉积的原因主要有:①大量红细胞破坏,血红蛋白分解,如溶血性贫血(hemolytic anemia)和地中海贫血(Mediterranean anemia)等;②多次输血或长期服用大量铁剂;③慢性肾衰竭;④迟发性皮肤卟啉症(porphyria cutanea tarda);⑤其他。以上可称为继发性血色病。⑥原发性血色病(primary hemochromatosis)一种常染色体隐性遗传病,由于先天性铁代谢异常引起的全身性疾病,肝脏病变为全身病变的一部分。因肝内重度含铁血黄素沉积,肝脏肿大,红褐色;含铁血黄素主要沉积于肝细胞内,Kupffer 细胞内亦常有该色素沉着但一般较肝细胞轻。因输血引起者 Kupffer 细胞色素沉着则明显。后期发展为肝纤维化或肝硬化。

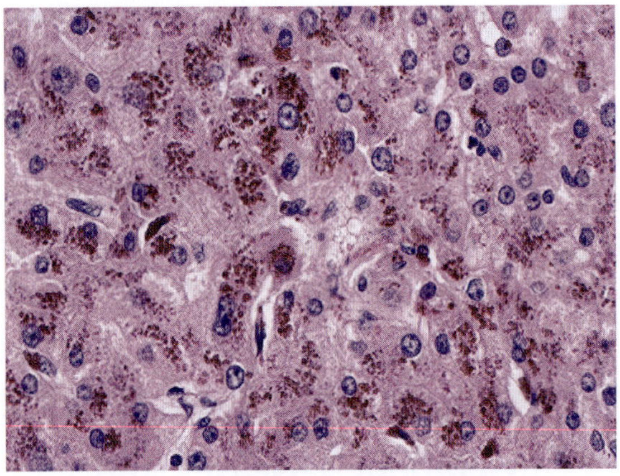

图 8-27 含铁血黄素沉积症 Hemosiderosis

由于过多的铁在肝脏内聚集,肝细胞和 Kupffer 细胞胞质内充满棕褐色含铁血黄素颗粒 The hepatocytes and Kupffer cells here are full of granular brown deposits of hemosiderin from accumulation of excess iron in the liver

(三)糖原沉积症 Glycogenosis

为少见的常染色体隐性遗传所引起的组织内糖原质的异常和量的增多,而引起沉积的一种疾病。因糖代谢过程中某种酶缺乏,导致组织内糖原的质异常和量增多,而发生沉积。主要累及肝、心、肾及肌组织,并有有低血糖、酮尿和发育迟缓等表现。按糖代谢过程中不同环节、不同酶的异常,现已将本症分成 O-Ⅻ型共 13 型,累及肝脏最多的是Ⅰ型。

a. 肉眼:肝脏增大,有时可达正常肝脏的 3 倍以上,颜色变淡。

b. 镜下:肝细胞因沉积了大量糖原而明显肿大,胞质淡染,呈疏松的颗粒状并有空亮区。肝细胞排列紊乱,肝窦受压。冰冻切片,PAS 染色可见肝细胞内红色的糖原颗粒,对淀粉酶的消化反应稳定。后期,多种类型可伴肝纤维化或肝硬化。确诊糖原沉积症及分型不能单凭组织学改变,必须结合临床并通过肝穿获取新鲜标本进行酶类分析。

(四)类脂质沉积症 Lipoidosis

指遗传性脂质代谢障碍所致的组织内类脂质(lipoid substance)增多并沉积,主要有糖脂、磷脂及胆固醇等沉积。这一类疾病大多与作用于脂质分解代谢某些环节上的酶类的遗传性缺失,使其相应的底物(脂质)分解代谢障碍而在组织内沉积有关。

1. 糖脂沉积症 Glycolipidosis 糖脂是不含磷酸的脑苷脂及神经苷脂等脂类,它们的分解代谢障碍可分别引起脑苷脂沉积症(如戈谢病)和神经节苷脂沉积症。

戈谢病(Gaucher disease),也称脑苷脂沉积症(cerebroside lipoidosis),是常染色体隐性遗传所致的体内 β-葡萄糖苷酶(β-glucosidase)缺乏而引起的脑苷脂分解代谢障碍。主要累及肝、脾、淋巴结及骨髓的单核巨噬细胞系统。常发生在婴儿,为致命性疾病。主要病变为肝、脾大,尤以脾大为显著,可达正常脾脏重量的 20 倍。镜下:以戈谢细胞(Gauchercell)形成为特点,细胞直径 20~100μm,胞质淡染,出现红染条纹,或如空网状(图 8-28)。这些细胞来源于肝巨噬细胞,因吞噬了大量葡萄糖脑苷脂而形成,主要分布于小叶中央静脉附近的肝窦内和汇管区。

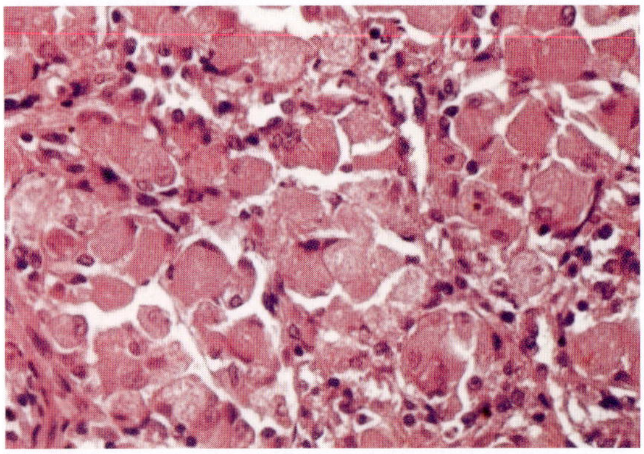

图 8-28 戈谢病 Gaucher disease

细胞体积增大,胞质呈空网状,犹如皱纸 The size of cells are enlarge, cytoplasma empty net like wrink paper

2. 磷脂沉积症 Phosphatide lipoidosis　由于常染色体隐性遗传所致的髓鞘磷脂酶缺乏，使神经磷脂不能被水解而沉积于组织内所致，又称尼曼-皮克病（Niemann-Pick disease），或称神经磷脂沉积症（sphingomyelin lipidosis）。也可伴其他脂质贮积。本病主要累及肝、脾、骨髓及淋巴结等，在儿童也侵犯神经系统。临床主要表现为无症状性肝大。镜下：肝窦内和汇管区大量吞噬了脂质的巨噬细胞聚集，这些细胞体积大，胞质呈泡沫状，核小居中，称为 Pick 细胞，其中的脂质主要为磷脂。电镜下见 Pick 细胞内充满年轮样层状排列的球形包涵体。肝细胞内也可见脂质沉积，主要为中性脂肪及胆固醇。本病常发生于幼儿，预后不佳。

二、肝循环障碍性疾病 Circulatory Disorders of Liver

（一）门静脉阻塞 Portal venous obstruction

多由于肝、胰疾病，如肝硬化、肝癌、胰腺癌等压迫或侵袭肝内门静脉引起，化脓性腹膜炎、新生儿脐带感染等也会引起门静脉血栓形成或栓塞。门静脉完全而广泛的阻塞很少见。门静脉分支中的一支或多支阻塞可引起梗死（Zahn 梗死）。Zahn 梗死又称萎缩性红色梗死（atrophichemorrhagic infarct），为肝内少见的循环障碍性病变，以局部肝淤血为主，而不是真性梗死。肉眼：病变区呈圆形或长方形，暗红色，境界清楚。镜下：肝小叶中央区高度淤血并有出血；局部肝细胞萎缩坏死或消失；阻塞的门静脉周围可出现新吻合支。本病变对机体无大影响，病变恢复期偶可成为腹腔内出血的来源。

（二）肝静脉阻塞 Hepatic venous obstruction

一般分两类：一类是肝静脉或其主要分支和下腔静脉的阻塞，称 Budd-Chiari 综合征；另一类是肝内肝静脉小分支、小叶中央静脉和小叶下静脉的纤维性阻塞，称肝小静脉闭塞症（veno-occlusive disease）。

Budd-Chiari 综合征有原发性和继发性两种。原发性 Budd-Chiari 综合征见于先天性血管异常，如下腔静脉膜性阻塞所致的肝静脉阻塞。继发性 Budd-Chiari 综合征可由血液凝固性升高［如红细胞增多症（erythrocytosis）］、肝癌及腹腔肿瘤、腹部创伤及某些口服避孕药等引起的该段静脉血栓形成所致。病理变化主要为肝淤血、肝细胞萎缩、变性、坏死。此外，淤积于肝窦内的红细胞进入窦外压力较低的 Disse 间隙和萎缩的肝板内，表现为肝出血。随着时间的推移，可逐渐出现纤维化，肝细胞结节性再生，最终发展为淤血性肝硬化。

第十一节　原发性肝癌 Primary Carcimoma of Liver

原发性肝癌有三种类型：①肝细胞性肝癌，最常见，占所有原发性肝癌的 90% 以上；②肝内胆管癌，占不到 10%；③混合型原发性肝癌，具有肝细胞癌和胆管细胞癌两种成分，占不到 1%。肝细胞性肝癌和肝内胆管癌的病因、发病机制、病理形态和生物学特性均不相同。

> The liver is the most common site of metastatic cancers from primary tumors ofthe colon, lung, and breast. The main primary tumors are hepatocellular carcinoma (HCC) and cholangiocarcinoma; HCC is by far the most common. HCC is a common tumor in regions of Asia and Africa, and its incidence is increasing in the United States. The main etiologic agents for hepatocellular carcinoma are hepatitis B and C, alcoholic cirrhosis, hemochromatosis, and more rarely, tyrosinemia. In the Western population about 90% of hepatocellular carcinomas develop in cirrhotic livers; in Asia almost 50% of cases develop in noncirrhotic livers. The chronic inflammation and cellular regeneration associated with viral hepatitis may be predisposing factors for the development of carcinomas. Hepatocellular carcinomas may be unifocal or multifocal, tend to invade blood vessels, and recapitulate normal liver architecture to varying degrees.

一、肝细胞性肝癌 Hepatocellular Carcinoma（HCC）

原发性肝癌中 90% 为肝细胞性肝癌（HCC）是世界范围内最常见的恶性程度很高的肿瘤之一。HCC 有明显的地理分布，主要分布在亚洲太平洋沿岸及非洲的东南部地区。每年大约有 50 万～100 万的新发病例，这些高发区肝癌发病率一般在 30/10 万以上；而澳洲、欧洲、北美等地区属低发区，其发病率在 5/10 万以下。在莫桑比克 HCC 占到所有恶性肿瘤的 70%，塞内加尔为 67%，南部非洲的班图人为 50%，中国、印度、菲律宾为 20%。发病率较低的国家有：美国、加拿大、西欧，约占所有恶性肿瘤的 2%～3%。我国是世界上 HCC 的高发地区之一，其发生率约为 30.3/10 万，HCC 病例占世界总病例的 54%。我国 HCC 地理分布特点：沿海高于内地，东南和东北部高于西北、华北和西南部，沿海岛屿和大河口岸又高于沿海其他地区。高发地区气候具有温暖、潮湿、多雨的特点，而在云贵高原则属低发区。普遍认为 HCC 在我国有两大高发中心：江苏启东和广西扶绥，由于大规模的预防治疗措施，这些高发区的发病率有所下降；同时发现了另外一些高发地区，如广西，HCC 发病率超过 30/10 万就有 9 个县市。HCC 发病隐匿，早期无明显临床症状，发现时多已为晚期，死亡率高。在城乡之间，农村 HCC 死亡率略高于城市。我国每年约有 14 万人死于肝癌，占全世界肝癌死亡人数的 45%左右，并且死亡率呈明显的上升趋势。HCC 的发病率中男性明显多于女性。我国 HCC 愈是高发的地区男性与女性的比例愈大，低发地区 1∶1，而高发的地区 6∶1，男性和女性最高的肝癌平均报告死亡率分别为 78.01/10 万和 24.15/10 万，中位数分别为 23.33/10 万和 9.23/10 万，男性的死亡率高于女性。国外文献报道原发性 HCC 发病高峰在 60 岁。我国的 HCC 年龄组发病率从 30 岁组开始明显上升，至 45 岁组达高峰。肝癌各年龄组段死亡率也随年龄的增长而上升，到 30~44 岁组段最高。

(一) 病因和发病机制 Etiology and pathogenesis

目前认为 HCC 的发生与乙型肝炎病毒(HBV)感染、黄曲霉素及等因素有着密切的关系。

1. 肝炎病毒感染 Hepatitis viral infection 流行病学及病理学资料均表明 HBV 与 HCC 关系密切，其次为丙型肝炎。HCC 高发地区高达 60%~90%的肝癌患者有 HBV 感染。慢性 HBV 感染人群 HCC 的发病率是正常人群的 100 倍。目前认为 HBV 基因可随机整合到宿主的基因组中，整合了 HBV 基因序列的某个肝细胞克隆性扩增后形成 HCC。HBV 基因组编码的 HBx 蛋白能够与 p53 蛋白结合、使 p53 功能失活，还能激活有丝分裂原活化蛋白激酶(MAPK)、Janus 家族酪氨酸激酶(JAK)信号转导和转录激活因子通路(STATA)，活化原癌基因(proto-oncogene)，诱导 HCC 发生。HCV 可能通过其他途径促进 HCC 发生，HCV 在体内不断变异，具有直接的细胞毒作用，并与宿主介导的免疫损伤作用有关，反复再生的肝细胞可能不断积累细胞基因的突变，最终发生恶性转化。

2. 肝硬化 Liver cirrhosis 约 70%~90%的 HCC 发生在肝硬化的基础上，尤其是 HBV 感染引起的肝炎后肝硬化。肝硬化时肝细胞反复变性坏死和再生修复为细胞的基因损伤提供了条件。据统计一般肝硬化 7 年左右可发展成肝癌。

3. 黄曲霉毒素 B1 Aflatoxin B1 HCC 高发区恰恰位于温暖、潮湿的地理环境中，在那种环境中粮食作物(特别是玉米)、花生等易被黄曲霉菌及其所产生的毒素污染。动物实验也证明黄曲霉素具有很强的致肝癌作用。食物中黄曲霉毒素含量增高，尤其在慢性 HBV 感染的情况下，可使 HCC 的发生率增高 50 倍。黄曲霉毒素 B1 可特异性地引起 P53 基因第 249 密码子发生 G∶C 到 T∶A 的突变，导致 P53 蛋白的氨基酸序列改变，影响其抑癌作用。

4. 酒精 Alcohol 在西方国家酒精导致的肝损伤是慢性肝病和肝硬化的主要原因。男性每天酒精摄入量>80g、女性每天酒精摄入量>50g 足以导致肝硬化，而肝硬化又会促进 HCC 的发生。

5. 遗传易感性 Genetic predisposition 一些遗传性代谢性疾病可增加 HCC 的危险性。包括：糖原贮积症、α_1-抗胰蛋白酶缺乏、卟啉代谢性疾病、慢性胆汁淤积症和遗传性血色病等。

(二) 病理变化 Pathological changes

1. 大体形态 Grossly morphology HCC 可发生于肝脏的任何部位，由以右叶多见。单个或多个，局限性或弥漫性分布。参照中国肝癌病理协作组分类和卫生部《原发性肝癌诊疗规范(2011 年版)》HCC 的大体分型：①瘤体最大直径≤1.0cm 为微小癌；②1.1~3.0cm 为小肝癌；③3.1~5cm 为中肝癌；④5.1~10.0cm 为大肝癌；⑤>10.0cm 为巨块型肝癌；⑥全肝散在分布小癌灶(类似肝硬化结节)为弥漫型肝癌。

(1) 早期肝癌(小肝癌) Early stage liver cancer (small liver cancer)：指单个癌结节直径≤3cm 或两个癌结节体积总和≤3cm^{3}的原发性肝癌，包括微小癌和小肝癌。癌多呈球形；边界较清楚，常有包膜形成；切面癌组织呈灰白色，可有明显的纤维间隔，使其呈分叶状，出血及坏死少见。虽然多数早期肝癌表现出相对良性的生物学行为，但部分小肝癌甚至微小癌也可以出现侵袭性生长、分化差、微血管侵犯和卫星结节形成等恶性生物学行为，提示这类早期肝癌已较早进入恶性演进阶段。因此，临床上对≤3cm 小肝癌也应注意保留一定的手术切缘范围。

(2) 结节型 Nodular type：癌结节直径 3.1~10.0cm(分别为中肝癌和大肝癌)癌结节单个或多个，圆形或椭圆形，大小不等，散在分布，也可相互融合形成较大结节(图 8-29 A)。本型最多见，常伴有明显的肝硬化，肿瘤常侵入门静脉系统形成瘤栓。

(3) 巨块型 Massive type：肿瘤体积较大，单个或多个融合形成巨块，直径>10.0cm；边界清楚或不清，大多无包膜，少数可形成假包膜；切面肿瘤中心常有出血、坏死；肿瘤周围常有多少不等的卫星状癌结节(satellite nodules)(图 8-29 B)。本型不合并肝硬化或仅有轻度肝硬化。肝脏增大明显，重量常超过 2000g，甚至可达 4000g 以上。

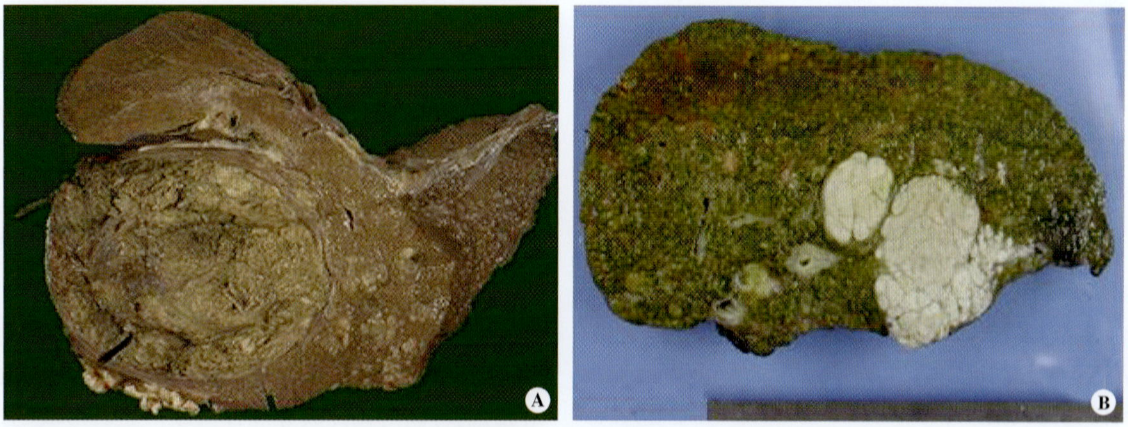

图 8-29　肝细胞性肝癌 Hepatocellular carcinoma

A. 巨块型，肿瘤巨大，右侧可见较小的卫星状癌结节；B. 结节型，发生于有硬化背景的肝脏 A. Massive type. The neoplasm is large and bulky. To the right of the main mass are smaller satellite nodules; B. Nodular type. Such liver cancers arise in the setting of cirrhosis

（4）弥漫型 Diffuse type：癌组织弥漫地浸润于肝实质，不形成明显肿块，形态上容易与肝硬化混淆，肝脏体积多无明显增大。此型较少见，仅占1%左右。

2. 组织学形态 Histologic morphology 　镜下HCC分化程度差异很大。即使在同一个癌结节中也可存在不同分化的区域。分化较好的HCC常保存正常肝组织的某些形态特征，癌细胞呈多角形，胞浆丰富，嗜酸性强；排列呈小梁状，常形成假腺样或腺泡样结构；癌组织富含血窦状裂隙；肿瘤间质稀少（图 8-30）。偶见间质丰富的，称为硬化性 HCC（cirrhotic HCC）。部分癌细胞胞浆内可见胆汁颗粒，毛细胆管中可见胆汁淤积。分化较差的肝细胞性肝癌多呈实性生长，很少形成血窦样裂隙；癌细胞核浆比增大，异型性明显，可出现形态怪异的多形性细胞、胞浆富含糖原或脂肪的透明细胞、排列成片巢状的小细胞或梭形的肉瘤样细胞等。此外，在肝内的门静脉分支中可见瘤栓。

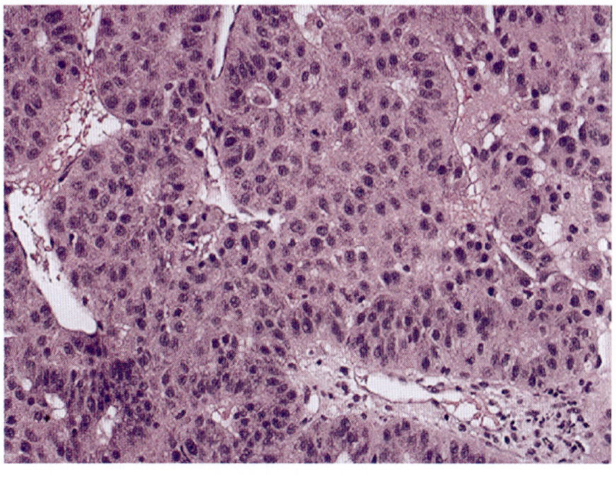

图 8-30　肝细胞肝癌 Hepatocellular carcinoma

肿瘤细胞形成肝索样结构，但宽度远大于单排细胞厚度的正常肝板；正常肝小叶结构消失 Note that this hepatocellular carcinoma is composed of liver cords that are much wider than the normal liver plate that is one cell thick. There is no discernable normal lobular architecture

（三）扩散和转移 Extention and metastasis

HCC首先在肝内直接蔓延，沿门静脉分支播散、转移，使得肝内出现多个癌结节；瘤细胞还常逆行转移到门静脉主干，形成瘤栓，可导致门静脉高压。肝外转移可通过淋巴道，累及肝门淋巴结、上腹部淋巴结和腹膜后淋巴结，甚至到达主动脉旁淋巴结和锁骨上淋巴结。晚期可通过肝静脉转移至肺、肾上腺、脑及肾等处。侵及肝脏表面的癌细胞一旦脱落进入腹腔可形成腹膜的种植性转移。

（四）临床病理联系 Clinicopathological relations

HCC患者多有肝硬化病史，临床上常表现为进行性消瘦、肝区疼痛、黄疸、腹水，合并肿瘤时，肝脏体积迅速增大，肝区疼痛加剧。HCC最突出的生物学特征是癌细胞可分泌甲胎蛋白（AFP）。在高发区，超过75%的HCC患者血清AFP升高，通常高出正常含量的100倍以上，血清AFP水平已成为HCC早期诊断的重要指标。由于肝癌细胞产生某些异位激素，患者还可出现低血糖、红细胞增多症、高钙血症和类癌综合征（carcinoid syndrom）等。HCC病程一般较短，多在半年左右。其死因多为上消化道出血、肝衰竭、肿瘤破裂大出血和恶病质。近年来，我国通过检测AFP对高危人群进行HCC的普查，发现了不少无症状的早期HCC患者，大大提高了手术疗效，5年生存率可达70%。

二、肝内胆管癌

Intrahepatic Cholangiocarcinoma

一般发生在老人，男性和女性的发病率无差别。在我国南方、香港、泰国和日本等地区因肝内寄生虫感染多见而发病率较高。相关的发病因素有:肝内寄生虫尤其是华支睾吸虫、肝内胆管结石、原发性硬化性胆管炎和胆管造影剂二氧化钍等,但与HBV感染和肝硬化无关。临床上主要表现为全身无力、腹痛、消瘦,如肿瘤侵及肝门部胆管,则出现梗阻性黄疸(obstructive jaundice)。

(一)病理变化 Pathological changes

参照中国肝癌病理协作组分类和卫生部《原发性肝癌诊疗规范(2011年版)》肝内胆管癌的大体类型:①结节型、②管周浸润型 和③管内生长型。肿瘤多为单个肿块,灰白色,质地坚实,切面可见丰富的纤维结缔组织,癌组织向周围不规则浸润。有时胆管内可见结石或寄生虫。镜下:多为不同分化程度的腺癌。癌细胞呈立方形或低柱状,形成腺腔样结构,或呈实性条索状,肿瘤间质丰富,为致密的胶原纤维(图8-31)。该肿瘤需与转移性腺癌(metastatic adenocarcinoma)鉴别。

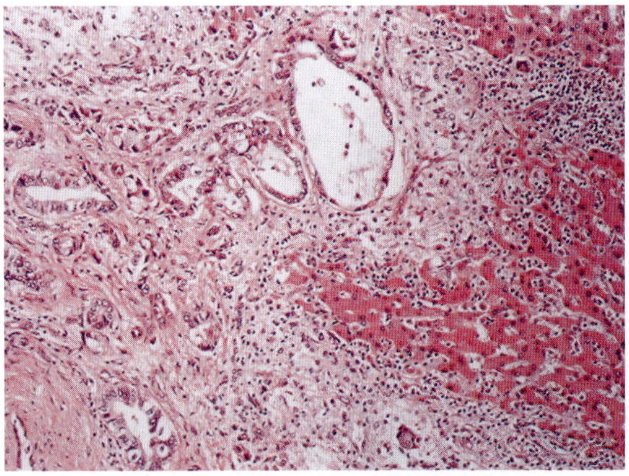

图8-31 胆管癌 Cholangiocarcinoma
可见孤立的异型腺体伴促结缔组织反应 There are islands of atypical glands with desmoplastic reaction

(二)扩散和转移 Diffusion and metastasis

癌细胞可直接侵及汇管区、汇管区血管和神经,可循淋巴回流途径在肝内转移或转移至局部淋巴结,肝内门静脉瘤栓很少见。晚期可经血道转移至肺、骨、肾上腺和脑等脏器。

第十二节 胆道和胆囊的疾病 Diseases of Biliary Tract and Gallbladder

一、胆 石 症 Cholelithiasis

在胆道系统中,胆汁的某些成分(胆色素、胆固醇、黏液物质和钙等)在各种因素作用下析出、凝集形成结石。发生于各级胆管的结石称为胆管结石(cholangiticstone),发生于胆囊内的结石称为胆囊结石(gallbladder stone),统称胆石症(cholelithiasis)。任何人群均可发生,多见于曾多次生育、肥胖的中年妇女。

(一)病因和发病机制 Etiology and pathogenesis

胆结石的化学成分变化很大,其基本成分是胆固醇、胆红素钙和碳酸钙。它既可由其中一种成分单独组成,也可以由几种成分混合构成。胆石形成的过程一般分为三个阶段:①胆汁饱和或过饱和;②起始核心的形成;③逐渐形成结石。

胆结石的形成往往是多种理化因素共同作用的结果。

1. 胆汁理化性状的改变 Alteredphysical and chemicalcharacters of bile 这是最主要的原因。正常胆汁中的胆红素多与葡萄糖醛酸结合成酯类而不游离。游离胆红素过多可与胆汁中的钙结合形成不溶性的胆红素钙而析出。肝细胞过多分泌的游离胆红素或大肠杆菌等肠道细菌中的葡萄糖醛酸酶分解胆汁中的结合胆红素形成游离胆红素时均可使得胆汁中的游离胆红素浓度大大增高。因此在溶血性贫血(hemolytic anemia)、胆道感染(infection of biliary tract)时易形成胆红素结石。而长期高脂、高热量饮食,胆汁中胆固醇含量过多呈过饱和状态则易析出形成胆固醇结石;某些肠疾病时胆盐丢失也可促进胆固醇的析出形成结石。

2. 胆汁淤滞 Cholestatis 胆汁中水分被过多吸收浓缩,导致胆色素浓度增高、胆固醇过饱和而促使胆结石形成。胆汁淤积还有利于细菌在胆道繁殖,引起感染。

3. 细菌感染 Bacterial infection 胆道感染时的急性炎性渗出和慢性期的纤维增生可使胆道壁增厚、胆道痉挛从而引起胆汁淤滞。炎症时渗出的细胞或脱落上皮细胞、蛔虫残体或虫卵等也可作为结石的核心,促使胆石形成。

(二)胆石的种类和特点 The types and features of gallstones

1. 色素性胆石 Pigment stone 其主要成分是胆红素钙,可含少量胆固醇;常为多个,呈泥沙样或沙砾状,直径1~10mm,一般不超过15mm。多见于肝内外胆管(图8-32A)。

2. 胆固醇性胆石 Cholesterol stone 主要成分是胆固醇;常为单个,体积较大,直径1~3cm;圆形或椭圆形，切面呈放射状；多见于胆囊内（图 8-32B）。

3. 混合性胆石 Mixed stone 由两种以上主要成分构成，以胆红素为主的混合性胆石在我国最多见，结石大小数目不等，常为多个，多为多面体，有多种颜色；外层常很硬，切面分层。多发生于胆囊或较大胆管内。

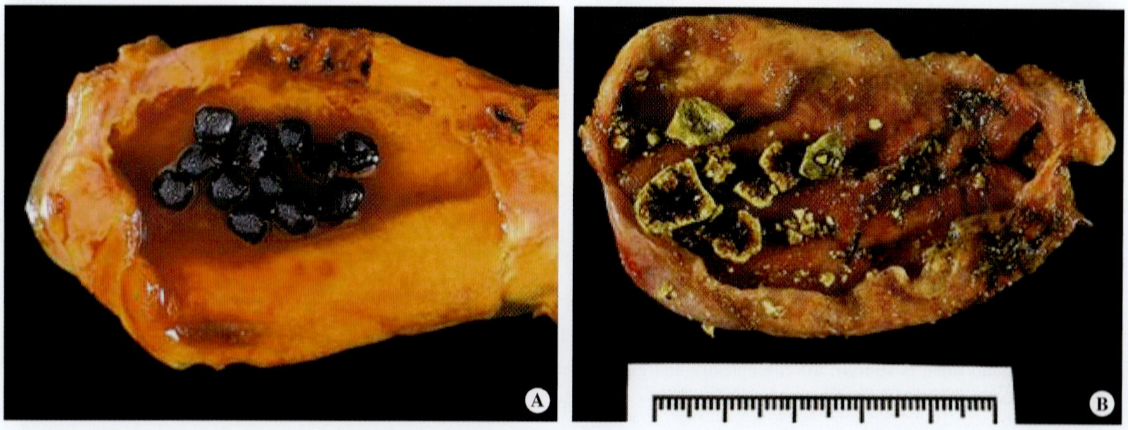

图 8-32 胆结石（腹腔镜胆囊切除术标本）Gallstones（laparoscopic cholecystectomy specimens）

A. 色素性胆石，可见数枚沙砾样黑色胆结石，胆囊无明显病变；B. 胆固醇性胆石，数枚胆固醇性胆石碎裂露出结石内部沉着的胆色素。由于急性或慢性胆囊炎，胆囊壁发红、毛糙 A. Pigmented gallstones. Several faceted black gallstones are present in this otherwise unremarkable gallbladder; B. Cholesterol gallstones. Mechanical manipulation has caused fragmentation of several cholesterol gallstones, revealing interiors that are pigmented because of entrapped bile pigments. The gallbladder mucosa is reddened and irregular as a result of coexistent acute and chronic cholecystitis

（三）临床特征 Clinical features

部分胆石症可长期无症状。大多数胆结石伴有慢性胆囊炎、胆管炎，还可诱发急性胰腺炎。若胆囊内的结石进入胆囊管或胆管，造成胆道梗阻，则可发生胆绞痛并引起阻塞性黄疸。此外，结石对胆囊癌的发生可能也有一定的促进作用。

二、胆管炎和胆囊炎 Cholangitis and Cholecystitis

胆道炎症主要累及胆管的称为胆管炎（cholangitis），主要累及胆囊的称为胆囊炎（cholecystitis），两者又可分为急性和慢性两种类型。

（一）病因和发病机制 Etiology and pathogenesis

大多伴有胆石症。胆汁淤积导致胆管、胆囊壁血液循环和淋巴回流障碍，胆汁理化性质改变可造成胆道黏膜化学性损害，这些因素均有利于细菌的入侵和繁殖，是胆道炎症发生的基础。治疗不当或机体抵抗力下降时，急性炎症反复发作，导致慢性炎症。炎症主要由大肠杆菌、葡萄球菌等引起，这些细菌可能来源于淋巴道或血道，也可能由肠腔经十二指肠乳头逆行进入胆道。

（二）病理变化 Pathological changes

1. 急性胆管炎和胆囊炎 Acute cholangitis and cholecystitis 黏膜充血水肿，上皮细胞变性、坏死脱落，管壁内不同程度的中性粒细胞浸润。如治疗不及时，病变可继续发展成为蜂窝织炎性胆囊炎，胆囊壁全层可见中性粒细胞浸润，浆膜面常有纤维素脓性渗出物覆盖。如胆囊管阻塞，可引起胆囊积脓（empyema of gallbladder）。如因痉挛、水肿、阻塞及淤胆等因素导致胆管或胆囊壁发生严重的血液循环障碍时，可出现坏疽，形成坏疽性胆囊炎（gangrenous cholecystitis），甚至穿孔，引起胆汁性腹膜炎（biliary peritonitis）。胆囊和胆管内常可见胆结石。

2. 慢性胆管炎和胆囊炎 Chronic cholangitis and cholecystitis 多由急性胆道炎症反复发作迁延所致。此时胆管壁和胆囊壁因纤维化而增厚、变硬。偶尔伴有弥漫性钙化，称“瓷性胆囊”（porcelain gallbladder）。浆膜面与周围脏器发生纤维素粘连，胆囊腔变小常含有结石，有时黏膜皱襞有局部溃疡（图 8-33A）。镜下，胆管及胆囊黏膜多发生萎缩，各层组织中均有淋巴细胞、单核细胞浸润并伴明显纤维化（图 8-33B）。肌层肥厚、腺体深陷入胆囊肌层内称为罗-阿氏（Rokitansky-Aschoff，RA）窦，有时很多 RA 窦形成所谓腺性胆囊炎。有时因 RA 窦内胆固醇结晶沉着而诱发异物巨细胞反应，大量慢性炎细胞，泡沫状组织细胞和增生的纤维细胞构成黄色肉芽肿性胆囊炎（Xanthogranulomatous choleystitis）。有时胆囊壁上出现含有中性脂肪和脂褐素（蜡质）的巨噬细胞弥漫或结节状集聚，形成蜡样肉芽肿（ceroid granuloma）。

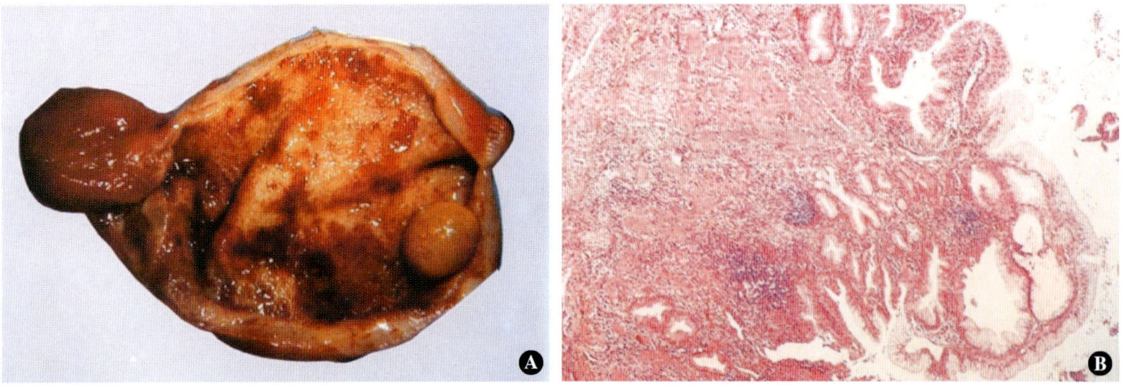

图 8-33 慢性胆囊炎 Chronic cholecystitis

A. 囊壁增厚,黏膜溃疡,出血,可见有胆石;B. 囊壁增厚,纤维化和炎症细胞浸润 A. Note thickening of wall and mucosal ulcertion and himorrhage. A round stone is seen; B. Microscopically, the gallbladder shows subepithelial fibrosis and inflammatory cell inflltration in the thickened wall

(三)临床特征 Clinical features

急性胆道炎症症状明显,可有持续性右上腹疼痛,常放射至右肩,如结石嵌顿,则出现绞痛或轻度黄疸。部分患者可扪及肿大的胆囊。慢性胆道炎症的症状往往不典型,表现为非特异性上腹痛或右肋下疼痛,恶心、呕吐,不能耐受脂肪餐等。

三、肝外胆管癌与胆囊癌 Extrahepatic Cholangiocarcinoma and Gallbladder Carcinoma

1. 肝外胆管癌 Extrahepatic Cholangiocarcinoma 简称胆管癌(bile duct carcinoma, cholangiocarcinoma),男女发生率相同、平均年龄 60 岁,大约 90% 的患者出现黄疸。伴有溃疡性结肠炎、硬化性胆管炎、肝吸虫感染及各种肝内胆管和肝外胆管先天异常如先天性胆管扩张(包括胆总管囊肿)、Caroli 病、先天性肝纤维化、多囊性疾病以及异常胰胆总管连接的患者胆管癌发生率增加。肿瘤的临床分期、生长部位、组织学分级和组织学分型是最重要的预后指标。胆管癌总体生存率是 10%。

(1)病理变化

肉眼:肿瘤可以发生在胆道系统的任何部位,包括左右肝管、总肝管、胆囊管和胆总管。胆管癌可以呈息肉样和表浅性生长,但是大多数是结节状或硬化性,伴有胆管壁的深部浸润。偶尔,胆管癌呈多中心生长和(或)伴有胆囊癌。发生在胆道上 1/3 的肿瘤常直接侵犯肝。局部和胰腺周围淋巴结转移也是常见的,最常受累的淋巴结是肝十二指肠韧带下部周围、胰十二指肠后上和肠系膜上动脉组淋巴结。

镜下:绝大部分胆管癌是高分化、分泌黏液的腺癌。胆管较远端的肿瘤表面可呈乳头状(图 8-34)。肿瘤细胞可以分化很好,甚至在其转移的部位也同样分化很好,以至于很难判定其为恶性。同一腺体中肿瘤细胞的不均一性,核浆比例增加,核仁明显、间质及周围神经侵犯,以及肿瘤性腺体周围富于细胞的间质呈同心团排列是最重要的鉴别诊断特征。外观正常细胞与具有大核和明显核仁的细胞并存是特别重要的诊断线索。但正常见于胆管壁被称作 Beale 腔周小囊的丛状小腺泡不应误判为癌浸润。

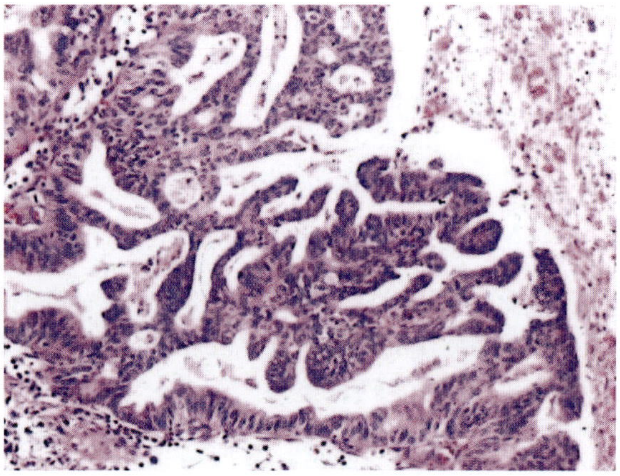

图 8-34 胆管癌 cholangiocarcinoma

胆管高分化乳头状腺癌 Well differentiated papillary adnorcarcinoma of bile duct

(2)除了这些形态学特征以外,胆管癌的黏液样物质和 CEA 表达、邻近上皮的化生及非典型增生以及偶见鳞状化生,透明细胞改变,或神经内分泌特征(包括小细胞癌)均与胆囊癌相似。

胆管癌的一个较为特殊的变型是硬化性胆管癌(Altemeier-Klatskin 瘤)。肿瘤开始于肝管连接处、并蔓延至一长段胆管树。其特征是临床病程长,显微镜下肿瘤组织分化好并伴广泛纤维化。放射学及病理学主要应与硬化性胆管炎进行鉴别诊断。某些硬化性胆管癌很可能就是发生于硬化性胆管炎的基础上，这就是两种疾病极为相似的原因。

2. 胆囊癌 Gallbladder carcinoma 较常见于女性(女:男为 3~4:1)，90% 以上病人诊断时≥50 岁其症状和体征无特异性，CT 和 B 超有助于诊断。一些拉丁美洲国家比美国更常见。在美国，病例集中在西南部、中北部和阿巴拉契亚山脉地区。美国印第安人胆囊癌发生率高，欧洲血统的白人相对较低，而黑人罕见。在欧洲，德国及其周围国家发生率很高。地中海国家发生率低，英国发生率亦低且逐步下降。胆囊癌和胆石症之间在流行病学上有明显平行关系。

(1) 病理变化

肉眼：胆囊癌可以呈弥漫性生长(70%)(图 8-35A)或息肉样或菜花状(30%)(图 8-35B)，灰白色。当呈弥漫性生长时，大体上很难与慢性胆囊炎鉴别。伴有癌的胆囊通常也有结石，并且胆囊壁呈明显的纤维化。后者可以是对肿瘤的反应，也可以是过去存在胆囊炎的表现。

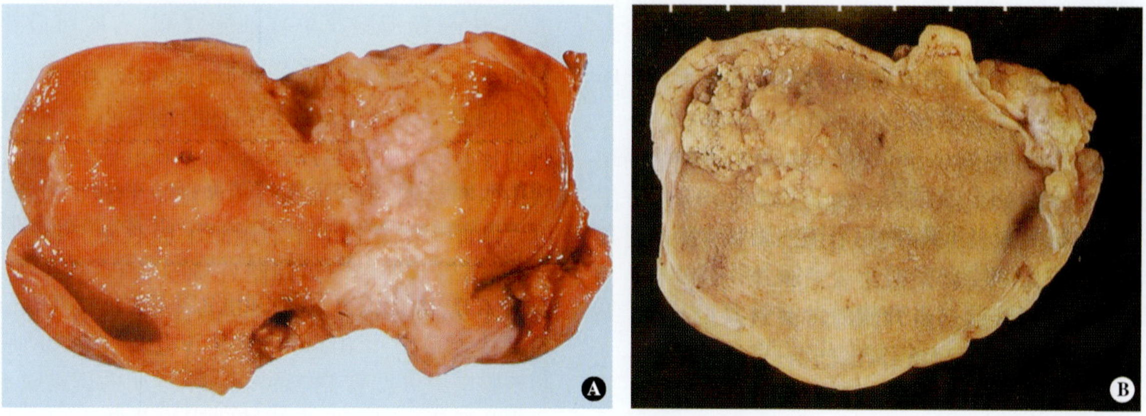

图 8-35 胆囊癌 carcinoma of the gallbladder

A. 浸润性胆囊癌；B. 胆囊底部癌呈菜花状肿块 A. Infiltrating type of gallbladder carcinoma; B. Cauliflower-like masses in the fundus

镜下：大多数胆囊癌是不同分化程度的腺癌。多数病例表面呈乳头状，但它们也可以有深部侵犯。大多数病例具有胰胆管腺癌常见的形态表现-腺体形态很好，腺腔宽广，腺腔被覆一层或几层高度非典型的立方细胞，腺体周围富于细胞的间质常常呈同心圆状排列。其特征似乎是腺体结构分化良好，而细胞分化较差(图 8-36A)。细胞和腺腔中常有黏液，少见情况下细胞外的黏液可发生钙化或肿瘤浸润神经(图 8-36B)。

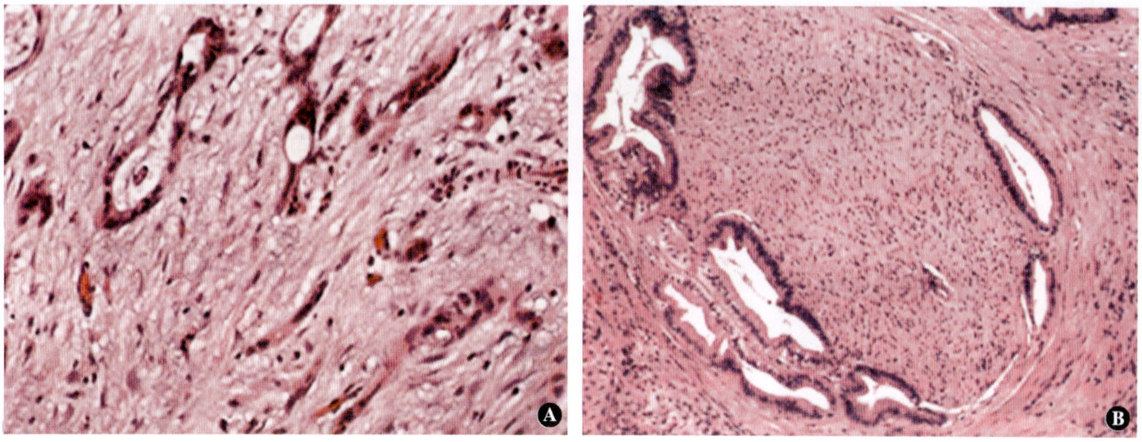

图 8-36 胆囊癌

A. 非典型的腺体伴间质促结缔组织增生反应；B. 癌神经侵犯 A. Atypic glands with desmoplastic reaction; B. Carcinoma cells infiltrated nerve fibron

胆囊腺癌可以出现不同程度的鳞状上皮化生，根据鳞状上皮分化的好坏分别诊断为腺棘皮瘤(adenoacanthoma)和腺鳞癌(adenosquamous carcinoma)。纯粹的鳞状细胞癌罕见。透明细胞癌和印戒细胞癌罕见。常见肠上皮化生，可形成肠型腺癌。

胆囊未分化(间变型、多形性、梭形、肉瘤样)癌具有不同的形态表现(巨细胞、梭形细胞)，其中多数与肉瘤十分相似。癌和肉瘤样成分呈双相分化和

(或)显示有特殊的间叶分化(即横纹肌母细胞)时被称作恶性混合性肿瘤和癌肉瘤。但现在的证据提示肉瘤样成分也是由上皮衍化而来。在特殊的病例中,胆囊腺癌或腺鳞癌中见破骨细胞样巨细胞,与胰腺腺癌中较常见的破骨细胞样巨细胞类似。某些胆囊腺癌中有绒毛膜癌样区域。小细胞癌是高度恶性的神经内分泌癌常有坏死。

(2) 浸润与转移:胆囊癌明显倾向于直接侵犯肝,较少扩展到胃和十二指肠。它也经常转移到肝、小网膜内胆总管周围淋巴结及十二指肠起始部后面的淋巴结。几乎一半的患者在外科手术时就已经有了转移。胆囊癌发生卵巢转移时其形态可类似于卵巢原发肿瘤。

(3) 预后:与肿瘤类型和分期有关。乳头状癌预后较好,巨细胞癌预后较差。胆囊癌的主要治疗方法是外科手术。手术以后的辅助化疗或放疗可以延长生存期。

第十三节 胰腺炎与胰腺癌
Pancreatitis and Pancreatic Carcinoma

一、急性胰腺炎
Acute Pancreatitis

胰腺炎指各种原因引起胰腺酶类异常激活导致胰腺自身消化(autodigestion)所造成的胰腺炎症性疾病。按病程分为急性和慢性胰腺炎。急性胰腺炎好发于中年男性、暴饮暴食之后或胆道疾病后。临床上以急性腹痛起病,伴血尿胰淀粉酶(pancreatic amylase)升高。

(一) 病理变化 Pathological changes

按病理形态和病变的严重程度,急性胰腺炎又分为急性水肿性(间质性)和急性出血坏死性两种类型。

1. 急性水肿性胰腺炎 Acute edematous pancreatitis 较多见,为早期或轻型急性胰腺炎。肉眼:病变多局限在胰尾,胰腺肿大,变硬。镜下:间质充血水肿;中性粒细胞及单核细胞浸润;有时可发生局限性脂肪坏死;无出血。腹膜腔可有少量渗出液。本型预后较好,仅少数病例可转变为急性出血性胰腺炎。

2. 急性出血坏死性胰腺炎 Acute hemorrhagic-necrotizing pancreatitis 较少见,发病急骤,病情危重,以胰腺广泛出血坏死为特征,仅伴轻度炎症反应。

肉眼:胰腺肿大,质软,无光泽暗红色,切面分叶状结构模糊,广泛出血(图 8-37A)。胰腺、大网膜及肠系膜周围可见散在的黄白色、不透明的斑点或小灶状脂肪坏死。因中性脂肪被胰脂酶分解为甘油及脂肪酸,脂肪酸与组织液中的钙离子结合形成不溶性的钙皂(calcium soap)(图 8-37B)。

镜下:胰腺内外的脂肪组织大片坏死(图 8-37C),细胞结构不清;间质小血管壁坏死,伴大片出血;坏死胰腺组织周边,可见轻度炎细胞浸润。患者如能度过急性期,则炎性渗出及出血可逐渐被吸收,局部纤维化而痊愈,或转为慢性胰腺炎。

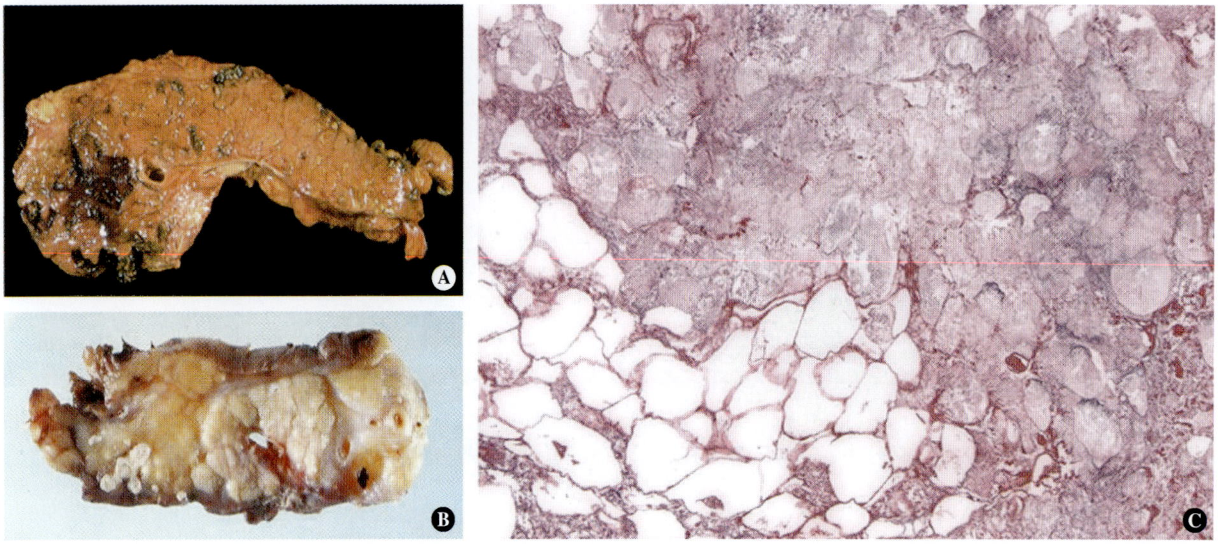

图 8-37 急性胰腺炎 Acute pancreatitis

A. 胰腺沿长轴剖开,胰腺实质中可见黑色出血区;B. 在胰腺周局灶性脂肪组织坏死(钙皂);C. 镜下胰腺脂肪坏死(左)和胰腺实质坏死(右)A. The pancreas has been sectioned longitudinally to reveal dark areas of hemorrhage;B. Focal area of pale fat necrosis in the peripancreatic fat(calcium soap);C. The microscopic field shows a region of fat necrosis (right),and focal pancreatic parenchymal necrosis (right)

（二）临床特征 Clinical features

1. 腹膜炎 由于胰腺急性坏死，胰酶外溢，刺激腹膜可引起特征性的急性上腹部疼痛，疼痛可向背部放射。

2. 休克 是急性出血坏死性胰腺炎常见的症状，原因复杂，主要与胰腺广泛坏死出血、蛋白质分解导致机体中毒以及血管扩张因子如缓激肽、前列腺素等的释放有关。同时剧烈疼痛和电解质紊乱可引起休克。

3. 酶含量改变 外溢的胰液中所含的大量淀粉酶及脂肪酶可被吸收入血并经尿液排出，临床常规检测患者血及尿中的淀粉酶和脂肪酶，若含量升高有助于胰腺炎的诊断。

4. 血清离子改变 由于胰腺炎时胰岛A细胞细胞受刺激分泌胰高血糖素，促进甲状腺分泌降钙素，抑制了钙从骨质游离，导致钙皂形成时消耗的钙得不到补充，故血钙水平下降；由于持续呕吐，钾和钠丢失，患者血清中钾和钠离子的水平常下降。

急性出血坏死性胰腺炎死亡率高达10%～20%，死因常为休克（shock）、继发腹腔化脓性感染（pyogenic infection）或成人呼吸窘迫综合征（adultrespiratory embarrassment syndrome）。

二、慢性胰腺炎 Chronic Pancreatitis

由反复发作的轻度胰腺炎症迁延而来。患者常伴胆道系统疾病，糖尿病或慢性酒精中毒。形态上可分慢性阻塞性胰腺炎（chronic obstructive pancreatitis）和慢性钙化性胰腺炎（chronic calcifyingpancreatitis）两型。

肉眼：胰腺呈结节状萎缩，灰白色，质地较硬，与周围组织分界不清；切面分叶不清，弥漫性纤维化（图8-38A），大小胰腺导管扩张，管内偶见结石形成；有时可见灶状坏死，或被纤维组织包裹的假性囊肿（pseudocyst）。

镜下：胰腺腺泡萎缩，间质广泛纤维化，淋巴细胞、浆细胞浸润。胰腺导管扩张（图8-38B），腔内充满嗜酸性物质——蛋白质丰富的分泌物，可有钙化。导管上皮受压变扁、增生或鳞化。由于外分泌部萎缩，内分泌部相对集中。

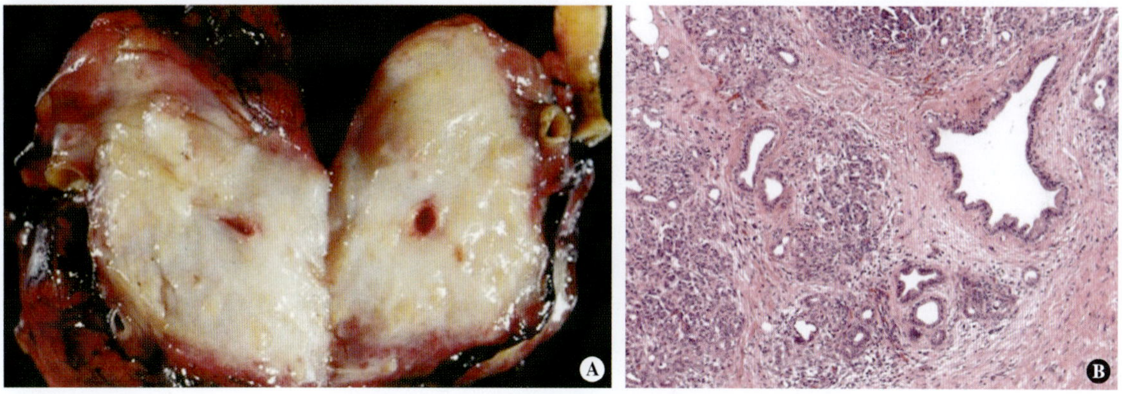

图8-38 慢性胰腺炎 Chronic Pancreatitis

A. 胰腺切面分叶不清，大小导管均呈不同程度的扩张；B. 导管上皮增生，间质弥漫性纤维组织增生和淋巴细胞、浆细胞浸润 A. The sectioned pancreas reveal unclear lobules with duct dilatation and fibrosis; B. The epithelial of duct proliferate with dysmoplasia and chronic inflammation cells infiltration

慢性胰腺炎的预后与病因有关。酗酒者如戒酒，则能大大改善预后，10年存活率80%以上；若继续酗酒，则10年存活率仅为25%～60%。慢性胰腺炎合并假囊肿或假动脉瘤形成，可造成急性出血。脂肪坏死见于皮下、纵隔、胸膜、心包、骨髓、关节旁和肝等。

三、胰 腺 癌 Pancreatic Carcinoma

胰腺癌是起源于胰腺外分泌部的恶性肿瘤，由于诊治困难，预后差，在西方国家占恶性肿瘤死亡的第四位。我国约占人体恶性肿瘤的1%，但近年有增多的趋势。患者年龄多在60～80岁，男性略高于女性，与接触萘胺、联苯胺等化学物质及吸烟有关（吸烟可使癌风险加倍）。一些家族性综合征也与其发病有关，如有BRCA-2生殖细胞突变的家族性乳腺癌、有P16基因生殖细胞突变的家族性非典型多发性黑色素瘤综合征等。约90%患者出现K-ras基因点突变，此外还可以有c-myc过表达和p53基因突变。

（一）病理变化 Pathological changes

胰腺癌可发生于胰腺头部（60%～70%）、体部

(15%)、尾部(5%)或累及整个胰腺。

肉眼:癌组织质硬、结节状,突出于胰腺表面或埋藏于胰腺内,无法由胰腺外观上看出,不深部取材难以确诊。切面灰白或黄白色,可伴出血坏死;癌周组织常见硬化,剖腹探查时难以与慢性胰腺炎鉴别。

镜下:60%~80%为导管腺癌(图8-39),其次为囊腺癌、黏液癌及实性癌,较少见的类型包括未分化癌、胶样癌、髓样癌、鳞状细胞癌或腺鳞癌等。

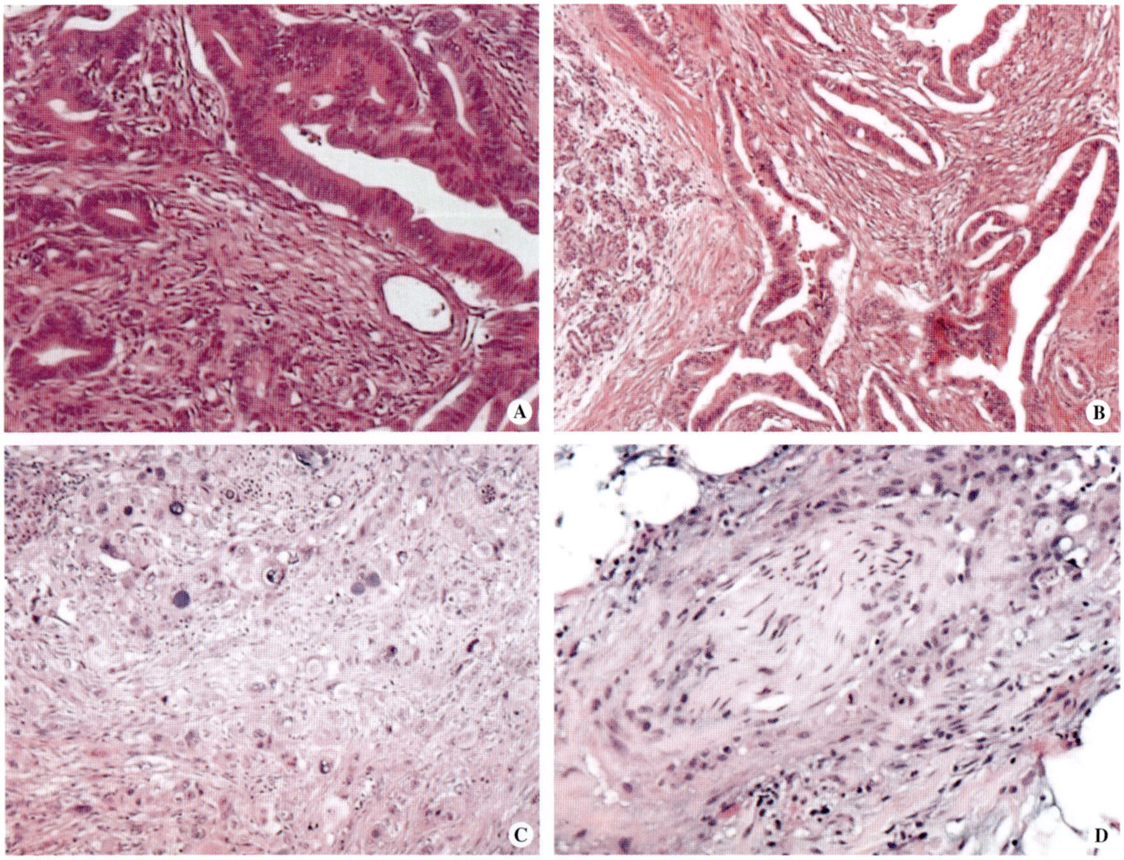

图8-39 胰腺导管腺癌 Pancreatic Carcinoma

A. 高分化 welldifferentiation;B. 中分化 moder differentiation;C. 低分化 lower differentiation;D. 胰腺癌神经周围浸润 Carcinoma cells infiltrated in perinerve fibron

(二)扩散和转移 Extention and metastasis

胰头癌远处转移较少,早期常浸润胰内胆总管、胰管及邻近组织器官,稍后即转移至胰头旁及胆总管旁淋巴结,晚期可经门静脉转移至肝。胰体、尾部癌易侵入血管,尤其是脾静脉而易于发生远处转移,常见的转移部位有肝、肺、骨等。体尾部癌常伴有多发性静脉血栓形成。

(三)临床特征 Clinical features

胰腺癌临床过程隐匿,不易早期发现,主要表现为体重下降、腹痛、背痛、恶心、呕吐、乏力等。胰头癌早期局部浸润使得胆总管、胰管管腔狭窄甚至闭塞,临床表现为进行性无痛性黄疸。胰体尾部癌则易侵入腹腔神经丛而发生的深部刺痛,或因侵入门静脉而产生腹水,或因压迫脾静脉而发生脾大。此外,胰腺癌,尤其是体尾部癌易合并多发性静脉血栓形成和非细菌性血栓性心内膜炎(nonbacterial thrombotic endocarditis)。由于胰腺癌很难早期发现和治疗,患者常在1年内死亡,5年存活率不足2%。近年来,随着细针穿刺活检更广泛的应用和影像学技术的发展,早期诊断胰腺癌已成为可能。

病例讨论

病史摘要：

患者，男，47岁，农民。水肿、腹胀3个月，近1周加重。现病史：患者于四年前罹患肝炎，屡经治疗，反复多次发病。近两年全身疲乏，不能参加劳动，并有下肢水肿。近三月腹部逐渐膨胀，一周前因过度劳累同时大量饮酒，腹胀加重。患者食欲不振，大便溏泄，每日3~4次，小便量少而黄。

既往史：患者常年嗜酒，除四年前罹患肝炎外无其他疾病。

体格检查：面色萎黄，巩膜及皮肤轻度黄染，颈部两处有蜘蛛痣，心肺未见异常，腹部膨隆，腹围93cm，有中等量腹水，腹壁静脉曲张，肝脏于肋缘下未触及，脾大在左肋缘下1.5cm。下肢有轻度水肿（图8-27）。

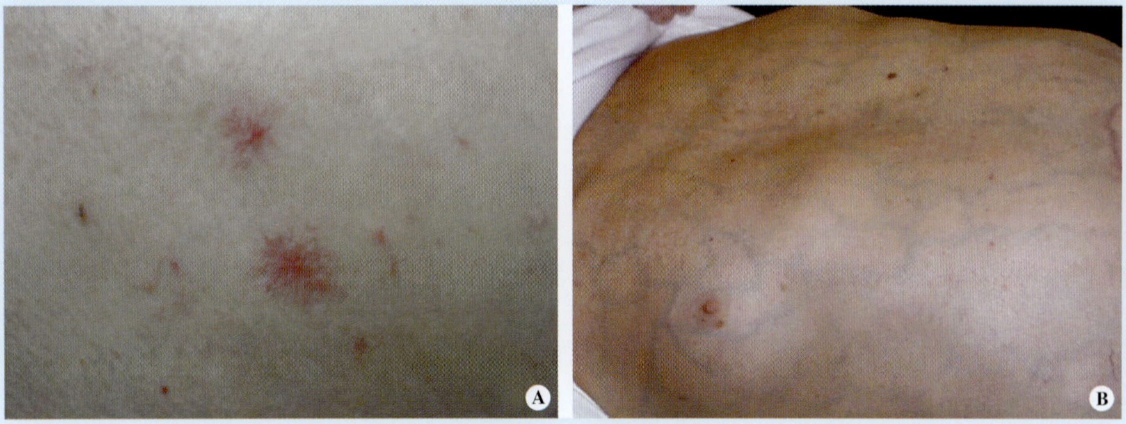

图8-40　患者体征图

实验室检查：红细胞3.27×10^{12}/L，血红蛋白70g/L；血清总蛋白52.3g/L，白蛋白24.2g/L，球蛋白28.1g/L；黄疸指数18单位，丙氨酸氨基转移酶102单位。

X线：食管静脉造影提示食管下段静脉曲张。

临床诊断：肝硬化（失代偿期）。

思考题

1. 你是否同意本病的诊断？为什么？
2. 病人为什么会出现腹壁静脉和食管下段静脉曲张？请用病理学知识解释。
3. 本例患者的黄疸、腹水、水肿、脾大怎么产生的？
4. 本例患者肝脏可能出现哪些大体和镜下改变？
5. 本例患者疾病的转归如何？

（季菊玲　陈　莉）

第 9 章 造血淋巴系统疾病

Disorders of Hematopoietic and Lymphoid System

Outline

Disorders of the hematopoietic and lymphoid systems encompass a wide range of diseases that are traditionally sorted into disorders that primarily affect red cells, white cells, or the hemostatic system. White cell disorders share most often caused by excess proliferation, which usually has a neoplastic basis. Other levels of interplay and complexity stem from the dispersed nature of the lymphohematopoietic system, which is not confined to a single anatomic site. When considering hematopoietic disorders, it is important to remember that both normal and malignant lymphoid and hematopoietic cells "traffic" between various compartments. Hence, a patient who is diagnosed by lymph node biopsy to have a malignant lymphoma may also be found to have neoplastic lymphocytes in the bone marrow and blood. The malignant lymphoid cells in the marrow may suppress hematopoiesis, giving rise to cytopenias, and the further seeding of tumor cells to the liver and spleen may cause organomegaly. Thus, in both benign and malignant hematolymphoid disorders, a single underlying abnormality can result in diverse, systemic manifestations.

造血淋巴系统由髓样组织(myeloid tissues)和淋巴样组织(lymphoid tissues)两个部分构成。髓样组织是具有造血功能的骨髓组织以及从骨髓中释放入血液的各种血细胞(如红细胞、粒细胞、单核细胞、淋巴细胞和血小板等)的总称。淋巴样组织则包含胸腺、脾脏、扁桃体、淋巴结等器官以及在人体内广泛分布的固有性或获得性淋巴组织,主要成分均为来自血液的各种淋巴细胞。胚胎时肝脏、脾脏、骨髓、淋巴结等都参与造血过程,出生后主要由骨髓造血。在疾病或骨髓代偿功能不足时,肝、脾、淋巴结可恢复造血功能,称为髓外造血(extramedullaryhemopoiesis)。

常见的造血淋巴系统疾病可简单地划分成两大类。一类由血细胞减少所引发,如贫血(anemia)、白细胞减少症(leukopenias)和血小板减少症(thrombocytopenia)等。另一类疾病的主要特征为血细胞数量增加,主要是肿瘤性疾病,包括淋巴组织肿瘤、髓系肿瘤和组织细胞树突状细胞肿瘤等;还有一些是以淋巴组织增生为主要表现的非肿瘤性疾病,笼统地称为淋巴结反应性病变(Reactive Lesions of Lymph Nodes),属于淋巴结的良性病变。

第一节 淋巴结良性病变

Benign Lesions of Lymph Nodes

淋巴结是机体重要的外周免疫器官。淋巴结内,经吞噬细胞处理的各种抗原被递呈给淋巴细胞,由此诱导体液免疫和细胞免疫反应的发生。在此过程中,处于淋巴结不同区域内的 B 细胞、T 细胞和组织细胞呈现不同程度的反应性增生,最终可导致淋巴结肿大。临床上,这类反应性病变常常需要通过淋巴结活检来确定病因并排除肿瘤性病变。

淋巴结良性病变大致可划分成三类：淋巴结反应性增生(reactive hyperplasia)、淋巴结各种特殊感染和原因不明的淋巴结增生性疾病，如巨大淋巴结增殖症(又称 Castleman 病)、及伴巨大淋巴结病的窦组织细胞增生症(又称 Rosai-Dorfman 病)等。

Three distinct micro-anatomical regions can be recognised within normal lymph nodes. These regions are:

The germinal centre is the principal site of B-cell activation in response to antigenic challenge. Antigen, bound to antibody, entering the lymph node via the afferent lymphatics is trapped upon the surface of specialised antigen-presenting cells called dendritic reticulum cells (DRCs) by their Fc receptors. Trapped antigen is then presented to ′virgin′ B-lymphocytes in the presence of T-helper cells (T-cell co-operation) and these B-cells subsequently undergo a series of morphological and functional changes. The initial step in B-cell transformation is the formation of the centroblast, which is a rapidly dividing cell that is responsible for expansion of the antigen reactive B-cell clone; this then develops into a centrocyte.

The paracortex is the T-cell-dependent region of the lymph node and accordingly contains large numbers of T-lymphocytes with a predominance of the helper/inducer subset (CD4+). The cluster of differentiation (CD) 4 antigen is expressed by helper/inducer T-cells. As in the germinal centre, specialised antigen-presenting cells are present in the paracortex; these are called interdigitating reticulum cells (IDCs).

Lymph enters the subcapsular sinus of the node and drains to the hilum through sinuses which converge in the medullary region. The sinuses are lined by macrophages which phagocytose particulate material within the lymph. Between the sinuses in the medulla lie the medullary cords, which contain numerous plasma cells and are one of the main sites of antibody secretion within the lymph node.

一、淋巴结反应性增生 Reactive Hyperplasia of Lymph Nodes

淋巴结反应性增生是淋巴结最常见的良性增生性病变。多种因素可致淋巴结反应性增生，但其病理改变基本相似，缺乏特异性，故称为非特异性淋巴结炎(Non-specific lymphadenitis)，又可分为急性和慢性非特异性淋巴结炎。主要由感染因子引发，比较多见的是化脓菌，如葡萄球菌和链球菌等。急性淋巴结炎通常由皮肤、口腔和扁桃体等处的化脓性病变播散至区域淋巴结(如颈部、腋窝和腹股沟等)所引发，可伴脓肿形成，一般无需淋巴结活检即可诊断。慢性淋巴结炎是由众多病原微生物如非化脓性细菌、支原体、衣原体、立克次体、螺旋体、病毒、真菌和原虫等所导致的一组疾病，以肉芽肿性炎为主要病理特点，如病因能确定，可给予特定名称，如结核性淋巴结炎，弓形体性淋巴结炎等。

(一) 急性非特异性淋巴结炎 Acute non-specific lymphadenitis

急性非特异性淋巴结炎常见于颈部，病原体可由发生感染的牙齿或扁桃体被引流入颈部淋巴结，或由四肢的感染而引流到腋窝及腹股沟区淋巴结。

病理改变大体上，发炎的淋巴结肿胀，灰红色。镜下可见淋巴滤泡增生，生发中心扩大，有大量核分裂象。如果是化脓菌感染，滤泡生发中心可能会发生坏死，形成脓肿。而在感染不太严重时，可见一些中性粒细胞在滤泡周围或淋巴窦内浸润，窦内皮细胞增生。

临床表现由于炎细胞浸润和水肿，致病变的淋巴结肿大。淋巴结被膜受到牵拉，产生局部疼痛。当有脓肿形成时，则有波动感，其被覆的皮肤发红，特别是淋巴结有脓性坏死时可穿破皮肤而形成窦道。

(二) 慢性非特异性淋巴结炎 Chronic non-specific lymphadenitis

慢性非特异性淋巴结炎常引起淋巴结反应性增生，或称淋巴结病(lymphadenopathy)，主要由非感染因子引发，如药物、体内代谢产物和免疫性疾病等，还有相当一部分病因不能明确。病理改变根据病因的不同，按淋巴结内不同成分的增生分成四类：①以 B 细胞反应为主的淋巴滤泡增生；②以 T 细胞反应为主的副皮质区增生；③以淋巴窦内组织细胞增生为主；④上述三个区域增生混合存在，此类增生最常见。

1. 淋巴滤泡增生 Follicular hyperplasia 以淋巴结内 B 细胞增生为主要表现。多数病例的病因难以确定，但也见于人类免疫缺陷病毒感染的早期、类风湿性关节炎和弓形体病等。显微镜下，淋巴滤泡数目增多，范围常超出正常时的浅层皮质，甚至分布于整个淋巴结内。生发中心明显扩大，可见数量众多的母化细胞、核分裂象和着色体巨噬细胞(tingible body macrophages)(图 9-1)。在类风湿性关节炎、弓形体虫病以及人类免疫缺陷病毒(human immunodeficiency virus, HIV)感染的早期常有明显的淋巴滤泡增生。在形态学上，淋巴滤泡增生容易与滤泡性淋巴瘤相混淆。下列表现有助于淋巴滤泡增生的诊断：①淋巴结结构保存，滤泡之间有正常的淋巴组织；②生发中心细胞成分的多样性；③核分裂象多；④滤泡主要分布于皮质，其大小形态不一，含有核碎片的组织细胞散在分布于滤泡中；⑤外套层完整，滤泡境界清楚。必要时，可作免疫组化检测和基因重排检测。淋巴滤泡增生的生发中心细胞常不表达 Bcl-2 蛋白和无 Ig 轻链限制性表达及基因重排阴性。

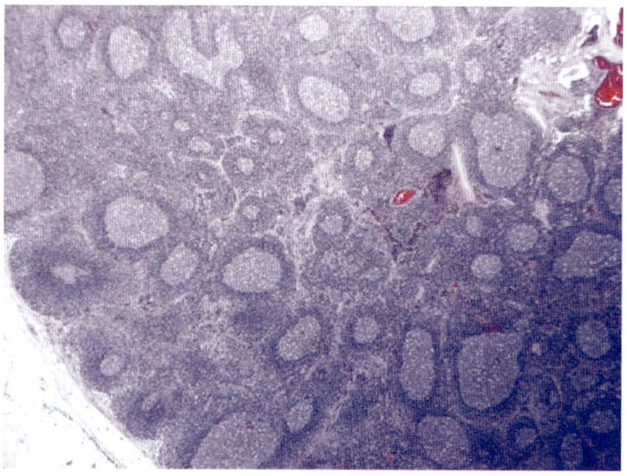

图 9-1 反应性淋巴结显示淋巴滤泡增生 A reactive lymph node shows follicular hyperplasia

注意淋巴滤泡大小与形态各异 Note the irregularity of size and shape of reactive follicles

2. 副皮质区增生 Paracortical hyperplasia 以淋巴结内 T 细胞区增生为主要表现。可由病毒感染（如 EB 病毒、巨细胞病毒、Ⅰ型和Ⅱ型人类疱疹病毒）引发，也可发生于免疫接种或服用某些药物以后。显微镜下副皮质区扩大，高内皮小静脉增生显著，大量活化的 T 免疫母细胞混杂期间，这些细胞大小是静止淋巴细胞的 3～4 倍，核圆形，染色质细腻，有一或数个核仁，胞质丰富略呈嗜碱性淡染，常伴有血管内皮细胞增生和淋巴窦的扩张。

3. 窦组织细胞增生 Sinus histiocytosis 以淋巴窦内组织细胞增生为主要表现。常见于恶性肿瘤引流区域内的淋巴结，研究认为这代表了机体抗肿瘤或肿瘤产物的免疫反应。也见于病因不明的 Rosai-Dorfman 病等。表现为淋巴窦明显扩张，窦内巨噬细胞（组织细胞）增生和内皮细胞肥大。

临床表现 淋巴结的慢性炎症反应的患者无明显感觉，常见于腹股沟和腋下淋巴结。一般来说，做淋巴结活检的目的主要是为了排除淋巴结的肿瘤或特殊感染。

二、淋巴结的特殊感染

Specific Infection of Lymph Nodes

1. 肉芽肿性淋巴结炎 Granulomatous lymphadenitis 肉芽肿性淋巴结炎可由感染因子和非感染因子引发。前者包括结核和真菌感染等，后者包括结节病和克罗恩病等。

肺结核和肺外结核均可同时伴淋巴结累及，但淋巴结结核有时也单独存在，以颈部淋巴结受累最多见，肿大的淋巴结往往相互融合成块，并可穿破皮肤而形成经久不愈的窦道，常见干酪样坏死物流出。抗酸染色病灶内可见结核分枝杆菌。

淋巴结真菌感染不多见，但全身性真菌感染可累及淋巴结，淋巴结的真菌感染主要有曲菌、新型隐球菌和组织胞浆菌，常是肉芽肿性炎症，或急性炎症伴脓肿形成。六氨银或 PAS 染色可显示曲菌的分隔菌丝；黏液卡红染色或 PAS 染色可显示在多核异物巨噬细胞内的厚荚膜新型隐球菌菌体和球形的芽胞；用 Grocott 六氨银或 Giemsa 染色可显示在巨噬细胞内吞噬有许多组织胞浆菌的孢子体。

2. 坏死性淋巴结炎 Necrotising lymphadenitis 坏死性淋巴结炎常由感染因子引发，如猫抓病、性病性淋巴肉芽肿和组织细胞坏死性淋巴结炎等。

（1）猫抓病 Cat-scratch disease：是由巴尔通体科（*Bartonella* henselae）立克次体感染引发的自限性淋巴结炎。好发于年轻人，主要累及颈部、腋下和腹股沟淋巴结。在被猫抓伤或咬伤后几天至数周内出现淋巴结肿大，伴触痛，病变往往在数个月内自行消退。特征性的病理改变是局部中性粒细胞浸润形成星形微脓肿（stellate microabscesses），周围围以栅栏状排列的上皮样细胞（也称化脓性肉芽肿）（图 9-2）。

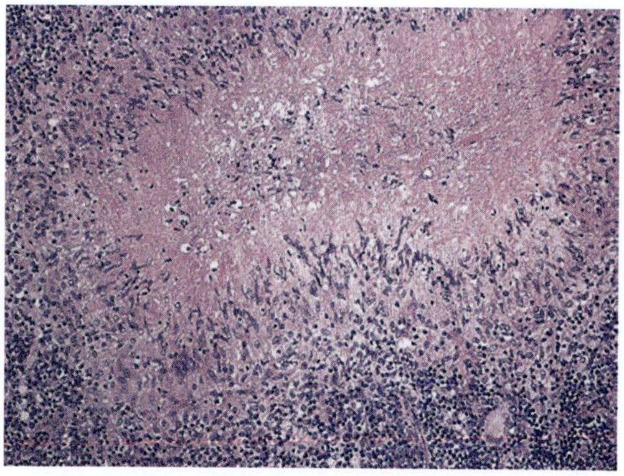

图 9-2 猫抓病 Cat scratch disease

坏死灶周围上皮样细胞呈栅栏状排列 An area of necrosis is surrounded by palisaded epithelioid histiocytes

（2）性病性淋巴肉芽肿（lymphogranuloma venereum）：为性传播疾病，病原为衣原体，常累及腹股沟淋巴结，病理学形态与猫抓病相似。

（3）组织细胞坏死性淋巴结炎（histiocytic necrotizing lymphadenitis）：也称 Kikuchi 病（Kikuchi's disease），与第 6 型人类疱疹病毒（human herpes virus-type 6，HHV-6）感染有关。好发于年轻女性，表现为颈部淋巴结肿大，常伴轻微疼痛。显微镜下，淋巴结副皮质区见片状或灶性凝固性坏死，内含大量核碎片（细胞凋亡），但坏死灶内无中性粒细胞浸润。坏死灶周边可见大量吞噬功能活跃的巨噬细胞（但不形成肉芽肿）、T 免疫母细胞、浆细胞样单核细胞、浆细胞样树突状细胞和淋巴细胞等（图 9-3）。该疾病也呈自限性经过，抗生素治疗无效，绝大多数患者在 1~3 个月内自愈，再次复发者少见。

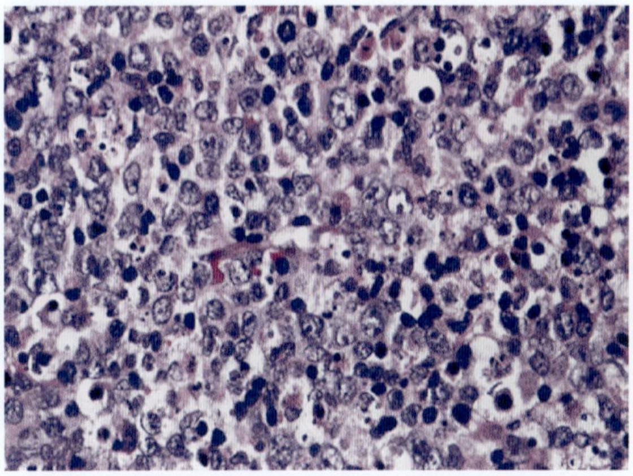

图 9-3 组织细胞坏死性淋巴结炎 Kikuchi's disease
显著的免疫母细胞增生伴背景中大量凋亡小体 Immunoblastic cells are prominent with numerous apoptotic bodies in the background

（4）系统性红斑狼疮是一种自身免疫性疾病，常累及淋巴结，其组织学形态与组织细胞坏死性淋巴结炎相似。

3. 传染性单核细胞增多症 Infectious mononucleosis 由嗜 B 淋巴细胞的 EB 病毒感染引发，好发于青壮年，全身淋巴结肿大。显微镜下特征性的病理变化是副皮质区扩张，其内可见大量母化细胞，常同时显示不同程度的滤泡增生。偶尔淋巴结中可出现与霍奇金淋巴瘤中诊断性 R-S 细胞相似的异形细胞，需注意与淋巴瘤相鉴别。临床上患者常同时伴随发热、咽喉痛、外周血淋巴细胞绝对数增加，白细胞计数增高（12~18）×10^9/L，淋巴细胞占 60%~80%，其中较多不典型的单核样细胞和 CD8 阳性的 T 淋巴细胞。大多数病例出现脾大，重量为 300~500g。脾脏的组织学改变与淋巴结类似，也可见大量的异型淋巴细胞浸润。大多数病例呈现自限性经过，病变通常在 4~6 周内消退。

Reactive lesions of lymph nodes

Lymph nodesmay respond to a wide variety of inflammatory stimuli by cellular proliferation which leads to node enlargement. The cell type which proliferates is dependent upon the antigenic stimulus, which may elicit: B-cell response with germinal centre hyperplasia; T-cell response with paracortical expansion; macrophage response which is associated with sinus hyperplasia; or a mixed response. Sometime the reactive process exhibit special histological features like granuloma or distinct necrosis which may allow the pathologist to make an exact diagnosis.

第二节 淋巴组织肿瘤 Lymphoid Neoplasms

一、概 述 Introduction

（一）定义 Definition

淋巴组织肿瘤是起源于淋巴细胞及其前体细胞（或称母细胞）的恶性肿瘤，包括淋巴瘤、淋巴细胞白血病、毛细胞白血病和浆细胞肿瘤等。淋巴细胞是机体免疫系统的主要成分，淋巴组织肿瘤可以看作为机体免疫系统的各种免疫细胞克隆性增殖所形成的恶性肿瘤。

（二）流行病学 Epidemiology

恶性淋巴瘤（malignant lymphoma）是原发于淋巴结和结外淋巴组织的恶性肿瘤，简称淋巴瘤。淋巴瘤是我国常见恶性肿瘤之一，但总体发病率低于欧美国家，在各种恶性肿瘤所致死亡率中居 11~13 位。可发生于任何年龄，男性的发病率显著高于女性。近年来淋巴瘤的发病趋势率在国内均呈上升趋势。

（三）淋巴瘤的病因和临床特征和分期 Etiology and clinical features

1. 淋巴瘤的病因 Etiology of lymphoma

（1）EB 病毒与淋巴瘤密切相关，如 EB 病毒检出率在霍奇金淋巴瘤（Hodgkin lymphoma，HL）中为 25%~55%，非霍奇金淋巴瘤（Non-Hodgkin lymphoma，NHL）18%~42%，在鼻型 T/NK 细胞淋巴瘤高达 90%~100%，几乎所有非洲人发生的 Burkitt 淋巴瘤中均有 EB 病毒的潜伏感染。体外研究已经证明 EB 病毒能使 B 细胞转化，并使 B 细胞永生化。此外人类 T 细胞白血病病毒-1（HTLV-1）被认为是成人 T 细胞白血病和淋巴瘤的病因。幽门螺杆菌被认为与胃黏膜相关淋巴组织淋巴瘤发生有关。

（2）免疫缺陷或抑制：机体免疫低下和缺陷是淋巴瘤发生的重要原因，如老年人易患淋巴瘤，AIDS 患者易并发淋巴瘤，长期使用免疫抑制剂的患者（如接受器官移植的患者）淋巴瘤发病率，特别是 B 细胞淋巴瘤的发生明显高于正常人。

（3）职业暴露和环境因素：长期接触熔剂、皮革、染料、杀虫剂和除草剂等增加患淋巴瘤的风险。木工行业、木尘、苯的暴露史与 HL 发生高度相关。医院放射科和核电厂工人等接触放射线的人群浆细胞骨髓瘤的发病有所增加。

(4) 遗传因素:淋巴瘤的发生呈现明显的家族聚集性,如慢性淋巴细胞白血病、小淋巴细胞淋巴瘤的一级亲属中发生淋巴瘤的风险增加 2~7 倍,兄弟姐妹可先后或同时患淋巴瘤。浆细胞骨髓瘤患者直系亲属的患病率是普通人群的 3.7 倍以上。某些淋巴瘤常存在染色体的扩增、易位、突变等遗传学异常可激活肿瘤基因或使抑瘤基因失活,造成淋巴细胞恶性增殖形成淋巴瘤。

2. 临床特征和分期 Clinical features and stages

淋巴瘤最常见的临床表现是无痛性、进行性淋巴结肿大,直径常大于 2cm,可以局限于某个区域(如颈部),也可以弥漫性累及全身多个淋巴结区。由于淋巴细胞或免疫细胞遍布全身,所以淋巴瘤可以发生在身体的任何部位,表现为局部肿块,以扁桃体、脾和胃肠道等处病变相对比较常见。其他一些淋巴组织肿瘤如急性和慢性淋巴细胞白血病原发于骨髓并侵犯外周血而以白血病为表现。

由于免疫细胞遍布全身,不同部位的同种肿瘤可以出现相似或截然不同的生物学行为和预后。如 FL,发生在淋巴结内和发生在皮肤的可呈现明显不同的生物学特征,故可视作为不同疾病类型。据此,WHO 淋巴样肿瘤分类中定义了一些居于临床表现而形态和免疫表型相似的不同淋巴瘤。

临床分期最常采用的是 Ann Arbor 分期系统(见表 9-1)。每一临床分期再按患者全身症状的有无分成 A、B 两组。无全身症状的为 A 组,有以下症状之一的为 B 组:发热;盗汗;半年内体重下降 10% 以上。

表 9-1 淋巴组织肿瘤的临床分期(Ann Arbor 分期) Clinical stages of lymphoid neoplasms

分期	病变的分布
Ⅰ	累及一组淋巴结(Ⅰ)或一个结外器官或部位($Ⅰ_E$);
Ⅱ	累及膈肌同侧两组或以上淋巴结(Ⅱ)或直接蔓延至一个邻近的结外器官或组织($Ⅱ_E$);
Ⅲ	累及膈肌两侧的淋巴结区(Ⅲ),可以累及脾($Ⅲ_S$),局限性累及邻近的结外器官或部位($Ⅲ_E$),或两者($Ⅲ_{SE}$);
Ⅳ	弥散性或播散性累及一个或多个结外器官或组织,如骨髓、消化道等。可伴或不伴有淋巴结受累

(四) 分类和原则 Classification and rules

1. 淋巴瘤的分类 Classification of lymphoma

世界卫生组织(World Health Organization,WHO) 2008 年第 4 版的《造血和淋巴组织肿瘤的病理和遗传学》是目前世界范围内所接受的淋巴瘤的分类方法,本章节的各种类型肿瘤均基于该版的介绍。

淋巴瘤总体上可划分为霍奇金淋巴瘤(HL)和非霍奇金淋巴瘤(NHL)两类。HL 起源于 B 细胞,但有着区别于 NHL 独特的病理和临床特点,因此被单独列出。NHL 按起源细胞的不同进一步划分成 B 细胞、T 细胞和 NK 细胞发生的肿瘤。其中 80%~85% 的淋巴瘤是 B 细胞来源,其余为 T 细胞来源,NK 来源罕见。T 细胞和 NK 细胞有着相似的病理特征,故常合并称为 T/NK 细胞肿瘤。表 9-2 根据 WHO 2008 分类列出了部分淋巴组织肿瘤的类型。

表 9-2 淋巴组织肿瘤 WHO 分类 WHO classificaton of lymphoid neoplasms

霍奇金淋巴瘤	B 细胞淋巴瘤	T/NK 细胞淋巴瘤
结节性淋巴细胞为主型霍奇金淋巴瘤(NLPHL)	前体 B 细胞肿瘤	前体 T 细胞肿瘤
经典型霍奇金淋巴瘤(cHL)	B-淋巴母细胞性白血病/淋巴瘤(B-ALL/LBL)	T-淋巴母细胞性白血病/淋巴瘤(T-ALL/LBL)
结节硬化型霍奇金淋巴瘤(NSHL)	成熟(外周)B 细胞肿瘤	成熟(外周)T/NK 细胞肿瘤
富于淋巴细胞型霍奇金淋巴瘤(LPHL)	B-慢性淋巴细胞白血病/淋巴瘤(B-CLL/SLL)	T-幼淋巴细胞性白血病(B-PLL)
混合细胞型霍奇金淋巴瘤(MCHL)	B-幼淋巴细胞性白血病(B-PLL)	T-大颗粒淋巴细胞性白血病(T-
淋巴细胞消减型霍奇金淋巴瘤(LDHL)	淋巴浆细胞性淋巴瘤(LPL)	覃样霉菌病/赛塞里(Sezary)综合征
	套细胞淋巴瘤(MCL)	非特指外周 T 细胞淋巴瘤(PTCL)
	滤泡性淋巴瘤(FL)	血管免疫母 T 细胞淋巴瘤(AITCL)
	原发性皮肤滤泡性淋巴瘤	间变大细胞淋巴瘤(ALCL)

续表

霍奇金淋巴瘤	B 细胞淋巴瘤	T/NK 细胞淋巴瘤
	黏膜相关组织结外边缘区 B 细胞淋巴瘤(MALT-MZL)	肠病型 T 细胞淋巴瘤
	脾边缘区 B 细胞淋巴瘤(SMZL)	脂膜炎样 T 细胞淋巴瘤
	结内边缘区 B 细胞淋巴瘤(NMZL)	肝脾 T 细胞淋巴瘤
	毛细胞白血病(HCL)	成人 T 细胞淋巴瘤/白血病
	浆细胞肿瘤	T/NK 细胞淋巴瘤,鼻型
	弥漫大 B 细胞淋巴瘤(DLBCL)	侵袭性 NK 细胞白血病
	中枢神经细胞原发弥漫大 B 细胞淋巴瘤	
	Burkitt 淋巴瘤(BL)	

2. 淋巴瘤的分类原则 Rules of classification of lymphoma

(1) 淋巴瘤的类型可看作为 B 细胞或 T 细胞成熟和活化过程中的某一阶段发生的肿瘤。下面以 B 细胞成熟和活化过程为例对该原则作简要介绍(图 9-4)。

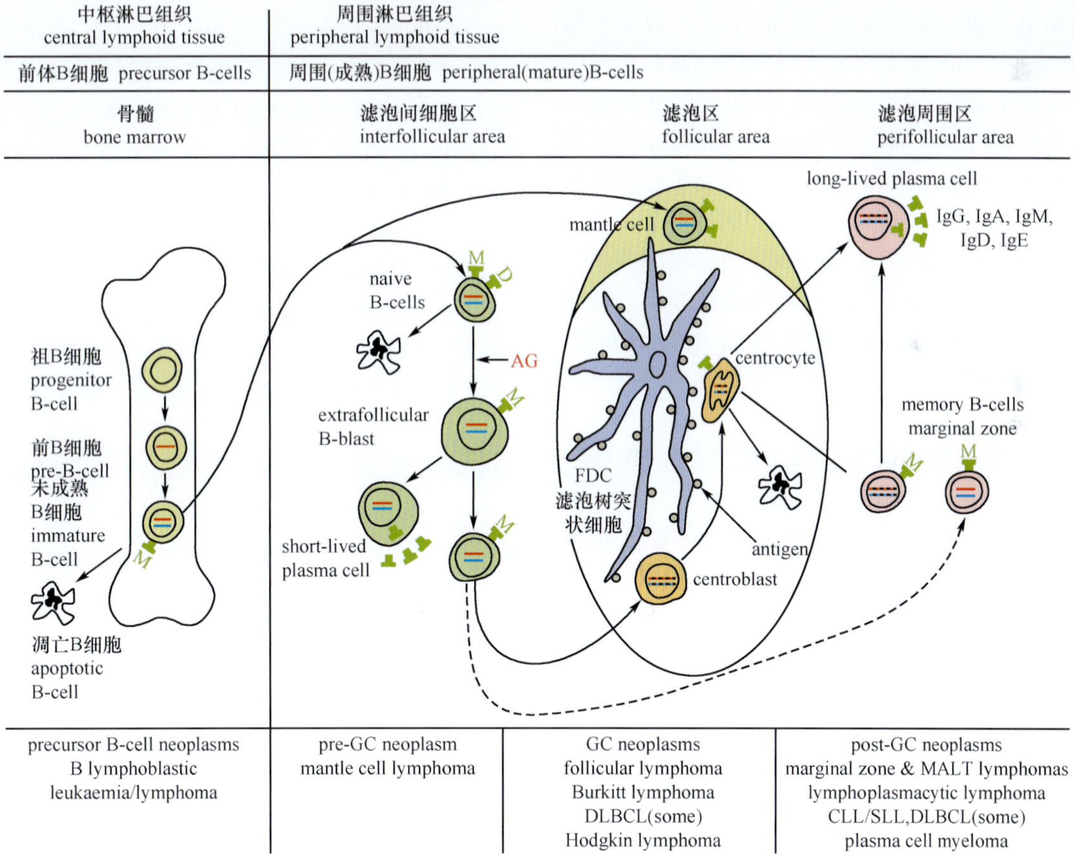

图 9-4 B 细胞分化和主要 B 细胞肿瘤 Diagrammatic representation of B-cell differentiation and relationship to major B-cell neoplasms

B 细胞肿瘤与 B 细胞不同成熟阶段相对应,但部分肿瘤体内确切的对应细胞尚不明了。前体 B 细胞在骨髓中或者凋亡或者发育为成熟的处女 B 细胞。在接受抗原刺激后处女 B 细胞发生母细胞转化,部分在生发中心外直接发育成短命的浆细胞,部分进入生发中心经历体细胞高频突变和重链转换。在生发中心内,处女 B 细胞转化为中心母细胞,或者凋亡,或者进一步转化为中心细胞。生发中心后 B 细胞包括短命的浆细胞和有生发中心中心细胞转化而来的记忆 B 细胞/边缘区 B 细胞,尚有部分 B 细胞可能在生发中心外呈 T 细胞非依赖性激活转化为记忆 B 细胞。B-cell neoplasms correspond to stages of B-cell maturation, even though the precise cell counterparts are not known in all instances. Precursor B-cells that mature in the bone marrow may undergo apoptosis or develop into mature naive B-cells that, following exposure to antigen and blast transformation, may develop into short-lived plasma cells or enter the germinal centre (GC) where somatic hypermutation and heavy chain class switching occur. Centroblasts, the transformed cells of the GC, either undergo apoptosis or develop into centrocytes. Post-GC cells include both long-lived plasma cells and memory type B-cells/marginal zone B-cells are activated within the GC, but T-cell independent activation can take place outside of the germinal centre and also proably leads to memory type B-cells

B 细胞和 T 细胞都起源于骨髓干细胞，在骨髓内发育成前体 B 细胞和前体 T 细胞。正常 B 细胞的分化始于前体 B 细胞（precursor B-cells），或称作为 B 祖细胞或 B 淋巴母细胞，在此阶段可恶变形成急性 B 淋巴细胞白血病/淋巴母细胞性淋巴瘤（B lymphoblastic leukemia/lymphoblastic lymphoma）。

前体 B 细胞在细胞质内表达 μ 重链并形成不成熟 IgM 后，分化为前 B 细胞（pre-B-cells）。前 B 细胞经免疫球蛋白 VDJ 基因重排并在细胞膜表面表达成熟免疫球蛋白（IgM^+ IgG^+）后演变为初始 B 细胞（naive B-cells，童贞 B 细胞）。初始 B 细胞（未经抗原刺激的 B 细胞，常表达 CD5）释放入外周血并进入淋巴结构成初级淋巴滤泡（primary lymphoid follicular）或次级淋巴滤泡（secondary lymphoid follicular）的外套层细胞。大多数的套细胞淋巴瘤（mantle cell lymphoma，MCL）即起源于 CD5 阳性的初始 B 细胞。

初始 B 细胞受抗原刺激后，活化为中心母细胞（centroblasts），同时增生形成次级淋巴滤泡的生发中心。在生发中心内，中心母细胞一方面经历免疫球蛋白重链和轻链可变区高频突变（hypermutation），增强所合成抗体与抗原的亲和力，另一方面发生重链转换（heavy chain class switching），完成从合成 IgM 向合成 IgG 或 IgA 的功能转化。进一步，中心母细胞演变为中心细胞（centrocytes）。由中心母细胞和中心细胞恶变形成的肿瘤是滤泡性淋巴瘤（follicular lymphoma，FL）和一部分弥漫性大 B 细胞淋巴瘤（diffuse large B-cell lymphoma，DLBCL）。Burkitt 淋巴瘤与霍奇金淋巴瘤也被认为起源于生发中心 B 细胞（GC B cells），但对应细胞尚不明确。

中心细胞离开生发中心后称为生发中心后 B 细胞（post-GC B cells）。一部分生发中心后 B 细胞演变为分泌免疫球蛋白的浆细胞，后者进入外周血，其中一些归巢至初始接受抗原刺激的部位，另一些浆细胞则归巢至骨髓，浆细胞骨髓瘤（plasma cell myeloma）即起源于这些归巢至骨髓的浆细胞。另一部分生发中心后 B 细胞形成记忆 B 细胞，同样进入外周血，归巢至初始接受抗原刺激的部位，或形成淋巴结与脾脏的滤泡边缘区（marginal zone）。淋巴浆细胞性淋巴瘤（lymphoplasmacytic lymphoma）、边缘区 B 细胞淋巴瘤和 MALT 淋巴瘤（marginal zone & MALT lymphoma）即起源于这部分记忆 B 细胞。慢性淋巴细胞白血病/小淋巴细胞淋巴瘤（chronic lymphocytic leukaemia/small lymphocytic lymphoma，CLL/SLL）和部分弥漫性大 B 细胞淋巴瘤也被认为起源于生发中心后 B 细胞，但对应细胞也尚不明确。

（2）淋巴瘤类型的定义以病理形态和免疫标记为基础，以分子遗传学特征和临床表现为补充。

这一分类原则体现了对淋巴瘤生物学本质认识上的进步，对淋巴瘤的诊断也提出了更高的要求，除了借助传统的形态学标准外，还需要结合免疫标记和分子遗传学检测来判定肿瘤细胞属性（cell lineage）这是淋巴瘤形态学和免疫表型分类，以及病理诊断的基础。

一些类型的淋巴瘤具有独特的形态学特点可以作为诊断的重要依据。如在 B 细胞肿瘤中，SLL/CLL 常有假淋巴滤泡形成；MCL 可以出现独特的套区生长方式；FL 能形成肿瘤性滤泡；浆细胞骨髓瘤存在明显的浆细胞样分化等。在 T 细胞肿瘤，则往往以副皮质区扩张、高内皮小静脉增生和明显的炎细胞浸润为特点。

单纯的形态学常难以对不同类型的淋巴瘤作出正确区分，此时，用免疫组织化学方法检测细胞表面或细胞质内特殊的抗原物质（免疫标记）在诊断中发挥着无可替代的重要作用。B 细胞肿瘤常表达 CD19，CD20（L26）和表面免疫球蛋白；T 细胞肿瘤常表达 CD2、CD3、CD4、CD7 和 CD8；NK 细胞肿瘤常表达 CD16 和 CD56。还有一些肿瘤有着独特的免疫标记，如 MCL 常表达 CyclinD1，急性淋巴细胞白血病/淋巴母细胞性淋巴瘤中幼稚的 B 细胞和 T 细胞可表达末端脱氧核苷酸转移酶（terminal deoxynucleotidyl transferase，TdT）。髓样细胞常表达 CD13、CD33、CD117 和 MPO。

一些淋巴瘤有着重复发生的遗传学异常，这些遗传学异常既是肿瘤的生物学特征也可作为重要的补充诊断手段，如 FL 常发生 t（14；18）易位，MCL 为 t（11；14）易位，可通过荧光原位杂交或 PCR 等方法检测这些遗传学异常以对疑难病例作出准确诊断。

在多数淋巴瘤中抗原受体重排先于淋巴细胞转化，故由肿瘤性祖细胞产生的所有子细胞具有相同的抗原受体基因构型和序列，并合成相同类型的抗原受体蛋白，即单克隆性（monoclonal）。正常的免疫反应是多克隆性的（polyclonal），其组成的淋巴细胞群体表达多种不同的抗原受体，因此进行抗原受体基因和蛋白产物的分析可用于区别反应性（多克隆）和肿瘤性（单克隆）的淋巴组织增生。

二、霍奇金淋巴瘤
Hodgkin Lymphoma（HL）

霍奇金淋巴瘤（HL）是一组起源于淋巴结生发中心 B 细胞的独特的淋巴瘤。有以下特点区别于后述的非霍奇金淋巴瘤（NHL）：①好发于年轻人；②原发于淋巴结，病变从一个或一组淋巴结开始，由近及远地向附近的淋巴结区扩散。原发于淋巴结外者罕见；

③肿瘤细胞是一种独特的来源于淋巴结生发中心B细胞的瘤巨细胞,称作R-S细胞(Reed-Sternberg cell,R-S cell)。在病变组织中,瘤细胞仅占所有细胞数量的1%~5%;④数量不等的各种炎细胞和不同程度的纤维化构成肿瘤组织的主要成分。⑤约10%的HL晚期可累及骨髓,但不发生白血病转化。HL约占全部淋巴瘤的10%~20%。

Thomas Hodgkin (1798-1866) was a British physician, considered one of the most prominent pathologists of his time and a pioneer in preventive medicine.

Hodgkin described the disease that bears his name (Hodgkin's lymphoma) in 1832, in a paper titled On Some Morbid Appearances of the Absorbent Glands and Spleen. He received 33 years later the eponym through the recognition of British physician Samuel Wilks, who rediscovered the disease. It is a malignancy that produces enlargement of lymphoid tissue, spleen, and liver, with invasion of other tissues.

He published as a book his Lectures on Morbid Anatomy in 1836 and 1840. His greatest contribution to the teaching of pathology, however, was made in 1829, with his two volumed work entitled The Morbid Anatomy of Serous and Mucous Membranes, which became aclassic in modern pathology.

Hodgkin was one of the earliest defenders of preventive medicine, having published On the Means of Promoting and Preserving Health in book form in 1841. Among other early observations were the first description of acute appendicitis, of the biconcave format of red blood cells and the striation of muscle fibers.

分类 Classification

HL分成两大类:经典型霍奇金淋巴瘤(classical Hodgkin lymphoma,CHL)和结节性淋巴细胞为主型霍奇金淋巴瘤(nodular lymphocyte predominant Hodgkin lymphoma,NLPHL)。前者又包括结节硬化型(NS)、混合细胞型(MC)、富于淋巴细胞型(LR)和淋巴细胞消减型(LD)四个亚型。CHL中几乎所有的R-S细胞CD30阳性,75%~85% CD15阳性,约95%的瘤细胞核弱表达B细胞特异性活化因子蛋白PAX5/BSAP。因此CD30、CD15和PAX5是CHL诊断和鉴别诊断的抗原标记。NLPHL的瘤细胞主要为LP细胞,特征性的表达成熟B细胞的免疫表型。

(一)经典型霍奇金淋巴瘤 Classical Hodgkin lymphoma(CHL)

1. 流行病学 Epidemiology CHL占全部HL的95%左右。发病年龄具有双峰特征,第一个高峰出现在15~35岁,第二个高峰为老年人。

2. 病因 Etiology EB病毒被认为在CHL的发病中发挥着重要作用,70%的MC亚型和40%的NS亚型肿瘤细胞中可检测出病毒基因组或病毒相关抗原。

3. 临床特征 Clinical features 局部无痛性淋巴结肿大是CHL的首要临床表现,以颈部淋巴结受累最为多见,其他部位包括纵隔、腋窝、腹股沟和主动脉旁淋巴结等。临床上,CHL的扩散具有一定的规律,常常从首发淋巴结区起始,依次侵犯临近的淋巴结区,进一步可累及脾脏和肝脏,最后可播散至骨髓和淋巴结外器官。

Ann Arbor分期对于选择治疗方案和估计预后具有重要意义。多数CHL患者就诊时处于临床Ⅰ或Ⅱ期,常无全身症状。相反,临床Ⅲ和Ⅳ期者常伴全身症状。按目前的综合治疗手段,临床Ⅰ和Ⅱ期患者的治愈率接近90%,临床Ⅲ和Ⅳ期患者5年的无病生存期也可接近甚至超过50%。

4. 病理变化 Pathological changes 大体上受累淋巴结体积增大,切面灰白色,均质鱼肉样,但NS亚型可呈结节状,质韧。镜下,CHL以反应性炎细胞浸润为背景,数量不等、形态不一的R-S细胞(图9-5)散布其间。

典型R-S细胞,或称诊断性R-S细胞,是一种直径15~45μm的瘤巨细胞,瘤细胞胞质丰富,双核或多核,核圆形或椭圆形,核膜厚,核内染色质少,每个核内可见一大而醒目的,呈病毒包涵体样,周围具空晕的嗜酸性核仁。双核R-S细胞有时两个核相对而立,彼此对称,称作"镜影细胞"(mirror image cell)。

除了典型R-S细胞外,还可见一些其他形态的肿瘤细胞,如①具有上述核形态特征的单核肿瘤巨细胞称为霍奇金细胞(Hodgkin cell)。②胞浆浓缩,核固缩的肿瘤细胞称为干尸细胞(mummified cell),本质上是凋亡的肿瘤细胞,又称为木乃伊细胞。③分叶状核,核仁小,胞浆丰富,在甲醛固定后皱缩而呈透亮陷窝状的称陷窝细胞(lacunar cells),主要见于NS亚型。④肿瘤细胞体积大,胞质透明,核大,折叠或多分叶状,染色质稀少,有多个小核仁的称为淋巴组织细胞型(lymphohistiocytic,L&H)R-S细胞或LP细胞(lymphocyte predominant cell),因外观爆米花样又称为爆米花细胞(popcorn cell),主要见于LR亚型。⑤高度间变的大而多形的肿瘤细胞称为不典型R-S细胞(atypical R-S cell),即多核瘤巨细胞伴有大而明显的嗜酸性的包涵体样的核仁,主要见于LD亚型。

免疫表型上,R-S细胞常表达CD30和CD15(图9-6),部分病例表达EB病毒相关EBER和LMP1,但不表达B细胞或T细胞抗原。由于现代放疗、化疗和靶向性治疗技术的进步,CHL不同亚型的预后已无明显差别。

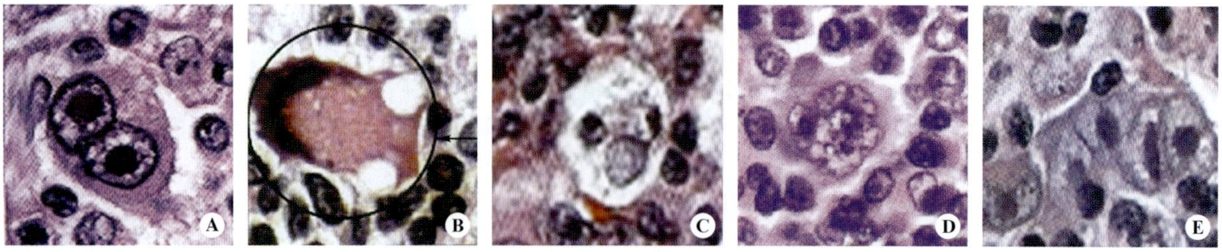

图 9-5 经典型霍奇金淋巴瘤中的诊断性 R-S 细胞及变异类型 Diagnostic Reed-Sternberg cell and its variation in classical Hodgkin lymphoma

A. 诊断性 R-S 细胞(镜影细胞);B. 干尸细胞;C. 陷窝细胞;D. 淋巴组织细胞型 R-S 细胞(爆米花细胞);E. 不典型 RS 细胞 A. diagnostic Reed-Sternberg cell (mirror image cell);B. mummified cell;C. lacunar cells;D. L&H Reed-Sternberg cell(Popcorn cell);E. atypical RS cell

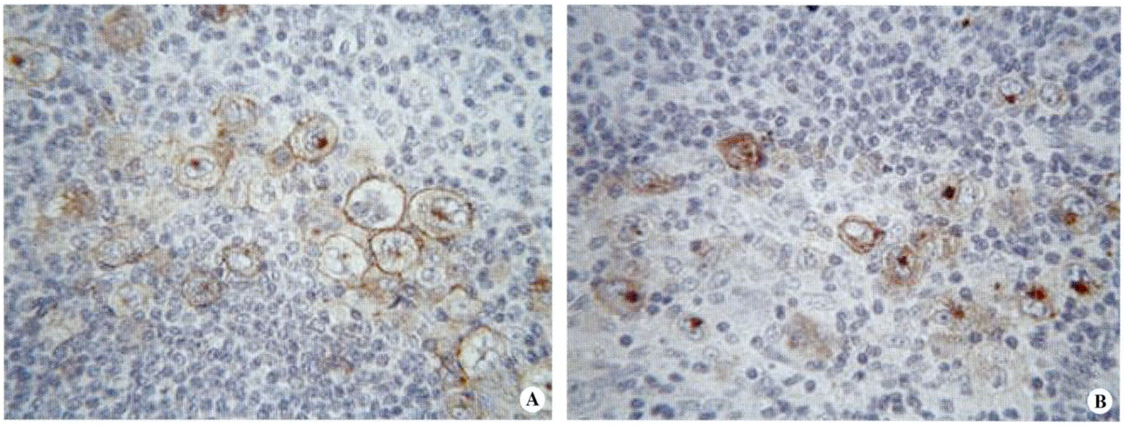

图 9-6 经典型霍奇金淋巴瘤 CD30 和 CD15 染色 Classical Hodgkin lymphoma stained for CD30 and CD15

A. 细胞膜和高尔基区 CD30 强阳性染色;B. 细胞膜和细胞膜尤其高尔基区的 CD15 强阳性染色 A. Note the strong CD30 positive staining of the cell membrane and Golgi region; B. Note the membrane and cytoplasmic CD15 staining with Golgi zone accentuation

Reed-Sternberg cells are different giantcells found on light microscopy in biopsies from individuals with Hodgkin's lymphoma, and certain other disorders. They are usually derived from B lymphocytes.

They are named afterDorothy Reed Mendenhall (1874-1964) and Carl Sternberg (1872-1935), who provided the first definitive microscopic descriptions of Hodgkin's disease.

Reed-Sternberg cells are large and are either multinucleated or have a bilobed nucleus with prominent eosinophilic inclusion-like nucleoli. Reed-Sternberg cells are CD30 and CD15 positive, usually negative for CD20 and CD45. The presence of these cells is necessary in the diagnosis of Hodgkin's lymphoma - absence of Reed-Sternberg cells has very high negative predictive value. They can also be found in reactive lymphadenopathy (such as infectious mononucleosis) and very rarely non-Hodgkin lymphomas.

5. CHL 各亚型的特征 Characteristics of CHL subtypies

(1) 结节硬化型 Nodular sclerosis(NS):NS 是最常见的 CHL 亚型,占 CHL 的 40%~70%。好发于年青人,且男女发病率相当(其他霍奇金淋巴瘤亚型均以男性多见)。80%的患者累及纵隔淋巴结。组织学上:①粗大的胶原分隔病变的淋巴结为大小不等的结节;②瘤结节内可见大量陷窝细胞,为本型特点。此外,可见淋巴细胞、组织细胞、嗜酸粒细胞和中性粒细胞等多种炎细胞(图 9-7)。患者以临床Ⅰ期和Ⅱ期多见,预后好。

(2) 混合细胞型 Mixed cellularity(MC):MC 较 NS 少见,占 CHL 的 20%~25%。肿瘤细胞与各种炎细胞混合存在。发病以 50 岁以上男性多见。75%的病例存在 EB 病毒感染。细胞的显著多样性是其特征。肿瘤背景中主要是 T 淋巴细胞。还有许多的典型 R-S 细胞(包括镜影细胞)或霍奇金细胞(图 9-8)。患者中临床Ⅲ和Ⅳ期者相对多见,且常伴全身症状,但经治疗后预后仍属良好。

(3) 富于淋巴细胞型 Lymphocyte-rich(LR):LR 少见,占 CHL 的 5%左右,为近年来描述的 CHL 亚型。好发于 30-50 岁,大多数为男性。瘤组织呈结节状或弥漫性生长,背景为大量小淋巴细胞、组织细胞,其他炎细胞少见,其中可找及数量不多的典型 R-S 细胞或 LP 细胞(图 9-9)。该亚型与后述 NLPHL 临床和形态学上都很相似,但免疫表型上可作区分。与 NLPHL

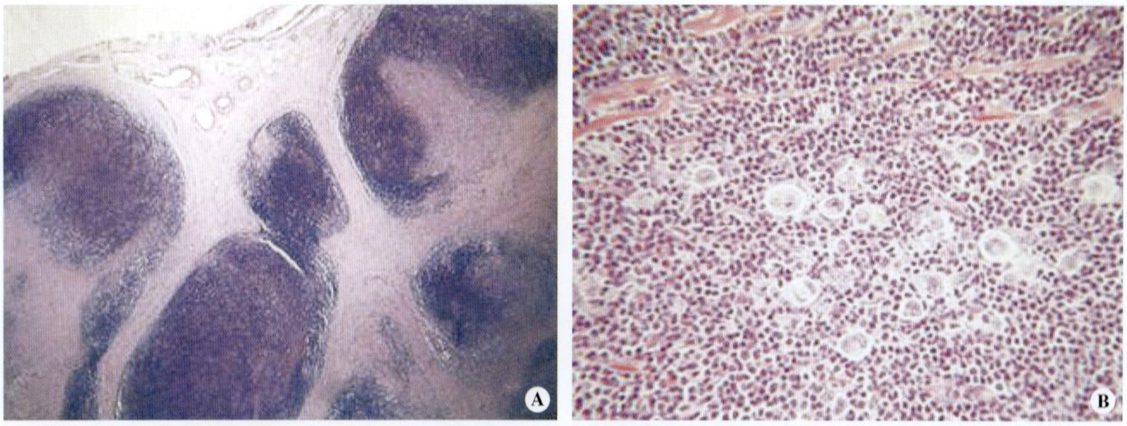

图 9-7　霍奇金淋巴瘤(结节硬化型)Nodular sclerosing classical Hodgkin lymphoma

A. 低倍镜下境界清楚的带状胶原分割形成肿瘤性结节;B. 高倍镜显示特征性的陷窝细胞 A. A low-power view shows well-defined bands of pink collagen that have subdivided the tumor cells into nodules;B. Characteristic lacunar cells are present in high-power view

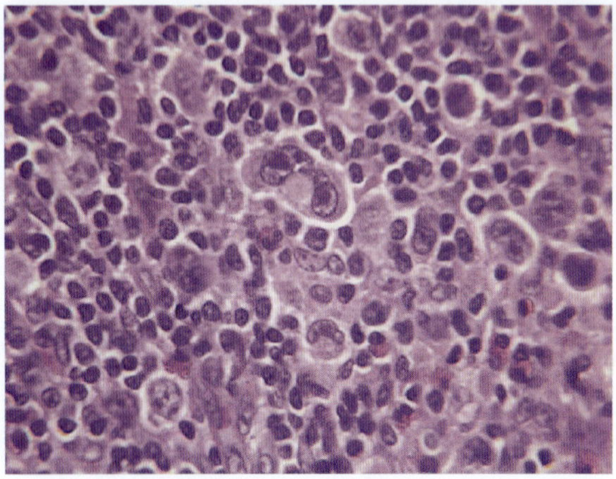

图 9-8　混合细胞型霍奇金淋巴瘤 Mixed cellularity Hodgkin lymphoma

一个典型的 R-S 细胞和一些霍奇金/R-S 细胞,背景中有小淋巴细胞、嗜酸粒细胞和组织细胞 Aclassical Reed-Sternberg (RS) cell together with Hodgkin/RS cells in a background of small lymphocytes,eosinophils and histiocytes

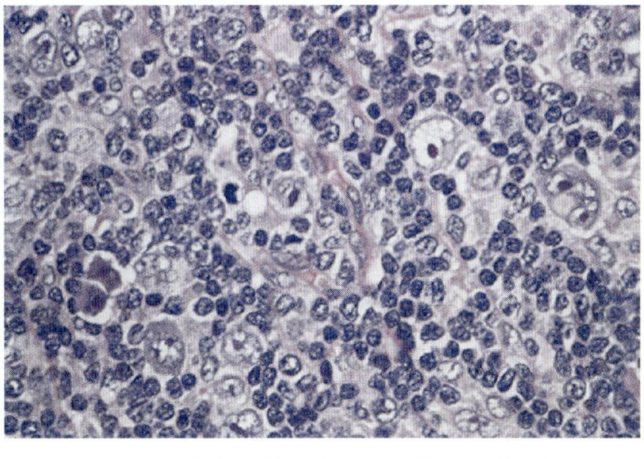

图 9-9　霍奇金淋巴瘤(富于淋巴细胞型) Lymphocyterich Hodgkin lymphoma

相反,LR 中瘤细胞表达 CD30 和 CD15,但不表达 B 细胞标记如 CD20 和 CD79α。患者以临床Ⅰ期和Ⅱ期多见,预后好。

(4) 淋巴细胞消减型 Lymphocyte-depletion (LD):LD 最少见,占 CHL 的 1%~5%。好发于中青年,大多数为男性,以累及后腹膜淋巴结、腹腔器官和骨髓多见。瘤组织中淋巴细胞数量少,但可见大量典型 R-S 细胞或不典型 R-S 细胞(图 9-10)。几乎 100% EB 病毒阳性。多数患者为临床Ⅲ和Ⅳ期,常伴全身症状,不经治疗,该亚型预后稍差,但目前的综合治疗使其预后显著改善。

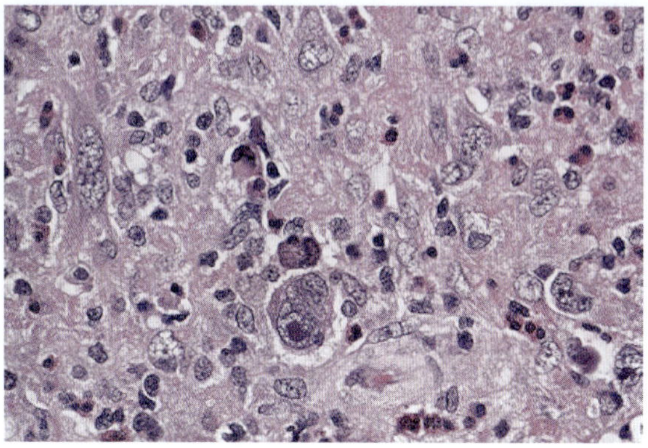

图 9-10　霍奇金淋巴瘤(淋巴细胞消减型)Lymphocyte-depletion Hodgkin lymphoma

(二) 结节性淋巴细胞为主型霍奇金淋巴瘤 Nodular Lymphocyte Predominant Hodgkin Lymphoma (NLPHL)

NLPHL 约占全部 HL 的 5%左右。好发于 30~50 岁,大多数为男性。临床表现为局灶性颈部、腋窝或腹股沟淋巴结肿大,纵隔淋巴结累及少见。组织学上,淋巴结结构部分或全部破坏,瘤组织呈模糊的结节状或同时伴弥漫性生长,背景为滤泡树突状细胞(follicular dendritic cell,FDC)构成的球形网状结构,其中充填着 B 细胞和 CD57 阳性的 T 细胞,数量不等的组织细胞也混杂其中，而其他炎细胞少见。诊断性R-S细胞和霍奇金细胞很难找见，但可见LP细胞。此处LP细胞表达B细胞标记如CD20和CD79α（图9-11），表达OCT-2和BOB.1，不表达CD15和CD30。患者以临床I期和II期多见，预后好。

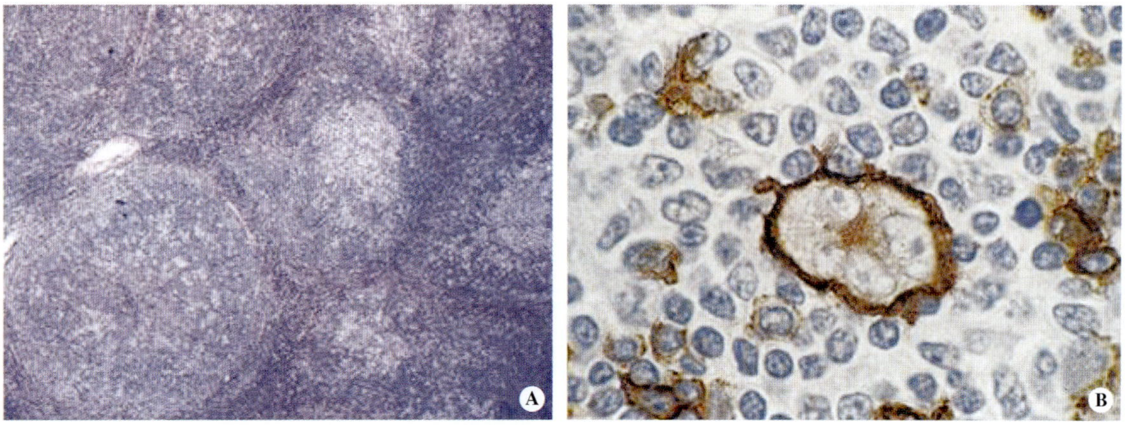

图9-11 结节性淋巴细胞为主型霍奇金淋巴瘤 Nodular lymphocyte predominant Hodgkin lymphoma
A. 低倍镜显示结节状生长方式；B. 显示一多核"爆米花细胞"CD20标记阳性 A. Low power view, showing nodular growth pattern; B. showing a strongly CD20 labeled multinucleated "popcorn cell"

三、非霍奇金淋巴瘤 Non Hodgkin Lymohoma（NHL）

NHL约占所有淋巴瘤的80%～90%，其中2/3原发于淋巴结，1/3原发于淋巴结外器官或组织，如消化道和呼吸道、肺、皮肤、涎腺、甲状腺和中枢神经系统等。与HL不同之处在于发病部位的随机性或不定性，肿瘤扩散的不连续性，组织学分类的复杂性和临床表现的多样性。在某些NHL，淋巴瘤与淋巴细胞白血病有重叠，两者为同一疾病的不同发展阶段。

在我国发生在成人淋巴结的NHL主要是弥漫大B细胞淋巴瘤；在儿童和青少年则是急性淋巴母细胞白血病/淋巴瘤和Burkitt淋巴瘤。淋巴结外淋巴瘤主要有黏膜相关淋巴瘤和鼻型NK/T细胞淋巴瘤，前者主要发生在胃肠道、涎腺和肺等，后者主要累及中线面部的器官和组织。下面介绍我国常见的一些NHL。

（一）急性淋巴母细胞白血病/淋巴瘤 Acute lymphoblastic leukemia/lymphoma（ALL）

ALL是前体B细胞或前体T细胞起源的恶性肿瘤，两者具有相似的形态学和临床特征，因此合并介绍。ALL起源细胞相同，属同一种肿瘤，仅侵袭部位存在差异，白血病以骨髓和外周血累及为特征，而淋巴瘤累及淋巴结和淋巴结外组织。

1. 流行病学 Epidemiology 前体B细胞肿瘤多见于幼儿，发病高峰年龄为4岁；而前体T细胞肿瘤发病年龄稍长，多见于15～20岁的青少年，且以男性多见。

2. 临床特征 Clinical features 前体B细胞肿瘤累及骨髓和外周血而呈现急性白血病的表现，而前体T细胞肿瘤先累犯胸腺而表现为纵隔肿块，但很快浸润骨髓和外周血而进入白血病状态。急性白血病以正常造血功能受抑，外周血三系减少为特征，起病急，不经治疗，数个月内可导致患者死亡。红细胞减少表现为明显贫血。血小板减少表现为全身各部位出血，以皮肤瘀点、瘀斑、鼻出血、牙龈出血和月经过多为特征。白细胞减少表现为继发感染，可发生于各个部位，以口腔炎、牙龈炎和咽峡炎最常见，肺炎也常见。病原常常是细菌，由真菌所致的机会性感染也很常见。此外，因瘤细胞在骨髓内快速生长，骨髓中原始淋巴母细胞量常超过25%，出现骨痛，也可累及肝脾表现为肝脾大，或累及中枢神经系统而出现相应的症状。ALL对治疗反应很敏感，90%的患者可获完全缓解。

3. 病理变化 Pathological changes 瘤细胞的体积比小淋巴细胞略大，胞质少，核染色质细腻或呈点彩状，不见核仁或核仁不清楚。核分裂多见。肿瘤背景中可见吞噬细胞吞噬组织碎片成星空样（starry sky）（图9-12）。95%的病例瘤细胞特异性地表达前体淋巴细胞标记TdT。多数病例瘤细胞同时表达CD10，以及B细胞或T细胞分化抗原。细胞遗传学检测示90%以上ALL瘤细胞有染色体数目或结构的异常。

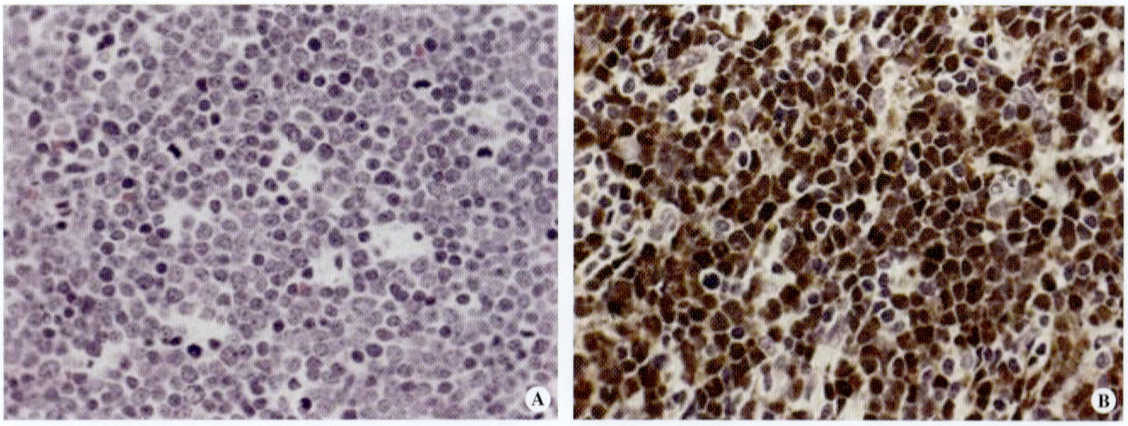

图 9-12 淋巴母细胞性淋巴瘤 Lymphoblastic lymphoma.

A. 单形性中等大小细胞弥漫增生,细胞核染色质细腻,核仁不明显;B. 肿瘤细胞 TdT 免疫组织化学染色显示核强阳性

A. A diffuse, monotonous proliferation of medium-sized cells with fine chromatin and indistinct nucleoli is present; B. The tumor cells show strong nuclear reactivity with TdT immunohistochemistry stain

B- and T-Cell Lymphoblastic Leukemia/Lymphoma

Aggressive tumors of pre-B or pre-T cells that are most common in childhood and young adults, but which occur throughout life. Most patients present with bone marrow failure caused by extensive marrow replacement by leukemic cells, resulting in pancytopenia.

(二) 成熟 B 细胞淋巴瘤 Mature B-cell lymphoma

1. 慢性淋巴细胞白血病/小淋巴细胞淋巴瘤 Chronic lymphocytic leukemia/small lymphocytic lymphoma, CLL/SLL CLL/SLL 是 B 细胞起源的恶性肿瘤,以外周血、骨髓和淋巴结中单形性小淋巴细胞增生为特点。CLL 和 SLL 中肿瘤细胞具有一致的形态和免疫表型,故实属同一种肿瘤,仅累及部位存在差异,CLL 以骨髓和外周血累及为起始特征,外周血淋巴细胞数量明显增加,淋巴细胞计数>4000/mm^3,而 SLL 以淋巴结累及为起始特征。

(1) 流行病学 Epidemiology:CLL/SLL 常见于 50 岁以上的老年人,男性多于女性(2∶1)。本病在我国的发生率显著低于欧美国家。

(2) 临床特征 Clinical features:CLL/SLL 起病缓慢,早期多数患者无明显症状,或仅见易疲劳和厌食等非特异性症状。50%~60%的患者后续可出现全身性淋巴结肿大和肝脾肿大。所有 CLL 和大多数 SLL 都有骨髓累及。超过 50%的患者出现低丙种球蛋白血症(易感染),部分患者可出现自身免疫性贫血和血小板减少性紫癜。

CLL/SLL 的病程和预后差异很大,平均生存期为 4~6 年。

(3) 病理变化 Pathological changes:淋巴结结构破坏,肿瘤性小淋巴细胞(细胞核圆形,染色质致密,胞质少,似成熟淋巴细胞)弥漫浸润,其间可见散在分布的大细胞(称前淋巴细胞 prolymphocyte),部分大细胞局部积聚形成增殖中心(proliferation center),在低倍镜下呈淡染区,所谓的"假滤泡"(pseudofollicle),其对 CLL/SLL 具有诊断价值。

瘤细胞表达 B 细胞分化抗原 CD19、CD20 和 CD22,同时表达 CD5 和 CD23。最常见的细胞遗传学异常是染色体 12 号染色体三倍体,17q13 缺失、ll q22 缺失、13q14 基因突变。

Small Lymphocytic Lymphoma/ Chronic Lymphocytic Leukemia

Tumor of mature B cells that usually presents with involvement of the bone marrow and the lymph nodes. Follows an indolent course, commonly associated with immune abnormalities, including an increased susceptibility to infection and auto-immune disorders.

2. 滤泡性淋巴瘤 Follicular lymphoma (FL)

FL 是生发中心 B 细胞起源的恶性肿瘤。瘤细胞形态学呈现中心细胞样细胞(centrocyte, CC)和中心母细胞样细胞(centroblast, CB)特征。

(1) 流行病学 Epidemiology:多见于老年人,两性发病率相似。本病多见于欧美国家,可占 NHL 的 40%,但在亚洲包括我国相对少见。

(2) 临床特征 Clinical features:FL 通常表现为全身淋巴结肿大,可累及骨髓、外周血和脾脏等。起病时患者通常为临床Ⅲ和Ⅳ期。FL 属于惰性淋巴瘤。自然病程长,但不能治愈,中位生存期为 7~9 年。大部分病例经治疗后可反复复发,少部分病人可演变为

高度侵袭性的弥漫性大 B 细胞淋巴瘤(DLBCL),均最终导致患者死亡。

(3) 病理变化 Pathological changes:淋巴结正常结构破坏,被密集排列的肿瘤性滤泡所取代,后者常浸润至淋巴结包膜外脂肪组织(图 9-13A)。部分区域可呈弥漫性生长。肿瘤性滤泡中包括 CC 样瘤细胞和 CB 样瘤细胞。大多数病例以 CC 样瘤细胞为主,较正常淋巴细胞稍大,具有不规则的"裂"核,以显著的锯齿状和线性皱褶为特征,核染色质粗糙、浓缩,核仁不明显,核分裂象较少。少数病例以 CB 样瘤细胞为主,瘤细胞的体积是正常淋巴细胞的三至四倍,核圆形或卵圆形,核内染色质呈空泡状或弥散分布,含 1~3 个贴近核膜的小核仁。根据 CB 样瘤细胞的数量可以对 FL 进行病理学分级,数量越多,分级越高,恶性程度越高。

瘤细胞表达 B 细胞分化抗原 CD19、CD20 和 CD22。表达生发中心 B 细胞相关抗原 CD10 和 Bcl6。Bcl2 为凋亡抑制蛋白,能维持肿瘤细胞长期生存,约 90% 的病例之肿瘤细胞表达 Bcl-2 蛋白,而正常滤泡生发中心 B 细胞为 Bcl-2 阴性。因此 Bcl-2 是肿瘤性滤泡区别于反应性滤泡的重要免疫标记。t(14;18)(q32;q21)易位是 FL 最常见的遗传学异常,易位引发 BCL2 基因和免疫球蛋白重链基因异常融合,并导致 Bcl2 蛋白的过表达(图 9-13B)。少数患者缺乏 t(14;18)(q32;q21)易位,而出现 13q27 上 Bcl6 基因重排。

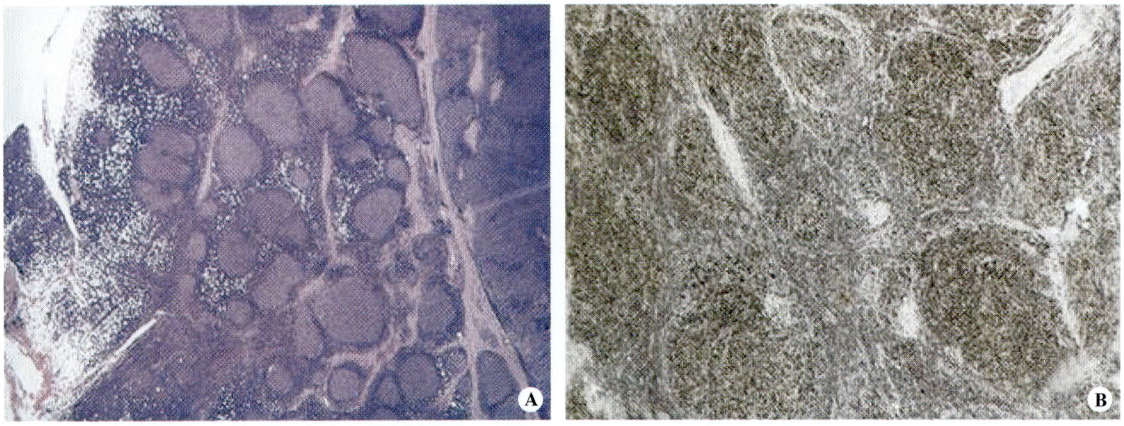

图 9-13 滤泡性淋巴瘤 Follicular lymphoma

A. 大小相对一致的肿瘤性滤泡密集排列,套区缩小,部分滤泡侵犯淋巴结外脂肪组织;B. 滤泡性淋巴瘤中肿瘤性滤泡显示 Bcl-2 表达阳性 A. Relatively uniform follicles with attenuated mantles are closely packed. Some of them extend into perinodal fat; B. Follicular lymphoma stained for Bcl-2 showes positivity of the follicle centres

> **Follicular Lymphoma**
>
> Tumor cells recapitulate the growth pattern of normal germinal center B cells; more than 80% of cases are associated with a t (14;18) translocation that results in the over-expression of the anti-apoptotic protein BCL2.

3. 套细胞淋巴瘤 Mantle cell lymphoma(MCL)

MCL 是生发中心外套层 B 细胞起源的恶性肿瘤,占 NHL 的 3%~10%。瘤细胞小至中等大小,核不规则。存在特征性 CCND1 基因易位。

(1) 流行病学 Epidemiology:多见于老年人,男性较女性多见。

(2) 临床特征 Clinical features:肿瘤最常累及淋巴结,其次为脾脏、骨髓和外周血。也常累及胃肠道,在黏膜下形成多个结节,肉眼上似息肉,称淋巴瘤样息肉病。MCL 属中度侵袭性恶性肿瘤,绝大多数患者不能治愈,中位生存期 3~5 年。

(3) 病理变化 Pathological changes:淋巴结内瘤组织可呈模糊结节状、弥漫或套区生长,瘤细胞小至中等大小,核形不规则,有核裂或圆形核,核仁不明显,似中心细胞(centrocyte,CC)(图 9-14A)。一般在肿瘤内无中心母细胞样细胞(centroblast,CB)、免疫母细胞或副免疫母细胞样转化细胞和增殖中心。透明变性的小血管常见。

瘤细胞表达 B 细胞分化抗原 CD19、CD20、CD22、CD79a 和 Bcl2 蛋白。表达 CD5(与 CLL/SLL 相似),但不表达 Bcl6、CD23 和 CD10。瘤细胞核特征性表达细胞周期蛋白 D1(CyclinD1)。几乎所有肿瘤都存在 t(11;14)易位,导致 1 号染色体上的 CCND1 基因与 14 号染色体上的免疫球蛋白重链基因融合。基因易位使 CyclinD1 异常表达(图 9-14B)。

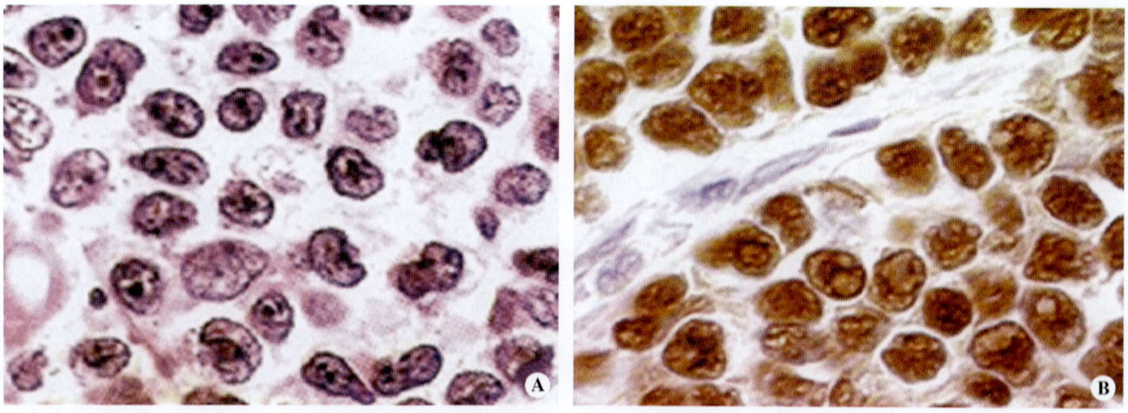

图 9-14 套细胞淋巴瘤 Mantle cell lymphoma

A. 肿瘤细胞似中心细胞；B. 免疫组化显示肿瘤细胞中细胞周期蛋白 CyclinD1 阳性 A. Tumor cells may resemble centrocytes. B. Immunohistochemical stain shows CyclinD1 positive of tumor cells

Mantle Cell Lymphoma

Tumor of mature B cells that usually presents with advanced disease involving lymph nodes, bone marrow, and extranodal sites such as the gut. Highly associated with a t(11;14) translocation that results in over-expression of cyclin D1, a regulator of cell cycle progression.

4. 弥漫大 B 细胞淋巴瘤 Diffuse large B-cell lymphoma(DLBCL) DLBCL 是具有高度异质性和侵袭性的一组肿瘤，以体积大免疫表型为 B 系的肿瘤细胞弥漫浸润为特征。基因表达谱的研究表明，部分 DLBCL 起源于生发中心 B 细胞，其他的 DLBCL 起源细胞不明，其中大部分病例的基因表达特征与体外激活的 B 细胞相似。也可以是其他惰性淋巴瘤发展和转化而来。

(1) 流行病学 Epidemiology：DLBCL 是最常见的 NHL，约占所有成人 NHLs 的 30%～40%。可发生于各个年龄，但以老年人多见，男性稍多于女性。

(2) 临床特征 Clinical features：肿瘤常累及淋巴结，病情进展迅速。原发于结外的同样多见，最常见的部位包括胃肠道、皮肤、骨、脑、口咽(Waldeyer's 淋巴环)等。

近年来，对其病因、遗传学和临床特征的研究许多亚型不断被识别，如①纵隔(胸腺)大 B 细胞淋巴瘤[mediastinal (thymic) large B cell lymphoma]；②血管内大 B 细胞淋巴瘤(intravascular large B cell lymphoma)；③原发性渗出性淋巴瘤(primary effusion lymphoma)。

DLBCL 属高度侵袭性肿瘤，如不治疗，短时间内致命。经联合化疗，60%～80% 的患者可获得缓解，约 50% 的患者有很长的无病生存期直至临床痊愈。病变局限者远较病变弥漫或肿瘤体积大者的预后好。生发中心来源的 DLBCL(GCB-DLBCL)的预后较生发中心外活化 B 细胞来源的 DLBCL(非 GCB-DLBCL)的预后好。抗 B 细胞 CD20 单克隆抗体(Rituximab 利妥昔单抗，商品名美罗华)与化疗方案联合使用可明显改善预后。

(3) 病理变化 Pathological changes：以淋巴结内形态相对单一、体积较大的瘤细胞弥漫浸润为特征，肿瘤细胞呈中心母细胞样(centroblast, CB)或免疫母细胞样。免疫母细胞体积是小淋巴细胞的 4～5 倍，具有圆形或分叶状泡状核，具 1～2 个居中的显著核仁。胞浆深染或嗜双色性或透明(图 9-15)。

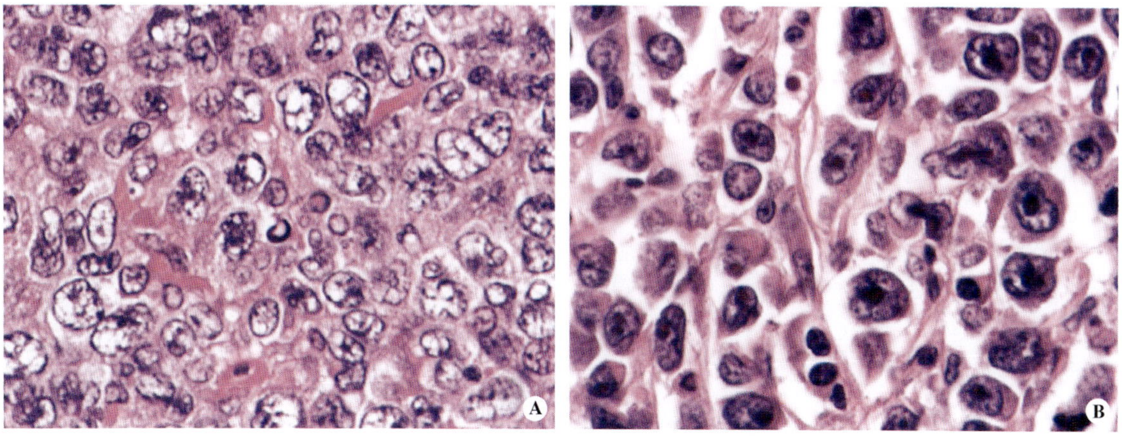

图 9-15 弥漫大 B 细胞淋巴瘤 Diffuse large B-cell lymphoma

A. 中心母细胞样；B. 免疫母细胞样 A. centroblastic；B. immunoblastic

肿瘤细胞表达泛 B 细胞抗原 CD19、CD20 和 CD79a。部分肿瘤表达 CD10、Bcl6 和 MUM1，根据三者不同的表达特征，可将 DLBCL 划分为 GCB-DLBCL 和非 GCB-DLBCL。多数表达表面或胞质免疫球蛋白，不表达 TdT。最常见的遗传学异常是 bcl-6 基因的重排和突变，位点在 3q27。部分肿瘤存在同 FL 相似的 t(14;18) 和 Bcl2 基因易位。

Diffuse Large B-Cell Lymphoma (DLBCL)

Heterogeneous group of mature B cell tumors that share a similar large-cell morphology and aggressive clinical behavior; the most common type of lymphoma. Highly associated with rearrangements or mutations of *BCL6* gene; one-third arise from follicular lymphomas and carry a t(14;18) translocation.

5. Burkitt 淋巴瘤 Burkitt's Lymphoma (BL)

BL 是生发中心内或生发中心后 B 细胞起源的高度侵袭性恶性肿瘤。常累及结外器官，表现为单形性中等大小淋巴样细胞浸润。存在特征性 myc 基因易位。

(1) 流行病学 Epidemiology：BL 存在三种临床类型：①流行性 BL（endemic BL），发生于非洲儿童，男性较女性多见；②散发性 BL（sporadic BL），发生于世界各地，儿童和青年，同样男性较女性多见；③免疫缺陷相关 BL（immunodeficiency-associated BL），多见于 HIV 感染者。三种 BL 的组织学改变相似，但在临床表现和病毒感染特征方面存在差异。

(2) 病因 Etiology：BL 与 EB 病毒感染有关，所有流行性 BL 病例的瘤细胞中几乎均能检测到 EB 病毒基因组，散发性 BL 和免疫缺陷相关 BL 中的检测率也分别达 30% 和 25% ~ 40%。此外，流行性 BL 还与疟原虫感染有关。最近的观点认为，多种微生物如一些虫媒、病毒等均可能参与了流行性 BL 的发生。

(3) 临床特征 Clinical features：BL 常累及结外器官，三种临床类型之间存在差异，但均存在中枢神经系统累及的危险。颌骨或下颌骨（常表现为巨大肿块）是流行性 BL 最常累及的部位，其他的部位包括回盲部、网膜、性腺、乳腺等。散发性 BL 极少累及颌骨，多数病例表现为腹部肿块，卵巢和乳腺等也可累及。免疫缺陷相关 BL 则主要累及结内器官。

BL 属高度侵袭性肿瘤，是身体内生长最迅速的肿瘤之一，但对大剂量化疗反应好，多数患者能治愈。

(4) 病理变化 Pathological changes：BL 表现为形态单一、中等大小的淋巴样细胞弥漫性浸润。瘤细胞核圆或卵圆形，染色质分散，有 2~5 个明显的核仁。胞质中等量，嗜碱性。瘤细胞生长迅速，大量核分裂象与细胞凋亡并存，后者为正常巨噬细胞所吞噬而形成所谓“满天星”（starry sky）的图像（图 9-16A）。

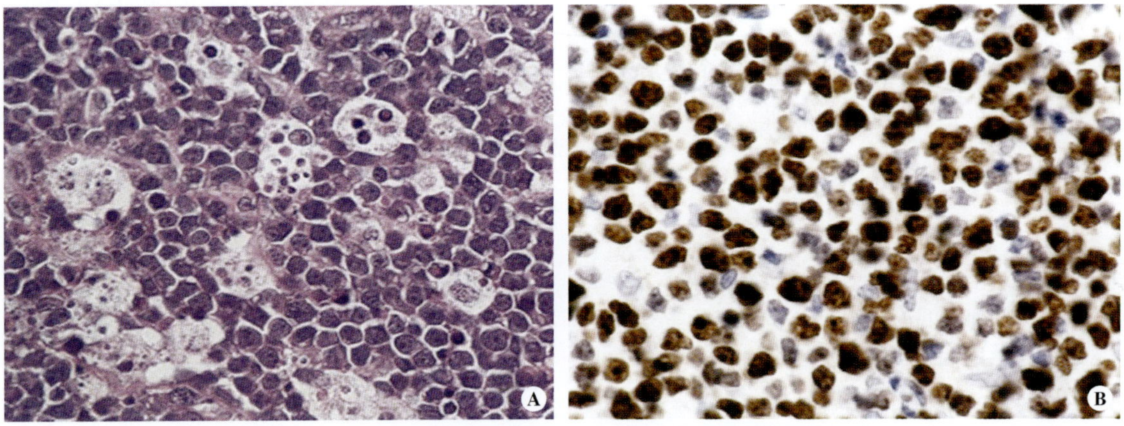

图 9-16 Burkitt 淋巴瘤 Burkitt lymphoma

A. 显示“满天星”图像；B. 免疫组化显示 Ki-67 表达阳性瘤细胞 A. A “starry-sky” pattern is present; B. Immunohistochemistry stain shows Ki-67 positive of tumor cells

瘤细胞表达泛 B 细胞分化抗原 CD19、CD20 和 CD79a，也表达生发中心细胞标记和 CD10 和 Bcl-6 等。几乎 100% 的瘤细胞 Ki-67（MIB-1）（反映细胞增殖活性的指标）表达阳性（图 9-16B）。几乎所有的 BL 都存在 8 号染色体上 MYC 基因和免疫球蛋白基因之间的易位，即 t(8;14)（图 9-17）。

Burkitt Lymphoma

Very aggressive tumor of mature B cells that usually arises at extranodal sites, is uniformly associated with translocations involving the *c-MYC* proto-oncogene, and is often associated with latent infection by Epstein-Barr virus (EBV).

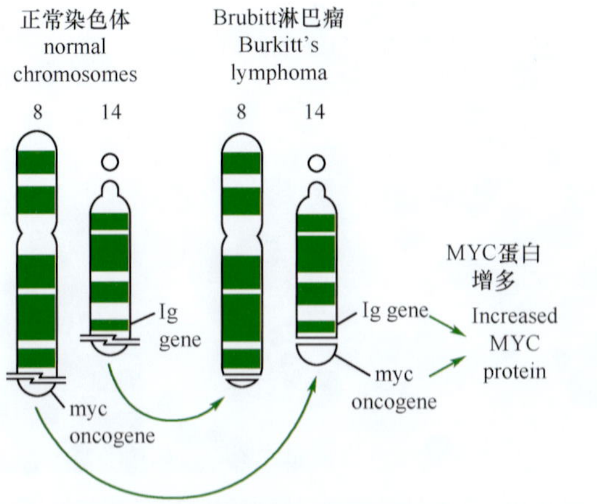

图 9-17 Burkitt 淋巴瘤遗传学特征 Genetic features of Burkitt lymphoma

t(8;14)(q24;q32) 易位 gene rearrangements of t(8;14)(q24;q32)

6. 结外边缘区黏膜相关淋巴组织淋巴瘤 Extranodal marginal zone lymphoma of mucosa-associated lymphoid tissue(MALT lymphoma) MALT 淋巴瘤是发生于淋巴结外黏膜相关淋巴组织的边缘区B细胞淋巴瘤,不同形态的小B淋巴细胞浸润为特征,主要成分为边缘区B细胞(中心细胞样小淋巴细胞)和单核样B细胞,散在分布有免疫母细胞样和中心母细胞样细胞,1/3病例伴浆细胞分化。

(1) 流行病学 Epidemiology:常发生于成年人,女性较男性稍多见。

(2) 病因和发病机制 Etiology and pathologenesis:MALT 淋巴瘤发生相关的机制有:①与慢性炎症和自身免疫性疾病有关,共同基础是获得性淋巴组织的存在。原型为幽门螺旋杆菌感染性胃炎基础发生上的胃 MATL 淋巴瘤。与自身免疫性疾病相关的如分别继发于干燥综合征和桥本甲状腺炎的唾液腺和甲状腺 MALT 淋巴瘤。②病变可长期局限在原发部位而不扩散,仅在疾病后期才发生全身扩散。③初始病因去除后肿瘤可能消失,如与幽门螺旋杆菌感染相关的胃 MALT 淋巴瘤经抗生素治疗后可消退。

(3) 临床特征 Clinical features:MALT 淋巴瘤好发于胃肠道,以胃最多见,其次是小肠。其他部位包括肺、唾液腺、甲状腺、泪腺和乳腺等。MLAT 淋巴瘤为惰性淋巴瘤,进展缓慢。其他部位的经手术切除或经放疗治疗后可获得很长的无病生存期。治疗后复发易发生于其他黏膜相关淋巴组织。少数病例可以向 DLBCL 转化。

(4) 病理变化 Pathological changes:显微镜下,反应性淋巴滤泡套区周边的边缘区扩张,小淋巴细胞[边缘区中心细胞样细胞(centrocyte like cells,CLC)],胞浆丰富的单核样B细胞(monocytoid B cells)弥漫浸润,其中可见散在的免疫母细胞样和中心母细胞样细胞。部分病例可见浆细胞分化。瘤细胞侵袭和破坏腺上皮形成所谓的"淋巴上皮病变"(lymph epithelial lesion)(图 9-18A),常见3个或以上的瘤细胞在腺上皮中积聚,腺上皮细胞因变性而嗜酸性明显增强。部分病例中肿瘤细胞浸润并占据整个淋巴滤泡,称之为滤泡殖入(follicular colonization),可使瘤组织呈现滤泡状生长方式(图 9-18B)。

MALT 淋巴瘤缺乏特异性标记,边缘区 CLC 认为是生发中心后记忆B细胞来源。瘤细胞表达B细胞相关抗原 CD20、CD79a,但不表达 CD5、CD10 和 CD23 以区别于其他小B细胞淋巴瘤。表面免疫球蛋白 IgM 和 IgA 阳性,而 IgD 阴性。t(11;18)(q21;q21)易位是最常见的遗传学异常,涉及凋亡抑制基因 API2 和 MALT 基因,可产生融合蛋白,并预示抗生素治疗将不再有效。

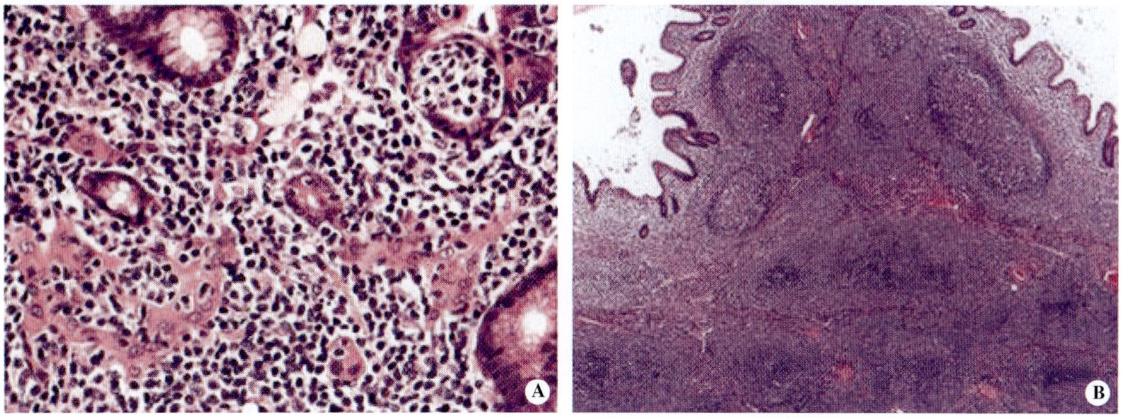

图 9-18 黏膜相关淋巴组织淋巴瘤 MALT lymphoma

A. 一例胃黏膜相关淋巴组织淋巴瘤中淋巴上皮病变表现为扭曲的腺体伴有肿瘤细胞浸润;B. 滤泡植入。上方显示边缘区的淋巴瘤细胞围绕淋巴滤泡生长,下方淋巴瘤细胞浸润淋巴滤泡呈滤泡状生长方式 A. Lymphoepithelial lesions in a case of gastric mucosa-associated lymphoid tissue lymphoma distorting glands and associated with tumor cells infiltration. B. Follicular colonization. Lymphoma cells in the marginal zone surround the follicles (above) and replace them (below), resulting in a follicular growth pattern

Themucosa-associated lymphoid tissue (MALT) (also called mucosa-associated lymphatic tissue) is the diffuse system of small concentrations of lymphoid tissue found in various sites of the body such as the gastrointestinal tract, thyroid, breast, lung, salivary glands, eye, and skin. MALT plays a role in regulating mucosal immunity and is populated by lymphocytes such as T cells and B cells, as well as plasma cells and macrophages, each of which is well situated to encounter antigens passing through the mucosal epithelium.

7. 浆细胞肿瘤 Plasma cell neoplasms 浆细胞肿瘤是起源于终末分化B细胞(浆细胞)的一组恶性肿瘤,肿瘤性浆细胞可合成完整的单克隆性免疫球蛋白[被称作M蛋白(Mcomponent)]或只合成重链或轻链。这些蛋白质可释放入血,游离的轻链,也称本周蛋白(Bence Jones),因其分子量小,可以经尿液排出体外。真正的浆细胞肿瘤包括多发性骨髓瘤(multiple myeloma)、孤立性骨浆细胞瘤和骨外浆细胞瘤三种类型。这里,仅对最常见的多发性骨髓瘤作简要介绍。

多发性骨髓瘤以骨髓中肿瘤性浆细胞克隆性增生为特征,常表现为骨骼系统中多灶性溶骨性破坏。

(1) 流行病学 Epidemiology:多发性骨髓瘤好发于老年人,男性较女性稍多见。

(2) 临床特征 Clinical features:骨痛为常见症状,由肿瘤性浆细胞浸润引发。影像学检查可见多发性穿凿性骨缺损。骨质吸收常导致病理性骨折和高钙血症,后者可出现神经系统异常,如精神错乱、嗜睡等。骨髓广泛受累可导致贫血、白细胞和血小板减少。半数病人还可出现肾功能不全,与本周蛋白损害肾小管有关。少数病人可继发系统性淀粉样变性。

实验室检查,血液中免疫球蛋白水平升高,以IgG最常见,约占55%,约25%为IgA或IgM。尿中可检及本周蛋白。

多发性骨髓瘤不能治愈,中位生存期为3~5年。

(3) 病理变化 Pathological changes:多发性骨髓瘤表现为全身骨骼系统的多灶性骨破坏性病变,其内充满质软、胶冻状、鱼肉样的肿瘤组织。肿瘤常累及脊柱、肋骨、颅骨、盆骨、股骨、锁骨和肩胛骨等。病变破坏骨皮质,常致病理性骨折。影像学检查表现为敲凿性骨缺损(punch-out defects)病灶。组织学多表现为分化良好的浆细胞弥漫性增生和浸润,取代正常组织,瘤细胞胞质呈嗜碱性,常见核周空晕,核偏于一侧,染色质凝集成车轴状。因Ig在浆细胞胞质内聚集而形成Russell小体,或胞核内的Dutcher小体可被见到。随着疾病的进展,在脾、肝、肾、肺、淋巴结和其他部位的软组织中可见到浆细胞浸润(图9-19)。

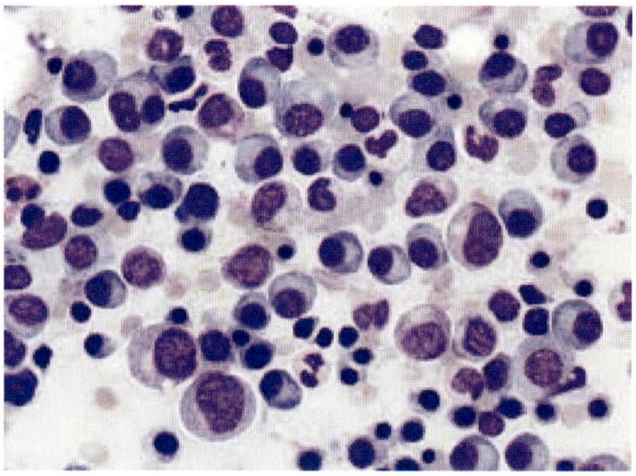

图9-19 多发性骨髓瘤。瘤细胞胞质呈嗜碱性,常见核周空晕,核偏于一侧 Multiple myeloma. Tumor cell cytoplasm was basophilic and the halo around nucleus was common; the nuclear biased towards one side

瘤细胞表达浆细胞标记多配体聚糖-1(syndecan 1,CD138)和CD38。表达B细胞分化抗原CD79,但不表达CD19和CD20。表达克隆性胞质内Ig,以IgG和IgA多见。有Ig轻链限制性表达。存在Ig基因受体的克隆性重排。约20%~60%的病例有染色体结构和数量的异常,最常见的是染色体13单体、13q14确实和14q32转位等。

Multiple Myeloma

Plasma cell tumor that usually presents as multiple lytic bone lesions with pathologic fractures and hypercalcemia. Neoplastic plasma cells may suppress normal humoral immunity and secrete partial immunoglobulins that are often nephrotoxic.

(三) 成熟T和NK细胞淋巴瘤 Mature T and NKcells lymphoma

成熟T和NK细胞淋巴瘤较成熟B细胞淋巴瘤少见。在欧美国家,约占非霍奇金淋巴瘤的10%左右,但在我国和其他亚洲国家相对多见。

由于对T细胞分化发育过程的了解远没有B细胞清楚,因此,T细胞淋巴瘤尚无满意的分类方法。在新的WHO分类中,除有独特临床病理特征的几个类型外,其他的均被归类于非特指外周T细胞淋巴瘤。下面对几种常见的T细胞淋巴瘤作简要介绍。

1. 非特指外周T细胞淋巴瘤 Peripheral T-cell lymphoma, unspecified(PTCL) PTCL是具有一组异质性的尚未进一步分类的胸腺后成熟T细胞来源的淋巴瘤。好发于成年人,男性较女性多见。本病起始于淋巴结,但几乎身体所有部位均可累及。组织学上,淋巴结结构破坏,呈现副皮质区或弥漫浸润。瘤细胞谱系广,多数病例由中等至大细胞构成。核不规则，多形，染色深，核仁明显，核分裂象易见。常伴高内皮小静脉增生和肿瘤浸润血管的现象，数量不等的炎细胞如浆细胞、组织细胞和嗜酸粒细胞浸润（图 9-20）。胶原纤维穿插分隔病变组织。瘤细胞表达 T 细胞分化抗原如 CD3、CD43 和 CD45RO，但常失表达 CD5 和 CD7。大多数病例有 TCR 基因的克隆性重排。常可见染色体数量和结构的异常。本病缺乏有效的治疗手段，预后差。

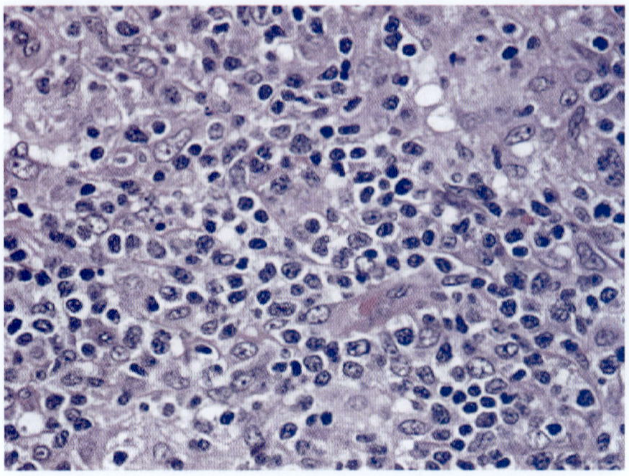

图 9-20　非特指外周 T 细胞淋巴瘤中常见多形的大小不一的肿瘤细胞浸润 The infiltrate in peripheral T-cell lymphoma, unspecified is frequently polymorphous with neoplastic cells of varying sizes

Peripheral T-cell lymphomas unspecified (PTCL)

In some respects, peripheral T-cell lymphoma, unspecified (PTLU) is a diagnosis of exclusion. The term covers the 50 per cent or so of peripheral T-cell lymphomas that do not fall into any of the other, better defined categories and is, therefore, a heterogeneous group with very variable morphological features. Clinically, it is one of the more aggressive forms of non-Hodgkin lymphoma. It is primarily a disease of adults with an equal sex ratio. Most patients have systemic symptoms and extranodal disease is frequent. Bone marrow, liver, spleen and skin are frequently involved sites and there may be a leukaemic phase with peripheral blood involvement. Less frequent manifestations are due to abnormal production of cytokines and include eosinophilia and haemophagocytic syndrome.

2. 结外 NK/T 细胞淋巴瘤，鼻型 Extranodal NK/T-cell lymphoma, nasal type　NK/T 细胞淋巴瘤是 NK 细胞起源的恶性肿瘤，少数病例呈现细胞毒性 T 细胞免疫表型，故称为 NK/T 细胞淋巴瘤。2/3NK/T 细胞淋巴瘤发生在鼻部或中线面部（累及鼻腔、鼻窦、鼻咽和腭）称为鼻型 NK/T 细胞淋巴瘤。1/3 发生在其他部位，如原发于皮肤、软组织、胃肠道和睾丸，可继发累及淋巴结，称为鼻外型 NK/T 细胞淋巴瘤。

鼻型 NK/T 细胞淋巴瘤在我国常见，好发于成年男性，与 EB 病毒感染相关。临床上常表现为鼻部肿块或中线面部的坏死溃疡性病变。组织学上，瘤细胞大小不一，形态各异，数量不等的炎细胞混杂其中。瘤组织中常出现地图状凝固性坏死，为瘤细胞侵袭和破坏血管的结果（图 9-21）。

瘤细胞表达 CD2，胞质 CD3ε 和 CD56；同时表达细胞毒性分子如 T 细胞内抗原-1（T-cell intercellular antigin-1, TIA1）、穿孔素（perforin）和粒酶 B（granzyme B）。多数病例能通过原位杂交检测出 EBV 病毒编码的 RNA（EBER）。T 细胞受体基因在多数病例中呈胚系构型，少数病例可有克隆性重排。可出现 6q21-25 缺失，但未发现特异性染色体易位。以往，鼻型 NK/T 细胞淋巴瘤主要通过局部放射治疗，预后较差。但如今，通过辅助化学治疗后预后明显改善。

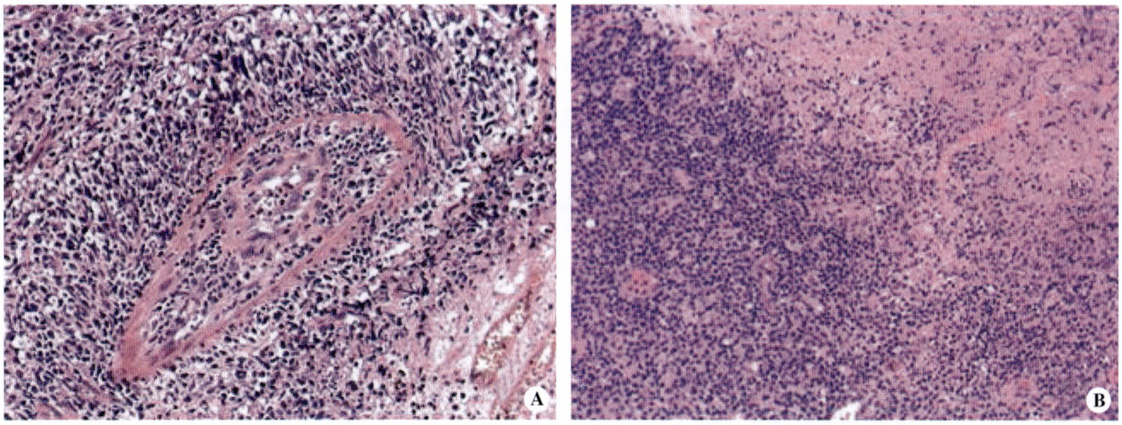

图 9-21　T/NK 细胞淋巴瘤（鼻型）Extranodal T/NK-cell lymphoma (nasal type)
A. 血周中心性生长和血管浸润明显；B. 地图状缺血性凝固性坏死 A. Angiocentricity and angioinvasion are apparent; B. Geographic ischemic coagulative necrosis are present

3. 血管免疫母T细胞淋巴瘤 Angioimmunoblastic T-cell lymphoma（AITL） AITL是一类起源于淋巴滤泡内辅助性T细胞的淋巴瘤。好发于中老年人，常表现全身淋巴结肿大、肝脾大、皮疹、全身性症状（发热、盗汗和消瘦）、高γ球蛋白血症和免疫抑制。组织学上，淋巴结副皮质区扩张，分枝状高内皮小静脉大量增生，小或中等大小胞浆透亮的肿瘤细胞和反应性炎细胞浸润其中（图9-22）。常同时存在滤泡树突状细胞和EBV阳性B免疫母细胞增生。瘤细胞表达T细胞分化抗原，表达滤泡辅助性T细胞相关抗原CD10、CXCL13和PD-1，此可区别于其他T细胞肿瘤。大多数病例有TCR基因的克隆性重排。最常见的细胞遗传学异常是出现3、5号染色体三倍体和附加的X染色体。本病预后差，中位生存期不足3年。

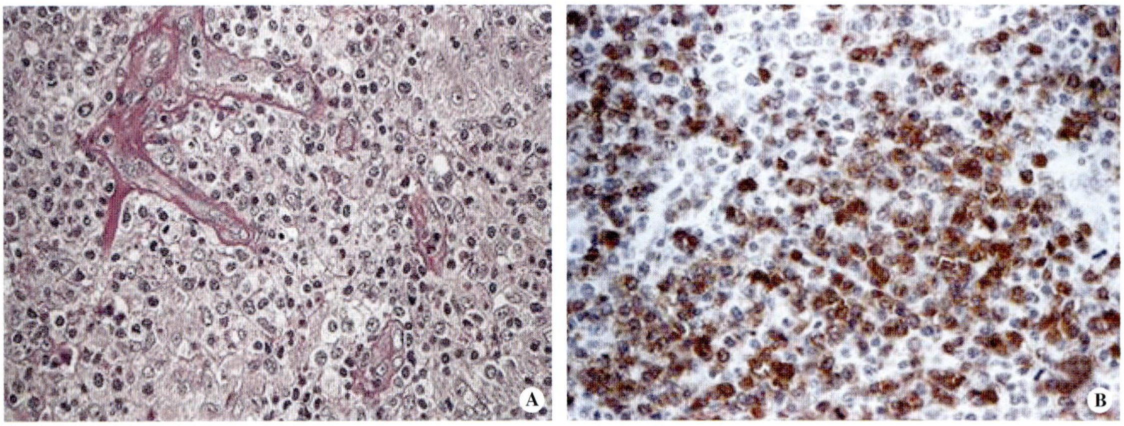

图9-22 血管免疫母T细胞淋巴瘤 Angioimmunoblastic T-cell lymphoma（免疫组化染色）

A. 高内皮小静脉增生明显；B. 许多细胞表达CD10 A. High epithelioid venules proliferation is apparent; B. Many cells express CD10

4. 间变性大细胞淋巴瘤 Anaplastic large cell lymphoma（ALCL） ALCL可能起源于活化的成熟的细胞毒性T细胞，属于一种T细胞淋巴瘤。大而多形肿瘤细胞CD30（+），大多数病例表达细胞毒性相关蛋白及ALK蛋白。到目前为止，尚未证明致病因子和易患因素。ALCL约占成人NHL的3%，占儿童淋巴瘤的10%~30%。ALCL好发于小于30岁的人群，男性多见（男女之间比例为6.5∶1）。起病时常同时累及淋巴结和结外器官，包括皮肤、软组织、骨、肺、肝和骨髓等。ALK（-）病例的中位年龄更高，主要发生在老年人，男女发病之比为0.9∶1，临床侵袭性更强，支持它们可能代表不同的疾病。

组织学上，ALCL形态多变，已经描述的亚型包括普通型、小细胞型、淋巴组织细胞型、巨细胞型和肉瘤样型等。所有亚型均存在数量不等的核呈怪异核、花环状、面包圈样、R-S细胞样、胚胎样、马蹄铁或肾形的瘤细胞；瘤细胞体积大，胞质丰富，这种形态的肿瘤细胞也被称作为标志细胞（Hallmark cell）。细胞质可表现为空的、嗜碱性或嗜酸性。细胞核染色质通常呈粗块状或弥散，有多个小的、嗜碱性核仁；当淋巴结的结构仅部分破坏时，肿瘤细胞呈现典型的窦内生长（图9-23A），类似于转移性肿瘤。肿瘤细胞也在副皮质区生长，经常呈镶嵌结构。

肿瘤细胞胞质中CD30阳性位于胞膜和高尔基体区。CD30阳性细胞常围绕着血管成簇存在；在60%~85%的病例中可检测到胞质和胞核中间变淋巴瘤激酶（anaplastic lymphoma kinase，ALK）表达（图9-23B），大部分病例EMA（+），EMA的染色形式通常与CD30相似；大多数病例表达一个或更多的T细胞相关抗原。然而，由于丢失几个全T抗原，一些病例可能呈"null cell"表型（但在基因水平上已证明其为T细胞来源）；多数病例表达T细胞分化抗原和细胞毒性分子如TIA-1、粒酶B和/或穿孔素，但不表达CD8和EBV相关EBER和LMP1。90%的ALCL呈克隆性T细胞受体基因重排。ALK的表达是由于2号染色体上的ALK位点基因改变。最常见的改变是t(2;5)(p23;25)易位，导致2号染色体的ALK基因和5号染色体的管家基因nucleophosmin（NPM）的异常融合，形成ALK-NPM融合基因，表达ALK融合蛋白。一些ALK（+）病例与存在t(1;2)(q25;p23)有关，这种易位涉及1号染色体TPM3基因，表达TPM3-ALK蛋白。ALCL对化学治疗敏感，预后好，5年生存率可达80%。而ALK（-）的病例5年生存率仅为40%。复发常见，但仍保持着对化疗敏感。

5. 蕈样霉菌病 Mycosis fungoides（MF） MF是最常见的皮肤T细胞淋巴瘤，好发于中老年人，临床上可分成三期：①红斑期：表现为躯干和肢体红斑样皮损；②斑块期：皮损隆起，质硬，伴明显的鳞屑和瘙痒感；③肿瘤期：可形成圆形肿块，常同时伴淋巴结和内脏累及。组织学上，肿瘤性T细胞多数呈现CD4阳性辅助性T细胞表型，在真皮内呈带状浸润，可侵犯表皮并在其内簇状浸润，形成所谓的Pautrier微脓

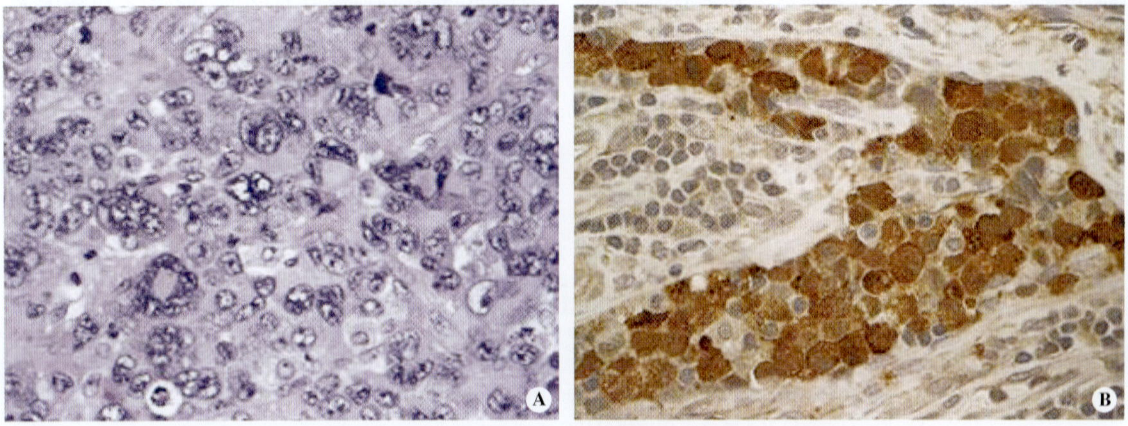

图 9-23　间变大细胞淋巴瘤 Anaplastic large cell lymphoma

A. 标志细胞具马蹄形或环形分页状核；B. 免疫组化染色 ALK1 阳性 A. showing horseshoe or ring shaped lobulated nuclear in hallmark cell；B. showing positive ALK1 immunohistochemistry stain of tumor cells

肿(Pautrier microabscesses)(图 9-24)。瘤细胞大于正常淋巴细胞，核显著不规则、核大、深染，高度扭曲，有深切迹，呈折叠状或脑回状。

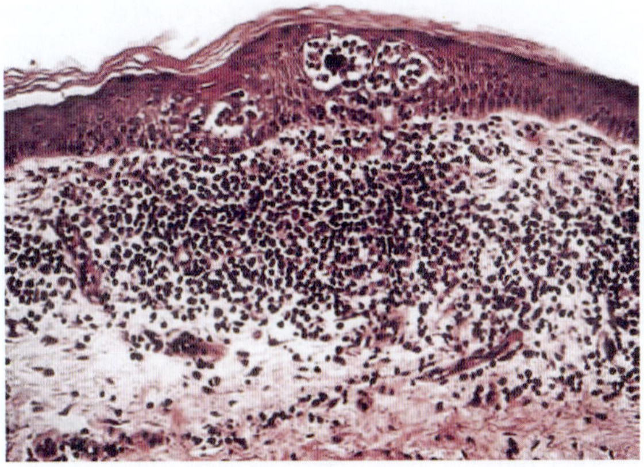

图 9-24　蕈样霉菌病(斑块期)Mycosis fungoides(plaque stage)

真皮层内淋巴细胞带状浸润，并表皮层内局灶积聚形成 Pautrier 微脓肿 Bandlike lymphoid infiltrate in the upper dermis with focal collections in the epidermis (Pautrier's microabscesses)

Sézary's 综合征(Sézary's syndrome)是 MF 的变异型，呈现"白血病"特征的蕈样霉菌病。典型表现为外周血出现具有脑回状核的肿瘤细胞(称为 Sézary 细胞)、红皮病(弥漫性皮肤发红)、手掌足底角化过度和全身性淋巴结肿大。

瘤细胞表达 CD3、CD4、CD45R0，不表达 CD8 和 CD30。多数病例呈单克隆性 T 细胞受体基因重排。MF 病程一般迁延多年，病变局限于皮肤者治疗效果较好，扩散至内脏者预后较差。

第三节　髓系肿瘤 Myeloid Neoplasms

髓系肿瘤是骨髓内多潜能造血干细胞的克隆性增生性疾病，肿瘤细胞异常增生取代正常骨髓组织，同时进入外周血并浸润肝、脾和淋巴结等器官和组织。骨髓内多潜能造血干细胞可以向两个方向分化，其中向粒细胞系、单核细胞系、红细胞系或巨核细胞系方向分化的肿瘤称为髓系肿瘤(myeloid neoplasms)；而向淋巴细胞系方向分化的，则与骨髓外淋巴细胞起源的肿瘤一起归属于淋巴组织肿瘤。

髓系肿瘤为我国常见恶性肿瘤，但总体发病率低于欧美国家。可发生于任何年龄，男女性发病率大致相当。在各种恶性肿瘤所致死亡率中居第 6～8 位，在儿童和 35 岁以下的成人中居第 1 位。

按照 2008 年 WHO 造血和淋巴组织肿瘤分类，髓系肿瘤的类型和主要特征如下：

(1) 急性髓系白血病(acute myelogenous leukemia，AML)和相关前体细胞肿瘤：骨髓中髓系细胞增生，但分化成熟能力缺失，大量原始细胞和幼稚细胞聚集，正常骨髓造血功能受抑明显。

(2) 骨髓增殖性肿瘤(myeloproliferative neoplasms，MPD)：骨髓中髓系细胞增生，且具有分化成熟的能力，外周血细胞数量增多。

(3) 骨髓增生异常综合征(myelodsplastic syndrome，MDS)：骨髓中髓系细胞增生，能分化成熟，但呈现无效造血和病态造血特征，血细胞形态异常，外周血细胞数量减少。

(4) 骨髓增生异常/骨髓增殖性肿瘤(myelodsplastic/myeloproliferative neoplasms，MDS/MPD)：不同种类的髓系细胞分别呈现骨髓增生异常综合征或骨髓增生性肿瘤的特点。

(5) 伴嗜酸粒细胞增多和 PDGFRA、PDGFRB 或 FGFR1 基因异常的髓系和淋巴系肿瘤。为主要依据遗传学异常界定的新增类型。

(6) 急性未明系别白血病(acute leukemia of am-

biguous lineage,ALAL):原始细胞不表达或表达一个系别以上的特异性抗原。

本节将介绍其中的主要类型及其代表性疾病。

一、急性髓系白血病 Acute Myelogenous Leukemia(AML)

AML是以髓系原始细胞和幼稚细胞克隆性增生为特征的一组肿瘤,在形态学、遗传学和临床表现上具有显著异质性。

1. 分类 Classification 目前在临床上应用最为广泛的仍是法美英FAB分类,根据瘤细胞分化程度和分化方向(粒系、单核系、红细胞系和巨核细胞系)将AML分为八型(M0-M7型,表9-3)。

表9-3 急性髓母细胞白血病的FAB分类 FAB classification of AML

类别	形态学	注释
M0 微分化型AML	原始细胞>30%,缺乏胞质颗粒和Auer小体,表达髓系抗原,<3%细胞表达髓过氧化物酶(MPO)	占AML <5%
M1 成熟缺乏型AML	原始细胞和原粒细胞占NEC的>90%以上,含少量胞质颗粒或Auer小体,>3%细胞表达MPO	占AML 20%
M2 成熟型AML	原粒细胞占NEC的30%~89%	占AML 30%;伴t(8;21)易位者,预后好
M3 急性早幼粒细胞白血病	早幼粒细胞占NEC≥30%;单个细胞内存在许多Auer小体	占AML 5%~10%;常伴t(15;17);发病年龄轻,易合并DIC,维A酸治疗有效
M4 急性粒单核细胞白血病	NEC中原始细胞和原粒细胞≥30%;各阶段粒细胞30%~80%;各阶段单核细胞>20%	占AML 20%~30%;出现16号染色体倒位者,预后好
M5 急性单核细胞白血病	原单核、幼单核及单核细胞占NEC≥80%	占AML 10%;常见于青少年;皮肤、牙龈浸润和CNS累及常见
M6 红白血病	原红细胞≥50%;NEC中原始细胞和原粒细胞≥30%	占AML <5%
M7 急性巨核细胞白血病	原始巨核细胞≥30%;表达血小板特异性抗原	占AML <5%

新版WHO分类(2008),保留原有的FAB分类,将其称作为非特指AML。此外,还列出了一些具有明确特征的其他种类的AML,主要包括具有特定遗传学异常的AML,这些遗传学异常往往与患者的治疗和预后有关联;与骨髓增生异常综合征相关的AML;化学治疗后发生的AML。

2. 流行病学 Epidemiology 任何年龄均可发病,为儿童常见恶性肿瘤。发病率高于CML。

3. 临床特征 Clinical features AML起病急骤,有与ALL相似的血细胞三系减少的表现。但肝脾大没有ALL明显,累及中枢神经系统也比ALL少。

4. 病理变化 Pathological changes 骨髓中原始细胞和幼稚细胞的数量占比不低于所有有核细胞的20%。原粒细胞胞浆内可见细小嗜天青颗粒(azurophilic granules)和红染的棒状结构[Auer小体(Auer rods)],核大,染色体细腻,可见3~5个核仁,(图9-25)。Auer小体仅见于AML,不见于ALL,因此具有鉴别诊断价值。在其他亚型的AML中,则可见幼红细胞,原始单核细胞或原始巨核细胞。

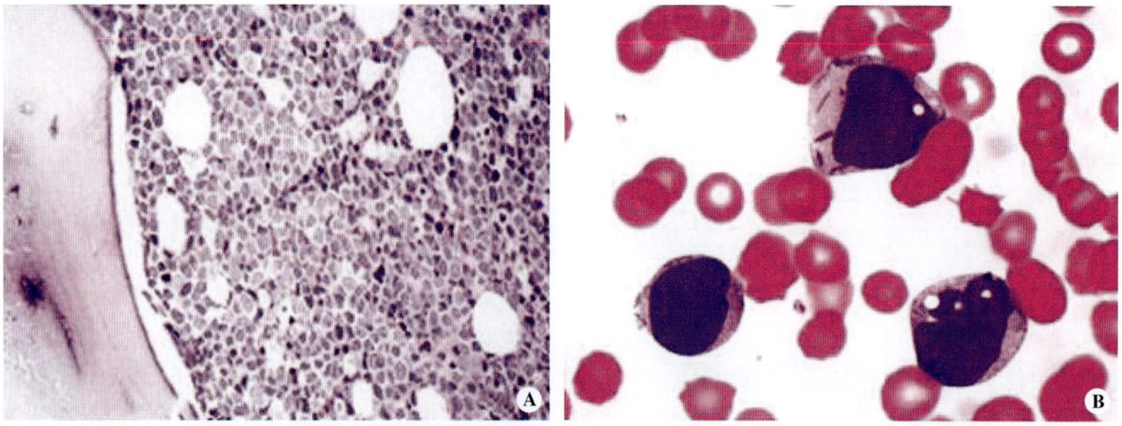

图9-25 急性髓性白血病 Acute myelogenous leukemia

A. 骨髓象显示正常结构被大量原粒细胞增生所替代;B. 骨髓涂片显示Auer小体 A. A bone marrow section is hypercellular, owing to effacement of the normal architecture by myeloblasts; B. Auer rods are prominent in a smear of the bone marrow aspirate

髓系肉瘤(myeloid sarcoma)又称粒细胆肉瘤(granulocytic sarcoma),是白血病的肿瘤细胞在骨髓以外的器官或组织内聚集增生而形成的肿块。因瘤组织在新鲜时肉眼观呈绿色,但当暴露于日光后,绿色迅速消退,若用还原剂(过氧化氢或亚硫酸钠)可使绿色重现,故也称绿色瘤(chloroma)。粒细胞肉瘤多见于 AML 患者,好发于扁骨和不规则骨,如颧骨、额骨、肋骨和椎骨等,肿瘤位于骨膜下;也可发生于皮肤、淋巴结、胃肠道、前列腺、睾丸和乳腺等处。粒细胞肉瘤的组织学表现为单一形态的原始粒细胞的聚集性增生和浸润,有时可见少数单个核的不成熟嗜酸粒细胞散在分布。髓过氧化物酶(myeloperoxidase,MPO)的免疫组化染色是重要辅助诊断手段,肿瘤细胞呈胞质型阳性反应。

诊断通过对骨髓穿刺和周围血涂片中白细胞质和量的变化的观察和分析,即可对白血病进行诊断。髓外浸润的诊断必须依靠病理活检。骨髓活检也是对白血病患者骨髓增生程度的估计、疗效的观察和化疗后残余病灶的重要手段,并可协助临床进行白血病的分类。

与淋巴样肿瘤相似,一些 AML 有着重复发生的遗传学异常,多数与治疗反应和预后有关,因此在新版 WHO 分类将它们以独立的疾病类型列出,如在 M2 型,10% 的病例存在 t(8;21)易位,对大剂量阿糖胞苷治疗反应好,患者无病生存期延长。在 M3 型,90% 的病例存在 t(15;17)易位,导致 17 号染色体上的视黄酸受体 α(retinoic acid receptor alpha,RARA)基因和 15 号染色体上的早幼粒白血病(promyelocytic leukemia,PML)基因的异常融合,肿瘤细胞对全反式视黄酸(all-trans retinoic acid,ATRA)和三氧化二砷治疗尤其敏感,可显著改善预后。AML 的治疗多采用化疗,约 60% 的患者可获完全缓解,但是只有 I5% ~ 30% 的病例可获 5 年的无病生存期。对于化疗反应不良的白血病或复发性白血病患者,可采用同种异体造血干细胞移植进行治疗。骨髓移植是目前唯一能根治白血病的方法。

二、骨髓增殖性肿瘤 Myeloproliferative Neoplasms(MPN)

MPN 是指起源于骨髓中多潜能造血干细胞的克隆性增生疾病,肿瘤细胞能分化成熟并释放至外周血,表现为外周血粒细胞、红细胞和血小板明显增加。

WHO 造血和淋巴组织肿瘤分类中将 MPN 分成 8 种主要的类型:①慢性髓系白血病(chronic myelogenous leukemia,CML);②慢性中性粒细胞性白血病(chronic neutrophillic leukemia,CNL);③真性红细胞增多症(polycythemia vera,PV);④原发性骨髓纤维化(primary myelofibrosis,PM);⑤特发性血小板增多症(essential throbmocythaemia,ET);⑥慢性嗜酸粒细胞性白血病(chronic eosinophillic leukemia,CEL);⑦肥大细胞增生症(mastocytosis);⑧不能分类的 MPN。

不同类型的 MPN 具有相似的发病机制,肿瘤细胞基因组发生突变或易位等遗传学改变,导致细胞内酪氨酸激酶(tyrosine kinase)活性异常增强,后者激活生长因子的信号通路,从而引发细胞失控制性增殖。

MPN 也有着相似的临床表现,如肿瘤性干细胞都能够经血液循环归巢至第二造血器官,特别是脾脏,并引起脾脏的髓外造血,故所有 MPN 患者都有不同程度的脾脏肿大。在肿瘤的后期,都可能发生骨髓纤维化和外周血细胞数量减少,也都可能最终进展为急性白血病。本部分叙述其中的 CML。

慢性髓系白血病 Chronic myelogenous leukemia(CML)

CML 是一种起源于多潜能造血干细胞的骨髓增生性肿瘤。肿瘤性造血干细胞基因组中存在费城染色体(Philadelphia chromosome1,Ph^1 chromosome)和异常的 BCR-ABL1 融合基因的形成为其特征。

1. 流行病学 Epidemiology 任何年龄均可发病,好发年龄在 50~60 岁,男性稍多见于女性。

2. 发病机制 Pathogenesis BCR-ABL1 融合基因是 CML 具有特征性的遗传学异常。该融合基因是 t(9;22)易位的结果,9 号染色体长臂的 ABL1 基因移动至 22 号染色体长臂的断裂点簇集区(break point cluster region,BCR)。通过传统的细胞遗传学分析,95% 的 CML 病例可以被发现存在小于正常的 22 号染色体,也称 Ph^1 染色体,荧光原位杂交可显示其上存在 BCR-ABL1 融合基因。其余 5% 的 CML 病例虽缺乏 Ph^1 染色体,但通过荧光原位杂交和 PCR 等技术能证实细胞内 BCR-ABL1 融合基因存在(图 9-26)。

正常骨髓造血干细胞增殖信号的获得来源于生长因子与其表面生长因子受体的相互作用。而在 CML 中的异常造血干细胞,凭借 BCR-ABL1 融合蛋白异常的酪氨酸激酶活性,可以模拟激活整个生长因子的信号通路,其增殖信号因而也呈现非生长因子依赖性和无限制性特征。

BCR-ABL1 融合基因可以存在于多个造血干细胞谱系中,但粒系最常受累,其原因尚缺乏合理的解释。与急性白血病不同,CML 白血病性干细胞的分化并未被阻断,外周血中也可见到成熟细胞,例如在外周血中可见大量的粒细胞。

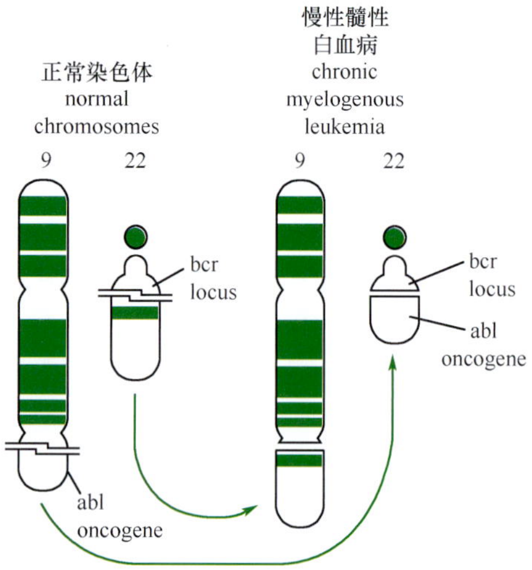

图 9-26 费城染色体导致 bcr-abl 融合基因产生
Philadelphia chromosome gives rise to a bcr-abl fusion gene

3. 临床特征 Clinical features CML 起病隐匿。部分患者无症状,有时仅在体检时发现白细胞计数异常。常见症状包括纳差、易疲倦、夜汗、体重下降、虚弱等。脾大是最显著的体征。血白细胞常显著增高,同时伴轻至中度贫血。

CML 进展缓慢,即使不治疗,平均生存期也在三年左右。起病一段时间后,半数患者进入加速期(accelerate phase),表现为药物治疗效应下降,贫血加重,出现血小板减少等。最后,患者出现急性白血病特征的母细胞危象(blasts crisis)。其余半数患者可不经过加速期而直发生母细胞危象。

CML 发病机制相对明确,因此成为恶性肿瘤靶向治疗的成功范例。药物伊马替尼(imatinib)通过阻断 ATP 结合位点使 BCR-ABL1 融合蛋白丧失激酶活性从而有效抑制肿瘤细胞生长。此类药物可配合常规化疗药物应用。部分 CML 患者可采用同种异体骨髓移植治疗,其效果部分依赖于供体 T 细胞的抗白血病效应,即移植物抗白血病效应。

4. 病理变化 Pathological changes 外周血象改变具有特征性,白细胞数明显增高,常可达 100×10^9/L。血涂片上粒细胞显著增多,可见各阶段粒细胞,以中幼、晚幼和杆状核粒细胞居多;原粒细胞<5%;嗜酸粒细胞和嗜碱粒细胞增多;血小板数量也可增加。骨髓象增生活跃,以粒系为主,可伴红系和巨核系增生,与外周血象相似,可见各阶段粒细胞(图 9-27)。进入加速期和母化期后,外周血和骨髓中原始细胞增多。

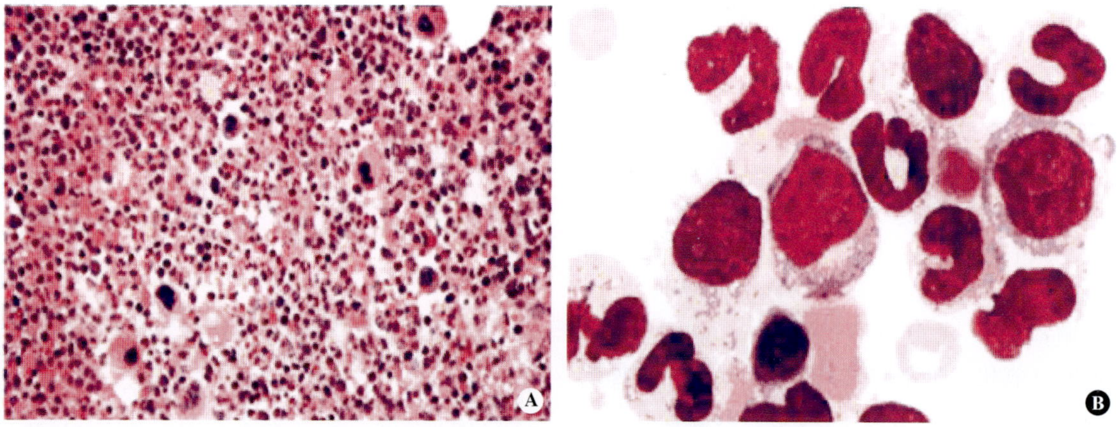

图 9-27 慢性髓性白血病 Chronic myelogenous leukemia

A. 骨髓增生活跃,原粒细胞、成熟粒细胞和巨核细胞增多;B. 同一患者的骨髓涂片显示大量不同发育阶段的粒细胞 A. The bone marrow is conspicuously hypercellular, owing to an increase in granulocyte precursors, mature granulocytes, and megakaryocytes; B. A smear of the bone marrow aspirate from the same patient reveals numerous granulocytes at various stages of development

有时需要将 CML 和类白血病反应(leukemoid reaction)相鉴别,类白血病反应是机体对感染、应激、慢性炎症和某些肿瘤的一种反应,表现为血中粒细胞计数的突然增高。类白血病反应与 CML 有本质的不同。一般根据病史、临床表现和细胞形态可以与 CML 鉴别,但有时比较困难。类白血病反应有以下特点可协助鉴别:①引起类白血病反应的原因去除后,血象恢复正常;②一般无明显贫血和血小板减少;③粒细胞有严重中毒性改变,如胞质内有中毒性颗粒和空泡等;④中性粒细胞的碱性磷酸酶活性和糖原皆明显增高,而 CML 时,两者均显著降低,或几乎完全缺乏碱性磷酸酶;⑤最重要的是观察外周血白细胞中是否有 CML 的 Ph1 染色体,类白血病反应时则无。

Conventionally, a leukocytosis exceeding 50,000 WBC/mm3 with a significant increase in earlyneutrophil precursors is referred to as a leukemoid reaction. The peripheral blood smear may show myelocytes, metamyelocytes, promyelocytes, and rarely myeloblasts; The bone marrow in a leukemoid reaction, if examined, may be hypercellular but is otherwise typically unremarkable.

Leukemoid reactions are generally benign and are not dangerous in and of themselves, although they are often a response to a significant disease state like stress or severe infection. However, leukemoid reactions can resemble more serious conditions such as chronic myelogenous leukemia (CML), which can present with identical findings on peripheral blood smear.

Historically, various clues including theleukocyte alkaline phosphatase score and the presence of basophilia were used to distinguish CML from a leukemoid reaction. However, at present, the test of choice is an assay for the presence of the Philadelphia chromosome, either via cytogenetics and FISH, or via PCR for the BCR/ABL fusion gene.

第四节 组织细胞与树突状细胞肿瘤

Histiocytic and Dendritic Cell Neoplasms

组织细胞肿瘤指起源于单核巨噬细胞系统的恶性肿瘤，即组织细胞肉瘤(histiocytic sarcoma)，肿瘤细胞的形态与免疫表型显示成熟组织细胞的特征，本病罕见。

树突状细胞肿瘤(dendritic cell neoplasms)指不同种类的树突状细胞发生的一组肿瘤。树突状细胞在体内发挥吞噬、处理和递呈抗原给淋巴细胞的功能。本组疾病少见，包括朗格罕细胞组织细胞增生症(Langerhans cell histiocytosis)，朗格罕细胞肉瘤(Langerhans cell sarcoma)、指状树突状细胞肉瘤(interdigitating dendritic cell sarcoma)、滤泡树突状细胞肉瘤(follicular dendritic cell sarcoma)等。本节对朗格罕细胞组织细胞增生症进行简要介绍。

朗格罕细胞组织细胞增生症

Langerbans Cell Histiocytosis

朗格罕细胞是一种树突状细胞，正常情况下，散在分布于皮肤、口腔、阴道和食管黏膜，也存在于淋巴结、胸腺和脾脏等处。朗格罕细胞直径约12um，胞质丰富，核形不规则，有切迹或分叶状。免疫表型检测，朗格罕细胞表达HLA-DR，S-100和CD1α抗原。电镜观察，在其细胞质内可见特征性的Birbeck颗粒。Birbeck颗粒是一种呈杆状的管状小体，其中央有一纵行条纹和平行排列的重复性条纹，形似拉链。有时一端呈泡状膨大似网球拍状。

朗格罕细胞组织细胞增生症，旧称组织细胞增生症X，是朗格罕细胞的克隆性肿瘤性增生性病变，瘤细胞具有朗格罕细胞的免疫表型，超微结构也显示存在特征性的Birbeck颗粒。

1. 流行病学 Epidemiology 朗格罕细胞组织细胞增生症年发生率约为5/10万。可发生于各个年龄段，其中婴幼儿居多，男性显著多于女性。

2. 临床特征 Clinical features 由于年龄、受累器官和部位不同有很大差异。一般年龄愈小，病情愈重，随年龄增长而病变愈局限，症状也愈轻。包括三种疾病类型，即骨嗜酸性肉芽肿(eosinophilic granulomaof the bone)、Hand-Schuller--Christian综合征和Letterer-Siwe病，现在认为它们是同一种疾病的三种不同表现形式。

(1) 单发、单系统性朗格罕细胞组织细胞增生症 Unifocal and unisystem langerhan's cell histiocytosis：也称骨局灶性嗜酸性肉芽肿。最常见，占朗格罕细胞组织细胞增生症的75%以上。多发生于年长儿童或成年人，以累及骨骼最常见，可发生于任何骨骼，但以颅骨、肋骨和股骨更为常见，表现为局灶性髓腔内溶骨性病变。也可发生于皮肤、淋巴结和肺。局灶性朗格罕细胞组织细胞增生症总体预后较好，发生于骨骼的，常表现惰性，可自愈，也可以局部切除或放疗而治愈。

(2) 多发、单系统性朗格罕细胞组织细胞增生症 Multifocal and unisystem langerhan's cell histiocytosis：发生于儿童，常累及多处骨骼，患儿可同时表现为发热，皮疹(头皮和外耳道处更明显，有朗格罕细胞浸润)，并往往合并中耳炎、乳突炎和上呼吸道感染等。朗格罕细胞浸润可导致肝、脾和淋巴结肿大。约50%的病人累及下丘脑和垂体柄而导致尿崩症(diabetes insipidus)发生。同时有颅骨缺损(calvarial bone defects)、尿崩症和眼球突出(exophthalmos)者被称为Hand-Schuller-Chrisitian综合征。皮肤病变较Letterer-Siwe病轻。许多病人病变可自发性消退，也可通过化疗治愈。

(3) 多发、多系统性朗格罕细胞组织细胞增生症 Multifocal and multisystem langerhan's cell histiocytosis(Letterer-Siwe病)：多见于两岁以下的婴幼儿。起病急，表现为发热、皮疹、肝脾和淋巴结肿大，也可累及肺而出现呼吸道症状。溶骨性病变出现晚，骨髓的广泛浸润可致贫血、血小板减少和反复感染，类似于急性白血病的表现。未经治疗者迅速死亡，经大剂量化疗后，5年生存率可达50%。

4. 病理变化 Pathological changes 增生的肿瘤性朗格罕细胞与正常细胞不相类似，其胞浆丰富，但缺乏树突状突起，形态上更类似于组织细胞(故命名为朗格罕细胞组织细胞增生症)(图9-28)，核呈空泡状，核膜薄，核仁明显，并存在特征的核沟或折叠。除朗格罕细胞增生外，瘤组织中常混杂嗜酸粒细胞、组织细胞、淋巴细胞和中性粒细胞，其中嗜酸粒细胞可多可少，有时成片存在。免疫表型上，肿瘤细胞常表达 CD1α，langerin 和 S-100。电子显微镜下，肿瘤细胞胞浆内可见特征性的棒状或网球拍状的 Birbeck 颗粒。

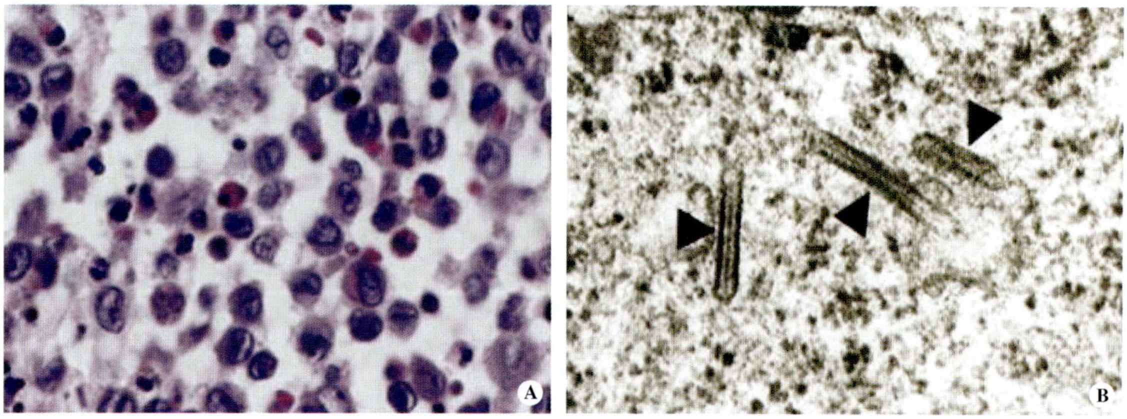

图 9-28 朗格汉斯细胞组织细胞增生症 Langerhans cell histiocytosis

A. 瘤组织中混杂朗格汉斯细胞、组织细胞和嗜酸粒细胞，朗格汉斯细胞核显示特征性的核沟和折叠；B. 见典型的棒状 Birbeck 颗粒

A. A mixture of Langerhans cells, histocytes and eosinophils is present. The Langerhans cells nuclei show characteristic grooves and folding. B. Typical rod-shaped Birbeck granules are seen

总之朗格罕细胞组织细胞增生症的临床病程与诊断时累及的器官数量有关，单一病灶者总生存率达到 95%，多器官受累者生存率明显下降，有肺、肝、脾、骨髓受累者预后较差。

病例讨论

患者，女性，24 岁，因发现颈部肿块 6 个月就诊。

现病史：患者近 6 个月来发现双侧颈部有肿块，肿块时大时小，但不完全消失。患者否认存在发热、寒战、盗汗和体重下降。患者不吸烟和饮酒。母亲两年前因乳腺癌去世。

实验室检查：血象正常，肝肾功能正常。

影像学检查：胸部摄片无异常。腹部 CT 显示脾脏中度肿大和后腹膜淋巴结轻度肿大。

病理学检查：淋巴结活检显示胶原分割结节（图 9-29A），结节内多量炎细胞中可见散在大细胞（图 9-29B），细胞胞质皱缩，核分叶状，染色质少，见多个小核仁。骨髓活检显示正常骨髓象。

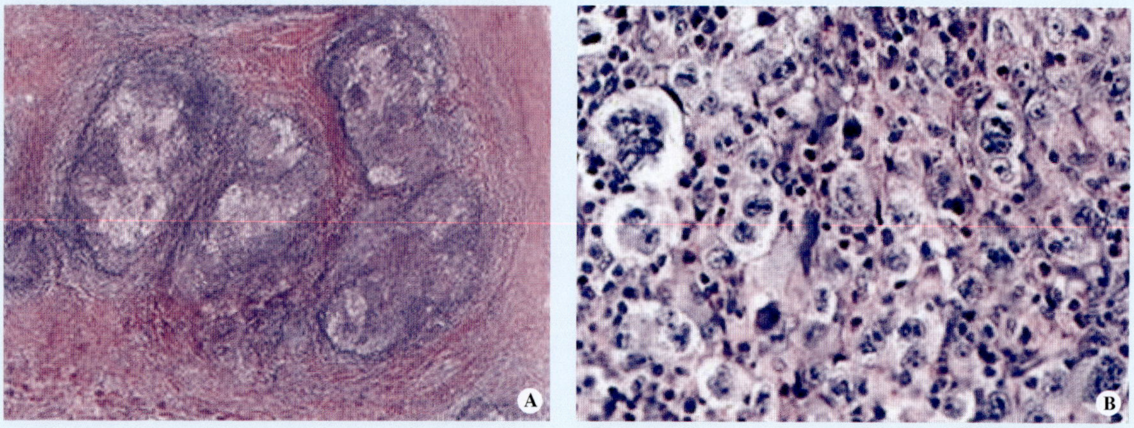

图 9-29 患者淋巴结活检检查

思考题

1. 根据现病史和体格检查，应考虑哪些疾病？
2. 根据淋巴结活检结果，应考虑何种疾病？有何种病理学检查可帮助证实？
3. 综合检查结果，患者处于临床哪一期？患者的预后如何？

（陆锦标 陈 莉）

第10章 免疫性疾病

Diseases of Immunity

It is important to note that while B cells and their respective antibodies can recognize and bind to intact antigens, T cells can only "see" antigen that has been processed (proteolytically fragmented into smaller pieces) and presented by other cells in the context of major histocompatibility complex (MHC) molecules. Thus, the engagement of T cells in immune responses requires both antigen-presenting cells (APCs, including macrophages and dendritic cells) to display processed antigen and a variety of effector cells (including macrophages) to eliminate the inciting stimulus. Natural Killer (NK) cells are a distinct subset of T lymphocytes that act as a first line of defense.

Disorders in the immune system can result in disease, including autoimmune diseases, inflammatory diseases and cancer. Immunodeficiency diseases occur when the immune system is less active than normal, resulting in recurring and life-threatening infections. Immunodeficiency can either be the result of a genetic disease, such as severe combined immunodeficiency, or be produced by pharmaceuticals or an infection, such as the acquired immune deficiency syndrome (AIDS) that is caused by the retrovirus HIV. In contrast, autoimmune diseases result from a hyperactive immune system attacking normal tissues as if they were foreign organisms. Common autoimmune diseases include Hashimoto's thyroiditis, rheumatoid arthritis, diabetes mellitus type 1, and lupus erythematosus. Immunology covers the study of all aspects of the immune system, having significant relevance to health and diseases. Further investigation in this field is expected to play a serious role in promotion of health and treatment of diseases.

免疫系统由两个不同但相互联系的部分组成，即由可溶性抗体(soluble antibody)介导的体液免疫(humoral immunity)和淋巴细胞(lymphocyte)介导的细胞免疫(cellular immunity)，它们共同防御外源性和内源性病原体。B淋巴细胞(简称B细胞)产生抗体，其既可直接中和外来的微生物(microbe)又可通过激活补体(complement)和特定的效应细胞(effector cell)[如中性粒细胞(neutrophil)和巨噬细胞(macrophage)]来杀伤微生物。T淋巴细胞(简称T细胞)可以由细胞毒性T细胞(cytotoxic T cells, CTL)直接溶解靶细胞(target cell)或是通过由辅助T细胞产生的蛋白质介质[细胞因子，(cytokine)]来调节其他细胞的抗微生物免疫。需要注意的是B细胞及其相应的抗体可以识别并结合完整的抗原，而T细胞只能识别并结合那些由其他细胞加工处理再被这些细胞的组织相容性抗原(major histocompatibility complex, MHC)提呈的小分子抗原肽。因此，T细胞免疫既需要这些抗原提呈细胞(antigen presenting cell, APC)，如巨噬细胞和树突状细胞(dendritic cell, DC)的参与，也需要效应细胞来消除外来刺激。自然杀伤细胞(natural killer, NK)是另一群T细胞亚群，它参与机体第一道防御屏障的组成。

免疫系统抵抗入侵的异物、微生物以及肿瘤细胞，但免疫反应偶尔也会损伤宿主正常组织，对同源抗原（如输血品、移植物、孕期胚胎抗原等）甚至有时对自身抗原产生反应，后者即引发自身免疫紊乱。

与免疫系统相关的疾病一般分为以下三类：

1. 超敏状态 Hypersensitivity states 如：过敏反应（sensitivity reaction）

2. 自身免疫 Autoimmunity 如：系统性红斑狼疮（SLE）

3. 免疫缺陷状态 Deficiency states 先天性（congenital）或获得性（acquired），如艾滋病（Acquired Immunodeficiency Syndrome，AIDS）。

第一节 免疫介导的损伤机制（超敏反应机制）
Mechanism of Immune-mediated Injury

根据免疫损伤发生的机制，超敏反应（hypersensitivity reaction）分类见表 10-1。

表 10-1 免疫介导疾病的机制 Mechanism of immune mediated disorders

类型	免疫机制	典型病例
Ⅰ. 过敏型	变应原交连 IgE 抗体→肥大细胞与嗜碱粒细胞释放血管活性胺及其他介质→募集其他炎症细胞	过敏反应，支气管哮喘
Ⅱ. 针对固定组织抗原的抗体型	IgM 和 IgG 结合到细胞表面抗原→靶细胞的吞噬或由补体或抗体依赖的细胞介导的细胞毒作用引起靶细胞的裂解	自身免疫性溶血性贫血，胎儿有核红细胞增多症，肺出血-肾炎综合征，寻常性天疱疮
Ⅲ. 免疫复合物型	抗原抗体复合物→激活补体→趋化中性粒细胞→溶酶体酶、氧自由基等释放	Arthus 反应，血清病，系统性红斑狼疮，某些类型的急性肾小球肾炎
Ⅳ. 细胞介导的迟发型超敏反应	致敏 T 淋巴细胞→释放细胞因子和 T 细胞介导的细胞毒作用	结核病，接触性皮炎，移植排斥

第二节 自身免疫病
Autoimmune Diseases

自身免疫病是由机体自身产生的抗体或致敏淋巴细胞破坏自身的组织和细胞，导致组织和器官功能障碍的原发性免疫性疾病。自身免疫可以是细胞免疫或体液免疫介导，包括Ⅱ型、Ⅲ型及Ⅳ型超敏反应（hypersensitivity.）。临床或实验证据表明免疫反应具有原发的病理意义，并非继发于其他原因所致组织损伤。还有部分原因并不十分清楚，据推测自身免疫由自身耐受（self-tolerance）的丧失引起，可由以下原因共同引起：①“禁忌克隆”（forbidden clones）的出现；②抑制性细胞（suppressor cell）功能不足；③辅助 T 细胞（helper T-cell）功能增强。值得注意的是自身抗体的存在并不等于自身免疫病，因为自身抗体可以存在于许多临床情况中，如老年人中易出现的抗甲状腺球蛋白、胃壁细胞、细胞核 DNA 的抗体等，或在受损和抗原性发生变化的组织，如心肌梗死后可激发抗心肌自身抗体的产生。这些抗体无致病作用，是一种继发性自身免疫反应。因此要诊断自身免疫病一般需要根据有自身免疫反应的存在，并排除继发性免疫反应和其他病因的存在。

一、免 疫 耐 受
Immunologic Tolerance

Immune tolerance

Immune tolerance or immunological tolerance is the process by which the immune system does not attack an antigen. It can be either ´natural´ or ´self tolerance´, where the body does not mount an immune response to self antigens, or ´induced tolerance´, where tolerance to external antigens can be created by manipulating the immune system. It occurs in three forms: central tolerance, peripheral tolerance and acquired tolerance.

Genetic defects in these processes lead to autoimmunity, such as in Autoimmune polyendocrine syndrome type 1 (APS-1) and immunodysregulation polyendocrinopathy enteropathy X-linked syndrome (IPEX).

免疫耐受是机体对自身组织抗原不产生免疫反应。自身耐受（self tolerance）则特指对自身组织抗原缺乏免疫反应性。很显然，要使人体组织中大量淋巴细胞处于自稳状态，这样的自身耐受是必需的。

免疫耐受的机制很复杂，根据 T、B 细胞成熟度和接触自身抗原量的不同可通过下述机制获得免疫耐受:①克隆消除(clonal deletion)T、B 细胞在外周或中枢免疫器官中接受触自身抗原,诱导自身反应性细胞克隆死亡并被清除;②克隆无变应性(clonal anergy):在某些情况下 T、B 细胞虽然仍有与抗原反应的 T 细胞受体或膜免疫球蛋白表达,但对该抗原递呈功能上呈无应答或低应答状态;③T 细胞外周抑制(Peripheral suppression by T cells)抑制性 T 细胞抑制其他自身反应性 T 细胞。

有两组机制来解释耐受状态:

1. 中枢耐受 Central tolerance　指中枢淋巴器官[即胸腺(thymus)和骨髓(the bone marrow)]中自身反应性 T、B 细胞在其成熟过程中的清除。小鼠实验证实许多自身固有的蛋白抗原可被胸腺抗原提呈细胞加工处理并由其自身 MHC 呈递。任何针对此种自身抗原受体 T 细胞的发育可通过阴性选择(即由凋亡来清除),使外周 T 细胞库中无自身反应细胞。和 T 细胞一样,自身反应 B 细胞也经相似过程被清除。B 细胞在骨髓中发育当结合膜型抗原时,即发生凋亡(apoptosis)。当然,这样的清除过程是很不完善的。许多自身抗原并不存在于胸腺中,因此,此种抗原特异性 T 细胞即可逃逸至外周。B 细胞也存在相似的"逃逸"机制,在健康机体外周血中常可发现许多 B 细胞耐受的自身抗原受体,包括甲状腺球蛋白(thyroglobulin),胶原蛋白(collagen)和 DNA。

2. 外周耐受 Peripheral tolerance　如果胸腺中逃避阴性选择的自身反应 T 细胞不被清除或有效地抑制,将有可能对机体组织产生破坏。已经证实外周组织中有几个弥补机制可以消除自身反应 T 细胞的破坏性。

(1) 无反应性 Anergy:指特定情况下,遭受抗原刺激后淋巴细胞发生持续的或不可逆的失活(而不是凋亡)。诱导 T 细胞活化需要双信号:识别 APCs 提呈的自身 MHC:抗原肽复合物作为第一信号,识别 APCs 上一组协同刺激分子(costimulatory molecules)(如,B7 分子)作为第二信号。如果缺乏第二信号,T 细胞则处于无能状态。这样的细胞即使再次被可传导协同信号的 APC 提呈的抗原肽刺激仍将处于无反应状态。由于在大多数正常组织中协同刺激分子表达不明显,故这样的自身反应 T 细胞结合抗原后常处于无反应状态。如果缺乏特异性辅助 T 细胞,B 细胞也将在识别抗原后进入无反应状态。

(2) 活化诱导的细胞死亡 Activation-induced cell death:另一可阻止正常免疫反应中 T 细胞过度活化的机制涉及活化 T 细胞经由 Fas-FasL 产生的凋亡。FasL 是主要表达于活化 T 细胞表面的一种膜蛋白,其结构属于肿瘤坏死因子(tumor necrostic facters, TNF)家族,其参与 CTL-介导的杀伤作用。许多细胞包括淋巴细胞也表达 Fas,且活化的 T 细胞表达明显增加。因此,共同表达于同组活化 T 细胞表面的 Fas 与 FasL 的结合即可诱导这些细胞的凋亡而抑制免疫反应。理论上,活化诱导的细胞死亡也参与外周自身反应 T 细胞的清除。由此,外周自身反应 T 细胞经受大量自身抗原重复持续的刺激后,最终将经由 Fas 介导的凋亡而被清除。

(3) T 细胞的外周抑制作用 Peripheral suppression by T cells:尽管活化诱导的细胞死亡和无能是产生外周自身耐受的主要机制,但是也存在其他自我防护机制。其中的热点集中于所谓的调节性 T 细胞(regulatory T cell),它们可调节其他 T 细胞的功能。尽管调节性 T 细胞发挥作用的机制还不清楚,但已知这些细胞产生的某些细胞因子(例如,IL-10 和 TGF-β)可减弱多种 T 细胞反应。调节性 T 细胞也可通过细胞间的直接接触(direct cell-cell contact)即旁路途径(alternative pathway)来调节 T 细胞活性。

二、自身免疫病的发病机制
Mechanisms of Autoimmune Disease

一个或多个免疫耐受机制的失效即可对自身组织发动免疫攻击,造成自身免疫性疾病。免疫活性细胞无疑参与组织损伤,但到底是什么因素发动攻击自身抗原还不清楚。尽管单一机制可以解释所有自身免疫疾病,但显然存在多因素、多途径机制破坏免疫耐受。每种自身免疫病都存在不同的单或多个机制的缺陷,而且,免疫耐受的破坏与自身免疫的产生涉及多个复杂的免疫、遗传及微生物因素间的相互作用。在此我们将讨论免疫应答产生的机制(主要由于外周耐受的破坏),并概述遗传及微生物因素在其中所起的作用。

1. 免疫耐受丧失 Failure of tolerance

(1) 活化诱导的细胞死亡机制的丧失 Failure of activation-induced cell death (AICD):潜在的自身反应 T 细胞的持续激活可能引起由 Fas-FasL 介导的凋亡。因而推断这条途径的缺陷将导致外周组织中自身反应 T 细胞的长期存活(long-term surviving)和大量扩增(amplification)。存在 Fas 或 FasL 遗传缺陷(genetic defect)的小鼠能产生类似 SLE 的慢性自身免疫病的实验结果将支持这种推断。迄今为止尚未发现 SLE 患者有 Fas 或 FasL 基因的突变,活化诱导的细胞死亡(activation-induced cell death, AICD)机制中其他微小缺陷也会促进自身免疫性疾病的发生。

(2) T 细胞无反应性被打破 Breakdown of T-cell allergy:前已叙述逃避中枢清除的潜在自身反应 T 细胞当其缺乏协同刺激时遭遇自身抗原会趋于无反应

状态。由此推知如诱导通常不表达协同刺激分子的正常细胞表达这些分子即可打破无能。事实上，感染后或是存在组织坏死和局部炎症的其他情况下都可诱导产生 T 细胞无能的打破。多发性硬化(multiple sclerosis)是一种认为是 T 细胞针对髓磷脂(myelin)发生应答的自身免疫性疾病，其患者中枢神经系统中明显存在 B7-1 协同刺激分子的表达上调。类风湿性关节炎(rheumatoid arthritis)患者的滑膜(synovium)和银屑病(psoriasis)病人的皮肤中也有类似表现。这些观察结果无疑增加了自身免疫病免疫调控的可能性，即可通过干扰协同刺激途径来调控。

(3) 针对辅助 T 的 B 细胞的旁路活化 Bypass of B-cell requirement for T-cell help：许多自身抗原具有多个抗原决定簇(antigenic determinant)，一些由 B 细胞识别(recognize)，另一些则由 T 细胞识别。只有当自身反应 B 细胞获得了 T 细胞的辅助才能产生抗体应答(antibody response)，即使存在活性 B 细胞，免疫耐受仍与辅助 T 细胞的缺失或无反应有关。因此，通过辅助 T 细胞或经过旁路代替可克服免疫耐受。其中一条途径是如果自身抗原 T 细胞表位(epitope)发生修饰(modify)，即可被那些未被清除的辅助 T 细胞识别，后者则辅助 B 细胞形成自身抗体。多种药物或微生物可引起自身抗原 T 细胞决定簇的修饰改变。例如，服用某些药物之后产生的自身免疫性溶血性贫血(autoimmune hemolytic anemia)就是由于药物诱导的红细胞表面抗原发生了改变能被辅助性 T 细胞识别。

(4) T 细胞介导的抑制作用的丧失 Failure of T-cell-mediated suppression：推知调节性(抑制性)T 细胞功能的减弱可引发自身免疫。研究证实有一型分泌 IL-10 的抗原特异性 $CD4^+$T 细胞可抑制其他 T 细胞的增殖，更重要的是可防止小鼠模型自身免疫性结肠炎(autoimmune colitis)的发生。是否此型调节性 $CD4^+$T 细胞的丧失可促进自身免疫还有待于研究。

(5) 分子模拟 Molecular mimicry：由于有些感染性微生物与自身抗原有共同的表位，因此使对该抗感染免疫应答引起对自身抗原相似的交叉反应。例如风湿性心脏病(rheumatic heart disease)常发生于链球菌(streptococcus)感染后，因为针对链球菌 M 蛋白的抗体可与心肌糖蛋白发生交叉反应。T 细胞表位也存在分子模拟现象。例如在多发性硬化(multiple sclerosis)患者中存在对髓磷脂碱性蛋白(myelin basic protein)特异的 T 细胞克隆，它们也可对各种异体蛋白来源的肽(peptide)，包括多种病毒蛋白肽发生反应。

(6) 多克隆淋巴细胞活化 Polyclonal lymphocyte activation：无能可以维持早期耐受状态，但如果通过抗原非依赖途径活化那些非耐受状态的细胞克隆，自身免疫即可被促发。几种微生物及其产物能够引起 B 细胞的多克隆(如抗原非特异性)活化。如细菌脂多糖(内毒素)体外可诱导鼠淋巴细胞形成抗 DNA，抗胸腺细胞及抗红细胞的抗体。此外，某些超抗原(superantigens)以抗原非依赖的途径结合并活化大量的 $CD4^+$T 细胞。因此 T 细胞超抗原活化时，一些自身反应 T 细胞则被激活，自身免疫随之产生。

(7) 隐蔽抗原的释放 Release of sequestered antigen：无论何种机制(清除或无能)诱导了自身耐受，都必须存在特定抗原与免疫系统的相互作用。因此，任何在发育中处于完全隔绝状态的自身抗原如果以后被释放入免疫系统，则被视为异物，如精子与眼内容物即属于这种自身抗原。外伤后葡萄膜炎(post-traumatic uveitis)及输精管结扎术后睾丸炎(orchitis)就是由对眼和睾丸中的正常隐蔽抗原(cryptic antigens)发生免疫应答所引起。但仅有抗原的释放仍不足以诱导自身免疫，组织损伤引起的炎症反应对协同刺激途径的上调也是重要的，后者在免疫应答中起关键作用。

(8) 自身抗原隐蔽决定簇的暴露和决定簇扩展 Exposure of cryptic self and epitope spreading：近来认为抗原的“分子隐蔽”比“构型隐蔽”更常见。因而每个自身蛋白中只有相对少数的抗原决定簇(表位)被有效地处理并递呈给 T 细胞。在 T 细胞发育过程中，大多数对这些优势表位产生反应的 T 细胞或在胸腺中被清除或在外周处于无能。相对而言，大量的自身抗原决定簇不被加工，就无法被免疫系统识别，因而无法清除对这些隐蔽表位特异的 T 细胞。如果隐蔽表位后来以免疫原(immunogen)形式提呈给这些 T 细胞，即可引起自身免疫性疾病。隐蔽表位与其暴露的分子基础还未被完全理解，但是可能与抗原被 APC 加工的能力有关。组织损伤部位抗原的部分蛋白水解只是隐蔽表位产生的机制之一。

总之，无论自身免疫的促发因素如何(如微生物感染的交叉反应，隐蔽抗原的释放或抑制性 T 细胞的功能丧失)，随着对正常自身抗原隐蔽决定簇特异的自身反应 T 细胞的增多将不断发展和延长自身免疫反应。并且免疫系统逐渐对原先不能识别的决定簇产生应答，将这些自身反应 T 细胞的诱导称为决定簇扩展。

2. 自身免疫中的遗传因素 Genetic factors in autoimmunity 在自身免疫性疾病易感性中遗传因素无疑发挥了重要作用：

(1) 人类自身免疫性疾病的家族聚集现象 Familial clustering of several human autoimmune diseases：如系统性红斑狼疮(systemic lupus erythematosus,

SLE),自身免疫性溶血性贫血(autoimmune hemolytic anemia)及自身免疫性甲状腺炎(autoimmune thyroiditis)。

(2) 许多自身免疫病与人类白细胞共同抗原 Human leucocyte antigen (HLA)(Linkage of several autoimmune diseases with HLA),尤其是 MHC Ⅱ类抗原有联系。

(3) 转基因鼠自身免疫病模型的诱导 Induction of autoimmune diseases in transgenic rats:人 HLA-B27 与强直性脊柱炎(ankylosing spondylitis)类的自身免疫性疾病的发生密切相关。将人 HLA-B27 基因克隆至胚系小鼠,该转基因鼠即可发生强直性脊柱炎,此模型对自身免疫遗传调节提供了直接证据。

自身免疫中 MHC 的精确作用还不完全清楚。MHC Ⅱ类等位基因(allele)可能影响自身抗原肽提呈给 T 细胞。但也应看到许多与 MHC 基因易感性相关的患者并未产生任何疾病,相反,无此类易感基因的个体却有之。因此特定 MHC 基因的表达只是促进自身免疫的因素之一,诸如细胞因子、蛋白水解酶等 MHC 之外的遗传因素也可影响其易感性。

3. 自身免疫的感染因素 Infection in autoimmunity 已发现包括细菌,支原体,病毒在内的微生物参与自身免疫的发生,其促发途径有:

(1) 病毒与其他微生物,特别是链球菌(streptococci)及克雷白菌属(Klebsiella)之类的细菌,与自身抗原享有共同抗原决定簇(cross-reacting epitopes with self-antigens),存在自身抗体。

(2) 微生物抗原和自身抗原产生免疫原性单位(immunogenic units)参与耐受性 T 细胞旁路的活化途径,回避 T 细胞的耐受。

(3) 一些病毒(如 EB 病毒)和细菌产物是 B 细胞或 T 细胞非特异性多克隆活化剂(nonspecific polyclonal B-cell or T-cell activation),可诱导产生自身抗体和/或打破 T 细胞无反应性。

(4) 导致组织坏死(necrosis)和炎症反应(inflammation)的微生物感染可引起组织内静止 APC 上调协同刺激分子的表达,从而有利于打破 T 细胞无反应。同时组织坏死和炎症反应有利于产生自身抗原。

(5) 局部炎性反应促使隐蔽抗原(cryptic antigens):暴露,诱导决定簇扩展。

此外,自身免疫病多见于女性,提示女性激素可能对某些自身免疫病有促进发生的作用。

三、自身免疫病的类型 Types of Autoimmune Diseases

自身免疫病可分为器官特异性或细胞特异型和系统性自身免疫性疾病两种类型(见表 10-2)。前者的病理损害和功能障碍仅限于抗体或致敏淋巴细胞所针对的某一器官或某一类细胞,而后者的自身抗原为多器官、组织的共有成分,能引起多器官、组织的损害,因其病变主要累及多器官的结缔组织和血管,故又称为胶原病或结缔组织病。本章仅简述几种常见的系统性自身免疫病,有些疾病请参见有关章节的相应内容。

表 10-2　自身免疫病的类型
Types of Autoimmune Diseases

器官特异性或细胞特异型	系统性自身免疫性疾病
桥本甲状腺炎	系统性红斑狼疮
自身免疫性溶血性贫血	类风湿性关节炎
恶性贫血伴自身免疫性萎缩性胃炎	口眼干燥综合征
自身免疫性脑脊髓炎	结膜-尿道-滑膜综合征(赖特综合征)
自身免疫性睾丸炎	炎性肌病
肺出血-肾炎综合征*	系统性硬化(硬皮病)
自身免疫性血小板减少症	结节性多发性动脉炎
1 型糖尿病(胰岛素依赖型)	
重症肌无力	
毒性弥漫性甲状腺肿	
原发性胆汁性肝硬化	
自身免疫性肝炎	
溃疡性结肠炎	
膜性肾小球肾炎	

* 靶是肾小球和肺泡壁的基底膜

(一) 系统性红斑狼疮 Systemic lupus erythematosus (SLE)

系统性红斑狼疮(SLE)是一种典型的全身性自身免疫病,以多种自身抗体,尤其是抗核抗体(antinuclear antibody,ANA)的存在为显著特征。多见于青年女性,男女之比为 1 : 10。临床表现复杂多样,发热及皮肤、肾、关节、心、肝及浆膜等损害为主要表现,病程迁延反复,预后不良。

1. 病因及发病机制 Etiology and pathogenesis 单卵双生(monozygotic twin)的发生率(50% ~ 60%)与家族性和 HLA 的聚集性的特点表明 SLE 发生存在遗传易感性(genetic susceptibility)。此外,药物,紫外线辐射[ultraviolet (UV) irradiation],病毒感染及雌激素(estrogen)的作用(可增加抗体的合成)等也参与 SLE 的发病。

虽然病因不明,但自身免疫耐受的某些缺陷导致多克隆 B 细胞活化和功能亢进参与该病的发病过程。

常继发于下列几种因素的共同作用：

（1）B 细胞增殖调节中的遗传缺陷。Heritable defects in the regulation of B-cell proliferation.

（2）多克隆 B 细胞活化。Polyclonal B-cell activation.

（3）辅助 T 细胞的高反应性。Hepler T-cell hyperactivity.

（4）抑制性 T 细胞的功能缺陷。Defects in suppressor T-cell function.

本病发生的根本原因就是免疫耐受的终止和破坏导致了大量自身抗体产生。其中抗核抗体（anti-nuclear antibody，ANA）是最主要的自身抗体，可分为四类：①抗 DNA 抗体；②抗组蛋白抗体；③抗 RNA-非组蛋白性抗体；④抗核仁抗原抗体。ANAs 常可用间接免疫荧光法测出。免疫荧光模式虽非特异，但可显示循环抗体的类型。

Anti-nuclear antibodies（ANAs）

ANAs, also known as anti-nuclear factor or ANF) are autoantibodies directed against contents of thecell nucleus. They are present in higher than normal numbers in autoimmune disease. The ANA test measures the pattern and amount of autoantibody which can attack the body's tissues as if they were foreign material. Autoantibodies are present in low titers in the general population, but in about 5% of the population, their concentration is increased, and about half of this 5% have an autoimmune disease.

虽然在其他一些自身免疫疾病与 10% 以上的正常人群中也可检测到 ANAs，但抗双链 DNA 抗体和抗核糖核蛋白（Smith 抗原）抗体具有很强的特异性。来源于 SLE 患者的单克隆抗 DNA 抗体也与 RNA、多聚核苷酸（polynucleotide）及磷脂（phosphatide）发生反应，这可分别用以解释其抗凝（抗磷脂）活性及抗心磷脂（anticardiolipin，VDRL）假阳性的原因。

ANAs 并无细胞毒性，不能穿透完整的细胞，但是受损细胞的核可与 ANAs 反应，使染色体疏松，细胞核肿胀，呈均质一片，被挤出胞体，形成均质性的狼疮小体（LE body）即苏木素小体（hematoxylin body），狼疮小体对中性粒细胞及巨噬细胞具有趋化作用，在补体存在时可促进吞噬，吞噬了狼疮小体的细胞称为狼疮细胞（LE cells）（图 10-1），在 70% 以上的 SLE 患者中可检测到，是诊断 SLE 的特征性依据。

2. 形态学 Morphology 所有组织中表现的典型特征是急性坏死性血管炎（acute necrotizing vasculitis）伴纤维素样沉积，累及小动脉及细动脉。在血管壁内可检测到免疫球蛋白（immunoglobulin，Ig），DNA 及补体 C3。皮肤和肌肉最常受累。经常可见血管外周

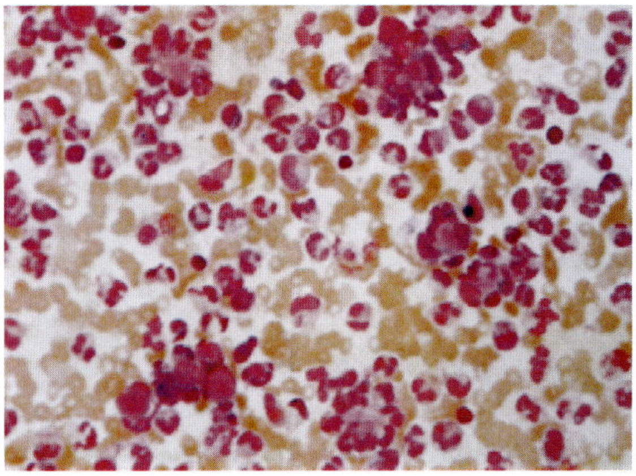

图 10-1 狼疮细胞 LE cells

成群的狼疮细胞中可见均质的包涵体，使得吞有包涵体的多核白细胞变形 Cluster of LE cells show homogeneous inclusions that distort the enclosing polymononuclear leukocytes

淋巴细胞浸润现象。慢性病例可见脉管纤维性增厚，管腔狭窄。

（1）肾 kideny：约 60% 的 SLE 患者出现狼疮性肾炎（Lupus nephritis），肾衰竭是 SLE 患者的主要死亡原因。狼疮性肾炎可分五型：

Ⅰ型，光镜，电镜及荧光显微镜下所见无异常，少见。

Ⅱ型，肾小球系膜性狼疮性肾炎（mesangial lupus glomerulonephritis）；发病率 10%，可见镜下血尿（microscopic hematuria）和蛋白尿（proteinuria）。系膜基质（mesangial matirx）及系膜细胞（mesangial cells）轻微增生，伴系膜中颗粒性 Ig 及补体沉积。

Ⅲ型，局灶增生性肾小球肾炎（focal proliferative glomerulonephritis）发病率 33%，患者出现反复的血尿和中度蛋白尿，偶尔有轻微的肾功能不全。肾小球血管内皮细胞（vascular endothelial cell）及系膜（mesenteria）增生，中性粒细胞浸润，有时伴纤维素样沉积和毛细血管血栓形成，使肾小球局灶性（focal）、节断性（segmental）体积增大。内皮（endothelium）下常有免疫复合物沉积。

Ⅳ型，弥漫增生性肾小球肾炎（diffuse proliferative glomerulonephritis）发病率 50%，患者有明显临床症状，有镜下甚至肉眼血尿，蛋白尿（有时可达肾病综合征程度），高血压和肾小球滤过率下降。大部分肾小球有内皮细胞、系膜细胞，有时有上皮细胞的增生。内皮下有典型的免疫复合物沉积，广泛沉积可形成“线圈”型（wire-loop）（图 10-2）。肾小管基膜上也常见颗粒状免疫复合物沉积，伴有肾间质病变。此型属于狼疮肾炎的重度型，预后最差。

Ⅴ型，膜性肾小球肾炎（membranous Glomerulonephritis）发病率 10%，引起重度蛋白尿或肾病综合征

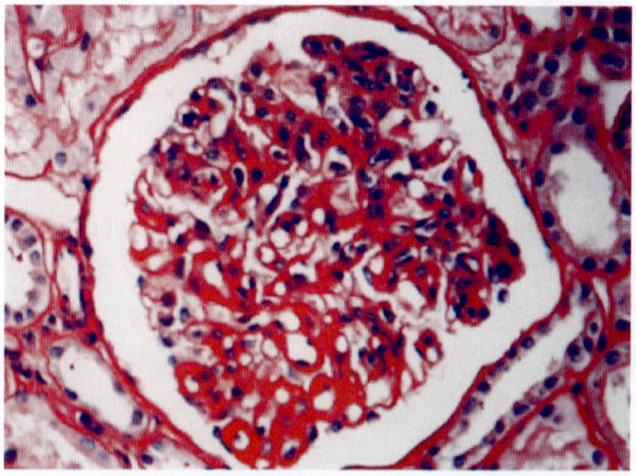

图 10-2 狼疮性肾炎 Lupus nephritis
肾小球呈数个“线圈”病变 PAS 染色 The glomerulus shows several “wire-loop” lesions. PAS stain

(nephrotic syndrome)。弥漫性毛细血管壁增厚,类似于特发性膜性肾小球肾炎,有特征性上皮下免疫复合物沉积。

(2)皮肤 Skin:约 80% 的 SLE 患者有不同程度的皮肤损害,典型出现双颊红斑,累及鼻梁部位呈“蝶形红斑”(butterfly rash)。其他部位也可见从红斑到大水疱(bullae)各阶段的皮肤损害,日光照射可加剧皮损程度。显微镜下,基底层变性,伴皮肤表皮与真皮连接处 Ig 及补体的沉积(图 10-3)。真皮层可见各种纤维化,血管外周单核细胞浸润及血管纤维素样变性(vasular fibrinoid change)。

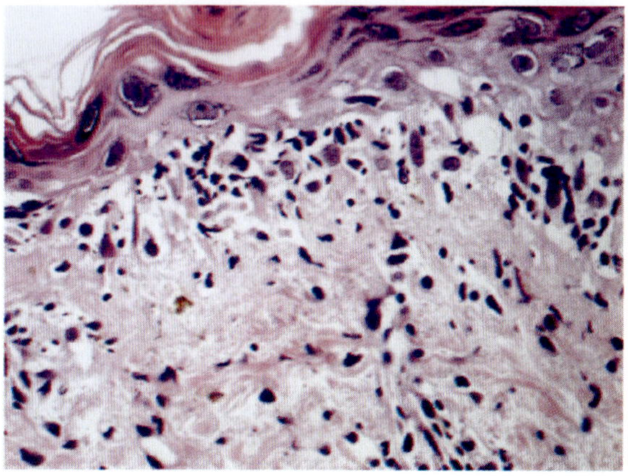

图 10-3 红斑狼疮的皮肤切片 Skin section of SLE
表皮基底层液化,表皮与真皮交界处水肿 Liquefactive degeneration of the basal layer of the epidermis and edema at dermal junction

(3)关节 Joints:受累关节常表现为非特异性,非侵蚀性滑膜炎(nonerosive synovitis)。滑膜充血水肿,单核细胞、淋巴细胞浸润,紧接上皮处浅表部位的结缔组织内可出现灶性纤维素样坏死。与类风湿性关节炎不同,仅有轻微的关节畸形(joint deformity)。

(4)中枢神经系统 Central nervous system (CNS):神经精神临床症状可能继发于内皮损伤和闭塞[抗磷脂抗体(antiphospholipid antibody)]或是神经原功能受损[神经原反应性抗体(neron-reactive antibody)]的作用。

(5)浆膜炎 Serositis:最初表现为局灶性纤维素性血管炎,然后纤维素样坏死,水肿,逐渐进展为粘连(adhesion),最终可使浆膜腔(如心包腔)闭塞(obliteration)。

(6)心脏 Heart:特征性的非细菌性疣状心内膜炎(nonbacterial verrucal endocardiosis)二尖瓣与三尖瓣闭锁缘迎血流和(或)背向血流表面常见许多细小、疣状赘生物(verrucous vegetation)(0.5~4mm)。显微镜下,赘生物由坏死碎屑、变性的成纤维细胞、炎症细胞和纤维素样物质构成。心肌病变包括纤维素样变性伴多种炎性细胞浸润。坏死性动脉炎(necrotizing Arteritis)并不常见,但可引发心肌梗死(myocardial infarction)。

(7)脾 Spleen:中度脾大伴包膜增厚和滤泡增生。红髓(red marrow)中出现多量浆细胞(plasmocyte)。脾小动脉周围显著纤维化,形成洋葱皮样(onion-skin)外观。这些血管中可发现 Ig,C_3 和 DNA 的沉积。

(8)肺 Lungs:胸膜炎(pleuritis)伴胸腔积液(pleural effusions)、间质性肺炎(interstitial pneumonitis)与弥漫性纤维性肺泡炎(diffuse fibrosing alveolitis),都可能与免疫复合物沉积有关。

3. 临床病程 Clinical course

(1)SLE 起病隐匿(delitescence),病程迁延(protraction),反复发作,是一种累及全身的热性疾患(febrile illness)。以关节、皮肤、肾及浆膜受累为明显。针对血液成分的自身抗体可引发血小板减少(thrombocytopenia)、白细胞减少(leukopenia)和贫血(anemia)。临床表现不一。临床经过无固定模式,少数病例数周至数月内可暴发性死亡。

1)有的病例仅有轻微症状(血尿,皮疹),甚至不治而愈。

2)多数病例反复发作间有长期的缓解期(paracmasis),免疫抑制疗法可以阻止发作。

3)10 年生存率约 75%,肾衰和继发感染是最常见的原因。

(2)盘状红斑狼疮 Discoid lupus erythematosus (DLE):病变局限于皮肤损害,肉眼及镜下观类似于 SLE。仅 35% 的病人为 ANA 阳性。与 SLE 不同,仅受损处皮肤基膜上有 Ig-补体沉积物。5%~10% 的病例数年后进展为 SLE。

(3)药物性红斑狼疮 Drug-induced lupus erythematosus:肼苯达嗪(hydralazine)、普鲁卡因胺(procainamide)、异烟肼(isoniazid)和D-青霉胺类(D-penicillamine)药物常引发ANA产生,狼疮样综合征(lupus-like syndrome)少见。病程晚期,虽有多个器官受累,但肾与中枢神经系统病变不常见。HLA连锁反应特定的代谢酶缺陷,导致新抗原的形成。在促发因素消除后病情常缓解。

(二)类风湿性关节炎 Rheumatoid arthritis(RA)

类风湿性关节炎(RA)是一种以多发性、对称性非化脓性增生性滑膜炎为主要表现的慢性全身性自身免疫病。由于炎症的加剧和缓解交替进展,破坏关节软骨(articular cartilage)和关节囊(articular capsule),造成关节强直畸形(arthrokleisis)。当累及关节外组织,如皮肤、心脏、血管、肌肉和肺时,RA类似于SLE或硬皮病。

RA是很常见的疾患,发生率1%左右,女性患者约3~5倍于男性。发病常见于25~55岁,但任何年龄段都可发病。

1. 形态学 Morphology

(1)关节的病变 The joints changes in RA:类风湿关节炎常引起广泛的形态学改变,受累最重的是关节。主要表现为指(finger)、踝(ankle)、膝(knee)、腕(wrist)、肘(elbow)及肩(shoulder)等小关节的对称性(symmetry)炎性病变。近端指(趾)骨间及掌指(趾)骨关节受累常见,远端指(趾)骨间常不累及。椎骨关节(spondylous joint)病变时仅限于颈脊柱(cervical spine),髋关节(articulatio coxae)常不受累。组织学上,受累关节表现为慢性滑膜炎,特征有:①滑膜细胞增生,肥大;②滑膜血管周围大量炎性细胞浸润,常形成淋巴滤泡(lymphoid follicles),常见$CD4^+$T细胞,浆细胞及巨噬细胞;③新生血管使滑膜血管数增加,内皮细胞可表达高水平的黏附分子;④滑膜表面及关节间隙见中性粒细胞浸润及大量机化的纤维蛋白积聚;⑤软骨下骨质中破骨细胞活性增加,穿破滑膜,骨质侵蚀。典型的是形成血管翳(vascularize),其由增生的滑膜内衬细胞,炎性细胞,肉芽组织及纤维结缔组织构成。血管翳大量增生,使滑膜失去原来外观,变成肥厚、肿大的叶状或绒毛状突起。炎症侵及整个关节时,则关节周围软组织发生水肿,典型的表现首先是以近端指(趾)间关节梭形肿胀。随着疾病进展,血管翳邻近的关节软骨受到侵蚀、破坏。其下关节骨也遭到破坏。最终血管翳充满整个关节腔,随后发生纤维化、钙化,导致关节永久性强直。X放射片可见特征的关节渗出,关节骨质受损、减少,关节腔狭窄及关节软骨(arthrodial cartilage)缺失。肌腱(tendon)、韧带(ligament)和关节囊的破坏引起特征性的畸形,包括腕关节桡侧偏斜(radial deviation),手指关节的尺侧偏斜(ulnar deviation)及指关节的屈曲-过伸畸形(flexion-hyperextension abnormalities)即天鹅颈样畸形(swan-neck deformity),纽扣花样畸形(boutonniere deformity)等。

(2)类风湿皮下结节 Rheumatoid subcutaneous nodules:类风湿皮下结节出现在约1/4的患者中,多位于前臂伸侧或其他受压部位的皮下,也少见于肺、脾、心、主动脉和其他内脏器官。结节不可推动,质硬,椭圆形或圆形,直径约2cm,镜下,结节中心为纤维素样坏死,周围巨噬细胞浸润,排列成环状,外被以肉芽组织。

在重度侵蚀性病变中,类风湿结节及高滴度类风湿因子(rheumatoid factor)(循环IgM,可结合至IgG)的病人极易产生血管炎性综合征(vasculitic syndromes)。急性坏死性血管炎累及小动脉或大动脉。浆膜受累时表现为纤维性胸膜炎(fibrinous pleuritis)或心包炎(cardiopericarditis)或两者兼有。进展性肺间质纤维化可使肺实质受损。某些病例可见眼部改变,如葡萄膜炎(uveitis),角膜结膜炎(keratoconjunctivitis)[与干燥综合征(Sjogren's syndrome)者所见类似]。

2. 发病机制 Pathogenesis

RA的发病具有遗传易感性,免疫反应参与关节炎症的发生。但是,促发因素和遗传与环境因素间的相互作用还不清楚。

认为在遗传易感性者中某些致关节炎因子,某种微生物可激活辅助T细胞,从而介导疾病发生。继而活化$CD4^+$T细胞产生细胞因子的作用为①可激活巨噬细胞和关节腔内的其他细胞,使其释放水解酶和其他促进炎症的因子;②活化B细胞产生抗体,其中一些抗体可针对自身组织成分反应。类风湿性滑膜中存在大量淋巴细胞源性及巨噬细胞源性细胞因子。它们可用以解释类风湿滑膜炎的多种特征,其中一些致炎因子,如IL-1、TNF-α可引起滑膜细胞(synoviocyte)和成纤维细胞(fibroblast)增生,另一些则可刺激滑膜细胞和软骨细胞(chondrocyte)分泌蛋白水解酶(proteinase)和降解基质的酶类。近来发现,类风湿关节炎病灶中活化T细胞可表达大量RANK配体,后者诱导破骨细胞(osteoclast)活化,在类风湿关节炎破坏性病变的骨吸收中发挥重要作用。

各种因素在RA的作用机制为:

(1)遗传因素 Genetic factors:RA患者直系亲属发病率增高及同卵孪生者(identical twin)高患病率都表明遗传因素在该病中的作用。HLA-DR4和/或HLA-DR1与该病密切相关。令人感兴趣的是DR等位基因有一段位于DR分子抗原结合槽中4个氨基酸序列与易感性相关,因而,对该病易感的某种DR

分子可选择性结合致关节炎性抗原，从而激活辅助 T 细胞诱导疾病的发生。

（2）T 细胞作用 T cell：T 细胞在发生中起到重要作用，它可使内皮细胞（以促进炎性细胞的聚集），巨噬细胞及破骨细胞的再次活化。被 T 细胞活化的 B 细胞也有重要作用。大约 80% 患者的血清及滑液中可找到类风湿因子（rheumatoid factors，RFs），其为 IgM（少数情况下是 IgG），是针对 IgG 的 Fc 段的自身抗体。为什么会形成抗自身 IgG 的抗体的原因还不清楚。推测循环 RFs 参与形成多种类风湿关节炎的关节外表现，同时关节中 RFs 促进关节处的炎症反应。RFs 与 IgG 形成的免疫复合物则可结合补体，趋化中性粒细胞，引发Ⅲ型超敏反应导致组织损伤。但 RF 并不存在于所有类风湿关节炎的患者（20% 缺乏），在其他疾病中也可发现 RF（甚至是健康人），因此 RF 可能并不是类风湿关节炎发生的必备因素。

（3）感染因子 Infectious agents：一些并未完全明确的感染因子也可能激活 T 细胞。虽然很多因子，如 EBV、Borrelia 螺旋体属、支原体属、细小病毒及分枝杆菌都曾可疑参与介导，但至今无一被证实。

尽管免疫反应及遗传易感性参与类风湿关节炎的关节损伤，但确切的促发因素还不明了。

A rheumatoid nodule is a local swelling or tissue lump, usually rather firm to touch, like an unripe fruit, which occurs almost exclusively in association with rheumatoid arthritis. Very rarely rheumatoid nodules occur as ′rheumatoid nodulosis′ in the absence of arthritis. They are usually subcutaneous especially over bony prominences such as the tip of the elbow or olecranon or over the finger knuckles. Less commonly they occur in the lining of the lung and other internal organs. The occurrence of nodules in the lung of miners exposed to silica dust was known as Caplan's syndrome. Nodules vary in size from that of a lentil or pea to that of a mandarin orange. Quite often they are associated with synovial pockets or bursae. About 5% of rheumatoid arthritis patients have such nodules within 2 years of disease onset, and the cumulative prevalence is about 25%. In the great majority of cases nodules are not painful or disabling in any way, being more of an unsightly nuisance, but in some cases they can be painful, especially if the overlying skin breaks down. Rarely, the nodules occur at diverse sites on body (e. g. upper eyelid, distal region of soles, vulva and internally in the gallbladder, lung, heart valves, larynx and spine).

3. 临床病程 Clinical course　RA 主要表现为对称性多关节炎，但也有其他全身表现，如乏力（debility），全身不适（general malaise），低热（low-grade fever）。这些全身表现也是由引起关节炎的 IL-1，TNF 等炎症介质介导。关节炎起病隐匿，常表现为疼痛和僵硬（stiffness），特别在早晨。随着疾病进展，关节肿大，运动受限，最终形成完全强直（complete tetanus）。血管炎或四肢病变可引起雷诺现象（Raynaud's phenomenon）和下肢慢性溃疡。此病多系统损害时必须与 SLE、硬皮病、多发性肌炎、皮肌炎、莱姆病以及其他关节炎鉴别。

以下标准有助于正确诊断：①特征性影像学改变；②关节滑液，无菌混浊，黏度减低，粘蛋白不易凝固，中性粒细胞中的包涵体；③类风湿因子（RF）阳性（80% 患者）。

RA 临床病程变化不一。少数患者病情趋于稳定甚至不治而愈。其他大多患者呈现慢性，缓解与发作交替的病程。15～20 年后，大多患者出现畸形和破坏性关节炎，这时则需关节置换术（joint replacement）治疗。患者寿命平均减少 3～7 年。RA 是反应性淀粉样变性（amyloid degeneration）的重要原因，发生于 5%～10% 的 RA 病人中，特别是长期严重患者极易并发。

（三）幼年型类风湿性关节炎 Juvenile rheumatoid arthritis

幼年型类风湿性关节炎（JRA）是好发于儿童的一种慢性特发性关节炎。它不是单一疾病而是由一组不同种类的疾患组成，大部分患者除了具有关节炎的破坏性特征外，其他表现明显不同于成人类风湿关节炎。无 RF 与类风湿性结节，也可出现葡萄膜炎等关节外炎症表现。较特殊者可累及少数大关节，如膝关节（knee joint）、肘关节（elbow joint）及踝关节（ankle joint），故又称为少见关节炎。某些幼年型类风湿性关节炎的病例与 HLA-B27 有关，其临床特征与脊柱关节病有所重叠，如 Still 病的特征为急性发热和全身表现，包括白细胞增多（15 000～25 000 细胞/μl），肝脾大，淋巴结病及皮疹。

（四）口眼干燥综合征 Sjögren syndrome

由免疫反应介导的泪腺（lacrimal gland）及唾液腺（salivary gland）破坏，临床上特征表现为口干［口干燥症（xerostomia）］、眼干［干燥性角膜结膜炎（keratoconjunctivitis sicca）］。40% 患者独立发病［原发性干燥综合征（primary Sjögren syndrome）］，其他 60% 患者可与其他自身免疫病共存，最常见是类风湿关节炎，其次为 SLE 或硬皮病。

（1）90% 的患者是 40～60 岁的女性。

（2）大多数患者无类风湿关节炎但 RF 阳性。抗核抗体，主要是抗 SS-A（anti Sjögren syndrome A antibody)和抗 SS-B 阳性。其他自身抗体包括针对唾液腺导管细胞、平滑肌细胞线粒体、胃壁细胞及甲状腺蛋白的抗原反应抗体。

(3) 细胞与体液免疫机制导致的组织损伤。

(4) 形态学上,泪腺及唾液腺(也累及其他外分泌腺)最初表现为导管周围以 $CD4^+$T 细胞为主伴 B 细胞的淋巴细胞浸润,伴导管上皮细胞增生,形成上皮肌上皮岛(epi-myoepithelial island)及管腔闭塞(图 10-4)。继之出现腺泡萎缩,纤维化,最终脂肪代替。

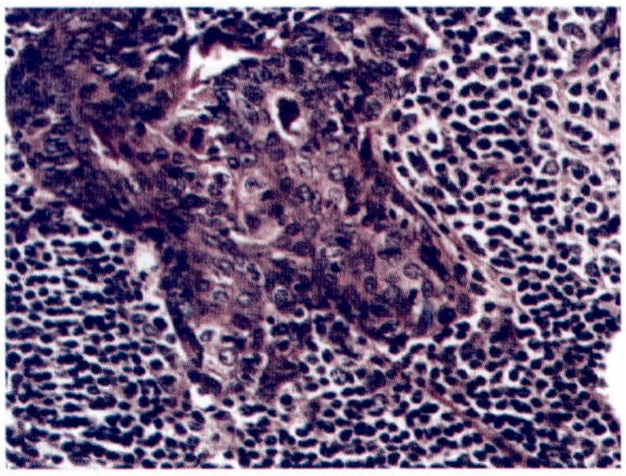

图 10-4 Sjögren 综合征 Sjögren syndrome
唾液腺中淋巴细胞、浆细胞大量浸润伴有导管上皮细胞增生
Intense lymphocytic and plasma cell infiltration with ductal epithelial hyperplasia in a salivary gland

(5) 继发性改变包括:

1) 角膜(cornea)炎症、糜烂、溃疡。

2) 口腔黏膜(oral mucosa)萎缩,伴口炎性干裂(inflammatory fissuring)及溃疡形成。

3) 吞咽困难(dysphagia)。

4) 鼻干燥,表面溃疡,少见鼻中隔穿孔(perforation of nasal septum)。

5) 累及呼吸系统,引发喉炎(laryngitis),支气管炎(bronchitis)或肺炎(pneumonitis)。

6) 唇活检(用以检查小唾液腺)有助于区别干燥综合征所致泪腺及唾液腺肿大[称为 Mikulicz 综合征(Mikulicz's syndrome)]和其他原因所致者[(如肉状瘤病(sarcoidosis)],白血病(leukemia),淋巴瘤(lymphoma))。

7) 一些干燥综合征的病例有腺外表现:① 常见肾小管间质性肾炎伴肾小管萎缩,引起肾小管酸中毒(renal tubule acidosis)及尿酸盐(lithate)与磷酸盐(phosphate)过度分泌。② 可有淋巴腺增大伴白细胞淋巴结浸润。③所累腺体发生淋巴瘤的危险性增加了 40 倍。

(五) 炎性肌病 Inflammatory myopathy

本病以皮肤出现典型的红疹、对称性缓慢进行性肌无力(近端多于远端)为特征,最终进展为运动障碍。血清肌酶[如肌酸激酶(creatinkinase),醛缩酶(zymohexase)]水平上升和肌电图改变较特征。本病(50%)常与其他免疫疾患[如 SLE、进行性系统性硬化症(PSS)、皮肌炎(dermatomyositis)]或恶性肿瘤(有 15% ~ 25% 的病例乳癌,卵巢癌,肺癌,胃癌)有关。本病不常见,分为三种:皮肌炎(dermatomyositis)、多发性肌炎(Polymyositis)和包涵体肌炎(inclosion-myositis)。

1. 发病机制 Pathogenesis 病因不明,但推测与柯萨奇 B 病毒引发的自身免疫有关。患者往往有 ANAs 抗体阳性(尤其是抗转移 RNA 合成酶抗体),常与 HLA-DR3 密切相关。在儿童皮肌炎组可见免疫复合物介导的血管炎,但诱导抗原不明。在受累肌群中,尤其是骨骼肌中可找到活化的 $CD4^+$T 细胞与 $CD8^+$T 细胞,表明细胞介导的免疫损伤可能参与此病的发生。

2. 形态学 Morphology

(1) 皮肌炎:①特征性上眼睑淡紫色皮疹,伴眶周水肿。②关节、面、颈、胸部出现红斑性鳞屑性疹(scaling erythematous eruption)或灰红色斑(dusky red patche)。③组织学上,早期有皮肤水肿伴血管周围单核细胞浸润,渐演变为纤维化和钙化。

(2) 多发性肌炎:肉眼观,横纹肌(striated muscle)早期水肿,逐渐发生萎缩,纤维脂肪代替。镜下:①显著的间质单核细胞(以活化 T 细胞为主)浸润。②肌纤维变性和再生。即细胞肌浆碎片化(fragmentation),局部广泛的肌纤维坏死。存活肌细胞发生再生伴核增大,肌浆嗜碱性(basophilia)。

(3) 包涵体肌炎:围绕血管周围炎症细胞浸润,肌细胞内空泡形成,周围有嗜碱性颗粒。空泡样的肌纤维含淀粉样沉积物,刚果红染色阳性。电镜下胞质和核内有丝管状包涵体。

3. 临床表现

(1) 雷诺现象 Raynaud's phenomenon 1/3 患者中发生;

(2) 皮肤萎缩(skin atrophy),手指僵硬(finger stiffness);

(3) 吞咽困难 Dysphagia 咽部肌肉受累的结果;

(4) 间质性肺纤维化 Interstitial pulmonary fibrosis.

多发性肌炎常发生于 40~50 岁,但 5~15 岁的病例也可见到,男女之比 1 : 2,进一步分类为 5 组,每组都有不同的临床病程。第一组,成人多发性肌炎(不累及皮肤);第二组,成人皮肌炎(dermatomyositis,DM);第三组,多发性肌炎或皮肌炎伴恶性肿瘤;第四组,儿童皮肌炎;第五组,多发性肌炎或皮肌炎并发其他免疫疾患,如 SLE,系统性硬化或干燥综合征。由于此病的异质性,很难推测预后。服用免疫抑制药后 5 年存活率超过 75%。

(六) 硬皮病 Scleroderma

硬皮病又称进行性系统性硬化症(progressive systemic sclerosis,PSS)表现为全身多个器官过度纤维增生,并伴有炎症性改变。最常见于皮肤(在此病变可局限多年),但大多数病例最终可累及胃肠道,肾,心脏,肌肉和肺。男女发病率 1:3,平均发病年龄 40 岁,黑色人种病情尤为严重。

1. 发病机制 Pathogenesis 尽管机制不明(也许是多因素参与),但最终共同机制是成纤维细胞功能活跃伴产生过量胶原。可能涉及:①对胶原或其他结缔组织成分引发迟发型超敏反应,产生细胞因子 IL-1 或 TNF-α,刺激成纤维细胞促进胶原合成。②某些患者体液免疫紊乱,产生多种异常抗体,特别是抗多种胶原的抗体可引起胶原受损,随之胶原过度合成。③免疫复合物或抗体刺激内皮细胞使其反复受损,引致血小板聚集,其释放活化因子,改变血管通透性。

2. 形态学 Mofiphology

(1) 皮肤 Skin:肉眼观,弥漫性硬化伴萎缩,最初皮肤病变处水肿,较柔软。最终双侧手指纤维化变细薄,呈爪状,活动受限(图 10-5)。面容无表情,呈面具脸(mask-like face)。局部血管闭塞引起溃疡,偶尔出现指端脱落(fingertips undergo autoamputation)。

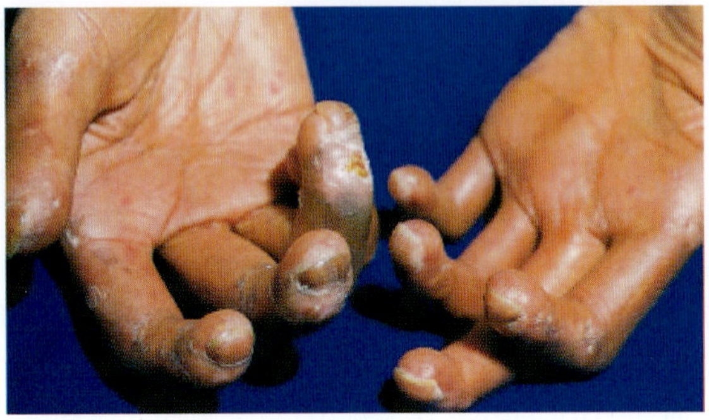

图 10-5 硬皮病 Scleroderma

双侧手指变细薄,呈爪状 Fingers become tapered and clawlike

镜下,早期毛细血管与小动脉受损,管壁周围淋巴细胞浸润,部分管腔闭塞。皮肤进行性纤维化,血管透明变性增厚,随之水肿,发生胶原纤维变性。真皮弥漫硬化,硬皮病晚期皮肤附件(appendaqe)丧失,表皮萎缩(图 10-6)。

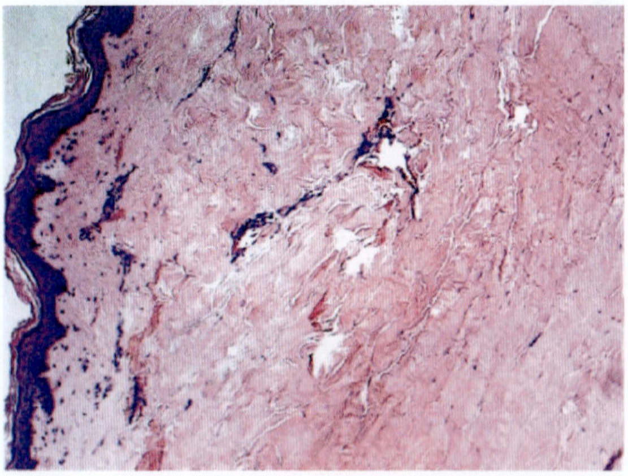

图 10-6 硬皮病镜下改变 Microscopically change of scleroderma

(2) 消化道 Alimentary tract:胃肠平滑肌进行性萎缩,胶原化,常见于食管下 2/3 段最终呈橡皮管状,缺乏弹性。整个消化道黏膜变薄,管壁胶原化,伴溃疡形成。血管病变同皮肤中。

(3) 肌肉骨骼系统 Musculoskeletal system:常见滑膜炎及进行性纤维化;关节损坏少见。近端肌群首先受累,出现水肿,血管周围单核细胞浸润,逐渐形成间质纤维化,肌纤维变性。血管基膜增厚。

(4) 肾 Kidneys:2/3 的 PSS 患者累及肾,肾衰竭占 PSS 死亡病例的 50%。最显著病变是血管壁(尤其是叶间小动脉)内皮增生,粘蛋白或胶原样物质(mucinous or collagenous material)沉积。30% 病例有高血压(hypertension),其中 10% 为急进型。高血压进一步加重血管病变,常导致纤维素样坏死伴血栓形成和组织坏死。

(5) 肺 Lungs:肺小血管纤维化,弥漫性肺间质及肺泡纤维化,有些患者进展为蜂窝状变化(honey-combing)。

(6) 心脏 Heart:心肌间质纤维化,血管周围细胞浸润,偶尔形成限制性心肌病(restrictive cardio-myopathy)。传导系统受累,引起心律不齐(arrhyth-mias pruritus)。

(7) 神经系统 Nervous system:NS 神经周围血管硬化引起外周神经病变。

(8) 局限性硬皮病 Localized scleroderma:(MOR-PHEA):仅有皮肤病变,与 PSS 无关。皮损呈淡紫色斑和斑块,偶尔有瘙痒(pruritus)。全身皮肤随处可见硬化性萎缩。

3. 临床表现 Clinical manifestations

(1) 最初病变表现为手和手指皮肤对称性水肿和增厚,或伴有雷诺现象;

(2) 病情进展后出现下列情况:①关节症状,与类风湿关节炎相似。②食管纤维化导致吞咽困难(见于 50% 病例)。③吸收障碍或肠绞痛(intestinal angina)或肠梗阻(bowel obstruction)。④肺纤维化,引起呼吸功能和/或右心功能障碍。⑤心肌直接受累,导致心律不齐或心力衰竭。⑥进展为恶性高血压,导致致死性肾衰竭。

(3) 硬皮病的临床分类:①弥漫型硬皮病:广泛

皮肤变硬，内脏受损出现早，病变进展快。与特异的ANA有关。②CREST综合征：即五大特征：钙化(calcification)，雷诺现象(Raynaud's phenomenon)，食管蠕动障碍(esophageal dysmotility)，手指硬化(sclerodactly)和毛细血管扩张(telangiectasia)。轻微的皮损只涉及手指及面部，内脏受损出现较晚，呈良性病程。与抗着丝粒(kinetic body)抗体有关。

第三节 免疫缺陷病
Immunodeficiency Diseases

免疫缺陷病是一组因免疫系统发育不全或遭受损害引起的免疫功能缺陷而导致的疾病。可分为：①原发性免疫缺陷病，又称为先天性免疫缺陷病，与遗传缺陷有关，多发生在婴幼儿。②继发性免疫缺陷病又称为获得性免疫缺陷病，继发于其他疾病，如感染、营养不良、衰老、免疫抑制、自身免疫或化疗(chemotherapy)。临床上免疫缺陷病的患者对感染和某些肿瘤的易感性增加。感染类型多取决于受影响的免疫系统成分。免疫球蛋白、补体或吞噬细胞有缺陷者常出现反复的化脓菌(pyogenic bacteria)感染；而细胞免疫缺陷者易于受病毒(virus)、真菌(fungi)和胞内寄生菌(intracellular bacteria)的感染。本节概述一些重要的原发性免疫缺陷病，重点讨论获得性免疫缺陷综合征(艾滋病)。

一、原发性免疫缺陷病
Primary Immunodeficiencies

原发性免疫缺陷病罕见。大多数原发性免疫缺陷病受遗传因素调控，可累及特异性免疫(细胞免疫或体液免疫)或非特异性免疫，后者常由补体蛋白和吞噬细胞、NK细胞等介导。特异性免疫缺陷常以受累成分分类(即B细胞或T细胞)，但鉴于T、B细胞间广泛的相互作用，其间并无绝对分界。尤其是T细胞缺陷几乎总会导致抗体合成受损，因而独立的T细胞缺陷通常与T、B细胞联合缺陷无法区分。大多数原发性免疫缺陷病常发生于婴幼儿(6个月～2岁)，导致婴幼儿易感性增加而反复感染。常见的原发性免疫缺陷病见表10-3。

表10-3 常见的原发性免疫缺陷
Common types of primary immunodeficiencies

(1) 体液免疫缺陷为主
性联无丙种球蛋白血症(Bruton病)
普通变异型免疫缺陷
孤立性IgA缺陷
(2) 细胞免疫缺陷为主
DiGeorge综合征(先天性胸腺发育不全)
Nezelof综合征(胸腺发育异常综合征)
(3) 联合免疫缺陷
重症联合免疫缺陷
Wiscott-Aldrich综合征
补体成分的遗传差异

二、继发性免疫缺陷病
Secondary Immunodeficiencies

营养不良、感染、肿瘤、肾脏疾病或结节病患者常可继发免疫缺陷，肿瘤患者接受化疗或放疗，以及移植后或治疗自身免疫性疾病服用免疫抑制药，也都可引起免疫缺陷。这些继发性免疫缺陷状态是由于免疫球蛋白丧失(如肾病综合征)，免疫球蛋白合成不足(如营养不良者)或是淋巴细胞的丧失(药物或严重感染时)所致。继发性免疫缺陷比原发性免疫缺陷更常见。本节仅叙述发病率日增且死亡率极高的获得性免疫缺陷综合征(acquired immunodeficiencysyndrome，AIDS)，即艾滋病。

获得性免疫缺陷综合征是由一种逆转录病毒即人类免疫缺陷病毒(human immunodeficiency virus，HIV)感染引起，其特征为免疫功能缺陷伴机会性感染和(或)继发性肿瘤。临床表现为发热、乏力、体重下降、全身淋巴结肿大及神经系统症状。本病1981年首先由美国疾病控制中心报道，目前已遍布全球。艾滋病在我国的传播分为三个阶段：第一阶段为传入期，1985～1989年以国外传入为主；第二阶段为播散期，自1989年后，国内感染急剧上升；第三阶段为流行期，即HIV已在普通人群中存在，因此艾滋病的防治工作已经是医疗卫生工作者面临的严峻课题。

(一) 病因和发病机制

1. HIV的生物学特征 Biology of HIV HIV属逆转录(retrovirus)病毒科，慢病毒亚科，为单链RNA病毒。HIV分为HIV-1和HIV-2两个亚型，其中致病力较强的HIV-1分布于世界各地，而HIV-2基本上分布于西非地区。

HIV-1病毒结构见图10-7，圆形或椭圆形，病毒核心由两条RNA链(病毒基因组)、逆转录酶和核心蛋白(core proteins)p17及p24编码的糖蛋白(glycoprotein)即外膜蛋白gp120构成，并由来自宿主细胞的脂质膜包被(lipid envelope)，膜上嵌有由病毒编码的糖蛋白(gp120)和跨膜蛋白gp41，在感染宿主细胞过程中发挥重要作用。

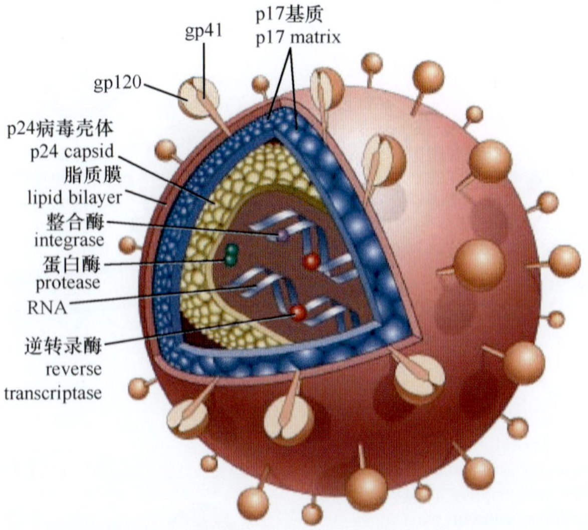

图 10-7 HIV 结构模式图 HIV structure

HIV-1 基因组包括有 gag、pol 和 env 基因，分别编码不同的病毒蛋白，如核心蛋白、逆转录酶和嵌于膜上的糖蛋白。env 基因在各病毒株间变异甚大。除了以上三种逆转录病毒基因，还有 tat、rev、vif、nef、vpr 和 vpu 基因，可调节感染性病毒颗粒的合成和组装。例如 tat 基因，该基因在病毒复制过程中起到关键作用；nef 可激活细胞内激酶活性，影响 T 细胞活化、病毒复制和传染。某些通过血液途径感染缺乏 nef 基因的 HIV 的患者并未发展为 AIDS，提示可将病毒调控蛋白（如 nef 基因编码的蛋白）作为抗 AIDS 药物的靶点，或采用缺乏关键调控蛋白的 HIV 突变体作为疫苗的可能性。

该病的传染源主要是患者和无症状病毒携带者。HIV 主要存在于宿主血液、精液、子宫、阴道分泌物和乳汁中。其他体液如唾液、尿液或眼泪中偶尔可分离出病毒，但迄今为止尚无证据表明能够传播本病。AIDS 的传播途径包括：①性接触传播 Transmission of sexual contact，同性恋或双性恋男性曾是高危人群，占报告病例的 60% 以上。但目前经异性性传播已成为世界 HIV 流行的普遍规律。据世界卫生组织估计，目前全球 HIV 感染者中 3/4 是通过异性性接触感染；②应用污染的针头作静脉注射；③输血和血制品的应用，如血友病（Hemophiliacs）患者尤其是那些输过大量 1985 年前库存Ⅷ因子浓缩物者，占 1%。除血友病患者之外的血液或血制品受者占 2.5%。甚至仅一单位的全血，传播效率即可达 90%。筛查供血者体内 HIV 抗体可减少传播的危险性，但由于假阴性率（4～5：1000,000）和抗体生成 3～17 周延迟“窗口期”的存在，仍存在一些危险性。④母体病毒经胎盘感染胎儿或通过哺乳、黏膜接触等方式感染婴儿；⑤医务人员职业性传播，少见。

2. 发病机制 Pathogenesis AIDS 的主要发病机制是 HIV 感染靶 $CD4^+$ 辅助 T 细胞（$CD4^+$ helper T cells）使细胞功能受损和大量细胞被破坏，导致细胞免疫缺陷。由于其他免疫细胞均不同程度受损，因而促进并发各种严重的机会性感染和肿瘤。

（1）HIV 感染 $CD4^+$ 辅助 T 细胞 HIV infection of $CD4^+$ helper T cells：CD4 分子是 HIV-Ⅰ包膜 gp120 蛋白的高亲和力受体，当 HIV 进入人体后，嵌于病毒包膜上的 gp120 与 $CD4^+$ T 细胞膜上 CD4 受体结合，同时，HIV 又以趋化因子受体 CXCR4（大多在 T 细胞，为 HIV 附着淋巴细胞所必需）和 CCR5 作为共受体（coreceptor）（大多在巨噬细胞，促进 HIV 进入巨噬细胞）进行识别，即 HIV 必须同时与 CD4 受体和共受体结合后才能进入细胞内。进入细胞后，病毒基因组经历逆转录后，形成互补 DNA（cDNA）。在静止的 T 细胞中，HIV 前病毒 cDNA 可以线性的形式存在胞浆中。当 T 细胞分裂时，cDNA 进入细胞核，与宿主基因组整合。整合后，前病毒（provirus，整合后的环状病毒 DNA）可保持长久的非转录时期，从而进入潜伏状态（latent phase）。经数月至数年的临床潜伏期，前病毒可被某些因子所激活（如 TNF、IL-6 等）而开始不断复制，在细胞膜上装配成新病毒并以芽生方式释放入血，释出后的病毒再侵犯其他靶细胞。病毒复制的同时可直接导致受感染 $CD4^+$ T 细胞破坏、溶解。（图 10-8）因 $CD4^+$ T 细胞在免疫应答中起核心作用，故 $CD4^+$ T 细胞的消减可导致①淋巴因子产生减少；② $CD8^+$ T 细胞的细胞毒活性下降；③巨噬细胞溶解肿瘤细胞、杀灭胞内寄生菌、原虫的功能减弱；④ NK 细胞功能降低；⑤B 细胞在特异性抗原刺激下不产生正常的抗体反应，而原因不明的激活和分化引起高丙种球蛋白血症；⑥作用于骨髓中造血干细胞，影响造血细胞的分化（图 10-9）。

（2）HIV 感染组织中单核巨噬细胞 HIV infection of monocytes：存在于脑、淋巴结和肺等器官组织中的单核巨噬细胞可有 100%～50% 被感染，其感染过程与 $GD4^+$ T 细胞的区别体现于：①因巨噬细胞表达低水平 CD4，所以 HIV 一方面可通过 gp120 与 CD4 结合的方式感染巨噬细胞；另一方面也可通过细胞的吞噬作用进入细胞或经 Fc 受体介导的胞饮作用而使由抗体包被的 HIV 进入细胞；②病毒可在巨噬细胞内大量复制，但通常储存于胞质内，不像 $CD4^+$T 细胞那样在胞膜上大量出芽。单核巨噬细胞能抵抗 HIV 的致细胞病变作用，因而不会迅速死亡，反可成为 HIV 的储存场所（reservoirs）；③作为病毒运输的载体（vehicles），在病毒扩散中起重要作用。其可携带病毒通过血一脑屏障，从而引起中枢神经系统感染。

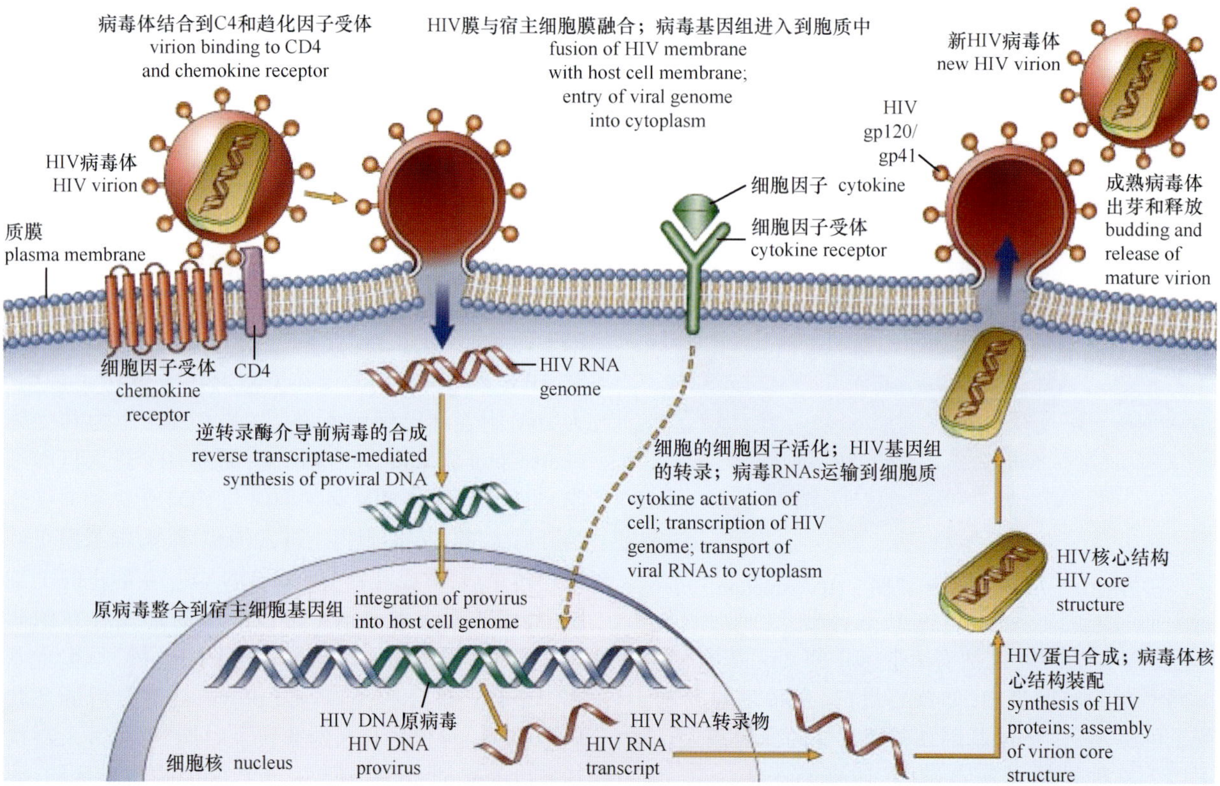

图 10-8 HIV 感染细胞的过程 Life cycle of HIV

图示从病毒进入到传染性病毒体产生的步骤 Steps from viral entry to production of infectious virions are illustrated

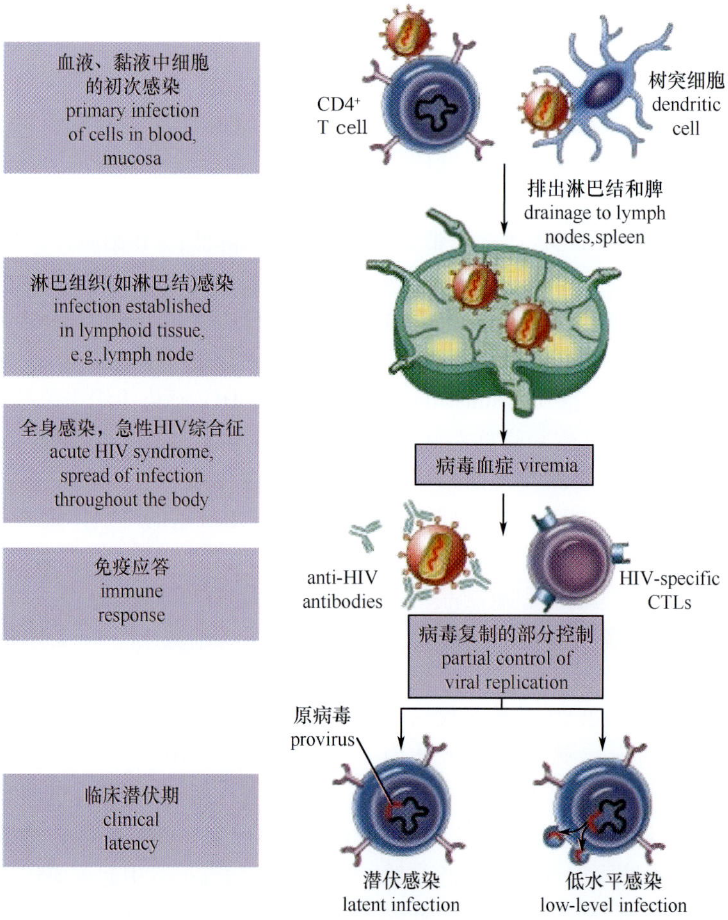

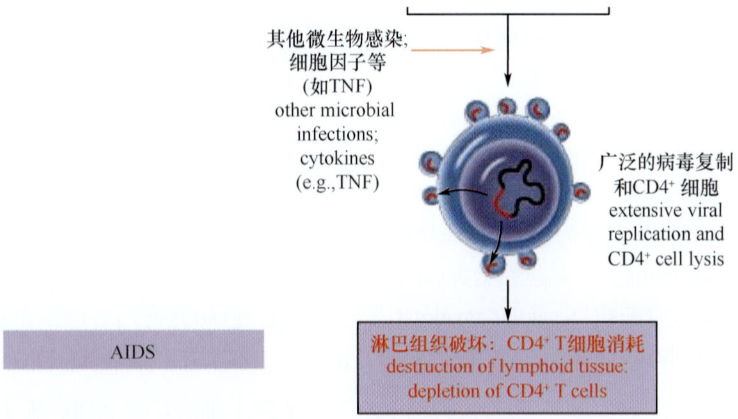

图 10-9 HIV-1 感染发病机制

Pathogenesis of HIV-1 infection

近来的研究结果表明,淋巴结生发中心的滤泡树突状细胞也可受到 HIV 的感染并成为 HIV 的"储备池"。其树突可表达 IgG 的 F 受体,从而与由 I 型抗体包被的 HIV 结合,使病毒进入细胞内。综合以上后果,导致严重免疫缺陷,构成了 AIDS 发病的中心环节。

(二) 病理变化 Pathological changes

病理变化病变可归纳为全身淋巴组织的变化、机会性感染(opportunistic infections)和恶性肿瘤(malignant neoplasms)三个方面。

1. HIV 相关淋巴腺病 HIV-associated lymphadenopathy 长期全身淋巴腺病是 AIDS 的前驱症状。淋巴组织进展性缺损表现三种组织学病变:① 滤泡增生(follicular hyperplasia)伴浆细胞(plasma cells)增多。电镜下或通过原位杂交法检测,HIV 分子位于生发中心内,主要集中于滤泡树突状细胞,也可出现于巨噬细胞及 $CD4^+$ 细胞内。② 滤泡增生但滤泡间细胞缺失,表现为滤泡外层淋巴细胞减少或消失,小血管增生,生发中心被零落分割。副皮质区的 $CD4^+$ 细胞进行性减少,代之以浆细胞浸润。③ 滤泡退化,呈现一片荒芜(involuted),淋巴细胞几乎消失殆尽("burned out"),仅有一些巨噬细胞和浆细胞残留。髓质纤维化(fibrosis),血管增生。晚期的淋巴结病变,往往在尸检时才能看到。有时特殊染色(special stains)可显现大量分枝杆菌、真菌等病原微生物(organisms),却很少见到肉芽肿形成等细胞免疫反应性病变。脾(spleen)、胸腺(thymus)也表现为淋巴细胞减少。

2. 感染 Infections 多发机会性感染是本病的另一特点,感染范围广泛,可累及各器官,其中以中枢神经系统、肺、消化道受累最为常见。AIDS 患者可继发的感染因子包括:

(1) 原虫 Protozoans:肺孢子虫(pneumocystis)、弓形体(toxoplasma)、隐孢子虫(cryptosporidium)(图 10-10)。

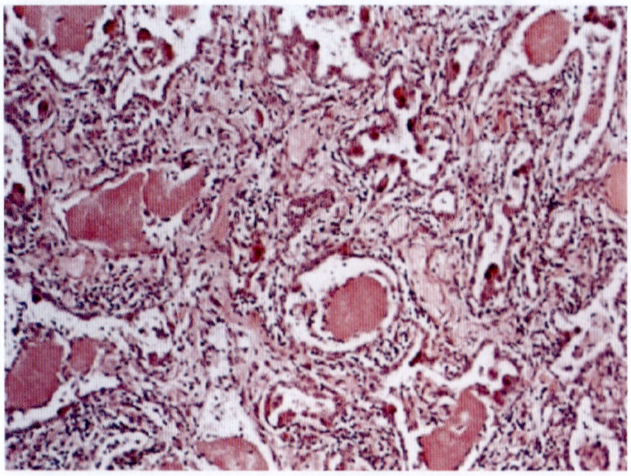

图 10-10 AIDS 中肺孢子虫感染 Pneumocystis carinii infection

肺显微照片示肺间质增厚,肺泡内泡沫状分泌物,提示卡氏肺孢子虫感染。Photomicrograph of the lung shows interstitial thickening and intra-alveolar fomay exudate representing pneumocystis carinii infection

(2) 真菌 Fungi:念珠菌属(Candida)、隐球菌(Cryptococcus)、组织胞浆菌(Histoplasma)、球孢子菌属(Coccidioides)、曲霉菌(Aspergillus)。

(3) 分枝杆菌 Mycobacteria:结核杆菌(M.tuberculosis),乌型结核菌(M. avium-intracellulare)。

(4) 其他细菌 Other bacteria:化脓菌(pyogenic bacteria),肠道杆菌(Enterobacteriaceae)。

(5) 病毒 Viruses:巨细胞病毒(cytomegalovirus,CMV)、EB 病毒、单纯疱疹病毒(herpes simplex virus)和带状疱疹病毒(zoster virus)、乙型肝炎病毒(hepatitis B virus,HBV)、人乳头瘤病毒(human papilloma virus,HPV)。

由于严重的免疫缺陷,感染所致的炎症反应往往轻而不典型。如肺部结核菌感染,很少形成典型的肉芽肿性病变,而病灶中的结核杆菌却甚多。

70%~80%的患者可经历一次或多次肺孢子虫感染,在艾滋病因机会感染而死亡的病例中,约一半死于肺孢子虫感染,因而对诊断本病有一定参考价值。神经系统也是HIV感染的靶组织,表现为:①急性非化脓性脑膜炎(acute asepic meningitis);②亚急性脑炎(subacute encephalitis);③空泡性脊髓病(vacuolar myelopathy);④周围神经病变(peripheral neuropathy)等。

3. 肿瘤 Neoplasms

(1) Kaposi肉瘤 Kaposi's sarcoma:这是一种起源于内皮细胞的多中心性血管增殖性肿瘤,最常发生于皮肤黏膜部位。近1/3的AIDS患者,尤其是青年人会并发Kaposi肉瘤。推测其发生与细胞免疫反应下降和内皮细胞特异性生长因子的刺激参与有关

肉眼表现为多个红色至紫色的肿瘤小结节,最多见于皮肤黏膜部位。镜下可见扩张、不规则裂隙样的血管,衬以薄层内皮细胞,血管外周交织排列簇状梭形细胞并伴有红细胞外渗(extravasation)(图10-11)。Kaposi肉瘤也可累及淋巴结和内脏器官。

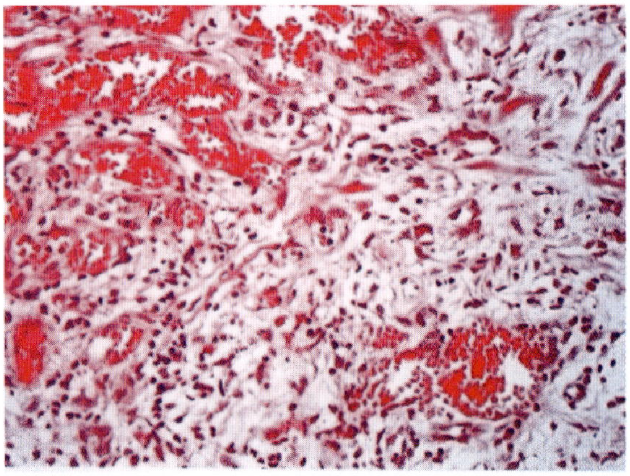

图10-11 Kaposi肉瘤 Kaposi's sarcoma
异型梭形细胞和血管瘤样增生的血管混合在一起 Atypical spindle cells are intermingled with angiomatous proliferation of vessels

Kaposi's sarcoma (KS)

Kaposi's sarcoma is a tumor caused by Human herpesvirus 8 (HHV8), also known as Kaposi's sarcoma-associated herpesvirus (KSHV). It was originally described by Moritz Kaposi (KUH-po-shee), a Hungarian dermatologist practicing at the University of Vienna in 1872. It became more widely known as one of the AIDS defining illnesses in the 1980s. The viral cause for this cancer was discovered in 1994. Although KS is now well-established to be caused by a virus infection, there is widespread lack of awareness of this even among persons at risk for KSHV/HHV-8 infection.

(2) 淋巴瘤 lymphoma:非霍奇金淋巴瘤(non-Hodgkin lymphoma)在AIDS患者发病率增加。患者常并发弥漫性高度恶性B淋巴细胞瘤(仅次于Kaposi肉瘤),其中可找到EB病毒基因组片段,表明EB病毒在AIDS相关性淋巴瘤发生中起重要作用。

(3) 口腔及肛门直肠癌患病率增加 Increase incidence of oral and anorectal carcinoma。

(三)临床病理联系 Clinicopathological relations

本病潜伏期较长,一般认为经数月至10年或更长时间才发展为AIDS。

1. HIV感染的临床分类 Clinical classification of HIV infection:

A类:包括急性感染、无症状感染和持续性全身淋巴结肿大综合征。

B类:包括免疫功能低下时出现的AIDS相关综合征(AIDS-related complex, ARC)、继发细菌及病毒感染和发生淋巴瘤等;AIDS相关综合征的特征性表现是持续性发热(长达3个月之久),体重减轻,腹泻,$CD4^+$T细胞大量减少,伴贫血,血小板减少和高丙种球蛋白血症。

C类:患者已有严重免疫缺陷,出现各种机会性感染、继发性肿瘤以及神经系统症状等AIDS表现。25%~35%的HIV感染者经5~7年发展为AIDS。

2. AIDS病程阶段 Course of AIDS

(1) 早期或称急性期 Early stage or acute stage:感染HIV3~16周后30%~50%患者出现急性病毒感染性特征,如咽痛、发热、肌肉酸痛等,称为急性病毒样疾病(acute viral-like illness)。组织学上为单核细胞增多症样病变。病毒在体内复制,伴血清HIV抗体产生。但由于患者尚有较好的免疫反应能力,2~3周后这种症状可自行缓解。

(2) 中期或称慢性期 Intermediate stage or chronic phase:机体的免疫功能与病毒之间处于相互抗衡的阶段,在某些病例此期可长达数年或不再进入末期。此期病毒复制持续处于低水平,临床可以无明显症状或出现明显的全身淋巴结肿大,表现持续广泛性淋巴腺病(Persistent generalized lymphadenopathy):常伴发热、乏力、皮疹等。

(3) 后期或称危险期 Later stage or danger stage:此期患者体内抗HIV抗体阳性,至少有一种致命性机会性感染,Kaposi肉瘤或淋巴瘤,无其他确切原因解释的极度免疫缺陷。病人有持续发热、乏力、消瘦、腹泻,

75%～90%的患者出现神经系统症状,明显的机会性感染及恶性肿瘤,血液化验可见淋巴细胞明显减少。

3. 预后 Prognosis　本病的预后差,5 年死亡率(mortality rate)为 85%。目前抗 HIV 治疗主要采用逆转录酶抑制剂和蛋白酶抑制剂。现主张联合用药,如齐多夫定、拉米夫定和 IDV 联合应用,称高效抗逆转录病毒疗法(Highly Active Antiretroviral Therapy, HAART),可使 AIDS 患者的机会性感染和继发性肿瘤发病率平均下降 80%～90%,血浆病毒量降低至 50 拷贝/ml 以下。尽管疫苗研究已经开展,并正在被试用于人类,但疫苗的前景不宜乐观,尚存在对安全有效且具免疫持久性的免疫原的进一步开发及接种对象的选择等问题。因此,大力开展预防,对防止 AIDS 流行至关重要。

第四节　组织移植
Tissue Transplantation

用相应健康细胞、组织或器官植入机体以替代体内某种细胞、组织和器官的不可复性的结构和功能损害的过程,称为细胞、组织、器官移植,统称移植。这是本世纪医疗技术进步的重大成果。根据不同的供体可将移植术分为:①自体移植(autoplastic transplantation);②同种异体移植(allotransplantation)和③异种移植(heterotransplantation)。移植成败的关键是移植免疫反应的问题。移植免疫反应分为两种:①宿主抗移植物排斥反应(host versus graft reaction, HVGR),即移植排斥反应(transplantation rejection);②移植物抗宿主反应(graft versus host reaction, GVHR)。但目前最大的问题仍是如何不依赖免疫抑制疗法来阻止由组织不相容造成的排斥反应。对组织相容性抗原的概述有利于理解移植排斥。

一、组织相容性抗原
Histocompatibility Antigens

组织相容性抗原中最重要的是位于第 6 号染色体上的 MHC(major histocompatibility complex gene)基因群,又称为人白细胞抗原(human leukocyte antigen, HLA)或 HLA 簇。高度多态性(polymorphism),每个基因座(locus)都有几个等位基因(alleles),而且每个杂合子(heterozygote)个体内都可表达出至少 16 种 MHC 抗原,这造成了移植上的困难。

1. Ⅰ类抗原 Class Ⅰ antigens　几乎表达于所有有核细胞与血小板表面,由重链糖蛋白(由三个连锁基因座编码:HLA-A,B,C)和 β2 微球蛋白(由 15 号染色体基因编码)组成。它们可异体产生抗体,常规血清学技术可将其分型。

(1)结合那些经加工处理的内源性抗原,如病毒感染细胞中的病毒物质。

(2)MHC 抗原提呈加工处理的抗原给具有相应受体特异性的 $CD8^+$毒性 T 细胞,使 T 细胞活化。

(3)由于 T 细胞受体只识别 MHC-抗原肽复合物,故 $CD8^+$T 细胞仅结合并杀伤那些表达自身 MHC Ⅰ抗原的感染细胞,这称之为 MHC 限制性(MHC restriction)。

2. Ⅱ类抗原 Class Ⅱ antigens　仅表达于抗原呈递细胞(antigen-presenting cells, APC)表面,包括树突状细胞(dendritic cells)、巨噬细胞(macrophages)、B 细胞和活化的 T 细胞(activated T cells)。γ 干扰素(γ-interferon)、T 细胞淋巴因子(lymphocyte factor)、可诱导内皮细胞(endothelium)、成纤维细胞(fibroblasts)和肾小管上皮细胞(renal tubular epithelial cells)表达 MHC-Ⅱ类分子。

(1)MHC-Ⅱ类抗原分子由 HLA-D 区编码,此区最初是在混合淋巴细胞反应(mixed lymphocyte reaction, MLR)培养物中因 T 细胞可对非己 T 细胞发生增殖反应而识别,此后,发现其由三个亚区(DP、DQ 和 DR)构成。现在一般认为 MLR 可用来检测这些抗原复合体。

(2)MHC-Ⅱ抗原结合提呈外源性抗原给 $CD4^+$T 辅助细胞,$CD4^+$辅助 T 细胞也有 MHC 限制性,识别抗原肽时需要自身 MHC-Ⅱ类分子的约束。

3. Ⅲ类蛋白 Class Ⅲ proteins　一些补体成分(C2、C4、Bf)和一些细胞因子(TNF-α 和 TNF-β)由 MHC 基因复合体编码,虽然与 MHC-Ⅰ,Ⅱ类密切相关,但它们不是组织相容性抗原。

二、移植排斥
Transplant Rejection

这里主要介绍肾和骨髓移植移植排斥。但是,一些基本概念同样适用于其他组织和器官移植,如肝和心脏等。

$CD8^+$T 细胞和 $CD4^+$T 细胞对移植物 MHC 抗原产生反应,直接导致 CTL 介导的细胞溶解,微血管损伤、组织缺血和巨噬细胞介导的破坏。

组织学上,细胞介导的排斥特征表现为间质单核细胞浸润(包括巨噬细胞、浆细胞和 $CD4^+$T 细胞、$CD8^+$T 细胞)。免疫抑制药可迅速阻止细胞介导的排斥。某些情况下,抗体介导的排斥反应也很重要,这包括最初的内皮细胞损伤和随后的血管炎(vasculitis),但这种排斥类型对免疫抑制药反应较差。

1. 超急性排斥 Hyperacute rejection　当受体先

前已被移植物抗原(如输血、妊娠或与 HLA 交叉反应的微生物感染)致敏,则立即激发"超急性排斥反应"(约数分钟至一两天)。此时,已形成的循环抗体与移植物血管床中抗原结合,引起补体和抗体依赖细胞介导的细胞毒作用(antibody dependent cell mediated cytotoxicity,ADCC)介导的损伤。

肉眼可见移植器官青紫色,出现斑纹,失去活力。镜下可见病变类似于 Arthus 反应。电镜及荧光显微镜见免疫球蛋白和补体沉积于血管壁,伴内皮细胞损伤,纤维素血小板微血栓形成,中性粒细胞浸润和小动脉纤维素样坏死导致远端组织梗死。

移植后一段时间,供体 MHC-Ⅰ,Ⅱ类抗原引起受体内抗体形成,随后导致补体介导的、ADCC 介导的和免疫复合物介导的损伤(急性血管炎)。

2. 急性排斥 Acute rejection 一般发生于移植后几天或免疫移植疗法停止后(图 10-12)。细胞和体液免疫机制都参与其发生。

亚急性血管炎一般发生于移植后头几个月,比急性排斥性血管炎更常见,引起反复发作的临床排斥反应(如肾移植后肾功能改变)。镜下可见显著增厚的小动脉内膜,含有免疫球蛋白和补体沉积物,成纤维细胞,平滑肌细胞和泡沫样巨噬细胞,引起向心性(afferens)管腔狭窄或闭塞,导致远端实质缺血(图 10-13)。

3. 慢性排斥 Chronic rejection 发生于移植后几个月甚或几年。特征地表现为进行性器官功能障碍(如血肌酐升高)。形态学上,动脉内膜显著纤维增生,可能是急性和亚急性排斥反应伴实质缺血性损伤的反复发作的终末期(terminal stage)(图 10-14)。常见单核细胞间质浸润,伴大量的浆细胞和嗜酸粒细胞,偶尔也伴发急性动脉炎(acute arteritis)。

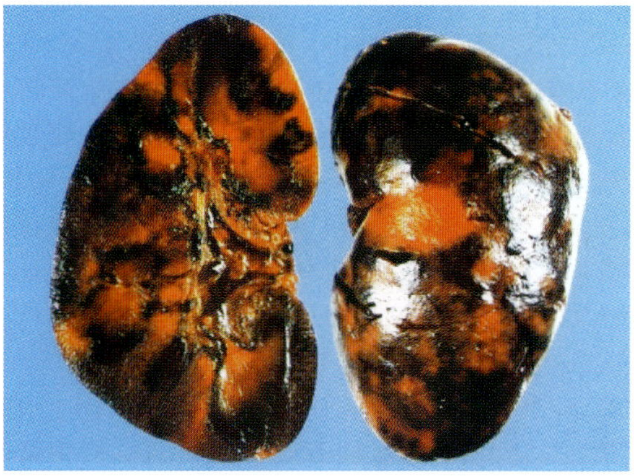

图 10-12 同种移植肾急性排斥反应 Acute homograft rejection of kidney

肾肿大、出血。表面和切面可见大块坏死 The kidney is swollen and hemorragic. massive necrosis is seen an external and cut surface

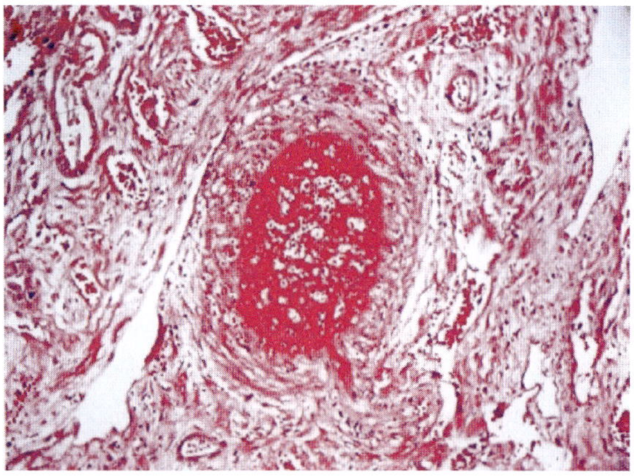

图 10-13 急性排斥反应 Acute rejection

移植肾急性排斥反应中的血管炎,可见血栓和细胞浸润 Vasculitis in acute rejection of kidney,showing thrombosis and cellular infiltration

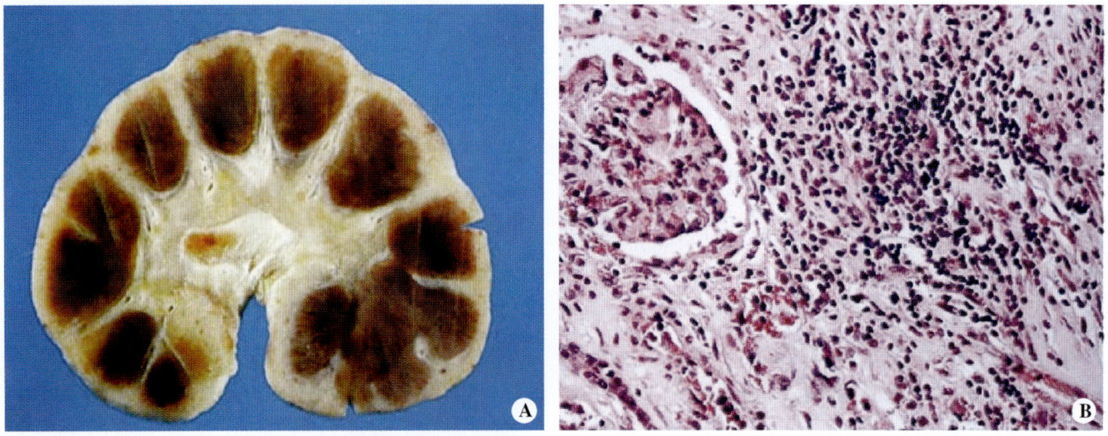

图 10-14 肾慢性同种移植排斥反应 Chronic homograft rejection of kidney

A. 由于血管病变引起的缺血所致的肾皮质弥漫性变薄;B. 移植肾慢性排斥反应。可见肾小管明显萎缩,间质纤维化加重,单核细胞浸润。肾小球毛细血管轴心呈缺血性增厚 A. Note diffuse cortical thinning due to ischemia resulted from vascular changes;B. Chronic transplant rejection of kidney. There is marked tubular atrophy,increased interstital fibrosis,and mononuclear cell infiltration. The glomorulus shows ischemic axial thickening

Transplant rejection activation

Transplant rejection occurs when a transplanted organ or tissue is not accepted by the body of the transplant recipient. This is explained by the concept that the immune system of the recipient attacks the transplanted organ or tissue. This is expected to happen, because the immune system's purpose is to distinguish foreign material within the body and attempt to destroy it, just as it attempts to destroy infecting organisms such as bacteria and viruses. When possible, transplant rejection can be reduced through serotyping to determine the most appropriate donor-recipient match and through the use of immunosuppressant drugs.

三、免疫抑制剂的作用 Effects of Immunosuppression

由于 MHC 的多态性的存在，要想获得 HLA 完全一致的移植组织是不大可能的。移植物存活主要依靠免疫抑制药（immunosuppressive drugs）的作用。这包括类固醇（steroids）硫唑嘌呤（azathioprine），抗淋巴细胞抗体（antilymphocyte antibodies）和环孢菌素（cyclosporin），环孢菌素主要通过抑制 $CD4^+$ 辅助 T 细胞活化而发挥作用。免疫抑制疗法的副作用可引起感染和肿瘤发生的危险性增加，而且许多药物具有特异性器官毒性作用（如环孢菌素具有肾毒性）。

Immunosuppression involves an act that reduces the activation or efficacy of the immune system. Some portions of the immune system itself have immuno-suppressive effects on other parts of the immune system, and immunosuppression may occur as an adverse reaction to treatment of other conditions. Deliberately induced immunosuppression is generally done to prevent the body from rejecting an organ transplant, treating graft-versus-host disease after a bone marrow transplant, or for the treatment of auto-immune diseases such as rheumatoid arthritis or Crohn's disease. This is typically done using drugs, but may involve surgery (splenectomy), plasmapharesis, or radiation.

1. 提高移植物存活的途径 Methods of increasing graft survival 由于 HLA 抗原是移植排斥的主要靶分子，故供体与受体之间较好的 HLA 相互匹配则可改善移植物存活。这可体现在存活的相关性供体肾移植中 MHC-Ⅱ类匹配的效果优于单独只有 MHC-Ⅰ类匹配，可能的机制是 MHC-Ⅱ反应性 $CD4^+$T 细胞并未被激活，而后者在体液和细胞排斥反应中都起到很重要的作用。相对而言，来自非相关性尸体肾移植的 HLA 匹配的优势并不显著，可能由于其他次要组织相容性抗原（除 HLA 基因复合体编码之外的多态性蛋白质）存在着差异。

因此除了同卵孪生（identical twin）外，所有器官移植受体都必须接受免疫抑制疗法。目前，硫唑嘌呤、皮质类固醇、环孢菌素、抗淋巴细胞球蛋白和单克隆抗体（如抗 CD3 单抗）等药物已有应用。环孢菌素通过抑制细胞因子尤其是 IL-2 基因的活化阻止 T 细胞介导的免疫反应，但因肾毒性而使其效果受限。尽管免疫抑制使移植物存活受益很大，但价格不薄。广泛使用免疫抑制疗法将增加真菌，病毒和其他微生物机会性感染的易感性，使病人患 EB 病毒源性淋巴瘤（EBV-induced lymphomas），人乳头状病毒引起的鳞状细胞癌（human papillomavirus-induced squamous cell carcinomas）和 Kaposi 肉瘤的危险性也增高。为了避免免疫抑制的副作用，必须设法诱导宿主 T 细胞对供体的特异性耐受。动物实验中可通过阻止宿主 T 细胞从供体树突状细胞获得协同刺激信号阻断其反应的最初阶段作为提高移植物生存的策略，即应用抗体干扰供体树突状细胞表面 B7 分子与宿主 T 细胞 CD28 受体之间的相互作用而完成。如前所述，这些因素将干扰 T 细胞活化的第二信号从而诱导 T 细胞凋亡或使其处于无能状态。

2. 其他实质器官移植 Transplantation of other solid organs 虽然肾是最常见的移植器官，但肝、心脏、肺和胰腺移植目前也在进行。但不像活体肾移植那样，大多其他实质器官移植与组织相容性分型无关。肝或心脏移植物保持存活的时间太短也来不及以目前的方法进行其组织分型。因此对于这些器官移植，仅考虑 ABO 血型分型，而不考虑循环抗体和体型（如小孩不能接受成人的心脏移植）的差异。

3. 同种异体造血干细胞移植 Transplantation of allogeneic hematopoietic cells 骨髓移植逐渐应用于造血和非造血性恶性肿瘤，先天性贫血（aplastic anemias）和某些免疫缺陷疾患的治疗。造血干细胞通常可由供体骨髓中获得或通过应用造血干细胞生长因子促使造血干细胞释放入外周血后获得。宿主接受大剂量毒性化疗或放疗破坏恶性瘤细胞（如白血病）或建造移植床（如先天性贫血）后即可输注干细胞。但骨髓移植排斥（bone marrow transplant rejection）和移植物抗宿主病（graft-versus-host disease，GVHD）这两大问题使骨髓移植成功的障碍。

（1）同种异体骨髓移植排斥由宿主体内抵抗放疗和化疗作用的 T 细胞与 NK 细胞介导。T 细胞移植排斥与已描述过的实体器官移植排斥的机制相同，而 NK 细胞被刺激后则破坏移植的供体细胞，这是由于同种异体细胞不能识别结合 NK 抑制受体所致。

（2）移植物抗宿主病（GVHD）在免疫活性细胞（或其前体细胞）被移植入免疫缺损受体时发生。尽管GVHD最常见于同种异体骨髓移植，但富含淋巴样细胞的实体器官移植或未经辐射的血液输血时也可产生。当免疫缺陷宿主接受正常的同种异体骨髓细胞时，供体骨髓来源的免疫活性T细胞将受体组织当做异己物质而产生反应，使$CD4^+$T细胞和$CD8^+$T细胞活化，最终产生迟发型超敏反应（delayed type hypersensitivity，DTH）和CTL介导的免疫反应。

1）急性GVHD：发生于移植后数天至数周，可引起三大靶器官，肝、皮肤和肠道上皮细胞坏死。小胆管破坏引起黄疸，肠道黏膜溃疡导致血性腹泻，皮肤受累出现广泛皮疹。此外，宿主本身受到免疫抑制，易发生各种感染（大多为病毒感染）。

2）慢性GVHD：常发生于急性综合征后或隐匿产生。这些患者免疫系统广泛受损，皮损类似于系统性硬化者，也可出现类似于其他自身免疫疾患的临床表现。

GVHD是一种具有潜在致命性的并发症，HLA相匹配可减少但不能完全消除该并发症的发生。骨髓移植前去除供体T细胞能在一定程度上减少GVHD的发生率，但这可使移植物存活率下降，白血病复发率增加。多功能T细胞具有双向作用，一方面可介导GVHD发生，另一方面又是骨髓干细胞有效植入和白血病细胞有效清除（即所谓的移植物抗白血病效应）所必须。

病例讨论

病史摘要：

血友病患者男性，11岁，因经常齿龈、皮肤及膝踝关节腔出血，接受输血治疗。2000年9月血清HIV-1检测阳性。患儿食欲减退，消瘦，关节及齿龈出血次数增多，两年后患儿体重25.5kg，身高110cm，OKT_4 52%，$OKT_8$27%，T101（total T cells）：0.97，Hb 85g/L，WBC $4.2×10^9$/L，RBC 86 × 10^9/L，OT试验（-）。2005年2月22日出现呕吐症状，24日中午发烧（38.7℃），下午头痛，入夜更剧。2月25日出现抽搐，神志不清，尿失禁。急诊室检查：T 37.5℃（腋下），P120次/分，BP 14.7/9.33kPa，深昏迷状态，头部无外伤，皮肤无出血，两侧瞳孔不等大，经输血、甘露醇及高渗葡萄糖等治疗无效，上午11时20分死亡。5小时后病理解剖。

尸检摘要：

淋巴结：少数淋巴结皮质滤泡扩张，但境界不清，周围小淋巴细胞套消失；多数淋巴结滤泡萎缩、消失，淋巴窦内见载有红细胞的巨噬细胞。免疫组织化学检查：用UCHL-1，CD43，CD3三种T细胞抗体染色，发现这些淋巴结的绝大多数淋巴细胞为T细胞。残留滤泡生发中心浸润的小淋巴细胞为T细胞。$CD45^+$细胞（B细胞）则明显地减少。

脾脏：淋巴滤泡扩大，玻璃样物质沉着，细胞明显减少。

胸腺：皮质和髓质网状上皮细胞明显增多，皮质淋巴细胞相应减少。髓质哈氏小体多而明显。

阑尾淋巴样组织：萎缩或消失。

肺脏：小支气管周围和肺泡间隔淋巴细胞浸润。细支气管腔、管壁及周围肺组织内有大量细菌和真菌，真菌孢子和菌丝都存在，有些菌丝有短的分支。Grocott法染色证实菌丝有间隔可见，有的孢子排列成辐射状的扇形结构，呈典型的曲霉菌形态。（图10-15）

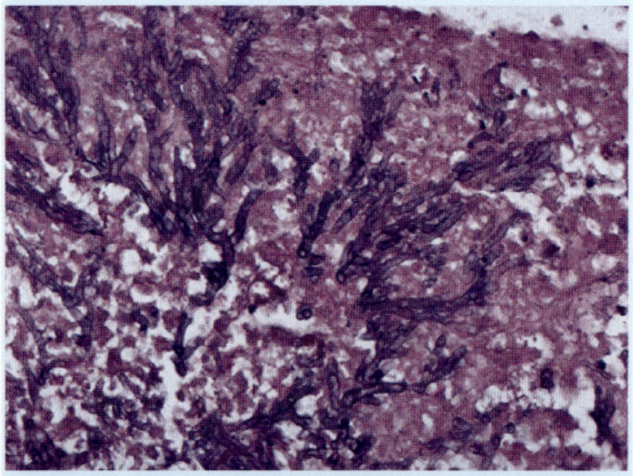

图10-15 肺切片（Grocott染色）

脑：右侧额叶和顶叶硬脑膜下有血肿2处，大小分别为3cm×2cm和5cm×3cm。此外，右侧颞叶和顶叶交界处有胶质瘢痕1处，大小6cm ×5cm。

思考题

1. 结合临床及病理解剖所见，本例病理解剖诊断为什么？有何依据？

2. 从免疫病理观点，讨论本例淋巴结、胸腺、脾脏、阑尾淋巴样组织所见。

3. 本例硬脑膜下出血的原因是什么？

（李杏玉 陈 莉）

第 11 章 泌尿系统疾病

Diseases of Urinary System

Outline

The kidney is a structurally complex organ that has evolved to carry out a number of important functions: excretion of the waste products of metabolism, regulation of body water and salt, maintenance of appropriate acid balance, and secretion of a variety of hormones and autacoids. Diseases of the kidney are as complex as its structure, but their study is facilitated by dividing them into those that affect the four basic morphologic components: glomeruli, tubules, interstitium, and blood vessels. This traditional approach is useful because the early manifestations of diseases that affect each of these components tend to be distinctive. Furthermore, some components seem to be more vulnerable to specific forms of renal injury; for example, glomerular diseases are often immunologically mediated, whereas tubular and interstitial disorders are more likely to be caused by toxic or infectious agents. Nevertheless, some disorders affect more than one structure. In addition, the anatomic interdependence of structures in the kidney implies that damage to one almost always secondarily affects the others. Thus, severe glomerular damage impairs the flow through the peritubular vascular system; conversely, tubular destruction, by increasing intraglomerular pressure and inducing cytokines and chemokines, may induce glomerular sclerosis. Whatever the origin, there is a tendency for all forms of chronic renal disease ultimately to damage all four components of the kidney, culminating in chronic renal failure and what has been called *end-stage kidney disease*. The functional reserve of the kidney is large, and much damage may occur before functional impairment is evident. For these reasons, the early signs and symptoms of renal disease are particularly important to the clinician, and these are referred to in the discussion of individual diseases.

泌尿系统由肾、输尿管、膀胱和尿道组成。其生理功能是排泄代谢废物及毒物,以维持机体内水、盐代谢,渗透压和酸碱平衡。肾脏是泌尿系统中最重要的脏器,以肾单位(nephron)为基本的结构和功能单位,由肾小球(glomerulus)和与之相连的肾小管(renaltubule)及间质构成。肾小球是由入球小动脉和出球小动脉、肾球囊和伸入囊内的丛状的毛细血管襻组成。毛细血管襻是肾小球的基本结构,内衬内皮细胞,外为基膜和脏层上皮覆盖,并由系膜(mesangium)支持固定。肾小球滤过膜(filter membrane)由内皮细胞(endothelial cell)、基膜(basement membrane, BM)和脏层上皮细胞(visceral epithelial cell)共同构成,其超滤屏障是尿液形成是所必需。肾球囊又称鲍曼囊(Bowman's capsule),是肾小管盲端凹陷形成的杯状双层囊,分别由脏层上皮和壁层上皮构成,两层间的腔为肾小囊腔。脏层上皮有许多突起突向囊腔称为足突(foot process),所以脏层上皮又被称为足细胞(foot cell or podocyte)。系膜由系膜细胞(mesangial cell)和基膜样的系膜基质(mesangial matrix)构成。

肾脏的主要功能是排泄代谢产物、调节水、电解质和酸碱平衡。肾脏还具有内分泌功能，分泌肾素(renin)、促红细胞生成素(erythropoietin，EPO)、前列腺素(prostaglandin，PG)和1，25-二羟胆骨化醇(1，25-dihydroxycholecalciferol)等。肾脏具有很强的代偿功能，但超过了其代偿能力，就可以发生各种肾脏疾病，严重时可发展成肾衰竭(kidney failure)。

泌尿系统疾病中以累及肾脏的疾病对人体造成的危害性最为严重，而且是引起慢性肾衰竭的主要原因。泌尿系统的疾病很多，根据病因和病变发生的部位可分为以下几类：①以肾小球损害为主的疾病，如原发性肾小球肾炎；②以肾小管损害为主的疾病，如急性肾小管坏死；③血管源性疾病，如高血压病的肾细动脉硬化和动脉粥样硬化性肾硬化；④以间质病变为主的疾病，如急、慢性肾盂肾炎、肾结核；⑤泌尿道梗阻，如肾和尿路的结石、肾盂积水等；⑥先天性发育畸形，如多囊肾；⑦肿瘤，如肾细胞癌，肾母细胞瘤等。

第一节 肾小球疾病
Glomerular Diseases

肾小球疾病，又称肾小球肾炎(glomerulonephritis，GN)，是以肾小球损伤和改变为主的一组疾病。肾小球疾病可分为原发性肾小球肾炎(primary GN)、继发性肾小球疾病(secondary glomerular diseases)和遗传性肾炎(hereditary nephritis)。原发性肾小球肾炎，肾是唯一或主要受累的脏器；而在继发性肾小球疾病时，肾的损害往往是全身性疾病损害的一部分。例如系统性红斑狼疮(systemic lupus erythematosus，SLE)；血管病变如高血压(hypertension)和结节性多动脉炎(polyarteritis nodosa，PN)；代谢性疾病如糖尿病(diabetes)；遗传性肾炎则显示有遗传性家族性疾病，例如Alport综合征(由于编码Ⅳ型胶原cx链的基因突变导致肾小球基膜变薄，出现血尿或蛋白尿等症状)、Fabry's病等。本章主要讨论原发性肾小球肾炎。有些肾小球疾病中炎症细胞渗出不明显，称肾小球病(glomerulopathy)。

一、发病机制
Pathogenesis

有两种基本的肾小球损伤的机制：免疫机制和非免疫机制。大部分原发性肾小球肾炎和许多继发性肾小球疾病是由免疫机制引起。

(一) 免疫机制 Immune mechanism

与肾小球肾炎有关的抗原分为内源性和外源性两大类。内源性抗原包括肾小球性抗原[肾小球基膜(glomerular basement membrane，GBM)抗原、足细胞(podocyte)、内皮细胞(endothelial cell)和系膜细胞(mesangial cell)的细胞膜抗原等]和非肾小球性抗原[DNA、核抗原(nucleoantigen)、免疫球蛋白(immunoglobulin)、肿瘤抗原(tumour antigen)和甲状腺球蛋白(thyroglobulin)等]；外源性抗原包括细菌(bacteria)、病毒(virus)、寄生虫(parasite)、真菌(epiphyte)和螺旋体(leptospira)等生物性病原体的成分，以及药物(drug)、外源性凝集素(agglutinin)和异种血清(foreign sera)等。

在肾小球内的抗原抗体复合物的沉积是肾小球损伤的主要机制，复合物可在肾小球原位形成或在循环中形成。少数可为细胞免疫机制。

1. 原位免疫复合物性肾炎 Nephritis caused by in situ immune complex 抗体能与肾小球原位抗原成分直接发生反应引起肾小球病变，这些原位抗原可能来自肾小球本身的固有抗原或经血液循环植入肾小球的植入抗原，多为不溶性的。相关的类型有：

(1) 抗肾小球基膜抗体引起的肾炎 Anti- GBM antibody-induced nephritis：这是由抗肾小球基膜抗体与肾小球本身的抗原(肾小球基膜抗原)成分反应引起的自身免疫性疾病(图 11-1)。

电镜见抗体沿基膜沉积，免疫荧光检查显示有特征性的连续的线性荧光(图 11-2)。目前证实该抗原为基膜Ⅳ型胶原 α_3 链羧基端非胶原区即 α_3(Ⅳ)NCl 结构域。作用的机制可能是由于细菌或其他物质与肾小球基膜成分具有共同抗原特性(交叉抗原)引起了交叉免疫，或可能是由于肾小球基膜在与细菌病毒等物质的某些成分结合后使基膜结构发生改变获得了抗原性(自身抗原)。若该抗肾小球基膜抗体还与肺泡壁毛细血管基膜结合，临床引起肺部出血，则称为肺出血肾炎综合征(Goodpasture's syndrome)。

(2) Heymann 肾炎(Heymann nephritis)：这是研究人类原发性膜性肾小球病变的经典的动物模型。复制原理是：由于肾小球脏层上皮细胞足突表面的糖蛋白(即 Heymann 抗原)与肾小管刷状缘(brush border)抗原有共同的抗原性，所以当用近曲小管刷状缘成分为抗原免疫大鼠，使大鼠产生抗体，然后抗体与足细胞小凹上的抗原复合物结合，并激活补体，引起与人膜性肾小球病相似的病变，但抗原是否一致尚未确定。电镜检查显示毛细血管基膜与足细胞之间有许多小块状电子致密沉积物。免疫荧光检查显示弥漫的颗粒状分布的免疫球蛋白或补体沉积。

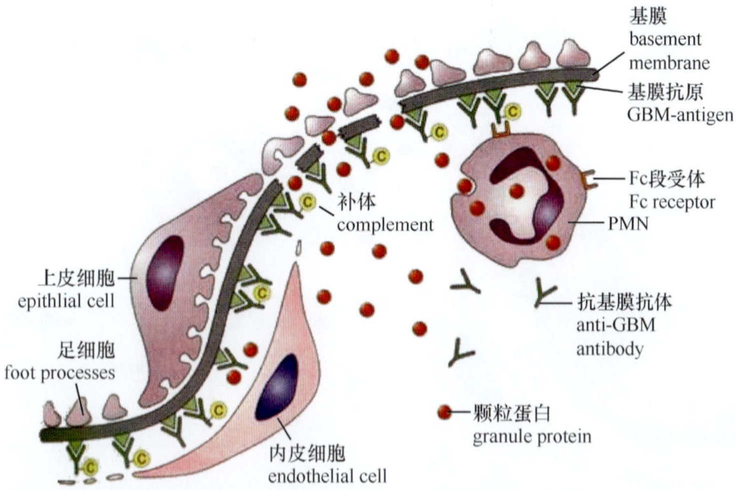

图 11-1 原位免疫复合物机制的模式图 Model chart of in situ immune complex mechanism
显示抗肾小球基膜抗体引起的肾炎，抗肾小球基膜抗体与肾小球本身的抗原（肾小球基膜抗原）成分反应 Anti-GBM antibodys are combined with component of glomerular own antigen (GBM antigen) in anti-GBM antibody-induced riephritis

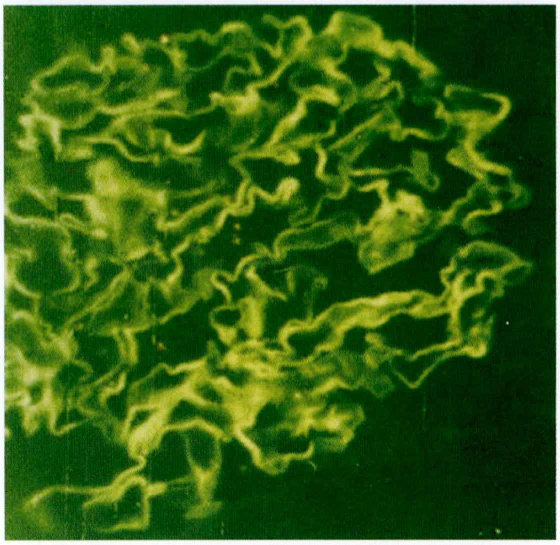

图 11-2 抗肾小球基膜抗体引起的肾炎 Anti-glomerular basement membrane antibody-induced nephritis
免疫荧光检查显示有特征性的连续的线性荧光 Immunofluorescence examination revealed features of continuous linear fluorescentce

The Heymann antigen of rat is a glycoprotein, its molecular is 330kD, say again megalin. Megalin and 44kD receptor-associated protein (RAP) constitute the antigens complex. Nephritis of rodents called *nephrotoxic serum nephritis*. This is produced by injecting rats with anti-GBM antibodies produced by immunization of rabbits or other species with rat kidney. But the membranous glomerulopathy related antigen has not yet been determined.

（3）抗体与植入抗原的反应 Antibodies against planted antigens：所谓植入性抗原即指外源性或内源性的植入于肾小球的抗原，是由肾小球以外的成分，随血液流经肾脏时，通过与肾小球成分反应定位于肾小球形成。体内产生的抗体与被植入的抗原反应而非肾小球。免疫荧光检查显示散在的颗粒状荧光。

2. 循环免疫复合物性肾小球肾炎 Nephritis caused by circulating immune complex 机体受刺激后产生的抗体与非肾小球性可溶性抗原在血循环中结合形成抗原抗体复合物（循环免疫复合物），随血液循环沉积于肾小球，并常与补体结合引起肾小球病变（图 11-3）。抗原可为内源性的（如核抗原、免疫球蛋白、甲状腺球蛋白等）或是外源性的（如感染因子，包括细菌、病毒和寄生虫等的抗原成分）。在人类的肾小球肾炎中，致病的内源性或外源性抗原常常是未知的。电镜见高密度电子沉积物，可分别定位于系膜区、内皮和基膜间构成内皮下沉积（subendothelial deposits）或基膜与足细胞间构成上皮下沉积（subepithelial deposits）。免疫荧光检查显示肾小球病变部位有颗粒状免疫荧光，为免疫球蛋白或补体成分（图 11-4）。

循环免疫复合物是否在肾小球内沉积、沉积的部位和数量受多种因素的影响，其中两个最重要的因素是复合物分子的大小和复合物携带的电荷。大分子复合物常被血液中的吞噬细胞清除，小分子复合物易通过肾小球滤过膜，均不易在肾小球内沉积。含阳离子的复合物可穿过基膜，易沉积于上皮下[毛细血管基膜与脏层上皮细胞（epithelial cell）之间]，含阴离子的复合物不易通过基膜，常沉积于内皮下（毛细血管基膜与内皮细胞之间）；电荷中性的复合物易沉积于系膜区（mesangial region）。其他影响免疫复合物沉积的因素包括肾小球血流动力学、系膜细胞的功能和滤过膜的电荷状况等。

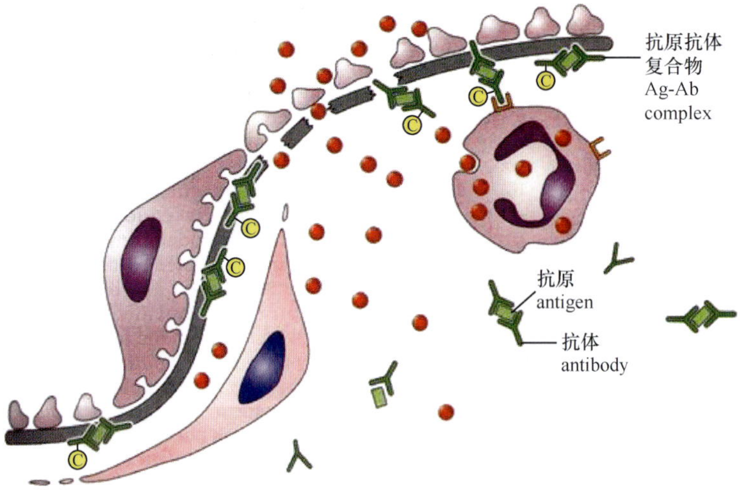

图 11-3 循环免疫复合物机制的模式图 Model chart of circulating immune complex mechanism
机体受刺激后产生的抗体与非肾小球性可溶性抗原在血循环中结合形成抗原抗体复合物(循环免疫复合物),随血液循环沉积于肾小球 The stimulated antibodies are combined with non-glomerular soluble antigen in blood circulation, formed antigen-antibody complexes (circulating immune complexes), and deposited in the glomeruli through blood circulation

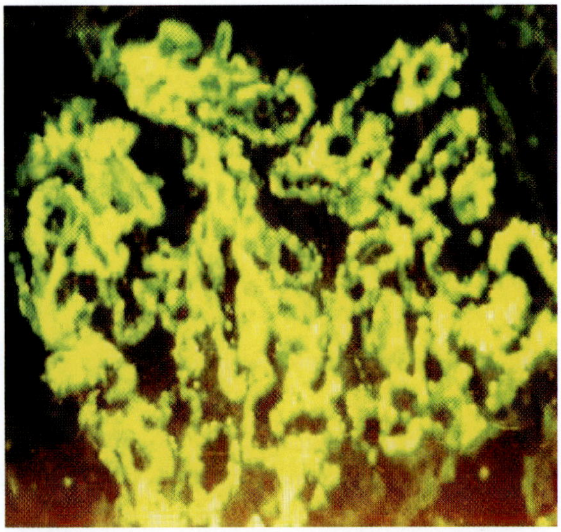

图 11-4 免疫荧光检查显示肾小球病变部位见颗粒状免疫荧光 Immunofluorescence examination revealed there were granular fluorescence in glomerular lesions

3. 细胞免疫性肾小球肾炎 Cell-mediated immunity in glomerulonephritis 细胞免疫可能是未发现抗体反应的肾炎发病的主要机制。现已证明致敏的T淋巴细胞可引起肾小球损伤,这是因为致敏的T淋巴细胞可释放多种淋巴因子(lymphokine),吸引单核细胞,后者被活化分化成巨噬细胞,除具有吞噬功能外,还能分泌胶原酶(collagenase)、弹性蛋白酶(elastase)及其他蛋白酶(prolease),均能损伤肾小球。

此外,抗肾小球细胞抗体(antibodies to glomerular cells)和补体替代途径的激活(activation of alternative complement pathway)也可引起肾小球损伤。

4. 肾小球损伤性介质 Mediators of glomerular injury 肾小球内出现免疫复合物或致敏T淋巴细胞后需有各种介质的参与才能引起肾小球损伤,这些介质包括细胞性(中性粒细胞源性、单核细胞-巨噬细胞-淋巴细胞源性、血小板源性、肾小球源性)和大分子可溶性介质[所有的炎症介质(inflammatory mediators)](图 11-5)。各自功能概括如下:

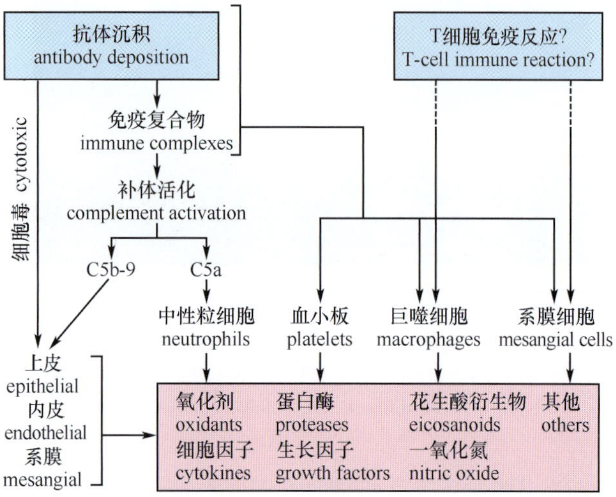

图 11-5 肾小球损伤的介质 Mediators of glomerular injury

(1) 免疫复合物沉积的肾小球疾病中,补体-白细胞介导的机制(complement-leukocyte mediated mechanism)是引起肾小球病变的一个重要途径。补体激活后产生C5a等趋化因子(chemotatic factor),引起中性粒细胞和单核细胞浸润。中性粒细胞释放蛋白酶,在补体活化反应区积聚然后释放蛋白酶、花生四烯酸代谢产物(metabolic product of arachidonic acid)和氧自由基(oxygen radical)。蛋白酶使肾小球基膜降解,氧自由基引起细胞损伤，花生四烯酸代谢产物使肾小球滤过率降低。另一些肾炎病变中炎细胞数量很少，病变则可能由不依赖白细胞的补体依赖性机制引起。如 C5b-C9 末端膜攻击复合物(membrane attack complex)可引起细胞溶解并刺激肾小球系膜细胞释放复杂的蛋白酶、氧自由基、白细胞介素-1(interleukin-1,IL-1)和前列腺素(prostaglandin,PG)。

(2) 在未发现免疫复合物沉积的肾小球疾病中，抗肾小球细胞抗体引起的细胞损伤可能起主要作用。抗体可直接与肾小球细胞的抗原成分反应，通过抗体依赖的细胞毒(cytotoxic)反应等机制诱发病变。抗系膜细胞抗原的抗体造成系膜溶解，并使系膜细胞增生；抗内皮细胞抗原的抗体引起内皮细胞损伤和血栓形成；抗脏层上皮细胞糖蛋白抗体引起的损伤可导致蛋白尿。

(3) 其他引起肾小球损伤的介质 Other mediators of glomerular injury：包括：①单核细胞(monocyte)和巨噬细胞(macrophage)：通过抗体或细胞介导的反应浸润至肾小球，被激活时释放大量生物活性物质[细胞中介物(cell intermediarie)、细胞因子(cytokine)和生长因子(growth factor,GF)]，加剧肾小球损伤；②血小板(platelet)：聚集在肾小球内的血小板可释放花生四烯酸代谢物和生长因子等，促进肾小球的炎性改变；③肾小球固有细胞(glomerular inherent cells)：肾小球固有细胞包括系膜细胞、上皮细胞和内皮细胞，肾小球免疫损伤中生成的多种细胞因子、系膜基质和肾小球基膜降解产物可作用于细胞表面相应的受体，使之激活，并释放多种介质。系膜细胞受炎症刺激时可释放活性氧、细胞因子、趋化因子、花生酸衍生物、一氧化氮(nitric oxide)和内皮素(endothelin)等。在无炎细胞浸润的情况下，系膜细胞等肾小球固有细胞释放的介质可引起肾小球病变；④凝血蛋白(blood coagulating protein)，特别是纤维蛋白，可引起白细胞浸润和肾小球细胞增生，可能是新月体形成的主要刺激物之一。

(4) 其他炎性介质 Other inflamatroy mediators：详见炎症章，也可引起肾小球的损伤。

综上所述，肾小球损伤机制的要点为：①抗体介导的免疫损伤是肾小球损伤的重要机制，这一机制主要通过补体和白细胞介导的途径发挥作用；②大多数抗体介导的肾炎由循环免疫复合物沉积引起，免疫荧光检查时，免疫复合物呈颗粒状分布；③抗肾小球基膜成分的自身抗体可引起抗肾小球基膜性肾炎，免疫荧光检查时抗体呈线性分布；④抗体可与植入肾小球的抗原发生反应，导致原位免疫复合物形成，免疫荧光检查显示颗粒状荧光。

Antibody-mediated immune injury is an important mechanism of glomerular damage, mainly via complement-and leukocyte-mediated pathways. Antibodies may also be directly cytotoxic to cells in the glomerulus. The most common forms of antibody-mediated GN are caused by the deposition of circulating immune complexes, which may involve exogenous (e. g. microbial) antigens or endogenous antigens (e. g. in SLE). Immune complexes show a granular pattern of deposition. Autoantibodies against components of the GBM are the cause of anti-GBM-mediated disease, often associated with severe injury. The pattern of antibody deposition is linear. Antibodies may also be formed against antigens that are planted in the GBM. The resultant in situ immune complexes may show a granular pattern of deposition.

(二) 非免疫机制 Nonimmune mechanism

不论何种肾脏疾病，肾小球的或是其他方面的，损坏大量的肾单位都会降低肾小球滤过率(glomerular filtration rate,GFR)至正常的 30%~50%，晚期必然会引起肾小球硬化和肾衰竭(尽管病程不一)。长期的高血压会导致上皮和内皮的损伤，产生蛋白尿。肾小球基膜的变化，包括系膜细胞增生和基质沉积，以及肾小球内的凝固作用将导致肾小球硬化症。肾小球的损害会导致肾功能的进一步丧失和进行性肾小球硬化症的恶性循环。

二、基本病理变化 Basic Pathological Changes

不论肾小球疾病的病因是什么，肾小球对损伤的反应主要有以下几种基本病变，肾小球疾病时可出现一种或联合出现几种基本病变，包括有：

1. 细胞增多 Hypercellularity 表现有肾小球内细胞数目增多(图 11-6)，可能与肾小球内系膜细胞、内皮细胞和或上皮细胞的增殖有关，或与炎性细胞如中性粒细胞或单核细胞的浸润有关。毛细血管内增生指内皮细胞增生，伴或不伴有系膜细胞的增生。而毛细血管外增生指上皮细胞的增生，有利于形成细胞性新月体(cellularity crescent)。细胞增生是潜在可逆的过程。

2. 渗出和坏死 Exudation and necrosis 表现有肾小球内中性白细胞的浸润，纤维蛋白的沉积，毛细血管纤维素样坏死(图 11-7)、基膜的断裂，可能伴有血栓形成。病变通常是节段性的(累及肾小球的部分小叶)，可能伴有细胞性新月体或被细胞性新月体掩盖。坏死性病变愈合后形成节段性硬化(segmented sclerosis)。

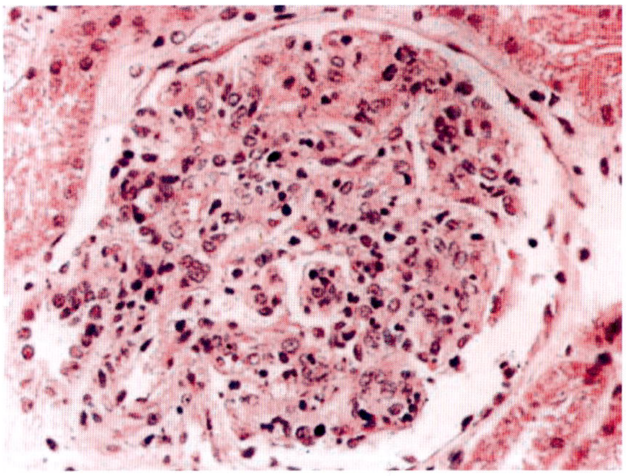

图 11-6 肾小球肾炎的基本病理变化 Basic pathological changes of glomerulonephritis

肾小球体积增大,其内细胞数目增多,包含有系膜细胞、内皮细胞,及炎性细胞浸润如中性粒细胞和单核细胞 Glomerular volume increases due to increased the number of cells in glomeruli, in which including proliferation of intrinsic mesangial cells, epithelial cells, and migration of inflammatory cells such as polymorphonuclears or monocytes

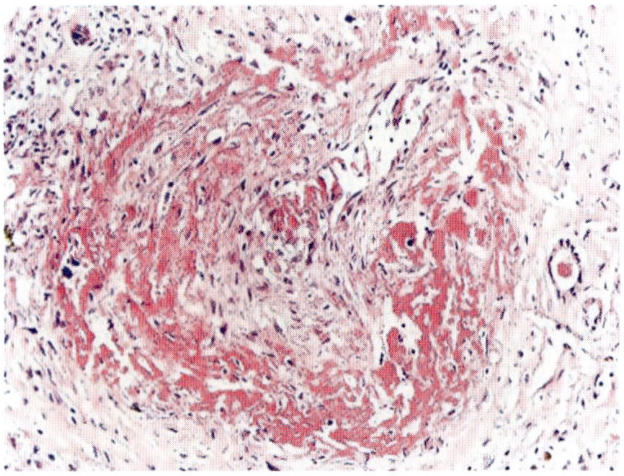

图 11-7 肾小球肾炎的基本病理变化 Basic pathological changes of glomerulonephritis

毛细血管纤维素样坏死,肾小球毛细血管丛有纤维蛋白的沉积 Capillary fibrinoid necrosis and deposition of fibrin in glomerular capillary plexus

3. 基膜增厚 Basement membrane thickening

光镜下,过碘酸-Schiff (periodic acid-schiff, PAS) 和过碘酸六亚甲基四胺银(periodic acid-sliver methenamine, PASM)等染色可显示基膜增厚。电镜观察表明基膜改变可以是基膜本身的增厚,也可为内皮下、上皮下或基膜内免疫复合物沉积。

4. 玻璃样变性和硬化 Hyalinization and sclerosis

玻璃样变性在光镜下 HE 染色时显示呈非细胞的嗜酸性物质(图 11-8),主要为糖蛋白,与淀粉样物质(amyloid substance, AS)(图 11-9)不易区分。

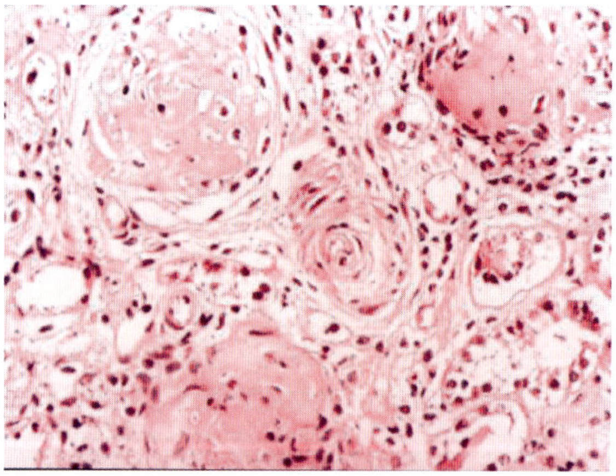

图 11-8 肾小球肾炎的基本病理变化 Basic pathological changes of glomerulonephritis

显示透明变性,HE 染色显示呈非细胞的嗜酸性物质 Hyalinization were some eosinophilic non-cells material by H&E

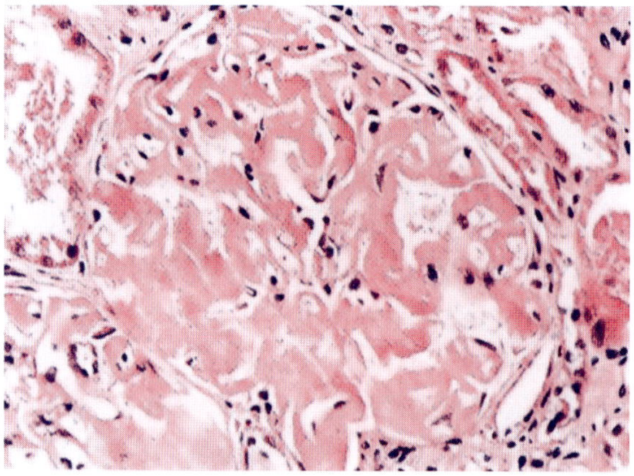

图 11-9 淀粉样物质 Amyloid substance(AS)

淀粉样物在光镜下与透明变性不易区分 Amyloid is difficult to distinguish from hyalinization in light microscope

电镜下见细胞外出现无定形物质,可为沉积的血浆蛋白、增厚的基膜和增多的系膜基质。透明变性进一步发展则肾小球固有细胞减少甚至消失,胶原纤维增加,最终导致节段性或整个肾小球的硬化,这是一个不可逆过程,常伴有泡沫细胞(foam cell)黏附到鲍曼囊。PAS 或 PASM 染色能很好地显示硬化,借此可将硬化与纤维化相鉴别,纤维化时 PAS 或 PASM 染色呈阴性。透明变性和淀粉样物的鉴别则依赖特殊染色或超微结构。

5. 肾小管和间质的改变 Changs of tubule and interstitium 继发于肾小球玻变和硬化,相应肾小管萎缩或消失,肾间质可不同程度的充血、水肿、炎细胞浸润和纤维化。若肾小管上皮细胞变性,肾小管腔内还可能出现蛋白质管型(protein cast)、细胞管型(cellular cast)或颗粒管型(granular cast)。

肾穿刺活检标本的光镜学检查是肾脏疾病常用的病理学检查方法，相应的组织切片染色除常规苏木素伊红（HE）染色外，更常借助 PAS 染色、PASM 和 Masson 三色染色等特殊染色法。PAS 染色可显示基膜和系膜基质，PASM 对基膜的染色更为清晰；Masson 染色可显示特殊蛋白性物质（包括免疫复合物），也可显示胶原纤维等。此外，还可用 Fibrin 染色显示血栓和纤维素样坏死。肾活检组织还常规运用免疫荧光法检查免疫球蛋白（IgG，IgM 或 IgA）和补体成分（C3，C1q 和 C4）沉积。透射电镜被用以观察超微结构改变和免疫复合物沉积的状况及部位。

PAS staining can display the basement membrane and mesangial matrix. PASM staining is more clearly using in the basement membrane; Masson stain can show special protein substances (including immune complex), also can show the collagen fibers, etc. In addition, fibrin staining shows thrombosis and fibrinoid necrosis. In renal biopsy, immunofluorescence is used to check immunoglobulin (IgG, IgM, or IgA) and complement components (C3, C1q, and C4) deposition. Transmission electron microscopy is used to observe the ultrastructural changes and immune complex deposition condition and location.

三、主要临床表现
Major Clinical Manifestations

肾小球肾炎的临床症状主要包括尿量、尿性状的改变、水肿和高血压等表现。尿量的改变有少尿（oliguria）、无尿（anuria）、多尿（urorrhagia）或夜尿。若 24h 尿量少于 400ml 则为少尿，其中少于 100ml 为无尿，若 24h 尿量超过 2500ml 则为多尿。尿性状的改变有血尿（hematuria）、蛋白尿（proteinuria）和管型尿（cylindruria）。血尿分为肉眼血尿和显微镜下血尿。尿中蛋白含量超过 150mg/d 为蛋白尿，超过 3.5g/d 则为大量蛋白尿（heavy proteinuria）。管型（cast）由蛋白质、细胞或细胞碎片在肾小管凝集形成，尿中出现大量管型称为管型尿。若肾小球滤过率下降，血尿素氮（blood urea nitrogen，BUN）和血浆肌酐（creatinine）水平增高，则形成氮质血症（azotemia）。尿毒症（uremia）可发生于各型肾炎晚期，除氮质血症的表现外，还具有一系列自体中毒的症状和体征，常出现胃肠道、神经、肌肉和心血管等系统的病理改变，如尿毒症性胃肠炎（uremic gastroenteritis）、周围神经病变（peripheral neuropathy，PNP）、纤维素性心外膜炎（fibrinous epicardial inflammation）等。急性肾衰竭表现为少尿和无尿，并出现氮质血症。慢性肾衰竭表现为多尿、夜尿、低比重尿，和持续出现的尿毒症。

肾小球肾炎的临床表现因不同的病理类型而出现上述不同的症状和体征，二者既密切联系又非完全对应，而且疾病的病程、病变性质和程度也常使疾病呈现不同的临床表现。肾小球肾炎患者所表现出来的这种具有一定结构和功能联系的症状组合，即为综合征（syndrome）。不同的肾小球肾炎具有的综合征可概括如下：

1. 急性肾炎综合征 Acute nephritic syndrome　起病急，肉眼血尿、蛋白尿、水肿和高血压，肾小球滤过率降低伴氮质血症。见于急性弥漫性肾小球肾炎。

2. 急进性肾炎综合征 Rapidly progressive nephritic syndrome　起病急，肉眼血尿、水肿、蛋白尿，迅速进展的少尿或无尿，氮质血症和快速进行性肾衰竭，可伴贫血。见于急进性肾小球肾炎。

3. 肾病综合征 Nephrotic syndrome　大量蛋白尿（heavy proteinuria），每天尿中蛋白含量超过 3.5g；严重水肿（severe edema）；低蛋白血症（hypoalbuminemia）；高脂血症（hyperlipidemia）和脂尿（lipiduria）。见于多种类型的肾小球肾炎。

4. 无症状性血尿或蛋白尿 Asymptomatic hematuria or proteinuria　持续或复发性肉眼或镜下血尿，和/或轻度蛋白尿。见于 IgA 肾病。

5. 慢性肾炎综合征 Chronic nephritic syndrome　慢性进行性，多尿、夜尿、低比重尿，伴血尿、蛋白尿、高血压、贫血、氮质血症和尿毒症。见于慢性肾小球肾炎。

四、病理类型
Pathological Type

肾小球肾炎可分为原发性和继发性，原发性是指病因不明和/或主要累及肾小球的病变。继发性肾小球肾炎指肾小球病变与已知的系统性疾病有关，在继发性病变中病变可以以肾小球病变为主，也可以以其他病变为主。有些疾病如 IgA 肾病由于对它的发病机理还不完全理解，可能有其他的分类标准。

由于定义原发性肾小球肾炎的病因不明。因此该病的分类是根据他们各自的形态学特点用描述性的术语来进行分类。原发性肾小球肾炎的主要病理类型包括：

急性弥漫性增生性肾小球肾炎
急进性（新月体性）肾小球肾炎
膜性肾小球病（膜性肾病）
轻微病变性肾小球病（脂性肾病或足突病）
局灶性节段性肾小球硬化
膜性增生性（系膜毛细血管性）肾小球肾炎
IgA 肾病（Berger 病）

慢性肾小球肾炎

继发性肾小球肾炎是根据它相关的病因或系统性疾病进行分类。如狼疮性肾炎(lupus nephritis, LN)提示肾小球病变与系统性红斑狼疮相关。继发性肾小球肾炎的一些分类可进一步进行亚分类,如代谢性肾小球疾病,包括特征性的糖尿病性肾小球硬化(diabetic glomerulosclerosis)、淀粉样沉积(amyloid deposition)、多发性骨髓瘤(multiple myeloma, MM)、冷球蛋白血症(cryoglobulinemia)、肝疾病等。

WHO 规定以下术语可用于肾小球疾病的分类。由于术语很好地反映了形态学特点,有实用价值。

(1) 局灶性(focal) 基本病变累及部分但不是所有肾小球(<50%);

(2) 弥漫性(diffuse) 基本病变累及到所有或几乎所有肾小球(>50%);

(3) 节段性(segmental) 基本病变累及肾小球的部分毛细血管襻(不超过肾小球切面的 50%);

(4) 球性(global) 基本病变累及整个肾小球的全部或大部分毛细血管襻。

(一) 急性弥漫性增生性肾小球肾炎 Acute diffuse proliferative GN

急性弥漫性增生性肾小球肾炎,以包括双肾所有肾小球在内的急性炎症、弥漫性毛细血管内皮细胞和系膜细胞增生、中性粒细胞和巨噬细胞浸润为特征。因减少了肾小球的滤过率,所以又称毛细血管内增生性肾小球肾炎(endocapillary proliferative GN),临床简称急性肾炎(acute nephritis)。因多数病例发生于溶血性链球菌感染后,因此又称为感染后肾小球肾炎(postinfectious GN)。根据感染病原体的类型,又分为链球菌感染后性肾炎(poststreptococcal GN)和非链球菌感染性肾炎。前者较为常见。后者由肺炎球菌(pneumococcus)、葡萄球菌(staphylococcus)等细菌和腮腺炎(parotitis)、麻疹(measles)、水痘(varicella)和乙型肝炎(hepatitis B)等病毒引起。

本病主要表现为急性肾炎综合征,好发于儿童和青年,男性比女性更多见,是临床最常见、预后较好的肾炎类型。

1. 病因和发病机制 Etiology and pathogenesis

本型肾炎主要由感染引起,常发生于 A 族乙型溶血性链球菌(致肾炎菌株 12、4、1 型)感染后 1~4 周,与抗体和免疫复合物形成时间相符,同时患者血清抗链球菌溶血素"O"和抗链球菌其他抗原的滴度增高,说明患者近期链球菌的感染史。患者血清补体水平降低,说明有补体的激活和消耗。但肾小球内并不存在链球菌。免疫学、免疫荧光和电镜研究表明此病由循环免疫复合物的沉积引起,免疫球蛋白呈颗粒状"满天星(swollen furuncle)"分布或在上皮下呈"驼峰状"(hump)沉积。

2. 病理变化 Pathological changes

肉眼观 Gross appearances:双肾轻到中度肿大,被膜紧张,表面充血,故称大红肾(large red kidney),有时肾表面见散在粟粒状的出血点,故又有蚤咬肾(kidney bited by flea)之称(图 11-10)。切面见肾皮质增宽,有小出血点。

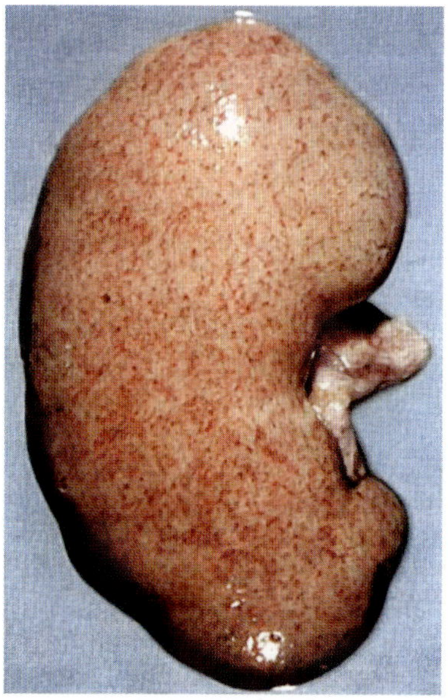

图 11-10 急性弥漫性增生性肾小球肾炎 Acute diffuse proliferative glornerulonephritis

大体见肾脏肿大,被膜紧张,表面充血,表面可见散在粟粒状的出血点(蚤咬肾)Grossly, the kidneys was swollen, tense, and congestion, and can be seen scattered miliary bleeding point in the surface (kidney bited by flea)

光镜下 Light microscopic view:HE 显示双肾大多数肾小球广泛受累。肾小球体积增大,毛细血管丛的细胞数明显增多(即球高细胞性),主要是由于内皮细胞、系膜细胞明显增生,伴中性粒细胞和单核细胞浸润所致。(图 11-11)。受肿胀的毛细血管襻压迫,毛细血管腔及肾小球囊狭窄或闭塞,肾小球血量减少。病变严重的病例,毛细血管壁可发生节段性纤维素样坏死,局部出血,可伴血栓形成。在某些病例中,少数肾小球可显示沿鲍曼囊排列的上皮细胞增生,并伴早期"新月体"形成。

肾小管改变不如肾小球明显,但是炎症严重时可发生小管扩张、混浊肿胀、透明小滴变性或脂肪样变性,严重者发生坏死。部分肾小管管腔内出现蛋白管型、红细胞或白细胞管型及颗粒管型。肾间质常有不同程度的充血、水肿和少量淋巴细胞、中性粒细胞浸润。

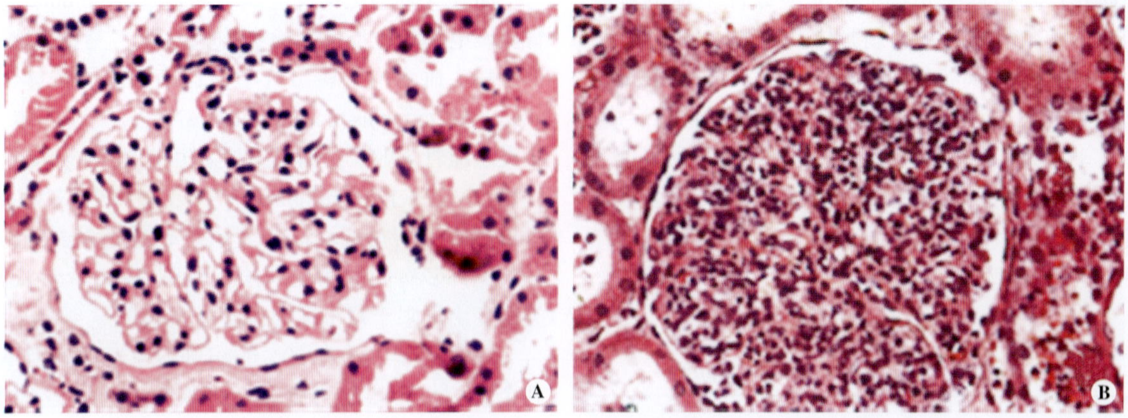

图 11-11 急性弥漫性增生性肾小球肾炎 Acute diffuse proliferative glomerulonephritis

A. 正常肾小球；B. 增大的肾小球中见系膜和内皮细胞增生，一些淋巴细胞浸润 A. Normal glomerulus；B. Enlarged glomeruli show mesangial and endothelial cell proliferation，some leukocytic infiltration

电镜下 Electron microscopic view：见电子密度较高的沉积物，通常呈驼峰状（图 11-12A），多位于上皮下（脏层上皮细胞和肾小球基膜之间），也可位于内皮细胞下、基膜内或系膜区。

免疫荧光 Immunofluorescence：检查显示肾小球内有颗粒状 IgG，IgM 和 C3 沿毛细血管襻分布（图 11-12B）。

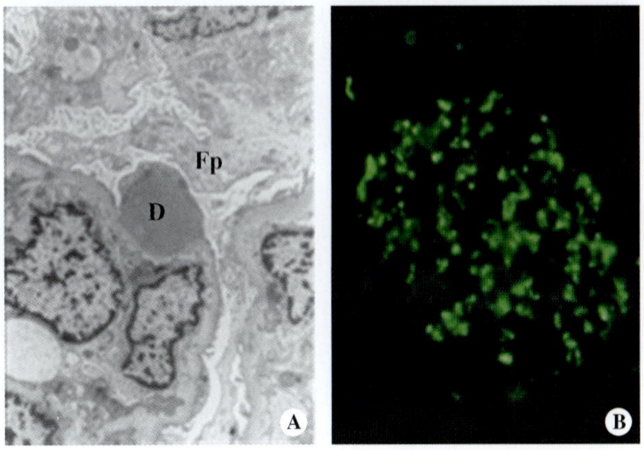

图 11-12 急性弥漫性增生性肾小球肾炎 Acute diffuse proliferative glomerulonephritis

A. 电镜示呈"驼峰状"电子致密物集中分布于毛细血管襻上皮下区，D 示电子致密物，Fp 示足突；B. 免疫荧光显示肾小球内有颗粒状荧光 A. Electron microscopy shows humps-like electron dense deposits located in the subepithelial region. D：Humps-like electron dense，Fp：Foot process；B. Immunofluorescence shows granular patten in the glomerulus

3. 临床病理联系 Clinicopathological relations

急性肾炎综合征：即由急性发作所致的以肾小球症状占优势。表现有血尿、轻-中度蛋白尿、各种管型（红细胞管型为主），少尿、水肿、高血压，常伴血尿素氮增高。

蛋白尿、血尿、管型尿是因为肾小球损伤、通透性增加所致。蛋白尿一般较轻。血尿多为镜下血尿；约 30% 呈肉眼血尿，常常描述为烟色、赭色或红褐色（酱油色）（由于红细胞释放的血红蛋白在酸性尿中变成正铁血红蛋白所致），严重血尿可因肾小球毛细血管壁发生纤维素样坏死、出血所致。

少尿是因为毛细血管丛的细胞增生及炎细胞浸润致毛细血管腔狭窄，血流减少，滤过率下降，但肾小管重吸收功能正常，因而少尿甚至无尿。因少尿使机体代谢产物排出受阻，结果血非蛋白氮（如尿素氮、肌酐等）含量增高（称氮质血症）。

水肿为最初症状，轻症早期为眼睑水肿，重者波及全身。主要原因是肾小球滤过率降低，水、钠潴留。超敏反应引起的毛细血管通透性增高可使水肿加重。

高血压的原因可能是钠、水潴留，血容量增加。病人的血管神经兴奋性增高也可能起作用，但血浆肾素水平一般不增高。成人患者的症状不典型，可表现为高血压和水肿，常伴有血尿素氮增高。

4. 预后 Prognosis 95% 以上的患病儿童能康复，尤其儿童链球菌感染后肾小球肾炎预后更好，约不到 1% 的患儿迁延不愈或发展为快速进行性肾小球肾炎，极少数进展为慢性肾衰竭。在成人，以流行病模式发病的有较好的预后，但以散发模式发病的仅有 60% 康复，余下者进展为快速进行性肾小球肾炎、慢性肾衰竭。

（二）急进性（新月体性）肾小球肾炎 Rapidly progressive（Crescentic）GN（RPGN）

急进性（新月体性）肾小球肾炎是一种临床较为少见的肾小球肾炎，可发生于任何年龄组，成人多见。临床上起病急，发展快速，以快速进行性肾小球肾炎综合征为主要表现，并通常在数周～数月内发展成肾衰竭而死亡。病理主要特征为大多数肾小球的鲍曼氏囊腔内细胞积聚，形成“新月体”。

1. 病因和发病机制 Etiology and pathogenesis

新月体性肾小球肾炎为一组由不同原因引起的疾病，可原发于感染后，也可继发于全身性疾病，更多见于特发性原因不明。相应的发病也各有差异，但多数由免疫机制引起。临床常根据免疫学和病理学检查结果，将其病变分为三个类型（表 11-1）。

表 11-1 新月体性肾小球肾炎的分类

Classification of crescentic glomerulonephritis

Ⅰ型（抗 GBM 抗体性）	Ⅱ型（免疫复合物性）	Ⅲ型（免疫反应缺乏性）
原发性	原发性	ANCA* 相关性
Goodpasture 综合征	感染后性	原发性
	系统性红斑狼疮	Wegener 肉芽肿病
	过敏性紫癜	显微型结节性多动脉炎/显微型多血管炎
	其他	

*抗中性粒细胞胞质抗体（antineutrophil cytoplasmic antibody，ANCA）

Ⅰ型为抗肾小球基膜性肾炎。免疫荧光检查呈特征性的线性荧光，主要为 IgG 沉积，少部分伴有 C3 沉积。一些病人的抗 GBM 抗体还与肺泡壁基膜发生交叉反应，引起肺出血-肾炎综合征（Goodpasture syndrome）。病人血清中可检出抗 GBM 抗体，血浆除去法（plasmapheresis）治疗可清除循环血液中的抗体。

Ⅱ型为免疫复合物性肾炎，我国较常见。可发生在链球菌感染后、系统性红斑狼疮、IgA 肾病及过敏性紫癜等引起的免疫复合物性肾炎中。免疫荧光检查呈颗粒状荧光，电镜见高密度电子致密物。血浆除去法治疗通常无效。

Ⅲ型又称为免疫反应缺乏型（pauci-immune type）肾炎。电镜和免疫荧光检查均呈阴性。主要表现为大部分病人血清内可检出抗中性粒细胞胞质抗体（anti-neutrophil cytoplasmic antibody，ANCA）。该抗体与某些类型血管炎的发生有关。本型可以是 Wegener 肉芽肿病（Wegener granulomatosis）、或显微型多动脉炎（microscopic polyarteritis）等系统性血管炎的组成部分。但许多病例的病变局限于肾脏，有的学者认为此类病变由局限于肾小球的血管炎引起。

三种类型中约有 50% 的病例为原发性病因不明，其余病例与已知的肾脏和肾外疾病有关。三种类型的共同特点是有严重的肾小球损伤。

2. 病理变化 Pathological changes

肉眼观 Gross appearances：双肾对称性肿大，可有一些不光滑和囊腔粘连，柔软，色苍白，有“大白肾（large white kidney）”之称，皮质表面可有点状出血。切面皮质增厚。

光镜下 Light microscopic view：多数（超过 50%）肾小球囊内有新月体形成（图 11-13）。新月体是肾小球肾炎的一种严重病变，是由于肾小球基膜的灶性损伤处渗出的纤维素等刺激了球囊壁层上皮细胞，使其增生成层，状如新月，故称之。若围绕肾球囊呈环状，则称环状体。新月体主要由增生的壁层上皮细胞和渗出的单核细胞构成，可伴有中性粒细胞和淋巴细胞浸润。早期新月体以细胞成分为主，称为细胞性新月体（cellular crescent），或称上皮性新月体（epithelial crescent）；之后在单核细胞分泌成纤维细胞激活因子作用下，胶原纤维渐增多，转变为纤维-细胞性新月体；最终成为纤维性新月体（fibrous crescent）。新月体可使肾小球球囊腔变窄或闭塞，并压迫毛细血管丛，使肾血流量减少，肾小球滤过率下降。部分病人肾小球可分别出现节段性坏死、弥漫或局灶性内皮细胞增生或系膜细胞增生等改变。

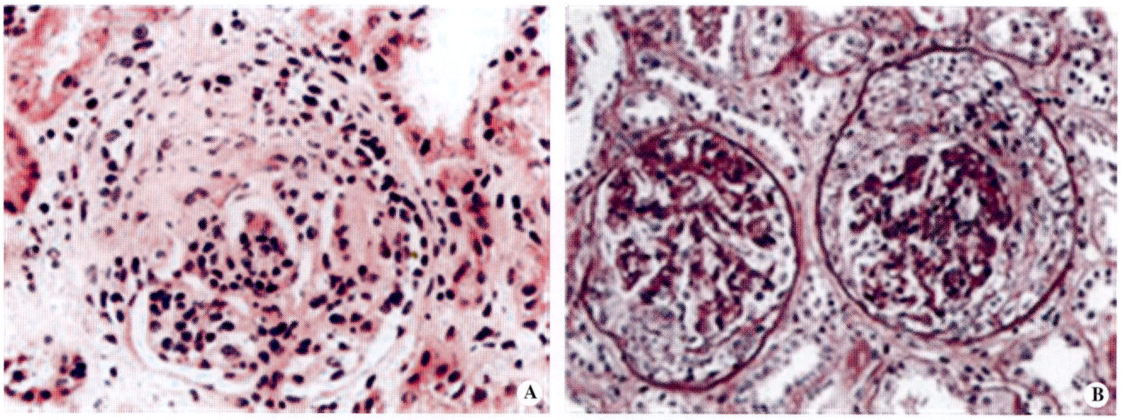

图 11-13 新月体性肾小球肾炎 Crescentic glomerulonephritis（A. HE 染色；B. PAS 染色）

可见到受压萎缩的肾小球毛细血管丛和新月形结构，后者由增殖的细胞及渗出到鲍曼囊腔的白细胞构成 The collapsed glomerular tufts and the crescent-shaped mass of proliferating cells and leukocytes internal to Bowman capsule

肾小管上皮细胞可因缺血而出现细胞水肿，因蛋白被吸收而形成细胞内玻璃样变。严重时肾小管上皮细胞可萎缩、坏死甚至消失。肾间质常水肿，炎细胞浸润和纤维化。

电镜下 Electron microscopic view：见新月体，基膜局灶性缺损和断裂（图 11-14）。Ⅱ型免疫复合物型病例还可在上皮下或内皮下见电子致密沉积物。

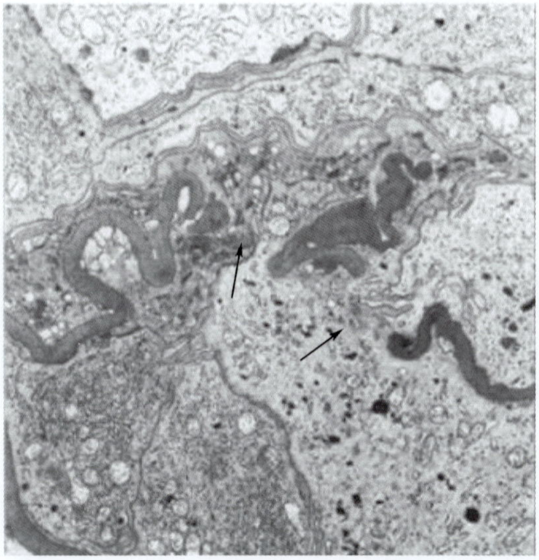

图 11-14　电镜下新月体性肾小球肾炎基膜局灶性缺损和断裂 Electron micrograph showing focal defect and disruptions of the GBM (arrows) in crescentic glomerulonephritis

免疫荧光 Immunofluorescence：见 IgG 和 C3 沿毛细血管襻分布，Ⅰ型为线性荧光，Ⅱ型为颗粒状荧光，Ⅲ型免疫荧光检查结果为阴性。

3. 临床病理联系 Clinicopathological relations　主要表现为快速进行性肾小球肾炎综合征，起病急，进展快，少尿或无尿，明显血尿，伴红细胞管型或中度蛋白尿、氮质血症和快速进行性肾功能不全。

由于肾小球毛细血管纤维素样坏死和基膜缺损，故血尿明显，蛋白尿相对较轻。由于大量新月体形成和球囊腔阻塞，肾小球滤过率下降而肾小管重吸收功能尚正常，故病人迅速出现少尿、无尿和氮质血症等症状。高血压主要是由于钠、水潴留，血容量增加，新月体压迫肾缺血激活的肾素-血管紧张素系统有协同作用。病变后期肾小球玻璃样变，肾单位功能丧失，最终发生肾衰竭。

4. 预后 Prognosis　新月性肾小球肾炎预后较差，尽管通过适当的血液透析后症状可显著减轻，但大多数病人最终还是发展为慢性肾衰竭。病人的预后一般与呈现新月体的肾小球的比例相关，新月体性肾小球少于 75% 者病程稍长，超过 80% 者多在半年内死于尿毒症。

（三）肾病综合征及相关的肾炎类型 Nephrotic syndrome and relative GN types

肾病综合征最重要的特征是肾小球毛细血管壁损伤，使血浆蛋白滤过增加，形成大量蛋白尿。若滤过膜的损伤相对较轻，滤过的为低分子量的清蛋白（albumin）和转铁蛋白（transferrin），则为选择性蛋白尿（selective proteinuria），相反，损伤严重时大分子量的蛋白也可滤过，则形成非选择性蛋白尿（non-selective proteinuria）。若长期大量蛋白尿使血浆蛋白丢失过多，则形成低蛋白血症，血浆胶体渗透压降低，大量水分外漏引起组织高度水肿，同时血容量下降，使肾小球滤过减少，醛固酮（aldosterone）和抗利尿激素（antidiuretic hormone，ADH）分泌增加，致使钠、水潴留，水肿加重。低蛋白血症还可刺激肝脏合成脂蛋白（lipoprotein），引起高脂血症。肾小球基膜通透性增高，脂蛋白滤过增加则可引起脂质尿。

多种原发性肾小球肾炎和系统性疾病均可引起肾病综合征。年龄与肾病综合征的发生有关，其中儿童主要由原发性肾小球病引起，成人中系统性疾病的比例增高。常见的病因见表 11-2。本部分介绍几种能引起肾病综合征的原发性肾小球病。

表 11-2　肾病综合征的原因 Causes of Nephrotic Syndrome

原因	患病率（%）*	
	儿童	成人
原发性肾小球病		
膜性肾小球病	5	30
微小病变性肾小球病	65	10
局灶性节段性肾小球硬化	10	35
膜增生性肾小球肾炎	10	10
IgA 肾病及其他	10	15
伴肾病表现的系统性疾病		
糖尿病		
淀粉样变性		
系统性红斑狼疮		
某些药物（gold，青霉胺，海洛因）		
传染病（疟疾，梅毒，乙肝，艾滋病）		
恶性肿瘤（癌，黑色素瘤）		
Miscellaneous（蜂叮咬，遗传性肾炎）		

* 儿童的肾病综合征中约有 95% 由原发性肾小球病引起，系统性疾病仅约 5%；成人的肾病综合征中原发性肾小球病约占 60%，系统性疾病占 40%。

1. 膜性肾小球病（膜性肾病）Membranous glomerulopathy　膜性肾小球病，或称膜性肾小球肾炎

(Membranous GN,MGN),因病变早期光镜下肾小球炎症不明显,所以又称膜性肾病。为缓慢进展性疾病,常见于30~50岁,是引起成人肾病综合征最常见的原因,特征为含有免疫球蛋白的电子致密物沉积于肾小球基膜的上皮下,使毛细血管壁弥漫性增厚。

(1)病因和发病机制 Etiology and pathogenesis:膜性肾小球病是慢性免疫复合物性肾炎的一种类型,约有85%为原发性,其余为继发性。原发性膜性肾小球病是被认为是与Heymann肾炎相似的与易感基因有关的自身免疫病。自身抗体与肾小球上皮细胞膜抗原反应,在上皮细胞和基膜之间形成免疫复合物。病变部位通常没有中性粒细胞、单核细胞浸润和血小板沉积,但有补体出现,由补体C5b-C9组成的膜攻击复合体可激活肾小球上皮细胞和系膜细胞,释放蛋白酶和氧化剂,引起毛细血管壁损伤和蛋白漏出。

(2)病理变化 Pathological changes:肉眼见双肾肿大,色苍白,有"大白肾"之称。晚期体积缩小,表面呈颗粒状。光镜下早期肾小球基本正常,之后肾小球毛细血管壁均匀一致的弥漫性增厚(图11-15A)。若用PASM染色可显示黑色的基膜上有钉突状突起。后期,极度增厚的基膜使毛细血管腔受压狭窄或闭塞,肾小球缺血,最终导致肾小球纤维化和玻变。近曲小管上皮细胞肿胀,内常含有玻璃样小滴及脂肪空泡,为被吸收的蛋白小滴。肾间质有慢性炎细胞浸润和纤维化。电镜显示上皮细胞肿胀,足突消失,上皮与基膜之间有大量电子致密沉积物,呈钉突或圆顶状(图11-15B)。早期,沉积物之间基膜样物质增多,形成钉状突起与增厚的基膜垂直,形如梳齿。之后,钉突向沉积物表面延伸并将其覆盖,使基膜明显增厚。晚期,被包裹的沉积物逐渐被溶解吸收,形成"虫蚀状"(worm-eaten-like)空隙(图11-16)。最后,基膜上的空隙被基膜样物质所填充,基膜显著增厚,毛细血管腔受压狭窄或闭塞,肾小球缺血,最终导致肾小球纤维化和玻变。免疫荧光显示免疫球蛋白IgG和补体C3沉积,沿基膜呈弥漫性的颗粒状分布(图11-17)。病变后期无免疫球蛋白或仅有少量C3沉积。

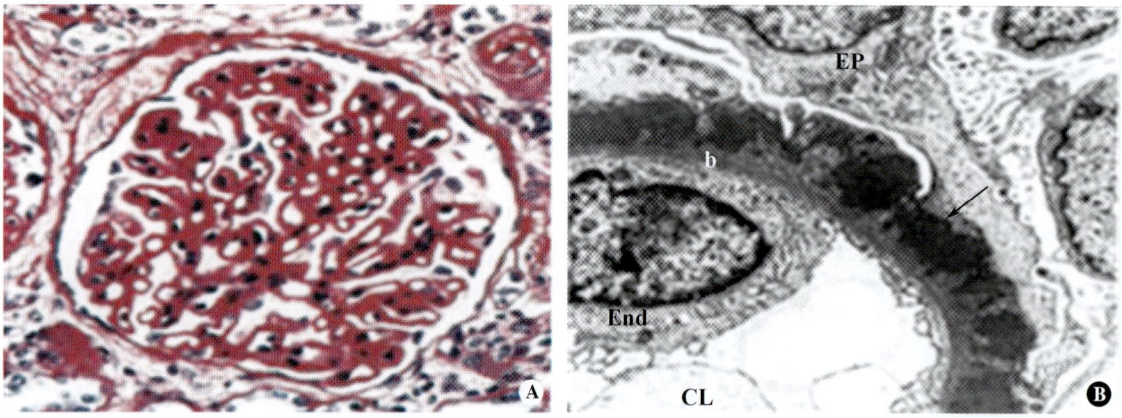

图11-15 膜性肾小球病 Membranous glomerulopathy

A. PAS染色,显示弥漫性毛细血管壁增厚但没有细胞数目的增加;B. 电子显微镜显示沿基膜的上皮侧弥漫性沉积的电子致密物(箭头)。b示基膜;CL示毛细血管腔;End示内皮细胞;Ep示上皮 A. PAS stain showing diffuse thickening of the capillary wall without an increase in the number of cells. B. Electron micrograph showing diffuse electron-dense deposits (arrow) along the epithelial side of the basement membrane. b-basement membrane;CL-capillary lumen; End-endothelium; Ep-epithelium

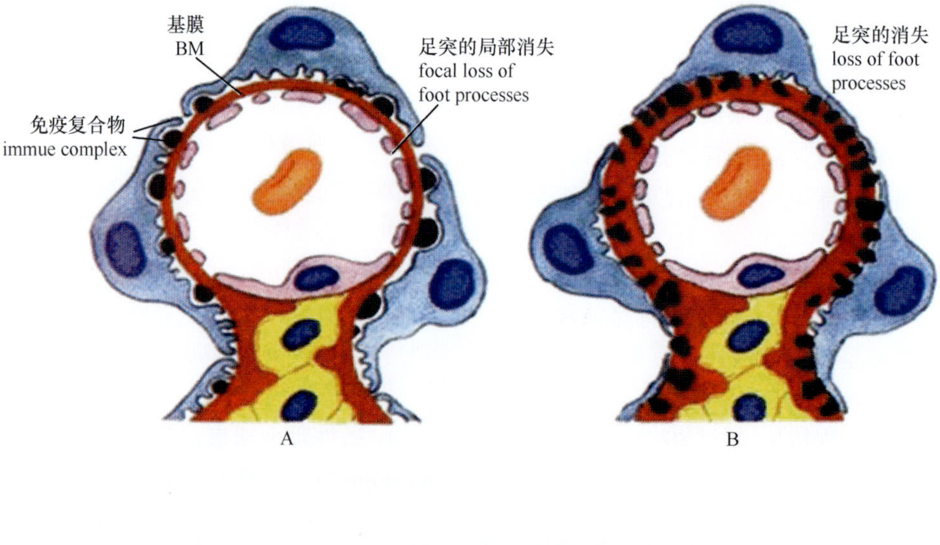

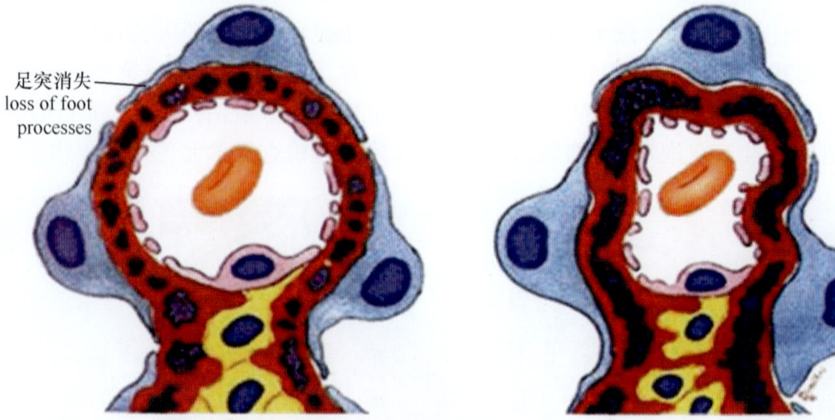

图 11-16　膜性肾小球病 Membranous glomerulopathy

A. 免疫复合物沉积在上皮下，足突局部消失；B. 沉积物之间基膜样物质增多，形成"钉突状或圆拱状"，与增厚的基膜垂直，形如梳齿；C. 钉突向沉积物表面延伸并将其覆盖，使基膜明显增厚；D. 晚期，被包裹的沉积物逐渐被溶解吸收，形成"虫蚀状"空隙 A. Immune complexs deposit in the subepithelial, focal loss of foot processes; B. Increased basement membrane-like material between the depositions, that formed "spike and dome", that is perpendicular with thicken basement membrane, such as comb-shaped; C. Spikes extends to deposition surface and cover it, the basement membrane become thicken; D. Lately, the depositions wrapped are gradually absorbed, and forms a "worm-eaten-like" gap

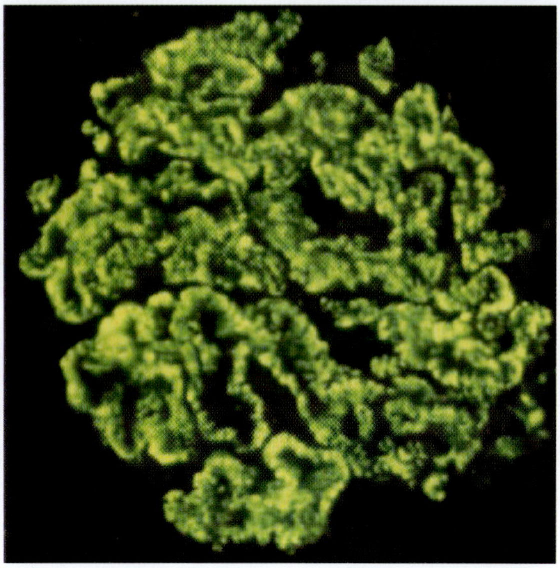

图 11-17　膜性肾小球病中免疫球蛋白 IgG 颗粒性免疫荧光特征性的沿肾小球基膜沉积 Characteristic granular immunofluorescent deposits of IgG along GBM in membranous glomerulopathy

（3）临床病理联系 Clinicopathological relations：本型多见于成人，起病隐匿，主要表现为肾病综合征，或呈低于肾病范围的蛋白尿（约占 15%）。由于肾小球基膜严重损伤，滤过膜通透性增高显著，常表现为非选择性蛋白尿。部分病人伴有血尿或轻度高血压。

任何患有膜性肾小球肾炎的病人必须首先排除上述的各种继发性疾病。随着肾小球硬化的进展，肾功能日趋丧失，并在晚期出现尿毒症，表现为终末期慢性肾小球肾炎的症状。

（4）预后 Prognosis：膜性肾小球病对类固醇类药物治疗不敏感，病程多呈慢性进行性，约一半原发性病例经过 2~20 年时间进展为慢性肾衰竭，仅 10%~30% 的病人可部分或全部缓解，10 年内死亡率低于 10%。

2. 微小病变性肾小球病（脂性肾病或足突病）**Minimal change glomerulopathy**（lipoidnephrosis or foot processes disease）　微小病变性肾小球病又称微小病变性肾小球肾炎（minimal change GN）或微小病变性肾病（minimal change nephrosis），是引起儿童（通常为 2~6 岁）肾病综合征最主要的原因。病变特征为光镜下肾小球基本正常，但在电镜下可见到均匀弥漫性的脏层上皮细胞足突消失，上皮足突的变平和融合是最显著的变化。肾近曲小管上皮内可显示有玻璃样小滴（蛋白尿的证据）和脂质小滴（脂尿的证据），故曾名"脂性肾病"。本病相对良性，临床最显著的特征是对皮质类固醇治疗有显著的疗效。

（1）病因和发病机制 Etiology and pathogenesis：脂性肾病的病因和发病机制不明，由于肾小球内无免疫复合物沉积，一般认为是非免疫复合物或抗肾小球基膜抗体引起的，目前多认为与 T 细胞免疫功能异常有关。可能是 T 淋巴细胞和巨噬细胞分泌的细胞因子损伤了脏层上皮细胞，引起滤过膜阴离子丧失的结果。最近有研究显示编码肾素（nephrin）等肾小球蛋白基因的突变与本病有关。

（2）病理变化 Pathological changes：

肉眼：肾体积稍肿大，颜色苍白。切面肾皮质见黄白色条纹，是因肾小管上皮细胞吸收脂质并沉积引起。光镜观：肾小球结构基本正常，部分病例有轻微的系膜增生和基质增多。肾近曲小管上皮细胞内出现大量脂质空泡和玻璃样蛋白小滴(图 11-18A)。

电镜:肾小球基膜基本正常,无沉积物,主要改变是弥漫性脏层上皮细胞足突融合或消失(图 11-18BC),上皮细胞胞质内常有空泡形成,细胞表面微绒毛增多。值得注意的是膜性肾小球病和糖尿病等疾病也显示有足突消失,所以只有在光镜下肾小球结构正常,脏层上皮细胞足突消失才具有诊断价值。经肾上腺皮质激素治疗后,足细胞的改变可恢复正常。免疫荧光检查显示无免疫沉积物。

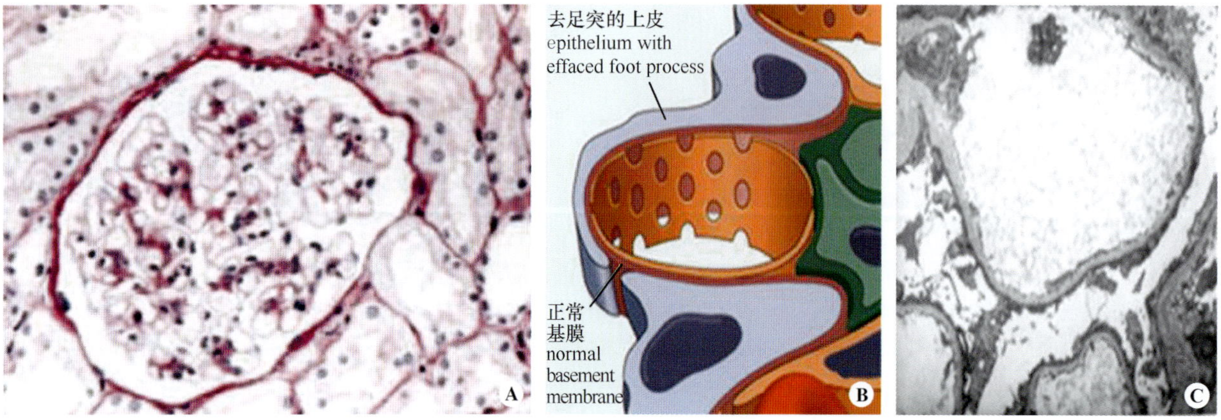

图 11-18 微小病变性肾小球病 Minimal change glomerulopathy

A. PAS 染色,肾小球结构基本正常,显示有轻微的系膜增生和基质增多,肾近曲小管上皮细胞内出现大量脂质空泡和玻璃样蛋白小滴;B. 示意图显示足突的弥漫性消失;C. 超微结构变化特点:足突融合或消失,未见沉积物 A. Glomerular structure was almost normal, but showing slight increase in mesangial proliferation and matrixa, and large number of lipid vacuoles and droplets of glass-like proteins in renal proximal tubule epithelial cells in PAS staining; B. Schematic representation showing diffuse effacement of foot processes; C. Ultrastructural characteristics showing effacement of foot processes, and absence of deposits

(3) 临床病理联系 Clinicopathological relations:本病多见于儿童。可发生于呼吸道感染或免疫接种之后。临床主要表现为肾病综合征。水肿常为最早出现的症状。蛋白尿通常为选择性的,成分为小分子的血清蛋白,主要是白蛋白,机制可能是因为 T 细胞免疫功能异常损伤了脏层上皮细胞,使肾小球多聚阴离子(负性电荷)丧失,毛细血管壁呈选择性通透性增高。

(4) 预后 Prognosis:本病相对良性,90% 以上的患儿对短期皮质类固醇治疗敏感,即使部分病人会伴有类固醇激素的依赖,但远期的预后较好。成人患者对激素治疗反应缓慢,疗效较差。脂性肾病有不到 5% 的患者在 25 年后可以发展为慢性肾衰竭。

3. 局灶性节段性肾小球硬化 Focal segmental glomerulosclerosis(FSG) 局灶性节段性肾小球硬化可引起肾病综合征或严重的蛋白尿,病变特点是部分肾小球硬化(局灶性的),以及在受累的肾小球中仅有部分毛细血管襻受到影响(节段性的)。

(1) 病因和发病机制 Etiology and pathogenesis:本病具体的病因和发病机制尚不清楚,主要是由脏层上皮细胞的损伤和改变引起。可能由于一些循环因子引起局部通透性明显增高,血浆蛋白和脂质在细胞外基质(extracellular matrix, ECM)内沉积,激活系膜细胞而导致。分别见于特发性的、继发性的(继发于另一种形式的肾小球肾炎或慢性肾脏疾病,如 IgA 肾病、复发性肾病,和伴发性的(伴发于特定的情况,如 HIV 肾病,海洛因成瘾者肾病)的三种情况。据报道有病人体内存在一种约 50kD 的非免疫球蛋白性因子,该因子可引起蛋白尿。

(2) 病理变化 Pathological changes:光镜下病灶呈局灶性,表现为病变的肾小球内部分毛细血管襻系膜基质增加,基膜崩解,玻璃样物质沉积和脂质小滴(图 11-19),早期位于皮髓交界处,后期可波及皮质全层。偶尔肾小球可以完全硬化伴有肾近曲小管萎缩和间质纤维化,为晚期改变。电镜显示脏层上皮细胞足突消失,部分上皮细胞从肾小球基膜剥脱。免疫荧光显示病变部位有 IgM 和 C3 沉积。

(3) 临床病理联系 Clinicopathological relations:大部分病人临床表现为肾病综合征,少数仅表现为蛋白尿。

原发性或特发性局灶性节段性肾小球硬化占肾病综合征的 10%,在儿童须与由脂性肾病引起的肾病综合征鉴别,因为临床病理显著不同。局灶性节段性肾小球肾炎的以下特点可与轻微病变性肾小球病相区别:①出现血尿,肾小球滤过率下降和高血压的比例较高;②非选择性蛋白尿;③类固醇疗效差或无效;④至少 50% 的病人 10 年内发展为慢性肾衰竭;⑤在硬化区域内出现 IgM 和 C3 沉积。

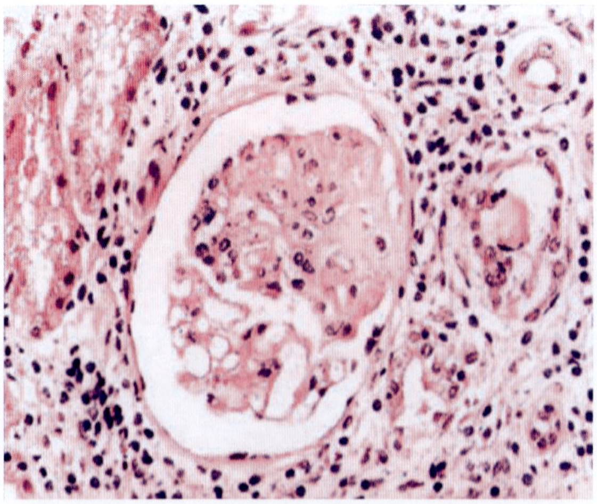

图 11-19　局灶性节段性肾小球硬化 Focal segmental glomerulosclerosis(FSG)
病变显示肾小球内部分毛细血管襻系膜基质增加，基膜崩解，玻璃样物质沉积和脂质小滴 The lesions exhibit increased mesangial matrix, collapsed basement membranes, deposition of hyaline masses and lipid droplets in part of the capillary trip of glomeruli

(4) 预后 Prognosis：本病多发展为慢性肾小球肾炎，50% 的病人在发病后十年内发展为终末期肾小球肾炎。小儿患者预后较好。

4. 膜性增生性肾小球肾炎 Membranoproliferative glomerulonephritis(MPGN)　膜性增生性肾小球肾炎是一种比较严重的组织学类型，临床上大部分病例(2/3)表现为肾病综合征。病变既有毛细血管基膜不规则增厚，又有肾小球系膜细胞增生和系膜基质增多，又称为系膜毛细血管性肾小球肾炎(mesangiocapillary GN)。根据发病机制和电镜下电子致密物沉积部位不同，又可分为Ⅰ型、Ⅱ型和Ⅲ型，Ⅲ型极为少见。

(1) 病因和发病机制 Etiology and pathogenesis：本病可以是原发性的，也可以是继发性的。Ⅰ型由循环免疫复合物沉积引起，并有补体的激活。引起免疫反应的抗原成分尚未确定。Ⅱ型显示有激活补体替代途径的证据(血清 C3，备解素和 B 因子减少)。大多数Ⅱ型病人在血清中有 C3 致肾炎因子(C3 nephritic factor, C3Nef)，该因子是一种自身抗体，拮抗稳定 C3 转化酶活性的 C3 转化酶的抗体。由于 C3 过度消耗和肝脏 C3 合成减少，病人出现低补体血症(hypocomplementemia)。C3 致肾炎因子引起肾小球损伤的确切机制和致密沉积物的性质目前还不清楚。

(2) 病理变化 Pathological changes：光镜下两个类型的病变相似。肾小球体积增大，系膜细胞和内皮细胞数量增多，可有白细胞浸润，肾小球基膜不规则增厚。部分病例有新月体形成。由于系膜细胞增生和系膜基质增多，血管球小叶分隔增宽，呈"叶"状，故又称分叶状肾炎(lobular GN)(图 11-20A)。上述变化经用 PASM(图 11-20B)和 PAS 染色特别明显。电镜下肾小球毛细血管壁基膜增厚呈"双轨状(double tracks)"或"履带状"(track)(图 11-21A)，后者由系膜细胞、内皮细胞或白细胞突起嵌入延伸插入邻近的毛细血管襻所致，所以称为"系膜插入物"，这也是另一个命名"系膜毛细血管性肾小球肾炎"的由来。Ⅰ型显示有内皮下的电子致密沉积物和少数上皮下和系膜区的 C3 沉积物(图 11-21B)、早期的补体成分(C1q 和 C4)以及呈颗粒状沉积的免疫球蛋白。Ⅰ型改变可能发生在伴有 SLE、乙型或 C 型肝炎、房室分流后感染、血吸虫病、α1-抗胰蛋白酶缺乏症、慢性肝病的病人，和某些恶性病例。Ⅱ型(致密沉积物病(dense - deposit disease)]，较少见，显示肾小球基膜内含有带状形式的电子密度极高的沉积物(图 11-21C)。偶尔也会发现上皮下"驼峰状"沉积物，C3 也有显示，但没有早期补体成分。

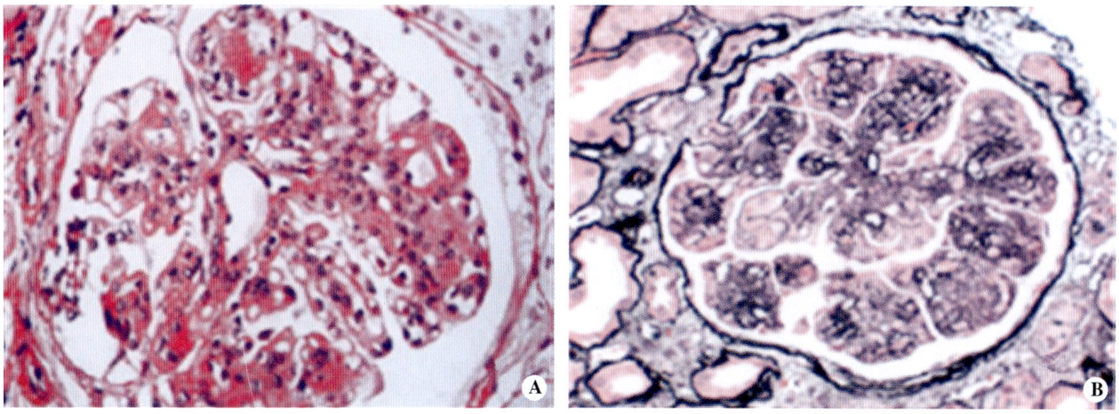

图 11-20　膜性增生性肾小球肾炎 Membranoproliferative glomerulonephritis(MPGN)
A. HE 染色显示小叶增多，系膜细胞增生，毛细血管壁增厚；B. 显示有系膜细胞增殖，基质增加(银染呈黑色)，基膜因而增厚伴局部分隔，呈"叶"状 A. H&E, showing increased lobulation, mesangial hepercellulartiy and thickening of the capillary walls; B. Showing mesangial cell proliferation, increased mesangial matrix (staining black with silver stain), basement membrane thickening and focal splitting, accentuation of lobular architecture

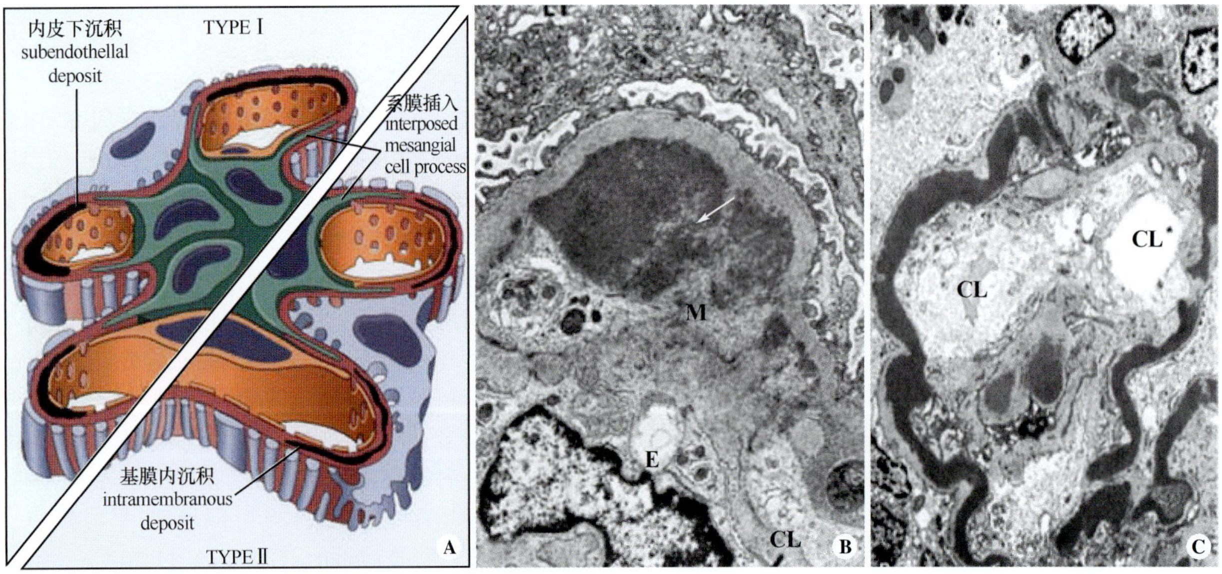

图 11-21 膜性增生性肾小球肾炎 Membranoproliferative glomerulonephritis(MPGN)

A. 两型示意图显示Ⅰ型为内皮下沉积,Ⅱ型为基膜内沉积(致密物沉积病);B. Ⅰ型,箭头示大的内皮下沉积物插入到系膜基质,M 为系膜基质;E 为内皮;EP 为上皮;CL 为毛细血管腔;C. Ⅱ型致密物沉积病,毛细血管基膜致密层内有高电子密度致密沉积物,粗大呈带状,CL 为毛细血管腔 A. Schematic representation is the two types of membranoproliferative GN. In type Ⅰ there are subendothelial deposits; type Ⅱ is characterized by intramembranous dense deposits (dense-deposit disease); B. Type Ⅰ. Note the large subendothelial deposit (arrow) incorporated into mesangial matrix. M. mesangial matrix; E. endothelium; EP. epithelium; CL. capillary lumen; C. Type Ⅱ densedeposit disease. There are markedly dense homogeneous deposits within the basement membrane proper. CL. capillary lumen

(3) 临床和预后 Clinic and prognosis:本病多发生于儿童和青年,主要表现为肾病综合征(约占儿童和成人原发性肾病综合征的 5%~10%),常伴有血尿,也可仅表现为蛋白尿。病变常为慢性进展性,预后较差。伴有大量新月体形成的病人可出现急进性肾炎的临床表现。尽管类固醇可延缓该病的病程,还是有约 50% 的病人在 10 年内发展为慢性肾衰竭。本病在接受肾移植的受体中有很高的复发率,尤其是Ⅱ型疾病患者。

5. 系膜增生性肾小球肾炎 Mesangial proliferative glomerulonephritis 系膜增生性肾小球肾炎的病变特点是弥漫性系膜细胞增生及系膜基质增多。本病在我国和亚太地区常见,在欧美则较少发生。

(1) 病因和发病机制 Etiology and pathogenesis:原发性系膜增生性肾小球肾炎的病因和发病机制尚未明确,可能存在多种致病途径,如循环免疫复合物沉积或原位免疫复合物形成等。免疫反应通过介质的作用刺激系膜细胞,导致系膜细胞增生、系膜基质增多。

(2) 病理变化 Pathological changes

光镜观:主要改变为弥漫性系膜细胞增生和系膜基质增多。

电镜观:约 1/4~1/2 病例可在系膜区见到少量稀疏的细颗粒状和云雾状的电子致密物。免疫荧光检查常显示不同的结果,分如下四类:①以 IgM 为主的免疫球蛋白及 C3 沉积者;②以 IgG 为主的免疫球蛋白及 C3 沉积者;③仅补体 C3 沉积者(上述免疫球蛋白及补体均呈颗粒状沉积于系膜区,有时也同时沉积于肾小球毛细血管壁);④免疫病理检查阴性者。在我国最常见的是 IgG 及 C3 沉积,在其他国家则多表现为 IgM 和 C3 沉积(又称 IgM 肾病)。

(3) 临床病理联系 Clinicopathological relations:本病多见于青少年,男性多于女性。起病前常有上呼吸道感染等前驱症状。临床表现具有多样性,可表现为肾病综合征,也可表现为无症状蛋白尿(约 30%)和(或)血尿(70%~90%,其中多为镜下血尿,约 30% 病例为反复发作的肉眼血尿)。

(4) 预后 Prognosis:本病可用激素和细胞毒药物治疗。病变轻者疗效好,约 50% 以上的病人用激素治疗后可获得完全缓解,其远期预后目前仍不十分清楚。病变严重者预后多数不好,迟早会出现较严重的局灶性节段性肾小球硬化,甚至出现肾功能障碍与衰竭。

(四) IgA 肾病 IgA nephropathy

IgA 肾病常发生于儿童和青年,在全球范围内可能是最常见的肾炎类型,但在不同地区的发病率差别很大,在亚洲和太平洋地区的发病率很高。据报道在我国的发病率约占原发性肾小球疾病的 30%。本病通常表现为反复发作的镜下或肉眼血尿,是引起反复发作的肾小球性血尿最主要的原因。因病变特点是免疫荧光显示系膜区有 IgA 沉积，故名 IgA 肾病，又由于本病由 Berger 于 1968 年最先描述，又称 Berger 病(Berger's disease)。

1. 病因和发病机制 Etiology and pathogenesis

IgA 肾病可为原发、独立的疾病，也可由过敏性紫癜、肝脏和肠道疾病等继发引起。病人血清中聚合 IgA 增高，或可出现含有 IgA 的免疫复合物。IgA 肾病的发生与某些 HLA 表型导致的 IgA 合成、分泌或清除的调节异常有关。资料表明病毒、细菌和食物蛋白等的刺激，可使呼吸道或消化道黏膜 IgA 合成增多，其中的 IgA_1 或含 IgA_1 的免疫复合物沉积于系膜区，并激活补体替代途径，引起了肾小球损伤。

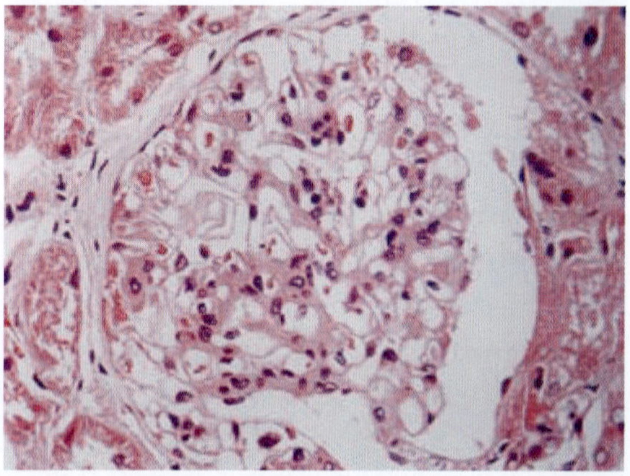

图 11-22 IgA 肾病 IgA nephropathy

系膜区弥漫增大伴系膜细胞增生和系膜基质增多 There is diffuse mesangial enlargement with mesangial cell proliferation and mesangial matrix increasing

2. 病理变化 Pathological changes IgA 肾病的组织学改变差异很大。最常见的是系膜增生性病变(图 11-22)，也可表现为局灶性节段性增生或硬化。少数病例可有较多新月体形成。

电镜检查显示系膜区有电子致密沉积物(图 11-23A)。免疫荧光的特征为系膜增生和 IgA 沉积(图 11-23B)，仅有系膜区有 IgA 沉积，提示大的循环 IgA 复合物积聚在系膜区。IgA 肾病常伴有 C3 和备解素，也可出现少量 IgG 和 IgM，通常无补体早期成分。

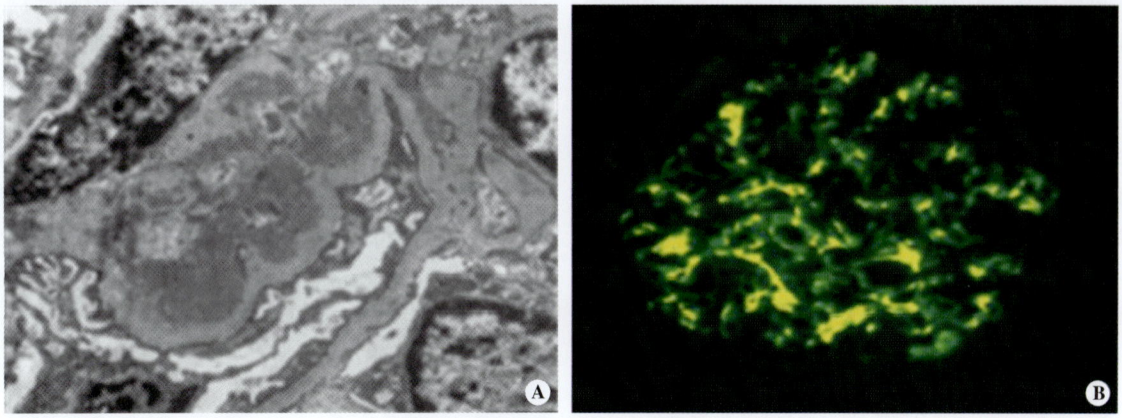

图 11-23 IgA 肾病 IgA nephropathy

A. 电镜检查显示系膜区有电子致密沉积物；B. 免疫荧光检测见 IgA 的沉积特征，主要位于系膜区 A. Electron microscopy shows the presence of electron-dense deposits in the mesangium; B. Characteristic deposition of IgA, principally in mesangial regions, detected by immunofluorescence

3. 临床病理联系 Clinicopathological relations

IgA 肾病可发生于不同年龄的个体，儿童和青年多发。发病前常有上呼吸道感染，少数发生于胃肠道或尿路感染后。30% ~ 40% 的病人仅出现镜下血尿，可伴有轻度蛋白尿。5% ~ 10% 的病人表现为急性肾炎综合征。血尿的典型症状为持续数天而后消退，但每过数月便会复发。

4. 预后 Prognosis 本病预后差异很大，尽管多数病人病情开始为良性，但 15% ~ 40% 的病人病情缓慢进展，50% 的病人在 20 年内会发展为慢性肾衰竭。若发病年龄大，严重蛋白尿、高血压、新月体形成和血管硬化则提示预后不佳。肾移植后可重新出现 IgA 沉积，并引起相应的临床改变。

(五) 慢性肾小球肾炎 Chronic glomerulonephritis (CGN)

慢性肾小球肾炎为许多不同类型肾小球肾炎发展而来的肾小球疾病的终末期共同病变[终末肾(end-stage kidney)]，多见于成人，预后差。病变特点是双侧肾小球弥漫性萎缩、玻璃样变和硬化，又称慢性硬化性肾小球肾炎(chronic sclerosing GN)，也称慢性肾炎(chronic nephritis)。

1. 病因和发病机制 Etiology and pathogenesis

慢性肾小球肾炎由不同类型的肾炎发展形成，这些肾炎类型及进展比例包括有：

（1）链球菌感染后肾小球肾炎（儿童 1%～2%，成人比例较高）。

（2）急进性肾小球肾炎（90%）

（3）膜性肾小球病（50%）

（4）局灶性节段性肾小球硬化（50%～80%）

（5）膜性增生性肾小球肾炎（50%）

（6）系膜增生性肾炎

（7）IgA 肾病（30%～50%）

（8）约 20% 的病例没有任何可辨别类型的早期肾小球肾炎的病史。一是因为慢性肾小球肾炎中的肾小球大多被玻璃样结缔组织所取代，起始的病变类型很难辨认。二是因为有相当数量的慢性肾炎病人发病隐匿，没有明确的急性或其他类型肾炎的病史，发现时已进入慢性阶段。

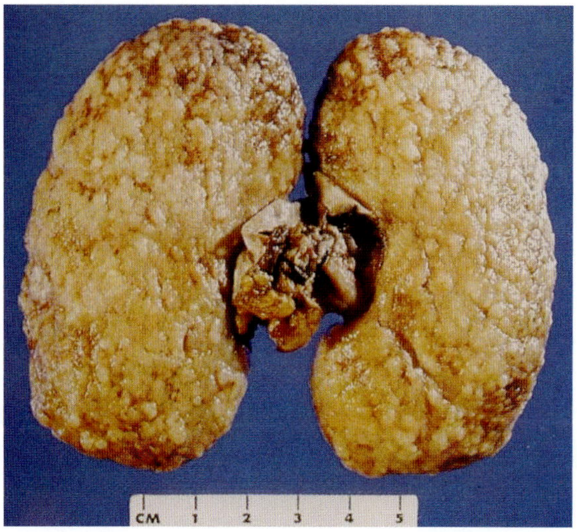

图 11-24 慢性肾小球肾炎 Chronic glomerulonephritis
肾脏对称性缩小，皮质表面呈弥漫颗粒样 The kidneys are symmetrically contracted and have diffusely granular cortial surface

2. 病理变化 Pathological changes

（1）肉眼观 Gross appearances：呈继发性颗粒性固缩肾（secondary granular contracted kidney），表现为双肾体积缩小，质硬，表面呈弥漫性细颗粒状（图 11-24），包膜粘连。切面肾皮质变薄、不规则变窄和疤痕化并伴有正常结构纹理的消失。皮髓质界限不清。肾盂周围脂肪增多。

（2）光镜下 Light microscopic view：病变早期可能显示有相应类型肾炎的改变，呈现慢性增生性反应，伴有系膜细胞和基质增加（系膜疤痕化）。之后随病变进展，肾小球内 PAS 染色阳性的嗜酸性玻璃样物质增多，细胞减少，肾内细、小动脉发生渐发生玻璃样变性和内膜增厚，管腔狭窄。至终末期大量毛细血管闭塞使绝大多数肾小球部分或全部疤痕化（图 11-25）。此时各种类型导致的肾炎病变表现相似，特征表现为病变严重区大部分肾小球（75%）发生纤维化和玻璃样变，相应肾小管萎缩消失，代之以间质的纤维化。由于纤维组织的收缩，使玻璃样变性的肾小球相互靠拢，称为肾小球相对集中（relative concentration of glomeruli）。病变较轻区肾单位则出现代偿性改变，表现为肾小球体积增大，肾小管扩张，腔内可出现各种管型。肾间质纤维结缔组织明显增生，内见淋巴细胞浸润，有时也见浆细胞和组织细胞。

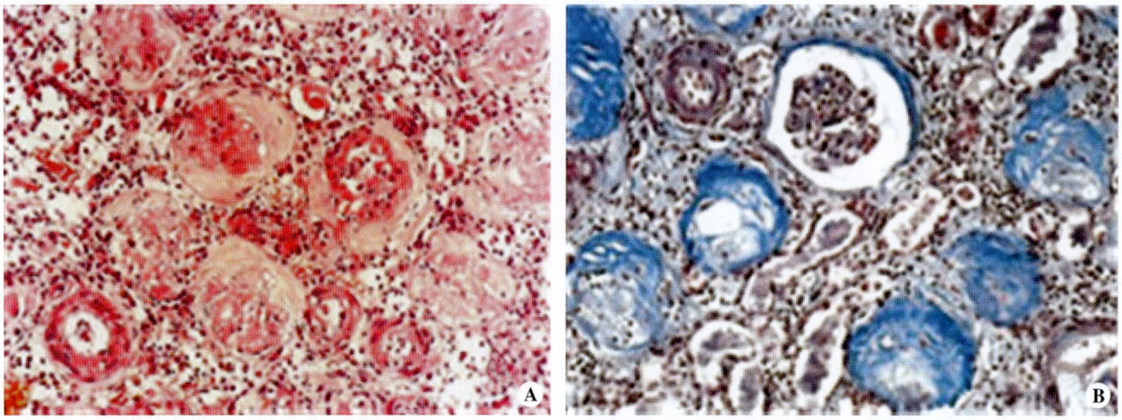

图 11-25 慢性肾小球肾炎 Chronic glomerulonephritis
A. HE 染色，肾小球完全消失，玻璃样变。并可见肾小管萎缩，间质纤维化；B. Masson 三色显示几乎所有肾小球均被蓝染的胶原代替 A. HE, the glomeruli are totally obliterated and hyalinized, tubular atrophy and interstitial fibrosis are also seen; B. Masson trichrome preparation shows complete replacement of virtually all glomeruli by blue-staining collagen

（3）电镜下 Electron microscopic view：可有毛细血管基膜局灶性增厚，局灶性内皮下沉积物和足突变平。

（4）免疫荧光 Immunofluorescence：无明显特征。

3. 临床病理联系 Clinicopathological relations

部分病人有其他类型肾炎的病史。部分患者起病隐匿。早期可有食欲差、贫血、呕吐、乏力和疲倦等症状。有的病人则表现为蛋白尿、高血压或氮质血症，亦有表现为水肿者，但由于肾小球闭塞时，蛋白丢失的途径关闭，因此在进展病变中肾病综合征不常见。晚期病人主要症状为慢性肾炎综合征，表现为多尿、夜尿、低比重尿、高血压、贫血、氮质血症和尿毒症。

多尿、夜尿和低比重尿主要由于大量肾单位结构破坏，功能丧失，血液流经残留肾单位时速度加快，肾小球滤过率增加，但肾小管重吸收功能有限，尿浓缩功能降低。尽管可有镜下血尿，但肉眼血尿不常见。

高血压很常见，并可以是主要的临床表现，主要由于肾小球硬化和严重缺血，肾素分泌增多。高血压导致细、小动脉硬化，肾缺血加重，使血压持续增高。长期高血压可导致左心室壁肥厚。

贫血主要由肾单位破坏，促红细胞生成素分泌减少引起。此外，体内代谢产物堆积对骨髓造血功能具有抑制作用。大量肾单位受损使代谢产物不能及时排出，水、电解质和酸碱平衡失调，导致氮质血症和尿毒症。尿毒症患者可出现心外膜炎(epicarditis)和胃肠炎(gastroenteritis)等。

4. 预后 Prognosis　慢性肾小球肾炎病程进展的速度差异很大，但若不治疗的话，预后均很差，残酷地发展为尿毒症，最终多死于因尿毒症或由高血压引起的心力衰竭或脑出血。在首发症状出现到死亡大概是几年或更长些，肾透析和肾移植可以改变这一过程，获得较长期的生存时间。

附：常见原发性肾小球病特点小结(表 11-3)

表 11-3　原发性肾小球病特点小结 Summary of characteristics of primary glomerulopathy

类型	主要临床表现	发病机制	病理特点 光镜	免疫荧光	电镜
急性弥漫性增生性肾炎	急性肾炎综合征	免疫复合物，循环或植入的抗原	弥漫性系膜细胞和内皮细胞增生	CBM 和系膜区颗粒状 IgG 和 C3 沉积	上皮下驼峰状沉积物
急进性肾炎	急进性肾炎综合征	抗 GBM 型 免疫复合物型 免疫反应缺乏型	新月体形成	线性 IgG 和 C3 颗粒状 阴性或极弱	无沉积物 沉积物 无沉积物
膜性肾小球病	肾病综合征	自身抗体与抗原原位反应	弥漫性 GBM 增厚，钉突形成	基底膜颗粒状 IgG 和 C3	上皮下沉积物 GBM 增厚
微小病变性肾小病	肾病综合征	不清，肾小球阴离子丧失，足细胞损伤	肾小球正常，肾小管脂质沉积	阴性	上皮细胞足突消失，无沉积物
局灶性节段性肾小球硬化	肾病综合征蛋白尿	不清，循环性通透性增高因子作用，足细胞损伤	局灶性节段性玻璃样变和硬化	局灶性，IgM 和 C3	上皮细胞足突消失、上皮细胞剥脱
膜增生性肾炎	肾病综合征血尿、蛋白尿慢性肾衰	Ⅰ型免疫复合物 Ⅱ型自身抗体，补体替代途径激	系膜增生，插入 基膜增厚，双轨状	(Ⅰ)IgG+C3;C 1 q+C4. (Ⅱ) C3，无 IgG、C1q 或 C4	(Ⅰ)内皮下沉积物 (Ⅱ)致密沉积物
系膜增生性肾炎	蛋白尿、血尿肾病综合征	不明	系膜细胞增生 系膜基质增多	系膜区 IgG、C3；IgM C3 C3 沉积	同光镜，系膜区 阴性沉积物
IgA 肾病	反复发作的血尿或蛋白尿	不明，IgA 分泌与清除异常	局灶性节段性增生或弥漫性系膜增宽	系膜区 IgA 和 C3 沉积，可有 IgG 和 IgM	系膜区沉积物
慢性肾炎	慢性肾炎综合征 慢性肾衰	根据原病变类型	肾小球玻璃样变、硬化	因肾炎起始类型而异	因肾炎起始类型而异

第二节　肾小管-间质性肾炎
Tubulointerstitial Nephritis (TIN)

肾小管-间质性肾炎，又名“间质性肾炎、小管间质性肾病、小管间质性肾炎、间质性肾病”等，为一组累及肾小管和肾间质的炎性疾病，分为急性和慢性两大类，可为由细菌等生物病原体感染和药物、重金属等中毒引起的原发性损伤，也可为肾小球病变、血管性病变、多囊肾(polycystic kidney)和代谢性疾病(metabolic disease)进展的结果。

肾小管-间质性肾炎的病变主要在髓质，可呈局灶性或弥漫性损害。急性肾小管-间质性肾炎主要表现为间质水肿、间质和肾小管内中性粒细胞等炎细胞浸润，常伴有局灶性肾小管坏死。慢性间质性肾炎表现为淋巴细胞、单核细胞浸润，肾间质纤维化和肾小管萎缩。

本节主要讨论肾盂肾炎和药物引起的肾小管-间质性肾炎。

Renal interstitial

Renal interstitial is the connective tissue around the glomerular and tubular, small blood vessels and lymph vessels and so on. In interstitial, the capillaries and tubular are closely adjacent, they co-complete the functions of reabsorption, excretion, transport, concentration and dilution of tubular. Once the interstitial lesions occur, that is bound lead to renal tubular damage.

一、肾 盂 肾 炎

Pyelonephritis

肾盂肾炎是指肾盂、肾间质和肾小管的炎症性疾病，以化脓性炎症为特征，包括急性和慢性两种。

（一）病因和发病机制 Etiology and pathogenesis

肾盂肾炎多由细菌感染引起，致病菌以肠道革兰阴性菌最常见，其中多数为大肠杆菌（colon bacillus）（占60%～80%），其他有变形杆菌（proteus）、副大肠杆菌（vice- E. coli.）、肠球菌（enterococcus）、粪链球菌（streptococcus faecalis）、葡萄球菌（staphylococcus）等，还可由霉菌引起。急性肾盂肾炎通常为一种细菌感染引起，慢性肾盂肾炎则可能为多种细菌的混合感染。但由于正常尿液具有自净作用，所以只有在机体全身抵抗力下降或泌尿道局部防御机制被破坏时，致病菌才可能经血源性或上行性感染引起病变。

感染途径及相应的病因有：

（1）血源性感染（hematogenous infection）：亦称下行性感染（descending infection），多为双侧性，通常在败血症基础上由葡萄球菌或大肠杆菌引起；

（2）上行性感染（ascending infection）：单侧或双侧性，通常由大肠杆菌、变形杆菌或其他细菌等，引起下尿路感染（lower urinary tract infection）时，细菌通过尿道、膀胱、膀胱输尿管反流（vesicoureteral reflux, VUR）进入肾实质，最终形成肾内反流，或经输尿管周围的淋巴管上行到肾盂、肾盏和肾实质。

易感因素有：①尿路堵塞；②使用器械不当（尤其是操作导管插入时）；③膀胱输尿管反流（经结构错乱的膀胱输尿管结合处）；④妊娠；⑤先天性异常；⑥糖尿病；⑦免疫抑制；⑧前列腺增生、结石和肿瘤等。

由于女性尿道短、尿道口靠近肛门，容易遭受感染，加上尿道括约肌作用弱，女性激素水平的变化有利于细菌对尿道黏膜的黏附以及性交时黏膜容易受伤等，所以肾盂肾炎在女性非常常见，尤其在15～40岁年龄组，女性与男性发病比率为8∶1。

（二）急性肾盂肾炎 Acute pyelonephritis (APN)

急性肾盂肾炎是肾盂、肾间质和肾小管常见的化脓性炎症，主要由细菌感染引起（特别是大肠杆菌），偶可由多瘤病毒等病毒引起。尿道感染是主要的表现，包括下尿道感染[膀胱炎（cystitis）、前列腺炎（prostatitis）、尿道炎（urethritis）]或上尿道肾盂肾炎或同时上、下尿道感染。病变特征为不均匀的、间质性的、化脓性炎症。

1. 病理变化 Pathological changes

肉眼观 Gross appearances：肾体积增大，表面充血，表面可见稀疏的黄白色脓肿（图11-26A），周围见紫红色充血带。病灶局限或弥漫分布，相互融合可形成大脓肿。切面沿髓放线见黄色条纹，向皮质延伸。肾盂黏膜充血水肿，表面有脓性渗出物。严重时，肾盂内有积脓。

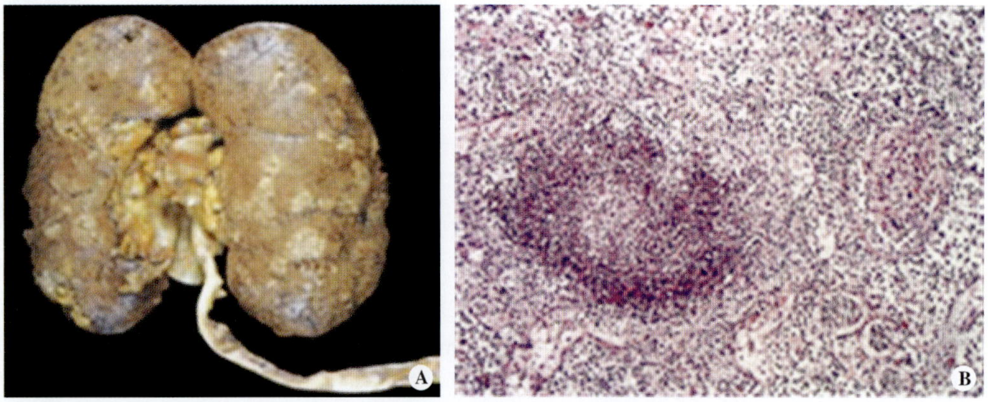

图 11-26 急性肾盂肾炎 Acute pyelonephritis

A. 皮质表面显示灰白色炎症区域和脓肿形成；B. 可见局部大量脓细胞（中性粒细胞）聚集，实质成分丧失 A. Cortical surface exhibits grayish white areas of inflammation and abscess formation; B. Focal heavy collection of pus cells (neutrophlis) and loss of parenchyma

镜下 Microscopic view：特征为灶性间质性化脓性炎或脓肿形成、肾小管坏死和白细胞管型（图 11-26B）。上行性感染首先累及肾盂，随后波及肾小管；血源性感染常先累及肾皮质，发生于肾小球及其周围的间质，再扩展破坏邻近组织，并向肾盂蔓延。

2. 临床病理联系 Clinicopathological relations

通常起病突然，出现发热、寒战、白细胞增多等全身症状，以及尿液的改变，如脓尿（pyuria）、菌尿（bacteriuria）、血尿、管型尿和蛋白尿等。通常有膀胱和尿路刺激症状如排尿困难（dysuria）、尿频（frequency）、尿急（urgency）和尿痛（dysuria）。肾肿大和肾包膜炎病人常伴有肋腰部的疼痛。尿液培养可发现细菌。白细胞管型有临床诊断意义。由于急性肾盂肾炎病变多呈灶状分布，肾小球通常较少受累，一般不出现高血压、氮质血症和肾功能障碍。伴有尿路阻塞、糖尿病或免疫障碍病人的病情常较严重，可发生败血症。并发肾乳头坏死（renal papillary necrosis，RPN）时可发生急性肾衰竭。

3. 预后 Prognosis 急性肾盂肾炎使用抗生素治疗疗效好。即使本病不治疗其经过也是良性和自限性的，症状往往持续不超过一周，但菌尿可以存在较长时间，若引起感染的诱因未去除或治疗不彻底不确当，则病变易反复发作慢性化，最终使肾组织疤痕形成并伴有皮质及其下的肾盂肾盏的纤维化变形（上行性感染者易发生）。

常见并发症有：

（1）肾乳头坏死 RPN：病变特征是肾锥体乳头侧 2/3 区域内出现境界清楚的灰白或灰黄色梗死样坏死灶（图 11-27）。病变累及单个或所有肾乳头。显微镜下肾乳头发生梗死样的凝固性坏死，正常组织和坏死组织交界处可见中性粒细胞浸润。肾乳头坏死尤其见于糖尿病和尿路堵塞的病例。

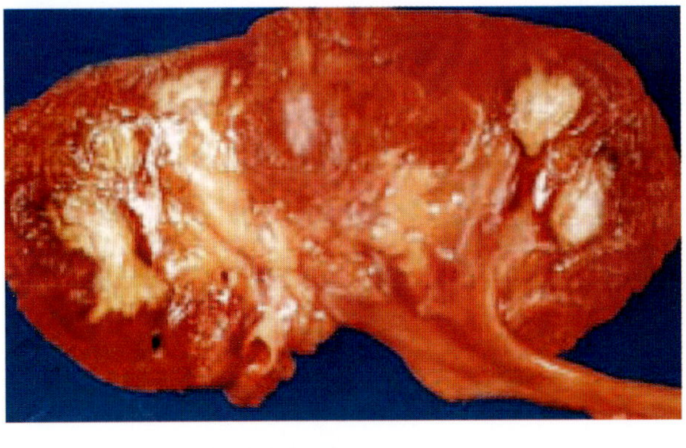

图 11-27 肾乳头坏死 Renal papillary necrosis
肾乳头显示灰白色的坏死区 Areas of pale gray necrosis are limited to the papillae

（2）肾盂积脓 Pyonephrosis：严重尿路阻塞，特别是上尿路的阻塞，脓性渗出不能排除，发生滞留在肾盂、肾盏内形成积脓。

（3）肾周围脓肿 Perinephric abscess：病变严重时肾内化脓性改变可穿破肾被膜，在肾周组织形成脓肿。

（三）慢性肾盂肾炎 Chronic pyelonephritis（CPN）

慢性肾盂肾炎为肾小管-间质的慢性炎症，伴皮、髓质肾实质疤痕形成，以及明显的肾盂和肾盏扩张、变平和变形。可由急性肾盂肾炎发展而来，或开始即为慢性。病变呈反复发作性，按原因分有两种类型，分别为：

（1）慢性阻塞性肾盂肾炎 Chronic obstructive pyelonephritis：长期尿路堵塞使肾易于感染，反复多次感染可产生慢性肾盂肾炎。通常由肠道细菌引起，可因阻塞部位的不同而分别呈双侧或单侧性。

（2）伴有反流性肾病 reflux nephropathy：又称为慢性反流性肾盂肾炎（Chronic reflux-associated pyelonephritis），这是慢性肾盂肾炎最常见的原因。起始于儿童，是由于先天性膀胱输尿管反流或肾内反流，可以是单侧或双侧，引起的感染导致慢性肾盂肾炎。反流性肾病起病隐匿，常伴有高血压和多尿症。

Chronic Reflux-Associated Pyelonephritis (Reflux Nephropathy)

This is the more common form of chronic pyelonephritic scarring and results from superimposition of a UTI (urinary tract infection) on congenital vesicoureteral reflux and intrarenal reflux. Reflux may be unilateral or bilateral; thus, the resultant renal damage either may cause scarring and atrophy of one kidney or may involve both and lead to chronic renal insufficiency. Whether VUR (vesicoureteral reflux) causes renal damage in the absence of infection (sterile reflux) is uncertain, because it is difficult clinically to rule out remote infections in a person first seen with pyelonephritic scarring.

1. 病理变化 Pathological changes

肉眼观 Gross appearances：一侧或双侧肾脏体积缩小，出现不规则的瘢痕，双侧不对称性（图11-28）。瘢痕多少不等，分布不匀，多见于肾的上、下极。切面见皮髓质界限不清，肾乳头萎缩，肾盏和肾盂因瘢痕收缩而变形，肾盂黏膜粗糙。

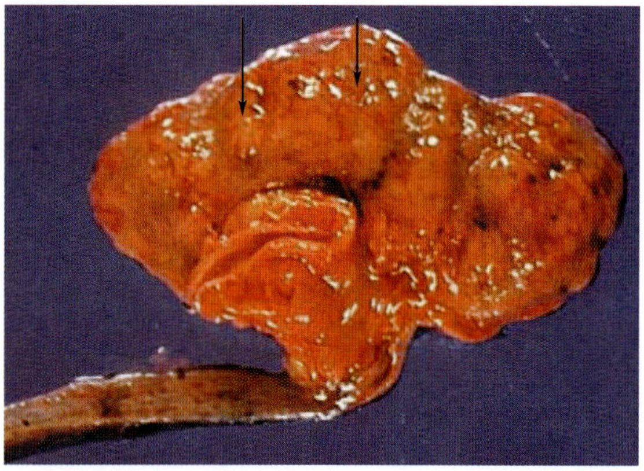

图 11-28 慢性肾盂肾炎 Chronic pyeloriephritis

肾脏体积缩小，出现不规则的瘢痕，瘢痕多少不等，分布不匀 Renal size decreased, shows the irregular scar, and scar varying amounts, uneven distribution (arrow)

镜下 Microscopic view：早期肾小球很少受累，主要是局灶性的淋巴细胞、浆细胞浸润和间质纤维化。肾盂黏膜粗糙，在上皮下可见淋巴细胞团。严重的间质炎症可引起肾小管的逐渐萎缩和破坏，甚至导致肾小球玻璃样变(图 11-29A)。代偿扩张的肾小管内可充满胶样管型类似甲状腺外形(甲状腺化 thyroidization)(图 11-29B)。最终，导致形成粗糙 U 形疤痕，肾脏体积极度缩小，功能丧失。慢性肾盂肾炎通常是双侧性病变，但两侧肾脏的损害和固缩并不一致。其终末期表现在临床上可与慢性肾小球肾炎混淆。慢性肾盂肾炎急性发作时出现大量中性粒细胞，并有小脓肿形成。

尽管慢性肾盂肾炎的多数病例可追溯到急性病史，有持续或反复的细菌感染，但有相当数量的慢性病例与先前的急性发病阶段无关。尤其需注意的是不伴有尿路堵塞的慢性肾盂肾炎的病人，通常没有以前或当前受感染的证据。这种病例不能排除先前已有无症状性细菌感染的可能性，还提示可能有除了感染以外的其他因素可引起本病。

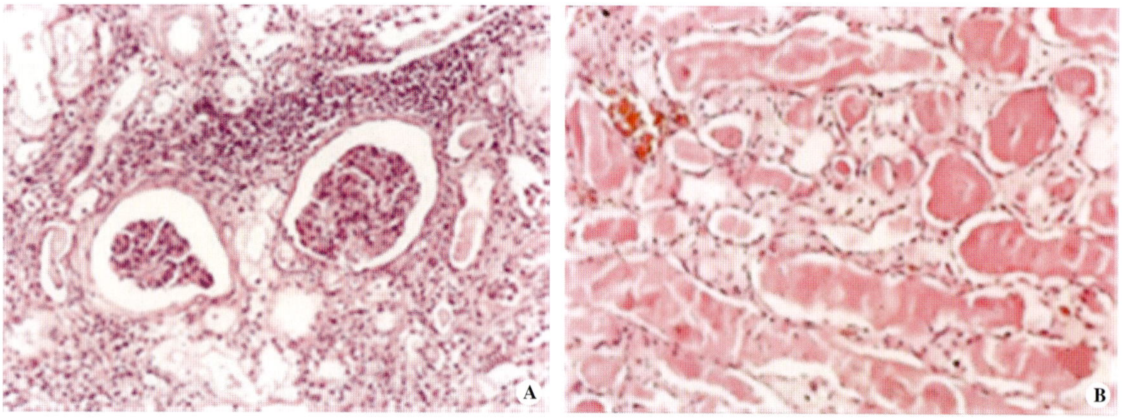

图 11-29 慢性肾盂肾炎 Chronic pyeloriephritis

A. 间质中淋巴细胞、浆细胞局灶性浸润和不规则纤维化，肾小管萎缩和破坏，伴肾小球萎缩和肥大；B. 扩张的肾小管内充满胶样管型类似甲状腺外形(甲状腺化) A. Shows that focal infiltration of the stroma by of lymphocytes and plasma cells, irregular fibrosis of the Interstitial, and the atrophy and destruction of tubules, with the atrophy and hypertension of glomeruli. B. Dilated tubules were filled with thyroid-like colloid casts (thyroidization)

2. 临床病理联系 Clinicopathological relations 慢性肾盂肾炎常反复发作，伴有腰背部疼痛、发热，频发的脓尿和菌尿。肾小管功能特别是浓缩能力的丧失会导致多尿和夜尿。钠、钾和重碳酸盐丧失可引起低钠、低钾及代谢性酸中毒。肾组织纤维化和小血管硬化导致局部缺血，肾素分泌增加，引起高血压。晚期肾组织破坏严重，出现氮质血症和尿毒症。X 线检查可显示不对称的固缩肾，伴有典型的粗糙疤痕、肾盂肾盏变平和变形。菌尿是本病的特征，但在终末阶段常消失。肾盂造影术和 X 线检查均有助于本病的诊断。

3. 预后 Prognosis 若能及时去除诱发因素，病变可获控制，肾功能可获代偿而不引起严重后果。若频繁发作并广泛累及双肾，最终必将引起慢性肾衰竭(约占 11%～20%)和高血压，危及生命。一些伴有肾盂肾炎疤痕的病人可在数年后发展为局灶性节段性肾小球硬化，预后多不佳。

二、药物和中毒引起的肾小管-间质性肾炎 Tubular-interstitial Nephritis Caused by Drugs and Poisoning

抗生素和镇痛药的广泛应用已使药物成为引起肾脏损伤的主要原因之一。药物和中毒可诱发间质的免疫反应，引起双侧非化脓性肾间质病变，称为急性过敏性间质性肾炎(acute hypersensitivity interstitial nephritis),也可造成肾小管的慢性损伤,最终导致慢性肾功能不全。

(一) 急性过敏性间质性肾炎 Acute hypersensitivity interstitial nephritis

急性过敏性间质性肾炎,又名急性药物性间质性肾炎(acute drug-induced interstitial nephritis),过敏性急性小管间质性肾炎(allergic acute tubulointerstitial nephritis)、变应性小管间质性肾炎(allergic tubulointerstitial nephritis)、急性过敏性小管间质性肾炎(acute allergic tubulointerstitial nephritis)等,是常见的免疫介导的肾脏损害。

Note: Non-steroidal anti-inflammatory drugs can cause drug-induced (allergic) acute tubular interstitial nephritis, it may also cause non-steroidal anti-inflammatory drug nephropathy, the two are different diseases. If the renal toxicity damage is directly caused by drugs, this is generally not known as allergic tubulointerstitial nephritis.

1. 病因和发病机制 Etiology and pathogenesis

目前发现引起急性过敏性间质性肾炎的药物种类很多,可由抗生素、利尿药、非甾体抗炎药(NSAIDs)及其他药物引起。抗生素引起的占 2/3,常见的如氨基糖苷类、青霉素类、头孢菌素类、两性霉素、四环素族、磺胺类、阿霉素、抗结核药等。利尿药如噻嗪类(thiazides)、速尿(nicorol)、三氨苯蝶啶(triamterene)、氯噻酮(chlorthalidone)。NSAIDs 如消炎痛(indomethacin)、布洛芬(brufen)、阿司匹林(aspirin)等。其他药物如抗癫痫药物、麻醉剂、中枢兴奋剂、免疫抑制剂等。

急性药物性间质性肾炎主要由免疫机制引起。药物作为半抗原与肾小管上皮细胞胞质或细胞外成分结合,产生抗原性,引起 IgE 的形成和(或)细胞介导的免疫反应,导致肾小管上皮细胞和基膜的免疫损伤和炎症反应。

2. 病理变化 Pathological changes 肾间质出现严重的水肿、淋巴细胞和巨噬细胞浸润,并有大量嗜酸粒细胞(图 11-30) 和中性粒细胞,可有少量浆细胞和嗜碱粒细胞。新型青霉素 I(methicillin I)和噻嗪类利尿药等药物可引起具有巨细胞的间质肉芽肿性改变。肾小管出现不同程度的变性和坏死。肾小球通常不受累,但非甾体抗炎药引起的间质性肾炎可伴有微小病变性肾小球病和肾病综合征。

3. 临床病理联系 Clinicopathological relations

病变可发生于任何年龄,常在用药后 2~40 天(平均 15 天)出现发烧、皮疹(占 25%)、关节痛、一过性嗜酸粒细胞增高等症状(占 60%~80%)。肾脏病变引起血尿(占 95%)、轻中度蛋白尿和白细胞尿,且 86% 的尿白细胞中嗜酸粒细胞占 30% 以上。约 50% 病人血清肌酐水平增高,也可出现少尿等急性肾衰竭的症状。但非甾体抗炎药引起的本病主要发生在老年人(64.6 岁±2.1 岁),常发生在数月之后,只有 5% 的患者有嗜酸粒细胞尿,24h 尿蛋白定量小于 1.5g。短时间的嗜酸粒细胞增多,对本病诊断有较大帮助。

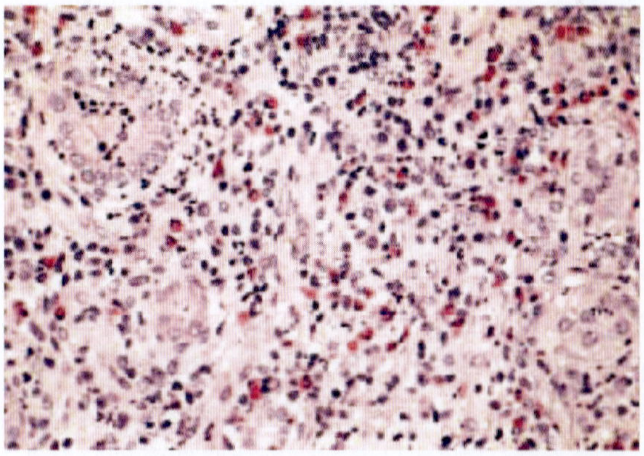

图 11-30　药物诱导性间质性肾炎 Drug-induced interstitial nephritis

病变显示大量嗜酸粒细胞和单核细胞浸润 The lesion exhibits prominent eosinophilic and mononuclear cell infiltrate

Acute Tubular Necrosis (ATN)

ATN is the most common cause of acute renal failure; its clinical manifestations are oliguria, uremia, and signs of fluid overload. ATN results from ischemic or toxic injury to renal tubules, associated with intrarenal vasoconstriction resulting in reduced GFR and diminished delivery of oxygen and nutrients to tubular epithelial cells. ATN is characterized morphologically by necrosis of segments of the tubules (typically the proximal tubules), proteinaceous casts in distal tubules, and interstitial edema.

4. 预后 Prognosis 及时停用相关药物后病情可缓解,但常需要几个月的时间肾功能才能完全恢复正常。少数老年病人的肾脏功能难以恢复。常见并发症主要为代谢性酸中毒、心衰及急性肾衰竭。

(二) 镇痛药性肾炎 Analgesic nephritis

镇痛药性肾炎,又称镇痛药性肾病(analgesic nephropathy),是由于病人长期或大量混合服用镇痛药,其累积量超过 1~2kg 时引起的慢性肾脏疾病,病变特点是慢性肾小管-间质性炎症和(或)肾乳头坏死。也称镇痛剂所致慢性小管间质性肾炎、无痛性肾病。

1. 病因和发病机制 Etiology and pathogenesis 常见的引起镇痛药肾病的药物有对乙酰氨基酚(paracetanol)、阿司匹林、非那西汀(phenacetin)等混合镇痛药等。

发病原因为病人长期或大量服用至少两种镇痛药,累积量超过 1~2kg 时,即可患病,累积量超过 6kg 者肾脏受累可达 50%~80%。发病机制主要是复方镇痛药中部分成分如乙酰氨基酚在肾髓质中堆积,并在由细胞色素 P-450 系统参与的代谢过程中生成过多的活性氧成分,同时抑制前列腺素合成,引起肾血流量减少,肾小球滤过率下降导致肾缺血性肾乳头坏死,还可引起肾组织的直接毒性作用和局部过敏反应及肾小血管硬化,肾乳头损伤是药物的毒性作用和缺血共同作用的结果。此外,细胞凋亡(apoptosis)可能也参与慢性间质性肾炎的发生。

2. 病理变化 Pathological changes 肉眼上双肾体积正常或轻度缩小。肾皮质厚薄不一。坏死乳头表面皮质下陷。肾乳头发生不同程度的坏死、钙化和脱落。镜下肾乳头早期出现灶状坏死。严重时整个肾乳头坏死,局部结构破坏,仅见残存的肾小管轮廓,并有灶状钙化。有的肾乳头从肾脏剥脱。皮质肾小管萎缩,间质纤维化并有淋巴细胞和巨噬细胞浸润。

3. 临床病理联系 Clinicopathological relations 临床常表现为慢性肾衰竭、高血压和贫血。贫血可能与镇痛药代谢产物对红细胞的损伤有关。实验室检查显示尿浓缩功能减退。肾乳头坏死可引起肉眼血尿和肾绞痛。磁共振和 CT 检查可显示肾乳头坏死和钙化。

4. 预后 Prognosis 停用相关镇痛药可使病情稳定,并可能使肾功能有所恢复。少数镇痛药性肾炎的病人有肾盂的移行细胞癌的危险。主要并发症有:

(1) 肾结石和慢性肾功能不全:本病约 60% 病人伴发尿路感染。晚期可能有慢性肾功能减退,表现为少尿型肾衰。正常健康人 24 h 尿量约 1500~2000ml;24h 尿量少于 400ml,或每小时少于 17 ml 称少尿;24h 尿量少于 100 ml 称无尿。

(2) 消化道主要并发症为胃及十二指肠球部溃疡、消化道出血、胃穿孔及幽门梗阻等。

(3) 心血管系统主要并发症是心脏扩大,心力衰竭及恶性高血压等。

另外,可使皮肤呈青铜色以及精神紧张(psychentonia)、抑郁(dump)、心理障碍(mental maladjustment)等。

(三) 马兜铃酸肾病 Aristolochic acid nephropathy(AAN)

自 1964 年首次由吴松寒报道了两例病人因服用大剂量木通(akebia)导致急性肾衰竭以来,我国陆续有学者报道了该病。1993 年比利时学者 Vanherweghem 等首先报道了服用含马兜铃属中药广防己的“苗条丸”导致的肾衰竭,并将此称为“中草药肾病”(chinese herbs nephropathy)。以后其他国家也有类似的报道。1999 年后,我国学者又陆续报道了马兜铃类植物所致的肾病病例,并提出马兜铃酸可能是引起所谓的“中草药肾病”的主要毒性物质,将其命名为马兜铃酸肾病。由于马兜铃酸肾病的临床表现较特殊,发展较快,危害较大,目前其发病机制不清,治疗无成熟方案,因此很有必要提高对此病的认识。

1. 病因和发病机制 Etiology and pathogenesis 马兜铃属植物广泛分布于热带和亚热带,我国有 40 余种。常用于中药的包括马兜铃、青木香、天仙藤、广防己、汉中防己、关木通和寻骨风等。这些植物均含有马兜铃酸。目前已知马兜铃酸引起的肾病有三种形式,但其发病机制不清,分别为①急性马兜铃酸肾病(短期大量服用关木通煎剂引起);②肾小管功能障碍型马兜铃酸肾病(间断小量服用后数月发病);③慢性马兜铃酸肾病(在持续或间断服用后)。后二者主要是由服用含关木通、广防己或青木香的中成药所致。

2. 病理变化 Pathological changes

(1) 急性马兜铃酸肾病:病理学特征是急性肾小管坏死。部分肾小管仅残留裸露基膜,肾间质水肿,偶有少量淋巴细胞、单核细胞浸润,肾小球无明显病变,小动脉内皮细胞肿胀。部分病人有肾小球系膜轻度增生病变。

(2) 肾小管功能障碍型:病理改变较轻,主要为肾小管变性及萎缩,部分崩解脱落。管腔扩张,肾间质无明显病变或轻度水肿。肾小球基本正常。

(3) 慢性马兜铃酸肾病:肉眼肾小球缩小,双肾可不对称,镜下显示有慢性肾间质纤维化,特点为多灶或大片状纤维化,有少量淋巴、单核细胞呈散在或灶性浸润,白细胞浸润不明显,故称为寡细胞性肾间质纤维化。

3. 临床病理联系 Clinicopathological relations 急性马兜铃酸肾病表现为急性肾衰竭,死亡率高。临床表现为少尿或非少尿性急性肾衰,恶心、呕吐、贫血、血小板减少、肝功能损害,视力、听力障碍、震颤等。

肾小管功能障碍型马兜铃酸肾病主要表现为肾小管酸中毒和(或)Fanconi 综合征,伴轻度蛋白尿及肾浓缩功能障碍,而血清肌酐及尿素氮基本正常。

慢性马兜铃酸肾病多数病例起病隐匿,服药后数年出现氮质血症或慢性肾衰竭,少数病例进展迅速,主要表现为肾性糖尿(renal glycosuria)、轻度蛋白尿,低比重及低渗透压尿,肾功能进行性损害(0.5~10

年),直到肾衰竭尿毒症。常伴贫血和高血压。

4. 预后 Prognosis 对本病尚无成熟治疗方案。应先停用马兜铃类药物。皮质激素对早、中期患者可能有缓解病情的作用,其余为对症治疗。马兜铃属药物累积量大时,病人肾盂、输尿管和膀胱癌的发病率增高,应予注意。

第三节 肾和膀胱的常见肿瘤 Common Tumors of kidney and Bladder

一、肾细胞癌 Renal Cell Carcinoma (RCC)

肾细胞癌又称肾癌,是最常见的成人肾脏恶性肿瘤,占肾恶性肿瘤的 80%~90%,占成人恶性肿瘤的 1%~3%,多发生于 40 岁以后,男:女为 2:1。因该肿瘤起源于肾小管上皮,故又称肾腺癌(adenocarcinoma of the kidney)。

(一) 病因和发病机制 Etiology and pathogenesis

流行病学研究显示在烟草、烟斗和雪茄的吸烟者中肾细胞癌是非吸烟者的两倍,因此吸烟被认为是肾细胞癌最重要的危险因子,但有家族倾向。资料显示其散发性(sporadic)病例占绝大多数,发病年龄大,多发生于一侧肾脏。而遗传性、家族性(familial)肾细胞癌为常染色体显性遗传(autosomal dominant inheritance),仅占 4%,发病年龄小,肿瘤多为双侧(bilateral)多灶性(multiple)。其他危险因素还有肥胖(特别是女性)、高血压、接触石棉、石油产品和重金属等。

在发病机制中:几乎所有的遗传性肾癌和绝大多数的散发性肾透明细胞癌源于 VHL(Von Hippel-Lindan)基因的异常。VHL 基因是一种抑癌基因,位于染色体 3 的短臂上(3p25~26),编码一种信号传导(signal transduction)或细胞黏附(cell adhesion)的蛋白质,参与调控细胞生长。该基因的缺失、易位、突变或高甲基化(methylate)均与肾透明细胞癌的发生有关。肾透明细胞癌散发和遗传性病例均有染色体 3p 的缺失。缺失区域含有 VHL 基因。80% 的肾透明细胞癌病人的未缺失的 VHL 等位基因发生突变或高甲基化性失活。在非乳头状肾癌的遗传性、家族性病例中常发现 VHL 基因的 3:8 或 3:11 基因易位。肾细胞癌有近 2/3 病例伴有 VHL 综合征,表现为中枢神经系统(central nervous system)和视网膜(retina)出现血管母细胞瘤(hemangioblastoma),可发生双侧多灶性的肾细胞癌。乳头状肾癌与 VHL 基因改变无关。散发性乳头状肾细胞癌的细胞遗传学改变主要是 7,16 和 17 号染色体三体性及男性患者的 y 染色体丢失,检测到 7 号染色体位点 MET 基因酪氨酸激酶(tyrosine kinase)结构域的突变。遗传性、家族性乳头状肾癌的改变主要是 7 号染色体三体性(trisomy);散发性乳头状肾癌存在 1 号染色体的乳头状肾细胞癌(papillary renal cell carcinoma, PRCC)基因与位于 x 染色体的转录因子 E3(transcription factor E3, TFE-3)基因融合。嫌色细胞癌常显示多个染色体缺失和亚二倍体(hypodiploid)。

(二) 病理变化 Pathological changes

1. 肉眼观 Gross appearances 肿瘤常为单个圆形,直径为 3~15cm,多见于肾上、下两极,但以上极更多见。乳头状癌可为多灶和双侧性。切面呈淡黄色或灰白色,可见结缔组织小梁,常伴变性、坏死、软化、出血和囊性变,因此表现为红、黄、灰、白等多种颜色相交错的多彩的特征(图 11-31)。肿瘤边缘通常境界清晰,可有假包膜形成(pseudocapsule),局限于肾包膜内。在肿瘤周围常出现小的卫星灶样(satellite lesions like)癌结节,这证明肿瘤具有侵袭性,其侵袭性的一个最显著特征是肿瘤可蔓延到肾盂(renal pelvis)、肾盏(renal calyx)和输尿管(输尿管),并常侵犯肾静脉形成瘤栓,肾静脉瘤栓可进一步延伸至下腔静脉(inferior caval vein),甚至右心。偶尔直接浸润到肾周脂肪中或肾上腺(adrenal gland)。

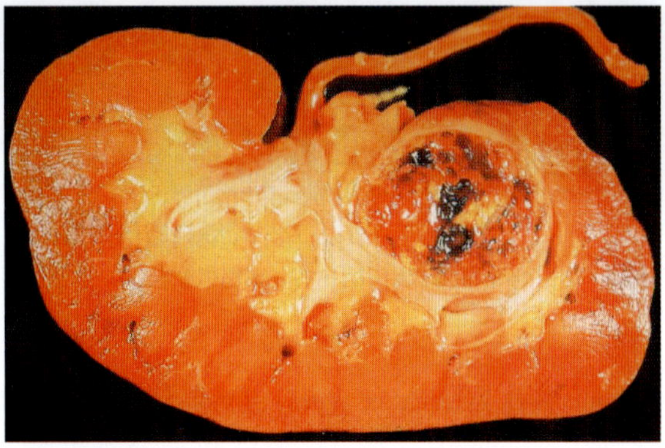

图 11-31 肾细胞癌 Renal cell carcinoma

境界清楚的肾细胞癌压迫肾盂。肿瘤呈淡黄色伴出血 Well-circumscribed renal cell carcinoma compressed the pelvis. Lesion is bright yellow in color and hemorrhagic

2. 镜下 Microscopic view 光镜下,肿瘤生长模式多种多样,有乳头状(papillary)、实性小梁状(solid trabecular)(条索样)、或管状(tubular)(似小管样)。可根据细胞的形态将肾细胞癌分为透明细胞型、颗粒细胞型、肉瘤样细胞癌。肉瘤样细胞癌较少见,主要由未分化的肿瘤细胞构成。近来,基于对家族性和散发性肾细胞癌的细胞遗传学、遗传学和组织病理学的综合研究,修订了新分类主要类型(图 11-32)。

(1)肾透明细胞癌 Renal clear cell carcinoma (RCCC):约占肾细胞癌的 70%~80%,是最常见的肿瘤细胞类型。肿瘤细胞体积较大,呈圆形或多角形,胞质丰富,透明或颗粒状,核小常被推到基底侧,胞质特殊染色后可见含有糖原(glycogen)和脂质(lipid)(图 11-32A)。间质具有丰富的毛细血管(capillary vessel)和血窦(blood sinus)。

(2)乳头状肾细胞癌 Papillary renal cell carcinoma (PRCC):多为多中心起源,占肾细胞癌的 10%~15%。肿瘤细胞呈立方状(cubic)或矮柱状(short columnar),乳头状排列。乳头中轴间质内常见砂粒体(psammoma body)和泡沫细胞,并可发生水肿(edema)。(图 11-32B)

(3)嫌色性肾细胞癌 Chromophobe renal cell carcinoma(CRCC):在肾细胞癌中约占 5%。肿瘤细胞大小不一,细胞膜较明显,胞质淡染或略嗜酸性,核周常有空晕(图 11-32C)。病人预后较好。细胞遗传学检查常显示多个染色体确实或亚二倍体细胞,

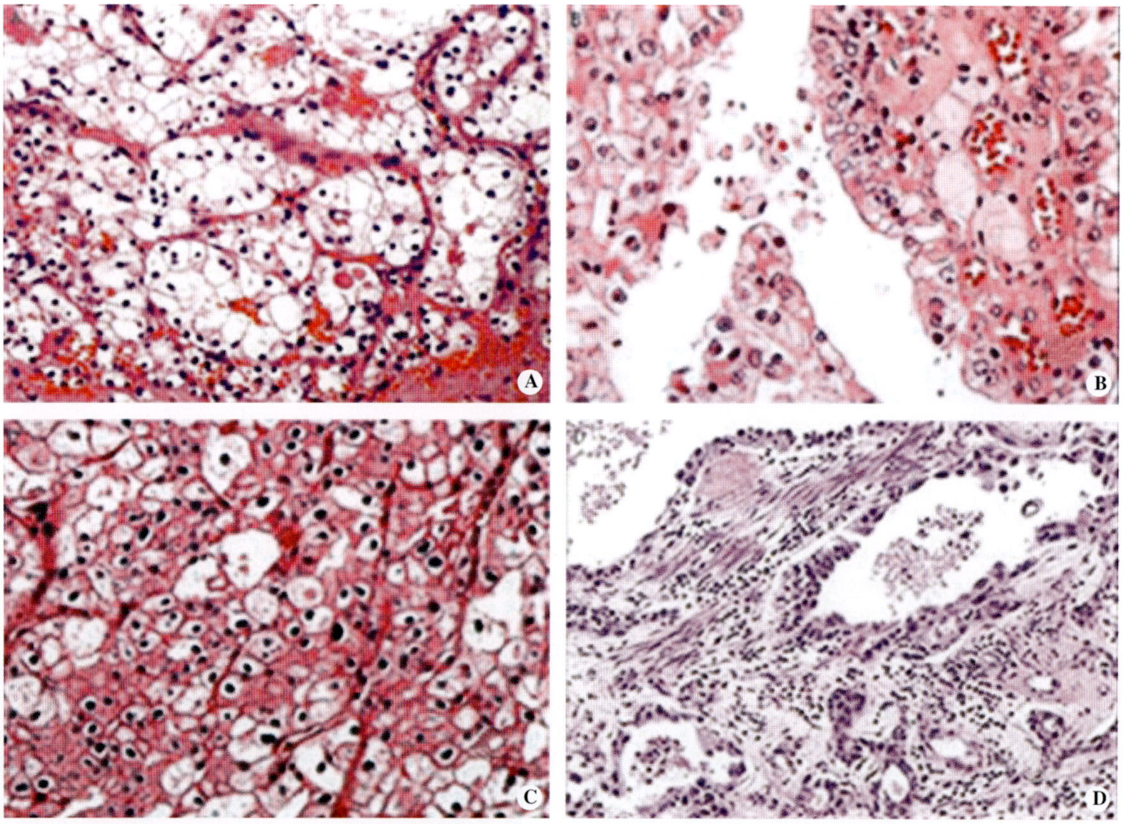

图 11-32 肾细胞癌的细胞学类型 Cytology type of renal cell carcinoma

A. 透明细胞癌;B. 乳头状癌;C. 嫌色细胞癌;D. 集合管癌 A. clear cell carcinoma; B. papillary carcinoma; C. chromophobe cell carcinoma; D. collecting duct carcinoma

(4)其他类型 Other types:包括集合管癌(collecting duct carcinoma)(图 11-32D)和未分类性肾癌(renal cell carcinoma, unclassified)。前者较少见,在肾癌中的比例不到 1%。后者为不能归入其他类型的肾癌,约占肾细胞癌的 3%~5%。

(三)临床病理联系 Clinicopathological relations

肾细胞癌早期症状不明显,主要为血尿,占肾细胞癌患者的 50% 以上。肉眼血尿呈间歇性(intermittence)或瞬间性(instantaneous),镜下血尿较稳定出现。有些患者由于肿瘤体积增大引起腰部疼痛和出现可触及的肿块。腰痛、肾区肿块和血尿是本病具有诊断意义的三个典型症状,简称"三联征(triad)",但三者同时出现的比例很小。常见的肾外表现有发热(fever)和红细胞增多症(polycythemia),后者占肾细胞癌患者的 5%~10%,这是由于肾肿瘤产生红细胞生成素(erythropoietin)增加所致。肾肿瘤也可能产生一些激素样物质引起高钙血症(hypercalcinemia)、高血压(hypertension)、Cushing's 综合征(Cushing's syndrome)、或女性化(feminize)、男性化(masculinization)的表现,但这些表现并不常见。

肾细胞癌具有广泛转移的特征,常在局部症状和体征出现前就已发生了转移,因此许多患者在肿瘤转

移产生症状时才被发现。肾细胞癌最常见的转移部位是肺(超过 50%)和骨(33%),接下来依次为局部淋巴结、肝、肾上腺和脑。在 10% ~ 15% 的病例中原发肿瘤可越过中线转移至对侧肾脏。通过放射检查可发现 25% 的转移病灶。肾超声检查(ultrasonic examination)、肾体层摄影(tomography)、CT 扫描[computerized tomography(CT) scan]和静脉内肾盂造影术(pyelography)有助于鉴别诊断单纯囊肿和肿瘤。尿液脱落细胞学(exfoliocytology)检查可有助于识别肿瘤细胞。

(四) 预后 Prognosis

肾癌病人预后较差,5 年生存率约为 45%,若无远处转移可达 70% 以上。随着肿瘤侵入肾静脉和肾周脂肪组织,5 年生存率降至约 15% ~20%。

二、肾母细胞瘤 Nephroblastoma

肾母细胞瘤又称肾胚胎瘤(renal embryoma),是起源于后肾胚基(metanephric blastema)组织的恶性肿瘤,因最早由 Max Wilms 医师于 1899 年首先描述,故又称 Wilms 瘤(Wilms tumor),在 10 岁以内儿童癌症好发器官中居第三位,是儿童期肾脏最主要的恶性肿瘤之一,也是应用现代综合治疗最早和效果最好的恶性实体瘤。肿瘤多发生于儿童,其中有 90% 发生于 7 岁前,平均年龄是 15 个月,罕见于成人及新生儿。男女性别及肾左右侧的发病率无明显差别。

(一) 病因和发病机制 Etiology and pathogenesis

从胚胎学上来说,肾母细胞瘤是由于持续存在的后肾胚基未能分化为肾小球及肾小管并呈不正常的增殖发展形成。肿瘤多数呈散发性,也有家族性病例的报道(占 1% ~2. 4%),以常染色体显性方式遗传,伴不完全外显性(incomplete penetrance)。有人认为家族性遗传形式显现的,则肿瘤发生更早,更易为双侧性及多中心形式。发病机制中肾母细胞瘤与 WT1 基因(Wilms´tumor associated gene-1)的缺失和突变有关。WT1 基因位于染色体 11 的短臂上(11p13)编码转录因子,表达于胎儿期肾脏和性腺。根据细胞所处的环境,该基因分别起转录激活和抑制的作用。WT1 功能缺失的转基因小鼠肾脏和性腺发育均有障碍。约有 15% 的散发性 Wilms 瘤病人中可检测到 WT1 的突变。Wilms 瘤也可由其他遗传学异常引起。Beckwith-Wiedemann 综合征病人发生 11p15 的缺失,许多散发性肾母细胞瘤也发生 11p15 的杂合性缺失,而 11p13 位点未被累及。现推测 11p15 是具有另一个与肾母细胞瘤有关的 WT2 基因,但有待进一步研究证实。

WT1 gene and WT2 gene

WT1 genelocated in 11p13 encodes a transcription factor, expressed in fetal kidney and gonads. According to the environment in which cells, the gene plays the role of transcriptional activation and inhibition, respectively. The kidney and gonadal development are obstacles in transgenic mice with WT1 loss of function. WT1 mutations could be detected in approximately 15% of sporadic Wilms tumor patients. Wilms tumor can also be caused by other genetic abnormalities. Beckwith-Wiedemann syndrome patients usually occurs 11p15 deletion, in many sporadic Wilms tumor, there are also 11p15 loss of heterozygosity, but 11p13 sites are not involved. It is speculated that 11p15 has another Wilms tumor-related WT2 gene.

此外,部分病人伴有不同的先天畸形。已发现的畸形有虹膜缺如(1. 1%)、泌尿生殖系畸形[(4. 4%),如尿道下裂(hypospadia)、假两性畸形(pseudohermaphroditismus)、隐睾症(cryptorchidism)]、单侧肢体肥大(unilateral limb hypertrophy)(2. 9%)等。这些畸形常以三种先天畸形综合征形式出现:分别为①WAGR 综合征,表现为 Wilms 瘤(Wilms tumor)、虹膜缺如(aniridia)、生殖泌尿道畸形(genital anomalies)和智力迟钝(mental retardation)。病人有染色体 11p13 的缺失,因而缺乏抑癌基因 WT1;② Denys-Drash 综合征,特点为性腺发育不全(如男性假两性畸形)和幼年发生的肾脏病变[如弥漫性肾小球系膜硬化(diffuse mesangial sclerosis)]并导致肾衰竭。遗传学异常主要是 WT1 基因的突变;③Beckwith-Wiedemann 综合征,特征为器官肥大、巨舌(megaloglossia)、偏身肥大(hemihypertrophy)、脐突出(exomphalos)和肾上腺皮质细胞肥大。常可检测到染色体 11p15. 5 的缺失。故对这些小儿应随访监测,如每 3 个月做一次超声检查,直至 5~6 岁。

(二) 病理变化 Pathological changes

肉眼观 Gross appearances 肾母细胞瘤多表现为单个实性肿物,体积较大(图 11-33),可仅限于肾区,大者可上起膈下,下达盆腔,跨越中线并使主动脉(aorta)和下腔静脉(inferior caval vein)移位。边界清楚,可有假包膜。少数病例为双侧性和多灶性。肿瘤质软,切面鱼肉状,灰白或灰红色,伴灶状出血或坏死时则呈桔黄色或棕色,间有囊腔形成。约 5% 病例合并钙化,多位于既往肿瘤坏死区,呈线状位于瘤体周缘,与神经母细胞瘤之分散钙化点不同。罕见肾外肾母细胞瘤，可位于腹膜后(retroperitoneal)或腹股沟区(inguinal region)，其他部位包括后纵隔(postmediastinum)、盆腔(pelvic cavity)和骶尾区(sacrococcygeal region)。

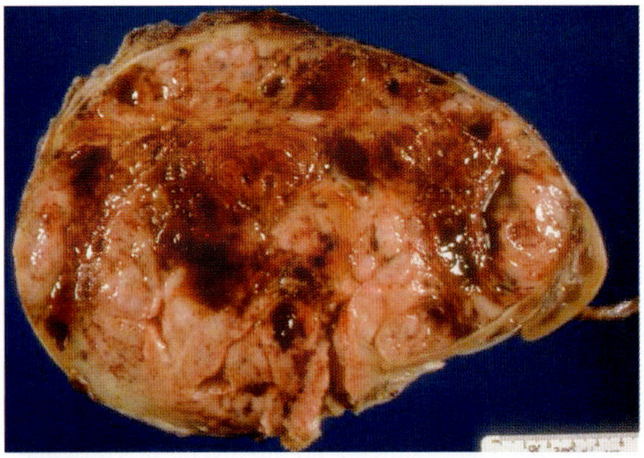

图 11-33　Wilms 瘤的大体表现 Wilms tumor Grossly
肾脏几乎完全被黄褐色肉质肿瘤取代，肿瘤伴区域性出血和坏死，有假包膜。右边有一小块残留的肾组织，上见输尿管 Kidney almost entirely replaced by fleshy tan tumor with areas of hemorrhage and necrosis. The tumor is circumscribed by a pseudocapsule. A small rim of residual kidney with attached ureter can be seen at the right

镜下 Microscopic view　肿瘤实质含三种细胞成分，分别为间叶细胞(mesenchymal cell)、上皮样细胞(epithelioid cell)和幼稚的肾胚基组织细胞(blastema of immature glomeruli)(图 11-34)。上皮样细胞体积小，圆形、多边形或立方形，可形成小管或小球样结构，并可出现鳞状上皮分化；间叶细胞多为纤维性(fibrous)或黏液性(mucous)，细胞较小，梭形或星状，可出现横纹肌(striated muscle)、软骨(cartilage)、骨(bone)或脂肪(fat)等分化；胚基幼稚细胞为小圆形或卵圆形原始细胞，胞质少。肿瘤间质可含任何结缔组织包括肌肉、软骨等成分，偶见骨组织。

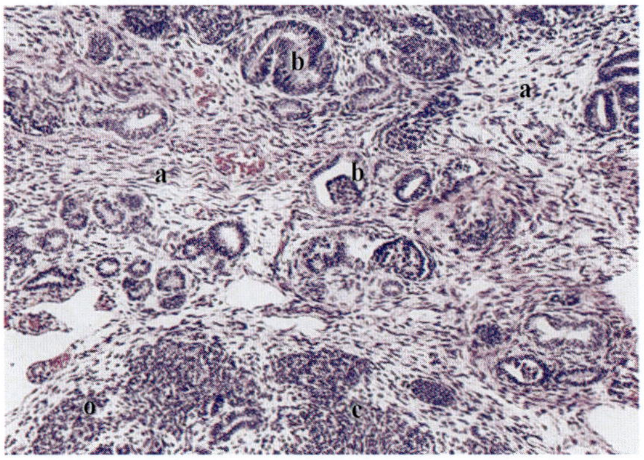

图 11-34　肾母细胞瘤 Nephroblastoma
肿瘤实质含三种细胞成分，分别为间叶组织的细胞(a)、上皮样细胞(b)和幼稚的肾胚基组织细胞(c) Low-power microscopic view shows a combination of stroma(a), epithelioid cell(b), and blastema of immature glomeruli(c)

病理类型：肾母细胞瘤分预后好的组织类型(favorable histologic type)和预后差的组织类型(unfavorable histologic type)两类，预后好的为经典型(classic)肾母细胞瘤，易于辨认。预后差的为未分化型(undifferentiated)，局灶或弥散性，瘤细胞较经典型者大三倍，核深染，较多病理性核分裂象(pathological mitotic figure)。

(三) 临床病理联系 Clinicopathological relations

腹部肿块是最常见的症状，约 75% 患者均以腹部肿块或腹胀就诊。肿块位于上腹季肋部一侧，表面平滑，中等硬度，无压痛，早期可稍具活动性，迅速增大后，少数病例可超越中线。此时虽无远距离转移，但小儿受巨大肿瘤压迫，可有气促(polypnea)、食欲不振(inappetency)、消瘦(weight loss)、烦躁不安(dysphoria)现象。肉眼血尿少见，但镜下血尿可高达 25%。25%～63% 的患者有高血压，肿瘤切除后，血压可恢复正常。此外，偶见腹痛及低热，但多不严重。食欲不振、体重下降、恶心及呕吐是疾病晚期的信号。肿瘤也可产生红细胞生长素导致红细胞增多症。极少数肾母细胞瘤自发破溃，临床上与急腹症表现相似。

(四) 预后 Prognosis

采用手术配合化疗及放疗的综合疗法能取得良好的效果。完整执行治疗方案的病例，2 年无复发可认为治愈；治疗方案执行不完整的要等待 5 年再作定论。肿瘤局限在肾内者，2 年无瘤存活率为 88%，2 年存活率为 93%。局部晚期病变及远处转移者，2 年无瘤存活率为 77%。从组织类型分析，预后好的 2 年存活率为 90%，预后差的仅 54%。

三、膀胱尿路上皮肿瘤 Urothelial Tumor of Bladder

膀胱肿瘤约有 95% 来源于上皮组织，其中最常见的来源于尿路上皮(urothelium，即移行上皮)，称为尿路上皮肿瘤(urothelial tumor)或移行上皮肿瘤(transitional cell tumor)，其他也可发生鳞状细胞癌、腺癌和间叶起源的肿瘤，但均较少见。

膀胱尿路(移行)上皮癌[urothelial (transitional cell) carcinoma]是世界上第七位最常见的恶性肿瘤，估计每年全世界新增病例为男性 26 万，女性 7.6 万，膀胱癌占全世界所有癌肿的 3.2%，男性多于女性(男：女约 3：1)，在两性中膀胱尿路上皮癌的最高发病率在西欧、北美和澳洲。总的来说，发达国家的发病率高于发展中国家，城市居民发病率高于农村人口，发病多数在 50 岁以后。

膀胱尿路上皮癌约占整个膀胱癌的男性 84%、女性 79%，所以以下介绍的主要为膀胱尿路上皮癌。

（一）病因和发病机制 Etiology and pathogenesis

1. 与膀胱尿路上皮癌发生相关的危险因素 Risk factors related to bladder urothelial cancer

（1）吸烟 Tobacco smoking：吸烟是膀胱尿路上皮癌最确定的危险因素。据估计，由于吸烟所致的膀胱尿路上皮癌的危险性，在男性为 66%，在女性为 30%。吸烟者发生膀胱尿路上皮癌的危险性是非吸烟者的 2~6 倍。随着吸烟时间的延长，发生膀胱尿路上皮癌的危险性增加。

（2）职业暴露因素 Occupational exposure：膀胱尿路上皮癌与许多职业或职业暴露因素相关。这种相关性最初被 Rehu 在 1895 年发现，Rehu 认为在从事苯胺（aniline）印染工业的男性中，膀胱尿路上皮癌的发生率高。随后的对染料工人的研究鉴定芳香族的对二氨基联苯胺（aminobenzidine）、2-奈胺（2-aniline）和 1-奈胺（1- aniline）都可能是膀胱尿路上皮癌的危险因素。据估计，职业接触致癌物导致的肿瘤达到所有膀胱肿瘤的 25% 以上。

（3）药物 Medicinal drugs：一些流行病学研究表明长期滥用包括非那西丁（Phenacetin）在内的解热镇痛药很大程度上增加了膀胱尿路上皮癌发生的危险性。其他抗肿瘤药萘氮芥（chlornaphazine）和膀胱尿路上皮癌的发生相关。

（4）慢性感染 Chronic infectious：由血吸虫（schistosome）导致的慢性膀胱炎（chronic cystitis）是膀胱尿路上皮癌的一个确定病因。一些学者提示膀胱尿路上皮癌与泌尿道感染（urinary tract infection）、泌尿道结石（urinary stone）有相关性。基本机制是可能导致膀胱壁的慢性刺激，这种慢性刺激可能增加膀胱尿路上皮癌发生的危险性。

（5）其他因素 Other factors：一些研究表明饮用含有氯化物（chloride）和被砷（arsenic）污染的水可能增加膀胱尿路上皮癌发生的危险性。在从未吸烟的仅由饮用咖啡（coffee）所致的膀胱尿路上皮癌的危险性增加，而长期吸烟且饮用咖啡所致的膀胱尿路上皮癌的危险性没有发现增加。人工甜味佐料（artificial sweeteners）也可能增加膀胱尿路上皮癌发生的危险性。

2. 膀胱尿路上皮癌发病机制 Pathogenesis of bladder urothelial carcinoma

膀胱尿路上皮癌发生的分子模式包括两条途径。第一条途径是通过 9 号染色体为单体（monomer）或发生 9p 和 9q 的缺失（deletion）累及 p16 等抑癌基因的缺失，引起浅表的乳头状肿瘤。一些病例在此基础上发生 p53 缺失或突变（mutation），肿瘤发生浸润（infiltration）；另一条途径是通过 17p（含 p53 基因）的缺失或 p53 的突变导致原位癌（carcinoma in situ），再发生 9 号染色体的缺失，发展为浸润癌（infiltrating carcinoma）。许多侵袭性尿路上皮癌中 p53 基因的改变与癌进展有关。其他改变包括 13q 缺失累及 Rb 基因，见于浸润性肿瘤。以及 11p 和 14q 的缺失等。

（二）病理变化 Pathological changes

肉眼观 Gross appearances　膀胱尿路上皮癌好发于膀胱侧壁（bladder lateral wall）和膀胱三角区（trigonum vesicae）近输尿管（ureter）开口处。肿瘤可单个或可多灶性，大小不等。肿瘤外观可呈乳头状到扁平状（图 11-35），生物学表现亦可从不伴浸润到浸润，从高分化到高度间变，侵袭性程度各不相等。最具有临床意义的是肿瘤浸润的深度。

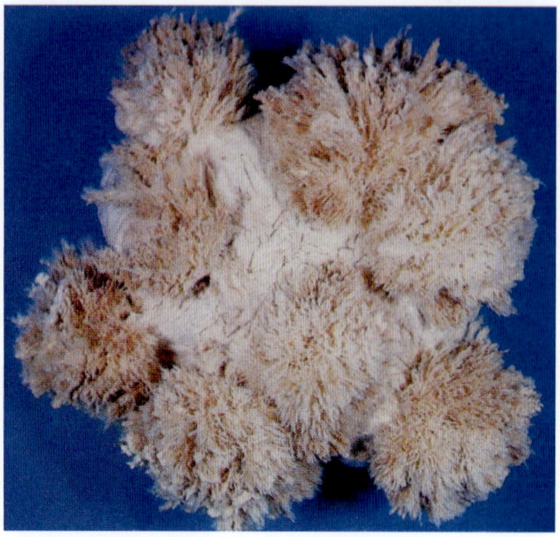

图 11-35　乳头状尿路上皮（移行细胞）癌 Papillary urothelial (transitional cell) carcinoma
多个息肉样肿块表面被覆无数纤细的乳头 Multiple polypoid masses covered by numerous delicated papillae

镜下 Microscopic view

（1）病理分级 Pathologic grade：膀胱尿路上皮癌可根据瘤细胞有无间变、细胞大小、核异型、排列方式，膀胱尿路上皮癌被分为 Ⅰ ~ Ⅲ级，分别为：

Ⅰ级：肿瘤细胞有一定异型性，但分化较好，近似于正常的移行细胞，核分裂象少见，细胞层次增多至七层以上，但极性无明显紊乱（图 11-36A）。Ⅰ级癌总是以乳头状方式生长，很少浸润，但可以术后复发。

Ⅱ级：肿瘤细胞仍可识别出起源于移行细胞。细胞层次增多（通常超过十层），且核分裂象较多，极性消失。细胞大小、形态改变明显，核染色深（图 11-

36B)。一些肿瘤显示鳞状分化。

Ⅲ级:肿瘤细胞勉强可识别出移行细胞的起源。所有在Ⅱ级中发生的细胞改变更为严重(图11-36C),细胞排列紊乱并伴有细胞表层的松散和碎裂。肿瘤可以覆盖膀胱黏膜表面的大部分区域,深部浸润,有蓬松的表面坏死。有时可出现巨细胞(giant cell)。可见近似鳞状细胞和腺细胞癌的方向分化,但仅只有5%的膀胱癌是真正鳞状细胞癌。半数病人有严重的间变,大多数发生于膀胱侧壁、后壁,许多膀胱癌为多中心性。Ⅰ级属于非浸润性乳头状尿路上皮癌,Ⅱ级和Ⅲ级浸润周围组织,扩散到局部淋巴结,偶尔广泛转移。

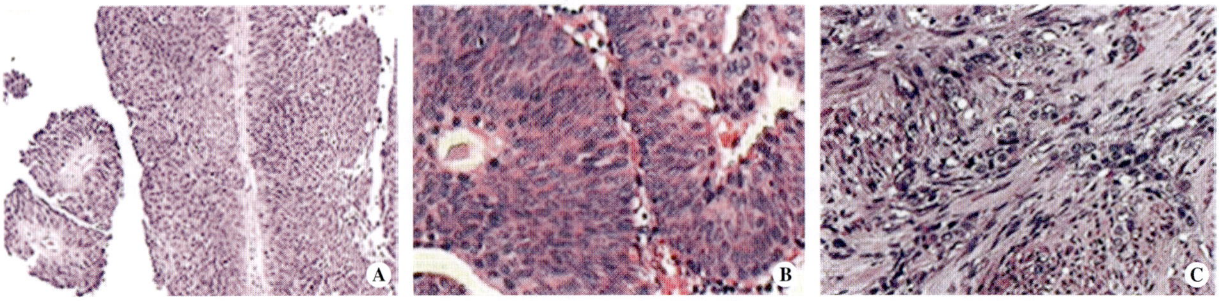

图11-36 膀胱乳头状移行细胞癌 Papillary transitional cell carcinoma of blader

A. Ⅰ级,肿块由分支状排列的移行细胞团块组成,其中有许多血管的纤细的基质供应养分;B. Ⅱ级,癌细胞排列似移行上皮,但细胞大小形状不一,排列极性紊乱;C. Ⅲ级,细胞高度异型,并侵入肌层 A. Grade Ⅰ, microscopically, the mass consists of branching masses of transitional cells supported by delicate stroma containing many blood vessels; B. Grade Ⅱ, cancer cells arranged in similar to transitional cell, but shows greater variability in cell size, shape, and greater loss of polarity; C. Grade Ⅲ, shows the greatesr atypia, and muscle invasion

(2) 浸润性尿路上皮癌的变异型 Invasive urothelial carcinoma

1) 伴有鳞状上皮分化的浸润性尿路上皮癌(invasive urothelial cell carcinoma associated with the squamous epithelium differentiation)

2) 伴有腺上皮分化的浸润性尿路上皮癌(invasive urothelial cell carcinoma associated with the glandular epithelium differentiation)

3) 巢状癌(nested cancer)

4) 微囊癌(microcapsule cancer)

5) 微乳头状癌(micropapillary carcinoma)

6) 淋巴上皮瘤样癌(lymphoepithelioma like carcinoma)

7) 淋巴瘤样和浆细胞样癌(lymphoma-like cancer and plasma cell like carcinoma)

8) 肉瘤样癌(有/没有异源性因素) carcinoma sarcomatodes (with/without heterologous factors)

9) 伴有滋养层细胞分化的移行上皮癌(transitional cell carcinoma associated with trophoblast cell differentiation)

10) 透明细胞癌(clear-cell carcinoma, CCE)

11) 脂质细胞癌(lipid cell carcinoma)

12) 未分化癌(undifferentiated carcinoma)此型非常少见,如小细胞癌、大细胞癌和淋巴上皮瘤样癌,这些肿瘤中的一些类型现被认为是膀胱癌的特殊类型。

(3) 世界卫生组织(World Health Organization, WHO)和国际泌尿病理学会(International Society of Urological Pathology, ISUP)对尿路(移形)上皮肿瘤的分类为:①尿路上皮乳头状瘤(Urothelial papilloma)占膀胱肿瘤的1%或更少。多见于青年。肿瘤呈乳头状,细胞分化好。(图11-37A);②低恶性潜能的乳头状尿路上皮肿瘤(Papillary urothelial neoplasm of low malignant potential)其组织学特征与乳头状瘤相似,区别是上皮增厚,乳头粗大或细胞核普遍增大。(图11-37B);③低级别乳头状尿路上皮癌(Low-grade papillary urothelial carcinoma)瘤细胞和组织结构较规则。细胞排列紧密,维持正常极性,但有明显的小灶状核异型性改变,表现为核浓染、少量核分裂象(多见于基底部)和轻度核多形性。(图11-37C)低级别乳头状尿路上皮癌术后可复发,少数可发生浸润。④高级别乳头状尿路上皮癌(High-grade papillary urothelial carcinoma)瘤细胞核浓染,部分细胞异型性明显,核分裂象较多,可有病理性核分裂象。细胞排列紊乱,极性消失(图11-37D)。高级别乳头状尿路上皮癌多为浸润性,并容易发生转移。

据分析,不到10%的低级别膀胱乳头状癌为浸润性,但高级别乳头状癌发生浸润的比例可高达80%。侵袭性强的肿瘤可累及邻近的前列腺(prostate)、精囊(spermatophore)和输尿管(ureter)等。有的可形成与阴道(vagina)或直肠(rectum)相通的瘘管(fistula)。约40%的浸润性肿瘤可发生局部淋巴结的转移。高度间变的肿瘤晚期可发生血行转移,常累及肝、肺和骨髓。

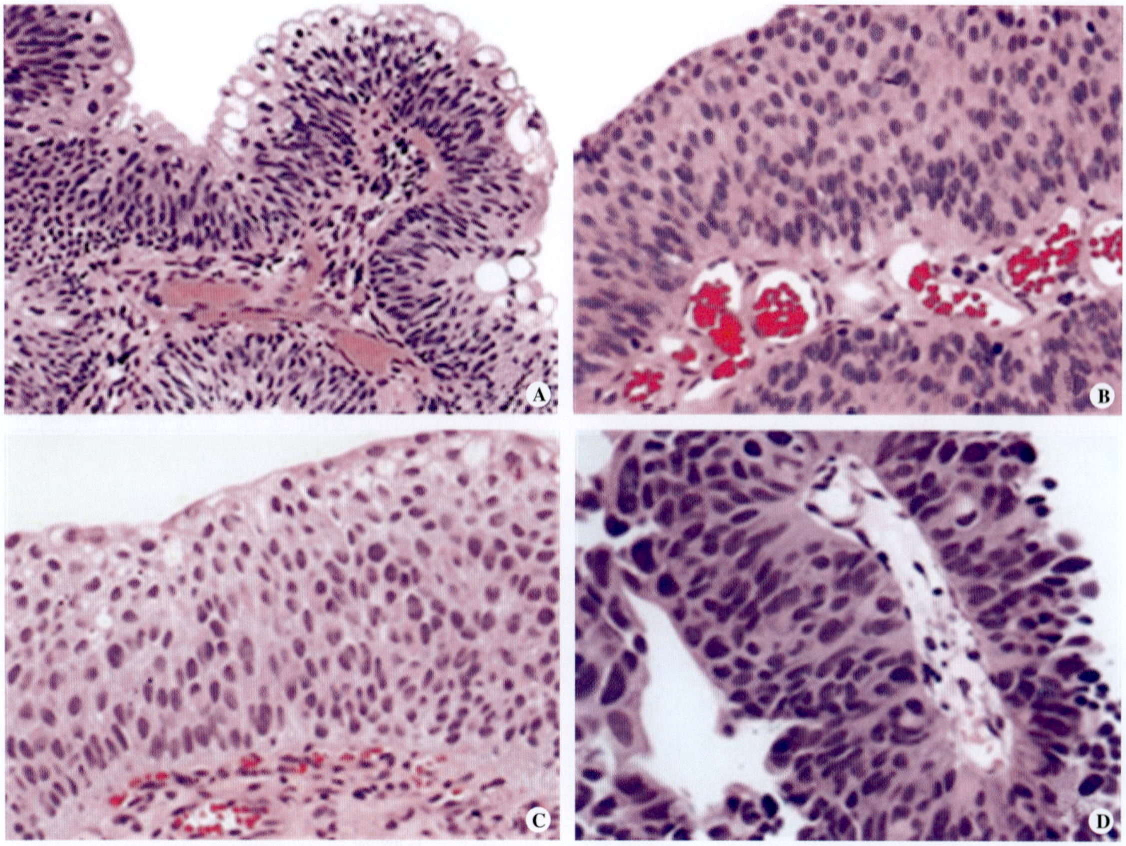

图 11-37 世界卫生组织和国际泌尿病理学会关于尿路上皮肿瘤的分类 Classification of urothelial tumor named by World Health Organization (WHO) and International Society of Urological Pathology(ISUP)

A. 尿路上皮乳头状瘤；B. 低恶性潜能尿路上皮乳头状瘤；C. 低级别尿路上皮乳头状癌；D. 高级别尿路上皮乳头状癌 A. urothelial papilloma; B. papillary urothelial neoplasm of low malignant potential; C. low-grade papillary urothelial carcinoma; D. high-grade papillary urothelial carcinoma

（三）临床病理联系 Clinicopathological relations

无痛性血尿(painless hematuria)是膀胱肿瘤最显著的临床特点，肿瘤乳头的断裂、肿瘤表面坏死和溃疡均可引起血尿。部分病例因肿瘤侵犯膀胱壁，刺激膀胱黏膜或并发感染，出现尿频、尿急和尿痛等膀胱刺激症状(irritation sign of bladder)。肿瘤阻塞输尿管开口时可引起肾盂积水(hydronephrosis)、肾盂肾炎(pyelonephritis)、甚至肾盂积脓(pyonephrosis)。

TNM classification of carcinomas of the urinary bladder

Stage 0 (Ta, Tis N0M0)

Stage Ⅰ (T1N0M0)

Stage Ⅱ (T2N0M0)

Stage Ⅲ (T3T4aN0M0)

Stage Ⅳ (T4bN0M0; or any T, N1, 2, 3, M0; or any T, any N, M1)

(Ta: Non-invasive papillarycarcinoma; Tis: carcinoma in situ "flat tumor"; T1: Tumor invades subepithelial connective tissue; T2: Tumor invades muscles; T3: Tumor invades perivesical tissue; T4a: Tumor invades prostate, uterus or vagina; T4b: Tumor invades pelvic wall or abdominal wall; N0: No lymphnodes metastasis; N1~3: Metastasis in regional lymphnodes; M0: No distant metastasis; M1: distant metastasis)

（四）预后 Prognosis

膀胱尿路上皮起源的肿瘤手术后容易复发，部分复发肿瘤的分化可能变差。

本病总的 5 年生存率为 57%。但尿路上皮肿瘤病人的预后与肿瘤的分级和浸润与否有较密切的关系。乳头状瘤、低恶性潜能乳头状瘤和低级别乳头状癌病人的 10 年生存率可达 90% 以上。少数病人(小于 10%)进展为高级别肿瘤。而高级别乳头状癌病人的 10 年生存率仅为 40% 左右。

病例讨论 1

病史摘要：

患者，女，15 岁，入院前 7 天前出现颜面浮肿，继之出现少尿和浓茶样尿，症状渐加重，于 3 天前出现呕吐入院。

体检：发育正常，神差，面色苍白，体温 36.9 度，心率 170 次/分，血压 150/97mmHg，眼睑及双下肢水肿。其余（-）。

尿常规：尿呈洗肉水样，尿蛋白（++），红细胞（++），红细胞管型 1～2 个/HP；血非蛋白氮 17.8mmol/L，肌酐 386μmol/L。

B 超示：双肾增大。

入院后经积极治疗，病情逐渐加重，于入院后 2 周死亡。

尸检摘要：

肉眼：双侧肾脏体积增大，颜色苍白，表面见少量出血点，切面皮质增厚。

镜下：见多数肾小球球囊内有新月体或环状体形成，部分为细胞性，部分为纤维性，肾小管上皮细胞不同程度萎缩；肾间质中见慢性炎症细胞浸润。（图 11-38）

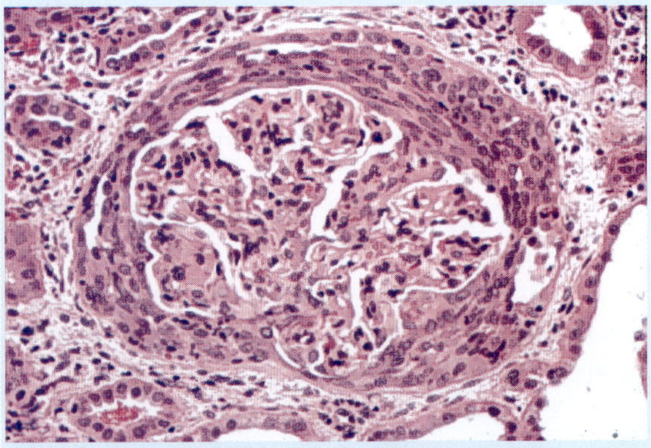

图 11-38 肾切片镜下图

思考题

1. 本例所患何种肾炎？应与哪些肾炎鉴别？

2. 分析本例死亡原因。

3. 结合病理改变解释临床表现。

病例讨论 2

病史摘要：

患者，男，23 岁，3 周前咽部不适，轻咳，近 1 周感下肢肿胀，眼睑浮肿，晨起时明显，同时尿量减少，200～500ml/d，尿色较红。于外院查尿蛋白（++），RBC、WBC 不详，血压增高。发病以来精神食欲可，轻度腰酸、乏力，无尿频、尿急、尿痛、关节痛、皮疹、脱发及口腔溃疡。

体检：体温不高，Bp160/96mmHg，无皮疹，浅表淋巴结未触及，眼睑水肿，巩膜无黄染，咽红，扁桃体不大，心肺无异常，腹软，肝脾不大，移动性浊音（-），双肾区无叩痛，双下肢凹性水肿。

化验：血 Hb140g/L，WBC：7.7×10^9/L，PLT：210×10^9/L，尿蛋白（++），定量 3g/24 小时，尿 WBC 0～1/高倍，RBC：20～30/高倍，偶见颗粒管型，肝功能正常，Alb35.5g/L，BUN：8.5mmol/L，Scr：140μmol/L。血 IgG、IgM、IgA 正常，C3：0.5g/L，ASO：800IU/L，乙肝两对半（-）。

思考题

1. 本例所患何病？有何诊断依据？请解释其临床病例联系。

2. 应与哪些疾病进行鉴别？

3. 本病结局怎样？转归如何？

（王桂兰 陈 莉）

第12章 生殖系统和乳腺疾病

Diseases of the Genital System and Breast

Outline

Diseases of the female genital tract and breast are extremely common in clinical and pathology practice and include complications of pregnancy, inflammation, tumors and hormonally induced effects.

The cervix must serve as a barrier to the ingress of air and the microflora of the normal vaginal tract, yet it must permit the escape of menstrual flow and be capable of dilating to accommodate childbirth. No small wonder it is often the seat of disease. The uterine corpus with its lining endometrium is also the principal seat of female reproductive tract disease.

Traditionally, the gestational trophoblastic tumors have been divided into three overlapping morphologic categories: hydatidiform mole, invasive mole, and choriocarcinoma. They range in level of aggressiveness from the hydatidiform moles, most of which are benign, to the highly malignant choriocarcinomas. All elaborate human chorionic gonadotropin (hCG), which can be detected in the circulating blood and urine at titers considerably higher than those found during normal pregnancy; the titers progressively rising from hydatidiform mole to invasive mole to choriocarcinoma.

Tumors of the ovary are amazingly diverse pathologic entities. This diversity is attributable to the three cell types that make up the normal ovary: the multipotential surface (coelomic) covering epithelium, the totipotential germ cells, and the multipotential sex cord/stromal cells. Each of these cell types gives rise to a variety of tumors.

The most important categories of prostatic disease are inflammatory lesions (prostatitis), nodular hyperplasia, and carcinoma.

Lesions of thefemale breast are much more common than lesions of the male breast, which is remarkably seldom affected. These lesions usually take the form of palpable, sometimes painful, nodules or masses. The conditions to be described should be considered in terms of their possible confusion clinically with malignancy. This problem is most acute with fibrocystic change, because it is the most common cause of breast "lumps" and because of the continuing controversy about the association of particular variants with breast carcinoma. However, a significant proportion of women have sufficient irregularity of the "normal" breast tissue to cause them to seek clinical attention.

In this chapter, we review the clinical manifestation, pathogenesis, and pathology of the disorders of cervix gestational trophoblastic diseases, disorders of prostate and breast carcinoma.

女性生殖系统包括女阴、阴道、子宫、输卵管、卵巢以及女性激素靶器官乳腺。而男性生殖系统由睾丸、输精管道(附睾、输精管、射精管)、附属腺(前列腺精囊腺、尿道球腺)和外生殖器(阴茎、阴囊)组成。发生在生殖系统的疾病种类繁多,包括妊娠并发症(complications of pregnancy)、炎症(inflammation)、肿瘤(tumors)、激素引起的疾病(hormonally induced effects)。生殖系统的炎症虽比较常见,但病理变化相对单一,因此生殖系统和乳腺肿瘤是本章学习的重点。

第一节 子宫颈疾病
Disorder of Cervix

一、慢性子宫颈炎
Chronic Cervicitis

子宫颈可发生急性或慢性炎症,以慢性炎症居多。慢性子宫颈炎是育龄期女性最常见的妇科疾病。

(一)病因 Etiological factor

常由链球菌、肠球菌和葡萄球菌引起,也可由沙眼衣原体(chlamydia trachomatis)、淋球菌(neisseria gonorrhoeae)、人类乳头状瘤病毒(human papillary virus,HPV)和单纯疱疹病毒(herpes simplex virus)引起。此外,机械损伤、分娩也是慢性子宫颈炎的诱发因素。雌激素水平过高或过低,阴道酸性环境改变,宫颈黏液分泌过多等因素,也有利于慢性宫颈炎长期存在。另外,宫颈内膜的皱襞多,腺体分支多,位置深,也使宫颈感染不易彻底治愈。

(二)病理变化 Pathological change

镜下,子宫颈黏膜充血水肿,间质内有淋巴细胞、浆细胞和单核细胞等慢性炎细胞浸润(图12-1)。子宫颈腺上皮可有增生及鳞状上皮化生。如果增生的鳞状上皮覆盖和阻塞子宫颈管腺体的开口,使黏液潴留,腺体逐渐扩大呈囊,形成子宫颈囊肿,称为纳博特囊肿(Nabothian cyst);如果子宫颈黏膜上皮、腺体和间质结缔组织局限性增生,可形成子宫颈息肉(cervical polyp);覆盖在子宫颈阴道部鳞状上皮坏死脱落,形成浅表的缺损称为子宫颈真性糜烂,较少见。临床上常见的子宫颈糜烂(cervical erosion)实际上是子宫颈损伤的鳞状上皮被子宫颈管黏膜柱状上皮增生下移取代,由于柱状上皮较薄,上皮下血管较易显露而呈红色,病变黏膜呈边界清楚的红色糜烂样区,实际上不是真性糜烂。随后,柱状上皮又可被鳞状上皮取代,称为糜烂愈复。

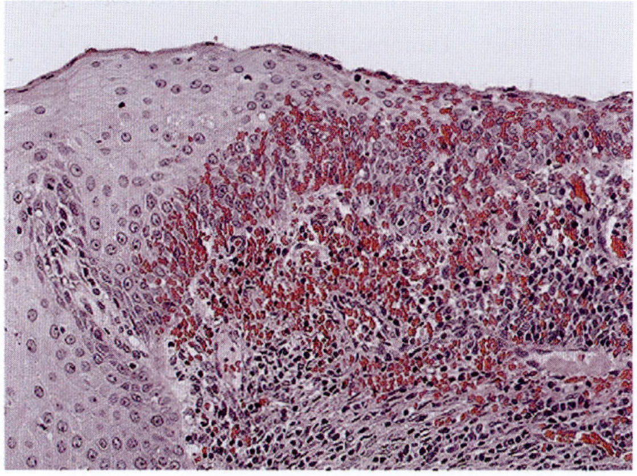

图12-1 慢性子宫颈炎 Chronic cervicitis
宫颈柱状上皮、鳞状上皮交界处的慢性子宫颈炎,黏膜下层可见小而圆且染色深的淋巴细胞以及出血 Chronic cervicitis occur at the squamo-columnar junction of the cervix. Small round dark lymphocytes are seen in the submucosa, and there is also hemorrhage

(三) 临床表现 Clinical manifestation

主要为白带增多,继发感染时为脓性,伴下腹不适、腰痛、外阴瘙痒等。

二、子宫颈上皮内瘤变和子宫颈癌 Cervical Intraepithelial Neoplasia (CIN) and Carcinoma of Cervix

子宫颈癌是 40～60 岁妇女常见的恶性肿瘤。在中国其发病率曾在所有女性恶性肿瘤中居首位。然而最近十年患病率已经大幅下降。从宫颈非典型性增生、原位癌到浸润性癌大约要 30 年。由于子宫颈脱落细胞学检查的推广和普及,使许多癌前病变和早期癌得到早期防治,浸润癌发病率较过去明显减少,五年生存率和治愈率显著提高。虽然子宫颈癌防治取得了瞩目的进展,但目前仍是女性肿瘤死亡的主要原因之一。

子宫颈癌的病因和发病机制尚未完全明了,一般认为与早婚、多产、宫颈裂伤、局部卫生不良、包皮垢刺激等多种因素有关,流行病学调查说明性生活过早和性生活紊乱是子宫颈癌发病的最主要原因,经性传播 HPV 感染可能是子宫颈癌致病的主要因素之一。尤其是 HPV-16、18、31、33 等与子宫颈癌发生密切相关,为高风险型(high-risk)。而与尖锐湿疣(condyloma acuminatum)有关的 HPV-6 和 11 为致癌的低风险型(low-risk)。HPV-16 和 18 的 E6 和 E7 基因是病毒癌基因(virus oncogenes, v-oncs),具有将培养的鳞状上皮转化为非典型增生细胞的功能,在一定条件下可进一步转化为鳞癌。HPV-16 和 18 的 E6 和 E7 基因和鳞状上皮基因整合后,可编码使肿瘤抑制基因 p53 和视网膜母细胞瘤基因(RB)封闭和失活的蛋白,并可活化细胞周期素 E (cyclin E)导致上皮细胞失控性增生。高风险型 HPV 以共价键的形式和宿主的基因组整合,而低风险型 HPV 基因在尖锐湿疣的细胞中呈游离状态。

育龄期妇女感染 HPV 的概率很高,但发生子宫颈癌的毕竟是少数,说明 HPV 不是唯一的致癌因素。研究资料表明复合致癌因素如吸烟和免疫缺陷可增加致癌风险,HIV 感染可使子宫颈原位癌的发生概率增加 5 倍。某些癌基因和机体的免疫状态可能与 HPV 有协同作用,决定 HPV 是亚临床的潜伏感染,还是促使癌前病变以及癌的发生。其他病毒如疱疹病毒-Ⅱ型(herper virus type Ⅱ)、细菌(bacteria)、烟草(tobacco)或其他环境因素(environmental agents)在宫颈癌发生中可能有一定的作用。

Risk factors for cervical carcinoma include early age at first intercourse, multiple sexual partners, cigarette smoking, immunodeficiency, and infection by "high-risk" papilloma viruses. Nearly all cervical carcinoma is HPV related, particularly certain HPV subtypes (16, 18, 45, 31, and others). HPV vaccine can prevent the occurrence of cervical cancer. HPV virus E6 and E7 proteins cause inactivation of *p53* and *RB* genes, respectively, resulting in increased cell proliferation and suppression of apoptosis. High-grade cervical dysplasias (CIN II and III) contain HPV incorporated into the cell genome, and cytologically have increased chromatin abnormality and an increased nuclear-to-cytoplasmic ratio. Not all HPV infections progress to CIN III or invasive carcinoma. The time course from infection to invasive disease may be 10 years or more. The Pap smear is a highly effective screening tool in the detection of cervical dysplasia and carcinoma, and has reduced the incidence of cervical carcinoma.

(一) 子宫颈上皮内瘤变 Cervical intraepithelial neoplasia (CIN)

1. 子宫颈上皮非典型增生 Cervical epithelial dysplasia　是指子宫颈上皮部分被不同程度的异型细胞所取代,属癌前病变。表现为细胞大小形态不一,核增大深染,核质比例增大,核分裂象增多,细胞极性紊乱。病变由基底层逐渐向表层发展。依据其病变程度不同分为三级:Ⅰ级,异型细胞局限于上皮层的下 1/3;Ⅱ级,异型细胞累及上皮层的下 1/3 至 2/3;Ⅲ级,增生的异型细胞超过全层的 2/3,但还未累及上皮全层。

2. 子宫颈原位癌 Carcinoma in situ　异型增生的细胞累及子宫颈黏膜上皮全层,但病变局限于上皮层内,未突破基膜。原位癌的癌细胞可由表面沿基膜通过宫颈腺口蔓延至子宫颈腺体内,取代部分或全部腺上皮,但仍未突破腺体的基膜,称为原位癌累及腺体(carcinoma in situ with gland extension),仍然属于原位癌的范畴。

从鳞状上皮非典型增生到原位癌是逐渐演化的病变,重度非典型增生和原位癌的鉴别诊断有一定困难,两者的生物学行为亦无显著的差异。为了解决这些问题,新近的分类将子宫颈上皮非典型增生和原位癌统称为子宫颈上皮内瘤变(cervical intraepithelial neoplasia, CIN):CINI 相当于Ⅰ级非典型增生;CINII 相当于Ⅱ级非典型增生;CIN Ⅲ则包括Ⅲ级非典型增生和原位癌(图 12-2)。

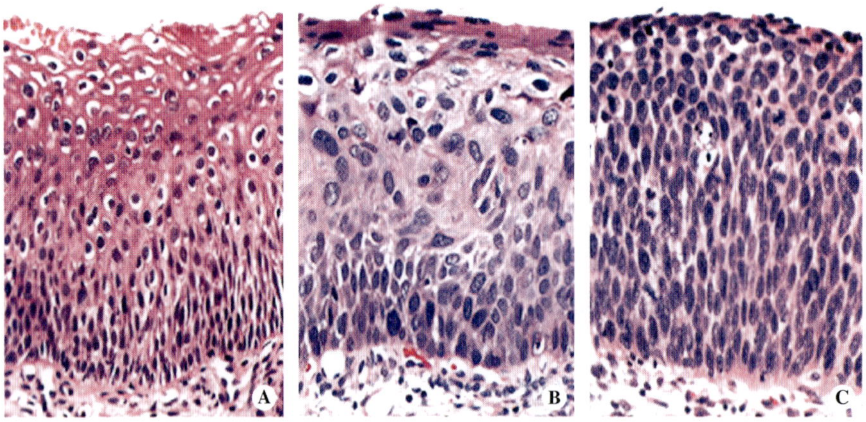

图 12-2 宫颈上皮内瘤变 Cervical intraepithelia neoplasia

A. CIN Ⅰ; B. CIN Ⅱ; C. CIN Ⅲ

大部分子宫颈浸润癌起源于先前子宫颈上皮的病变，如 CIN，但不是所有的 CIN 都会发展成浸润癌，CIN 可以持续存在而不变，也可以消退。如 CIN Ⅰ和 CIN Ⅱ经适当治疗，大多数可逆转或治愈。发展为 CIN Ⅲ和浸润癌的概率和所需时间与 CIN 的程度有关。病变级别越高，其转化概率越高，所需时间越短。大约一半的 CIN Ⅰ可以自然消退，约 10% 的 CIN Ⅰ需经 10 年以上，经 CIN Ⅱ转变为 CIN Ⅲ，仅有不到 2% 的 CIN Ⅰ最终发展为浸润癌。因此 CIN Ⅰ属低级别上皮内肿瘤，常可查见低危型 HPV 感染。而 CIN Ⅲ在 10 年内发展为浸润 CIN Ⅲ癌的概率为 20%，CIN Ⅱ和 CIN Ⅲ属于高级别上皮内肿瘤，多数可见高危型 HPV 基因和鳞状上皮基因的整合。70% 浸润性癌发生在原位癌诊断之后没有及时治疗的妇女。细胞学检查能早于肉眼所见的宫颈异常之前发现 CIN。

临床上 CIN 多无明显症状，大体上也常无特殊改变。宫颈鳞状上皮与柱状上皮交界处（squamocolumnar junction），即移行带（transformation zone）是 CIN 发生的高危部位，Schiller 试验具有临床诊断价值，该实验是用碘酒涂抹子宫颈发现早期可疑病变。正常的宫颈上皮含有糖原（glycogen），被碘（iodine）染成棕褐色，而癌变细胞缺乏糖原，故不染色。此外，醋酸可使子宫颈有 CIN 改变的区域呈白色斑片状。如要确诊，需进一步进行脱落细胞学或组织病理学检查。

It is important to emphasize here that most invasive cervical squamous cell carcinomas arise from previous epithelial changes referred to as CIN. However, not all cases of CIN progress to invasive cancer, and indeed may persist without change or regress, as well be pointed out. Progression to malignancy is proportional to the degree of dysplasia, but the rates of progression are not uniform. Carcinoma in situ is clearly a precursor of invasive carcinoma, the latter developing in 70% of women followed without treatment after a diagnosis of carcinoma in situ.

（二）子宫颈浸润癌 Infiltration carcinoma of cervix

1. 病理变化 Pathological changes

肉眼观 Gross appearances 分为四型：①糜烂型（erosion type）病灶质脆，颗粒状，湿润，触之易出血；②外生菜花型（fungating or exophytic type）（图 12-3）癌组织向子宫颈表面生长，形成乳头状或菜花状突起，表面常有坏死和浅表溃疡形成；③内生浸润型（infiltration or endophytic type）癌组织向子宫颈深部浸润生长，使宫颈前后唇增厚变硬，表面常较光滑。临床检查容易漏诊；④溃疡型（ulcerative type）癌组织除向深部浸润外，表面同时有大块坏死脱落，形成溃疡，似火山口状。

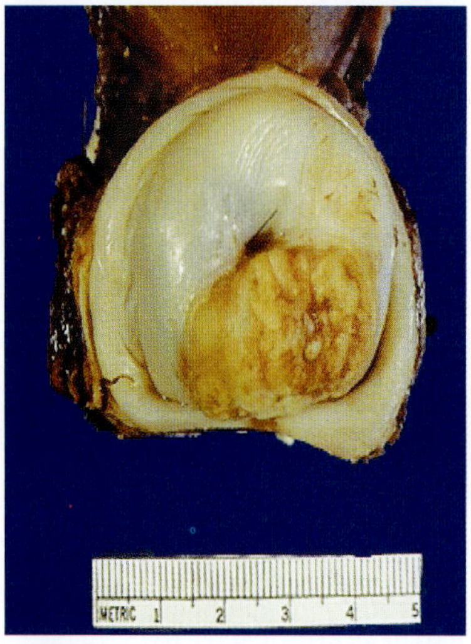

图 12-3 宫颈癌（外生菜花型）

Carcinoma of cervix（fungating or exophytic type）

组织学类型 Histologic types：以子宫颈鳞状细胞

癌为主;子宫颈腺癌近年来有上升趋势,约占子宫颈癌的 20% 左右。

(1) 子宫颈鳞状细胞癌 Squamous cell carcinoma of the cervix:几乎所有的子宫颈鳞状细胞癌都由宫颈上皮内瘤变或宫颈内膜化生的鳞状上皮发展而来,其演变呈一连续过程,即非典型增生到原位癌到早期浸润癌到浸润癌。

A. 早期浸润癌或微小浸润性鳞状细胞癌 Micro-invasive squarmous cell carcinoma:指癌细胞突破基膜,向固有层间质内浸润,在固有层内形成不规则癌巢或条索,但浸润深度不超过基膜下 5mm(图 12-4)。早期浸润癌只有在显微镜下才能确诊。

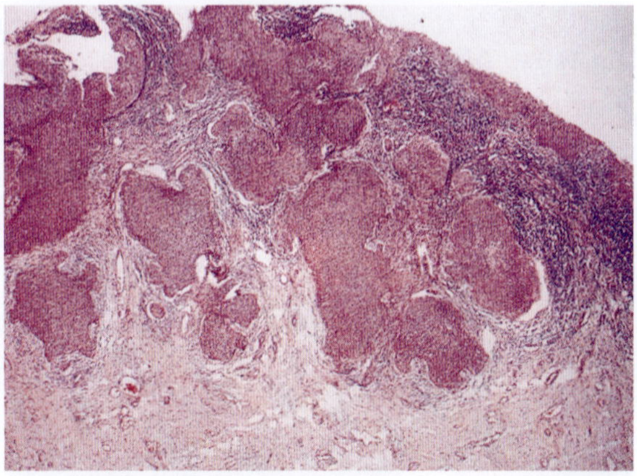

图 12-4　宫颈微小浸润癌 Microinvasive carcinoma of cervix
原位癌累及腺体的背景中可见早期浸润性鳞癌 Early invasion of squamous cell carcinoma is seen in the background of carcinoma in situ with gland extension

B. 浸润癌 Invasive carcinoma:指癌组织向间质内浸润性生长,浸润深度超过基膜下 5mm 者(图 12-5)。按癌细胞分化程度分为角化型(keratinizing)和非角化型(non-keratinizing)鳞癌。

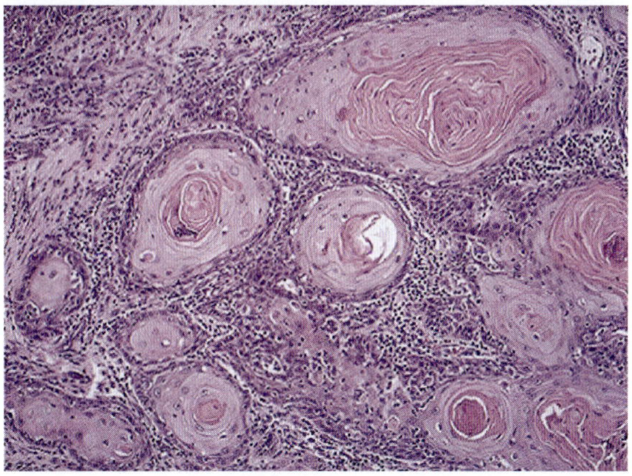

图 12-5　宫颈浸润癌 Invasive carcinoma of cervix
高倍镜下示鳞癌巢浸润到间质,间质中有慢性炎症反应。鳞癌分化程度高,有明显角化珠 At high magnification, nests of neoplastic squamous cells are invaded through a chronically inflamed stroma. This cancer is well- differentiated, as evidenced by keratin pearls

(2) 子宫颈腺癌 Cervical adenocarcinoma:子宫颈腺癌可能起源于宫颈的腺体,较鳞癌少见(5% ~ 10%),但近年来其发病率有上升的趋势(可达到 10% ~20%)。肉眼类型与鳞癌无明显区别,镜下依据腺癌组织结构和细胞分化(differentiated)程度亦可分为高(well)、中(moderately)和低(poorly)分化三型(图 12-6)。高分化型与正常颈管腺体结构相似。中分化型最为常见,明显的腺管样结构,腺体在间质中散在分布,管腔形态不规则,细胞层次不等,胞质内含有黏液。低分化型常无腺体结构或极少有腺体形成,常排列成实体癌巢,癌细胞异型性大,可见黏液湖形成。子宫颈腺癌对放疗和化学药物疗法均不敏感,预后较差。

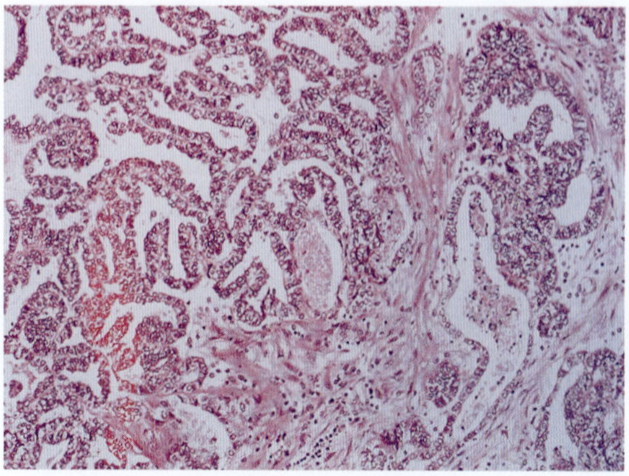

图 12-6　宫颈腺癌 Adenocarcinoma of cervix
腺癌中异型腺体呈背靠背样结构,出芽和假乳头样突起 In adenocarcinoma, atypical glands show back-to-back configuration, budding and pseudopapillary projection

(3) 腺鳞癌 Adenosquamous carcinomas:既有鳞癌成分,又有腺癌成分,认为是来源于宫颈柱状细胞下的储备细胞。

(4) 未分化癌 Undifferentiated carcinomas

2. 扩散 Spread

(1) 直接蔓延 Direct extension:癌组织可向上扩散侵犯整段子宫颈,但很少侵犯子宫体。向下侵犯阴道壁(vaginal wall)。向两侧可侵及宫旁及盆壁(pelvic wall)组织,若肿瘤侵犯或压迫输尿管可引起肾积水(nephrohydrosis)和肾衰竭(renal failures)。肾衰竭是患者死亡的主要原因。晚期向前可侵及膀胱,向后可累及直肠(图 12-7)。

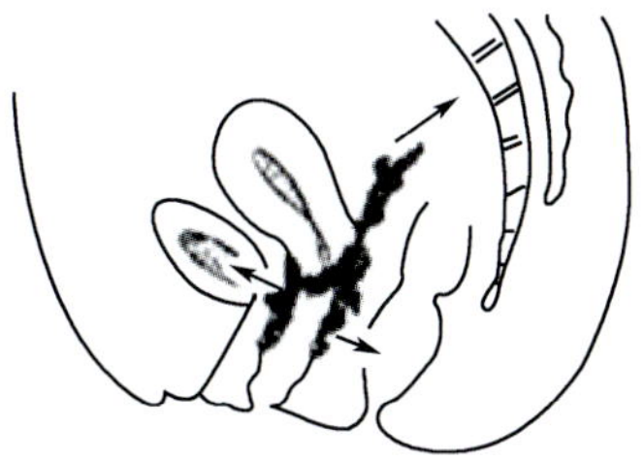

图 12-7　宫颈癌直接蔓延示意图
Direct extension of carcinoma of cervix

（2）淋巴道转移 Lymphatic spread：是最主要的转移途径。转移经闭孔，髂内，髂外淋巴结，而后转移到髂总，深腹股沟或骶前淋巴结。晚期可转移至锁骨上淋巴结。

（3）血道转移 Hematogenous spread：晚期经血道转移至肺、骨、肝。

3. 临床特点 Clinical features 早期子宫颈癌常无自觉症状，与子宫颈糜烂不易区别。随病变进展，因癌组织破坏血管，患者出现不规则阴道流血及接触性出血。因癌组织坏死继发感染，同时由于癌组织刺激宫颈腺体分泌亢进，使白带增多，有特殊腥臭味。晚期因癌组织浸润盆腔神经，可出现下腹部及腰骶部疼痛。当癌组织侵及膀胱及直肠时，可引起尿路阻塞（blocking of urinary passage），子宫膀胱瘘（uterovesical fistula）或子宫直肠瘘（uterorectal fistula）。

4. 宫颈癌分期 Stages 宫颈癌的分期见表 12-1。

表 12-1 宫颈癌的分期
Stages of cervical cancer

0 期：原位癌
Ⅰ期：癌局限于宫颈
ⅠA：只有通过显微镜检查才能诊断的临床前期癌
ⅠB：组织学上，浸润性癌的深度超过 5mm
Ⅱ期：癌灶扩散至子宫颈外但未扩展到盆壁。癌累及阴道，但未达到阴道下 1/3
Ⅲ期：癌扩展到盆壁，癌灶累及阴道下 1/3
Ⅳ期：癌灶超出真骨盆

5. 预后 Prognosis 宫颈癌一般采用手术治疗和放射治疗为主的综合性治疗措施，晚期宫颈癌也可化疗等。影响预后的因素很多，涉及肿瘤的生物学行为、临床病理状况、机体对肿瘤的免疫反应等。宫颈鳞状细胞癌的预后取决于临床分期：0 期 100% 治愈；Ⅰ期 80%～90% 治愈；Ⅱ期 75% 治愈；Ⅲ期 35% 治愈；Ⅳ期 10～15% 治愈。有报道认为腺癌预后比鳞癌预后差，可能与肿瘤对放疗不敏感有关。对已婚妇女定期作宫颈细胞学检查，是发现早期子宫颈癌的有效措施。

常见死亡原因有泌尿道梗阻（如尿道阻塞）导致尿毒症（uremia），或大血管糜烂导致出血（hemorrhage），或癌的广泛远处转移。

第二节 子宫体疾病
Disorders of Uterus' Body

一、子宫内膜异位症
Endometriosis

子宫内膜异位症是指子宫内膜腺体和间质出现于子宫内膜以外的部位，80% 发生于卵巢，其余依次发生于子宫阔韧带、直肠阴道陷窝、盆腔腹膜、腹部手术疤痕、脐部、阴道、外阴和阑尾等。

（一）病因 Etiology

病因不明，有以下几种学说：①月经期子宫内膜经输卵管反流至腹腔器官；②子宫内膜因手术种植在手术切口或经血流播散至远方器官；③异位的子宫内膜由体腔上皮化生而来。

（二）病理变化 Pathological changes

肉眼观 Gross appearances 因异位子宫内膜受卵巢分泌激素影响产生周期性反复性出血，使异位子宫内膜处呈紫红或棕黄色结节状，质软似桑葚，因出血后机化可与周围器官发生纤维性粘连。如发生在卵巢，反复出血可致卵巢体积增大，形成囊腔，内含黏稠的咖啡色液体，称巧克力囊肿（chocolate cyst）（图 12-8）。

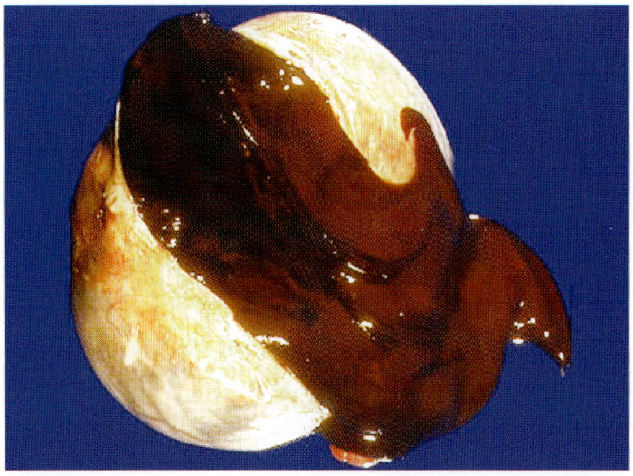

图 12-8 卵巢子宫内膜异位症形成的巧克力囊肿 A large "chocolate cyst" formed by endometriosis of ovary

镜下 Microscopic view 可见与正常子宫内膜相似的子宫内膜腺体、子宫内膜间质及含铁血黄素；少数情况下，因时间较久，可仅见增生的纤维组织和含有含铁血黄素的巨噬细胞（图 12-9）。

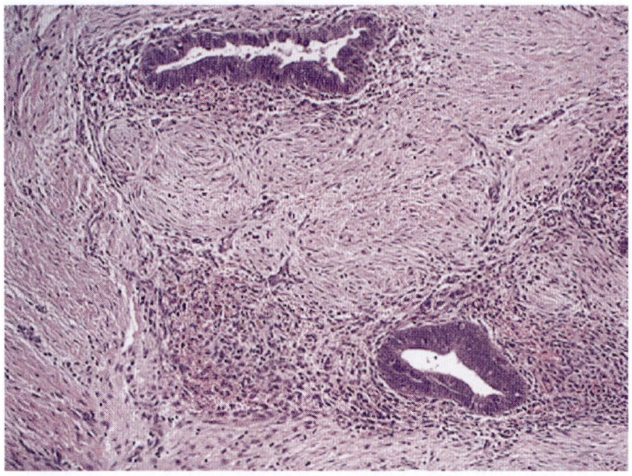

图 12-9 结肠子宫内膜异位症 Endometriosis of colon
高倍镜下结肠中出现子宫内膜腺体及间质 Endometrial glands and stroma are seen in the wall of the colon at high magnification

如子宫内膜腺体及间质异位于子宫肌层中(距子宫内膜基底层 2mm 以上),称为子宫腺肌病(adenomyosis)(图 12-10)。

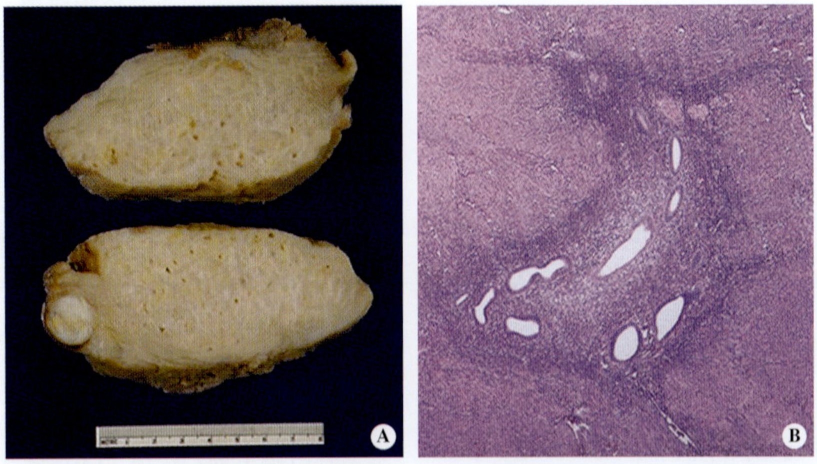

图 12-10　子宫腺肌病 adenomyosis of uterus

A. 在子宫肌壁中出现粗厚和海绵状的团块,这是子宫腺肌病的典型表现。图左下方示一体积较小的白色的平滑肌瘤;B. 在子宫肌层出现子宫内膜腺体和间质 A. The thickened and spongy appearing myometrial wall of this sectioned uterus is typical of adenomyosis. There is also a small white leiomyoma at the lower left;B. Endometrial glands and stroma are found in the myometrium of uterus

(三) 临床表现 Clinical manifestations

子宫内膜异位症发生于生育期,临床症状和体征以子宫内膜异位的位置不同而表现不一,病人多表现为痛经、月经不调和不孕。

二、子宫内膜增生症 Endometrial Hyperplasia

子宫内膜增生症是由于内源性或外源性雌激素(estrogen)增高引起的子宫内膜腺体或间质增生,育龄期和更年期妇女均可发病。子宫内膜增生、不典型增生和子宫内膜癌,在形态学和生物学上都是一连续的演变过程,病因和发生机制也极为相似。

(一) 病理变化 Pathological changes

根据细胞形态和腺体结构增生和分化程度的不同,可分为三型:

1. 单纯性增生 Simple hyperplasia　腺体数量增加,某些腺体扩张成小囊。腺体衬覆单层或假复层上皮,细胞呈柱状,无异型性,细胞形态和排列与增生期子宫内膜相似(图 12-11A)。1% 的单纯性子宫内膜增生可进展为子宫内膜腺癌。

2. 复杂性增生 Complex hyperplasia　以往称腺瘤型增生,腺体明显增生拥挤,结构复杂且不规则,内膜间质明显减少,无细胞异型性(图 12-11B)。约 3% 可发展为腺癌。

3. 非典型增生 Atypical hyperplasia　腺体显著拥挤,出现背靠背现象。腺上皮细胞增生,可向腺腔内呈乳头状或向间质内出芽样生长。在复杂性增生的基础上,伴上皮细胞异型性,细胞极性紊乱,体积增大,核浆比例增加,核染色质浓聚,核仁醒目,可见多少不等的核分裂象(图 12-11C)。1/3 的患者在 5 年内可发展为腺癌。

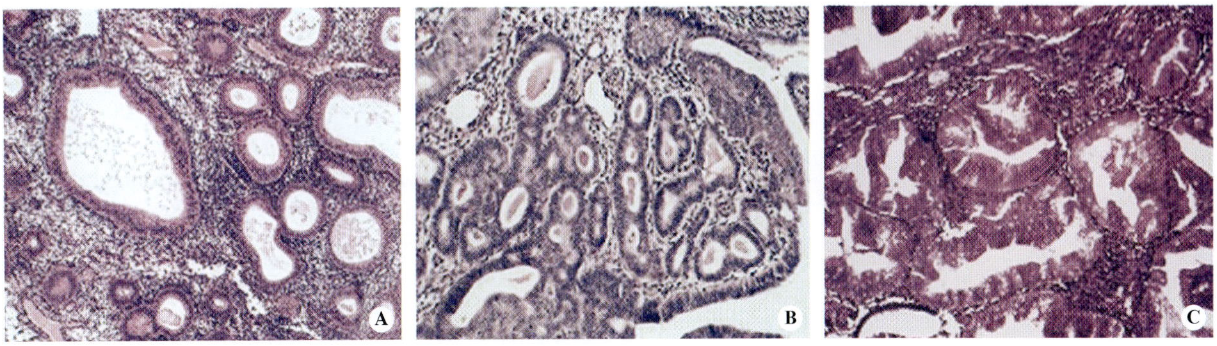

图 12-11　子宫内膜增生症 endometrial hyperplasia

A. 单纯性增生,腺体扩张;B. 复杂性增生,腺体拥挤呈巢状;C. 非典型增生,腺体拥挤,伸展的高柱状细胞,极性丧失 A. Simple hyperplasia displaying glands dilatation of endometrium; B. Complex hyperplasia displaying a nest of closely packed glands;C. Atypical hyperplasia displaying crowding of glands, unfolding of tall columnar cells, and some loss of polarity

（二）临床表现 Clinic manifestations

功能性子宫出血。

三、子宫内膜癌 Endometrial Carcinoma

子宫内膜癌是由子宫内膜上皮细胞发生的恶性肿瘤，多见于绝经期和绝经期后妇女，以55～65岁为发病高峰。近年来由于子宫颈癌发病率降低，我国人口平均寿命延长，以及更年期激素替代疗法的应用，发病率呈上升趋势。尽管子宫内膜癌发病率较高，但主要发生在绝经后（postmenopause）的女性，有不规则性阴道流血，在疾病的早期就容易被诊断和治疗。

（一）病因与发病机制 Eiotology and pathogenesis

雌激素长期持续作用、肥胖、糖尿病、不孕和吸烟是其高危因素。

1. 长期雌激素刺激引起子宫内膜增生、子宫内膜癌之间密切相关 Close relationship between prolonged estrogen stimulation and hyperplasia and/or cancer of the endometrium

（1）增生和癌均与肥胖（obesity）和无排卵性的月经（anovulatory cycles）有关。肥胖使脂肪细胞里的雄多烯二酮芳香化转化为雌二醇。体重增加23公斤，发生子宫内膜样腺癌的风险增加10倍。正常情况下，肝细胞可将雌二醇转化为雌三醇，从而降低发生癌的风险，吸烟可影响肝脏的转化能力。

（2）有雌激素分泌的卵巢肿瘤（estrogen-secreting tumors of ovarian）患者子宫内膜癌的发病率很高。

（3）子宫内膜癌很少发生在卵巢发育不全（ovarian agenesis）的女性，也很少发生在青春期做过卵巢切除术的女性中（此类患者雌激素水平较低）。

（4）雌激素替代疗法（estrogen replacement therapy）增加了该肿瘤发病危险。

（5）在实验性动物中长期应用雌激素会发生内膜息肉（polypi）、增生和癌症。

（6）在绝经后的妇女中，从肾上腺和卵巢激素的前体中合成雌激素的量增加。这也可能部分解释了肥胖和高龄增加患子宫内膜癌的危险。

2. 子宫内膜癌和子宫内膜增生中常发生PTEN基因的失活和微卫星灶的不稳定性。 Inactivation of the PTEN gene with microsatellite instability is common in endometrial hyperplasia and cancer. 分子生物学可查见微卫星灶不稳定和位于第10号染色体上PTEN基因突变。

3. p53基因过度表达 p53 overexpression 有些子宫内膜癌的发生似乎与体内雌激素增加及子宫内膜增生无关，而是在非活动性或萎缩子宫内膜基础上发生。这组患者发生于绝经后，平均年龄偏大，其中某些肿瘤组织形态和卵巢浆液性囊腺癌相似，称为子宫乳头状浆液性癌（papillary serous carcinoma），常有p53基因过度表达。其次为子宫透明细胞癌（clear cell carcinomas），两者预后均较雌激素相关的子宫内膜癌差。

（二）病理变化 Pathological changes

肉眼观 Gross appearances 子宫内膜癌可以表现为局灶型（localized）或弥散型（diffuse）。弥散型在整个子宫内膜表面（图12-12A），常播散直接侵犯子宫肌层（myometrial）。局限型多位于子宫底或子宫角呈息肉或乳头状突入宫腔。如果癌组织小而浅，可在诊断性刮宫时全部刮除，在切除的子宫内找不到癌组织。

镜下 Microscopic view 大部分（约85%）的子宫内膜癌是腺癌，肿瘤或多或少的表现为类似于正常子宫内膜上皮的境界清楚的腺管结构。癌组织可呈高、中、低分化，以高分化腺癌居多。①高分化腺癌（well-differentiated adenocarcinoma）：腺管排列拥挤、紊乱，细胞轻度异型，结构貌似增生的内膜腺体；②中分化腺癌（moderately differentiated adenocarcinoma）：腺体不规则，排列紊乱，细胞向腺腔内生长可形成乳头或筛状结构，并见实性癌灶。癌细胞异型性明显，核分裂象易见（图12-12B）；③低分化腺癌（poorly differentiated adenocarcinoma）：癌细胞分化差，很少形成腺样结构，多呈实体片状排列，核异型性明显，核分裂象多见。约1/3的子宫内膜腺癌伴有鳞状细胞分化。在分化好的腺癌中常伴有组织学良性表现的鳞状上皮，在中分化和分化差的内膜样癌中鳞状上皮成分呈现高度的恶性，前者称为腺棘皮癌（adenoacanthoma），后者称为腺鳞癌（adenosquamous carcinoma）。

> A three-step grading system is applied to endometrioid tumors and includes well differentiated (grade 1), with easily recognizable glandular patterns; moderately differentiated (grade 2), showing well-formed glands mixed with solid sheets of malignant cells; or poorly differentiated (grade 3), characterized by solid sheets of cells with barely recognizable glands and a greater degree of nuclear atypia and mitotic activity.

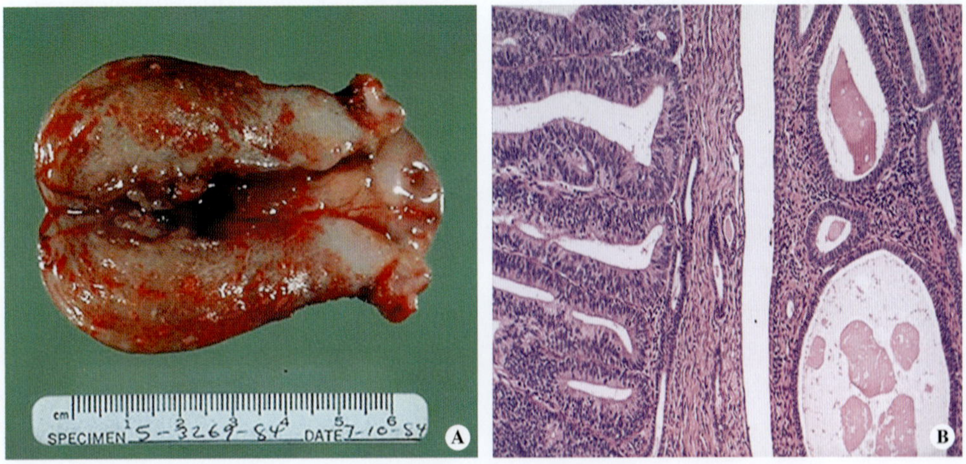

图12-12　子宫内膜癌 endometrial adenocarcinoma

A. 子宫无增大，基底部有一不规则肿物，已取活检确定为子宫内膜癌；B. 图左示中分化宫内膜腺癌，可见腺状结构 A. This uterus is not enlarged, but there is an irregular mass in the upper fundus that proved to be endometrial adenocarcinoma on biopsy; B. At the left is endometrial adenocarcinoma with moderately differentiated, as a glandular structure can still be discerned

（三）扩散 Spread

子宫内膜癌以直接蔓延为主，预后与子宫壁的浸润深度相关。晚期可经淋巴道转移，血道转移比较少见。直接蔓延到宫旁组织（periuterine tissue）、阔韧带（broad ligaments），形成临床上可触及的大肿块，最后弥漫性浸润到局部淋巴结。晚期肿瘤转移到肝、肺、骨、和其他的器官。在某种特殊类型中，特别是浆液性乳头状癌，子宫内膜的累及相对表浅，但可引起广泛的腹膜病变（extensive peritoneal disease），提示播散的途径不是直接侵犯，而是通过淋巴或血管播散。

1. 直接蔓延 Direct extension　向上可达子宫角，相继至输卵管、卵巢和其他盆腔器官；向下至宫颈管和阴道；向外可浸透肌层达浆膜而蔓延至输卵管、卵巢，并可累及腹膜和大网膜。

2. 淋巴道转移 Lymphatic spread　宫底部的癌多转移至腹主动脉旁淋巴结；子宫角部的癌可经圆韧带的淋巴管转移至腹股沟淋巴结；累及宫颈管的癌可转移至宫旁、髂内外和髂总淋巴结。

3. 血道转移 Hematogenous spread　晚期可经血道转移至肺、肝及骨骼。

（四）临床特点与分期 Clinical features and stages

1. 临床过程 Clinical process　早期，患者可无任何症状，最常见的临床表现是阴道不规则流血，部分患者可有阴道分泌物增多，呈淡红色。如继发感染则呈脓性，有腥臭味。晚期，癌组织侵犯盆腔神经，可引起下腹部及腰骶部疼痛等症状。子宫内膜癌的诊断最终必须依赖子宫刮除术的组织学检查。绝经后妇女阴道不规则出血应该警惕内膜癌的可能。

2. 子宫内膜腺癌的分期 Staging of endometrial adenocarcinoma

Ⅰ期：癌仅局限在子宫体部（body of uterus）；

Ⅱ期：癌已累及到子宫颈和子宫体部；

Ⅲ期：癌已超出了子宫的范围，但局限在真骨盆（true pelvis）；

Ⅳ期：癌已超出了真骨盆的范围，明显累及膀胱（bladder）和直肠（rectum）。

子宫乳头状浆液性癌和透明细胞癌有宫外播散的倾向，即使肿瘤仅局限在子宫内膜或表面上皮也易转移。因此不论组织结构怎样，乳头状浆液性癌和透明细胞癌都归于Ⅲ级。

3. 预后 Prognosis　预后主要是依赖癌发现时的临床分期、组织学分级和类型。单纯的手术治疗或加放疗，Ⅰ期患者术后5年生存率可达到90%，Ⅱ期30%～50%，晚期低于20%。在肿瘤早期，手术切除后的预防性的放疗和化疗的效果还不清楚。

四、子宫平滑肌肿瘤和平滑肌肉瘤 Leiomyoma and Leiomyosarcoma of Uterus

子宫间叶性肿瘤绝大多数是平滑肌肿瘤，并且大多数是良性的。如果将微小的平滑肌瘤也计算在内，30岁以上妇女的发病率高达75%，20岁以下少见。多数肿瘤在绝经期以后可逐渐萎缩。发病有一定的遗传倾向，雌激素可促进其生长。平滑肌肉瘤较少见。

（一）病理变化 Pathological changes

肉眼观 Gross appearances　多数平滑肌瘤发生于子宫肌层，一部分可位于黏膜下或浆膜下，脱垂于子宫腔或子宫颈口。肌瘤小者仅镜下可见，大者可超过

30cm。单发或多发,多者达数十个,称多发性子宫肌瘤(multiple uterine myomata)。肿瘤表面光滑,界清,无包膜(图 12-13)。切面灰白,质韧,编织状或旋涡状。有时肿瘤可出现透明均质的黏液变性或钙化。当肌瘤间质血管内有血栓形成时,肿瘤局部可发生梗死伴出血,肉眼呈暗红色,称红色变性(red degeneration)。平滑肌瘤极少恶变,多数子宫平滑肌肉瘤从开始即为恶性。子宫平滑肌肉瘤常发生于 30 岁以后,肿瘤较大,浸润性生长无明确边界,质软嫩,切面多彩灰黄到粉红色,伴有灶性出血与坏死,肿瘤可以扩展到子宫外。

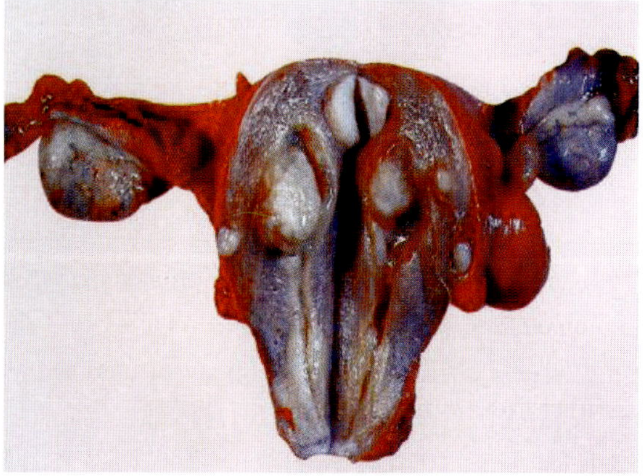

图 12-13 子宫多发性平滑肌瘤(肉眼观)Multiple leiomyoma of uterus(gross appearance)

光镜下 Light microscopic view 子宫平滑肌瘤瘤细胞与正常子宫平滑肌细胞相似,梭形,束状或旋涡状排列,胞质红染,核呈长杆状,两端钝圆,核分裂少见,缺乏异型性。肿瘤与周围正常平滑肌界限清楚(图 12-14A)。子宫平滑肌肿瘤有多种病理变异,如核分裂活跃的(mitotically active)、富于细胞性的(cellular)、奇异型(bizarre)、多形性(pleomorphic)、伴血管浸润的(vascular invasion)、伴水肿变性的(hydropic degeneration)、黏液样(mucus)、上皮样(epithelioid)等。平滑肌瘤有时发生广泛梗死,导致玻璃样变性或坏死(hyaline degeneration or necrosis)。这必须与凝固性瘤细胞坏死相鉴别,后者出现坏死的鬼影细胞(ghost cell)是平滑肌肉瘤的一个很重要的诊断特点。如肿瘤组织出现坏死,边界不清,细胞异型,核分裂象增多,应考虑为平滑肌肉瘤(leiomyosarcoma)。肉瘤细胞梭形有明显异型性,核分裂数>5 个/10HPF,核的显著多形,多核瘤巨细胞也常见(图 12-14B)。血管浸润和凝固性瘤细胞坏死是平滑肌肉瘤中与转移潜能有关的特点。近年来研究与平滑肌肉瘤(转移潜能)成正相关的因素有:肿瘤大小、核分裂指数、细胞非典型性、坏死和细胞类型。

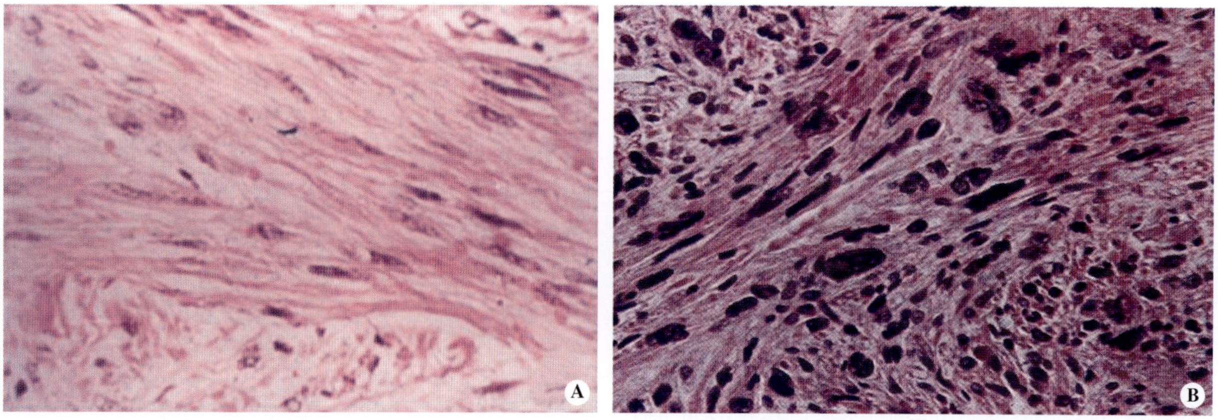

图 12-14 A. 子宫平滑肌瘤(镜下)与 B. 子宫平滑肌肉瘤(镜下)。A. Leiomyoma of uterus and B. Leiomyosarcoma of uterus

(二) 临床病理联系 Clinical features

即便平滑肌瘤的体积很大,也可没有症状。最主要的症状是由黏膜下平滑肌瘤引起的出血,或压迫膀胱引起的尿频。血流阻断可引起突发性疼痛。其次,平滑肌瘤可导致自然流产,胎儿先露异常和绝经后流血。

子宫平滑肌肉瘤最常见的症状为子宫不规则出血和盆腔不适,肿瘤切除后有很高的复发倾向,一半以上可通过血流转移到肺、骨、脑等远隔器官,也可在腹腔内播散。5 年生存率约为 30%。

第三节 滋养层细胞疾病 Gestational Trophoblastic Disease(GTD)

滋养层细胞疾病是以滋养层细胞异常增生为特征,包括葡萄胎(完全性和部分性)、侵蚀性葡萄胎、绒毛膜癌和胎盘部位滋养细胞肿瘤。患者血清和尿液中人类绒毛膜促性腺激素(human chorionic gonadotropin, HCG)含量高于正常妊娠,可作为临床诊断、随访观察和评价疗效的辅助指标。

一、葡　萄　胎
Hydatidiform Mole

葡萄胎又称水泡状胎块，是胎盘绒毛的一种良性病变，可发生于育龄期的任何年龄，以 20 岁以下和 40 岁以上女性多见，这可能与卵巢功能不足或衰退有关。本病发生有明显地域性差别，欧美国家比较少见，约 2000 次妊娠中有一次发病，而东南亚地区的发病率比欧美国家高 10 倍左右。该病在我国亦比较常见，23 个省市和自治区调查统计表明发病率为 1/150 次妊娠（pregnancy）。

（一）病因和发病机制 Etiology and pathogenesis

病因未明，近年来葡萄胎染色体类型（karyotype）研究表明，完全性葡萄胎 90% 以上为二倍体核型（diploid）46XX，所有的均来自父方精子（sperm）[此现象称男核生殖（androgenesis）]。这可能是由于一个含有 23X 单倍体染色体的精子与一无原核的卵细胞（egg）受精后复制而成。其余 10% 是由于两个精子（23X 和 23Y）与一个空卵受精后而成染色体核型为 46XY。由于缺乏卵细胞的染色体，故胚胎不能发育（unembryonic development）（图 12-15A）。

部分性葡萄胎的核型绝大多数为三倍体核型（triploid）69XXX，或 69XXY，极偶然的情况下为四倍体核型（tetraploid）92XXXY 。由带有母方染色体的正常卵细胞（23X）和一个没有发生减数分裂的双倍体精子（46XY）或两个单倍体精子（23X 或 23Y）结合所致（图 12-15B）。胚胎（embryo）能存活几周，因此当葡萄胎被流产掉时可见胚胎组织（embryonic tissue）。

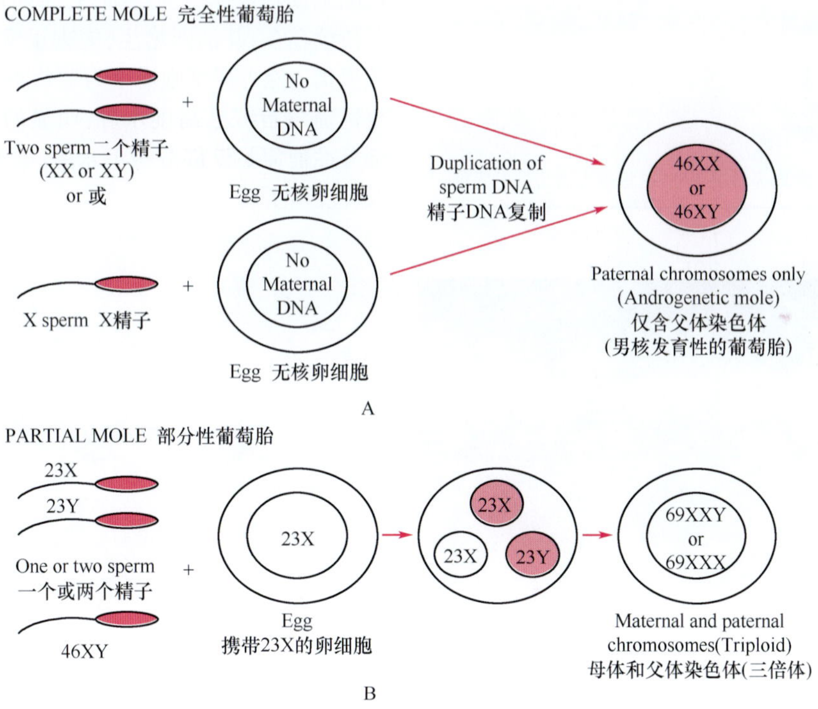

图 12-15　葡萄胎的发病机制示意图 Patterns of fertilization to account for chromosomal origin of hydatidiform mole
A. 全性葡萄胎；B. 部分性葡萄胎；A. Complete mole；B. Partial mole

Hydatidiform moleis due to an abnormal contribution of paternal chromosomes in the gestation. Partial moles are triploid and have two sets of paternal chromosomes. They are typically accompanied by a triploid embryo or fetus. There is a low rate of persistent disease. Complete moles are diploid or near diploid, and all chromosomes are paternal. No embryonic or fetal tissues are associated with complete mole. Among complete moles, 10% to 15% have persistent disease, usually invasive mole. Only 2% of complete moles subsequently develop choriocarcinoma. Gestational choriocarcinoma is a highly invasive and frequently metastatic tumor that, in contrast to ovarian choriocarcinoma, is highly responsive to chemotherapy and curable in most cases. Placental site trophoblastic tumor is an indolent and usually early-stage tumor of intermediate trophoblast that produces human placental lactogen and does not respond well to chemotherapy.

（二）病理变化 Pathological changes

葡萄胎分为完全性和部分性。若所有绒毛均呈葡萄状，称之为完全性葡萄胎（complete hydatidiform mole）；部分绒毛呈葡萄状，仍保留部分正常绒毛，伴有或不伴有胎儿或其附属器官者，称为不完全性或部分性葡萄胎（partial hydatidiform mole）。完全性和部分性葡萄胎的鉴别见表12-2。绝大多数葡萄胎发生于子宫内，个别病例也可发生在子宫外异位妊娠的所在部位。

表12-2 完全性和部分性葡萄胎的鉴别

Features of complete versus partial hydatidiform mole

鉴别点	完全性葡萄胎	部分性葡萄胎
染色体类型	46XX（46XY）	三倍体
绒毛膜水肿	所有绒毛	部分绒毛
滋养层细胞增生	分散，周围	少量，局部
异形性	常出现	缺乏
血 HCG	升高	很少升高
组织 HCG	++++	+
生物学行为	2% 发展为绒毛膜癌	很少发展为绒毛膜癌

肉眼观 Gross appearances 病变局限于宫腔内，不侵入肌层。胎盘绒毛高度水肿（villous edema），形成透明或半透明的薄壁水泡，内含清亮液体，有蒂相连，形似葡萄（grapelike）（图12-16A）。胚胎组织在完全性葡萄胎中罕见，在部分性葡萄胎常见。

光镜下 Light microscopic view ①绒毛因间质高度疏松水肿黏液变性而增大；②绒毛间质内血管消失，或见少量无功能的毛细血管，内无红细胞；③滋养层细胞有不同程度增生（trophoblast proliferation），增生的细胞包括合体滋养层细胞（syncytiotrophblast）和细胞滋养层细胞（cytotrophoblast ），两者以不同比例混合存在，并有轻度异型性（图12-16B）。细胞滋养层细胞（朗罕斯细胞）位于正常绒毛内层，呈立方或多边形，胞质淡染，核圆居中，染色质较稀疏。合体滋养层细胞位于正常绒毛的外层，细胞体积大而不规则，胞质嗜酸呈深红色，多核，核深染。正常绒毛在妊娠3个月后，滋养层细胞仅剩合体滋养层细胞，而葡萄胎时这两种细胞皆持续存在，并活跃增生，失去正常排列，呈多层或成片聚集。滋养层细胞增生为葡萄胎的最重要特征。完全性葡萄胎绒毛高度水肿，明显的滋养层细胞增生。部分性葡萄胎仅部分绒毛水肿，滋养层细胞为局灶性及轻度增生。

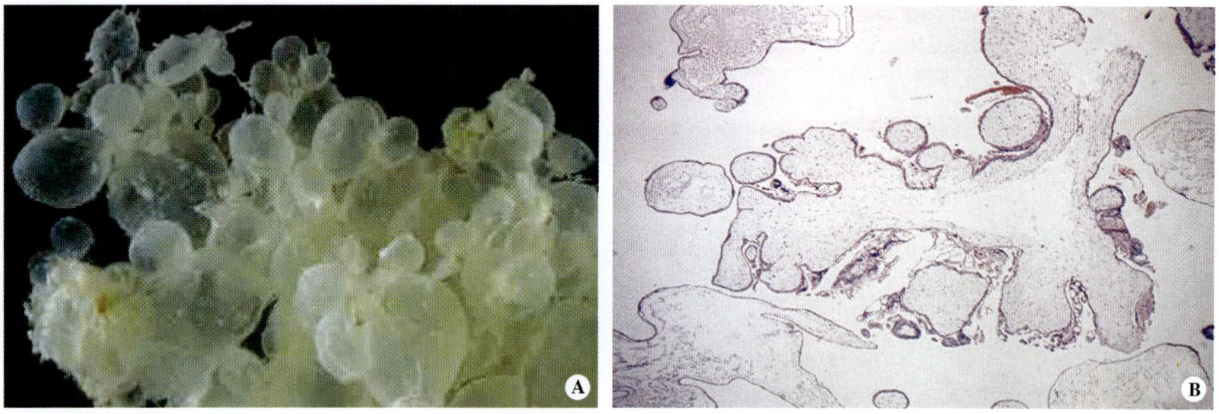

图12-16 葡萄胎 Hydatidiform mole

A. 肉眼上囊状结构葡萄样结构是绒毛高度水肿的表现；B. 显微照片示水肿的巨大绒毛，其中无血管，并可见局灶性滋养层细胞增生

A. Grossly, cysts polypoid grape-like structure represent villi with extreme hydropic change; B. Photomicrograph shows large edematous villi containing no blood vessels. Focal proliferation of trophoblasts is also seen

（三）临床特点 Clinical features

患者多半在妊娠的第11～25周出现症状，由于胎盘绒毛水肿致子宫体积明显增大，超出相应月份正常妊娠子宫体积。因胚胎早期死亡，虽然子宫体积超过正常5个月妊娠，但听不到胎心，亦无胎动。由于滋养细胞增生，患者血和尿中绒毛膜促性腺激素（HCG）明显增高，是协助诊断的重要指标。滋养层细胞侵袭血管能力很强，故子宫反复不规则流血（vaginal bleeding），偶有葡萄状物流出。如疑为葡萄胎时，大多数患者可经超声检查确诊。

（四）预后 Prognosis

葡萄胎经彻底清宫后，绝大多数能痊愈。约有10%患者可转变为侵蚀性葡萄胎，2%左右可恶变为绒毛膜癌。因葡萄胎有恶变潜能，应彻底清宫，密切随访观察，定期监测血清HCG。

伴有部分性葡萄胎的胚胎通常在妊娠的第10周

死亡,在流产或刮宫的组织中可查见部分胚胎成分,其生物学行为亦和完全性葡萄胎有所不同,极少演化为绒毛膜癌。

二、侵蚀性葡萄胎 Invasive Mole

侵蚀性葡萄胎为界于葡萄胎和绒毛膜癌之间的交界性肿瘤,其与良性葡萄胎的主要区别是水泡状绒毛侵入子宫肌层,引起子宫肌层出血坏死,甚至向子宫外侵袭累及阔韧带,或经血管栓塞至阴道、肺、脑等远方器官。绒毛不会在栓塞部位继续生长并可自行消退(spontaneously regress),和转移有明显区别。

镜下,滋养层细胞增生程度和异型性比良性葡萄胎显著。常见出血坏死,其中可查见水泡状绒毛或坏死的绒毛,有无绒毛结构是本病与绒毛膜癌的主要区别。

由于子宫肌层的深部浸润,往往通过刮宫术不易清除。侵蚀性葡萄胎与持续高水平 HCG 和卵巢黄体化(luteinization of ovaries)的变化程度有关。大多数侵蚀性葡萄胎对化疗(chemotherapy)敏感,预后良好。

三、绒毛膜癌 Choriocarcinoma

绒毛膜癌简称绒癌,是源自妊娠绒毛滋养层上皮的高度侵袭性恶性肿瘤,少数发生于性腺或其他组织的多潜能细胞。是常见于亚洲和非洲国家的一种恶性肿瘤,发病率为 1/2000 妊娠。约 50% 继发于葡萄胎,25% 继发于自然流产(abortion),20% 发生于正常分娩后,5% 发生于早产和异位妊娠(ectopic pregnancy)等。20 岁以下和 40 岁以上女性为高危人群,发病和年龄密切相关提示该肿瘤可能发生自非正常的受精卵,而不是来自绒毛膜上皮。

(一) 病理变化 Pathological changes

肉眼观 Gross appearance　癌结节呈单个或多个,位于子宫的不同部位,大者可突入宫腔,常侵入深肌层,甚而穿透宫壁达浆膜外。由于明显出血坏死,癌结节质软,暗红或紫蓝色(图 12-17A)。

光镜下 Light microscopic view　瘤组织由分化不良的细胞滋养层和合体滋养层两种瘤细胞组成,两种细胞混合排列成巢状或条索状,细胞异型性明显,核分裂象多见。肿瘤自身无间质血管,依靠侵袭宿主血管获取营养,故癌组织和周围正常组织有明显出血(hemorrhage)、缺血性坏死(ischemic necrosis),继发性炎症细胞浸润(inflammatory infiltration)(图 12-17B)。癌细胞不形成绒毛和水泡状结构,这一点和侵蚀性葡萄胎明显不同。

除子宫外,异位妊娠的相应部位也可发生绒毛膜癌。

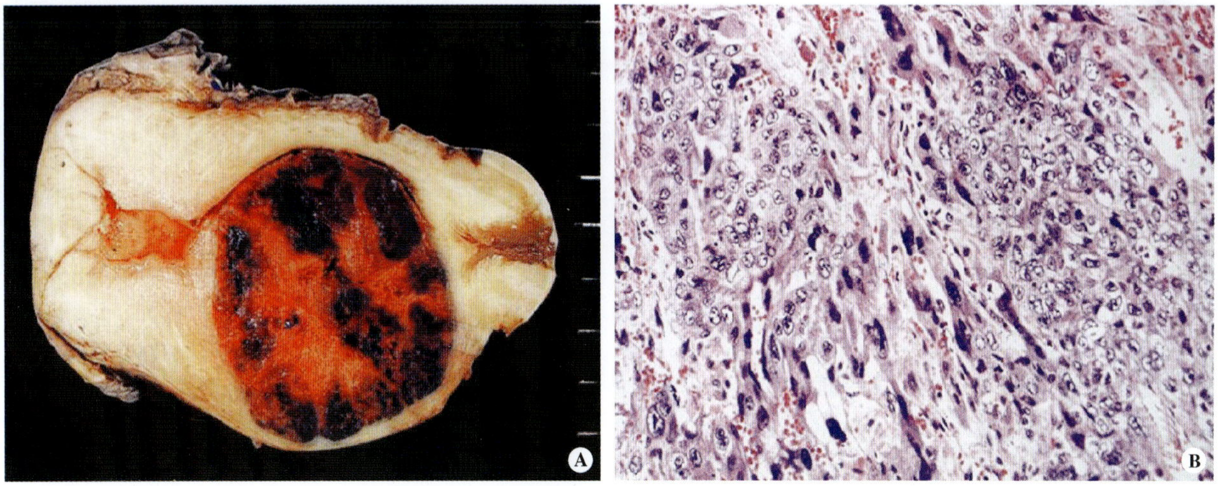

图 12-17　子宫绒毛膜癌 Choriocarcinoma of uterus

A. 圆形肿瘤中可见大块的出血坏死;B. 显微照片示细胞滋养层细胞和合体滋养层细胞呈实心团块样增生 A. The round tumor shows massives hemorrhage and necrosis; B. Photomicrograph shows solid proliferation of cytotrophoblast and syncytiotrophoblast

Histologically, it consists of abnormal proliferations of both cytotrophoblast and syncytiotrophoblasts that does not produce chorionic villi and that grows, as do other cancers. The tumor invades the underlying endometrium, penetrates blood vessels and lymphatics, and in some cases extends out onto the uterine serosa and adjacent structure.

In its rapid growth, it is subject to hemorrhage, ischemic necrosis, and secondary inflammatory infiltration, and metastasizes to the lungs (50%), vagina (30% to 40%), brain, kidney bone marrow, liver, and other organs but lymphatic, invasion is uncommon.

（二）扩散 Spread

绒毛膜癌侵袭破坏血管能力很强，除在局部破坏蔓延外，极易经血道转移，以肺（90%以上）最常见，其次为脑、胃肠道、肝和阴道壁等。少数病例在原发灶切除后，转移灶可自行消退。淋巴道浸润是不常见的。偶尔，在子宫（或卵巢）没有找到原发病灶，仅在转移部位发现转移病灶，可能因为原发病灶已完全坏死，仅由转移病灶来诊断。

（三）临床特点 Clinical features

绒毛膜癌表现为阴道持续不规则流血或褐色排液，子宫增大，血或尿中HCG显著升高。可发生于正常妊娠中、流产后或刮宫后。如果首先发现HCG升高，广泛的转移可能已经发生。血道转移是绒毛膜癌的显著特点，出现在不同部位的转移灶可引起相应症状。如有肺转移，可出现咯血；脑转移可出现头痛、呕吐、瘫痪及昏迷；肾转移可出现血尿等症状。

（四）预后 Prognosis

绒毛膜癌是恶性度很高的肿瘤，以往以手术为主，多在一年内死亡。绒毛膜癌对化疗高度敏感（highly sensitive），自应用化疗后，绝大多数患者可治愈，即便已发生转移的病例治愈率可达70%，甚至治愈后可正常妊娠。对于发生在生殖腺（gonad）（卵巢、睾丸）的绒毛膜癌化疗效果差。

四、胎盘部位滋养细胞肿瘤 Placental Site Trophoblastic Tumor（PSTT）

胎盘部位滋养细胞肿瘤源自胎盘绒毛外中间滋养叶细胞（intermediate trophoblasts），相当少见。核型多为双倍体46XX，常在妊娠几个月时发病。

肿瘤由增生的中间型滋养细胞组成。中间型滋养细胞比细胞滋养层细胞大，单核而不呈合体状。一般无坏死和绒毛。与绒毛膜癌不同的是，胎盘部位滋养细胞肿瘤由单一增生的胎盘中间滋养叶细胞组成，而绒毛膜癌由两种细胞构成。免疫组织化学染色大多数中间型滋养叶细胞人胎盘催乳素（human placental lactogen，HPL）阳性；而仅少部分细胞HCG阳性。

大部分病变仅局部地浸润。恶性变表现为高核分裂指数（high mitotic index）、广泛坏死（extensive necrosis）和局部扩散（local spread）为特点。约10%导致转移和死亡。

第四节 卵巢肿瘤 Ovarian Tumors

卵巢肿瘤是女性生殖器官常见肿瘤。在女性生殖道肿瘤中，卵巢癌的发病率仅次于宫颈癌和内膜癌。卵巢癌占女性所有恶性肿瘤的6%，在美国，占女性恶性肿瘤的第5位（除外皮肤癌）。此外，由于卵巢癌在早期不易被发现，因此，几乎50%的女性生殖道癌所致死亡是由于卵巢癌引起。卵巢肿瘤有许多类型，包括良性和恶性。约80%卵巢肿瘤是良性肿瘤，良性肿瘤好发于20～45岁。恶性肿瘤好发于40～65岁。

一、发病机制 Pathogenesis

与其他生殖器官肿瘤相比，卵巢癌的危险因素还不清楚，但未产妇（nullipara），家族史（family history），遗传/基因突变（heritable/gene mutations）在卵巢肿瘤的发生中起重要作用。在未婚妇女中，卵巢癌的发病率较高，在已婚妇女中，其发病率较低。儿童性腺发育不全（gonadal dysgenesis）与卵巢癌的高度危险性相关。曾经口服避孕药（oral contraceptive）或经历输卵管结扎（tubal ligation）的40～59岁妇女中发生卵巢癌的危险较低。最重要的危险因素是遗传因素（genetic factor）。BRCA1和BRCA2突变增加了卵巢癌的易感性（susceptibility）。在小于70岁的卵巢癌病人中大约5%的患者有BRCA1突变。具有BRCA1和BRCA2突变的妇女到70岁时，卵巢癌的预计危险性是20%和60%。这些卵巢癌大部分属于浆液性囊腺癌。大约30%的卵巢腺癌表达高水平的ERB-B2癌基因（oncogene），其与不良预后相关。在50%的卵巢癌中发现肿瘤抑制基因（tumor suppressor gene）p53突变。

二、临床过程 Clinical Course

所有卵巢上皮癌都引起相似的临床表现，最常见的是下腹疼痛和腹部增大。胃肠道症状，尿频，排尿困难，骨盆压迫和可能出现许多其他症状。良性肿瘤容易被切除治愈。恶性肿瘤常导致进行性衰弱，体重减轻以及恶性肿瘤的恶病质（cachexia）。如果肿瘤突破其包膜扩散种植到腹腔，常出现大量的腹水（ascites）。在腹水中常可发现有诊断性的脱落肿瘤细胞。

All ovarian epithelial carcinomas produce similar clinical manifestations, most commonly lower abdominal pain and abdominal enlargement. Gastrointestinal complaints, urinary frequency, dysuria, pelvic pressure, and many other symptoms may appear. Benign lesions are easily resected, with cure. The malignant forms, however, tend to cause the progressive weakness, weight loss, and cachexia charactenstic of all malignant neoplasms. If the carcinomas extend through the capsule of the tumor to seed the peritoneal cavity, massive ascites is common. Characteristically, the ascitic fluid with diagnostic exfoliated tumor cells were found.

三、分　　类
Classification

卵巢肿瘤按照其组织发生分为三类:表面上皮间质肿瘤、性索间质肿瘤和生殖细胞肿瘤。

(一) 表面上皮间质肿瘤 Surface epithelial-stromal tumors

卵巢上皮性肿瘤是最常见的卵巢肿瘤,占所有卵巢肿瘤的 90% ,可分为良性、恶性和交界性(borderline malignancy) ,交界性卵巢上皮性肿瘤是指形态和生物学行为界于良性和恶性之间,具有低度恶性潜能的肿瘤(tumors of low malignant potential)。绝大多数上皮肿瘤来源于覆盖在卵巢表面的腹膜间皮细胞,由胚胎时期的覆盖在生殖嵴表面的体腔上皮转化而来。依据上皮的类型分为浆液性、黏液性和子宫内膜样。

1. 浆液性肿瘤 Serous tumors 这是常见的囊性肿瘤内衬高柱状纤毛上皮细胞(tall, columnar, ciliated epithelial cells),其内充满透明浆液。良性,交界性和恶性的浆液性肿瘤占所有卵巢肿瘤的 30% 。约 75% 是良性或交界性,25% 是恶性。浆液性囊腺癌(serous cystadenocarcinoma)约占所有卵巢癌的 40% ,是最常见的卵巢恶性肿瘤。良性和交界性肿瘤好发于 30 ~ 50 岁。尽管卵巢囊腺癌在家族性病例中发病年龄较早,但平均发病年龄较晚。

(1) 病理变化 Pathological changes

肉眼观 Gross appearance:典型的浆液性肿瘤在大体上表现为少量纤维性囊壁(fibrous cysts walled),其中含乳头状上皮形成的一个囊性病灶[囊内型(intracystic)]或卵巢表面的突起。良性肿瘤常表现为没有上皮增厚或小乳头突起的光滑囊壁,如乳头状囊腺瘤(papillary cystadenoma)。交界性肿瘤(borderline tumors)含有较多的乳头状突起(convex papilate)。大量实性(solid)或乳头状肿块,肿块不规则、固定(fixation)或包膜结节状(nodularity capsule)是恶性的重要指征。浆液性肿瘤常发生于双侧(bilaterality), 20% 的良性囊腺瘤,30% 的交界性肿瘤和约 66% 的囊腺癌发生于双侧。交界性和恶性浆液性肿瘤常显著累及卵巢表面或起源于卵巢表面。

光镜下 Light microscopic view:卵巢良性浆液性肿瘤上皮是由具有丰富纤毛的柱状上皮组成。微乳头可能被发现。交界性肿瘤有复杂的伴间质的乳头,乳头被覆上皮层增多,核异型性(nuclear atypia),但未见间质中的浸润性生长(图 12-18A,B)。囊腺癌表现为浸润性生长或肿瘤间质增生。癌细胞具有显著的异型性或未分化细胞。同心圆钙化的砂粒体(psammomma bodies)是浆液性肿瘤的特征。

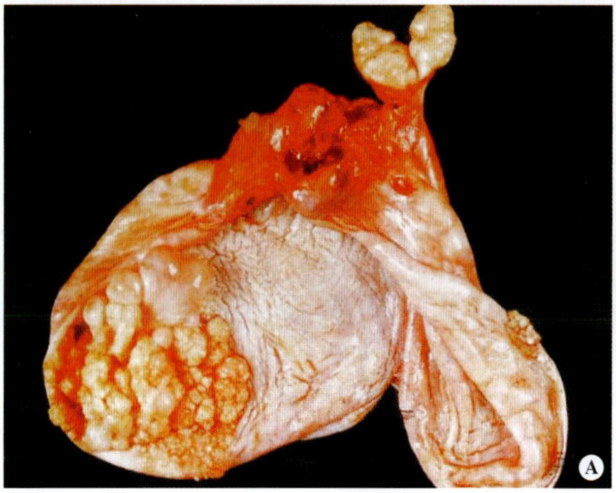

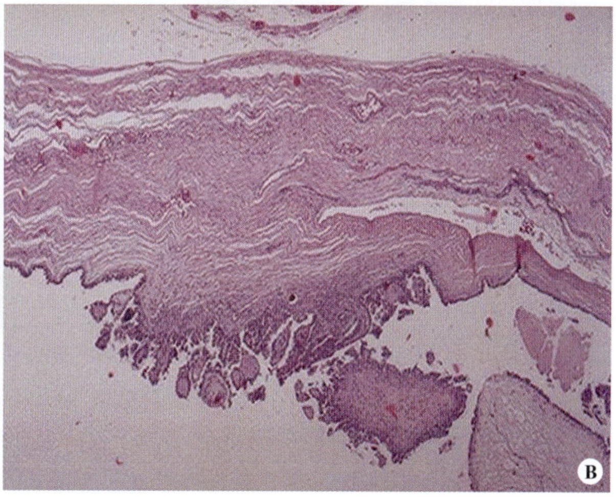

图 12-18 交界性浆液性乳头状囊腺瘤 Borderline serous papillary cystadenoma

A. 肉眼;B. 镜下,可见交界性浆液性囊腺瘤由上皮细胞形成的乳头状突起伸向肿瘤囊腔,无间质或被膜的浸润 A. Gross; B. Microscopically, a borderline serous cystadenoma is seen here with papillary projections of epithelium extending into the lumen of the tumor. There is no invasion of the stroma or capsule

（2）生物学行为与预后 Biologic behavior and prognosis：浆液性肿瘤的生物学行为取决于肿瘤分化程度，分布和是否存在腹膜种植（peritoneal seeding）的特征。浆液性肿瘤可以发生于卵巢表面，虽然发生于腹膜表面的原发肿瘤很罕见，但没有包膜的卵巢表面浆液性肿瘤更可能扩散到腹膜表面（peritoneal surfaces），且预后与肿瘤的组织学形态和肿瘤在腹膜上的生长方式（growth pattern）密切相关。腹膜播散有非侵袭性的或侵袭性，后者表明恶性。交界性肿瘤也可能非侵袭性种植到腹膜表面，这是局限的不引起症状或缓慢播散，在多年后引起肠梗阻（intestinal obstruction）或其他并发症（complications）。卵巢癌浸润周围间质导致促结缔组织增生（desmoplasia），可能形成大腹腔内肿块并伴有明显临床恶性特征。因此，判断肿瘤腹膜播散方式，仔细进行肿瘤病理分类关系到患者预后和治疗方案的选择。

局限在卵巢内的交界性和恶性肿瘤的5年生存率（survival rate）分别是100%和70%，而侵及腹膜的同种卵巢肿瘤的5年生存率分别是90%和25%左右。交界性肿瘤在多年后可能复发（recur），因此5年生存率并不是治愈的同义词（synonymous）。

2. 黏液性肿瘤 Mucinous tumors 黏液性肿瘤与相应的浆液性肿瘤很相似。黏液性肿瘤较少见，约占所有卵巢肿瘤的25%。黏液性肿瘤好发于中年妇女，很少发生于青春期（puberty）和绝经期后（postmenopause）女性。其80%是良性或交界性，约15%是恶性。黏液性囊腺癌（mucinous cystadenocarcinoma）相对少见，仅占所有卵巢癌的10%。

（1）病理变化 Pathological changes

肉眼观 Gross appearances：黏液性肿瘤的特征是形成大小不等的多个囊腔，很少累及表面。双侧发生少见。约5%的原发性黏液性囊腺瘤和黏液性囊腺癌发生于双侧。黏液性肿瘤常形成较大的囊性肿块，据记载，有些黏液性肿瘤的重量超过25kg。肉眼上，黏液性肿瘤充满胶冻状富含糖蛋白（glycoproteins）黏性的多房性肿瘤（multiloculated tumors）（图12-19A）。

光镜下 Light microscopic view

1）良性黏液性肿瘤的特征与良性宫颈或肠上皮肿瘤类似，为缺乏纤毛的高柱状上皮细胞伴有细胞顶端黏液空泡。典型的良性或交界性黏液性肿瘤可发生于子宫内膜组织异位（endometriosis）的基础上，称为“苗勒氏黏液性”囊腺瘤（müllerian mucinous cystadenoma），类似于子宫内膜上皮或宫颈上皮。这些肿瘤很少是恶性的。

2）卵巢黏液性肿瘤常伴有核异型性和细胞多层化的大量腺样或乳头状生长，相似于肠管状腺瘤（tubular adenomas）或肠绒毛状腺瘤（villous adenomas）（图12-19B）。这常是卵巢黏液性囊腺癌的前期病变。卵巢黏液性囊腺癌呈实性生长伴显著异型性和缺乏腺体结构。

3）一些作者描述了一类“非侵袭性的”黏液性上皮内癌（noninvasive mucinous intraepithelial carcinoma），是因为这些肿瘤有显著的上皮异型却没有明显的间质浸润。

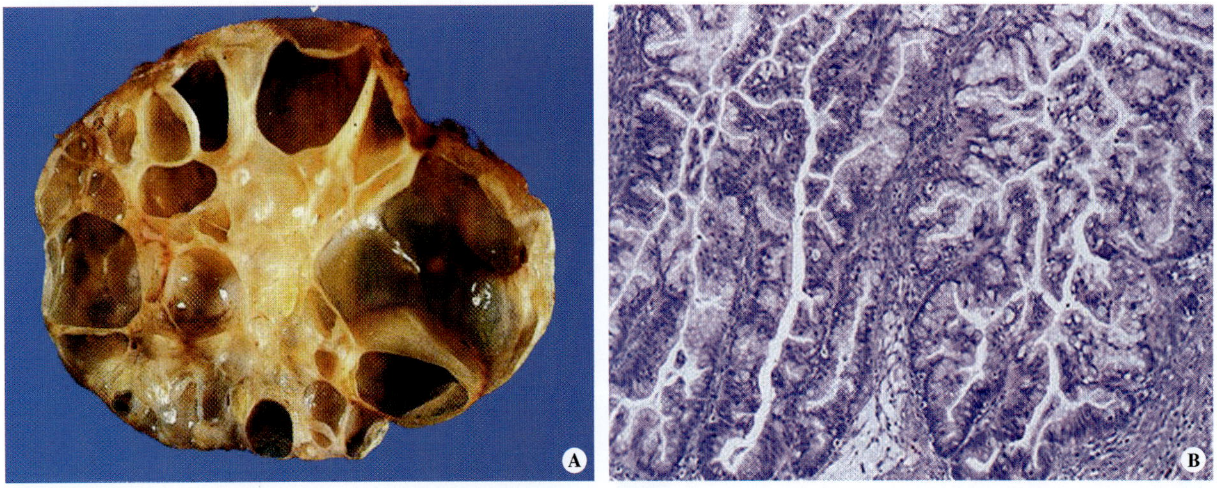

图12-19 卵巢黏液性囊腺癌 Mucinous cystadenocarcinoma of ovary

A. 大体呈多房性肿瘤；B. 镜下肠型黏液交界性肿瘤 A. Gross appearance show multiloculated pattern；B. Microscopically show intestinal-type mucinous borderline tumors

（2）生物学行为与预后 Biologic behavior and prognosis：交界性肿瘤，非侵袭恶性肿瘤和明显侵袭的恶性肿瘤10年生存率分别约为95%，90%和66%。如卵巢黏液性肿瘤的囊壁破裂，上皮和黏液可种植在腹膜上，在腹腔内形成胶冻样肿块，称为腹膜假黏液瘤（pseudomyxoma peritonei）。广泛的腹膜假黏液瘤可导致肠梗阻和死亡。最近有证据表明：卵巢外（通常为阑尾）原发黏液性肿瘤可伴有继发性卵巢和腹膜播散。出现双侧的黏液性肿瘤需要排除非卵巢来源的肿瘤。

3. 内膜样肿瘤 Endometrioid tumors　内膜样肿瘤约占所有卵巢肿瘤的 20%，大部分内膜样肿瘤是癌。良性是普通型囊性腺纤维瘤（cystadenofibromas）少见。由于内膜样肿瘤具有与良、恶性子宫内膜相似的管状腺（tubular glands）的存在，使其与浆液性和黏液性肿瘤易于鉴别。内膜样癌（endometrioid carcinomas）中 15% ~ 30% 伴有子宫内膜癌，在这样的病例中，相对好的预后表明内膜样癌和子宫内膜癌的来源不同，并不是从一个肿瘤转移形成另一个肿瘤。尽管子宫内膜样癌可直接来源于卵巢体腔上皮（ovarian coelomic epithelium），但约 15% 的子宫内膜样癌与子宫内膜异位并存。

肉眼观内膜样癌区与囊性区域并存相似于其他囊腺癌。40% 的内膜样癌累及双侧卵巢，常扩散到生殖道外。镜下有与子宫内膜来源非常相似的腺样结构（图 12-20）。内膜样癌 I 期病人的 5 年生存率约为 75% 。

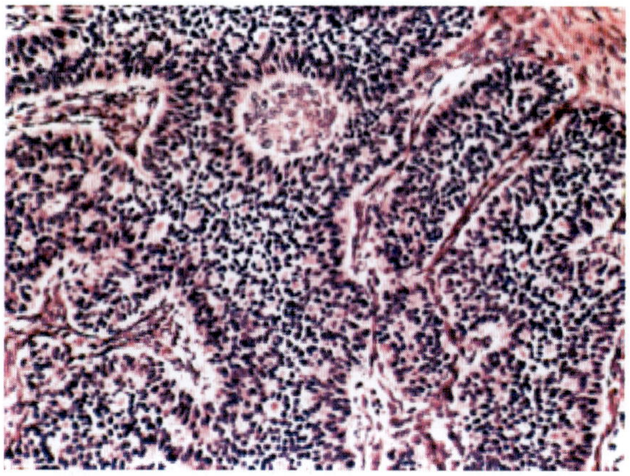

图 12-20　内膜样肿瘤镜下表现 Microscopical appearance of endometrioid tumors

4. 透明细胞腺癌 Clear cell adenocarcinoma　这种非普通型卵巢表面上皮肿瘤以富含透明胞浆的大上皮细胞组成为特征。由于这些肿瘤发生常与子宫内膜异位或卵巢子宫内膜样癌及子宫内膜癌相似的透明细胞癌相关，因此，认为该肿瘤是苗勒氏管（Muller′s capsule）来源的是子宫内膜样腺癌的变异型（variant）。卵巢透明细胞肿瘤主要呈实性或囊性。在实性卵巢透明细胞癌中，透明细胞排列成片状或管状（图 12-21）。在囊性卵巢透明细胞癌中，瘤细胞排列呈腔隙状。局限在卵巢的透明细胞癌 5 年生存率约为 65%；侵袭并发生卵巢外播散的透明细胞癌，其 5 年生存者罕见。

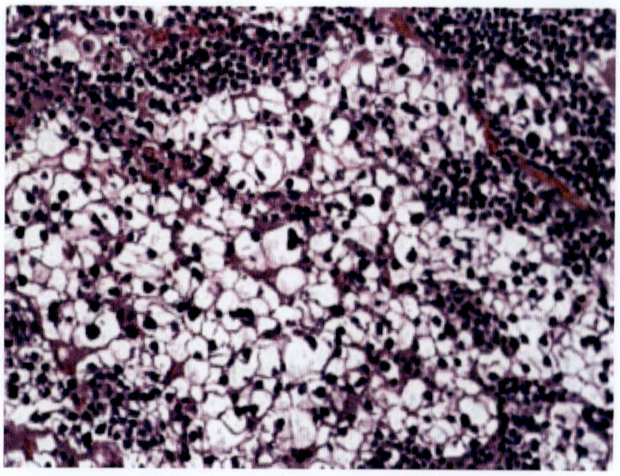

图 12-21　透明细胞腺癌镜下表现 Microscopical appearance of clear cell adenocarcinoma

5. 囊腺纤维瘤 Cystadenofibroma　囊腺纤维瘤是在其内衬柱状上皮囊中有显著的纤维间质增生。这种良性肿瘤常较小、多灶，并有单纯的乳头突起，这些乳头不伴有在普通囊腺瘤见到的复杂分枝结构。它们由黏液性、浆液性、子宫内膜样和移行上皮（Brenner 瘤）组成。有细胞异型的交界性病灶或伴有局灶性癌变的情况很少，而且其转移性扩散也是少见。

6. Brenner 瘤 Brenner tumor　Brenner 瘤［卵巢纤维上皮瘤（fibroepithelial tumor）］是少见的腺纤维瘤（adenofibromas），在瘤中上皮成分由与膀胱被覆上皮相似的尿路上皮［移行细胞（transitional cells）］巢组成。

该肿瘤可以实性或囊性，约 90% 是单侧（unilateral）发生，肿瘤直径从不到 1 cm 的小病灶到 20 ~ 30 cm 以上的巨大肿瘤不等。纤维间质（fibrous stroma）与正常卵巢间质相似，有境界清楚的与泌尿道上皮相似的上皮细胞巢，在其中心常有黏液腺（mucinous gland），柱状（columnar）、黏液-分泌细胞（mucin-secreting cells）排列而成的微小囊或腺腔（图 12-22）。罕见的是间质由较丰富的与卵泡膜细胞（theca cells）相似的成纤维细胞组成，这种肿瘤有激素（hormone）分泌活性。大部分 Brenner 瘤是良性的，相应的恶性肿瘤也有报道。

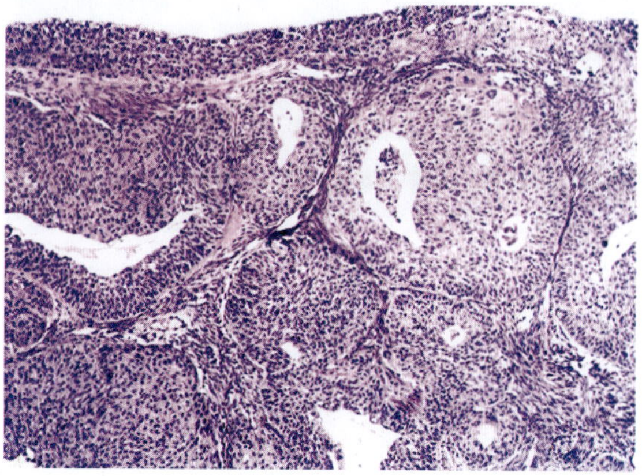

图 12-22　Brenner 瘤镜下表现 Microscopical appearance of Brenner tumor

(二) 卵巢性索间质肿瘤 Sex cord-stromal tumors

卵巢性索间质肿瘤起源于原始性腺中的性索和间质组织，分别在男性和女性衍化成各自不同类型的细胞，并形成一定的组织结构。女性的性索间质细胞称作颗粒细胞(granulose cell)和卵泡膜细胞(theca cell)，男性则为支持细胞(sertoli cell)和间质细胞(leydig cell)，它们可各自形成女性的颗粒细胞瘤和卵泡膜细胞瘤，或男性的支持细胞瘤和间质细胞瘤。亦可混合构成颗粒-卵泡膜细胞瘤(granulosa-thecoma tumors)或支持-间质细胞瘤(sertoli-leydig cell tumors)。由于性索间质可向多方向分化，卵巢和睾丸可查见所有这些细胞类型来源的肿瘤。卵泡膜细胞和间质细胞可分别产生雌激素和雄激素，患者常有内分泌功能改变。

1. 颗粒细胞瘤 Granulosa cell tumor 颗粒细胞瘤是伴有雌激素分泌的功能性肿瘤。虽然该瘤极少发生转移，但可发生局部扩散，甚至在切除多年后复发，应被看作低度恶性肿瘤。

颗粒细胞瘤和其他卵巢肿瘤一样，体积较大，呈囊实性。肿瘤部分区域呈黄色，为含脂质的黄素化的颗粒细胞，间质呈白色，常伴发出血。镜下，瘤细胞大小较一致，体积较小，椭圆形或多角形，细胞质少，细胞核通常可见核沟，呈咖啡豆样外观。瘤细胞排列成弥漫型、岛屿型、梁索型，分化较好的瘤细胞常围绕一腔隙，排列成卵泡样的结构，中央为粉染的蛋白液体或退化的细胞核，称为 Call-Exner 小体(图 12-23)。

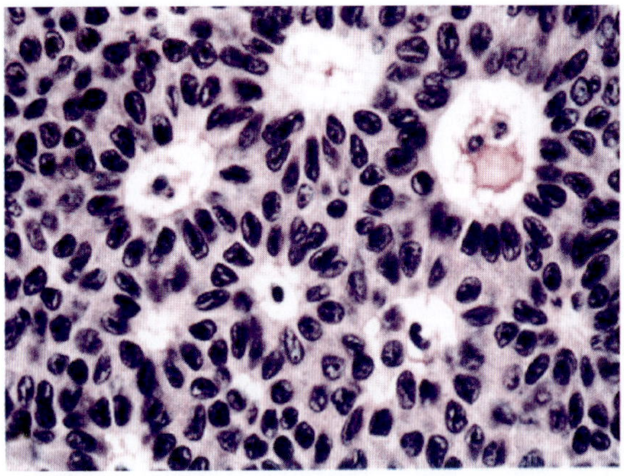

图 12-23 颗粒细胞瘤镜下表现 Microscopical appearance of granulosa cell tumor (Call-Exner body)

2. 卵泡膜细胞瘤 Thecoma 卵泡膜细胞瘤为良性功能性肿瘤，因为肿瘤细胞可产生雌激素，绝大多数患者有雌激素增多产生的体征，患者常表现为月经不调和乳腺增大，多发生于绝经后的妇女。

卵泡膜细胞瘤呈实体状，由于细胞含有脂质，切面色黄。镜下，瘤细胞由成束的短梭形细胞组成，核卵圆形，胞质由于含脂质而呈空泡状。玻璃样变的胶原纤维可将瘤细胞分割成巢状。瘤细胞黄素化时，细胞大而圆，核圆居中，与黄体细胞相像，称为黄素化的卵泡膜细胞瘤(图 12-24)。

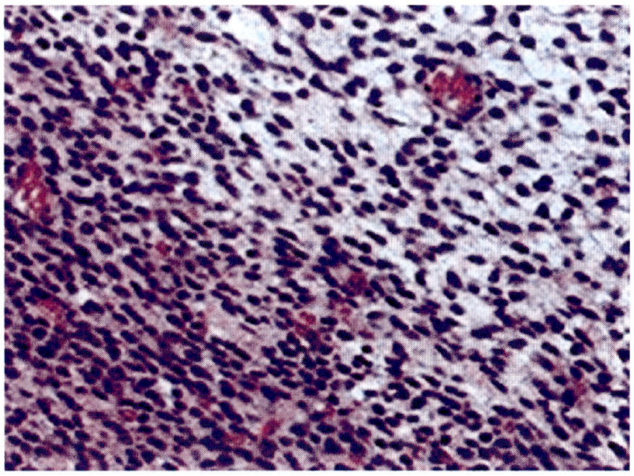

图 12-24 卵泡膜细胞瘤镜下表现 Microscopical appearance of thecoma

3. 支持-间质细胞瘤 sertoli-leydig cell tumors 支持-间质细胞瘤主要发生在睾丸，较少发生于卵巢，任何年龄均可发病，多发于年轻育龄期妇女。该瘤可分泌少量雄激素，若大量分泌可表现为男性化。

肿瘤单侧发生，呈实体结节分叶状，色黄或棕黄。镜下，由支持细胞和间质细胞按不同比例混合而成，高分化支持-间质细胞瘤由和胎儿睾丸的曲细精管相似的腺管构成，细胞为柱状。腺管之间为纤维组织和数量不等的间质细胞，间质细胞体积大，胞质丰富嗜酸，核圆形或卵圆形，核仁明显。中分化者，分化不成熟的支持细胞，呈条索或小巢状排列；低分化者，细胞呈梭形，肉瘤样弥漫分布(图 12-25)。高分化肿瘤手术切除后可治愈，低分化肿瘤可复发和转移。

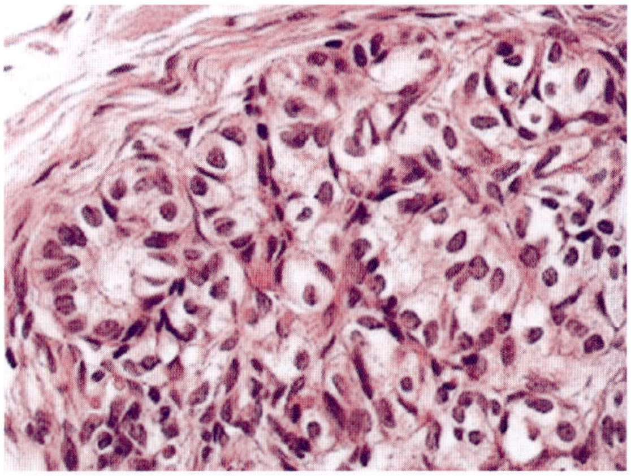

图 12-25 支持-间质细胞瘤镜下表现 Microscopical appearance of sertoli-leydig cell tumors

（三）卵巢生殖细胞肿瘤 Germ cell tumors

来源于生殖细胞的肿瘤约占所有卵巢肿瘤的 1/4，儿童和青春期的卵巢肿瘤的 60% 为生殖细胞肿瘤，绝经期后则很少见。原始生殖细胞具有向不同方向分化的潜能，由原始性生殖细胞组成的肿瘤称作无性细胞瘤（dysgerminoma）；原始生殖细胞向胚胎的体壁细胞分化称为畸胎瘤（teratoma）；向胚外组织分化，瘤细胞和胎盘的间充质细胞或它的前身相似，称作卵黄囊瘤（内胚窦瘤）［Yolk sac tumor（endodermal sinus tumor）］；向覆盖在胎盘绒毛表面的细胞分化，则称为绒毛膜癌。

1. 畸胎瘤 Teratoma　畸胎瘤是来源于生殖细胞的肿瘤，具有向体细胞分化的潜能，大多数肿瘤含有至少两个或三个胚层组织成分。约占所有卵巢肿瘤的 15% ~20%，好发于 20 ~ 30 岁女性。

（1）成熟畸胎瘤 Mature teratoma：又称成熟囊性畸胎瘤，是最常见的生殖细胞肿瘤。

肉眼观，肿瘤呈囊性，充满皮脂样物、囊壁上可见头节，表面附有毛发，可见牙齿。镜下，肿瘤由三个胚层的各种成熟组织构成。常见皮肤、毛囊、汗腺、脂肪、肌肉、骨、软骨、呼吸道上皮、消化道上皮、甲状腺和脑组织等。以表皮和附件组成的单胚层畸胎瘤称为皮样囊肿（dermoid cyst）；以甲状腺组织为主的单胚层畸胎瘤则称为卵巢甲状腺肿（struma-ovarii）。1% 可发生恶性变，多发生在老年女性，组织学特点和发生在机体其他部位的癌相似。3/4 为鳞状细胞癌，其他包括类癌、基底细胞癌、甲状腺癌和腺癌等。

（2）未成熟性畸胎瘤 Immature teratoma：卵巢未成熟性畸胎瘤和成熟囊性畸胎瘤的主要不同是在肿瘤组织中查见未成熟组织。未成熟性畸胎瘤占 20 岁以下女性所有恶性肿瘤的 20%，平均发病年龄为 18 岁，随年龄的增大，发病率逐渐减少。

肉眼观：未成熟性畸胎瘤呈实体分叶状，可含有许多小的囊腔。

镜下：在与成熟畸胎瘤相似的组织结构背景上，可见未成熟神经组织组成的原始神经管和菊形团，偶见神经母细胞瘤的成分（图 12-26）。此外，常见未成熟的骨或软骨组织。预后和肿瘤分化有关，高分化的肿瘤一般预后较好，而主要由未分化的胚胎组织构成的肿瘤则预后较差。

2. 无性细胞瘤 Dysgerminoma　卵巢无性细胞瘤是由未分化、多潜能原始生殖细胞组成的恶性肿瘤，同一肿瘤发生在睾丸则称为精原细胞瘤（seminoma）。大多数病人的年龄在 10 ~ 30 岁之间。无性细胞瘤仅占卵巢恶性肿瘤的 2%，精原细胞瘤则是睾丸最常见的肿瘤。

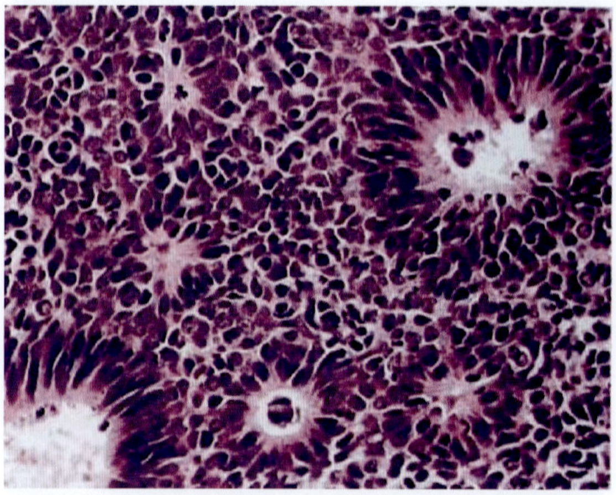

图 12-26　未成熟性畸胎瘤中原始神经管和菊形团 Primary neural tube and rosettes in immature teratoma

肉眼观，肿瘤一般体积较大，质实，表面结节状。切面质软鱼肉样。镜下，细胞体积大而一致，细胞膜清晰，胞质空亮，充满糖原，细胞核居中，有 1-2 个明显的核仁，核分裂象多见。瘤细胞排列成巢状或条索状（图 12-27）。瘤细胞巢周围的纤维间隔中常有淋巴细胞浸润，并可有结核样肉芽肿结构。约 15% 的无性细胞瘤含有和胎盘合体细胞相似的合体细胞滋养层成分。肿瘤细胞胎盘碱性磷酸酶阳性可有助于诊断的确立。

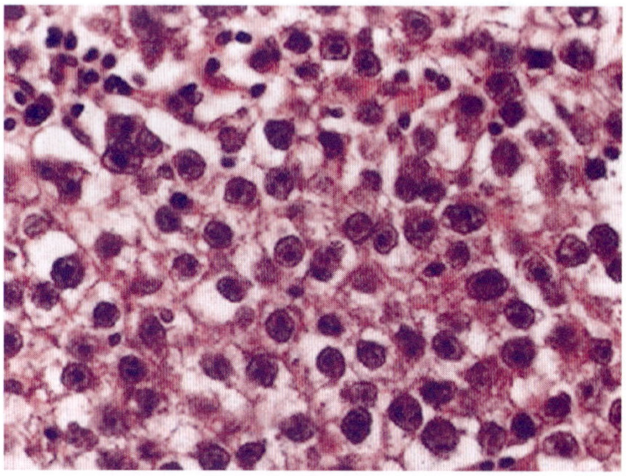

图 12-27　无性细胞瘤镜下表现 Microscopical appearance of dysgerminoma

无性细胞瘤对放疗和化疗敏感，5 年生存率可达 80% 以上。晚期主要经淋巴道转移至髂部和主动脉旁淋巴结。

3. 胚胎性癌 Embryonal carcinoma　胚胎性癌主要发生于 20 ~ 30 岁的青年人，比无性细胞瘤更具有浸润性，是高度恶性的肿瘤。

肉眼观 Gross appearances：肿瘤体积小于无性细胞瘤，切面肿瘤边界不清，可见出血和坏死。

光镜下 Light microscopic view：肿瘤细胞排列成腺管、腺泡或乳头状，分化差的细胞则排列成片状。肿瘤细胞形态呈上皮样，细胞大，显著异型，细胞之间界限不清，细胞核大小形态不一，核仁明显，常见核分裂象和瘤巨细胞（图 12-28）。若伴有畸胎瘤、绒毛膜癌和卵黄囊瘤成分，应视为混合性肿瘤。

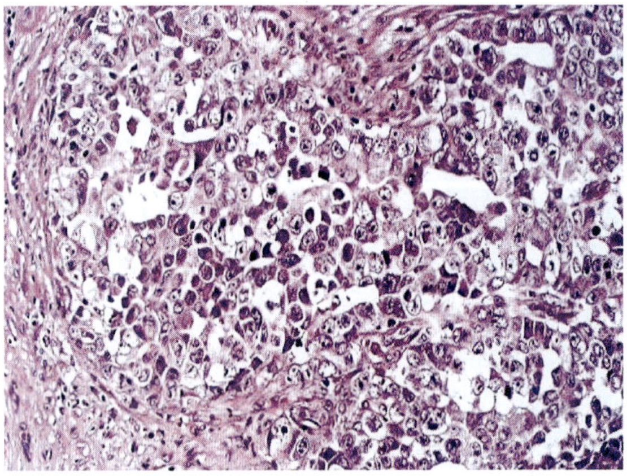

图 12-28 胚胎性癌镜下表现 Microscopical appearance of embryonal carcinoma

4. 卵黄囊瘤 Yolk sac tumor 卵黄囊瘤又称内胚窦瘤（endodermal sinus tumor），因组织形态和小鼠胎盘的结构很相似而取此名，多发生在 30 岁以下妇女，是婴幼儿生殖细胞肿瘤中最常见的类型，生物学行为呈高度恶性。临床表现为腹痛与迅速增大的盆腔肿块。

肉眼上肿瘤体积较大，结节分叶状，边界不清。切面灰黄色，呈实体状，局部囊腔形成，或局部出血坏死。

镜下见多种组织形态：①疏网状结构，是最常见的形态，相互交通的间隙形成微囊、乳头和腺管结构，内衬立方或扁平上皮，背景呈黏液状（图 12-29A）；②S-D 小体（Schiller-Duval body）：由生殖细胞（germ cell）围绕的纤维血管，中心血管与生殖细胞之间有空隙存在，类似肾小球样结构（glomerulus-like structure）（图 12-29B）。免疫组织化学显示肿瘤细胞 AFP（α-fetoprotein）和 α_1-抗胰蛋白酶（α_1-antitrypsin）阳性；③多泡性卵黄囊结构，形成与外胚层卵黄囊（extraembryonic yolk sac）相似大小不等的囊腔，内衬扁平上皮、立方上皮或柱状上皮，囊之间为致密的结缔组织；④细胞外嗜酸性玻璃样小体（hyaline droplets）也是常见的特征性结构；⑤有肝细胞样分化（图 12-29C）。

联合化疗（combination chemotherapy）可以缓解肿瘤进展。

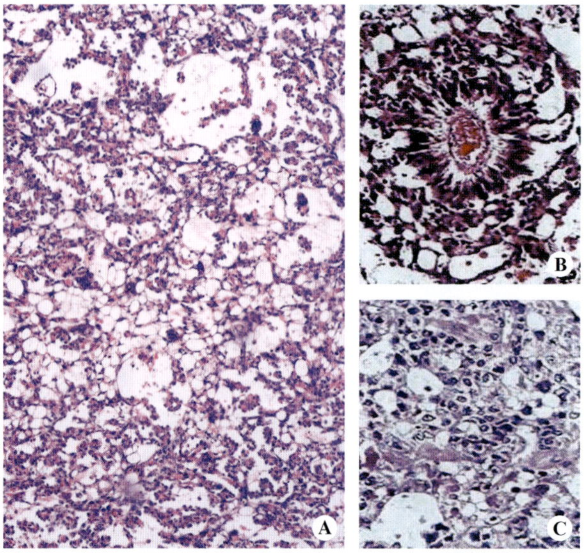

图 12-29 卵黄囊瘤镜下表现 Microscopical appearance of yolk sac tumor

A. 疏网状结构；B. S-D 小体；C. 肝细胞样分化 A. Sparse network structure；B. Schiller-Duval body；C. Hepatocyte-like differentiation

第五节 前列腺疾病
Disorders of Prostate

前列腺位于膀胱颈部下方，包绕尿道的前列腺部，外形如栗子，尖向下而底在上。前列腺的分区可按前列腺腺体组织对性激素的敏感性划分为内腺和外腺两组带区（图 12-30）。内腺，中央区（central zones）包括尿道周围（periurethral zones）组织、射精管周围和移行区（带）（transitional zones），对性激素（包括女性激素和男性激素）敏感，是前列腺增生的好发部位；外腺包括前列腺周围区（peripheral zones）对女性激素不敏感，仅对男性激素敏感，是前列腺癌的好发部位，肿瘤长大可累及中央带。因此认为，前列腺增生和前列腺癌之间没有直接明确的联系。

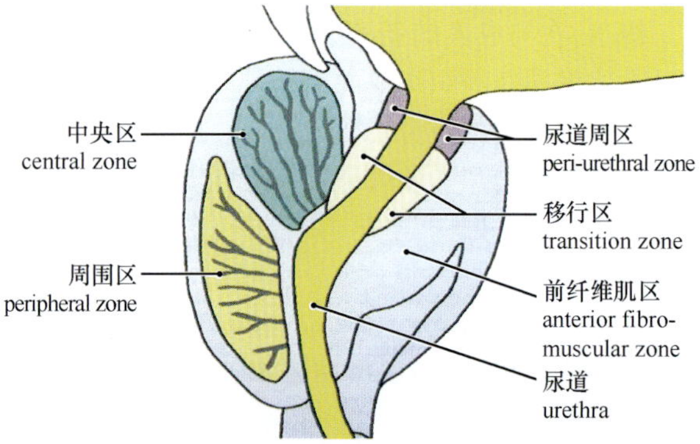

图 12-30 前列腺的形态与分区 Morphology and region of prostate

一、前列腺炎
Prostatitis

前列腺可发生急性和慢性炎症，常继发于膀胱和泌尿道感染，病原菌多为革兰氏阴性杆菌，如大肠杆菌、变形杆菌等。临床上表现为尿急、尿频、排尿困难和腰骶部疼痛。前列腺可肿大与触痛。急性者伴有发热、白细胞增多，慢性者常为泌尿系统感染反复发作的重要原因。急性前列腺炎治疗不彻底可转变为慢性。

镜下：急性前列腺炎主要为中性粒细胞弥漫浸润，间质充血水肿，严重时可形成小脓肿。慢性前列腺炎浸润的炎症细胞以淋巴细胞和浆细胞为主，伴少量中性粒细胞。

此外，前列腺可发生肉芽肿性炎，常为全身系统性疾病的一部分，如结核、结节病（sarcoidosis）、真菌感染及 Wegener 肉芽肿，前列腺结核常伴有肾结核或附睾结核。

二、前列腺增生症
Benign Prostatic Hyperplasia

良性前列腺增生又称结节状前列腺增生（nodular prostatic hyperplasia）或前列腺肥大（hypertrophy），以前列腺上皮和间质增生为特征。

（一）病因和发病机制 Etiology and pathogenesis

前列腺增生发生和雄激素（androgens）有关。此外，雌激素（estrogens）水平升高也可通过增加实质细胞二氢睾酮胞浆受体[dihydrotestosterone（DHT）cytoplasmic receptors]表达，增强 DHT 促进前列腺增生的效应。

前列腺增生症是 50 岁以上男性的常见疾病，发病率随年龄的增加而递增。本病在 40 岁男性约占 20%，到 60 岁增加到 70%，到 80 岁增加到 90%。大部分病人没有症状；5% ~10% 的病人需要外科治疗。黑人比白人发病平均早 10 年。

（二）病理变化 Pathological changes

肉眼观 Gross appearances 前列腺呈结节状增大，严重者重量超过 200 克。颜色和质地与增生的成分有关，以腺体增生为主的呈淡黄色，质地较软，切面可见大小不一的蜂窝状腔隙，挤压可见奶白色前列腺液体流出；而以纤维平滑肌增生为主者，色灰白，质地较韧，和周围正常前列腺组织界限不清。切面有多个质硬，境界清楚的结节，结节常从切面突出。发生于前列腺内尿道外周[inner（periurethral）portion]和移行部位的不同大小的结节使前列腺增大。发生于尿道侧面（urethra lateral）的结节可压迫尿道（urethra）而引起尿道裂隙样狭窄，发生于较中央的结节可直接凸出到近端尿道的底部，导致阻塞（图 12-31）。在其他情况下，结节可凸出到膀胱腔内，且在尿道入口形成一个球瓣性阻塞（ball-valve obstruction）。

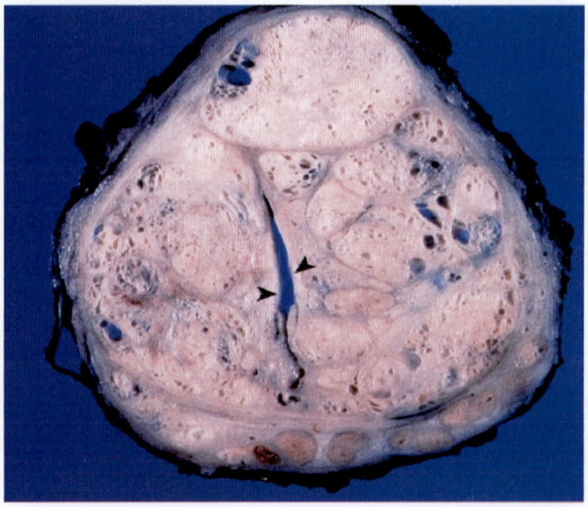

图 12-31 结节状前列腺增生 Nodular prostatic hyperplasia
明显的结节压迫尿道形成一个裂隙样的腔（箭头）Well-defined nodules compress the urethra（arrow）into a slitlike lumen

光镜下 Light microscopic view 前列腺增生的成分主要由纤维、平滑肌和腺体组成，三种成分所占比例因人而异。增生的腺体和腺泡相互聚集或在增生的间质中散在随机排列，分叶状呈梅花鹿角状，增生的腺上皮可形成不规则乳头，腺腔柔软，张力不高。但仍保留正常腺体的两层细胞特点：内层细胞呈分泌型高柱状腺上皮细胞（tall columnar epithelial cells），外层细胞呈立方或扁平形基底细胞（basal cells），周围有完整的基膜包绕。腔内常含有淀粉小体（amyloid body）。此外，可见鳞状上皮化生和小灶性梗死，化生的上皮常位于梗死灶的周边（图 12-32）。

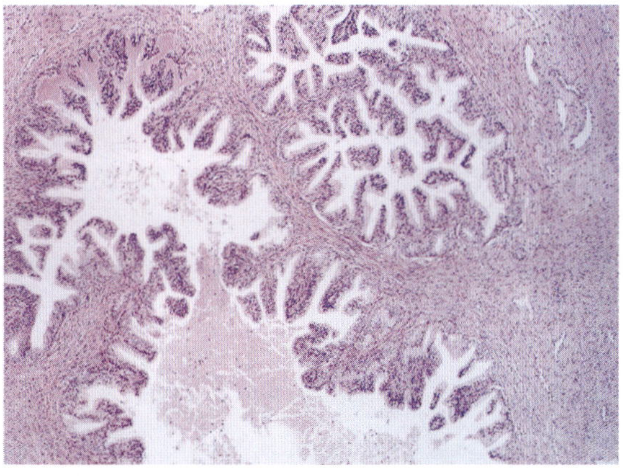

图 12-32 结节状前列腺增生 Nodular prostatic hyperplasia
病变为不规则的腺体增生或扩张，并有纤维和平滑肌的增生 The lesions show irregular glandular proliferation or dilatation as well as fibrous or muscular proliferation

（三）临床特点 Clinical features

由于增生多发生在前列腺的中央区和移行区，尿道前列腺部受压而产生尿道梗阻的症状和体征，患者可有排尿困难，尿流变细，滴尿、尿频（Urinary frequency）和夜尿增多（nocturia）。时间久者，产生尿潴留（urinary retention）和膀胱扩张。尿液潴留可进一步诱发尿路感染（urinary tract infection）或肾盂积水（hydronephrosis），严重者最后可致肾衰竭。

三、前列腺癌
Carcinoma of Prostate

前列腺癌是男性最常见的、源自前列腺上皮的恶性肿瘤。在美国前列腺癌是50岁以上男性癌症死因的第2位，仅次于肺癌，黑人的发病率是白人的两倍。亚洲地区前列腺癌发病率较低，但近年来呈上升趋势。发病率在45～49岁年龄组为4.8/10万，在70～75岁年龄组增加到513/10万。尸检和外科活检提示较多隐匿性（occult）前列腺癌。

近十年来，中国由于人口老龄化的发展，环境因素的改变如饮食结构的高脂化，再加上血清前列腺特异性抗原（prostatic specific antigen，PSA）检测和前列腺穿刺活检技术的推广应用，提高了前列腺癌的诊断水平。前列腺癌已成为我国常见的10大肿瘤之一。高级别前列腺上皮内肿瘤（PIN）演变为癌大约需要10～15年。

（一）病因与发病机制 Etiology and pathogenesis

临床和流行病学数据表明高龄、种族、激素影响和环境在前列腺癌的形成中都起作用。直系亲属中患前列腺癌的患者增加。目前报道的与前列腺癌相关的基因有：DCC基因、RNASEL基因、MSR1基因、GSTP1基因、NKX3.1基因、PTEN基因和AR（雄激素受体）等。由于去势手术或雌激素治疗，部分前列腺癌生长延缓，表明雄激素和前列腺癌的发生相关。和正常前列腺一样，前列腺癌上皮细胞上有雄激素受体（androgens receptor，AR），激素和受体结合可促进肿瘤生长。在前列腺癌发生的种族差异中，雄激素受体的CAG重复序列的数量与前列腺癌的高发有关，其多态性可能影响雄激素对前列腺的上皮作用。美国黑人的雄激素受体的CAG重复序列就少于白人。因而解释黑人前列腺癌的易感性，其他前列腺癌的易感性可能与Vit D受体基因的多态性或胰岛素样生长因子（IGF）信号途径有关。

（二）病理变化 Pathological changes

肉眼观 Gross appearance 大部分前列腺癌发生于前列腺外周区的腺体，尤其在后部，直肠指检易发现。原发病灶境界不清、质硬（firm）韧（tenacious），比邻近非肿瘤实质略显黄色。

光镜下 Light microscopic view 大多数前列腺癌为腺癌，分化程度不等，瘤细胞形成片状和索状（图12-33），小腺体为主，肾小球样，癌细胞核间距增大，癌细胞浆增宽淡染，核大核仁明显。在一些病例，高分化腺癌和结节状增生难以区分，但是前者的腺泡比增生的腺泡小且排列紧密（背靠背 back to back），腺管张力高较僵直。肿瘤腺体呈单层（single layer）细胞，内衬柱状细胞（columnar cells）伴明显的核仁（nucleoli），基底细胞（basal cell）消失，较少伴有纤维反应和炎症反应。反之，前列腺增生结节中腺体梅花鹿角状呈分叶状分布，腺腔柔软，张力不高，常有丰富的胶原（collagen）和间质细胞（interstitial cells），腺体基底细胞存在。肿瘤对外周神经和血管的浸润有助于恶性的诊断。其他类型的前列腺癌包括鳞状细胞癌（squamous cell carcinoma），移行细胞癌（transitional cell carcinoma）和黏液癌（mucinous carcinoma），但少见。

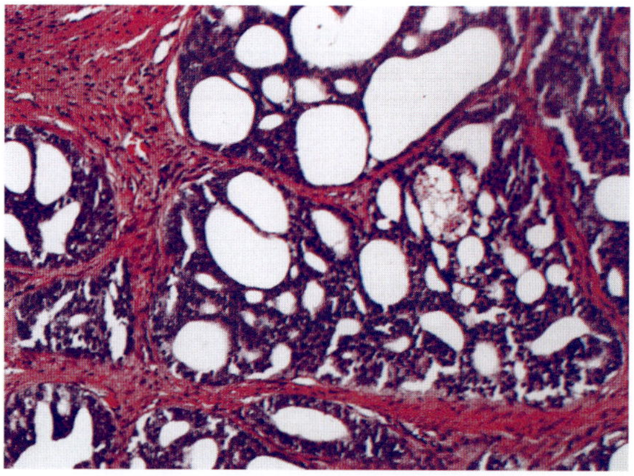

图12-33 前列腺腺癌 Prostatic adenocarcinoma
肿瘤呈明显的筛网状结构 Cribriform pattern is evident in the tumor masses

癌腺泡旁横纹肌或紧贴在神经边上均并不一定表示癌的浸润，因为在正常前列腺中存在横纹肌和神经组织。但癌周出现脂肪组织则是癌前列腺外侵犯的证据，因为正常前列腺组织中无脂肪组织，此时必须注意是否临床切除干净。

> Microscopically, the vast majority of prostatic carcinomas are adenocarcinomas, ranging from well-differentiated lesions to poorly differentiated neoplastic cells forming sheets and cords. Well-differentiated lesions may be difficult to distinguish from nodular hyperplasia in some cases, but contain acini that are smaller and more closely spaced ("back to back") than those encountered in hyperplasia, The hyporplastic glands are encircled by collagen and stromal cells. The neoplastic glands lined by a single layer of cuboidal cells with conspicuous nucleoli, the basal cell layer is absent. Invasion of perineural spaces and vascular channels aids in the diagnosis of malignancy.

（三）临床特点及分级、分期 Clinical features, grading and staging

1. 临床特点 Clinical features　由于大部分前列腺癌来源于前列腺外周部，早期不出现尿道阻塞。约5%～20%的前列腺癌可发生局部浸润和远处转移，常直接向精囊（seminal vesicles）和膀胱（urinary bladder）底部浸润，后者可引起尿道梗阻。血道转移（Hematogenous matestasis）主要转移到骨，尤以脊椎骨最常见，其次为股骨近端、盆骨和肋骨。男性肿瘤骨转移应首先想到前列腺癌转移的可能。偶见内脏的广泛转移。淋巴转移开始发生于局部盆腔淋巴结（pelvic lymph nodes），随后可达精囊（glandula seminalis）周围、髂（ilio）、骶（sacro）、股（thigh）及主动脉旁淋巴结（paraaortic lymph node）。

早期前列腺癌一般无症状，常在前列腺增生的切除标本中或在死后解剖中偶然发现。因为大多数前列腺癌呈结节状位于被膜下，肛诊检查可直接们及。

直肠指诊（rectal touch）、在超声引导下经肛门至直肠壶腹进行穿刺的细针穿刺活检（transrectal or transperineal needle biopsy）是诊断早期前列腺癌的最有效方法，但若病灶在前列腺前部则难以获得病变组织。淋巴转移可通过许多方法诊断，包括淋巴道造影（lymphangiography）、CT 扫描（CT scan）、病变进展期淋巴结切除标本（lymphadenectomy specimens）的组织学检查。骨骼 X 线和 CT 是诊断骨转移的有效方法。

血清 PSA 的检测是前列腺的诊断和分期的重要指标，在转移性腺癌内 PSA（+）可确诊转移癌来源于前列腺。血清前列腺酸性磷酸酶（prostatic fraction of serum acid phosphatase，PAP）的检测有助于对前列腺癌的诊断和分期，PAP 升高提示癌已扩散超出了前列腺的包膜或已经转移。血清 PAP 的活性在监测癌的进展中有重要价值；PAP 水平升高提示前列腺癌的进展。P504s 弥漫胞浆强阳性时支持肿瘤的诊断。基底细胞标志 P63 和 CK5/6 可进行诊断与鉴别。ERG 定位于细胞核，该指标特异性高，敏感性差，正常内对照为血管内皮，只要阳性 100% 是癌。

2. 分级 Grading　依据肿瘤的分化程度、核异型性、生长方式等组织学标准而进行的分级系统可预测癌的生物学行为（biologic behavior）。几个可行的分级系统（如 Gleason 分级）提供了癌的组织学特征与临床分期、肿瘤预后之间的较好的相关性。它主要是根据在低倍镜下肿瘤生长的形态（反映肿瘤腺体分化）和肿瘤在间质中浸润状态作为分级依据（图 12-34，表 12-3）。Gleason 评分的分级方法对判断预后具有重要意义。

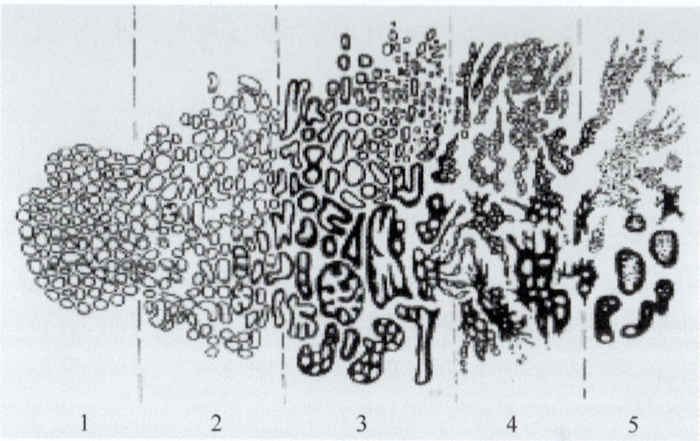

图 12-34　前列腺癌的 Gleason 分级组织模式 Histologic growth pattern in Gleason grading systems of prostatic carcinoma

表 12-3　前列腺癌的 Gleason 分级
Gleason grading systems of prostatic carcinoma

级别	境界	间质浸润	腺体结构	胞浆
1	清	轻微	中、圆形 密集成堆，圆形肿块	浅染、清亮
2	欠清	轻度	分散腺体 中、圆形，轻度不规则，圆形肿块	浅染、清亮
3 AB	浸润性	明显	小，有角形成，疏密不均，规则肿块	偏嗜碱性
3 C	圆形	明显	筛孔状，乳头状，长形肿块	嗜碱性
4 AB	高低不平	明显	微小 筛孔 乳头 腺体，细胞条索相互融合	暗或亮
5	圆形或高低不平	明显	粉刺状不规则成片或成团	不一定

GX　分级无法评估

G1　高分化（轻度间变）（Gleason 评分 2～4）

G2　中分化（中度间变）（Gleason 评分 5～7）

G3～4　低分化/未分化（重度间变）（Gleason 评分 8～10）

3. 分期 Staging

在美国广泛应用的分期标准为：

A 无临床表现仅在切除标本中检测到的隐匿性癌

A1 高分化癌占切除组织的 5% 以下

A2 低分化癌或癌占标本的 5% 以上

B 通过直肠指检可触知肿瘤但局限于前列腺

B1 肿瘤局限于前列腺的一叶

B2 肿瘤累及前列腺的两叶

C 肿瘤在前列腺以外局部的扩散；没有临床上明显的转移

C1 没有累及输精管(deferent duct)

C2 累及输精管

(四)预后 Prognosis

前列腺癌的治疗和预后主要受病变的分期影响。在评价前列腺癌病人的预后时，淋巴转移的检测是尤其重要。局部病变(A期或B期)主要通过外科治疗或/和放疗，其10年存活率为50%～80%。激素治疗包括睾丸切除术或雌激素治疗或黄体激素释放激素的合成物或类似物的替代治疗，这主要用于晚期病人。晚期病人的10年存活率仅为10%～40%。

第六节 睾丸和阴茎肿瘤
Tumor of Testis and Penis

一、睾丸肿瘤
Tumor of Testis

除卵巢囊腺瘤极少发生在睾丸以外，和卵巢性索间质及生殖细胞肿瘤相同类型的肿瘤均可发生在睾丸，发生在睾丸或卵巢的同一类型的肿瘤的肉眼观、组织学改变和生物学行为无明显区别，本节不再赘述。

二、阴茎肿瘤
Tumor of Penis

阴茎鳞状细胞癌是起源于阴茎鳞状上皮的恶性肿瘤，多发于40～70岁的男性。发病与HPV有一定关系，包皮环切可保持生殖器局部的卫生，减少含有HPV和其他致癌物质的包皮垢，降低HPV的感染几率，有效地防止阴茎癌的发生。

阴茎鳞状细胞癌通常发生在阴茎龟头或包皮内接近冠状沟的区域。肉眼观呈乳头型或扁平型：乳头型似尖锐湿疣，或呈菜花样外观；扁平型局部黏膜表面灰白，增厚，表面可见裂隙、溃疡。镜下为分化程度不一的鳞状细胞癌，一般分化较好，有明显的角化。

疣状癌(verrucous carcinoma)为发生在男性或女性的外阴黏膜的高分化鳞癌，低度恶性。肿瘤由外向内呈乳头状生长，仅在局部呈舌状向下推进性浸润，极少发生转移。因与尖锐湿疣相似而得名。

阴茎鳞状细胞癌进展缓慢，可局部转移，除非有溃疡形成或感染，一般无痛感，常可伴有出血。早期肿瘤可转移至腹股沟和髂淋巴结，除非到晚期，广泛播散极其少见。5年生存率可达70%。

Squamous cell carcinoma and its precursor lesions are the most important penile lesions. All are associated with HPV infection. Carcinoma in situ of the penis occurs in three forms: Bowen disease, Bowenoid papulosis, and erythroplasia of Queyrat. Histologically they are similar but have distinctive clinical presentations. Squamous cell carcinoma occurs on the glans or shaft of the penis as an ulcerated infiltrative lesion that may spread to inguinal nodes and infrequently to distant sites. Most cases occur in uncircumcised males who are smokers.

第七节 乳腺疾病
Disease of Breast

乳腺上皮在乳腺组织中仅占小部分，但乳腺疾病绝大部分起源于上皮。上皮系统排列成10～15个区段，如树的分枝，导管为枝，小叶为花，花向枝的方向排空，汇入集合导管开口于乳头皮肤，集合导管在乳头皮肤直下扩张为乳窦。整个导管上皮双层结构，内为腺上皮，外为肌上皮。由小叶内外终末导管、小叶内外结缔组织、小管(盲端)组成终末导管小叶单元(Terminal ductal lobular unit TDLU)(图12-35)，是多数乳腺疾病起源处，是激素敏感区、反应区。

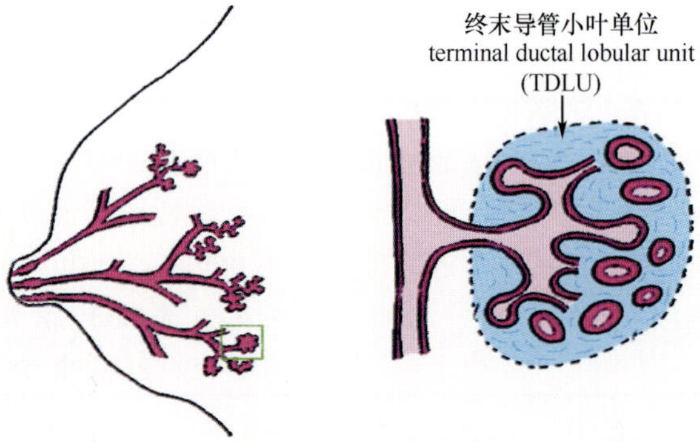

图12-35 终末导管小叶单位 Terminal ductal lobular unit (TDLU)

一、乳腺纤维囊性变
Fbrocystic Changes

乳腺纤维囊性变是一组非肿瘤性病变，以末梢导管和腺泡扩张、间质纤维组织和上皮不同程度的增生为特点，是最常见的乳腺疾患，多发于25～45岁的女性，绝经前达发病高峰，绝经后一般不再进展，极少在青春期前发病。

(一)病因与发病机制 Etiology and pathogenesis

发病多与卵巢内分泌失调有关，孕激素(progestogen)减少而雌激素(estrogen)分泌过多也起一定的作用,但确切的发病机制不明了。

(二)病理变化 Pathological Changes 分为非增生型和增生型两种

1. 非增生型纤维囊性变 Nonproliferative cystic lesions

肉眼观 Gross appearances:双侧,多灶小结节性分布,边界不清,囊肿大小不一,多少不等,相互聚集的小囊肿和增生的间质纤维组织相间交错,可产生斑驳不一的外观。大的囊肿含有半透明浑浊的液体,外表面呈蓝色,故称作蓝顶囊肿(blue dome cysts)(图 12-36)。

光镜下 Light microscopic view:囊肿被覆扁平上皮、柱状或立方上皮,也可完全缺如,仅见纤维性囊壁。腔内偶见钙化。如囊肿破裂,内容物外溢进入周围的间质,可致炎症性反应和间质纤维组织增生,纤维化的间质进一步发生玻璃样变(图 12-37A)。囊肿上皮常可见大汗腺化生(apocrine metaplasia),细胞体积较大,胞质嗜酸性,细胞质的顶部可见典型的顶浆分泌小突起(图 12-37B),形态和大汗腺的上皮相似。

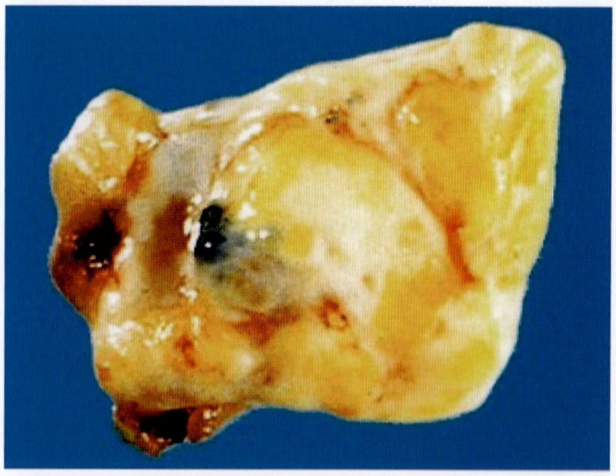

图 12-36　乳腺纤维囊性变 Fibrocystic changes of breast

活检标本上可见未打开的蓝顶囊肿,分散的境界不清的白色区域是纤维化 The biopsy specimen reveals an unopened blue dome cysts, and the poorly demarcated white areas represent foci of fibrosis

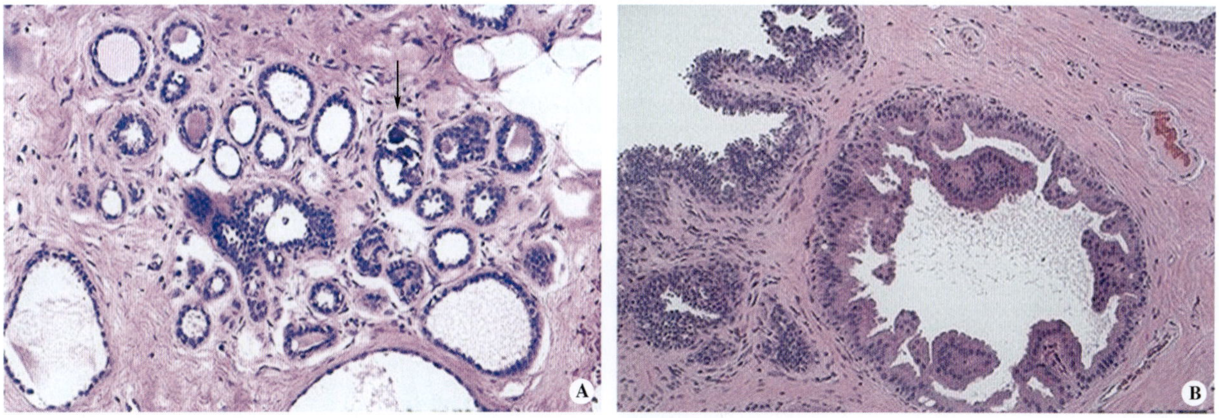

图 12-37　乳腺纤维囊性变 Fibrocystic changes of breast

A. 组织学上可见到囊性扩张导管、小叶区伴大量纤维结缔组织增生、间质纤维化、钙化(箭头);B. 乳腺纤维囊性变中囊壁细胞大汗腺化生 A. The histologic appearance show cystically dilated ducts, areas of lobules that are laced with abundant fibrous connective tissue proliferation, and stromal fibrosis and microcalcification(arrow);B. Apocrine metaplasia of the cells lining the cysts in fibrocystic changes of breast

2. 增生型纤维囊性变 Proliferative cystic lesions

除了囊肿形成和间质纤维增生外,增生性纤维囊性变往往伴有末梢导管和腺泡上皮的增生。上皮增生使层次增多混乱无序,并形成乳头突入囊内,乳头顶部相互吻合,构成筛状结构(Cribriform pattern)(图 12-38),形成边窗,细胞边界不清,间距不等,核圆伴核沟、假包涵体、流水状排列,其中可伴大汗腺样化生。囊肿伴上皮非典型增生时,应视为癌前病变(precancerous lesion),有演化为乳腺癌的可能。依据上皮增生程度的轻重不同分为:①轻度增生(mild hyperplasia);②旺炽性增生(florid hyperplasia);③非典型性增生(Atypical hyperplasia, AH);④原位癌(carcinoma in situ)。

Classified as nonproliferative cystic lesions or proliferative lesions. Proliferative lesions include epithelial proliferations of ducts and lobules, with or without features of atypia, and adenosis, the proliferation of terminal ducts, sometimes associated with fibrosis (sclerosing adenosis). Atypical hyperplasia of ductular or lobular epithelium is associated with a five-fold increase in the risk of developing carcinoma; when associated with a family history of breast carcinoma, the risk is 10-fold.

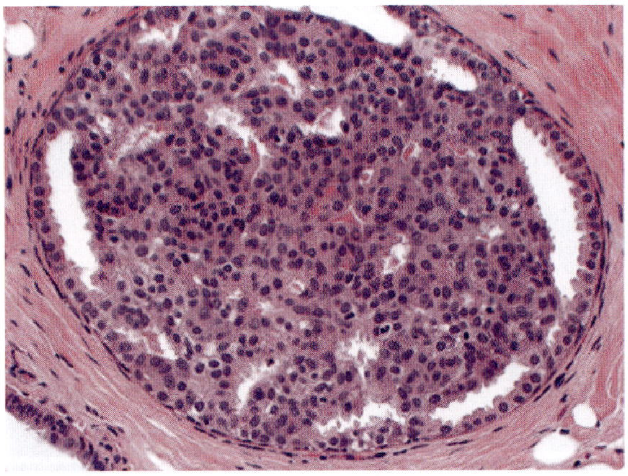

图 12-38 增生型纤维囊性变 Proliferative fibrocystic lesions of breast

上皮增生充满囊腔，边缘可见不规则腔，所谓窗 Epithelial hyperplasia is filled the lumen of cyst. Irregular lumina at the periphery so-called fenestrations

二、硬化性腺病 Sclerosing Adenosis

硬化性腺病是增生性囊性变的少见类型，主要特征是小叶中央或小叶间的纤维组织增生，使小叶腺泡受压而扭曲变形，一般不形成囊肿。影像学检查极易与癌混淆。

肉眼上病变灰白质硬，与周围乳腺境界不清。

镜下，每一终末导管的腺泡数目增多，小叶体积增大，轮廓尚存。病灶中央部位纤维组织呈不同程度的增生、腺泡受压而扭曲，病灶周围的腺泡扩张。腺泡外层的肌上皮细胞明显可见。偶尔腺泡受挤压，管腔消失成细条索状，此时组织图像和浸润性小叶癌很相似。

三、乳腺纤维腺瘤 Fibroadenoma

纤维腺瘤是乳腺最常见的良性肿瘤，可发生于青春期后的任何年龄，多在 20～35 岁之间。通常单个发生，偶为多发。

肉眼观 Gross appearances：圆形或卵圆形结节状，与周围组织界限清楚，切面灰白色、质韧、略呈分叶状，可见裂隙状区域，常有黏液样外观（图 12-39A）。纤维腺瘤不含脂肪组织，因此，在乳房 X 线照片上比周围正常组织密度高。

光镜下 Light microscopic view：肿瘤主要由增生的纤维间质和腺体组成。腺体圆形或卵圆形，或被周围的纤维结缔组织挤压呈裂隙状；间质通常较疏松，富于粘多糖，也可较致密，发生玻璃样变或钙化（图 12-39B）。

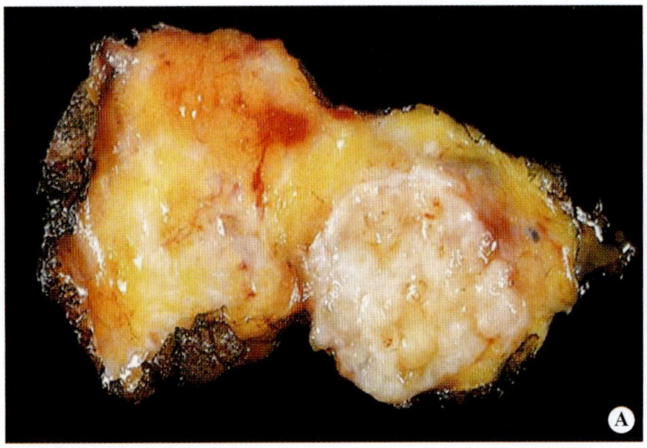

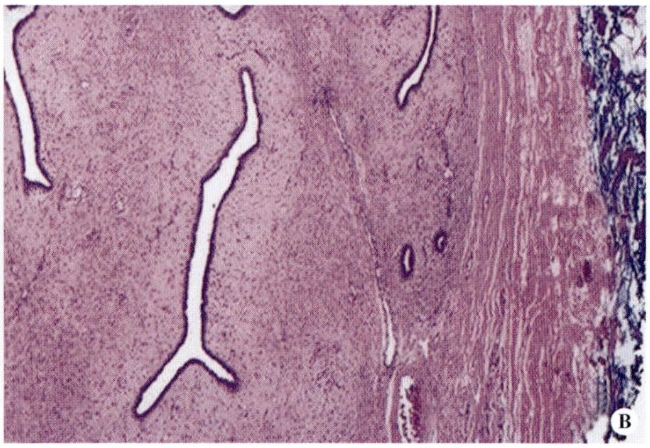

图 12-39 乳腺纤维腺瘤 Fibroadenoma of breast

A. 大体上肿瘤质韧、白色、边界清楚与周围黄色的脂肪组织分界；B. 靠右方受压的乳腺纤维结缔组织形成了肿块被膜。肿瘤由纤维化的间质组成，间质中有着扁平的长导管，导管是由良性的上皮排列而成 A. Grossly, a rubbery, white, well-circumscribed mass is clearly demarcated from the surrounding yellow adipose tissue; B. Microscopely, to the right is compressed breast connective tissue forming a "capsule" to this mass. The neoplasm itself is composed of a fibroblastic stroma in which are located elongated compressed ducts lined by benign appearing epithelium

四、乳 腺 癌 Carcinoma of Breast

乳腺癌是来自乳腺终末导管小叶单元（TDLU）上皮的恶性肿瘤。发病率在过去 50 年中呈缓慢上升趋势，已跃居女性恶性肿瘤第一位。世界上每年估计有 60 万新病例，发展中国家每年的新病例为 25 万，占新肿瘤的 25%，占癌肿发生率的 14%。美国从 50 年代至今的 50 年中估计有 100 万人死于乳腺癌，英国每年的死亡率接近 1.5 万。我国目前的统计资料表明，乳腺癌的死亡率为 5.9/10 万（其中城市 8.5/10 万，农村 4.8/10 万）。乳腺癌常发于 40～60 岁的妇女，小于 35 岁的女性较少发病。男性乳腺癌罕见，约占全部乳腺癌的1%左右。近年来对该肿瘤的早期诊断,治疗已有了很大的进步,患者5年存活率有所高。

(一) 病因和发病机制 Etiology and pathogenesis

乳腺癌的原因尽管未完全明了,但已注意到有以下重要的影响因素:

1. 遗传因素 Genetic factors 在乳腺癌病人的直系亲属中有较高的发病率。目前研究指出BRCA1突变与乳腺癌,特别是家族性乳腺癌关系密切,在美国(67%)及西欧(80%)的家族性乳腺癌和8%的散发性乳腺癌患者中发现有BRCA1基因突变。在40岁以下双侧乳腺癌患者及家族性乳腺癌直系亲属(first-degree relatives)中BRCA1突变率检出率较高,并且70%左右的BRCA1突变患者伴P53突变。约25%的散发性乳腺癌中发现有BRCA2突变,提示BRCA2与散发性乳腺癌关系密切。

2. 激素紊乱 Hormone imbalances ①内源性雌激素过多,不论是来自绝经后(postmenopausal)妇女的功能性卵巢肿瘤还是来自绝经期延迟所致的异常雌激素水平增高,都可增加乳腺癌的危险性;②乳腺癌常有雌激素受体(estrogen receptor,ER)和孕激素受体(progesterone receptor,PR)水平异常,及参与雌二醇合成的酶类基因,如CYP11A1, CYP17, CYP19,17βHSD与乳腺癌的易感性有关;③由乳腺癌细胞分泌的某些雌激素依赖性的癌相关生长因子(carcinoma-associated growth factors)[如转化生长因子α和β(transforming growth factors alpha and beta,TGF-α或TGF-β)];④循环激素、激素受体(hormone receptors)和由肿瘤细胞产生的自分泌(autocrine)生长因子之间的相互作用在乳腺癌的发展中也起一定作用;⑤在鼠类不育(sterility)导致乳癌的发病倾向增大。

3. 环境因素 Environmental influences 高脂饮食(High fat dietary)和酗酒(alcohol consumption)可增加乳腺癌的危险。

4. 病毒 Viruses 鼠乳房肿瘤病毒(Mouse mammary tumor virus, MMTV)可导致乳鼠(suckling mice)的乳癌,但相似的基因肿瘤病毒在人类还未得到证实。

5. 原癌基因 Oncogenes 在某些乳腺癌细胞内可发现HER-2/neu原癌基因(proto-oncogene)的扩增。

(二) 病理变化 Pathological changes

由于TDLU的组成,使乳腺癌发生常表现为同一来源不同方向分化的细胞,不同表型,不同组织构型(小叶、导管)的特征。因此乳腺癌组织形态复杂,类型较多,大致上分为非浸润性癌和浸润性癌两大类(表12-4)。

表 12-4 乳腺癌的主要分类

Classification of the major types of breast carcinoma

1. 非浸润性癌 Noninvasive
(1) 导管内原位癌 Intraductal carcinoma in situ
1) 粉刺癌 Comedocarcinoma
2) 非粉刺导管内癌 Noncomedo intraductal carcinoma
3) 乳头 Paget 病伴导管原位癌 Nipple paget disease associated with ductal carcinoma is situ
(2) 小叶原位癌 Lobular carcinoma in situ
2. 浸润性癌 Invasive
(1) 浸润性导管癌 Invasive ductal carcinoma
(2) 浸润性小叶癌 Invasive lobular carinoma
(3) 特殊类型癌 Special types
1) 髓样癌 Medullary carcinoma
2) 胶样癌(黏液癌) Colloid carcinoma (mucinous carcinoma)
3) Paget's 病 Paget's disease
4) 管状癌 Tubular carcinoma
5) 腺样囊腺癌 Adenoid cystic carcinoma
6) 腺泡细胞癌 Apocrine carcinoma
7) 浸润性乳头状癌 Invasive papillary carcinoma

大约50%的乳腺癌发生于乳腺外上象限,其次为乳腺中央区和其他象限。乳腺癌的发生部位与发病率见图12-40

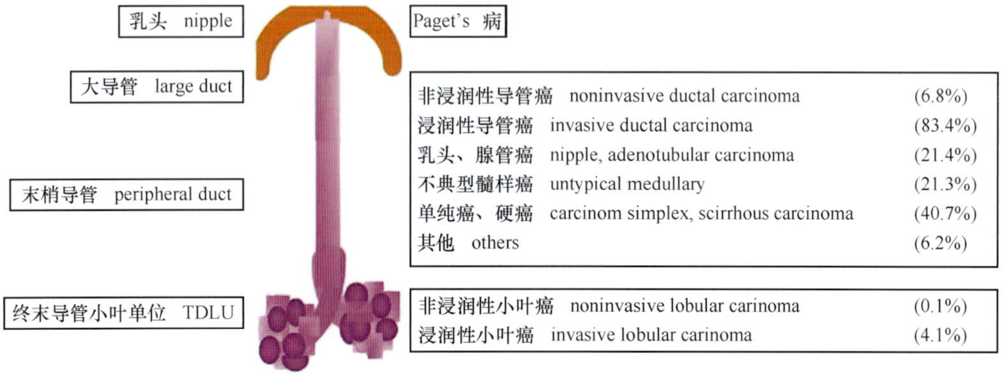

图 12-40 乳腺癌的发生部位与发病率 Location and incidence ratio of breast cancer

1. 非浸润性癌 Noninvasive carcinoma 非浸润性癌分为导管内原位癌和小叶原位癌，两者均来自终末导管-小叶单元上皮细胞。导管内原位癌比小叶原位癌多见，原位癌局限于基膜（basement membrane）以内，未向间质或淋巴管、血管浸润。非浸润性癌具有发展为浸润癌的趋势，但并非必然如此。为了强调导管内原位癌和小叶原位癌的非浸润性，新分类建议将前者命名为导管上皮内瘤变（ductal intraepithelial neoplasia，DIN）；而将涵盖终末导管-小叶单元上皮的不典型增生和小叶原位癌称谓小叶肿瘤（lobular neoplasia，LN），或小叶性上皮内瘤变（lobular intraepithelial neoplasia，LIN）。并根据分化程度将 DIN 和 LIN 各分为三级。基于学术上理解和交流的方便，在诊断时仍保留传统命名。

（1）导管内原位癌 Intraductal carcinoma in situ：导管内原位癌又称为非浸润性导管癌（noninfiltrating ductal carcinoma）或导管内癌（intraductal carcinoma）。癌细胞生长模式呈实性（solid）、筛状（cribriform）、乳头状（papillary）。在所有乳腺癌中占 15%～30%。扩张的导管可完全被瘤细胞长满。根据组织学改变分为粉刺癌和非粉刺型导管内原位癌。导管内原位癌如不治疗，20 年后 30% 可发展为浸润癌。粉刺癌更具侵袭性，大约 75% 的病人在 4 年中发展为浸润癌，远远高于非粉刺型导管癌。

1）粉刺癌 Comedocarcinoma：一半以上位于乳腺中央部位，切面可见扩张的导管内含灰黄色软膏样坏死物质，挤压时可由导管内溢出，状如皮肤粉刺，故称为粉刺癌。由于粉刺癌间质纤维化和坏死区钙化，质地较硬，肿块明显，容易被临床和乳腺摄片发现。

镜下，癌细胞体积较大，胞质嗜酸，分化不等，大小不一，核仁明显，伴丰富的核分裂象。癌细胞呈实性排列，中央坏死（central necrosis）是其特征性的改变（图 12-41）。坏死区可伴有钙化（calcification）。导管周围见间质纤维组织增生和慢性炎细胞浸润。

Poorly differentiated, pleomorphic, in situ tumors, however, often show central necrosis. This necrotic substance can be readily extruded on slight pressure, hence the designation comedocarcinoma. In situ comedocarcinomas are more aggressive, progressing to invasive tumors in about 75% of patients followed for 4 years. Centrally located neoplastic tissues are frequently necrotic-comedocarcinoma, neoplastic tissues grow in crible-like pattern-cribriform carcinoma, or papillae-like patters-papillary carcinoma.

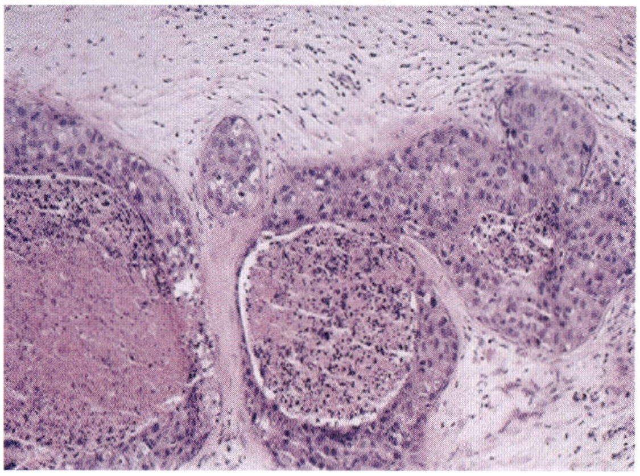

图 12-41 粉刺癌 Comedocarcinoma

其特征是出现快速增生高度恶性的细胞，中央明显坏死

Here is a comedocarcinoma pattern of intraductal carcinoma, which is characterized by the presence of rapidly proliferating, high-grade malignant cells with prominent central necrosis in the ducts

2）非粉刺型导管内癌 Noncomedo intraductal carcinoma：细胞呈不同程度异型，但不如粉刺癌明显，细胞体积较小，形态比较规则，一般无坏死或仅有轻微坏死。癌细胞在导管内排列成实性、乳头状或筛状等多种形式，可形成罗马侨桥样结构，核与桥轴垂直。导管周围间质纤维组织增生亦不如粉刺癌明显（图 12-42）。

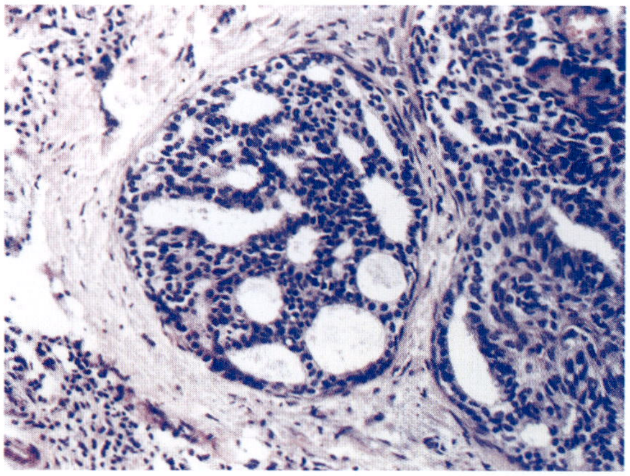

图 12-42 非粉刺型导管内癌 Noncomedo intraductal carcinoma

可见异型上皮增生呈筛网状结构 Atypical epithelial hyperplasia showing cribriform pattern

（2）小叶原位癌 Lobular carcinoma in situ：以终末导管或腺泡内小而均一的肿瘤间变性细胞增生为特征（图 12-43），增生的癌细胞未突破基膜。一个小叶中至少有 50% 的腺泡单位被癌细胞代替，一般无坏死、无间质的炎症反应和纤维组织增生。

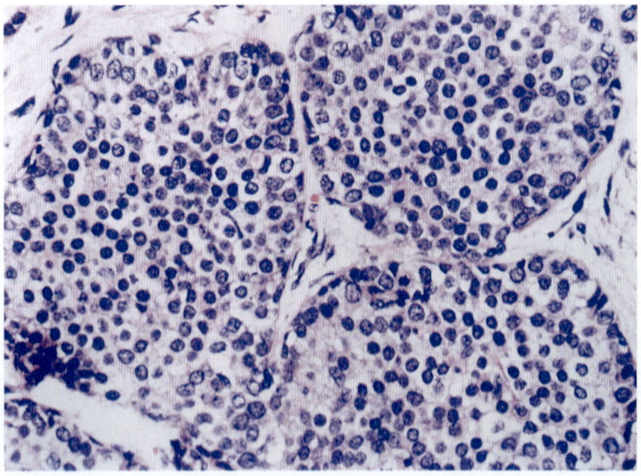

图 12-43 小叶原位癌 Lobular carcinoma in situ
管内充满相当单一的小圆形细胞 Fairly monotonous small round cells fill the ducts

约 30% 的小叶原位癌累及双侧乳腺，常为多中心性，因肿块小，临床上一般扪不到明显肿块，不易和乳腺小叶增生区别。如果不用手术治疗，在大约 30% 的小叶原位癌病人可发展为浸润癌。

2. 浸润性癌 Invasive carcinoma 癌细胞穿过基膜(basement membrane)侵入乳腺间质(stroma)形成浸润性乳腺癌，包括浸润性导管癌、浸润性小叶癌及特殊类型的乳腺癌。

(1) 浸润性导管癌 Invasive ductal carcinoma：由导管内癌发展而来，是最常见的乳腺癌类型，占乳腺癌 70%。

肉眼观 Gross appearances：肿瘤直径 2 ~ 5cm，灰白色，质硬，切面有砂粒感，无包膜，与周围组织分界不清，活动度差。常可见癌组织呈树根状侵入邻近组织内，大者可深达筋膜(图 12-44)。如癌肿侵及乳头又伴有大量纤维组织增生时，由于癌周增生的纤维组织收缩，可导致乳头下陷(nipple retraction)或肿块固定(fixation)于胸壁(chest wall)。如癌组织阻塞真皮内淋巴管，可致皮肤淋巴水肿(lymphedema)，而毛囊汗腺处皮肤由纤维结缔组织收缩相对下陷，故呈皮肤皱纹(dimpling)或橘皮样外观(orange peel)。肿瘤切面上常有显著的粉笔样白色坏死灶，有时有钙化，呈粗梨肉状。晚期乳腺癌形成巨大肿块，在癌周浸润蔓延，形成多个卫星结节(satellite nodus)。如癌组织穿破皮肤，可形成溃疡(ulcer)。

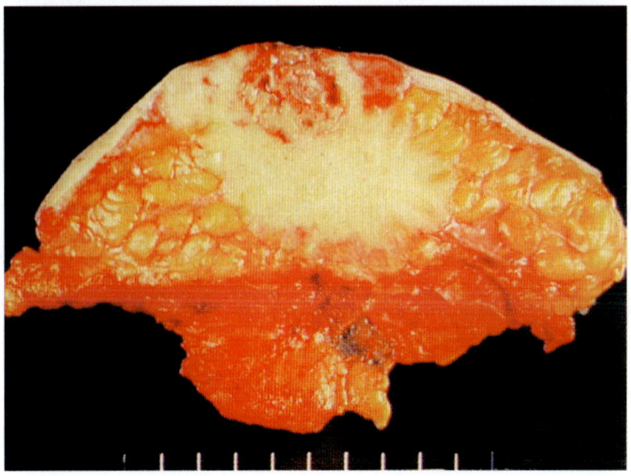

图 12-44 乳腺浸润性导管癌 Infiltrating duct carcinoma of breast
乳腺切面见一巨大灰白色肿瘤伴局灶性坏死，向周围组织及乳腺皮肤扩展 Cut section of the breast shows a large infiltrative grayish white tumor with focal necrosis extend into peritissue and skin

光镜下 Light microscopic view：癌细胞排列为条索状、实性细胞巢状或伴有少量腺样结构。癌细胞大小形态各异，异形性明显，核分裂象多见，伴局部肿瘤细胞坏死。癌细胞散布于致密的纤维间质中，两者比例各不相同(图 12-45)。肿瘤常浸润血管周间隙(perivascular spaces)和神经周围(perineurial spaces)。

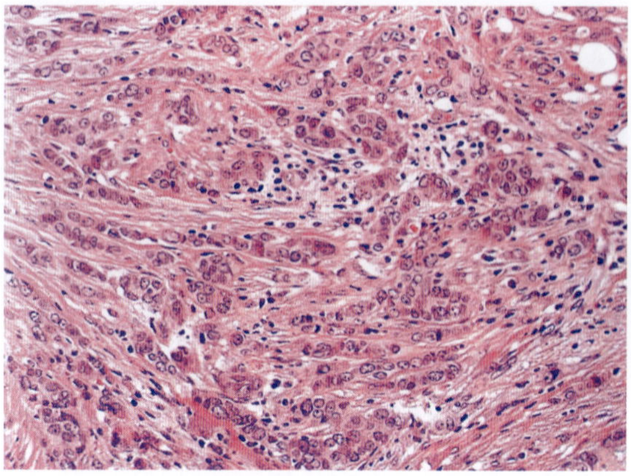

图 12-45 浸润性导管癌 Infiltration duct carcinoma
癌细胞呈实性团块或条索状浸润于纤维间质中 Solid masses and strips of tumor cells infiltrated in fibrinous stroma

(2) 浸润性小叶癌 Invasive lobular carcinoma：浸润性小叶癌约占乳腺癌的 5% ~ 10%。

肉眼观 Gross appearances：肿瘤切面呈橡皮样，色灰白柔韧，与周围组织无明确界限。易出现多病灶(multifocal)和双侧性(bilateral)(20%)。

光镜下 Light microscopic view：小而均一的肿瘤细胞呈线状松散地分布于纤维间质中，形容为印度列兵样排列(Indian file arrangement)，有时以导管为中心排列形成所谓"牛眼"状模式(图 12-46)。

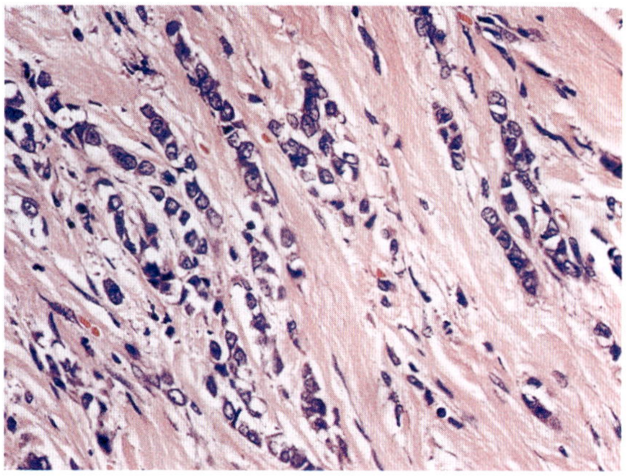

图 12-46 浸润性小叶癌 Infiltrating lobular carcinoma
浸润的癌细胞呈印度列兵样排列 Indian file arrangement of infiltration tumor cells is noted

该瘤的扩散和转移亦有其特殊性，常转移至脑脊液、浆膜表面、卵巢、子宫和骨髓。

（3）特殊类型的乳腺癌 Special types of breast cancer

1）髓样癌 Medullary carcinoma：占乳腺癌的1%。肿瘤较大直径达到10cm左右、质软、界限清楚。组织学上，癌细胞体积大，多形（pleomorphic），合体状（syncytium-like），癌中和癌周伴有中等到显著程度的淋巴细胞、浆细胞浸润，提示了宿主对肿瘤的反应（host response）（图12-47）。在浸润性导管癌中髓样癌有较好的预后。

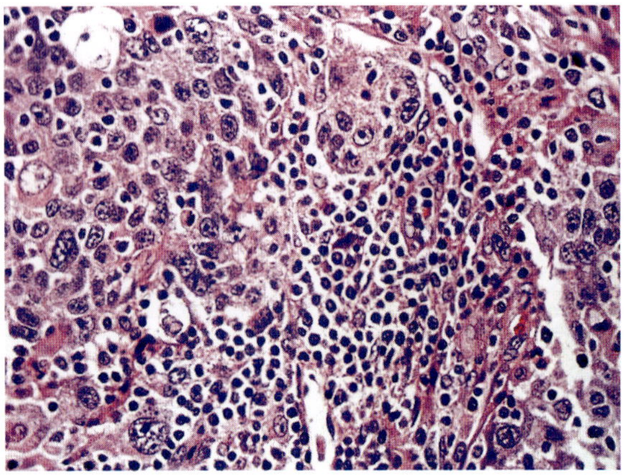

图12-47　髓样癌 Medullary carcinoma
癌中伴显著的淋巴细胞浸润 Accompanying lymphocytic infiltration in cancer

2）胶样癌 Colloid /mucinous carcinoma：占乳腺癌的2%～3%，生长缓慢，常发生于老年妇女，预后较好。形态学上，肿瘤质软、灰蓝色胶冻状。组织学上肿瘤由大量黏液（mucin）组成，在其内漂浮着少量分化好的癌细胞（图12-48）。

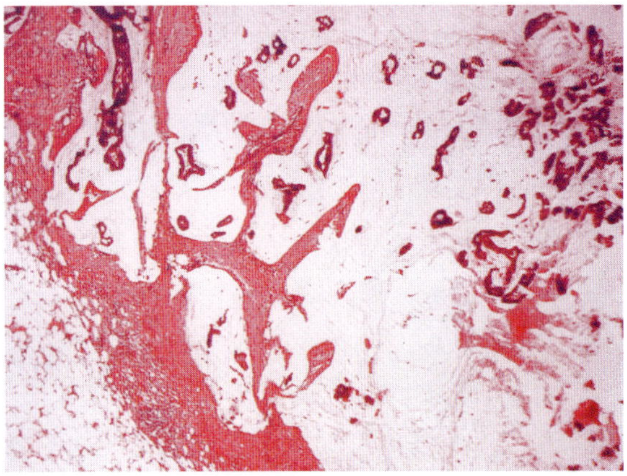

图12-48　胶样癌 Colloid carcinoma
显微镜下，肿瘤富含黏液，散在的癌性腺体漂浮在黏液湖中 Microscopically, the tumor shows rich mucinous material and scattered carcinomatous glands is floating in mucin pool

3）乳腺的 Paget's 病伴导管浸润癌 Paget's disease with invasive ductal carcinoma：这是导管癌的一种特殊形式，起源于大的分泌导管（large excretory ducts），可侵及乳头（nipple skin）和乳晕皮肤（areola skin）。乳头和乳晕可见渗出和浅表皮肤裂纹（fissured）或溃疡（ulcerated），呈湿疹样改变，又称湿疹样癌（eczematoid carcinoma）。导管内癌细胞体积大，为高染色质性细胞，有多形性核，核周空晕，位于鳞状上皮内（图12-49）。可在上皮下形成 Paget's 样浸润，所以几乎所有的病例中均伴有乳腺原位癌和/或浸润性导管癌。

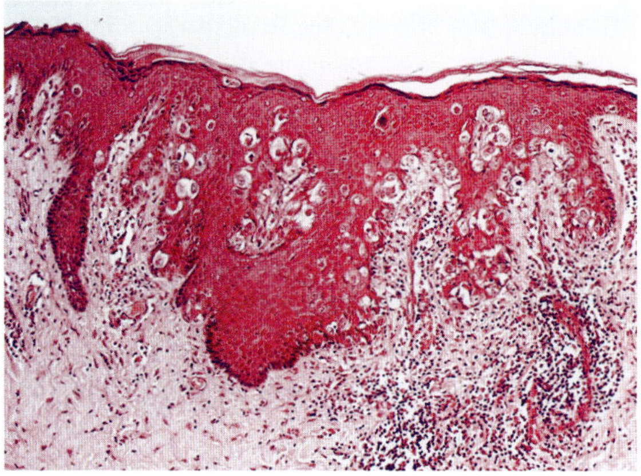

图12-49　乳腺 Paget's 病 Paget's disease of the breast
显微照片示巨大多角形 Paget's 细胞，胞浆透亮，核深染，核仁明显呈单个或小巢状在鳞状上皮中 Potomicrograph shows large polygonal Paget's cells with clear cytoplasm hyperchromatic nuclei and promient nucleoli with isolated or small nests growing in squamous epithelium

（三）扩散 Spread

1. 直接蔓延 Direct extension　癌细胞沿乳腺导管直接蔓延，可累及相应的乳腺小叶腺泡；或沿导管周围组织间隙扩散到周围脂肪组织，可侵及胸大肌和胸壁。

2. 淋巴道转移 Lymphatic spread　淋巴道转移是乳腺癌最常见的转移途径。大约2/3的乳腺癌出现淋巴结转移。外象限的乳腺癌往往转移到腋窝（axillary fossa）淋巴结，晚期可逆行转移至锁骨上（supraclavicular）淋巴结。内象限和乳房中心的乳腺癌往往转移到乳内动脉（internal mammary artery）旁淋巴结，进一步至纵隔淋巴结。少部分病例可通过胸壁浅部淋巴管或深筋膜淋巴道转移到对侧腋窝淋巴结。

3. 血道转移 Hematogenous spread　晚期乳腺癌可经血道转移至肺、骨、肝、肾上腺和脑等组织或器官。

（四）预后 Prognosis

大部分乳腺癌发现时处于肿瘤进展期（平均4cm大小且2/3已有淋巴结转移），影像学（mammography）检查可发现小于1cm的微小癌（minimal cancers）、原位癌或微小钙化（microcalcifications）。微小癌或原位癌预后较好。

乳腺癌的治疗和预后受很多因素的影响，如个体差异，月经周期，年龄，肿瘤大小，分类、分级，腋窝淋巴结转移，肿瘤中雌激素受体蛋白的表达等。没有淋巴结转移的病人5年存活率为80%；有1～3个淋巴结受累的病人5年存活率为50%；有4个或4个以上淋巴结受累的病人5年存活率为21%。

流式细胞术（flow cytometry）检测到相对较高的增生率（proliferative rate）（生长分数）和异倍体（aneuploidy）的瘤细胞比例，可预示该乳腺癌预后较差。

雌、孕激素受体（ER/PR）、C-erb-2（HER2）检测在乳腺癌中的意义

（1）乳腺是女性激素的靶器官，利用免疫组化技术检测ER/PR和HER2可以对乳腺癌进行分子亚型分类。

（2）ER/PR在癌组织中的表达有利于判断预后和进行内分泌干预治疗。ER/PR阳性表达强度①反映癌组织分化好或较好；②与预后呈正比，特别是PR阳性的患者有较长的生存期；③患者内分泌治疗（如三苯氧胺）效果佳，70% ER阳性肿瘤在激素治疗（hormonal manipulation）之后肿瘤可以得到控制。

（3）癌基因HER2是表皮生长因子家族成员之一，编码细胞膜磷酸糖蛋白。在乳腺癌中HER2扩增、过度表达是其他腺癌的3倍。其阳性表达强度①是乳癌预后差（5年生存率低）的指征；②是应用靶向性HER2（赫赛汀、曲妥珠单抗）治疗的依据。

（4）如果ER、PR和HER2均为阴性的乳腺癌（三阴乳腺癌），因其缺乏内分泌干预的靶点和HER2靶点，使其恶性程度高，预后差。

The lifetime risk of developing breast cancer for an American woman is 1 in 8. The majority (75%) of breast cancer occurs after the age of 50. Risk factors include delayed child bearing, long duration between menarche and menopause, atypical proliferative lesions, and family history of breast cancer in a first-degree relative, particularly if the disease was multifocal or premenopausal. Only 5% to 10% of all breast cancers are related to inherited mutations; the majority are in the *BRCA1* and *BRCA2* genes, less commonly in *p53*, *PTEN* or *ATM* genes. Ductal carcinoma in situ (DCIS) is a precursor to invasive ductal carcinoma and is typically found on mammographic examination as calcifications or as a mass. When carcinoma develops in a woman with a previous diagnosis of DCIS, it is usually in the same breast and of ductal histology. Lobular carcinoma in situ (LCIS) is frequently an incidental finding and does not tend to produce a mass lesion. When carcinoma develops in a woman with a previous diagnosis of LCIS, it occurs in the affected or unaffected breast with the same frequency and may be lobular or ductal carcinoma. The natural history of breast carcinoma is long, with metastases sometimes appearing decades after the initial diagnosis. Prognosis is dependent on tumor size, lymph node involvement, distant metastasis at presentation, tumor grade and histologic type, proliferation rate, estrogen receptor status, aneuploidy, and over expression of *HER2/NEU*.

五、男性乳腺发育与癌 Male Breast Gynecomastia and Carcinoma

1. 男性乳腺发育（Gynecomastia of the male breast） 主要因为雌激素水平增高，表明可能存在功能性睾丸肿瘤（testicular tumor）或肝硬化（cirrhosis of the liver）或外源性雌激素药物的作用。男性乳腺发育可单侧或双侧发生，在乳晕下可查到纽扣样结节性增大。镜下可见导管周围密集的玻璃样胶原纤维增生，其中更为显著的是导管改变，导管上皮呈乳头状增生，细胞形态规则，呈柱状或立方状，很少有小叶形成。该病易于发现，但必须与少见的男性乳腺癌鉴别。

2. 男性乳腺癌（Carcinoma of the male breast）非常罕见。组织学上类似于女性的浸润性导管癌。

病例讨论1

病史摘要：

患者，女性，60岁，1年前有不规则阴道出血及大量恶臭白带。半年前开始腹痛，有脓血便，量不多，每日3～4次，同时有里急后重感，无发热，食欲尚可。3个月前左下肢肿胀并伴有腰骶部疼痛，小便正常，无咳嗽咳痰。30年前曾有结核病史。查体：BP 20/12kPa（150/90mmHg），轻度贫血貌，体质消瘦，心肺

(-),腹稍胀,下腹部有压痛,左侧腹股沟有一不规则肿块,固定不易推动,下腹壁及左下肢水肿。肛门指诊:直肠前壁可触及一稍硬而不规则的肿块,有压痛,指套带血。妇科检查:外阴水肿,阴道不规则狭窄,宫颈外口有一菜花状肿物突入阴道,并浸润阴道壁。活检,病理报告为鳞状细胞癌。

化验检查:

血常规:Hb85g/L,WBC5.6×10^9/L,N 0.72,L0.28。大便常规:脓血便,红细胞(+++),脓细胞(+),白细胞(++)。

思考题

1. 作出病理诊断?
2. 解释脓血便的原因是什么?
3. 分析下肢水肿的发生机理是什么?

病例讨论 2

病史摘要:

患者,女性,30岁,农民。1年前人工流产一次,近2个月来阴道不规则出血,时常有咳嗽、咯血、胸痛、头痛、抽搐等症状,伴全身乏力,食欲减退。死前一天早晨起床后突感头痛,随即倒地,昏迷,瞳孔散大,呼吸、心跳停止。

尸检所见:

死者消瘦贫血状,腹腔内有血性液体约400ml,双侧胸腔中也有同样性状液体100ml。心脏:重320g,外膜光滑,未见增厚、粘连。脾脏:重160g。肝脏:重3200g,表面有数个1~2.5cm直径的出血性结节,结节中心出血坏死,中心凹陷,形成癌脐,切面见数个出血性结节,有融合。肺:表面有直径1cm的结节伴出血、坏死。左右两侧肾脏各120g,未见病变。脑表面有多个出血性病灶,直径1.5cm,脑组织水肿。子宫后壁见直径3cm的出血性结节(图12-50),质脆而软,浸润子宫肌层并穿破肌壁达浆膜,在子宫或盆腔也有不规则的出血性肿块,两侧卵巢上可见黄体囊肿。

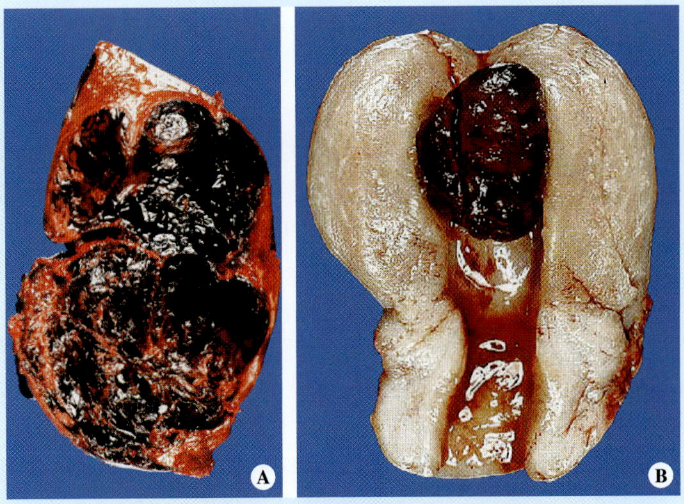

图12-50 A. 肿瘤组织与B. 子宫剖面

思考题

做出病理诊断并解释临床表现。

(曹晓蕾 陈 莉)

第13章 内分泌系统疾病

Disorders of the Endocrine System

Outline

The endocrine system contains a highly integrated and widely distributed group of organs that orchestrates a state of metabolic equilibrium, or homeostasis, between the various tissues of the body. Signaling by extracellular secreted molecules can be classified into three types: autocrine, paracrine, or endocrine, based on the distance over which the signal acts. In endocrine signaling, the secreted molecules, which are frequently called hormones, act on target cells distant from their site of synthesis. An endocrine hormone is frequently carried by the blood from its site of release to its target. Increased activity of the target tissue often down-regulates the activity of the gland that secretes the stimulating hormone, a process known as feedback inhibition.

Several processes may disturb the normal activity of the endocrine system, including impaired synthesis or release of hormones, abnormal interactions between hormones and their target tissues, and abnormal responses of target organs to their hormones. Endocrine diseases can be generally classified as ①diseases of underproduction or overproduction of hormones and their resulting biochemical and clinical consequences, and ②diseases associated with the development of mass lesions, which may be nonfunctional or may be associated with overproduction or underproduction of hormones. The study of endocrine diseases requires integration of morphologic findings with biochemical measurements of the levels of hormones, their regulators, and other metabolites.

内分泌系统与神经系统共同调节机体的生长发育和代谢,维持体内平衡或稳定。内分泌系统由内分泌腺、内分泌组织(如胰岛)和散在于各系统和组织内的内分泌细胞所组成。由内分泌腺和内分泌细胞分泌的高效能生物活性物质称为激素(hormone),经组织液或血液传递而发挥其调节作用。

内分泌激素的几种作用方式:

(1)远距离分泌(telecrine)大多数激素经血液运输至远距离的靶细胞或组织而发挥作用。

(2)旁分泌(paracrine)有些激素不经血液运输,仅由组织液扩散而作用于邻近细胞。

(3)自分泌(autocrine)有的激素作用于分泌激

素的细胞自身。

(4) 胞内分泌(endocellular secretion) 有些内分泌细胞的信息物质不分泌至细胞外,原位作用该细胞质内的细胞器上。

按激素的化学性质可分为:①含氮激素主要在粗面内质网和高尔基复合体内合成,其分泌颗粒有膜包绕;②类固醇激素在滑面内质网内合成,不形成膜包绕的分泌颗粒。

内分泌系统的组织或细胞发生增生、肿瘤、炎症、血液循环障碍、遗传及其他病变均可引起激素分泌增多或减少,导致功能的亢进或减退,使相应靶组织或器官增生(hyperplasia)、肥大(hypertrophy)或萎缩(atrophy)。

Endocrine disease may result from a wide variety of pathogenetic mechanisms, including abnormalities in the synthesis and secretion of hormones, in the interaction of hormones with target tissues, or in the response of target tissues to hormonal stimulation. In general, endocrine disorders are characterized by the underproduction or overproduction of hormones with the clinical appearance of a hypofunctional or hyperfunctional state. Such disorders are invariably associated with disturbances of the feedback mechanisms that regulate normal target organ secretion.

第一节 垂体疾病
Pituitary Diseases

垂体腺(pituitary gland,亦称为脑垂体)位于颅底碟鞍的垂体窝内,由垂体柄与下丘脑相连,大小约0.5cm×5cm×1.5cm,重约0.5~0.9g。垂体分前后两叶,前叶为腺垂体,后叶为神经垂体(neurohypophysis)。垂体由许多内分泌细胞构成,这些细胞的形态和功能不同,分泌的激素也不同。见表13-1。

表13-1 垂体的正常分泌功能
Hypophyseal normal secretion function

部位		分泌功能	
		细胞	激素
垂体前叶	嗜酸性细胞	促生长素细胞	生长激素 growth hormone,GH
		催乳素细胞	催乳素 prolactin,PRL
	嗜碱性细胞	促甲状腺素细胞	促甲状腺素 thyroid stimulating hormone,TSH
		促性腺激素细胞	促卵泡素 follicle stimulating hormone,FSH
			促黄体素 luteinizing hormone,LH
		促肾上腺皮质激素细胞	促肾上腺皮质激素 adrenocorticotropin hormone,ACTH
			促脂解激素 lipotrophic hormone, LPH
		嫌色细胞	有少量分泌功能,可分泌上述某种激素
			无分泌功能
垂体后叶			分泌加压素,即抗利尿激素 antidiuretic hormone,ADH
			分泌催产素 oxytocin,OT

一、下丘脑及垂体后叶疾病
Hypothalamus and Posterior Pituitary Diseases

下丘脑-垂体后叶轴的功能性或器质性病变,均可引起其内分泌功能异常而出现各种综合征(syndrome),如尿崩症等。

1. 尿崩症 Diabetes insipidus 尿崩症是指抗利尿激素(antidiuretic hormone,ADH)(又称血管加压素vasopressin)分泌不足,或肾脏对抗利尿激素反应缺陷而引起的多尿(urorrhagia)、低比重尿(hypobaric urine)、烦渴(dipsosis)和多饮(polydipsia)等的一组临床症候群(综合征)。前者称中枢性或垂体性尿崩症(pituitary diabetes insipidus),后者称肾性尿崩症(renal diabetes insipidus)

病因和分类 Etiology and Types

(1) 原发性尿崩症(primary diabetes insipidus):即原因不明或称特发性尿崩症,约占1/3~1/2。通常在儿童期起病,很少(<20%)伴有垂体前叶功能减退。

(2) 继发性尿崩症(secondary diabetes insipidus):发生于下丘脑或垂体肿瘤或侵入性损害,包括:嫌色细胞瘤、颅咽管瘤、胚胎瘤、松果体瘤、胶质瘤、脑膜瘤、转移瘤、白血病、结节病及脑部感染性疾病(结核、梅毒)等。

(3) 遗传性尿崩症(hereditary diabetes insipidus):少见,可以是单一的遗传性缺陷病,也可是DIDMOAD综合征(由尿崩症、糖尿病、视神经萎缩及耳聋的首个英文字母缩写而来)的一部分,表现为相应症状,又称为Wolfram综合征。

(4) 物理性损伤导致的尿崩症(diabetes insipidus caused by physical injury):常见于脑部尤其是垂体、下丘脑部位的手术、同位素治疗后,严重的脑外伤后。

二、垂体前叶功能亢进与低下 Hyperpituitarism and Hypopituitarism

垂体前叶功能亢进(Hyperpituitarism)是前叶的某一种或多种激素分泌增加,一般由前叶功能性肿瘤引起,少数由下丘脑作用或其靶器官(target organ)的反馈抑制(feedback inhibit)作用消失所致,最常见的如性早熟症、垂体性巨人症及肢端肥大症、高催乳素血症和垂体性Gushing综合征。垂体前叶功能低下(Hypopituitarism)则是由于垂体前叶激素分泌减少,任何原因造成垂体前叶75%以上组织的破坏都能引起垂体功能低下,偶尔也可因下丘脑病变引起,主要是肿瘤、外科手术或外伤和血液循环障碍等。临床上常有相应的表现,如Sheehan综合征、Simmond综合征和垂体性侏儒症等。

1. 性早熟症 Precocious puberty 性早熟症是一种以性成熟提前出现为特征的性发育异常。在性发育年龄段,女孩6~8岁、男孩8~10岁前出现了第二性征,即乳房发育,阴毛、腋毛出现,身高、体重迅速增长,外生殖器发育等。引起性早熟的原因复杂多样,往往因中枢神经系统疾病,如脑肿瘤、脑积水等,或遗传异常而使下丘脑-垂体过早分泌释放促性腺激素所致,其中女性多于男性。但实际上很多性早熟无法检查出真正病因,值得关注的是,性早熟现象可能与整个社会环境有关。第一,与营养改善有关。儿童生长和发育出现了加速趋势,导致性发育提前和性成熟者增多。第二,与环境污染有关。特别是食物中的农药污染或激素污染,也是儿童性早熟的一个诱因。第三,与食用含激素食物有关。一些性激素间接进入人体后,会导致儿童性早熟。第四,与盲目进补有关。相当多的“补品”含有激素成分,若长期服用,可引起儿童血液中的激素水平上升,从而导致儿童性早熟。第五,避孕药和化妆品会导致性早熟。第六,与过早接受性信息有关。现在的社会是个媒介高度发达的信息社会。孩子不但可以从电视中获取到大量具有性暗示的画面,而且可以从报刊上、网络上接触到性信息。

2. 垂体性巨人症 Pituitary gigantism 及肢端肥大症 Acromegaly 本病多由垂体生长激素细胞腺瘤分泌过多的生长激素所致。如果在青春期以前(骨骺未闭合)发生,各组织、器官、骨骼等人体结构按比例的过度生长,身材异常高大,但生殖器官发育不全,称为垂体性巨人症。如果在青春期后(骨骺已闭合)发生,则表现为头颅骨增厚,下颌骨、眶上嵴及颧骨弓增大突出,鼻、唇、舌增厚肥大,皮肤增厚粗糙,面容粗陋,四肢手足宽大而粗厚,手(足)指(趾)粗钝,称之为肢端肥大症。

3. 高催乳素血症 Hyperprolactinemia 高催乳素血症一部分是由于垂体催乳激素细胞腺瘤分泌过多的催乳素引起,一部分由下丘脑病变或药物所致,表现为溢乳-闭经综合征(galactorrhea-amenorrhea syndrome)。女性闭经、不育和溢乳;男性性功能下降,少数也可溢乳。

4. 垂体性侏儒症 Pituitary dwarfism 垂体性侏儒症是指因垂体前叶分泌生长激素缺乏(常伴促性腺激素缺乏)所致儿童期生长发育障碍性疾病,表现为骨骼、部分或完全躯体生长发育迟缓,体型停滞于儿童期,身材矮小,皮肤和颜面可有皱纹,常伴性器官发育障碍,但智力发育正常。

5. Simmond 综合征 Simmond syndrome Simmond综合征是由于炎症、肿瘤、血液循环障碍、损伤等原因使垂体前叶各种激素分泌障碍的一种综合征,导致相应的靶器官如甲状腺、肾上腺、性腺等的萎缩。病程呈慢性经过,出现恶病质(cachexia)、过早衰老及各种激素分泌低下并出现相应临床症状。

6. Sheehan 综合征 Sheehan syndrome Sheehan综合征是垂体缺血性萎缩、坏死,导致前叶各种激素分泌减少的一种综合征。多由于分娩时大出血或休克引起。典型病例于分娩后乳腺萎缩、乳汁分泌停止,相继出现生殖器官萎缩、闭经,甲状腺、肾上腺萎缩,功能低下,进而全身萎缩和老化。

三、垂体肿瘤 Pituitary Tumors

垂体肿瘤是发生在蝶鞍的肿瘤,大多数是良性肿瘤,来源于腺垂体细胞的垂体腺瘤(pituitary adenoma),仅少数为垂体腺癌(pituitary carcinoma)。垂体肿瘤还有其他组织源性的,包括间叶组织源性、神经源性或上皮性肿瘤和转移性肿瘤,如神经节细胞瘤(paraganglioma)、间叶组织肿瘤(tumor of mesenchymal tissue)、脊索瘤(chordoma)、脑膜瘤(meningioma)、颗粒细胞瘤(granular cell tumor)等。

(一) 垂体腺瘤 Pituitary adenoma

垂体腺瘤是来源于垂体前叶上皮细胞的良性肿瘤,是鞍内最常见的肿瘤,占颅内肿瘤的10% ~20%,好发于30~60岁,女性多见。垂体腺瘤中功能性腺瘤约占65%。垂体腺瘤的主要临床表现为:①分泌某种过多的激素,表现相应的功能亢进;②肿瘤浸润、破坏、压迫垂体,使其激素分泌障碍,表现为功能低下;③肿瘤压迫视神经,表现为视野损失、视力下降或失明等。

1. 病理变化 Pathological changes

(1) 肉眼观 Gross appearances:垂体腺瘤生长缓慢,大小不一,直径可由数毫米至10cm,直径小于1cm者为小腺瘤,大于1cm者为大腺瘤。功能性腺瘤一般较小,无功能性的一般较大。肿瘤境界清楚,约30%的腺瘤无包膜。当肿瘤侵入周围脑组织时,称为侵袭性垂体腺瘤(invasive pituitary adenoma)。肿瘤质软、色灰白、粉红或黄褐,可有灶性出血、坏死、囊性变、纤维化和钙化。

(2) 光镜下 Microscopic view:肿瘤失去了正常组织结构,瘤细胞形似垂体前叶细胞,核圆或卵圆形,有小核仁。多数腺瘤由单一性细胞构成,少数可由几种瘤细胞构成。瘤细胞排列呈片块、条索、巢状、腺样或乳头状,有的瘤细胞可有异型性或核分裂。瘤细胞巢之间为血管丰富的纤维间质(图13-1)。

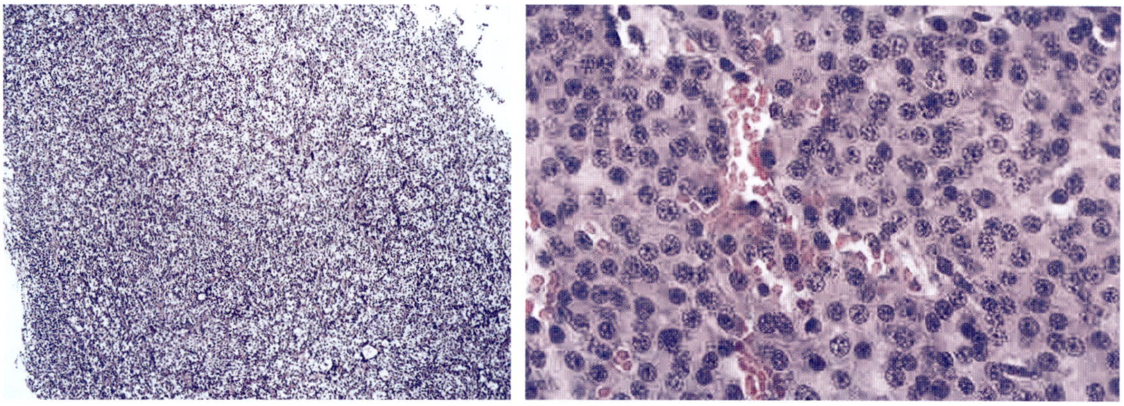

图13-1 垂体腺瘤 Pituitary adenoma

瘤细胞似正常的垂体前叶细胞,形态单一,瘤细胞排列成片 The monomorphism of these cells contrasts markedly with the mixture of cells seen in the normal anterior pituitary. Note also the absence of reticulin network

2. 肿瘤类型 Types

(1) 按细胞形态分类:Types based on cellular morphology。

1) 嫌色性细胞腺瘤(chromophobe cell adenoma),多见,约占垂体腺瘤的2/3。

2) 嗜酸性细胞腺瘤(acidophile adenoma)。

3) 嗜碱性细胞腺瘤(basophile adenoma)。

4) 混合细胞腺瘤(mixed cell adenoma)。

(2) 细胞形态和功能特点结合分类:Types based on cellular morphology and function

根据内分泌激素检测、免疫组织化学染色、电镜检查结果进行综合分类。

1) 泌乳激素腺瘤(prolactin producing adenoma, PRL cell adenoma)为垂体腺瘤中最多的一种,约占30%。血中泌乳激素水平增高,临床表现为溢乳-闭经综合征。功能性垂体腺瘤近半数为此瘤。腺瘤多由嫌色性或嗜酸性瘤细胞构成,胞质中可见稀疏的小神经内分泌(neuroendocrine)颗粒。瘤细胞PAS染色(periodic acid shiff stain,又称糖原染色)阴性。免疫组化染色:PRL阳性。

2) 生长激素腺瘤(growth hormone producing adenoma, GH cell adenoma)约占垂体腺瘤的25%,血中生长激素(GH)水平增高,可出现巨人症或肢端肥大症,也可出现垂体前叶功能低下。腺瘤主要由嗜酸性和嫌色性瘤细胞(chromophobia neoplastic cell)构成,胞质内可见神经内分泌颗粒。免疫组化染色:GH阳性。

3) 促肾上腺皮质激素腺瘤(ACTH producing adenoma, ACTH cell adenoma)约占垂体腺瘤的15%。部分病人出现Gushing综合征(由过量的糖皮质激素——皮质醇引起,表现为满月脸、多血质、向心性肥胖、皮肤紫纹、痤疮、高血压和骨质疏松等)和Nelson综合征(表现在双肾上腺切除术后全身皮肤、黏膜色素沉着)。瘤细胞呈嗜碱性。免疫组化染色:ACTH及其促脂解激素(lipotrophic hormone, LPH)和内啡肽等为阳性。

4) 促性腺激素腺瘤(gonadotroph producing adenoma, gonadotroph cell adenoma)约占5% ~15%。临床表现为性功能减退或无症状。肿瘤由嫌色性或嗜碱性瘤细胞构成,瘤细胞可同时产生促黄体素(luteining hormone, LH)和促卵泡素(follicle stimulating-hormone, FSH)两种激素。免疫组化染色:FSH或LH

阳性，或两者均为阳性。电镜下，胞质内可见较小的分泌颗粒。

5）促甲状腺激素腺瘤（TSH producing adenoma，TSH cell adenoma）约占 1%。大多数病人有甲状腺功能低下，仅少数病人伴"甲亢"及血中 TSH 升高。瘤细胞为嫌色性和嗜碱性。PAS 染色阳性。免疫组化染色：TSH 阳性。

6）多激素腺瘤（plurihormonal adenoma，plurihormonal cell adenoma）约占 10%，对一种以上垂体激素产生免疫染色阳性反应，用正常细胞生理学或发生机制不能解释。这种肿瘤不常见。多数为 GH 细胞及 PRL 细胞混合腺瘤。免疫组化染色：呈多种激素阳性。

7）零细胞腺瘤（null cell adenoma）又称为无功能性细胞腺瘤（nonfunctional cell adenoma）没有激素免疫活性，也没有其他免疫组织化学或超微结构的特殊细胞分化的标记，主要为嫌色性瘤细胞构成。

（二）垂体腺癌 Pituitary carcinoma

腺垂体细胞的恶性肿瘤，少见，会发生脑脊髓或全身转移，从瘤细胞形态上很难与腺瘤鉴别，目前尚无统一的诊断标准。以下两点有助于提示恶性：①有明显侵犯脑组织或通过脑脊液在颅内播散转移，或通过血道颅外转移者，不论其形态如何都是恶性表现；②如果核异型性明显，核分裂象显著增多，且向周围组织侵犯，甚至骨质缺损，可考虑诊断恶性。

垂体腺癌可有或无分泌激素功能，有的垂体腺癌可能由侵袭性腺瘤转变而来。

第二节　甲状腺疾病
Thyroid Disease

一、弥漫性非毒性甲状腺肿
Diffuse Nontoxic Goiter

弥漫性非毒性甲状腺肿也称单纯性甲状腺肿（simple goiter），是由于碘缺乏（iodine deficiency）使甲状腺素（thyroxin）分泌不足，促甲状腺素（thyroid-stimulating hormone，TSH）分泌增多，甲状腺滤泡上皮（follicular epithelial cell）增生，滤泡内胶质贮积（colloid accumulation）而使甲状腺肿大。

单纯性甲状腺肿常呈地域性分布，又称地方性甲状腺肿（endemic goiter），大多位于内陆山区及半山区。也可为散发性。

单纯性甲状腺肿主要表现为甲状腺肿大，一般不伴甲状腺功能亢进的临床症状，部分病人后期可出现局部压迫、窒息、吞咽和呼吸困难，少数患者可伴甲状腺功能亢进或低下等症状，极少数可癌变。

（一）病因及发病机制 Etiology and Pathogenesis

1. 缺碘 Iodine deficiency

（1）甲状腺素的形成：甲状腺素的形成经过合成、贮存、碘化、重吸收、分解和释放六个过程：①滤泡上皮细胞从血液中摄取氨基酸，在粗面内质网合成甲状腺球蛋白的前体，继而在高尔基复合体加糖并浓缩形成分泌颗粒，再以胞吐方式排放到滤泡腔内贮存；②滤泡上皮细胞从血液中摄取碘，碘在过氧化物酶的作用下而活化；③活化后的碘进入滤泡腔与甲状腺球蛋白（thyroglobulin）结合，形成碘化的甲状腺球蛋白（iodothyroglobulin）；④滤泡上皮细胞在腺垂体分泌的 TSH 的作用下，胞吞滤泡腔内的碘化甲状腺球蛋白，成为胶质小泡；⑤胶质小泡与溶酶体融合，碘化甲状腺球蛋白被水解酶分解形成少量三碘甲状腺原氨酸（triiodothyronine，T3）和大量四碘甲状腺原氨酸（T4），即甲状腺素（thyroxin）；⑥T3 和 T4 于滤泡细胞基底部释放入血。

（2）碘缺乏常见原因：地方性的多见于远离海洋地势高的内地、山区，因水、土、食物中缺碘。散发性的常因青春期、妊娠期、哺乳期、更年期及精神刺激、外伤等对碘需求量迅速增加而相对缺碘。碘缺乏使甲状腺素生成减少，通过反馈刺激垂体 TSH 分泌增多，甲状腺滤泡上皮增生，摄碘功能增强，甲状腺素水平可以暂时恢复。如果长期持续缺碘，一方面不断刺激滤泡上皮增生；另一方面所合成的甲状腺球蛋白没有碘化而不能被上皮细胞吸收利用，则滤泡腔内充满非碘化的球蛋白胶质，使甲状腺肿大。用碘化食盐和其他富含碘的食品可治疗和预防本病。

2. 致甲状腺肿因子的作用 Role of factors causing goiter

（1）水中含有大量钙（calcium）和氟（fluorides）可引起甲状腺肿，因其影响肠道对碘的吸收，且使滤泡上皮细胞内钙离子增多，从而抑制甲状腺素分泌。

（2）某些食物（如卷心菜、萝卜、洋葱、大豆类等）含有抑制甲状腺素合成的物质，过度食用可致甲状腺肿。木薯内含氰化物，可抑制碘化物在甲状腺滤泡内运送（iodine transport）。

（3）一些药物和化学物（如硫脲类、磺胺类、含碘药物，锂、钴、过氯酸盐、对氨柳酸等），可抑制碘离子的浓集或碘离子有机化（organification）。

3. 高碘 High iodine level　经常饮用含高碘的水（包括含碘药物），因碘摄入过多，过氧化物酶（peroxidase）的功能基团过多地被占用，影响了酪氨酸氧化，因而碘的有机化过程受阻，使甲状腺呈代偿性肿大。

4. 遗传与免疫 Heredity and immune　家族性甲

状腺肿的原因是激素合成中有关酶的遗传性缺乏导致甲状腺素合成障碍，如过氧化物酶、去卤化酶的缺陷及碘酪氨酸（iodotyrosine）偶联缺陷等。甲状腺肿的发生可能还有自身免疫机制参与。

（二）病理变化 Pathological changes

单纯性甲状腺肿发生、发展的病理过程主要三个时期。

1. 增生期 Proliferative stage 又称弥漫性增生性甲状腺肿（diffuse hyperplastic goiter）。

肉眼观 Gross appearances：甲状腺弥漫性对称性中度增大（mildly and symmetrically enlarged），一般不超过 150g（正常值 20～40g），表面光滑。

光镜下 Microscopic view：滤泡上皮增生呈立方或低柱状，伴小滤泡和小的假乳头形成，胶质较少，间质充血。甲状腺功能无明显改变。

2. 胶质贮积期 Glue storage stage 又称弥漫性胶样甲状腺肿（diffuse colloid goiter）。因长期持续缺碘，胶质大量贮积。

（1）肉眼观 Gross appearances：甲状腺弥漫性对称性显著增大，重约 200～300g（可达 500g 以上），表面光滑，切面呈淡褐或棕褐色，半透明胶冻状。

（2）光镜下 Microscopic view：部分上皮增生，可有小滤泡或假乳头形成，大部分滤泡上皮复旧变扁平，滤泡腔显著扩大，腔内大量胶质贮积（图 13-2）。

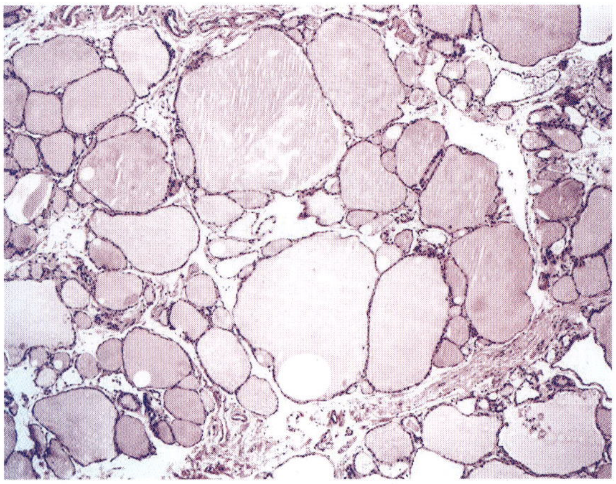

图 13-2 弥漫性非毒性甲状腺肿 Diffuse nontoxic goiter
滤泡大小不等，充满胶质。较大滤泡内衬被压扁的上皮 The follicles are variable in size and filled with colloid. The larger follicles are lined by flatteded epithelium

3. 结节期 Nodular stage 又称结节性甲状腺肿（nodular goiter）。病变后期滤泡上皮局灶性增生、复旧和萎缩并存，病变不一，分布不均，形成结节。

（1）肉眼观 Gross appearances：甲状腺呈不对称结节状增大，结节大小不一。有的结节境界清楚，多无完整包膜。切面可见出血（hemorrhage）、坏死（necrosis）、囊性变（cystic change）、钙化（calcification）、纤维化（fibrosis）和瘢痕形成（scar formation）。

（2）光镜下 Microscopic view：部分滤泡上皮呈柱状或乳头样增生，小滤泡形成。部分上皮复旧或萎缩，胶质贮积。间质纤维组织增生，以间隔包绕滤泡，形成大小不一的结节状病灶。

Endemic goiter

It is most prevalent in areas with dietary iodine deficiency. Dietary goitrogens（e. g. , calcium, fluorides, thiocyanates）may also contribute to endemic goiter. Decreased production of T3 and T4 produces a compensatory increases in TSH, with resultant hyperplasia and hypertrophy of the gland, and establishment of a euthyroid state.

二、弥漫性毒性甲状腺肿 Diffuse Toxic Goiter

弥漫性毒性甲状腺肿是由于甲状腺素合成释放过多，作用于全身各组织，造成机体代谢亢进和交感神经兴奋，引起心悸、出汗、进食增多和体重减少的临床综合征。临床上称为甲状腺功能亢进症（hyperthyroidism），简称“甲亢”，也称为 Graves 病或 Basedow 病。多数患者还同时有突眼、眼睑水肿、视力减退等症状，故又称为突眼性甲状腺肿（exophthalmic goiter）。血中 T3、T3、T4 增高，吸碘率增高。本病多见于女性，男女之比为 1∶（4～6），以 20～40 岁最多。

（一）病因及发病机制 Etiology and Pathogenesis

1. 自身免疫性疾病 Autoimmune disease ①血中球蛋白增高，并有多种抗甲状腺的自身抗体，且常与一些自身免疫性疾病并存；②血中存在与 TSH 受体结合的抗体，具有类似 TSH 的作用。

2. 遗传因素 Genetic factor 某些患者亲属中也患有此病或其他自身免疫性疾病。

3. 与精神创伤有关 Psychic trauma 可能精神创伤会干扰免疫系统而促进自身免疫疾病的发生。

（二）病理变化 Pathological changes

肉眼观 Gross appearances：甲状腺弥漫性对称性增大，约为正常的 2～4 倍（可达 60～100g）。表面光滑，血管充血。切面呈分叶状，胶质少，棕红色。质柔韧如肌肉感。

光镜下 Microscopic view：有三个特征：①上皮增生。滤泡上皮增生呈高柱状（high columnar cells），有的呈乳头样增生，并有小滤泡形成；②吸收空泡。滤泡腔内胶质稀薄,滤泡周边的胶质被上皮细胞吞噬吸收形成许多大小不一的空泡(图 13-3);③间质反应。间质血管丰富、充血,淋巴细胞增生。

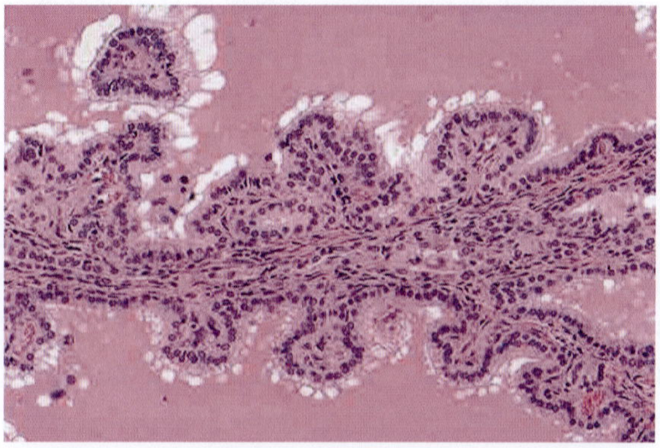

图 13-3 弥漫性毒性甲状腺肿 Diffuse toxic goiter
甲状腺滤泡伴乳头样增生。内衬高柱状上皮,核位于基底部,胞质透亮,或呈泡沫状 Thyroid follicles with papillary infoldings. The lining epithelium is columnar with basally located nuclei and a clear sometimes foamy cytoplasm

电镜下 Electron microscopic view:滤泡上皮细胞内质网丰富、扩张,高尔基复合体肥大、核糖体增多,分泌活跃。

免疫荧光 Immunofluorescence:滤泡基膜上有 IgG 沉着。

甲亢手术前往往须用碘治疗,治疗后甲状腺病变会有所减轻:甲状腺体积缩小、质地变实。上皮细胞变矮、增生减轻,胶质增多变浓,吸收空泡减少,间质血管减少、充血减轻,淋巴细胞也减少。

(三) 临床表现 Clnical manifestations

1. 甲状腺肿大 甲状腺弥漫性对称性增大,质地柔韧,局部听诊可闻及血管杂音。

2. 基础代谢率高和神经-精神敏感 甲状腺素促进新陈代谢,促进氧化还原反应。代谢亢进需要机体增加进食。同时,胃肠活动增强,出现便次增多。虽然进食增多,但氧化反应增强,机体能量消耗增多,故体重反而减轻,甚至消瘦。产热增多表现为怕热、出汗。甲状腺素增多刺激交感神经兴奋,出现心悸、心动过速,容易失眠,对周围事物敏感,情绪波动,甚至焦虑。

3. 突眼 由于眼球外肌水肿,球后纤维脂肪组织增生和淋巴细胞浸润(lymphocytes infiltration)和黏液水肿推挤眼球外凸所致。除了 Graves 病患者可以突眼,其他一些甲状腺自身免疫病,如慢性淋巴细胞性甲状腺炎也可表现突眼(有称其为"甲状腺相关性眼病")。

4. 甲亢性心脏病 甲亢若长期没有合适治疗,会引起消瘦和甲亢性心脏病。消瘦容易继发性感染。甲亢性心脏病则出现心脏扩大,心律失常、心房纤颤和心力衰竭,患者丧失劳动力,严重者甚至死亡。

5. 除了上述病变外,全身可有淋巴组织增生、胸腺和脾脏肿大,肝细胞可有变性、坏死及纤维化等表现。

三、甲状腺功能低下 Hypothyroidism

甲状腺功能减退(简称"甲减"),是由于甲状腺激素合成、分泌减少或缺乏,或其生理效应不足所致机体代谢降低的一类疾病。

(一) 类型 Types

1. 克汀病或呆小症 Cretinism 主要由于地方性缺碘,在胎儿和婴儿期从母体获得或合成甲状腺素不足或缺乏,导致生长发育障碍,表现为大脑发育不全、智力低下、表情痴呆、愚钝颜貌、骨形成及成熟障碍、四肢短小,形似侏儒(dwarf),但"呆傻聋哑"。

2. 黏液水肿 Myxoedema 由于甲状腺功能低下,组织间质内(特别是真皮)出现大量类黏液(氨基多糖)积聚。光镜下可见间质胶原纤维分解、断裂,结构疏松,充以淡蓝色的胶状液体(HE 染色)。临床上可表现怕冷、嗜睡、女性月经周期不规律,动作、说话及思维减慢,皮肤发凉、粗糙及非凹陷性水肿(nonpitting edema)。氨基多糖沉积的组织和器官可出现相应的功能障碍或症状。

(二) 病因 Etiology

(1) 甲状腺实质性损伤(Parenchymatous lesions) 如肿瘤、炎症、外伤、放射等损伤。

(2) 甲状腺发育异常(Abnormal development)。

(3) 甲状腺素合成障碍(Thyrine dyssynthesis)。如缺碘、药物及先天或后天性甲状腺素合成障碍。

(4) 自身免疫性疾病(Autoimmune disease)。

(5) 垂体或下丘脑病变(Pituitary or hypothalamic lesions)。

四、甲状腺炎 Thyroiditis

甲状腺炎一般分为急性、亚急性、慢性三型种。急性甲状腺炎是由细菌感染引起的化脓性炎症,较少见;亚急性甲状腺炎与病毒感染有关;慢性淋巴细胞性甲状腺炎是一种自身免疫性疾病;慢性纤维性甲状腺炎目前病因不明。

(一) 亚急性甲状腺炎 Subacute thyroiditis

亚急性甲状腺炎又称肉芽肿性甲状腺炎(granulomatous thyroiditis)、巨细胞性甲状腺炎(giant cell thyroiditis),是一种与病毒感染(viral infection)有关的巨细胞性或肉芽肿性炎症。女性多于男性,中青年多见。起病急,发热不适,颈部有压痛,可有短暂性甲状腺功能异常,临床病程短,常在数月内恢复正常。

病理变化 Pathological changes

肉眼观 Gross appearances:甲状腺呈不规则结节状,轻至中度增大,质实如橡胶样(rubbery)。切面病变呈灰白或淡黄色,可见坏死或瘢痕,常与周围组织有粘连。

光镜下 Microscopic view:病变呈灶性分布,范围大小不一,发展不一致,部分滤泡被破坏,胶质外溢,引起类似结核结节的肉芽肿形成,并有较多的中性粒细胞(neutrophils)及一些嗜酸粒细胞(eosinophils)、淋巴细胞(lymphocytes)和浆细胞(plasma cells)浸润,可形成微小脓肿(microabscess),伴异物巨细胞反应(foreign-body giant cell reaction),但无干酪样坏死(图 13-4)。愈复期巨噬细胞(macrophages)消失,滤泡上皮细胞再生(regeneration)或萎缩、消失,间质有纤维化、瘢痕形成。

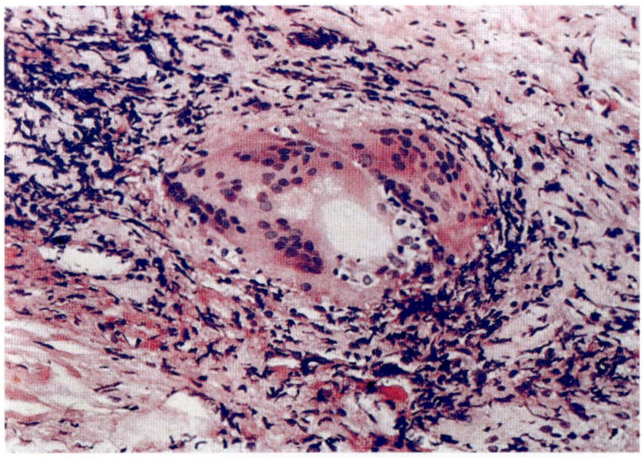

图 13-4 亚急性甲状腺炎 Subacute thyroiditis
显微照片示纤维化,滤泡萎缩伴多核巨细胞、炎细胞浸润
Photomicrograph shows fibrinous, follicular atrophy along with infiltration of multinucleated giant cells and inflammatory cells

(二)慢性淋巴细胞性甲状腺炎 Chronic lymphocytic thyroiditis

慢性淋巴细胞性甲状腺炎是一种以自身甲状腺组织为抗原的慢性炎症性自身免疫性疾病,又称自身免疫性甲状腺炎(autoimmune thyroiditis)。因日本人桥本(Hashimoto)(1912 年)首先报道本病,故命名为桥本甲状腺炎(Hashimotos thyroiditis),简称桥本氏病。病人颈前常呈现甲状腺弥漫性肿大,因而临床上又称为桥本甲状腺肿。发病多见于中年女性。晚期常出现甲状腺功能低下(hypothyroidsm),TSH 增高,T3、T4 降低,患者血中可查到多种抗体。本病是儿童及青少年甲状腺肿大及获得性甲状腺功能减退症最常见的原因。

1. 发病机制 Pathogenesis 病因不清。由于桥本氏病有家族聚集现象,常合并其他自身免疫性疾病,如恶性贫血、糖尿病、肾上腺功能不全等,故认为本病与环境因素和遗传因素共同作用有关。环境因素主要包括感染和膳食中的碘化物,而易感基因在发病中也起一定作用。

(1)遗传因素:甲状腺自身抗体的产生与常染色体显性遗传有关。欧美国家桥本氏病患者中 HLA-B8 及 DR3、DR5 多见,而日本桥本氏病则以 HLA-B35 多见。中国桥本氏病的 HLA-DQA1 及 DQB1 位点的等位基因多态性 DQA1-0301 的频率明显高于正常人,可能是中国人桥本氏病的易感基因。不同种族之间存在对桥本氏病的不同基因易感性,决定甲状腺自身抗体产生的一个重要基因位于染色体 2q33 上,激活途径中必不可少的协同刺激因子 CTLA-4 基因有可能就是染色体 2q33 上的甲状腺抗体基因。

(2)免疫因素:机制不清。多倾向于以下几种观点:①先天性免疫监视缺陷:导致器官特异的抑制性 T 淋巴细胞数量和质量异常,T 淋巴细胞可直接攻击甲状腺滤泡细胞;②体液免疫介导的自身免疫机制:HK 细胞可在抗甲状腺抗体协同下攻击甲状腺滤泡细胞。当抗原抗体结合时,其复合物存在于靶细胞表面,激活的 HK 细胞与抗体的 Fc 片段起反应,而杀伤靶细胞。这种抗体依赖性 HK 细胞所参与的细胞毒性反应,在桥本氏病中被甲状腺球蛋白抗体复合物所激活,具有特异的细胞毒性而杀死甲状腺滤泡细胞;③抗甲状腺抗体与补体结合后对滤泡细胞的溶解作用;④先是淋巴细胞介导毒性,再有抗甲状腺抗体对其起触发和启动作用;⑤桥本氏病常同时伴随其他自身免疫性疾病,如恶性贫血、系统性红斑狼疮、类风湿性关节炎、1 型糖尿病、慢性活动性肝炎等,也说明自身免疫因素的存在。

(3)环境因素:感染和膳食中的碘化物是发病的两个主要环境因素。在碘缺乏地区或富含碘的地区,桥本氏病发生率均上升。实验中,过量用碘使遗传易感的动物发生甲状腺炎。但如碘在甲状腺内不耗竭,可阻止发展成严重的甲状腺炎。饮食中添加碘,桥本氏病甲状腺损害明显加重,发病率增加。甲状腺球蛋白碘化后,T 细胞增殖,主要的致病抗原——甲状腺球蛋白自身抗原效力增加,全身免疫反应加重,导致桥本氏病。

(4)细胞凋亡:甲状腺滤泡细胞被破坏与 Fas 诱导的细胞凋亡有关。Fas 蛋白属于神经生长因子(nerve growth factor,NGF)、肿瘤坏死因子(tumor necrosis factor,TNF)家族,由淋巴细胞表达。Fas-L 蛋白是 Fas 的配体，属于 TNF 家族。Fas-L 在激活的 T 细胞和 NK 细胞中大量表达。Fas-L 与 Fas 结合可以启动细胞内一系列信号传导系统而导致细胞死亡。桥本氏病甲状腺细胞的促凋亡蛋白 Fas 表达增加。细胞毒性 T 细胞表达 Fas 和 FasL 介导的甲状腺细胞凋亡，可能是本病甲状腺细胞破坏的启动因素之一。有研究发现，38% 的桥本氏病有 Fas 基因突变。基因突变导致细胞质内与凋亡细胞传导有关的一个区域功能丧失。

（5）甲状腺肿瘤：桥本氏病可伴发非霍奇金淋巴瘤。由于甲状腺组织中有大量淋巴细胞浸润，原发性甲状腺淋巴瘤与桥本氏病关系密切。桥本氏病和甲状腺乳头状癌的关系也有较多报道，在 95% 的桥本氏病和 80% 的甲状腺乳头状癌患者中，可检测到酪氨酸激酶融合基因和蛋白的表达，说明这两种疾病可能有共同的发病机制。

2. 病理变化 Pathological changes

肉眼观 Gross appearances：甲状腺弥漫性对称性肿大，稍呈结节状，质较韧，重量为 60～200g，被膜轻度增厚，但与周围组织无粘连，切面呈分叶状，色灰白或灰黄。

光镜下 Microscopic view：甲状腺滤泡被广泛破坏，大多萎缩，残余滤泡细胞发生嗜酸性转化（oncocytic transformation），即胞浆中形成大量嗜酸性颗粒（称"许特莱"细胞，Hürthle cell）。大量淋巴细胞及不等量的嗜酸粒细胞浸润、淋巴滤泡形成（lymphoid follicle）、纤维组织增生（图 13-5），有时可出现多核巨细胞。

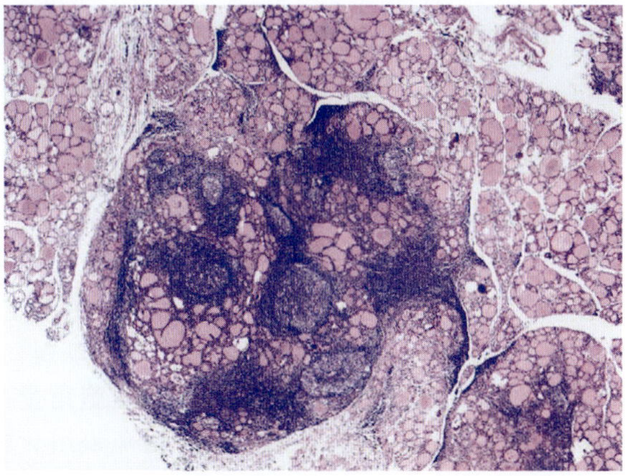

图 13-5 慢性淋巴细胞性甲状腺炎
Chronic lymphocytic thyroiditis
可见淋巴滤泡形成，甲状腺滤泡萎缩伴滤泡上皮嗜酸性变
Lymphoid follicle formation and atrophic thyroid follicles with oxyphlilic change of the follicular epithelium are seen

（三）慢性纤维性甲状腺炎 Chronic fibrous thyroiditis

慢性纤维性甲状腺炎由 Riedel（1896 年）首先报道，故称 Riedel 甲状腺肿（Riedel goiter），因病变的甲状腺质地坚硬如木，又称木样甲状腺炎（chranic woody thyroiditis）。原因不明，男女发病之比为 1∶3，好发年龄为 30～60 岁。临床上早期症状不明显，功能正常，晚期则甲状腺功能低下。病变常超出甲状腺范围，增生的纤维瘢痕组织侵袭周围组织，如肌肉、血管、神经甚至气管，产生邻近器官的压迫症状，如呼吸及吞咽困难（dyspnea and dysphagia）、声音嘶哑（hoarse voice）等。

1. 病理变化 Pathological changes

肉眼观 Gross appearances：甲状腺中度肿大，病变范围和程度不一，病变呈结节状，质硬似木样，与周围组织明显粘连，切面灰白。

光镜下 Microscopic view：甲状腺滤泡萎缩，小叶结构消失，而大量纤维组织增生、玻璃样变（hyaline degeneration），有淋巴细胞浸润。

2. 鉴别 Distinguish 本病与淋巴细胞性甲状腺炎的主要区别：①本病向周围组织蔓延、侵犯、粘连；而淋巴细胞性甲状腺炎仅限于甲状腺内；②本病虽有淋巴细胞浸润，但一般不形成淋巴滤泡；③本病有显著的纤维化及玻璃样变，质硬。

五、甲状腺肿瘤
Tumors of the Thyroid

甲状腺肿瘤分良、恶性二种。良性肿瘤可分为甲状腺腺瘤和囊肿（后者实为瘤样病变）。恶性肿瘤 95% 以上为原发性甲状腺癌，极少数可有恶性淋巴瘤及转移瘤。甲状腺癌有 60% 是乳头状癌，多发生于年轻人，女性多于男性，恶性程度低，生长缓慢，主要是局部淋巴结转移，手术治疗后，生存期长，愈后较好。

The thyroid gland gives rise to a variety of neoplasias, ranging from benign to high aggressive, anaplastic carcinomas. Morphologic variants and their frequencies include: ① Papillary or mixed papillary-follicular; ② Follicular; ③ Medullary (C-cell); ④ Anaplastic (undifferentiated); ⑤ Epidermoid; and ⑥ other (sarcomas, metastases, lymphomas).

（一）甲状腺腺瘤 Thyroid adenoma

甲状腺腺瘤是甲状腺滤泡上皮发生的最常见良性肿瘤。往往在无意中发现，或因腺瘤内出血、囊性变或腺瘤体积迅速增大产生局部症状（local symptoms），如引起急性疼痛（acute pain）、吞咽困难（difficulty in swallowing）、声音嘶哑（hoarse voice）而就诊。中青年女性多见。肿瘤生长缓慢，随吞咽活动而上下移动。少数病人可能由于腺瘤的功能亢进而引起甲亢（hyperthyroidism）。用放射性核素扫描（radionuclide scanning)检测腺瘤常为冷结节(cold nodules),偶尔功能亢进的腺瘤可以是温结节(warm nodules)或热结节(hot nodules)。

1. 病理变化 Pathological changes 腺瘤的病变特点:①单发结节,有完整包膜;②结节内外滤泡形态不同(结节内瘤性滤泡相对一致);③膨胀性生长,压迫周围组织。

肉眼观 Gross appearances:腺瘤呈圆形或类圆形的单发结节,常压迫周围组织,有完整包膜,直径 1~3cm 或更大。切面多为实性,暗红或棕黄色,可并发出血、囊性变、钙化和纤维化。

光镜下 Microscopic view:典型的滤泡性腺瘤由厚薄不等的纤维包膜(fibrous capsule)包裹,瘤细胞没有包膜和血管侵犯。肿瘤的组织结构和细胞形态与周围甲状腺组织不同(图 13-6)。肿瘤有不同的结构特征,最常见的是滤泡性(follicles)或梁状(trabeculae)。继发性病变有间质水肿、纤维化、透明变性、出血、钙化、软骨化生(cartilage metaplasia)、囊性变和梗死(infarct)形成。

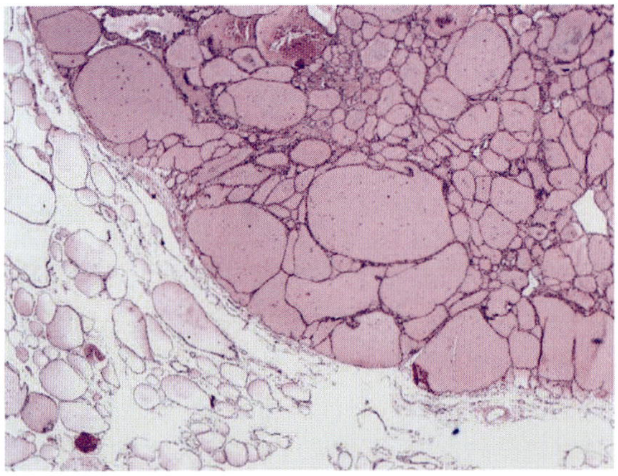

图 13-6 甲状腺腺瘤 Adenomas of the thyroid
与邻近肿瘤实质间有一个纤维性"包膜"明显分界 Sharp demarcation from adjacent parenchyma by a fibrous "capsule"

2. 组织学亚型 Histological subtype

(1) 单纯型腺瘤(simple adenoma):又称正常大小滤泡型腺瘤(normofollicular adenoma)滤泡形态和胶质含量与正常甲状腺相似,但滤泡排列较紧密,呈多角形,间质很少。

(2) 胶样型腺瘤(colloid adenoma):又称巨滤泡型腺瘤(macrofollicular adenoma)。最多见,瘤组织由成熟滤泡构成,其细胞形态和胶质含量皆和正常甲状腺相似。但滤泡大小悬殊,排列紧密,亦可融合成囊。肿瘤间质少。

(3) 胎儿型腺瘤(fetal adenoma):又称小滤泡型腺瘤(microfollicular adenoma)主要由体积较小而均匀一致的小滤泡构成。滤泡可含或不含胶质。滤泡细胞较小,呈立方形,胞核染色深。滤泡分散于疏松水肿的结缔组织中,似胎儿甲状腺组织。间质内有丰富的薄壁血管,常见出血和囊性变。

(4) 胚胎型腺瘤(embryonal adenoma):又称梁状或实性腺瘤(trabecular and solid adenoma)由实体性细胞巢和细胞条索构成,无明显的滤泡和胶质形成。瘤细胞多为立方形,体积不大,细胞大小一致。胞质少,嗜碱性,边界不清。胞核大,染色质多,位于细胞中央。间质疏松,多有水肿。

(5) 嗜酸细胞型腺瘤(acidophilic cell type adenoma):又称 Hűrthle(许特莱)细胞腺瘤。瘤细胞大,呈多角形,胞质内含嗜酸性颗粒(线粒体)。细胞排列成条或成簇,很少形成滤泡。

(6) 乳头状腺瘤(papillary adenoma):良性乳头状腺瘤少见,多呈囊性,故又称乳头状囊腺瘤(papillary cystadenoma)。乳头由单层立方或低柱状细胞覆于血管及结缔组织来构成。细胞形态和正常静止期的甲状腺上皮相似。乳头较短,分支较少,有时见乳头中含有胶质细胞。乳头突入大小不等的囊腔内,腔内有丰富的胶质。瘤细胞较小,形态一致,无明显多形性和核分裂象。甲状腺腺瘤中,具有乳头状结构者有较大的恶性倾向。好发于儿童和青春期。有包膜,部分囊性。瘤组织由宽窄不一的乳头和滤泡构成。

(7) 非典型腺瘤(atypical adenoma):较少见。腺瘤包膜完整,质地坚韧,切面细腻而无胶质光泽。镜下瘤细胞丰富,生长较活跃,核有异型,多不形成滤泡。间质甚少。细胞具有明显的异形性常疑为癌变,但无包膜、血管及淋巴管浸润。本瘤应作追踪观察,并与甲状腺髓样癌和转移癌鉴别,可做细胞角蛋白(cytokeratin, CK)、降钙素(calcitonin)等免疫组化染色,髓样癌降钙素阳性,转移癌 CK 阳性。

甲状腺腺瘤需要与结节性甲状腺肿鉴别(见表 13-2):

表 13-2 结节性甲状腺肿与甲状腺腺瘤的鉴别
Differential points between nodular goiter and thyroid adenoma

	结节性甲状腺肿	甲状腺腺瘤
结节	多发	单发
包膜	不完整	完整

续表

	结节性甲状腺肿	甲状腺腺瘤
滤泡	大小不一致,一般比正常的大。结节内外病变基本一致	大小一致,一般比正常的小。结节内外病变不一致
结节周围	甲状腺组织无压迫现象,邻近的甲状腺与结节内有相似病变	周围甲状腺有压迫现象,周围和邻近处甲状腺组织均正常
病因	甲状腺肿流行地区	非流行地区

甲状腺腺瘤还应与甲状腺癌相鉴别(详见“甲状腺癌”),后者可表现为甲状腺质硬结节,表面凹凸不平,边界不清,颈淋巴结肿大,并可伴有声嘶、Horner 综合征(交感神经中枢至眼部通路受到压迫和破坏,引起瞳孔缩小、眼球内陷、上睑下垂及患侧面部无汗)等。

Adenomas of the thyroid

They are benign neoplasia derived from follicular epithelium. Gross appearance is of well-demarcated. Solitary lesions, occasionally accompanied by fibrosis, hemorrhage or calcification. Microscopic features include: Sharp demarcation from adjacent parenchyma by a fibrous “capsule”. Architecture distinct from that of the adjacent gland. Compression of the surrounding gland by adenoma. Absence of multinodularity in the remaining gland.

(二) 甲状腺癌 Thyroid carcinoma

甲状腺癌是最常见的甲状腺恶性肿瘤,绝大部分起源于甲状腺滤泡上皮细胞,约占甲状腺原发性上皮性肿瘤的 1/3,女性发病是男性的 2～4 倍,以中年和年轻人(40～50 岁)多见。早期临床表现不明显,多偶然发现颈部甲状腺有非对称性质硬而不平肿块,多无自觉症状。多数甲状腺功能正常,仅少数有内分泌紊乱(甲状腺功能亢进或低下)。病理类型分为乳头状癌、滤泡癌、髓样癌和未分化癌等。不同类型的甲状腺癌,其预后差别很大,治疗合理及时,生存期和正常人相差无几,而高度恶性的未分化癌,预后极差,往往在半年内死亡。甲状腺癌的病因不明确,可能与饮食(高碘或缺碘)、儿童期接受高剂量外辐射(high doses of external radiation)、雌激素分泌增加、遗传等因素有关,由甲状腺良性病变如桥本甲状腺炎、结节性甲状腺肿、甲亢、甲状腺腺瘤等演变而来值得关注。

1. 乳头状癌 Papillary carcinoma 又称乳头状腺癌(papillary adenocarcinoma),最常见,约占 60% 。年轻女性多见,约为男性的 3 倍。肿瘤生长慢,恶性程度低,预后好(10 年生存率达 80% 以上),但局部淋巴结转移较早。肿瘤的大小、是否有远处(而不是局部淋巴结)转移与生存率有关,由于部分病人晚期复发(recurrene),故有必要长期随访(follow-up)。

病理变化 Pathological changes

肉眼观 Gross appearances:肿瘤呈圆形,直径 2～3cm,无包膜,质地较硬。切面灰白,部分有囊性结构,囊内可见乳头,故称为乳头状囊腺癌(papillary cystadenocarcinoma)。肿瘤常伴有出血、坏死、纤维化和钙化。

光镜下 Microscopic view:僵直性乳头复杂分支,乳头中心有纤维血管间质(fibrovascular cores),间质内常见呈同心圆状(concentrically laminated)的钙化小体,称砂粒体(psammoma bodies),有助于诊断。乳头上皮细胞极向紊乱,可呈单层或多层,癌细胞分化程度不一,肿瘤性核有特征性:核大、拥挤重叠,染色质少,呈透明或毛玻璃状核(ground glass nuclei),无核仁。常见不规则的核沟(nuclear grooves)和核内假包涵体(pseudoinclusion body)。(图 13-7,图 13-8),多个偏心性核仁。

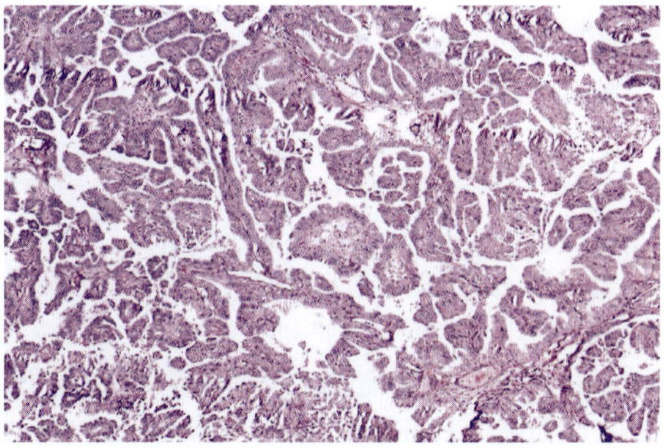

图 13-7 乳头状癌 Papillary carcinoma

乳头状癌由乳头状间质血管轴心构成复杂的分支树样模式

Papillary carcinoma shows a complicated branching, treelike pattern outline by the papilliform axial fibrovascular stroma

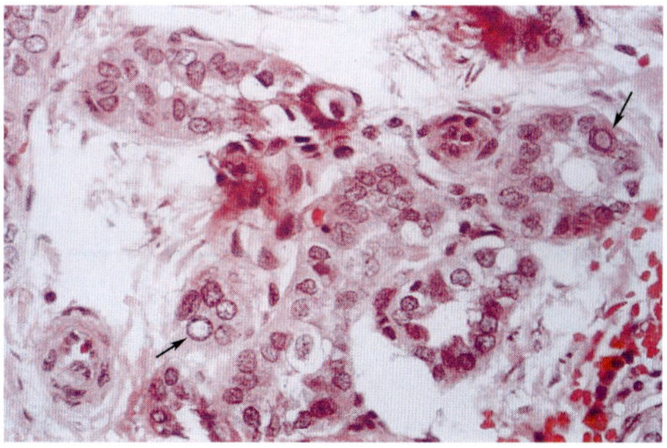

图 13-8 乳头状癌 Papillary carcinoma

乳头状癌核的特征在于毛玻璃样核,核内假包涵体(箭头所示)和核沟 The nuclear features of papillary carcinoma consist of ground glass nuclei, nuclear pseudoinclusion (arrows) and nuclear grooves

乳头状癌还可以分为许多特殊亚型(specific subtype),如滤泡亚型、嗜酸细胞亚型、透明细胞亚型、筛状癌等。乳头状癌也可伴多种成分,如伴鳞癌或黏液表皮样癌、伴梭形细胞和巨细胞癌等,或与髓样癌混合。乳头状微小癌(papillary microcarcinoma)是指偶然被发现的、结节直径小于或等于1cm的乳头状癌,较常见,预后好,转移少。"隐匿性癌"(occult carcinoma)多为无意中发现,如因其他疾病进行甲状腺切除时或尸检中发现,或因颈部淋巴结转移才被注意。

乳头状癌用免疫组织化学染色,对细胞角蛋白(cytokeratin,CK)、甲状腺球蛋白(thyroglobulin,Tg)和甲状腺转化因子-1(thyroid transcription factor-1,TTF-1)均呈阳性。

2. 滤泡癌 Follicular carcinoma 又称滤泡型腺癌(follicular adenocarcinoma),较常见,仅次于甲状腺乳头状癌而居第二位,占甲状腺癌的15%,多见于50岁女性。早期易血道转移(hemtatogenous metastasis),比乳头状癌恶性程度高,预后较差,5年生存率为30%。癌组织侵犯周围组织或器官时可引起相应的症状。

病理变化 Pathological changes

肉眼观 Gross appearances:结节状,包膜不完整,境界较清楚。切面灰白、质软。

光镜下 Microscopic view:可见不同分化程度的滤泡结构,具有侵袭性生长特点:①包膜侵犯;②血管侵犯。但分化好的滤泡癌与腺瘤区别有难度,须多处取材、切片,注意是否有包膜和血管侵犯而进行鉴别(包膜浸润必须是癌细胞垂直浸润穿透胞膜,而不是胞膜胶原和癌组织相交替的层状改变。血管侵犯必须是癌细胞直接进入血管内,破坏血管内皮细胞可形成纤维素性血栓。而在癌中血管内有癌细胞时不认为是血管浸润。)分化差的呈实性、片巢状,瘤细胞异型性明显,滤泡少而不完整(图13-9)。

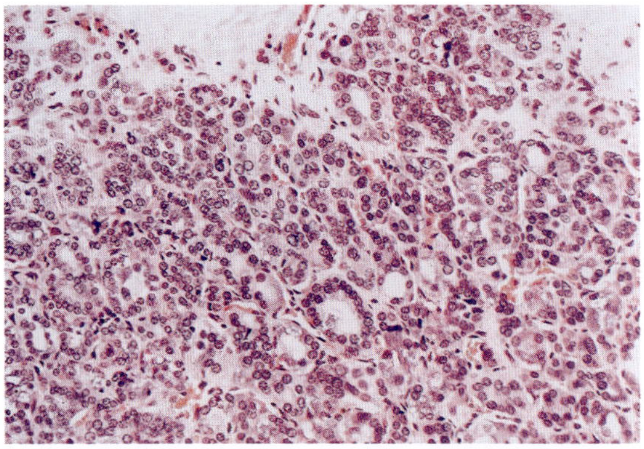

图13-9 滤泡癌 Follicular carcinoma

可见异型滤泡不规则增生,滤泡细胞核深染,染色质粗块样 Irregular proliferation of atypical follicles are noted, and nuclei of the follicular cells show hyperchromatism and coarse chromatin pattern

滤泡癌也有一些特殊亚型,如嗜酸细胞亚型(oncocytic variant)和透明细胞亚型(clear cell variant)。

免疫组织化学染色同乳头状癌。

3. 甲状腺髓样癌 Medullary thyroid carcinoma 又称C细胞癌(C-cell carcinoma),是由滤泡旁细胞(parafollicular cells),即产生降钙素的C细胞(calcitonin-producing cell, C cell)发生的恶性肿瘤,属于APUD瘤,约占甲状腺癌的5% ~ 10%,40 ~ 60岁为高发年龄,部分为家族性常染色体显性遗传(familial autosomal dominant inheritance pattern),90%的肿瘤分泌降钙素,引起严重腹泻(diarrhea)和低血钙症(hypocalcemia)。有的肿瘤还同时分泌其他多种激素和物质,如生长素(somatotrophtin)、血管活性肠肽(vasoactive intestinal peptide)、前列腺素(prostaglandins)、ATCH和5-羟色胺(5-HT),产生Cushing综合征、类癌综合征(carcinoid syndrome)等临床症状。5年平均生存率为50%。

病理变化 Pathological changes

肉眼观 Gross appearances:单发或多发,可有假包膜(pseudomembrane),直径1 ~ 10cm。切面灰白或黄褐色,质实。

光镜下 Microscopic view:瘤细胞圆形或多角、梭形,胞浆嗜碱性,核圆或卵圆形,染色质呈散胡椒面样,核仁不明显。瘤细胞呈实体片岛状、巢状、梁状或乳头状、滤泡状排列。间质内常有大量的血管和丰富的透明变性胶原(图13-10),80%有刚果红染色阳性的淀粉样物质(amyloid)沉着(可能与降钙素分泌有关)。病理上对任何显示不寻常特征的甲状腺癌均应考虑髓样癌的可能。

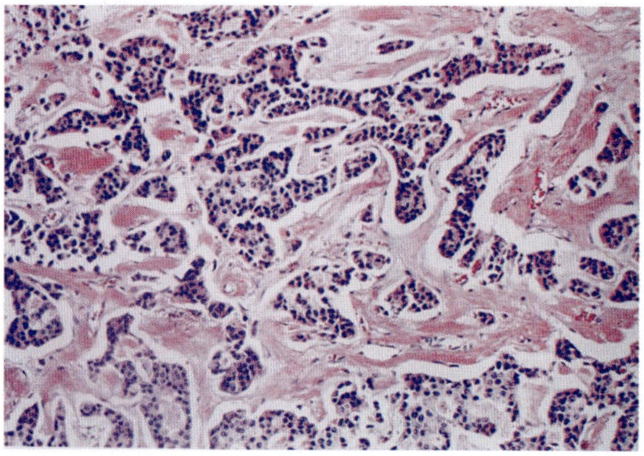

图13-10 髓样癌 Medullary carcinoma

淀粉样基质和单一的肿瘤细胞呈实心岛状排列 Amyloid stroma and solid island of monotonous tumor cells are seen

电镜下 Electron microscopic view:肿瘤细胞胞质内有大小较一致的神经内分泌颗粒(neuroendocrine granule)。

免疫组织化学染色 Immunohisto chemistry：呈阳性反应的免疫指标有降钙素、癌胚抗原（carcinoembryonic antigen，CEA）、突触素（synaptophysin，Syn）、铬粒素 A（chromogranin A，CgA），TTF-1 和低分子 CK 有些也呈阳性，而甲状腺球蛋白（Tg）呈阴性。

4. 低分化癌 Poorly differentiated carcinoma　介于分化型（乳头状癌和滤泡癌）与未分化型（间变性癌）之间。

病理变化 Pathological changes

肉眼观 Gross appearances：肿瘤质实，灰白色，直径常超过 3cm，伴有坏死灶。

光镜下 Microscopic view：肿瘤组织呈侵袭性生长，伴有坏死和明显的血管侵犯。癌细胞的分布有 3 种形式：岛状（insular）、梁状（trabeculae）和实体性（solid）。

5. 未分化癌 Undifferentiated carcinoma　又称间变性癌（anaplastic carcinoma）或肉瘤样癌（sarcomatoid carcinoma），较少见，占甲状腺癌的 5%。主要发生在老年人（多见于 50 岁以上），女性较多见。生长快，早期即可发生浸润（invasion）和转移，恶性程度高，预后差，病程不超过一年。

病理变化 Pathological changes

肉眼观 Gross appearances：肿块较大，形状不规则，无包膜，广泛浸润、破坏邻近组织，淋巴结、喉、咽、气管和食道等。切面灰白，常有出血、坏死。

光镜下 Microscopic view：癌细胞大小、形态、染色不一，核分裂象多，有广泛侵袭性。组织学形态多样化，可分为小细胞型、梭形细胞型、巨细胞型和混合细胞型等（图 13-11）。

免疫组织化学染色 Immunohisto chemistry：肿瘤细胞 CK 阳性，CEA 可阳可阴，Tg 阴性。

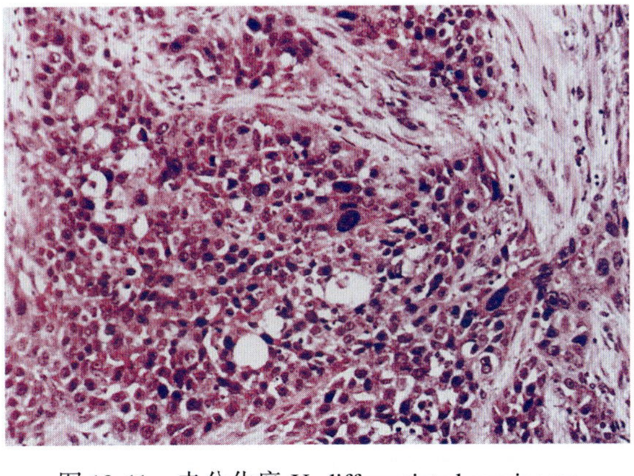

图 13-11　未分化癌 Undifferentiated carcinoma
在致密的纤维基质中可见实性巢状和片状多型性肿瘤细胞，伴鳞状上皮样分化 Solid nests and sheets of pleomorphic tumor cells with squamoid differentiation are seen in dense fibrous stroma

第三节　肾上腺疾病
Adrenal Diseases

一、肾上腺皮质功能亢进
Adrenocortical Hyperfunction

肾上腺皮质分泌三大类激素，即盐皮质激素（mineralocorticoid）、糖皮质激素（glucocorticoid）和肾上腺雄激素（androgen）或雌激素（estrogen）。每种激素分泌过多时均可引起相应的临床综合征，常见的有两种：①皮质醇增多症（hypercortisolism），又称 Cushing 综合征；②醛固酮增多症（hyperaldosteronism）。

1. Cushing 综合征 Cushing's syndrome　由于长期分泌过多的糖皮质激素，促进蛋白质异化、脂肪沉积，表现为“满月脸”（moon face）、向心性肥胖（central obesity）、高血压、皮肤紫纹、多毛（hairness）、糖耐量降低（low sugar tolerance）、月经失调（menstrual disorder）、性欲减退（hypophrodisia）、骨质疏松（osteoporosis）、肌肉乏力等。本症成人多于儿童，常见于 20 ~ 40 岁，女性多于男性，约 2.5 : 1。

（1）病因及病理变化 Etiology and pathological changes

1）垂体性 Pituitary 由于垂体肿瘤或下丘脑功能紊乱，分泌过多的 ACTH 或下丘脑分泌皮质激素释放因子（corticotropin releasing factor，CRF）过多，血中 ACTH 增高。双肾上腺弥漫性中度增生，重量可达 20g（正常约 8g）。皮质厚度可超过 2mm。主要是网状带和束状带细胞增生。

2）肾上腺性 Adrenergdrenic 由于肾上腺功能性肿瘤或增生，分泌大量皮质醇，血中 ACTH 降低。双侧肾上腺显著增生、肥大，可超过 50g。主要是网状带及束状带细胞弥漫增生，而结节状增生者多为束状带细胞增生。

3）异位性 Ectopic 为异位分泌的 ACTH 引起。最常见的原因是小细胞性肺癌，其他有恶性胸腺瘤、胰岛细胞瘤等，血内 ACTH 增高。

4）医源性 Iatrogenic　长期大量使用糖皮质激素，引起患者垂体-肾上腺皮质轴受抑制可致肾上腺萎缩。

2. 醛固酮增多症 Hyperaldosteronisrn

（1）原发性醛固酮增多症 Primary aldosteronism：大多数由功能性肾上腺肿瘤引起，少数为肾上腺皮质增生所致。临床主要表现为高血钠症、低血钾症及高血压，血清中肾素降低，这是因为钠潴留使血容量增多，抑制肾素（renin）的释放。主要是球状带细胞增生，少数也可杂有束状带细胞。

（2）继发性醛固酮增多症 Secondary aldosteronism：指各种疾病（或肾上腺皮质以外的因

素)引起肾素-血管紧张素分泌过多,刺激球状带细胞增生而引起继发性醛固酮分泌增多的疾病。

二、肾上腺皮质功能低下 Adrenal Insufficiency

1. 急性肾上腺皮质功能低下 Acute adrenocortical hypofunction 主要原因是皮质大片出血或坏死、血栓形成或栓塞、重症感染如脑膜炎球菌(meningococcemia)引起的华-弗氏综合征(Waterhouse-Friderichsen syndrome),或应激反应及长期使用皮质激素治疗后突然停药等。临床表现为肾上腺危象(adrenal crisis)、血压下降、休克、昏迷等症状,少数严重者可伴发弥散性血管内凝血(disseminated intravascular coagulation,DIC),表现为多脏器的多发性微血栓形成和出血性梗死而致死。

2. 慢性肾上腺皮质功能低下 Chronic adrenocortical hypofunction 又称 Addison 病。少见,主要病因是双侧肾上腺结核和特发性肾上腺萎缩,极少数是肿瘤转移和其他原因,致双侧肾上腺皮质大范围破坏(可达 90% 以上)。

临床表现为皮肤、黏膜及瘢痕处黑色素沉着增多(skin pigmentation)、低血糖、低血压(hypotension)、食欲不振、肌力低下、易疲劳、体重减轻等。黑色素沉着增多是由于肾上腺皮质激素减少,促使垂体分泌具有黑色素细胞刺激活性的 ACTH 及 LPH 增加,促进黑色素细胞(melanocytes)合成过多的黑色素之故。

3. 特发性肾上腺萎缩(idiopathic adrenal atrophy) 又称自身免疫性肾上腺炎(autoimmune adrenalitis),是一种自身免疫性疾病,多见于年轻女性,患者血中常有抗肾上腺皮质线粒体和微粒体抗体,往往和其他自身免疫性疾病并存。双侧肾上腺明显萎缩、皮质菲薄,内有大量淋巴细胞和浆细胞浸润。

三、肾上腺肿瘤 Tumors of the Adrenal Gland

大多数原发性肾上腺肿瘤是由两种(皮质和髓质)不同类型的肿瘤构成。来源于肾上腺皮质的肿瘤包括腺瘤和癌,少见,但可引起不同的激素增多症状,包括:醛固酮增多症、Cushing 综合征和女性男性化(androphany)。而发生在髓质的肿瘤是来自神经嵴衍生的嗜铬细胞肿瘤。

(一) 肾上腺皮质腺瘤 Adrenal cortical adenoma

肾上腺皮质腺瘤是肾上腺皮质细胞发生的良性肿瘤,分为无功能性和功能性两种。女性多于男性,约 2∶1,且儿童多见。

1. 病理变化 Pathological changes

肉眼观 Gross appearances:肿瘤较小,直径 1 ~ 5cm,重 5 ~ 10g,大者可达 1000g,多有完整包膜。切面实性,金黄或棕黄色,可见出血或小囊变区,偶有钙化。

光镜下 Microscopic view:主要由富含类脂质的透明细胞构成(少数瘤细胞胞质含类脂质少,可为嗜酸性)。瘤细胞与正常皮质细胞相似,核较小。瘤细胞排列成团,由富含毛细血管的少量间质分隔(图 13-12)。大多数皮质腺瘤是非功能性,少数为功能性,可引起醛固酮增多症或 Gushing 综合征。

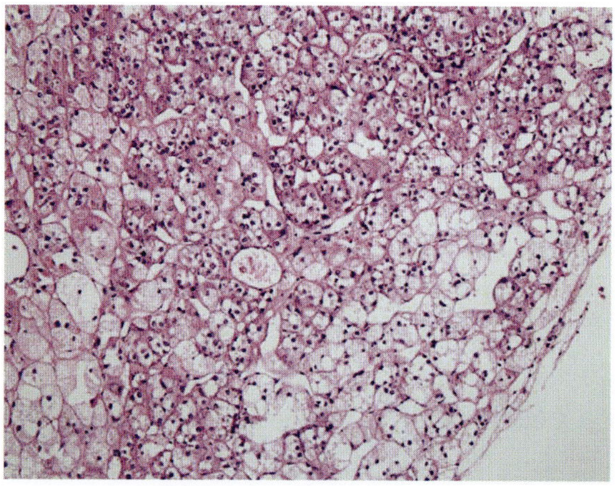

图 13-12 肾上腺皮质腺瘤 Adrenal cortical adenoma
肿瘤由富含脂质的细胞组成,肿瘤细胞排列成索状或束状,被纤细的纤维间隔所分隔 This tumor consists of lipid-rich cells arranged in cords or clusters separated by delicated fibrous septa

2. 鉴别诊断 Differential diagnosis 皮质腺瘤与灶性结节状皮质增生的区别(表 13-3)

若直径超过 1cm 以上者可归入腺瘤。灶性结节状皮质增生多见于高血压患者。

表 13-3 皮质腺瘤与灶性结节状皮质增生的区别要点一览表
List of the difference between cortical adenoma and focal nodular hyperplasia

	皮质腺瘤	灶性结节状皮质增生
结节数量	单侧,单发	双侧,多发
包膜	有,完整	无,或不完整
结节大小	较大,直径>1cm	较小,直径≤1cm
结节周围	有压迫现象,结节内外组织结构不一样	无压迫现象,结节内外组织结构相似

(二)肾上腺皮质腺癌 Adrenal cortical carcinomas

肾上腺皮质腺癌,少见,女性多于男性(约2.5:1),80%为功能性,常表现女性的男性化及肾上腺功能亢进,瘤细胞分泌糖皮质激素、雄激素,少数分泌醛固酮,且易发生局部浸润和转移。一般存活期为2年。

功能性和无功能性肾上腺皮质肿瘤的鉴别主要依靠临床表现、生化和激素测定。

(三)肾上腺髓质肿瘤 Tumor of adrenal medulla

肾上腺髓质来自神经嵴,可发生神经母细胞瘤、神经节细胞瘤和嗜铬细胞瘤。以下介绍嗜铬细胞瘤(pheochromocytoma)

嗜铬细胞瘤是由肾上腺髓质嗜铬细胞(chromaffin cell)发生的一种少见的肿瘤,又称肾上腺内副神经节瘤(intra adrenal paraganglioma)。90%来自肾上腺髓质,10%发生在肾上腺髓质以外的器官或组织内。20~50岁较多见,在性别上无差异。嗜铬细胞瘤在临床上可伴儿茶酚胺的异常分泌,并可产生相应的症状,表现为间歇性或持续性高血压、头痛、出汗、心动过速、心悸、基础代谢率升高和高血糖等,甚至可出现心力衰竭、肾衰竭、脑血管意外和猝死。大多数为良性肿瘤,有时会见到包膜浸润或侵犯血管,但不能以此诊断恶性,只有广泛浸润邻近脏器、组织或发生转移才可确诊为恶性。

病理变化 Pathological changes

肉眼观 Gross appearances:常为单侧、单发(右侧多于左侧)。肿瘤大小不一,从数毫克至数千克重量不等,平均重约100g(大小多为2~6cm),可有完整包膜。切面灰白或粉红色,经Zenker或Helly固定液(含重铬酸盐)固定后显棕黄或棕黑色。病灶常有出血、坏死、钙化及囊性变。

光镜下 Microscopic view:瘤细胞异型性明显,呈大多角形细胞,少数为梭形或柱状细胞,并有一定程度的多形性,可出现瘤巨细胞。瘤细胞胞质内可见大量嗜铬颗粒。瘤细胞呈索状、团状排列,间质为血窦。

电镜下 Electron microscopic view:胞质内含有被界膜包绕的、具有一定电子密度的神经内分泌颗粒。良、恶性嗜铬细胞瘤在细胞形态学上很难鉴别,有时恶性者异型性并不明显,而良性者却可出现明显的异型性或多核瘤巨细胞。

免疫组织化学染色 Immunohistochemistry:对嗜铬细胞瘤的诊断具有一定的价值,嗜铬蛋白A(chromogranin proteins A,CgA)、神经微丝(neurofilament,NF)蛋白表达阳性。

第四节 胰岛疾病 Islets Disease

胰岛疾病是指胰腺的内分泌部分(胰岛)各种细胞分泌激素的功能发生异常而引起的疾病。胰岛主要由四种内分泌细胞组成:A细胞约占胰岛细胞的20%,分泌胰高血糖素(glucagon);B细胞占胰岛细胞的60%~70%,分泌胰岛素(insulin);D细胞占胰岛细胞的10%,分泌生长抑素;PP细胞数量很少,约占2%,分泌胰多肽(pancreatic polyeptide)。此外,在胚胎和新生儿胰腺内及胰腺导管黏膜内还有分泌胃泌素的G细胞等。胰腺的各种内分泌细胞可以增生或形成肿瘤,可引起有关激素的过多分泌和功能亢进。也可以发生变性、萎缩,引起有关激素(如胰岛素)分泌不足和功能低下。

一、糖尿病 Diabetes Mellitus

糖尿病是一种体内胰岛素相对或绝对不足或靶细胞对胰岛素敏感性降低,或胰岛素本身存在结构上的缺陷而引起的碳水化合物、脂肪和蛋白质代谢紊乱的一种慢性疾病。其主要特点是高血糖(Hyperglycemia)和糖尿。临床上表现为多饮、多食、多尿和体重减轻(即"三多一少"),可使一些组织或器官发生形态结构改变和功能障碍,并发酮症酸中毒(ketoacidosis)、肢体坏疽(limbs gangrene)、多发性神经炎(polyneuritis)、失明(cecity)和肾衰竭(kidney failure)等。

(一)病因及发病机制 Etiology and pathogenesis

糖尿病分为原发性糖尿病和继发性糖尿病两类。原发性糖尿病(简称糖尿病)又分为胰岛素依赖型糖尿病(insulin-dependent diabetes mellitus,IDDM)和非胰岛素依赖型糖尿病(non-insulin dependent diabetes mellitus,NIDDM)两种。

1. 原发性糖尿病 Primary diabetes mellitus

(1)胰岛素依赖型 Insulin-dependent type:又称Ⅰ型或幼年型,约占糖尿病的10%。主要特点是青少年发病(juvenile-onset),起病急,病情重,发展快,胰岛B细胞严重受损,细胞数目明显减少,胰岛素分泌绝对不足,血中胰岛素降低,引起糖尿病,易出现酮症(脂肪分解加速,酮体生成增多并在体内过度积聚),治疗依赖胰岛素。本型病因、发病机制认为是在遗传易感性的基础上由病毒感染等诱发的针对B细胞的一种自身免疫性疾病:①患者体内可测到胰岛细胞抗体和细胞表面抗体,而且本病常与其他自身免疫性疾病并存;②与HLA(组织相容性抗原 histocompatibility antigens)有关。患者血中 HLA-DR3 和 HLA-DR4 超过平均值;③血清中抗病毒抗体滴度显著增高(提示与病毒感染有关)。

(2)非胰岛素依赖型 Non-insulin dependent type:又称Ⅱ型或成年型(maturity-onset),约占糖尿病的 90%,主要特点是成年发病,起病缓,病情轻,发展慢,胰岛数目正常或轻度减少,血中胰岛素可正常、增多或降低,肥胖者(obese patients)多见,不易出现酮症,一般可不依赖胰岛素治疗。本型病因、发病机制不清楚,认为是与肥胖有关的胰岛素相对不足及组织对胰岛素不敏感所致。

2. 继发性糖尿病 Secondary diabetes mellitus 有明确原因造成胰岛内分泌功能不足所致的糖尿病,如炎症、肿瘤、手术或其他损伤和某些内分泌疾病,如肢端肥大症、Gushing 综合征、甲亢、嗜铬细胞瘤和类癌综合征等。

(二)病理变化 Pathological changes

1. 胰岛病变 Islets lesions 不同类型、不同时期病变不同:1 型糖尿病早期为非特异性胰岛炎,继而胰岛 B 细胞颗粒脱失、空泡变性、坏死、消失,胰岛变小、数目减少,纤维组织增生、玻璃样变;2 型糖尿病早期病变不明显,后期 B 细胞减少,常见胰岛淀粉样变性(amyloidosis)(图 13-13)。

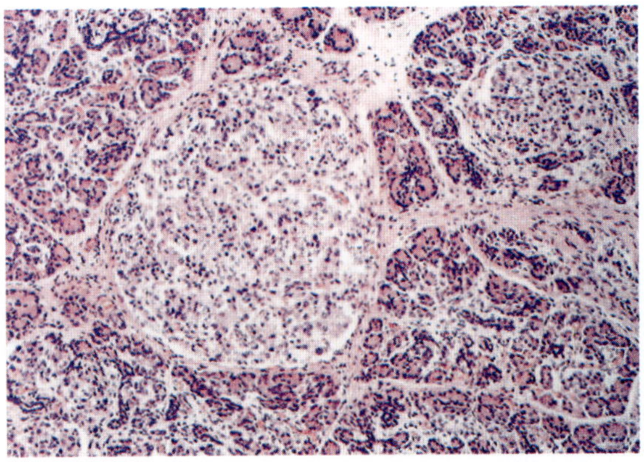

图 13-13 糖尿病的胰腺 Diabetic pancreas
胰岛增生,可见胰岛纤维化或被淀粉样物质取代 Hyperplasia of islet may be fibrosis or amyloid replacement of islets

2. 血管病变 Vascular lesions 从毛细血管到大、中动脉均有不同程度的病变。

光镜下 Microscopic view:有血管硬化(arteriosclerosis)的表现,如毛细血管和细、小动脉内皮细胞增生,基膜(basement membrane)明显增厚(可比正常厚几倍乃至十几倍),小动脉管壁增厚、玻璃样变性(hyaline degeneration)。有的血管壁发生纤维素样坏死(fibrinoid necrosis)和脂肪变性(fatty degeneration),血管壁通透性增强(increased vascular permeability);大、中动脉有动脉粥样硬化(atherosclerosis,AS)或中层钙化(media calcification),可有血栓形成(thrombosis)或管腔狭窄(lumen narrow)等病变。

电镜下 Electron microscopic view:内皮细胞增生,基膜显著增厚,有绒毛样突起。内皮细胞间连接增宽,可见窗孔形成,内皮细胞饮液小泡(pinocytotic vesicle)增加。血管壁有纤维素样坏死、血小板聚集甚至血栓形成。

糖尿病血管硬化导致血压增高,管腔狭窄导致血液供应障碍,引起相应组织或器官缺血、功能障碍等病变。主动脉、冠状动脉、下肢动脉、脑动脉和其他脏器动脉粥样硬化,引起冠心病(coronary heart disease)、心肌梗死(myocardial infarction)、脑萎缩(brain atrophy)、肢体坏疽(gangrene)等。

3. 肾脏病变 Kidney lesions

(1)肾脏体积增大 Enlarged kidney:由于糖尿病早期肾血流量增加,肾小球滤过率增高,导致早期肾脏体积增大,通过治疗可恢复正常。

(2)结节性肾小球硬化 Nodular glomerulosclerosis:表现为肾小球系膜内有结节状玻璃样物质沉积,结节增大可使毛细血管腔阻塞。

(3)弥漫性肾小球硬化 Diffuse glomerulosclerosis:约见于75%的病人,在肾小球内有玻璃样物质沉积,分布弥漫,主要损害肾小球毛细血管壁和系膜,肾小球基膜普遍增厚,毛细血管腔变窄或完全闭塞(图 13-14),最终导致肾小球缺血和玻璃样变性。

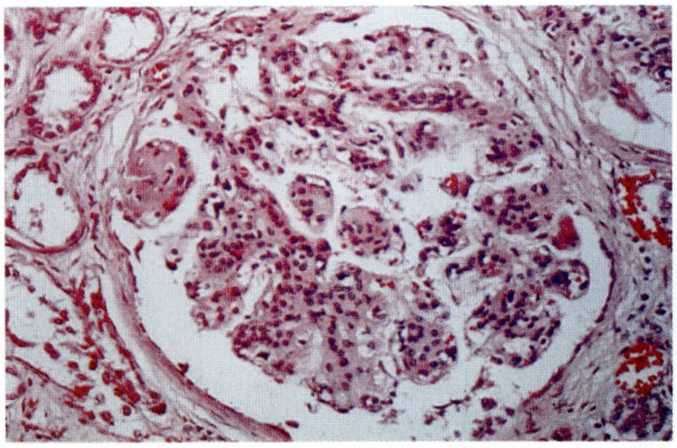

图 13-14 糖尿病性肾小球硬化 Diabetic glomerulosclerosis
肾小球呈弥漫增厚,系膜基质增多,系膜细胞增生 The glomerulus shows diffuse thickening, increase of mesangial matrix and proliferation of mesangial cells

(4)肾小管-间质性损害 Nephric tubule-interstitial lesion:肾小管上皮细胞出现颗粒变性和空泡变性,晚期肾小管萎缩。肾间质病变包括纤维化、水肿和白细胞浸润。

(5)血管损害 Vascular lesion:糖尿病累及所有的肾血管,多数损害肾动脉,引起动脉硬化,特别是入球和出球小动脉硬化(糖尿病肾动脉及其主要分支的动脉粥样硬化,要比非糖尿病出现得更早、更常见)。

(6)肾乳头坏死 Renal papillary necrosis:常见于糖尿病患急性肾盂肾炎时,肾乳头坏死是缺血并感染所致。

4. 视网膜病变 Retinopathy 早期表现为微小动脉瘤(microaneurysms)和视网膜小静脉扩张,继而渗出、水肿、微血栓形成、出血等非增生性视网膜病变。还可因血管病变引起缺氧,刺激纤维组织增生、新生血管形成(angiogenesis)等增生性视网膜性病变。视网膜病变可造成白内障或失明。

5. 神经系统病变 Nervous system lesions 周围神经可因血管病变引起缺血性损伤或症状,如肢体疼痛、麻木、感觉丧失、肌肉麻痹等,脑神经细胞也可发生广泛变性。

6. 其他组织或器官病变 Other tissue or organ lesions 可出现皮肤黄色瘤、肝脂肪变和糖原沉积、骨质疏松、糖尿病性外阴炎及化脓性和真菌性感染等。

Diabetes mellitus

It is characterized by glucose intolerance and other metabolic derangements, which result from inadequate secretion of insulin or target-tissue resistance to its action and lead to islets lesions, vascular changes, kidney lesions, retinopathy and, neuropathy affecting a number of organs.

二、胰岛细胞瘤 Islet Cell Tumor

胰岛细胞瘤又称胰岛细胞腺瘤(islet cell adenoma)。好发部位依次为胰尾、体、头部,异位胰腺也可发生。常见于20~50岁。

病理变化 Pathological changes

肉眼观 Gross appearances:肿瘤多为单个,体积较小,约1~5cm或更大,可重达500g。瘤体圆形或椭圆形,境界清楚,包膜完整或不完整,色浅灰红或暗红,质软、均质,可继发纤维组织增生、钙化、淀粉样变性或黏液样变性和囊性变。

光镜下 Microscopic view:瘤细胞排列形式多样,有的呈岛状排列(似巨大的胰岛)或团块状,有的呈脑回状、梁状、索带状、腺泡和腺管状或呈菊形团样结构,还可呈实性、弥漫、不规则排列及各种结构混合或单独排列。其间为毛细血管,可见多少不等的胶原纤维分隔瘤组织,并可见黏液样变性、淀粉样变性、钙化等继发性改变。瘤细胞形似胰岛细胞,呈小圆形、短梭形或多角形,形态较一致,细胞核呈圆形或椭圆形、短梭形,染色质呈细颗粒状,可见小核仁,核分裂象少见,偶见巨核细胞。

胰岛细胞瘤多数具有分泌功能,已知的功能性胰岛细胞瘤(functional islet cell tumor)有6种,即胰岛素瘤(insulinoma)、胃泌素瘤(gastrin adenoma)、高血糖素瘤(glucagonoma)、生长抑素瘤(somatostatinoma)、血管活性肠肽瘤(vasoactive intestinal peptide tumor)和胰多肽瘤(pancreatic polypeptide-producing tumor)。胰岛细胞瘤组织切片用HE染色不能区别细胞种类,需特殊染色、电镜或免疫组织化学可以鉴别。

病例讨论

50岁妇女,颈部肿块多年。10天前肿块突然变大。医生检查发现其甲状腺呈多结节状,并随吞咽活动。左叶有一直径6cm的大结节。甲状腺从胸骨切迹延伸到前纵隔。经细针穿刺病理活检观察到左叶肿块为胶样囊性,伴出血。因有喉部压迫症状而行甲状腺切除术。

病理检查所见为甲状腺囊肿性病变、出血。同时还发现在甲状腺峡部有一个直径2.5cm的质硬小结节。该结节包膜不完整,部分包膜有小滤泡浸润(图13-15A),血管有破坏(图13-15B)。小滤泡腺上皮细胞大、圆形,未见核沟,不形成乳头。

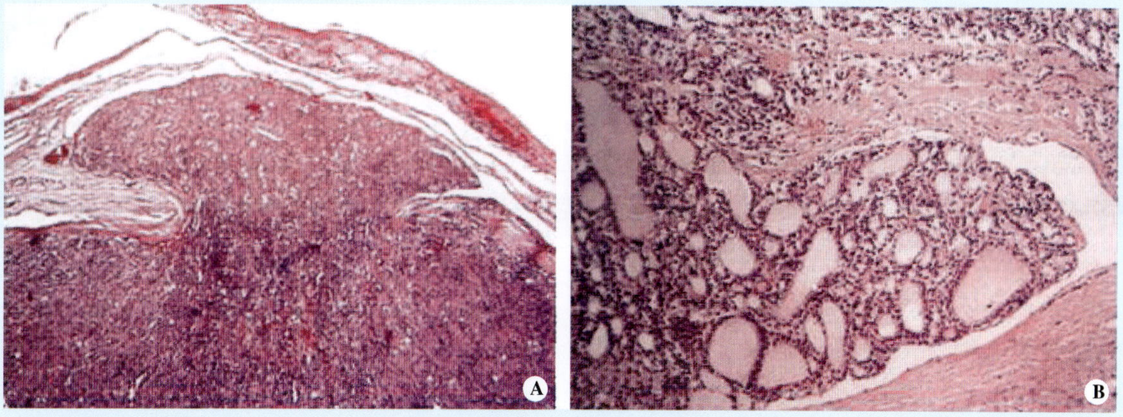

图13-15 滤泡侵袭包膜(A)和血管(B)

病人手术后没有随访。一年后病人感到左上臂疼痛。经X线检查发现肱骨有溶解性病损,肺内有多处小结节。血生化检测甲状腺刺激激素(thyroid-stimulating hormone, TSH)明显升高。

思考题

1. 该患者甲状腺疾病的病理诊断是什么?
2. 该患者肺部结节有哪些病变可能?各有何病理特征?

(周士东　张迎春)

第 14 章 神经系统疾病

Diseases of the Nervous System

Outline

The nervous system is susceptible to malfunction in a wide variety of ways, as a result of genetic defects, physical damage due to trauma or poison, infection, or simply aging. The medical specialty of Neurology studies the causes of nervous system malfunction, and looks for interventions that can alleviate it.

The central nervous system is protected by major physical and chemical barriers. Physically, the brain and spinal cord are surrounded by tough meningeal membranes, and enclosed in the bones of the skull and spinal vertebrae, which combine to form a strong physical shield. Chemically, the brain and spinal cord are isolated by the so-called blood-brain barrier, which prevents most types of chemicals from moving from the bloodstream into the interior of the CNS. These protections make the CNS less susceptible in many ways than the PNS; the flip side, however, is that damage to the CNS tends to have more serious consequences.

Although peripheral nerves tend to lie deep under the skin except in a few places such as the elbow joint, they are still relatively exposed to physical damage, which can cause pain, loss of sensation, or loss of muscle control. Damage to nerves can also be caused by swelling or bruises at places where a nerve passes through a tight bony channel, as happens in carpal tunnel syndrome. If a peripheral nerve is completely transected, it will often regenerate, but for long nerves this process may take months to complete. In addition to physical damage, peripheral neuropathy may be caused by many other medical problems, including genetic conditions, metabolic conditions such as diabetes, inflammatory conditions such as Guillain-Barré syndrome, vitamin deficiency, infectious diseases such as leprosy or shingles, or poisoning by toxins such as heavy metals. Many cases have no cause that can be identified, and are referred to as idiopathic. It is also possible for peripheral nerves to lose function temporarily, resulting in numbness as stiffness—common causes include mechanical pressure, a drop in temperature, or chemical interactions with local anesthetic drugs such as lidocaine.

Physical damage to the spinal cord may result in loss of sensation or movement. If an injury to the spine produces nothing worse than swelling, the symptoms may be transient, but if nerve fibers in the spine are actually destroyed, the loss of function is usually permanent. Experimental studies have shown that spinal nerve fibers attempt to regrow in the same way as peripheral nerve fibers, but in the spinal cord, tissue destruction usually produces scar tissue that cannot be penetrated by the regrowing nerves.

神经系统疾病是指发生于中枢神经系统、周围神经系统、植物神经系统的以感觉、运动、意识、植物神经功能障碍为主要表现的疾病,又称神经病(Neuropathy)。

神经系统病理改变的特性有:①中枢神经系统功能障碍与病变部位关系密切。一些微小的局限性病变在中枢神经系统易产生明显症状,如一侧大脑基底节的病变可引起对侧肢体偏瘫。但在其他器官中可能不会引起任何症状;②相同病变在不同部位可有不同的临床表现,如嗅沟脑膜瘤(olfactory groove meningioma)导致嗅觉丧失(anosmia),而枕骨大孔脑膜瘤(meningioma of foramen magnum)则导致进行性四肢瘫痪(progressive quadriplegia);额叶前皮质区小梗死灶可无症状,但若发生在延髓就可致命;③一些部位对特异性的致病因素具有选择性的易感性(selective vulnerability),如小脑(cerebellum)的蒲肯野细胞(purkinje cells)和海马(hippocampus)的锥体细胞(pyramidal cells)对缺血特别敏感;④不同性质的病变可导致相同的后果,如颅内出血、炎症及肿瘤均可引起颅内压升高。⑤同样的病变可出现在不同的疾病中,如神经纤维缠结(neurofibrillary tangles),这时疾病的诊断需以病变的分布定位为依据。⑥神经系统可发生在其他器官都能发生的疾病,如感染性疾病、某些肿瘤等,也可发生神经系特有的疾病,而且对各种致病因子反应较为刻板,表现为神经元变性、坏死、脱髓鞘、小胶质细胞激活和星形胶质细胞增生及肥大。⑦免疫特点在于颅内没有固有的淋巴组织和淋巴管,免疫活性细胞来自血液。⑧某些解剖和生理特征具有双重影响,如颅骨具有保护作用,但脑水肿时可引起颅内高压和脑疝形成。由血脑屏障和血管周围间隙(Virchow-Robin space)构成的天然防线,在一定程度上限制了炎症向脑实质的扩展,但也影响某些药物进入脑内发挥作用。⑨颅外器官的恶性肿瘤常可发生脑转移,而颅内原发性恶性肿瘤则极少转移至颅外。⑩神经系统畸形的发生率远高于其他器官,严重的畸形导致流产或胎死宫内。

神经系统的结构和功能与机体各器官的关系密切,神经系统病变可导致相应支配部位的功能障碍和病变;而其他系统的疾病也可影响神经系统的功能,如机体的失血、缺氧、窒息和心搏骤停等可导致缺血性脑病、脑水肿、脑疝进而危及生命。体循环脱落的栓子可导致脑栓塞或脑梗死。

The central nervous system (CNS) is the most anatomically complex system and represents the major communications network in the human body. Disorders of the CNS are often regarded as more complex or arcane than those in other organ systems.

第一节 中枢神经系统疾病的基本病变 Basic Lesions of the Central Nervous System

神经系统是由神经元(neuron)、胶质细胞(glial cells)(包括星形胶质细胞、少突胶质细胞、室管膜细胞)、小胶质细胞(microglia)、脑膜的组成细胞以及血管等所构成的精巧而复杂的系统。估计约半数或半数以上的人类基因具有神经系统特异性。

一、神经元及其神经纤维的基本病变 Basic Lesions of the Neurons and Nerve Fiber

神经元是中枢神经系统的基本结构和功能单位,对缺血、缺氧、感染和中毒等极为敏感。

(一)神经元的基本病变 Basic lesions of the neurons

神经元的基本病变包括:急性损伤导致的神经元坏死、嗜神经细胞现象、单纯性神经元萎缩、中央性尼氏小体溶解,病毒感染和代谢产物导致的胞内包涵体形成,以及细胞结构蛋白异常等。

1. 神经元急性坏死 Acute necrosis of neuron 又称红色神经元(red neuron),为急性缺血、缺氧、感染

和中毒等引起的神经元的凝固性坏死(coagulation necrosis),经苏木素-伊红(hematoxylin-eosin,HE)染色其胞质呈深红染色(图 14-1)。神经元核固缩,胞体缩小变形,胞质尼氏小体(Nissl body)消失,细胞核溶解消失,残留细胞的轮廓或痕迹称为鬼影细胞(ghost cell)。由缺血引起的红色神经元最常见于大脑皮质的锥体细胞和小脑蒲肯野细胞(Purkinji cell)。

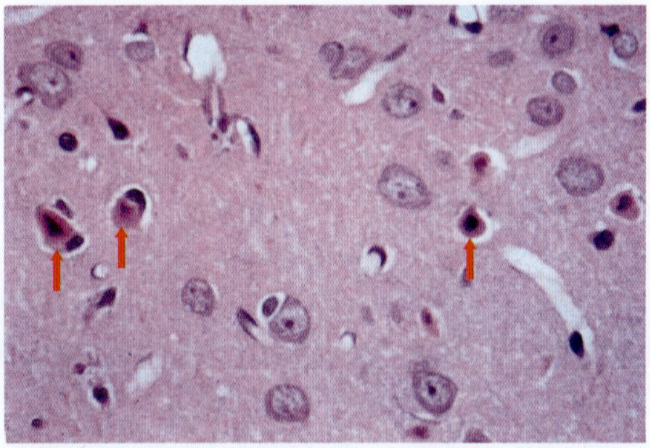

图 14-1　神经元急性坏死 Acute necrosis of neurons
脑梗死区域可见多个"红色神经元"(箭头所示),是神经系统急性坏死的特征性变化 The infarcted area contains multiple "red neurons" (arrow), a classic feature of acute necrosis in the CNS

2. 单纯性神经元萎缩 Simple neuronal atrophy 是神经元慢性渐进性变性以至死亡的过程,多见于进展缓慢、病程较长的变性疾病,如多系统萎缩(multiple system atrophy, MSA)、肌萎缩性侧索硬化(amyotrophic lateral sclerosis),表现为神经元胞体及胞核固缩、消失。病变晚期局部有胶质细胞增生。

3. 中央性尼氏小体溶解 Central Nissl bodies dissolved /Central chromatolysis 由病毒感染、缺氧、维生素 B 缺乏及轴突损伤等引起粗面内质网脱颗粒所致,表现为神经元肿胀变圆、核偏位,胞质中央尼氏小体崩解、消失,或仅在细胞周边区有少量残留,胞质呈苍白均质状。早期病变可逆,但若病因长期存在,可导致神经元死亡。

4. 包涵体形成 Inclusion body formation 神经元胞质或胞核内包涵体可见于某些病毒感染和变性疾病,其形态、大小和着色不同,分布部位也有一定规律,如帕金森病(Parkinson disease)患者黑质神经元胞质中的路易小体(Lewy body);患狂犬病时海马和脑皮质锥体细胞胞质中的内格里小体(Negri body);巨细胞病毒(cytomegalovirus)感染时包涵体可同时出现在核内和胞质内。此外,神经元胞质中出现的脂褐素(lipofuscin)多见于老年人。

5. 神经原纤维变性 Neurofibrillary degeneration 用镀银染色法在阿尔茨海默病(Alzheimer disease)等的皮层神经元细胞质中可显示神经原纤维变粗,并在胞核周围凝结卷曲呈缠结状,又称神经原纤维缠结(neurofibrillary tangles),是神经元趋向死亡的一种标志。电镜下为直径 7nm～10nm 双螺旋微丝成分。除变性的原纤维外,细胞其余部分最终消失,残留变性的原纤维常聚集成团,引起胶质细胞反应,形成老年斑(senile plaque)。

(二) 神经纤维的基本病变 Basic lesions of the nerve fiber

1. 轴突损伤和轴突反应 Axon injury and reaction

轴突损伤后神经元在出现中央性尼氏小体溶解的同时,轴突出现肿胀和轴突运输障碍。HE 切片中轴突肿胀呈红染球状,称轴突小球(axonal spheroids)

轴突反应称沃勒变性(Waller degeneration),是中枢或周围神经轴索被离断后轴突出现的一系列变化,整个过程包括三个阶段:①轴索断裂崩解(axon fragmentation and disintegration),即远端和部分近端的轴索(包括其所属髓鞘)发生变性、崩解、被吞噬消化;②髓鞘崩解脱失(myelin disintegration and lost),游离出脂滴,呈苏丹Ⅲ阳性染色;③细胞增生反应(cell proliferation response),即吞噬细胞增生,吞噬崩解产物。

2. 脱髓鞘 Demyelination 施万细胞(Schwann cells)变性或髓鞘损伤导致髓鞘板层分离、肿胀、断裂,并崩解成脂滴,进而完全脱失(轴索可出现继发性损伤)。此时的临床表现取决于脱髓鞘继发性轴索损伤和再生髓鞘的程度。中枢神经系统具有有限的髓鞘再生能力。

二、神经胶质细胞的基本病变 Basic Lesions of the Neuroglia

中枢神经系统中除神经元以外还存在一类细胞,即神经胶质细胞(neuroglial cell),或简称胶质细胞(glial cells)。胶质细胞比神经元多,在哺乳类,二者的比例约为 5∶1。胶质细胞没有传导能力,但对神经元的正常活动与物质代谢都有重要作用。在常规的神经组织切片中,通常神经胶质细胞的体积比神经元小。神经胶质细胞包括星形胶质细胞(astrocyte)、少突胶质细胞(oligodendrocyte)和室管膜细胞(ependymal cell)。

(一) 星形胶质细胞的基本病变 Basic lesions of the astrocyte

星形胶质细胞具有广泛的功能,任何损伤均可引起星形细胞的反应,其基本病变有细胞肿胀、反应性胶质化和包涵体形成等。

1. 胶质细胞肿胀 Glial cell swelling 是缺氧、中

毒、低血糖以及海绵状脑病(spongiform encephalopathy)等引起神经系统受损后最早出现的形态变化。表现为星形胶质细胞核明显增大、染色质疏松淡染。如损伤持续存在,肿胀的星形胶质细胞核可逐渐皱缩、死亡。

2. 反应性胶质化 Reactive astrogliosis 是神经系统受到损伤后的修复反应。表现为星形细胞的增生和肥大,形成大量胶质纤维,最后成为胶质瘢痕(glial scar)。后者与纤维瘢痕不同,胶质瘢痕没有胶原纤维和相应的间质蛋白,故机械强度较弱。缺氧、感染、中毒及低血糖均能引起星形细胞增生。

3. 淀粉样小体 Corpora amylacea 老年人的星形胶质细胞突起聚集,形成圆形、向心性层状排列的嗜碱性小体(HE 染色),称为淀粉样小体。多见于星形胶质细胞突起丰富的区域如软脑膜下、室管膜下和血管周围。

4. 罗森塔尔纤维 Rosenthal fiber 是在星形细胞胞质和突起中形成的一种均质性、毛玻璃样嗜酸性小体,呈圆形、卵圆形、长形和棒状,经磷钨酸苏木素(phosphotungstic acid hematoxylin, PTAH)染色呈红色或紫红色。罗森塔尔纤维是因胶质纤维酸性蛋白(glial fibrillary acidic protein, GFAP)细丝变异而形成,常见于一些缓慢生长的肿瘤如毛细胞型胶质细胞瘤(pilocytic astrocytomas)和慢性非肿瘤性疾病中胶质纤维增生区,如多发性硬化(multiple sclerosis)。

(二) 少突胶质细胞的基本病变 Basic lesions of the oligodendrocyte

在灰质中常有 1~2 个少突胶质细胞分布于单个神经元周围。如果 1 个神经元由≥5 个少突胶质细胞围绕,称为卫星现象(satellitosis)。如乙型脑炎病变严重者神经细胞可发生核浓缩、溶解、消失,为增生的少突胶质细胞所环绕。

(三) 小胶质细胞的基本病变 Basic lesions of the microglia

小胶质细胞属于单核巨噬细胞系统(mononuclear-macrophagic system),各种损伤均可导致其快速活化。

1. 噬神经细胞现象 Neuronophagia 指坏死的神经元被增生的小胶质细胞或血源性巨噬细胞吞噬,如乙型脑炎时,大脑皮质神经元被吞噬,这是小胶质细胞对坏死神经元的一种反应。

2. 小胶质细胞结节 Microglial nodule 中枢神经系统感染,尤其是病毒性脑炎(viral encephalitis)时,小胶质细胞常呈弥漫性或局灶性增生,后者聚集成团,形成小胶质细胞结节。

3. 格子细胞 Gitter cell 小胶质细胞或巨噬细胞吞噬神经组织崩解产物后,胞体增大,胞质中出现大量脂质小滴。经 HE 染色呈空泡状,称为格子细胞或泡沫细胞(foam cells),苏丹 III 染色呈橘红色。

(四) 室管膜细胞的基本病变 Basic lesions of the ependymal cells

胚胎早期的神经为单层柱状上皮,形成神经管时为假复层柱状上皮,称为神经上皮(neural epithelium)。经过不断分化,神经管管壁由内向外分为室管膜层、套层和边缘层以后分别演变为室管膜细胞(ependymal cells)、成胶质细胞(glioblast)与成神经细胞(neuroblast)以及轴突。室管膜细胞呈立方形覆盖于脑室系统内面。各种致病因素均可引起局部室管膜细胞丢失,由室管膜下的星形胶质细胞增生,充填缺损,形成众多向脑室面突起的细小颗粒,称为颗粒性室管膜炎(ependymal granulation)。病毒感染尤其是巨细胞病毒感染可引起广泛性室管膜损伤。残留的室管膜细胞内可出现病毒包涵体(viral inclusions)。

第二节 中枢神经系统疾病常见并发症

Common Complications of the Central Nervous System

中枢神经系统疾病最常见而重要的合并症为颅内压升高、脑水肿和脑积水。三者常合并发生,互为因果,后果严重,可导致死亡。

一、颅内压升高及脑疝形成

Increased Intracranial Pressure and Herniation of Brain

(一) 颅内压升高 Increased Intracranial pressure

正常情况下,侧卧位时脑脊液压一般为 0.6~1.8kPa,若持续超过 2.0kPa 即为颅内压增高。

1. 原因 Causes 由于颅内内容物的容积增加,超过了颅腔所能代偿的极限,就会出现颅内压升高。主要原因是颅内占位性病变和脑脊液循环障碍所致的脑积水(hydrocephalus)。常见的占位性病变有:①脑出血(hemorrhage)包括颅内血肿形成(hematoma);②脑梗死(infarction)或脑软化(malacia);③肿瘤(tumors),包括原发性和转移性肿瘤;④炎症(inflammation),如脑脓肿(abscesses)、脑膜脑炎(meningoencephalitis)和寄生虫感染(parasitosis infections)等。脑占位性病变的后果与病变的大小及其脑容积增大的速度有关。

2. 病变及分期 Lesions and stages

（1）代偿期 Compensation stage：通过反应性血管收缩及脑脊液吸收增加和（或）形成减少，使颅内血容量和脑脊液容量相应减少，此时颅内空间相对增加，以代偿占位性病变引起的脑容积增加。

（2）失代偿期 Decompensation stage：占位性病变和脑水肿使颅内容物继续增大，超过颅腔所能容纳的程度，可引起头痛、呕吐、眼底视乳头水肿（optic disc edema）、意识障碍、血压升高及反应性脉搏变慢，甚至脑疝（cerebral hernia）形成。

（3）血管运动麻痹期 Vasomotor paralysis stage：颅内压严重升高使脑组织灌流量减少，导致脑缺氧造成脑组织损害和血管扩张，继而引起血管运动麻痹，加重脑水肿，引起意识障碍甚至死亡。

（二）脑疝形成 Herniation

脑疝是颅内压增高的晚期并发症。颅内压不断增高，其自动调节机制失代偿，部分脑组织从压力较高处向压力低的地方移位，通过正常生理裂隙或孔道（如大脑镰、小脑天幕及枕骨大孔）而膨出或嵌入，压迫脑干（brain stem）和相邻的重要血管和神经，出现特有的临床表现并危及生命。

1. 原因 Causes　颅内任何体积较大的占位性病变引起颅腔内压力分布不均时都可引起脑疝。病变在幕上者引起小脑幕切迹疝，病变在幕下者引起枕骨大孔疝。引起脑疝的常见病变有：①损伤引起的各种颅内血肿（intracranial hematoma），如急性硬脑膜外血肿、硬脑膜下血肿、脑内血肿等；②各种颅内肿瘤（various kinds of intracranial tumor），特别是位于一侧大脑半球的肿瘤和颅后窝肿瘤；③颅内脓肿（intracranial abscess）；④颅内寄生虫病及其他各种慢性肉芽肿（intracranial parasitosis and other types of chronic granuloma）。在上述病变的基础上如再附加一些人为的因素，例如作腰椎穿刺释放过多的脑脊液，使颅腔与椎管之间、幕上分腔与幕下分腔之间的压力差增大，可促使脑疝的形成。

2. 病变及类型 Lesions and types

（1）大脑镰下疝 Subfalcine herniation：又称扣带回疝（cingulate gyrus herniation），是因一侧大脑半球特别是额、顶、颞叶的占位性病变引起中线向对侧移位，同侧脑扣带回从大脑镰的游离缘向对侧膨出，而形成扣带回疝。疝出的扣带回背侧受大脑镰边缘压迫形成压迹，受压处的脑组织可发生出血、坏死。大脑前动脉的胼胝体支也可因受压而引起相应脑组织梗死。

（2）小脑天幕疝 Transtentorial herniation：又称海马钩回疝（hippocampal hernia groove back）。小脑天幕以上的脑组织内肿瘤、血肿、梗死等病变引起脑组织体积肿大，致颞叶的海马钩回经小脑天幕也向下膨出，形成小脑天幕疝。引起以下后果：①同侧动眼神经（第三对颅神经）在穿过小脑天幕孔处受压，引起同侧瞳孔一过性缩小，继之散大固定，同侧眼上视和内视障碍；②中脑及脑干受压后移，可致意识丧失；导水管变窄，脑脊液循环受阻加剧颅内压增高；血管牵拉过度，引起中脑和桥脑上部出血梗死，可致昏迷和死亡；③中脑侧移，使对侧中脑的大脑脚抵压于该侧小脑天幕锐利的游离缘上形成压迫性切迹；④压迫大脑后动脉引起同侧枕叶距状裂脑组织出血性梗死。

（3）小脑扁桃体疝 Cerebellar tonsillar herniation：又称枕骨大孔疝（foramen magnum herniation）。主要因颅内高压或后颅窝占位性病变将小脑和延髓推向枕骨大孔并向下移位所致。嵌入枕骨大孔的小脑扁桃体和延髓呈圆锥形，其腹侧出现枕骨大孔压迹（图 14-2）。由于延髓受压，生命中枢及网状结构受损，严重时可致呼吸、循环衰竭而猝死。在颅内压升高的情况下，若腰穿放出脑脊液过多、过快，可诱发或加重小脑扁桃体疝的形成，临床医生应予特别注意。

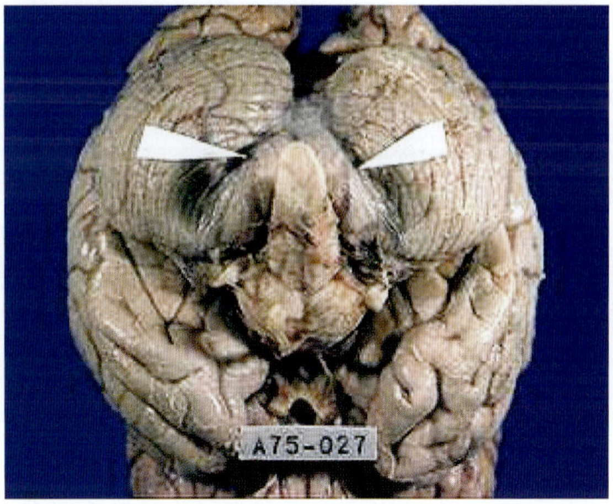

图 14-2　小脑扁桃体疝 Cerebellar tonsillar herniation
小脑扁桃体疝入枕骨大孔 Cerebellar tonsillar herniation refers to the foramen magnum

二、脑　水　肿
Brain Edema

脑水肿是脑组织内液体过多贮积而引起脑体积增大的一种病理状态，也是颅内压升高的重要原因之一。

1. 原因 Causes　缺氧、创伤、梗死、炎症、肿瘤和中毒等病理过程均可伴发脑水肿。

脑组织易发生水肿与其解剖生理特点有关：①血-脑屏障（the blood-brain barrier）的存在限制了血

浆蛋白通过脑毛细血管的渗透性运动;②脑组织无淋巴管以运走过多的液体;③脑组织在颅骨腔内的膨胀范围有限。

2. 类型 Types

(1) 血管源性脑水肿 Vasogenic edema:最常见,是血管壁通透性增加的结果。血管内富于蛋白质的液体通过血管壁进入脑组织间隙,致脑水肿形成,也称间隙性水肿(interstitial edema)。常见于脑肿瘤、出血、外伤或炎症(如脑膜炎,脑膜脑炎)等。

(2) 细胞毒性脑水肿 Cytotoxic edema:相对于血管源性脑水肿,此型为细胞内液体增多所致细胞内水肿(intracellular edema)。多由缺血、缺氧、中毒引起细胞损伤,Na^{+}-K^{+}-ATP 酶失活,细胞内水、钠潴留所致。

在许多疾病过程中,两种类型的脑水肿常合并存在,在缺血性脑病时更为显著。

3. 病理变化 Pathologic change

肉眼观 Gross appearances:脑体积和重量增加,脑回变宽而扁平,脑沟变浅而窄小,脑室缩小。血管源性脑水肿以白质(white matter)水肿明显,细胞毒性脑水肿主要累及灰质(gray matter)。严重的脑水肿常伴有脑疝形成。

光镜下 Microscopic view:血管源性脑水肿时,脑组织疏松,细胞和血管周围间隙变大,有大量液体积聚。细胞毒性脑水肿时,由于神经元、神经胶质细胞及血管内皮细胞内均有过多水分积聚,可见细胞体积增大,胞质淡染,而细胞外和血管周间隙扩大不明显。

电镜下 Electron microscopic view:血管源性脑水肿时,细胞外间隙增宽,星形胶质细胞足突肿胀,而细胞毒性脑水肿仅见细胞肿胀。

三、脑 积 水
Hydrocephalus

脑室系统内脑脊液含量异常增多伴脑室持续性扩张状态称为脑积水。

1. 原因 Causes

(1) 脑脊液循环通路阻塞 Obstruction of cerebrospinal fluid circulation pathway:如脑囊虫病、肿瘤、先天性畸形(congenital malformations)、炎症、外伤、蛛网膜下腔或脑实质内出血(subarachnoid and intraparenchymal hemorrhage)等。脑室内通路阻塞引起的脑积水称阻塞性脑积水(obstructive hydrocephalus)或非交通性脑积水(noncommunicating hydrocephalus)。

(2) 脑脊液产生过多或吸收障碍 Excessive generation or malabsorption of cerebrospinal fluid:常见于脉络丛乳头状瘤(papilloma of choroid plexus)(分泌过多脑脊液)、慢性蛛网膜炎(chronic arachnitis)(蛛网膜颗粒或绒毛吸收脑脊液障碍)等,此类脑积水脑脊液循环通路的阻塞发生在脑室系统(ventricular system)外称为非阻塞性脑积水(nonobstructive hydrocephalus)或交通性脑积水(communicating hydrocephalus)。

2. 病理变化 Pathological changes 轻度脑积水时,脑室轻度扩张,脑组织轻度萎缩。严重脑积水时,脑室高度扩张,脑组织受压萎缩、变薄,甚至可菲薄如纸,神经组织大部分萎缩消失。

3. 临床病理联系 Clinicopathological relations 婴幼儿颅骨(cranial sutures)闭合前如有脑积水则头颅渐进性增大,颅骨缝分开,前囟扩大;因大脑皮质萎缩,患儿智力减退,肢体瘫痪。成人颅骨闭合后因颅腔不能增大,发生脑积水时颅内压进行性升高,颅内压增加的症状发生较早也较严重,严重者可致脑疝形成。

第三节 中枢神经系统感染性疾病
Infectious Diseases of the Central Nervous System

中枢神经系统的感染可由细菌、病毒、立克次体、螺旋体、真菌和寄生虫等引起。病原体可通过下列途径侵入:①血源性感染(hematogenic infection):如脓毒血症(septicemia)的感染性栓子等。感染性病原体常经小动脉循环(arterial circulation)进入中枢神经系统,但通过颅、面循环的静脉吻合交通支(anastomotic connections)也可发生逆向静脉播散(retrograde venous spread);②局部扩散(local spread):如颅骨开放性骨折、乳突炎、中耳炎、鼻窦炎等;③直接感染(direct infection):如创伤或医源性(iatrogenic)(腰椎穿刺)感染,或脊髓脊膜膨出症(meningomyelocele)等;④经神经感染(infection through nerve):某些病毒如狂犬病病毒(rabiesvirus)可沿周围神经,单纯疱疹病毒可沿嗅神经、三叉神经侵入中枢神经系统而引起感染。感染性病原体对神经元或神经胶质可以产生直接损伤,而且细菌毒素、炎症应答效应、免疫介导机制(immune-mediated mechanisms)的结果等间接影响也可造成神经组织损害。

> The development of infections within the CNS is divided into: those of the meninges and meningitis; those of the brain parenchyma and encephalitis. Meningitis is usually caused by an infection. Infectious meningitis is broadly classified into acute pyogenic (usually bacterial meningitis), aseptic (usually acute viral meningitis), and chronic (usually tuberculous, spirochetal, or cryptococcal) on the basis of the characteristics of inflammatory exudate on cerebrospinal fluid (CSF) examination and the clinical evolution of the illness.

一、细菌性感染疾病
Bacterial Infectious Diseases

常见的颅内细菌性感染为脑膜炎(meningitis)和脑脓肿(brain abscess)。脑膜炎包括硬脑膜炎(pachymeningitis)和软脑膜炎(leptomeningitis),后者包括软脑膜、蛛网膜和脑脊液的感染,较多见。严重及病程较长者可累及脑实质而引起脑膜脑炎(meningoencephalitis)。脑膜炎的基本类型有化脓性脑膜炎(多由细菌引起)、淋巴细胞性脑膜炎(多为病毒所致)和慢性脑膜炎(可由结核杆菌、梅毒螺旋体、布鲁斯杆菌及真菌引起)。流行性脑脊髓膜炎是最常见的一种化脓性脑膜炎,属于细菌性脑膜炎(bacterial meningitis)。

Bacterial meningitis

It is typically characterized by a purulent exudate confined to the leptomeninges. The exudate expands the meningeal space between the pia and arachnoid and may extend into the perivascular Virchow-Robin spaces. However, direct extension into the brain is rare. The bacteria most commonly causing bacterial meningitis in children under 10 years are *Streptococcus pneumoniae* and *Neisseria meningitidis*. In the newborn period, group B *Streptococcus*, *Escherichia coli*, and *Listeria* are the most common. In adults, *Streptococcus pneumoniae* and gram-negative rods are the most common.

(一) 流行性脑脊髓膜炎 Epidemic cerebrospinal meningitis

流行性脑脊髓膜炎(简称流脑),是由奈瑟脑膜炎双球菌(meningococci)引起的脑脊髓膜的急性化脓性炎症(acute suppurative inflammation)。冬春季多发并可以流行,故称为流行性脑膜炎,属于呼吸道传染病。患者多为儿童和青少年。

1. 病因及发病机制 Etiology and pathogenesis 病原菌是脑膜炎双球菌(属奈瑟氏菌属,革兰氏染色阴性)。传染源是带菌者和病人。感染者鼻咽分泌物中的病菌通过咳嗽、喷嚏等形式借飞沫传播,经呼吸道侵入人体,其发展过程取决于人体与病原菌之间的相互作用。如果人体健康且免疫力正常,则可迅速将病原菌消灭或仅有局部轻度卡他性炎,或成为带菌者;如果机体抗病能力低下,缺乏特异性杀菌抗体,或者细菌量多、毒力强时,病菌则在局部大量繁殖,产生内毒素,侵入血流形成菌血症(bacteremia)或败血症(septicemia),再侵入脑脊髓膜形成化脓性脑脊髓膜炎(pyogenic cerebrospinal meningitis)。此外,内毒素还可激活体液和细胞介导的变态反应,发生全身性的非特异性细胞免疫反应,使肾上腺皮质出血、微循环障碍。

研究发现,当机体免疫球蛋白(如 IgM)缺乏或减少,补体(如 C3 或 C3 ~ C9)缺乏时,易引起发病,甚至是反复发作或呈暴发型(fulminant meningitis)。也有认为特异性免疫球蛋白 IgA 增多及其与病菌形成的免疫复合物也是发病因素。

2. 临床类型 Clinical types 流脑病情复杂多变,轻重不一,一般可表现为普通型和暴发型。

(1) 普通型流脑 Common type of epidemic cerebrospinal meningitis:按病程和病变的发展,分为上呼吸道感染期、败血症期和脑膜炎症期三期。

1) 上呼吸道感染期(stage of the upper respiratory tract infection):细菌在鼻咽部黏膜繁殖,经 2 ~ 4 天潜伏期后,出现上呼吸道感染症状。黏膜充血、水肿,少量中性粒细胞(neutrophils)浸润和分泌物增多。约 1 ~ 2 天后,部分患者进入败血症期。

2) 败血症期(stage of septicemia):出现皮肤、黏膜出现瘀点(斑)(petechiae),为细菌栓塞在小血管和内毒素对血管壁损害所致的出血灶,该处刮片也常可找见细菌,血培养可阳性。因内毒素的作用,患者可有高热、头痛、呕吐及外周血中性粒细胞增高等表现。

3) 脑膜炎症期(stage of meningitis):为脑脊髓膜化脓性炎症。

(2) 暴发型流脑 Fulminant meningitis:少数病例(主要是儿童)起病急骤,病情危重,称为暴发型流脑。根据临床病理特点,暴发型流脑又分为休克型和脑膜脑炎型两型。

1) 休克型(type of shock):也称暴发型脑膜炎双球菌败血症。短期内出现皮肤、黏膜广泛性出血点和瘀斑,甚至肾上腺皮质出血、坏死引起弥散性血管内凝血(disseminated intravascular coagulation, DIC)及周围循环衰竭等败血症性休克(septic shock),而脑膜的炎症病变较轻(全身症状重,局部病变轻,即休克重而脑膜炎轻)。临床上将暴发型脑膜炎双球菌败血症称为华-佛氏综合征(Waterhuose-Friderichsen syndrome),曾认为是由于双侧肾上腺广泛出血、坏死引起急性肾上腺皮质功能衰竭所致,现认为是由于脑膜炎双球菌释放大量内毒素入血导致中毒性休克,并且激活凝血系统引起 DIC 和微循环障碍,导致病情恶化。

2) 脑膜脑炎型(type of meningoencephalitis):脑膜炎波及软脑膜下的脑组织,表现为脑组织淤血和大量浆液渗出,出现严重的脑水肿,使颅内压急骤升高。临床表现为突发高热、剧烈头痛、频繁呕吐,常伴惊厥、昏迷或脑疝形成。若抢救不及时,可危及生命。

3. 病理变化 Pathological changes

肉眼观 Gross appearances:脑脊膜血管扩张充血

明显。病变严重的区域,蛛网膜下腔(subarachnoid space)充满灰黄色脓性渗出物(suppurative exudates),覆盖于脑沟脑回,使大脑表面结构模糊不清,边缘病变较轻的区域可见脓性渗出物沿血管分布(图14-3)。脓性渗出物可累及大脑凸面矢状窦附近或脑底部视神经交叉及邻近各池(如交叉池、脚间池)。由于炎性渗出物的阻塞,使脑脊液循环发生障碍,可引起不同程度的脑室扩张。

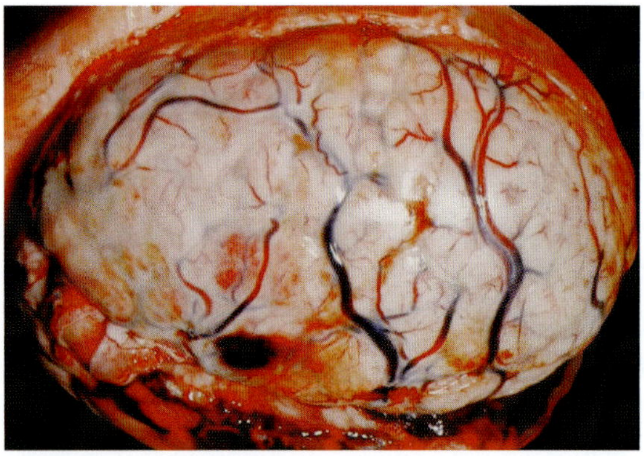

图14-3 急性化脓性脑膜炎 Acute suppurative meningitis
整个大脑左半球被黏稠脓性分泌物覆盖,并可见脉管内血栓形成 Entire left cerebral hemisphere is covered with a thick purulent exudate. Note also thrombotic vessels are seen

光镜下 Microscopic view:蛛网膜血管显著扩张充血,蛛网膜下腔变宽,其中见大量中性粒细胞、浆液及纤维素渗出和少量淋巴细胞、单核细胞浸润(图14-4)。用革兰氏染色,在细胞内外可找见致病菌。脑实质病变轻微,邻近的脑皮质可有轻度水肿。病变严重者可累及邻近脑膜的脑实质,使神经元变性,称脑膜脑炎(meningocephalitis),或累及动、静脉管壁,发生脉管炎(angeitis)和血栓形成,导致脑实质缺血和梗死。

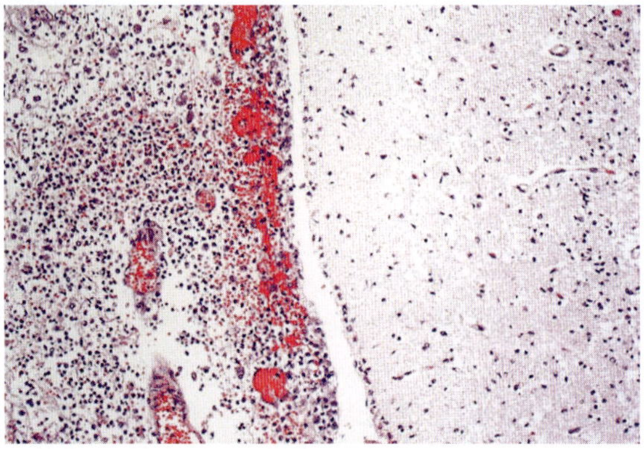

图14-4 急性化脓性脑膜炎 Acute suppurative meningitis
软脑膜急性化脓性炎症,可见大量中性粒细胞浸润和淤血(脓性渗出)Acute suppurative inflammation is seen in leptomeninges. Heavy infiltration of neutrophils and congestion (suppurative exudates) are seen

4. 临床表现 Clinical manifestation 典型表现有脑膜刺激征、颅内高压、神经功能损伤相应症状和体征和明显的全身感染现象,如发热(fever)、头痛(headache)、呕吐(vomiting)、皮肤黏膜瘀点、瘀斑,严重者可出现中毒性休克(toxic shock)。

(1)脑膜刺激症状 Meningeal irritation:表现为颈项强直(neck rigidity)和屈髋伸膝征(Kernig sign)阳性。颈项强直是由于炎症累及脊髓神经根周围的蛛网膜、软脑膜和软脊膜,使神经根在通过椎间孔处受压,当颈部或背部肌肉运动时,牵引受压的神经根而产生疼痛。这是颈部肌肉发生的一种保护性痉挛状态(protective spasticity)。在婴幼儿,其腰背部肌肉发生保护性痉挛,可形成角弓反张(opisthotonus)的体征。Kernig征阳性是因腰骶节段脊神经后根受到炎症波及而受压,当屈髋伸膝试验时,坐骨神经受到牵引而发生疼痛。

(2)颅内压升高症状 Intracranial hypertension symptoms:表现为剧烈的头痛、喷射性呕吐(projectile vomiting)、视神经乳头水肿、小儿前囟饱满等症状和体征。这是由于脑膜血管充血,蛛网膜下腔脓性渗出物积聚,蛛网膜颗粒因脓性渗出物的阻塞而致脑脊液吸收障碍等原因所致。如伴有脑水肿则颅内压升高更显著。

(3)脑脊液异常 Cerebrospinal fluid abnormalities:表现为压力增高,呈脓性混浊,白细胞(中性粒细胞)及蛋白含量增多,糖量(glucose content)减少,涂片(smear)及培养均可找到脑膜炎双球菌。

(4)并发症和后遗症 Complication and sequelae:极少数可并发后遗症:①脑积水(hydrocephalus) 由于脑膜粘连和脑脊液循环障碍所致;②颅神经受损麻痹(paralysis of injured cranial nerve) 如耳聋、视力障碍、面神经麻痹等;③颅底部动脉炎(arteritis of cranial base)导致局部血管阻塞性病变,引起相应部位脑梗死。

若及时治疗,如有效抗生素(effective antimicrobial agents)的应用,大多数普通型流脑可痊愈。

(二)脑脓肿 Brain abscess

脑脓肿是由化脓性细菌感染或真菌、原虫侵入脑组织而引起的化脓性脑炎。脑脓肿以青壮年最常见。

1. 病因 Etiology 脑脓肿的致病菌多为葡萄球菌、链球菌等需氧菌。厌氧菌属如无芽胞革兰阴性菌、类杆菌等致病菌也常见。少数由真菌、原虫侵入脑组织所致。

2. 感染途径与病变部位 Routes of infection and sites of lesions 脑脓肿的发病部位和数目与感染途径有关。血源性感染者常为多发性,可分布于大脑各部；由局部感染灶直接蔓延所致者常为单个。

（1）耳源性和鼻源性脑脓肿 Otogenic and nasogenic brain abscess：约占脑脓肿的 2/3，常继发于慢性化脓性中耳炎、乳突炎。脓肿多见于颞叶和小脑。鼻源性脑脓肿由邻近副鼻窦化脓性感染侵入颅内所致。如额窦炎、筛窦炎、上颌窦炎或蝶窦炎，脑脓肿多发生于额叶前部和底部。

（2）血源性脑脓肿 Hematogenic brain abscess：约占脑脓肿的 1/4，多由于身体其他部位感染，细菌栓子经动脉血行播散到脑内而形成脑脓肿。原发感染灶常见于肺、胸膜、支气管化脓性感染、先天性心脏病、细菌性心内膜炎、皮肤疖痈、骨髓炎、腹腔及盆腔脏器感染等。脑脓肿多分布于大脑中动脉供应区、额叶、顶叶，有的为多发性小脓肿。

（3）外伤性脑脓肿 Traumatic brain abscess：多继发于开放性脑损伤，尤其脑穿透性伤或清创手术不彻底者。致病菌经创口直接侵入或异物、碎骨片进入颅内而形成脑脓肿。有的伤后早期发病，也可因致病菌毒力低，伤后数月、数年才出现脑脓肿的症状。

（4）隐源性脑脓肿 Cryptogenic brain abscess：原发感染灶不明显或隐蔽，机体抵抗力弱时，脑实质内隐伏的细菌逐渐发展为脑脓肿。隐源性脑脓肿实质上是血源性脑脓肿的隐蔽型。

3. 病理变化 Pathological changes　脑脓肿与颅外器官的脓肿相似。急性脓肿发展快，境界不清，无包膜形成，可向周围扩展，甚至破入蛛网膜下腔或脑室，引起脑室积脓（pyocephalus），可迅速致死。慢性脓肿边缘可形成炎性肉芽组织和纤维包膜，境界清楚，称脓肿膜（图 14-5，图 14-6）。脑脓肿周围组织水肿明显，伴有星形胶质细胞增生。脑脓肿的形成和发展可分为三个阶段。

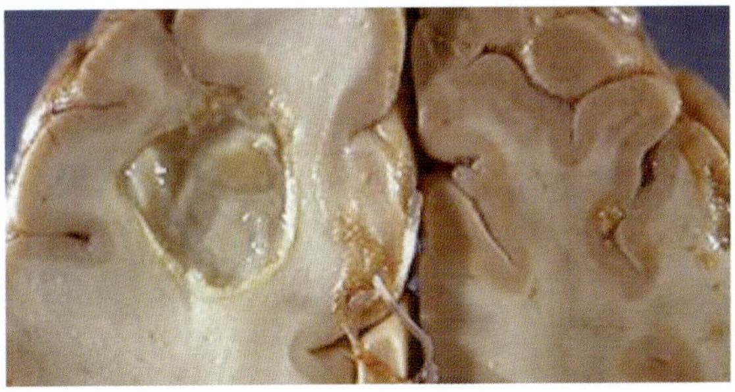

图 14-5　脑脓肿 Intracerebral abscess
脑脓肿形成脓肿壁和脓腔，周围有反应性胶质 The brain abscess consists of a hollow cavity with a wall of purulent material and surrounded reactive glia

（1）急性脑膜炎和脑炎期 Acute meningitis and encephalitis stage：化脓菌侵入脑实质后，表现明显的全身感染反应和急性局限性脑膜炎、脑炎的病理变化。病灶中心逐渐坏死、软化，出现很多小液化区，周围脑组织水肿。病灶部位浅表时可有脑膜炎症反应。

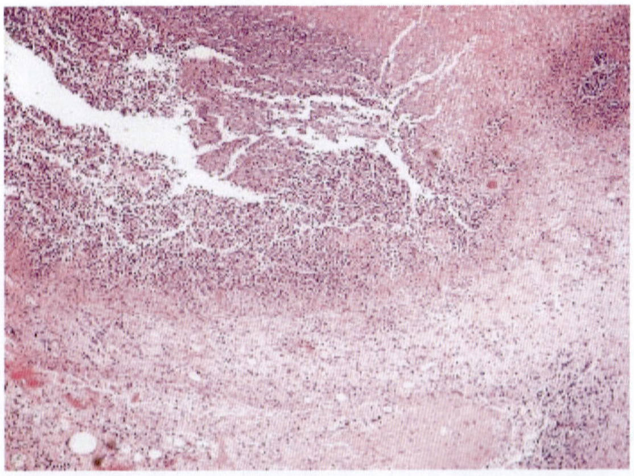

图 14-6　脑脓肿 Intracerebral abscess
左上角区域是炎细胞和脑组织坏死区，其外围有“脓肿膜”包绕，依次是肉芽组织和炎细胞浸润 The upper left part of the field is an area of neutrophils and cellular debris. This area is surrounded, in turn, by a developing “capsule,” composed of maturing granulation tissue and inflammatory cells

（2）化脓期 Suppurationis stage：病灶液化，融合形成脓肿，并逐渐扩大。若融合的小脓腔有间隔，则成为多房性脑脓肿，周围脑组织水肿。全身感染征象有所好转和趋于稳定。

（3）包膜形成期 Amicula formation stage：一般经 1～2 周，脓肿外围的肉芽组织由纤维组织及神经胶质细胞的增生而初步形成脓肿包膜，3～4 周以后脓肿包膜完全形成。包膜形成的快慢与致病菌种类和毒性及机体抵抗力与对抗生素治疗的反应有关。

二、病毒性感染疾病
Viral Infectious Disease

中枢神经系统的病毒性感染疾病主要是病毒性脑炎（viral encephalitis），是指病毒直接侵犯脑实质而引起的原发性脑炎。全年均有发生，故又称散发性脑炎（sporadic encephalitis）。引起中枢神经系统病毒性疾病的病毒种类繁多，如疱疹病毒（DNA 病毒，包括单纯疱疹病毒、带状疱疹病毒、EB 病毒、巨细胞病毒等）、虫媒病毒（RNA 病毒，包括乙型脑炎病毒，森林脑炎病毒等）、肠源性病毒（小型 RNA 病毒，如脊髓灰质炎病毒、柯萨奇病毒、艾柯病毒等）、狂犬病病毒以及人类免疫缺陷病毒（HIV）等。临床上主要表现为脑实质损害的症状和颅内高压征，如发热、头痛、呕吐、抽搐，严重者出现昏迷。但由于病毒侵犯的部位和范围不同，病情可轻重不一，形式有多样不同。也由于感染的病毒的种类不同，临床表现亦变化不定，预后也各异。

（一）流行性乙型脑炎 Epidemic encephalitis B

流行性乙型脑炎是一种由乙型脑炎病毒（encephalitis B virus）感染引起的急性传染病。1934 年首先发生于日本，且在夏秋之交流行，也称日本夏季脑炎。因与冬季发生的甲型昏睡型脑炎不同，故又称为乙型脑炎。本病起病急，病情重，死亡率高。临床表现为高热、嗜睡、抽搐、昏迷等。儿童发病率明显高于成人，尤以 10 岁以下儿童为多，约占乙型脑炎的 50% ～70%。

1. 病因及发病机制 Etiology and pathogenesis　病原体是嗜神经性乙型脑炎病毒，为有膜 RNA 病毒。传染源为乙型脑炎病人和被感染的家畜、家禽（中间宿主）。传播媒介为库蚊、伊蚊和按蚊（我国主要为三节吻库蚊）。携带病毒的蚊子（mosquitoes）叮人吸血时，病毒可侵入人体，先在血管内皮细胞及全身单核巨噬细胞系统中繁殖，然后入血引起短暂病毒血症。病毒能否进入中枢神经系统，取决于机体免疫反应和血-脑屏障功能状态。凡机体免疫力强、血-脑屏障功能正常者，病毒不能进入脑组织致病，而成为隐性感染，多见于成人；但在免疫功能低下、血-脑屏障不健全者，病毒可侵入中枢神经系统而致病。由于被感染的神经细胞表面有膜抗原存在，机体可产生相应的抗体并与其结合，同时激活补体，通过体液免疫或细胞免疫反应引起神经细胞损伤，是本病发病的基础。

2. 病理变化 Pathological changes　病变广泛累及脑和脊髓实质，引起神经细胞变性、坏死、胶质细胞增生和血管周围炎细胞浸润。病变以大脑皮质、基底核和视丘最为严重，小脑皮质、丘脑和桥脑次之，脊髓病变最轻，常仅限于颈段脊髓。

肉眼观 Gross appearances：软脑膜充血、水肿，脑回变宽，脑沟窄而浅。切面见脑组织充血、水肿，严重者脑实质有散在点状出血（punctate hemorrhage）。可见粟粒或针尖大小的半透明软化灶，其境界清楚，弥散分布或聚集成群，以顶叶及丘脑等处最明显。

光镜下 Microscopic view：脑实质可以出现血管周围炎症反应、神经细胞变性和坏死、软化灶形成以及胶质细胞增生四种基本病变。

（1）血管周围炎症反应 Perivascular inflammatory reaction：病变早期，脑实质血管发生改变及炎症反应，血管显著扩张充血，有时可见小灶性出血。脑组织水肿，血管周围间隙增宽。浸润的炎细胞以淋巴细胞、单核细胞和浆细胞为主，仅在早期有为数不多的中性粒细胞。炎细胞浸润多以变性坏死的神经元为中心，或围绕血管周围间隙形成淋巴细胞套（lymphocytic vascular cuff）（图 14-7，图 14-8A）。

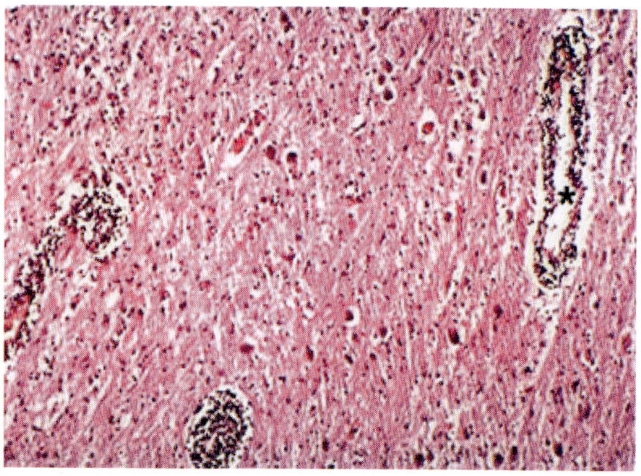

图 14-7　病毒性脑炎 Viral meningitis
淋巴细胞围绕小血管浸润（＊表示血管腔）Clusters of lymphocytes typically surround cerebral blood vessels. A blood vessel lumen is identified by the asterisk（＊）

（2）神经细胞变性和坏死 Degeneration and necrosis of neurocyte：病毒在神经细胞内增殖，破坏其代谢、功能和结构，引起神经细胞肿胀，尼氏小体消失，胞质内出现空泡，核偏位等。重者神经细胞可发生核固缩、核溶解，甚至神经元坏死（图 14-8B）。可见嗜神经细胞现象和神经细胞卫星现象。噬神经细胞现象（neuronophagia）：坏死的神经元被增生的小胶质细胞或巨噬细胞吞噬（坏死的神经元内见小胶质细胞或巨噬细胞）（图 14-8C）。神经细胞卫星现象（satellitosis）：神经元胞体被多个少突胶质细胞（5 个以上）所围绕，形成卫星样结构（图 14-8D）。

（3）软化灶形成 Malacia：病变严重时，可发生灶性神经组织的液化性坏死，形成质地疏松、染色较淡的镂空筛网状病灶，称为筛状软化灶（cribriform malacia）（图 14-8E）。软化灶可被吸收，由增生的胶质细胞所取代而形成胶质瘢痕（glial scar）。软化灶的发生除与病毒感染或免疫反应对神经组织造成的损害外，局部血液循环障碍也可能是造成软化灶的因素之一。

（4）胶质细胞增生 Proliferation of gliocyte：主要是小胶质细胞呈弥漫性或局灶性增生，后者多位于坏死的神经细胞附近或小血管旁，形成小胶质细胞结节（microglial nodules）（图 14-8F）。

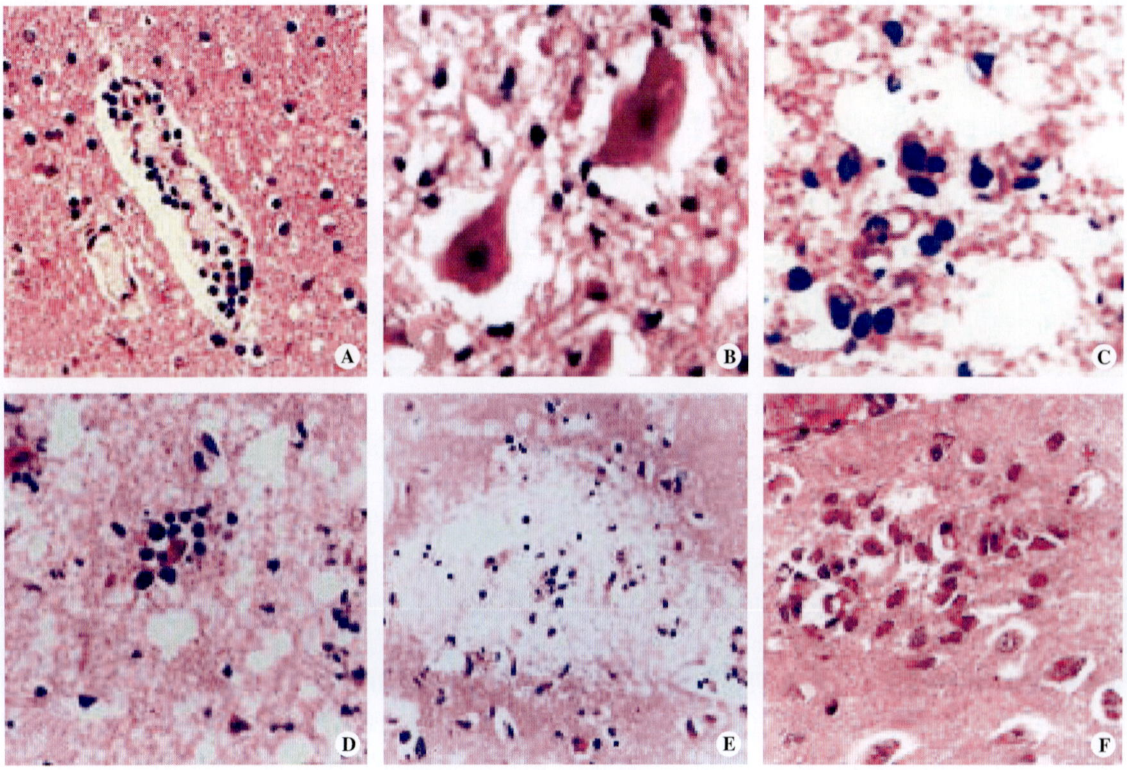

图 14-8 乙型脑炎的基本病变 The basic lesions of Epidemic encephalitis B

A. 淋巴细胞血管套;B. 神经元坏死;C. 噬神经细胞现象;D. 神经细胞卫星现象;E. 筛状软化灶;F. 小胶质细胞小结

A. lymphocytic vascular cuff;B. neuron necrosis;C. neuronophagia;D. satellitosis;E. cribriform malacia;F. microglial nodules

3. 临床病理联系 Clinicopathological relations

表现为病毒血症,如早期高热、全身不适等。由于神经细胞广泛受累和脑实质的炎性损害,可出现嗜睡、昏迷。脑神经核团受损严重时,可出现肌张力增强,腱反射亢进,抽搐、痉挛等上运动神经元损害的表现。桥脑和延髓的运动神经细胞受损严重时,出现吞咽困难,甚至发生呼吸、循环衰竭。由于脑实质血管显著扩张、充血,血管壁通透性增加而发生脑水肿,颅内压升高,常出现头痛、呕吐。严重的颅内压增高可引起脑疝。常见的脑疝有小脑扁桃体疝和海马沟回疝。小脑扁桃体疝可致延髓呼吸和心血管中枢受挤压,引起呼吸、循环衰竭而致死。当脑膜发生轻度的炎症反应时,临床上可有脑膜刺激症状。

4. 结局及预后 Outcomes and prognosis 多数经治疗后可痊愈。少数因脑组织病变较重而恢复较慢,甚至不能恢复而导致"呆、傻、聋、哑"即痴呆、语言障碍、肢体瘫痪等后遗症。病变严重者,有时可因呼吸、循环衰竭或并发小叶性肺炎而死亡。

(二)海绵状脑病 Spongiform encephalapathy

海绵状脑病是一组慢病毒感染的疾病,以中枢神经系统慢性海绵状退行性变为特征。包括:克罗伊茨费尔特-雅各布病(Creutzfeldt-Jacob disease,CJD)、库鲁病(Kuru disease)、致死性家族性失眠症(fatal familial insomnia, FFI)、格-施综合征(Gerstmann-Strussler syndrom,GSS)以及动物的疯牛病(Mad cow disease)、羊瘙痒症等。

1. 病因及发病机制 Etiology and pathogenesis

海绵状脑病的致病因子是一种被称为朊蛋白(prion protein,PrP)的糖脂蛋白,因此该病又称为朊蛋白病(PrP 病)。正常的 PrP 为神经细胞的穿膜蛋白,分子量为 30KD。其蛋白构型从螺旋构型变成 β 折叠构型则成为致病型,这种致病型 PrP 不能被降解且具有传染性,可从体外进入或因遗传变异而自发产生。进入人体后的致病型 PrP 侵入脑组织,通过:①直接经神经传递(directly transmit by nerve),先在单核-吞噬细胞系统复制,然后经脊髓神经扩散;②血源性传播(hematogenic spread)。致病型 PrP 有神经细胞毒性,可引起神经细胞的凋亡;该 PrP 也可与铜原子结合,形成复合物具有类似超氧化物歧化酶(SOD)的活性。在 PrP 构型改变后,会导致神经细胞 SOD 活性下降,从而对超氧化物等所造成的氧化损伤的敏感性增加,并可使神经细胞对高谷氨酸和高铜毒性的敏感性增加、淀粉样斑块形成和神经细胞空泡变性。致病型 PrP 通过与正常成分的接触而使自身增殖,周而复始使异常致病的 PrP 增多,在神经系统中沉积并导致神经系统病变，故 PrP 病可归类为一种蛋白质构型病。现已证明人类的 PrP 控制基因位于第 20 号染色体，称为 *PRNP* 基因，具有一个开放的读码框架和一个外显子，对来自任何种系的具有转染力的致病型 PrP 高度敏感。具有 PrP 基因突变引起的散发性病例和摄入含有异常 PrP 感染的病例（如 20 世纪 90 年代初英国的疯牛病）可同时存在。

2. 病理变化 Pathological changes 病变主要累及大脑皮质，有时基底核、丘脑、小脑皮质等也可受累。

肉眼观 Gross appearances：大脑呈萎缩性改变。脑实质萎缩，皮质变薄、易碎。

光镜下 Microscopic view：大脑皮质和灰质神经元丧失和星形细胞增生，但无炎症反应及白质受累。神经元胞质内及神经毡（neuropil，即神经突起和星形细胞突起构成的网状结构）出现大量的空泡，使脑组织疏松呈海绵状改变（spongiform change）。PrP 常沉积于神经突触（用免疫组织化学技术可以确定）。PrP 在细胞间质中的大量沉积形成库鲁斑（Kuru plaque），呈现刚果红和 PAS 阳性染色，多见于 GSS 小脑和 CJD 的大脑皮质。

电镜下 Electron microscopic view：空泡内可见含有很多断裂的、呈卷曲状的、与细胞膜碎片相似的膜结构。

3. 临床病理联系 Clinicopathological relations 85% 的 CJD 为散发性病例，年发病率 1/100 完，多累及 70 岁以上的老人。由 *PRNP* 基因突变所致的家族性 CJD 可累及年轻人。临床表现多样，多以人格改变起病，继而出现进行性智力衰退，无发热。患者表现为快速进行性痴呆（progressive dementia），常伴有步态异常和肌阵痉挛。大多数患者病情进行性发展，往往在起病后 7 个月死亡。

4. 主要类型 Major type

（1）克罗伊茨费尔特-雅各布病（CJD）：一种以快速进行性痴呆（rapidly progressive dementia）、步态异常（gait abnormalities）和肌痉挛（myospasia）和异常脑电图为特征的中枢神经系统变性疾病（degenerative disease）。大脑皮质或灰质有广泛的神经元丧失和星形细胞增生。神经元和星形细胞的胞浆内空泡形成而使脑组织呈海绵状疏松，变性后期神经元胞质中、神经毡（neuropil）（即神经突起构成的网状结构）及灰质细胞质内出现空泡（即海绵状改变），可出现严重的脑萎缩（atrophy）（图 14-9）。CJD 能通过直接接种传递给动物引起相应类似的临床病理表现。5% ~ 15% 的患者有家族史。大多数病人病情呈进行性发展，往往发病一年内死亡。

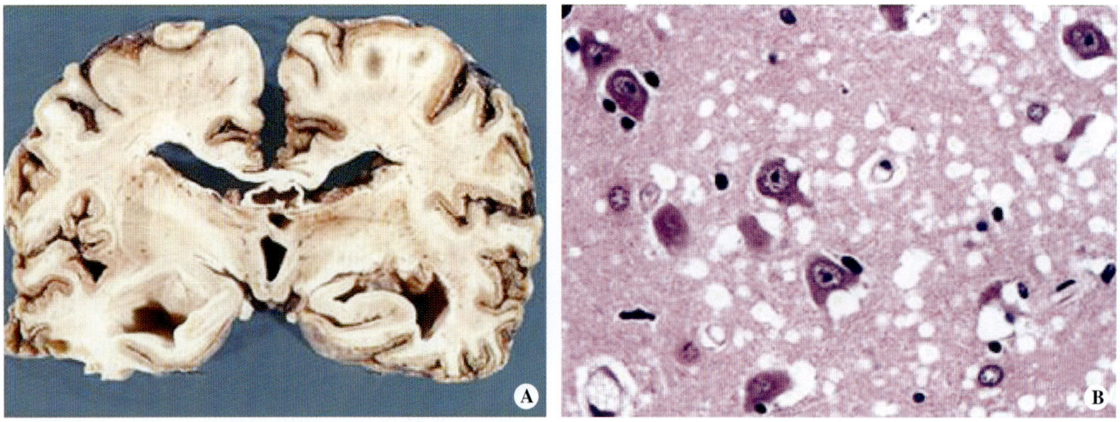

图 14-9 克-雅病 Creutzfeldt-Jacob disease

A. 60 岁男性因老年性痴呆伴肌震挛而死亡。脑实质萎缩，大脑皮质变薄、易碎；B. 镜下大脑灰质海绵状改变，神经毡内和神经元呈小泡样结构 A. The cerebral hemispheres of a 60-year-old man dying after an illness characterized by rapidly progressive dementia accompanied by gait abnormalities and myoclonus. The image demonstrates dramatic parenchymal atrophy with the cerebral cortex reduced to a narrow, fragile strip of gray matter on the surface of the brain. B. The development of spongiform change in affected areas of gray matter. The spongiform change is visible as small vacuoles within the neuropil, as well as within the cytoplasm of an occasional neuron

（2）库鲁病 Kuru disease：是最早被研究的人类 PrP 病，曾经仅见于巴布亚-新几内亚东部高地有食用已故亲人脏器习俗的土著部落。库鲁病潜伏期长，从 4 ~ 30 年不等，起病隐匿。前驱期患者仅感头痛及关节疼痛，继之出现共济失调、震颤及不自主运动，后者包括舞蹈症、肌阵挛等。在病程晚期出现进行性加重的痴呆，神经异常。本病的临床特征是先有震颤及共济失调（dystaxia），后有痴呆。患者多在发病 3 ~ 6 个月内死亡。

（3）致死性家族性失眠症（FFI）：是一种罕见的退行性脑病，1986 年意大利 Bologna 大学医学院 Lugaresi 等首先报道并详细描述了第一个病例，命名为致死性家族性失眠症。病变以丘脑前腹侧和背内侧神经核选择性萎缩为特征。临床上有顽固性失眠、自主神经机能失调和运动障碍为特征，会在发病数月后死亡。

（4）格-施综合征（GSS）：是 PrP 引起的家族性神经变性疾病，为常染色体显性遗传。病变以小脑、大脑和基底节海绵状变性为主，有显著的淀粉样斑块沉积，合并脊髓小脑束和皮质脊髓束变性。发病年龄 19～66 岁，平均 40 岁，病情进展缓慢。

（5）疯牛病 Mad cow disease：即牛脑海绵状病，1985 年首次在英国报道。这种病波及世界很多国家，如法国、爱尔兰、加拿大、丹麦、葡萄牙、瑞士、阿曼和德国等。病牛中枢神经系统的脑灰质部分形成海绵状空泡，脑干灰质两侧呈对称性病变，神经纤维网有较多的不连续的卵形和球形小空腔，神经细胞肿胀呈气球状，细胞质变少，胞体变窄。另外，还有明显的神经元变性、坏死。患病后可出现神经错乱、痴呆、不久死亡。

第四节 神经系统变性疾病
Neurodegenerative Disease

神经系统变性疾病是一组原因不明的以神经元原发性变性为主要病变的中枢神经系统疾病。常见的有阿尔茨海默病、帕金森病、Pick 病、慢性进行性舞蹈病、肌萎缩性脊髓侧索硬化及纹状体黑质变性等，其共同的病变特点在于选择性地累及某 1～2 个功能系统的神经元，引起受累部位神经元萎缩、死亡和星形胶质细胞增生，从而产生受累部位特定的临床表现。病变常呈对称性（symmetric）、进行性（progressive）。病变累及大脑皮层（cerebral cortex）神经细胞的主要表现为痴呆（dementia）；累及基底核（basal ganglia）锥体外系则引起运动障碍（dyskinesis），表现为震颤性麻痹（shaking palsy）；累及小脑（cerebellum）可导致共济失调（dystaxia）。不同的疾病还可有各自特殊的病变，如在细胞内形成包涵体或神经神经原缠结等病变。多种变性疾病与异常蛋白蓄积有关，如阿尔茨海默病可见细胞外基质（ECM）Aβ 蛋白和神经元 tau 蛋白的蓄积，帕金森病可见神经元 α 共核蛋白（α-synuclein）的蓄积，从而成为不同疾病的组织学标志。

主要的变性疾病见表 14-1。

表 14-1 中枢神经系统主要的变性疾病及累及的部位
Major degenerative diseases of the CNS and affected regions

病变部位	疾病
大脑皮层	Alzheimer's 病、Pick's 病

续表

病变部位	疾病
基底核及脑干	Huntington's 病
	Parkinson's 病
	纹状体变性
	Shy-Drager 综合征
	Hallervorden-Spatz 综合征
	进行性核上性麻痹
	橄榄核桥脑小脑萎缩（OPCA）
脊髓与小脑	Friedreich's 共济失调
	共济失调性毛细血管扩张症
运动神经元	肌萎缩性侧索硬化症（ALS）
	/帕金森病/Guam 痴呆
	Werdning-Hoffmann 病
	Kygelberg-Welander 综合征

一、阿尔茨海默病
Alzheimer Disease（AD）

概述：阿尔茨海默病（AD），是以出现明显的进行性痴呆为主要特征的大脑变性疾病，随着病变和病情逐日加重，最终因并发症而危及生命。

主要临床表现：出现记忆、认知、思维、情感及精神障碍及性格改变等智能障碍。

基本病变：神经细胞内神经原纤维缠结（neurofibrillary tangles）和细胞外淀粉样物质沉淀（amyloid deposition）。

好发年龄：老年，多在 50 岁以后发病。

常见并发症及预后：感染（如肺、皮肤、泌尿系统感染），慢性衰竭（多器官衰竭、恶病质）。常在发病后 5～10 年内死于继发感染和全身衰竭。

1. 病因和发病机制 Etiology and pathogenesis AD 在高龄人群中发病率明显升高，其发生为多种因素相互作用的结果。

（1）遗传因素 Genetic factor：AD 具有家族聚集性，约 20% 的患者有阳性家族史，其一级亲属有很大的患病危险性。分子生物学研究证明，第 21、19、14 和 1 号染色体（chromosomes）上有异常基因位点，这些受累基因所编码的蛋白质分别为 β 淀粉样蛋白（beta amyloid protein，β-AP）、载脂蛋白 E（apoprotein E，Apo E）、早老蛋白-1（presenilin，PS-1）和早老蛋白-2（PS-2）。这些基因的突变和多肽性改变与 AD 发病有关。β-AP 是由 β-淀粉样前体蛋白（beta amyloid protein precursor，β-APP）异常裂解而生成的，是“老年斑”（Senile plaques）形成的主要成分。β-APP 的编码基因位于21号染色体，是一种跨膜糖蛋白，由α分泌酶裂解，则不产生β-AP，因此也不致病。患有Down综合征（21号染色体三体）的病人若存活至45岁以上，势必会发生AD。β-AP的C末端越长越容易发生沉积。β-AP的大量沉积是终末期AD的特征，它形成斑块、导致神经元死亡，并引起炎症反应，进一步导致细胞损伤。β-AP的少量积聚也可引起本病，它损害神经传递、对神经元和突触末端有毒性。β-AP还导致神经微管结合蛋白tau过磷酸化，继而使tau从轴突重新分布于树突和神经细胞体，并聚集形成缠结，致使神经元功能障碍和细胞死亡。14号染色体编码的Apo E基因是影响老化途径最重要的遗传学因素之一，迟发性家族性AD和散发性AD发生的危险性均与Apo E4等位基因的量有依赖关系。每一个Apo E4等位基因的存在，AD发生的危险增加4倍，而且发病年龄降低。明显的遗传异质性（genetic heterogeneity）提示AD的发生有多种基因缺陷（genetic defect）所致。

（2）神经递质学说 Neurotransmitter theory：与AD相关的递质改变有乙酰胆碱系统、单胺系统、氨基酸类和神经肽递质，其中胆碱乙酰转移酶和乙酰胆碱类递质的减少是AD的重要原因。神经药理学研究AD患者有大脑皮质和海马部位乙酰胆碱转移酶活性降低，直接影响了乙酰胆碱的合成和胆碱能系统的功能。此外，AD多巴胺羟化酶等活性也显著降低。研究证实AD患者乙酰胆碱合成、释放和摄取功能损害，其主要的改变是基底核神经元的大量缺失导致其投射到新皮质、海马及杏仁核等区域的乙酰胆碱能纤维减少。

（3）病毒感染 Viral infection：实验使羊脑组织变性的病毒接种于小白鼠脑内可出现典型的老年斑。体外实验显示疱疹病毒感染能使嗜铬细胞乙酰胆碱转移酶水平降低（提示病毒感染可能是本病的原因之一）。

（4）金属作用 Metal function：部分AD患者脑内铝浓度可达正常脑的10～30倍，老年斑核心中有铝沉积，痴呆疾病时亦可见脑铝增多，因此，推测铝与痴呆有关。另外，锌、铜等金属离子也可能与AD发生有关，认为β-AP沉积和氧化还原反应受这些离子的调节。

（5）免疫功能紊乱 Disorder of immune function：AD患者自身抗体含量增加，脑反应性抗体比对照组高20%。免疫功能紊乱可能对神经元的消失和衰老起作用。

（6）受教育的程度：人群调查显示受教育程度越高，AD发病率越低。人的不断学习可促进突触的改建，防止其丢失。

2. 病理变化 Pathological changes

肉眼观 Gross appearances：脑萎缩明显，重量减轻，脑回变窄，脑沟增宽变深。病变尤以额叶（frontal lobe）、顶叶（parietal lobe）和颞叶（temporal lobe）最为显著。切面可见代偿性脑室扩张。

光镜下 Microscopic view：可见“老年斑”、神经原纤维缠结、淀粉样血管病变、颗粒空泡变性和Hirano小体形成等。

（1）老年斑 Senile plaques（也称神经斑 neuritic plaque）：是出现在细胞外的一种蛋白小体（直径20μm～200μm），其本质是退变的神经轴突围绕淀粉样物质。HE染色呈嗜伊红团块状，PAS染色呈阳性（图14-10A），中心周围有空晕环绕，外围有不规则嗜银颗粒或丝状物质。电镜下显示由多个异常扩张变性的轴突终末及淀粉样细丝构成，免疫组化染色：抗β-AP呈阳性（图14-10B）。老年斑在内嗅区皮质和海马区最多见。

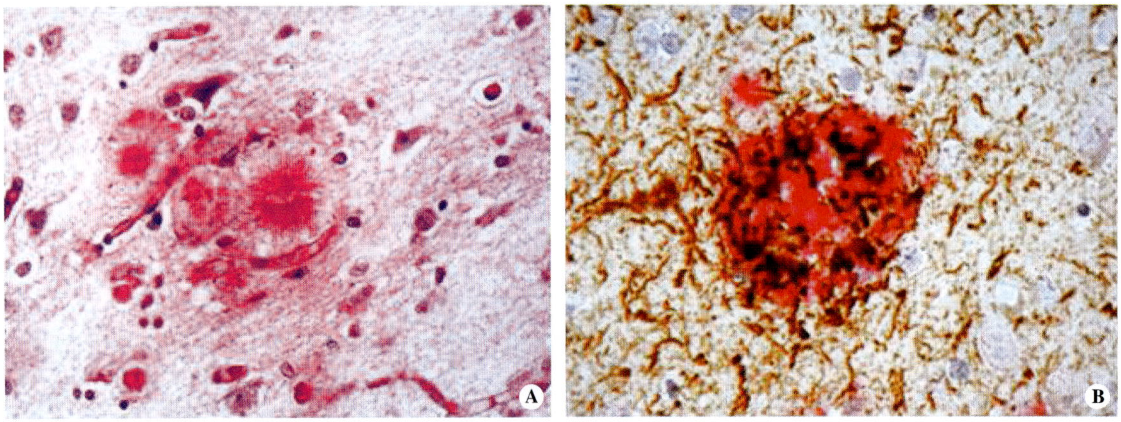

图14-10　老年斑 Senile plaques

A. 大脑皮质中可见两个纤维化的圆形小体，这些放射状的纤维物质经PAS染色呈阳性；B. 免疫组化双标记染色显示抗β-淀粉样蛋白在老年斑内（呈红色），而营养不良性神经突起（呈棕色）A. Two round bodies with fibrillary material are seen in the cortex. This radiating fibrillary material is PAS-positive; B. Localize helical filament protein in the dystrophic neurites (stained brown) and β-amyloid in the center of the plaque (stained red) by immunohistochemical bistain

(2) 神经原纤维缠结 Neurofibrillary tangles：神经原纤维增粗、扭曲形成缠结，HE 染色往往较模糊，呈淡蓝染得细丝状结构，但银染可清晰显示(图 14-11)。电镜证实为 7nm ~ 10nm 双螺旋缠绕的微丝构成，主要成分为过磷酸化的 tau 蛋白。多见于海马、杏仁核、颞叶内侧及额叶皮质的锥体细胞(pyramidal cell)。

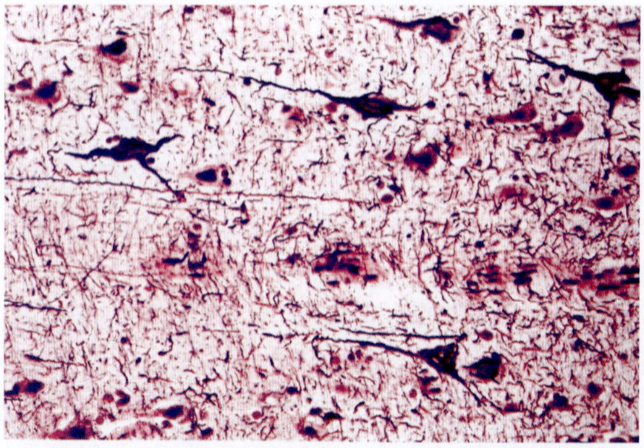

图 14-11 神经原纤维缠结 Neurofibrillary tangle
银染显示几乎所有神经元都呈现神经纤维不规则扭曲
Almost every nerve cell shows irregular twisting of neurofibrils by silver stain

(3) 淀粉样血管病变 Amyloid angiopathy：灰质内及蛛网膜下动脉的淀粉样血管病变几乎是 AD 的必备病理改变。淀粉样物质和老年斑中心的物质相似，含有 AD 特殊的β肽。

(4) 颗粒空泡变性 Granulovacuolar degeneration：为神经细胞质中出现的小空泡，内含嗜银颗粒，多见于海马的锥体细胞。

(5) 平野小体 Hirano body：1965 年由日本学者平野首先发现，在太平洋关岛上从患有帕金森病痴呆者的尸检脑标本中观察到此结构。该小体为神经细胞树突近端棒状嗜酸性包涵体，生化分析证实主要是肌动蛋白，多见于海马锥体细胞。

上述改变也可见于无特殊病变的老年脑，仅当其数量增多，具有特定的分布部位，并结合临床才能做出 AD 的诊断。

3. 临床表现 Clinical manifestations　包括记忆(memory)和其他认知能力(cognitive functions)的进行性受损，疾病早期的症状轻微，很易与精神压抑(depression)混淆。患者的认知能力持续受损，通常历时 5 ~ 15 年，最终导致完全的意识障碍(consciousness obstacle)和语言及其他高级皮质功能(higher cortical functions)的丧失。并发症有支气管肺炎(bronchopneumonia)或其他感染，是常见死因。

Alzheimer disease(AD) is a degenerative disease of the CNS characterized clinically by progressive cognitive impairment and memory loss. The disease is rare in individuals under 50 years of age, but is the most common cause of dementia in patients over the age of 65. Structural changes in AD include variable degrees of cerebral cortical atrophy and accumulation of neurofibrillary tangles, neuritic plaques, and a form of amyloid known as beta-amyloid within the brain (discussed subsequently).

二、帕金森病
Parkinson's Disease(PD)

帕金森病(PD)也称原发性震颤性麻痹(primary paralysisi agitans)，是以纹状体、黑质损害为主的一种锥体外系统缓慢进行性疾病。临床上以震颤、肌张力强直、运动减少和体位不稳为主要特征，多见于 50 ~ 80 岁。

1. 病因与发病机制 Etiology and pathogenesis　PD 的发生可能是由于多巴胺神经元(dopamine-secreting neurons)的变性，导致多巴胺(抑制性神经递质)不足，而乙酰胆碱(兴奋性神经递质)相对增加引起胆碱能神经功能相对亢进，引起神经功能紊乱。研究显示，PD 可由环境中存在的一种类似甲苯四氢基吡啶的毒素所引起，或与单胺氧化酶和自由基的作用有关。也有学者认为 PD 是一种加速性老化病，或是单基因显性遗传病等。已发现 6 种基因与常染色体显性或隐性 PD 有关。其中最重要的是 PARK-1，它与 α 共核蛋白(α-synuclein)的功能有关。PARK-1 基因突变后，α 共核蛋白的功能丢失，形成包涵体，可增加自身氧化并可与铁结合，增加对多巴胺毒性和对凋亡信号的敏感性。组织病理学发现蛋白激酶 LRRK2 基因突变的病例可见含有 α 共核蛋白的路易小体(Lewy body)或含有 tau 蛋白的神经元纤维缠结。因此认为 PD 存在一种与外界环境有关的遗传易感因子，导致多巴胺神经元损伤。

2. 病理变化 Pathological changes

肉眼观 Gross appearances：中脑黑质(substantia nigra)、桥脑蓝斑(locus ceruleus)及迷走神经(vagus nerve)运动核(dorsal motor nucleus)等处的神经色素脱失(depigmented)是本病相对特征性的变化，但早期病理改变不明显。

光镜下 Microscopic view：病变处的神经黑色素细胞(pigmented neurons)丧失，残留的神经细胞中有包涵体形成，称为 Lewy body。该小体位于神经细胞胞质内，呈圆形，中心嗜酸性着色，折光性强，边缘着色浅(图 14-12)。该小体在电镜下为细丝结构，中心细丝致密，周围则较松散。

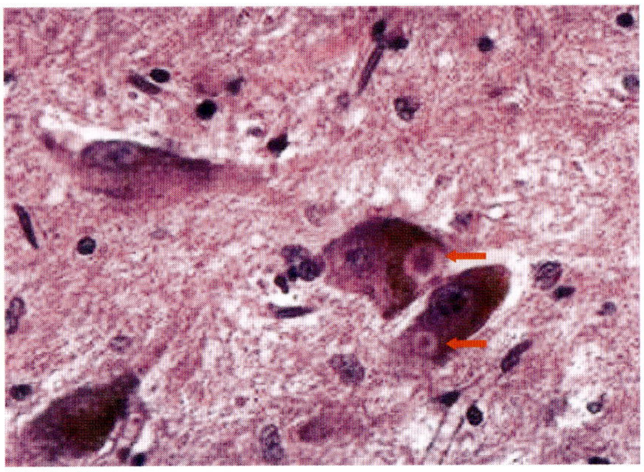

图 14-12 大脑黑质路易小体 Lewy bodies in brain substantia nigra

帕金森病的黑质神经元内路易小体(箭头所示)Parkinson disease, Lewy bodies(arrow) in the cytoplasm of pigmented neurons of the substantia nigra

3. 临床病理联系 Clinicopathological relations 由于病变区域黑质细胞的变性和脱失,多巴合成减少,以致多巴胺(抑制性神经递质)和乙酰胆碱(兴奋性神经递质)的平衡失调。患者表现为运动障碍(motor disturbances),如震颤(tremor)、肌强直(rigidity)、运动减少、弯曲姿态(stooped posture)及步态不稳(gait disturbances)、起步及止步困难(slowing of voluntary movements)和假面具样面容(expressionless facies),口齿不清(speech is unclear)等,但精神活动(mental processes)尚正常。用左旋多巴(多巴胺的前体)来补充脑组织中多巴胺不足或用抗胆碱能药物以抑制乙酰胆碱的作用,对本病有一定疗效。某些病人晚期可出现痴呆症状,部分老年性痴呆病患者大脑皮质神经元也可检出 Lewy 小体。至于这种痴呆症状是帕金森病的一种特有表现,还是因为伴有 AD,或两种变性疾病之间存在何种内在联系尚不清楚。PD 病程可在 10 年以上,并发的感染或因姿势不稳频繁跌倒造成的创伤是患者的主要死亡原因。

第五节 脱髓鞘疾病 Demyelinating Disease

神经系统的多数神经元的突触被髓鞘包裹,保证了神经冲动的快速传递,髓鞘由少突胶质细胞反复卷曲形成。中枢神经系统的原发性脱髓鞘疾病(primary demyelinating disease)是中枢神经系统一组原因不明的疾病,其髓鞘包裹被破坏,而轴索相对保留,髓鞘脱失后还可进一步继发轴索损伤,引起严重后果。创伤、感染和缺氧等引起的脱髓鞘称为继发性脱髓鞘疾病(secondary demyelinating disease)。某些遗传性髓鞘合成障碍性疾病则称为白质营养不良(leukodystrophy)。

1. 多发性硬化症 Multiple sclerosis(MS) MS 是常见的脱髓鞘疾病,患者以中年妇女多见,病情以缓解与发作交替为特征。每次发作累及的部位可不相同,故可出现不同的神经系统症状。

(1)病因和发病机制 Etiology and pathogenesis:病因不明,可能与下列因素有关:①遗传因素:患者直系亲属中的患病率是正常人群的 15 倍。单卵双生者发病率 25%,明显高于异卵双生者。调节 T 细胞活化和细胞免疫反应和的重要因子 IL2 和 IL7 受体的基因多态性与本病密切相关。而 HLA-DR 多态性与本病相关。欧美白人患者中 HLA-A3、b7、DW2、DR2 抗原阳性者较多;②人文地理因素:本病在高寒地区多见,热带地区少见。欧洲人发病率高,亚洲、非洲人发病率低。但近年来随着国人饮食、起居生活习惯的西方化,发病率有增高趋势;③感染因素:曾经怀疑麻疹病毒、疱疹病毒和 HIV 与本病有关,分子生物学方法检测病灶内及周围脑组织中的病毒基因组,均未能得出明确的结论。研究显示,本病可能为多种因素诱发的变态反应性疾病。在脱髓鞘组织中可检出 CD4 阳性的(辅助型)和 CD8 阳性的(抑制型)T 细胞。然而确切地发病机制仍不十分清楚。

(2)病理变化 Pathological changes:经典的 MS(又称 Charcot 病)病变分布广泛,可累及大脑、脑干、脊髓、视神经等处。其中以白质,特别是脑室角和室旁白质病变最为突出,但灰质也可受累。病灶从 0.1 到数厘米不等,呈圆形或不规则(图 14-13)。数目多少不一,新鲜病灶呈淡红色或半透明。成旧病灶呈灰白色,质地较硬。

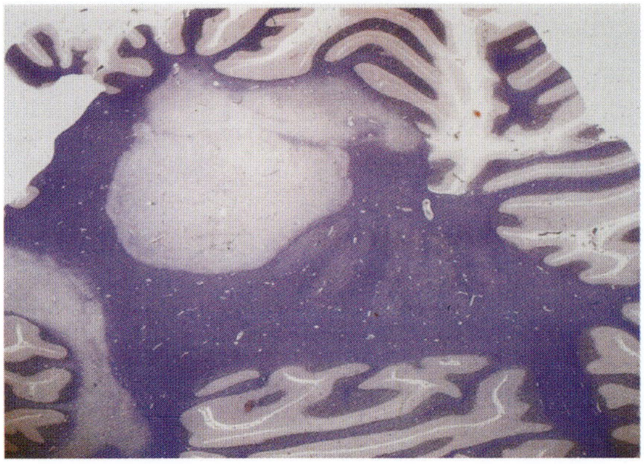

图 14-13 多发性硬化症 Multiple sclerosis (MS)

脑白质中可见境界清楚的圆形脱髓鞘病变斑(PTAH 染色)A round well defined demyelinated plague is seen in cerebellar white matter(PTAH stain)

镜下 Microscopic view:脱髓鞘是本病的主要改

变，早期多从静脉周围开始（又名静脉周围脱髓鞘），伴血管周围单核细胞和淋巴细胞浸润。进行性脱髓鞘的边缘常有单核细胞浸润。病灶中髓鞘崩解呈颗粒状并被吞噬细胞吞噬形成泡沫细胞（图 14-14）。轴索大多保存，部分可因肿胀、扭曲、断裂甚至消失。此外，少突/胶质细胞明显减少，甚至脱失。晚期病灶胶质化成为硬化斑。

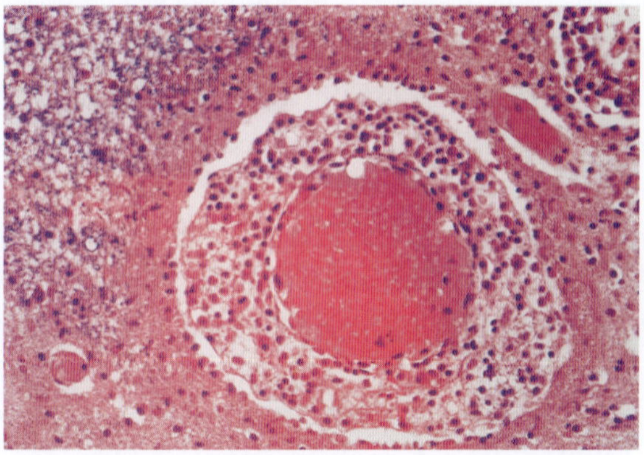

图 14-14　脱髓鞘病变 Demyelinated lesion

脑白质血管周围单核泡沫细胞聚集伴水肿和反应性胶质细胞增生 Cerebellar white matter shows perivascular accumulation of mononuclear foam cells with surrounding edema and reactive gliosis.

脱髓鞘区与有髓鞘区交替形成同心圆样结构，则称为同心圆性硬化又名 Balo 病。Balo 病可能是经典 MS 某个阶段的表现。而 Schlider 病则表现为大脑皮质下白质广泛的融合性脱髓鞘病变，皮质下弓状纤维保存完好是其特征。部分病例主要累及脊髓和视神经，引起视力损害和脊髓症状，此种视神经脊髓炎又名 Devic 病。

（3）临床表现 Clinicopathological relations：因本病分布广泛，轻重不等，临床表现多样，有大脑、小脑、脊髓、脑干、视神经的损害症状，如肢体无力、感觉异常、痉挛性瘫痪、共计失调、眼肌麻痹、膀胱功能障碍等。病情发作与缓解交替进行多年。

2. 急性播散性脑脊髓膜炎 Acute disseminated encephalimyelitis（ADEM）　ADEM 可见于病毒（麻疹、风疹、水痘病毒）感染后或疫苗（牛痘、狂犬病疫苗）接种后。临床表现为发热、呕吐、嗜睡、昏迷等。一般病毒感染后 2～4 天或疫苗接种后 10～13 天，本病并非直接由病毒所引起，而是髓鞘的损伤由病原相关抗原的抗体与髓鞘抗原呈交叉反应所致，在患者中枢神经组织中不能检出病毒。发病病程发展迅速，约 20% 的病例死亡。其他患者可完全恢复。

静脉周围脱髓鞘伴炎症反应是本病的特点。可见炎性水肿和淋巴细胞、巨噬细胞为主的炎症细胞浸润。脱髓鞘病变发展迅速，轴突一般不受累。病变多发性，累及脑和脊髓各处，特别是白质深层和脑桥腹侧。软脑膜中可有慢性炎症细胞浸润。

3. 急性坏死出血性白质脑炎 Acute necrostic hemorrhagic leukoencephalitis　是一种罕见的发展迅速而凶险的疾病，主要发生在年轻人和儿童。常是败血性休克、过敏反应（哮喘等）的一种严重并发症。可能是一种由免疫复合物沉积和补体激活所致的超级型急性播散性脑脊髓炎。病变在大脑半球和脑干较多见，呈灶性分布。病变的特点是脑肿胀伴白质点状出血，与脑脂肪栓塞颇相似。镜下：小血管局灶性坏死伴周围球形出血；血管周围脱髓鞘伴中性粒细胞、淋巴细胞、巨噬细胞浸润；脑水肿和软脑膜炎。

与 ADEM 的区别在于本病的坏死较为广泛急性炎症细胞浸润及血管周围的脱髓鞘更明显。

4. 格林-巴利综合征 Guillian-Barre syndrome（EBC）　EBC 是常见的脊神经和周围神经脱髓鞘疾病。1916 年由 Guillian 和 Barre 两位学者报道而得名，又称急性特发性多神经炎或对称性多神经根炎。临床表现为急性、上升性、对称性麻痹。四肢软瘫以及不同程度的感觉障碍，呈急性或亚急性临床经过。多数患者可完全恢复，少数可引起致死性呼吸麻痹和双侧面瘫。脑脊液检查出现典型的蛋白质增加而细胞数正常，称此为蛋白细胞分离现象。

（1）病因 Etiology：多数患者发病前有巨细胞病毒、EB 病毒和支原体的感染。少数病例病因不明。

本病可能与免疫损伤有关，患者神经组织中有补体 C3b 及免疫球蛋白 C（IgG 或 IgM）存在。可能与体液免疫有关，但至今尚未从患者血液中提出髓鞘蛋白的抗体。

（2）病理变化 Pathological changes：病变累及运动和感觉神经根、后根神经节及周围神经干。以近端尤其是神经根和神经丛改变明显。也可累及颅神经。病变特点：①神经节及神经内膜水肿与炎症细胞浸润，以淋巴细胞和巨噬细胞为主；②节段性脱髓鞘、崩解，被巨噬细胞吞噬；③严重病例轴索可发生肿胀、断裂。严重时相关肌群可发生去神经性萎缩。在反复发作的病例中阶段性脱髓鞘和受累神经纤维的修复反复进行，病变处神经髓鞘细胞突起与胶原纤维作同心圆状层层包绕呈洋葱球状。

第六节　缺氧与脑血管病
Hypoxic and Cerebrovascular Disease

脑血管疾病的发病率和死亡率在国内外均名列前茅。在我国其发病率是心肌梗死的 5 倍。正常生理情况下，大脑所需血供占心输出量的 15%，其耗氧量约占机体总耗氧量的 20%，脑组织不能储存能量，也不能进行糖的无氧酵解，短暂的大脑和脊椎神经的血供不足即会造成不可逆的脑实质损伤(irreversible parenchymal injury)。脑缺血可激活谷氨酸(兴奋性氨基酸递质)受体，导致大量 Ca^{2+} 进入神经元，致使神经元死亡。缺血缺氧 4 分钟即可造成神经元的死亡，因此大脑对氧和血供的要求特别高。

> The brain is exquisitely sensitive to changes in cerebral blood flow and is capable of regulating the flow of blood over a wide range of perfusion pressures. Interruption of normal blood flow to the brain and spinal cord may produce irreversible parenchymal injury within a very brief time. May result from hypoxia, severe anemia, impaired hemoglobin transport (carbon monoxide poisoning), reduced cerebral perfusion, or hypoglycemia. The neurons most vulnerable to ischemia are the Purkinje cells of the cerebellum and the hippocampal pyramidal neurons of Sommer's sector.

一、缺血性脑病
Ischemic Encephalopathy

缺血性脑病是指由于低血压、心脏骤停、失血、低血糖及窒息等原因引起的脑损伤。

1. 影响因素 Impact factors

(1) 缺血部位 Ischemic sites：不同部位的脑组织和不同的细胞对缺氧的敏感性不尽相同。大脑较脑干各级中枢更为敏感。大脑灰质较白质敏感。各类细胞对缺氧敏感性由高至低依次为：神经元、星形胶质细胞、少突胶质细胞、内皮细胞。神经元中以皮质第 3、5、6 层细胞，海马锥体细胞和小脑蒲肯野细胞最为敏感，在缺血缺氧时首先受累。

(2) 血管分布 Blood vessel distribution：局部血管分布和血管状态与损伤部位有关。发生缺血缺氧时，动脉血管的远心端供血区域最易发生灌流不足。大脑分别由来自颈内动脉的大脑前动脉、大脑中动脉和来自椎动脉的大脑后动脉供血，这 3 支血管的供应区之间存在一个 C 形分布的血供边缘带，位于大脑凸面，与矢状缝相平行，且旁开矢状缝 1～1.5cm。发生缺血性脑病时，该区域则最易受累。但若某支血管管径相对较小，或局部动脉粥样硬化，其供血区也较易受累。

(3) 缺血程度与时间 Ischemic degree and duration：脑损伤程度也取决于缺血缺氧的程度和持续时间以及患者的存活时间。

2. 病理变化 Pathological changes　严重缺氧且存活时间在 12h 以上者，会出现典型病变。表现为神经元出现中央性尼氏小体溶解和坏死(红色神经元)(图 14-1)，髓鞘和轴突崩解，星形胶质细胞肿胀。第 1～2 天出现脑水肿，中性粒细胞和巨噬细胞浸润，并开始出现泡沫细胞。第 4 天星形胶质细胞明显增生，出现修复反应。大约 30 天左右形成蜂窝状胶质瘢痕。常见的缺血性脑病有层状坏死、海马硬化和边缘带梗死。层状坏死(laminar necrosis)也称假层状坏死(pseudolaminar necrosis)，可发生在不同年龄，见于多种原因造成的中枢神经系统氧和(或)糖的摄取障碍以及脑能量代谢的遗传或后天性缺陷，多累及皮质第 3、5、6 层神经元。海马硬化(hippocampal sclerosis)累及海马锥体细胞。边缘带梗死(cerebral watershed infarction)也称脑分水岭梗死(cerebral watershed infarction)，是指脑内相邻动脉供血区之间的边缘带的脑梗死，约占全部脑梗死的 10%，可形成 C 形分布的梗死灶，极端情况下则可引起全大脑梗死。

二、阻塞性脑血管病
Obstructive Cerebrovascular Disease

脑梗死是由于血管阻塞引起局部血供中断所致，可以是血栓性阻塞，也可以是栓塞性阻塞。大动脉，如颈内动脉、椎动脉之间存在脑底动脉环，故其中一支阻塞时一般不引起梗死。中等动脉，如大脑前动脉、大脑中动脉等，其终末支之间仅有部分吻合，血管管腔阻塞可导致梗死，但梗死区小于该血管供应区。小动脉，如豆纹动脉、皮质穿支则少有吻合支，一旦发生阻塞，梗死的范围和血管供应区基本一致。

1. 类型 Types

(1) 血栓性阻塞 Thrombotic obstruction：血栓性阻塞常发生在动脉粥样硬化的基础上，粥样硬化好发于颈内动脉与大脑前动脉、中动脉分支处以及后交通动脉及基底动脉等。粥样斑块及其复合病变(如斑块内出血、附壁血栓)均可阻塞血管。血栓性阻塞所致脑梗死发展较慢，其症状常在数小时或数天内不断发展，表现为偏瘫、神志不清和失语等。

(2) 栓塞性阻塞 Embolic obstruction：栓子可来源于全身各处，但以心源性栓子居多。病变常累及大脑中动脉供应区。其发生往往比较突然，临床表现急骤，预后也较差。

2. 病理变化 Pathological changes　脑梗死可表现为贫血性或出血性。局部动脉血供中断引起的梗死一般为贫血性(anemic infarction)。如栓子碎裂并随再通灌流的血液远行，使梗死区血供部分恢复，可引起再灌流的血液经已损害的血管壁大量外溢，使贫血性梗死转变成出血性梗死(hemorrhagic infarction)。矢状窦等大静脉血栓形成首先引起组织严重淤血，继而发展为淤血性梗死，属出血性梗死（图 14-15）。

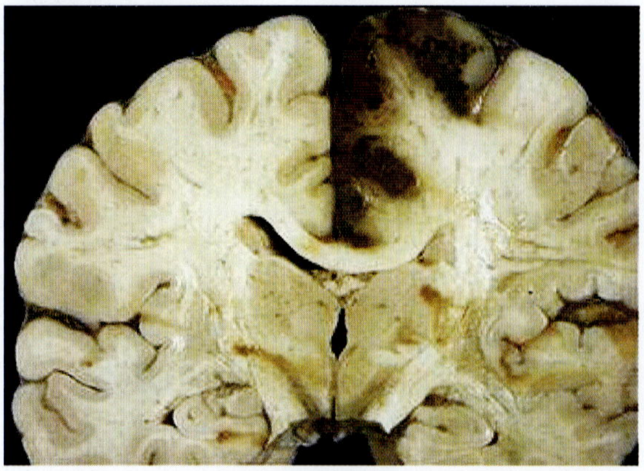

图 14-15　急性出血性脑梗死 Acute cerebral hemorrhagic infarct

大脑右半球内侧一梗死区域有明显出血 The necrotic zone is marked by extensive hemorrhage in the medial aspect of the right cerebral hemisphere

肉眼观 Gross appearances：脑梗死数小时后可见梗死区灰质暗淡，灰白质界线不清，2～3 天后局部水肿，夹杂有出血点。一周后坏死组织软化，最后液化形成蜂窝状囊腔。

光镜下 Microscopic view：病变与缺血性脑病基本一致。由于脑膜和皮质之间有吻合支存在，故梗死灶内皮质浅层的分子层结构常保存完好，有别于脑挫伤的形态学改变。

腔隙状坏死（lacunae）　是直径小于 1.5cm 的囊性病灶（图 14-16），常呈多发性。可见于基底核（basal nuclei）、内囊（internal capsule）、大脑白质（hemispheric white matter）及脑桥（cerebellar hemisphere）基底部。引起腔隙状坏死的原因可以是在高血压（hypertension）基础上引起的小出血，也可以是深部细动脉阻塞（栓塞或高血压性血管玻璃样变）引起的梗死。除非发生在特殊的功能区，腔隙状坏死可无临床表现。

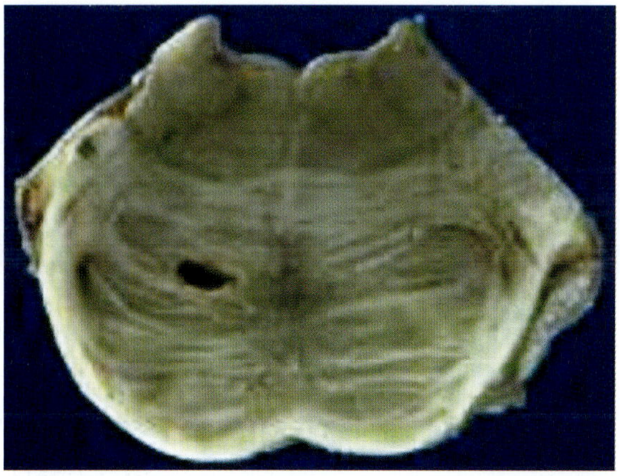

图 14-16　腔隙状坏死 Lacunar necrosis

梗死灶经吸收后形成囊腔 The cystic appearance of the infarct resolution

Lacunar necrosis

The term lacunar is used to describe small infarcts by convention, infarcts measuring less than 1.5 cm in greatest dimension. As might be anticipated, such infarcts are a manifestation of small vessel disease, and are particularly common in hypertension. In addition to the pons, the basal ganglia, thalamus, and cerebral white matter are common sites for these lesions.

三、脑　出　血
Brain Hemorrhage

脑出血包括脑内出血（intracerebral hemorrhage）、蛛网膜下腔出血（subarachnoid hemorrhage）和混合性出血（mixed hemorrhage）。颅脑外伤常致硬脑膜外出血（extradural hemorrhage）和硬脑膜下出血（subdural hemorrhage）。

Hemorrhages may occur at any site within the CNS. In some instances they may be a secondary phenomenon occurring, for example, within infarcts in arterial border zones or in infarcts caused by only partial or transient vascular obstruction. Hemorrhages within the brain parenchyma and subarachnoid space, in contrast, are often a manifestation of underlying cerebrovascular disease, although trauma may also cause hemorrhage in these sites.

（一）脑内出血 Intracerebral hemorrhage

脑内出血最常见的原因为高血压病，也可见于血液病、血管瘤（angiomas）破裂等。70 岁以上脑内出血者约 10% 为血管壁淀粉样变所致。

大块型脑出血（图 14-17）常起病急骤，患者突感剧烈头痛，随即频繁呕吐、意识模糊，进而昏迷。神经系统症状和体征取决于出血的部位和出血范围，如基底核外侧型出血常引起对侧肢体偏瘫；内侧型出血易破入侧脑室和丘脑，脑脊液常为血性，预后极差；脑桥出血以两侧瞳孔极度缩小呈针尖样改变为特征；小脑出血表现为出血侧后枕部剧痛及频繁呕吐。脑内出血的直接死亡原因多为并发脑室内出血或严重的脑疝。

（二）蛛网膜下腔出血 Subarachnoid hemorrhage

自发性蛛网膜下腔出血约占脑血管意外的 10%～15%，临床表现为突发性剧烈头痛、脑膜刺激症状和血性脑脊液。常见原因为先天性球性动脉瘤（berry aneurysm）破裂，好发于基底动脉环的前半部，常呈多发性，

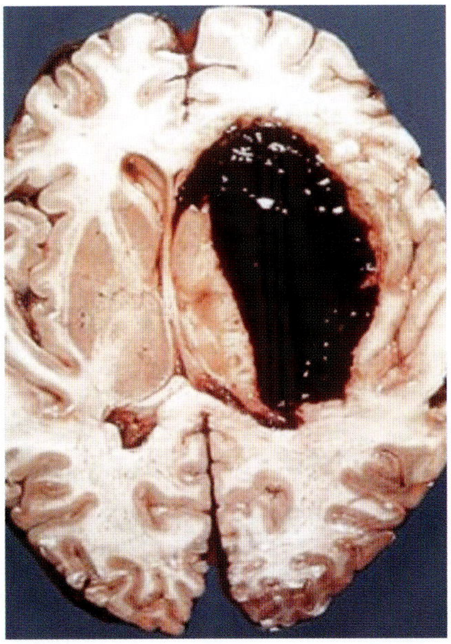

图 14-17 脑内出血 Intracerebral hemorrhage

脑实质内右基底节处的大血肿，压迫周围脑组织 A massive, acute hemorrhage in the region of the right basal ganglia. The hemorrhage is a well-demarcated mass (hematoma) that compresses and displaces adjacent brain parenchyma

因此部分患者可多次出现蛛网膜下腔出血。动脉瘤一旦破裂，可引起整个蛛网膜下腔积血(图 14-18)。蛛网膜下腔出血常引起颅内血管的严重痉挛，进而导致脑梗死，患者可因此死亡。出血机化则可造成脑积水。

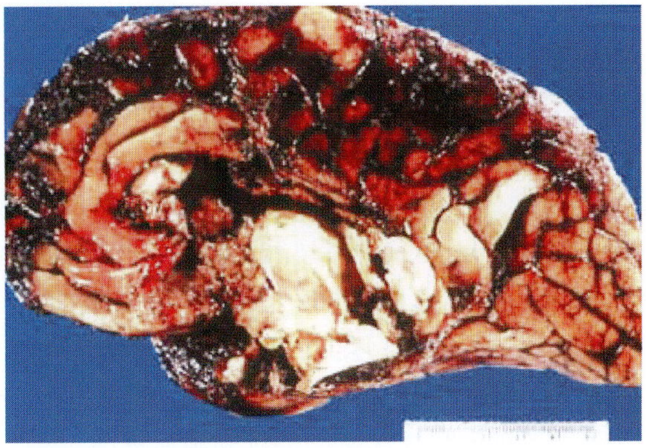

图 14-18 蛛网膜下腔出血 Subarachnoid hemorrhage

(三) 混合性出血 Mixed bleeding

常由动静脉畸形(arteriovenous malformation, AVMs)引起。AVMs 是指走向扭曲，管壁结构异常，介于动脉和静脉之间的一类血管，其管腔大小不一，可以成簇成堆出现。约 90% 的 AVMs 分布于大脑半球浅表层，因此破裂后常导致脑内和蛛网膜下腔的混合性出血。

The three main types of hemorrhages or hematomas that may be located between the brain and skull are subarachnoid, subdural, and epidural. Both subdural and epidural hemorrhages are almost always the result of trauma. While subarachnoid hemorrhage (SAH) is most often the result of trauma, it may also be the result of rupture of an aneurysm or an arteriovenous malformation hemorrhage.

第七节 神经系统肿瘤
Nervous System Tumors

一、中枢神经系统肿瘤
Central Nervous System Tumors

中枢神经系统肿瘤包括起源于脑、脊髓或脑脊膜的原发性和转移性肿瘤。原发性肿瘤发病率约为 5 ~ 10 /10 万，其中 40% 为胶质瘤，15% 为脑膜瘤，约 8% 为听神经瘤(acoustic nerve tumor)(神经鞘瘤)。转移性肿瘤则以转移性肺癌多见。儿童颅内恶性肿瘤的发病率仅次于白血病，常见的有胶质瘤和髓母细胞瘤。

颅内原发性中枢神经系统肿瘤有一些共同的生物学特性和临床表现：

(1) 压迫或破坏周围脑组织而引起局部神经症状，如癫痫(epilepsy)、瘫痪(palsy)、视野缺损(visual field defect)等。即使一些肿瘤分化良好，也可因压迫重要部位而致死；

(2) 颅内占位病变引起颅内压升高，表现为头痛、呕吐和视神经乳头水肿等；

(3) 即使在形态学上分化很差的肿瘤也很少发生颅外转移。

The major features of brain tumors that distinguish them from tumors in other organs are as follows:

(1) A pathologically benign tumor may be clinically "malignant", they may be in a part of the brain that makes it impossible to remove even a benign neoplasm (ependymomas).

(2) Many have a propensity for infiltrative growth beyond the margin of grossly visible tumor.

(3) They can spread via the CSF to produce meningeal carcinomatosis (carcinomatous meningitis) with tumor deposits on the brain, spinal cord, and nerve roots. This is frequent with medulloblastomas, less common with astrocytomas, and may also occur with metastases from adenocarcinomas and oat cell carcinomas of the lung and breast cancer. Extra-CNS metastasis is unusual but most likely with medulloblastoma or glioblastoma.

常见的中枢神经系统肿瘤与发病率见表 14-2。

表 14-2　中枢神经系统肿瘤相应的发病率
Major categories and incidence of central nervous system tumors

肿瘤类型	发病率/%
继发性转移	20～30
原发性肿瘤	70～75
胶质瘤	40～50
胶质母细胞瘤	25～30
星形细胞瘤	8～12
室管膜瘤	2～3
少突胶质细胞瘤	2～3
髓母细胞瘤	2～3
脑膜瘤	12～15
听神经瘤	5～10

(一) 胶质瘤 Glioma

胶质瘤具有相对特异的不同于身体其他部位肿瘤的一些生物学特性：

(1) 良恶性的相对性(relative of benign and malignant)：胶质瘤无论分化高低均呈浸润性生长，无包膜。第三脑室的毛细胞型星形胶质细胞瘤尽管分化良好，但因位于手术禁区难以切除，预后较差。

(2) 局部浸润(local infiltration)：胶质瘤的浸润性生长主要累及血管周围间隙、软脑膜、室管膜和神经纤维束间。

(3) 转移(metastasis)：脑脊液转移是颅内肿瘤常见的转移方式，特别是位于脑室旁和脑池旁的胶质瘤经脑脊液转移的机会更多。经其他途径转移到颅外极少见。

1. 星形细胞肿瘤 Astrocytic tumor　星形细胞肿瘤是最常见的胶质瘤，约占原发性肿瘤的 30%，占胶质瘤的 78% 以上。男性较多见，高峰发病年龄为 30～40 岁。肿瘤可发生于中枢神经系统的任何部位，以大脑额叶和颞叶最多。它包括一大类临床病理特点各异的肿瘤：弥漫浸润型星形细胞瘤(diffusely infiltrating astrocytomas)，毛细胞型星形细胞瘤(pilocytic astrocytoma)，多形性黄色星形细胞瘤(pleomorphic xanthoastrcytoma)，婴儿发育不良性大脑星形细胞瘤(desmoplastic cerebral aserocytoma of infancy)和室管膜下巨细胞星形细胞瘤(subependymal giant cell astrocytorna)。

星形细胞肿瘤常显示多种遗传学改变。肿瘤抑制基因 TP53、RB、P16 等失活可能与肿瘤性的生长有关，常累及 TP53/MDM2/P21 途径或 P16/P15/CDK4/CDK6/RB 途径，其中 TP53 基因突变是最显著、最常见的改变。此外，尚可有表皮生长因子受体的扩增，血小板源性生长因子及其受体的过度表达。在低级别星形胶质细胞瘤向胶质母细胞瘤进展时常伴有 DCC(deleted in colorectal cancer)基因的丢失，PTEN 基因在高级别胶质瘤中也常发生突变。

肉眼观：肿瘤大小可为数厘米大的结节至巨大肿块不等。除毛细胞型星形细胞瘤、多形性黄色星形细胞瘤和室管膜下巨细胞星形细胞瘤的边界较清楚外，多数境界不清，在肿瘤组织出现坏死出血时，似与周边组织境界分明，但边界外仍有瘤组织浸润。瘤体灰白色，质地因瘤内胶质纤维多少而异，可呈胶冻状外观，并可形成大小不等的囊腔。由于肿瘤的生长、占位和邻近脑组织的肿胀，使脑原有结构受挤压而扭曲变形(图 14-19)。

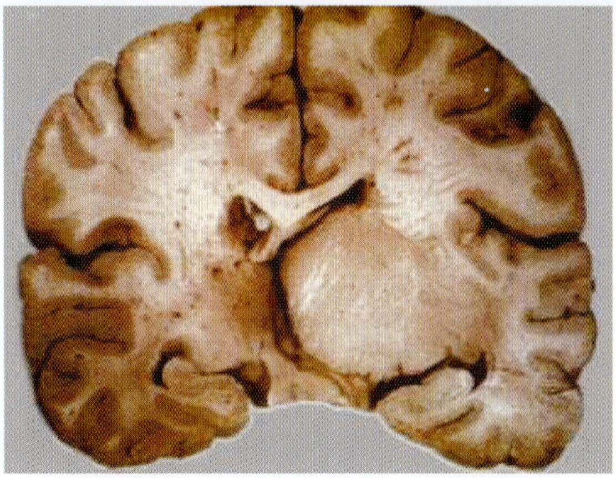

图 14-19　星形细胞瘤 Astrocytoma
星形细胞肿瘤占据右侧丘脑 An astrocytoma involving the right thalamus

光镜下：肿瘤细胞形态多样，不同类型肿瘤细胞核的多形性、核分裂象、瘤细胞密度、血管内皮增生程度以及瘤组织坏死情况不一。星形细胞肿瘤的细胞骨架含有胶质纤维酸性蛋白(glial fibrillary acidic protein，GFAP)，免疫组织化学染色呈阳性反应。电镜下，在瘤细胞胞质中可见成束排列的中间丝。根据组织学特点和生物学行为，有以下主要类型：

(1) 弥漫型星形细胞瘤 Diffuse astrocytoma：弥漫浸润型星形细胞瘤是颅内最常见的肿瘤，约占原发性脑肿瘤的 60%，该型肿瘤具有以下特点：①可发生于中枢神经系统的任何部位，尤其是大脑半球(好发部位有成人大脑，儿童小脑之说)；②好发于成人；③组织学特点及生物学行为变化很大；④组织学分级一般与其浸润性关系不明显；⑤肿瘤恶性程度有不断增高的倾向，直至发展为胶质母细胞瘤为止。

弥漫浸润型星形细胞瘤可再分为弥漫型星形细胞瘤、间变型星形细胞瘤和胶质母细胞瘤。按其瘤细胞形态可分为纤维型、原浆型、肥胖型和混合细胞型等亚型。其中以纤维型星形细胞瘤最常见，瘤细胞分化好，核分裂象罕见，无坏死和微血管增生(图14-20)，但肿瘤呈浸润性生长，瘤细胞之间可见红染的原纤维性背景。原浆型星形细胞瘤较少见，瘤细胞体积小，细胞核形态较一致，胞突少而短。肥胖细胞型星形细胞瘤瘤细胞体积较大，胞质丰富，半透明，核偏位。

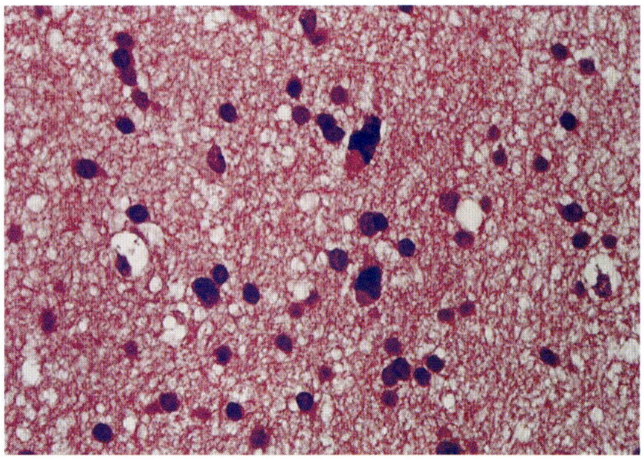

图14-20 弥漫型星形细胞瘤 Diffuse astrocytoma
肿瘤细胞呈多型性，核深染 Pleomorphism and nuclear hyperchromasia of tumour cells are seen

(2)间变型星形细胞瘤 Anaplastic astrocytoma：预后较差。光镜下表现为瘤细胞显著增生，细胞密度增加(greater cellularity)，核异型性明显(nuclear pleomorphism)，核深染，核分裂象增多(mitotic activity)，血管内皮细胞增生(vascular endothelial proliferation)等。

(3)胶质母细胞瘤 Glioblastoma：是恶性程度最高的星形细胞肿瘤，可分为原发性和继发性。肿瘤常发生于额叶、颞叶、顶叶和枕叶，额叶最多。肉眼观：瘤体常因出血坏死而呈红褐色。肿瘤浸润范围广，可穿过胼胝体浸润对侧，呈蝴蝶状生长，或挤压周围组织(图14-21)。光镜下：瘤细胞密集，异型性明显，可见怪异的单核或多核瘤巨细胞。出血坏死明显，肿瘤细胞可围绕坏死灶周围呈假栅栏状(pseudopalisading)排列，是其区别于间变性星形细胞瘤的主要特征(图14-22)。毛细血管呈明显的巢团状增生，血管内皮细胞明显肿大、增生，有时高度增生的血管丛呈球状，称为肾小球样小体(glomeruloid body)。肿瘤发展迅速，预后极差，术后平均存活期仅12个月。

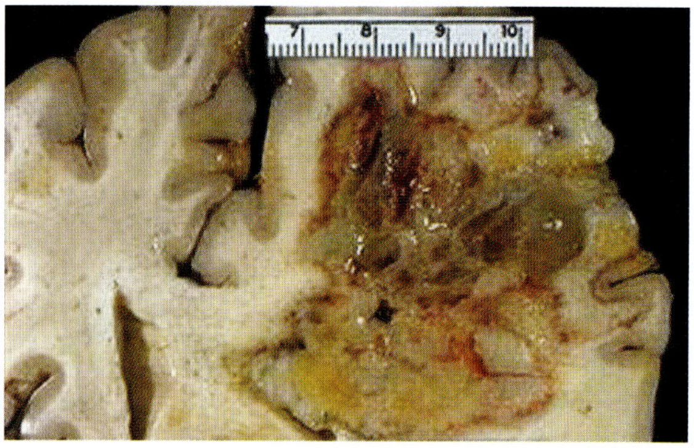

图14-21 胶质母细胞瘤 Glioblastoma
肿瘤病灶坏死，颜色污浊。浸润周围脑组织，可以穿越胼胝体累及对侧大脑半球 Areas of yellow discoloration, corresponding to areas of necrosis. This tumor widely infiltrates the adjacent brain and often crosses the corpus callosum to involve the opposite hemisphere

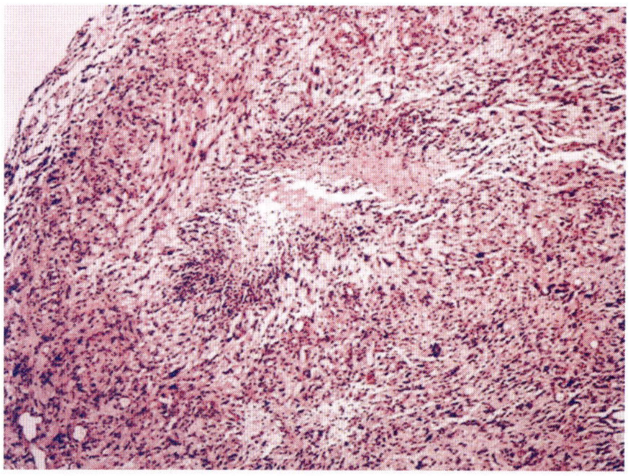

图14-22 多形性胶质母细胞瘤 Glioblastoma multiforme
中央可见栅栏状核围绕的坏死(是该肿瘤的重要特征)Necrosis with pseudopalisading nuclei is seen in the center(It is an important diagnostic feature for this tumor)

星形细胞肿瘤中，还有常发生于儿童、青少年的毛细胞型星形细胞瘤(pilocytic astrocytoma)，多形性黄色星形细胞瘤(pleomorphic xanthoastrocytoma)和室管膜下巨细胞星形细胞瘤(subependymal giant cell astrocytoma)，它们生长缓慢，境界较清，预后较好。其中毛细胞型星形细胞瘤形态较为特殊，其瘤细胞呈细梭形或毛发状，平行或束状排列，特征性结构为Rosenthal纤维，分布于细胞间，表现为球形、棒状或胡萝卜状嗜酸性毛玻璃样团块图(图14-23)。

星形细胞肿瘤可根据其瘤细胞的异型性、生物学行为以及瘤体内血管内皮细胞增生的程度和有无坏死等进行分级。按WHO的分级标准，毛细胞型星形细胞瘤和室管膜下巨细胞星形细胞瘤为Ⅰ级；纤维型、原浆型、肥胖型星形细胞瘤及多形性黄色星形细胞瘤为Ⅱ级；间变型星形细胞瘤为Ⅲ级；胶质母细胞瘤为Ⅳ级。

由于肿瘤的异质性，在同一肿瘤的不同区域，瘤细胞可有不同的形态特征，且分化程度也不尽相同，因此星形细胞肿瘤的分型与分级仅具有相对的意义。

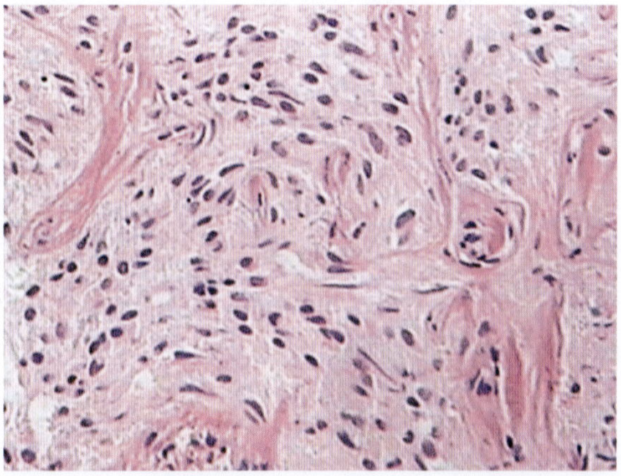

图 14-23　毛细胞型星形细胞瘤 Pilocytic astrocytoma
毛发样拉长的肿瘤细胞伴 Rosenthal 纤维 Hair-like (pilocytic) elongated tumor cells with Rosenthal fibers are noted

2. 少突胶质细胞瘤 Oligodendroglioma　是起源于少突胶质细胞或胶质前体细胞的分化比较成熟的肿瘤，相当于 WHO Ⅱ 级。该肿瘤约占原发性脑肿瘤的 2.5%。高峰年龄为 40～45 岁，男性多于女性。好发于大脑皮质的浅层，额叶最常见。也常见于累及多叶和双侧半球。

肉眼观 Gross appearances：瘤体多呈球形，灰红色，边界较清，但呈浸润性生长（infiltrative growth）。出血、囊性变（cystis degeneration）和钙化较为常见。大脑深部的少突胶质细胞瘤可突入脑室内生长。

光镜下 Microscopic view：肿瘤呈弥漫浸润性生长。瘤细胞类似少突胶质细胞，分化良好，呈圆形，大小一致，形态单一。核圆形居中，核周胞质透亮，形成核周空晕，呈"煎鸡蛋"样外观（"fried egg" appearance）或蜂窝状（honeycomb）结构特点（图 14-24）。瘤细胞弥散排列，也有环绕神经元呈卫星状（satellitosis）排列的倾向。血管呈丛状结构，多数血管呈枝芽状穿插在瘤细胞群之间，可形成典型的致密鸡爪样（chicken wire）分支毛细血管网。可伴有不同程度的钙化和砂粒体形成。若瘤细胞分化差，异型性明显，核分裂象增多，则称为间变型少突胶质细胞瘤（anaplastic oligodendroglioma）（相当于 WHO Ⅲ 级）。如瘤组织内混杂数量不等的星形细胞瘤成分，可称为少突星形细胞瘤。

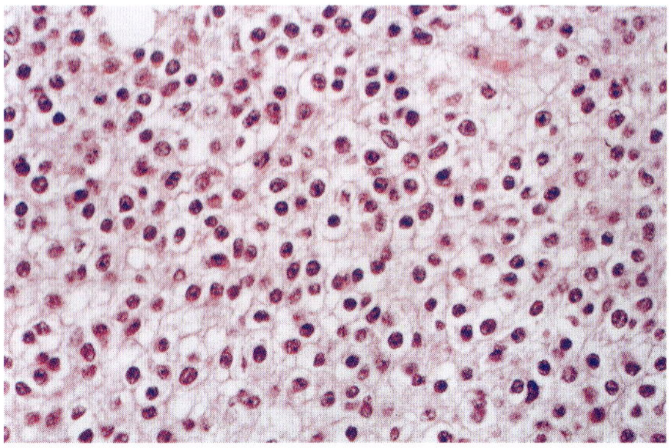

图 14-24　少突胶质细胞瘤 Oligodendroglioma
肿瘤细胞形态单一。瘤细胞核圆，位于中央，见特征性的核周空晕，呈煎鸡蛋样外观 Monotonous tumor cells are seen. These tumor cells shows centrally located round nuclei and characteristic perinuclear clear spaces, having fried-egg appearance

组织化学和免疫组化染色显示半乳糖脂、碳酸酐酶同工酶 C、CD57 和 MBP（碱性髓鞘蛋白）呈阳性反应。

少突胶质细胞瘤是目前胶质瘤中唯一对化疗敏感的肿瘤，该肿瘤生长缓慢，病程可长达十余年，临床上常表现为癫痫或局部性瘫痪。而间变性少突胶质细胞瘤生长迅速，预后不佳，术后平均生存 3 年半。

3. 室管膜瘤 Ependymoma　本瘤相当于 WHO Ⅱ 级，可发生于脑室系统任何部位，尤以第四脑室最为常见，也可见于脊髓中央管（好发于腰骶部及马尾部）。室管膜瘤占神经上皮肿瘤的 2%～9%，患者以儿童和青少年居多。

肉眼观 Gross appearances：瘤体一般境界清楚，球形或分叶状，切面灰白或灰红色，可见出血，囊性变和钙化。

光镜下 Microscopic view：本瘤由肿瘤性室管膜细胞构成，瘤细胞形态较一致，多呈梭形或胡萝卜形，胞质丰富，核圆形或椭圆形。瘤细胞密度中等，最具特征的组织学变化为瘤细胞围绕空腔呈腺管状排列形成室管膜菊形团（ependymal rosettes），或围绕血管排列形成假菊形团（pseudorosette pattern），并以细胞突起与血管壁相连，有时可形成乳头状结构（图 14-25）。当瘤组织中瘤细胞密集，核分裂活跃，并有假栅栏状坏死时，可诊断为间变型室管膜瘤（anaplastic ependymorna）。室管膜瘤生长缓慢，可存活 8～10 年，但易致脑积水和颅内压升高。

（二）髓母细胞瘤 Medulloblastoma

髓母细胞瘤是中枢神经系统中最常见的原始神经外胚层肿瘤（primitive meuroectodermal tumor, PNET），相当于 WHO Ⅳ 级。多见于小儿，高峰年龄为 7 岁。起源于小脑蚓部的原始神经上皮细胞或小脑皮质的胚胎性外颗粒层细胞，因此肿瘤常位于小脑蚓部，并突入第四脑室（图 14-26）。部分病例可发生于小脑半球。

肉眼观 Gross appearances　肿瘤组织呈鱼肉状，灰红色。

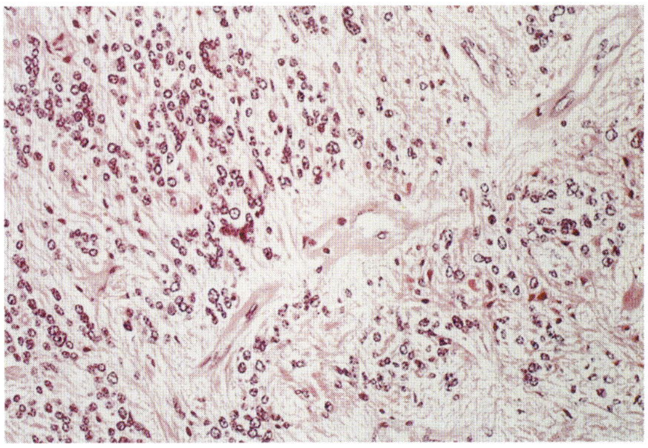

图 14-25 室管膜瘤 Ependymoma
在小血管周围肿瘤细胞呈放射状排列,在血管周围有细纤维突起,这些肿瘤细胞的血管周围排列称为假菊形团
Around small vessels there are tumor cells arranged in radiating fashion. Fine fibrillary processes are seen in perivascular region. These perivascul ararrangement of tumor cells are called pseudorosettes

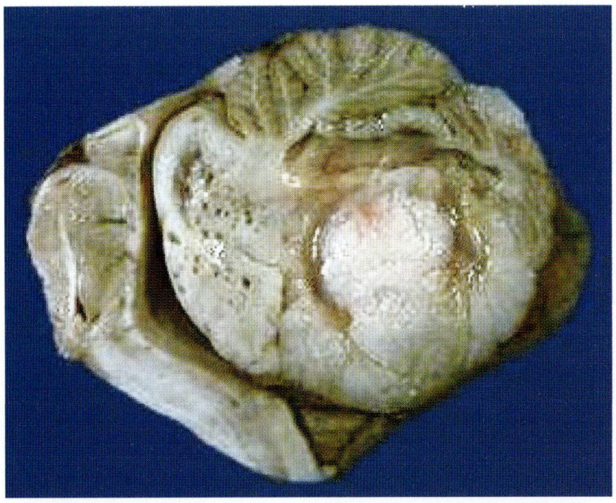

图 14-26 小脑和脑干髓母细胞瘤 Medulloblastoma of cerebellum and brainstem
肿瘤起源于小脑皮质的胚胎性外颗粒层细胞。肿瘤压迫第四脑室,破坏脑干 The neoplasm composed of primitive cells, likely originating from the external granular cell layer of the cerebellum. The tumor in this image replaces much of the cerebellum, compresses the fourth ventricle, and distorts the brainstem

光镜下 Microscopic view 瘤细胞呈圆形、卵圆形,胞质少,胞核深染,可见数量不等的病理性核分裂象。部分瘤细胞环绕嗜银性(argyrophillia)神经纤维中心呈放射状排列形成典型的菊形团结构(称 Homer Wright 菊形团)(图 14-27),具有一定的诊断意义。间质中有纤细的纤维,血管不多。电镜证实肿瘤细胞可呈现神经元和胶质细胞双向分化。免疫组化染色 GFAP 呈阳性,并表达神经元分化标记物,如突触素(Syn)等。多数病例显示 myc 基因的扩增。本瘤易发生脑脊液播散,恶性程度高,预后差。但手术切除加正规辅助治疗后 5 年生存率可达 75%。

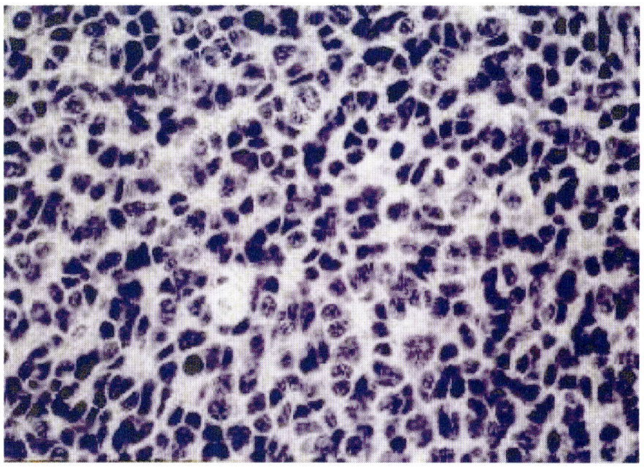

图 14-27 小脑髓母细胞瘤 Medulloblastoma of cerebellum
肿瘤细胞核大深染,染色质多,核分裂多,胞质少。可见菊形团结构
The cells contain hyperchromatic, mitotically active nuclei and very little cytoplasm. Occasional rosette-like structures are also present in this case

(三)神经元肿瘤 Neural tumors

1. 节细胞瘤和节细胞胶质瘤 Gangliocytoma and ganglioglioma 为分化好、生长缓慢的神经上皮肿瘤,相当于 WHO Ⅰ级(节细胞瘤)或Ⅰ~Ⅱ(节细胞胶质瘤),节细胞胶质瘤组织内有一定数量的肿瘤性胶质细胞,如胶质细胞有异型性,生长活跃,则称间变型节细胞胶质瘤相当于 WHO Ⅲ级。颅内好发于幕上,尤其是颞叶。肉眼观:体积小,界限清楚,质稍硬。切面灰红色,部分病例囊性变、钙化。光镜下:由不规则簇状、大多极神经元和突起构成,瘤细胞分布不规则,单核、双核或多核,可见有核仁和胞质内尼氏小体,瘤组织内混杂有髓鞘和无髓鞘的神经纤维(图 14-28)。免疫组化染色显示瘤组织内胶质细胞 GFAP 阳性,神经节细胞显示神经纤维细丝蛋白(neurofilament,NF),神经元特异性稀醇化酶(neuron specific euolase,NSE),突触素(synaptophysin,Syn)及嗜铬素 A(chromogranin A,CgA)阳性。电镜观察瘤细胞见颗粒、突触前小泡和突触结构。

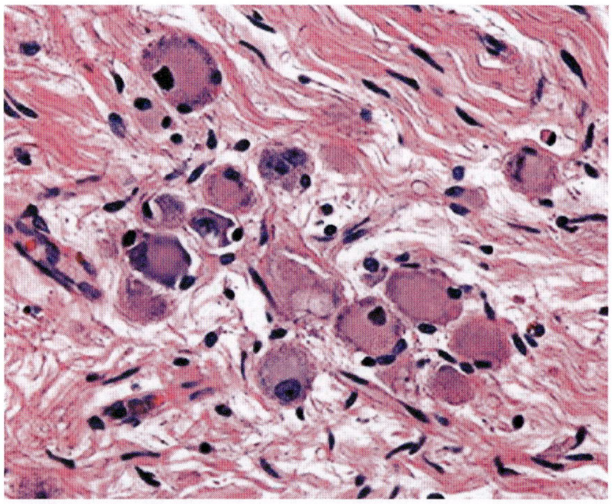

图 14-28 节细胞瘤 Gangliocytoma
大的肿瘤性节细胞 Large neoplasticganglion cells are seen

2. 中枢神经细胞瘤 Central neurocytoma　是一种伴有神经元分化的肿瘤，相当于 WHO Ⅱ级。平均发病年龄 29 岁，侧脑室前部最好发，可长入侧脑室或第三脑室。光镜下：肿瘤组织由成片的形态一致的瘤细胞组成，细胞小，核圆形，胞质透明，血管周可见原纤维性细胞带，可见 Homer-Wright 假菊形团，瘤细胞有神经元分化的特点（图 14-29）。免疫组化显示 Syn，NSE，NF 和 Leu-7 阳性。肿瘤一般能被完全切除，预后较好，偶可复发和恶性变。

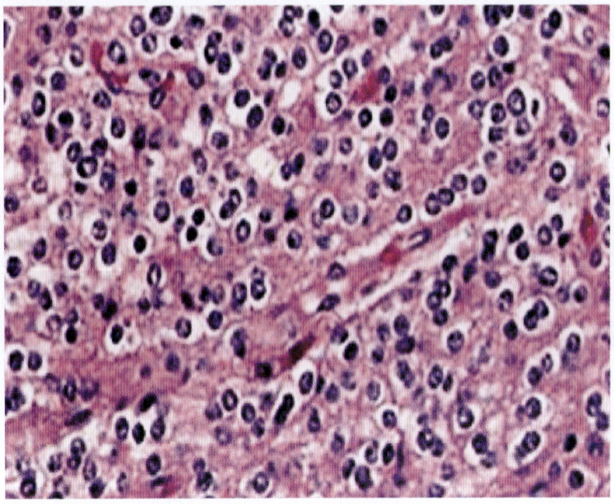

图 14-29　中枢神经细胞瘤 Central neurocytoma

（四）脑膜瘤 Meningioma

脑膜瘤是颅内和椎管内最常见的肿瘤之一，发病率仅次于星形细胞肿瘤，占颅内肿瘤的 13% ～26%。中年以上成人好发。多为良性（相当于 WHO Ⅰ级），生长缓慢，易于手术切除，复发率和侵袭力均很低，在中枢神经肿瘤中预后最好。

脑膜瘤起源于蛛网膜帽状细胞，因此其好发部位与蛛网膜颗粒在脑膜上的分布情况相一致。颅内脑膜瘤大部分发生于大脑凸面，常与大脑镰相关，其他好发部位有蝶骨嵴、嗅沟、小脑桥脑角以及脊髓胸段脊神经在椎间孔的出口处。

脑膜瘤常为单发，偶可多发。肿瘤大小差异很大，与肿瘤发生部位有一定关系。

肉眼观 Gross appearances　肿瘤常与硬膜广泛附着，但呈膨胀性生长，呈球形或分叶状，压迫脑组织，界限清楚，易与脑组织分离（图 14-30）。切面多为灰白色，质韧，很少见坏死，有时切面有砂粒感，是含有砂粒体（psammoma bodies）的脑膜瘤的特点。

光镜下 Microscopic view　脑膜瘤的组织学类型很多，其特征性图像是肿瘤细胞呈大小不等同心圆状或漩涡状排列，其中央的血管壁常有透明变性，以至于钙化形成砂粒体，此为脑膜细胞型或合体细胞型（图 14-31）；瘤细胞也可为长梭形，呈致密交织束状结

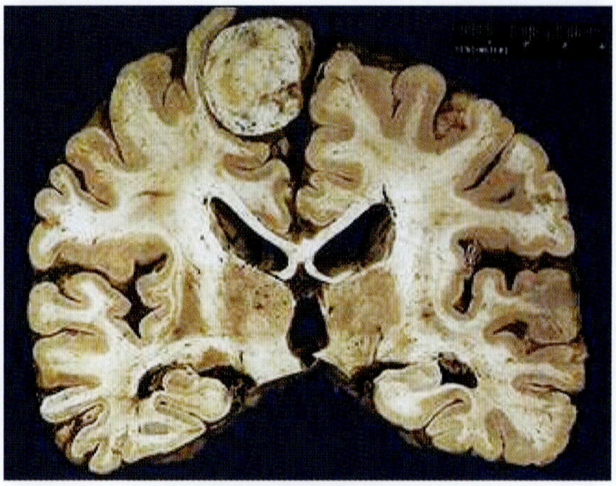

图 14-30　脑膜瘤 meningioma

肿瘤常与硬脑膜附着，膨胀性生长，呈球形或分叶状，压迫脑组织，界限清楚，易与脑组织分离 Meningiomas are usually attached to the dura mater, expensivegrowth, oppression adjacent brain parenchyma, circumscibed, easily separated

构，其间可见网状纤维或胶原纤维，为纤维（成纤维细胞）型；还可呈现以上两种图像的过渡或混合，为过渡型或混合型。大多数脑膜瘤易于切除，预后良好。20% 良性脑膜瘤肉眼全切后 20 年内复发。

此外还有其他多种少见类型。少数脑膜瘤细胞异型性增大、生长活跃、乳头状结构、可出现坏死。最重要的是向脑实质的浸润，甚至出现颅外转移，主要累及肺及淋巴结，称为恶性（malignant）脑膜瘤或间变型（anaplastic）脑膜瘤，相当于 WHO Ⅲ级，诊断时应十分慎重。

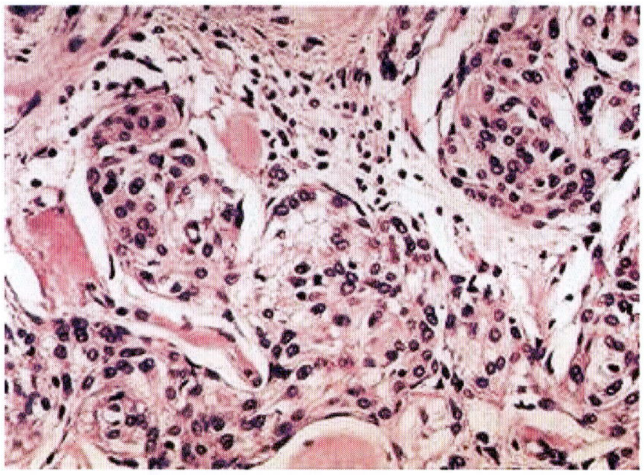

图 14-31　脑膜瘤 Meningioma

脑膜瘤细胞弥漫增生，偶有钙化。此型称为脑膜细胞型脑膜瘤 Diffuse proliferation of meningotheliomatous cells, occasionally undergoing calcification. This type is called meningotheliomatous meningioma

二、外周神经肿瘤
Peripheral Nerve Tumors

周围神经肿瘤一般可分为两大类：一类来源于神

经鞘膜，包括神经鞘瘤和神经纤维瘤。另一类伴有不同程度的神经细胞分化，主要发生在交感神经节和肾上腺髓质，其中原始而低分化的恶性肿瘤为神经母细胞瘤，高分化的良性肿瘤为节细胞神经瘤。

（一）神经鞘瘤 Neurilemoma

神经鞘瘤又称施万细胞瘤（schwannoma）或神经膜细胞瘤，是起源于胚胎期神经嵴来源的神经膜细胞或施万细胞的良性肿瘤，相当于 WHO Ⅰ级。肿瘤可单发或多发于身体任何部位的神经干或神经根。脑神经鞘瘤主要发生在第八对颅神经（The eighth cranial nerve）（听神经的前庭），又称听神经瘤（acoustic neuromas）、小脑桥脑角和三叉神经等。神经鞘瘤是椎管内最常见的肿瘤，其发生率约占椎管内肿瘤的 25% ~30%。发生于周围神经的神经鞘瘤多见于四肢屈侧大神经干。

肉眼观 Gross appearances 肿瘤多呈圆形或分叶状，界限清楚，包膜完整，与其所发生的神经粘连在一起。切面灰白色或灰黄色，有时可见出血，囊性变。

光镜下 Microscopic view 一般可见两种组织构象：①束状型（antoni A 型），细胞呈梭形，境界不清，核呈梭形或卵圆形，相互紧密平行排列呈栅栏状或不完全的漩涡状，后者称 verocay 小体（图 14-32）；②网状型（antoni B 型），细胞稀少，排列呈稀疏的网状结构，细胞间有较多的液体，常有小囊腔形成。以上两种结构往往同时存在于同一肿瘤中，其间有过渡形式，但多数以其中一型为主。一般颅内的神经鞘瘤较多出现 antoni B 型结构，椎管内的神经鞘瘤多以 antoni A 型结构为主，且更易见小囊腔形成。免疫组化显示瘤细胞一致性表达 S-100 蛋白。

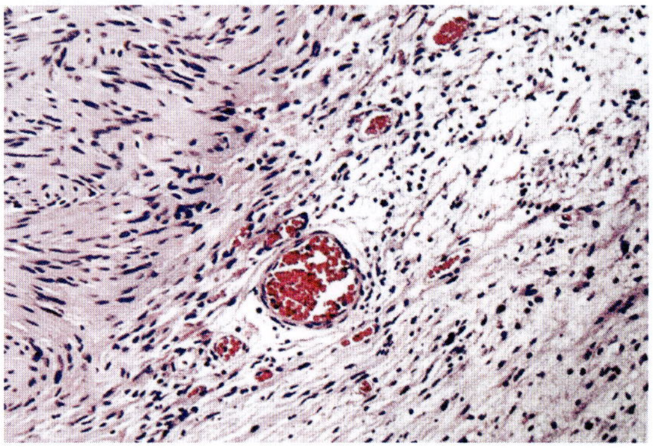

图 14-32 神经鞘瘤 Neurilemoma
在疏松的背景中可见瘤细胞核呈特征性的栅栏状排列 Characteristic palisading of nuclei is seen in loose background

临床表现 Clinic manifestation 视肿瘤大小和部位而异。小肿瘤可无症状，较大者因受累神经受压而引起麻痹或疼痛，并沿神经放射。颅内听神经瘤可引起听觉障碍（auditory handicap）或耳鸣（tinnitus）等症状。大多数肿瘤能手术根治，极少数与脑干或脊髓等紧密粘连。未能完全切除者可复发，复发肿瘤仍属良性。

（二）神经纤维瘤 Neurofibroma

神经纤维瘤相当于 WHO Ⅰ级，多发生在皮肤和皮下组织，可单发或多发。多发性神经纤维瘤（neurofibromatosis，von Recklinghausen′s disease）是神经纤维瘤病Ⅰ型的特点，并发皮肤牛奶咖啡色斑（cafe-au-lait spot）和腋窝斑点。

肉眼观 Gross appearances 皮肤或皮下单发性神经纤维瘤呈结节状或息肉状，境界清楚，但无包膜，常不能找到其发源的神经，也可弥漫侵及皮肤和皮下。切面灰白，质实，可见漩涡状纤维，也可呈胶冻状，很少发生出血、囊性变。

光镜下 Microscopic view 肿瘤组织由增生的 Schwann 细胞、神经束膜样细胞和成纤维细胞构成，交织排列，成小束并分散在神经纤维之间，肿瘤细胞细长，棒状核或波浪状核（wavy nuclei），伴大量网状纤维和胶原纤维及疏松的黏液样基质（图 14-33）。若细胞密度增大，核异型并见核分裂象，提示恶变可能。

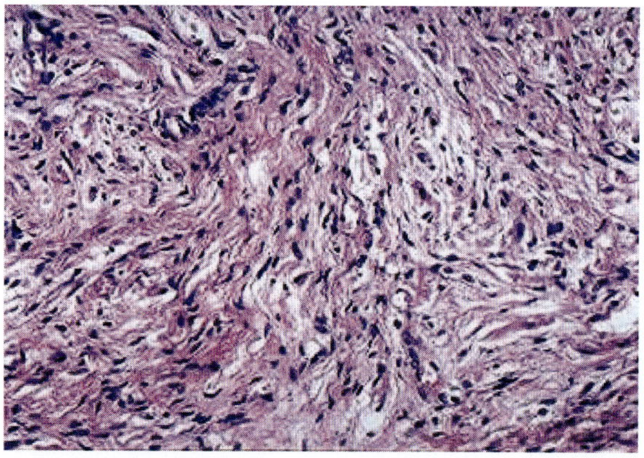

图 14-33 多发性神经纤维瘤病 Multiple neurofibromatosis
可见束状波浪形拉长的细胞，其核呈鳗鱼样，与胶原纤维间隔排列 There are interlacing bundles of wavy elongated cells with eel-like nuclei and collagen fibers

恶性外周神经鞘膜瘤 Malignant peripheral nerve sheath tumor（MPNST） 约占软组织肉瘤的 5%，多数起源于外周型神经纤维瘤，尤其是神经纤维瘤病（neurofibromatosis），特别是Ⅰ型神经纤维瘤病（von Recklinghausen's disease）的患者易发生神经纤维瘤的恶性变。而神经鞘瘤恶变者少见，MPNST 也可自发产生或见于放射治疗后。该肿瘤侵袭性较高，相当于 WHO Ⅲ ~ Ⅳ级。形态颇似纤维肉瘤，有较多核分裂象并伴有血管增生和细胞坏死。瘤细胞可呈多形性，甚至出现上皮样结构、横纹肌分化。多数病例可见散在瘤细胞表达 S-100 蛋白。肿瘤局部的快速生长和远处转移,特别是转移到肺。MPNST 多见于 30～60 岁成人,除伴有神经束膜细胞分化的病例,一般进展快,预后差。5 年和 10 年生存率为 34% 和 23% 。

三、中枢神经系统转移性肿瘤 Central Nervous System Metastatic Tumors

中枢神经系统转移性肿瘤约占全部临床脑肿瘤的 20% 以上,恶性肿瘤死亡病例中的 24% 可有脑转移,5% 发生脊髓转移。恶性肿瘤中最容易发生脑转移的是呼吸道肿瘤,主要是肺癌(lung carcinoma),占脑转移瘤的 50%,而且以颅内肿瘤为首发症状的全身癌症中,肺癌约占半数。其次是乳腺癌(breast cancer)(占脑转移瘤的 15%),恶性黑色素瘤(malignant melanoma)(占脑转移瘤的 10. 5%),以及胃癌(gastric cancer)、结肠癌(colon cancer)、肾癌(kidney cancer)和绒毛膜癌(choriocarcinoma)等。白血病(leukemias)时脑膜或脑实质也常可发生白血病细胞灶性浸润。

颅内转移瘤的转移途径绝大部分是远隔部位的原发肿瘤经血行转移至颅内。少数邻近部位的肿瘤可直接蔓延至颅内,如鼻咽癌(nasopharyngeal carcinoma)、眶内肿瘤等,由于它们与原发瘤相连,所以不属于转移瘤。

颅内转移最常见于大脑和硬脑膜,脊髓转移常发生于硬膜外间隙、软脊膜或脊髓。转移瘤可呈现三种形式:①转移结节(metastatic nodules):多见于灰质与白质交界处及脑的深部(图 14-34),约 80% 的脑转移瘤位于此部位;②软脑膜癌病(leptomeningeal carcinomatosis):肿瘤细胞沿蛛网膜下腔弥漫性浸润,局部可呈现大小不等的结节或斑块(图 14-35),由于脑脊液循环受阻,可引起颅内高压和脑积水;③脑炎性转移(encephalitic metastasis):弥漫性血管周围瘤细胞浸润可形成局限性瘤结节或广泛浸润,并伴发软脑膜癌病(leptomeningeal carcinomatosis)或癌病性脑膜炎(carcinomatous meningitis)。

转移瘤与血管关系密切,多位于灰白质交界处,呈现“推进”的边缘,其周围脑组织可有水肿,伴淋巴细胞及巨噬细胞浸润。转移瘤具有原发肿瘤相似的特征性改变,常伴有出血、坏死、囊性变及液化。脑膜癌病(癌病性脑膜炎)的患者,肿瘤结节散于脑组织表面,脊髓和硬膜内神经根。如出现坏死,可见泡沫细胞。

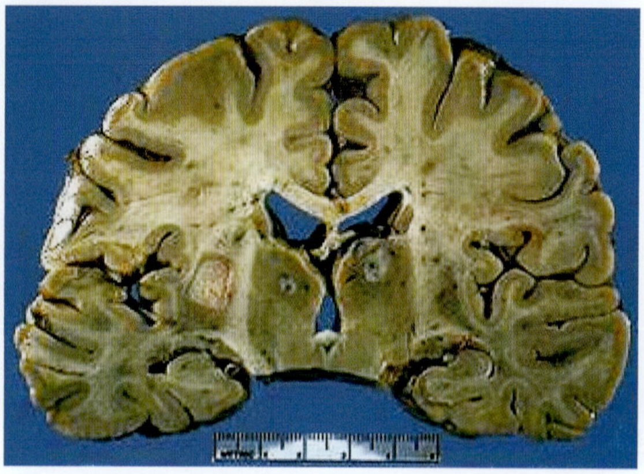

图 14-34 脑转移癌 Brain metastatic carcinoma
脑的切面上可见至少三个转移灶 This section contains at least three metastatic deposits

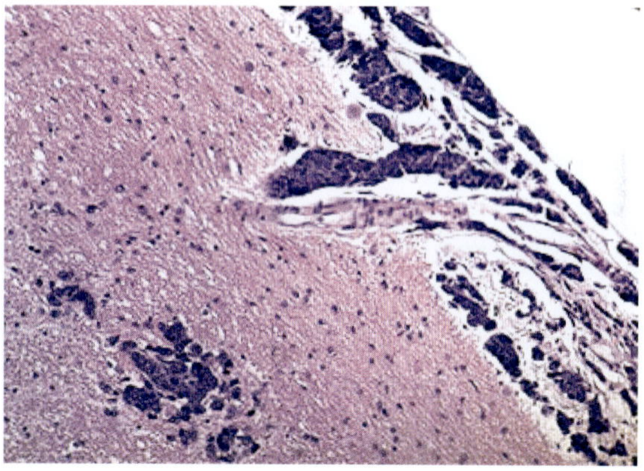

图 14-35 肺癌脑转移 Brain metastases by lung cancers
脑和软脑膜见到肿瘤,肺癌发生脑转移很常见,尤其是小细胞癌和腺癌 Tumor was found in the brain and leptomeninges. Brain metastases are common with lung cancers, especially SCLC and adenocarcinoma

病例讨论

3 岁女孩,因头痛、发热 3 天,昏睡 1 天,于 3 月 6 日入院。入院前 1 周患儿有咳嗽、流脓性鼻涕等上呼吸道感染症状。入院前 3 天病情持续,不断加重,并出现中耳炎症状。经使用抗生素(阿莫西林等)治疗后,其病情仍不缓解。入院时高热不退伴有呕吐。

查体所见:患儿精神萎靡,表情淡漠。体温:38. 5°C。腰椎穿刺:白细胞 580/μl(正常 0～5/μl),其中性粒细胞 93%,淋巴细胞 7%;红细胞 530/μl;蛋白 86mg/dl(正常 10～30mg/dl);糖 65mg/dl(正常 40～70mg/dl)。血糖 90mg/dl(正常 65～110mg/dl);细菌培养:48 小时内抽血液和脑脊液作细菌培养呈阳性。病人持续发热(39.6°C),反应迟钝。再次血液学培养为阳性。再次腰穿取脑脊液检查:白细胞 850/μl,其中性粒细胞 93%,淋巴细胞 7%;红细胞 1877/μl;蛋白 115mg/dl;糖 11mg/dl;血糖 150mg/dl。经抗生素(头孢曲松和万古霉素)治疗后,病情仍不好转,不断加重,数小时后死亡。

脑的尸体剖验所见(图 14-36)。

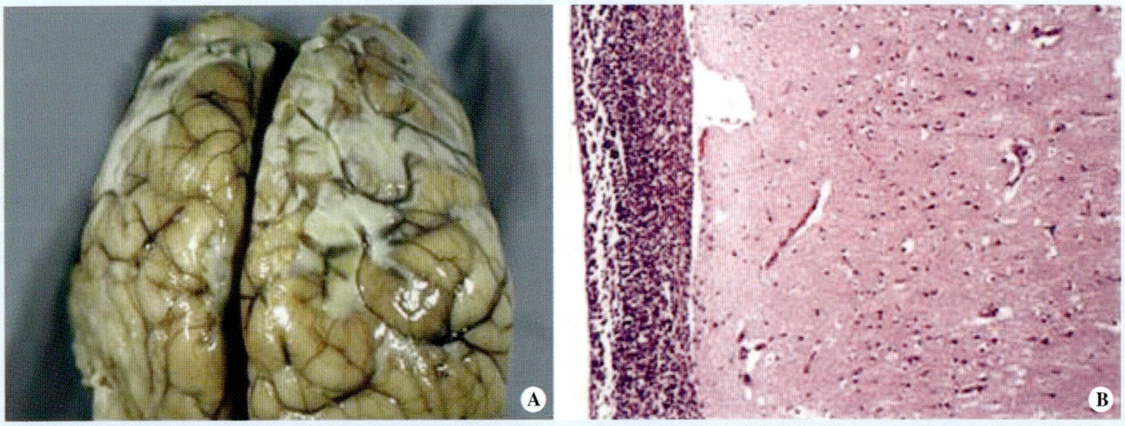

图 14-36 A. 大脑半球被黏稠脓性分泌物覆盖与 B. 蛛网膜下腔可见大量中性粒细胞浸润;
A. The cerebral hemisphere is covered with a purulent exudate and B. There are heavy infiltration of neutrophils in the subarachnoid space

思考题

1. 尸体剖验可以观察到哪些病变?(分别描述肉眼观和光镜下变化)
2. 该病的发生发展过程怎样?
3. 简单分析其死亡原因是什么?

(周士东　巩玉森)

第15章 传染病

Infectious Diseases

Outline

Infectious diseases remain important causes of death around the globe. In developing countries, unsanitary living conditions and malnutrition contribute to a massive burden of infectious disease responsible for more than 10 million deaths annually; most occur in children, especially from respiratory and diarrheal infections. Infectious diseases are particularly important causes of death among the elderly and individuals with AIDS, as well as among those with chronic diseases. Medical advances like chemotherapy for tumors and immunosuppression for organ transplantation have also created a whole new class of patients vulnerable to usually innocuous but nevertheless opportunistic organisms.

In the face of what seems to be an overwhelming onslaught of microbes, it is well to remember that cooperation between microorganisms and humans is the rule; disease is the exception. Indeed, without our normal gut flora, we would be at risk for vitamin K deficiency and the normal vaginal flora prevent recurrent Candida("yeast") infections. The majority of these relationships are symbiotic(of benefit to both partners) or, at worst, commensal(the fellow passenger shares the host's food without causing harm). When microbes cause disease, the nature and extent of the pathology depend on (1) the virulence (or pathogenicity) of the microorganism and (2) the response of the host. Consequently, infection in the microbiologic sense is not synonymous with infectious disease in a clinical sense; infectious disease occurs when there is tissue injury or altered host physiology.

传染病(Infectious Diseases)是由病原体引起的能在人与人、动物与动物或人与动物之间相互传播(也称感染)的一类炎症性疾病。病原体中大部分是微生物,小部分为寄生虫(称寄生虫病)。感染性疾病不一定有传染性,其中有传染性的疾病称传染病。传染病的感染和流行需要三个基本环节:①传染源(infection sources),即病原体已在体内生长繁殖并能将其排出体外的人和动物(如患者、病原携带者和受染动物等)。②传播途径(route of transmission),即病原体离开传染源后,到达另一个易感者的途径,如空气、水、食物、手、苍蝇、蚊虫、血液、土壤等。③易感人群(susceptible population),即对某一传染病缺乏特异性免疫力的人,如老人、儿童或体弱者。传染病的病原体入侵人体,通过一定的传染途径和方式,往往会定位于一定的组织或器官。

传染病能在易感人群中引起广泛流行,严重威胁人类的健康。在发达国家,传染病在疾病谱中(包括发病率和死亡率)处于次要地位,而非感染性疾病如动脉粥样硬化(artherosclerosis)、恶性肿瘤(malignant tumor)、老年性痴呆(senile dementia)等是最常见原因;但在发展中国家,传染病仍是主要的健康问题。近年来,由于基因诊断技术和抗生素的应用,传染病得到了一定控制,有些传染病已经不见或接近消灭(如天花、麻风病、脊髓灰质炎等),而有些传染病有"死灰复燃"趋势(如梅毒、淋病、结核病等),同时还出现了一些新的传染病,如艾滋病(Acquired immunodeficiency syndrome, AIDS)、埃博拉出血热(Ebola hemorrhagic fever, EHF)、严重急性呼吸综合征(severe acute respiratory syndrome, SARS)、禽流感(avian influenza)、甲型H1N1流感、出血性大肠杆菌$O_{157}H_7$感染、中东呼吸综合征等。对一些传染病,国家必须及时掌握其发病情况,采取有效对策,因此发现后应按规定时间及时向当地卫生防疫部门报告,称为法定传染病。

我国目前的法定传染病有甲、乙、丙三类。①甲类传染病:鼠疫(plague)、霍乱(cholera)。②乙类传染病:SARS、AIDS、病毒性肝炎(viral hepatitis)、脊髓灰质炎(poliomyelitis)、人感染高致病性禽流感(high pathogenicity avian influenza 或"bird flu")、麻疹(measles)、流行性出血热(epidemic hemorrhagic fever)、狂犬病(rabies)、流行性乙型脑炎(epidemic type B encephalitis)、登革热(dengue fever)、炭疽(anthrax)、细菌性痢疾(bacillary dysentery)和阿米巴性痢疾(intestinal amebiasis)、肺结核(pulmonary tuberculosi)、伤寒(typhoid)和副伤寒(paratyphoid)、流行性脑脊髓膜炎(epidemic cerebrospinal meningitis)、百日咳(pertussis)、白喉(diphtheria)、新生儿破伤风(infantum tetanus)、猩红热(scarlet fever)、布鲁氏菌病(brucellosis)、淋病(gonorrhea)、梅毒(syphilis)、钩端螺旋体病(leptospirosis)、血吸虫病(schistosomiasis)、疟疾(malaria)。③丙类传染病:流行性感冒(influenza)、流行性腮腺炎(epidemic parotitis)、风疹(rubella)、急性出血性结膜炎(acute hemorrhage conjunctivitis)、麻风病(leprosy)、流行性和地方性斑疹(macule)、伤寒(typhoid)、黑热病(assam fever)、包虫病(echinococcosis)、丝虫病(filariasis),除霍乱、细菌性和阿米巴性痢疾、伤寒和副伤寒以外的感染性腹泻病(infectious diarrhea)、手足口病(hand-foot-mouth disease)。

据2010年9月我国法定传染病疫情统计,共报告近747479例,死亡1399例,其中881人死于艾滋病。居前5位的病种依次为病毒性肝炎、肺结核、痢疾、梅毒和淋病,占乙类传染病报告发病总数的96%,报告死亡数居前3位的病种分别是艾滋病、狂犬病和肺结核,占乙类传染病报告死亡总数的89.9%。2015年6月从江苏省卫计委获悉,全省共报告甲、乙类法定报告传染病发病10482例,死亡31人。其中报告发病数居前五位的病种为:肺结核、梅毒、肝炎、麻疹、淋病,占报告发病总数的88.38%;报告死亡数居前两位的病种为:艾滋病、肺结核,占报告死亡总数的87.10%。我们对传染病的认识和防治任重道远,不可轻视。

第一节 结 核 病
Tuberculosis(TB)

结核病是由结核杆菌(tubercle bacillus)引起的一种慢性肉芽肿性炎症(chronic granulomatous inflammation)。可累及全身各器官,但以肺结核最常见。结核病的典型病变是形成结核结节(tubercle)和发生干酪样坏死(caseous necrosis)。

结核病是严重危害人类健康的呼吸道传染病,长期威胁着全世界。20世纪80年代以来由于AIDS的流行和耐药菌株(drug resistant strain)的出现,结核病的发病率趋于上升,结核病是AIDS病毒携带者的首要死因,占后者死亡总数的五分之一。WHO一项数据显示:2012年全球有860万人罹患结核病(其中有53万儿童),130万人死于结核病(其中有7.4万儿童)。2014年全球有900万新发结核病患者,其中300万患者被卫生系统"遗漏"。通过WHO推荐的控制结核病战略和使用DOTS(即directly observed treatment + short course chemotherapy,即对非住院肺结核病患者实行全面监督化学治疗),保证患者规律用药,提高治愈率,1990年至2012年间,结核病死亡率下降了45%,约有2200万人的生命得以挽救。

结核病俗称"痨病"(旧时称传染肺病的微生物为"痨虫")早已列入我国重大传染病之一。2001~2010年,我国共发现并治疗肺结核患者828万例,其中"涂阳"肺结核患者450万例。2010年全国"涂阳"肺结核患病率降至66/10万,比2000年下降了61%,提前实现了WHO提出的"到2015年扭转结核病蔓延"的千年发展目标。然而,我国仍是全球22个结核病高负担国家之一,年发病人数约为130万,占全球发病人数的14%,位居全球第二位。近年来,我国每年报告肺结核发病人数约100万,始终位居传染病的前列;耐多药肺结核(multidrug resistance pulmonary tuberculosis)危害日益凸显,每年新发患者人数约12万,未来可能出现以耐药菌为主的结核病流行态势;结核杆菌和AIDS病毒双重感染患者人数持续增加,防治任务十分艰巨,需要长期不懈的努力。

(一)病因 Etiology

结核分枝杆菌(mycobacterium tuberculosis)由德

国医学家 Robert Koch 于 1882 年发现，革兰抗酸染色阳性（图 15-1），不产生外毒素或内毒素。结核杆菌中的多糖（polysaccharides）对中性粒细胞有趋化作用（chemotaxis），引起白细胞向感染部位聚集。结核菌胞壁脂质（lipids）和结核菌碳水化合物（carbohydrates）通过干扰吞噬细胞内吞噬溶酶体的溶解作用（phagolysosomal fusion），明显提高病菌的毒力。结核杆菌主要是人型（hominis）、牛型（bovis）致病。

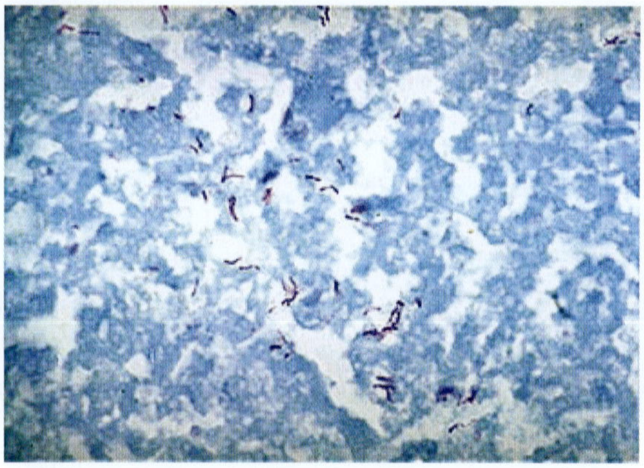

图 15-1 干酪样坏死物中的结核杆菌（抗酸染色） mycobacterium tuberculosis in caseous necrosis (acid-fast staining)

（二）传播途径 Route of transmission

结核病是全身性疾病，除了毛发和牙齿之外，可以累及全身各器官（图 15-2）。主要的传播途径是：

1. 经呼吸道传播 Transmission through the respiratory tract 这是最常见最主要的传播途径。感染者在咳嗽或打喷嚏时而产生的带菌微滴在空气中传播，因此肺结核最常见。

2. 消化道传播 Transmission through the alimentary tract 食入带菌的食物、饮用含菌牛奶、开放性肺结核患者吞咽含菌痰液等，经消化道感染。

3. 经皮肤伤口感染 Transmission through skin injure 较少见。

（三）发病机制 Pathogenesis

呼吸道传播是结核病最常见和最重要的途径。肺结核病人（主要是空洞型或开放性肺结核）从呼吸道排出大量带菌微滴。吸入这些带菌微滴就可能造成感染。直径小于 5μm 的微滴能到达肺泡，因此其致病性最强。到达肺泡（alveolar）的结核杆菌趋化和吸引巨噬细胞（macrophage），并被巨噬细胞所吞噬（phagocytosis）。在有效的细胞免疫建立以前，巨噬细胞将其杀灭的能力很有限，则结核杆菌在细胞内繁殖，一方面可引起局部炎症，另一方面可发生全身性血源性播散，成为以后肺外结核病发生的根源。机体对结核杆菌产生特异的细胞免疫一般需 30～50 天时间。

结核病的免疫反应（immune reaction）和变态反应（allergy Ⅳ型）常同时发生和相伴出现。变态反应的出现提示机体已获得免疫力，对病原菌有抵抗力，且变态反应同时伴随干酪样坏死，试图破坏和杀灭结核杆菌。已致敏的机体启动防御反应较未致敏的机体反应快，但组织坏死也更明显。因此，机体对结核杆菌感染所呈现的临床表现取决于机体不同的反应，如以保护性反应为主，则病灶局限，结核杆菌被杀灭；如以组织破坏性反应为主，则机体呈现结构和功能的损害而表现出结核病（图 15-3）。

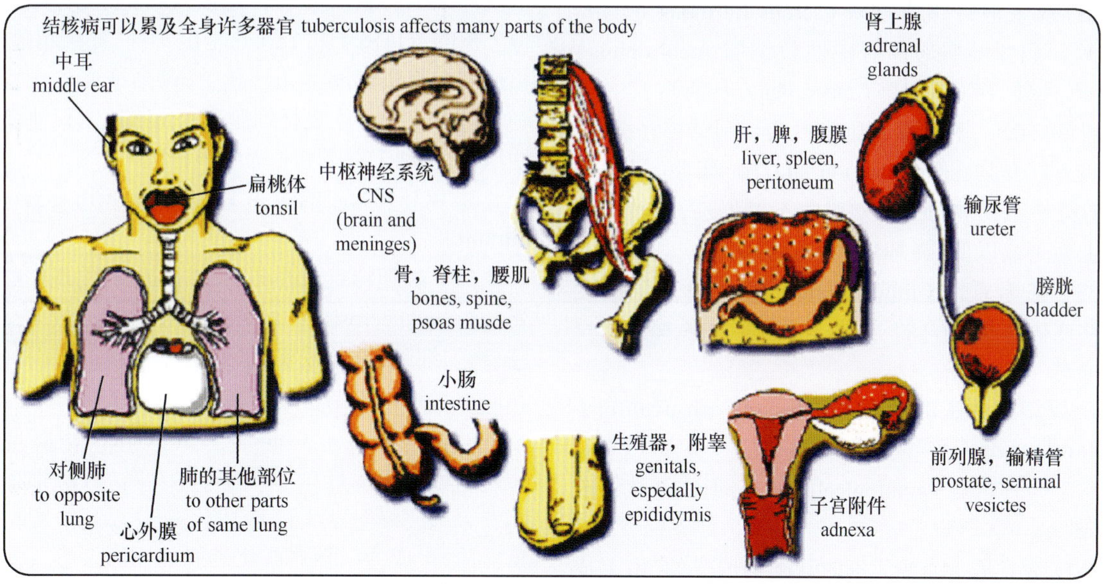

图 15-2 结核病可以累及全身各器官，其中以肺结核最多见 Tuberculosis may involve various organs of human body, but the most common type is pulmonary tuberculosis

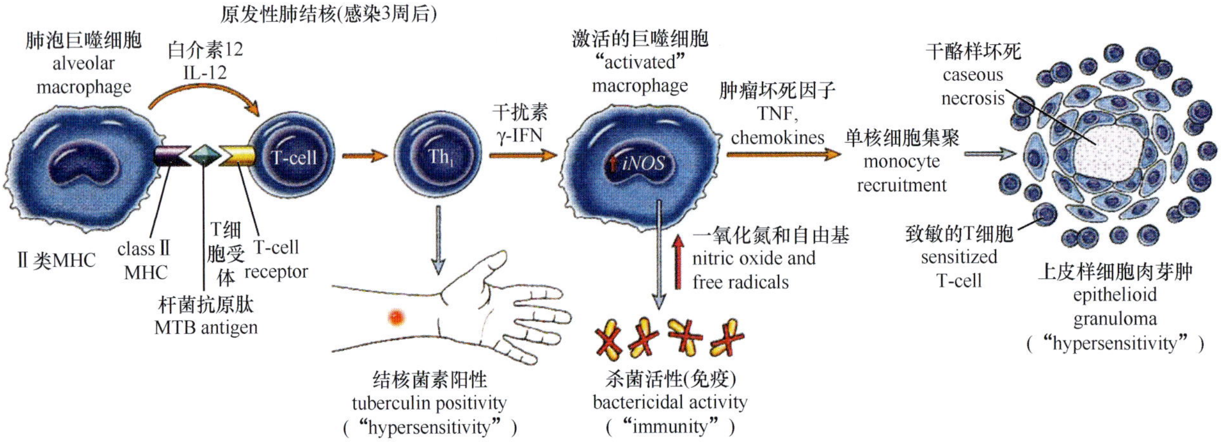

图 15-3 结核病的免疫反应和变态反应示意图 Diagram of immune reaction and allergy of tuberculosis

Purified protein derivative of tuberculosis (PPD test)

Cell-mediated immunity delayed hypersensitivity (type Ⅳ) to the tubercle bacillus develops in 2 to 4 weeks after initial infection. A sensitized individual will show increased indurations (greater than 5 mm) at the site of intradermal injection of purified protein derivative of M. tuberculosis (PPD test). However, a positive test indicates previous exposure to the mycobacteria, not active disease.

(四) 基本病理变化 Basic pathological changes

1. 以渗出为主的病变 The lesion with exudating dominantly

(1) 病理特点 Pathological feature:浆液性(serous)或浆液纤维素性炎(serous-fibrinous inflammation)。病变早期局部有中性粒细胞(neutrophils)浸润,不久即被巨噬细胞(macrophages)所取代。在渗出液(exudate)和巨噬细胞中可检测到结核杆菌。

(2) 好发部位 Predilection site:肺、浆膜、滑膜和脑膜等处。渗出物可完全被吸收不留痕迹,或转变为以增生为主或以变质(坏死)为主的病变。

(3) 临床意义 Clinical significance:出现于病变的早期或机体抵抗力低下、菌量多、毒力强或变态反应较强时。

2. 以增生为主的病变 The lesion with proliferating dominantly

(1) 病理特点 Pathological feature:形成结核结节(tubercle)。

结核结节是在细胞免疫的基础上形成的,由上皮样细胞(epithelioid cell)、朗汉斯巨细胞(Langhan's giant cell)、淋巴细胞(lymphocyte)和少量纤维母细胞(fibroblast)构成。典型的结核结节中央有干酪样坏死(caseous necrosis)(图 15-4)。单个结核结节非常小(直径约 0.1mm),肉眼和 X 线检查不易看见。多个结节融合成较大结节时才能见到。这种融合结节境界分明,约粟粒大小,呈灰白半透明状。有干酪样坏死时略显微黄,可微隆起于器官表面。

(2) 结核结节形成过程 Tubercle forming process:吞噬有结核杆菌的巨噬细胞体积增大逐渐转变为上皮样细胞,呈梭形或多角形,胞质丰富(HE 染色呈淡伊红色),境界不清。核呈圆形或卵圆形,染色质少,甚至呈空泡状,核内有 1~2 个核仁。多数上皮样细胞互相融合或一个细胞核分裂、胞质不分裂乃形成朗汉斯(Langhan's)巨细胞。Langhan's 巨细胞为一种多核巨细胞(直径可达 300μm),胞质丰富。其胞质突起常和上皮样细胞的胞质突起相连接,核与上皮样细胞核相似。核的数目由十几个到几十个不等,甚至超过百个。核排列在胞质周围呈花环状、马蹄形或密集于胞体的一端(图 15-5)。上皮样细胞和 Langhan's 巨细胞的活性增加,有利于吞噬和杀灭结核杆菌。

3. 以坏死为主的病变 The lesion with necrosis dominantly

(1) 病理特点 Pathological feature:出现干酪样坏死(caseous necrosis)。坏死灶由于含脂质较多呈淡黄色、均匀细腻,质地较实,状似奶酪,故称干酪样坏死。光镜下为红染无结构的颗粒状物(图 15-6)。

(2) 临床意义 Clinical significance:干酪样坏死往往出现在结核杆菌数量多、毒力强、机体抵抗力低或变态反应强时。干酪样坏死物中会有一定量的结核杆菌,可成为结核病恶化进展的原因。

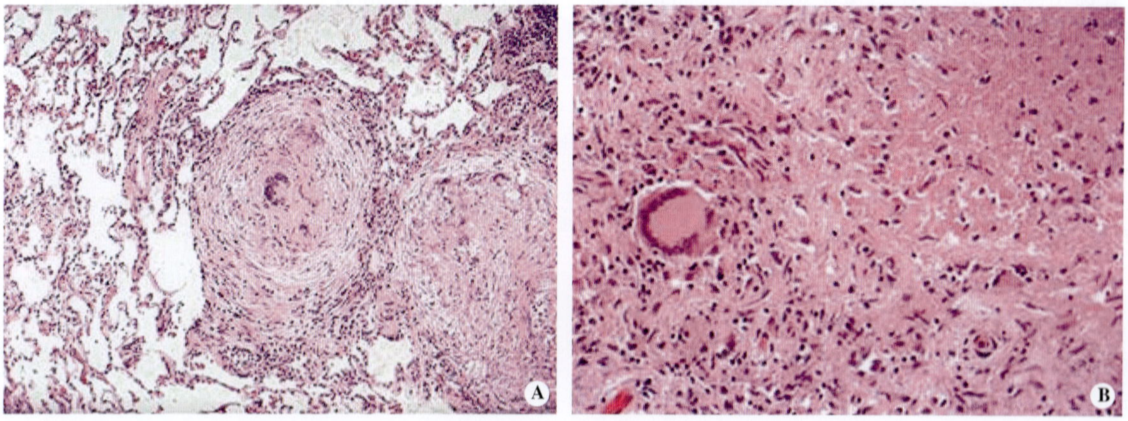

图 15-4 结核结节 Tubercle

A. 结核肉芽肿境界清楚;B. 干酪样坏死呈红染颗粒状、无结构物质(右上)。围绕干酪样坏死物的上皮样细胞和一个大的多核朗格汉斯巨细胞和周围淋巴细胞浸润(左下)A. Tuberculosis granulomas of the lung have rounded outlines in low light microscope;B. In this higher magnification lesion, caseous necrosis is seen as pink granular structureless material(right up). Epithelioid cells surrounding the caseous material and a large multinucleated Langhans giant cells are clearly visible. Lymphocytes border the periphery of the lesion(leftdown)

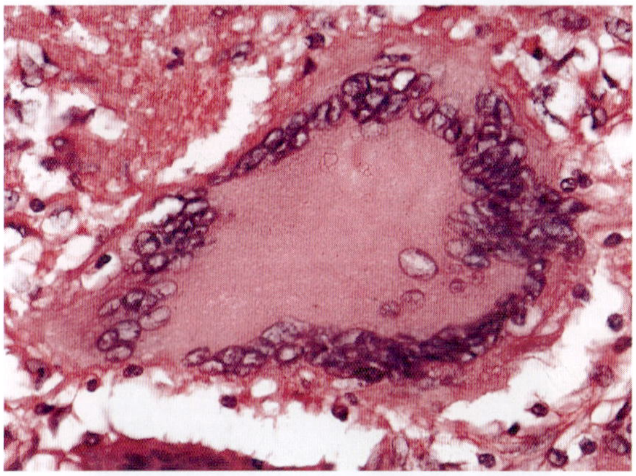

图 15-5 朗汉斯巨细胞 Langhan's giant cell

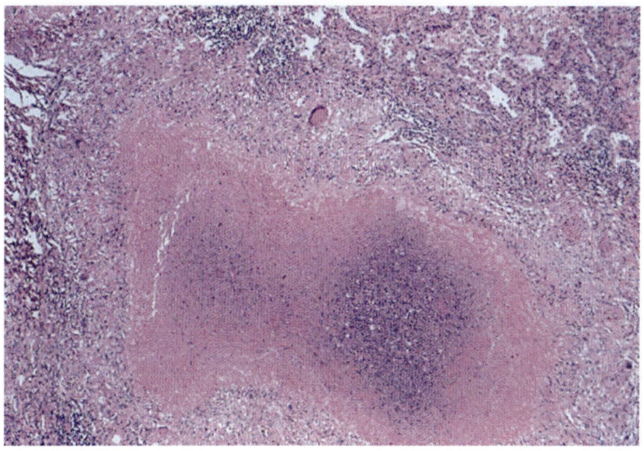

图 15-6 干酪样坏死灶 Focus of caseous necrosis

渗出、坏死和增生三种变化往往同时存在而以某一种改变为主,而且可以互相转化。结核病的基本病变与机体的免疫状态的关系见表 15-1。

表 15-1 结核病基本病变与机体的免疫状态

Basic lesions of tuberculosis (TB) and the immune status of organism

病变	机体状态		结核杆菌		病理特征
	免疫力	变态反应	菌量	毒力	
渗出为主	低	强	多	强	浆液或浆液纤维素性炎
增生为主	强	弱	少	弱	结核结节
变质为主	低	强	多	强	干酪样坏死

(五) 基本病变的转化规律 Transform regularity of the basic pathological changes

结核病的发展和结局取决于机体抵抗力和结核杆菌致病力之间的矛盾关系。在机体抵抗力增强时,结核杆菌被抑制、杀灭,病变转向愈合;反之,则转向恶化。

1. 转向愈合 Healing of tuberculous lesions

(1) 吸收、消散 Resolution or dispersal:为渗出性病变的主要愈合方式。渗出物经淋巴道吸收而使病灶缩小或消散。肺部病变经 X 线检查,可见边缘模糊、密度不匀、呈云絮状的渗出性病变的阴影逐渐缩小或被分割成小片,以至完全消失。临床上称为吸收好转期。较小的干酪样坏死灶及增生性病灶,经积极治疗也有吸收消散或缩小的可能。

(2) 纤维化、钙化 Fibrosis or calcification:增生性病变和小的干酪样坏死灶,可逐渐纤维化,最后形成瘢痕而愈合,较大的干酪样坏死灶难以全部纤维化,则由其周边纤维组织增生将坏死物包裹,继而坏死物逐渐干燥浓缩,并有钙盐沉着。钙化的结核灶内常有少量结核杆菌残留,此病变临床虽属痊愈,但当机体抵抗力降低时仍可复发进展。肺部病变经X线检查,可见纤维化病灶呈边缘清楚,密度增高的条索状阴影;钙化灶为密度甚高、边缘清晰的阴影。临床上称为硬结钙化期。

2. 进展和播散 Extension and spreading

(1) 浸润进展 Infiltrate and progress:病变进展时,病灶周围出现渗出性病变,范围不断扩大,并继发干酪样坏死。肺部病变经X线检查,原病灶周围出现絮状阴影,边缘模糊,临床上称为浸润进展期。

(2) 溶解播散 Dissolve and spreading:干酪样坏死物可发生液化(liquefaction),形成的半流体物质可经体内的自然管道(如支气管、输尿管等)排出,致局部形成空洞(cavity)。空洞内液化的干酪样坏死物中含有大量结核杆菌,可通过自然管道播散到其他部位,形成新的结核病灶。肺部病变经X线检查,可见病灶阴影密度深浅不一,出现透亮区及大小不等的新播散病灶阴影。临床上称为溶解播散期。此外,结核杆菌还可循血道、淋巴道播散至全身各处。

一、肺 结 核 病 Pulmonary Tuberculosis

肺结核是最常见的结核病,是全球死亡人数最多的传染病,每年夺走约140万人的生命。根据国际防痨和肺病联合会(The International Union Against Tuberculosis and Lung Disease)的计划,1990至2015年期间,应把全球肺结核发病率下降50%。我国是肺结核病主要发病国,其发病率占全球的十分之一以上。2001至2010年,全国共发现和治疗肺结核患者828万例(其中传染性肺结核患者450万例)。

(一) 分类 Classification

肺结核病可分为原发性和继发性肺结核病两大类。原发性肺结核病是指第一次感染结核杆菌所引起的肺结核病,多发生于儿童(偶见未感染过结核杆菌的青少年或成人)。继发性肺结核病是指再次感染结核杆菌所引起的肺结核病,多见于成人,或由于机体抵抗力下降使静止的原发病灶再度活动而发病。

(二) 病理特点 Pathological features

1. 原发性肺结核病 Primary pulmonary tuberculosis 原发性肺结核病的病理特征是形成原发综合征(primary complex)。起初,在肺上叶下部或下叶上部(肺中部)近胸膜处形成1~1.5cm大小的灰白色炎性实变灶,称原发病灶(也称Ghon's灶),中央常有干酪样坏死(caseous necrosis)。Ghon's灶中的结核杆菌游离或被巨噬细胞吞噬,侵入淋巴管,循淋巴液引流到局部肺门淋巴结(lung hilar lymph nodes),引起结核性淋巴管炎(tuberculous lymphangitis)和结核性淋巴结炎(tuberculous lymphadenitis),表现为淋巴结肿大和干酪样坏死(图15-7)。由原发病灶、淋巴管炎和肺门淋巴结结核三种病变组成肺原发综合征(primary complex)(图15-8)。X线摄片显示肺部呈现两端宽大、中间细窄的"哑铃状"阴影。

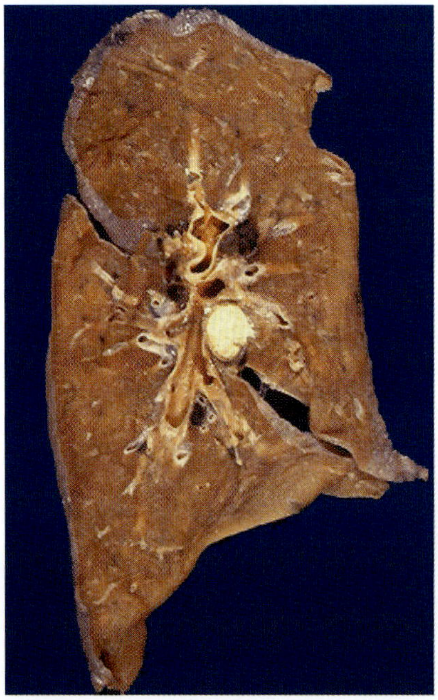

图 15-7 肺门淋巴结干酪样坏死
Lung hilar lymp node caseous necrosis

原发综合征形成后,虽然在最初几周内有细菌通过血道或淋巴道播散到全身其他器官,但由于细胞免疫的建立,绝大多数(95%)不再发展,病灶纤维化和钙化。有时Ghon's灶和淋巴管炎逐渐消失,而肺门淋巴结病变可继续发展,形成支气管淋巴结结核(tuberculosis of trachebronchial lymph nodes),临床上也称"肺门结核",成为小儿肺结核病的常见类型。少数营养不良或同时患有其他传染病者,病灶扩大,干酪样坏死和空洞形成,甚至肺内播散形成粟粒性肺结核病(phthisis miliaris)或全身播散形成全身粟粒性结核病。

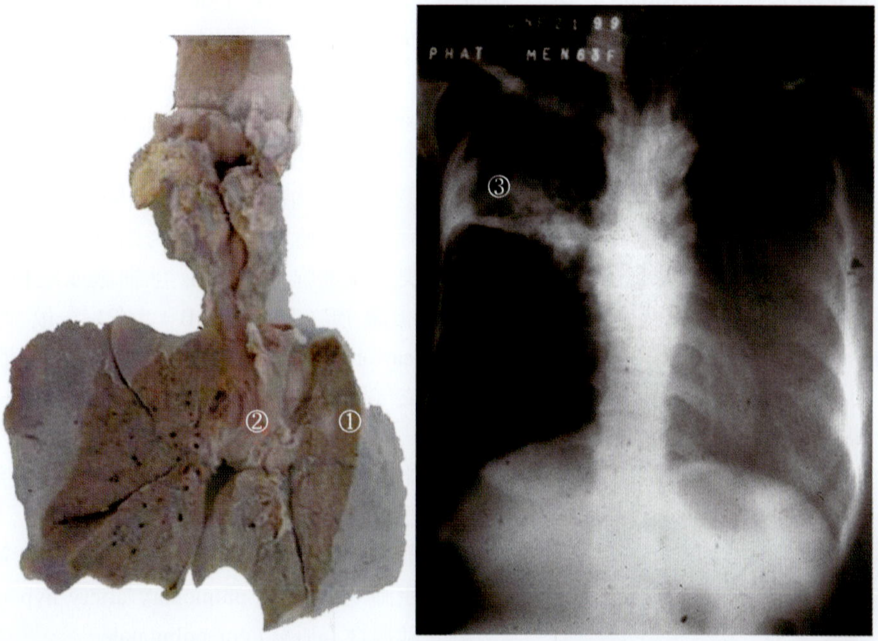

图 15-8 原发性肺结核(肺原发综合征)Primary pulmonary tuberculosis(primary complex)
①左:肺上中叶见原发病灶呈小灶性灰黄色结节,位于肺膜下为原发病灶。②近中心处的病变是肺门淋巴结。③右:X线摄片显示肺原发综合征呈两端宽大、中间细窄的"哑铃状"阴影。①(left)There is a small tan-yellow subpleural granuloma in the mid-lung field on the right. ②The lesion near the center was hilar lymph nodes. ③(right)The primary complex lesion are seen radiographically as"dumb bell"spot

Primary Complex

Primary pulmonary tuberculosis begins as a single lesion, known as a Ghon focus. It evolves into a consolidated focus of granulomatous inflammation made up of microscopic nodular collections of epithelioid macrophages and langhans giant cells, usually surrounded by a rim of lymphocytesand eventually exhibition central caseous necrosis. The combination of lung and lymph node lesions and lymphangitis is called the primary complex(Ghon complex). This lesion are seen radiographically as"dumb bell"spot.

2. 继发性肺结核病 Secondary pulmonary tuberculosis 继发性肺结核病比较复杂,可分六种类型:

(1)局灶型肺结核 Focal tuberculosis:属早期病变。X线摄片显示:肺尖部呈现单个或多个结节状阴影。肉眼观:病灶位于肺尖下2~4cm处,直径0.5~1cm大小。病灶境界清楚,有纤维包裹(图15-9)。光镜下:以增生性病变为主,中央有干酪样坏死。临床上无症状,多在体检时发现,属非活动性结核病(non-active tuberculosis)。

(2)浸润型肺结核 Infiltrative tuberculosis:是最常见的活动性肺结核(active tuberculosis)。多由局灶型肺结核发展而来。X线摄片显示:锁骨下区呈现边缘模糊的云絮状阴影。以渗出性病变为主,中央有干酪样坏死,病灶周围有炎症包绕(图15-10)。临床上

图 15-9 局灶型肺结核 Focal tuberculosis
病灶位于肺尖部,有纤维包裹和中心干酪样坏死
This is early changes of secondary tuberculosis mainly localized in the apices of the lungs. The lesion consists of fibrous capsule and caseous necrosis

有低热(low-grade fever)、疲乏(lassitude)、盗汗(night sweat)、咳嗽(cough)等症状。如及早发现,有效治疗,渗出性病变可被吸收;增生、坏死性病变可通过纤维化、钙化而愈合;如病变继续发展,干酪样坏死病灶扩大(浸润进展),坏死物液化后经支气管排出,局部可形成急性空洞(acute cavitas),呈薄壁空洞(thin walled cavity)。洞壁坏死层内含大量结核杆菌,可经支气管播散,而引起干酪性肺炎(caseous pneumonia)(溶解播散)。急性空洞经有效治疗后,洞壁肉芽组织(granulation tissue)增生,洞腔逐渐缩小、闭合,最后形成瘢痕组织(scar tissue)而愈合;也可通过空洞塌陷,形成条索状瘢痕而愈合。如果急性空洞经久不愈,则可发展为慢性纤维空洞型肺结核。

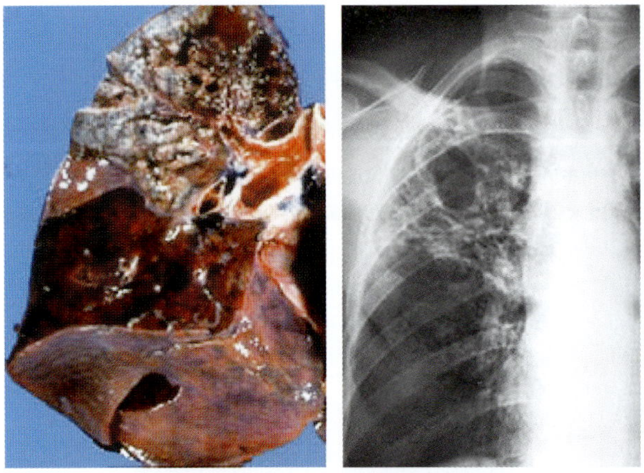

图 15-10 继发性肺结核 Secondary pulmonary tuberculosis
继发性肺结核(位于肺上叶)出现了空洞和播散病灶 The cavities and spreading leasions in the upper lobes are clearly visible

(3) 慢性纤维空洞型肺结核 Chronic fibrous cavity tuberculosis

病变特点:①厚壁空洞(thick walled tuberculous cavity)。肺上叶形成一个或多个大小不等、形状不一的空洞,其壁增厚(可达 1 cm 以上)(图 15-11A)。光镜下:洞壁结构分为三层:内层为干酪样坏死物,其中有大量结核杆菌;中层为结核性肉芽组织,其中可见类上皮细胞、Langhans 巨细胞或结核结节;外层为纤维瘢痕(图 15-11B)。②播散病灶(spreading leasions)。同侧或对侧肺组织,特别是肺小叶可见由支气管播散引起的新旧不等、大小不一、病变不同的病灶。病变愈往下愈新鲜(呈"上旧下新")。③肺纤维化(pulmonary fibrosis)。后期肺组织严重破坏,广泛纤维化。胸膜增厚并与胸壁粘连,导致肺变小、变形、变硬,使肺功能严重降低甚至完全丧失。后期由于肺动脉高压(pulmonary artery hypertension)而导致肺源性心脏病(cor pulmonale)。

空洞的结局 Outcomes of cavity

可发生不良后果:①空洞与支气管相通,成为结核病的传染源,故称开放性肺结核(open pulmonary tuberculosis)。②空洞侵蚀周围较大血管,可引起咯血(hemoptysis),病人可因吸入大量血液而窒息(suffocation)死亡。③空洞突破胸膜(pleura)可引起气胸(aeropleura)或脓气胸(pyopneumothorax)。④空洞经常排出含菌痰液可引起喉结核(tuberculosis of larynx),咽下含菌痰液可引起肠结核(intestinal tuberculosis)。

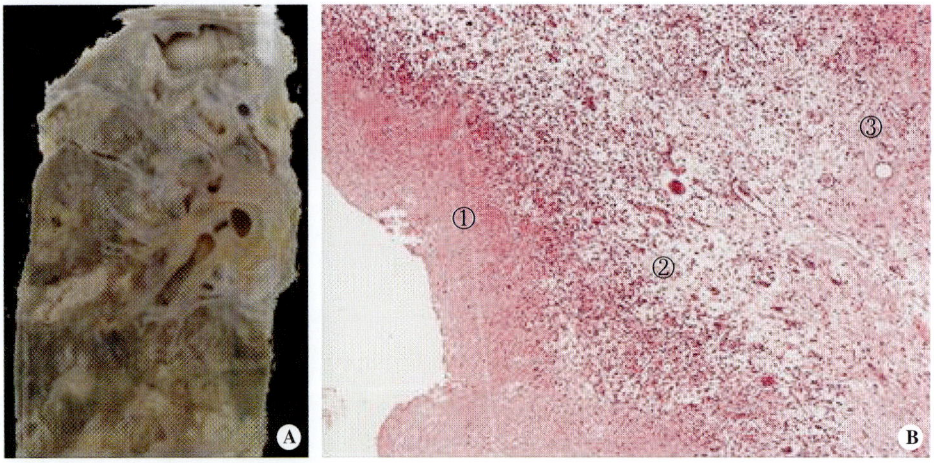

图 15-11 慢性纤维空洞型肺结核 Chronic fibrous cavity tuberculosis
A. 纤维空洞的大体表现;B. 空洞壁变厚分为三层结构:①干酪样坏死物;②结核性肉芽组织;③纤维瘢痕 A. Gross apperence of chronic fibrous cavity tuberculosis;B. The cavity wall becomes three layer structures: ①caseation necrotic tissue, ②tuberculous granulation tissue, and ③ fibrous connective tissue

可出现愈合状态:①较小的空洞可机化、疤痕修复、收缩而闭塞。②体积较大的空洞,内壁坏死组织脱落,肉芽组织逐渐变成纤维瘢痕组织,由支气管上皮覆盖,此时空洞虽仍然存在,但腔洞内已无病菌,趋于愈合,故称开放性愈合(open healing)。

(4) 干酪性肺炎 Caseous pneumonia:可由浸润型

肺结核恶化进展而来，也可由空洞内的细菌经支气管播散所致，此型结核病病情危重。病变特点：大片坏死（干酪样坏死），广泛渗出（肺泡腔内有大量浆液纤维蛋白性渗出物）（图15-12）。根据病灶范围的大小可分为小叶性和大叶性干酪性肺炎。

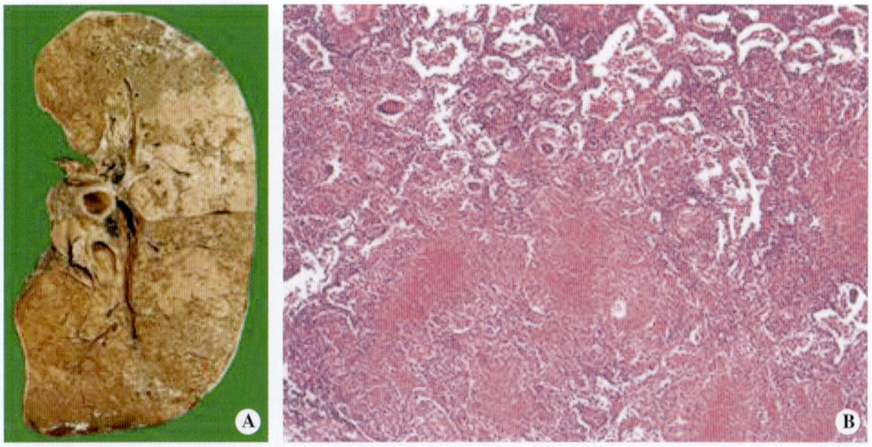

图15-12 干酪性肺炎 Caseous pneumonia

A. 肉眼上病变肺组织呈灰白或灰黄色，实变；B. 肺组织广泛渗出，大片干酪样坏死 A. Grossly lung are grayish white or yellowish white, consolidation and airless; B. microscopically, amount of exudates and massive caseation necrosis involved portions of the lung

（5）结核球或称结核瘤 Tuberculoma：结核球是有纤维包裹的境界分明的孤立的干酪样坏死灶（图15-13），直径2～5cm，多为单个（也可多个），常位于肺上叶。X线摄片有时很难与周围型肺癌（peripheral lung cancer）相鉴别。

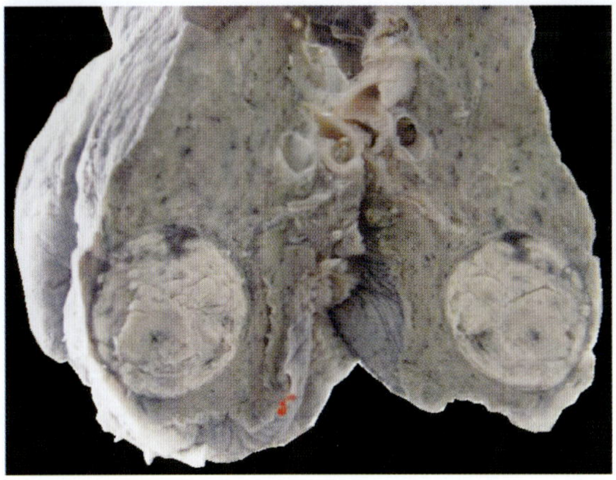

图15-13 肺结核球 Tuberculoma of lung

肺结核球，为边界清楚的团块，呈同心圆样纤维化和钙化组织包裹的干酪样坏死物质 Tuberculoma, a well-defined round mass represents caseous necrotic material with concentric rings of fibrotic and calcified tissue

结核球可来自：①浸润型肺结核的干酪样坏死灶纤维包裹。②结核空洞引流支气管阻塞，空洞由干酪样坏死物填充。③多个结核病灶融合。结核球由于其纤维包膜，抗结核药不易发挥作用，且有恶化进展的可能，X线摄片需与肺癌鉴别，因此临床上多采取手术切除。

> Tuberculoma is a 2～5cm diameter with fibrous encapsulation caseation lesion often localized upper lobe, when the patients is in good condition, fibrous tissue develops and calcification occurs in the lesion, medical cure is more difficult because thicker membrane, often need operation.

（6）结核性胸膜炎 Tubercle pleuritis

结核性胸膜炎可分为两类：

1）湿性或渗出性结核性胸膜炎（humid or exudative tuberculous pleuritis）：为浆液纤维素性炎。年轻人常见。经适当治疗可吸收，如渗出物中纤维素较多，不易吸收，可因机化而使胸膜增厚粘连（adhesion），可造成胸膜腔（pleural cavity）部分或完全闭塞（obliteration）。

2）干性或增殖性结核性胸膜炎（dry or proliferative tuberculous pleuritis）：以增生性病变为主。是由肺膜下结核病灶直接蔓延到胸膜所致。常发生于肺尖（apex of lung），多为局限性，以纤维化而愈合。

3. 原发性肺结核与继发性肺结核比较 见表15-2。

（三）肺结核病血源播散 Hematogenous spread of pulmonary tuberculosis

原发性和继发性肺结核不仅通过淋巴道和支气管播散，还可通过血道播散引起粟粒性结核和肺外结核病（图15-14）。除肺结核病外，肺外潜伏的结核杆菌再活化也可引起全身播散性结核病。

表 15-2 原发性肺结核与继发性肺结核比较表

Comparison between primary pulmonary tuberculosis and secondary pulmonary tuberculosis

	原发性肺结核	继发性肺结核
感染方式	初次	再次
好发人群	儿童	成人
免疫状态	缺乏免疫力	有免疫力
病变部位	肺中部(上叶下部、下叶上部),胸膜下	肺尖附近,锁骨下区
病变特征	局部反应小,以渗出、变质为主。形成原发综合征	病变发生迅速而剧烈,易干酪样坏死。坏死灶周围以增生为主。病变多样、新旧混杂
淋巴结受累	肺门淋巴结受累	肺门淋巴结多不受累
播散方式	易从淋巴道或血道播散	易从支气管播散,形成空洞
病程	短,急性经过,多可自愈	长,慢性经过,需治疗
死因	结核性败血症,结核性脑膜炎	空洞大出血,干酪样肺炎

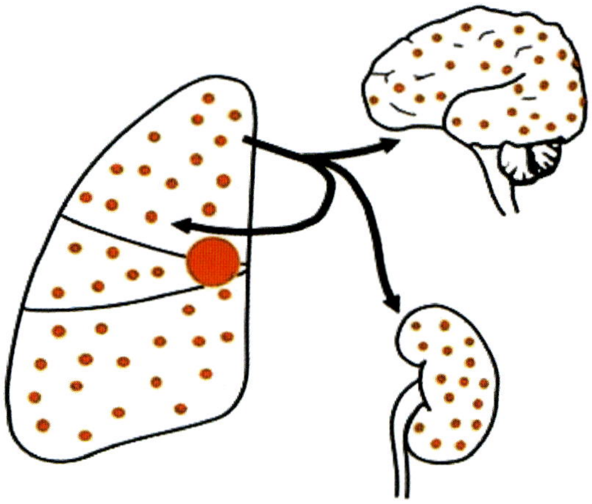

图 15-14 肺结核病血源播散 Hematogenous spread of pulmonary tuberculosis

结核杆菌经淋巴道、血道播散可以产生粟粒性结核,发生于肺内或其他器官 Spread of mycobacterium tuberculosis may give rise to miliary tuberculosis, confined only to the lungs or involving other organs also

肺结核病灶(原发病灶、肺门淋巴结坏死灶或肺内其他结核病灶)结核杆菌侵入血流或经淋巴管由胸导管(thoracic duct)入血,可引起血源播散性结核病。

1. 急性全身粟粒性结核病 Acute systemic miliary tuberculosis 结核杆菌在短时间内一次或反复多次大量侵入肺静脉分支,经左心至大循环,播散到全身各器官如肺、肝、脾和脑膜等处,可引起急性全身性粟粒性结核病。多见于原发性肺结核病恶化进展或其他类型的结核病血道播散时。

主要为增生性病变。各器官分布大量灰白色、圆形、境界清楚的小结节。细小结节形态类同、分布均匀、病变相似("三一致")(图 15-15)。X 线摄片可见两肺出现散在分布、密度均匀、大小相似的细点粟粒状阴影。临床上病情凶险,有高热、衰竭、烦躁不安等中毒症状。若能及时治疗,预后仍属良好。少数可因结核性脑膜炎而死亡。

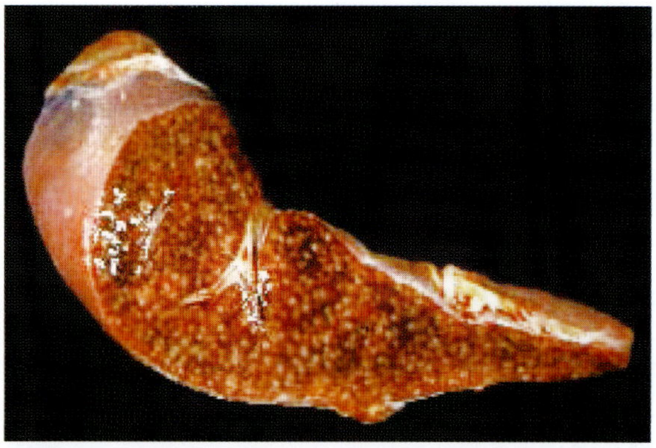

图 15-15 脾粟粒性结核 Miliary tuberculosis of spleen

脾脏切面显示许多灰白色干酪样坏死病灶,貌似多发性小脓肿 This cut surface of the spleen shows multiple light tan areas of caseous necrosis, which look like multiple small abscesses grossly

2. 慢性全身性粟粒性结核病 Chronic systemic miliary tuberculosis 如急性全身粟粒性结核病不能及时控制而病程迁延 3 周以上,或结核杆菌在较长时期内以少量反复多次不规则进入血液,则形成慢性粟粒性结核病。

病灶结节形态大小不一、分布疏密不均、病变类型不同(增生、坏死及渗出性病变可同时存在)("三不一致")。病程长,成人多见。

3. 急性肺粟粒性结核病 Acute pulmonary miliary tuberculosis 由于肺门、纵隔、支气管旁的淋巴结干酪样坏死破入邻近大静脉,或因含有结核杆菌的淋巴液由胸导管回流经静脉入右心,沿肺动脉播散于两肺,而引起两肺急性粟粒性结核病。急性粟粒性肺结核也可是急性全身性粟粒性结核病的一部分。

肉眼观,肺表面和切面可见灰黄或灰白色粟粒大小结节(病变"三一致")。

4. 慢性肺粟粒性结核病 Chronic pulmonary miliary tuberculosis 多见于成人,病程较长。原发病灶多已痊愈,由肺外器官结核病灶内的结核杆菌间歇入血而致病。以增生性病变为主,病变新旧不一、大小不等、分布不均(病变"三不一致")。小的病灶如粟粒大小,大的直径可达数厘米以上。

Miliary tuberculosis

The miliary pattern gets its name from the resemblence of the granulomas to millet seeds. Particularly liver, bone marrow, spleen and kidneys. Systemic miliary tuberculosis is the result of widespread dissemination of large members of tubercle bacilli by the bloodstream. Acute systemic miliary tuberculosis, the bacilli via pulmonary vein, left side heart and systemic circulation. The tubercules are seen as grayish nodules, 1mm or 2mm in diameter, fairly uniform in size, studding the outer and cut surfaces of affected organs.

二、肺外结核病 Extrapulmonary Organ Tuberculosis

肺外结核病除淋巴结结核由淋巴道播散所致;消化道结核可由咽下含菌的食物或痰液直接感染引起;皮肤结核可通过损伤的皮肤感染外,其他各器官的结核病多为原发性肺结核病经血源播散所形成的潜伏病灶进一步发展所致。

(一) 肠结核病 Intestinal tuberculosis

原发性肠结核病(primary intestinal tuberculosis)少见,常发生于小儿。由饮用带有结核杆菌的牛奶或乳制品而感染,可形成与原发性肺结核时原发综合征相似的肠原发综合征(肠的原发性结核性溃疡、结核性淋巴管炎和肠系膜淋巴结结核)。绝大多数肠结核继发于活动性空洞型肺结核病,因反复咽下含结核杆菌的痰液所引起,属继发性肠结核病(secondary intestinal tuberculosis)。肠结核病大多(约85%)发生于回盲部,其他肠段少见。病理上可分为溃疡型和增生型。

1. 溃疡型 Ulcer type 多见。结核杆菌侵入肠壁淋巴组织,形成结核结节(tubercle),以后结节逐渐融合并发生干酪样坏死(caseation necrosis),破溃后形成溃疡。肠结核溃疡的特点:①溃疡多呈环形,其长轴与肠管长轴垂直。这是由于肠壁淋巴管环肠管行走,病变沿淋巴管扩散(图15-16)。②溃疡边缘参差不齐如鼠咬状,一般较浅,底部有干酪样坏死物,其下为结核性肉芽组织。③溃疡愈合后由于瘢痕形成和纤维收缩而容易导致肠腔狭窄。④肠浆膜面常见纤维素渗出和分布成串的多个结节状结核病变(结核结节)(由结核性淋巴管炎所致),后期纤维化可致肠粘连。

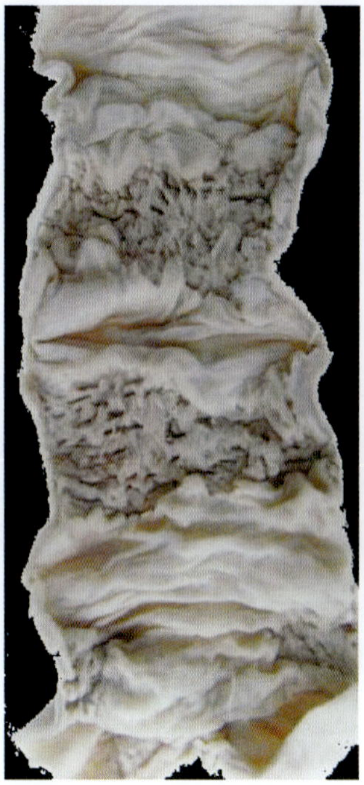

图15-16 溃疡型肠结核 Intestinal tuberculosis(Ulcer type)
多发性边缘凹凸不平的溃疡环绕肠管,溃疡长轴与肠管长轴垂直
Multiple ragged undermined ulcers encircle the bowel, long axis of ulcers were perpendicular to the long axis of intestinal

2. 增生型 Hyperplastic type 少见,病理见肠壁大量结核性肉芽组织和纤维组织增生,使肠壁明显增厚、肠腔狭窄。黏膜面可有浅溃疡或息肉形成。临床上表现为慢性不完全性低位肠梗阻。右下腹可触及肿块,故需与肠肿瘤(结肠癌)相鉴别。

(二) 结核性腹膜炎 Tuberculous peritonitis

青少年多见。感染途径以腹腔内结核病灶直接蔓延为主。溃疡型肠结核病是最常见的原发病灶,其次为肠系膜淋巴结结核或结核性输卵管炎(salpingitis)。由腹膜外结核病灶经血道播散至腹膜者少见。有三种类型:干性、湿性和混合型结核性腹膜炎(后者多见)。湿性结核性腹膜炎以大量结核性渗出为特征;干性结核性腹膜炎因大量纤维素性渗出物机化而引起腹腔脏器粘连;混合型兼有干性和湿性两者病变。

(三) 结核性脑膜炎 Tuberculose meningitis

儿童多见。主要由于结核杆菌经血道播散所

致。在儿童,往往是肺原发综合征血行播散的结果,故常为全身粟粒性结核病的一部分。在成人,除肺结核病外,骨、关节结核和泌尿生殖系统结核病常是血源播散的根源。部分病例也可由于脑实质内的结核球液化、溃破,大量结核杆菌进入蛛网膜下腔所致。

病变以脑底最明显。在脑桥(pons)、脚间池(interpeduncular cistern)、视神经交叉(optic nerve cross)及大脑外侧裂(sylvian fissure)等处的蛛网膜下腔(subarachnoidealis cavitas)内,有大量灰黄色混浊的胶冻样渗出物积聚。脑室脉络丛(choroid pleura)及室管膜(ependyma)也可有结核结节形成。严重者可累及脑皮质(pallium)而引起脑膜脑炎(meningoencephalitis)。病程长者可发生闭塞性血管内膜炎(occlusive endangiitis),引起多发性脑软化(cerebromalacia)(图 15-17)。若病程迁延,由于蛛网膜下腔渗出物的机化而发生蛛网膜粘连,可使第四脑室正中孔(median aperture of fourth ventricle)和外侧孔(apertura lateralis)堵塞,引起脑积水(hydrocephalus),导致脑实质的压迫性萎缩。

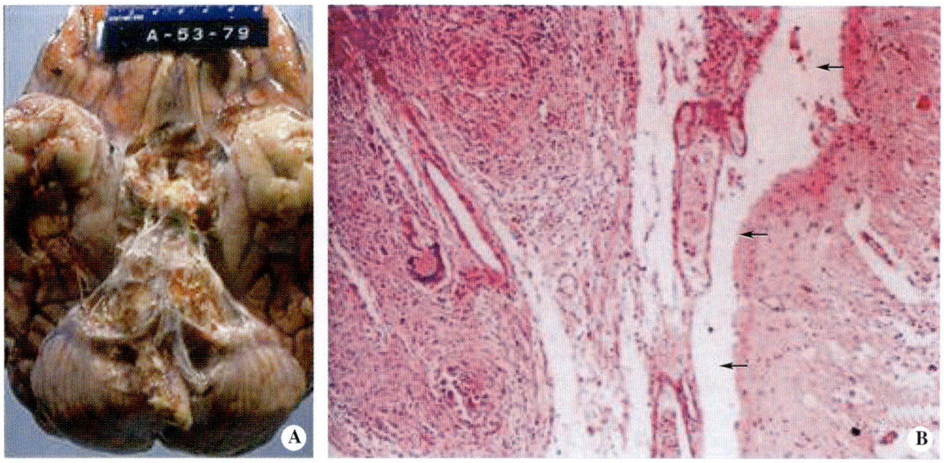

图 15-17 结核性脑膜炎 Tuberculose meningitis

A. 大体上结核性渗出物呈灰黄色混浊的胶冻样,主要积聚在脑底部蛛网膜下腔内;B. 镜下脑室脉络丛及室管膜也可有结核结节形成 A. In gross appearance, the exudate has a gelatinous character and it typically accumulates at the base of the brain;B. Tubercle present in choroid pleura and ependyma

(四) 泌尿生殖系统结核病 Genitourinary tuberculosis

1. 肾结核病 Renal tuberculosis 最常见于 20~40 岁男性。多为单侧性。结核杆菌来自肺结核病的血道播散。

病变起始于肾皮髓质交界处或肾锥体乳头。最初为局灶性结核病变,继而发生干酪样坏死,然后破坏肾乳头(renal papillae)而破入肾盂(pelvis)形成结核性空洞(tuberculous cavity)(图 15-18)。若病变继续扩大,形成多个空洞,最后使肾脏仅剩空壳,肾功能丧失。干酪样坏死物随尿下行,常使输尿管(ureter)和膀胱(bladder)感染。输尿管黏膜可发生溃疡和结核性肉芽肿形成,使管壁增厚、管腔狭窄,甚至阻塞,引起肾盂积水(hydronephrosis)或积“脓”(为干酪样坏死物)。膀胱结核,以膀胱三角区最先受累形成溃疡,以后可累及整个膀胱。受累膀胱壁肌层破坏、发生纤维化,致膀胱容积缩小。膀胱溃疡和纤维组织增生如影响到对侧的输尿管口,可使管口狭窄或失去正常的括约肌功能,造成对侧健肾引流不畅,最后可引起肾盂积水而损害肾功能(“肾结核对侧肾积水”renal tuberculosis with contra-lateral hydronephrosis)。

2. 生殖系统结核病 Genital tuberculosis 男性生殖系统结核病与泌尿系统结核病关系密切,多由泌尿系统结核病蔓延而来,使前列腺(prostate)和精囊(seminal vesicle)感染,并可蔓延至输精管(deferent duct)、附睾(epididymis)等处。血源感染偶见。病变器官出现结核结节和干酪样坏死(图 15-19)。附睾结核是男性不育的重要原因之一。女性生殖系统结核多由血道或淋巴道播散而来,也可由邻近器官的结核病蔓延而来。以输卵管结核(tuberculosis of fallopian tube)最多见,为女性不孕的原因之一,其次是子宫内膜结核(endometrium tuberculosis)和卵巢结核(ovarian tuberculosis)。

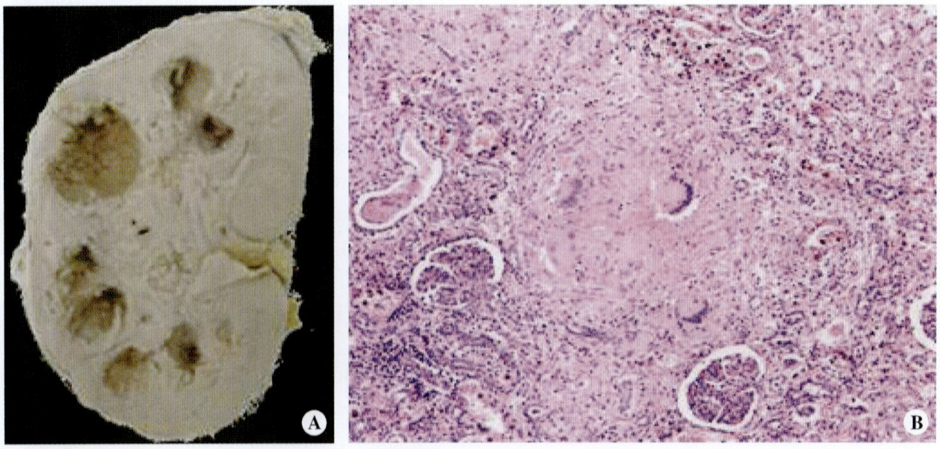

图 15-18　肾结核 Renal tuberculosis

A. 大体上肾实质广泛破坏伴空洞形成，常引起肾盏扩张；B. 镜下表现为结核的基本病变结核性肉芽肿和干酪样坏死 A. Extensive destruction with formation of cavites, that often represent dilated calyces with tuberculous lesion; B. Microscopic view shows the basic pathological changes including tubercle and caseous necrosis

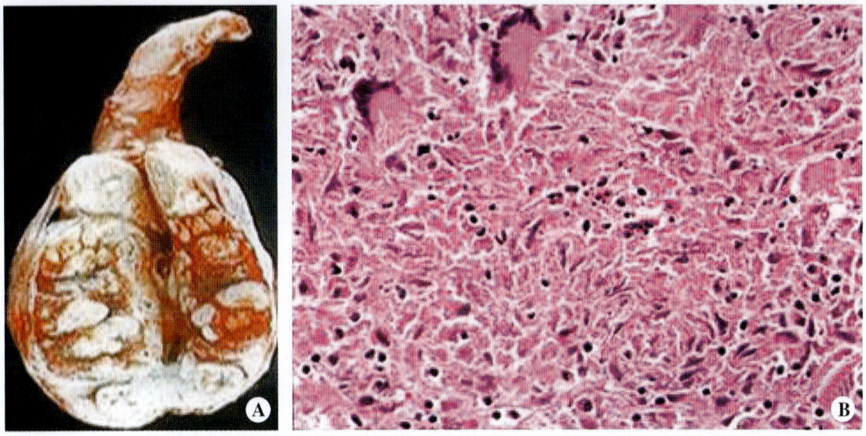

图 15-19　睾丸和附睾结核 Tuberculosis of testis and epididymis

A. 睾丸和附睾结核肉芽肿伴有干酪样坏死；B. 结核肉芽肿中央干酪样坏死周围见上皮样细胞、朗汉斯巨细胞和淋巴细胞浸润 A. Tuberculous granuloma of testis and epididymis with caseous necrosis; B. In tubercle, epithelioid cells, Langhans giant cell and lymphocytes surrounding the caseous necrosis

(五) 骨与关节结核病 Bone and joints tuberculosis

骨、关节结核好发于儿童和青少年，多由血源播散所致。

1. 骨结核 Bone tuberculosis　骨结核多发生于脊椎骨(vertebra)、指骨(bones of fingers)及长骨(long bone)骨骺(osteoepiphysis)，或股骨(thigh bone)下端和胫骨(shinbone)上端等处。病变常由松质骨内的小结核病灶开始。可分为两型：

(1) 干酪样坏死型 Caseous necrotic type：多见。有明显的干酪样坏死和死骨形成。病变常累及周围软组织，发生干酪样坏死和形成结核性肉芽组织。坏死物液化后在骨旁形成结核性“脓肿”(假脓肿)，由于局部并无红、热、痛，故又称“冷脓肿(cold abscess)”。当病变穿破皮肤后，可形成经久不愈的窦道(sinus)。

(2) 增生型 Proliferative type：少见。主要形成结核性肉芽组织，病灶内骨小梁逐渐被侵蚀、吸收和消失，无明显的干酪样坏死和死骨形成。

骨结核以脊椎结核最常见，多见于第 10 胸椎(thoracic vertebrae)至第 2 腰椎(lumbar vertebrae)。病变起自椎体(vertebral body)，常发生干酪样坏死，以后破坏椎间盘(intervertebral discs)和邻近椎体(图 15-20)。由于病变椎体不能负重而发生塌陷，引起脊椎后突畸形(所谓“驼背”、“罗锅”)。如病变穿破骨皮质(cortical bone)可在脊柱两侧形成“冷脓肿”，或坏死物沿筋膜间隙往下流注，在远隔部位也可形成“冷脓肿”。

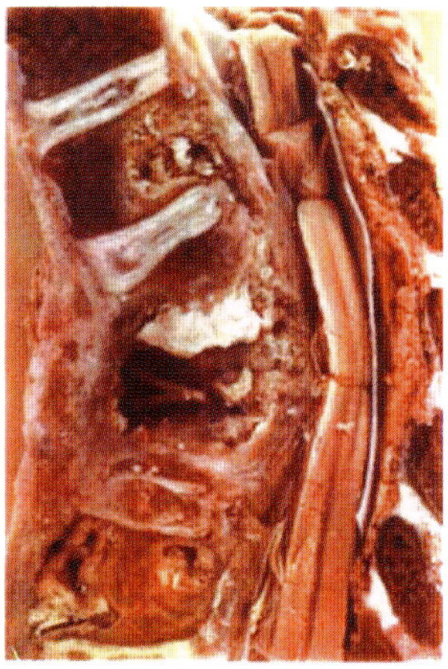

图 15-20 脊椎结核(脊椎侧面观) Bone and spinal tuberculosis (the lateral view of spine)

2. 关节结核 joints tuberculosis 以髋(hip)、膝(knee)、踝(ankle)、肘(elbow)等关节结核多见,多继发于骨结核。病变常开始于骨骺或干骺端(metaphysic),发生干酪样坏死。当病变侵及关节软骨(articular cartilage)和滑膜(synovial membrane)时则成为关节结核。关节结核痊愈时,关节腔常被大量纤维组织充填,造成关节强直(ankylosis),丧失运动功能。

(六) 淋巴结结核病 Lymphomatic tuberculosis

淋巴结结核病以儿童和青年多见,主要累及颈部、支气管和肠系膜淋巴结,尤以颈部淋巴结结核最常见。结核杆菌可来自肺门淋巴结结核的播散,也可来自口腔(oral cavity)、咽喉部(pars laryngea pharyngis)结核感染灶。病变特点:淋巴结常成群受累,有结核结节形成和干酪样坏死(图 15-21)。病变淋巴结逐渐肿大,最初各淋巴结尚能分离,当病变累及淋巴结周围组织时,则淋巴结彼此粘连,形成较大的包块,需与肿瘤如淋巴瘤(lymphoma)、白血病(leukemia)以及转移性肿瘤(metastatic tumor)等相鉴别。

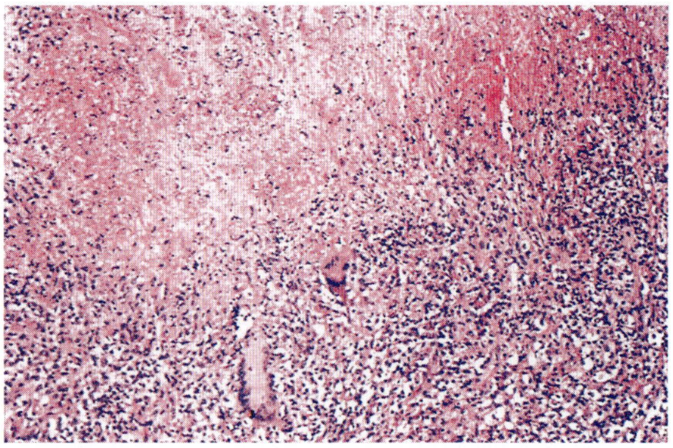

图 15-21 淋巴结结核 Lymphomatic tuberculosis
光镜下淋巴结结核中显示干酪样坏死和朗汉斯巨细胞及上皮样细胞增生 Photomicrograph of lymph node tuberculosis show caseous necrosis and Langhans giant cells together with epithelioid cell proliferation

Tuberculosis is a chronic infection disease caused by tubercle bacilli made distinctive by a necrotizing (caseation) granulomatous tissue response to seeded organisms. It may involve various organs of human body, but the most common type is pulmonary tuberculosis. Primary pulmonary tuberculosis occurs in individuals lacking previous contact with tubercle bacilli. It begins as a single lesion, known as a Ghon focus. It evolves into a consolidated focus of granulomatous inflammation made up of microscopic nodular collections of epithelioid macrophages and Langhans giant cells, usually surrounded by a rim of lymphocytes, and eventually exhibition central caseous necrosis. The combination of lung and lymph node lesions and lymphangitis is called the Ghon complex (primary complex). This lesion are seen radiographically as "dumb bell" spot. Secondary tuberculosis is generally found in the apices of the lungs. These lesions may progress to cavitary fibrocaseous tuberculosis, tuberculous bronchopneumonia, or military tuberculosis.

第二节 伤 寒
Typhoid Fever

伤寒是由伤寒杆菌(Bacillus typhi)引起的急性传染病。病变特征是全身单核巨噬细胞系统的增生性炎症(回肠末端淋巴组织的病变最为突出)。临床表现为持续高热、相对缓脉(relative infrequent pulse)、脾大(hypersplenotrophy)、皮肤玫瑰疹(roseola)及中性粒细胞和嗜酸粒细胞减少等。

(一) 病因 Etiology

伤寒杆菌,属沙门氏菌属中的 D 族,革兰阴性菌。其菌体"O"抗原、鞭毛"H"抗原及表面"Vi"抗原能使人体产生相应抗体,尤以"O"及"H"抗原性较强,故可用血清凝集试验(肥达反应,Widal reaction)来测定血清中相应抗体增高,可作为临床诊断伤寒的依据之一。菌体裂解时所释放的内毒素是致病的主要因素。

(二) 发病机制 Pathogenesis

伤寒患者或带菌者是本病的传染源。细菌随粪、尿排出,由于污染食品、饮用水和牛奶等,或以苍蝇为媒介经口入消化道而感染。一般以儿童及青壮年患者多见。全年均可发病,以夏、秋两季最多。病后可获得比较稳固的免疫力,很少再感染。

伤寒杆菌在胃内大部分能被破坏、消灭，若发病其过程如下：①当感染的菌量较大，细菌能够进入小肠并穿过小肠黏膜上皮细胞而侵入肠壁淋巴组织，尤其是回肠末端集合淋巴小结(aggregated lymphoid nodules)或孤立淋巴小结(solitary lymphoid nodule)，并沿淋巴管到达肠系膜淋巴结(mesenterial lymphnode)。②淋巴组织中的伤寒杆菌被巨噬细胞吞噬，并在其中生长繁殖，又可经胸导管进入血液，引起菌血症(bacteremia)。③血液中的细菌被全身单核巨噬细胞系统[如肝的库沸氏细胞(kupffer cell)，肺的尘细胞(dust cells)，结缔组织中的组织细胞(histocytes)，神经组织中的小胶质细胞(microglialcells)，脾和淋巴结中的固定和游走巨噬细胞等]所吞噬，并在其中大量繁殖，致肝、脾、淋巴结肿大[此时可以没有临床症状，称潜伏期(delitescence)，约 10 天左右]。④随着细菌的繁殖和内毒素释放再次入血，形成败血症(septicemia)和毒血症(toxemia)。⑤由于胆囊(gallbladder)中大量的伤寒杆菌随胆汁再次入肠，重复侵入已致敏的淋巴组织，使其发生强烈的过敏反应致肠黏膜坏死、脱落及溃疡形成。

(三) 病理变化及临床病理联系 Pathological changes and clinicpathiologic relations

伤寒杆菌引起的炎症是以巨噬细胞增生为特征的急性增生性炎。增生活跃时巨噬细胞的胞质内吞噬有伤寒杆菌、红细胞、淋巴细胞、浆细胞和细胞碎片，而吞噬红细胞作用(erythrophagocytosis)尤为明显，这种吞噬功能强大的巨噬细胞称为伤寒细胞(typhoid cell)。伤寒细胞常聚集成团，形成小结节状，称为伤寒肉芽肿(typhoid granuloma)或伤寒小结(typhoid nodule)(图 15-22)，是伤寒的特征性病变，具有病理诊断价值。

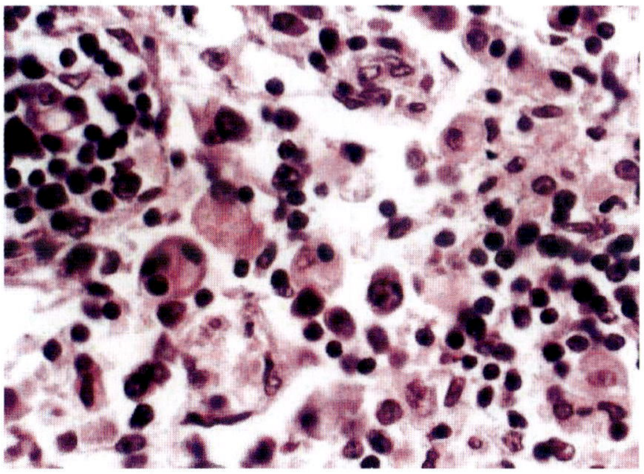

图 15-22 伤寒细胞和伤寒肉芽肿 Typhoid cells and typhoid granuloma

Typhoid Cells and Typhoid Nodule

The large mononuclear cells in the lesions are actively phagocytic and in their cytoplasm can be seen remnants of ingested lymphocytes, plasma cells, and typhoid bacilli, red blood cells, which become typhoid cells. Typhoid cells aggregate form "Typhoid Nodule".

1. 肠道病变 Interstinal lesions

(1) 好发部位 predilection sites：以回肠下段集合淋巴小结和孤立淋巴小结的病变最为常见和明显。

(2) 分期病变 Four stages of lesion

1) 髓样肿胀期(medulloid swelling)：发病第 1 周。回肠下段淋巴组织轻微肿胀，隆起于黏膜表面，颜色灰红，质地较软。病变凸起组织表面，外观形似脑的沟回(gyrus)，以集合淋巴小结病变最为显著(图 15-23)。

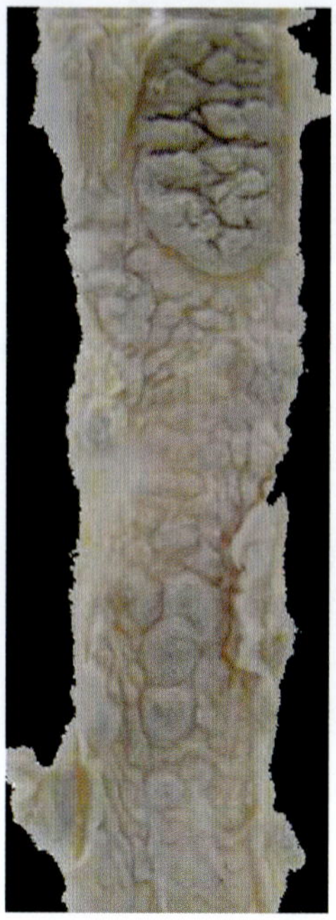

图 15-23 肠伤寒髓样肿胀期(肉眼观标本)

Medulloid swelling stage of ileotyphus

回肠黏膜面局部隆起(以集合淋巴小结处病变最显著)，色灰红，质软。隆起组织表面形似脑的沟回 In the lamina proprial lymphoid follicles and typhoid cells proliferation regions standout as projecting areas on the mucosal surface

Medulloid Swelling

Typhoid fever induced interstinal lesions, include erosion of the epithelium and mixed inflammation in the lamina proprial lymphoid follicles and typhoid cells proliferation regions standout as projecting areas on the mucosal surface. The large mononuclear cells in the lesions are actively phagocytic and in their cytoplasm can be seen remnants of ingested lymphocytes, plasma cells, and typhoid bacilli, red blood cells, which become typhoid cells. Typhoid cells aggregate form "typhoid nodule". Peyer's patches in the terminal ileum become sharply delineated, medullary elevations with enlargement of draining mesenteric lymph nodes.

2）坏死期（necrosis stage）：发病第 2 周。病灶局部肠黏膜出现坏死（necrosis）。

3）溃疡期（ulceration stage）：发病第 3 周。坏死的肠黏膜脱落后形成溃疡。溃疡特点：a.“花坛”状溃疡。溃疡边缘隆起（四周凸，中间凹），底部不平（可见伤寒肉芽肿和凝固性坏死）。b. 溃疡长轴与肠管长轴平行。长形或卵圆形的溃疡往往与集合淋巴小结位置相对应，而孤立淋巴小结处的溃疡则小而圆。c. 溃疡深在，容易穿孔。溃疡一般深及黏膜下层，坏死严重者可深达肌层及浆膜层，甚至穿孔（perforation），如侵及小动脉（arteriole），可引起严重出血。（图 15-24）。

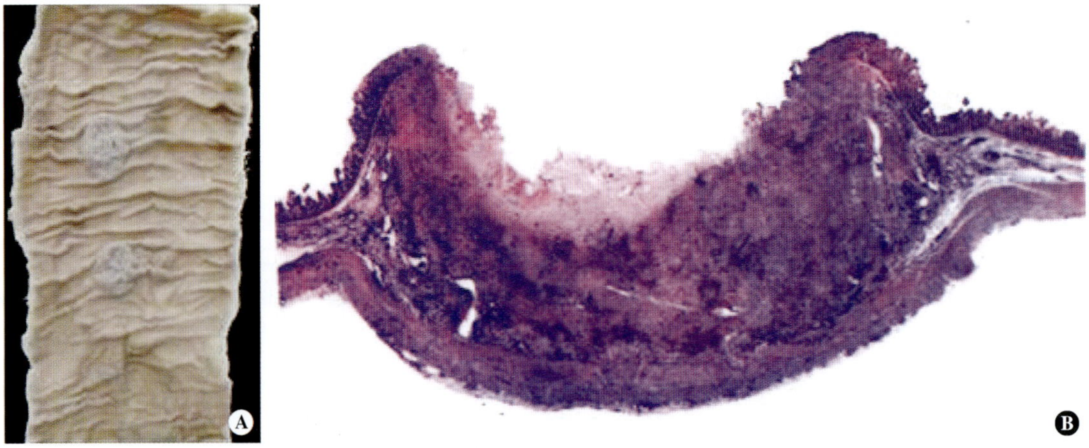

图 15-24 肠伤寒坏死期和溃疡期 Necrosis and ulceration of ileotyphus

A. 肠道病变边界清楚，坏死灶相互融合并呈多发性溃疡。溃疡性病灶的形态与集合淋巴小结有关；B. 切面上溃疡呈花坛状

A. The mucosa over the swollen lymphoid tissue is shed and necrosis. The multiple ulcers with sharply demarcated margins and often coalescence. Ulcerative lesions are usually correspond to the payers patch; B. Cut section appearance

4）愈合期（healing stage）：发病第 4 周。溃疡处肉芽组织增生将其填平，溃疡边缘上皮再生覆盖而愈合。

临床上，伤寒是一种迁延性疾病，第 1 周可有发热（fever）、寒战（chills）等菌血症的表现。第 2 周全身受累伴皮疹（rash）、单核巨噬细胞系统病变、腹痛（abdominal pain）、疲乏（prostration）等症状。第 3 周可出现集合淋巴小结溃疡（ulceration of Peyer's patchs）、肠道出血（intestinal bleeding）及休克（shock）。第 4 周症状减轻，恢复。

因为临床上早期有效抗生素的应用，目前很难见到四期的典型病变。

2. 肠外病变 Lesions in other organs 肠系膜淋巴结、肝、脾及骨髓由于巨噬细胞的活跃增生而致相应组织、器官肿大。光镜下可见伤寒肉芽肿和灶性坏死。心肌细胞可有水变性，甚至坏死。肾小管上皮细胞增生，也可发生水变性。皮肤出现淡红色小丘疹，称“玫瑰疹”（roseola），膈肌（diaphragmatic muscle）、腹直肌（rectus abdominis）和股内收肌可发生凝固性坏死（coagulation necrosis），亦称“蜡样变性”（wax-like degeneration），临床上出现肌痛和皮肤知觉过敏。大多数伤寒患者胆囊无明显病变，但伤寒杆菌可在胆汁中大量繁殖，即使病人临床痊愈后，细菌仍可在胆汁中生存，并通过胆汁由肠道排出，在一定时期内仍是带菌者，有的患者甚至可成为慢性带菌者或终身带菌者。

伤寒一般经 4～5 周痊愈。

并发症可有肠出血、肠穿孔、支气管肺炎等。慢性感染者可累及关节、骨、脑膜及其他部位。

第三节 细菌性痢疾 Bacillary Dysentery

细菌性痢疾（简称菌痢），是由痢疾杆菌（Shigella bacilli）引起的肠道纤维素性炎。渗出物以纤维素为主伴脓性渗出（fibrinopurulent exudates）形成假膜，也称假膜性肠炎（pseudomembranous inflammation）。假膜脱落伴有不规则浅表的溃疡形成，病变多位于结肠。临床表现为腹痛、腹泻、里急后重（肛门坠胀，便意频繁）和黏液脓血便。

(一) 病因 Etiology

痢疾杆菌是革兰阴性杆菌,可分为四群:福氏(S. flexneri)、宋氏(S. Sonnei)、鲍氏(S. bodyii)和志贺氏菌(S. dysenteriae)。四群均能产生内毒素(exotoxin),志贺氏菌还可产生强烈的外毒素(enterotoxin)。患者和带菌者是菌痢的传染源。

(二) 发病机制 Pathogenesis

痢疾杆菌从粪便中排出后可直接或间接(苍蝇为媒介)经口传染给健康人。食物和饮水的污染可引起菌痢的暴发流行。菌痢全年可发病,以夏、秋季多见。好发于儿童,其次是青壮年,老年患者较少。

痢疾杆菌经口入胃,其大部分可被胃酸杀灭,仅少部分进入肠道。细菌在结肠内繁殖,从上皮细胞侵入黏膜固有层内,随之增殖、释放内毒素,破坏细胞,使肠黏膜发生溃疡。内毒素被吸收入血,引起全身毒血症。志贺氏杆菌释放的外毒素,是导致水样腹泻的主要因素。

(三) 病理变化与临床病理联系 Pathological changes and clinic-pathologic relation

1. 好发部位 Predilection sites 病变以大肠(large intestine),尤以乙状结肠(sigmoid colon)和直肠(rectum)为重。病变严重者可波及整个结肠(colon)甚至回肠(ileum)下段,很少累及肠道以外的组织。

2. 三种类型 Three types

(1)急性细菌性痢疾 Acute bacillary dysentery:初期为急性卡他性炎(catarrhal inflammation),即黏膜较轻的渗出性炎。"卡他"(catarrh)一词源于希腊语"向下滴流"的意思,用来形容渗出液沿黏膜表面向外排出。急性菌疾典型病变为假膜性炎。病变肠黏膜形成浅表(shallow)不规则、针尖状溃疡(pinpoint-like ulcer),最后逐渐愈合。

病变早期黏液分泌亢进,黏膜充血(mucous hyperemia)、水肿(edema),中性粒细胞和巨噬细胞浸润,可见点状出血。病变进一步发展,黏膜发生浅表坏死,在渗出物中出现大量纤维素,后者与坏死组织、炎症细胞和红细胞及细菌一起形成特征性的假膜(pseudomembrane)。假膜首先出现于黏膜皱襞(mucosal fold)的顶部,呈糠皮状,灰白色(如出血明显则呈暗红色;如受胆色素浸染则呈灰绿色)。随着病变的扩大,假膜可融合成片。大约一周左右,假膜开始脱落,形成大小不等、形状不一的"地图状"浅表溃疡。光镜下,在溃疡表面被覆大量纤维素渗出伴中性白细胞,肠壁各层充血、水肿,可见小血管血栓形成(图 15-25)。经适当治疗或病变趋向愈合时,肠黏膜渗出物和坏死组织逐渐被吸收、排出,经周围健康组织再生,黏膜表面缺损得以修复。

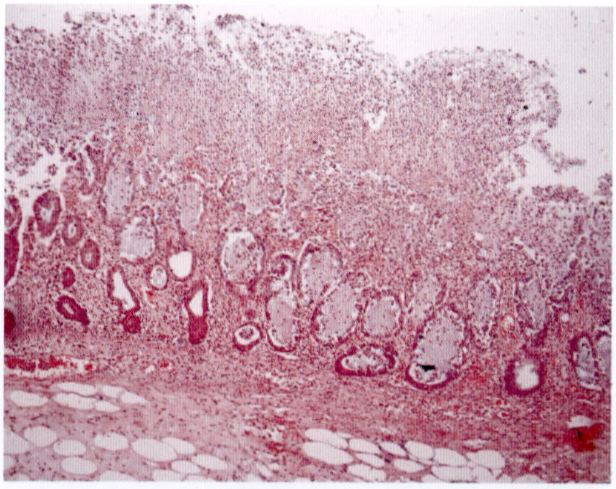

图 15-25 急性细菌性痢疾 Acute bacillary dysentery
结肠黏膜高度充血、水肿,纤维素性脓性渗出 In bacillary dysentery, the colonic mucosa becomes hyperemic and edematous. A fibrinosuppurative exudate

由于病变肠管蠕动亢进(hyperanakinesia)并有痉挛(spasm),引起阵发性腹痛、腹泻(diarrhea)等症状。由于炎症刺激直肠壁内的神经末梢及肛门括约肌(anal sphincter),导致便意频繁、里急后重(tenesmus),排便次数增多。与肠道的病变相对应,最初为稀便混有黏液,待肠内容物排尽后转为黏液脓血便,偶尔排出脱落的絮片状假膜。急性菌痢的病程一般 1~2 周,经有效治疗后大多痊愈。并发症少,可有肠出血,但肠穿孔少见,少数可转为慢性。

(2)慢性细菌性痢疾 Chronic bacillary dysentery:病程超过 2 个月以上。多由急性菌痢转变而来,以福氏菌感染居多。

肠道病变此起彼伏,新旧病灶同时存在。原有溃疡尚未愈合,新的溃疡又开始形成。由于损伤与修复反复进行,慢性溃疡边缘不规则,黏膜常因过度增生而形成炎性息肉(polypus)。肠壁各层有慢性炎症细胞浸润和纤维组织增生、瘢痕形成,使肠壁不规则增厚、变硬,严重者可致肠腔狭窄(此时应与肠肿瘤相鉴别)。

临床上可有腹痛、腹胀、腹泻等肠道症状。若炎症加剧,可出现急性菌痢症状称慢性菌痢急性发作。少数慢性菌痢可无明显的症状和体征,但大便培养持续阳性,成为慢性带菌者及传染源。

3. 中毒性细菌性痢疾 Toxic bacillary dysentery 病原菌常为毒力较低的福氏或宋氏痢疾杆菌。

特点:全身症状重(微循环障碍和中毒性休克),局部病变轻(卡他性肠炎或滤泡性肠炎,后者为肠壁集合和孤立淋巴小结滤泡增生肿大)。

多见于2~7岁儿童，起病急骤，肠道症状轻微，而全身中毒症状严重。发病后数小时即可出现中毒性休克(toxic shock)或呼吸衰竭(respiratory failure)而死亡。

Dysentery is a term used to indicated diarrhea with pus, blood, or mucus in the stools. The bowel wall inflammation cause necrosis and ulceration with abundant fibrinopurulent exudates forming pseudomembranous inflammation. It includes three types: acute, chronic, toxic bacillary dysentery.

第四节 麻 风 病
Leprosy

麻风病(简称麻风)是由麻风杆菌(leprosy bacillus)引起的慢性传染病，主要侵犯皮肤和周围神经。临床表现为麻木性皮肤损害、神经粗大，严重者可致肢端残废。

麻风病以热带地区为多，世界流行。我国已基本消灭麻风病。已有报导建立犰狳(armadillo)和裸鼠(nude-mice)的动物模型。但目前通过人工方法培养还没有成功。

(一) 病因与发病机制 Etiology and pathogenesis

麻风杆菌是抗酸性分枝杆菌，侵入体内后，先潜伏于周围神经的鞘膜细胞或组织中的巨噬细胞内，感染后是否发病以及发展为何种病理类型，取决于机体的免疫力。对麻风杆菌的免疫反应以细胞免疫为主。

(二) 传播途径 Route of transmission

本病通过感染者与健康者之间皮肤、鼻或口腔接触传播，大量的麻风杆菌通过病人的鼻或口腔排出。潜伏期一般为3年或更长。

(三) 类型 Types

麻风病变分为两型两类(表15-3)：结核样型和瘤型。不能归入这两大类型的病变又分界线类和未定类。

表15-3 结核样型麻风与瘤型麻风比较表

Comparison of tuberculoid leprosy and lepromatous leprosy

	结核样型	瘤 型
发病率	占麻风病人的70%	占麻风病人的20%
免疫力	细胞免疫力较强	对麻风杆菌感染缺乏免疫力
病灶含菌量	极少	大量
传染性	弱	强
病变侵犯范围	皮肤及周围神经，绝少侵及内脏	皮肤及周围神经，常侵及肝、脾等
皮肤病变	肉眼：斑疹、丘疹 镜下：以结核样结节肉芽肿为主，散在于真皮浅层	肉眼：结节状病灶常形成溃疡，面部形成"狮容" 镜下：以大量的泡沫细胞形成肉芽肿，病灶位于真皮层，浸润灶与表皮层之间有一层"无细胞区"相隔
周围神经	肉眼：神经变粗 镜下：有干酪样坏死，可形成"神经脓肿"	肉眼：神经变粗 镜下：有泡沫细胞及淋巴细胞浸润

1. 结核样型麻风 Tuberculoid leprosy 这种类型约占麻风70%。有高效的细胞介导免疫(cell-mediated immunity)；病灶较局限；麻风菌素试验阳性(lepromin test positive)；没有全身播散。

(1) 皮肤病灶 skin lesions

肉眼观 Gross appearances：有单一或极少量不规则的斑疹(maculopapules)，局部感觉消失，麻木。在该区发生萎缩性和创伤性改变。

光镜下 Microscopic view：表现为皮炎(dermatitis)和结核样肉芽肿(tuberculiod granuloma)(多位于真皮浅层)，但极少有干酪样坏死(caseous necrosis)。

(2) 外周神经病变 Peripheral nerves lesions

肉眼观 Gross appearances：通常神经明显粗大，神经麻痹(paralyses)导致的畸形(deformities)有鹰爪手(claw hands)、下垂足(foot drop)、鹰趾(claw toes)和麻木(anaesthesia)。容易累及的神经有耳大神经(great auricular nerves)、耳后神经(posterior auricular nerves)、尺神经(ulnar nerves)、桡神经(radial nerves)和胫神经(tibial nerves)。如果病灶完全局限在神经而没有累及皮肤，称为单纯性神经炎(pure neuritis)。受累神经干可变粗变硬，同时由于广泛播散的干酪样坏死，可引起神经脓肿(nerves abscess)。神经病变也引起骨组织逐渐萎缩和吸收导致指趾缩短(shortening of digits)。

光镜下 Microscopic view：神经内肉芽肿(intraneural granulomas)，常有干酪样坏死。

2. 瘤型麻风 Lepromatous leprosy 对麻风杆菌不发生细胞介导的免疫；病灶呈弥漫性浸润（diffuse infiltrates）和结节状（nodular）；麻风菌素试验阴性；全身播散（皮肤、眼、睾丸、神经和网状内皮系统的器官）；麻风杆菌在巨噬细胞和神经鞘膜细胞（schwann cells）中增殖；传染性强，又称为“开放型”（“open” leprosy）麻风，因为在皮肤和鼻黏膜（nasal mucosa）的病灶中有多量麻风杆菌，因此这一型最具传染性。

（1）皮肤病变 Skin lesions

肉眼观 Gross appearances：皮肤是常见的浸润性病灶可累及脸、手和足；很少累及躯干。皮肤的皱缩和增厚可引起特征性的麻风面容，如：①“狮容”（lionine faces）；② 眉毛缺失（eyebrow is lost）；③ 慢性溃疡（chronic ulceration）。

光镜下 Microscopic view：① 大量泡沫细胞（foam cell）组成肉芽肿（granuloma）（图 15-26）。巨噬细胞含有大量麻风杆菌形成泡沫细胞，抗酸染色（acid-fast stain）阳性。巨噬细胞内的细菌平行排列呈烟盒式（cigarette packs），麻风杆菌在细胞内外呈球状聚集时称为“麻风球”（lepra globi）（图 15-27）。病灶围绕小血管和皮肤附件，随病变发展可融合成片。② 皮肤“透明带”现象（“clear” zone）。表皮基底细胞下与浸润灶之间有一层无细胞浸润的区域（瘤型麻风病理特征）。③ 在结节状病灶处，可见表皮萎缩变平，可能破溃导致溃疡。淋巴细胞（抑制性细胞）浸润少见。

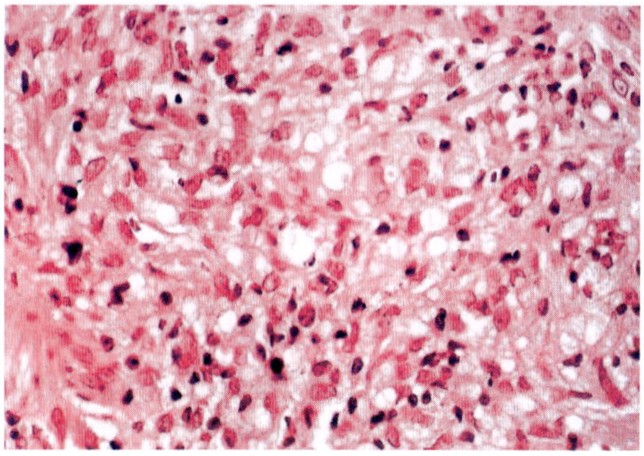

图 15-26 瘤型麻风 Lepromatous leprosy
真皮中见大量泡沫细胞聚集 Foamy histocytes are heavily aggregated in dermis

（2）外周神经病变 Peripheral nerves lesions

肉眼观 Gross appearances：神经增粗不明显，受累神经的好发部位和结核样型麻风相同。

光镜下 Microscopic view：受累神经内有泡沫细胞、淋巴细胞和浆细胞的浸润，在泡沫细胞和神经鞘膜细胞可见大量的麻风杆菌。

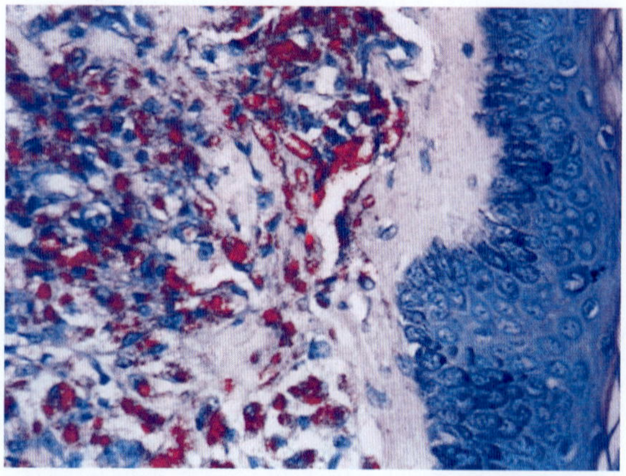

图 15-27 皮肤瘤型麻风 Lepromatous leprosy of skin
聚集在真皮浅层的泡沫细胞中可见大量红染的杆菌（麻风球）（抗酸染色） Numerous red stained bacilli （lepra globi） are seen in the fomy histiocytes collected in upper dermis of the skin（Ziehl-Neelsen stain）

（3）其他器官病变 Involvement other organs：全身性播散是瘤型麻风的一个特征。吞噬麻风杆菌的泡沫细胞可出现在脾脏、肝脏、睾丸、鼻黏膜、鼻软骨（cartilage of nose）。鼻骨破坏可导致鼻中隔（nasal septum）穿孔而形成马鞍鼻（saddle-back nose）。鼻腔的分泌物包含大量麻风杆菌。

3. 界线类麻风 Borderline leprosy 其免疫反应介于结核样型和瘤型之间，是不稳定的中间类型，因此病灶中同时有两型病变的特征。

4. 未定类麻风 Indeterminate leprosy 属早期病变，在皮肤血管周围或小神经周围有灶性淋巴细胞浸润。多数会转变为结核样型，少数转变为瘤型。

> The two prinicipal polar type of leprosy：lepromatous and tuberculoid are considered here，the other two groups are the indeterminate and borderline. Leprosy most commonly affects the skin，nasal mucosa，and peripheral nerves，although lesions also may be found in the liver，spleen，lymph nodes，testes and elsewhere.

第五节 钩端螺旋体病
Leptospirosis

钩端螺旋体病是由钩端螺旋体（leptospire）引起的自然疫源性急性传染病，导致全身急性中毒性损害。临床表现为高热、头痛、全身酸痛和显著的腓肠肌痛、表浅淋巴结肿大、眼结膜充血、皮疹等全身感染症状。以黄疸出血型最为严重（高达 30%），死亡率高（约 5%），多死于肾衰竭（renal failure）或因大量肺出血而造成的窒息（asphyxia）。

钩端螺旋体病在长江以南诸省较为常见。

(一) 病因 Etiology

钩端螺旋体引起钩端螺旋体病。猪和鼠为主要传染源。有多种传播途径,以人与污染水源(如雨水、稻田)接触为其主要传播方式。

钩端螺旋体有多种类型,都具有特异的表面抗原和共同的内部抗原。据此,国际上已分离出 20 个血清群和 170 个以上血清型。国内钩端螺旋体至少有 18 个血清群和 70 个血清型。各型对人的致病力不同,主要累及的器官也有差异。菌型与疾病临床类型的关系比较复杂,同一菌型可以引起不同的临床类型,而同一临床类型可由不同的菌型所引起。

(二) 发病机制 Pathogenesis

钩端螺旋体病为急性中毒性损害,感染钩端螺旋体后,潜伏期为 1~2 周,随后菌体繁殖、裂解,释放毒素引起全身症状而发病。病程可分为三期:①败血症期(第 1~3 天),有明显的早期急性感染症状,而无明显的组织损伤;②败血症伴器官损伤期(第 4~10 天),出现内脏器官的病变及出血(hemorrhage)、黄疸(jaundice)、脑膜炎(meningitis)和肾衰竭等。重症感染者可于此期死亡;③恢复期(第 2~3 周),患者逐渐恢复健康,一般不留后遗症,有时因特异的免疫反应可发生眼或神经系统后遗症(sequela)。

(三) 病理变化与临床病理联系 Pathological changes and clinic-pathologic relations

主要累及全身毛细血管,引起循环障碍、出血和广泛的实质器官变性、坏死,导致严重功能障碍。炎症反应一般轻微。

1. 肺出血 Pneumorrhagia 最初点状出血,以后不断增多、扩大和融合,形成全肺弥漫性出血。是钩端螺旋体病的常见死亡原因。

2. 肝细胞变性 Hepatocyte degeneration 主要为肝细胞水肿和脂肪变、小灶性坏死,汇管区炎症细胞浸润和胆小管胆汁淤积(cholestasis)。由于肝细胞损害引起胆汁排泄功能和凝血因子(blood coagulation factor)合成障碍,故临床上可见重度黄疸(jaundice)和广泛皮肤、黏膜出血。严重者可发生急性肝功能不全或肝肾综合征(hepatorenal syndrome)。

3. 肾小管-间质性肾炎 Tubulointerstitial nephritis 肾小管上皮细胞不同程度的变性、坏死。肾损害严重者可引起急性肾衰竭。

4. 间质非特异性心肌炎 Non-specific interstitial myocarditis 心肌细胞变性、灶性坏死。心外膜和心内膜可见出血点。临床上可出现心动过速(pyknocardia)、心律失常(cardiac dysrhythmia,CD)和心肌炎的征象。

5. 横纹肌病变 Striated muscle lesions 以腓肠肌病变最明显,表现为肌纤维节段性变性、肿胀,横纹模糊或消失,并可出现肌浆空泡或肌浆、肌原纤维溶解消失,仅存肌纤维轮廓。间质水肿、出血和少量炎细胞浸润。

6. 神经系统病变 Nervous system lesions 部分有脑膜及脑实质充血、水肿、出血、炎细胞浸润和神经细胞变性。临床出现脑膜脑炎(meningoencephalitis)症状和体征。少数儿童在恢复期出现脑动脉炎(cerebral arteritis)(脑底多发性动脉炎),引起脑实质损害。临床可出现偏瘫(hemiplegia)和失语(aphasia)等症状。

第六节 肾综合征出血热 Hemorrhagic fever with renal syndrome(HFRS)

HFRS 又称流行性出血热(epidemic hemorrhagic fever),是汉坦病毒(Hantaan virus)引起的一种由鼠类传播人的自然疫源性急性传染病(infectious disease of natural infectious focus)。临床以发热、休克、充血、出血和急性肾衰竭为主要表现。病程经过分为发热期、低血压休克期、少尿期、多尿期和恢复期五期。治疗不及时或重症病例多在短期内死于急性肾衰竭。欧亚国家流行较广,我国是高发区。

(一) 病因 Etiology

HFRS 由感染汉坦病毒(RNA 病毒)引起。鼠类是主要传染源。据统计,有 170 多种脊椎动物能自然感染汉坦病毒属病毒。病毒可经呼吸道、消化道、接触、垂直和虫媒传播。HFRS 各季节均可发生,尤以冬季(11 月至次年 1 月)多发,有称之为"下雪热"。

(二) 发病机制 Pathogenesis

汉坦病毒感染细胞引起细胞结构和功能的损害,同时病毒感染诱发的免疫应答和各种细胞因子的释放,既有清除病毒保护机体的作用,又有引起组织损伤的不利作用。由于汉坦病毒对机体组织呈泛嗜性感染,因而能引起多器官损害。汉坦病毒感染除了引起血管壁损害外,血小板减少,DIC 消耗凝血因子及抗凝物质的增加也参与 HFRS 的发病。

(三) 病理变化 Pathological changes

肉眼观 Gross appearances:全身皮肤和各脏器广泛出血;胸腹部皮肤、软腭、舌面黏膜下出血;支气管黏膜下点状出血;肺膜表面广泛细小出血点;肺实质大片出血；食管和肠黏膜出血；硬脑膜和蛛网膜下腔出血；肾上腺髓质出血；脑垂体前叶出血和右心房、右心耳内膜下大片出血。肾髓质的出血呈暗红色与肾皮质贫血呈苍白色形成鲜明对比。

光镜下 Microscopic view：毛细血管内皮肿胀、脱落和纤维素样坏死。肾、肾上腺、下丘脑和垂体出血、血栓形成和坏死。

（四）临床病理联系 Clinicpathologic relations

HFRS 的临床表现可分为发热期、低血压休克期、少尿期、多尿期和恢复期。约 2/3 以上病情较轻，主要表现为发热和上呼吸道感染症状，肾脏损害很轻。1/3 以下的重症患者发热急骤，常伴有头痛（headache）、腰痛（lumbodynia）、眼眶痛（所谓“三痛”）以及头晕（dizziness）、全身极度乏力、食欲不振（anepithymia）、恶心（nausea）、呕吐（emesia）、腹痛、腹泻（diarrhea）和烦躁（fantod）。颜面、颈和上胸部潮红（所谓“三红”及“酒醉貌”）、结合膜充血、水肿（所谓“金鱼眼”）、皮肤（腋下等处）和黏膜（软腭和鼻等处）进行性出血等。

第七节 狂 犬 病
Rabies

狂犬病是由狂犬病病毒（rabies virus）侵犯中枢神经系统引起的一种人兽共患急性传染病。临床表现为特有的狂躁、恐惧不安、怕风、流涎和咽肌痉挛，其特征性症状是恐水现象，故又名“恐水症”（hydrophobia）。

（一）病因 Etiology

犬、猫、猪及牛、马等家畜和野狼等温血动物为狂犬病病毒的宿主，是主要传染源（狂犬病病人不是传染源）。狂犬病毒呈子弹样，属弹状病毒科（rhabdovirus），75nm×180nm 大小，病毒中心为单股负链 RNA，外绕以蛋白质衣壳。狂犬病病毒的蛋白质是由 5 个主要蛋白和 2 个微小蛋白构成。

（二）发病机制 Pathogenesis

带病毒动物抓咬伤人后唾液中的病毒经伤口进侵入人体内引起人的发病。狂犬病的潜伏期从 10 天到几年不等，报道最长可 22 年潜伏期，一般为 30～60 天，15% 发生在 3 个月以后，视被咬伤部位和神经系统的远近、咬伤的程度、咬伤后的处理、感染病毒的剂量以及病人的全身状况而定。狂犬病毒对神经组织有特强的亲和力，自咬伤部位侵入人体，病毒首先进入骨骼肌，大部分病毒死亡，仅少量病毒存活（此过程可长达数月）。而后经运动终板和周围神经逆向性向中枢神经传播，再从中枢神经向各器官扩散，如唾液腺、泪腺、视网膜、角膜、鼻黏膜、心、肺、肝、肾上腺等组织脏器，引起相应的临床症状。病毒一般不进入血液。病毒在神经细胞内繁殖引起本病。

（三）病理变化 Pathological changes

弥漫性急性脊髓炎改变，神经细胞变性坏死，血管周围有淋巴细胞、浆细胞浸润，形成血管套现象。在神经细胞（neurocyte）胞质内出现嗜酸性病毒包涵体（inclusion body），即内基小体（Negri body）。以大脑海马回（gyrus hippocampi）、延髓（medulla oblongata）、小脑浦肯野细胞（purkinje cell）内较多见。Negri 可为一个或数个，平均体积比红细胞稍大，圆形或卵圆形，HE 染色为红色，周围可有空晕（图 15-28）。甲苯胺蓝（toluidine blue）染色呈淡蓝色，姬姆萨（giemsa）染料染成紫红色。Negri 对狂犬病诊断具有决定性意义。

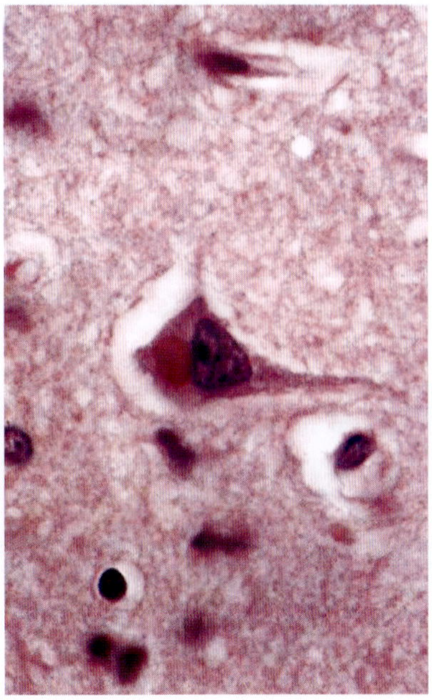

图 15-28 狂犬病神经细胞中的内基小体 Negri body in neurocyte of rabies

（四）临床病理联系 Clinicpathologic relations

临床可分为前驱期（prodromal stage）、兴奋期（excitement stage）和麻痹期（paralytic stage）。兴奋期出现狂躁型狂犬病（脑炎）的表现，即烦躁不安、激惹的侵袭行为（咬人等），怕风，还有自主神经功能紊乱的表现，如流涎、竖毛、瞳孔扩大，其中恐水症（hydrophobia）是本病的特征性症状，典型者饮水、思水以至听到水声、提及饮水均可引起严重的咽喉肌痉挛。患者极渴但又不敢饮水,即使饮水也不敢下咽。麻痹期为麻痹性狂犬病表现,出现一侧肢体麻痹或类似 Gulliain-Barre 综合征的上行性麻痹。如对称性手套、袜套感觉障碍,蚁走感及肢体麻痹等。后期可发生昏迷、呼吸和循环衰竭而死亡。狂犬病病死率极高,一旦发病几乎全部死亡。一旦被狂犬咬伤,若能及时有效地预防注射,则可避免发病。

第八节 性传播性疾病
Sexually Transmitted Diseases(STD)

STD 简称性病(venereal diseases),是指通过性接触而传播的一类疾病。国际上将 20 多种通过性行为或类似性行为引起的感染性疾病列入性病范畴。较常见的性病有淋病、梅毒、非淋菌性尿道炎、尖锐湿疣、沙眼衣原体、软下疳、生殖器疱疹、滴虫病、乙型肝炎和艾滋病等。其中,梅毒、淋病、生殖器疱疹、尖锐湿疣、软下疳、非淋菌性尿道炎、性病性淋巴肉芽肿和艾滋病等 8 种性病被列为我国重点防治的性病。性病可由病毒、细菌和寄生虫引起。由病毒引起的性病有生殖器疣、乙型肝炎和生殖器疱疹等。由细菌引起的性病有淋病和梅毒等。疥疮、滴虫病和阴虱是由寄生虫引起的性病。

A number of organisms can be transmitted through sexual contact. Groups that are at greater risk for some sexually transmitted diseases(STDs),or sexually transmitted infections. While the increased risk among these groups is partially due to unsafe sexual practices. The initial site of infection with an STD may be the urethra, vagina, cervix, rectum, or oral pharynx. The organisms that cause these infections tend to be short-lived outside of the host, so they usually depend on direct person-to-person spread.

一、淋 病
Gonorrhea

淋病是由淋球菌(diplococcus gonorrhoeae)引起的急性化脓性炎,是最常见的 STD。多发生于 15~30 岁年龄段,以 20~24 岁最常见。成人几乎全部通过性交而传染,儿童可通过接触患者用过的衣物等传染。

淋球菌主要侵犯泌尿生殖系统,对柱状上皮和移行上皮有特别的亲和力。淋球菌经过黏附和侵入两个步骤侵入泌尿生殖道上皮,引起局部黏膜化脓性炎。

男性的病变从前尿道(anterior urethra)开始,可逆行蔓延到后尿道(posterior urethra),波及前列腺(prostate)、精囊(seminal vesicle)和附睾(epididymis)。女性的病变累及外阴和阴道腺体、子宫颈黏膜(cervical mucosa)、输卵管(fallopian tube)及尿道(ureth)(图 15-29)。少部分病例可经血行播散引起身体其他部位的病变。男性感染者表现为尿道炎(urethritis)。女性感染者通常没有明显症状,因此很可能会漏诊漏治。新生儿感染淋球菌后有可能致盲(blindness),还会偶发败血症。在一些发展中国家,淋球菌性眼病仍是致盲的重要原因。

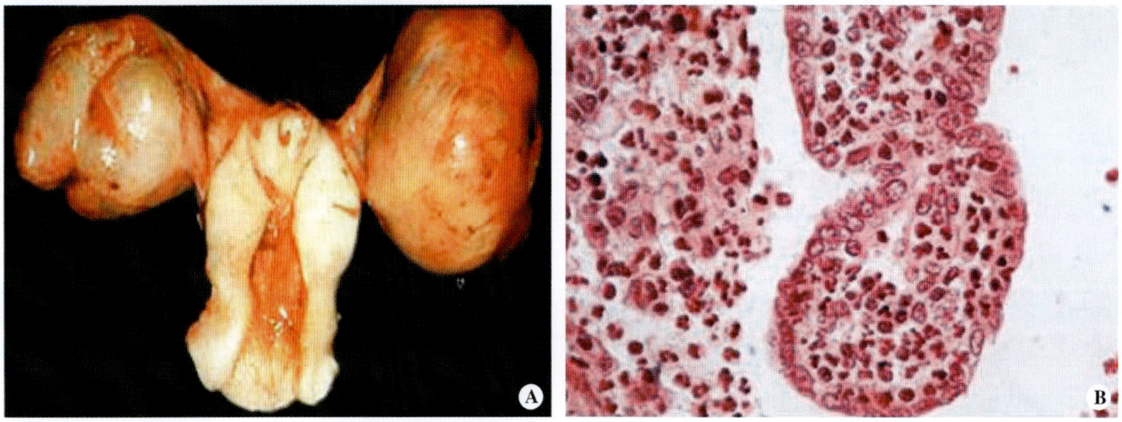

图 15-29 淋球菌性子宫颈炎和淋球菌性输卵管炎 Gonococcal cervicitis and gonococcal salpingitis

A. 淋球菌感染引起卵巢、输卵管和宫颈黏膜的化脓性炎;B. 镜下输卵管黏膜化脓性炎 A. Suppurating inflammation in ovaries, fallopian tubes and cervical mucosa most commonly by Neisseria gonorrhoeae; B. Microscopically, suppurating inflammation of the fallopian tube is characteristic of Gonococcal salpingitis

Gonorrhoeae is an important cause of sexually transmitted disease and causes urethritis. It usually manifests as a local infection in the genital or cervical mucosa, pharynx, or anorectum, disseminated infections may occur.

二、尖锐湿疣

Condyloma Acuminatum

尖锐湿疣是由人类乳头状瘤病毒(human paplloma virus,HPV)(主要是 HPV 6 型和 11 型)引起的 STD。最常发生于 20~40 岁年龄段。好发于潮湿温暖的黏膜与皮肤交界的部位。男性常见于阴茎冠状沟(coronal sulcus of penis)、龟头(glans)、系带(bridle)、尿道口(urethral orifice)或肛门(anus)附近。女性多见于阴蒂(clitoris)、阴唇(labia vulvae)、会阴部(perineal position)及肛周(crissum)。亦可发生于身体的其他部位如腋窝(axillary fossa)等。尖锐湿疣主要通过性接触传播,但也可以通过非性接触的间接感染而致病。

肉眼观 Gross appearances:病变初起为小而尖的突起,逐渐扩大。淡红或暗红,质软,表面凹凸不平,呈疣状颗粒。有时较大呈"菜花状"生长。

光镜下 Microscopic view:皮肤、黏膜呈乳头状瘤样增生,表皮角质层增厚(hyperkeratosis),细胞角化不全,表皮浅层出现"凹空细胞"(koilocytosis)。棘层(prickle cells)肥厚,表皮钉突增粗延长。凹空细胞较正常细胞大,胞质空泡状,细胞边缘常残存带状胞质。核增大居中,圆形、椭圆形或不规则形,染色深,可见双核或多核(图 15-30)。真皮层可见毛细血管及淋巴管扩张,大量慢性炎症细胞浸润。应用免疫组织化学方法可检测 HPV 抗原,用原位杂交、聚合酶链式反应(polymerase chain reaction,PCR)和原位 PCR 技术(in situ PCR techniques)可检测 HPV DNA(图 15-31),有助于诊断。

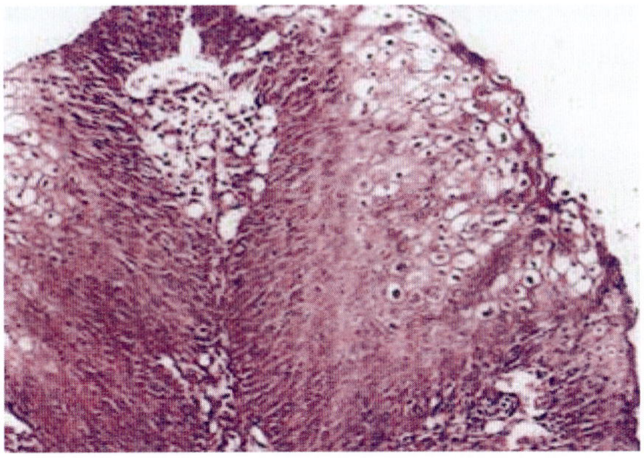

图 15-30 尖锐湿疣 Condyloma acuminatum
表皮角化过度和增厚(棘皮病)引起乳头状增生伴棘细胞明显空泡化(凹空细胞)Superficial hyperkeratosis and thickening of the underlying epidermis(acanthosis) result in the papillary epithelium with clear vacuolization of the prickle cells (koilocytosis)

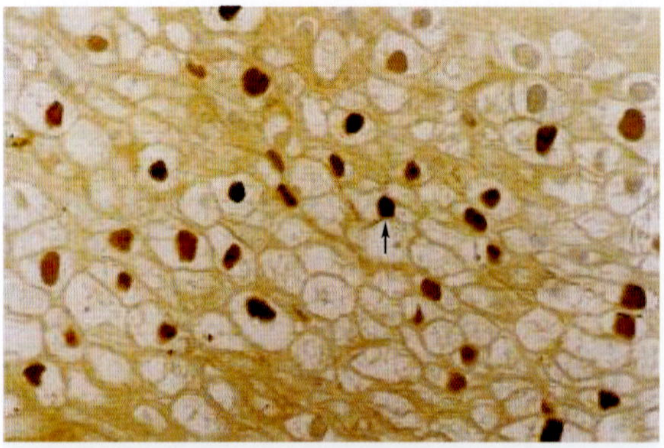

图 15-31 尖锐湿疣 Condyloma acuminatum
免疫组化显示 HPV 感染的细胞核呈阳性(黑色箭头)In condylomata acuminata lesions, characteristic of HPV infection was showed by immunohistochemistry (arrow)

Condyloma acuminatum is a benign tumor caused by human papillomavirus(HPV). It is related to the common wart(verruca vulgaris) and may occur on any moist mucocutaneous surface of the external genitals in either sex. The antigens and genomes of these HPV types can be demonstrated in most lesions by immunoperoxidase and DNA hybridization techniques, respectively.

三、梅　毒

Syphilis

梅毒是由梅毒螺旋体引起的性传播性疾病(有先天性和后天性两型)。梅毒是一种慢性疾病,临床表现复杂多样。理想的梅毒动物模型很难得到,因为梅毒螺旋体不能在体外培养生长,是因为它缺乏产生核苷酸(nucleotides)、脂肪酸(fatty acids)和大多数氨基酸(most amino acids)的基因。

(一) 病因及传播途径 Etiology and transmission

梅毒的病原体是梅毒螺旋体(spirochete)(图 15-32),梅毒螺旋体是一种微需氧螺旋菌,为革兰阴性菌,呈细长螺旋状外观,轴胞鞭毛沿螺旋状原生质卷曲。鞘膜包裹细菌,保护细菌性抗原免受宿主免疫应答。由于螺旋体太小常规染色如革兰染色很难发现,必须借助银染(silver stains)、暗视野检查(dark-field examination)、免疫荧光技术(immunofluroescence techniques)检查才能看到。梅毒螺旋体在体外活力低，不易生存。对理化因素的抵抗力极弱，对四环素（tetracycline）、青霉素（benzylpenicillin）、汞（mercury）、砷（arsenic）、铋（bismuth）剂敏感。95%以上通过性交（sexual intercourse）传播，少数可因输血、接吻、医务人员不慎受染等直接接触传播（后天性梅毒）。梅毒螺旋体还可经胎盘感染胎儿（fetus）引起先天性梅毒（congenital syphilis）。梅毒病人是唯一的传染源。

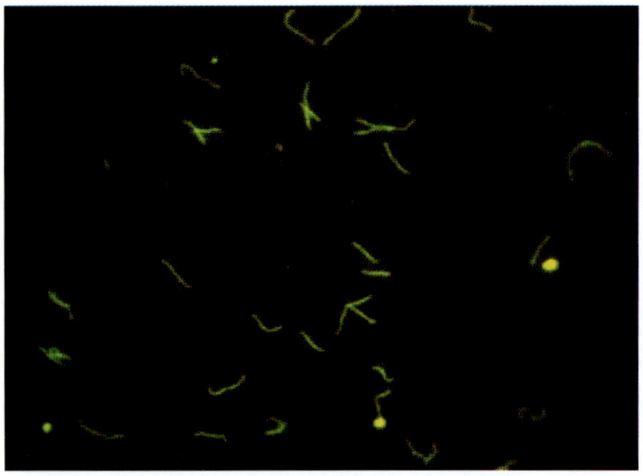

图 15-32 梅毒螺旋体 Spirochetes

梅毒螺旋体是革兰阴性菌，呈细长螺旋状外观，鞭毛沿螺旋状原生质卷曲（暗视野免疫荧光技术检查）Spirochetes are Gram-negative, slender corkscrew-shaped bacteria with axial periplasmic flagella wound around a helical protoplasm（immunofluroescence techniques with dark-field examination）

（二）发病机制 Pathogenesis

机体在感染梅毒螺旋体后第6周，血清出现梅毒螺旋体特异性抗体及反应素，有血清诊断价值，但可出现假阳性。随着抗体产生，机体对螺旋体的免疫力增强，病变部位的螺旋体数量减少，以至早期梅毒病变有不治自愈的倾向。然而不治疗或治疗不彻底者，播散在全身的螺旋体常难以完全消灭，这就是复发梅毒、晚期梅毒发生的原因。少数人感染了梅毒螺旋体后，在体内可终身隐伏（血清反应阳性，而无症状和病变），或在二、三期梅毒活动，局部病变消失而血清反应阳性，均称为隐性梅毒（syphilis latent）。

（三）基本病变 Basic lesions

1. 血管炎 Vasculitis

（1）闭塞性动脉内膜炎（obliterative endarteritis）：指小动脉内皮细胞及纤维细胞增生，使管壁增厚、血管腔狭窄闭塞。

（2）小动脉周围炎（periangiitis）：指围管性单核细胞、淋巴细胞和浆细胞浸润。浆细胞恒定出现是本病的病变特点之一。

2. 树胶样肿 Gamma 又称梅毒瘤（syphiloma）。病灶灰白色，大小不一（小到从光镜下才可见到，大至数厘米不等）。“梅毒瘤”（此“瘤”不是肿瘤，其本质是肉芽肿）质韧而有弹性，状如树胶，故名“树胶样肿”。光镜下结构颇似结核结节，中央为凝固性坏死（coagulated necrosis），形似干酪样坏死，唯坏死不如干酪样坏死彻底，弹力纤维（elastic fibers）尚保存（弹力纤维染色可见组织内原有血管壁的轮廓）。坏死灶周围肉芽组织中富含淋巴细胞和浆细胞，而上皮样细胞和Langhan's巨细胞较少，且必有闭塞性小动脉内膜炎和动脉周围炎存在。树胶样肿后期可被吸收、纤维化，最后使器官变形，但绝少钙化。

梅毒树胶样肿可发生于任何器官，最常见于皮肤、黏膜、肝、骨和睾丸。血管炎病变可见于各期梅毒，而树胶样肿则只见于第三期梅毒。树胶肿内很少有螺旋体存在，检测常为阴性。

Syphilitic Gummas

These are white-gray and rubbery, occur singly or multiply, and vary in size from microscopic defects resembling tubercles to large tumorlike masses. They occur in most organs but particularly in skin, subcutaneous tissue, bone, and joints. In the liver, scarring as a result of gummas may cause a distinctive hepatic lesion known as hepar lobatun. On histologic examination, the gummas contain a center of coagulated, necrotic material and margins composed of plump or palisaded macrophages and fibroblasts surrounded by large numbers of mononuclear leukocytes, chiefly plasma cells.

（四）后天性梅毒 Acquired syphilis

后天性梅毒分为三期。一期、二期为早期梅毒（early syphilis），有传染性。三期为晚期梅毒（late syphilis），因常累及内脏，故又称内脏梅毒（visceral syphilis）。

1. 第一期梅毒 Primary syphilis 梅毒螺旋体侵入人体后3周左右，侵入部位发生炎症反应，形成下疳（chancre）。下疳常为单个，直径约1cm，轻微突起，质硬的红色丘疹（reddened papule），表面可发生糜烂或溃疡，溃疡底部及边缘质硬。因其质硬乃称硬性下疳（与杜克雷嗜血杆菌引起的软性下疳不同）。病变多见于阴茎冠状沟、龟头、子宫颈、阴唇，亦可发生于口唇、舌、肛周等处。病变部位光镜下可见闭塞性小动脉内膜炎和动脉周围炎（图15-33）。

下疳出现后1~2周，局部淋巴结肿大，呈非化脓性增生性反应。下疳经1个月左右多自然消退，仅留浅表的瘢痕，局部肿大的淋巴结也逐渐消退。临床上处于静止状态，但体内螺旋体仍继续繁殖。

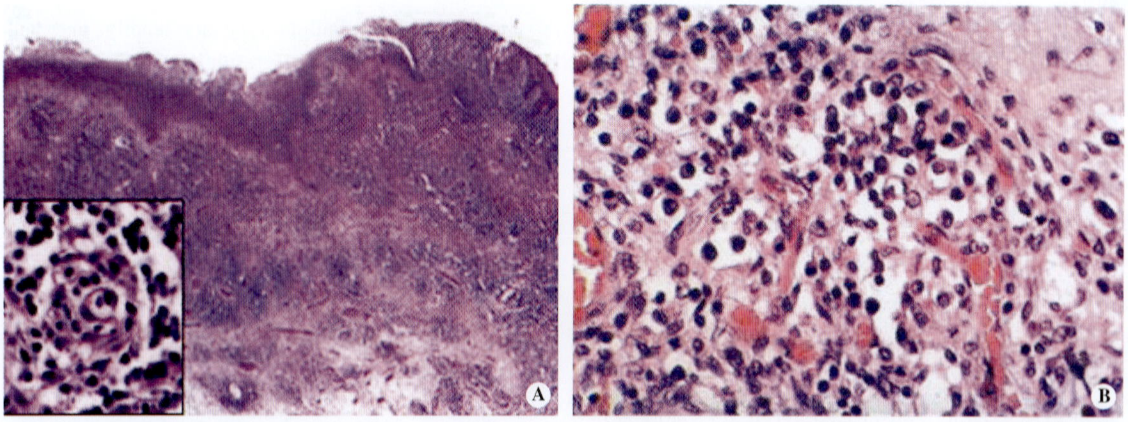

图 15-33 第一期梅毒形成下疳 Primary Syphilis(chancre)

A. 下疳表现为非特异性急性或慢性淋巴结炎,有明显的浆细胞浸润(左下放大);B. 增生性动脉内膜炎伴有巨噬细胞、淋巴细胞浸润 A. The regional nodes are usually enlarged and may show nonspecific acute or chronic lymphadenitis with an intense infiltrate of plasma cells(downleft magnifecation);B. The chancre appears proliferative endarteritis with macrophages and lymphocytes infiltrating

2. 第二期梅毒 Secondary syphilis 下疳发生后 7~8 周,体内螺旋体又大量繁殖,由于免疫复合物的沉积引起全身皮肤、黏膜广泛的梅毒疹、梅毒湿疣和全身性非特异性淋巴结肿大(lymphoadenopathy)。临床上常出现低热、不适、体重减轻等症状。

(1) 梅毒疹 Syphilide:为无痛性浅表皮损,多见于手掌或足底,临床表现为分散的斑点状、直径小于 5mm 的棕红色斑丘疹(maculopapular)(图 15-34),还可有鱼鳞状(scaly)改变或脓疱(pustular)出现。梅毒疹可自行消退。光镜下呈典型的血管周围炎改变,病灶内可找到螺旋体。口腔或阴道内的红色黏膜斑含大量病原微生物,因此最具传染性。

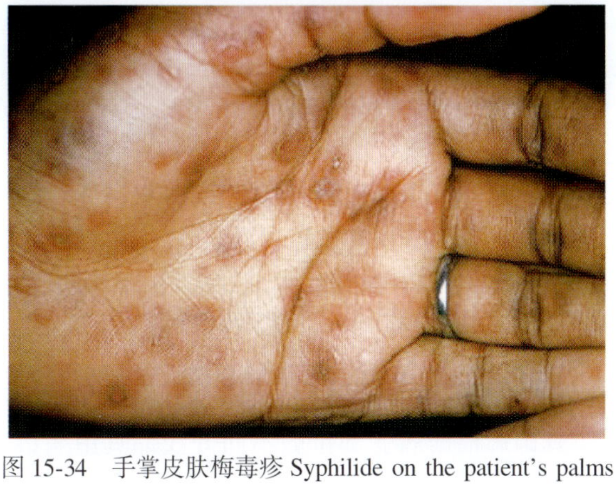

图 15-34 手掌皮肤梅毒疹 Syphilide on the patient's palms

(2) 梅毒湿疣 Condyloma latum:湿润皮肤处如肛门生殖器区(anogenital region)、大腿内侧(inner thighs)、腋窝部(axillae)均可发生湿疣。

3. 第三期梅毒 Tertiary syphilis 常发生于感染后 4~5 年,病变有特征性的树胶样肿形成,常累及内脏,如心血管梅毒(cardiovascular syphilis)和中枢神经系统梅毒(neurosyphilis)。由于树胶样肿纤维化、瘢痕收缩可引起严重的组织破坏、变形和功能障碍。

(1) 心血管梅毒 Cardiovascular syphilis:病变常侵犯主动脉(aorta),可引起梅毒性主动脉炎(syphilitic aortitis)。主动脉炎也可由基底大动脉的血管壁滋养血管内膜炎引起的。主动脉炎使主动脉弓和主动脉根部膨大,导致主动脉瓣关闭不全(aortic insufficiency)和主动脉瘤(aortic aneurysm)形成。梅毒性主动脉瘤破裂是患者猝死的主要原因。血管壁滋养血管的闭塞致使基底动脉壁中层形成瘢痕,弹性丧失。主动脉内膜瘢痕形成可使冠状动脉口发生狭窄,导致心肌缺血等。

(2) 神经梅毒 Neurosyphilis:可分为有症状型或无症状型。有症状型的疾病表现包括神经系统病变,主要累及中枢神经(central nerve)及脑脊髓膜,可导致麻痹性痴呆(paralytic dementia)和脊髓痨(tabes dorsalis)(此"痨"不是结核);无症状型神经梅毒占神经梅毒的 1/3 左右,其检出依赖于病人的脑脊液是否出现异常改变如淋巴细胞增多、蛋白增加、糖减少等。脑脊液中还可检出螺旋体刺激所产生的抗体(神经梅毒最特效检验之一)。无症状者也要进行神经梅毒检测,因为如果螺旋体已播散至中枢神经系统,则产生抗体需更长时间。

(3) 累及其他器官 Other organs:肝脏病变主要形成树胶样肿,肝呈结节性肿大,继而发生纤维化、瘢痕收缩,以至肝呈分叶状;此外,病变常造成骨和关节损害,鼻骨被破坏形成马鞍鼻(saddle-back nose)。长骨、肩胛骨(scapula)与颅骨(cranium)亦常受累。病变累及骨骼可引起局部疼痛、触痛、肿胀,有时会发生病理性骨折(pathological fracture)。累及皮肤和黏膜可出现结节状病损,或者偶发恶性肿瘤样的溃疡性病损。由于有效抗生素的应用,现在已很难见到典型树胶肿病变。

(五) 先天性梅毒 Congenital syphilis

当螺旋体通过感染的母体经胎盘(placenta)传给胎儿时即可发生先天性梅毒。母体传播在一、二期梅毒中常见,因为这两期的梅毒螺旋体数量多。如果母亲梅毒感染史超过 5 年,先天性梅毒就会很少发生。因此所有孕妇都必须进行梅毒血清学试验(serologic testing for syphilis)。在未经治疗的先天性梅毒患者中,胚胎死亡和围产期(perinatal,孕妇围绕生产过程的一段特殊时期)死亡率各占 25%。

根据被感染胎儿发病的早晚,有早发性和晚发性之分。

1. 早发性先天性梅毒 Early (infantile) Congenital Syphilis 指胎儿或婴幼儿期发病的先天性梅毒。患儿常表现为流鼻涕和鼻塞。脱皮和大疱会导致皮肤缺损,特别是在手、足、口周和肛周。先天性梅毒的梅毒疹较之成人二期梅毒严重,出现手掌、足底大疱疹和表皮剥脱。肝大和骨骼异常也很常见。梅毒性骨软骨炎(osteochondritis)和骨膜炎(periostitis)可侵及所有骨骼,以鼻和小腿病变最为严重。鼻骨的破坏使鼻梁塌陷后形成特征性的"马鞍鼻"。胫骨骨膜炎使新骨在胫骨前端或胫骨前凸处过分生长,软骨内骨化过程也被广泛破坏,软骨过分增生时,骺端变宽。弥漫性肝纤维化,使肝细胞生长成小巢状并伴有特征性的白细胞浸润和血管病变。即便是在病变早期,肝脏也可能发生树胶肿。肺呈弥漫性间质性纤维化。梅毒死产儿的肺内没有空气、呈灰白色称"白色肺炎"(pneumonia alba)。全身性螺旋体血症(spirochetemia)可使各个器官发生弥漫性间质炎性反应(diffuse interstitial inflammatory reactions),多累及胰腺、肾、心、脾、胸腺、内分泌器官和中枢神经系统。

2. 晚发性先天性梅毒 Late (tardive) congenital syphilis 晚发性先天性梅毒形成特征性的三联征:①楔形门齿,门齿小且外观像螺丝刀或钉子,常伴有牙釉质凹痕形成,称哈欣森牙(Hutchinson teeth)。②间质性角膜炎(interstitial keratitis),脉络膜虹膜炎伴色素异常形成视网膜斑。③听神经性耳聋(nerve deafness)。听神经性耳聋和视神经萎缩继发于脑膜血管性梅毒。骨骼、神经、面部亦可发生异常改变,有骨膜炎(cortical osteitis)及马鞍鼻等体征。晚发性先天性梅毒的患儿常发育不良(dysplasia),智力低下(mental retardation)。

> Syphilis is a chronic venereal disease with multiple clinical presentations. Treponema pallidum subspecies pallidum is the microaerophilic spirochete, that causes syphilis. Sexual intercourse is the usual mode of spread. Pallidum occurs readily, and active disease during pregnancy result in congenital syphilis.

第九节 深部真菌病
Deep Fungal Infections

深部真菌病也称真菌病,是由真菌(fungus)感染引起的化脓性炎(suppurative or purulent inflammation)或肉芽肿性炎(granulomatous inflammation)。

(一) 病因 Etiology

真菌种类繁多,目前发现已超过 10 万种,与细菌相比,对人致病者相对较少。据 WHO 统计,现在已知能引起人类疾病的真菌约有 270 余种。由于广谱抗生素、肾上腺皮质激素和免疫抑制剂的大量应用,真菌感染明显增多。由于 AIDS 的流行,真菌病也成为 AIDS 的重要机会性感染(opportunistic infections)。

(二) 发病机制 Pathogenesis

真菌不产生内毒素(endotoxin)和外毒素(exotoxin),其致病作用与真菌在体内繁殖引起的机械性损伤以及所产生的酶类、酸性代谢产物有关。真菌的致病力较弱(属机会致病菌),只有当机体抵抗力降低时才能侵入组织,因大量繁殖而引起疾病。深部真菌病多有诱发因素存在,所致疾病主要有以下几种方式:①致病性真菌感染:可引起局部炎症等病变,也可引起慢性肉芽肿或组织溃疡、坏死。②机会致病菌性真菌感染:常发生于肿瘤、免疫缺陷、糖尿病、烧伤或长期应用广谱抗生素、糖皮质激素、放疗或化疗后。③超敏反应性疾病:当敏感者吸入或食入某些菌丝或孢子时可导致超敏反应的发生,如哮喘、过敏性鼻炎、皮炎及荨麻疹。④毒素中毒性疾病:可引起肝、肾、神经系统的损害及造血功能障碍。此外,某些真菌的产物与肿瘤有关,如黄曲霉毒素,毒性很强,小剂量即有致癌作用。

(三) 病理变化 Pathological changes

真菌病根据病变部位的不同分浅部真菌病(superficial mycosis)和深部真菌病(deep mycosis)两大类。浅部真菌病主要侵犯含有角质的组织,如皮肤(skin)、毛发(hair)和指甲(finger nail)等处,引起各种癣(tinea)病。深部真菌病侵犯皮肤深层和内脏(图 15-47),危害较大。

1. 轻度非特异性炎 Mild non-specific inflammation 病灶中仅有少数淋巴细胞、单核细胞浸润,甚至没有明显的组织反应,如脑的隐球菌(cryptococcus)感染。

2. 化脓性炎 Purulent inflammation 由大量中性粒细胞浸润形成小脓肿，如念珠菌病(candidiasis)、曲菌病(aspergillosis)、毛霉菌病(mucormycosis)等。

3. 坏死性炎 Necrotizing inflammation 可出现大小不等的坏死灶，常有明显的出血，而炎细胞则相对较少，如毛霉菌、曲菌感染等。

4. 肉芽肿性炎 Granulomatous inflammation

上述病变可单独存在，也可同时存在。不同病菌及引起的变态反应不同或同一病菌的不同时期，其组织反应也不一样。真菌在人体引起的病变没有特异性，诊断依据是病灶中找到病原菌(表 15-4)，可用单克隆抗体进行免疫组化技术鉴定。

表 15-4 念珠菌、曲菌和毛霉菌的鉴别表

Identification of candidiasis, aspergillosis, and mucormycosis

鉴别点	念珠菌	曲菌	毛霉菌
菌在部位	炎症灶内	脓肿及周围	血管壁
假菌丝孢子	两者混合存在呈卵圆形排列或呈簇状分布，数目多	3~4μm，不整形，呈锐角(45°)，放射样排列，偶见分生孢子头，数目多	少，形成菌丝，酵母多形，2.5~5μm，数目多
宽度	细	中	粗
分隔	稀	有，密	不分隔
染色	深，均匀	深，不均匀	浅，均匀

5. 常见的深部真菌病 Common deep fungal infections 深部真菌病常见于有免疫抑制的患者，如 AIDS、白血病(leukemia)、恶性淋巴瘤(malignant lymphoma)等。常见的深部真菌病主要有念珠菌病、曲菌病和隐球菌病。均可形成全身播散性真菌病(disseminated fungal infections)。

(1) 念珠菌病 Candidiasis：由念珠菌引起，常发生于婴儿及消耗性疾病患者的口腔，糖尿病患者的阴道、会阴。但阴道念珠菌病也可发生于健康妇女，尤其是孕妇和口服避孕药(oral contraceptive medication，OCM)的妇女。深部念珠菌病多为继发性，常发生于慢性消耗性疾病、重症终末期病人、恶性肿瘤及 AIDS 病人。

(2) 曲菌病 Aspergillosis：由曲菌引起。曲菌可在身体许多部位引起病变，但以肺病变最常见(图 15-35)。常继发于肺结核、肺脓肿和肺癌等。特别在伴有成旧性空洞的基础上，曲菌在空洞内大量繁殖，大量增殖的菌丝体在空洞内形成棕色的菌丝团块，称为曲菌球(fungus ball)引起相应临床症状。

(3) 毛霉菌病 Mucormycosis：病变常起始于鼻腔(nasal cavity)，以后很快扩展到鼻窦(nasal sinuses)和中枢神经系统，再扩展到肺(lung)和胃肠道(gastrointestinal tract，GIT)。毛霉菌病几乎全为继发性。头面部毛霉菌病最常见于糖尿病酸中毒时，病菌由鼻黏膜侵入，可依次直接蔓延到鼻窦、眼眶、脑及其他头面部组织，引起鼻型毛霉菌病(rhinocerebral mucormycosis)，形成鼻-眼-脑综合征。因此当病人出现糖尿病酸中毒、单侧眼眶周围感染、脑膜脑炎三联征时应注意本病发生的可能。

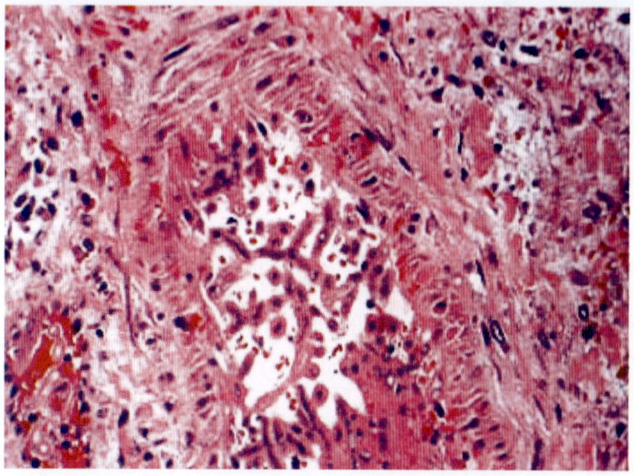

图 15-35 真菌性肺炎 Fungal pneumonia
曲菌感染阻塞肺动脉分支，导致肺组织梗死 This fungus is causing pulmonary damage by occluding a major arterial branch, resulting in a surrounding infarct

鼻黏膜刮片活检有助于诊断。

(4) 隐球菌病 Cryptococcosis：是新型隐球菌(cryptococcus neoformans)引起的一种亚急性或慢性霉菌病。最常见的是中枢神经系统隐球菌病(图 15-36)，也可发生于其他器官。隐球菌病多数为继发性。隐球菌开始通过吸入，定位于肺，以后播散至其他部位，特别是脑膜。该菌对中枢神经系统组织由特殊的亲和性，90%的病例有脑脊髓和脑膜的损伤，主要是脑膜炎。新型隐球菌性脑膜炎(cryptococcus neoformans menigitis)起病缓慢，在脑组织中形成许多小囊腔，镜下囊腔为扩大的血管周围间隙，腔内充满隐球菌及其释放的胶样物质，形成肥皂泡样病变(soap-bubble lesions)。也可发生缺血性脑软化、脑炎或脑脓肿的病变。临床上有时易与结核性脑膜炎相混淆。脑实质病变常与占位性病变混淆。肺隐球菌病的结节状病灶需与结核球(tuberculoma)或肺癌(pulmonary carcinoma)鉴别。

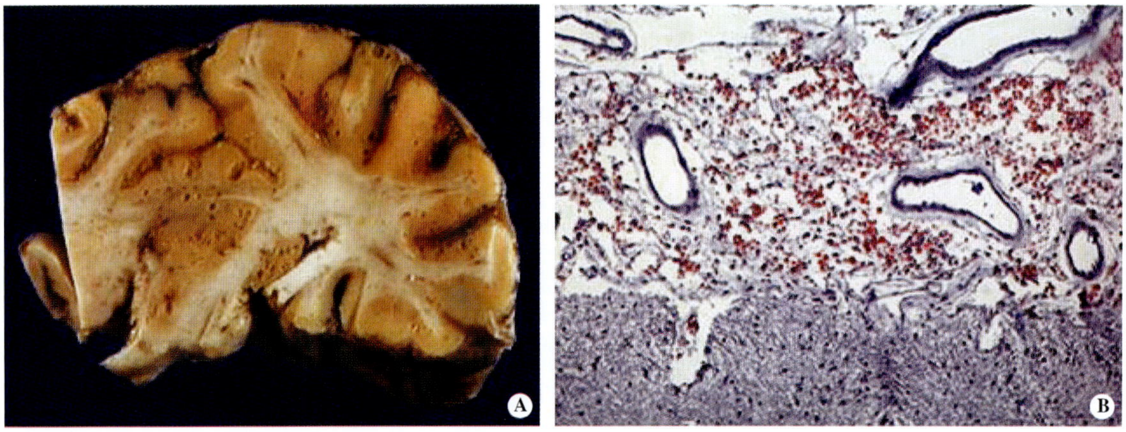

图 15-36 脑隐球菌病 Cerebral cryptococcosis

A. 脑皮质显示多个小囊性病变;B. 隐球菌病胞壁含有大量的黏液素(特殊染色呈红色)。隐球菌病经脑膜进入血管间隙,引起脑膜炎 A. The cerebral cortex shows multiple small cyst-like structures throughout the gray and white matter;B. The wall of the cryptococcal organism contains large amounts of mucin, which stains red with this special stain. The organisms extend through the meninges into the Virchow-Robin space. The paucity of inflammatory response to the organism, characteristic of cryptococcal meningitis

(5)放线菌病 Actinomycosis:是由以色列放线菌(Actinomyces israeli)引起的一种慢性化脓性炎症。放线菌不属于真菌而是厌氧菌。因其病变与真菌相似故与真菌病一起叙述。

放线菌为革兰阳性,细胞壁含胞壁酸(muramic acid),菌体与真菌相似的细丝状、细长无隔、有分支。放线菌种类很多,仅少数对人致病。病变为慢性化脓性炎症,早期形成多数小脓肿,可相互融合形成窦道和瘘管,并伴肉芽组织和纤维增生。肉眼观脓液内有细小的黄色颗粒,约 1~2mm,称为硫磺颗粒(sulfur granule)。镜下颗粒由分支的菌丝交织而成。颗粒中央部染蓝紫色,周围菌丝放射状排列,菌丝末端常有胶样物质形成的鞘包围而膨大呈棒状(图 15-37)。晚期纤维组织增生、疤痕形成。临床主要有三型:①面颈部放线菌病;②腹部放线菌病;③胸部放线菌病。本病合并其他细菌感染时,使病变复杂、迁延不愈。

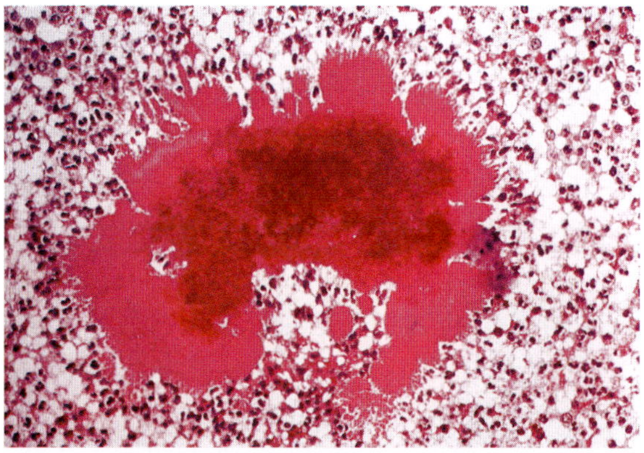

图 15-37 放线菌病 Actinomycosis

特征性的硫磺颗粒代表细菌克隆,大量中性白细胞围绕在颗粒周围 A characteristic sulfur granule representing bacterial colony is seen. Numerous neutrophils are seen around the granule

病例讨论

某男,24 岁,因咳嗽伴发热半月,胸痛 1 周入院。入院前约 1 个月,感到经常午后低热、食欲减退、乏力,伴有夜间盗汗,断断续续咳嗽,经一般抗感染治疗后症状不见明显改善,入院前 1 天咳嗽加重并痰中带血。

查体所见:体重减轻、消瘦,面颊潮红。右侧胸部呼吸运动减低,锁骨上下、肩胛区叩诊浊音。

体温:38°C。

血液化验:血沉(红细胞沉降率)增快。白细胞略升高,中性粒细胞和淋巴细胞略增多。

胸部 X 线摄片和 PPD 试验:见图 15-38、图 15-39。

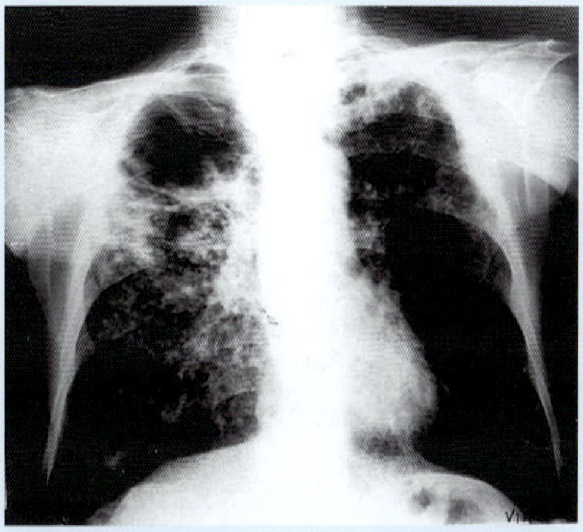

图 15-38 胸部 X 线摄片

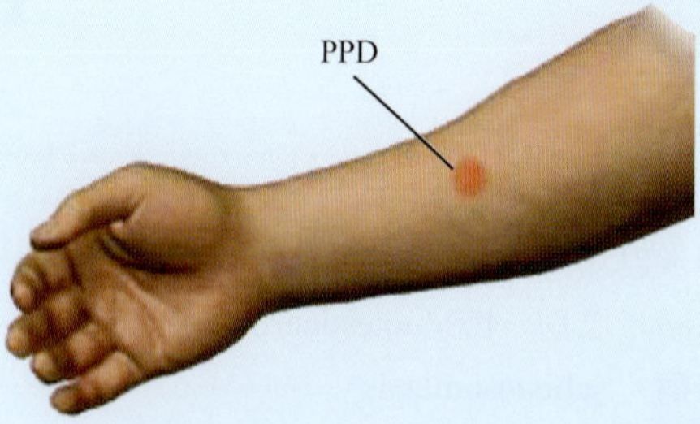

图 15-39 PPD 试验

思考题

1. 该青年可能患有什么疾病？还需做哪些重要检查？
2. 描述肺部的病变有哪些特点（肉眼观和光镜下改变分别叙述）。
3. 简单分析其发病过程和机制。
4. 应该注意鉴别哪些疾病？

（王庆苓 周士东）

第16章 寄生虫病

Parasitosis

Outline

Parasitic lesions can be acute but most of them are chronic. The lesions vary depending on parasitic virulence, physical size, phase of their life cycle, location within or on the host's body, abundance within the host, and the host's response to parasites through their hosts provide portals of entry and sites for other pathogens to initiate secondary infection. Some of cases can be asymptomatic carriers. Parasitosis are common diseases worldwide but more prevalent in underdeveloped countries. In this chapter, amoebiasis, schistosomiasis and filariasis are introduced principally.

Amoebiasis is caused by Entamoeba histolytica infecting humans. It most frequently involves the cecum and ascending colon, producing large, characteristically undermined and a flask-shaped ulcer with a narrow neck and broad base. Schistosomiasis is the most important parasite disease, most of the mortality comes from hepatic granulomas and fibrosis. Many ova are carried by the portal stream to the liver and deposited around portal spaces where they cause formation of pseudotubercles and fibrous nodules. The filariae are roundworms that live in the lymphatics or tissue of man. The infection filariform larvae are transmitted to man by a mosquito biting. The larvae migrate out of the insects labium onto the skin of man, where they penetrate the skin to enter the lymphatic system, and the larvae mature to adults in the regional lymph nodes or their large lymphatic trunks.

寄生虫病，即寄生虫侵入人体而引起的疾病。因虫种和寄生部位不同，引起的病理变化和临床表现各异。本类疾病分布广泛，世界各地均可见到，但以贫穷落后、卫生条件差的地区为多见，热带和亚热带地区更多。我国幅员辽阔，地跨寒、温、热三带，自然条件千差万别，寄生虫病种类众多，虽然五大寄生虫病（疟疾、血吸虫病、丝虫病、黑热病、钩虫病）在广大地区年发病率已明显下降，但一些病种局部性的暴发流行或疫情反复时有发生，对寄生虫病的防治任务仍十分艰巨。

寄生虫病在人、动物或人和动物之间传播，其流行具有地理区域性、季节性和人畜共患病的自然疫源性（disease of natural infectious focus）等特点。病变性质以炎症为主，可分为急性和慢性，但大多数呈慢性经过。部分宿主感染寄生虫后可以不表现症状，称为隐性感染（silent infection，又称亚临床感染）或成为带虫者。有时寄生虫会在常见部位之外的组织、器官中异位寄生。寄生虫对宿主的影响和损害的作用机制是：①机械性损伤（mechanical injury）。寄生虫在宿主体内寄生、移行、生长繁殖和排离过程中都可以造成局部破坏、压迫或阻塞等物理性损害。②毒性作用（toxicity）。寄生虫的代谢产物、分泌物或死亡虫体分解产物对宿主产生化学性作用。③免疫性损伤（immunological injury）。寄生虫的分泌物、排泄物和虫体的分解产物具有抗原性，诱发宿主产生免疫应答，可表现为保护性免疫力，亦可引起免疫病理改变。④夺取营养（capture nutrients）。寄生虫从宿主获取营养，通过夺取营养物质可致宿主营养损耗，抵抗力降低。

第一节　阿米巴病
Amoebiasis

阿米巴病由溶组织内阿米巴原虫(Entamoeba histolytica schaudinn)感染人体,引起以液化性坏死为主的病变。该原虫主要寄生于结肠,亦可经血流运行或偶以直接侵袭到达肝、肺、脑、皮肤等处,引起相应部位的阿米巴溃疡(amoebic ulcer)或阿米巴脓肿(amoebic abscess),也可同时累及多种组织和脏器而成为全身性疾病。

一、肠阿米巴病
Intestinal Amoebiasis

肠阿米巴病是由溶组织内阿米巴寄生于结肠而引起,因临床上常出现腹痛、腹泻(diarrhea)和里急后重等痢疾样症状,故称为阿米巴痢疾(amoebic dysentery)。阿米巴病的诊断方法很多,如粪便检查、人工培养、组织学检查和免疫学检查等。其中在病变组织中找到滋养体是最可靠的诊断依据。近年来分子生物学诊断方法的应用使该病诊断的敏感性有所提高。

(一) 病因 Etiology

溶组织内阿米巴原虫其生活史可分包囊(cysts)和滋养体(trophozoite)两个时期。成熟的四核包囊(four nuclei cysts)是阿米巴的传染阶段,而滋养体是致病阶段(图 16-1)。包囊存在于慢性阿米巴病患者或包囊携带者的粪便中。人的感染途径多为食入被包囊污染的食物和水而引起。感染过程:包囊进入消化道后,由于囊壁具有抗胃酸作用,能安全地通过胃而到达回盲部,在碱性肠液的消化作用下脱囊,发育成为滋养体(大小约 10~60μm)。滋养体在结肠上段摄食细菌并以二分裂方式增殖,其在肠腔内下移过程中,随着肠内容物脱水和环境改变,形成圆形的包囊前期。滋养体可吞噬红细胞和组织细胞碎片,并侵入、破坏肠壁组织,引起溃疡(图 16-2)。

(二) 发病机制 Pathogenesis

溶组织内阿米巴的毒力和侵袭力主要表现在对宿主组织的溶解破坏作用。

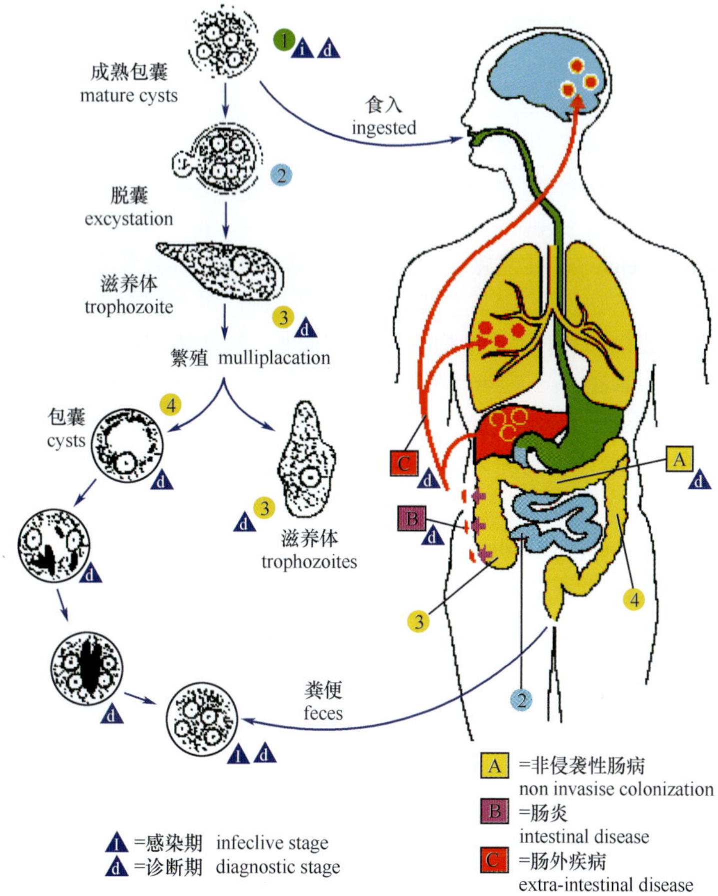

图 16-1　阿米巴原虫生活史 Life cycle of entamoeba histolytica Schaudinn

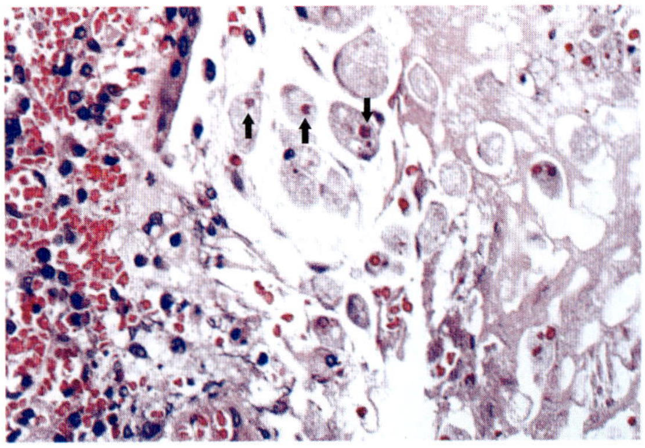

图 16-2 阿米巴病及滋养体 Amebiasis and trophozoites
坏死组织中见大量阿米巴滋养体，有些含有红细胞（箭头所示）Numerous ameba trophozoites, some of which contain red blood cells (arrow)

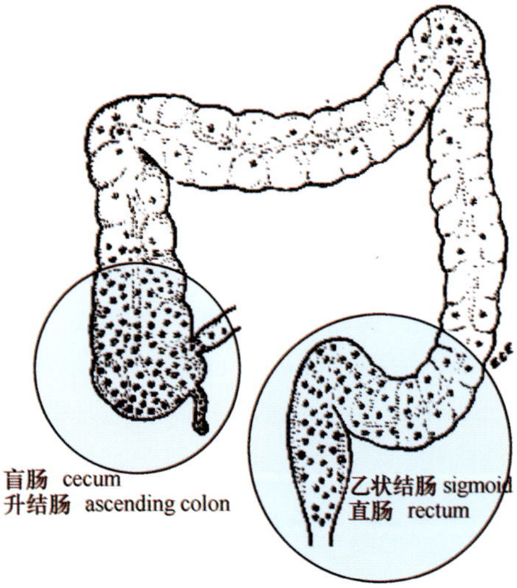

图 16-3 肠阿米巴病好发部位示意图 Schematic illustration of the most frequently involves sites of intestinal amoebiasis
肠阿米巴病最常累及盲肠和升结肠，其余依此为乙状结肠，直肠和阑尾 Amebiasis most frequently involves the cecum and ascending colon, followed in order by the sigmoid, rectum and appendix

1. 机械性损伤和吞噬作用 Mechanical injury and phagocytosis 滋养体能在组织中做伪足运动，破坏组织并吞噬和降解已受损的细胞。

2. 接触溶解作用 Contact dissolution 破坏细胞外基质和溶解宿主组织和细胞是溶组织内阿米巴侵袭的重要模式。有三种致病因子起重要的作用。①溶组织内阿米巴表面的半乳糖/乙酰氨基半乳糖凝集素（Gal/GalNAc lectin）有介导吸附和溶解宿主细胞的作用。②阿米巴穿孔素（amoeba perforin）是一组包含在滋养体胞质颗粒中的小分子蛋白家族，当滋养体与靶细胞接触时或侵入组织时注入穿孔素，使靶细胞形成孔状破坏，细胞因离子流失而死亡。③阿米巴原虫的半胱氨酸蛋白酶（cysteine proteinases）可使靶细胞溶解。滋养体通过凝集素吸附于肠黏膜上，随后分泌穿孔素和半胱氨酸蛋白酶溶解破坏肠黏膜，引起溃疡。

3. 细胞毒素作用 Cytotoxic effect 一些实验已从溶组织内阿米巴的培养中分离出一种肠毒素（enterotoxin），这种不耐热的蛋白质，可能在肠阿米巴病的黏膜损伤和腹泻中起重要作用。

4. 免疫抑制和逃避 Immunosuppression and immune evasion 阿米巴原虫的凝集素有抗补体的作用，半胱氨酸蛋白酶也能降解补体 C3 为 C3a，从而逃避宿主的免疫攻击。此外，宿主对病原体的易感性增加和抵抗力下降，合并其他肠道细菌感染等，都有利于阿米巴滋养体的侵袭和致病。

（三）病理变化与临床病理联系 Pathological changes and clinicopathological relations

1. 好发部位 Predilection sites 以盲肠、升结肠多见，其次为乙状结肠和直肠，严重者整个结肠和小肠下段均可受累（图 16-3）。

2. 基本病变 Basic lesions 主要为变质性炎，以组织溶解、液化为主。肠道病变以形成口小底大的“烧瓶状”溃疡为特点。

（1）急性期病变 Acute lesions

肉眼观：早期病变，在肠黏膜表面可见多数隆起的灰黄色、针头大小的点状坏死或浅小溃疡，周围有充血出血带环绕。病变进展时，坏死灶扩大呈圆形纽扣状。滋养体从溶解坏死的组织碎片和红细胞获取营养，在肠黏膜层内不断繁殖，破坏组织，并突破黏膜肌层进入黏膜下层。由于黏膜下层组织疏松，阿米巴易于向四周蔓延。坏死组织液化、脱落后，形成口小底大的“烧瓶状”溃疡（flask shaped ulcer），边缘呈潜行性（图 16-4，图 16-5）。溃疡之间的黏膜基本正常或仅有轻度充血、渗出。如病灶继续扩大，邻近的溃疡可在黏膜下层形成隧道样互相沟通，其表面黏膜发生大块坏死脱落，形成边缘潜行的巨大溃疡。少数溃疡严重者可累及肠壁肌层，甚至深达浆膜层，造成肠穿孔，或局限性阿米巴腹膜炎（regional amoebic peritonitis）。

光镜下：病变以组织的溶解、液化性坏死为特征。病灶周围的炎症反应轻微，仅见充血、出血及少量淋巴细胞、浆细胞和巨噬细胞浸润。如继发细菌感染则可有中性粒细胞浸润。在溃疡边缘与正常组织交界处及肠壁的小静脉管腔内可找到阿米巴滋养体。在组织切片上，滋养体一般呈圆形，体积较巨噬细胞大，有一个球形的泡状核，直径 4～7μm。胞质内常含糖原空泡（glycogen vacuoles）或吞噬的红细胞、淋巴细胞和组织碎片等。在滋养体周围常有一空隙，可能因组织被溶解所致（图 16-2，图 16-6）。

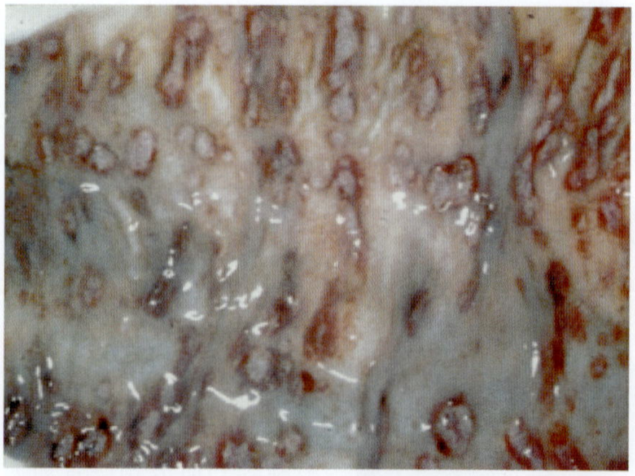

图16-4 肠阿米巴溃疡 Intestinal amoebiasis ulcers

肠阿米巴病呈较大的、潜掘状、口小底大的烧瓶状溃疡。溃疡边缘不规则，黄褐色。溃疡间黏膜基本正常或有轻微炎症 Intestinal amoebiasis produce large, characteristically undermined and a flask-shaped ulcer with a narrow neck and broad base. The ulcers have shaggy, yellowish brown edges and a floor formed by submucous or muscular coats. The mucosa between ulcers is often normal or mildly inflamed

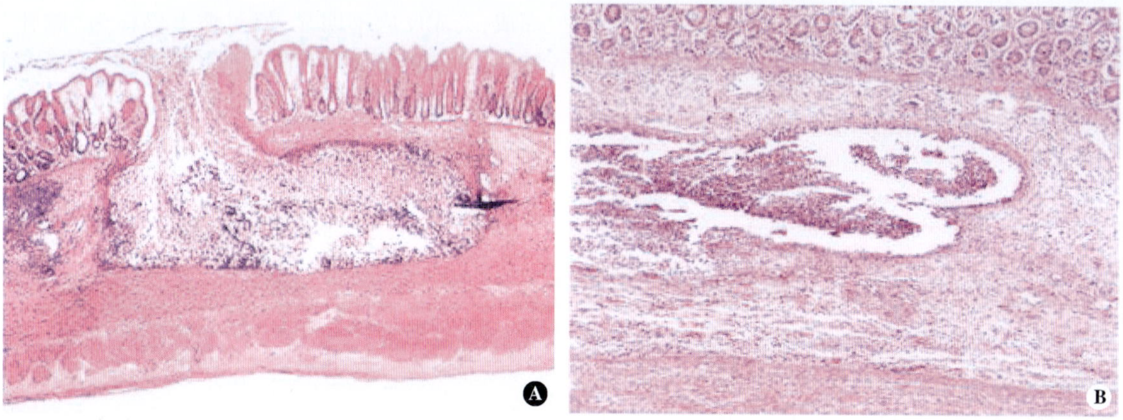

图16-5 肠阿米巴溃疡 Intestinal amoebiasis ulcers

阿米巴穿透黏膜下层且向两侧扩展，形成一个特征性较大的、潜掘状口小底大的烧瓶状溃疡 The ameba penetrate the submucosa and extend laterally, producing large, characteristically undermined and a flask-shaped ulcer with a narrow neck and broad base

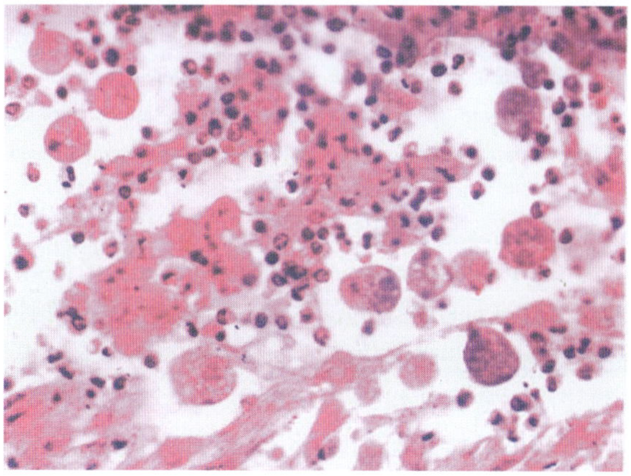

图16-6 肠阿米巴溃疡及滋养体 Intestinal amoebiasis ulcers and trophozoites

在正常组织和坏死组织交界处可见阿米巴滋养体，真正的化脓并不存在但可以继发细菌感染 The trophozoites are found in the edge of the living tissue and in the adjacent necrotic material. True pus is not present, unless secondary bacterial infection occurs

临床上，典型的急性期表现为腹痛、腹泻、大便量增多。大便因含黏液、血液及坏死溶解的肠壁组织而呈暗红色"果酱"样，伴腥臭。粪检时可找到溶组织内阿米巴滋养体。由于直肠及肛门病变较轻，故里急后重症状不如细菌性痢疾明显，全身中毒表现也很轻微。急性期多数可治愈，少数因治疗不够及时、彻底而转入慢性期。

> The trophozoites are found in the edge of the living tissue and in the adjacent necrotic material. In severe cases, there may be perforation and general peritonitis or adhesions to neighboring structures.

（2）慢性期病变 Chronic lesions：病变复杂。由于新旧病变共存，坏死、溃疡和肉芽组织增生及瘢痕形成反复交错发生，导致黏膜增生形成息肉，最终可使肠黏膜完全失去正常形态。肠壁可因纤维组织增生而增厚变硬，甚至引起肠腔狭窄。有时可因肉芽组织增生过度而形成局限性包块，称为阿米巴肿（amoeboma）（图 16-7），多见于盲肠，临床上易误诊为结肠癌。

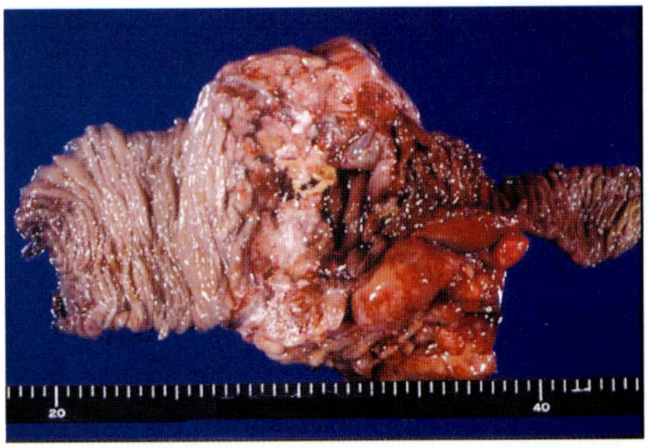

图 16-7 结肠阿米巴肿 Colon amoeboma
结肠慢性阿米巴病形成肿瘤样团块 Colon cancer-like tumor formation caused by amebic infection

Ameboma

Amebiasis most frequently involves the cecum and ascending colon, a focus of profuse granulation tissue response to the chronic amebiasis and is sometimes mistaken for a colonic tumor.

3. 肠阿米巴的并发症 Complications of intestinal amoeba

（1）肠出血 Intestinal hemorrhage：较常见，多因病变破坏肠壁小血管所致，但大血管被破坏导致大出血者则很少见。

（2）肠狭窄 Intestinal stenosis：由于肠壁肉芽组织过度增生或形成阿米巴肿的缘故。

（3）肠穿孔 Intestinal perforation：较少见，常在盲肠、阑尾和升结肠等部位，因病变发展较缓，在穿孔前溃疡底的浆膜层常与邻近组织粘连，故穿孔时仅形成局限性脓肿（circumscribed abscess），很少引起弥漫性腹膜炎（diffuse peritonitis）。

（4）阑尾炎 Appendicitis

（5）阿米巴肛瘘 Amoeba anal fistula：亦可引起肝、肺、脑等肠外器官的病变。

二、肠外阿米巴病 Extraintestinal Amoebiasis

肠外阿米巴病多发生在肝、肺及脑等，其中以阿米巴肝脓肿最常见。

（一）阿米巴肝脓肿 Amoebic liver abscess

阿米巴肝脓肿是肠阿米巴病最重要和最常见的并发症，大多发生于阿米巴痢疾发病后 1～3 个月内，但也可发生于痢疾症状消失数年之后，少数也可无肠阿米巴的临床表现而单独发生。

1. 感染过程 Infection process 肠黏膜下或肌层的阿米巴滋养体侵入肠壁小静脉，经门静脉到达肝，偶尔也可直接进入腹腔而侵犯肝脏。阿米巴肝脓肿可为单个（solitary）或多个（multiple），以单个多见，常出现在肝右叶（80%）。其原因可能是由于肠阿米巴病多位于盲肠和升结肠，其血液流入肠系膜上静脉后，经粗短的门静脉时血流变快，来不及与肠系膜下静脉的血液相混合而大部分进入肝右叶。此外，肝右叶体积远比左叶为大，故受侵犯的机会也较多。

2. 病理变化 Pathologic changes

肉眼观 Gross appearances：脓肿大小不等，大者可达儿头大，几乎占据整个肝右叶。脓肿内容物呈棕褐色“果酱”样，由液化性坏死物质和陈旧性血液混合而成，炎症反应不明显，但习惯上仍称为“脓肿”（假脓肿）。脓肿壁上附有尚未彻底液化坏死的汇管区结缔组织、血管和胆管等，呈破絮状外观（flocculent appearance）（图 16-8）。

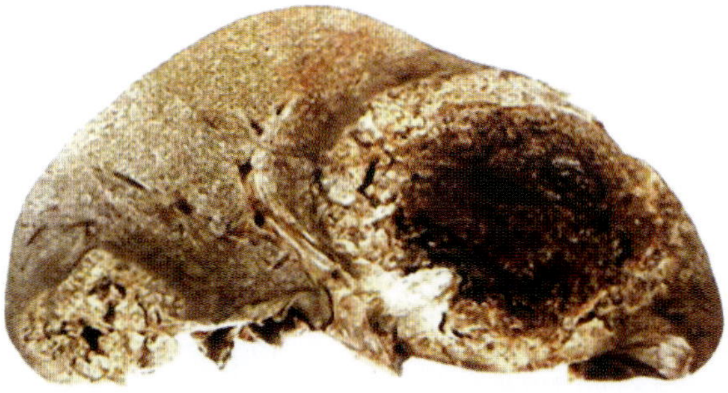

图 16-8 阿米巴性肝脓肿 Amoebic liver abscess
阿米巴肝脓肿边缘无明显的炎症反应，内壁衬有破絮状的纤维素。由于脓腔内出血，脓肿内常充满巧克力色、无味的糊状物质，形如果酱 Amebic liver abscesses have a scant inflammatory reaction at their margins and a shaggy fibrin lining. Because of hemorrhage into the cavities, the abscesses are sometimes filled with a chocolate-colored, odorless, pasty material likened to anchovy paste

光镜下 Microscopic view：脓腔内为液化性坏死（liquefactive necrosis）的淡红色无结构物质。脓肿壁有不等量尚未彻底液化坏死的残存组织，有少量炎性细胞浸润。在坏死组织与正常组织交界处可找见阿米巴滋养体。如伴有细菌感染，则可形成真正脓肿，其内可见大量中性粒细胞和脓细胞。慢性脓肿周围可有肉芽组织及纤维组织包绕。

3. 临床表现 Clinic manifestations 阿米巴肝脓肿常表现为长期不规则发热，伴右上腹疼痛、肝大及全身消耗等症状。若治疗不及时，阿米巴性肝脓肿可继续扩大并向周围组织穿破，引起相应部位的病变，如膈下脓肿、腹膜炎、肺脓肿或脓胸、胸膜-肺-支气管瘘和心包炎等。慢性阿米巴性脓肿常继发细菌感染而与典型的细菌性脓肿相似，其脓液呈黄色或黄绿色，病情也相应恶化。

（二）阿米巴肺脓肿 Aamoebic lung abscess

阿米巴肺脓肿少见，大多数是由阿米巴肝脓肿穿过横膈直接蔓延而来，少数为阿米巴滋养体经血流到肺。脓肿多位于右肺下叶，单个。由于横膈被穿破，故肺脓肿常与肝脓肿互相连通。脓肿腔内含咖啡色坏死液化物质，如破入支气管，坏死物质被排出后形成肺空洞。临床上患者有类似肺结核症状，咳出褐色“脓”样痰，其中可检见阿米巴滋养体。

（三）阿米巴脑脓肿 Amoebic brain abscess

阿米巴脑脓肿极少见，往往是阿米巴肝脓肿或肺脓肿内的滋养体经血道进入脑而引起。

第二节 血吸虫病 Schistosomiasis

血吸虫病是由血吸虫（schistosoma）寄生于人体引起的一种寄生虫病。人感染血吸虫的主要病变是由虫卵（ova/egg）引起肝和肠等器官、组织的肉芽肿（granulomas）和纤维化（fibrosis）。

（一）病因 Etiology

寄生于人体的血吸虫有 6 种：日本血吸虫（S. japanicum）、埃及血吸虫（S. haematobium），曼氏血吸虫（S. mansoni）、间插血吸虫（S. intercalatum）、湄公血吸虫（S. mekongi）和马来血吸虫（S. malayensis），其中前 3 种引起的血吸虫病流行范围最广，主要分布于亚洲、非洲和拉丁美洲。我国只有日本血吸虫病。

我国的血吸虫病历史久远，早在 2100 多年前的西汉已有流行（从湖南长沙马王堆一号墓出土的西汉女尸及湖北江陵出土的西汉男尸体内都发现有大量血吸虫卵）。血吸虫病在我国主要流行于长江流域及其以南的 13 个省市的广大地区。

（二）感染过程 Infection process

日本血吸虫的生活史可分为虫卵、毛蚴、胞蚴、尾蚴、童虫及成虫 6 个阶段。成虫以人体或其他哺乳动物如狗、猫、猪、牛等为终宿主，自毛蚴至尾蚴的发育繁殖阶段以钉螺（snails）为中间宿主。血吸虫病传播必须具备三个条件：①含有虫卵的粪便入水。②钉螺的滋生。③人体接触疫水。

1. 成虫排卵 Adult worm produce eggs 成虫寄生于门静脉、肠系膜静脉系统，雌雄异体。雌虫在肠系膜下静脉内产卵，部分虫卵随血流进入肝脏，部分虫卵经肠壁进入肠腔，随同宿主（病人或病畜）的粪便排出体外。

2. 虫卵孵化 Eggs hatching 排出的虫卵入水后，卵内的毛蚴（miracidia）成熟孵化，破壳而出，钻入中间宿主钉螺体内，经过母胞蚴及子胞蚴阶段后，发育成尾蚴，然后离开钉螺再次入水。

3. 尾蚴入体 Cercariae penetrate human body 当人、畜与疫水接触时，尾蚴借其头腺分泌的溶组织酶（lytichistoenzyme）作用和尾蚴收缩的机械运动，钻入皮肤或黏膜并脱去尾部发育为童虫。

4. 童虫迁徙 Larvae migrating 童虫进入小静脉或淋巴管，随血流经右心到肺。以后由肺的毛细血管进入大循环向全身散布。只有进入肠系膜静脉的童虫，才能继续发育为成虫，其余多在途中夭折。

5. 虫卵致病 Eggs caused lesions 在感染尾蚴后 3 周左右，童虫可发育为成虫，雌雄成虫交配后产卵，约经 11 天左右逐渐发育为成熟虫卵，内含毛蚴。肠壁内的虫卵成熟后可破坏肠黏膜而进入肠腔，并随粪便排出体外，再重演血吸虫生活周期。虫卵在组织内的寿命约为 21 天左右，成虫在人体内的平均寿命为 4.5 年（最长可达 40 年）。

> The male and female blood flukes live in various parts of the portal bloodstream, and the eggs are excreted with feces or urine. The eggs hatch in fresh water, and the resulting free swimming organisms (miracidia) attack and infect appropriate species of snails. After a period (about 40-60days) of development and multiplication in the molluscan host, fork-tailed, free-swimming forms (cercariae) are discharged. Cereariae can penetrate human skin, it develop into the larvae. Transient local irritation or an urticarial rash may appear at the site of entry in the skin. Having penetrated peripheral vasculature or lymphatics of the dermis the larvae are carried in the bloodstream, traverse to the right heart, the lung, and systemic circulation, reach all body, only settle in portal circulation where they develop into male and female schistosomes (adult worm), females produce hundreds of eggs per day. The important lesions that develop are caused by the deposition of eggs in the liver, the walls of the bowel, urinary bladder and other tissues.

（三）基本病理变化及发病机制 Basic pathological changes and pathogenesis

血吸虫发育阶段中的尾蚴、童虫、成虫和虫卵等均可对宿主造成损害，但以虫卵引起的病变最严重，对机体的危害也最大。造成损害的主要原因和机制与免疫反应有关。

1. 尾蚴性皮炎 Cercarial dermatitis 尾蚴侵入皮肤后，可引起皮肤的炎症反应，称尾蚴性皮炎。主要与Ⅰ型和Ⅳ型变态反应有关。在尾蚴钻入皮肤后数小时至2～3日内发生，表现为入侵局部瘙痒的小丘疹，数日后可自然消退。镜下见真皮充血、水肿及出血，早期有中性及嗜酸粒细胞浸润，以后主要为单核细胞浸润。

2. 血管炎和血管周围炎 Vasculitis and perivasculitis 由童虫引起的损害。童虫在体内移行过程引起血管炎和血管周围炎，以肺组织受损最明显，但病变轻微而短暂，表现为肺组织充血、水肿、点状出血及白细胞浸润。童虫所引起各器官的病变除与童虫的机械损伤作用有关外，还与其代谢产物或虫体死亡后蛋白分解产物所致组织的变态反应有关。童虫表面有特异抗原，嗜酸粒细胞和巨噬细胞通过抗体依赖性细胞介导的细胞毒机制，对童虫有杀伤作用。因此，当宿主再次感染尾蚴时有一定免疫力。

3. 嗜酸性脓肿 Eosinophilic abscess 多由成虫引起的损害。成虫对机体的损害作用较轻，可能是成虫的表面含有宿主的抗原，被宿主认为是"自我"组织而逃避了免疫攻击。成虫的代谢产物可使机体发生贫血、嗜酸粒细胞(eosinophils)增多、脾大、静脉内膜炎及静脉周围炎等。肝、脾内的单核巨噬细胞增生，并常吞噬有黑褐色血吸虫色素(schistosomal pigment)。此色素是成虫吞食红细胞后，在虫体内珠蛋白酶作用下，使血红蛋白分解而形成的一种血红素样色素，同样的色素也见于成虫的肠道内。该色素象黑色素一样铁反应阴性，积聚在库沸细胞和脾脏的巨噬细胞中。死亡虫体的周围组织发生坏死，大量嗜酸粒细胞浸润，形成嗜酸性脓肿，(见急性虫卵结节中的描述)。

4. 虫卵结节(肉芽肿)Eggs nodules or schistosome granuloma 是虫卵引起的损害。虫卵沉着所引起的损害是最主要的病变。虫卵主要沉着于乙状结肠壁、直肠壁和肝，也可见于回肠末段、阑尾、升结肠、肺、脑等处。沉着的虫卵按其发育过程可分为未成熟卵和成熟卵两种，前者因毛蚴不成熟，无毒液分泌，所引起的病变轻微。成熟虫卵含成熟毛蚴，卵内毛蚴分泌可溶性虫卵抗原(soluble egg antigen，SEA)，形成特征性虫卵结节(血吸虫性肉芽肿)。按其病变发展过程可分为急性虫卵结节和慢性虫卵结节两种。

(1) 急性虫卵结节 Acute schistosoma egg's granulomas：是由成熟虫卵引起的一种急性坏死、渗出性病变。

肉眼观：病灶呈灰黄色、粟粒至绿豆大的小结节。

光镜下：结节中央常有1～2个成熟虫卵，虫卵表面有时可见附有放射状嗜酸性的棒状体，是虫卵内毛蚴释放的SEA刺激B细胞产生相应的抗体而形成的抗原抗体复合物。其周围是一片无结构的颗粒状坏死物质及大量嗜酸粒细胞浸润，状似脓肿，故称为嗜酸性脓肿(eosinophilic abscesses)(不是真性脓肿)(图16-9)。可见夏科-莱登结晶(Charcot-Leyden crystals)，呈菱形或多面形屈光性蛋白质晶体，系嗜酸粒细胞的嗜酸性颗粒互相融合而成。随着病程的发展，虫卵周围出现肉芽组织层，其中有以嗜酸粒细胞为主的炎细胞浸润。随后肉芽组织层逐渐向虫卵结节中央生长，并出现围绕结节呈放射状排列的上皮样细胞层，嗜酸粒细胞显著减少，构成晚期急性虫卵结节，这是向慢性虫卵结节发展的过渡阶段。

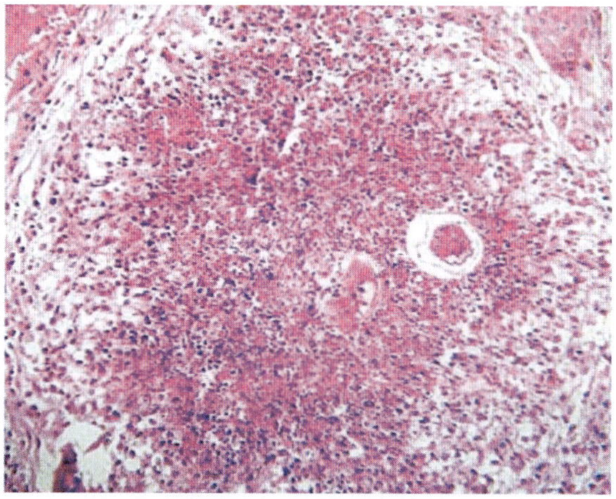

图16-9 嗜酸性脓肿 Eosinophilic abscesses
急性虫卵结节，虫卵周围有大量的嗜酸粒细胞浸润 Acute egg's granulomas, numerous scattered eosinophils around egg

(2) 慢性虫卵结节 Chronic schistosoma egg's granulomas：急性虫卵结节经10多天后，卵内毛蚴死亡，其分泌的抗原物质消失，病灶内坏死物质逐渐被巨噬细胞清除，虫卵崩解、破裂。随后病灶内巨噬细胞变为上皮样细胞(epithelioid cells)和少量异物巨细胞(foreign body-type giant cells)，病灶周围有淋巴细胞浸润和肉芽组织增生，形态上似结核样肉芽肿，故称为假结核结节(pseudotubercliod nodule)，即慢性虫卵结节(图16-10)。最后，结节纤维化、玻璃样变，中央的卵壳碎片及钙化的死卵可长期存留。

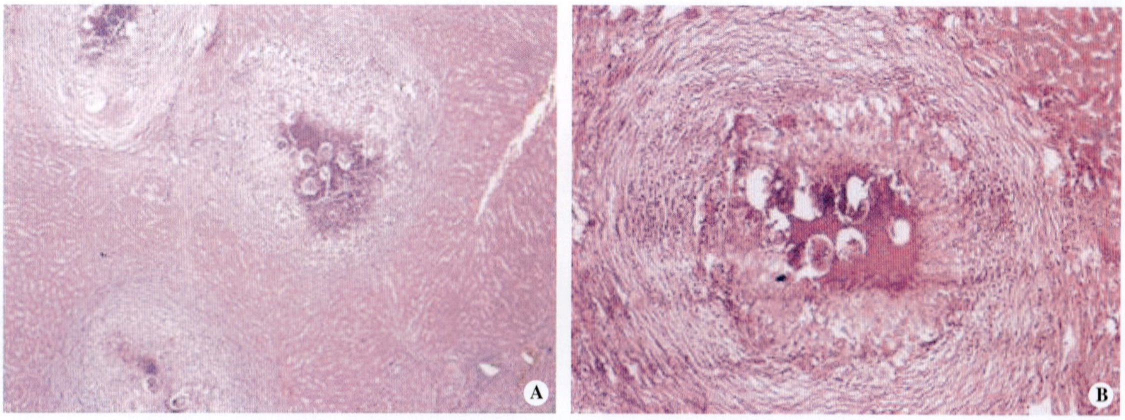

图 16-10 慢性虫卵结节 Chronic schistosoma egg's granulomas

慢性虫卵结节中可见上皮样细胞聚集并围绕虫卵 There are epithelioid cells collection around an egg

肉芽肿形成是宿主对虫卵的一种免疫应答反应，它的形成一方面有利于隔离、中和虫卵释放的抗原和毒性物质，起到局部免疫屏障作用；但另一方面，肉芽肿形成的纤维化会破坏宿主正常组织结构并导致器官纤维化。

（四）主要器官的病变及其后果 Lesions and outcomes of major organs

由于成虫主要寄生在门脉系统，因此虫卵会大量沉着于肝、肠组织内。如果成虫或虫卵出现在门脉系统以外的组织和器官（如肺、脑等）时，称异位寄生（ectopic parasitism）。

1. 结肠病变 Colon lesions 全部结肠都可受累，由于成虫多寄生于肠系膜下静脉和痔上静脉，以直肠、乙状结肠、降结肠最显著。急性期，虫卵沉着在结肠黏膜及黏膜下层，形成急性虫卵结节。

肉眼观：肠黏膜充血、水肿，见灰黄色细颗粒状扁平隆起的病灶，直径约0.5～1cm。病灶中央可发生坏死、脱落，形成大小不一、边缘不规则的、浅小丘状溃疡（japonicum ulcer），虫卵可随之落入肠腔，在粪便中可查见虫卵。

临床上，可出现腹痛、腹泻、脓血便等痢疾样症状。

随着病变的发展，虫卵结节最后纤维化，虫卵也逐渐死亡及钙化。慢性期，由于虫卵的反复沉着，肠黏膜反复发生溃疡和肠壁纤维化，最终导致肠壁增厚、变硬，甚至肠腔狭窄和肠梗阻。由于肠壁结缔组织增生，虫卵难于排入肠腔，故晚期患者粪便中不易查见虫卵。此外，部分肠黏膜萎缩，皱装消失，部分呈息肉状增生（polyp proliferation）（图 16-11），少数可并发管状（tubular）或绒毛状腺瘤（villous adenoma）甚至腺癌（adenocarcinoma）。

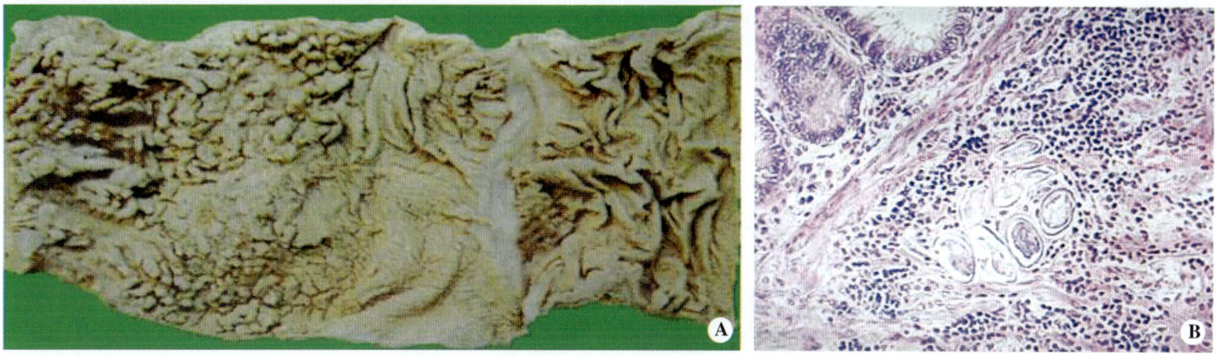

图 16-11 肠血吸虫病 Intestinal schistosomiasis

A. 肠壁增厚变硬，肠黏膜溃疡和肠壁纤维化同时存在。部分肠黏膜萎缩，皱襞消失，部分呈息肉状增生；B. 虫卵沉着在结肠黏膜及黏膜下层，引起慢性炎症，形成虫卵结节 A. Bowel wall thickening, intestinal mucosa ulcer and fibrosis exist simultaneously. Part of the bowel mucosa atrophy, wrinkles disappear, some of which polypoid hyperplasia; B. Eggs deposited cause a chronic inflammatory reaction, and formed pseudotubercliod nodule in the mucosa and submucosa

附1 几种常见肠道溃疡性病变的比较（图 16-12）。许多疾病可以在肠道形成溃疡性病变，如十二指肠消化性溃疡、肠伤寒、肠结核、细菌性痢疾、肠阿米巴病、肠血吸虫病、局限性肠炎（Crohn 病）、慢性溃疡性结肠炎和大肠癌等,他们在病因、发病机制、好发部位、病变特点、临床病理联系及预后等方面都不相同,需要鉴别。

2. 肝脏病变 Liver lesions 虫卵随门静脉血流到达肝脏,由于虫卵直径大于门静脉末梢分支的口径而不能进入肝窦,因此虫卵引起的病变主要在汇管区,以左叶更明显。

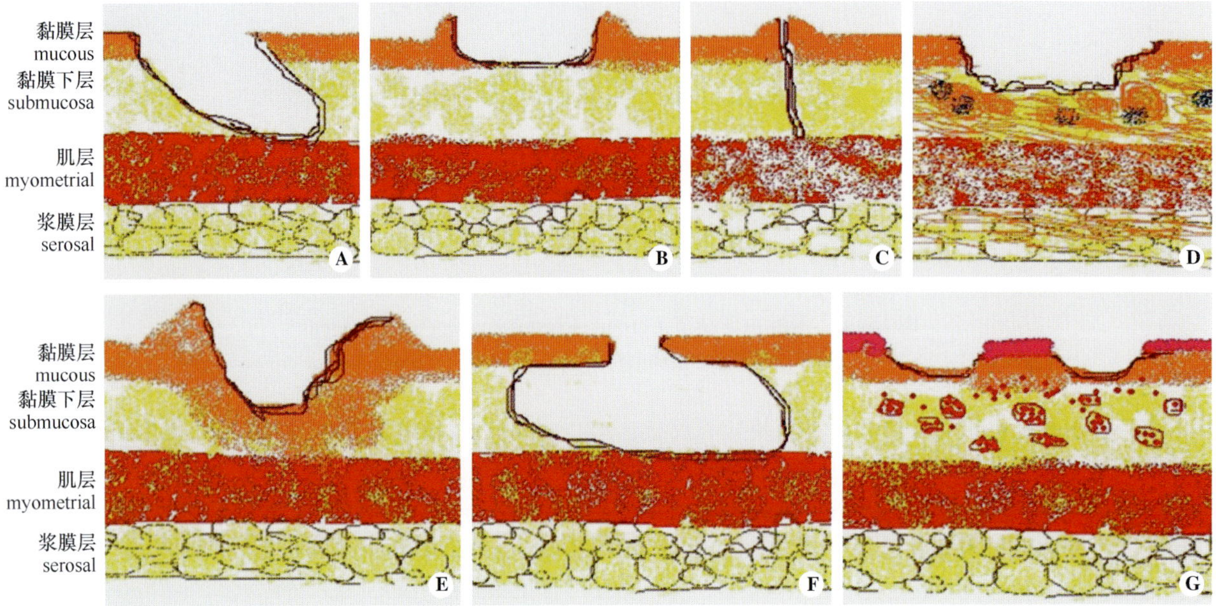

图 16-12 几种常见肠道溃疡性病变的比较示意图 Comparison of several common ulcers of bowel

A. 消化性溃疡呈潜掘状;B. 肠伤寒溃疡呈花坛状;C. 急性血吸虫性溃疡呈浅小的丘状;D. 肠结核溃疡呈鼠咬状;E. 癌性溃疡呈火山口状;F. 肠阿米巴溃疡呈烧瓶状;G. 急性菌痢呈浅表地图状 A. the peptic ulcers are shaped like round, small craters;B. the typhoid ulcers are shaped like flower beds;C. the ulcers of schistosomiasis are superficial and small;D. the ulcers of intestinal tuberculosis are rodent ulcers;E. the malignant ulcers are shaped like irregular, big craters;F. the intestinal amoebic ulcers are shaped like flask;G. the ulcers of bacillary dysentery are superficial, map-like

(1) 轻微的肝脏病变 Slight liver lesions

肉眼观:急性期肝脏轻度肿大,表面及切面可见多个不等的灰白或灰黄色、粟粒至绿豆大小的小结节。

光镜下:在汇管区附近见较多急性虫卵结节,肝细胞可因受压而萎缩,也可有变性及小灶性坏死。肝窦充血,Kupffer 细胞增生和吞噬血吸虫色素。慢性期,肝内可见慢性虫卵结节和纤维化。感染较轻的病例,仅在汇管区有少量慢性虫卵结节。

临床上,一般不出现明显症状。

(2) 重度的肝脏病变 Severe liver lesions:长期重度感染的病例,汇管区周围有大量纤维组织增生,肝因严重纤维化而变硬、变小、变形,形成血吸虫病性肝硬化。

肉眼观:肝表面不平,有浅的沟纹分割肝脏,形成若干大小不等的、稍隆起的区域,严重时形成粗大结节。切面上,增生的纤维组织沿门静脉分支呈树枝状分布,故称为干线型或管道型肝硬化(pipestem cirrhosis)(图 16-13)。

光镜下:汇管区有大量慢性虫卵结节,伴有明显的纤维组织增生,肝小叶结构破坏不严重,不形成明显假小叶(与门脉性肝硬化不同)(图 16-10)。由于虫卵较大而不能进入肝窦,造成门静脉分支虫卵栓塞、静脉内膜炎、血栓形成和机化,以及门静脉周围纤维组织增生,使肝内门静脉分支阻塞和受压,引起更显著的门静脉高压。

临床上,常出现腹水(ascites)、巨脾(megalosplenia)、食管静脉曲张(esophageal varices,EV)等后果。

图 16-13 进展性干线型肝纤维化 Progressive pipestem fibrosis of liver

肝切面见增生的纤维组织沿门静脉分支呈树枝状分布,导致干线型或管道型纤维化,阻塞门静脉循环,可造成窦前性门脉高压、严重的淤血 Hepatic section see the proliferation fibrous tissue distributed along the dendritic branch of portal vein, leads to a progressive pipestem fibrosis, with obstruction of the portal circulation, causing presinusoidal portal hypertension and severe congestive

附 2 几种常见肝硬化的比较(表 16-1)

表 16-1 几种常见肝硬化的比较一览表

Comparison of several common types of liver cirrhosis

病变	门脉性肝硬化	坏死后性肝硬化	胆汁性肝硬化	血吸虫性肝硬化	淤血性肝硬化
肉眼观特征	小结节型	大结节或混合型	不全分割型	干线型(属不全分割型)	不全分割型
结节大小	较小,大小相对一致	较大,大小不一、相对悬殊	结节不明显	结节不明显,严重者呈粗大结节	结节不明显
纤维间隔	窄,宽窄相对一致	宽大,厚薄不均,间隔内可有假小叶	主要在汇管区,有小胆管增生和炎症	主要在汇管区,有虫卵结节和肉芽肿	主要在小叶中央,与淤血区有关
假小叶	形态相对一致	形态不一,大小悬殊	不明显	不明显	不明显
肝细胞病变	可有水肿、嗜酸性变、嗜酸性小体	可有水肿、嗜酸性变、嗜酸性小体	淤胆明显,可有"网状坏死"或"羽毛状坏死"	不明显	细胞萎缩、脂肪变
肝功能损害	出现早,明显	出现更早,严重	不明显	不明显	出现较晚,相对轻
门脉高压	典型	相对轻,出现较晚	相对轻,出现晚	出现早,更明显	相对轻,出现晚

3. 脾脏病变 Spleen lesions 早期脾略增大,主要由于成虫的代谢产物引起的单核巨噬细胞增生所致。晚期脾进行性肿大,可形成巨脾,重量可达 4000g(正常成人脾重平均 150g),主要由门静脉高压引起的脾淤血所致。

肉眼观:脾质地坚韧,包膜增厚。切面暗红色,常见棕黄色的含铁小结(siderotic nodule),主要由陈旧性出血灶伴有铁质及钙盐沉着和纤维组织增生构成。有时还可见多数梗死灶。

光镜下:脾窦扩张充血,窦内皮细胞及网状细胞增生,窦壁纤维组织增生变宽。脾小体萎缩,数量减少,单核巨噬细胞内可见血吸虫色素沉着。脾内偶见虫卵结节。

临床上,可出现贫血、白细胞减少和血小板减少等脾功能亢进症状。

4. 异位寄生 Heterotropic parasitism

(1)肺血吸虫病 Pulmonary schistosomiasis:是常见的异位血吸虫病。在部分急性病例,肺内可出现多数急性虫卵结节,其周围肺泡有炎性渗出物,X 线摄片表现类似肺的粟粒性结核。肺的变化轻微,一般不导致严重后果。关于肺内虫卵的来源,系寄生于肠系膜的成虫,经门-腔静脉之间的交通支至下腔静脉或肝静脉内产卵,再经右心而入肺。

(2)脑血吸虫病 Brain paragonimiosis:是较常见的异位血吸虫病,主要见于大脑顶叶,也可累及额叶及枕叶,形成虫卵结节和胶质细胞增生。临床上表现为脑炎、癫痫发作和疑似脑内肿瘤的占位性症状。关于虫卵进入脑的途径,一般认为是肺部虫卵经肺静脉到左心,由动脉血流进入脑内。

5. 继发性肾小球肾炎 Secondary glomerulonephritis 血吸虫感染可引起血吸虫病相关性肾小球肾炎,肾小球内发现有 IgG 及补体 C3 的沉着,属于Ⅲ型变态反应引起的免疫复合物性肾炎。

6. 血吸虫病侏儒症 Schistosoma dwarfism 儿童长期反复重度感染血吸虫,会严重影响肝功能,以致某些激素不能被灭活,从而继发脑垂体功能抑制,垂体前叶及性腺等萎缩,影响儿童的生长发育,表现为身体矮小,面容苍老,第二性征发育迟缓,称血吸虫病侏儒症(与甲状腺功能低下引起的克汀病 cretinism 或呆小症不同)。

The mature worms located mainly in the lower colonic and rectal branches of the portal veins. The ova extruded into the intestinal wall cause a chronic inflammatory reaction. Granulomus are scattered throughout the gut and liver. The center of the granuloma is the schistosoma ova, which contains a miracidium. The granulomas are composed of macrophages, lymphocytes, neutrophils, and eosinophils. In acute egg's granulomas, there are numerous scattered eosinophills around egg(center), which is named eosinophilic abscesses. In later stage, pseudotubercliod nodule and small abscesses form around the ova, and fibrosis and thickening of the bowel wall eventually developed. Pseudotubercles and fibrous nodules in the liver and its around portal spaces eventually, may lead to a progressive pipestem fibrosis, with obstruction of the portal circulation, causing presinusoidal portal hypertension and severe congestive, splenomegaly, esophageal varices and ascites.

第三节 华支睾吸虫病 Clonorchiasis Sinensis

华支睾吸虫病是由华支睾吸虫(clonorchis sinensis)成虫寄生在肝内胆管引起以胆管系统慢性炎症和增生为主要病变的寄生虫病,也称为肝吸虫病。

华支睾吸虫病主要发生在亚洲,我国以台湾、广东、广西多见。

(一)病因及感染途径 Etiology and route of infection

华支睾吸虫的成虫寄生在人、犬、猫、猪等的肝内胆管。成虫产卵后,虫卵随胆汁进入肠道而被排出。含有成熟毛蚴的虫卵可被第一中间宿主淡水螺吞食,在其消化道内,虫卵内的毛蚴脱壳而出,毛蚴在螺体内发育为胞蚴,再经分裂形成许多雷蚴和尾蚴。成熟的尾蚴离开螺体入水,侵入第二中间宿主淡水鱼或淡水虾体内,在其肌肉内发育为囊蚴。当人或动物食入未经煮熟的含活囊蚴的鱼或虾后,囊蚴经胃肠消化液的作用,在十二指肠内破囊而出。幼虫循胆汁逆流而行进入肝内胆管寄生并发育为成虫。从食入囊蚴至粪便中出现虫卵约需1个月。

(二)病理变化及并发症 Pathological changes and complications

华支睾吸虫主要寄生左肝内胆管,多见于中等大小的胆管(二级胆管)。重度感染者也可见于肝外胆管、胆囊及胰导管。感染轻者虫数少,仅在粪便中找到虫卵,胆管内有成虫寄生和胆管黏膜上皮脱落,肝和胆管的外观则无异常。重度感染者常可引起胆管炎、胆囊炎或(和)胆管结石,也可导致肝硬化,甚至出现胆管上皮不典型增生或癌变。病变的发生除与虫体的阻塞、机械性损伤及代谢崩解产物的化学刺激有关外,虫体产生的抗原性物质所引起的免疫反应也起一定作用。

1. 肝内胆管病变 Intrahepatic bile duct lesions

肝内胆管扩张是最突出的病变。

肉眼观:可见肝脏轻度肿大,重量增加,被膜下可见到因成虫机械阻塞而扩张的胆管分支,以左叶明显(可能因左叶胆管较平直,易被童虫侵入之故)。切面见肝内大、中胆管呈不同程度扩张和管壁增厚(图16-14),管腔内充满胆汁和数目不等的成虫。

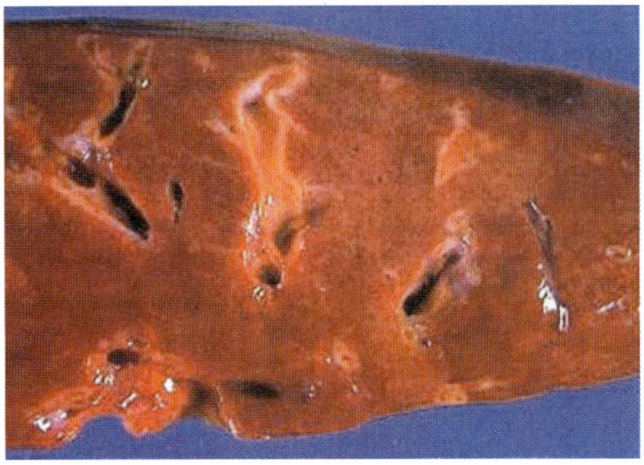

图16-14 肝华支睾吸虫病 Liver clonorchiasis sinensis
肝内胆管扩张和管壁增厚 Marked intrahepatic biliary dilatation.
(肉眼观标本)

光镜下:见肝内胆管扩张,上皮细胞和黏膜下腺体呈不同程度增生,严重者呈乳头状、腺瘤样或不典型增生。部分胆管上皮还可发生杯状细胞化生甚至癌变。管壁有淋巴细胞、浆细胞和嗜酸粒细胞浸润。慢性病例则伴有明显的纤维结缔组织增生。部分病例汇管区的结缔组织也呈轻度增生,伴有上述炎性细胞浸润。肝实质细胞一般无明显改变(图16-15)。

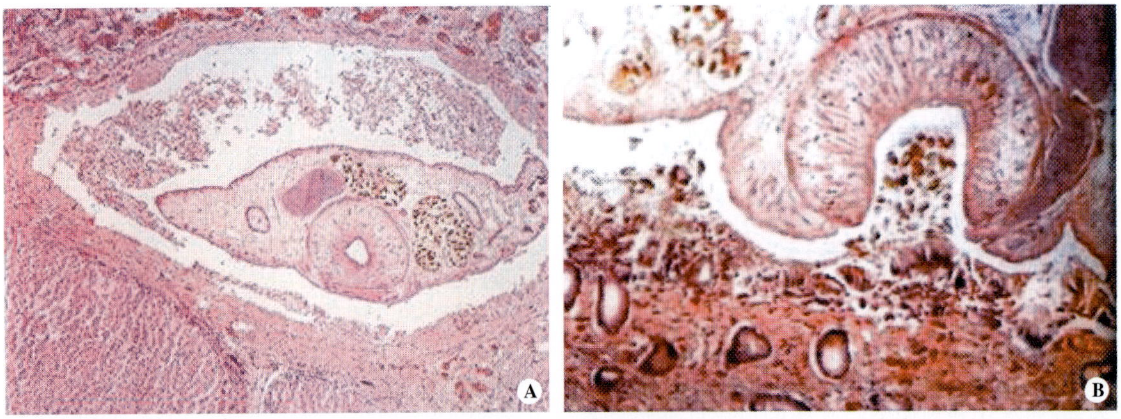

图16-15 肝吸虫病 Clonorchiasis
肝内胆管扩张,上皮细胞和黏膜下腺体呈不同程度增生,可见吸虫及其吸盘的切面 A section of clonorchis sinensis from the liver shows a large sucker on the destroyed epithelium of an intrahepatic bile duct

成虫在肝内胆管寄生，使胆管内胆汁淤积，容易发生继发感染。死亡的虫体、虫卵和脱落的胆管上皮还可以成为胆石的核心，促进胆石（cholelith）形成。

2. 胆囊病变 Gallbladder lesions 寄生于肝内胆管的成虫有时可随胆汁流动而进入胆囊，特别是当胆总管有阻塞或胆囊管扩张时（图 16-16）。光镜下：呈胆囊炎改变，可见胆囊黏膜上皮有不同程度的增生，囊壁充血、水肿，有嗜酸粒细胞及淋巴细胞浸润等。

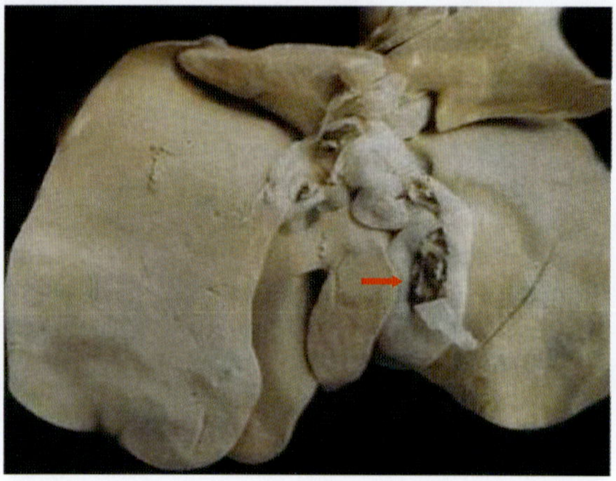

图 16-16 华支睾吸虫引起的胆囊病变 Gall bladder infected with clonorchis

寄生于胆管的华支睾吸虫成虫随胆汁流入胆囊，阻塞胆管，使胆囊管扩张 Dilatation of gall bladder infected with clonorchis

3. 胰腺导管病变 Pancreatic ductal lesions 成虫也可在胰腺导管内寄生，引起胰管炎症。肉眼观：胰管扩张，管壁增厚。光镜下：可见胰管黏膜上皮增生，并伴有鳞状上皮化生（鳞化的程度与感染的虫数有关）。管壁有纤维组织增生和淋巴细胞浸润。胰腺实质一般无明显改变。

第四节 肺型并殖吸虫病 Pulmonary Paragonimiasis

肺型并殖吸虫病是并殖吸虫童虫在肺组织内穿行和成虫寄生引起的疾病，简称肺吸虫病（paragonimiasis）。病变特点是在器官或组织内形成窦道和多房性小囊肿。本病可以广泛流行，感染季节以夏秋季为主。

（一）病因及感染途径 Etiology and routes of infection

在我国致病的并殖吸虫主要是卫氏并殖吸虫（paragonimus westermani）和斯氏并殖吸虫（paragonimus skrjabini），以前者更为常见。卫氏并殖吸虫引起以肺部病变为主的肺吸虫病，主要表现为咳嗽、咳铁锈色痰、咯血等。斯氏并殖吸虫引起的主要病变是游走性皮下包块（migratory subcutaneous masses）和渗出性胸膜炎（exudative pleurisy）。

并殖吸虫成虫寄生在人及其他哺乳动物如猫、犬、猪等的肺内，也可寄生于肺外组织或器官。虫卵主要随痰咳出，在水中孵化成毛蚴，随即钻入第一中间宿主淡水螺的体内，经胞蚴、雷蚴发育成尾蚴。尾蚴离开螺体后能在水中生存 1～2 天，如遇第二中间宿主淡水溪石蟹（freshwater crab）或虫喇姑（crayfish），侵入其体内发育成为囊蚴（encysted metacercaria）。人若食用含有此种囊蚴的石蟹或喇姑时，囊蚴随之进入消化道，经消化液作用脱囊成为童虫。童虫在游动和所分泌的酶作用下，可穿过肠壁进入腹腔，多数童虫沿腹膜移行，经肝、脾、胃的表面向上移行，直接贯穿膈肌而达胸腔，侵入肺内并发育为成虫，并在此结囊产卵。少数童虫停留于腹腔内继续发育，并穿入肝脏浅层或大网膜成为成虫。偶尔也穿行于肾、纵隔、脑、脊髓等处。从囊蚴进入机体到成虫产卵，约需 2 个多月。

（二）发病机制及基本病变 Pathogenesis and basic Lesions

并殖吸虫的致病作用主要是：①虫体导致的机械性损伤（mechanical injury caused by parasites）。童虫在组织内穿行和成虫寄居，对局部组织造成机械性损伤。②变态反应（allergy）。虫体代谢产物等抗原物质导致宿主发生免疫反应。③炎症（inflammation）。虫卵沉着诱发机体形成异物肉芽肿。

主要病变：表现在虫体迁移过程中引起的损伤、急性炎症、囊肿形成和纤维瘢痕等。

1. 浆膜炎 Hydrymenitis 虫体在体腔内移行和寄生时引起的渗出性炎症。

光镜下：为纤维素性或浆液纤维素性腹膜炎或胸膜炎。炎性渗出物如不能完全吸收，日久可因纤维化引起腹腔内器官间粘连、胸膜粘连甚至胸腔闭锁（pleural atresia）。

2. 组织破坏及窦道形成 Histoclasia and the formation of sinus 虫体在组织中穿行时引起坏死及出血，形成迂回曲折的窦道。

光镜下：见窦壁有嗜酸粒细胞及淋巴细胞浸润，其中可见虫卵，以后可发展纤维化。

3. 脓肿、囊肿及纤维瘢痕形成 The formation of abscess, cystis and fibrous scar 童虫或成虫在器官内定居时，最初引起组织坏死及出血，继而引起强烈的炎性反应，其中除嗜酸粒细胞外，还有大量中性粒细胞浸润形成脓肿。随后渗出的炎细胞和坏死组织崩解、液化，脓肿内容物变为棕色黏稠液体。

光镜下：可见坏死组织、虫体、虫卵及夏科-莱登结晶。此时,脓肿周围纤维和肉芽组织增生而形成纤维膜,因囊肿内有虫体存在,故称虫囊肿(图 16-17)。进入囊壁内和周围组织的虫卵,可形成异物肉芽肿。由于虫体有游走习性,故可离开原囊肿,在其附近继续破坏组织,形成新囊肿。囊肿间常以窦道互相沟通,形成多房性囊肿。如成虫离开囊肿而游走他处或死亡,囊内容物可被逐渐吸收,囊肿缩小或被增生的肉芽组织所充填,最后形成纤维瘢痕。

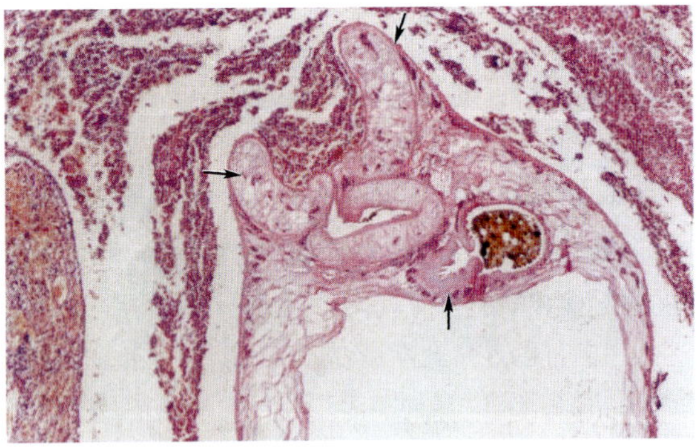

图 16-17 肺吸虫病 Paragonimiasis
病灶处出血和炎细胞浸润围绕在并殖吸虫虫体(箭头所示)周围并形成脓肿和囊肿 The bleeding and infiltration of neutrophils and eosinophils surrounding worms form a capsule, abscess

(三)主要脏器病变及临床病理联系 Lesions of major organs and clinicopathological relations

1. 肺 Lung 胸膜增厚并可广泛粘连,尤以膈面为重,这是因幼虫多穿过横膈经胸腔入肺所致。肺内有新旧不一、散在或群集的虫囊肿(图 16-18)。囊肿大小不等,囊内可找到虫体和虫卵。肺的虫囊肿常侵犯支气管管壁,病变与囊肿相通,形成肺空洞。临床上有胸痛、咳嗽、痰中带血或烂桃样血痰,痰中可找到

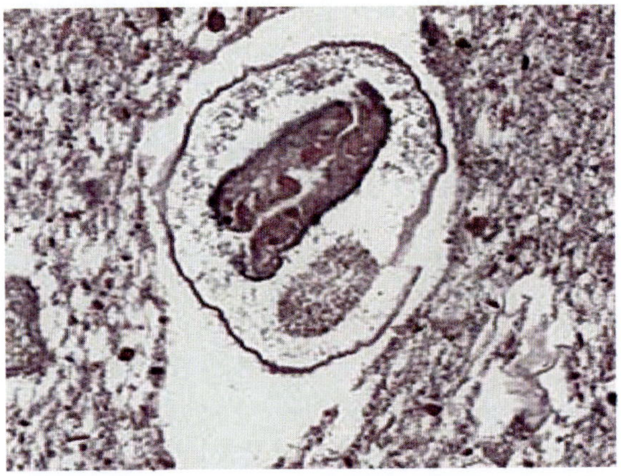

图 16-18 肺吸虫囊肿 Paragonimiasis
肺活检见组织内并殖吸虫 Adult of paragonimus taken from a lung biopsy

虫卵、嗜酸粒细胞和夏科-莱登结晶。囊肿及其周围肺组织可继发细菌感染,有时可并发气胸、脓胸甚至血胸,引起相应的症状和体征。慢性者有明显的肺纤维化(图 16-19)。

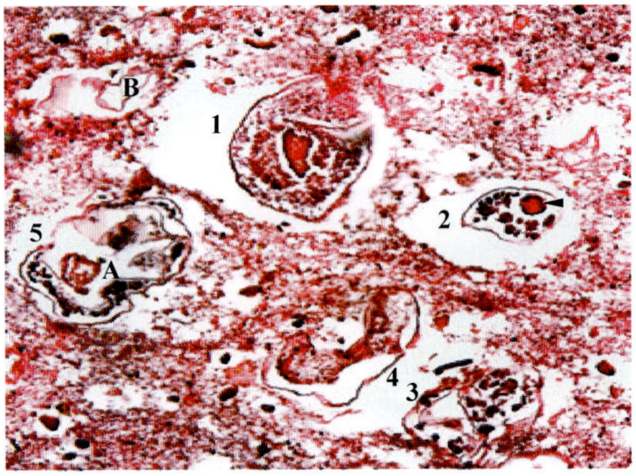

图 16-19 胸膜吸虫病 Pleural paragonimiasis
胸膜炎病灶内见并殖吸虫成虫(数字 1~5 所示)和陈旧性虫体的残留(A 示虫体生殖腺和 B 示虫体输卵管) Sections of several adults paragonimus taken from a pleural biopsy. Numbers 1~5 show the individual worms. Remnants of the gonad (A) and uterine tubes (B) can be seen

2. 脑 Brain 脑部病变以儿童及青年较多见。虫体经颈动脉周围疏松组织,通过颈动脉孔和破裂孔上口抵达脑部,导致病变。病变多在大脑颞叶及枕叶(侵犯小脑者少见)。脑的病变与肺部所见基本相同,虫囊肿结节(cystic nodule)周围组织可有出血、软化及胶质细胞增生。

此外,虫体可穿行到腹腔内各器官、皮下、肾、脊髓、眼、阴囊等处,引起相应部位的损伤、虫囊肿形成等,表现相应的临床症状。

第五节 丝 虫 病 Filariasis

丝虫病是由丝虫(filaria)寄生于人体淋巴系统所引起的寄生虫病,为淋巴丝虫病(lymphatic filariasis)。蚊虫是传播媒介。早期主要表现为发热(fever)、淋巴管炎(lymphangitis)及淋巴结炎(lymphadenitis);晚期出现淋巴回流障碍,引起阴囊鞘膜积液(scrotal hydrocele)、乳糜尿(chyluria)及象皮肿(elephantiasis)等。本病流行范围广,尤以热带及亚热带地区多见。

(一)病因和感染途径 Etiology and routes of infection

我国常见的丝虫有班氏吴策线虫(wuchereria bancrofti,简称班氏丝虫)和马来布鲁线虫(brugia malayi，简称马来丝虫）两种。前者主要由库蚊传播；后者主要由中华按蚊传播。两者生活史基本相似，经历两个发育阶段，即在蚊体（中间宿主）的幼虫和人体（终宿主）的成虫。当携带感染性幼虫的蚊子叮人吸血时，蚊体内的幼虫钻入人体，并迅速侵入附近的淋巴管，移行至大淋巴管及淋巴结寄生，逐渐发育为成虫。马来丝虫主要寄生在上、下肢的浅表淋巴系统，尤以下肢为多；班氏丝虫多寄生于深部淋巴组织中，如下肢、阴囊、精索、肾盂等部位。微丝蚴（microfilariae）从雌虫产出后，从淋巴系统进入血液循环，一般白天滞留于肺及其他器官的毛细血管内，夜间常出现于周围血液中，这种现象称夜现周期性（nocturnal periodicity）。从感染期幼虫侵入人体至成虫产生的微丝蚴进入周围血液需 8~12 个月。微丝蚴寿命 2~3 个月，成虫在人体内可存活 10~15 年。

（二）发病机制 Pathogenesis

人体感染丝虫后其发病机制可能与下列因素有关：

1. 变态反应 Allergies 丝虫的幼虫和成虫的代谢产物、幼虫的蜕皮液、成虫子宫内的分泌物、死虫及其分解产物都具有抗原性，刺激机体产生局部或全身性变态反应，导致淋巴管炎和淋巴结炎。

2. 虫体阻塞 Polypide obstruction 晚期丝虫病患者，成虫阻塞淋巴管，纤维组织增生，管壁增厚，管腔狭窄，淋巴液回流受阻，引起不同部位的淋巴水肿。

（三）病理变化与临床病理联系 Pathological changes and clinicopathological relations

丝虫的微丝蚴和成虫均可引起病变，但后者危害性更重，主要引起淋巴结及淋巴管的病变。

1. 微丝蚴所致的病变 当微丝蚴死亡、钙化后，可引起异物巨细胞反应及纤维结缔组织增生，偶尔在脾、脑及乳腺等器官形成结核样肉芽肿（tuberuloid granuloma）。

2. 成虫所致的病变

（1）淋巴管炎 Lymphangitis：多发生在较大的淋巴管，以下肢、精索、附睾、腹腔内淋巴管及乳腺等处较多见。

肉眼观 Gross appearances：急性期发炎的淋巴管在体表呈一条红线样条纹自上而下蔓延，形成“离心性”淋巴管炎。当皮肤表浅微细淋巴管被波及时，局部皮肤则呈弥漫性红肿，称为丹毒性皮炎（erysipelatous dermatitis）。

光镜下 Microscopic view：淋巴管扩张，内皮细胞增生、肿胀，管壁水肿、增厚，嗜酸粒细胞及单核细胞浸润。虫体死亡后引起凝固性坏死及大量嗜酸粒细胞浸润，形成嗜酸性脓肿。坏死组织中央可见死亡虫体片段及脱出在虫体外的微丝蚴，病变附近可形成夏科-莱登结晶。慢性期在脓肿周围出现上皮样细胞、巨噬细胞及异物巨细胞，形成结核样肉芽肿。随着虫体的钙化，肉芽肿逐渐纤维化，形成同心圆状排列的实心纤维索，使淋巴管管腔完全闭塞，形成闭塞性淋巴管炎，从而引起一系列继发改变。

（2）淋巴结炎 Lymphadenitis：一般与淋巴管炎同时发生，可引起腹股沟、腘窝及腋窝等处的淋巴结肿大。

光镜下：病变的发展过程与上述淋巴管炎的改变基本相同。急性期表现为淋巴结充血、嗜酸粒细胞浸润。病变进一步发展，逐渐纤维化成为瘢痕，影响淋巴液的流通，导致淋巴淤滞。

（3）淋巴系统阻塞引起的病变 Lesions caused by the obstruction of lymphatic system：长期反复感染的丝虫性淋巴管炎和淋巴结炎可引起淋巴液的回流障碍，受阻部位远端管内压力增高而发生淋巴管曲张或破裂，淋巴液流入周围组织导致淋巴肿或淋巴积液。

1）象皮肿 Elephantiasis：是晚期丝虫病最突出的病变。发病部位多见于下肢、阴囊、女阴等处，其次为手臂及乳房。上、下肢象皮肿可见于两种丝虫病，而生殖系统的象皮肿仅见于班氏丝虫病。由于长期淋巴液回流受阻，受阻远端出现淋巴水肿。组织间隙滞留的淋巴液富含蛋白质，刺激皮下纤维组织增生，最终可发展为象皮肿。

肉眼观：病变部位皮肤及皮下组织明显增厚、粗糙，局部组织肥大而下垂，表面皮皱加深，有如大象的皮肤外观，故称象皮肿（图 16-20）。有时病变部位皮肤伴有苔藓样变、棘刺及疣状突起等变化。

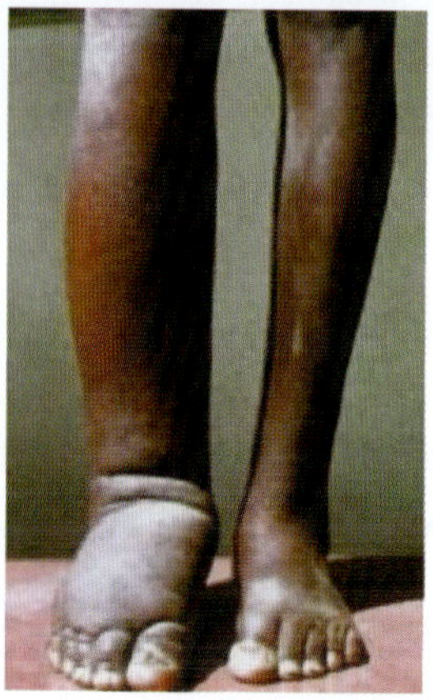

图 16-20　象皮肿 Elephantiasis

光镜下：表皮角化过度（epithelum overkeration）、棘细胞层肥厚（prickle cell hyperplasia），真皮及皮下纤维组织大量增生，淋巴管和小血管周围有淋巴细胞、浆细胞及嗜酸粒细胞浸润。真皮淋巴管内皮细胞增生，甚至使管腔完全闭塞，皮下淋巴管壁可有明显肌层增生、肥厚。病变若持续发展，皮肤常伴有继发性细菌或真菌感染。

象皮肿的发展过程缓慢，一般都在感染后的十多年以上才能达到显著程度。此时可能因成虫已经死亡，不能产生微丝蚴，或因淋巴循环障碍，微丝蚴不能进入血流，患者的血液中大多已找不到微丝蚴。

> Elephantiasis is a disease that is characterized by the thickening of the skin and underlying tissues, especially in the legs, male genitals. In some cases the disease can cause certain body parts, such as the scrotum, to swell to the size of a softball or basketball. The proper medical term is elephantiasis, and it is caused by filariasis.

2）睾丸鞘膜积液和阴囊淋巴肿 Hydrocele and chyloderma：多由班氏丝虫所致。当阻塞位于精索及睾丸淋巴管时，可出现睾丸鞘膜积液；当阻塞位于浅表淋巴结或淋巴管时，可发生阴囊淋巴肿。

3）乳糜尿 Chyluria：是班氏丝虫病最常见的症状。因乳糜池以下的腹膜后淋巴结阻塞，使肠壁淋巴管内来自消化食物的乳糜液在流经肾盂、输尿管和膀胱的淋巴管时淤积，引起破裂，乳糜液溢入尿中，形成乳糜尿。此时患者的小便呈乳白色，如淘米水样。

丝虫病还可发生在人体的其他部位，如乳房丝虫结节（filarial nodule of breast）、眼丝虫病（filariasis loa）及丝虫性心包炎（filarial pericarditis）等。

第六节 棘球蚴病 Echinococcosis

棘球蚴病也称包虫病（hydatidosis/hydatid disease），是人体感染棘球绦虫（echinococcus）的幼虫（棘球蚴，或称包虫）所致的寄生虫病。寄生于人体的棘球蚴主要有细粒棘球绦虫（echinococcus granulosus）及泡状（或多房）棘球绦虫（echinococcus alveolaris. multilocularis）两种，我国以前者较为常见。棘球蚴病是一种人畜共患病，主要侵犯肝脏，其次是肺，其他部位也可受罹。本病几乎遍布全世界，我国主要分布在西北以畜牧业为主的地区。

一、细粒棘球蚴病 Echinococcosis Granulosus

（一）病因及感染途径 Etiology and route of infection

细粒棘球绦虫的成虫主要寄生在终宿主如狗、狼等肉食动物的小肠内，虫体细小，长 2～7mm，雌雄同体，由一个头节和三个体节（即幼节、成节和孕节）组成。孕节内含有感染性的虫卵。当终宿主小肠内孕节成熟后，从虫体脱落下来，随粪便排出，污染牧草、蔬菜、土壤及水源等。当虫卵和孕节被中间宿主如羊、牛、猪、家兔、骆驼等家畜及人食入后，即在胃或十二指肠内孵化成六钩蚴，后者脱壳而出，先附着于小肠黏膜，再钻入肠壁血管，随血流经门静脉到达肝（肝包虫病最多）。少部分可通过肝经右心到肺，极少数可通过肺循环而分布全身其他器官。六钩蚴也可从肠壁侵入淋巴管，经胸导管直接进入血流而至全身各处。幼虫经过数月的发育成为棘球蚴。

棘球蚴为囊状，囊内有许多原头蚴（protoscolex），如果棘球蚴被狗、狼等终宿主吞食后，其所含的每个原头蚴都可发育成一条成虫。

（二）发病机制及病变过程 Pathogenesis and process of lesion

棘球蚴对机体造成危害的发病机制主要有三方面：

（1）虫体的机械压迫和破坏作用（mechanical compression and damaging effects of parasites）：包虫囊的占位性生长压迫和破坏邻近组织，其严重程度取决于棘球蚴的体积、数量、寄生时间和部位等；

（2）变态反应和炎症（allergy and inflammation）：囊肿破裂后，囊液内所含的异种蛋白使机体发生过敏反应，甚至过敏性休克致死；

（3）营养不良（malnutrition）：包虫囊生长发育过程中摄取宿主营养、影响机体健康。

六钩蚴侵入组织后，大多数被巨噬细胞吞噬破坏，仅少数存活发育成棘球蚴。棘球蚴由囊内容物和囊壁组成，囊内容物包括无色或微黄色液体和原头蚴等。囊液中所含的蛋白质具有抗原性，囊壁破裂后可引起周围组织发生过敏性反应，严重者可发生过敏性休克。囊壁外有宿主的纤维组织包膜。囊壁分内、外两层，外层为角皮层（cuticle layer），呈白色半透明状，状如粉皮，具有吸收营养物质及保护生发层作用。镜下为红染平行的板层状结构。内层为生发层（胚层）（germinal layer），由单层或多层的生发细胞构成，具有增殖能力。生发层细胞向内芽生，可在囊内壁形成无数小突起，逐渐发育成生发囊。生发囊脱落变成子囊（daughter cyst），并可继续产生生发囊。棘球蚴可生存达 40 年之久甚至更长，也可因损伤、感染而退化死亡，此时母囊及子囊发生钙化，囊内液化被吸收浓缩变为胶泥样物，其中仍可见原头蚴。

（三）主要器官病变及其后果 Lesions of major organs and consequences

棘球蚴在人体可寄生于任何部位，肝最常见（占

70%),其次为肺(占 20%~30%)和肌肉,心、脾、肾、脑、骨、眼眶等少见。

1. 肝棘球蚴囊肿 Liver echinococcus cyst 是最常见的棘球蚴病,右叶多见,单个病灶或多发。囊肿位于膈面,向腹腔突出(图 16-21)。临床上可触及无痛性囊性肿块。肝棘球蚴囊肿生长缓慢,逐渐增大可致周围肝细胞压迫性萎缩、变性或坏死,周围纤维组织增生,形成一层纤维性外囊。肝内小胆管及血管也常因受压而移位,或被包入囊壁内。

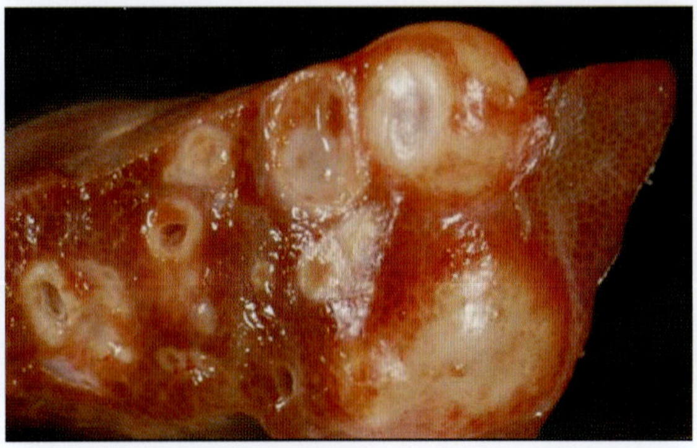

图 16-21 肝棘球蚴囊肿 Liver hydatid cyst
肝包虫囊肿,周围纤维结缔组织包绕,囊内见液体和子囊
Liver with a hydatid cyst containing fluid and daughter cysts. Notice the thick connective tissue capsule which cannot be broken in attempting to remove the cyst

2. 肝棘球蚴囊肿主要并发症 Major complications of liver echinococcus cyst:

(1) 继发感染(secondary infection):多因外囊中的小胆管破入囊肿腔内所致,也可因外伤、穿刺及血道感染引起。感染后引起的病变类似肝脓肿,但症状较轻。

(2) 囊肿破裂(cyst rupture):为常见且严重的并发症,多由继发感染、外伤或穿刺引起。囊液破入腹腔后可导致过敏性休克而致患者死亡,还可产生腹腔内继发性棘球蚴囊肿。如子囊破入胆管或肝静脉内,可造成胆道阻塞及肺动脉栓塞。

3. 肺棘球蚴囊肿 Lung echinococcus cyst 由六钩蚴从肝经血至肺,或由肝脾等邻近器官直接穿入肺脏所致。囊肿以右肺多见,好发于下、中肺叶,且多位于肺的周边区,通常为单个。由于肺组织疏松和血循环丰富及胸腔负压吸引等影响,故肺棘球蚴囊肿生长较快,可压迫周围肺组织,引起肺萎陷和纤维化。临床上可出现胸部隐痛,刺激性咳嗽。由于囊肿的纤维外膜及棘球蚴的角皮层较薄,故易破裂。破入支气管,可致支气管肺炎;囊内容物和囊壁亦可被咳出而自行痊愈;突然大量囊内容物破入支气管时可引起窒息。若囊肿破入胸腔,引起包虫性胸膜炎(hydatid pleurisy)。

二、泡状棘球蚴病 Alveolar Hydatid Disease

泡状棘球蚴病是由泡状棘球蚴(alveococcosis)寄生人体所引起的疾病,又称多房包虫病(multilocular hydetid disease)或泡型包虫病(alveolar hydetid disease),比较少见,在我国新疆、青海、四川、甘肃、内蒙古等地有病例报告。

(一) 病因及感染途径 Etiology and route of infection

泡状棘球绦虫的成虫与细粒棘球绦虫相似,但虫体较短(约 1~3mm)。与细粒棘球蚴不同,泡球蚴不形成大囊泡,而形成海绵状囊泡。囊泡生长较快,子囊为外生性,原头蚴数量也较少。泡状棘球绦虫的成虫主要寄生于狐,其次为狗、狼、猫等动物。中间宿主为鼠类,人也可被虫卵感染。

(二) 病理变化 Pathological changes

泡状棘球蚴主要寄生在肝脏,偶见于肺、脑,其病变及后果较细棘球蚴病为重。

肉眼观:病灶一般呈单个巨块型,有时为结节型,或两者兼有。泡球蚴囊泡常由无数小囊泡集合而成,如海绵状或蜂窝状,囊泡外观呈灰白色,质较硬,与周围组织分界不清。囊泡内容物为豆腐渣样蚴体碎屑或不透明的稀薄液。若发生变性、坏死或溶解呈胶冻状液体。如继发感染,酷似脓肿。泡状囊肿外周无完整纤维包膜,泡球蚴的生长方式主要是向囊外芽生,生成许多子囊。囊泡可以像癌肿一样向周围组织浸润,并可侵入血管或淋巴管,播散到肺、脑、肾及心等处,偶尔播散到肝门淋巴结内,因此肉眼上易误诊为肝癌。

光镜下:在肝组织中散在大小不等的泡状蚴小囊泡,一般仅见角皮层,偶尔有单细胞性生发层或原头蚴(图 16-22)。囊泡周围有嗜酸粒细胞浸润,伴有结核样肉芽肿形成,继而有纤维组织增生。随着泡球蚴囊泡的不断长大,邻近肝组织因受压而发生萎缩、变性或坏死及淤胆。如肝组织破坏严重,最后可导致肝硬化、黄疸、门静脉高压和肝衰竭及恶病质等。

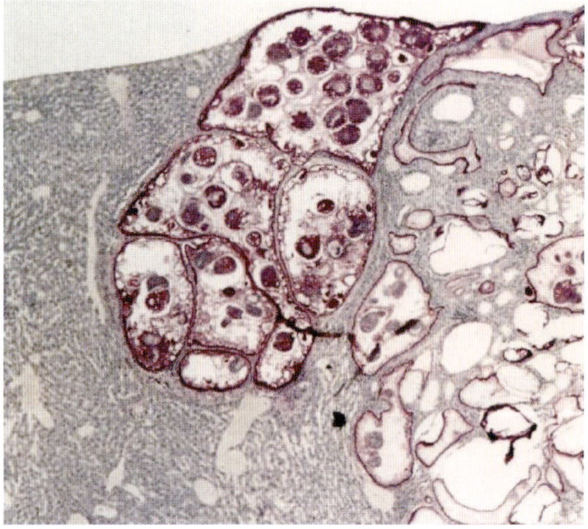

图 16-22 肝多房棘球蚴病 Liver alveolar hydatid cysts
肝多房棘球蚴病的许多囊肿内见大量原头蚴（PAS-苏木素染色）Brood capsules with protoscoleces are seen in some small cysts, while many minute cysts contain no protoscoleces（PSA-haematoxylin stain）

病例讨论

患者，男，45 岁，湖南岳阳人，于洞庭湖从事水产养殖工作，与亲友吃饭时突然大口呕血，急送医院抢救无效死亡。

尸体解剖所见：尸表未见明显损伤。巩膜黄染，眼睑及口唇牙龈苍白，距咽部 19cm 处食管黏膜面有一纵向条形破口，长 2cm（图 16-23），并可见曲张的静脉血管。胃内见约 1000ml 凝血块。死者脾下缘在肋下 4cm，肝脏下缘在剑突下 2cm，肋缘下未见肝下缘。肝脏重 2200 克，有明显硬化表现（图 16-24）。脾脏重 400 克。其他脏器组织除见颜色浅淡呈贫血改变外，未见其他异常。腹腔内浅黄色液体 3500ml。

光镜下：食管破口处黏膜组织出血、水肿，可见少量中性粒细胞、淋巴细胞浸润。肝脏汇管区大量纤维组织增生，并见慢性虫卵结节。死者既往无乙肝病史。全身各器官未发现肿瘤。

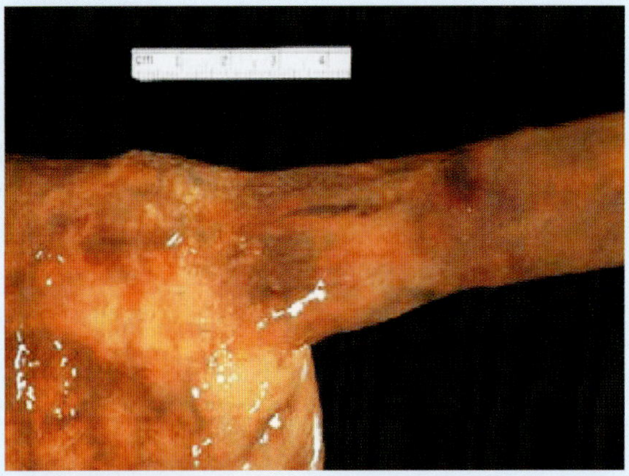

图 16-23 食管黏膜面破口

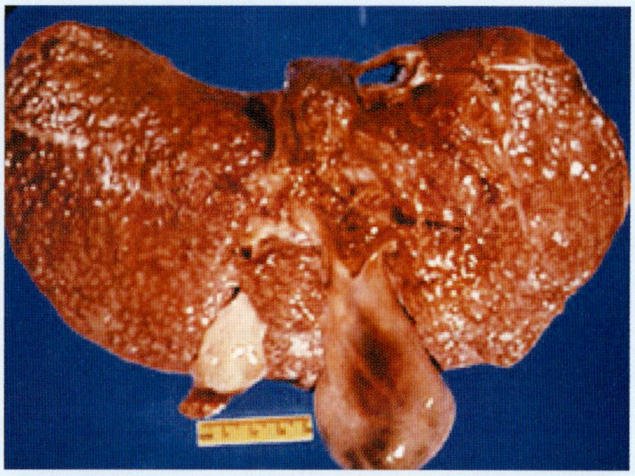

图 16-24 肝硬化

思考题

1. 该病人的死亡原因是什么？简述该病的发生、发展过程。
2. 引起消化道出血的疾病有哪些？各有什么病理特点？

（周士东 王超群）

第17章 现代病理研究方法简介

Introduction to Modern Pathology Research Methods

在经典病理学的基础上，借鉴、参考或利用相关学科的理论、方法和技术操作而发展起来的现代病理技术，包括组织化学及免疫组织化学技术、电镜技术、分子生物学技术和计算机网络技术等。极大地丰富了病理诊断和研究的手段，成为现代诊断病理学新进展的重要组成部分。

一、常规组织切片技术与组织化学染色技术 Conventional Tissue Slicing and Histochemical Staining Technique

在细胞和组织中通过组织切片与化学染色技术，可以对某些特殊物质、反应基团和酶促活性进行识别，定位和定量。

1. HE 切片的制作过程 the production process of HE sections

（1）水洗：固定后水洗视组织大小而不限制时间，对需作免疫组化的组织不应忽视将固定液甲醛尽量洗脱以使组织后续染色鲜明。

（2）脱水和透明：大标本脱水时间（室温 18℃），从 70% 乙醇溶液开始，经 75%、80%、85%、90%、95%、95%，每次 2~3h，无水酒精两道，0.5~1h。室温增加时可适当缩短时间。胃肠、宫颈等活检小块组织只需 80%~100% 乙醇溶液各 30~45min。脱水后，用两道二甲苯使组织透明，每道各 30~40min。

（3）浸蜡：组织透明后，在熔化的石蜡内浸渍，蜡的熔点在 52~56℃，可视具体情况而定，室温低，用稍低熔点蜡，室温高，应用高熔点硬蜡。浸蜡温度控制在 60~62℃，每道 1.5~2h，共两道，总浸蜡时间不宜超过 4h。

（4）包埋：最常用的是石蜡包埋法，先将熔化的石蜡倒入包埋框，用加温的镊子将浸蜡的组织块放入，首先注意有无特殊包埋面（如胃黏膜表皮痣等）用镊子轻压组织块拱起部分，使之平贴于底部，包埋面要平整，通常采用组织的最大面包埋。小块多颗组织尽量放在一起，聚集平铺，并保证在一个平面上。蜡的熔点应在 58~62℃。需要注意的是部分组织有特殊包埋面的要求，如：①黏膜组织、皮肤、分层组织等应使各组织层次平铺于包埋面，使切片时各层都可切到。②同时包埋多个组织块，应做好标记使大小组织块的最大切面在同一包埋平面上。包埋完毕，蜡块稍凝后，用冷水冲洗，待其凝固，取出蜡块，修整切面，置冰室冷冻使之加速凝固。

（5）切片：首先需修理蜡块，切去标本周围过多的蜡，然后将修好的蜡块放入冰箱冷却。首先进行粗切，刀刃与蜡块表面是 5°夹角，切片厚度大约在 50~100μm，至组织全部暴露后才进行细切。切片时用力均匀、柔和，均速。切片厚度一般为 4~6μm，切下的蜡片要求完整、薄、均匀。其片膜大小形状应与组织块一致。切出蜡片后，用毛笔轻轻托起，正面向上铺在温水中（水温应低于蜡熔点 10~12℃）。夏天切片应准备些冰块，以冷却蜡块与刀片。

（6）展片与捞片：展片水温应在 42~45℃。捞片时载玻片应干净，选择完整、无皱褶的蜡片，贴覆于玻片 1/3 处，皮肤组织表面向上，胃肠等应将浆膜面向上铺片。

（7）烤片和脱蜡：一般在 60℃ 的温箱内烤片 0.5~1h 左右，血凝块、皮肤组织应即时烤片，脑组织应待晾干后烤片。脱蜡经二甲苯两道，分别 20min 和 15min，无水乙醇 5~10min，95%、90%、85% 乙醇溶液各两分钟，自来水洗 2min。

（8）HE 染色：苏木素染色时间一般为 1~5min，经水略洗 1min，用 1% 盐酸酒精分化 20s，充分水洗 10min，可用自来水或弱碱液（稀氨水 1% 反蓝 30s）蓝化并流水冲洗 5min 以上，最后入伊红复染 1min 左右（视温度与染液的新鲜程度而定），水洗至清。

（9）脱水和封片：脱水时，80% 乙醇溶液一道，85%、90%、95% 各两道，各 1min，无水两道各 2min，二甲苯三道各 2min，随后用中性树胶封固，盖上盖玻片，不能留有气泡，封片时不能对切片呼气，最后粘贴标签，做好标记。

（10）判断标准：一张好的石蜡 HE 染色切片应具备的条件：①切片完整，厚度 4~6μm，厚薄均匀，无皱褶、无刀痕。②染色核浆分明，红蓝适度，透明洁净。③封片美观。

2. 组织化学技术 Histochemical techniques 组织化学技术是指在细胞和组织中，以化学或物理试验法，对某些特殊物质、反应基团和酶促活性进行识别，定位和定量。除常规 HE 染色之外的组织化学染色称之为“特殊染色”。如应用 Masson 氏染色法，可将胶原纤维染色蓝色或绿色，肌源性组织被染为红色；胶原纤维在苦味酸中被覆红染色，淡绿可将胶原纤维染为绿色、用甲苯胺蓝可将其染为蓝色；胶原纤维坏死或透明变性时与淀粉样物在 HE 染色中均显示为粉红色不易区别，应用 Van Gieson（VG）染色可将胶原纤维染为粉红色，而淀粉样物将被染为黄色。因为网状纤维对银的浸染着色特别显著故被称为嗜银纤维，网状纤维的显示方法有 Gomori's 法、Godon and sweet's 法、Wilder's 法和 Foot's 法均将网状纤维染成黑色，可用于区别癌和肉瘤、血管内皮瘤（肉瘤）和血管外皮瘤（肉瘤）、原位癌（有完整的基膜）和浸润性癌（基膜被破坏）。横纹肌肉瘤、恶性 Mullerican 混合瘤（含有横纹肌分化的成分）都是恶性度很高的肿瘤，常与纤维肉瘤、多型性脂肪瘤、恶性纤维组织细胞瘤相混淆，在 HE 的情况下，它们有许多共同之处，但通过磷钨酸苏木素染色法（phsphotungstic atid, hamatoxy lin，PTAH）将横纹肌纤维，纤维素，胞核，核仁和神经胶原纤维等染成蓝色，胶原纤维，网状纤维，软骨基质染成棕红色，弹力纤维呈紫色，可以鉴别横纹肌肉瘤和恶性 Mullerican 混合瘤。六胺银法（Hexamine silver）显示基膜呈深黑色，可以观察肿瘤突破基膜的情况。Warthin-Starry 法显示幽门弯曲菌呈棕黄至棕黑色，常是胃黏膜相关淋巴瘤的病因。

二、免疫组织化学技术和免疫荧光法 Imunohistochemistry and Imunofluoresence

根据抗原抗体特异性结合的免疫学原理，免疫组化技术是通过特异性抗体检测人体肿瘤组织中存在的抗原。相比较而言，免疫荧光技术需要特殊的荧光显微镜，其染色液不可长久保留易退色，因此免疫组化技术更加普及。由于分子生物学克隆技术的突飞猛进，提纯的特异性蛋白抗体的种类越来越多，带动了该项技术的飞速发展，目前已经成为临床病理检验常规手段。

利用免疫组织化学技术可了解癌基因（ras/c-erbB2/BCL-2 等）、抑癌基因（P53/P16 等）、抑癌转移基因（nm23 等）、生长因子及受体（EGFR/ER/PR 等）在癌症组织中的表达状态，从而得到诊断和相应治疗以及预后评估。如常用于鉴别肿瘤来源的肿瘤标记物有：CK，EMA，Vim，CD45Ro，CD3，CD20，F8，CD34，CD117，TG，Lys，SMA，ACT，S-100，NSE，Syn，PSA，Mc，Cal 等。辅组区分良恶性的标记物有：CA125，CA15-3，CEA，AFP，P504s，c-erbB-2 等。必须注意，免疫标记大多没有绝对的特异性，通常需要使用一组（panel）标记，而且同时需要有良好的阳性对照和阴性对照，才有助于组织学诊断，否则容易导致不恰当的结论。在免疫细胞化学染色中，胶原纤维由于含的负电荷过多，常导致某些非特异性的染色，应特别注意。固定剂中含有酸性物质时易导致抗原的丢失，蛋白质三级，四级结构受损，因此使用中性或接近于生理 pH 的固定剂可获得满意的形态及抗原保存效果。现在提倡使用 10% 缓冲甲醛固定液。抗原的保存量与固定时间负相关，组织块固定于甲醛 3 天后，抗原染色密度显著下降，7 天后大多数抗原丢失。一些尸检组织长时间固定将影响免疫组化结果。因此要想获得满意结果，固定时间最好不要超过 12h。在各种免疫组化显色剂中，3，3'-二氨基联苯胺（3，3'-diaminobenzidine，DAB）的棕色反应产物清晰可见，且不溶于酒精，因此适用于多种抗体染色，是目前使用最普遍的。其他还有 3-氨基-9-乙基卡巴唑（AEC）为红色终产物，溶于酒精，使用该显色剂反应产物不稳定，在贮存过程中易降解。4-氯-1-萘酚终产物为蓝色，溶于酒精。盐酸对苯二胺/焦性儿萘酚终末产物（BCIP/NBT）为蓝黑色，等，这些显色剂均具有致癌性，使用中注意防护，废弃物应妥善处理。常用于核复染的是苏木素（蓝色）、甲基绿（绿色）和钴蓝 B（蓝-绿色）。免疫组织化学多重标记染色即：在组织学切片上的同一组织及其细胞同时或先后标记并显示两种以上的抗原成分，应用于研究多种不同抗原之间的相互关系。在研究多种不同抗原，尤其是具有组织学空间定位不同抗原时，常能取得比较好的效果，如核与胞浆对照，癌细胞与间质血管对照等。免疫荧光显色剂中常用的抗体由 FITC 标记呈绿色，由 TRITC 标记呈红色，由 Hoechst 33258 标记核呈蓝色，观察抗原或蛋白共定位时荧光显微镜将不同通道重叠胞浆呈黄色(绿色和红色重叠的结果),核呈蓝色。

三、电子显微镜技术
Electron microscopy

电子显微镜是研究细胞超微结构的最重要手段,是探索生物医学领域微观世界的最重要的工具。根据其利用电子信号及其成像原理的不同,电镜主要有透射电子显微镜和扫描电子显微镜两大类;扫描透射电子显微镜兼有两者的性能。根据电压区分的如高压、超高压电镜;根据用途区分的如环境扫描电镜,分析电镜,扫描探针电镜等。电子显微镜和光学显微镜不同的是,电镜的照明光源是电子束而不是可见光;透镜不是玻璃的而是轴对称的电场或磁场。分辨率和放大倍率是衡量电子显微镜性能的重要标志。分辨率(resolution)是表示人眼或光学仪器所能够辨别两点之间的最小距离。两点间的距离越小,表示分辨率越高,则仪器所能分清被观察物体的细节也就越多越丰富。光学显微镜的分辨率为 0.2μm,而电镜的分辨本领可以达到 0.2 nm 甚至达 0.1 nm,两者相差达 1000~2000 倍;人眼的分辨率约为 0.1~0.2mm,即人眼在 25cm 的明视距离处的分辨率。通过电子显微镜具有的高分辨率和放大倍率,能观察到某些细胞的超微结构,如神经内分泌颗粒、黑色素小体、幼稚横纹肌细胞内横纹和肌丝等。

1. 电镜样本的制备 SEM sample preparation 电镜检测组织取材要在低温环境下进行,以抑制溶酶体酶的活性,减少组织自溶。组织块应小于 $1mm^3$,快速力争在 1min 内将所取组织浸入固定液,从而使所取材料能尽量保持其新鲜生活状态。常用的固定剂有锇酸(四氧化锇 Osmium tetroxide, OsO_4):锇酸为强氧化剂,对氮有很强的亲和力,能与蛋白质形成交联、是蛋白质的良好固定剂。此外,它对脂肪也有很好的固定作用,能与不饱和脂肪酸链结合形成复合物。由于金属锇的密度高,与被固定的组织成分结合,能产生较好的电子反差,起到“电子染色”的作用。锇酸的主要缺点是分子较大,渗透力弱(0.1~0.3mm/h);其对糖原、核酸的固定效果不好,能使酶活性丧失,一般不能用于酶细胞化学研究。戊二醛(Glutaraldehyde, $C_5H_8O_2$):也是最常用的固定剂,其结构上的两个醛基能与蛋白质形成交联,对蛋白质有良好的固定作用;同时也能对糖原、糖蛋白、尤其是对微丝、微管、内质网等细胞的膜系统有良好的保护作用;此外,他还能保存某些酶的活性,可以用作酶细胞化学研究。但是其不具有“电子染色”作用,不能增加图像的电子反差。戊二醛对组织的渗透能力强,固定速度快,而且被固定的组织可以在戊二醛溶液中保存数周而不会影响超微结构的观察。目前常用戊二醛-锇酸双重固定法,以充分发挥两种固定液的优点,适合大多数情况。先用 2.5%~4% 的戊二醛(磷酸盐缓冲液或二甲砷酸钠缓冲液配置)作前固定,一般固定液的用量不宜少于组织块体积的 40 倍。固定时间在 4℃下不少于 1~2h。然后在 4℃下用配置固定液的同系列缓冲液充分洗涤后,再用 1% 锇酸固定 1.5~2h,保证样品得到充分固定,续而脱水、浸透与包埋、超薄切片(小于 100 nm),采用重金属醋酸铀(Uranyl acetate)或柠檬酸铅(lead citrate)进行电子染色。以提高反差和分辨率。

2. 电镜技术在病理诊断中的应用 Application of electron microscopy in pathology diagnosis 电镜在确定肿瘤的组织发生、类型和分化程度上起着重要作用。可根据各种肿瘤细胞的超微结构特点来协助区别分化差的癌和肉瘤、各种梭形细胞恶性肿瘤、各种恶性小圆细胞肿瘤、各种神经内分泌肿瘤及恶性黑色素瘤等。如桥粒、张力丝-桥粒复合体、成束的张力纤维以及癌巢周围的基板等是鳞状细胞癌的特征;微腺腔或胞质内微囊可作为腺癌分化的依据;在各种神经内分泌肿瘤中均可发现神经分泌颗粒,而且针对分泌颗粒的超微结构特点还可对类癌、胰岛细胞瘤、甲状腺髓样癌、皮肤 Merkel 细胞癌、肺小细胞癌等作出明确诊断。在无色素性黑色素瘤细胞中可找到未成熟的前黑色素小体。在肿瘤细胞胞质中可见到 Weible-Palade 小体是诊断血管内皮细胞瘤的可靠依据;组织细胞增生症 X 的特征性结构是在其细胞质内有特殊的 Birbeck 颗粒;肌源性肿瘤含横纹肌或平滑肌肌微丝等。

四、激光扫描共聚焦显微镜
Laser Scanning Confocal Microscope (LSCM)

LSCM 是近代生物医学图像分析仪器最重要的发展之一,它是将光学显微镜、激光扫描技术和计算机图像处理技术相结合而成的技术设备,其主要部件有激光器、扫描头、显微镜和计算机等。共聚焦成像利用照明点和探测点共扼这一特性,可有效抑制同一焦平面上非测量点的杂散荧光及来自样品的非焦平面荧光,从而获得普通光学显微镜无法达到的分辨率,同时具有深度识别能力及纵向分辨能力,因而能看到较厚生物样品中的细节。

LSCM 的主要功能有:细胞、组织的光学切片,该功能被形象地称为细胞 CT;三维图像重建,对活细胞长时间观察,细部内酸碱度及细胞离子的定量测定;

荧光漂白恢复技术,即利用高强度脉冲式激光照射细胞的某一区域,造成该区域荧光分子的漂白,而该区域周围非荧光漂白分子将以一定的速率向照射区扩散,使激光扫描共聚焦显微镜可以直接监测扩散分子的速率。荧光漂白恢复技术可用于细胞间通讯、细胞骨架构成、生物膜结构和大分子组装等研究;细部间通讯的研究、细胞膜流动性测定和光活化技术等功能。

LSCM 主要用于培养细胞的样本、也可用于冰冻组织切片,但不适用于石蜡组织切片。激光扫描共聚焦显微镜主要使用直接或间接免疫荧光染色或荧光原位杂交技术,其荧光标记探针或抗体质量会直接影响观察结果。

五、显微切割技术
Microdissection

显微切割技术是从组织切片和细胞涂片中的任何区域内切割下几百个、几十个同类细胞,甚至单个细胞。用于显微切割的组织切片可以是冷冻或石蜡包埋的组织切片。切片厚度 4 ~10μm,冷冻切片需经甲醛或乙醇固定。用于显微切割的组织必须染色以便进行目标细胞群或单个靶细胞的定位,染色可用普通的方法,如 1% ~2% 的甲基绿、0. 1% 的核快红、3. 6% 的瑞氏染液、或 2% 的苏木素等,也可用免疫组化染色。如需切割霍奇金淋巴瘤中的 R-S 细胞时,可用 CD15、CD30 单克隆抗体染色进行靶细胞示踪。显微切割的方法有手工操作和激光显微切割法。激光捕获显微切割(laser capture microdissection,LCM)技术的基本原理是:将组织切片放在倒置显微镜的载物台上,并在切片表面覆盖一层乙烯乙酸乙烯酯(ethylene vinyl acetate,EVA)薄膜。激光束从切片的上方直接照下来,使其光路与显微镜聚光器的光路共轴,光斑正好落在显微镜视野中心,即要切割的区域。该区域 EVA 膜受激光照射后,瞬间温度升高并与其下方的细胞相粘连,但不损伤细胞。然后揭下 EVA 膜,细胞也随之被完整地切割下来。带有细胞的 EVA 膜放入试管内经蛋白酶消化使细胞和膜分开,同时将细胞裂解,获得待提物质,如 DNA、RNA、或蛋白质等。

显微切割技术的特点是可从构成复杂的组织中获得某一特定的同类细胞或单一细胞,尤其适用于肿瘤的分子生物学研究,如细胞的克隆性分析、肿瘤发生和演进过程中各阶段细胞基因改变的比较研究和肿瘤细胞内某些酶活性的定量检测等。该技术的不足之处是使用手工操作的技术难度较大,用 LCM 虽然操作简便、耗时少、取材简便,但需特殊的设备,激光器造价高。

六、分子病理学技术
Molecular Pathology Technology

从 20 世纪 50 年代提出 DNA 分子双螺旋结构学说之后,分子生物学技术、重组 DNA 技术得到了迅猛发展。如今,分子生物学已成为生命科学基础研究领域中的主干学科,并引领生命科学各分支学科的迅速发展。分子生物学的一些基本技术与病理形态学的特点相结合之后,有助于人们从蛋白质、mRNA 和 DNA 水平揭示疾病的发生、发展规律以及病因学和发病机制,为疾病的诊断、判断预后、治疗和预防提供新的途径和方法。

分子病理学(Molecular pathology)是指在蛋白质和核酸水平上,应用分子生物学技术研究疾病发生、发展过程的病理学的分支学科。其主要的任务是在研究生命现象的分子基础上,探索疾病状态及愈复过程中出现的细胞生物学和分子生物学现象,揭示由于基因组错误引起的分子化学结构缺陷和指导氨基酸合成的碱基序列错误等的疾病基础。如利用原位杂交技术,在组织切片和细胞培养液中,可以看到一些特殊基因和他们的信使 RNA 的存在。用特异性的寡核苷酸引物通过多聚酶链反应(PCR)对极少量的核酸进行扩增用于肿瘤基因的研究,并发现肿瘤导致的某些核酸和蛋白质分子水平的变化(基因变异),以及调控细胞生长的基因改变、某些染色体位点改变、检测感染因子(细菌、病毒)、个体基因型分析[性染色体检查、DNA 指纹 (Fingerprints)]等,使某些肿瘤的病因得以阐明。

(一)生物芯片在病理诊断中的应用 Applications of biochip in pathology

随着人类基因组计划(Human Genome project HGP)即全部核苷酸序列(编码人类全部染色体的约 10 万条基因)的完成,人类基因组研究的重心逐渐进入后基因组时代(Postgenome Era),向基因的功能调控机制及基因的多样性倾斜。对基因组的表达全貌进行扫描或是对具有大量多态性的人群基因组进行研究,从而阐明人类的整个生命活动。基因芯片(Gene chip)是以基因序列为分析对象的“微阵列(microarray)”,也被称为 DNA 芯片(DNA chip)。其基本原理是根据分子间特异性相互作用的原理,将大量寡核苷酸分子固定于支持物上,然后与标记的样品进行杂交,通过检测杂交信号的强弱进而判断样品中靶分子的数量,以实现对细胞、蛋白质、基因及其他生物组分准确、快速、大信息量的检测。它是在基因探针的基础上研制出的。所谓基因探针只是一段人工合成的碱基序列,在探针上连接一些可检测的物质,根据碱基互补的原理,利用基因探针到基因混合物中识别特定基因。基因芯片的本质是进行生物信号的平行分析,它利用微点阵技术将成千上万的生物信息密码集中到芯片上,从而使一些传统的生物学分析手段实现了高效、快速、低成本的检测和分析。

通过基因芯片技术对肿瘤的研究可以发现大量差异表达基因,即研究与肿瘤相关的基因群,既可以发现更多的肿瘤标记蛋白,用于临床诊断与治疗,亦有大规模研究新基因的初步功能。从基因学上进行肿瘤分类,从判断肿瘤细胞分子异质性上解释肿瘤患者临床表现的差异。同时芯片提供了评价肿瘤治疗的新手段。由于发现在肿瘤基因谱中成百上千的基因参与肿瘤恶性表型,提示新的肿瘤基因治疗或功能治疗手段将是瞄准信号传递的上游关键性分子。

组织芯片是将更多的组织标本集成在一张固相载体上所形成的组织微阵列标本芯片,是 DNA 芯片技术的发展和延伸。组织芯片为肿瘤分子生物学研究提供了一种高通量、大样本以及快速的分子水平的分析工具。使人类有可能利用成百份肿瘤的组织标本,同时研究某一个特定基因和基因所表达的相应产物,这对人类后基因组学的深入研究与发展,特别是对研究特定基因及其所表达的蛋白质与肿瘤之间的相互关系,肿瘤的分子诊断、预后指标的确定、治疗靶点的定位、治疗效果的预测、抗体和药物的筛选以及基因治疗的研发等方面均有实用价值。组织芯片技术可以广泛地与传统的病理学技术、组织化学、免疫组织化学、原位杂交、原位 PCR、原位 RT-PCR、原位 DNA 合成等技术相结合,分别在基因、转录和表达产物的三个生物学功能水平上进行研究。

随着基因芯片和组织芯片技术的不断应用,组织病理学家的作用将面临转变,即在肿瘤基因分型的时候不再把重点仅放在组织学改变上。分子病理学家也应该全面地评价包括遗传风险和肿瘤类型在内的各种因素,为临床医生确定治疗策略提供更多的资料。有人预言:生物芯片将为整个生命期中疾病预防提供永久性“线路图”,该项技术的应用前景看好,不仅将用于许多创新性的研究,如肿瘤发生机制的研究等,而且还将代替传统体格检查和肿瘤诊断方法,尽早预知肿瘤。当代与信息产业相伴随的计算机、精密机械等科学技术是大规模解析基因信息的基础,而基因芯片从实验室走向工业化却是直接得益于探针影像原位合成技术和照相平版印刷技术的有机结合、双色荧光探针杂交系统的建立以及激光共聚焦显微技术的使用,它使合成、固定高密度的数以万计的探针分子切实可行,而且借助激光共聚焦显微扫描技术可以对杂交信号进行实时、灵敏、准确的检测和分析。目前基因芯片与组织芯片技术进入了广泛研究和应用时期。

(二) 核酸分子原位杂交技术 Nucleic acid molecule in situ hybridization

原位核酸分子杂交技术简称原位杂交(in situ hybridization,ISH),用已知碱基序列并带有标记的核酸探针与组织或细胞中待检测核酸,按碱基配对的原则进行特异性结合形成杂交体,然后用与标记物相应的检测系统通过组化或免疫组化方法在被检测的核酸原位形成带颜色的杂交信号,在显微镜下进行细胞内定位。这一技术为研究单一细胞中 DNA 和编码各种蛋白质、多肽的相应 mRNA 的定位提供了可能,为分子水平研究的细胞内基因表达及相关基因调控提供了有效的工具,该项技术在肿瘤研究中的应用有:基因组图(Gene Mapping)、转基因检测、基因表达定位(localization of gene expression)、核 DNA、RNA 和 mRNA 的排列和运输(arrangement and transport of mNA),复制(replication)和肿瘤的分类(Sorting of tumors)。原位杂交技术的基本流程包括:①杂交前准备(固定、取材、玻片和组织的处理,如何增强核酸探针的穿透性、减低背景染色等);②杂交;③杂交后处理;④显示(visualization)(包括放射自显影和非放射性标记的组织化学或免疫组织化学显色)。随着核酸探针的制备,标记方法和基本操作方法的不断改进,新的技术不断涌现,如原位杂交与免疫组化并检或多重 RNA 的原位杂交、双重原位杂交、原位杂交的 PCR 增敏等,该技术为肿瘤研究开拓了新的领域,并将产生重大的突破。

(三) PCR 技术 PCR technology

多聚酶链反应(polymerase chain reaction,PCR)是指在 DNA 聚合酶催化下,以母链 DNA 为模板,以特定引物为延伸起点,通过变性、退火、延伸等步骤,体外复制出与母链模板 DNA 互补的子链 DNA 的过程。PCR 技术模拟体内 DNA 的复制,但在体内,DNA 复制只发生在细胞分裂的特定时期,而且只复制一次,有着严格的调控机制,才得以保证子代细胞中均有一份 DNA 拷贝。而体外的 DNA 扩增可以“随心所欲”通过 PCR 得到 10^9 拷贝。这是一项 DNA 体外合成放大技术,能快速特异地在体外扩增任何目的 DNA。用于基因分离克隆,序列分析,基因表达调控,基因多态性研究等诸多方面。标准的 PCR 过程分为三步:①DNA 变性(90~96℃):双链 DNA 模板在热作用下,氢键断裂,形成单链 DNA;②退火(25~65℃):系统温度降低时引物与 DNA 模板结合,形成局部双链;③延伸(70~75℃):在 Taq 酶(一种耐高温的DNA聚合酶,在72℃左右最佳的活性)的作用下,以dNTP为原料,从引物的5'端→3'端延伸,合成与模板互补的DNA链。每一循环经过变性、退火和延伸,DNA含量即增加一倍。有些PCR因为扩增区很短,即使Taq酶活性不是最佳也能在很短的时间内复制完成,因此可以改为两步法,即退火和延伸同时在60~65℃进行,以减少一次升降温过程,提高了反应速度。PCR可直接用于鉴定特定基因的存在与否,也可以用于侦测基因是否有异常(突变、缺失、重排)、细胞间讯息的传递分子,诸如白介素(Interleukines)及各种生长因子(Growth factors)基因的表现等诊断肿瘤及评估预后。

(四) 肿瘤细胞遗传学技术 Tumor cytogenetic techniques

遗传学和细胞学结合建立了细胞遗传学(cytogenetics),主要是从细胞学的角度,特别是从染色体的结构和功能,以及染色体和其他细胞器的关系来研究遗传现象,阐明遗传和变异的机制。

1. DNA水平的研究 Research on the DNA level

(1) 利用各种DNA多态性标记对癌基因或抑癌基因进行染色体定位进而克隆该基因。定位克隆目前主要有两种策略:一是对遗传性肿瘤家系进行连锁分析,将癌基因定位于染色体某一位置再进行克隆。其二,进行染色体杂合缺失的研究,找出某种肿瘤共同缺失的片段,再克隆包含在该片段中的抑癌基因。目前常用的DNA多态性标记是遍布基因组的各种微、小卫星DNA标记。研究证实几乎所有的肿瘤细胞都存在染色体片段的非随机性丢失。这意味着这些丢失的片段中必然包含着某些与肿瘤相关的基因,这就是杂合性缺失(loss of heterozygosity)的概念。所谓杂合性缺失即一个位点上两个多态性的等位基因中的一个出现缺失。杂合性缺失在肿瘤细胞中是一种很常见的DNA变异。抑癌基因的杂合性缺失会导致肿瘤的发生。利用此方法,检测出在肿瘤的发生中染色体17p和18q存在很高的杂合性缺失频率,分别达70%和75%之多。

(2) 比较基因组杂交(comparative genomic hybridization,CGH):是将肿瘤组织DNA与正常组织参照DNA同时在同一套正常染色体上作对比杂交,用不同的染料分别标记肿瘤组织DNA与正常组织参照DNA,通过特殊相机(CCD)对杂交后的图谱进行扫描测量不同颜色的对比度加以定量,进而检测出肿瘤细胞DNA在染色体上发生的缺失或扩增。CGH应用于肿瘤遗传学的研究中,通过提供一个全基因组的"扫描图",形象地表现出肿瘤DNA在整个染色体组的哪个特定位置存在缺失,这些部位即可能包含一些抑癌基因。哪些位置发生了扩增,这些位置极可能存在致癌基因。至今以此方法已发现了多种肿瘤中某些位置存在高频率的变异。

(3) 代表性差异分析(representional difference analysis,RDA):可用于检测两种不同DNA群中所存在的序列上的差异,从而发现肿瘤的发生过程中,体细胞发生遗传物质丢失或重排的频率。RDA用于检测肿瘤样本的DNA变异时,将肿瘤样本的DNA作为检测DNA,而将正常基因组的DNA作为驱动DNA,通过杂交复性,没有突变的部位都可以与正常的驱动扩增子单链复性结合而使这些部分不被扩增。而存在突变的位点只能与自身的肿瘤DNA结合复性,这样的双链肿瘤DNA被再扩增,因此得到的扩增产物极有可能是发生了遗传序列突变的抑癌基因,反之则是癌基因。

2. RNA水平的研究 Research on the RNA level

(1) 消减杂交(subtractive hybridization):主要是检测肿瘤细胞与正常细胞间mRNA水平上的差异。筛选抑癌基因时,正常组织cDNA以1:10的比例与肿瘤的mRNA杂交,之后去除异源双链杂交体,将剩余正常组织的单链cDAN再以1:10的比例与肿瘤的mRNA进行第二轮杂交,依此筛选,最后剩余的未能与肿瘤mRNA复性结合的单链cDNA作克隆测序分析,这些序列无法与肿瘤的mRNA互补结合,故极有可能是因为肿瘤细胞的mRNA在这些部分发生了变异导致肿瘤的形成,这些序列中便可能包含有抑癌相关基因,反之,筛选致癌基因时,肿瘤cDNA以10:1与正常组织mRNA进行筛选杂交。

(2) 差异显示PCR(differential display PCR,DD-PCR):是从mRNA水平研究不同基因组之间的差异。它的策略是将不同样本的RNA反转录后随机扩增得到许多短的表达顺序标签(express sequenced tag,EST),以测序胶检测这一系列短片段产物。对比不同样本间的PCR产物,对差异条带进行克隆,测序分析。该方法可以搜寻同一肿瘤的不同亚型之间,或癌与癌周组织之间的差异EST,进而发现新的肿瘤相关基因。DD-PCR可以直观地在整个mRNA水平展示出肿瘤细胞在表达上所发生的各种变异。

(3) cDNA代表性差异分析(cDNA representional difference analysis,cDNA-RDA):综合了DD-PCR技术与基因组RDA的两方面的优势,它区别于基因组RDA的一个主要方面是首先将mRNA反转录为cDNA之后对cDNA以内切酶消化制作代表性片段。相比于DD-PCR,cDNA-RDA具有其明显的优点,cDNA不再扩增DD-PCR中两个样本所具有的相同片段,只扩增差异片段,并且产物易于检测,琼脂糖凝胶电泳即可。与基因组RDA相比,cDNA-RDA也具有其独特的优势，第一，cDNA-RDA 可以检测出任何导致特异表型低量表达的基因，而基因组 RDA 仅能检测出染色体序列上所发生的变异。第二，cDNA-RDA 可检测时间信赖性的瞬时表达基因，如发育过程中的基因。第三，cDNA-RDA 可检测不同表型之间的差异表达基因，有可能这些序列在染色体水平上是相同的。因此以 cDNA-RDA 研究肿瘤基因突变时可以直接搜寻到与肿瘤相关的表达基因。

（五）核酸干扰技术 RNAi technology

核酸干扰（RNA interference，RNAi）是真核生物中普遍存在的一种自然现象，生物体内利用双链 RNA（double stranded RNA，dsRNA）诱导同源靶基因 mRNA 发生特异性降解，从而导致基因沉默。由于这种现象发生在转录后水平，故又称之为转录后基因沉默（post-transcriptional gene silencing，PTGS）。这是生物体在进化过程中形成的一种内在基因表达调控机制，具有抵抗病毒入侵和维持基因组稳定性的作用。

在 RNAi 过程中，dsRNA 被 dsRNA 特异性核酸内切酶（dsRNA specific endonuelease，Dicer）切割成约 21～23 nt 的由正义序列和反义序列组成的小干扰 RNA（small interference RNA，siRNA）。siRNA 中的反义序列指导形成一种核蛋白体，该核蛋白体被称为 RNA 诱导的沉默复合物（RNA induced silencing complex，RISC），并以此作为模板识别靶 mRNA，然后通过碱基互补配对的原则 mRNA 与 siRNA 进行结合，同时 RISC 介导切割靶 mRNA 分子中与 siRNA 反义序列互补的区域导致其降解以阻断相应基因的表达。siRNA 还可作为一种特殊引物，在 RNA 依赖 RNA 聚合酶（RNA dependent RNA polymerase，RdRp）作用下，以靶 mRNA 为模板合成 dsRNA，后者再次被 Dicer 切割成 siRNA，siRNA 又可进入上述循环，这种新生成的 dsRNA 被反复合成与降解，不断产生大量新的 siRNA，从而使靶 mRNA 渐进性减少，产生 RNAi 的放大效应，有效抑制靶向基因蛋白质或多肽合成。RNAi 技术因其高度的序列特异性和基因沉默的高效性成为肿瘤基因研究和抗肿瘤药物开发的重要工具，特别是多靶 siRNA 目前的发展态势及其针对 Dicer 底物的各种结构性修饰，通过使用这些结构修饰的 siRNA 提高基因沉默的效率，避免细胞毒性，降低或消除了内源性的免疫反应。表明多靶向 siRNA 的基因治疗将开创了新的针对疾病治疗的策略。

（六）CRISPR/Cas9 基因定点修饰技术 CRISPR/Cas9 gene sentinel modification techniques

CRISPRs/Cas（clustered regularly interspaced short palindromic repeats/CRISPR-associated）系统作为一种细菌获得性免疫系统，为一段规律成簇间隔短回文重复，保护细菌和古生菌免遭病毒、质粒等的入侵。这种免疫系统是由一种小 RNA 和多结构域蛋白质/蛋白复合物构成，其作用机理可能与真核生物的 RNA 干扰过程类似。这个系统已发展为一种全新的人工核酸内切酶 CRISPR/Cas 系统并已成功应用到细胞、干细胞、小鼠、斑马鱼及植物等多种生物，使得基因编辑和修饰变得更加有效和简便，是研究基因功能的重要手段之一。

CRISPR/Cas 的作用原理：CRISPR 通过与一系列相关蛋白、前导序列一起，为原核生物提供对抗噬菌体等外源基因的获得性免疫能力。这种结构的作用机理可能与真核生物的 RNA 干扰过程类似。CRISPR 作为一个特殊的 DNA 重复序列家族，广泛分布于细菌和古细菌基因组中。CRISPR 位点常由短的重复序列组成，重复序列的长度通常为 21～48 bp，重复序列之间被 26～72 bp 间隔序列隔开，CRISPR 就是通过这些间隔序列与靶基因进行识别。CRISPR 重复序列高度保守，甚至在同一个细菌内的不同 CRISPR 基因座的重复序列也有不同，但它的 5’ 端和 3’ 端部分为保守序列，分别为 GTTT/g 和 GAAAC 的重复序列里还包含部分回文结构，转录出的 RNA 能形成稳定且保守的二级结构，可能在与 Cas 蛋白结合形成核糖核蛋白复合物的过程中发挥重要作用。Cas 基因（CRISPR associated）是一种双链 DNA 核酸酶，位于 CRISPR 基因座附近，包含一组保守的蛋白编码基因，能在向导 RNA（guidance RNA）引导下对靶位点进行切割。它与 folk 酶功能类似，但是它并不需要形成二聚体才发挥作用。CRISPR-Cas 系统赋予原核细胞针对外源 DNA 特异性免疫，而这种特异性是由间隔序列所决定。这些 Cas 蛋白与 CRISPR 转录出的 RNA 结合形成核糖核蛋白复合物协同行使 CRISPR/Cas 系统的免疫功能。

CRISPR 的分类：通过对数据库中的 CRISPR 序列信息将 CRISPR/Cas 系统分为：TypeⅠ、TypeⅡ、TypeⅢ三种不同类型。TypeⅠ系统是 CRISPR/Cas 系统中 Cas 蛋白最多和最复杂的系统，包含 6 个蛋白，其中有特征性的 Cas3 蛋白，该蛋白具有解旋酶和核酸酶功能。TypeⅡ系统的主要特征是包含一个标志性的 Cas9 蛋白（分子质量很大的多功能蛋白）参与 CRISPR RNA（crRNA）分子的成熟以及降解入侵的噬菌体 DNA 或是外源质粒。Cas9 蛋白包含两个功能结构域，一个在 N 端，有类似于 Ruc 核酸酶的活性，一个在中部有类似 HNH 核酸酶的活性。CRISPR/Cas 系统编码 tracrRNA（trans-activating crRNA），其指导 RNaseⅢ和 Cas9 完成前体 crRNA 的成熟。随后

tracrRNA 还能与成熟的 crRNA 的重复序列配对形成 RNA 二聚体，进而和 Cas9 蛋白结合成核糖核蛋白复合体，发挥识别和降解入侵的外源 DNA 功能。Type Ⅲ系统包含特征性的 Cas10 蛋白，其具有 RNA 酶活性和类似于 Type Ⅰ 的 CASCAD 功能。虽然有很多 CRISPR/Cas 系统需要多种蛋白的参与，但是在很多细菌的胞内都只需要 Cas9 内切酶就足够，因此 CRISPR/Cas9 的简便性而应用得更多。结合慢病毒、腺病毒载体等基因转运工具使用 CRlSPR/Cas 系统也展现出了极好的应用前景。

（七）计算机网络技术 Computer network technology

计算机网络技术是近代科学发展最为迅速的高新技术，已经融入各个行业。随着分析软件程序变更、网络升级，该技术在病理方面应用范围不断拓展。

1. 定量病理学 Quantitative Pathology 在病理诊断中将形态学结果或分子生物学检测结果与带特定分析软件程序的计算机连接，从定性诊断发展到量化诊断。

（1）显微分光光度计可以测量细胞核大小，作为肿瘤组织学分级指标；测量核分裂作为肿瘤预后判断指标等。

（2）流式细胞术（flow cytometry，FCM）：可以快速定量细胞内 DNA，用于测定肿瘤细胞 DNA 的倍体类型和肿瘤组织中 S+G2/M 期的细胞所占的比例（生长分数）。良性肿瘤生长慢多为二倍体。生长快的恶性肿瘤生长分数较高，瘤细胞中 DNA 含量不规则增多，主要为多倍体（polyploid）和非整倍体（aneuploid）。如肠型胃癌早期有不同的 D1 期细胞引发多型亚克隆，黏膜病灶常表现为高 D1 异倍体（>1.3）。弥漫性胃癌中多型亚克隆主要在进展期发生，黏膜病灶表现为低 D1 异倍体（<1.2），当肿瘤进展到黏膜下时，黏膜内癌高 D1 异倍体克隆获得浸润力，说明肿瘤浸润中 DNA 异倍体细胞起主要作用。

（3）病理图像的采集：通过全自动显微镜扫描平台、专业摄像头、智能控制系统与扫描软件系统把整张病理教学切片进行无缝拼接成整张高分辨率的数字化图像（whole slide image，WSI）即数字切片（digital slide）或虚拟切片（virtual slide），并能从存储系统检索，在计算机上运行图像管理软件之后在计算机屏幕上显示。数字切片浏览直接在计算机上进行阅片，连续观察不同视野、在图片分辨率无损的情况下随意缩放，并显示全景导航。还可以通过局域网、校园网或互联网建立共享病理学诊断平台，也可以通过用户认证进行一定范围的病例讨论、诊断和会诊，有利于远程病理会诊的开展。数字化切片较好的解决了切片能保持信息完整、结构典型、一致性好、不褪色、能永久保存等的问题，有利于病理科的信息管理。在病理学科学研究中也显示了显著的优势，如细胞定量检测、基因表达得分析等。

（4）图像分析技术（image analysis）：作为体视学的范畴可以弥补病理形态学观察缺乏精确客观定量的缺点。随电子计算机技术的发展，形态定量技术已从二维空间向三维空间发展。用体视学的方法和原理定量地描述生物组织的形态结构，并根据生物组织结构特点研究适用于生物组织的体视学测估理论和方法，即生物体视学。计算机图像分析是体视学的重要测估工具。病理图像处理的贡献在于将一门纯形态学科（临床病理诊断极偏重于经验的现象）转变为量化指标，使病理形态分析更为客观、可信和能够重复印证。图像分析技术应用于肿瘤方面的研究，主要是测定核形态参数，如核直径、周长、面积、体积、形态因子等，通过测定的数据分析，区别良、恶性肿瘤、癌前病变和癌、及肿瘤的组织病理分级等，也用于检测肿瘤组织中特定抗原、癌基因蛋白表达等定量分析。如定量乳腺癌细胞膜上的 ER、PR，使临床的内分泌干预疗法更有效。

2. 远程病理学 Telepathology 随着计算机技术与互联网络的广泛应用，远程医学应运而生，也促使病理学向病理信息学（pathological information）发展。远程病理学或称为传真病理学（telepathology）是利用计算机及网络通讯技术在相距遥远的两个或更多的地域间传输数据和图像进行病理诊断、病理会诊、教学和研究等。远程病理学对肿瘤患者的诊断不受时空限制，其特点为：①多功能：对肿瘤组织的会诊可以通过电话、电子邮件（email）和视频会议（videoconferencing）等进行，可以是实时的（电话）或通过储存回放（store-and-forward）技术，方便了医患沟通、方便了病理医生与外科医生之间的交流。②广覆盖：只要有电话网络可以到达的区域，远程病理和会诊就有可实现。如没有术中快速病理诊断条件的医院，可通过远程诊断“把专家请到家”，可以使患者受益。③中心与非中心概念：可以以病患为中心，也可以集中病理专家形成会诊中心，还可以发挥中心医院的辐射作用，利用网络资源、切片传输的图像等，为不同地区的病患服务，及时帮助与提高各地医院医生的诊疗工作与水平，同时释放基层医院可能的医疗风险。④降低医疗成本：远程诊断将代替患者的长途跋涉，减少携带标本可能的污染与破坏。但是目前开展远程病理也受到技术制约，如通讯速度和切片传输的图像质量将直接影响诊断。同样远程病理本身面临的问题包括如何落实会诊专家责任、病人隐私权如何保护和会诊病理资料如何管理等问题。

经过数十年的发展，经典的病理技术在形态学观察的基础上逐步吸收并融合了当今分子生物学等学科的新技术精华，弥补了经典病理诊断的不足，使病理诊断水平得到显著提高。新方法、新技术不断涌现，如超声临床肿瘤病理学成像、计算机断层扫描（CT）、磁共振断层扫描（MRI）等技术，已经不需手术即可了解人体各断层形态，使诊断方法上发生了革命性的变化和进步。不可否认，今后影像技术可能会发展到亚显微或显微水平。但是，建立在人体解剖学和组织学基础上的病理技术，是不可能在能预见的将来被淘汰。因为疾病分类学的很大一部分是建立在病理解剖组织学基础上，这种疾病分类对治疗和预后仍然具有不可取代的意义。但仅凭对疾病的病理诊断已经不能满足某些疾病特异性治疗的需要。如以肿瘤基因表达的病因分类代替形态学分类，除了考虑各种肿瘤的形态学特点和生物学行为，还需考虑具有特征性的细胞遗传学和分子遗传学的改变，这将为肿瘤治疗带来显著进步。遗憾的是目前大多数导致肿瘤发生和起关键作用的基因不明，短时间内还不可能建立起肿瘤基因的病因分类学。但是，建立肿瘤的病因分类学是必然发展趋势。进一步利用 DNA 芯片技术对疾病细胞基因表达谱（expression profile）进行大规模的检测发现某些疾病中具有特征性的表达基因或起关键作用的基因，将有利于开展靶向性治疗。通过分子水平的检查进行疾病的分子诊断（molecular diagnosis）也将成为病理诊断的重要手段之一。

（陈　莉）

主要参考文献

陈杰,李甘地. 2010. 病理学. 第2版. 北京:人民卫生出版社

陈莉. 2006. 现代病理学研究的基本问题. 北京:科学出版社

陈莉,何松. 2015. 临床肿瘤病理学. 北京:科学出版社

陈莉,周士东. 2010. 病理学. (双语版,第2版). 北京:科学出版社

陈莉,周士东,冯一中. 2010. 病理学应试训练. 北京:协和医学出版社

李玉林. 2012. 病理学. 第8版. 北京:人民卫生出版社

刘彤华. 2014. 诊断病理学. 第4版. 北京:人民卫生出版社

刘旭明,何建方. 2006. 现代诊断病理学. 广州:中山大学出版社

苏敏,澳伟林. 2009. Graphic General Pathology (英文版). 北京:人民卫生出版社

于世风. 2006. 口腔病理学. 北京:人民卫生出版社

Atlas of Tumor Pathology. 4th series. 2004. Inmany volumes. Washington DC:American Registry of Pathology

Campo E,Swerdlow S H,Harris N I,et al. 2011. The 2008 WHO classification of tumors. Pathology and genetics tumours of haematopoietic and lymphoid neoplasms and beyond:evolving concepts and practical applications. Blood,117(19):5019-5032

Choi D,Sharma S M,Pasadhika S et al. 2009. Application of Biostatistics and Bioinformatics Tools to Identify Putative Transcriptions Factor-Gene Regulatory Network of Ankylosing Spondylitis and Sarcoidosiss. Commun Stat Theory Methods,38(18):3326-3338

Edge S B,Byrd D R,Compton C C,et al. 2010. AJCC Cancer Staging Manual. 7th ed. Brtlin:Springer-Verlag

Juan Rosai and Ackerman's Surgical Pathology. 2004. 9th Ed,Volume 1-2 Mosby Ediburgh London New York Oxford Philadelphia st Louis Sydney Toronto

Kumar V,Abbas A K,Aster J C. 2012. Robbins Basic Pathology. 9th ed Philadelphia:W. B. Saunders

Kumar V,Abbas A K,Fausto N. 2009. Robbins and Cotran Pathologic Basis of Disease. 8th ed Philadelphia:W. B. Saunders

Louis D N,Ohgaki H,Wiestler O D,et al. 2007. WHO classification of tumors of the central nervous system 4th ed. Lyon,IARC Press:10-251

Rubin R,Sttayer D S. 2011. Robbin's Pathology:Clinicopathologic Foundations of Medicine. 6th ed Philadelphia:Lippincott Williams & Wilkins

Sang kook LEE,Jegeun CHI,Kye yong Son G. 1994. Color atlas of pathology. Korea Medical Publishing Company Seoul Korea

Sternberg S S. 2003. 诊断外科病理学 回允中译. 第3版. 北京:北京大学医学出版社

Swerdlow S H,Campo E,Harris N I,et al. 2008. WHO classification of tumors of haematopoietic and lymphoid tissues Lyon:IARC